A posição de Angola na Arquitetura de Paz e Segurança Africana

A posição de Angola na Arquitetura de Paz e Segurança Africana

ANÁLISE DA FUNÇÃO ESTRATÉGICA
DAS FORÇAS ARMADAS ANGOLANAS

2013

Luís Manuel Brás Bernardino

A POSIÇÃO DE ANGOLA NA ARQUITETURA DE PAZ E SEGURANÇA AFRICANA
ANÁLISE DA FUNÇÃO ESTRATÉGICA DAS FORÇAS ARMADAS ANGOLANAS

AUTOR
Luís Manuel Brás Bernardino

REVISÃO
Inês Castelhano

EDITOR
EDIÇÕES ALMEDINA, S.A.
Rua Fernandes Tomás, nºs 76, 78 e 79
3000-167 Coimbra
Tel.: 239 851 904 · Fax: 239 851 901
www.almedina.net · editora@almedina.net

DESIGN DE CAPA
FBA.

PRÉ-IMPRESSÃO
EDIÇÕES ALMEDINA, S.A.

IMPRESSÃO | ACABAMENTO
PAPELMUNDE, SMG, LDA.
V. N. de Famalicão

Março, 2013
DEPÓSITO LEGAL
356692/13

Os dados e opiniões inseridos na presente publicação são da exclusiva responsabilidade do(s) seu(s) autor(es).
Toda a reprodução desta obra, por fotocópia ou outro qualquer processo, sem prévia autorização escrita do Editor, é ilícita e passível de procedimento judicial contra o infrator.

BIBLIOTECA NACIONAL DE PORTUGAL – CATALOGAÇÃO NA PUBLICAÇÃO

BERNARDINO, Luís

A posição de Angola na arquitetura de paz e segurança africana : análise da função estratégica das forças armadas angolanas
ISBN 978-972-40-5000-3

CDU 355
        327

NOTA BIOGRÁFICA

LUÍS MANUEL BRÁS BERNARDINO é Major de Infantaria das Forças Armadas Portuguesas habilitado com o Curso de Estado-Maior. Detêm uma Pós-Graduação em Estudos da Paz e da Guerra nas novas Relações Internacionais pela Universidade Autónoma de Lisboa, é Mestre em Estratégia pelo Instituto Superior de Ciências Sociais e Políticas (ISCSP) da Universidade Técnica de Lisboa e Doutorado em História dos Factos Sociais na especialidade de Relações Internacionais pela mesma Universidade. Participa regularmente em seminários nacionais e internacionais e publica regularmente artigos em revistas da especialidade. É membro da Comissão de Relações Internacionais da Sociedade de Geografia de Lisboa e atualmente pertençe à Direcção da Revista Militar. Investigador doutorado no Observatório Político, no Centro de Estudos Africanos e Brasileiros (CEAB) do ISCSP e no Centro de Estudos Africanos (CEA) do ISCTE-IUL. É sócio correspondente do Centro de Estudos Estratégicos de Angola (CEEA), Investigador associado na Universidade Lusíada de Angola e membro da *International Political Science Association*.

PREFÁCIO

Um livro sobre Angola, que fez parte do passado português, pode e deve ser um livro sobre o futuro de ambos os países. E não apenas de ambos os países, também da própria Europa que necessita de reconstituir e reassumir o projeto da Euráfrica, apenas possível se não derivar para a fratura do seu projeto de unidade na União Europeia.

Não é excessivo afirmar que a relação de Portugal com os países de língua portuguesa, onde exerceu a soberania colonizadora, e todos fazem parte da CPLP (Comunidade dos Países de Língua Portuguesa) é já uma contribuição valiosa, talvez menos surpreendente se tivermos em conta a contribuição das Forças Armadas para a construção de um novo espírito de entendimento e cooperação, depois de uma longa guerra de ponto final do Império Euromundista.

Talvez possa servir de paradigma o Discurso que o ilustre Nelson Mandela proferiu em Pretória no dia 10 de maio de 1994, e no qual, clamando ter chegado o momento de sarar as feridas, de transpor o abismo que nos divide, estávamos perante a necessidade de construir, dizendo: "triunfámos no nosso intento de implantar a esperança no coração de milhares de compatriotas. Assumimos o compromisso de construir uma sociedade na qual todos os Sul-Africanos, quer sejam negros ou brancos, possam caminhar de cabeça erguida, sem receios no coração, certos do seu inalienável direito à dignidade humana: uma nação *arco-íris*, em paz consigo própria e com o mundo".

Se fizermos a transposição deste voto para o exame do globalismo sem governança em que nos encontramos, facilmente reconheceremos que tal *arco-íris* é um voto não realizado em muitos países, um risco de muitas sociedades ainda a dar passos inseguros nesse sentido, um traço inquietante das dificuldades com que lidam as sociedades multiculturais, sobretudo no Norte do mundo, hoje também atingido pela fronteira da pobreza, e logo pelas angústias, não do progresso sustentado, mas da perda de qualidade de vida.

Pelo que toca à África, e não obstante os progressos registados em vários países recentemente independentes, no sentido de conseguirem uma sociedade civil consistente com uma relação de confiança com os poderes instituídos, são muitos os factos que exigem compreensão, ajuda, e provocam justificada inquietação.

Lembra-se o Sahel fragilizado pelo terrorismo onde o ano de 2010-2011 foi marcado pela violência do movimento Al-Quaeda ao Maghreb Islamique (AQMI), com o Norte da Nigéria contagiado, e a intervenção defensiva dos exércitos da Mauritânia e do Níger.

Por outro lado, a guerra na Líbia, com o incidente do exercício do direito-dever de intervenção, não é tranquilizante quanto à chamada primavera árabe, por enquanto um turbilhão que varre o Mediterrâneo, assim como a estabilização política do resto do continente não é ainda um bem adquirido.

Por isso maior importância tem o progresso político de todos os Estados-Membros da CPLP, com exceção inquietante da Guiné. Lembremos todavia que depois da entrada no presente Milénio foram organizadas eleições multipartidárias em 49 dos 53 países do continente, talvez apenas com exceção da Eritreia, da Swazilândia, da Líbia e da Somália.

É certo que não faltam contestações às experiências eleitorais com violências fratricidas, mas é certo que a União Africana, fundada em 2002, assim como o New Partnership for Africa's Development, são instituições profundamente marcadas pela vontade de usufruírem da democracia e da boa governança, que tudo deve ser apoiado sem uma visão crítica euro-mundista, nem erradamente etnocêntrica. A regra é que a história continua, e que as riquezas do continente devem ser uma fonte de reabilitação para a crise mundial sem ofender os legítimos interesses dos povos que os possuem.

Não pode negar-se que as riquezas do continente, as quais determinaram em primeira linha as conquistas coloniais depois da Conferência de Berlim, estão presentes na competição das potências, que se consideram frequentemente mais poderosas do que a realidade lhes consente, implicam uma competição mundial pela tomada de posição dominante, o que nem sempre deixa de ferir a justiça em relação aos recentes Estados independentes.

PREFÁCIO

Neste quadro, que não é um quadro de inocência, a Europa unida necessita de regressar ao projeto da Euráfrica. Mas Portugal não pode deixar de afirmar o direito a possuir janelas de liberdade que o seu passado justifica, e usar a sua capacidade para estar presente no sentido de participar com solidariedade no progresso sustentado dos países em cuja história deixou marca permanente que deve ambicionar aprofundar no futuro.

E para isso o instrumento mais apropriado é o saber e o saber fazer, tudo posto ao serviço do desenvolvimento humano sustentado.

Por isso é meritório o estudo aturado com que as instituições universitárias, incluindo instituições militares que se devotam ao tema nas suas próprias formações, ou militares que procuram instituições civis universitárias, contribuindo para a consolidação da solidariedade no século XXI.

É o caso da presente tese, empenhada no futuro de Angola, um dos países mais presentes no imaginário português, e apontando para uma liderança crescente na regionalização do continente africano, e na consolidação da CPLP. Tudo realidades de um futuro em que Portugal quer estar presente, empenhado no projeto que inspira essa organização, que não tem equivalente no que toca às antigas potências que tiveram parte no euromundismo do passado.

Julho de 2012

ADRIANO MOREIRA
Presidente da Academia das Ciências de Lisboa
Presidente do Conselho Geral
da Universidade Técnica de Lisboa

NOTA PRÉVIA

O livro de Luís Bernardino, prefaciado, em sua edição portuguesa, por Adriano Moreira, um dos mais profundos conhecedores da África portuguesa e da comunidade internacional, traça um cenário futuro para o continente africano, no contexto mundial. O equilíbrio da economia entre países desenvolvidos, que se acostumaram a gastar além de suas forças, e dos países emergentes, que começam a conquistar novos espaços a partir da expansão de seus mercados internos e exploração de suas riquezas naturais, faz-se de mais em mais presente, abrindo perspectivas de uma integração, em patamar que jamais ocorrera no passado.

Acentua, o autor, neste cenário, a importância da África, que vai, gradativamente, tornando-se um continente democrático, superando o que há um século era quase impossível imaginar, ou seja, as milenares guerras tribais de extermínio ou escravidão.

No século XXI, deverá tornar-se um dos continentes mais relevantes para enfrentar os desafios colocados à humanidade, em que o esgotamento de certos modelos econômicos e a necessidade de readequação de costumes das nações mais ricas a uma nova ordem mundial levarão à predominância das jovens nações democratizadas desde o fim do século passado.

Neste contexto, como realça Luís Bernardino, no brilhante estudo sobre Angola, as Forças Armadas, cada vez mais profissionalizadas, deverão exercer um papel preponderante de estabilização institucional, à luz do que ele denomina de trilogia do D (Defesa, Desenvolvimento e Diplomacia).

Em especial, as Forças Armadas de Angola – hoje formadas em escolas preparatórias, em que o espectro do ensino é suficientemente abrangente para que seus oficiais tenham uma visão completa da conjuntura local e mundial – estão hoje preparadas para exercer esta função protetora da

Constituição, propiciando o desenvolvimento da nação e da região, e auxiliando a manutenção da ordem, num cenário de paz e segurança.

A experiência que ora vivenciam as FAs angolanas, há mais de meio século ocorre no Brasil, com a fundação da Escola Superior de Guerra, para militares e civis, e das Escolas Militares das 3 armas, como são a Escola do Comando e Estado Maior do Exército, a Escola de Guerra Naval e a Escola de Comando da Aeronáutica. Estes estabelecimentos, desde o fim da década de 80, mantem cursos especiais sobre a conjuntura brasileira e mundial para coronéis ou oficiais de outras armas de igual patente, os quais serão futuramente escolhidos e promovidos para oficiais em grau de general das três armas (general de brigada, brigadeiro e contra-almirante).

Em tais cursos, no Exército, denominados de CPEAEX (Cursos de Política e Estratégia do Exército), os oficiais ficam na Praia Vermelha, no Rio de Janeiro, por 1 ano, recebendo de autoridades e professores de seus quadros e das mais variadas áreas do conhecimento, aulas de elevado nível, de tal maneira que, aqueles que vierem a ser escolhidos para o generalato estarão preparados, tendo conhecimento de todos os problemas mais relevantes nacionais e internacionais.

São as escolas denominadas de "Escolas Preparatórias de Generais".

Esta formação, além do conhecimento próprio das ciências militares, permite que estejam preparados para enfrentar, num regime democrático, todos os desafios que, no artigo 142 da Constituição brasileira, denominada de "A Constituição Cidadã", foram atribuídos aos militares, pois sua missão não é apenas a defesa da pátria, mas manter a ordem e a lei e, em eventual conflito entre os Poderes, por solicitação de qualquer deles, fazer prevalecer os princípios constitucionais.

Trago estas considerações ao prefácio da edição brasileira de um livro muito bem escrito sobre as Forças Armadas angolanas e seu papel na estabilização e colaboração para a integração regional de Angola, pois a experiência brasileira parece ser, desde 2010, a mesma das Forças Armadas daquele país, o que demonstra ser o mundo atual, de mais em mais, voltado à integração e colaboração mútua entre os povos, as sociedades e os Poderes de todas as nações.

O livro realça assim que a imagem antiga, cultivada e difundida pelos instigadores de revoluções – de atentados e do caos político, em que as forças armadas teriam uma missão quase dedicada à promoção de ditaduras, nos países emergentes –, está hoje completamente afastada, na maior parte das nações. Especialmente naquelas democráticas, em que a qualidade e a profissionalização de seus membros terminam por tornar as FAs instituições de integração, estabilização e desenvolvimento.

Alegra-me, pois, neste breve prefácio, realçar o brilhante estudo de Luís Bernardino, assim como o preciso e esclarecedor prefácio do velho e querido amigo Adriano Moreira –une-nos uma amizade de quase 50 anos –, certo de que, no Brasil, o conhecimento do papel institucional das Forças Armadas angolanas, permitirá reforçar a percepção de que os países de língua portuguesa formam uma comunidade que transcende os nossos tratados de união, pois alicerçados naquela "maneira de ser do português no mundo", que permitiu, no dizer de Adriano Moreira, a criação de uma civilização diferenciada.

O livro mostra, assim, que os fundamentos que regem a filosofia militar brasileira, na profissionalização, preparação e missão das Forças Armadas, são os mesmos que, hoje, norteiam a formação das Forças Armadas angolanas, cuja função, como realçou o autor, é defesa, desenvolvimento e diplomacia no nosso país co-irmão.

Excelente, pois, a idéia da Editora Almedina de permitir ao público leitor brasileiro ter acesso e conhecimento desta instigante nova realidade angolana. Cumprimento, pois, Editora e autor, assim como o Dr. Arthur Virgílio, diretor do Instituto Meira Mattos, por ter viabilizado a edição brasileira.

IVES GANDRA DA SILVA MARTINS

Professor Emérito das Universidade Mackenzie, das Escolas de Comando
e Estado-Maior do Exército – ECEME, Superior de Guerra – ESG e da Magistratura
do Tribunal Regional Federal – 1ª Região; Professor Honorário das Universidades
Austral (Argentina), San Martin de Porres (Peru) e Vasili Goldis (Romênia);
Doutor Honoris Causa das Universidades de Craiova (Romênia) e da PUC-Paraná,
e Catedrático (Lloyd Braga) da Universidade do Minho (Portugal);
Presidente do Conselho Superior de Direito da FECOMERCIO – SP;
Fundador e Presidente Honorário do Centro de Extensão Universitária
– CEU/Instituto Internacional de Ciências Sociais – IICS;
Acadêmico da Academia Internacional de Cultura Portuguesa,
fundada e presidida pelo Professor Adriano Moreira.

"A República de Angola é uma Nação de vocação para a paz e o progresso, sendo um dever do Estado e um direito e responsabilidade de todos garantir, com respeito pela Constituição e pela lei, bem como pelas convenções internacionais, a paz e segurança nacional..."

Art. 11 1, Constituição da República de Angola,
Diário da República Nº 23 – I Série – 5 de fevereiro de 2010

RESUMO

A identidade do Estado de Direito e a conceção de "Segurança" e de "Defesa" como elementos centrais do potencial estratégico constituem, no contexto das Relações Internacionais, vetores essenciais de afirmação regional e global do Estado. Assim, os instrumentos de um Conceito Estratégico de Segurança e Defesa Nacional, concorrentes com as ações da Política Externa, empregaram ao longo dos tempos diferentes mecanismos e recorreram a múltiplos elementos político-estratégicos, instituindo o instrumento militar o vetor quase sempre omnipresente, privilegiado e elemento estruturante da ação estratégica do Estado, nomeadamente através da participação em sistemas de segurança coletiva no seio das Organizações Internacionais e Regionais.

No atual contexto geopolítico Africano, a República de Angola tem vindo a desenvolver, após o atribulado processo de construção da paz, um paradigma de desenvolvimento interno e de afirmação regional e continental, em que as Forças Armadas Angolanas, para além de terem assegurado a transição da guerra para a paz, se constituem no instrumento central da Política Externa de Angola na região subsariana e em África. Neste contexto, a transição da fase pré-colonial dos Movimentos de Libertação para a edificação de umas Forças Armadas Nacionais modernas e operacionais, contribuiu para a afirmação nacional e regional de Angola, funcionando como instrumento de paz e segurança na região e constituindo vetor central da afirmação Angolana, na região subsariana e no mundo.

Atualmente, passados mais de trinta anos dos Acordos de Bicesse e dez anos dos Acordos de Luena, as Forças Armadas de Angola representam a charneira que manteve a coesão interna e vêm atuando crescentemente como elemento ativo da Política Externa de Angola na região subsariana, nomeadamente no seio da Arquitetura de Paz e Segurança Africana, constituindo-se num modelo de desenvolvimento pela afirmação da paz e da segurança, instrumento central do apoio ao desenvolvimento sustentado e vetor de afirmação de Angola no contexto regional e em África para o século XXI.

Palavras-chave: Angola, República de Angola; Segurança Nacional; Defesa Nacional; Segurança e Defesa; Forças Armadas Angolanas; Política Externa Angolana; Arquitetura de Paz e Segurança Africana; Organizações Regionais Africanas.

ABSTRACT

The concepts of the rule of law, "security" and "defense" are, in the current context of International Relations, essential elements for regional and global affirmation of the state. These concepts underline national security and defense strategy. Along with an assertive and strong Foreign Policy, these concepts shaped at different moments in history political-strategic instruments and strategies. Military forces played an important role in structuring the external politic and strategic action of the state. These concepts have also been key in determining collective security participation on Regional and International Organizations.

In the current African geopolitical context, the Republic of Angola has been developing, following the peace-building process, a paradigm of internal development along with its affirmation of an important role in its region and on its continent. The Angolan Armed Forces, in addition to having secured a relatively peaceful transition from warfare to peace, constitute an increasingly active instrument of Angola´s Foreign Policy in the sub-Saharan region, and more broadly in Africa. In this context, the transition and adaptation of the pre-colonial guerrilla movement's into a modern and operational National Armed Force contributes to the national and regional instrument of peace, stabilization and development. Angola's National Armed Forces act as the country's main geopolitical instrument in the sub-Saharan region and in the world.

The Angolan Armed Forces, after more than thirty years since the Bicesse Agreements and ten years since the Luena Agreements, represents the hinge that has kept the country's internal cohesion. Its role as a key element of Angola´s Foreign Policy in the sub-Saharan region and in Africa is mainly demonstrated through the African Peace and Security Architecture, which is becoming an example of sustainable strategy for peace and security. The Angolan Armed Forces are also the central instrument to support the development and future's vector of Angola´s claims in the regional context and in Africa in the xxi century.

Keywords: Angola, Republic of Angola; National Security; National Defense; Security and Defense; Angolan Armed Forces; Angola´s Foreign Policy; African Peace and Security Architecture; African Regional Organizations.

À minha Família

À minha Mulher, Isa, e aos meus Filhos

Beatriz, Diogo e Inês

Pelo apoio incondicional e incentivo nos últimos cinco anos da minha vida...

AGRADECIMENTOS

O agradecimento liberta os afetos, esconde as tristezas e angústias vividas, transportando momentos, desejos, ideias e suspiros, que o tempo, as circunstâncias e a vida nos oferecem... são por esse motivo circunstâncias dos tempos, lugares, das gentes... pedaços das nossas vidas... A todos quantos fazem parte da minha vida, Obrigado e Bem Hajam por me darem o distinto prazer de privar da vossa amizade.

Gostaria em primeiro lugar de agradecer à Instituição que tenho servido há cerca de 25 anos, o Exército Português e as Forças Armadas Portuguesas, pois tudo o que sou lhes devo, tudo o que fiz lhes pertence e tudo o que farei lhes ficarei a honrar. Neste público reconhecimento, cumprimento todos os Camaradas, Amigos e Militares, com quem me cruzei ao longo da minha vida militar, pois materializam o que de melhor representam no serviço a Portugal.

A todos os colegas universitários, distintos Académicos, Professores, Investigadores e quantos contribuíram com comentários, críticas, opiniões, entrevistas e tão gentilmente me receberam em Portugal, Angola, França e nos Estados Unidos da América, os meus sinceros agradecimentos, pois não poderia desenvolver esta tese sem a vossa prestimosa, sincera e douta colaboração. Obrigado.

Neste contexto, um agradecimento especial ao General Alípio Tomé Pinto, pelos inestimáveis contributos e testemunhos que emprestou a esta investigação, pois quem mais para testemunhar a História do que quem fez a própria História? Um especial reconhecimento ao Centro de Estudos Estratégicos de Angola (CEEA), na pessoa do Coronel Correia de Barros e ao Africa Center for Strategic Studies (ACSS) na pessoa do meu caro amigo Professor Doutor Assis Malaquias, pela colaboração e apoio prestado. Estou-vos eternamente agradecido pelo apoio e amizade...

Uma palavra especial ao meu orientador, o Professor Doutor Pedro Borges Graça, pelo constante estímulo, disponibilidade e apoio ao longo destes mais de cinco anos, pois o apreço e amizade, permitiram em momentos mais difíceis, reunir propósitos e incentivos, mostrando-me que o caminho se faz caminhando... Ao Instituto Superior de Ciências Sociais e Políticas (ISCSP) e a todos quantos contribuem com douta sapiência para prestigiar o nosso trabalho, muito Obrigado.

Por último, mas porque os últimos são também os primeiros, à minha Família, pelo enorme apoio moral, constante incentivo, permanente atenção e carinho que permitiram compreender e encarar os momentos de ausência e de desatenção. A vida merece ser vivida só por vos ter perto de mim... no meu coração... para sempre.

SIGLAS E ABREVIATURAS

ACA	*American Committee on Africa*
ACOTA	*African Contingency Operations Training and Assistance*
ACP	África, Caraíbas e Pacífico (Países de)
ACRF	*African Crisis Response Force*
ACRI	*African Crisis Response Initiative*
ACSS	*African Centre for Strategic Studies*
AEC	*African Economic Community*
AFRICOM	*United States African Command*
AIA	Associação Internacional Africana
AIC	Associação Internacional do Congo
ALIAZO	Aliança do Povo Zombo
AMA	Academia Militar de Angola
AMISON	*African Union Mission in Somalia*
ANC	*African National Congress*
APD	Ajuda Pública ao Desenvolvimento
APF	*African Peace Facility*
APRM	*African Peer Review Mechanism*
APSA	*Arquitetura de Paz e Segurança Africana*
ARP	*African Regional Peacekeeping Program*
ASB	*African Standby Brigade*
ASF	*African Standby Force*
ATS	Serviço de Tráfego Aéreo
BAFD	Banco Africano para o Desenvolvimento
CAE	Centro de Análise Estratégica da CPLP
CCEM	Curso de Comando e Estado-Maior
CCFA	Comissão Conjunta para a Formação das Forças Armadas
CCPM	Comissão Conjunta Político-Militar

CDCS	Conselhos Distritais de Contra-Subversão
CDHI	Centro de Documentação e Investigação Histórica
CDSN	Conselho de Defesa e Segurança Nacional
CEA	Comunidade Económica Africana
CECA	Comissão para o Estudo das Campanhas de África
CEDEAO	Comunidade Económica dos Estados da África Ocidental
CEDN	Conceito Estratégico de Defesa Nacional
CEEA	Centro de Estudos Estratégicos de Angola
CEEAC	Comunidade Económica dos Estados da África Central
CEM	Conceito Estratégico Militar
CEMAC	*Communauté Économique et Monétaire de l'Afrique Centrale*
CEME	Chefe do Estado-Maior do Exército
CEMGFA	Chefe do Estado-Maior General das Forças Armadas
CEWARM	*Continental Early Warning and Response Mechanism*
CEWS	*Continental Early Warning System*
CGC	Comissão do Golfo da Guiné
CIDDEMA	Comissão Interministerial para Delimitação e Demarcação do Espaços Marítimos de Angola
CIOP	Centro de Instrução de Operações de Apoio À Paz
CIR	Centros de Instrução Revolucionária
CJM	Código de Justiça Militar
CLCS	Comissões Locais de Contra-Subversão
CMVF	Comissão Mista de Verificação e Fiscalização
COMESA	*Common Market for Eastern and Southern Africa*
COPAX	Conselho de Paz e Segurança (CEEAC)
CPCS	Conselho Provincial de Contra-Subversão
CPLP	Comunidade dos Países de Língua Portuguesa
CPS	Conselho de Paz e Segurança (UA)
CRO	*Crisis Response Operations*
CSFAA	Comando Superior das FAA
CTM	Cooperação Técnico-Militar
DGPDN	Direção Geral de Política de Defesa Nacional
DIMIL	Divisão de Informações Militares (EMGFA)
DIVOP	Divisão Operações (EMGFA)
DPCIM	Direções Principais Contra Inteligência Militar
DPIMO	Direções Principais de Inteligência Militar Operativa
DPPTE	Direção Principal de Preparação de Tropas e Ensino

EASBRIG	*Eastern African Standby Brigade*
ECA	*Economic Commission for Africa*
ECCAS	*Economic Community of Central African States*
ECHO	*European Community Humanitarian Office*
ECOBRIG	*ECOWAS Standby Brigade*
ECOWAS	*Economic Community of West African States*
EFO	Escola de Formação de Oficiais
EM	Estado-Maior
EMAM	Estrutura de Missão para os Assuntos do Mar
EMGFA	Estado-Maior General das Forças Armadas
EPLA	Exército Popular de Libertação de Angola
FAA	Forças Armadas Angolanas (Forças Armadas de Angola)
FAeA	Força Africana em Alerta
FAPLA	Forças Armadas Populares de Libertação de Angola
FCD	Fórum Cabindês para o Diálogo
FED	Fundo Europeu de Desenvolvimento
FIR	*Flight Information Region*
FLEC	Frente para a Libertação do Enclave de Cabinda
FMM	Forças Militares Mistas
FND	Forças Nacionais Destacadas
FOMAC	Força Multinacional para a África Central (CEEAC)
FRAIN	Frente Revolucionária Africana para a Independência das Colónias Portuguesas (Movimento Anticolonial de Angola – MAA)
FUA	Frente de Unidade Angolana
FULA	Frente Unida para a Libertação de Angola
GAM	Gabinete das Academias Militares
GPOI	*Global Peace Operations Initiative*
GRAE	Governo da República de Angola no Exílio
GRPA	Governo da República Popular de Angola
GU	Grandes Unidades
GURN	Governo de Unidade e Reconciliação Nacional
IAEM	Instituto de Altos Estudos Militares
IDH	Índice de Desenvolvimento Humano
IDN	Instituto de Defesa Nacional
IESM	Instituto de Estudos Superiores Militares
IISS	*International Institute for Strategic Studies*
INAVIC	Instituto Nacional de Aviação Civil de Angola

JWT	*Angola-EU Joint Way Forward*
LCMFAA	Lei das Carreiras dos Militares das Forças Armadas Angolanas
MARAC	Mecanismo de Alerta Rápido da África Central (CEAAC)
MDIA	Movimento para a Defesa dos Interesses de Angola
MDN	Ministério da Defesa Nacional
MISSANG	Missão de Segurança das Forças Angolanas na Guiné-Bissau
MNA	Movimento Nacional de Angola
MNE	Ministério dos Negócios Estrangeiros
MNLA	Movimento Nacional de Libertação de Angola
MONUA	*United Nations Observer Mission in Angola*
MPIA	Movimento para a Independência de Angola
MPLA	Movimento Popular de Libertação de Angola
MTPJE-PPA	Missão Temporária de Portugal Junto das Estruturas do Processo de Paz em Angola
NATO	*North Atlantic Treaty Organization*
NEPAD	*New Partnership for Africa's Development*
NRF	*NATO Response Force*
NSS	*National Security System*
NU	Nações Unidas
ODM	Objetivos de Desenvolvimento do Milénio
OGFE	Oficinas Gerais de Fardamento e Equipamento
OI	Organizações Internacionais
ONDC	Organização Nacional de Defesa Civil
ONU	Organização das Nações Unidas
ORA	Organizações Regionais Africanas
OTAN	Organização do Tratado do Atlântico Norte
OUA	Organização de Unidade Africana
PALOP	Países Africanos de Língua Oficial Portuguesa
PAMPA	Programa de Apoio às Missões de Paz em África
PCDD	Protocolo de Cooperação dos Países Língua Portuguesa no Domínio da Defesa
PDA	Partido Nacional de Angola
PDN	Política de Defesa Nacional
PESC	Política Europeia de Segurança Comum
PESD	Política Europeia de Segurança e Defesa
PIDE	Polícia Internacional e de Defesa do Estado
PN	Polícia Nacional (Angola)

PNUD	Programa das Nações Unidas para o Desenvolvimento
PSA	Partido Solidário Africano
PSTC	*Peace Support Training Centre*
RADAN	Região Aérea – Defesa Antiaérea Norte
RADAS	Região Aérea – Defesa Antiaérea Sul
RCA	República Centro Africana
RDC	República Democrática do Congo
RDM	Regulamento de Disciplina Militar
ReCAMP	*Renforcement des Capacités Africaines de Maintien de la Paix*
RI	Relações Internacionais
RSD	Reforma do Sector da Defesa
RSS	Reforma do Sector da Segurança
SADC	*Southern African Development Community*
SADCBRIG	*SADC Standby Force Brigade*
SADCC	Conferência de Coordenação do Desenvolvimento da África Austral
SADSEN	*Southern African Defence and Security Management Network*
SIE	Serviço de Inteligência Externa de Angola
SIM	Serviço de Inteligência Militar
SIN	Serviço de Inteligência Nacional
SINSE	Serviço de Informações e Segurança de Estado
SIPO	*Strategic Indicator Plan for the SADC Organs*
SIPRI	*Stockholm International Peace Research Institute*
SNVM	Sistema Nacional de Vigilância Marítima
SONANGOL	Sociedade Nacional de Petróleos de Angola
SPAD	Secretariado Permanente para os Assuntos Defesa (CPLP)
SPI	Sistema Político Internacional
SSE	Serviço de Segurança Externa
SWATF	*South West Africa Territorial Force*
TSA	Tempo de Serviço Ativo
TSCTI	*Trans-Sahara Counterterrorism Initiative*
UA	União Africana
UE	União Europeia
UNAMID	*AU/UN Hybrid Operations in Darfur*
UNHCR	*United Nations High Commissioner for Refugees*
UNICEF	Fundo das Nações Unidas para a Infância
UNITA	União Nacional para a Independência Total de Angola

UNPBC	*United Nations Peacebuilding Commission*
UNTA	União Nacional dos Trabalhadores Angolanos
UPA	União das Populações de Angola
UPNA	União dos Povos do Norte de Angola
ZIN	Zona de Intervenção Norte
ZIS	Zona de Intervenção Sul

LISTA DE FIGURAS

Figura 1	Mapa da República de Angola	47
Figura 1a)	Província de Cabinda – Angola	48
Figura 2	Mapa da Conflitualidade em África (1968-2003)	171
Figura 3	Principais Países Importadores de Armamento na África Subsariana (1996-2010)	174
Figura 4	Participação de África na produção mundial de matérias-primas (2005-2015)	177
Figura 5	*United Nation Peacekeeping Operations* (31 de dezembro de 2011)	207
Figura 6	Missões da União Europeia (30 de janeiro 2012)	217
Figura 7	Training Camp – Bihanga (2012) – EUTM/Somália	220
Figura 8	Agenda da Componente de Defesa da Comunidade 1996-2012	233
Figura 9	Principais Exportações de Angola (1930-1960)	269
Figura 10	Resolução da IIª Conferência dos Povos Africanos	281
Figura 11	A História de Angola e das Forças Armadas Angolanas	297
Figura 12	Carta do Presidente do Governo de Transição de Angola – Almirante Rosa Coutinho	305
Figura 13	A Batalha de Quifangondo	315
Figura 14	Fidel Castro e Agostinho Neto – Batalha de Quifangondo	324
Figura 15	Assinatura do Memorando de Entendimento de Luena (2 de abril de 2002) – General Armando da Cruz Neto (FAPLA) e General Abreu Muengo Ukwachitembo "Kamorteiro" (FALA)	377
Figura 16	Escola Superior Guerra (Símbolo)	425
Figura 17	Mapa Resumo da Formação no ISEM/ESG em Angola (1992-2011)	426

A POSIÇÃO DE ANGOLA NA ARQUITETURA DE PAZ E SEGURANÇA AFRICANA

FIGURA 18	Ministério da Defesa Nacional de Angola – Luanda	440
FIGURA 19	Estrutura Orgânica do Ministério da Defesa Nacional de Angola	450
FIGURA 20	Distintivo do CEMGFAA	476
FIGURA 21	Patentes do Exército	477
FIGURA 22	Patentes da Força Aérea Nacional e da Marinha de Guerra Angolana	478
FIGURA 23	Regiões Militares de Angola – 2012	481
FIGURA 24	Sistema de Informações (Inteligência) em Angola	485
FIGURA 25	Estrutura da Receita e da Despesa Realizada – 1º Trimestre 2011	498
FIGURA 26	Bases Navais – Marinha de Guerra Angolana	502
FIGURA 27	Força Aérea Popular de Angola / Defesa Antiaérea (FAPA/DAA)	505
FIGURA 28	Helitransporte com a Força Aérea Nacional Angolana – MI-17	507
FIGURA 29	Transporte Estratégico com a Força Aérea Nacional Angolana – IL-767D	509
FIGURA 30	Bases Aéreas – Força Aérea Nacional Angolana	512
FIGURA 31	Centro de Instrução de Operações de Apoio à Paz (CIOP) – Cabo Ledo – Angola	535
FIGURA 32	As cinco *African Standby Brigades*	556
FIGURA 33	A Rede de Instituições que integram a SADSEM	578
FIGURA 34	Símbolo do exercício militar *FELINO 2010*	586
FIGURA 35	Efetivos presentes no exercício *FELINO 2010*	599
FIGURA 36	As Forças Armadas Angolanas no exercício *FELINO 2010*	602

ÍNDICE

NOTA BIOGRÁFICA	5
PREFÁCIO	7
NOTA PRÉVIA	7
RESUMO	17
ABSTRACT	19
AGRADECIMENTOS	23
SIGLAS E ABREVIATURAS	25
LISTA DE FIGURAS	31
ÍNDICE	33
LISTA DE ANEXOS	41

INTRODUÇÃO	49
Nota Introdutória	49
Objetivos do Estudo	50
Introdução ao Problema	52
Importância do Estudo	55
Metodologia de Investigação Científica	61

PARTE I – AS DINÂMICAS DA SEGURANÇA E DO DESENVOLVIMENTO EM AMBIENTES DE CONFLITUALIDADE UMA ABORDAGEM NO CONTEXTO AFRICANO	67
CAPÍTULO I – A Cooperação Internacional no contexto das Relações Internacionais	69
1. A Cooperação Internacional. Da Época Clássica à Atualidade	71
2. A Cooperação no contexto das Relações Internacionais. Do Idealismo ao Construtivismo	85

CAPÍTULO II – A interdependência entre segurança/defesa
e desenvolvimento 97
  1. Os conceitos de "Segurança" e "Defesa".
     Uma abordagem contextual em África 99
  2. As Forças Armadas como elemento político de segurança
     e defesa coletiva 116
  3. O Desenvolvimento e os Mecanismos de Apoio
     ao Desenvolvimento em África 124
  4. A interdependência político-estratégica entre segurança
     e desenvolvimento 130

CAPÍTULO III – A gestão de conflitos e a conflitualidade em África 133
  1. A Gestão de Conflitos. Uma introdução à problemática 134
  2. A conflitualidade no Mundo e em África. Elementos
     de similaridade e divergência 148
  3. A geopolítica dos conflitos em África.
     A vertente subsariana da conflitualidade 159

CAPÍTULO IV – Estratégias de Segurança e de Apoio
ao Desenvolvimento em África. A função estratégica dos principais
atores externos e internos 181
  1. O papel da Cooperação Internacional na Política Externa
     dos Estados Africanos. A cooperação Bi-Multilateral como ação
     estratégica do Estado 183
  2. O papel das Organizações como Atores Externos na segurança
     e no apoio ao desenvolvimento em África 193
     2.1. A Organização das Nações Unidas 198
     2.2. A União Europeia 210
     2.3. A Organização do Tratado do Atlântico Norte 224
     2.4. A Comunidade dos Países de Língua Portuguesa 230
  3. O papel das Organizações Regionais Africanas na segurança
     e no apoio ao desenvolvimento em África 242
     3.1. Da Organização de Unidade Africana à União Africana 244
     3.2. A União Africana 245
     3.3. A Comunidade para o Desenvolvimento da África Austral 249
     3.4. A Comunidade Económica dos Estados da África Central 251

ÍNDICE

PARTE II – AS FORÇAS ARMADAS ANGOLANAS COMO ELEMENTO
DO POTENCIAL ESTRATÉGICO DE ANGOLA
UMA ABORDAGEM GEOESTRATÉGICA E GEOPOLÍTICA ... 255

CAPÍTULO I – Contributos das Forças Armadas Angolanas
para a formação da Nacionalidade ... 257
1. A Formação da Nacionalidade em Angola ... 259
   1.1. De Lisboa a Luanda. O Colonialismo Clássico ... 261
   1.2. De Berlim a Luanda. O Colonialismo Moderno ... 263
   1.3. A "questão" Angolana nas Nações Unidas ... 270
2. A génese da formação dos Movimentos de Libertação
   em Angola ... 277
3. O idealismo Pan-Africano. A perspetiva Angolana ... 290

CAPÍTULO II – Os preliminares da formação das Forças Armadas
Angolanas. De Alvor a Bicesse ... 295
1. Os preliminares da formação das Forças Armadas de Angola ... 296
   1.1. Os preparativos da assinatura do Acordo de Cessar-Fogo
      em Alvor ... 298
   1.2. Os Acordos de Alvor (15 de janeiro de 1975) ... 301
      1.2.1. A importância dos instrumentos militares dos
           Movimentos de Libertação no processo
           de Independência. Consequência para os
           Acordos de Alvor ... 307
      1.2.2. A Batalha de Quifangondo
           Um marco na Independência de Angola ... 314
      1.2.3. A Independência de Angola (11 de novembro de 1975) ... 318
      1.2.4. A participação das FAR. Contributos para a edificação
           da segurança em Angola ... 320
      1.2.5. As Nações Unidas em Angola. Contributos para a Paz ... 327
      1.2.6. A Independência da República da Namíbia
           (1 de abril de 1988) ... 331
   1.3. Da Independência a Bicesse ... 333
      1.3.1. O Acordo de Nova Iorque (22 de dezembro de 1988) ... 334
      1.3.2. A Batalha de Cuíto Cuanavale
           O ponto de viragem político-militar ... 337
   1.4. Os Acordos de Paz de Bicesse (31 de maio de 1991) ... 344
      1.4.1. A importância da Comissão Conjunta Político-Militar
           na edificação das Forças Armadas de Angola ... 347

A POSIÇÃO DE ANGOLA NA ARQUITETURA DE PAZ E SEGURANÇA AFRICANA

      1.4.2. A assessoria jurídica e a legislação militar nas Forças
             Armadas de Angola   357
      1.4.3. A Missão Temporária de Portugal junto das Estruturas
             do Processo de Paz em Angola e os contributos para
             a edificação das Forças Armadas de Angola   361
      1.4.4. A extinção da Comissão Conjunta para a Formação
             das Forças Armadas. Um revés no processo
             de formação das FAA   370
  2. A morte de Jonas Savimbi e os Acordos de Luena
     (4 de abril de 2002)   373

CAPÍTULO III – A Política de Defesa Nacional em Angola após 2002   379
  1. A reformulação da Política de Defesa Nacional em Angola
     após Luena   379
      1.1. A criação dos Estabelecimentos de Ensino Militar. A alavanca
           da modernidade na formação das Forças Armadas de Angola   385
      1.2. As potencialidades de uma Indústria de Defesa em Angola   388
      1.3. A Reintegração e a Desmobilização como via para a
           Reestruturação   390
  2. O Conceito Estratégico de Defesa Nacional como elemento
     de valorização das Forças Armadas Angolanas   392
  3. A Política Externa de Defesa no período pós-2002.
     O Contexto Regional Africano   396
  4. Principais eixos da Política Externa de Defesa em Angola.
     A "questão" de Cabinda   403

CAPÍTULO IV – As Forças Armadas de Angola. O Sistema de Ensino
Militar como vetor de modernidade   411
  1. O Sistema de Ensino Militar nas Forças Armadas Angolanas   411
      1.1. O Ensino Militar pré-Bicesse   412
      1.2. O Ensino Militar pós-Bicesse   416
  2. O Sistema de Ensino Militar atual das Forças Armadas Angolanas   419
  3. A Formação dos Oficiais nas Forças Armadas de Angola   424

CAPÍTULO V – A construção da "nova" identidade de Segurança
e Defesa em Angola   429
  1. Fatores geoestratégicos da construção da segurança e da defesa
     em Angola   429

ÍNDICE

2. Um apontamento sobre a evolução da Política de Segurança
   e Defesa em Angola   438
3. A Legislação Fundamental: O Sistema Presidencial-Parlamentar
   Angolano   441
   3.1. O papel do Comandante-em-Chefe das Forças Armadas
        de Angola   446
   3.2. O edifício legislativo na vertente da Defesa Nacional   448
   3.3. O Conceito Estratégico de Segurança e Defesa Nacional
        e o Conceito Estratégico Militar   451
   3.4. Principais Linhas de Força para a Reedificação das Forças
        Armadas Angolanas   455
4. As Forças Armadas como fator do Potencial Estratégico de Angola   461
   4.1. O edifício conceptual. As Leis e os Regulamentos
        na reedificação das Forças Armadas Angolanas   462
   4.2. O Ante-Projeto do Estatuto dos Militares das Forças
        Armadas de Angola   464
   4.3. As Regiões Militares. O Sistema e Dispositivo de Forças
        Nacional. A Arquitetura Nacional de Segurança Angolana   479
   4.4. O Sistema de Informações Militares Angolano.
        Integração entre o sistema civil e militar de Inteligência   482
5. As Forças Armadas de Angola. Principais Linhas de Força
   e Missões Específicas   492
   5.1. O Espaço Marítimo e as Missões da Marinha
        de Guerra Angolana   493
   5.2. O Espaço Aéreo e as Missões da Força Aérea
        Nacional Angolana   504
   5.3. O Espaço Terrestre e as Missões das Tropas de Guarda
        de Fronteira Angolana   514
6. As missões de Interesse Público no âmbito da Proteção Civil.
   O papel das Forças Armadas Angolanas   522

PARTE III – CONTRIBUTO DAS FORÇAS ARMADAS ANGOLANAS PARA
A SEGURANÇA E DEFESA REGIONAL AFRICANA
O EXERCÍCIO MILITAR *FELINO 2010*   525

CAPÍTULO I – As dinâmicas regionais no contexto da Segurança e Defesa.
A perspetiva securitária Angolana   527

1. A perspetiva Angolana da segurança e defesa regional.
   A inserção nos espaços regionais 529
2. Contribuições de Angola para a Paz e Segurança Regional ... 533
3. Uma reflexão sobre a segurança no Golfo da Guiné 540

CAPÍTULO II – A importância da Arquitetura de Paz e Segurança
Africana para o desenvolvimento das Forças Armadas Angolanas ... 551
1. A importância da Arquitetura de Paz e Segurança Africana
   na atual conjuntura continental e regional de segurança 553
2. Contributos para a operacionalização da Arquitetura de Paz
   e Segurança Africana 556
3. Aspetos geoestratégicos e geopolíticos da participação de Angola
   na Arquitetura de Paz e Segurança Africana 558
4. Estratégias de complementaridade para Angola entre a SADC
   e a CEEAC na vertente da Segurança e Defesa.
   Fatores de Correlação de Forças Militares 562
   4.1. A participação de Angola no contexto da CEEAC 563
   4.2. A participação de Angola no contexto da SADC 568

CAPÍTULO III – A reflexão Estratégica sobre Segurança e Defesa Regional
em Angola 575
1. A reflexão estratégica sobre a temática da segurança
   e defesa em Angola 575
2. A importância da *Southern African Defence and Security
   Management Network* para Angola 577
3. O Centro de Estudos Estratégicos em Angola (CEEA).
   Uma referência no Pensamento Estratégico Angolano 581

CAPÍTULO IV – O exercício militar *Felino2010*.
Um teste às capacidades operacionais das Forças Armadas de Angola ... 585
1. O exercício militar *Felino2010* 586
   1.1. Os exercícios militares da série *Felino* no contexto da CPLP.
         Uma perspectiva evolutiva para um futuro incerto 587
   1.2. A Fase de Planeamento Operacional Conjunto.
         Principais ensinamentos 590
   1.3. O Enquadramento Operacional do Exercício 596
2. Forças e Meios Militares em presença no exercício *Felino2010*.
   Principais Ensinamentos para as Forças Armadas Angolanas ... 597

3. Os comentários da Opinião Pública. Uma nova dimensão
para as Froças Armadas Angolanas 598
4. Principais ensinamentos para o sector da Segurança
e Defesa em Angola 600

CONCLUSÕES 605

BIBLIOGRAFIA 625

ANEXO
Documentos sobre a Edificação das Forças Armadas de Angola (1982-2007) 643

LISTA DAS PERSONALIDADES ENTREVISTADAS (2010/2011)

	ENTREVISTADO	FUNÇÃO	DATA LOCAL
1	Professor Doutor André Thomashausen	Director Institute of Foreign and Comparative Law University of South Africa	10/02/2010 Email
2	Professor Doutor Assis Malaquias	Professor of Defense Economics – Africa Centre for Strategic Studies (ACSS), Washington D.C.	16/06/2010 Lisboa
3	Dr. Henri Boshoff	Head Peace Missions Program Institute for Security Studies (ISS) – South Africa	17/06/2010 Lisboa
4	Professor Doutor Joseph Siegle	Director of Research – Africa Center For Strategic Studies (ACSS), Washington D.C.	17/06/2010 Lisboa
5	Professora Doutora Katherine J. Almquist	Senior Fellow, Security and Development – Africa Center For Strategic Studies (ACSS), Washington D.C.	21/06/2010 Lisboa
6	Professor Doutor André Le Sage	Senior Research Fellow for Africa, Institute for National Strategic Studies (INSS)	22/06/2010 Lisboa
7	Embaixador William M. Bellamy	Director Africa Center for Strategic Studies (ACSS), Washington D.C.	23/06/2010 Lisboa
8	Coronel Antero de Matos	Conselheiro de Segurança Nacional do Governo de Cabo Verde	23/06/2010 Lisboa
9	Tenente-Coronel Alfredo Marçal Lima	Diretor Nacional de Política de Defesa Nacional da República Democrática de São Tomé e Príncipe (2010)	23/06/2010 Lisboa
10	General William E. "Kip" Ward	Commander of the US Africa Command (AFRICOM) Stuttgart, German	30/06/2010 Email
11	Professor Doutor José F. Pavia	Professor Associado na Universidade Lusíada de Lisboa	22/09/2010 Lisboa

12	Dr. Yuri Emanuel	Funcionária da Caixa Social das Forças Armadas de Angola (FAA)	17/10/2010 Email
13	Capitão Laureano Fernando (FAA)	Membro das Forças Armadas de Angola (FAA)	17/10/2010 Email
14	Major Pedro Vaz (FAA)	Membro das Forças Armadas de Angola (FAA), Mestrando em Ciência Política na Universidade Católica de Angola	19/10/2010 Email
15	Coronel Manuel José Correia Barros (FAA)	Coronel das Forças Armadas Angolanas Ex-Chefe do Departamento de Informações e Análise do Serviço de Inteligência Militar Investigador no Centro de Estudos Estratégicos de Angola (CEEA)	20/10/2010 Cascais
16	Almirante Vieira Matias	Ex-Chefe do Estado-Maior da Armada (Portugal) Professora Convidada do Instituto de Estudos Políticos da Universidade Católica de Lisboa.	10/11/2010 Lisboa
17	Cmdt John P. Cann	Oficial Piloto Aviador na Reserva da Marinha dos EUA. Doutorado em Estudos da Guerra pelo King's College no Reino Unido. Conferencista Internacional sobre África	13/12/2010 Email
18	Professor Doutor Adriano Moreira	Professor Emérito da Universidade Técnica de Lisboa. Presidente Honorário da Sociedade de Geografia de Lisboa e da Academia Internacional da Cultura Portuguesa. Presidente do Conselho Geral da Universidade Técnica de Lisboa	15/12/2010 Lisboa
19	Conselheiro de Embaixada Manuel Frederico Silva	Chefe de Divisão – Direção de Serviços Organizações Políticas Internacionais (2010). Ministério dos Negócios Estrangeiros – Portugal	16/12/2010 Lisboa
20	Tenente-General Alípio Tomé Pinto	Em junho de 1991 foi nomeado, por escolha, para representante de Portugal na Comissão Conjunta para a Formação das Forças Armadas Angolanas nos termos do Acordo de Bicesse.	12/2010 01/2011 Lisboa
21	Professor Doutor Manuel Ennes Ferreira	Professor no Departamento de Economia – Instituto Superior de Economia e Gestão da Universidade Técnica de Lisboa	27/12/2010 Lisboa
22	Engenheiro Domingos Simões Pereira	Secretário Executivo da Comunidade de Países de Língua Portuguesa (CPLP)	10/01/2011 Lisboa
23	Dr. Saldanha Serra	Responsável pela Cooperação Técnico Militar na Direção Geral de Política de Defesa Nacional do Ministério da Defesa Nacional de Portugal (2011)	17/01/2011 Lisboa

LISTA DAS PERSONALIDADES ENTREVISTADAS (2010/2011)

24	Dr. Caetano José Castel-branco Ferreira	Assessor Jurídico do General CEMGFA. Participou como assessor jurídico na Comissão Conjunta para a Formação das Forças Armadas Angolanas	15/2/2011 Lisboa
25	Tenente- Coronel José Costa Reis	*Desk-Officer* para Angola na Repartição de Cooperação Técnico Militar da Direção Geral de Política de Defesa Nacional do Ministério da Defesa Nacional de Portugal	17/03/2011 Lisboa
26	Coronel (FAA) Cardoso Chicapo	Comandante do Centro de Instrução de Forças Especiais das Forças Armadas de Angola	23/05/2011 Cabo Ledo Angola
27	Embaixador Dan Mozena	National Defense University – Washington D.C. Ex-Embaixador dos EUA em Angola (2007/2011)	15/6/2011 Washington
28	Professor Doutor Michel Cahen	Historiador, pesquisador do Centre National de la Recherche Scientifique (CNRS) e Diretor do Centre d'Etude d'Afrique Noire (CEAN) do Institut d'Études Politiques (Université Montesquieu Bordeaux IV)	26/09/2011 Bordéus
29	Professor Doutor Mário Pinto de Andrade	Reitor da Universidade Lusíada de Angola	17/10/2011 Luanda
30	Major-General Mário Plácido Cirilo de Sá "Ita"	Presidente do Conselho Executivo do CEEA Ex-Chefe do Serviço de Informações Militares Angola	18/10/2011 Luanda
31	Coronel Manuel José Correia de Barros (FAA)	Coronel das Forças Armadas Angolanas Ex Chefe do Departamento de Informações e Análise do Serviço de Inteligência Militar Investigador no Centro de Estudos Estratégicos de Angola (CEEA)	18 e 19/10/2011 Luanda 20/10(2011 Luanda
32	Tenente-General Felisberto Njele (FAA)	Ex-Governador Militar de Cabinda – Ex-militar das FALA/UNITA	18/10/2011 Luanda
33	Dr. Jorge Cardoso	Membro do Conselho Executivo do CEEA – *Desk Officer for SADC*	18/10/2011 Luanda
34	General Lázaro Cárdenas Siérra (FAR Cubanas)	Ex-Adido Militar Cubano em Angola (participou no Processo de Bicesse) – Membro do Conselho Executivo do CEEA	18/10/2011 Luanda
35	Professor Doutor Justino Pinto de Andrade	Professor de Economia da Universidade Católica de Luanda	19/10/2011 Luanda

A POSIÇÃO DE ANGOLA NA ARQUITETURA DE PAZ E SEGURANÇA AFRICANA

36	Professor Doutor Manuel José Alves da Rocha	Diretor do Centro de Estudos e Investigação Cientifica da Universidade Católica de Angola (CEIC-UCAN)	19/10/2011 Luanda
37	Coronel Vitoriano dos Santos "Alemão"	Chefe do Departamento de Investigação do Instituto de Defesa Nacional de Angola	20/10/2011 Luanda
38	Professora Doutora Laurinda Hoygaard	Reitora da Universidade Privada de Angola	20/10/2011 Luanda
39	Professor Carlos Rosado de Carvalho	Diretor Executivo da Revista *Exame* em Angola	20/10/2012 Luanda
40	Professor Salim Valimamade	Membro do Centro de Estudos e Investigação Cientifica da Universidade Católica de Angola (CEIC-UCAN)	21/10/2012 Luanda

DOCUMENTOS SOBRE A EDIFICAÇÃO DAS FORÇAS ARMADAS DE ANGOLA (1982-2007)

	DOCUMENTO (DATA)	ORIGEM	CLASSIFICAÇÃO SEGURANÇA
1	Relatório – Viagem Presidencial à República Popular de Angola de 15 a 19 de Abril de 1982 – Aspectos Relativos ao Domínio da Cooperação Militar. (23 de abril de 1982)	Vice-Chefe do Estado-Maior do Exército – General José Lopes Alves	CONFIDENCIAL
2	Acta da reunião entre Delegações Militares da República Popular de Angola e das Forças Armadas Portuguesas. (17 de janeiro de 1983)	Chefe de Gabinete CEMGFA Coronel António F. R. Areia	CONFIDENCIAL
3	Ordem de Serviço Nº 1 Quartel no Huambo (13 de dezembro de 1991)	Forças Armadas Angolanas Escola Formação Oficiais	RESERVADO
4	*Um Conceito para as Forças Armadas de Angola* – Estado-Maior General das Forças Armadas Portuguesas (08 de maio de 1991)		CONFIDENCIAL
5	Parecer da Auditoria Jurídica do Gabinete General CEMGFA de Portugal sobre a participação do Assessor Jurídico na elaboração do RDM e CJM das FAA. (24 de julho de 1991)	Assessor Jurídico General CEMGFA Portugal – Dr. Caetano Castel-Branco Ferreira	RESERVADO
6	Comunicado do Comité Permanente da Comissão Política da UNITA. (08 de setembro de 1991)	Comité Permanente da Comissão Política da UNITA (Jamba)	S/ CLASSIFICAÇÃO
7	Relatório da Auditoria Jurídica sobre a participação do Assessor Jurídico do CEMGFA de Portugal na elaboração do RDM e CJM das FAA. (20 de setembro de 1991)	Assessor Jurídico General CEMGFA Portugal – Dr. Caetano J. Castel-Branco Ferreira	S/ CLASSIFICAÇÃO

8	Solicitação de Cooperação Militar com Portugal no período da formação das FAA – CCFA. (03 de outubro de 1991)	Representante Portuguesa na CCFA – General Alípio Tomé Pinto	S/CLASSIFICAÇÃO
9	Diretiva 6/CCFA – Normas Básicas para a Reorganização da Força Aérea Nacional Angola e da Marinha de Guerra Angolana – Draft (15 de novembro de 1991)	Comissão Conjunta Político Militar	S/CLASSIFICAÇÃO
10	Missão de Paz em Angola – VOLUME I – Diretivas elaboradas pela Comissão Conjunta Político-Militar. (25 de novembro de 1991)	Representante Português na CCFA – General Alípio Tomé Pinto	RESERVADO
11	Resenha de Imprensa – *Diário de Noticias* – "Forças Armadas de Angola estarão incompletas em Setembro". (15 de abril de 1992)	MDN/DIRP	S/CLASSIFICAÇÃO
12	Ofício Nº 09/Proc.º 03.23.30 de 3 de junho de 1992 – Cooperação Técnico Militar com os PALOP	General Alípio Tomé Pinto	S/CLASSIFICAÇÃO
13	Ofício Nº 536/Proc.º 03.23.30 de 30 de abril de 1992 – Cooperação Técnico Militar com a República de Angola	General Alípio Tomé Pinto	S/CLASSIFICAÇÃO
14	Relatório Final – Assessoria Portuguesa na Comissão Conjunta para a Formação das Forças Armadas (CCFA) de Angola. (15 de dezembro de 1992)	Representante Portuguesa na CCFA – General Alípio Tomé Pinto	RESERVADO
15	Nota do Adido de Defesa junto da Embaixada de Portugal em Luanda – "Angola – Estrutura Superior MINDEN e EMGFAA". (25 de agosto de 2003)	Adido de Defesa em Angola Major-General José Carlos Mendonça da Luz	CONFIDENCIAL
16	Memorando de Entendimento Complementar ao Protocolo de Lusaka para a Cessação das Hostilidades e Resolução das Demais Questões Militares Pendentes nos Termos do Protocolo de Lusaka – 4 de abril de 2002.		S/CLASSIFICAÇÃO
17	Diretiva do Presidente da República e Comandante-em-Chefe sobre a Reedificação das Forças Armadas Angola (30 de julho de 2007)	Comissão de Reedificação das Forças Armadas Angola – Grupo Técnico Executivo	SECRETO (Para âmbito de serviço)

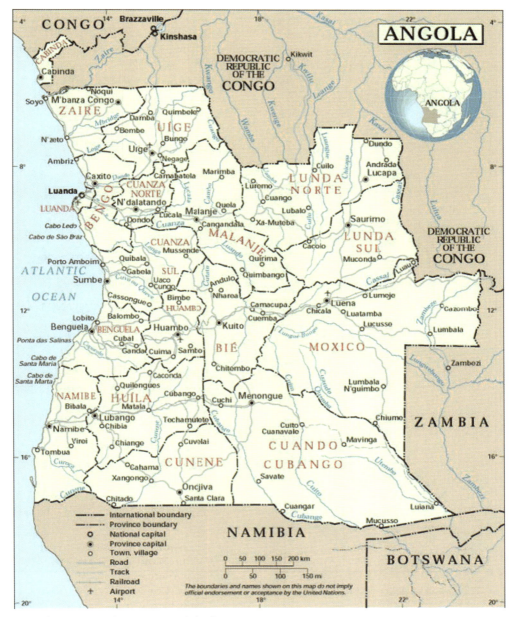

Fonte: *[http://www.inadev.org/map_angola.htm]*.

Figura Nº 1 – **Mapa da República de Angola**

Cabinda (Angola)

Fonte: *[http://upload.wikimedia.org/wikipedia/commons/f/fc/Cabinda_pol77.jpg]*.

FIGURA Nº 1 A) – **Mapa de Angola (Província de Cabinda)**

INTRODUÇÃO

> "A vertente da segurança, sem a qual não há desenvolvimento económico nem político, exige a formulação de um instrumento e de uma doutrina que legitime e torne eficazes as intervenções em nome dos interesses da Humanidade."
>
> ADRIANO MOREIRA, *Teoria das Relações Internacionais*, 2002, p. 448

Nota Introdutória

Na sequência das investigações académicas e reflexões teórico-concetuais levadas a efeito no âmbito da dissertação de Mestrado em Estratégia, realizado no Instituto Superior de Ciências Sociais e Políticas (ISCSP) entre 2004 e finais de 2007, subordinada ao tema: *A evolução da componente de segurança e defesa na Comunidade dos Países de Língua Portuguesa e a sua intervenção no espaço Africano*" foram levantadas algumas interrogações concetuais que sugerem uma importância crescente do fator "segurança" e "defesa" no desenvolvimento sustentado atual do continente africano. Este pseudo-paradigma da modernidade parece reafirmar a importância do fator "segurança" (nas suas múltiplas vertentes) e traz à reflexão académica contemporânea a pertinência e necessidade de se analisar, como elemento geoestratégico complementar da ação dos Estados, os sistemas securitários coletivos e cooperativos regionais, entendidos como uma das formas de contribuir para a segurança partilhada e desenvolvimento sustentado em África, mormente pela via da segurança coletiva regional e na afirmação dos valores democráticos do Estado de Direito.

Neste contexto, e no âmbito dos estudos conducentes ao Doutoramento em Ciências Sociais na especialidade de Relações Internacionais, pretendeu-se efetuar um aprofundamento teórico-conceptual e uma especialização da temática em apreço, especialmente centrado na edificação do pilar da segurança e da defesa na República de Angola, refletindo sobre os possíveis vetores estratégicos de intervenção do Estado em prol da segurança regional em África, nomeadamente através da análise da função estratégica das Forças Armadas Angolanas (FAA).

O tema, ajustado em 25 de janeiro de 2010 em face do projeto inicial, datado de 25 de setembro de 2007, intitula-se *A posição de Angola na Arquitetura de Paz e Segurança Africana. Análise da função estratégica das Forças Armadas Angolanas* e pretende dar a conhecer o papel do instrumento militar como vetor privilegiado de Política Externa do Estado, neste caso concreto, das Forças Armadas de Angola ao serviço da Política Externa regional e em África do Estado Angolano.

Objetivos do Estudo

Os principais objetivos que nos propusemos alcançar com a realização deste trabalho de investigação estão essencialmente relacionados com um gosto pessoal e profissional pela temática da segurança e da defesa no continente africano, na região subsariana e mais em particular em Angola. Este interesse particular advém também da necessidade profissional de realizar um aperfeiçoamento e acompanhamento constante sobre as temáticas das dinâmicas regionais no contexto da prevenção e resolução de conflitos em África.

A análise da evolução contemporânea dos processos adotados na edificação dos pilares da segurança e da defesa em Angola e o estudo das dinâmicas político-estratégicas nos espaços regionais de inserção onde está conjunturalmente integrado, constituem uma das principais vertentes de análise desta tese académica. Aspeto que consubstancia um fator motivador, muito desafiante, inovador e fazendo parte de um projeto de enriquecimento pessoal e profissional sobre a temática da gestão de conflitos em África e da História recente de Angola e das suas Forças Armadas.

No âmbito académico, as contribuições dadas para o conhecimento científico sobre os fenómenos sociais e militares na região, que se pensa

INTRODUÇÃO

ainda serem relativamente pouco explorados e conhecidos, bem como a possibilidade de divulgar no meio académico e institucional esta importante temática, assume-se, por um lado, como desafio ao teor rigoroso e assertivo da investigação e à excelência do trabalho produzido, constituindo uma oportunidade que em face da atual conjuntura, representa uma importante mais-valia pessoal e profissional. Por outro lado, o trabalho de campo realizado em Portugal, Angola (Cabo Ledo e Luanda), nos Estados Unidos da América (Washington) e França (Bordéus), quer pelas múltiplas dimensões de análise e aspetos considerados na abordagem, quer ainda pela riqueza de conhecimentos e de contatos proporcionados, tornou-se fonte de experiências extremamente aliciantes e únicas, permitindo *in loco*, consolidar os ensinamentos académicos entretanto adquiridos, e possibilitando ainda uma visão mais conhecedora, esclarecida e informada do potencial de crescimento de Angola e das suas Forças Armadas no contexto regional. Permitiu igualmente, num âmbito mais alargado, identificar a importância das estratégias particulares na reestruturação/reedificação em curso no sector da segurança e da defesa e mais em detalhe das FAA, bem como aferir as atuais prioridades estratégicas na conjuntura regional em torno das questões da segurança, funcionando estas como afirmação crescente de uma Política Externa Angolana assente no vetor militar e nas Forças Armadas.

Ao longo dos cerca de cinco anos que medeiam entre a data em que se iniciou a investigação, dedicada à temática africana da prevenção e resolução de conflitos e, mais concretamente centrada nas dinâmicas internas e externas securitárias da região subsariana e em Angola, procurou-se desenvolver um esforço continuado e constante de identificar e acompanhar academicamente o crescimento e consolidação dos fatores de análise geoestratégicos e geopolíticos do país, país esse que se assume já como uma potência regional em ascensão, e que vem encetando um processo de revisão constitucional e de consolidação dos princípios e valores do Estado de Direito.

A análise da reestruturação e consolidação regional das Forças Armadas Angolanas e o acompanhamento *in loco*, como observador-participante da realização do exercício militar conjunto e combinado da série *Felino2010* (no quadro da cooperação na vertente da defesa no âmbito da CPLP), constituiu o estudo de caso da investigação, o qual apresentou desafios constantes e metodologicamente muito exigentes, no sentido de permitir uma observação atenta e participada das reais/potenciais capacidades militares que vêm sendo realçadas por especialistas regionais e internacionais. O acompanhamento na fase de organização, planeamento operacional e execução técnico-tática do exercício militar conjunto *Felino2010* que se desenrolou em Angola (Cabo Ledo) entre 16 e 26 de março 2011, constituiu uma excelente experiência académico-profissional. O exercício militar revelou-se assim um indicador do grau de proficiência e de operacionalidade das Forças Armadas e possibilitou ainda obter um conjunto de elementos (depoimentos, relatos e documentação) relativos à interação regional, assim como permitiu constatar e percecionar outras dinâmicas internas e externas que nos levam a crer que, atualmente, as FAA se constituem potencialmente como um elemento estruturante do Estado e um vetor ativo da Política Externa de Angola no contexto regional, nomeadamente no quadro da Arquitetura de Paz e Segurança Africana (APSA).

Introdução ao Problema

O diagrama da evolução histórica dos conflitos no mundo, especialmente nas regiões com maiores índices de conflitualidade intrínseca, onde se enquadra o continente africano e em particular a região subsariana, constitui-se num fator de constante preocupação para a comunidade internacional e objeto de múltiplas análises e estudos académicos numa arrumação tradicional das especialidades convergentes entre as disciplinas que se consideram como *disciplinas nucleares e disciplinas auxiliares*[1], no mundo, pois o objeto principal do estudos das relações internacionais, como salienta Adriano Moreira, deve ser visto como o *"conjunto de relações entre entidades que não reconhecem um poder político superior, ainda que não sejam estaduais, somando-se as relações directas entre entidades formalmente dependentes de poderes políticos autónomos..."*. (2002, p. 38). Salientando ainda o autor que segundo os autores norte-americanos, como Quincy Wright ou Norman Palmer e Howard Perkins[2], as Relações Internacionais tratam:

---

[1] Adriano Moreira, Teoria das Relações Internacionais, 2002, pp. 40-41.
[2] Quincy Wright, The study of international relations, N.Y. 1955, e Norman D. Palmer e Howard C. Perkins, *International Relations*, Cambridge, 1957.

> *"...com maior ou menor extensão dos problemas suscitados pelas relações entre os poderes políticos... designadamente dos instrumentos de defesa dos interesses nacionais (diplomacia, propaganda, economia e guerra), da tentativa de controlo das relações entre Estados (balança de poderes, segurança colectiva [...] e por vezes prognosticam sobre o futuro do mundo em que vivemos..."* (Idem, p. 54)

No cenário geoestratégico africano contemporâneo, em que as relações internacionais assumiram uma importância em linha com o supracitado, privilegiamos o estudo da guerra e da paz, num quadro de segurança e defesa coletiva, em que as Organizações Regionais Africanas (ORA), atuando em complemento das ditas "missões de soberania" dos Estados, encontram aí o seu espaço privilegiado de intervenção multilateral, funcionando como um dos principais agentes internos das mudanças na vertente da segurança e da defesa que vem ocorrendo em África. Estas dinâmicas encontram-se materializadas mais recentemente na edificação e operacionalização da *Arquitetura de Paz e Segurança Africana*, funcionando como quadro inovador e desafiante de cooperação estratégica "bimultilateral", privilegiando a prevenção e resolução de conflitos regionais em África, como elementos estratégicos de apoio ao desenvolvimento.

A Arquitetura de Paz e Segurança é um sistema pan-continental de segurança coletiva e cooperativa em África, que apresenta atualmente dois níveis, aparentemente diferenciados ao nível estratégico-político, mas perfeitamente interligados ao nível operacional. O contexto regional e continental é protagonizado pela principal organização pan-africana (União Africana) e interdependente desta, um segundo nível (sub-regional) onde se inserem as Organizações Sub-regionais Africanas, envolvendo praticamente todos os países do continente.

Salienta-se que a UA adotou na Cimeira de Lomé (2000), e principalmente desde a sua operacionalização na Cimeira de Durban (2002), uma postura mais ativa face à inoperância da sua antecessora, a Organização de Unidade Africana (OUA), criando estruturas e mecanismos que visam garantir um nível aceitável de sucesso na gestão de conflitos regionais e tornando-se o ponto de apoio preferencial para as estratégias de cooperação no âmbito da segurança e defesa para África. Assim, o Conselho de Paz e Segurança (CPS) concebeu um complexo sistema de alerta continental, o *Continental Early Warning System* (CEWS), estabelecendo unidades implantadas no terreno que acompanham e monitorizam as situações de tensão numa região, e interligando-se com outros mecanismos complementares coordenados no nível sub-regional e continental.

Este mecanismo permite prever e acionar medidas ativas com vista a alertar e a evitar os conflitos regionais em África, nomeadamente na sua fase ascendente, quando se torna necessário uma intervenção precoce em ordem a prevenir uma evolução disruptiva. O sistema funciona como uma rede de alerta e intervenção constante e pretende ser o indicador mais fiável da União Africana e da Comunidade Internacional para avaliar o nível de ameaça à eclosão de conflitos regionais nos Estados, bem como acompanhar o desenvolvimento de uma determinada crise emergente. Em complemento, outros órgãos como o Comité Militar, o Painel de Sábios, o Fundo Especial para a Paz, o Centro Africano de Estudos e Pesquisas sobre o Terrorismo e as *African Standby Force* (ASF) complementam a Arquitetura de Paz e Segurança Africana para o século XXI (Lecoutre, 2004) (Cilliers, 2008) (Middleton, 2008) (Alex Vines, 2008) (Dersso, 2010) (O'Brien, 2010) (Bouchet, 2010).

Neste contexto, o estudo da "nova" tipologia da conflitualidade e da violência intrínseca em África, principalmente devido à necessidade de se encontrar e consolidar processos de paz assentes na vertente da segurança humana e do desenvolvimento sustentável que abranja todo o continente, foi e pensa-se que deverá continuar a ser no futuro, um fator de permanente preocupação para os Estados e para as Organizações Regionais Africanas, na medida em que os seus objetivos primordiais e sistémicos se enquadram na conquista de um desenvolvimento económico-social sustentado e na segurança partilhada (cooperativa e coletiva) desses espaços. Estes atores afro-regionais têm procurado, numa dinâmica de crescimento organizacional assinalável, empreender um esforço contínuo e consolidado de afirmação regional, continental e mundial, agregando uma inovadora cooperação estratégica "bimultilateral" de geometria variável, convergindo vários domínios de ação e integrando diferenciados atores estratégico--conjunturais de oportunidade.

O aspeto que referimos pretende ser o garante da sua afirmação como atores e parceiros privilegiados na ligação entre continentes, Organizações e Estados, com poder para influenciar, decidir e intervir ao nível da prevenção e resolução de crises regionais, e atuando complementarmente como produtor de segurança coletiva e de desenvolvimento sustentado nessas regiões. Neste contexto, para além das Organizações Regionais Africanas, os Estados têm procurado, após os atribulados processos de independência e da afirmação nacional, criar condições próprias de um Estado de Direito, mais concretamente através da consolidação das áreas da segurança e da defesa, fortalecendo as suas Forças Armadas, quase sempre numa lógica de apoio à consolidação legítima do poder instituído e na salvaguarda dos interesses assumidos interna e regionalmente (Mac Queen, 2003) (Van Dúnen, 2006) (Malaquias, 2007).

Alguns autores consideram mesmo que a República de Angola é um dos atuais países africanos onde o crescimento económico, a consolidação dos atributos do Estado de Direito e a crescente influência regional e continental, nomeadamente na vertente da segurança, têm despertado o interesse e a "cobiça" da sociedade internacional. Angola representa para a comunidade internacional, no âmbito da agenda global para a paz, a consciência de uma missão com relativo grau de sucesso operacional (dependendo dos fatores abordados e dos atores considerados) no quadro das missões africanas desenvolvidas pela ONU. Referimo-nos nomeadamente à *United Nations Angola Verification Mission* (UNAVEM) e à *United Nations Observer Mission in Angola* (MONUA), realizadas entre dezembro de 1988 e março de 1999, depois de um período relativamente longo de guerra interna.

O quadro regional mostra-nos ainda uma partilha de interesses de múltiplos atores, com estratégias diferenciadas e diferentes graus de intervenção e aceitação regional, em face de um país que apresenta um crescimento económico considerado pelos especialistas como exemplar à escala continental e global, a que acresce uma assinalável dinâmica diplomática regional que torna extremamente interessante, aliciante e até enigmático, o estudo sobre o papel da República de Angola em África, nomeadamente através da participação das suas Forças Armadas no quadro da política externa regional e na Arquitetura de Paz e Segurança Africana (Correia de Barros, 2010).

Importância do Estudo

Ao longo da segunda metade do século XX e no início do século XXI, os fenómenos da conflitualidade no globo e a relação entre atores nos contextos regionais alteraram-se significativamente[3]. A multipolaridade e a globalização passaram a constituir paradigmas que no mundo atual fazem prevalecer os fenómenos sociais da segurança onde a conflitualidade está sistematicamente presente, pois *"sem segurança não existe desenvolvimento e sem desenvolvimento sustentado não existe segurança nas suas múltiplas vertentes e dimensões..."* (Moreira, 2010).

No continente Africano, especialmente na África Subsariana, a dinâmica geoestratégica e geopolítica induzida pelos processos de emancipação, independência e de afirmação dos países que pretendiam enquadrar-se como Estados de Direito conduziu a um crescimento dos conflitos internos e regionais, contribuindo para uma maior preocupação e consequente intervenção (direta ou indireta) das Organizações Internacionais, dos Estados não Africanos, das Organizações Transnacionais e da Comunidade Internacional. A presença de múltiplos atores, apostando numa cooperação estratégica dinâmica, visa concetualmente e numa abordagem sintética, contribuir para a consolidação do *African Ownership*, ou seja, a apropriação africana da resolução dos principais problemas no continente, com especial expressão para a implementação e operacionalização da Arquitetura de Paz e Segurança Africana, permitindo assim aos Africanos criarem e desenvolverem capacidades autónomas para intervirem na resolução dos "seus" próprios conflitos regionais. Um paradigma que constitui atualmente uma das principais interrogações para a sociedade global – *"Saber identificar claramente qual irá ser, no futuro próximo, a função estratégica dos Africanos em África no contexto da segurança e defesa regional"* (Assis, 2010).

---

[3] Os conflitos entre superpotências e blocos militares típicos da guerra fria deram lugar ao surgimento de conflitos com uma predominância intraestatal em que a conflitualidade transitou para dentro dos Estados, trazendo inovadoras e múltiplas formas de análise e estudo. Esta "nova" conflitualidade conduziu ao aparecimento de "novos" atores transnacionais e supranacionais que, em algumas regiões do globo, por se terem sobreposto ao papel do Estado, passaram a dominar a atenção da sociedade internacional e a preocupar Estados, organizações e o mundo em geral, constatando-se que os reflexos para a insegurança são transversais aos desafios da globalização, como salienta Henry Kissinger *"...o sistema internacional do século XXI será caracterizado por uma aparente contradição: por um lado uma fragmentação, por outro a globalização..."*. A temática dos conflitos regionais adquiriu, por esse motivo, uma maior relevância e interesse, passando-se a associar direta e reciprocamente a segurança coletiva e cooperativa com o desenvolvimento sustentado (2002, p. 17) (Chomsky, 2005, p. 87) (Maltez, 2010, p. 159).

INTRODUÇÃO

A iniciativa da realização do estudo partiu da perceção teórica e académica de que em face das novas tipologias de conflitos em África e à atual estrutura decisória e operacional de prevenção e resolução de conflitos regionais assente nas Organizações Regionais Africanas, estas podem responder cabalmente às necessidades de segurança próprias dos Estados no continente e mais concretamente da região subsariana. Importa por esse motivo, procurar aferir as suas reais potencialidades e descortinar as principais potencialidades das Organizações Africanas Subsarianas[4] que aí intervêm e em particular da República de Angola, com vista a tornar-se elemento relevante da segurança coletiva no quadro político-estratégico regional.

A visão dogmática e concetual corresponde a uma perspetiva que se pensa ser parcialmente inovadora, ao se procurar elaborar uma abordagem transversal do fenómeno da conflitualidade na África Subsariana, com especial incidência na ação dos principais agentes da paz no continente e na conjuntura regional (centrado em Angola). Procura-se desta forma integrar, simultaneamente e em complementaridade, abordagens teórico-concetuais no âmbito da História, Estratégia e da Ciência Política, integrando elementos de Geopolítica e Geoestratégia, olhando numa perspetiva da Diplomacia, Desenvolvimento e Defesa, numa enquadrante macro das Relações Internacionais, o que permite, em nossa opinião, uma análise que julgamos mais bem estruturada e multidisciplinar, possibilitando alinhar novas abordagens sobre os fenómenos da paz e da guerra, com especial incidência em Angola e na região que geopoliticamente a circunscreve.

O objeto de estudo encontra-se parcialmente focalizado na análise sobre a criação da vertente institucional da segurança e da defesa em Angola, centrado na construção, reformulação e reestruturação das Forças Armadas, com reflexo na análise das recentes intervenções regionais em prol da edificação e operacionalização da *Arquitetura de Paz e Segurança Africana*. Assim, procura-se focalizar os principais aspetos relativos ao estudo nos atuais contextos conjunturais de influência regional de Angola, pelo que se optou por articular a investigação em quatro principais vetores estraté-

---

[4] As Organizações Africanas Subsarianas são as que de acordo, com os fatores geoestratégicos e geopolíticos, têm regionalizados os seus campos de intervenção, quer seja na economia, segurança e defesa ou outros domínios na região subsariana. Veja-se o Capítulo VIII (Tabela 1.2) – *Classification Actors With Regional Security Mandate* (Tavares, 2009, pp. 10-21).

gicos de análise: a Sul, no relacionamento com a *Southern African Development Community* (SADC) e nomeadamente com a África do Sul e demais parcerias regionais (Zimbabwe, Namíbia e Botswana); a Este, na ligação institucional à União Africana (UA) e na interação com a República da Zâmbia; a Norte, com a participação na *Economic Community of Central African States* (ECCAS) e no relacionamento com os "Congo's", principalmente com a República Democrática do Congo (RDC) e a República do Congo (com uma abordagem recentrada à questão de Cabinda); a Oeste a visão geopolítica sobre a Comissão do Golfo da Guiné (CGG) e a relação estratégica com o Atlântico Sul e onde se pretendeu aquilatar da importante temática da segurança marítima para Angola e no contexto do Atlântico Sul.

Como fatores transversais de análise, incluímos no trabalho outros vetores complementares relacionados com a participação dos Estados vizinhos e outros atores regionais e internacionais conjunturais que agem, direta ou indiretamente, na edificação do pilar da segurança ou da defesa e que vêm contribuindo bilateralmente para a reestruturação e operacionalização das FAA. A análise multidimensional das Organizações Regionais Africanas, principalmente aquelas que dão corpo à APSA onde Angola intervém regionalmente, constituem o elemento estruturante e central da investigação, pois partimos do pressuposto académico de que é um dos atuais vetores mais dinâmicos da construção da paz e do desenvolvimento regional em África. Nesse sentido, em aparente contradição com o supracitado, mas seguindo uma linha de raciocínio que julgamos teoricamente admissível, temos vindo a constatar que as Organizações Regionais e os Estados Africanos, ao serem afetados direta e indiretamente pelos múltiplos conflitos regionais que se arrastam há várias décadas em África, contribuíram para transformar o continente numa das regiões mais conflituosas e subdesenvolvidas da atualidade (Ney, 2002) (Dirhl, 2005) (Keegan, 2006) (Alex Vines, 2011).

Na abordagem que se procura traduzir para a investigação, interligam-se os interesses regionais de Angola e demais atores com o das ORA, tendo como elemento de simbiose transversal a Arquitetura de Paz e Segurança Africana. Procura-se assim identificar, neste sistema securitário complexo, inovador e em permanente evolução, onde se pretendem criar capacidades próprias nos Africanos para intervirem ao nível da prevenção e resolução dos conflitos regionais, quais as principais dinâmicas geradoras de segu-

INTRODUÇÃO

rança e as potenciais sinergias de desenvolvimento para Angola e para a região subsariana.

Assumindo-se como potência regional em ascensão, Angola, ao constar nas agendas regionais subsarianas da segurança e do desenvolvimento, constitui-se, já hoje, num país que tem atraído, por múltiplas e conhecidas razões, a atenção da sociedade internacional, funcionando como *case study* sobre as dinâmicas nacionalistas da edificação do Estado Africano, nomeadamente os pilares do Estado de Direito que se aborda: a segurança e a defesa. Analisa-se assim a vertente da segurança e da defesa, como elementos fundamentais, bem como a função estratégica das Forças Armadas neste contexto. Esta abordagem procura focalizar, histórica e conjunturalmente, a evolução da componente de segurança e defesa de Angola nos contextos regionais em que se insere nomeadamente, funcionando como a "charneira" entre as dinâmicas dos Estados e das Organizações no que à construção da segurança e do desenvolvimento diz respeito. O caso da República de Angola e a análise da inserção nos espaços de proximidade sob os temas da segurança e principalmente a análise histórica e conceptual sobre o crescimento e consolidação dos pilares da segurança e da defesa (assente nas Forças Armadas) constitui o cerne da problemática em apreço e é o enfoque maior deste trabalho de investigação.

A investigação apresenta nestas perspetivas de abordagem múltiplas dimensões de análise possíveis, pois procura-se abranger uma realidade conjuntural geográfica relativamente grande que engloba uma vasta região do continente Africano. Importa limitar e contextualizar em prol de uma maior e melhor objetividade académica. Com a temática referente à abordagem individualizada das Organizações Regionais e Sub-regionais Africanas procurou-se analisar e contextualizar as organizações olhando para o seu passado recente, reportando e afirmando as estratégias do presente e procurando-se perspetivar o futuro, essencialmente na vertente da gestão da conflitualidade e da criação de capacidades militares na área da segurança e defesa. Refiro-nos nomeadamente à UA, entendida como organização pan-continental, onde através da sua história, da análise do desenvolvimento das capacidades operacionais, dos processos de partilha de informação estratégicos e de decisão política, em consonância com o *roadmap* definido para a operacionalização da APSA, se consubstancia por forma a poder agir como instrumento da paz e segurança regional em África.

A abordagem às Organizações Sub-regionais Africanas, nomeadamente aquelas onde Angola tem assento e identificadas como potencialmente geradoras de segurança e desenvolvimento regional e às quais estão atribuídas responsabilidades no âmbito do sistema continental de segurança e defesa, são a União Africana, a Comunidade Desenvolvimento da África Austral e a Comunidade de Estados da África Central. Em complemento, analisamos outras Organizações Africanas que pela sua ação em prol da segurança e do desenvolvimento regional em África constituem uma mais--valia para a investigação, como é o caso da Comissão do Golfo da Guiné e a participação nas alianças conjunturais no médio Atlântico Sul.

Devido não só à abrangência que um estudo deste tipo envolve, como à pertinência e enfoque dos assuntos a abordar, incluímos uma análise contextual necessariamente breve das Organizações Internacionais que no âmbito da segurança interagem com as Organizações Africanas, nomeadamente a União Europeia, a Organização das Nações Unidas, a Organização do Tratado do Atlântico Norte e a Comunidade dos Países de Língua Portuguesa. Pretende-se apurar quais os contributos dados para a edificação da segurança e da defesa nos Estados (especialmente centrado no caso de Angola) e nas organizações em África, com vista a enumerar os contributos regionais para a construção e operacionalização da APSA, analisando-se ainda os reflexos que produzem na segurança e no desenvolvimento regional. No contexto da CPLP, aquele que centra a nossa particular atenção e sobre a qual através do acompanhamento do exercício militar conjunto e combinado *Felino2010*, na qualidade de observador-participante, a presença integrando a delegação Portuguesa e desenvolvendo um cargo na Direção do exercício (assessor para a Informação Pública), permitiu aquilatar as reais capacidades de planeamento e operacionalidade das FAA.

Em relação à República de Angola, como entidade e potência regional integrante e participativa nas dinâmicas regionais da segurança, pretendeu-se detalhar a evolução da componente de segurança e defesa desde o período pré-independência (no início dos movimentos independentistas) até à atualidade (1945-2012). Assim, fazemos referência ao crescimento das instituições, ao breve registo histórico das políticas partidárias e contra subversivas no período pré e pós independência, do edifício legislativo na área da defesa, dos Acordos para a Paz de Bicesse a Luena e do empenhamento recente nas dinâmicas regionais em torno da prevenção e resolução de conflitos regionais.

INTRODUÇÃO

Nesse sentido, pretendeu-se percorrer a história recente de Angola fazendo uma análise ao contexto geoestratégico e geopolítico conjuntural nas quatro fases que se consideram para análise: a Pré-independência e acesso ao poder – Independência de Angola (1945-1975); o Acordo de Bicesse e a construção das FAA (1975-1991); a Fase da guerra e da procura da paz (1991-2002) e a Fase da Reconciliação para o futuro (2002-2012). Contudo, porque julgamos que para se entender o presente temos de ir ao encontro do passado, apresenta-se uma resumida e sintética análise histórica da evolução dos Movimentos de Libertação e da Luta Armada de Independência em Angola. Numa perspetiva mais recente, procuramos acompanhar e refletir sobre o impacto da implementação da Constituição aprovada pela Assembleia Nacional em fevereiro de 2010 e verificar quais os impactos para a Defesa e Segurança Nacional em geral e para as Forças Armadas, em particular, como elemento estruturante e contributivo para a análise geoestratégia e geopolítica regional de Angola.

Metodologia de Investigação Científica[5]

Uma investigação científica deve iniciar-se com a colocação de um problema, contextualizado e entendido como uma questão magna que se pretende resolver e que na abordagem académica dá origem a uma investigação, ao diálogo e à partilha de conhecimento científico de uma forma sistematizada e proativa (Quivy e Campenhoudt, 2003, pp. 14-21) (Borges, 2005).

Para conduzir esta investigação, adotou-se uma metodologia de investigação científica, em que numa primeira fase, intensificamos e complementamos a pesquisa documental já realizada no âmbito do mestrado em Estratégia, incidindo mais concretamente nos documentos estruturantes na área da segurança e defesa, mormente sobre a APSA e a edificação das FAA e paralelamente, consultou-se documentação sobre as Organizações Regionais Africanas, Organizações Internacionais e outros atores relacionados com o tema em análise que permitiram consolidar, refutar ou refa-

---

[5] Considerado como "...*os diversos métodos científicos encerram os possíveis caminhos para que um estudo seja tido como rigoroso e consciente. Não duvidando que é do diálogo eficiente entre a forma e o conteúdo que nascerá a relevância científica de um trabalho...*" (Sousa, 2005, p. 77).

zer as linhas de investigação escolhidas. Numa segunda fase, salienta-se a realização de entrevistas, maioritariamente presenciais, semiestruturadas e dirigidas a um público-alvo especializado, que se reproduzem, se transcrevem parcialmente e se analisam contextualmente no Anexo A – Metodologia de Investigação – Entrevistas (2010-2011) e permitiram identificar e alinhar ideias chave, contribuindo para clarificar e complementar alguns dos argumentos de análise que se procura sustentar.

A articulação em quatro questionários tipo (Anexo A) teve em vista estratificar a amostra e melhor focalizar as temáticas num determinado público-alvo (selecionado e especializado). As entrevistas semiestruturadas, realizadas presencialmente ou por correio eletrónico, foram a forma de complementar as análises e a investigação, no intuito de contextualizar a visão político-estratégica de Angola num âmbito nacional e regional de inserção em África, e permitiram ainda alinhar as principais tendências do pensamento geoestratégico e geopolítico de Angola para o presente e ainda perspetivar as principais linhas de ação para o futuro de Angola no ponto de vista dos entrevistados.

Na primeira fase, que se desenvolveu ao longo de cerca de quatro anos (2007-2011) numa vertente académica e institucional nacional e internacional, procurou-se alicerçar outras doutrinas e análises sobre a temática da segurança e da defesa em África, onde se inclui primariamente o Instituto Superior de Ciências Sociais e Políticas (ISCSP), nomeadamente o Centro de Estudos Africanos (CEA), que constituiu uma forma de apoio académico, central na doutrina da temática africana; o Instituto de Defesa Nacional (IDN) na qualidade de investigador não-residente, através da participação entre 2009 e 2011 no grupo de reflexão estratégica sobre o *Peacebuilding in Africa* e na presença como orador convidado em conferências nacionais e internacionais, nomeadamente no Instituto de Estudos Superiores Militares (IESM) como conferencista ao Curso de Estudos Africanos (2008-2011). No *Programa África* do Instituto de Estudos Estratégicos e Internacionais (IEEI), através da participação em jornadas de reflexão sobre a Estratégia Conjunta UE-África; no Centro de Estudos Africanos do Instituto Superior de Ciências do Trabalho e da Empresa (ISCTE); o Instituto Português de Relações Internacionais (IPRI); o Departamento de Relações Internacionais da Universidade Autónoma de Lisboa (UAL), ou através da participação em seminários e publicação em revistas nacionais e internacionais da especialidade, com destaque para a *Revista Mili-*

INTRODUÇÃO

tar, a revista *Nação e Defesa*, a revista *Segurança e Defesa* e a revista *Política Internacional e Segurança*, da Universidade Lusíada e ainda a publicação de um artigo científico em sistema *peer review* na revista *Conflict, Security & Development*[6].

Numa vertente académica internacional, procurou-se estabelecer uma profícua rede de contatos académicos para troca de informação, realização de entrevistas, participação em conferências e para publicação de artigos científicos ou de opinião, com destaque especialmente para a colaboração académica com o *Africa Center for Strategic Studies* (ACSS) em Lisboa no *Senior Leader Seminar 2010* e em Washington D.C., onde tive a oportunidade de participar como *Faculty Adviser* no *Senior Leader Seminar 2011*, e admitido como membro da *ACSS Community*; a *University for Peace – UPEACE African Programme*; o *Institute for Security Studies* (ISS), o *Strategic Study Institute – USA Army War College*, o *Institute d'Études de Sécurité de L'Union Européenne* (IES); a *Chatham House* e o *Program Angola*, o Instituto de Defesa Nacional de Angola (IDNA); o Centro de Estudos Estratégicos de Angola (CEEA) na qualidade de "Membro Associado Correspondente" desde janeiro de 2011, a Universidade Lusíada de Angola e a Universidade Católica de Angola (UCA), *o Institut d'Études Politiques de Bordeaux* e o *Centre de Recherches Pluridisciplinaires et Comparatistes – Les Afriques dans le Monde* (LAM), em Bordéus, e outros organismos, principalmente Africanos, que contribuíram significativamente para um enriquecimento da investigação e consubstanciaram cientificamente uma parte significativa do trabalho produzido.

Numa segunda fase, concorrente com a primeira, investigou-se as ORA (principalmente aquelas em que Angola participa regionalmente) através de contactos já estabelecidos que nos permitiram recolher um conjunto de informações e opiniões diversificadas, e que possibilitam traçar uma visão mais concreta das perspetivas regionais destas organizações e assim determinar quais os possíveis contributos, visões, estratégias adotadas ou a adotar, com vista a operacionalizar a APSA e apurar ainda quais as possíveis contribuições para a segurança regional em África. Esta abordagem desenvolveu-se graças aos múltiplos apoios institucionais e não institucionais conseguidos, e que permitiram criar uma rede de contactos nestas organizações (UA, CEECA e SADC), tendo ainda em vista

---

[6] [*http://utl.academia.edu/LuisBernardino/Papers*]

estabelecer paralelismos, forjar contactos e realizar algumas entrevistas que permitiram contribuir para um melhor conhecimento das dinâmicas internas e externas de cada um destes atores no atual contexto de segurança regional.

Para o caso de Angola, foi possível, com o apoio do Gabinete do Chefe do Estado-Maior General das Forças Armadas (CEMGFA) e do Chefe do Estado-Maior do Exército (CEME), de Portugal, realizar um trabalho de campo duplamente interessante e motivador que, tendo como objetivo principal identificar as principais linhas de construção do sector da Segurança e da Defesa, bem como aprofundar o conhecimento sobre a relação com as Organizações Sub-regionais Africanas, permitiu realizar um conjunto de entrevistas às entidades militares e civis com responsabilidades nestas vertentes e permitiu ainda, em complemento, acompanhar a fase de planeamento e de execução do exercício militar conjunto e combinado *Felino2010*. Aspeto que constitui *case study* permitindo perceber melhor as reais capacidades das FAA, possibilitando uma avaliação sumária das suas características operacionais no âmbito de uma hipotética intervenção num cenário de gestão de crises num contexto regional (sob a égide de uma Organização Regional), constituindo o potencial produto operacional para a APSA, segundo a perspetiva da Política Externa de Defesa de Angola para África.

A Metodologia de Investigação Científica desenvolvida centra-se principalmente no método de investigação do tipo *"hipotético-dedutivo"*[7], na medida em que o tema é particularmente esclarecedor quanto ao objeto, o propósito e âmbito da investigação, encerrando em si uma questão chave que é a de saber qual o papel de Angola e determinar a função estratégica das Forças Armadas nas dinâmicas regionais da construção da paz em África, instituído através da participação de Angola na *Arquitetura de Paz e Segurança África*. Desta forma julgamos que a questão de partida em que se centra esta análise é muito semelhante ao contexto que o próprio título encerra e que pensamos ser concreto no objetivo e limitado no propósito (relativamente a Angola). A questão de partida, considerada como centra-

---

[7] Método em que se assume inicialmente um postulado sólido de conceitos e que através do levantamento de questões estruturantes, orientadoras e de hipóteses semiorientadas, se procura chegar aos factos científicos que pretendemos correlacionar e demonstrar (Quivy e Campenhoudt, 2003, pp. 144-145).

lizadora e convergente, aglutina o cerne da temática em apreço, evitando assim a dispersão e orientando o investigador e a investigação para o objeto em estudo, em que a resposta à questão chave encerra os contributos do autor para o tema em análise. Neste sentido, a questão central a que procuraremos obter resposta é:

Quais os contributos das Forças Armadas de Angola para a segurança regional em África no contexto da ação estratégica do Estado Angolano?

Atendendo às duas macro dimensões de análise (interna e externa) que procuramos interligar na questão central, as múltiplas questões derivadas que subsistem são também dimensionadas genericamente para as dimensões internas e externas, ou seja, a edificação da componente de segurança e defesa do Estado e das FAA e a envolvente externa, com a análise da geoestratégia e geopolítica de Angola no contexto securitário regional.

O trabalho foi articulado em três partes distintas. A primeira essencialmente de cariz concetual e teórico, em que se aborda inicialmente a contextualização e interligação dos fatores "segurança" e "desenvolvimento" no contexto da cooperação internacional e posteriormente se desenvolve a temática dos conflitos e da conflitualidade em África, mais concretamente na África Subsariana, onde se elabora uma análise académica multidimensional sobre a APSA, possibilitando assim "fazer a ponte" entre as principais ORA (atores internos) e as Organizações Internacionais (atores externos) na vertente da cooperação para a segurança e no apoio ao desenvolvimento sustentado em África.

Numa segunda parte, centrada em Angola, apresenta-se numa primeira fase uma análise da edificação do pilar da segurança e da defesa na República de Angola e em especial o processo de edificação/reestruturação e operacionalização das suas Forças Armadas, desde o período pré-colonial até à atualidade, com especial incidência para a área logística, operacional, legislativa e muito especialmente a vertente do ensino superior militar. Numa segunda fase, abordamos aspetos atuais da geoestratégica e geopolítica de segurança de Angola no contexto regional subsariano.

Numa terceira parte, segundo os quatro vetores de análise referidos anteriormente (de acordo com o atual enquadramento geopolítico de Angola), abordaremos o envolvimento e a interligação com os estados vizinhos, com as ORA e outros atores cuja análise pode contribuir para uma melhor compreensão e complementaridade da temática em apreço. Nesta parte, pretendeu-se ainda incluir uma análise sobre a observação participada da fase de planeamento e de execução do exercício militar conjunto e combinado *Felino2010* e que permitiu uma avaliação sistemática e *in loco* das potenciais capacidades militares das FAA para intervenção num cenário de gestão de conflitos regional, contribuindo eventualmente para a operacionalização da APSA e constituindo-se, na dimensão interna, como elementos estruturantes do Estado.

Os dois anexos[8] foram construídos e idealizados com o intuito de facilitar a compreensão e o acompanhamento do raciocínio académico e da metodologia de investigação científica e ainda das principais ideias apresentadas. Especialmente o Anexo B – Documentos sobre a Edificação das Forças Armadas de Angola (1982-2007), que nos apresenta alguns documentos históricos, inéditos e estratégicos relacionados com a formação das Forças Armadas Angolanas. Estes são complemento circunstancial do tempo, dos lugares, das gentes e de todos quantos contribuíram para a consolidação e enriquecimento deste trabalho académico, e pensamos que contribuem sobremaneira para um melhor entendimento dos contextos de análise.

---

[8] O **Anexo A** – Metodologia de Investigação – Entrevistas (2010-2011) (omitidas) apresentavam não só os quatro questionários tipo que foram estruturantes para as entrevistas realizadas, bem como a lista das entidades entrevistadas e as circunstâncias temporais, geográficas e metodológicas como foram conduzidas, tendo sido feito um tratamento analítico resumido das 40 entrevistas realizadas durante a fase de investigação, 34 delas presenciais e destas, 20 com registo gravado, o que dada a sensibilidade das matéria em apreço, constituiu, em nossa opinião, uma mais-valia significativa para o aprofundamento das temáticas em análise. Pelo volume e sensibilidade dos depoimentos apresentados, optamos por não incluir as gravações áudio, estando ao dispor, se necessário, os respetivos registos e análise que foram parcialmente transpostos para a tese.

PARTE I

AS DINÂMICAS DA SEGURANÇA E DO DESENVOLVIMENTO EM AMBIENTES DE CONFLITUALIDADE UMA ABORDAGEM NO CONTEXTO AFRICANO

CAPÍTULO I

A COOPERAÇÃO INTERNACIONAL NO CONTEXTO DAS RELAÇÕES INTERNACIONAIS

> "...como em todas as ciências sociais, também no caso das RI, a operacionalização de conceitos, como ciência, disciplina, teoria e paradigma, se torna essencial no limiar de uma abordagem introdutória ao estudo teórico-disciplinar. A fixação dos respectivos conteúdos conceptuais facultará a perspectiva de enquadramento científico que permite situar as pré-noções, noções e conceitos necessários a uma aproximação ao conceito evolutivo de 'relações internacionais', bem como a uma reflexão analítica sobre a dinâmica do respectivo processo de operacionalização..."
>
> VÍTOR MARQUES DOS SANTOS, *Introdução à Teoria das Relações Internacionais*, 2007, p. 129

As principais Teorias das Relações Internacionais apresentam uma estrutura instrumental integradora e um enquadramento conceptual modernizado e vasto, que nos permite analisar, entender e perspetivar os acontecimentos (ou fenómenos sociais) no âmbito da Política Internacional[9], nomeadamente nas vertentes da segurança e defesa. Análises

---

[9] O termo "Política Internacional" identifica as interações entre os Estados para além das fronteiras no contexto do concerto das Nações, sendo gerida por governos ou seus interpostos agentes acreditados e reconhecidos nas organizações onde têm assento. Contudo, segundo Fernando de Sousa, a relação entre Política Internacional e Política Externa é relativamente próxima, pois *"...a primeira lida com interações e a segunda refere-se a acções e reacções...",* em que as relações da política internacional resultam do envolvimento dos Estados em atividades de formulação política (2005, p. 145). Para Holsti, a distinção entre a Política Externa e Política Internacional *"...pode ser mais académica do que real, mas traduz sumariamente a diferença entre os*

que auxiliam os decisores políticos na definição das linhas orientadoras da Política Externa e da Política de Defesa Nacional, pois no contexto atual da segurança e defesa não existem princípios imutáveis e válidos em todos os lugares e para todo o tempo, nem os fenómenos sociais são limitados por fronteiras ou regiões, mas constituem, segundo Loureiro dos Santos, fatores interdependentes à luz da teoria sistémica, e essenciais para se entender as atuais dinâmicas das Relações Internacionais (2010, pp. 143-144).

Em linha com o supracitado, o paradigma de Francisco Suárez (1548-1617) defendido por Maltez, coloca a ênfase na diálise anacrónica entre o Homem e os fenómenos sociais, na conjuntura do tempo, do lugar e das distâncias conjunturais dos fenómenos que nos rodeiam. Aspetos que refletem a volatilidade dos processos e caracterizam as dinâmicas atuais no contexto da cooperação internacional, onde o *"construtivismo"* parece surgir como um espaço cada vez mais destacado no discurso político e no debate académico (Vinha, 2009, p. 2) (Maltez, 2010, pp. 193-194).

A aplicação da teoria dos sistemas à teorização e à análise das Relações Internacionais foi, segundo Loureiro Santos, por influência de Charles McClelland e Morton Kaplan, na década de 50, elemento essencial para se perceber as mudanças no Mundo, na medida em que este se encontrava num processo de evolução contínua e acelerada, sob influência de grupos, organizações e comunidades com interesses específicos, adaptando-se e evoluindo continuamente, sujeito às influências que o Homem, na sua ação disruptiva sobre o meio lhe transmite (2010, p. 144).

Neste quadro, a cooperação internacional surge no contexto das Relações Internacionais como um elemento sistémico, integrado num sistema maior (à escala global) onde a Política Externa dos Estados (nas suas múltiplas dimensões) confluem nas estratégias nacionais de cooperação implementadas em conjunturas histórico-geográficas próprias, criando teorias que têm ganho destaque e servido para aprofundar o estudo dos fenómenos sociais da paz e da guerra e mais concretamente da *"polemologia"*[10], bem

---

Objectivos e as acções (decisões e políticas) de um Estado ou Estados e as suas interacções...", em que o estudo das Relações Internacionais inclui a análise das políticas externas ou processos políticos entre os Estados num contexto mais global e sistémico de Política Internacional, o contexto mundial (2006, pp. 44-45).

[10] Polemologia ou *"Polemologie"* é o termo criado por Gaston Bouthoul (1896-1980) para designar o estudo sociológico dos conflitos e do fenómeno da guerra, segundo o qual se considera que a guerra tem como base a heterofobia, ou seja, a tendência que cada ser humano tem para

como aprofundar a temática da conflitualidade ao longo da história mundial (Couto, 1988, pp. 103-104).

No contexto da segurança e da defesa a nível internacional, a cooperação tem assumido uma das vertentes mais dinâmicas e enigmáticas da história das Relações Internacionais, uma vez que a proliferação de Tratados, Acordos, Memorandos de Entendimento, bem como a criação de Alianças, Organizações e Sociedades, tem conduzido os Estados e as Organizações a interagirem em cimeiras, reuniões ministeriais e outras reuniões magnas ou sectoriais que contribuem, em certa medida, para "regular", "normalizar" ou "acicatar" a Política Internacional na vertente da segurança e defesa a nível regional e global, pois que esta materializa "...*o conjunto das disciplinas científicas tendo por objecto o governo e a administração do Estado* [...] *a política internacional é um ramo das ciências políticas...*"[11].

Assim, constatamos que na História Mundial forjam-se e alimentam-se relações de cooperação (ou competição) entre Estados e Organizações, consubstanciando-se no fluxo de interesses e prioridades estratégicas, que em determinadas conjunturas geográficas de oportunidade constituem elementos sistémicos e materializam a Política Externa dos Estados no âmbito das suas políticas e estratégias. A evolução da cooperação internacional no quadro das Relações Internacionais permite assim complementar a compreensão da nossa História, sendo possível destacar e interligar alguns acontecimentos centrais dos períodos da História da Humanidade que procuramos, resumidamente, articular e que julgamos, materializam o supracitado.

1. A Cooperação Internacional. Da Época Clássica à Atualidade

Desde a Antiguidade Clássica que a Humanidade e o Homem perseguem a definição de uma ordem social fundamentada na paz e no desenvolvimento, assente em sociedades que privilegiam o diálogo político e a cooperação, o que nem sempre tem sido possível. Para tal, a sociedade

---

temer o outro, por este ser diferente e antagónico. Uma heterofobia, considerada como um fator de agressividade negativa, assumindo uma definição instrumental de guerra, entendendo-a como a "...*luta armada e sangrenta entre agrupamentos organizados...*" (Sousa, 2005, p. 144).

[11] Adriano Moreira, *Teoria das Relações Internacionais*, 2002, p. 72.

internacional muniu-se de um conjunto de princípios e normativos centrados na essência da natureza humana e na vivência social, o designado "Direito Natural", inspirado simultaneamente na natureza, no homem, na sociedade, na vontade de Deus (ou Deuses) ou na racionalidade egocêntrica humana, pois como salienta Hobbes "...*o homem não é bom por natureza* ..." (Hobbes, 2004).

Neste contexto, segundo Thomas Hobbes (1587-1666), o "*Direito Natural*" permite a cada Homem usar livremente o próprio poder, podendo conduzir à guerra e à destruição mútua, o que implica a criação de um "*Direito Positivo*" ou também identificado como "contrato social". Este era eminentemente político-social e centrado no Homem e nas suas relações interpessoais no seio da sociedade, subordinado contudo ao "Direito Natural" e determinando um conjunto de "regras" de convívio e de conciliação social como forma de evitar a conflitualidade e a desagregação social em que a cooperação proporcionava a teorização política do *Leviathan*, passando a regular as relações interpessoais na sociedade pela positividade dos comportamentos (Ibidem) (Barrento, 2010, pp. 25-31).

Na sua obra *Leviathan*[12], o autor considera como matéria, forma e poder a existência de um Estado eclesiástico e civil, Thomas Hobbes parte assim do princípio de que os homens são egoístas e egocêntricos e que o mundo não satisfaz todas as suas necessidades, o que implica que no "Estado Natural" a competição seja o fator central e distinto nas relações sociais. Neste prisma, a "guerra de todos os contratados" pela subsistência, segurança e o proveito próprio, numa base egocêntrica e pela justiça, passou a ser admissível e socialmente necessária. A razão é a subsistência e por esta, o Homem (ou grupo de homens) dá a sua vida e está pronto a lutar com os seus melhores meios, sacrificando as suas vidas em prol da sua sociedade. Este aspeto, embora parecendo um contrassenso, constituía a moral de Hobbes para explicar o contexto da existência das redes sociais na época e que justificariam a prevalência da "segurança" e da conflitualidade latente no seio do elemento social e das leis da natureza na relação com o Homem, pois que:

> "...*Therefore, when anything therein written is too hard for our examination, we are bidden to captivate our understanding to the words; and not to labour in sifting out*

---

[12] [*http://oregonstate.edu/instruct/phl302/texts/hobbes/leviathan-contents.html*]

a philosophical truth by logic of such mysteries as are not comprehensible, nor fall under any rule of natural science. For it is with the mysteries of our religion as with wholesome pills for the sick, which swallowed whole have the virtue to cure, but chewed, are for the most part cast up again without effect..." (Hobbes, 2004).

Os povos da Antiguidade Clássica mantinham um quadro de relações internacionais marcadas essencialmente pelas trocas comerciais e pelo envio de embaixadas, que vinculavam os interesses por meio de tratados e acordos pessoais, consubstanciado no envio de numerosas "embaixadas itinerantes" no sentido de alavancar um comércio mais proveitoso (e seguro) com essas regiões em que as rotas de comércio estavam assentes na preocupação de que as principais rotas (terrestres ou marítimas), onde as caravanas comerciais transitavam, estivessem relativamente protegidas de piratas (mar) e de salteadores (terra). Neste contexto, alguns autores destacam e identificam o *Tratado de Kadesh*[13] como dos mais conhecidos e importantes Tratados da Antiguidade Clássica. Celebrado entre o Egito e o Reino de Hatti no século XIII a.C., procurava solucionar-se o impasse gerado pela posse da cidade de Kadesh na fronteira entre os dois Impérios e assim reforçar o sentido de uma cooperação para a paz na região (Mokhtar, 2010, pp. 62-63).

Contudo, desde a Roma Antiga ao século XVII a.C., que o primado do Direito Romano – *jus gentium* – é o normativo jurídico dominante, procurando regular e normalizar as relações sociais e comerciais na sociedade. Este normativo foi-se adaptando, consoante as épocas, às sociedades e regiões, integrando os princípios feudais e os valores cristãos da época medieval, confirmando regras e normas que se aprofundam ao longo do tempo e que caracterizam, ainda atualmente, as dinâmicas das Relações Internacionais[14]. Na Idade Média a relação entre Reis/Imperadores e Rei-

---

[13] No século II a.C. parte da região da Ásia Menor foi invadida por vários povos nómadas, entre eles os Hititas, um povo indo-europeu que se instalou em Kussara e que fundou um grande Império, compreendendo da Anatólia, passando pela Mesopotâmia, até à Palestina. No século XIII a.C. os Hititas interessaram-se pela Síria e enfrentaram-se na *Batalha de Kadesh*, que terminou com a assinatura entre Ramses e Hattusili, em 1285, do que se considera o primeiro Tratado de Paz no mundo. [*http://timelines.com/1283BC/the-ramses-hattusili-treaty-treaty-of-kadesh-is-ratified*]

[14] O *jus gentium* ("direito das gentes" ou "direito dos povos" em latim) compunha-se das normas de Direito Romano que eram aplicáveis aos estrangeiros, pois os antigos roma-

nos/Impérios está grandemente assente em laços de sangue e princípios religiosos estereotipados, ignorando-se os fatores territoriais e os aspetos das fronteiras, que tinham um significado residual.

Neste período, o relacionamento internacional entre as entidades decorria, como salienta Jobb Holzgrefe, entre pessoas e corporações, entre o clero e os senhores feudais, em que as cidades supriam as suas necessidades de soberania e de segurança, assinando tratados de paz ou fazendo a guerra, e as alianças conjunturais eram uma das formas de cooperação regional para a segurança. No que diz respeito à guerra, a figura do Papa, como entidade cimeira da Igreja Católica[15] procurou "humanizá-la", nomeadamente através de Santo Agostinho de Hipona[16] e depois com São Tomás de Aquino, ao diferenciar adversários, vetar a destruição de bens e exigir humanidade (na relação de conflito) em nome da apelidada "Paz de Deus". Segundo o seu conceito de "Guerra Justa", impôs a suspensão da guerra aos domingos e dias santos, advogando as consagradas "tréguas de Deus" e

---

nos permitiam que os estrangeiros invocassem determinadas regras do direito romano de modo a facilitar as relações comerciais com outros povos. Desenvolveu-se sob a influência do pretor peregrino, em contraposição ao *jus civile*, isto é, o conjunto de instituições jurídicas aplicáveis aos cidadãos de Roma. Hoje, a expressão *jus gentium* é comummente utilizada como sinónimo de "Direito Internacional" no quadro das Relações Internacionais (Sousa, 2005, pp. 66-68).

[15] Desde o Império Romano, a Igreja Católica possuía notória organização político-social e um significativo número de fiéis, o que lhe conferia um papel de relevo na sociedade medieval, mas a expansão do cristianismo e a predominância do feudalismo em toda a Europa, encontrou condições ideais para se transformar numa das mais poderosas instituições sociais da Idade Média (Serrão, 1971, pp. 14-21).

[16] Aurélio Agostinho conhecido como Santo Agostinho de Hipona (354-430) foi Bispo da Igreja Católica, escritor, teólogo e filósofo e padre na Igreja Católica. Santo Agostinho é uma das figuras mais importantes no desenvolvimento do Cristianismo e da ideologia Cristã no mundo, tendo sido influenciado pelo maniqueísmo e pelo neoplatonismo de Plotino (205--270), mas depois de tornar-se cristão (387), desenvolveu a sua própria abordagem sobre a filosofia e teologia e idealizou ainda uma panóplia de métodos e perspetivas diferentes, tendo aprofundado nomeadamente o conceito de "pecado original" dos padres e, quando o Império Romano do Ocidente se começou a desintegrar, desenvolvendo o conceito de "...*Igreja como a cidade espiritual de Deus...*", distinta da cidade material do homem, criando o plano material e espiritual da vida. O seu pensamento ideológico influenciou profundamente a visão do homem medieval em que a Igreja se identificou com o conceito de "Cidade de Deus" de Agostinho, e também a comunidade cristã e teológica que era devota de Deus, colocando o Cristianismo no centro da relação social (Pereira, 2000).

enunciou ainda os princípios basilares suscetíveis de conduzir a sociedade e os homens a cumprirem o primado da "Guerra Justa" (Holzgrefe, 1989, pp. 11-12) (Barrento, 2010, p. 75).

A ideia pioneira de Santo Agostinho de Hipona viria a ser recuperada e desenvolvida por São Tomás de Aquino, no século XIII, mais concretamente na obra *Summa Theologica*[17]. Em resposta à pergunta "*...se é pecado iniciar uma guerra?*", o abade sistematiza a sua ideologia de que a guerra justa requer a existência *a priori* de três condições estruturantes, referindo-se nomeadamente ao facto de se dever refletir sobre: se apenas "*...a autoridade do soberano...*" é legítima para declarar a guerra; se esta é efetivamente necessária, se pode ser considerada como "uma causa justa", na medida em que "*...os que são atacados, deverão ser atacados porque o merecem em reposta a uma falta...*" e se para se iniciar e conduzir uma guerra "*...os beligerantes deverão ter uma intenção justa...*" (Holzgrefe, 1989, pp. 12-13).

Desta forma, o pensamento de São Tomás de Aquino sistematiza ideologicamente o fundamento da doutrina cristã sobre a guerra justa de Santo Agostinho, apontando as condições necessárias e essenciais para a legitimidade da guerra (para os cristãos) e que passam a constituir recomendações teológicas da ideologia Católica, que os "Príncipes" não devem negligenciar quando proclamam a guerra, mas também procurando estabelecer limites aos beligerantes durante a condução das operações militares nos campos de batalha. O mesmo refere Alberico Gentil (1552-1608), um protestante italiano, que enfatizou os aspetos do comportamento humanitário durante a guerra, fazendo prevalecer (nem sempre com sucesso) os aspetos ético--jurídicos entre os combatentes (Del Vecchio, 1956, p. 665).

Na época do feudalismo, em que as guerras eram uma das principais formas de obter poder e em que os senhores feudais se envolviam em guerras no intuito de aumentar as suas terras e consequentemente o poder real (pois este estava associado ao número de soldados que compunham os exércitos e às terras que possuíam) gerou alianças conjunturais e de linhagem, onde os cavaleiros formavam a base dos exércitos medievais. Estas representavam o que havia de mais nobre na sociedade da época, ser guerreiro e nobre, na luta por uma causa "nobre". A residência dos nobres e dos exércitos centrava-se em castelos muralhados, projetados para serem residências senhoriais e, ao mesmo tempo, sistemas fortificados de proteção

---

[17] [*www.op.org/summa/letter/summa.pdf*].

coletiva e que simbolizavam um padrão de alianças estratificadas entre as classes sociais e se necessário, entre aliados senhoriais que caracterizavam a tipologia da cooperação militar na época. O sistema de cooperação em alianças militares teve, contudo, o seu ponto mais marcante com o movimento das "cruzadas" e a aliança entre reinos à luz da *"teoria agostiniana"*. Para complemento, considera-se que a "causa justa" justificava a "guerra justa" e a Igreja detinha a autoridade para se afirmar como legado do bem comum e da moralidade social dos conflitos e das alianças entre os povos e sociedades.

Neste contexto, após os turco-muçulmanos terem conquistado a Palestina em 1071 d.C., proibiram nos anos seguintes a peregrinação dos cristãos europeus à Terra Santa, lugar onde Jesus nasceu e que tinha um elevado simbolismo para a fé cristã. Indignado com a situação, o Papa Urbano II (1042-1099) pediu que os cristãos combatessem os inimigos do cristianismo e reconquistassem a Palestina de forma a possibilitar o livre acesso à Terra Santa. Desta forma, os nobres cristãos europeus, unidos em alianças senhoriais e de fidelidade, passaram a realizar expedições de caráter militar e religioso, com o fim de libertar a região do domínio muçulmano, designando-se este empreendimento de alianças militares ao serviço de uma causa por "cruzadas". Estas iniciativas constituíam expedições militares que tinham também subjacente um claro interesse económico, de conquistar mercados e tornar seguras as rotas mercantilistas do Oriente. Neste intuito, muitos nobres aliavam-se e aspiravam às riquezas e terras do Oriente, enquanto os comerciantes ansiavam pelo comércio dos artigos de luxo da região, o que os levava a aventurarem-se numa peregrinação "comercial" para a Terra Santa (Nicolle, 2003, pp. 21-32).

As alianças militares que eram as cruzadas (1096-1212) representam para Carlos Selvagem uma das mais conhecidas e avançadas, formas de cooperação internacional na Idade Média, onde os objetivos principais eram transversais ao mundo cristão e em que grandes grupos de nobres se aliavam para a conquista de Jerusalém e para a "libertação" da Terra Santa[18].

---

[18] A Primeira Cruzada (1096-1099) era formada por um grupo de nobres europeus aliados que foram capazes de conquistar Jerusalém. A Segunda Cruzada (1147-1149) foi desestabilizada pelo desentendimento entre os seus dois líderes: o Rei Luís VII da França e o Imperador Conrado II, do Sacro Império. Liderada por Ricardo Coração de Leão, Rei da Inglaterra, a Terceira Cruzada (1189-1192) conseguiu significativas conquistas, pois embora não tenha sido capaz de libertar Jerusalém das mãos dos turcos, resultou na elaboração de um acordo,

A COOPERAÇÃO INTERNACIONAL NO CONTEXTO DAS RELAÇÕES INTERNACIONAIS

Embora as Cruzadas tivessem sido consideradas um relativo fracasso nos objetivos inicialmente idealizados, provocaram significativas e importantes mudanças socioeconómicas em toda a Europa. Por meio do contacto com o Oriente, os Europeus assimilaram novas técnicas de produção, estabeleceram novas rotas comerciais e repararam no seio da Europa, o que resultou no declínio do feudalismo por contra ciclo do mercantilismo, abrindo uma nova janela para a cooperação internacional e para as relações entre povos, culturas e nações. Contudo, a História Universal mostra-nos que as alianças entre reinos (pelos motivos mais diversos) são também exemplo de cooperação reforçada e que servem o propósito de tornar mais fortes e de aglutinar "massa crítica" que nos contextos regionais se autovalorizam (Selvagem, 1999, pp. 337-343).

Neste presumível quadro, a formação de uma *União Ibérica*[19] deriva hipoteticamente do desaparecimento em combate de D. Sebastião na Batalha de Alcácer-Quibir (4 de agosto de 1578), num conflito travado contra o exército marroquino liderado pelo Sultão de Marrocos "Mulei Moluco", e que levou a que a Dinastia Portuguesa vivesse uma crise sucessória grave, uma vez que D. Sebastião não deixara herdeiros legítimos. Assim, Felipe II, Rei da Espanha e neto do falecido Rei Português D. Manuel I, foi reconhecido pelas cortes também como Rei de Portugal, sob a promessa de respeitar os costumes e privilégios dos portugueses. A *União Ibérica* tornou-se assim quase "acidentalmente", num dos maiores exemplos da cooperação internacional e num dos maiores Impérios da moderna História Europeia. Detentora da tecnologia (essencialmente naval) mais avançada existente na época, tal associação compreendia territórios em praticamente todas as partes do mundo, perfilando uma aliança quase global como exemplo político-estratégico máximo da cooperação internacional à escala mundial. Por exemplo, para o Brasil, a formação da União Ibérica resultaria potencialmente em significativas mudanças na liderança e na geopolítica local, nomeadamente com a extinção da linha imaginária definida no Tratado de Tordesilhas (7 de junho de 1494), o que permitia uma

---

no qual passou a ser permitida a peregrinação cristã à Terra Santa. A Quarta Cruzada (1201-
-1204) foi impulsionada pelo interesse económico-comercial, uma vez que os cristãos saqueram Constantinopla (e não o Egito) como fora proposto pelo Papa (Nicolle, 2003, pp. 21-32).
[19] Veja-se J. Terreno e J. Reglá, In *História de España. De la Prehistoria a la Actualidad*, da Editorial Optima, Barcelona, 2ª Edición, 2004.

expansão para oeste e para o interior do continente americano do potencial estratégico da Aliança Ibérica, levando hipoteticamente à congregação de territórios, anexação de países e subjugação de povos.

Com o surgimento do Estado Moderno e após a Guerra dos Trinta Anos, em 24 de outubro de 1648, o Sacro Imperador Romano-Germânico, Ferdinando III (1608-1657), assinava a "Paz de Vestefália", com a Suécia e a França. Este ato político marcou o fim do primeiro grande conflito intra-europeu, forjando uma nova fase da cooperação internacional para a segurança, e veio romper com o feudalismo definindo uma nova ordem internacional. Em 1648, os povos europeus libertavam-se finalmente do jugo e dos constrangimentos morais e sociais impostos pela religião católica e pelo cristianismo e estabelecem relações de cooperação entre Estados territoriais soberanos, dando-se assim no centro da Europa, uma separação entre os poderes da Igreja e os poderes do Estado, fenómeno que se espalhou pelo mundo e que chegou à atualidade (Bayly, 2004).

O novo ordenamento internacional baseado na equidade de relações entre organizações políticas detentoras de soberania sobre o seu território (Estados) é atualmente denominado por "Direito Internacional"[20]. O conceito assemelha-se ao princípio atual e estabelece autonomias e relações (interdependência) de poder entre elas, nomeadamente a de relacionamento e interdependência da Política Interna e Externa. Estas aparecem posteriormente baseadas em estruturas de cooperação internacional, suporte para procedimentos organizativos que pretendem idealizar a anulação dos conflitos regionais e a paz mundial: a paz perpétua, teorizada por Castel de Saint-Pierre (1658-1743) e Immanuel Kant (1724-1804) que permitiria o quadro ideal para o desenvolvimento da cooperação internacional assente numa nacionalização da política para que os Estados assumissem o seu papel central e estratégico no contexto das Relações Internacionais (Moreira, 2002, pp. 35-37) (Maltez, 2010, p. 43).

---

[20] A expressão "Direito Internacional" é, segundo Fernando de Sousa, relativamente recente, tendo sido introduzida no léxico global por Jeremy Bentham na sua obra *An Introduction to the Principles of Moral and Legislation* (1780), e corresponde à designação de "Direitos das Gentes", a tradução literal de *ius inter gentes*. O critério assente num conjunto de normas reguladoras das relações entre os Estados ou entre entidades do Direito Público visto globalmente como o *"...conjunto das normas criadas segundo os processos de produção jurídica da Comunidade Internacional e que transcendem o âmbito estadual..."* (Sousa, 2005, pp. 66-67) (Maltez, 2010, p. 42).

A Idade Contemporânea abre com os ideais da Revolução Francesa a romperem a "velha" ordem mundial estabelecida em Vestefália. Nas sociedades ocidentais são contestados os regimes internos centrados no poder dos Estados e o nacionalismo enraíza-se, expande-se e sedimenta-se na Europa e recrudesce no seio das principais cidades europeias, nomeadamente em questões de soberania nacional, onde a conciliação das liberdades interna e externa das repúblicas e democracias se torna difícil de gerir no equilíbrio político-social, especialmente após a derrota estratégica do Imperador Francês, Napoleão Bonaparte (1769-1821). Na Batalha de Waterloo (18 de junho de 1815) Napoleão viria a ser derrotado pelo Exército coligado (aliança militar britânico-prussiana) comandado por Wellington e Blücher, acabando Napoleão por abdicar em 21 de junho e posteriormente ser deportado para a Ilha de Santa Helena (onde viria a morrer a 5 de maio de 1821). Restabelece-se assim uma inovadora ordem pré-revolucionária, aliviando tensões entre as liberdades individuais e a paz internacional (assente na segurança do Estado) e dando-se posteriormente início a um longo período de paz na Europa que durou cerca de cem anos.

Ao analisar este período, que vai até ao início da Primeira Grande Guerra Mundial, salienta-se o novo relacionamento ocidental, que está assente em vários fatores estratégicos: o *"concerto europeu"*[21] forneceu o equilíbrio de poderes entre as nações dominantes no xadrez global e a influência e interesse da sociedade internacional nas relações entre Estados e ainda na regulação das necessidades financeiras mundiais e da economia global. Estruturada desta forma, a "nova" ordem internacional procura normalizar e conferir um novo impulso às práticas de relacionamento político-diplomático entre países, como garante de uma estabilidade relativa, mais pela influência da alta finança, do comércio e da macroeconomia, do que pela negociação política, pela influência militar e pela Diplomacia, em que as finanças mundiais e as normas da economia global se sobrepõem à política e atuam como elemento central do sistema de cooperação internacional (Moreira, 2011).

---

[21] A expressão "concerto europeu", ainda utilizada atualmente no contexto das Relações Internacionais, deriva do Tratado de Chaumont (1 de março de 1840), que resulta da aliança formada pela Áustria, Inglaterra, Prússia e Rússia contra Napoleão e pretende significar segundo De Clercq *"...um equilíbrio ou balança de poder..."*. Cf. Tratado de Chaumont [*http://www.napoleon-series.org/research/government/diplomatic/c_chaumont.html*].

A partir da Baixa Idade Média, como vimos, a Europa começou a passar por significativas transformações económicas, políticas, culturais e principalmente sociais. O renascimento comercial permitiu a criação de uma burguesia forte que incrementou as relações no contexto internacional, que se assumiu como central no espectro social. Entretanto, as raízes do modelo de organização feudal pareciam óbvios constrangimentos aos interesses dos burgueses, pois ao esteticismo opunha-se agora um liberalismo mercantilista e ideológico que impunha novas regras para a cooperação internacional na sociedade global. Além disso, como durante a Alta Idade Média o poder dos Reis era, na prática, semelhante ao dos senhores feudais, levou a que resultassem numa espécie de "aliança ou pacto social" entre a nobreza e a burguesia que abria novas oportunidades à cooperação internacional.

Neste contexto, o Rei protegia e garantia a segurança da burguesia (recorrendo por vezes à cooperação internacional sob a forma de alianças militares ocasionais ou pactos regionais de não-agressão) e esta pagava--lhe os impostos e possibilitava-lhe um papel de relevo na definição das orientações político-militares do Reino, fornecendo ainda os recursos para a criação e manutenção dos dispendiosos Exércitos. Tal aliança ou contrato social levou à criação gradual das monarquias nacionais, absolutas, ou seja, países com idioma próprio, território, moeda definida e com um Exército próprio, normalmente bem equipado, disciplinado e profissional na forma de servir o Rei e a Nação. De acordo com este paradigma, com o Barão Antoine Jomini "...*passamos a assistir à inclusão de um militarismo liberal que inundava o pensamento de políticos, sociólogos, historiadores e estrategas militares da época...*", que caracterizou esta época e projetou para a atualidade conceitos operacionais que contribuem, ainda hoje, para melhor entendermos os fenómenos da paz e da guerra nas sociedades contemporâneas (Martins e Garcês, 2009, p. 394).

A formação das monarquias nacionais foi essencial para o enriquecimento da burguesia e para o aumento da coleta de impostos para financiar os instrumentos militares dos monarcas. Além disso, a expansão marítimo--comercial permitiu que a monarquia obtivesse grandes riquezas, o que reforçou os poderes no Estado, enquanto a Igreja se encontrava enfraquecida pelo "*Grande Cisma*" provocado pela "Reforma Luterana" de Martinho Lutero (século XVI). Todavia, na transição do século XIX para o século XX, assiste-se a uma intervenção crescente da opinião pública nas dinâmicas das sociedades, consciente da capacidade de intervir por via do sufrágio político, do associativismo sindical e partidário, bem como das ideologias e pela mobilização social. Ao aumento de "cidadania" não corresponde necessariamente um incremento da paz regional ou mundial, pelo contrário, registam-se mais conflitos internos, incertezas políticas e disputas intraestatais de caráter social que conduziram ao primeiro grande conflito mundial. Inicialmente localizado na Europa, nomeadamente em França e na Alemanha, rapidamente a ameaça da guerra ganhou um cariz maior por intermédio de uma dinâmica de cooperação internacional e de alianças mais globais, principalmente pela impossibilidade da Inglaterra desempenhar uma função reguladora do equilíbrio de poderes no xadrez europeu e mundial da época.

Os EUA quebram o seu tradicional e equilibrado isolamento e envolvem-se ativamente na Primeira Grande Guerra Mundial. Aspeto que marcará as relações entre as Nações Internacionais no século xx, despertando o mundo para as prioridades do "novo" posicionamento geopolítico e o surgimento de "novas" ideologias políticas, que marcaram as relações entre atores no mundo e que são ainda atualmente um dos eixos principais da Política Externa Americana. O final da Primeira Guerra produziu um reordenamento do sistema internacional e estabeleceu novas prioridades para a segurança global. O tratado de paz mundial, designado por Tratado de Versalhes (1919), apesar de constituir um marco nas relações de cooperação inter-estados no início do século xx, estava contudo orientado para o ajuste de contas com as potências derrotadas na guerra (especialmente a Alemanha) e esqueceu rapidamente a constituição do novo sistema de equilíbrio de poderes globais (MacMillan, 2002).

O primeiro conflito mundial não se limitou somente a alterar o mapa de alianças político-europeias do início do século xx, mas permitiu também demonstrar que o comércio global e a cooperação transnacional, dependendo de inúmeras variáveis do concerto de nações, não eram suficientes para garantir a paz e a segurança mundial. A potência emergente (EUA), por intermédio do seu Presidente, Woodrow Wilson[22], propôs entretanto

---

[22] Woodrow Wilson (1856-1924) foi Presidente dos Estados Unidos da América entre 5 de março de 1913 e 4 de março de 1921. Foi membro do Partido Democrata e Reitor da Universidade de Princeton, tendo sido agraciado com o Prémio Nobel da Paz em 1919. A sua visão moralista e idealista do Direito Internacional, expressa em "Catorze Pontos" da proposta de

um conjunto de medidas cooperativas de natureza política, comercial e militar, destinadas a prevenir os efeitos da guerra e a proporcionar a paz mundial resultando daí a Sociedade (ou Liga) das Nações (1920-1946) que, paradoxalmente, os EUA não integraram. Por outro lado, ganha intensidade e relevo no contexto das Relações Internacionais o inovador pragmatismo de que na cooperação internacional o confronto ideológico entre duas visões do sistema internacional: o expansionismo liberal ocidentalizado americano e a pressão marxista-leninista (1870-1924), nomeadamente através do internacionalismo proletário e da denúncia dos "malefícios" do imperialismo capitalista (Maltez, 2010, p. 45) (Barrento, 2010, pp. 46-47).

Assim, em meados do século XIX, a regulação do xadrez mundial sofre um incremento notável com a evolução das ideologias relacionadas com as Relações Internacionais, em que se pretendia que a Diplomacia seguisse idênticos princípios, não apenas nas suas relações mútuas de cooperação entre Estados, mas também nas relações no seio das alianças e das Organizações da época. Aqui se enquadram as propostas de paz duradoura apresentadas por Woodrow Wilson e apelidadas por Fred Halliday (1946--2010) de "...*uma paz por meio do Direito Internacional*..." e materializadas no advento da Liga das Nações. Pretendia-se desta forma criar uma aliança de países democráticos baseada no Direito Internacional e na Diplomacia e com reflexo na cooperação internacional por meio de aliança ou criação de organizações regionais ou globais, como forma de abolir ou limitar os conflitos armados no mundo. Contudo, a inevitabilidade de um segundo conflito mundial acentuou o debate eminentemente político-ideológico entre as sensibilidades conceptuais realistas e idealistas no contexto das Relações Internacionais (Halliday, 1994, pp. 10-11).

No confronto ideológico, os pensadores "realistas" colocam em causa a postura supostamente "utópica" do idealismo e iniciam a criação de um campo de estudo autónomo de Relações Internacionais, que pretendia ser paradigmático, explicativo da ação e das motivações dos Estados e não limitado às análises parciais da história e das organizações. Contudo, o colapso da Liga das Nações, a eclosão da Segunda Guerra Mundial, criando um desconcerto das nações e as perspetivas pós-guerra despertam elevado

---

paz, inspirou a criação da "Sociedade das Nações" em 28 de junho de 1919, com sede em Genebra (Suíça) e foi o embrião da ONU, representando o epicentro da cooperação internacional (18 de abril de 1946) (MacMillan, 2002).

interesse para a necessidade de se encontrarem novos sistemas de regulação da sociedade internacional (Ibidem).

A Sociedade das Nações foi o embrião para a criação, no pós Segunda Guerra Mundial, da Organização das Nações Unidas, que constitui ainda atualmente o maior elo (aliança) entre as Nações e o centro nevrálgico da discussão geopolítica sobre a cooperação internacional no globo. A sua abrangência e paradigma de desenvolvimento são matérias que acompanham a história mundial nesse período e as dinâmicas da cooperação internacional foram as âncoras da conflitualidade e do desenvolvimento sustentado entre séculos. A ONU constitui o fórum mais destacado no contexto da cooperação internacional, sendo contudo relevante acompanhar alguns desenvolvimentos que materializam este desiderato. Finda a rivalidade americano-soviética, a sociedade internacional entrou numa fase de transição, numa ordem mundial imprecisa, passando-se de uma *"paz impossível, guerra improvável"*, que Raymond Aron objetivou no período da Guerra Fria para uma *"...paz um pouco menos impossível, guerra um pouco menos improvável..."* (Barrento, 2010, p. 35).

Desde 1989 é comum referir-se a uma nova era no contexto das Relações Internacionais como do pós-Guerra Fria, à falta de um conceito mais preciso que objetive uma ordem política e social. Contudo, pensa-se que logo após a vitória militar sobre o Iraque de Saddam Hussein, o presidente dos EUA, George Bush, proclamou que se entrava numa nova ordem global, em que se assistiu ao nascimento de *"...novas formas de trabalhar com outras nações [para a] resolução pacífica das disputas, solidariedade contra a agressão, arsenais controlados e reduzidos e tratamento justo de todas as nações..."*. A realidade dos acontecimentos subsequentes desmentiu contudo o otimismo do líder Americano, pois não só a ordem que sobreveio não é mundial, como se impôs uma desordem regional, com a plêiade incontrolável de conflitos regionais que assolaram o mundo, com tendência para persistir em áreas "geoconflituais" concretas. Esta ideia foi defendida por Alain Bauer e Xavier Raufer, especialistas em segurança urbana, na sua obra *Le noveaux chaos mondiale*, os quais chamam ao período que medeia entre 1989 (queda do Muro de Berlim) e 2001 (ataque terrorista aos EUA) o *"parêntesis histórico"*, por entenderem que é o 11 de Setembro 2001 que marca o início de uma nova ordem. Por outro lado, Ferraz Sacchetti refere que a nova ordem assente na cooperação internacional já existe e é uma realidade e que, embora estando em construção, a estamos já a viver no presente, enquanto Loureiro dos Santos nos fala na *"Idade Imperial"*, atendendo à hegemonia militar e tecnológica dos EUA e à linha de rumo da Política Externa traçada pela administração Bush (posteriormente por Obama) e assente essencialmente no poderio económico e militar (2007, pp. 35-37) (2006, pp. 13-19).

Alguns autores proclamam no início do século XXI de uma *"desordem Imperial"*, entendendo que o mundo continua sem ordem mesmo após os acontecimentos do 11 de Setembro de 2001, culpabilizando o unilateralismo americano por esse facto. Este aspeto é secundado por Adriano Moreira, que defende que a nova ordem não poderá repousar na vontade de uma única superpotência, leia-se nos EUA, e que o mundo tem tendência lenta para a multipolaridade (2010) (Loureiro dos Santos, 2010) (Fukuyama, 2006).

Por outro lado, o paradigma securitário coletivo e cooperativo ficou mais forte após o 11 de Setembro e as alianças militares foram dinamizadas e colocadas em avaliação. Surgiram novos paradigmas conflituais e novas formas de desenvolver a cooperação regional e internacional para a segurança e defesa. Os paradigmas que têm vindo a ser testados, não só pela intervenção coligada em cenários conjunturais como no Afeganistão, Iraque, Bósnia ou Kosovo, na proliferação de conflitos regionais, nomeadamente em África, o que tem "obrigado" à intervenção da sociedade internacional nestes contextos. Neste novo cenário, no centro da temática da prevenção de conflitos, estão os EUA, superpotência e um dos atores globais capazes de projetar poder e influência à escala mundial (Loureiro dos Santos, 2010).

A implementação de novas arquiteturas de segurança (como tem vindo a acontecer em África) pretende fazer face a uma (nova) conjuntura que se caracteriza pela existência de ameaças assimétricas à segurança e o aparecimento de inovadoras formas de gerar o terror, sendo necessário um reforço regional dos países para fazerem face a uma globalização do terrorismo, do tráfico de armas, drogas e a uma crise global que ameaça a segurança regional e global. Neste quadro geopolítico as alianças militares e a cooperação internacional para a segurança serão, segundo Marques Guedes, a melhor resposta à debilidade dos Estados e à proliferação de fenómenos transnacionais que geram insegurança e subdesenvolvimento (2010).

2. A cooperação no contexto das Relações Internacionais. Do Idealismo ao Construtivismo

Marques dos Santos, citando Adriano Moreira, salienta que as Relações Internacionais, tendo como objeto principal, como vimos, o estudo das relações políticas entre os Estados e demais atores na cena internacional, nomeadamente assente no elemento da guerra, constituem "um ramo" da Ciência Política, admitindo-se que esta representa o conjunto das disciplinas que tendo por objeto a *"governance"* (administração do Estado), têm como ramo específico a Política Internacional. Contudo, o Sistema Político Internacional reflete atualmente uma interação constante e dinâmica de múltiplos atores, que se sobrepondo ao Estado, assumem nestes locais algumas das suas principais atribuições e responsabilidades, pois que, como refere Robert Kaplan *"...as Relações Internacionais referem-se de facto, às relações políticas interestatais..."* e são uma subdisciplina da Política Internacional, esta na dimensão global das relações "multidimensionais", "ambivalentes" e como salienta ainda Adelino Maltez *"...com uma expressão metodológica, ou seja, com um objecto formal..."* (2007, p. 29).

Aos extremismos de Robert Kaplan (1957) e de Kenneth Waltz (1979)[23], Adriano Moreira contrapõe com a explicação hipotético-dedutiva para a compreensão dos fenómenos sociais, tal como sugere Raymond Aron (1972)[24] que utiliza a explicação filosófica de orientação positivista, em que nas Relações Internacionais, a definição dos objetivos, traduz-se na normalidade da violência, não constituindo contudo fundamento para se considerar uma ciência aplicada (Moreira, 2002, p. 63).

O alargamento do âmbito do estudo das Relações Internacionais, que no contexto da dimensão política, diplomática ou de segurança, extravasando as relações de um simples sistema interestatal (entre Estados), veio centrar a problemática do alargamento gradual do objeto de estudo na contemporaneidade do pensamento político no contexto das Relações Internacionais. Assim, as duas principais correntes do pensamento político contemporâneo que interpretam os fenómenos da Política Internacional de forma distinta e por vezes, antagónicas, são a *Escola Idealista*, que crê na autorregulação do sistema internacional e a *Escola Realista* que advoga

---

[23] In *Theory of International Politics*. New York: McGraw-Hill, 1979; p. 250
[24] Raymond Aron, *Études Politiques*, Paris, 1972.

AS DINÂMICAS DA SEGURANÇA E DO DESENVOLVIMENTO EM AMBIENTES DE CONFLITUALIDADE

as relações entre Estados como fluxo de ideologias e interesses, que movimenta e constitui referência para as origens do equilíbrio europeu e global (Kaplan, 2007, p. 58) (Maltez, 2010, pp. 218-235).

Contudo, derivado da Revolução Soviética de 1917[25], surge uma terceira tendência no pensamento político das Relações Internacionais, não consensual e até considerada em alguns aspetos, antagónica às anteriores: a corrente Marxista ou *Escola Radical*, que hierarquiza o sistema internacional e padroniza as relações no âmbito do capitalismo económico e das políticas marxistas globais. O pensamento político é uma forma de estudar e liderar as sociedades de todos os tempos, através da análise atenta das ideologias, e pensamentos político-estratégicos das personalidades (nomeadamente políticos, académicos, militares, diplomatas) da época, de grupos de pressão e sob o domínio de líderes marxistas em que *"...os seus efeitos fazem-se sentir tanto no Ocidente como em qualquer parte do globo..."* (Giddens, 2006, p. 27) (Moreira, 2002, pp. 165-166).

Oriunda do pensamento iluminista pós medieval, que tem raízes no pensamento de Hugo Grócio (1583-1645) e constitui uma das bases do Direito Internacional, o uso da força na relação entre Estados só se justifica quando o propósito seja o de eliminar a força do sistema adversário (visto numa perspetiva de poder conjuntural), situação que cria barreiras morais ideológicas à vertente reformista no quadro das relações entre entidades políticas, apelidado de consensos político-ideológicos. Estes consensos são a base das relações internacionais e a temática central dos fóruns mundiais (Maltez, 2010, p. 242).

Ao pensamento idealista importa refletir sistematicamente sobre as razões dos conflitos e a cooperação, incidindo na diálise da cooperação e do diálogo (Diplomacia) para alcançar a paz e a segurança no sistema internacional. A segurança nacional não é considerada restritiva e reconhece a inexistência de uma autoridade supranacional (não distingue nacional de internacional e recusa a ideia da conflitualidade natural entre os Estados ou entidades supranacionais). A cooperação internacional entre Estados

---

[25] A Revolução Soviética (1917) reflete as principais linhas dos pensamentos de Estado e materializa as relações entre entidades políticas, sociedades e civilizações, no quadro da revolução de classes, onde a monarquia dá lugar a um governo provincial, precursor da doutrina político-ideológica dos *soviets*. Richard Malone, In *Analysing the Russian Revolution*, Cambridge University Press, 2004.

pode ser entendida como a melhor forma de resolver conflitos, nomeadamente pela criação de organizações intraestatais e supranacionais, pois os Estados que não são entidades abstratas, atuam mediante os estímulos de indivíduos e de lideranças (partidos políticos, classes, grupos de pressão e de interesses) bem como através de políticas que caracterizam e constituem a cultura política (que partilham) e os identificam na cena internacional.

Em reação aos múltiplos horrores das crises e conflitos regionais, o idealismo contribui assim para moldar o sistema internacional às exigências do direito e da justiça das sociedades. A Liga das Nações exemplificava esse predomínio, não evitando contudo o início da Segunda Grande Guerra Mundial e tornava-se assim muito contestada no quadro das Relações Internacionais. Neste contexto, renasce na década de 60 com o aparecimento de uma nova realidade mundial: a globalização (ou mundialização). Contudo, desenvolve-se nesse período, com os professores Robert Keohane e Joseph Nye, da Universidade de Princeton, em torno da revista *International Organization*, de inspiração liberal e pluralista, e apelida-se de interdependente, onde se renega o "*...uso abusivo da força...*", o que reequaciona a noção de anarquia inerente ao sistema internacional (com realce nas relações entre Estados) e coloca em causa a centralidade do poder do Estado pela comprovada presença e peso crescente de empresas privadas, grupos de pressão e ONG, bem como de outros atores transnacionais que são produto da globalização e estão envolvidos nos processos políticos e económicos internacionais. Salienta ainda que o estudo da política mundial se inicia com o estudo da conflitualidade e da guerra, uma vez que a guerra é um fenómeno perene na sociedade e o Idealismo recrudesce a importância da entidade "Estado" como reguladora e normativa do sistema global, pois que este é ainda o ator central no sistema das Relações Internacionais (Keohane e Nye, 1970-71) (Giddens, 2006) (Keohane, 2007, pp. 2-4).

Neste paradigma, à noção de "interdependência" (entre elementos do sistema político) acrescentam-se atualmente duas variáveis dinâmicas: "sensibilidade" e "vulnerabilidade" dos fenómenos e dos sistemas que afeta, pois salienta que as mudanças nas relações políticas, em resposta a fatores externos, se designam por "interdependência complexa", e que constituem a matriz mais frequente nos fenómenos nos sistemas políticos regionais ou globais. Assiste-se com os acontecimentos globais recentes ao crescimento do debate e do estudo das questões complexas, dinâmicas e perturbadoras do equilíbrio da balança de poderes no sistema, nomeadamente em torno da interdependência envolvendo variáveis intrínsecas à defesa e segurança, onde se estuda nomeadamente a sua relação com formas institucionais de cooperação multidimensional de nível internacional. O supranacional e o global exprimem, em certa medida, a conjugação das duas variáveis que o idealismo transporta para o contexto das Relações Internacionais, sem contudo conter todas as dinâmicas necessárias para compreender as formas das relações de cooperação no xadrez global.

A tradição realista confere importância decisiva ao potencial conflituoso e bélico do sistema internacional, pois o "Poder", segundo Cline, exprime-se segundo fatores multiplicadores desse potencial, tais como: económico, financeiro, político, diplomático e o aparelho militar (Couto, 1988, pp. 248-249). Maquiavel (1469-1527) tinha realçado a legitimidade dos interesses políticos do soberano no uso da força sem limitações morais e Hobbes tornara equivalentes as relações estabelecidas pelos Estados e pelas pessoas (na ausência de autoridade), ou seja, salientara a inexistência de um poder magno e no contexto das Relações Internacionais. Os teóricos mais recentes, tais como Hans Morgenthau[26] e Kenneth Waltz e na política, o ex-Presidente dos EUA Richard Nixon e do Conselheiro Henry Kissinger adotaram uma visão mais realista que encara o sistema internacional como anárquico e centra a atenção no papel do Estado, reconhecendo-o como o principal ator capaz de defender o interesse nacional e a garantia da soberania e dos valores do Estado de Direito. Os fenómenos da guerra e da paz são uma preocupação central, e encontram-se assentes no pilar da segurança interna contra as ameaças externas (mais recentemente definidos como ameaças transnacionais). Edward Carr[27] (1892-1922) veio defender conceptualmente uma efetiva separação entre a moral e a política como fundamento da razão para que o Estado use a força, atuando como uma ingrata inevitabilidade da vida em sociedade e nas constantes

---

[26] Hans Joachim Morgenthau (1904-1980) foi considerado um pioneiro no estudo das Relações Internacionais, adepto da visão realista, e no estudo da relação entre as Nações e as forças que envolvem esse relacionamento (segundo seis princípios) pois que a paz mundial só seria possível por intermédio do uso de "mecanismos negativos", os únicos que refletiam o equilíbrio de poder (Maltez, 2010, p. 199) (Morgenthau, 1978, pp. 4-15).

[27] Tendo participado na Conferência de Paz de Versalhes e na elaboração do Tratado de Versalhes, Edward Hallett Carr advoga na sua obra *The Vices of Integrity* a prática de metodologia clássica no sistema das Relações Internacionais, usando como exemplo a União Soviética e os sistemas de poder (Mac Millan, 2002).

relações entre atores no sistema das Relações Internacionais (Kissinger, 2002, pp. 720-728).

Neste contexto, Morgenthau define *"seis princípios fundamentais"* que balizam o comportamento dos Estados e que regulam a sua ânsia de poder, o que veio a conquistar alguns adeptos nos EUA, apontando para um "novo" realismo que se constitui no suporte da Política Externa Americana na segunda metade do século xx e que *"...justifica um envolvimento permanente e global na política mundial..."* (1955, p. 132) (Hoffmann, 1997, pp. 45-48) (Maltez, 2010, pp. 198-199).

Em 1979, Kenneth Waltz na sua obra *Theory of International Politics* apresenta as conceções sobre as principais condicionantes à segurança dos Estados, iniciando uma nova fase do pensamento político a que deu o nome de "Neorrealismo"[28]. Para o autor, a política internacional tem uma dinâmica própria, independente das circunstâncias das personalidades e das sociedades, em que o sistema internacional é movido pelos interesses políticos das grandes potências (que regulam o sistema) e em que os Estados não cooperam na realização de fins comuns, apenas se aliam para alcançar as capacidades que determinam a sua estruturação e os ajustamentos internos no sistema. Kenneth Waltz é criticado por Robert Keohane na sua obra *After Hegemony* (1984), na qual evidencia a diminuta atenção que Waltz confere às normas, às instituições e às mudanças, bem como o seu contributo para o uso do poder pelos Estados mais fortes e normativos do próprio sistema internacional, tentando ajustar a falta de hipóteses que possam ser testadas no contexto das relações e que expliquem as constantes mudanças do xadrez internacional, para construção de modelos formais de comportamento dos Estados.

Apesar das divergências, as duas correntes apresentadas são a base das teorias macroeconómicas globais e materializam uma nova corrente do

---

[28] O Neorrealismo, segundo Waltz, tendo designado por realismo estrutural *"Structural Realism"*, pretende segundo Sousa, *"...incutir mais rigor e cientificidade ao realismo..."*. Contudo, Waltz desvia-se do determinismo e da lógica explicativa da política definida em termos de *"...poder, resultante da acção do homem sobre o sistema..."*, em que o foco da análise neorrealista continua a ser o Estado de segurança, dirigida para as características estruturais dos Estados no Sistema Político Internacional, defendendo o *"...centralismo do Estado como actor unitário irracional, e a importância da distribuição do poder..."* (2005, pp. 125-126). Sobre o *"Realismo Estrutural"* veja-se Kenneth Waltz em *"Structural Realism after the Cold War"*. [*http://www.columbia.edu/itc/sipa/ U6800/readings-sm/Waltz_Structural%20Realism.pdf*]

pensamento político conhecida por síntese *"neorrealismo"*, a qual tem vindo a enquadrar as políticas multilaterais das NU no mundo. O Neorrealismo constitui, na perspetiva de Kenneth Waltz, a doutrina e a teoria básica das Relações Internacionais que permite compreender a globalização e entender os fenómenos atuais da segurança no contexto dos fenómenos sociais (Weaver, 1997, p. 23).

A tradição do pensamento da escola radical tem a sua origem assente conceptualmente no pensamento de Karl Marx e está equidistante do idealismo e do realismo. Karl Marx não analisou o sistema internacional, pois interessava-lhe a luta de classes sociais relacionada com o papel do Estado enquanto promotor dos interesses económicos e políticos, em contraponto aos interesses da sociedade e dos indivíduos. Contudo, segundo a mesma ideologia, Lenine teorizou sobre as Relações Internacionais, adaptando aos Estados a dominação no sistema de classes e defendendo que as ligações entre o Imperialismo e a prática ocidentalizada se baseavam na guerra entre superpotências. Esta resultava predominantemente das políticas económicas capitalistas, da luta pela obtenção de mercados na busca de matérias-primas estratégicas e dos interesses neocoloniais, que transportam os conflitos para as periferias do desenvolvimento, e levaram os países não-alinhados a empenhar-se em conferências afro-asiáticas típicas da guerra fria e que vieram a dar origem aos embriões dos movimentos de libertação que surgiram nas décadas de 50/60, levando, especialmente em África, à vaga das Independências (Morim, 1983, pp. 188-190).

Nas décadas de 60 e 70 debatem-se intensamente nos principais fóruns mundiais as desigualdades Norte-Sul e as formas de ultrapassar essas desigualdades entre o mundo desenvolvido e a parte subdesenvolvida. Neste contexto, os modelos de industrialização implantados após a Segunda Guerra Mundial, conduziram os teóricos marxistas ao descrédito através do sistema de dominação de grupos económicos (multinacionais) que usaram os sistemas políticos dos Estados para otimizar as relações e desequilibrar a balança de poder global (Santos, 1992, pp. 97-100).

O sistema global resulta, segundo este prisma, da hierarquização e padronização da dominação e contribui para transformar os países subdesenvolvidos em satélites e elementos de ação estratégica das orientações políticas das potências mundiais, em espaços conjunturais onde pretendem defender as suas orientações políticas. As mais recentes práticas de cooperação têm gerado um desenvolvimento "adiado", segundo especialistas, uma dominação e dependência que se prolongou e influenciou os processos de Independência Africana, constituindo a charneira entre as potências que pretendem controlar e influenciar os políticos de cooperação com os países em vias de desenvolvimento, nomeadamente em África (Almquist, 2010) (Meredith, 2006, pp. 31-37) (Dowden, 2010, pp. 51-61).

É uma perspetiva "dualista", já que entende o "subdesenvolvimento induzido" como uma consequência necessária ao desenvolvimento dos países ricos, pois estes também dependem para o seu próprio desenvolvimento da paz, segurança e desenvolvimento dos espaços de cooperação estratégica. Refletindo sobre as estruturas materiais de dominação político-ideológica e subordinação económica constante entre os países consideravelmente desiguais no seu desenvolvimento, o sociólogo Immanuel Wallerstein, opta pela análise abrangente histórico-sociológica dos ciclos estruturantes de mudanças político-económicas no mundo (1974, 1980, 1989). O autor estudou fenómenos sociais relevantes no contexto global, envolvendo os grupos económicos transnacionais, as organizações não-governamentais multilaterais e fornece as bases conceituais da "teoria dos sistemas globais", que denominou de "teoria do sistema-mundo", onde se pondera a evolução dos sistemas capitalistas e se distinguem áreas centrais e periféricas no sistema económico mundial (Wallerstein, 1979, pp. 37-38).

Na atual estrutura complexa e hierarquizada do sistema global, os Estados ditos "diretores" formam o vértice superior da pirâmide e constituem o centro neurológico do sistema mundo na dominação e na apropriação das dinâmicas globais, em que os "Estados Periféricos" são a base, e os "Estados Semiperiféricos" (intermédios) constituem a maioria, tanto podendo ser exploradores relativamente aos Estados da periferia, como explorados pelos "Estados Diretores". Esta teoria é defendida por outros autores e adquire relevância especial quando sintetiza os fenómenos contemporâneos da globalização, nomeadamente os fluxos de capitais e de mercadorias, os mercados financeiros e cambiais, a mundialização das corporações industriais e dos blocos económicos regionais e a globalização dos problemas de segurança e dos conflitos regionais (Ibidem).

Os marxistas dão especial atenção ao conceito de *"neo-imperialismo"* presente atualmente nos processos de cooperação internacional Norte-

-Sul, desenvolvido inicialmente por António Gramsci (1891-1937)[29]. Este conceito salienta os mecanismos e padrões de dominação e de cooperação internacional. A corrente *"neo-gramsciana"*, que surgiu com Robert Cox, sustenta em *Production, Power and Order* que a dominação entre grupos com reflexos na estrutura da ordem internacional proporciona a expansão do capitalismo como principal sistema produtivo assente numa sociedade civil globalizada.

Esta opinião aponta para a necessidade de adoção de políticas e estratégias conjunturais deliberadas e assentes na cooperação multilateral e levam ao estabelecimento de estratégias anti hegemónicas, antiglobalização, que predominam nas décadas 60 e 70 e que atualmente ainda movimentam e constituem doutrina política de determinados grupos de pressão globais. Após a queda do Muro de Berlim, o desmoronamento da ex-URSS e após o atentado contra as torres gémeas em Nova Iorque, no 11 de Setembro (2001), a ordem internacional tornou-se crescentemente mais globalizada e os fenómenos sociais, embora regionalizados, passaram a ter uma influência à escalada global, onde os radicalistas assumem maior protagonismo e materializam um tipo de ideologias que se projetam contra os sistemas ideológicos e com especial incidência no contexto da segurança e da defesa no âmbito das Relações Internacionais.

O final do século xx é repleto de acontecimentos político-sociais que influenciam diretamente o reajustar do sistema internacional e, ao mesmo tempo, transportam para os contextos regionais e continentais os "problemas dos Estados", criando uma inovadora dinâmica nas relações entre atores no sistema global. As principais Escolas do pensamento político tendem a interpretar os fenómenos sociais à luz das doutrinas ideológicas que conhecemos, algumas serão desajustadas, e impossíveis de circunscrever no tempo e no espaço. Pois cremos que o fenómeno da globalização e da conflitualidade trouxe também uma outra contextualização ideologicamente mais complexa e diametralmente oposta ao pensamento de raiz realista, idealista ou radical.

---

[29] António Gramsci (1891-1937) político, cientista político, comunista e antifascista italiano defendeu a doutrina marxista, numa perspetiva de proletariado e de sindicalismo, associado ao fascismo que divulgava nos diversos jornais e revistas que dirigiu em Itália. Associado ao Partido Comunista Italiano, as suas teses foram adotadas (1926) como ideologia política que vingou como neomarxismo (Maltez, 2010, p. 296).

O caminho académico do estudo dos fenómenos sociais aparece nas contribuições construtivistas e conjunturalmente elaboradas, empenhadas nas teorias sociais ou em teoria da integração positivista, em que a cooperação e as relações internacionais são reguladas por interesses (nas diversas vertentes) e o equilíbrio entre os "3D" a "Diplomacia", a "Defesa (Segurança) e o "Desenvolvimento", é em cada espaço regional, o reflexo da complexidade do sistema mundo atual, onde as ideias políticas e as estratégicas refletem os interesses geopolíticos dos principais atores. O "construtivismo" considera esses interesses como positivos e socialmente construídos, ou seja, pensa-se que a política e a ação conflitual e de poder do Estado são socialmente construídas contendo elementos idealistas e realistas suscetíveis de críticas ou de interpretações diversas, sendo em cada momento o reflexo das lideranças, do potencial estratégico e do valor da diplomacia e da economia desse ator no mundo[30] (Wendt, 1999, p. 35).

Contudo, favorecidos pelos novos acontecimentos globais na cena mundial – a "relativa" diminuição das tensões internacionais (globais) após o fim da Guerra Fria; a queda do Muro de Berlim; a desintegração socialista do bloco do Leste europeu e o surgimento do mundo multipolar – o construtivismo é visto como o justo equilíbrio que proporcionou sucesso aos projetos de integração regionais a que temos assistido um pouco por todo o mundo. Esta integração regional no contexto especialmente económico e financeiro tem proporcionado um desenvolvimento muito acentuado na vertente da segurança e defesa, pois os teóricos da geopolítica concluíram quase "instintivamente" que também neste contexto sem segurança não existe desenvolvimento. Assim, e especialmente na Europa com a criação da UE, na África com o surgimento das ORA e especialmente da UA e na Ásia com o surgimento da ASEAN, entre outras Organizações Regionais, alterou a relação de poderes no seu espaço conjuntural de influência político-estratégica (Tavares, 2010, pp. 81-82).

A criação de áreas multilaterais com pretensão global (Idem, 6-8, 6-20 e 6-30) trouxe outros desafios e a necessidade de novos ajustamentos económicos, políticos sociais e de segurança. Estes ajustamentos regionais são contestados (interna e externamente) pelos Estados não incluídos e em

---

[30] Peter Katzenstein, Nicholas Olaf, Emanuel Adler e Michael Barnett, na obra *The culture of National Security. Norms and Identity in World Politics*, 1996, New York, Columbia University Press.

que os interesses financeiros, a necessidade de adequar da cooperação sistémica, faz renascer os sentimentos nacionalistas, onde a defesa dos direitos humanos e de cidadania, a manutenção da paz e da segurança (humana e alimentar) e o sentimento de que as agências políticas de cooperação internacional são um incentivo à união das identidades e das comunidades excluídas, com reflexos político-ideológicos na cooperação internacional (Moreira, 2010).

O século XXI surge com um desafio ideologicamente diferente, onde a adaptação às novas realidades transnacionais saídas dos atentados do 11 de Setembro de 2001 fazem com que a segurança (e a defesa) apareçam como novos paradigmas capazes de inviabilizar (ou adiar) reformas urgentes no prosseguimento da cooperação internacional para o desenvolvimento e segurança. A segurança torna-se assim prevalente no contexto regional, e as correntes da ideologia política encontram protagonismo para evidenciar a sua doutrina, sendo também certo que os fenómenos são atualmente mais complexos e carecem de melhor análise, e que da conjugação de elementos de análise e de doutrinas sociais, consegue-se uma melhor explicação e entendimento para compreender os intrincados e muito dinâmicos fenómenos sociais da atualidade.

As principais correntes do pensamento político contemporâneo são atualmente confrontadas com a necessidade de serem capazes de interpretar e contribuir para a reflexão da ideologia política dos fenómenos sociais que nos rodeiam. Neste paradigma atual, a globalização surge como elemento central e desafiante para os sociólogos, políticos e académicos das Relações Internacionais, pois os fenómenos são crescentemente mais complexos, não só pela multiplicidade de atores envolvidos (e interesses associados), como pela projeção económica, política, social, securitária e mediática que adquiram. A regionalização dos fenómenos sociais faz prevalecer a ação do Estado como elemento central e ainda como entidade primária da ação política (tal como defendiam as Escolas Realistas e Idealistas), embora as organizações tendam a assumir crescentemente uma maior influência no processo de decisão política e no desenvolvimento de estratégias de cooperação internacionais, quer seja na segurança, quer seja no apoio ao desenvolvimento.

Neste contexto, o construtivismo e as novas ideologias políticas resultantes da combinação realista-idealista, surgem como reflexo da multiplicidade de dimensão de análise dos fenómenos sociais, em que a Escola

Radical (extremista no seu ideologismo) tende a encontrar diferentes explicações para diferentes fenómenos sociais e a ter maior dificuldade em padronizar o atual quadro político num determinado contexto regional, onde os fenómenos sociais e as geopolíticas conjunturais são cada vez mais complexos e as influências são cada vez mais globais e enigmáticas.

CAPÍTULO II

A INTERDEPENDÊNCIA ENTRE SEGURANÇA/ DEFESA E DESENVOLVIMENTO

> "Parece pois lógico que na paz – a política, na vanguarda, procure, por uma acção diplomática, no exterior, alcançar os objectivos determinados pela estratégia nacional e no interior realizar os meios indispensáveis à realização destes objectivos para o caso da acção diplomática resultar improficiente. Que durante a guerra – a estratégia determine à política o rumo mais conveniente ao completo aniquilamento das forças inimigas e que, uma vez destruídas estas, a política explore o sucesso estipulando as condições da paz que inteiramente assegurem a realização dos objetivos nacionais procurados..."
>
> Brigadeiro JÚLIO ALVES BOTELHO MONIZ, em *Conferências de Estratégia ao Curso de Altos Comandos 1953-1954*, Instituto de Altos Estudos Militares, p. 6

Nas sociedades contemporâneas, o vetor da Política Externa do Estado encontra-se parcialmente assente no emprego do instrumento militar, mais concretamente na ação estratégica das suas Forças Armadas. Estas constituem-se assim num mecanismo estratégico e proativo da Política Externa de Defesa ao serviço do Estado, tendo passado a ser e a estar dimensionadas para servir de instrumento privilegiado de ação estratégica e elemento de projeção da influência, do poder e dos interesses do Estado, onde quer que estes existam. Os fenómenos sociopolíticos dimensionados pela análise geoestratégica e geopolítica dos fenómenos contemporâneos, vistos numa dimensão mundial, passaram a designar-se por "globalizados" ou entendidos parcialmente de uma forma mais racional por "ingerência global" ao serviço dos interesses supranacionais dos Estados (Moreira, 2010).

Segundo este paradigma inovador, temos assistido à globalização da política, da economia, das finanças, da diplomacia e dos aspetos relacionados com a segurança e defesa, pois como salienta ainda Adriano Moreira *"...sem segurança global não existe desenvolvimento mundial e sem desenvolvimento sustentado à escala universal não teremos segurança no mundo..."* (nas suas múltiplas dimensões) (2010). De acordo com este paradigma de modernidade, as dinâmicas de segurança e da defesa passaram a assumir outro protagonismo nos sistemas atuais das Relações Internacionais. Não por via de uma maior capacidade dos meios letais e das tecnologias disponíveis no instrumento militar, mas porque a segurança e defesa passaram a ser vistas como elementos estratégicos da Política Externa do Estado. Este "instrumento", a par da diplomacia (na suas múltiplas vertentes) passou a ser empregue "paliativamente", antes, durante e após o surgimento de crises ou conflitos, conferindo-lhes uma maior prevalência na ação, bem como uma dinâmica e grau de importância cada vez mais relevante.

A segurança e a defesa passaram assim a ser faces da mesma moeda, a pertencerem ao mesmo sistema e a "jogar" no mesmo cenário, pois as dinâmicas das Relações Internacionais transportaram os problemas da segurança e da defesa para as agendas contemporâneas regionais e mundiais. Neste inovador quadro geoestratégico, ao serviço da segurança e da defesa de Estados e de Organizações, as Forças Armadas tendem a ser empregues como instrumento produtor de segurança regional e de desenvolvimento sustentado à escala do Estado, passando a ser multidimensionais na forma de fazer a paz e multidisciplinares na forma de ajudar a construir o desenvolvimento, na medida em que a segurança e desenvolvimento são vetores estrategicamente convergentes da ação política do Estado (interna e externamente) (Ney, 2002, pp. 280-282).

Segundo este prisma e num contexto em que se pretende definir novos alinhamentos estratégicos para as questões da segurança e da defesa, em que o Estado procura otimizar e racionalizar o uso do seu instrumento militar, adotando uma postura que se pretende mais abrangente, proativa e proficiente, fará porventura sentido refletir sobre o emprego do vetor militar como produtor estratégico de segurança líquida e de desenvolvimento sustentado. Para tal, torna-se fundamental saber distinguir cabalmente a evolução dos conceitos e aprofundar a interdependências entre a segurança e a defesa ao longo dos tempos, pois como refere Charles-Philippe David *"...entre as grandes transformações ocorridas no campo das relações internacionais figuram as que se relacionam com a segurança...*", que passaram a dominar as agendas globais (2001, p. 17).

1. Os conceitos de "Segurança" e "Defesa". Uma abordagem contextual em África

Embora o termos "segurança" e "defesa" e a pertinência do emprego dos seus significados sejam uma constante no desenvolvimento dos homens e das sociedades, podemos associar-nos ao termo "segurança", segundo o Grande Dicionário Enciclopédico como o "*...acto ou efeito de segurar...*", tendo contudo origem na palavra do latim *secura* ou *securitas*, que significam genericamente "*...sem preocupações...*" e cuja etimologia aponta no propósito de se "*... ocupar de si mesmo...*", indiciando uma situação individual de estar livre de qualquer perigo (2000, p. 5625) (Alves, 2010, p. 29).

Constatamos ainda que na matriz greco-romana o seu enquadramento se encontrava ao nível da *pólis* (política), embora para S. Tomás de Aquino (século XIII) esteja definido como "*...um certo mal a evitar...*", apontando para uma ausência dos riscos, da instabilidade e definindo um propósito de certeza e de prosperidade para o futuro na sociedade. A segurança passou a estar assim associada à estabilidade, à continuação de uma condição sem risco, à possibilidade de um futuro estável, sentimentos que um grupo (sociedade) ou uma pessoa transportam para o seu quotidiano e que afetam as suas rotinas, os seus procedimentos e a própria ideologia social e passam a afetar as políticas da *pólis* (Alves, 2010, pp. 29-30).

Contudo, a segurança parece ser considerada como um elemento eminentemente individualizado (porque se centra em primeiro lugar e fundamentalmente no ser humano), mas com reflexos na sociedade, pois afeta-a nas suas múltiplas dimensões (económica, financeira, judicial e legislativa). Este conceito, apresentado por Salgado de Matos, reflete uma filosofia social que está em linha com o que se entende atualmente por "segurança humana", que Cabral Couto centra não só nas pessoas mas também nas "coisas" (visto como entidade impessoal), pois enquanto "seguridade" só se refere a pessoas e fala do estado de espírito, deve ser entendido como "*...exprimindo a tranquilidade de espírito, nascida da confiança que se tem de que não há perigo...*" (Matos, 2006) (Couto,1987, p. 70).

Na dimensão política do Estado, a segurança pode-se entender com um pilar, um elemento estratégico e vital para a insolvência e existência do próprio Estado, em que o social é coletivamente colocado sob a forma de *segurança* (num sentido lato), em que o risco potencial de um determinado acontecimento é visto como uma ameaça ao sistema securitário e ao próprio Estado. Curioso é saber que a filosofia política greco-romana quase ignorou o conceito de "segurança" (como vimos), pois para os clássicos, esta estava intimamente associada à organização política (a *pólis* era pacífica *ad intra*) e da paz resultava a segurança para a sociedade (Matos, 2006, pp. 3-5).

Segundo Salgado de Matos, Platão, Aristóteles e Cícero conceberam uma organização política estruturada em três ordens que eram responsáveis pela paz e pela segurança. A primeira ordem era simbólica (metafísica) relacionada com o Deus e com a noção de cultura; a segunda fornecia a segurança e a terceira era assente na procura do desenvolvimento social. A segurança resultava assim de uma adequada combinação das três ordens, que a *pólis* tinha que saber equilibrar em prol da sobrevivência e do seu desenvolvimento. A responsabilidade por assegurar a ordem competia aos Exércitos e estes respondiam diretamente pela segurança, assegurando a proteção contra as ameaças e a diminuição dos riscos para que a harmonia entre os três paradigmas se fundisse num equilíbrio social entre os que garantiam a segurança, provocando o desenvolvimento e os que, investindo no desenvolvimento, tinham como propósito incrementar e financiar (investir) a segurança (Ibidem).

A política procurava fazer o equilíbrio do sistema social, encontrando os recursos que possibilitariam o investimento em segurança, pois era a condição para estabilizar a governação e garantir o desenvolvimento da sociedade. Surgiram assim com os gregos o que poderemos considerar como os primeiros exércitos profissionalizados[31], pagos ao serviço dos cidadãos e das sociedades, em que fazendo parte da sociedade lutavam pela *pólis*. Nascia assim uma consciência cívica da importância da segurança (vista num prisma mais restrito de autoproteção) no contexto do desenvolvimento das sociedades da época.

---

[31] Sun-Tzu refere na sua obra *A Arte da Guerra* que os Exércitos da China antiga (500 a.C.) eram Exércitos particulares, senhoriais, onde as alianças guerreiras ditavam as leis e se degladiavam em "...*primitivas refregas*...", sem o propósito de garantir a segurança, mas pela ânsia da conquista da vitória militar, pela posse de bens, territórios ou honrando alianças conjunturais (2000, pp. 24-26).

O equilíbrio, e especialmente a valorização do elemento "segurança" em face do vetor do desenvolvimento, veio a prevalecer ao longo dos tempos. Na Idade Média e no pós-Renascimento, a liderança das monarquias e a ação guerreira dos nobres foi decisiva para a manutenção do sistema feudal, tal como na organização política do Estado Moderno e na conceção pós-Revolução Francesa, onde o Estado social, assente no melhor espírito iluminista da época, transportava o ideal napoleónico da "nação em armas", colocando o aspeto da segurança (e defesa) no centro dos alicerces do Estado de Direito e à sociedade (Martins e Garcês, 2009, pp. 398-402).

Ao longo dos séculos XIX e XX, o monopólio da violência centrava-se no Estado e no seu instrumento mais poderoso de projeção do poder, os seus Exércitos, e mais tarde, as suas Forças Armadas, constatando-se que as noções básicas de segurança alargada tendem contudo a afastar-se das questões estritamente militares e securitárias, sendo objeto de constantes reavaliações e adaptações e que a compreensão dos conceitos basilares e a definição de políticas securitárias é essencial ao Estado Moderno (David, 2001, p. 19) (Diehl, 1999) (Friedman, 1996) (Matos, 2006).

O mundo vive atualmente um período caracterizado por profundas transformações geopolíticas e geoestratégicas. Para algumas nações, a opção pelo sistema democrático e a conquista das liberdades fundamentais têm originado períodos de grande perturbação (os movimentos sociopolíticos e ideológico-religiosos no Norte de África, entre as quais a designada "Primavera Árabe" é um exemplo) que contribuíram para a existência de graves riscos de instabilidade regional, pois a segurança passou a constituir-se como fator estratégico da construção e sustentação do Estado. Perante as mudanças sociais e políticas, os Estados enfrentam atualmente situações inovadoras e mais complexas, fazendo face a novas formas de ameaças e de riscos para a sua segurança e existência. Neste contexto, questiona-se frequentemente se os Estados só por si serão as entidades mais adequadas para resolver estes problemas securitários emergentes ou se será oportuno potenciar e fortalecer as alianças militares regionais e globais, alargando-lhes o âmbito de ação, potenciando os seus vetores de coação e aumentando as capacidades e responsabilidades inerentes à sua missão (Moreira, 2010).

Na demanda de novas orientações político-estratégicas para os Estados, fala-se atualmente de segurança e defesa como se de sinónimos se tratassem e parece normal admitir que quer uma quer outra expressão possam ser utilizadas quando nos referimos à busca de soluções pacíficas para os conflitos, surgindo vulgarmente na busca de soluções para a paz, sem alinhar outras preocupações e interesses que podem ser potencialmente convergentes para o desenvolvimento da sociedade. Esta aparente confusão limita a compreensão sobre as contingências que surgem na análise da conflitualidade no século XXI. Assim, podemos entender a segurança num sentido mais lato como um ambiente de tranquilidade (estabilidade) que se pretende alcançar ou manter, propício ao normal funcionamento das Instituições, em que estas podem dedicar-se de forma mais empenhada e contínua ao desenvolvimento económico-social, ao bem-estar e ao aperfeiçoamento da boa governação (David, 2001, pp. 19-22).

A Instituição nacional que zela pela segurança e defesa do Estado (Forças Armadas) privilegia a paz pelo diálogo político e pela ação da diplomacia (nas suas múltiplas vertentes). Para isso, deve admitir que todas as partes devem estar interessadas em estabelecer o maior consenso político como forma necessária para alcançar a sua segurança, pois o Estado tem por responsabilidade primária garantir a defesa dos seus cidadãos, e não deve admitir no seu seio incoerências políticas, devendo preparar as forças (potencial) necessárias para serem usadas no caso do diálogo político-diplomático falhar e a segurança do Estado perigar (Couto, 1987, p. 70).

Neste prisma, na fase do processo de relação entre atores para se manter a segurança, os agentes do Estado preferem a resolução pacífica dos conflitos, e nesse sentido, estabelecem medidas para a criação de confiança, diálogo e procuram o equilíbrio estratégico na região. Para deter ou enfrentar as ameaças, os responsáveis pela segurança falam de dissuasão, e aumentam o grau de prontidão do seu instrumento militar, procurando a surpresa e, se possível, a superioridade num dado momento conjuntural, pois a coação (sob todas as suas formas) continua a ser um dos mais potentes instrumentos da Política Externa dos Estados. Todavia, como refere André Beaufre "...*a estratégia de dissuasão pode também constituir-se numa verdadeira técnica da paz...*" (2004, p. 114).

A adoção de Politicas de Defesa Nacionais coerentes com os interesses vitais do Estado implica o emprego de todo o potencial estratégico tangível (e intangível), com vista a proteger intransigentemente os seus interesses vitais, contribuindo igualmente para fortalecer o que se entende por Segurança Nacional. Neste âmbito, procuram-se soluções equilibradas, consensuais, politicamente articuladas e se possível, imparciais, que

A INTERDEPENDÊNCIA ENTRE SEGURANÇA/DEFESA E DESENVOLVIMENTO

envolvem todos os mecanismos que têm ao seu dispor, pois a (sua) defesa e segurança do Estado assim o exige. Ao definir estratégias de segurança, o Estado deve ter capacidade de avaliar os riscos principais a que está sujeito, identificar as potenciais ameaças e estabelecer as estruturas que entende como mais adequadas para preservar a sua identidade, a soberania e os atributos que lhe são constitucionalmente definidos (David, 2001, p. 20).

Não obstante, assiste-se à associação crescente dos Estados em organizações supranacionais, numa dicotomia entre segurança coletiva e segurança cooperativa, uma vez que se nos associamos em organizações de defesa, a neutralidade ou indefinição político-estratégicas não são admissíveis (entendíveis) e o Estado transfere para estas entidades algumas das suas atribuições, pelo que alguns especialistas falam mesmo de transferência de parte da sua soberania (Moreira, 2010).

Assim, são diferentes os homens, as instituições, as atitudes e os protagonistas, quando abordam os problemas da segurança e de defesa, mas o objetivo principal permanece irredutível, isto é, assegurar o bem-estar social e as atribuições basilares do Estado de Direito. Por outro lado, a noção de "defesa" está intimamente ligada à de segurança e sobrevivência da individualidade, seja ela biológica ou institucional, coletiva ou individual. Por defesa pode entender-se geralmente a ação ou conjunto de ações praticadas pelo indivíduo ou sociedade politicamente organizada, com vista a neutralizar, limitar ou evitar a agressão física ou moral, num estado mais preventivo e como último rácio do emprego de todas as vertentes do Estado na sua sobrevivência como entidade (Couto, 1987) (Santos, 2009) (Moreira, 2010).

Neste sentido, a defesa é uma constante no comportamento organizacional das sociedades, não só desde os seus tempos e épocas mais remotas, mas cada vez com maior prevalência e importância na ação em face da tipologia e do grau de ameaças com que os atores da cena internacional se debatem na contemporaneidade. A proteção face às ameaças naturais (entendida como apoio às populações aquando das catástrofes ou numa perspetiva de proteção civil) em que o processo de adaptação ao meio ambiente e a consequente estruturação de mecanismos proativos de segurança e defesa são aspetos permanentes e que o homem nem sempre soube contemplar ao longo da História da Humanidade. Embora que devido à sistematização (criação de normativos jurídicos) do relacionamento entre grupos ou aglomerados sociais, a defesa sofisticou-se e ganhou maior relevância em função das características militares e económico-sociais das sociedades (que se foram tornando também mais complexas) (Alves, 2010, p. 55).

Atualmente, a defesa do Estado, enquanto entidade política (ou como entidade jurídica) é vista na perspetiva dos direitos individuais dos cidadãos e é uma tutela elementar da característica organizacional que é o Estado de Direito, e elemento estratégico característico dos seus atributos como ator nas Relações Internacionais. Para o Estado, a defesa deve ser entendida, em *lato senso*, como um mecanismo principal de salvaguarda da integridade de uma sociedade em face de uma agressão ou pretensão de agressão contra si objetivada e que se procura munir de instrumentos universalmente aceites, quer no âmbito do Direito Internacional, quer do Direito assente na ordem interna que permitem o seu "combate" na arena internacional.

Um Estado sistematiza o seu sistema de defesa e segurança em torno de uma Estratégia de Defesa Nacional, na qual define um sistema de forças, organismos apropriados à finalidade, modalidades de ação e identifica cenários de implementação, tendo em conta na salvaguarda dos seus objetivos vitais, para um determinado período temporal e numa determinada conjuntura. A "Defesa Nacional" é entendida como a atividade desenvolvida pelos Estados e pelos seus cidadãos no sentido de garantir o respeito pelas instituições, a independência nacional, a integridade do território, a liberdade e a segurança das suas populações contra qualquer agressão externa[32]. Loureiro dos Santos reforça esta ideia salientando que cabe a todos, principalmente aos líderes políticos, colocar numa primeira linha de prioridade a implementação das políticas e estratégias relativas à Segurança e Defesa Nacional (1998, pp. 62-70).

O conceito de "Defesa" pressupõe intrinsecamente um princípio de aceitação e legitimidade, nomeadamente do ponto de vista jurídico, consagrando que o *modus operandi* de resolução de conflitos/crises internas deve ser em regra através do recurso a soluções políticas ou da arbitragem, com recurso aos mecanismos do diálogo, por intermédio da Política e da Diplomacia. Para tal, deve recorrer-se a meios legítimos adequados aos interesses nacionais, podendo essa defesa ser exercida também fora do território afetado, nomeadamente nos fóruns internacionais, onde a segu-

---

[32] Diário da República Portuguesa Nº 285/82, Iª Série, 11 de dezembro de 1982, Lei de Defesa Nacional e das Forças Armadas (Lei 29/82), revogado pela Lei nº 31-A/2009 de 7 de julho de 2009.

rança coletiva constitui também um importante elemento de afirmação da Segurança e da Defesa Nacional (Moreira, 2010) (Le Sage, 2010).

Contudo, para outros especialistas, a "Segurança Nacional" e a "Defesa Nacional" são atividades da soberania do Estado e envolvem todos os mecanismos e agentes do próprio Estado. Importa assim concentrarmo-nos no caso do Estado, começando por refletir sobre os principais parâmetros que devem ser definidos num conceito de segurança e defesa Nacional alargado e aferir quais as suas repercussões no quadro de atuação das Forças Armadas. Como enquadramento, a adoção de um conceito mais alargado tem implicações significativas quer ao nível conceptual da doutrina estratégica e política, quer ao nível estrutural, pois o empenhamento dos primordiais vetores e meios do Estado são convergentemente alocados ao seu serviço quando este princípio é posto em causa e a entidade Estado é restringida nos seus poderes estruturantes e fundamentais (legislativos, executivo e judicial)[33].

Atualmente, no âmbito conceptual, o quadro político ideológico vigente nas sociedades contemporâneas, nomeadamente no que diz respeito à definição de "Segurança Nacional" e de "Defesa Nacional" e concretamente à distinção entre "segurança externa" e "segurança interna", não tem contribuído para obter uma visão integradora e convergente das estruturas de segurança nacional no Estado, pois a limitação das fronteiras entre a esfera de ação da segurança e da defesa é em muitos aspetos coincidentes e transversais em face das ameaças que atualmente afetam os Estados.

A título de exemplo, em Portugal, verifica-se que não existe um tratamento global do conceito de "Segurança Nacional", cingindo-se ao conceito inócuo de "segurança interna e externa", observado na Constituição da República (Artigo 268 – Direitos e Garantias dos Administrados) e na Lei Ordinária (Lei de Segurança Interna)[34]. Na Constituição da

---

[33] Embora possa ser discutível esta observação, importa a título de objetivar o que se pretende dizer, salientar que o Estado atribui às Forças Armadas a defesa do último rácio da sua existência, colocando sobre a sua responsabilidade, os seus recursos estratégicos (humanos, financeiros, diplomáticos e outros) que articulados em legislação própria e identidade comum procuram garantir a sobrevivência da sociedade e do Estado, pois como salienta Silva Ribeiro, "...*a organização superior de defesa nacional é estabelecida para satisfazer os objectivos da política de defesa nacional em sentido amplo. Todavia, assume um papel decisivo nos momentos em que as acções de defesa são elevadas ao extremo da violência organizada...*" (2004, p. 11).

[34] [*http://www.sis.pt/pdfs/Lei_53-08_Lei_de_Seguranca_Interna.pdf*].

República apenas se define e elabora o conceito de "Defesa Nacional" e não existe qualquer referência ao conceito de "Segurança Nacional", sendo posteriormente aprofundado o conceito de "Defesa Nacional" no Conceito Estratégico de Defesa Nacional (CEDN).

A Constituição não acolhe o conceito de Segurança Nacional e o legislador da lei ordinária pretendeu demarcar a área de intervenção das Forças Armadas e das Forças de Segurança e separa o âmbito da segurança e da defesa na partilha de responsabilidades, na missão e nos poderes político-judiciais que lhe estão afetos. Este aspeto que se verifica no contexto nacional e que ainda existe em alguns países de África conduziu, com o acontecimento do 11 de Setembro 2001, ao aparecimento de algumas interrogações sobre o conceito de "Homeland Security". Neste contexto, começou a surgir internacionalmente a integração da Segurança Nacional das missões das Forças Armadas e uma maior conjugação de todos os vetores de Estado, como é o caso dos EUA, onde a *National Security* é politicamente o sistema convergente e mais moderno em que o Estado deve ter capacidade de implementar medidas e estratégias com vista a possibilitar a sua segurança. Aspeto que no atual panorama africano importa compreender e acompanhar, já que ele "condiciona" a atual Política Externa dos Estados Africanos com reflexo nas atividades e estratégias das Organizações Regionais Africanas (NSS, 2010, pp. 1-4) (Malaquias, 2010).

Neste contexto, ao invés do que é prática corrente em que o termo "segurança" traduz, simultânea e convergentemente, um objetivo último a atingir e materializa as medidas políticas para o alcançar (do Estado). O termo "defesa" reporta-se exclusivamente à componente militar e está essencialmente voltado para a Defesa Militar. Os conceitos adotados são ainda o de "Segurança Nacional" relacionado com os objetivos e o de "Defesa Nacional", envolvendo as atividades globais. Acrescenta-se ainda o conceito de "Defesa Militar", compreendendo as atividades sectoriais desenvolvidas pelas Forças Armadas que começam pela salvaguarda da soberania e das condições sociopolíticas da governação do Estado de Direito.

Em contraponto, o quadro conceptual vigente atualmente em Angola, ainda indefinido e em discussão restrita, parece comportar alguns motivos de indefinição. Na verdade, vimos que a "Defesa" deve ser entendida como uma das formas de expressão da Segurança Nacional e não a segurança do Estado em si mesma, porque não basta apostar na defesa para se obter a segurança; por outro lado, a palavra "Defesa" não tem a virtude de ilustrar uma visão integradora dos vários domínios de ação que concorrem para uma "Estratégia de Segurança Nacional", a "segurança", tal como refere Loureiro dos Santos, congrega um estado de espírito que deve ser coletivizado e integrado num ambiente nacional, levando à adoção de conceito de "Segurança Nacional" que deve ser entendido como o elemento integrador dos vetores do Estado que convergem numa doutrina estratégica de defesa na salvaguarda dos superiores interesse do Estado. Assim, a Constituição da República de Angola, apresenta no art. 206 o âmbito e objetivos da Defesa Nacional, salientando que:

> *"A defesa nacional tem por objectivos a garantia da defesa da soberania e independência nacionais, da integridade territorial e dos poderes constitucionais e, por iniciativa destes, da lei e da ordem pública, o asseguramento da liberdade e segurança da população, contra agressões e outro tipo de ameaças externas e internas, bem como o desenvolvimento de missões de interesse público, nos termos da Constituição e da lei....". Constituição da República de Angola – Capítulo III (Defesa Nacional e Forças Armadas) – Artigo 206 (Defesa Nacional) – 5 de Fevereiro de 2010.*

Contudo e proativamente desde a aprovação da presente Constituição[35], o Executivo Angolano, segundo o atual Ministro de Estado e Chefe da Casa Civil do Presidente da República (Carlos Feijó) em declarações ao *Jornal de Angola* de 18 de janeiro de 2011, encontra-se a elaborar a primeira "Lei de Segurança Nacional". A discussão do diploma integrador deverá, segundo a mesma fonte, acontecer ainda no primeiro trimestre de 2012 e a lei irá consagrar um subsistema de Defesa Nacional integrado pelas Forças Armadas Angolanas, um subsistema de Proteção Interna, que compreende a Polícia Nacional, Serviço de Migração e Estrangeiros, Serviços Penitenciários e Serviço de Proteção Civil e Bombeiros. O diploma congregará ainda o subsistema de Inteligência, que abrange o Serviço de Inteligência e Segurança do Estado, o Serviço de Inteligência Militar e Serviço de Inteligência Externa. Segundo o Ministro, o Executivo deu continuidade à reforma do Estado em duas frentes, nomeadamente.

---

[35] A Constituição da República de Angola foi aprovada pela Assembleia Constituinte a 21 de janeiro de 2010 e publicada na sequência do Acórdão do Tribunal Constitucional n.º 111/2010 de 30 de janeiro de 2010, em 3 de fevereiro de 2010. [*http://www.comissaoconstitucional.ao/pdfs/ constituicao-da-republica-de-angola.pdf*]

A primeira, com a produção normativa da legislação ordinária, com vista a adaptá-la à Constituição, principalmente no que respeita à Justiça, Segurança Nacional e demais leis relacionadas com as Forças Armadas. A segunda intervenção, com a elaboração de diversos diplomas legais inerentes à atividade do próprio governo de Angola, nomeadamente, no sector da Justiça, onde foi criada uma comissão específica e especializada para a elaboração e/ou discussão de vários diplomas legais. Entre os diplomas a debate, estão a Lei da Organização Judiciária, a Lei Orgânica do Tribunal Supremo, a Lei Orgânica dos Tribunais de Comarca, a Lei Orgânica dos Tribunais da Relação, a Lei dos Julgados Municipais, a Lei do Conselho Superior da Magistratura Judicial, a Lei do Conselho Superior da Magistratura do Ministério Público, a Lei Orgânica da Procuradoria-Geral, a Lei Orgânica dos Tribunais Militares, a Lei Orgânica sobre o Estatuto dos Magistrados Militares e a Lei Penal Militar. Segundo ainda Carlos Feijó, esses diplomas visam a conformidade com a Constituição recentemente aprovada e *"...regular convenientemente a organização e o funcionamento dos órgãos judiciais e os procedimentos e mecanismos operacionais da aplicação da justiça e do direito..."*[36].

Pensamos assim que a participação das Forças Armadas no esforço da defesa militar no quadro da Defesa Nacional em Angola sai reforçado e é congruente com a implementação de um quadro de Segurança Nacional como anunciado pelo governo. O art. 207 da Constituição da República de Angola refere na lei fundamental o papel das Forças Armadas de Angola, nesta matéria, salientando que:

> *"As Forças Armadas Angolanas são a instituição militar nacional permanente, regular e apartidária, incumbida da defesa militar do país, organizadas na base da hierarquia, da disciplina e da obediência aos órgãos de soberania competentes, sob a autoridade suprema do Presidente da República e Comandante-em-Chefe, nos termos da Constituição e da lei, bem como das convenções internacionais de que Angola seja parte. As Forças Armadas Angolanas compõem-se exclusivamente de cidadãos angolanos e a sua organização é única para todo o território nacional. A lei regula a organização, funcionamento, disciplina, preparação e emprego das Forças Armadas Angolanas em tempo de paz, de crise e de conflito..."*

Constituição da República de Angola – Capítulo III (Defesa Nacional e Forças Armadas) – Artigo 207º (Forças Armadas Angolanas) – 5 de fevereiro de 2010.

---

[36] [*http://jornaldeangola.sapo.ao/20/0/lei_de_seguranca_nacional_anunciada_pelo_executivo*].

A Segurança Nacional manifesta-se pelo ambiente de tranquilidade e estabilidade política, pela garantia do normal funcionamento das instituições e da salvaguarda coletiva de pessoas e bens, sendo espelhado conceptualmente num conjunto de políticas de segurança do Estado (devidamente articuladas). Políticas essas que envolvem a implementação de medidas de âmbito estratégico, económico, cultural, educativo, industrial e na vertente militar (de Defesa). Assim, a Segurança Nacional deve ser entendida como um dos desígnios da Política do Estado e objetivo último que se pretende atingir, que abrange também o conjunto de atividades (e meios) a desenvolver pelo Estado para garantir a situação de Segurança Nacional, integrando as Forças de Segurança, os serviços de implantação estratégica e as Forças Armadas num objetivo último de magna importância. Neste princípio, parece transparecer que a junção dos sistemas militar, policial, de informações e demais serviços do Estado Angolano, consubstanciam um reforço das preocupações sobre os aspetos da segurança, num sentido mais lato, em que o Estado (talvez por existir um multipartidarismo pouco efetivo) reforça os seus instrumentos de ação direta e a sua posição política no quadro dos poderes do Estado de Direito.

A supracitada conceptualização de segurança, entendida no seu sentido lato, dá força à noção elementar de que os objetivos nacionais suscetíveis de gerar antagonismos políticos podem ser alcançados através de uma estratégia integradora que reúna os principais sectores do Estado numa ação unificada e convergente, reforçando assim o caráter indivisível e único da "Segurança Nacional", nos seus aspetos internos e externos e com incidência nas principais ameaças à segurança em Angola, assunto que iremos desenvolver posteriormente.

Este paradigma encontra-se também ao nível das alianças internas (no seio do MPLA e eventualmente da UNITA, mas não nos partidos de menor expressão) e nos acordos externos ao nível dos atores e parcerias de segurança regional/global em que está integrado. A cumplicidade entre segurança e defesa e entre segurança interna e externa passa, neste contexto, a ser visto como um mito do passado pós colonial e ficou materializado pós-Bicesse. As ideologias políticas contemporâneas incutem o Estado como elemento central de um sistema securitário nacional, em que terão de ser articuladas respostas para obter uma melhor segurança nacional, regional e agrupar contributos perenes para a segurança global sentida na sociedade e na pessoa.

As seguranças externa e interna são assim duas faces da mesma moeda, pois servem idênticos propósitos e alinham meios e doutrinas que se entrecruzam em nome do interesse do Estado. Neste cenário, as ameaças transnacionais, como o tráfico de armas, pessoas e de recursos estratégicos, o terrorismo internacional e o crime organizado, adotam estruturas de funcionamento desterritorializadas e em rede, que atravessam as fronteiras dos Estados, e escapam ao seu controlo, atuando no interior do território. Esta situação implica que se altere radicalmente a dicotomia "artificial" e "complexada" entre segurança externa e segurança interna, e mesmo entre segurança e defesa, pois o valor estratégico é assegurar a sobrevivência do próprio Estado e a salvaguarda da soberania nacional.

A natureza destas ameaças não é, por esse motivo, compaginável com a separação conceptualmente existente entre as componentes interna e externa da Segurança Nacional e Defesa Nacional e com a demarcação rígida das áreas de intervenção das Forças Armadas e das Forças e Serviços de Segurança e ainda dos Serviços de Informações (Inteligência) Estratégica ou Militar. Esta conceção comporta atualmente riscos elevados, podendo no limite originar vazios de segurança e gerar insuficiência na prontidão requerida e nos mecanismos de resposta que o Estado deve ser capaz de gerar e manter operacional em permanência. De igual modo, o espaço prioritário na recolha de informações estratégicas, que permita controlar ameaças transfronteiriças e acautelar a redução das vulnerabilidades do Estado face às ameaças e assim permitir a preparação das estruturas apropriadas para a gestão das consequências, é uma das principais prioridades e preocupações do Estado e das organizações de defesa e segurança coletiva ou cooperativa. Paradigma que impõe o desenvolvimento de atividades integradas, logo desde o planeamento estratégico, e a preparação multissectorial que requer uma ação coordenada de um vasto conjunto de sistemas, serviços e meios, envolvendo os sectores estratégicos do Estado, que como vimos começa a ser desenvolvido mais consistentemente em Angola. Segundo este prisma, ressalta uma visão integradora dos sistemas de segurança, englobando ações coordenadas de "segurança externa", "segurança interna" e de "defesa civil", bem como a sua imprescindível complementaridade e ação dos vetores estratégicos não militares indispensáveis à materialização de uma verdadeira "Estratégia de Segurança Nacional" suscetível de maximizar os fatores do potencial nacional e de reduzir vulnerabilidades que o Estado identifica no conceito de "Segurança Nacional".

Nas organizações, o princípio parece ser semelhante, sendo que as estratégias de segurança e os conceitos alargados de defesa têm como propósito garantir a segurança das entidades (Estados e organizações) que compõem geograficamente zonas de segurança e de responsabilidade sectária partilhada. Aspeto que também começa a ser desenvolvido por Angola no seio das alianças regionais de segurança e defesa, no quadro das orientações político-estratégicas da União Africana (Malaquias, 2010) (Correia de Barros, 2011).

Quanto às implicações ao nível estrutural, importa salientar que a adoção de uma nova conceptualização de segurança e defesa aconselha a adequação das estruturas do Estado para a dimensão de "Segurança Nacional" e o alinhamento de políticas e estratégias que asseguram a salvaguarda do próprio Estado. Esta é uma questão de alcance estratégico-político que tem sido tratada por especialistas e que exige a preparação das elites e a preparação do Estado para fazer face às complexas exigências do novo ambiente de segurança, e que tornam indispensável a configuração de uma estrutura que assegure a gestão de crises. Neste âmbito, parece-nos particularmente necessário a implementação de um efetivo "Sistema Nacional de Gestão de Crises", que garanta uma resposta coordenada de todas as expressões do poder do Estado para enfrentar situações de anormalidade grave ou de crise conjuntural. Embora ainda de forma aparentemente incipiente, as estruturas do Estado de Angola começam a tomar consciência dessa necessidade, conjugando idênticos propósitos, numa perspetiva de economizar recursos e de potencializar os meios e organismos envolvidos supranacionalmente na segurança, como acontece com as Forças Armadas Angolanas e a Polícia Nacional e, neste contexto, com a atividade operacional da Polícia de Guarda Fronteiras de Angola (PGFA).

Enfatiza-se este último aspeto, já que, para fazer face às ameaças e riscos contemporâneos, é essencial instituir uma estrutura integrada que envolva as várias áreas sectoriais de resposta e articule os recursos à disposição do país (e/ou da organização). A experiência demonstra que uma das principais estruturas capazes de induzir um real espírito de segurança cooperativo/coletivo de funcionamento integrado, e de articular os vários domínios de prevenção e de resposta, é um sistema interorganizacional de gestão de crises (quer a nível nacional quer nas Organizações que coletivamente têm este propósito). Neste contexto, importa identificar as implicações resultantes da adoção de um conceito mais alargado e integrante de Segurança

Nacional no quadro de atuação das Forças Armadas e identificar qual a interligação entre Forças de Segurança e de Defesa, entre a Lei de Segurança Interna e Lei de Defesa Nacional, quando para o Estado o objetivo último é muito semelhante e convergente (Malaquias, 2010).

Uma análise conceptual da temática em apreço permite antecipar que relativamente a Angola, como iremos analisar, a adoção destes conceitos se materializam (no que se refere à componente militar) em três dimensões distintas: no alargamento do espaço geopolítico de atuação externa, particularmente ao nível da fronteira terrestre e marítima e sobretudo da segurança da soberania marítima; na identificação dos cenários possíveis de intervenção (nomeadamente no seio das organizações regionais) e na participação em missões alargadas no âmbito da segurança nacional que complementem ou potenciem o emprego de outros instrumentos (sectores nacionais) que o Estado advogue à segurança e defesa dos seus interesses perenes. Quanto às duas primeiras, estas são já uma realidade nacional, dados os múltiplos espaços onde se afirmam os interesses do Estado e onde o facto de a segurança ser entendida no seu conceito mais amplo, poder incluir a projeção de estabilidade (envolvendo meios militares e policiais, como já acontece) e de influenciar para além das fronteiras geográficas do Estado. Quanto à terceira dimensão, ela decorre também de uma conceção mais alargada de segurança e da consequente necessidade de reajustamento do papel das Forças Armadas Angolanas no âmbito da segurança interna. Neste contexto, para além dos cenários de atuação que já vinham sendo admitidos, pensamos que se torna necessário considerar um inovador cenário que contemple este último desiderato e a criação de estruturas de comando e controlo capazes de operacionalizar e criar sinergias positivas e proativas no sistema de segurança nacional que vier a ser implementado ou operacionalizado.

Este cenário abrange várias áreas de missão que vão desde a prevenção de conflitos e crises, ao combate ao terrorismo internacional e ao crime organizado, passando pela prevenção da proliferação de tecnologias associadas à venda de armas, um dos principais flagelos do continente Africano[37]. Estes factos constituem parte dos principais riscos que o Estado

---

[37] Veja-se do *Stockholm International Peace Research Institute* (SIPRI), o Policy Paper nº 30 *"Arms Flows to Sub-Saharan Africa"*, publicado em dezembro de 2011, por Wezeman Pieter; Wezeman Siemon e Béraud-Sudreau Lucie, pp. 7-10. [*http://books.sipri.org/product_info?c_product_id=435*]

Moderno enfrenta e que quer ao nível nacional quer ao nível supranacional (nas organizações), caracterizam atualmente o cenário dos elementos geoestratégicos e geopolíticos das principais ameaças transnacionais conhecidas em África (Malaquias, 2010) (Alex Vines, 2011).

Na presente conjuntura estratégica, surge ainda com um caráter diferenciado, e crescentemente revalorizado, o quadro que se caracteriza, genericamente, por participação em alianças militares regionais ou globais, onde a constante necessidade de se desenvolver um sistema de planeamento (e alerta) envolvendo a coordenação do emprego dos meios supranacionais, não poderá alienar capacidades que devem existir nas Forças Armadas e que deverão ser potenciadas num quadro de cooperação civil-militar, orientado para a defesa civil e para a segurança humana. Este princípio é válido para as Forças Armadas Angolanas no pressuposto de que, para além de integrar a CEEAC e a SADC nas suas dinâmicas regionais, as FAA devem ter capacidades de segurar a defesa e soberania das suas áreas territoriais. Este paradigma assenta, segundo o que temos vindo a assistir, num crescendo de importância e envolvimento das Forças Armadas na Política Externa do Estado e de lhes conferir, para o cumprimento dessas "novas" missões de Política Externa de Defesa, mais e melhores meios (navais, aéreos e terrestres) para que possam desenvolver com elevado nível de operacionalidade as suas missões típicas e outras que venham a ser definidas no âmbito regional e de segurança nacional.

A complementaridade e partilha de responsabilidades entre o Estado e as Organizações constitui, na vertente da segurança e da defesa, elementos relevantes, atuais e dinâmicos, e implica a implementação inteligente e proativa dos meios e estruturas que completando fragilidades, potenciam o grau de segurança dos cidadãos, onde mais importante do que a definição dos conceitos é a identificação das responsabilidades e do quadro da ação estratégica do Estado. Neste quadro, os próprios conceitos e âmbitos de ação da segurança e da defesa evoluíram dos Estados para as organizações, muito pela obrigação moral incutida pelas novas correntes do Direito Internacional, que se viram "impelidos" a migrar as teorias sociais contemporâneas para as políticas (e estratégias) dos Estados e das organizações, passando o enfoque a centrar-se na liberdade e na salvaguarda dos interesses do indivíduo e na segurança da vida humana.

Esta temática, tão interessante como controversa, assume especial realce em países como Angola, onde a conflitualidade interna e a salvaguarda da vida humana não consistia na principal preocupação do Estado, que estava mais preocupado com a sua auto sobrevivência e pela afirmação, a qualquer custo, dos ideais políticos e de lutas pelo poder. No entanto, o desenvolvimento do recente conceito de "segurança humana"[38] e o relacionamento com as novas formas de segurança são ainda processos inovadores. Se em Angola não existe, para já, legislação que defina claramente este propósito, em Portugal, por exemplo, começa-se a dar os primeiros passos com a publicação da *Estratégia Nacional sobre Segurança e Desenvolvimento* conforme Resolução do Conselho de Ministros Nº 73/2009 de 16 de julho de 2009, salientando que:

> *"A adopção de uma abordagem de segurança humana na resposta a situações de fragilidade – tornando os indivíduos, e não os Estados, o centro das estratégias de segurança – permite mapear de forma mais completa as causas e expressões das situações de fragili-*

[38] O ser humano possui o seu próprio potencial e deve ser respeitado independentemente da sua nacionalidade, raça, género e outras identidades, tal como define a Carta das Nações Unidas. As ameaças à sobrevivência e ao desenvolvimento contribuem diretamente para que as pessoas não atinjam este potencial nem expressem as suas capacidades. Para responder de forma efetiva a esses desafios, os Estados, as organizações e a sociedade civil, procuram integrar esforços para construir e apoiar instituições que revertam este cenário, aumentando a potência e a capacidade das pessoas. Assim, surgiu epistemologicamente o conceito de "Segurança Humana" que, de maneira simplificada, significa: proteger as pessoas desenvolvendo seus pontos fortes para que possam enfrentar as situações por si mesmas e criar sistemas políticos (sociais, ambientais, económicos e culturais) que permitam que as pessoas vivam com dignidade e vejam os seus direitos básicos respeitados. Este conceito foi construído por Amartya Sen (representante da Comissão de Segurança Humana da ONU e prémio Nobel da Economia) e introduzido por Sadako Ogata (Presidente da Comissão de Segurança Humana das NU) por meio de Relatórios para o Programa de Desenvolvimento das Nações Unidas (PNUD) em 1994 e apresentado na Cimeira de Copenhaga. Garantir a segurança humana significa proteger as liberdades vitais, proteger as pessoas expostas a ameaças ou situações críticas, desenvolvendo os seus pontos fortes e procurando realizar as suas aspirações. Significa também criar sistemas que proporcionem às pessoas os elementos básicos de sobrevivência, dignidade e meios de subsistência. A segurança humana relaciona diferentes tipos de liberdades: a liberdade de viver sem necessidades nem medo e a liberdade de agir em prol dos seus interesses pessoais. Para garantir a segurança humana são necessárias duas estratégias: a promoção dos direitos e a autonomia. A promoção dos direitos oferece subsídios para que as pessoas possam defender-se das ameaças e exige um esforço para elaborar normas, processos e instituições que se ocupem sistematicamente das questões de insegurança, em que a autonomia permite que as pessoas realizem suas potencialidades e participem plenamente na tomada de decisões (Alkire, 2003, pp. 13-17).

dade e enfatizar a prevenção de conflitos e a consolidação da paz e exige uma programação da cooperação que integre os planos de segurança, desenvolvimento e direitos humanos numa abordagem abrangente, que envolva actores diversos como as Forças Armadas, as Forças de Segurança, o Sistema Judicial e agentes de desenvolvimento na articulação de uma resposta integrada e sustentada a estas ameaças e constrangimentos...".
Estratégia Nacional sobre Segurança e Desenvolvimento, 2009[39].

Associado ao conceito de segurança humana, surgiu o conceito de "segurança alimentar"[40], que tem absorvido muitos dos investimentos e políticas da sociedade internacional em África. Temos vindo a constatar que o desenvolvimento sustentado associa elementos de segurança humana, segurança alimentar e de segurança clássica institucional, conjugados com práticas de *good governance* e de Direitos Humanos, com reflexos nas populações. A segurança alimentar tornou-se assim numa estratégia primordial no combate à fome e ao subdesenvolvimento, elementos mutuamente influenciadores, como salienta a Declaração de Roma sobre a Segurança Alimentar Mundial, onde refere que "*...um desenvolvimento sustentável, capaz de erradicá-la, é crucial para melhorar o acesso aos alimentos. Conflitos, terrorismo, corrupção e degradação do meio ambiente também contribuem significativamente para a insegurança alimentar...*" (Roma, 17 de novembro de 1996)[41].

Assim, em resumo, a interdependência entre segurança e defesa é crescentemente mais necessária em cenários onde as populações estão sujeitas às severidades dos conflitos regionais, onde a sociedade internacional, através de programas de ajuda, estabelece estratégias de intervenção centrada

---

[39] A *Estratégia Nacional sobre Segurança e Desenvolvimento* foi publicada no Diário da República Portuguesa – I Série nº 165/2009 em 26 de agosto de 2009 e passou a articular ao nível político-estratégico os mecanismos de cooperação internacional, no quadro da Política Externa Portuguesa.

[40] A segurança alimentar passou a constituir um dos principais eixos de utilização da Comunidade Internacional na ajuda ao desenvolvimento e constitui para a qualidade da vida humana, pois constatamos que a escassez alimentar e a falta de qualidade dos produtos leva a uma subsistência e atribui para o não desenvolvimento e para a insegurança das populações. Aspeto que é salientado e que revela essa intenção, na notícia publicada em 10 de setembro de 2011 da Agência Angola Press "Reforço da segurança alimentar na África Ocidental depende de melhor coordenação". [*http://www.portalangop.co.ao/motix/pt_pt/noticias/africa/2011/8/36/Reforco-seguranca-alimentar-Africa-Ocidental-depende-melhor-coordenacao,44acc969-e1f6-488c-a7f9-56e7d091714f.html*]

[41] [*http://www.fao.org/DOCREP/003/W3613P/W3613P00.htm*].

em conceitos mais alargados de segurança e mecanismos mais operacionais para proporcionar um desenvolvimento sustentado e uma segurança sustentada, pois são conceitos ambivalentes no seu propósito, proporcionar uma sociedade com uma maior índice de prosperidade.

2. As Forças Armadas como elemento político de segurança e defesa coletiva

Ao longo das últimas décadas assistiu-se a um incremento significativo do emprego do instrumento militar, nomeadamente das Forças Armadas, atuando como instrumento de Política Externa do Estado, com particular destaque para as intervenções em prol da ajuda humanitária e da paz mundial, atuando em cenários tão diferenciados como a Europa, África e Ásia. Estas interações globais concorreram também para consolidar processos de renovadas parcerias estratégicas e contribuíram paralelamente para a edificação e consolidação das arquiteturas de segurança e defesa das principais Organizações Regionais no mundo, com especial realce para o continente Africano, onde a APSA constitui um dos modelos mais recentes e ilustrativos do supracitado que importa acompanhar.

Em simultâneo, os países complementam essas ações com a participação em atividades desenvolvidas no quadro da cooperação bilateral ou num quadro inovador de cooperação bimultilateral reforçada, nomeadamente através da participação no apoio ao desenvolvimento da componente de Defesa e Segurança (Reforma do Sector da Defesa ou da Segurança) ou apostando no reforço das capacidades das Forças Armadas e dos sistemas regionais de alerta e segurança coletivo. Neste enquadramento, as Forças Armadas têm atuado em Operações de Apoio à Paz, um pouco por todo o mundo, despertando a atenção da sociedade internacional, concretizando-se num quadro de orientações político-estratégicas que através da ação proativa e global do Conselho de Segurança, tem logrado reunir recentemente, quase sempre, o consenso internacional possível para intervir em cenários de guerra agravada. Este inovador enquadramento geoestratégico permitiu o envolvimento de milhares de militares que vêm servindo a paz no mundo ao serviço das Forças Armadas dos seus países, atuando como atores da Política Externa dos Estados e agentes das organizações regionais/globais. Importa neste contexto salientar que sob a égide das principais Organizações Internacionais, onde quer que estas tenham intervindo, os militares assumiram e materializaram compromissos supranacionais ao nível dos Estados e as Forças Armadas passaram a participar, de forma quase ininterrupta, em operações de resposta a crises e operações de paz, um pouco por todo o globo (Santos, 2006) (Moreira, 2010).

Salienta-se que os Estados, através das estruturas de Defesa Nacional, com o envolvimento das Direções Políticas correspondentes e das Forças Armadas, vêm desenvolvendo uma relevante cooperação militar mais bem estruturada, em que o principal objetivo neste enquadramento é contribuir para que as Forças Armadas sejam vistas, de forma sustentada, como um mecanismo de salvaguarda da soberania, da estabilidade regional e motor de desenvolvimento. Neste contexto, concentra-se o esforço da cooperação internacional em atividades direcionadas para áreas chave da governação como a edificação do vetor militar (de defesa) do Estado, nomeadamente a reestruturação da estrutura superior da Defesa Nacional e das Forças Armadas, a formação dos quadros, a melhoria das infraestruturas afetas à defesa e das capacidades operacionais e ainda as contribuições para aperfeiçoar as condições ao nível do ensino e da saúde militar.

Os sucessivos empenhamentos bimultilaterais exigiram um processo de permanente reajustamento das capacidades político-diplomáticas e militares, das doutrinas e do modo de operar do instrumento militar, em face dos novos cenários internacionais emergentes, muito mais complexos e onde a partilha de influência e poder nem sempre se traduz na proporção de mais (e melhor) desenvolvimento e segurança. Falamos mais concretamente em termos de redimensionamento, reestruturação e de reequipamento (3R) do aparelho militar, constituindo-se este um dos principais desafios para as Forças Armadas dos Estados modernos, o de fazer mais e melhor com muito menos (Antero de Matos, 2010) (Matias, 2010).

Na atual conjuntura política internacional, constatamos que o emprego equilibrado e permanentemente sob reavaliação dos recursos humanos, materiais e financeiros disponíveis pelos atores, a par dos ajustamentos organizacionais e legislativos, tem em vista capacitar a componente militar da Defesa Nacional para fazer face às novas exigências estratégicas no quadro da Política Externa. Por esta razão, foi dado particular relevo à Reforma do Sector da Segurança (RSS) e à Reforma do Sector da Defesa (RSD), considerados elementos estratégicos da ação do Estado, com especial relevo para a formação dos quadros e no treino operacional, na vertente da segurança humana. Estas atividades permitiram uma adaptação dos militares às novas e mais exigentes missões, com vista a capacitar as Forças e os militares para atuarem em cenários onde se desenvolvem este tipo de atividades, conferindo-lhes novas competências e saberes, quer seja num quadro bilateral geoestratégico, integrados em Forças Nacionais Destacadas (FND) em ações de assessoria militar ou em atividades de cooperação militar ao serviço de uma Organização Regional ou Internacional. Antero de Matos reforça esta ideia, salientando que:

> "...o vetor da cooperação na segurança Internacional são atualmente cada vez mais as Organizações, e os Estados são os principais agentes consumidos desse processo securitário cooperativo e coletivo..." (2010).

Nos contextos regionais atuais (sobretudo em regiões de conflitualidade) é dado um maior relevo ao empenhamento das Forças Armadas na satisfação dos compromissos assumidos pelos Estados a nível internacional, nomeadamente no quadro das Organizações Internacionais onde estão afiliados, bem como nas ações de cooperação militar no âmbito das políticas nacionais de cooperação para a paz. Esta importante alteração veio ao encontro das dinâmicas internacionais no seio das mais recentes arquiteturas de segurança e defesa, onde as relações de poder e de pertença têm uma estrutura cada vez mais complexa e sedimentada, em grande parte devido ao número crescente de atores envolvidos e à necessidade de se saber conciliar, em cada momento, os interesses nacionais dos Estados com os da Organização.

Neste quadro, assume especial significado a coexistência da manutenção do empenhamento das Forças Armadas, por um lado num quadro de segurança coletiva (como o facto de se poder acionar o Artigo 5º do Tratado da OTAN) e por outro, numa postura de segurança cooperativa, com uma perspetiva de intervenção cada vez mais regional e global, baseada agora em modelos de *comprehensive approach*, focalizada na segurança humana e agindo de modo conjunto e combinado na defesa dos atuais paradigmas e fenómenos globais, onde a segurança é um dos elementos centrais. Neste propósito, salienta-se novamente o papel central e determinante das Organizações Internacionais e Regionais nas dinâmicas securitárias no mundo atual, pois é através da sua ação que é particularmente relevante prevenir os vazios de poder e é segundo Adriano Moreira, onde se jogam as atuais dinâmicas da paz e da guerra, visto que é nas Organizações que os Estados se associam para, nos seus contextos conjunturais de interesse regional, desenvolverem complementarmente, as suas estratégias de Segurança Nacional e de Defesa Nacional (2010) (Malaquias, 2010).

Como consequência direta da crescente diversificação do empenhamento operacional em diferentes teatros de operações, geograficamente distantes e com diferentes níveis de risco, as Forças Armadas têm incrementado a sua natureza expedicionária, conjugando os interesses nacionais e as vontades internacionais, com o propósito de melhorar a resposta do instrumento militar, no quadro das arquiteturas de segurança a que pertencem, pois o fator "segurança" é estratégico para o desenvolvimento do Estado e as fronteiras que definem essa interação não são as fronteiras geopolíticas do Estado (Santos, 2009, pp. 112-116).

As Forças Armadas e as Forças de Segurança, como elementos ativos da Política de Segurança e Defesa dos Estados, têm ao longo da história recente, num quadro de modernização dos equipamentos e proficiência dos operacionais, de assegurar respostas a novos desafios de atuação, procurando criar condições que permitam enfrentar os inovadores e exigentes requisitos operacionais, num papel que nem sempre é potenciado da melhor forma pela Política Externa, ao serviço dos interesses do Estado. De igual modo e numa lógica de adaptação permanente, a estrutura de segurança ou de defesa teve de se ajustar constantemente às tipologias e condicionalismos das missões, desenvolvendo e assumindo ações que requerem ajustamentos constantes e que de forma pragmática, permitam assegurar a melhoria da eficiência do serviço prestado em prol dos interesses nacionais, onde quer que eles estejam.

A participação das Forças Armadas ao serviço das políticas desenvolvidas pelas organizações é também responsável pela cooperação estratégica com as Forças Armadas de países intra e extra organização, ajudando-os na formação e preparação de pessoal militar e colaborando na RSS e na RSD dos Estados-Membros e contribuindo para o fortalecimento estratégico da própria Organização, bem como, concorrendo decisivamente, para a criação de capacidades que lhes permitam a sua afirmação nos seus espaços regionais, tal como se pode constatar com a participação das FAA nos exercícios militares regionais (*Kwanza 2010* e *Dolphin 2009*) (Cardoso, 2009, p. 97).

Este desiderato confere uma responsabilidade acrescida aos Estados, consubstanciada não só pela ação e interesses comuns, como pelo facto de atualmente as Organizações Regionais constituírem parceiro credível em torno das questões da cooperação na vertente da segurança/defesa e do apoio ao desenvolvimento. Neste âmbito, bilateralmente, os Estados cooperam em múltiplos domínios da ação (educação, saúde, justiça) assumindo uma expressão significativa na vertente da segurança e defesa, pois como salienta Adriano Moreira *"...sem segurança não existem condições políticas para o Estado se desenvolver..."* (2010). Neste intuito, os Estados ajustaram as suas orientações para a política externa através de legislação própria, inclusiva, onde pretendem apostar numa cooperação estrategicamente multilateral, de geometria variável, ambicionando assumir um maior protagonismo junto das organizações regionais e internacionais destacando-se especialmente a ONU, pela sua vertente universalista.

O princípio é estimular na vertente de segurança, nos contextos regionais, aquilo que Assis Malaquias defende como o "African Regional Ownership" (referindo-se a África) dos problemas, que se manifesta numa aposta forte na cooperação multilateral, sabendo antecipadamente que se deve alicerçar em sólidas bases bilaterais, embora pensemos que seja de equacionar, no futuro, uma articulação estratégica entre as duas, funcionando num contexto *"bimultilateral"*, em que as conjunturas regionais e as dinâmicas globais em torno das questões da segurança e do desenvolvimento ditam a primazia das estratégias, sabendo que estas necessitam constantemente de ser reavaliadas e ajustadas (2010) (Bernardino, 2007, pp. 228-229).

Assim, as dinâmicas da globalização levam a que o emprego das Forças Armadas como instrumento da Política Externa e obrigam (em permanência) a uma reflexão estratégica dos contextos de intervenção e uma reorientação das políticas em face dos interesses conjunturais permanentes e não permanentes do Estado em que o elemento "segurança" constitui um dos principais fatores de consolidação e desenvolvimento do Estado.

Constata-se ainda que o "Conceito Estratégico de Defesa Nacional" adotado pelos países e (reorientados) pela ação nas organizações de segurança coletiva, reflete a importância crescente da participação ativa no quadro das intervenções multinacionais, considerando-se *"...uma opção consolidada que prestigia normalmente quem participa..."* (Moreira, 2010). Paralelamente, deixa em aberto perspetivas de alianças fora do tradicional quadro organizacional e regionalista, abrindo caminho a múltiplas ações bilaterais e multilaterais (ou bimultilaterais) na área da defesa e da segurança, onde as fronteiras não existem ou se diluem na necessidade de segurar e proteger. A reflexão teórica e académica entre a pertinência de desenvolver no quadro da ação político-estratégica do Estado um Conceito Estratégico de Segurança Nacional parece ser agora muito atinente e pensamos que num futuro próximo, tema de reflexão obrigatório para os governantes. Contudo, em qualquer dos casos, julgamos que pelo papel que desempenham no contexto internacional ao serviço da Política Externa de Defesa, as Forças Armadas ao serviço do Estado serão sempre um instrumento de valor acrescentado na defesa e na segurança do país e que a Política Externa, em ambos os casos, será convergente no grau de importância e na busca de eficácia do emprego do instrumento militar como vetor central das estratégias securitárias, onde quer que sejam consubstanciados na ação interventiva do Estado (Bernardino, 2010, pp. 171-175)[42].

Salienta-se assim a necessidade crescente de se entender uma conjugação e complementaridade dos conceitos de segurança e defesa, e na correta interligação entre Forças Armadas e Forças de Segurança. Passos que foram já parcialmente dados por algumas Organizações Internacionais (ONU, UE, UA), mas que, apesar de se constituírem como boas referências, importa saber capitalizar e colocar ao serviço da entidade "Estado", nomeadamente no quadro das Políticas Externas de Defesa.

As Leis de Defesa Nacional e as Leis de Segurança Interna são potencialmente complementares e aproximam-se na ação e conjugação dos instrumentos e no reforço mútuo de capacidades, não tão evidentes ao nível da política externa, mas que atualmente parecem ser manifestamente reduzidas as possibilidades de se caminhar nesse sentido. Para os Governos, o desempenho das missões internacionais em que estão (e continuarão a estar) envolvidos no quadro das Organizações Internacionais a que pertencem, constitui não só um fator de credibilização do país, mas também uma oportunidade de modernização das próprias Forças Armadas, tal como em Portugal com a participação no quadro da *NATO Response Force*. Consequentemente, podemos advogar que a prossecução dos investimentos na área da edificação de capacidades militares e o respeito pelos compromissos internacionais do Estado constituem objetivos essenciais e convergentes que levam o Estado a desenvolver capacidades e adquirir meios específi-

---

[42] Veja-se a comunicação apresentada pelo autor no I$^{\circ}$ Congresso Nacional de Segurança e Defesa, que decorreu entre 24 e 25 de junho de 2010, em Lisboa, tendo sido editada a publicação em dezembro do mesmo ano, onde, para além do citado, se desenvolve esta temática. [*http://www.segurancaedefesa.org/*]

cos para complemento de uma *shortfall* regional ou de uma incapacidade organizacional.

Assis Malaquias reforça a ideia de que no contexto das Relações Internacionais a fronteira entre os deveres do Estado e das organizações não é marcante. Quer isto dizer que não se pode saber o que se passa num país sem saber o que se passa na organização regional onde este se insere, e de igual forma, não parece ser adequado cooperar e interagir com as organizações sem se procurar entender a política dos Estados que a integram. Contudo, em contextos em que os recursos são escassos e que os propósitos e solicitações são imensos, cabe em cada momento e espaço, definir (ou redefinir) objetivos e priorizar as estratégias de segurança e defesa, especialmente as que assentam no emprego do instrumento militar do Estado, nomeadamente no quadro da sua Política Externa (2010).

Todavia, a segurança coletiva ou cooperativa surge no contexto das Relações Internacionais como uma alternativa, um reforço ou até um complemento ao papel do Estado e das suas atribuições na vertente da segurança e da defesa. A questão central da problemática da segurança coletiva reside em saber de que forma se pode manter a pluralidade, o equilíbrio e a independência dos Estados, eliminando a conflitualidade como instrumento primordial das suas relações de tensão.

Esta problemática veio a assumir maior relevância política em meados do século xx ao desenvolver expressão internacional por meio da criação da "Sociedade das Nações" e no início da ONU e ainda com o surgimento de um conjunto de outras organizações (NATO, UE, UA e CPLP) que implementaram a parceria ao nível da segurança (operando a nível regional e global) e adotando uma postura crescentemente relevante. Este inovador paradigma securitário vem, como reforça Rodrigues Viana, transportando as dinâmicas da segurança e da defesa para um patamar supranacional e transnacional, colocando a temática da segurança coletiva nas agendas mundiais e dinamizando as alianças e os processos de segurança coletiva ou cooperativa, pois os Estados transferiram para estas entidades parte da sua responsabilidade nesta vertente (2003, pp. 99-102).

No entanto, no atual quadro geopolítico global, surgem com relevância os conceitos de segurança cooperativa e humana, entre outras, que importa caracterizar sumariamente. A segurança coletiva tenta abarcar as várias dimensões da segurança: militar, económica, ambiental, social (e mais recentemente a segurança alimentar) entre outras, tenta alterar o

A INTERDEPENDÊNCIA ENTRE SEGURANÇA/DEFESA E DESENVOLVIMENTO

comportamento dos Estados de uma postura competitiva para uma postura cooperativa e criar os mecanismos necessários e suficientes para diminuir as hesitações das tomadas de decisão no combate às ameaças, através do derrube das barreiras interestaduais, defensoras acérrimas dos interesses estatais. Esta perspetiva do modelo construtivista, antagónica ao modelo realista, que descrevemos no capítulo anterior, sugere, entre outros aspetos, como refere Gareth Evans, segundo Sven Biscop:

> "...consultation rather than confrontation; Reassurance rather than deterrence; Transparency rather than secrecy; Prevention rather than correction e Interdependence rather than unilateralism..." (2005, p. 4).

O cerne das relações políticas entre atores assenta conceptualmente na transparência internacional, suportado pela confiança entre atores, sendo fundamental na objetivação da dimensão da defesa e segurança, em que a transparência constitui o veículo da partilha de *Intelligence*. Esta partilha de informação estratégica é essencial no combate às ameaças transnacionais e fundamental no sucesso da segurança cooperativa, pois esta promove a coordenação entre os vários aspetos da segurança, abarcando medidas militares e não-militares e criando espaços para atores estatais, não estatais ou individuais, tal como salienta Craig Snyder "...*It seeks to build confidence among regional states...*" (1999, p. 114).

Este mecanismo pode envolver organizações não-governamentais e não-estatais, mas temos que referir, no entanto, que este tipo de segurança visa fundamentalmente evitar conflitos interestaduais e não constitui o caminho para a ingerência em aspetos internos de cada um dos países na procura da segurança "comum". Porém, pensamos que pode ser também uma forma de garantir a segurança de indivíduos ou grupos no interior dos Estados e, desde que devidamente adaptada ao atuais contextos geopolíticos e geoestratégicos de conflitualidade, pode constituir-se como uma ferramenta essencial para as estruturas supranacionais.

Os métodos de implantação e partilha das responsabilidades da segurança até ao final do século XIX traduziram-se ao longo da história num complexo sistema de alianças conjunturais de oportunidade assentes em garantias recíprocas entre Estados (Impérios ou Reinos) e tinham conduzido geralmente a uma maior extensão geográfica da guerra. No início do século XX, alguns teorizadores da conflitualidade, incluindo políticos e militares, tendo em consideração as referências epistemológicas de Carl von Clausewitz e Antoine Jomini, começaram a debater criticamente o sistema tradicional de alianças, procurando uma inovadora forma de perspetivar a segurança coletiva, não assente nos acordos bilaterais entre as entidades Estados, o que negava o normativo *clausewitziano* de que "...*a guerra é o prosseguimento da política por outros meios...*", como eleva a estratégia (militar) ao nível da política e definia as responsabilidades do Estado nesta matéria (Beaufre, 2004, p. 42) (Barrento, 2010, pp. 50-51).

Segundo este paradigma, habituados a considerar a segurança do Estado, no Estado pelo Estado e para o Estado, impõe-se atualmente a necessidade de se refletir e implementar políticas que radiquem na centralidade da pessoa humana. Kofi Annan afirma mesmo que "...*o ser humano está no centro de tudo. O próprio conceito de soberania nacional foi concebido para proteger o indivíduo, que é a razão de ser do Estado, e não o inverso. Já não é aceitável ver governos a trapacear os direitos dos seus cidadãos sob pretexto de soberania...*", o que veio a alterar a forma clássica e tradicional de abordar a temática da segurança (David, 2001, p. 80).

Esta perspetiva, crítica da ideologia realista, dá ênfase a outras dimensões da segurança, designadamente aos sectores não militar, os sujeitos não estaduais da segurança (o indivíduo e os grupos), e idealiza a dimensão cooperativa da segurança. Aspetos que traduzem a relevância dos sistemas de segurança regional onde os Estados procuram cooperar, regionalmente, para suprimir as suas lacunas ao nível do controlo das ameaças transnacionais na sua área de interesse conjuntural. Esta questão constitui o principal objeto da nossa abordagem neste estudo onde se pretende relacionar a posição de Angola nas dinâmicas da segurança cooperativa regional, enquanto vetor da estratégia de fortalecimento das Forças Armadas e elemento central na segurança das suas fronteiras e consequentemente da Política Externa do Estado Angolano.

3. O Desenvolvimento e os Mecanismos de Apoio ao Desenvolvimento em África

Ao longo da segunda metade do século xx, nas agendas da sociedade internacional passou a surgir o termo "desenvolvimento" para definir um crescendo de condições sociais, económicas ou políticas, que tentavam dotar o Estado das regras e dos mecanismos de apoio para uma eficiente operacionalização com vista a incrementar as suas próprias valências e as condições de vida em sociedade. Contudo, por vezes, estas políticas e estratégias não tinham qualquer consistência e não permitiam, nomeadamente o Estado Africano, a assunção das suas capacidade como agente potencial da mudança, no sentido de facilitar a integração no desenvolvimento global. Falava-se então em subdesenvolvimento para referir a falta dessas condições sociais, económicas e políticas que afetavam os Estados e as populações (Santos, 2007, p. 91).

Nesta diálise, que se mantém atual, torna-se necessário aprofundar um modelo de desenvolvimento mais operacional, mais bem estruturado, mais duradouro e centrado nas valências fundamentais do Estado Africano, que tenha reflexo na boa governação e na vida dos cidadãos. A este modelo de desenvolvimento, centrado nos processos e nas pessoas, numa visão estratégica de longo termo e envolvendo um conjunto de elementos e fatores que estavam desconectados, chamou-se "desenvolvimento sustentado"[43] porque permitia uma garantia de maior prevalência das medidas de apoio ao desenvolvimento adotadas, um grau de intervenção maior e a adoção de estratégias multidisciplinares mais abrangentes e resilientes (Sousa, 2005, p. 63).

Os termos "desenvolvimento" e "desenvolvimento sustentado" encontram-se amplamente divulgados e muito utilizados nos vários domínios em que são empregues, integrando uma das palavras mais utilizadas nas negociações e conversações Norte-Sul, sobretudo no vetor da cooperação, diplomacia e, no contexto da defesa e segurança e mais concretamente relacionado com a segurança humana. Se fizermos uma pesquisa na inter-

---

[43] Atualmente adotam-se modelos de "desenvolvimento sustentável de longo prazo", que adjacentes a programas na área da segurança regional, no apoio ao desenvolvimento, e *good governance*, tentam incutir no Estado os mecanismos da governação, segurança e de Democracia, que lhe permitam desenvolver o conjunto dos seus atributos principais – garantir a segurança e o bem-estar das populações. Neste contexto, a política de desenvolvimento sustentado, promotora da boa governação e de mecanismos de estabilização dos aspetos primários e básicos dos atributos do Estado, destaca-se como o elemento fundamental da estabilidade, da prosperidade económico-social e constitui uma mais-valia, na área da prevenção dos conflitos regionais. Assume-se igualmente como a chave do sucesso para a integração plena dos estados africanos na economia global, do progresso, da estabilidade regional, da Democracia e do desenvolvimento social (Roque, 2005, pp 33-34) (Roque, 2007, pp. 151-153).

net, surgem em língua portuguesa, cerca de 500 mil registos; contudo, se entrarmos com o termo na língua inglesa *"sustainable development"*, obteremos mais de 70 milhões de entradas. Mas o que se entende por desenvolvimento? Qual a relação com o desenvolvimento sustentado e quais são as suas principais características e princípios no atual contexto económico--social da globalização? Na abordagem a estas questões, académicos, políticos e operacionais da segurança e do apoio ao desenvolvimento começaram a associar desenvolvimento e segurança, tal como se associa a existência de recursos naturais à prosperidade económica de um Estado. Em ambos os aspetos, estes fatores condicionam-se e influenciam-se mutuamente.

Consequentemente, se pretendemos ter uma sociedade próspera, esta deve ter um desenvolvimento assente estruturadamente na sua economia e nos seus recursos naturais, bem como ser pautado pela ausência de tensões e conflitos regionais que afastem os investidores e que condicione os mercados, motivando instabilidade, insegurança e desinvestimento, o que no imediato poderia levar à falência a médio e longo prazo do próprio Estado. Fatores que atualmente, ao nível regional, assumem importância vital em espaços geoestratégicos mais complexos (nomeadamente na África Subsariana), originando uma intervenção mais assertiva da Comunidade Internacional em prol de uma plena integração nas oportunidades do desenvolvimento global e do progresso social e económico das sociedades (Moreira, 2010) (Bellamy, 2010) (Almquist, 2010).

Se falamos de desenvolvimento global e de segurança mundial, ambos os "valores" se adquirem na ínfima porção do espaço que ocupa um determinado Estado pois é na sua base que estes conceitos têm significado, reforçando a ideia, de que esta entidade simboliza as capacidades e características de uma sociedade. Em oposição a esta ideia constata-se que a regionalização do desenvolvimento, afetada pela globalização crescente e pela intervenção global de alguns atores, cresce e influência a dimensão do todo (nível continental), ultrapassando as fronteiras (do Estado) que pareciam ser o contorno do problema e a fonte da solução. Contudo, nem uma nem outra fronteira garantem a contenção dos desequilíbrios e do subdesenvolvimento regional, pois estes aspetos assumiram proporções transnacionais, em que o problema intrafronteiriço não é mais problema de um só Estado, em que a solução e a procura de aspetos que conduzem ao desenvolvimento e à estabilidade conduziram crescentemente a um maior envolvimento da sociedade internacional, inclusive em aspetos que estão muito próximos do que poderíamos designar por "*ingerência no desenvolvimento*" (Almquist, 2010).

A temática do desenvolvimento global, e em particular do desenvolvimento sustentado, é uma problemática atual, abrangente, transversal em relação aos Estados Africanos, envolvendo os países mais e menos desenvolvidos que, pelas atuais dinâmicas securitárias e no apoio ao desenvolvimento no sistema internacional, os fazem associar, competir, cooperar, levando à integração de múltiplos atores, organizações, processos e estratégias que atualmente mobilizam as dinâmicas mundiais e especialmente em África.

Neste arquétipo, se atendermos ao enquadramento do papel da ONU no mundo, e aprofundarmos as suas reais preocupações relacionadas com os problemas da humanidade, constatamos que neste contexto, o termo "desenvolvimento sustentado", foi apresentado por proposta de Gro Harlem Brundtland, no relatório elaborado pela *Comissão Mundial para o Meio Ambiente e Desenvolvimento*, em agosto de 1987, intitulado "*Our Common Future*". Neste documento, o desenvolvimento sustentado foi definido como o "*...desenvolvimento que trata das necessidades atuais, sem comprometer a capacidade das gerações futuras de tratar as suas próprias necessidades...*"[44]. Este conceito pretende desta forma associar diretamente o desenvolvimento económico e social no presente com um pensamento sustentado no desenvolvimento do futuro.

O *Brundtland Report* assinala as componentes principais que permitiriam alcançar um desenvolvimento sustentado global, nomeadamente: a proteção do meio ambiente, o crescimento económico e a igualdade social. Estes aspetos consubstanciam ainda hoje as principais linhas de ação estratégica das Nações Unidas no apoio ao desenvolvimento sustentado: a defesa do planeta terra e do meio ambiente; o desenvolvimento socioeconómico global e ainda os Direitos Humanos e a prevenção de conflitos. O documento assenta numa estratégia universal que propõe integrar o desenvolvimento económico com as questões de natureza ambientais, surgindo não apenas um novo termo ou retórica política, mas uma nova forma de garantir o progresso e o desenvolvimento estruturado e saudável das sociedades, assentes ainda numa base universal, equilibrada e sustentada. Neste pressuposto e segundo o relatório, os governos deveriam adotar as

---

[44] [*http://www.un-documents.net/ocf-ov.htm*].

seguintes medidas: limitar o crescimento populacional; garantir a alimentação a longo prazo; preservar a biodiversidade e os ecossistemas; diminuir o consumo de energia e contribuir para o desenvolvimento de tecnologias que admitem o uso de fontes energéticas renováveis; aumentar a produção industrial nos países "não-industrializados" à base de tecnologias ecologicamente adaptadas e controlar a urbanização selvagem e integração entre o campo e cidades menores. Estas medidas serviram posteriormente de base para as modernas teorias do desenvolvimento e que, inscritas nos designados Objetivos de Desenvolvimento do Milénio integram os sistemas económico e de segurança de uma forma interdependente e mutuamente vantajosa.

O desenvolvimento sustentado pode também ser apresentado como uma equação tridimensional, uma derivada, com três fatores que caracterizam todos os processos que recebem este nome. Assim, o equilíbrio entre a moral, o desenvolvimento e o meio ambiente assumem uma relevância tal, que levou à criação de mecanismos mundiais de ajustamento, influenciando direta e indiretamente as dinâmicas socioeconómicas nas sociedades atuais. Na vertente da moral, o cidadão, a opinião pública, os *mass media* e algumas organizações internacionais constituem-se na consciência moral ao ajuizar e influenciar os processos de apoio ao desenvolvimento e supostamente pretenderem um desenvolvimento equilibrado, sustentável e adequado.

A vertente mais dispendiosa e robusta do desenvolvimento é suportada pelas organizações de cariz económico-financeiro, as multinacionais que pretendem globalizar o desenvolvimento e abranger todos os locais onde existem recursos naturais comercializáveis, fontes de energia e mercados. A terceira dimensão é representada pelo meio ambiente, onde a ação de alguns movimentos ecologistas e ONG "ambientalistas" procura defender o ecossistema mundo, não permitindo ingerências e a destruição a qualquer preço, dos recursos naturais na terra, no mar ou no ar e mesmo talvez no futuro próximo, no espaço, já considerada a quarta dimensão do desenvolvimento sustentado. Em suma, podemos dizer que o desenvolvimento sustentável pretende melhorar a qualidade de vida das pessoas dentro das capacidades potenciais do sistema de sobrevivência da Terra, o que significa, tal como preconizado inicialmente por Harlem Brundtland *"...satisfazer as necessidades das gerações atuais, sem prejudicar os recursos naturais de tal forma que as gerações futuras fiquem impedidas de as satisfazer no seu tempo..."* (Idem).

Como referimos, atualmente, no contexto regional e global não se pode abordar a temática do desenvolvimento sustentado sem fazer prevalecer a segurança (pois não podemos evoluir social e economicamente se existir insegurança e conflitos regionais). De igual modo, também não podemos ter numa sociedade em constante guerra e instabilidade, um clima próprio para alcançar um desenvolvimento sustentado e um crescimento económico viável. Não saberemos normalmente qual é o mais importante, qual o factor que condiciona ou é condicionado, nem muitas vezes por onde intervir. Por esse motivo, a sociedade mundial privilegia a intervenção conjugada em prol de ambos os aspetos, considerando que são mútua e reciprocamente vitais para o crescimento das sociedades e dos Estados, visando o bem-estar comum e a segurança das populações, os seus atributos fundamentais.

Contudo, o desenvolvimento sustentado, economicamente viável e socialmente desejável, atende à formação de estruturas e dinâmicas que asseguram ao Estado, pela via das organizações internacionais, regionais ou sub-regionais, a sua necessidade de autoproteção e a segurança humana para os seus cidadãos. O que, se por um lado liberta os Estados para se dedicarem a tarefas no âmbito da *good governance*, por outro, no caso do atual contexto Africano, leva a que se sintam obrigados a contribuir para uma arquitetura de segurança e defesa regional, com vista a garantir por intermédio de alianças, uma segurança cooperativista que lhes permita enveredar pela senda da estabilidade regional e do desenvolvimento sustentado.

Importa também destacar que as organizações de âmbito sub-regional iniciaram as suas atividades de cooperação regional precisamente no âmbito do desenvolvimento económico, criando em África mercados restritos e alianças económico-financeiras regionais, para contrabalançar as dificuldades resultantes dos processos de descolonização, de certa forma atribulados e acelerados, que não lhes permitiu consolidar as infraestruturas nacionais (vide caso de Angola e de Moçambique, como exemplo). É sinónimo do supracitado na região subsariana, nomeadamente a SADC, para a região da África Austral e a CEEAC, para região centro-africana e CEDEAO, para a região Ocidental de África. Em todas as organizações, a componente de segurança e defesa e os pactos de "não-agressão" ou de "mútua defesa" nasceram por necessidade de aliar ao desenvolvimento económico pressupostos de estabilidade e segurança para o Estado e para as populações, criando as circunstâncias adequadas para que a sociedade internacional interviesse em condições de segurança no quadro da cooperação para o desenvolvimento, fomentando a Ajuda Pública ao Desenvolvimento do Estado e das estruturas regionais (Gazibo, 2010, pp. 42-55).

No quadro das intervenções globalizadas em prol do auxílio no combate ao subdesenvolvimento, as organizações, os Estados e demais atores adequaram as suas estratégias de intervenção, alinhando por critérios de objetivação para o desenvolvimento, anexando complementarmente um conjunto de valências e atributos que ao se enquadrarem no aspeto do desenvolvimento, têm repercussão direta na estrutura governamental, nomeadamente na RSS e RSD, onde é evidente a necessidade de estruturar o desenvolvimento, cimentando os pilares fundamentais do aparelho governamental (Ibidem).

As atividades no âmbito da Cooperação Técnico-Militar (CTM) e de Assessoria Militar, embora estejam desenquadradas do vetor do apoio ao desenvolvimento (pois não são contempladas nesta vertente), constituem-se contudo na face inicialmente mais visível de uma cooperação para o desenvolvimento sustentado, pela adequação dos órgãos e estruturas capazes de garantir a ordem interna, a segurança das populações e a normalização dos processos democráticos.

4. A interdependência político-estratégica entre segurança e desenvolvimento

As Organizações e Estados articulados com a ONU procuram criar mecanismos e estratégias de apoio ao desenvolvimento sustentado com vista a criar progresso social, económico e a garantir a segurança, principalmente em zonas e regiões onde prevalece a insegurança e o subdesenvolvimento. A definição de desenvolvimento sustentado, como vimos, sintetiza e combina o crescimento socioeconómico nas suas múltiplas vertentes com a necessidade de preservar o meio ambiente, num equilíbrio dinâmico que está associado ao conceito de sistema e de um processo com etapas interdependentes e sequenciais. Em complemento e associado ao termo *desenvolvimento sustentado*, surgem a segurança e a defesa, apostadas também numa *segurança sustentada* como fatores intrinsecamente ligados ao desenvolvimento regional sustentado e aos Estados, pois referindo novamente

Adriano Moreira, para o Estado numa perspetiva mundial contatamos que *"...sem segurança participada não há desenvolvimento sustentado e sem desenvolvimento regionalizado não temos segurança global..."* (2010).

O desenvolvimento sustentado surge, ainda segundo Adriano Moreira, como fator potenciador da segurança e vice-versa, pois a segurança é também um fator potenciador e fundamental do desenvolvimento sustentável. Nesta diálise, as organizações internacionais, regionais e sub-regionais, os países desenvolvidos e algumas ONG operam nas áreas mais afetadas (onde se inclui a África Subsariana), cooperando atualmente em programas de parceria estratégica de geometria variável, tendo em vista levar o desenvolvimento para Sul e conseguir, reciprocamente, a segurança para Norte (Ibidem).

Neste quadro político-estratégico, importa contextualizar o papel das Forças Armadas na edificação de capacidades, na aquisição de equipamento e até na formulação de doutrina que comporte esta nova realidade, pois temos vindo a constatar que muitas vezes nestes cenários *"...fazer e manter a paz é mais difícil do que fazer a guerra..."* (Le Sage, 2010).

A reformulação e adequação do instrumento militar para esta nova realidade conjuntural faz muitas vezes prevalecer o papel "dualista" das Forças Armadas e a necessidade de desenvolver capacidades que possibilitem o desenvolvimento do conceito de *"three block war"*[45], o que significa ter a possibilidade de uma força militar estar num mesmo cenário e simultaneamente, a desenvolver ações características de um conflito de baixa, média e alta intensidade, ou mais vulgarmente significa que podemos estar numa área a combater uma fação ou um grupo armado utilizando técnicas, táticas e meios de combate e noutro contexto (a mesma força militar) estar a desenvolver ações de apoio às populações onde o apoio ao desenvolvimento e a construção da paz se faz de uma forma mais visível. A combinação desta nova realidade conflitual e a necessidade do vetor militar se focar na segurança humana e no desenvolvimento, cria uma maior intensidade e responsabilidade na ação das Forças Armadas e obriga a uma mais forte

---

[45] O General Charles Krulak, Comandante dos US Marines que nos finais dos anos 90, no seu artigo *"The Strategic Corporal: Leadership in the Three Block War"* desenvolveu o conceito de *"three block war"*, sendo atualmente empregue geralmente para conjugar ações militares num mesmo espaço, de baixa, média e alta intensidade. [*http://www.au.af.mil/au/awc/awcgate/usmc/strategic_corporal.htm*]

ligação entre a segurança e o desenvolvimento e entre a ação das Forças Armadas (e policiais) no alcançar deste desiderato.

Em suma, verifica-se que a segurança e o desenvolvimento constituem os pilares do Estado de Direito e materializam conceitos que se sobrepõem e mutuamente se interligam no bem-estar da Humanidade, contribuindo inclusivamente para uma sociedade mais evoluída social e politicamente. Tende-se neste contexto a empregar o instrumento militar como vetor privilegiado da Política Externa do Estado, contribuindo para valorizar o Estado e a Democracia. Os valores da ética social e da filosofia política conciliam a segurança e o desenvolvimento no contexto das orientações políticas do Estado que no concerto das nações faz valorizar as alianças militares e o papel das organizações regionais ou internacionais que colocam numa plataforma supranacional os valores que o Estado soberano sozinho não consegue materializar para os seus cidadãos. Este é um paradigma atual que caracteriza também o quadro das Relações Internacionais e que coloca nas agendas globais os assuntos da paz e da sustentabilidade do desenvolvimento como prioridades.

CAPÍTULO III

A GESTÃO DE CONFLITOS
E A CONFLITUALIDADE EM ÁFRICA

"L'analyse de l'évolution des conflits sur le continent africain laisse apparaître des configurations contrastées, car les sorties de crise coexistent avec les guerres oubliées qui perdurent depuis de longues années. De nombreux autres pays sont dans une situation transitoire, les initiatives de retour à la paix étant actuellement en cours de mise en œuvre sans que l'on puisse préjuger de leur issue...".

Mamoudou Gazibo, *Introduction à la Politique Africaine*, 2010, p. 153

A interdependência entre "segurança" e "desenvolvimento" que acabamos de analisar é atualmente uma das principais temáticas abordadas no contexto das Relações Internacionais, absorvendo os políticos do mundo, como se a chave para encontrar as soluções milagrosas para os problemas mundiais, como se estes tivessem "apenas" na exata medida da relação equidistante entre a ausência de conflitos e o do desenvolvimento sustentado. Esta relação aparece quase sempre associada a fatores geoestratégicos e geopolíticos conjunturais específicos que são hoje em dia os principais responsáveis por se assistir a uma complexidade crescente nas relações entre os atores que atuam como principais elementos no xadrez internacional.

Comitantemente, a problemática assume especial relevo nas zonas de conflitualidade regional latente, principalmente nas áreas conjunturais de valor geoestratégico acrescentado, onde se assiste a uma proliferação dos conflitos regionais e intraestatais, conduzindo a um subdesenvolvimento estrutural grave e, em certa medida, à falência dos Estados que as bordeiam. Estes fatores têm conduzido, a prazo, a um aumento da instabilidade regional, e por via da globalização, à instabilidade das economias mundiais e dos sistemas de segurança regionais e afetando os mercados globais, constituindo-se num fator de permanente preocupação para a sociedade internacional.

Assiste-se atualmente à adoção de políticas e estratégias de gestão de conflitos empreendidas pelas Organizações Internacionais, regionais e outros atores globais (Estados ou Organizações) aparecendo associadas às estratégias de apoio ao desenvolvimento, sendo importante clarificar conceitos e alinhar uma terminologia própria, que pensamos poder constituir uma ferramenta para a compreensão da temática da gestão de conflitos, procurando-se fazer assim uma interligação e a complementaridade entre conceitos e normativos de ação estratégica dos Estados.

Procuramos assim neste capítulo, alinhar alguns conceitos estruturantes e dar a conhecer o "estado da arte" relativamente à prevenção e resolução de conflitos, na medida em que se trata de uma temática que envolve, no contexto Subsariano, os Estados e as Organizações regionais e que se constitui como elemento fundamental para a análise e compreensão das estratégias dos sistemas securitários regionais e da Política Externa dos Estados Africanos[46].

1. A Gestão de Conflitos. Uma introdução à problemática

Se pretendermos caracterizar a situação internacional atual, podemos, segundo Rodrigues Viana, afirmar que esta permanece "...*volátil, incerta e complexa, como resultado das características de um sistema marcado pela heterogeneidade de modelos políticos, culturais e civilizacionais...*", levando recorrentemente ao surgimento de conflitos regionais que apresentam como novo paradigma de análise, uma maior regionalização da conflitualidade, mas quase que por antítese, a uma também maior globalização dos seus efeitos (Viana, 2002, p. 31) (Moreira, 2010).

---

[46] Veja-se a Tese de Doutoramento em Ciência Política e Relações Internacionais de Janete Marina de Sousa Cravino, no Instituto de Estudos Políticos (IEP) da Universidade Católica Portuguesa – *Técnicas, estratégias e potencial das organizações não-governamentais na mediação de guerras civis: contributo para a teoria da resolução de conflitos em África* (2010).

Ao longo da história da humanidade, podemos constatar que a existência de conflitos é uma constante no relacionamento entre os homens, sociedades e civilizações. Este aspeto, que se constitui num fenómeno global e intemporal, tem uma expressão ímpar no continente Africano, como mais recentemente se assistiu no Norte de África, onde se constata uma tendência para um aumento da conflitualidade regional, apresentando contudo alguns aspetos inovadores que preocupam a sociedade internacional. Nesse contexto, parece-nos contudo possível falar atualmente num outro elemento da conflitualidade, que transportou os conflitos para o interior dos estados (intraestatais), tendo-se como causas diretas para essa mutação, entre muitas outras, motivações relacionadas com os recursos minerais estratégicos, o acesso ao poder, os dogmas religiosos extremistas e as características e insuficiências do próprio Estado, que em regra, se intensificam na razão inversa do desenvolvimento e da prosperidade económico-social vivida nessas regiões (Marshall e Gurr, 2005, pp. 3-10) (Dowden, 2009, pp. 51-59).

Com o final da Guerra Fria, a perspetiva da resolução de conflitos tem vindo a mudar, principalmente porque a *"...relação entre as superpotências da guerra-fria fez desaparecer o mito dos conflitos regionais pela ideologia e pela simples competição militar..."*, tornando os conflitos mais político-ideológicos e menos estratégico-operacionais e militares (Miall et. al., 2004, p. 2).

Estes aspetos contribuem para relançar novos e complexos fatores na multiplicidade de contendas de caráter regional que proliferam atualmente um pouco por todo o mundo e em particular na África Subsariana. Neste contexto geoestratégico em constante mudança, a sociedade internacional viu-se na contingência de estabelecer uma base terminológica e doutrinal entendível, que congrega o mundo em torno de objetivos lineares considerados vitais, como o desenvolvimento sustentado e a segurança (nas suas múltiplas dimensões), já que principalmente esta última vem assumindo um papel de destaque no nexo "Segurança-Diplomacia-Desenvolvimento". Assim, a necessidade de se estabelecer um diálogo comum na cena internacional, levou ao aparecimento de várias teorias especializadas na abordagem recente da conflitualidade e dos fenómenos da paz e da guerra. Da retórica académica, ao discurso político, constatamos que os termos empregues nem sempre definem a mesma linearidade de pensamento, significam o mesmo propósito ou se enquadram num idêntico contexto estratégico-operacional.

Na dinâmica dos conflitos regionalizados e em todos os fenómenos associados, as organizações, os Estados e demais atores da cena internacional, procuram interagir, articular estratégias e comunicar entre si, com vista a gerir o conflito de uma forma mais proficiente e com um nível de sucesso crescentemente maior. Este desiderato requer consistência na ação estratégica, uniformidade nas políticas, mas principalmente envolve o emprego de uma terminologia adequada e de uma doutrina comum, pois sem se procurar conhecer, identificar e estudar o problema, não se conseguem encontrar as soluções e desenhar uma estratégia de ação.

O termo "conflito" e a sua evolução aparecem normalmente associados a uma variação de fatores, a uma progressão graduada, não linear e inconstante, independentemente das diferentes formas de conflito, podendo ir desde a paz consentida ou estável, à paz instável, passando pela crise e na fase mais aguda do seu desenvolvimento, à guerra. As dinâmicas próprias de um conflito implicam, tendo em vista uma melhor compreensão, efetuar uma análise sistémica e conjuntural, com vista a poder determinar-se cabalmente as principais causas, os processos e alvitrar as possíveis consequências da sugestão, transformação ou resolução. Estas abordagens conceptuais abrangentes, segundo alguns autores (Swanström e Weissmann, Janete Cravino, Katerina Nicolaidis, Hugh Miall e William Zartman) assentam numa linearidade de aspetos que caracterizam a dinâmica dos conflitos, permitindo a conceptualização de uma "teoria" e de uma "doutrina" enquadrada à luz da polemologia, de Gaston Bouthoul, e necessária para o cabal entendimento das relações de conflito no mundo.

Contudo, Ernest-Otto Czempiel associa o termo "conflito" a uma *"...incompatibilidade ou diferendo de posições entre determinados atores, num dado contexto...",* essencialmente para lhe conferir uma abrangência de caráter mais social. Importa ainda assim reter que as raízes dos conflitos assentam a sua génese numa complexidade crescente de múltiplos fatores intimamente interligados, que em conjuntura e associados a questões de ordem social e económica, relacionados com a preservação de valores, quer seja no âmbito das ideologias ou das religiões, são fatores que os condicionam. Neste quadro conceptual, o estudo dos conflitos e da conflitualidade pressupõe, entre outros aspetos, uma abordagem às suas raízes mais profundas, que passa não só pela identificação das causas, consequências, mas também pela análise da sua evolução, bem como as possibilidades da sua gestão, prevenção, transformação ou resolução (Swanström e Weissmann, 2005, p. 7) (Janete Cravino, 2010, pp. 22-23).

Por outro lado, para Reychler, citado por Vicenz Fisas, um diagnóstico completo implica que se analise o conflito em relação a cinco aspetos considerados fundamentais: os atores envolvidos, os litígios em causa, a estrutura de oportunidade, a interação estratégica e a dinâmica do conflito, e conferindo uma abrangência e multidisciplinaridade na sua análise (2004, p. 31). Noutra perspetiva, numa conceção mais clássica, realista e abrangente, o termo "conflito" é definido como "...*um intrínseco e inevitável aspeto da mudança das sociedades, como uma expressão da heterogeneidade de interesses, valores e crenças que reside nos constrangimentos gerados pelas revoluções sociais...*"[47] (Miall, 2004, p. 5).

Esta conceção tendencialmente positivista associa a conflitualidade a uma dinâmica própria, natural e até considerada evolutiva das sociedades. Neste sentido, o conflito aparece intimamente associado ao "...*resultado da oposição de vontades, envolvendo recursos escassos, antagonismo de objetivos e frustrações...*", aferindo-se as causas e consequências dos conflitos na interação natural no meio social em qualquer sociedade e em qualquer época. Centrado na problemática do acesso a recursos estratégicos e à energia como reflexo na economia global, o cerne atual das contendas entre os atores regionais no Sistema Político Internacional, são as causas basilares do surgimento dos conflitos, referindo Weissmann que assentam em três elementos chave: atitudes, comportamentos e situações. Estes fatores, isoladamente ou normalmente em interação conjuntural, estão na origem da grande parte dos conflitos regionais que ocorrem atualmente, sendo ainda necessário uma abordagem mais ampla, abrangente e crescentemente complexa para se obter uma análise credível sob determinado conflito (Miall, 2004, pp. 5-8).

Partindo do princípio epistemologicamente aceitável de que a paz é uma consequência da guerra e de que em algumas situações de caos, é mais difícil manter a paz do que acabar com uma guerra, Charles-Philippe David corrobora esta ideia, referindo que "...*a diplomacia e as negociações para a paz são sempre preferíveis à guerra...*" (2001, p. 281). Mais recentemente constata-se que a prevenção de conflitos (*conflict prevention)* tornou-se no tema central da moderna diplomacia, acompanhando sistematicamente as

---

[47] [*http://www.revistamilitar.pt/modules/articles/article.php?id=354*].

relações entre os atores no contexto internacional e integrando as agendas das Organizações Internacionais. Neste âmbito, constitui-se numa atividade crítica e decisiva, principalmente no que concerne à identificação, prevenção e limitação dos conflitos, onde o insucesso conduzirá a um agudizar da crise, correspondendo a um crescimento da insegurança, da instabilidade político-social e, em casos mais extremos, à rotura das estruturas governativas regionais, refletindo-se em regra nas economias regionais e por via da globalização, nos mercados e nas economias mundiais.

Por outro lado, a abordagem à gestão dos conflitos é conceptualmente diferente, em que podemos constatar que uma abordagem mais realista e atual pretende agir sobre os fatores básicos concretos e estruturais do conflito, a fim de os evitar ou *prevenir*. Contudo, outra abordagem mais liberal e crítica, segundo Charles-Philippe David, procura descobrir e contrariar as origens mais profundas dos conflitos, as designadas *"rootcauses"*, a fim de as "resolver" (Idem, p. 282). Assim, a dicotomia permanente entre o prevenir e resolver o conflito, em que a essência da sua aplicabilidade depende, entre outros aspetos, dos meios disponíveis, do tipo de conflito, do tempo disponível, e atualmente, mais do que nunca, das oportunidades políticas e da vontade dos líderes regionais, e ainda da conjuntura internacional e dos interesses estratégicos associados à região.

A terminologia e os conceitos utilizados variam de acordo com as várias épocas, escolas de pensamento e autores considerados para análise. Não obstante tal, e de acordo com Bruce Russett, a *"...prevenção e a gestão de conflitos são termos similares, que assentam basicamente numa metodologia e num conjunto de mecanismos usados para evitar, minimizar e gerir o conflito entre as partes em diferendo..."* (Swanström e Weissmann, 2005, p. 5). Neste âmbito, quando se refere à prevenção de conflitos, Clément descreve-a como um *"...conjunto de instrumentos usados para prevenir e resolver qualquer disputa antes desta se tornar num conflito activo..."* (Ibidem). Este conceito pressupõe outras abordagens, mais centradas nos comportamentos em sociedade e que defendem a prevenção de conflitos como um *"...conjunto de medidas para prevenir comportamentos conflituosos indesejados, quando surge uma situação de incompatibilidade de Objectivos..."* (Fisas, 2004, pp. 143-144).

Contudo, importa salientar que com a prevenção de conflitos se pretende evitar o eclodir ou o reacender do conflito, atuando-se ao nível das potenciais causas base e ocorrendo, por norma, nos seus estágios iniciais. Neste contexto, Fisas, relembra um elemento de análise central que é a incompatibilidade de objetivos, o que no contexto das Relações Internacionais e mais concretamente na relação entre Estados, é uma realidade abrangente. A prevenção de conflitos tem como medidas de ação estratégica medidas de longo prazo e assenta grandemente na diplomacia preventiva, tendo como principais ferramentas operativas a monitorização ou a intervenção preventiva com vista a evitar ou a conter o conflito na fase inicial, estabelecer mecanismos de alerta precoce, elaborar planos de contingência, flexibilizar as respostas e institucionalizar a ideia da prevenção de conflitos a nível local, regional e internacional. Estes princípios regem atualmente alguns mecanismos de alerta e resposta aos conflitos regionais em África.

Na *Agenda para a Paz*[48], Boutros Boutros-Ghali introduziu o conceito de "diplomacia preventiva", passando a constituir uma ferramenta ímpar na gestão da conflitualidade atual e que se traduz na *"...acção destinada a evitar a eclosão de disputas entre as partes, com vista a impedir que disputas já existentes, evoluam para conflitos e a limitar a expansão destes quando ocorram..."*. Neste contexto, a diplomacia preventiva pode, segundo António Monteiro, abranger três dimensões: a primeira, orientada para as causas do conflito, a segunda, destinada a impedir que os confrontos se tornem violentos e uma terceira dimensão, num estágio mais avançado do conflito, em que se procura conter a expansão ou a escalada da violência (Branco, 2004, p. 106) (2000, p. 58).

Realça-se, desta forma, o âmbito e o contexto das medidas, em que a sociedade internacional se esforça por empregar de uma forma mais efetiva esta ferramenta na gestão da relação entre os múltiplos atores, principalmente quando a intervenção de uma terceira parte desejavelmente (neutral e credível) na gestão de conflitos intraestatais ou regionais é uma realidade. Por norma, a prevenção de conflitos contempla, para além de ações do âmbito da estratégia e do nível estratégico operacional, um conjunto de ações e medidas de âmbito político-estratégico, de forma a evitar a ameaça ou o uso efetivo da força como meio privilegiado de coação empregue por Estados ou Organizações, com a finalidade de garantir a

---

[48] O relatório *"An Agenda for Peace. Preventive Diplomacy, Peacemaking and Peacekeeping"* foi apresentado publicamente por Boutros Boutros-Ghali na Assembleia Geral das Nações Unidas a 31 de janeiro de 1992. [*http://www.un.org/Docs/SG/agpeace.html*]

estabilidade económica, política e social, com reflexo na economia, na justiça e no desenvolvimento de uma região ou de um Estado.

Estes procedimentos podem ocorrer antes de o conflito eclodir para evitar a escalada da violência ou mesmo após um conflito já resolvido, com vista a evitar o seu reacendimento. Este aspeto particular da gestão pós--conflito aparece atualmente com maior acuidade e pertinência nas agendas das negociações para a paz, devido não só às recentes experiências dos conflitos no Iraque e no Afeganistão, mas também à crescente necessidade e interesse da ONU[49] (especialmente) e da sociedade internacional, em geral, em recuperar os estados no pós-conflito, normalmente compreendendo o conjunto de ações que permitem criar as infraestruturas pilares do Estado, tendo em vista garantir a sua sustentabilidade, processo que se designa por *peacebuilding*.

A prevenção de conflitos contém medidas de amplitude diferente, multidimensionais, com ações concertadas, planeadas e concretas, tendentes a encontrar o caminho da paz antes de se derivar para o agudizar do conflito. O propósito da prevenção de conflitos, consiste em "*...actuar satisfatoriamente antes dos primeiros sintomas de um conflito, impedindo-o que este escale para a violência...*", a partir do qual será normalmente mais difícil, fazer a sua gestão e posterior "transformação" (Fisas, 2004, p. 143).

Para a sociedade internacional, a monitorização dos conflitos tem assumido uma importância crescente, nomeadamente em regiões onde o índice de conflitualidade intrínseca é significativo, como em África, onde a inclusão de sistemas de monitorização e alerta tem tido um papel de relevo na Arquitetura de Paz e Segurança Africana. Esta faz-se estabelecendo estruturas e indicadores fiáveis de acompanhamento, que associados aos múltiplos fatores presentes de eclosão potencial dos conflitos (sociedade, economia, religião, recursos, etc.) tornam possível essa monitorização permanente. Em complemento, estabelecem-se mecanismos de alerta precoce que permitem acompanhar, num Estado ou numa região, o eclodir e evoluir da conflitualidade, concentrando em estruturas supranacionais estas valências e capacidades.

---

[49] Joseph Nye Junior "*...As Nações Unidas produzem consequências políticas. Mesmo quando a segurança colectiva não pode ser aplicada, porque a presunção contra a força, inscrita na Carta da OUNU, coloca o ónus da prova sobre aqueles que a pretendem usar...*" (2002, p. 203).

As Organizações Internacionais e Regionais têm tendencialmente associados aos mecanismos de alerta meios de resposta rápida, permitindo atuar nos estágios iniciais dos conflitos regionais, intervindo na área de interesse conjuntural, possibilitando uma contenção mais eficaz e mais rápida do conflito. Um caso que merece destaque neste contexto, é o *Continental Early Warming System* (CEWS) da APSA, que abordaremos mais detalhadamente nos capítulos seguintes. A prevenção efetua-se preferencialmente nos primeiros estágios do conflito, consistindo em detetar, em tempo, os principais indicadores da eclosão que contribuem para a evolução de um potencial conflito. Neste âmbito, Fisas, citando Lund, acrescenta contextualizando, que a prevenção de conflitos refere-se a um "*...conjunto de acções político-estratégicas levadas a efeito, por parte das instituições governamentais, que de forma expressa tentam conter ou minorar as ameaças, o uso da violência organizada e outras formas de coacção por parte de Estados ou grupos concretos, com a finalidade de reduzir as disputas no interior, ou entre Estados...*" (2004, pp. 143-144).

Uma das formas de se poder distinguir a prevenção da resolução de conflitos (*conflict resolution)* é relativizar estas atividades no tempo. Assim, no primeiro caso, refere-se normalmente a estágios pré-conflituais ou no início do fenómeno (antes deste se tornar violento) e ocorre normalmente por um período dilatado de tempo. Por sua vez, a resolução de conflitos acontece em etapas mais avançadas da sua curva, quando este ultrapassa o limiar da violência e escala para uma situação de crise, podendo chegar em última análise ao conflito armado, a guerra. Neste âmbito, carece em regra de medidas mais urgentes, com maior robustez e realizadas normalmente sobre a égide de uma terceira parte internacional, regional ou sub-regional credível. Uma terceira parte que não só pretende mediar o conflito, como poderá ser o interlocutor privilegiado da sociedade internacional, para essa contenda/conflito e essa região, assumindo a liderança conjugada das dinâmicas pacificadoras no contexto regional.

Na escalada da curva de aceleração inconstante, do "ciclo de vida do conflito", ao se atingir o patamar da crise, a sua gestão caracteriza-se também e predominantemente, em função do fator "tempo", desenvolvendo-se em norma, por um longo período de tempo, exigindo contudo medidas drásticas e envolvendo (por norma) terceiras partes e atores internacionalmente credíveis, na tentativa de evitar que este assuma as proporções de um conflito armado ou possa escalar para um patamar de violência generalizado que torne o país ou a região num estado de guerra generalizado.

Neste âmbito, Peter Wallensteen apresenta-nos uma definição para a resolução de conflitos, a saber: *"...a adopção de medidas tendentes a resolver o cerne da incompatibilidade que esteve na origem do conflito, incluindo as tentativas de levar as partes a se aceitarem mutuamente..."*. Acrescenta ainda que compreende ao conjunto de *"...esforços orientados no sentido de aumentar a cooperação entre as partes em conflito e aprofundar o seu relacionamento, focalizando-se nos aspectos que conduziram ao conflito, promovendo iniciativas construtivas de reconciliação, no sentido do fortalecimento das Instituições e dos processos das partes..."* (2004, p. 8).

Noutra perspetiva, Charles-Philippe David, citando Fetherston, refere que a *"...aplicação não coerciva de métodos de negociação e de mediação, por terceiros, com vista a desarmar o antagonismo entre adversários e a favorecer entre eles uma cessação durável da violência, pode ser o cerne da problemática em torno da resolução de conflitos..."* (2001, p. 284). Assim, pensamos que existe um conjunto de mecanismos ao dispor dos atores globais, que vão desde a diplomacia preventiva, associada à prevenção de conflitos, ao *peacemaking*, *peacekeeping* e na fase de reconstrução pós-conflito, ao *peacebuilding*, para além de novas formas integradas e mais complexas de abordagem, e que têm como objetivo principal o cessar das hostilidades e levar as partes em confronto a aceitar o diálogo e a paz (Branco, 2004, p. 105).

No início do século XXI, e devido ao crescimento do grau de complexidade nos conflitos regionais (não só devido ao número de atores em presença como ao elevado índice de interesses geopolíticos e ideológicos que lhes estão associados), temos vindo a assistir a uma desmultiplicação e ao emprego combinado de forças militares, policiais e de agentes civis, onde se converge para uma concertação de soluções multinacionais e multidisciplinares. Pretende-se assim fazer face a uma combinação das ameaças, com uma combinação de soluções, tendo em vista diminuir o risco e criar a estabilidade e a paz que possa gerar ou contribuir para o desenvolvimento, sendo esta a essência da globalização na atual revolução dos assuntos militares nos conflitos. Todavia, Vicenz Fisas salienta que existe um conjunto de respostas multidimensionais para fazer face a um conflito e que as medidas podem ir desde a negociação entre as partes, até à intervenção com forças militares e/ou policiais, levando a referir que *"...a gestão óptima do conflito consiste em limitar as franjas das respostas do 'continuum' do conflito que não inclua a violência física e o recurso à guerra..."* (2004, p. 30).

O mesmo autor faz ainda alusão ao facto de a resolução de conflitos ser um multifacetado processo que requer análises sistémicas e multidisciplinares, mas que se regem principalmente por análises individualizadas e muito detalhadas, centradas nas causas base do conflito, com vista a poder alcançar-se o enfoque do problema e proporcionar uma cooperação estruturada e focalizada nos principais diferendos entre os contendores. O papel de uma terceira parte é essencial para a credibilidade do processo, para identificar e prestar assistência às partes em litígio e para se alcançar a "paz possível", no que alguns atores apelidam de *transformação do conflito* (*conflict transformation*) (Miller, 2005, p. 26) (Ramsbotham et. al., 2006, pp. 12-13).

Na análise da dinâmica do conflito apresentada por Fisas, após se ter ultrapassado o estágio do confronto armado, os esforços devem estar centrados na pacificação (*peacemaking*) e na garantia da manutenção da paz (*peacekeeping*), a designada "fase proativa" da resolução do conflito, em que podemos influenciar diretamente pela nossa decisão e principalmente pela ação, o evoluir do fenómeno. Por outro lado, quando o mesmo ultrapassa o patamar da violência armada, entramos na "fase reativa" da sua resolução, em que numa primeira etapa o objetivo primordial é alcançar o cessar-fogo e numa segunda fase garantir a manutenção da paz e iniciar as atividades de reconstrução (*peacebuilding*). Tal acontece quando este baixa do limiar da violência armada e entra na paz instável, numa segunda ordem de prioridades, podendo então ser encetado um conjunto de mecanismos e estratégias tendentes a resolver a raiz do conflito e/ou a restaurar novamente uma paz estável com vista a gerar segurança (2004, p. 33).

Na gestão dos efeitos atua-se "por impulsos" de necessidades, em reação aos acontecimentos conjunturais, em que a resolução do conflito se torna mais difícil, morosa e com efeitos menos consensuais, com objetivos complexos estabelecidos, o que implica restaurar a paz e possibilitar a resolução do conflito pela via pacífica.

Atualmente, na análise da conflitualidade regional, quer seja na área da diplomacia, da estratégia ou da política, o conceito sobre a gestão de conflitos (*conflict management*) refere-se a uma conceptualização essencialmente de caráter teórico, dedicada à limitação, mitigação e contenção do conflito, sem contribuir necessariamente para o resolver. Neste âmbito, reconhece-se que o conflito não se pode resolver no imediato e que por esse motivo se coloca o assento tónico na sua limitação e na gestão das consequências destrutivas imediatas. É por essa via um conceito iminentemente de caráter académico e abrangente, no sentido amplo da pacificação do conflito e que normalmente se "...*limita aos aspectos técnicos e práticos do esforço no sentido de alinhar as divergências entre as partes em litígio...*" (Fisas, 2004, p. 184).

A gestão do conflito implica conhecer o seu cerne e catalogá-lo de acordo com as suas características, principalmente quanto às motivações, causas e objetivos das partes em confronto. Assim, se quisermos catalogar ou agrupar os conflitos mais recentes, muitas são as matrizes, tabelas ou grelhas que nos orientam na investigação académica. Para Hugh Miall, os conflitos dividem-se teoricamente em "interestatais" e "não interestatais", sendo estes subdivididos em revolucionários ou ideológicos, conflitos de identidade ou de sucessão e conflitos de fações ou grupos (2004, pp. 30-32).

A catalogação/separação supra apresentada está principalmente vocacionada para uma matriz da conflitualidade típica do período pós Guerra Fria, sendo possível refletir atualmente sobre o facto de existir um maior grau de complexidade, abrangência e âmbito geográfico dos conflitos, necessitando de uma conceptualização mais adequada à atual conjuntura dos conflitos regionais no mundo, onde África e mais especificamente a África Subsariana são exemplos concretos. Neste âmbito, Peter Wallensteen, numa conceção elaborada à luz do Direito Internacional, assente numa análise sobre as causas dos conflitos, considera que existem três tipos de conflitos: os conflitos "intraestatais", envolvendo o território e a governação, os "interestatais", envolvendo os governos e o Estado e um terceiro tipo, os "intraestatais" incidindo sobre o território e as fronteiras. Os conflitos interestatais são disputados entre nações ou alianças de nações os conflitos "intraestatais" são de caráter eminentemente internos e são disputados dentro do território do próprio Estado[50]. Esta divisão aparentemente simplista entre conflitos intra e interestatais, permite diferenciar e catalogar a maioria dos conflitos atuais no globo, sendo utilizado pelos autores já citados, como a principal mudança verificada nesta temática ao longo da segunda metade do século XX e no início do século XXI (2004, pp. 74-76).

A gestão dos conflitos interestatais e intraestatais é diferente em múltiplos aspetos, contudo, em termos conceptuais um conceito de gestão

---

[50] [*http://www.revistamilitar.pt/modules/articles/print.php?id=354*]

A GESTÃO DE CONFLITOS E A CONFLITUALIDADE EM ÁFRICA

de conflitos materializa genericamente o esforço para conter ou reduzir a escalada da violência entre partes e proporcionar uma comunicação com vista a reduzir as disputas e a levar ao *terminus* da violência. Contudo, sabemos que os mecanismos de análise e de resolução de conflitos estão mais vocacionados para os conflitos intraestatais, pois existe atualmente no mundo, uma maior prevalência destes, constituindo um fator limitativo e condicionante da análise da conflitualidade. A análise do fenómeno da conflitualidade não deve neste propósito, ser um processo estático, finito ou inóculo, podendo ir para além de um exercício académico, e contemplar uma sucessão de circunstâncias e factos dinâmicos que a História da Humanidade caracteriza e assim permite definir períodos da História Universal em função e associados a esses conflitos (exemplos: Guerra dos 100 Anos e Primeira Guerra Mundial), pois os conflitos fazem parte da nossa História e marcam a História Universal.

A conflitualidade apresenta, num dado momento da História, uma dinâmica conjuntural associando-se um conjunto de características únicas e próprias, considerando-se contudo que a heterogeneidade dos conflitos aduz transversalmente a aspetos e circunstâncias comuns que permitem conceptualmente estabelecer um modelo de análise sistemático de análise e abordagem ao conflito. Neste contexto, as principais causas e consequências da conflitualidade são, independentemente da sua base geográfica, ideológica, política ou de circunstância conjunturais, aspetos mais ou menos comuns que permitem estabelecer um modelo padrão de análise dos conflitos e da conflitualidade, centrando-se nas principais características: intensidade, durabilidade e mecanismos de gestão associados. Aspetos académicos que conceptualmente permitem uma melhor e mais abrangente análise do conflito e asseguram a melhor tomada de decisão política e o emprego adequado dos melhores mecanismos na resolução do conflito (Cravino, 2010, pp. 44-45).

A sistematização do conflito num modelo padrão e a sua consequente análise, associados num "ciclo", permite, numa primeira instância, um melhor entendimento da dinâmica da "vida do conflito", possibilitando mais facilmente congregar estratégias e afetar recursos tendentes a mitigar ou limitar o seu impacto nas sociedades. Nesta perspetiva teorizadora da conflitualidade, vários modelos foram entretanto idealizados, quase todos tendencialmente cíclicos, conjugando níveis de intensidade, evoluindo da paz para a guerra, passando pela crise e vice-versa, até se restabelecer a paz, e envolvendo múltiplos atores em que o papel central é do Estado e as Organizações Regionais (Swanström e Weissman, 2005, p. 10).

Neste contexto, agrupam-se etapas, definem-se as fases ascendentes e descendentes da curva do conflito, limitam-se as situações pré e pós confli-tuais, permitindo-se uma "mecanização" na adoção de termos e definindo--se uma conceptualização doutrinária mais sólida e muito mais abrangente, pois a análise da conflitualidade é cada vez mais complexa, mas necessária para acompanhar os fenómenos contemporâneos. Os modelos dos ciclos de análise dos conflitos inscrevem-se numa curva de aceleração variável que corresponde inicialmente a uma fase de crescimento do conflito (ace-leração positiva) seguida de uma recessão e retorno à paz, onde as etapas e estágios evolutivos e onde a gestão de conflitos incorpora as estratégias e os mecanismos de análise, principalmente no âmbito da prevenção e da resolução.

Embora a tendência conceptual normativa das Ciências Sociais que estudam estes fenómenos seja no intuito de se padronizar os conflitos, importa salientar que nem tudo que observamos é padronizável, que a regra base é que *cada conflito é um conflito* e que em regra será necessária uma análise cuidada, multidisciplinar e contextualmente abrangente, para se poderem comparar fases de evolução, etapas, ou processos, pois a dinâmica dos conflitos não é sempre linear e os fatores variáveis em análise são com-plexos e associados a contextos regionais e conjunturais variáveis (Moreira, 2010). Esta observação e análise permitem contudo uma padronização relativa em determinadas fases da sua evolução e constatar que os modelos possibilitam orientar a análise dos conflitos (vide modelos usados nas ONU, UE e OTAN), mas não explicam claramente os seus motivos nem nos dão a plena noção da realidade dos conflitos no contexto em que emergem.

Atualmente, o modelo privilegiado pelas Nações Unidas para a reso-lução dos conflitos de "maior responsabilidade" usados na terminologia de Hillen é contemporaneamente desenvolvido à custa de *"...coligações de vontades, lideradas por Estados poderosos ou alianças credíveis com uma unidade de comando clara e perfeitamente definida..."* (Branco, 2004, p. 113).

Constatamos assim que o grau de complexidade crescente nos conflitos regionais implica uma multidisciplinaridade de análises relativas aos atores conforme os vários níveis de intervenção, pois o facto dos mecanismos de resolução de conflitos[51] intraestatais conjugarem uma miríade de ações e processos tendentes à sua resolução, eleva a complexidade de análise e de abordagem destes fenómenos. Neste âmbito, Hugh Miall atribui três níveis/graus de empenhamento para a sociedade internacional, consoante os vários atores que intervêm na resolução do conflito[52]. O modelo apresenta conteúdos que levam à adoção de iniciativas concretas para adequar a intervenção dos vários agentes que atuam aos diferentes níveis da resolução (ou gestão). Importa contudo reter que, atualmente, a resolução de conflitos integra conjunturalmente um ou mais níveis, e que numa intervenção, agentes de diferentes níveis podem atuar antes ou em sobreposição com os do nível base. Contudo, entendemos que o modelo parece ser uma base conceptual útil para se fazer uma abordagem teórica aos fenómenos da conflitualidade regional, nomeadamente em África.

Complementarmente, o quadro académico-conceptual empregue para efetuar a análise dos conflitos internos num Estado, elaborado por Pauline Baker[53] e publicado pelo *Fund for Peace,* dá-nos uma perceção global do conflito assente no seu "ciclo de vida", desenvolvendo-se como que

---

[51] As estratégias de resolução de conflitos utilizadas recentemente incluem, entre outros, os seguintes conceitos de resolução: *"Cultural Peacebuilding"; "Strutural Peacebuilding"; "Elite Peacebuilding"; "War Limitation"; "Elite Peacemaking"* e *"Cultural Peacemaking"* (Ramsbotham, 2006, p. 14).

[52] O modelo admite um nível de comprometimento de meios e de ações estratificados por níveis. O nível I é o mais baixo e limitado no âmbito e está reservado e vocacionado para a resolução local, onde se recorre à resolução interna do conflito, afetando entidades locais e o próprio Estado, no sentido de resolver o conflito. O nível II, que se refere à intervenção de entidades ou de atores de nível sub-regional, empresas e organizações privadas, envolvendo outros atores e outros níveis de abordagem. Um nível III, nível máximo de intervenção, de dimensão regional, internacional e multinacional, onde se emprega um conjunto de mecanismos com meios mais robustos e envolvendo atores, globais, como último rácio para resolver o conflito (Miall et. al., 2004, p. 20).

[53] O modelo de análise dos conflitos internos proposto por Pauline Baker sustenta o diagnóstico e a intervenção da Comunidade Internacional em face dos desenvolvimentos de um conflito interno, num Estado ou região, sendo apresentado como especialmente vocacionado para a análise de conflitos no continente africano. O artigo com a análise apresentada consta do livro *Armed Conflict in Africa,* de Caroly Pemphrey e Rye Schwartz-Barcott, editado em 2003, no Instituto de Estudos Estratégicos, em Oxford, e descreve a metodologia idealizada por Pauline H. Baker do *Fund for Peace,* em Washington, tendo sido desenvolvido uma versão informática designada por *Conflict Assessment System Tool.* [*http://www.fundforpeace.org/ programs/cpr/cpr.php*]

uma ferramenta de análise e de monitorização da sua evolução, quer este progrida para uma situação de deterioração e conduza ao conflito armado ou para um estágio de segurança e paz sustentável. Este processo assenta estruturalmente em cinco etapas do "ciclo de vida do conflito" e apoia-se num ponto de decisão que compreende ainda um conjunto de metodologias para a sociedade internacional, com vista a levar a cabo ações concretas no sentido de resolver o conflito ou a reduzir o seu impacto nas populações e no Estado. Baker apresenta-nos assim um modelo académico de análise da conflitualidade que procura colocar o centro da análise na entidade Estado e o papel da sociedade internacional surge numa base indiferenciada e multidisciplinada de atuação.

O modelo de gestão de conflitos apresentado por Katerina Nicolaidis e sublinhado por Janete Cravino articula todos os mecanismos de resposta à conflitualidade e aborda o ciclo de vida do conflito numa perspetiva sistémica, referindo não só as diferentes fases de evolução, como os principais instrumentos em cada fase. Este modelo não introduz contudo, desde 1996, mais-valias significativas para a abordagem contemporânea aos aspetos securitários, sendo portanto necessário analisar os conflitos de uma forma mais integrada, complexa e abrangente, onde as realidades são difusas, as fases e os modelos dinâmicos e a abordagem ao contexto, mais integrada e envolvendo os vários fatores da conflitualidade (Hugh Miall) e os meios de resolução de conflitos apresentados na *Agenda para a Paz* (2010, pp. 22-23).

Contudo, a análise da conflitualidade contemporânea é um exercício académico desafiante e que os atores globais procuram trazer para as agendas internacionais da segurança e do desenvolvimento, aspeto em que os modelos de investigação académicos, entre os quais se destaca o modelo referido no parágrafo anterior, são instrumentos úteis para os agentes globais da segurança, da diplomacia e do desenvolvimento melhor poderem compreender e interagir com os fenómenos entre a paz e a guerra.

2. A conflitualidade no Mundo e em África. Elementos de similaridade e divergência

No início do século XXI a conflitualidade no mundo mudou-se, não só por causa das alterações conjunturais e das dinâmicas da globalização a que temos vindo a assistir na ordem internacional, como pelo complexo quadro de ameaças e riscos transnacionais que lhes estão associados. Os elementos que os caracterizam têm vindo a ser estudados por políticos, diplomatas, militares e outros, pois os conflitos persistem como um fenómeno transversal na nossa sociedade global. Neste pressuposto, a análise e a identificação dos principais agentes, como fenómeno social, é dificilmente entendível e não tão facilmente previsível, como acontecia no período da Guerra Fria. Complicaram-se os fenómenos da polemologia, pois as causas são multidimensionais, os atores são transnacionais e como refere Joseph Ney "...*as fontes são diferentes...*" (2002, pp. 274-275).

Neste prisma, constatamos que o estudo dos conflitos internacionais e das guerras ou crises regionais, em particular, tem permitido sistematizar e interpretar como fenómeno social à custa do estabelecimento de correlações, identificam as potenciais causas do sistematizado e explicações multidimensionais, procurando-se alcançar uma "teoria dos conflitos", levando os académicos a criarem um conjunto de modelos de análise de conflitos e matrizes de comparação e níveis de análise, no intuito de mais facilmente compreender, analisar, e intervir nesses conflitos (Diehl, 2005, p. 90).

A análise da atual conflitualidade, principalmente a da matriz africana e nomeadamente a vertente Subsariana, surge como um modelo de abordagem sistémico que enquadra numa conjuntura própria, as diferentes causas desses conflitos regionalizados e procuram interpretar de forma académica de acordo com as suas características. Neste contexto, a investigação sobre a temática da conflitualidade surge no contexto das Relações Internacionais como um dos fatores relevantes de interpretação da conjuntura geopolítica e com reflexos na análise geoestratégia regional e na geopolítica global. Numa caracterização sintética e abrangente da conflitualidade no mundo, embora focando-nos especialmente na segunda metade do século XX, podemos constatar que, ao longo deste período, segundo Loureiro dos Santos, "... [o mundo] *encontrava-se dividido por duas lideranças que se digladiavam, delimitando dois campos em cujas fronteiras ocorriam, por 'delegação', os conflitos entre os respectivos centros políticos...*" (2006, p. 11).

Neste paradigma, os designados conflitos "por procuração" são o resultado de uma bipolarização do globo em esferas de influência e resultaram numa dispersão crescente dos conflitos regionais, embora, segundo o mesmo autor, mantendo-se a divisão estratégica entre um "*mundo ocidental*" (liderado pelos EUA), capitalista e defensor das liberdades e da Democracia, e um "*mundo oriental*" (representado pela URSS), apologista do comunismo e defensor das igualdades de classes. Este mecanismo de constante "auto regulação" da conflitualidade mundial, que consistia no equilíbrio político estratégico da Guerra Fria, é caracterizado globalmente por um ambiente de relativa "precaução estratégica" entre potências, que contribuía para uma relativa estabilidade e contenção dos conflitos interestatais no mundo (Couto, 1988, pp. 48-50) (Loureiro dos Santos, 2006, p. 11).

No entanto, apesar de subordinados à bipolaridade e ao supracitado "equilíbrio estratégico", os movimentos de libertação, descolonização e da autodeterminação, bem como outros fenómenos político-sociais tipicamente intraestatais, proliferavam um pouco por todo o globo, principalmente no continente Africano e mais concretamente na região Subsariana (Pourtier, 2010, pp. 154-159).

Presentemente constata-se que o ruir da "velha ordem" conduziu a uma assimetria global nas relações entre os atores da cena global, tendo-se assistido ao surgimento de novas ameaças transnacionais e novas formas de produzir o terror, sendo a mais relevante, pela dimensão que alcançou, o 11 de Setembro de 2001, com os atentados de Nova Iorque, em que o terrorismo passou a ser uma das principais preocupações no contexto da segurança global (Loureiro dos Santos, 2006, pp. 211-214). Estes fatores têm influência direta na nova conflitualidade, e que se refletem na alteração da natureza e do propósito dos próprios conflitos que, afetando a estrutura de distribuição do poder no sistema internacional, criam uma força crescente de tensão entre os processos de integração social e de afirmação ideológica, derivando na consequente desagregação das entidades "Estados", que "...ocupavam o lugar da confrontação estratégica e ideológica do período da guerra-fria..." (Viana, 2002, p. 31) (Maltez, 2010, pp. 235-237).

Assistimos nas últimas décadas, nomeadamente após o final da Segunda Guerra Mundial, a uma crescente importância dos conflitos regionais em detrimento de conflitos à escala mundial, em que o Estado ocupa ainda um papel fundamental e central na gestão dos conflitos, embora, conforme refere Adriano Moreira, este [o Estado] "...venha ocupando cada vez menos um papel de actor preponderante nas relações no Sistema Político Internacional..." (2002, pp. 374-376).

A conflitualidade e o Estado parecem assumir uma crescente importância no contexto das Relações Internacionais, em que a par da diplomacia e do desenvolvimento, da economia e das finanças, são os eixos de expansão transversais em qualquer modelo de análise da conflitualidade.

A diálise conflitual entre Estados, organizações e outros atores (ONG, OIG, atores transnacionais e individuais) em zonas de valor estratégico acrescido conduziram ao surgimento de uma inovadora mentalidade de se abordar os conflitos regionais, passando a constituir-se tema obrigatório, vital, e por esses motivos, a constar em praticamente todas as análises académicas, temas de conferências e nas agendas internacionais, uma vez que o *"...Sistema Internacional atualmente é caracterizado por uma aparente contradição: por um lado, uma fragmentação e por outro, a globalização crescente..."*, tornando--se numa das características da matriz identitária da nova ordem mundial. A globalização crescente trouxe por via da conflitualidade em determinadas regiões do globo a fragmentação do poder instituído e das sociedades, nomeadamente em África, onde se assistiu a uma fragmentação e deterioração do poder do Estado e ao surgimento de marcantes clivagens sociais, religiosas, políticas e militares entre as elites governamentais e a população (Kissinger, 2002, p. 17).

A alteração radical da natureza dos conflitos veio mostrar que estes deixaram de ser compreendidos pela Poleomologia, que enumerava matematicamente as causas das guerras e os riscos elevados da guerra fria, para enfrentar uma lista pesada de novas ameaças transnacionais e assimétricas que complicam o entendimento e a abordagem teórico-conceptual destes fenómenos, que não sendo novos, são mais complexos. Haverá porventura a necessidade de incluir, como já aludimos anteriormente, aprovada a conceptualização da Polemologia, e abriu o leque e outras teorizações que separando conceitos, tornem mais claros o entendimento da conflitualidade atual como fenómeno social e contexto de globalidade.

Quanto à estrutura de distribuição do poder e principalmente aos processos de desagregação dos Estados, Adriano Moreira salienta que são causa e efeito do mesmo problema, na medida em que a multiplicação de Estados ditos "frágeis"[54], "falhados", "inviáveis" ou "exíguos", associados à falta do apoio das ditas superpotências, conduziu a uma *"...proliferação dos conflitos no interior desses estados e ao consequente crescimento dos conflitos*

---

[54] Entende-se por "Estados frágeis", os Estados que são afetados por crises e conflitos endémicos, ou por catástrofes naturais, onde existe falta de credibilidade, legitimidade e de eficácia na gestão dos assuntos públicos, colocando em evidência a falência das suas funções vitais – a segurança e o bem-estar das suas populações e contribuindo para a falência (Defarges, 2003, pp. 150-151).

regionais, uma constatação do globalismo crescente das sociedades actuais..." (2002, p. 380). As principais ameaças à paz e à democracia no mundo, com algumas exceções (Bósnia, Kosovo, Iraque, Afeganistão, Israel e Palestina) traduziram-se neste século num ligeiro declínio da matriz global dos conflitos no mundo, em que *"...as crises internacionais tornaram-se menos comuns e foram sendo resolvidas preferencialmente por via da diplomacia, em detrimento do emprego da força..."* (Marshall e Gurr, 2004, p. 20).

Neste contexto, salientam os autores que a evolução da atual conflitualidade no mundo fez evoluir a dimensão da diplomacia preventiva, nomeadamente da negociação e da mediação, procurando-se ao nível global resolver, pela via pacífica e diplomática, os conflitos regionais que vinham proliferando, sendo esse também um dos aspetos característicos principais da nova conflitualidade no mundo. Existe nas bibliotecas *online* uma vasta documentação sobre a análise, distinção e catalogação dos conflitos no mundo. Contudo, o relatório anual elaborado pela University of British Columbia, designado por *Human Security Report*, constitui uma mas boas referências académicas sobre a evolução da conflitualidade no mundo, apresentando alguns dados estatísticos que permitem não só confirmar uma tendência para um decréscimo geral da conflitualidade no mundo, como constatar uma predominância dos conflitos intraestatais, e ainda identificar uma alteração significativa, na distribuição geográfica, tipologia e móbil dos conflitos regionais atuais[55].

Quando analisamos os conflitos armados entre potências e blocos de nível mundial, associando-se a guerras interestatais (característico da guerra fria), vimos que estes deram lugar atualmente a conflitos intraestatais de baixa e média intensidade, que proliferam a nível regional e local, trazendo a conflitualidade para dentro das fronteiras dos Estados, em que os principais atores nem sempre são esses Estados. O relatório salienta que após a queda do Muro de Berlim *"...a conflitualidade mundial global decresceu cerca de 16%, atingindo em finais de 2004, o nível mais baixo de conflitualidade desde 1950...".* Estes indicadores, independentemente do racional que o justificam, definem globalmente uma tendência do decréscimo da confli-

---

[55] O relatório elaborado pela University of British Columbia, Canadá, é atualmente uma referência na análise da conflitualidade e na segurança humana, onde se retrata a evolução do fenómeno da conflitualidade nos nossos dias: *"Human Security Report 2009/2010 – The Causes of Peace and the Shrinking costs of War".* [*http://www.hsrgroup.org/human-security-report/20092010/*].

tualidade no mundo, o que não quer dizer necessariamente que o mundo esteja mais seguro, nomeadamente no continente Africano (Marshall et. al., 2005, pp. 20-22) (Moreira, 2010).

Assim, constata-se atualmente uma tendência para um decréscimo generalizado do índice de conflitualidade no Mundo, verificando-se uma diminuição dos confrontos intraestatais e a uma relativa tendência para a estabilização no número de lutas interestatais, apesar da ameaça de conflitos inter-Estados e ou com coligações serão atualmente ainda uma realidade e com uma forte preponderância em África, onde como salienta Roland Pourtier "...*depuis la fin de la breve pax colónica, l'Áfrique noire n'a pas connú une seule période de paix générale...*" (2010, p. 154).

Neste panorama, a prevalência do envolvimento das organizações de carácter "universalista", procurando congregar esforços na tentativa de resolução dos conflitos localizados, conferiu uma dimensão transnacional e global aos conflitos regionais, aspeto que deriva ainda do confronto direto entre as potências do Oriente e do Ocidente no espaço africano. Segundo Gresh, luta-se neste quadrante pelo acesso ao poder, por questões de posse territorial ou por traçados de fronteiras, pela disputa do acesso a recursos minerais estratégicos e lutas de cariz ideológico, racista ou religioso, constituindo estes os principais fatores da conflitualidade africana contemporânea (2006, pp. 40-41).

Os fenómenos socioeconómicos relacionados com os conflitos e com a busca da paz e do desenvolvimento sustentado não são um fenómeno inexplicável e ocasional e não parecem surgir por mero acaso. Pelo contrário, ambos são fenómenos gerados e influenciados por indutores próprios e intrínsecos na dinâmica das sociedades. Keegan, em linha com esta ideia, refere a este propósito que "...*a história conhecida do mundo é, em grande parte, uma história de guerras, porque os estados em que vivemos nasceram através de conquistas, combates cívicos, conflitos ou lutas pela independência...*". Neste âmbito e corroborando a teoria positivista pura, assume-se que a matriz geopolítica dos conflitos no mundo se considera como uma necessidade e inevitabilidade na relação social e que "...*os conflitos evoluem com a Humanidade e a Humanidade cresce com os conflitos...*" (2006, p. 505).

Estes são fenómenos de natureza cíclica, com periodicidade variável e que embora possam ser algo imprevisíveis, estão omnipresentes e marcam a história da humanidade, sendo afetados por fatores endógenos geoconjunturais (de entre outros) tais como o acesso e a luta pelo controlo de determinados recursos naturais estratégicos (especialmente energéticos ou geradores de recursos financeiros avultados); o controlo de determinada porção de território e o acesso ao poder ou os conflitos por motivos ético-religiosos. Mas também podemos considerar alguns fatores exógenos (exteriores ao conflito, mas que influenciam diretamente o desenrolar do mesmo) tais como a conjuntura regional e internacional do momento, o nível e a forma de intervenção da sociedade internacional e as tendências geopolíticas e geoestratégicas do momento. Razões pelas quais os conflitos são considerados acontecimentos conjunturais, processos dinâmicos ligados a atividades e processos que variam, entre outros aspetos, em função do tempo, do espaço, dos interesses vigentes, dos atores envolvidos e das condições conjunturais associadas, podendo degenerar em crises e violência localizada ou, numa fase mais aguda, numa crise geral ou escalar para uma situação de guerra, afetando tudo e todos, pois a globalização introduziu este inovador, problemático e ambíguo paradigma.

A matriz da "nova" conflitualidade que temos vindo a abordar apresenta, em suma, como principais tendências conjunturais, um declínio significativo dos conflitos interestatais, relativamente ao aumento de conflitos interestatais, no interior dos Estado, assistindo-se a uma concentração maior destes conflitos no "Terceiro Mundo", o que reflete a atual realidade no continente africano[56]. Este fenómeno apresenta uma principal incidência em África, onde o seu aparecimento surge como o resultado do processo de construção, falência e fracasso das estruturas dos Estados e da inviabilidade destes em assegurarem as suas principais funções, o de garantir a segurança das suas populações, aspeto que constitui atualmente em África um fator de preocupação para a sociedade internacional (Malaquias, 2010).

Por outro lado, os conflitos que marcam a atualidade são, em simultâneo, causa e consequência das razões de fundo que lhes estão associadas, nomeadamente porque esses conflitos ocorrem maioritariamente em países "abandonados" pelas ditas grandes potências do pós Guerra Fria e derivam da inconsistência e inexperiência dos regimes políticos entretanto criados,

---

[56] As expressões "Terceiro Mundo" ou "Países Subdesenvolvidos" são atualmente praticamente sinónimos, em que a sua origem é diferente. O conceito de "Terceiro Mundo" tem uma origem política e foi usado para designar um terceiro conjunto de países (os que não fazem parte do mundo capitalista, nem socialista), enquanto o conceito de "Países Subdesenvolvidos" tem um caráter económico e aplica-se aos países que ainda não resolveram os problemas básicos dos seus habitantes (Vitoriano et. al., 2004, p. 166).

que não puderam ou não souberam fazer a transição de país colonizado para um Estado Democrático, desenvolvido e desejavelmente livre. Estes países, que se encontram um pouco por todo o globo, apresentam contudo algumas características comuns e que têm justificado uma atuação acrescida da sociedade internacional, principalmente no que concerne ao desenrolar das suas atividades como "Estado", pois estão imersos numa profunda crise económica e social, não garantindo os serviços sociais mínimos, apresentando um tecido social desmembrado e, nalguns casos extremos, repressão política, religiosa e social. Fatores que de forma isolada ou em interação, vêm adquirindo maior relevância regional e mundial, afetando não só a estabilidade dessas regiões, mas nomeadamente a segurança global. Adriano Moreira constata em suma que a instabilidade a Sul reflete-se, direta ou indiretamente, num maior grau de insegurança a Norte (2010).

Os fatores apontados para a concentração de tão distintas causas em espaços exíguos, associados à influência dos fatores locais e internos, onde se salientam as tensões demográficas, os aspetos de natureza ideológica, religiosa, racial e política, bem ainda como fatores relacionados com a insegurança das populações, levam a sociedade internacional, como vimos, a criar modelos de análise para os conflitos em paridade com o que se faz noutra parte do globo. Contudo, a fragmentação regional do continente Africano, a busca de identidade cultural e civilizacional e a manipulação das populações, quer seja por pressão política, económica, racial ou religiosa, são resumidamente para Vicenz Fisas os aspetos geopolíticos mais relevantes que conduzem ao surgimento de conflitos nestes Estados (2004, pp. 52-62).

Sublinha-se ainda o facto de se constatar uma militarização ao estilo ocidental em África nas décadas que se seguiram a 1945/55, constituindo-se num fenómeno diretamente associado ao crescimento da conflitualidade no continente, tornando-se como um dos principais catalisadores dos conflitos regionais, que, devido ao facto de ter havido *"...despesas excessivas em armamento, subordinação dos valores civis aos militares, proeminência das elites militares auto proclamadas e mesmo o recurso à guerra..."*, potenciaram, segundo Keegan, o recrudescimento da forma marginal da violência entre povos, etnias, entre Governos e Estados (2006, p. 498) (Gazibo, 2010, p. 119) (Pourtier, 2010, pp. 156-157).

Todavia, os conflitos armados parecem ter agora em comum a ausência direta e única da resultante militar no seu epílogo, que não terminam com uma vitória militar e que *"...acabam por via da negociação pacífica, da diploma-*

cia, ou por desfecho político, simplesmente por inanição...", aspeto que, embora possa parecer contraproducente, se deve também a uma maior intervenção da sociedade internacional nestes fenómenos e a uma alteração dos mecanismos de gestão dos conflitos, com reflexos na segurança regional e no apoio ao desenvolvimento sustentado (Moita, 2004, p. 125).

Este fator salienta que a evolução verificada na outra face da moeda dos conflitos (realização da paz) também evoluiu grandemente com o objetivo de criar mecanismos operacionais tendentes a resolver, de uma forma eficaz e eficiente, as contendas regionais. Neste contexto, assume especial relevância a diplomacia preventiva (nas suas múltiplas vertentes) e a intervenção articulada de Organizações Internacionais e Regionais (credíveis) como agentes da paz e instrumentos da consolidação do Estado e com um papel fundamental ao nível do reformado sector da segurança e defesa. Contudo, o aparecimento de novas ameaças de natureza global, com especial destaque para as diversas formas de ameaças transnacionais em que se desenvolvem os conflitos assimétricos, nomeadamente: o terrorismo, a proliferação de armas de destruição massiva e o surgimento de estratégias conducentes ao genocídio e à desestruturação da segurança humana, são ainda assim as causas mais gravosas desta "nova" conflitualidade (Siegle, 2010).

Por outro lado, os aspetos relacionados com a evolução dos conflitos no mundo também estão diretamente relacionados com o crescimento do investimento nos sistemas militares e na aquisição de armamento. Têm um reflexo direto no Produto Interno Bruto (PIB) dos países na área do conflito, em que a introdução de inovadores sistemas de armas mais letais e com maior potencial contribuíram para criar uma perspetiva inovadora e mais real da evolução dos conflitos no mundo e obviamente da relação direta entre o instrumento militar e a segurança, entre a criação de Forças Armadas e consolidação da paz. Nos conflitos regionais "integrados", onde se cruzam múltiplos objetivos, novos atores e interesses, para além dos tipicamente já conhecidos, geram na conflitualidade regional uma amálgama de agentes e fatores desestabilizadores regionais, que conferem a África o epíteto de um dos continentes mais perigosos do mundo, constituindo-se por isso a segurança como uma das prioridades para a sociedade internacional (Meredith, 2006, pp. 617-622) (Malaquias, 2010).

Em conclusão, salienta-se que os recentes fenómenos ocorridos no sistema internacional tiveram reflexos diretos na nova ordem internacional, traduzindo-se no período pós Guerra Fria, numa alteração na forma de se abordar a conflitualidade no mundo, não só relativamente à sua intensidade, mas principalmente à sua tipologia, envolvência regional/ global, nas motivações e muito em especial na influência que introduziu nos aspetos geopolíticos, constatando-se que são atualmente fenómenos mais complexos e que não se circunscrevem a uma região, sendo cada vez mais problemas do mundo atual. Verifica-se que os conflitos evoluíram tendencialmente para o interior dos Estados, passando a incluir novos atores e outras dimensões para o problema, acrescentando complexidade de análise e dificultando a intervenção da sociedade internacional, pois os conflitos de raiz intraestatal passaram a ser vistos pela sociedade como uma das principais ameaças ao desenvolvimento sustentado regional/global, carecendo, segundo os especialistas, de uma intervenção estruturada, multidisciplinar, integrada e acima de tudo, estrategicamente global. Esta realidade, em particular em regiões como a África Subsariana, deram-nos a conhecer um novo grau de complexidade dos atuais conflitos no mundo e das dificuldades encontradas pela sociedade internacional na sua prevenção e resolução concertada (Almquist, 2010) (Le Sage, 2010).

Neste contexto, assistimos ao surgimento do que alguns atores designam de uma "nova" ordem para os conflitos, onde se salienta a crescente importância dos conflitos regionais e georreferenciados, em detrimento dos grandes conflitos à escala mundial, onde tudo estava previsto, regulado e estrategicamente estudado com novos atores, e aludindo fatores geoestratégicos e geopolíticos inovadores. Estes conflitos de menor escala apresentam ocasionalmente uma taxa de mortalidade maior, afetam e são afetados, como vimos, por fatores endógenos ao próprio conflito, nomeadamente a luta pelo acesso a recursos naturais, os interesses dos atores em disputa, o litígio por territórios e fronteiras, o acesso ao poder ou a influência religiosa e por fatores exógenos, como a conjuntura internacional e a geopolítica do momento.

Por esses motivos, são considerados acontecimentos conjunturais, processos dinâmicos que estão ligados a atividades que variam em função da política dos interesses em causa, dos atores envolvidos, da geoeconomia global, da conjuntura internacional do momento, assumindo atualmente uma especial incidência e acrescido grau de importância e pertinência no espaço africano. Os fenómenos da globalização trouxeram para a conflitualidade a prevalência e acrescida importância na conflitualidade regional, que embora possam ser semelhantes e conjunturalmente idênticos, têm um impacto de dimensão mundial, apresentando-se crescentemente mais relevante e com efeitos mais duradouros nas economias e na segurança global[57].

Segundo estes acontecimentos conjunturais, deve conferir-se especial relevo aos atribulados processos de descolonização entre 1945 e 1975 (durante cerca de trinta anos), uma vez que estes foram "responsáveis" por fazer desaparecer o essencial dos Impérios Europeus, bem como pela triplicação do número de Estados em África. Na grande maioria dos países, assistiu-se à incapacidade do Estado Africano (e dos seus governantes) e contribuiu reciprocamente para a fragmentação nacional e regional do continente Africano (Boniface, 2000, pp. 24-25). Este singular aspeto conduziu conforme salienta Vicenz Fisas, à luta pela identidade cultural e civilizacional que devido à manipulação das populações pelas pressões políticas, económicas, raciais ou religiosas, levou ao surgimento de conflitos no interior destes Estados, constituindo-se num dos aspetos geopolíticos primordiais característicos de uma "nova" conflitualidade (que se transferiu do domínio global para o regional) (Fisas, 2004, pp. 52-62).

Na perspetiva de Assis Malaquias e Gresh uma "globalização"[58] mais liberal e regionalizada em vários aspetos, com destaque para os fatores económicos, militares, sociais e religiosos constitui-se numa das principais características do mundo global atual, originando uma crescente polarização e hierarquização à luz da Comunidade Internacional entre os interesses dos países e das regiões (Gresh, 2004, pp. 22-24) (Malaquias, 2010).

No contexto mundial, o continente Africano vem assumindo um maior grau de importância geoestratégica, assistindo-se a um incremento do interesse da atividade de atores estatais e não estatais, constituindo-se como espaço de oportunidades (económicas e financeiras) que vem conduzindo uma crescente intenção dos atores globais à escala regional. Neste contexto, a pressão sobre as economias, os recursos naturais estratégicos, as elites

---

[57] Vide, neste contexto, como exemplo, a recente posição do Irão e a degradação da segurança na região do Golfo Pérsico (fevereiro 2012), em que os fenómenos regionais do fecho do Estreito de Ormuz ao comércio de petróleo e derivados mundial, afeta o preço dos hidrocarbonetos e com reflexo na economia global e no mundo das finanças e do capital.

[58] "Globalizar" significa transportar as influências e as consequências de um determinado acontecimento para patamares maiores, afetando outros espaços e outros atores, em que numa perspetiva maior, afeta todo o mundo (Defarges, 2003, pp. 138-142).

sociais, os governos e em último rácio, sobre as desamparadas populações, têm contribuído para uma instabilidade regional crescente nestes espaços, conduzindo a um incremento da conflitualidade regional e à dificuldade em transportar o desenvolvimento sustentado para o continente.

3. A geopolítica dos conflitos em África. A vertente subsariana da conflitualidade[59]

O continente Africano representa atualmente a expressão mais visível de uma "nova" conflitualidade, concentrando grande parte dos conflitos regionais e consequentemente dos esforços tendentes à sua resolução levados a efeito pela sociedade internacional. Neste paradigma, os Estados Africanos e as ORA têm vindo a debruçar-se sobre esta problemática e sobre as estratégias da paz e do apoio ao desenvolvimento, pois os problemas que afetam estes espaços adquiriram uma dimensão transnacional, ultrapassando as débeis fronteiras entre países neste continente. A geopolítica dos conflitos regionais afeta direta e indiretamente não só o próprio continente, como todo o mundo, passando a constar nas agendas da sociedade internacional, pois "...*a segurança a Norte passou a depender em larga medida da segurança regional e do desenvolvimento sustentado a Sul...*" e a segurança do hemisfério Norte passou a fazer-se através da intervenção preventiva a Sul. Este aspeto passou a ser mais relevante e evidente aquando da aprovação da *Estratégia de Segurança Europeia* e do recente *Conceito Estratégico da OTAN*, como exemplos (Matias, 2010).

Em virtude de uma deficiente governação dos dirigentes políticos dos Estados Africanos, assume vital importância, neste momento, o envolvimento estratégico e substancial da sociedade internacional em sintonia com as Organizações Regionais Africanas, contribuindo para operacionalizar as capacidades regionais na procura de soluções para a redução da taxa de conflitualidade intrínseca, no intuito de alcançar a segurança e o desenvolvimento para as regiões em conflito. Contudo, num cenário de "cooperação bimultilateral" torna-se difícil separar as responsabilidades de segurança, nomeadamente entre o nível continental e regional, em que

---

[59] Mamoudou Gazibo, *Introduction à la Politique Africaine*, 2010, Imagem 5.1. p. 118 e Tabela 5.1, (p. 119).

a partilha de responsabilidades pela segurança entre Estados e as Organizações Regionais levou a uma divisão política do continente Africano em áreas de responsabilidade e vêm assumindo aí um protagonismo crescente, realizando políticas e estratégias na prossecução da segurança dos seus Estados-Membros e da sua região, em complemento das ações de soberania do Estado. Estes aspetos fazem com que a segurança de um ator esteja intimamente relacionada com a de outros, mesmo pertencendo a Estados e organizações de níveis e amplitudes diferentes. Contudo, como refere Samuel Huntington *"...os povos e os países com culturas análogas aproximam--se e os que tem culturas diferentes afastam-se..."*, facto que atesta muitas das aproximações e das separações dentro do espaço Africano (2001, p. 145).

Janete Cravino, para explicação da atual geopolítica dos conflitos em África, aponta como principal fator de instabilidade regional a permeabilidade das fronteiras físicas entre os estados Africanos, pois as fronteiras nacionais traçadas nasceram das imposições saídas da Conferência de Berlim e do Mapa Cor-de-Rosa, em que as fronteiras dos interesses de um Estado tipicamente colonial eram impostas pelas potências colonizadoras que partilharam África sem quaisquer preocupações quanto ao que existia do antecedente e à geopolítica dos povos que aí habitavam desde os tempos mais remotos. Esta partilha resultou contudo num instrumento político criado para levar a efeito uma tentativa de barrar e conter os conflitos da época. Assim, várias nações advogaram o sentido das formações sociais antigas africanas e passaram a estar reunidas dentro de novas fronteiras e dentro de espaços geográficos confinados. Neste cenário, tribos, povos e raças, amigas e inimigas, passaram assim a pertencer ao mesmo espaço colonial, a ter a mesma bandeira, idêntica matriz económica, ideológica, religiosa e cultural, o que veio consequentemente a criar um conjunto de problemas intrínsecos. Não se tendo resolvido os problemas da conflitualidade Africana no século xix, transportaram-se para a atualidade, exponenciando as consequências e multiplicando as causas, pois constatamos que no início do século xx, África estava retalhada pelos países "colonialistas", e um século depois, no começo do século xxi, sob essas mesmas fronteiras geopolíticas, estariam localizados grande parte dos atuais conflitos regionais no continente (Cravino, 2005, p. 1185).

As fronteiras geopolíticas dos Estados, geralmente não coincidentes com as fronteiras étnicas e culturais, são neste contexto as causas de constantes disputas interétnicas, culturais e religiosas, em que a deficiente governação, a instabilidade política e o subdesenvolvimento económico dos Estados, apontam para uma *"...crise de soberania do Estado Africano..."* (Cardoso e Ferreira, 2002, p. 13). Outros autores apontam a luta pelo acesso aos recursos naturais e minerais, principalmente o petróleo, o gás natural, os diamantes e outros "minerais estratégicos" e o controlo desses espaços e das suas rotas de exportação, como alguns dos fatores indutores de conflitos regionais no continente (Faria, 2004, pp. 9-11) (Malaquias, 2010).

Os aspetos geopolíticos supracitados, associados às dinâmicas globais, constituem uma das mais relevantes causas dos conflitos regionais no espaço Africano, que tendo como ator principal o Estado, releva crescentemente o papel das Organizações Regionais Africanas nas dinâmicas continentais de proporcionar a segurança e o desenvolvimento sustentado. Contudo, comummente aceite é o facto de os conflitos em África, independentemente da tipologia de causas que lhes dão origem ou da associação que se articulam, manterem essencialmente uma matriz predominante intraestatal, surgindo associados à existência de "Estados frágeis", de "soberanias adiadas" e que pela inépcia de assumirem a sua condição de Estado de pleno direito, afetam diretamente as populações, o país e indiretamente, por via da globalização, a economia mundial e a segurança global.

A matriz atual governativa dos países africanos reside maioritariamente na Autocracia[60] e no Presidencialismo[61], de cariz militar ou tribal. No entanto, assistimos a um processo de "democratização acelerado" que é atualmente bem evidente, tendo havido países que assumiram o "compromisso Democrático" e outros em que conforme refere Vaïsse *"...a Democracia se tornou vítima da miséria..."* (2005, pp. 264-265). Atualmente constata-se que poucos são os regimes que evoluíram para uma Democracia plenamente consolidada, contribuindo pela fragilidade da Democracia e dos processos Democráticos também para uma instabilidade regional e continental em África (Marshall e Gurr, 2005, pp. 16-20) (Dempsey, 2006, pp. 2-3) (Lake e Whitman, 2006, pp. 90-92).

---

[60] Sistema de Governo no qual a vontade de um só homem constitui a lei suprema. Nos regimes autocráticos o acesso ao poder político tem acontecido por processos variados que, de comum, possuem o facto de não resultarem da escolha livre e consciente dos governantes, por parte dos governados, onde destacamos: a conquista, a cooptação, a hereditariedade, o sorteio, em que na atualidade são classificados como autocráticos todos os estados totalitários (Absolutismo, Ditadura e Totalitarismo) (Soares e Ferreira, 2000, p. 655).

[61] Sistema de Governo no qual o Presidente da República é o Chefe de Estado (N.R.).

Num momento da História de África em que se comemoram os 60 anos das primeiras independências, verifica-se que desde o final do período da Guerra Fria, se assistiu ao surgimento de uma época onde as mudanças nos tipos de governo assumiram uma maior predominância face ao passado recente no continente. Em 1992, o número de autocracias em África havia decrescido para metade (referência a 1950), continuando a diminuir progressivamente; em oposição, o número de regimes democráticos passou de três em 1989 para onze em 1994, constatando-se ainda que em 2004, existiam em África, com maior ou menor grau de sucesso, treze regimes democráticos (Marshall e Gurr, 2005, p. 42).

Atualmente, a "Democratização" do Estado é um processo que, segundo Richard Dowden, tem sofrido inflexões, pois a geopolítica dos conflitos regionais, associados aos regimes políticos, contribui para que as fronteiras traçadas no século XIX em nada tenham contribuído para a limitação geopolítica dos contenciosos étnico-culturais, contribuindo até para a imposição de autocracias "militaristas", com lideranças fortes, associadas a aparelhos militares autoritários e repressivos, como forma de conter essas fronteiras e nelas os seus conflitos. A síndrome de colonizador e colonizado conduziu, no período pós Guerra Fria ao crescimento da conflitualidade intra fronteiriça em África, que levou a períodos de instabilidade nos estágios pós independência e que se prolonga de forma preocupante até à atualidade (2009, pp. 2-10) (Coquery-Vidrovitch, 2011, pp. 194-195).

Uma comparação entre a matriz da distribuição geográfica dos conflitos e as intervenções internacionais permite constatar que a África Subsariana constitui atualmente (como vimos) o enfoque da atenção mundial para a área dos conflitos regionais, o que tem levado a um empenhamento crescente da sociedade internacional na perspetiva de contribuir para a paz, a segurança regional e o desenvolvimento sustentado, em consonância com os princípios da ONU e de acordo com os ODM, assumidos para o início do século XXI[62]. Podemos assim constatar que a instabilidade regional em África se traduz atualmente sob a forma de conflitos e guerras intraestatais, representando uma tensão de longos anos que os movimentos de descolonização, e mais recentemente as perspetivas de emancipação económico-

---

[62] Em setembro de 2005, o ex-Secretário Geral da ONU, Kofi Annan, reformulou os ODM, definidos na *Cimeira do Milénio*, 2000, pois de acordo com o relatório será praticamente impossível a África Subsariana, cumprir as metas definidas até 2015. [*http://www.europe-cares.org*]

-financeira, não conseguiram ultrapassar. Conforme as zonas onde persiste uma conflitualidade transfronteiriça, existem múltiplas tensões, com causas diversas, fazendo transbordar para os povos aí residentes os receios das sociedades e das etnias que lutam pela sua subsistência e emancipação, pois em África, as zonas de conflito transfronteiriças regionais atuais são, salvo exceções, as zonas de instabilidade e de conflitos existentes ao longo das últimas décadas (Defarges, 2003, pp. 33-34) (Dowden, 2010, pp. 51-55).

O facto de os conflitos em África terem mudado de natureza no período pós Guerra Fria, associado a um relativo desinteresse dos países desenvolvidos em se envolverem diretamente na prevenção e principalmente na resolução dos conflitos em África, aponta para uma alteração de mentalidades e principalmente de políticas securitárias no continente. A nível continental torna-se evidente uma vontade dos Africanos em garantir capacidades próprias que possibilitem uma maior autonomia na resolução dos "seus" conflitos regionais, embora se constate que "...*financiamento e a assessoria sejam favoráveis aos países desenvolvidos, mas a intervenção direta de contingentes militares caberá preferencialmente a tropas africanas...*" (Cardoso e Ferreira, 2005, p. 21) (Malaquias, 2010).

A diálise internacional, na tentativa de encontrar uma solução para a insegurança em África, tem levado a sociedade internacional a desenvolver mecanismos estratégicos inovadores e mais efetivos e proficientes, visto que a segurança em África é considerada uma prioridade para o desenvolvimento sustentado. Não a segurança dita "clássica", "centrada no Estado ou nas Organizações, mas a dimensão da segurança 'real'", sentida e centrada agora na pessoa humana e na sociedade (Ward, 2010) (Moreira, 2010).

O paradigma atual mostra-nos que se evoluiu, como vimos, no conceito de segurança clássico, para um conceito de "segurança humana"[63], abandonando o conceito de identidade de segurança nacional, centrado no Estado para o de segurança humana, centrado nas sociedades, nas populações e no ser humano, como forma de gerir os conflitos e limitar a conflitualidade. Este "novo" paradigma de segurança evoluiu no sentido de conferir uma

---

[63] Conceito apresentado no *Human Security Centre*, na *Simon Fraser University*, no Canadá, intitulado de *"Shrinking Losts of War"*. O *Human Security Report Project 2009* apresenta-nos o conceito de segurança humana de Andrew Mack como uma "...*relação complexa entre as ameaças associadas às guerras civis, ao genocídio e ao movimento de refugiados, num conflito, estando intimamente relacionado com a segurança nacional...*" afirmando contudo que "...*ter um Estado seguro não implica automática e diretamente haver segurança humana num país...*" (2009, viii).

maior proteção e grau de segurança às populações, que são as mais afetadas pela conflitualidade. Neste âmbito, parece ser necessário adotar-se uma visão de segurança que ultrapasse a segurança do Estado, focalizando-se na segurança no indivíduo e criando sistemas de segurança que protejam as populações. Esta perceção deriva do facto de os maiores problemas securitários dos Estados terem origem no seu interior e serem, em larga medida, questões sem qualquer tipo de cariz militar.

Este aspeto afeta diretamente as sociedades e a forma de vida das populações, constatando-se que nos recentes conflitos regionais africanos existe um crescimento no número de vítimas entre a população civil superior ao número de baixas produzidas pelos confrontos entre militares. Assim, os danos colaterais levam os Estados e a sociedade internacional a criar sistemas de "amortecimento" dos efeitos da conflitualidade nas populações, o que tem sido, porém, difícil de aplicar. Infelizmente, estas tendem a ser as principais vítimas dos conflitos regionais, com especial incidência no número de refugiados e deslocados, na proliferação da fome e das doenças infectocontagiosas e ainda no genocídio ou situação de violação de mulheres e crianças (Dubresson e Moreau, 2011, pp. 62-67) (Cardoso, 2010).

Alguns autores consideram o Estado Africano, apesar de todas as suas fraquezas e num quadro de relativa estabilidade, como sendo o principal agente da segurança e o responsável primário pela proteção dos seus cidadãos (Loureiro dos Santos, 2006) (Adriano Moreira, 2010). Contudo, não só os problemas internos, mas também os problemas de escala supranacional, só podem ser ultrapassados por intermédio de coligações de Estados ou Organizações Regionais, havendo a necessidade de os considerar como agentes fulcrais da segurança do continente, pois como refere Adriano Moreira *"...pode haver Estados sem segurança, mas não existe segurança sem o Estado"* e este está na posição de charneira entre a população e as organizações ou demais atores (2010).

Apesar do exposto, constata-se uma crescente perceção de que a paz em África resulta fundamentalmente do incremento da segurança humana e que esta não se garante apenas pelo somatório da segurança de cada Estado, pois as fontes da conflitualidade vagueiam entre as porosas fronteiras africanas. A solução para a conflitualidade em África pode assim ser garantida eminentemente pelo conjunto da cooperação estratégica entre os Estados e as ORA, pois estas últimas ao assumirem essas responsabilidades, constituem-se num elo privilegiado de ligação entre as Organizações

Internacionais e os Estados não-Africanos cooperantes, conferindo uma perspetiva bimultilateral e mais abrangente, da cooperação para a gestão dos conflitos regionais em África.

As modalidades de cooperação estratégica podem incluir, num sentido amplo, a RSS e a RSD do Estado Africano, contribuindo diretamente para um maior índice de segurança em África. Contudo, o crescimento do pilar do sector da defesa na construção do Estado não é só por si o garante da construção equilibrada da sua *good governance,* da Democracia e da estabilidade governativa, proporcionando no entanto às populações o sentimento de segurança coletivo necessário para acolherem as estratégias de apoio ao desenvolvimento. Neste contexto, a trilogia definida pela "defesa" (segurança), "desenvolvimento" e "diplomacia", é atualmente considerada o fatore crítico do sucesso para o Estado Africano e representa por isso, os vetores privilegiados de preocupação e de integração das estratégias da sociedade internacional para África. A estratégia "3D" parece ser numa perspetiva integrada a combinação ideal para ultrapassar os atuais problemas e aos flagelos no continente (William, 2005, pp. 5-7) (Bellamy, 2010) (Malaquias, 2010).

Sabemos em qualquer atlas que a África Subsariana corresponde à região do continente africano a sul do Deserto do Saara, abrangendo cerca de 80% de todo o continente e que para Catherine Coquery-Vidrovitch afasta a conotação ideológica do período da colonização de "África Negra" (2011, p. 9). Esta imensa região apresenta uma enorme diversidade cultural, sendo em parte explicada pela preservação de uma organização social tribal, que se sobrepõe às fronteiras dos estados, levando ao aumento da conflitualidade nesses espaços[64]. Constata-se que enquanto os conflitos entre diferentes grupos étnicos, bandos ou raças estão a aumentar nessas zonas, o Estado está a desmoronar-se, pois segundo Joseph Nye estes conflitos surgem *"...à medida que as pessoas tentam estancar o caos, através dos nacionalismos étnicos e do fundamentalismo religioso, e os seus Estados debilitados, desmoronam-se sobre essa pressão fronteiriça constante...",* o que demonstra a perfusão de causas e atores que caracterizam estes conflitos (2002, pp. 277-279).

---

[64] Uma das mais antigas e elementares formas de organização social, sendo caracterizada pela presença de um território comunitário e pela unidade da língua e das tradições, representando um universo cultural com as tradições e regras bem definidas (Meredith, 2011, pp. 195-196).

AS DINÂMICAS DA SEGURANÇA E DO DESENVOLVIMENTO EM AMBIENTES DE CONFLITUALIDADE

As Nações Unidas identificaram no seu *Relatório Anual de 2010*, 59 países no mundo considerados "prioritários" na intervenção em prol do desenvolvimento sustentado, sendo que do grupo de Estados considerados como "necessitados", 38 ficam situados na região subsariana, correspondendo a 65% do total de países desta região. Alguns dos aspetos referidos no *Human Security Report 2009* (reafirmado no relatório em 2011) que induzem a este paradigma e que são comummente apontados como algumas razões pelas quais a região enfrenta uma crise de desenvolvimento, referem que cerca de metade da população subsariana vive com menos de um dólar/dia, que uma em cada três crianças não conclui o ensino básico, que uma em cada seis crianças morre antes dos cinco anos de idade e o facto de a taxa de pobreza extrema ter aumentado ao longo da última década, o que significa que o número de pobres sofreu, nesse período, um aumento de mais de 74 milhões de pessoas[65].

Estes fatores estão intimamente associados às dificuldades do Estado Africano e à inviabilidade deste em garantir a segurança das suas populações e o desenvolvimento e bem-estar dos seus cidadãos, dependendo substancialmente da APD da sociedade internacional para superar as carências básicas das comunidades. Na África Subsariana, a conflitualidade e os problemas de natureza suicida assumiram algumas características próprias, não apenas pela especificidade dos seus países e das etnias e raças que aí habitam, mas principalmente porque a concentração de conflitos pela independência, movimentos de libertação e a vaga de democratização durante o período pós Guerra Fria, foi muito significativo. Depois de 1970 foram referenciados no continente africano mais de 30 conflitos regionais, tendo a sua maioria origem em conflitos intraestatais. Destes conflitos, a maioria situa-se na metade subsariana, salientando-se que em 1996 existiam 14 conflitos armados, que provocaram cerca de oito milhões de refugiados e deslocados, constituindo-se num dos maiores flagelos da humanidade no

---

[65] O continente Africano tem atualmente cerca de 800 milhões de habitantes, dos quais 500 milhões vivem na África Subsariana. Este "subcontinente" apresenta uma taxa de crescimento populacional de 2,5% ano e uma esperança de vida média de 45 anos, o que faz com que seja o continente com a população mais jovem. Os indicadores geopolíticos da população da África Subsariana apresentam os piores registos do mundo, sendo associada a alguns fatores relevantes, tais como: a má nutrição; o grau de escolaridade baixa; falta de assistência médica; ausência de saneamento básico nos meios rurais e muito deficiente nos meios urbanos, e ainda uma elevada taxa de desemprego (Hugon, 2007, pp. 56-60) (Pourtier, 2010, pp. 17-24).

século xx (Faria, 2004, p. 9) (Thomson, 2010, pp. 34-35) (Hugon, 2007, pp. 64-69).

O declínio económico verificado na África subsariana ao longo da segunda metade da década de 70 e a consequente diminuição dos mercados e dos bens disponíveis foram os aspetos que marcaram, na vertente económica, a ordem pré-colonial na região, contribuindo também para a instabilidade interna dos mercados regionais, e das economias do Estado[66].

O enfraquecimento económico do poder do Estado contribuiu para o aparecimento de múltiplos conflitos regionais, em que nos locais onde a liderança local era forte, o grau de insurgimento foi mais relevante e tomou outras proporções que levaram à regionalização dos conflitos na África Subsariana. Este aspeto resumiu-se localmente na "desvalorização" do Estado como entidade responsável pelo garante da segurança, por poderes regionalizados, autóctones e emergentes que passaram a ter uma maior visibilidade, influência e acrescida importância no contexto regional, levando a sociedade internacional a considerá-los na complexa análise do xadrez político subsariano e a incluí-los nas soluções estratégicas para os conflitos regionais (Dowden, 2009, pp. 51-54).

Neste contexto, alguns especialistas consideram que a conflitualidade nesta região se apresenta uma forma atípica de conflitos regionais (em relação aos padrões ocidentais), razão pela qual é dificilmente estudada e compreendida pelo mundo ocidental. Face aos padrões de comparação destes constitui-se numa equação ainda por decifrar, com motivações distintas, atores vários e múltiplos catalisadores específicos, repercutindo-se nas dificuldades de compreensão, atuação e no emprego de modelos de análise e resolução predefinidos pela sociedade internacional para os conflitos regionais.

Constata-se uma disparidade nesta região subsariana, entre a prevalência de conflitos de baixa e média intensidade[67], verificando-se que,

---

[66] Economicamente, a África subsariana, é uma região onde os indicadores nacionais são dos mais fracos do globo, pois como refere Philippe Hugon representa 1% do PIB mundial, 1% do fluxo de investimentos no mundo, 2% do comércio mundial (quando em 1960, representava 6%) e com 12% da população mundial, o que justifica os desequilíbrios sociais, económicos e de desenvolvimento que a caracterizam (2007, p. 386).

[67] Alvin Toffler e Heidi Toffler no seu livro *War and Anti-War: Survival at the Dawn of the 21st Century* apontam para que no século xxi *"...as guerras no futuro tendem a ser cada vez mais conflitos de baixa a média intensidade..."*, confirmando o que vem atualmente acontecendo no

associado ao primeiro caso, estão principalmente conflitos originados por fatores económicos e políticos, nomeadamente devido à marginalização de faixas da sociedade originadas pela desestruturação social, originando movimentações de refugiados e deslocados em busca de terras mais férteis e principalmente menos conflituosas. No segundo caso, os conflitos de média intensidade desenrolam-se normalmente por influência externa, apesar de os conflitos se desenvolverem no interior de um Estado, em que estes na maioria das situações são manietados no sentido de aluir a pressões externas ou de grupos de pressão interna, associados a entidades não estatais, com envolvimento externo, e que leva a um grande número de baixas e enormes movimentos de refugiados (ou deslocados), abrangendo um número apreciável de ONG e outros atores transnacionais na gestão do conflito (Marshall e Gurr, 2005, p. 45) (Hugon, 2007, pp. 89-92).

Cronologicamente, os períodos mais intensos dos conflitos na África Subsariana, segundo alguns autores ocorreram durante o período das descolonizações (1960 a 1975)[68], tendo sofrido contudo um crescente impulso no início dos anos oitenta por motivos de ordem interna dos Estados atingiram os valores mais elevados no início dos anos noventa, em que a maioria dos conflitos se deveu a causas sociais (étnicas, revolucionárias ou religiosas) principalmente de raiz independentista e de afirmação política dos Estados (Faria, 2004) (Lake e Whitman, 2006) (Marshall e Gurr, 2005, p. 21)[69].

A alteração do tipo predominante de conflitos, em especial em espaços onde a crise de soberania conduziu a afinidades de outro cariz (seja em torno da religião, da língua, etnia, cultura ou de outros fatores ou interesses

---

continente Africano (1993, p. 56). [*http://www.foreignaffairs.com/articles/49759/eliot-a-cohen/war-and-anti-war-survival-at-the-dawn-of-the21st-century*]

[68] Em termos de guerras "independentistas" ligadas aos processos de descolonização, especificamente na África Subsariana, a existência, neste período, de sete conflitos, Angola (1961-1975); Camarões (1955-1960); Eritreia (1961-1991); Guiné-Bissau (1962-1974); Quénia (1952-1963); Madagáscar (1947-1948); Moçambique (1965-1975) e Namíbia (1975-1990), onde salvo raras exceções (Angola, Madagáscar e Namíbia) a instabilidade interna mantem-se até à atualidade (Marshall e Gurr, 2005, p. 46) (Thomson, 2010, pp. 34-35).

[69] Refere-se à atualidade na África Subsariana: são identificados 17 países com um elevado índice de probabilidade de ocorrência de conflitos e 19 com uma probabilidade considerada mediana e ainda 9 países que apresentam índices de estabilidade aceitáveis (África do Sul, Benim, Botswana, Malawi, Mali, Mauritânia, Namíbia e Suazilândia) (Marshall e Gurr, 2005, pp. 4-6).

conjunturais), permite a congregação de vontades em torno de um auto designado "senhor da guerra" que, nessa região, assume o papel do próprio Estado, complicando-se substancialmente o cenário quando surgem, num mesmo espaço, vários destes poderes autónomos regionalizados. Assim, a emergência de novos atores na África subsariana, com outros objetivos, inovadoras técnicas e formas de gerar o medo e com outras fontes de financiamento (diamantes, petróleo, tráfico de droga e de armamento) criaram uma maior complexidade e abrangência à conflitualidade, característica de uma "nova" e assimétrica dimensão da conflitualidade na região (Pourtier, 2010, p. 26).

A crescente complexidade dos conflitos no continente Africano e o surgimento de novas ameaças transnacionais e assimétricas à segurança têm contribuído, como vimos, para colocar as questões da gestão de conflitos, principalmente na sua forma de prevenção e resolução, no cerne dos processos de consolidação da paz e de desenvolvimento regional neste continente, mais concretamente na região subsariana. A mudança da natureza dos conflitos fez surgir, também na metade sul do continente, vários atores (empresas multinacionais e entidades supranacionais) que dificultam o emprego dos mecanismos internacionais do estabelecimento de padrões eficientes de ajuda humanitária, de relações diplomáticas credíveis ou de gerir a resolução dos conflitos dentro dos modelos e padrões ocidentais que vinham sendo aplicados noutras partes do globo.

Os conflitos africano-subsarianos passaram a ser notícia diária nos meios de comunicação global, não só pela crueldade das imagens e pelo grau de violência associado, como pela excentricidade dos novos atores regionais e dos seus procedimentos operacionais, afetando o Sistema Político Internacional, em geral e em toda a África, na região subsariana, em particular. Referimo-nos a que a África subsariana constitui uma região extremamente conflituosa pois é aqui que ocorreram os mais sangrentos conflitos regionais da História mais recente da Humanidade (Figura Nº 2) e estão atualmente localizados os maiores conflitos (Darfur, Uganda, Somália, Etiópia e Eritreia). É também considerada uma região muito volátil, especialmente quando nos referimos às constantes mudanças de governos, ao surgimento de conflitos regionais e ao refluxo das economias e das populações, onde as fronteiras geopolíticas traçadas nos mapas da geografia "cor-de-rosa" não correspondem às fronteiras étnico-culturais vigentes, originando em permanência uma constante atrição entre os que estão na fronteira do espaço que lhes pertence por tradição e do espaço que ocupam por obrigação (Le Sage, 2010) (Hugan, 2007, pp. 14-16).

Este paradigma origina uma tensão entre povos, raças e religiões, no espaço intra e extra estatal, que aliados à luta desenfreada pelo acesso privilegiado aos "recursos de conflito"[70] e ao poder, constituem os principais fatores globalmente aceites para ser considerada a região do continente Africano onde o número de conflitos aumenta e o desenvolvimento diminui. Devido a este paradigma nomeadamente e a título de exemplo, as Nações Unidas vêm intervindo na África subsariana com maior frequência e intensidade do que em qualquer outra parte do mundo. A missão na RDC – *United Nations Mission in the Democratic Republic of Congo* (MONUC) tinha em finais de 2010 no terreno cerca de 18 800 homens, dos quais 15 369 militares, constituindo-se como a maior operação de paz realizada pela Organização das Nações Unidas desde a sua existência (Global Peace Operations 2010, 2011, pp. 14-16).

A transnacionalidade dos problemas securitários na região subsariana deriva em grande parte da permeabilidade das fronteiras do Estado e da sua exiguidade como garante da segurança regional. Este fator, aliado à atribulada geopolítica do espaço que ocupam, faz com que exista uma pluralidade de variáveis na complexa equação da atual segurança regional, tornando difícil uma análise sistémica englobada em modelos padronizados de análise de conflitos. No entanto, o enquadramento teórico no "ciclo de vida do conflito" parece ser, como vimos, uma boa aproximação para a análise, uma boa base de trabalho académico para a compreensão e um potencial contributo para a gestão dos conflitos regionais na África subsariana.

A regionalização dos instrumentos de alerta e de gestão dos conflitos, bem como a complexidade crescente das múltiplas variáveis em jogo, traz para a atualidade a necessidade de se aprofundar o estudo destes fenómenos geopolíticos, com vista a se poder determinar cabalmente as causas e possíveis consequências, no intuito de prevenir o futuro da segurança na região, no continente e com reflexos no mundo. Segundo o Embaixador Bellamy, uma possível solução passa por regionalizar as análises sistémicas

---

[70] Refere-se aos recursos naturais que numa dada região, país ou conflito são geradores de tensões e conflitos locais entre grupos (essencialmente petróleo, diamantes e gás natural) associado à sua posse, controlo de rotas de acesso e distribuição, bem como ao controlo do seu comércio.

A GESTÃO DE CONFLITOS E A CONFLITUALIDADE EM ÁFRICA

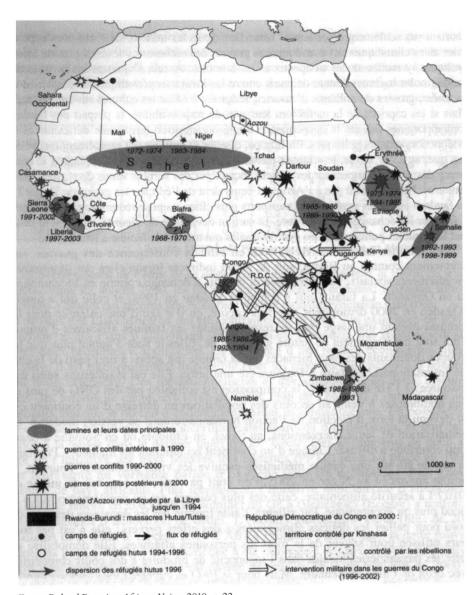

Fonte: Roland Pourtier, *Afriques Noires*, 2010, p. 22

FIGURA Nº 2 – **Mapa da Conflitualidade em África (1968-2003)**

e os mecanismos de alerta e intervenção, mas globalizar os sistemas de apoio à macro gestão do conflito e de ajuda ao desenvolvimento a realizar, antes, durante e após o desenvolvimento da crise (2010). Neste contexto, a análise da conflitualidade na região subsariana tornou-se ainda mais complicada quando se antevê que num grande número de casos o conflito acabe por gerar as causas que lhe deram origem, enfraquecendo ainda mais os sistemas estatais, aprofundando clivagens étnicas, rompendo barreiras fronteiriças e provocando a destruição das estruturas governativas socioeconómicas. Assiste-se, por vezes, a um círculo vicioso em que na procura da paz e da estabilidade regional se encontra a violência e a insegurança regional. Aspeto que tem levado a sociedade internacional a questionar os modelos de análise e a aplicação de estratégias "ocidentalizadas" de gestão dos conflitos regionais em África (Malaquias, 2010).

Academicamente, determinar as principais *rootcauses* de um conflito é um exercício que requer um rigor científico e desejavelmente a participação multidisciplinar de especialistas em vários domínios, não só no âmbito das ciências humanas mas também das ciências naturais e exatas. A análise tornou-se mais complexa, na medida em que quando se estuda um conflito numa dada região do globo onde os atores, as motivações, os valores, os processos e os efeitos são substancialmente diferentes dos tipicamente padronizados pelo mundo ocidental, não é possível a comparação com outros conflitos em outras áreas do globo e implementar modelos já "experimentados". Alguns autores, numa tentativa académica de compreensão, sistematização e de análise sistémica dos conflitos regionais nesta região, optam por listar as causas que conduzem ao conflito e sobre essas elaborar estratégias de gestão no intuito de contribuir para uma maior segurança regional, garantindo uma melhor sistematização na análise conflitual (Roque et. al., 2005, p. 19).

Para alguns autores, a falência do Estado é a origem direta dos problemas securitários e de subdesenvolvimento na região subsariana, derivando da sua falta de capacidades e principalmente de "soberania", bem como de outros fenómenos políticos e económico-sociais que agravam a conflitualidade regional, transportando insegurança não só para África, mas por via da globalização (Ney, 2002) (Le Sage, 2010). Em complemento, outros autores ainda advogam que o Estado africano é apenas uma das causas, referindo igualmente a natureza social, religiosa, militar e política dos conflitos, o que faz com que seja possível identificar um conjunto de outras razões díspares como o acesso ao poder, o controlo de recursos naturais rentáveis, a luta pelo domínio de determinada região, fronteira ou rota, o controlo da costa e dos portos, o fanatismo religioso, a proliferação de santuários e ainda o tráfego de pessoas e armamento (Fisas, 2004) (Malaquias, 2010).

Quando se pretende determinar as causas internas num conflito, tendencialmente olha-se para o Estado e para os seus atributos primordiais, e encontrando-se as causas, na falência desses atributos normalmente relacionadas com a insegurança, a falta de condições básicas e o subdesenvolvimento das suas populações. Associado às características do Estado, surge o conceito de *good governance*[71]. Conceito que é apresentado como a questão chave que transversalmente abrange as valências do Estado, residindo no seu apoio e no seu fortalecimento o investimento estratégico da Comunidade Internacional na África Subsariana (Cardoso e Ferreira, 2005, p. 44) (Bellamy, 2010).

Martin Meredith, referindo-se às causas endógenas dos conflitos africanos, afirma que estas têm *"...raízes nas contradições entre os modos tradicionais e os requisitos do Estado moderno..."* em que uma "nova ordem" democratizadora (ao ter assumido uma liderança e política pré-colonial) entraria em colisão com os princípios tribais enraizados na região e que do choque entre as "elites governamentais" e os "sistemas governamentais" estariam algumas das causas geradoras dos conflitos que ocorreram no período pós-descolonização (2006, pp. 617-621).

Associados aos processos atribulados de independência, surgem problemas políticos, económicos e sociais, estruturais no aparelho estatal, que os países descolonizados não souberam acautelar em que os países colonizadores não quiseram ou não puderam intervir. Conjugando alguns dos fatores supracitados com a inexperiência governativa, a falência das economias, o desvio de recursos naturais e o forte investimento no aparelho militar (Figura Nº 3) criaram-se as condições que levaram ao insurgimento popular, ao aparecimento de grupos armados, bem como o aumento do grau de insegurança e um subdesenvolvimento generalizado. Estes aspetos são

---

[71] Uma das possíveis definições de *good governance* (boa governação), descreve-a como o conjunto de ações levadas a efeito pelo Estado em que se procura garantir a segurança interna e externa do país; o Estado de Direito, incluindo o respeito pelos direitos humanos e pelas minorias étnicas, os serviços públicos essenciais, uma boa gestão financeira, os direitos de propriedade, o respeito pelos contratos, políticas voltadas para o desenvolvimento económico e social, a participação dos cidadãos e a sua lealdade ao Estado (Cardoso e Ferreira, 2005, p. 44).

sistemática e recorrentemente referidos como os motivos que originaram e continuam a originar a cisão entre o povo e o Estado, refletindo-se na atual realidade social e governativa Africana. Como refere Francis Fukuyama, corroborando a opinião de Douglas North, as sociedades caem sistematicamente em armadilhas cognitivas, não compreendendo que ficaram para trás quando "...*diagnosticaram erradamente as causas do seu subdesenvolvimento, não sendo capazes de emular os modelos que lhes foram apresentados ao longo dos tempos...*". Referindo-se concretamente à África Subsariana, salienta ainda que "...*a violência endémica e a competição militar não levaram à formação do Estado, mas sim ao caos e ao colapso social...*" (2006, p. 111).

Por outro lado, as causas externas são por norma as que derivam do exterior do Estado e que se constituem num potencial ignitor ou catali-

Table 2.2. The top 10 importers of major arms in sub-Saharan Africa (excluding South Africa), 1996-2000, 2001-2005 and 2006-10

Figures are the percentage shares of the total volume of imports of major conventional arms by countries in sub-Saharan Africa (excluding South Africa).

| Rank | 1996-2000 | | 2001-2005 | | 2006-10 | |
	Importer	Share	Importer	Share	Importer	Share
1	Angola	25	Sudan[a]	29	Nigeria	20
2	Ethiopia	20	Ethiopia	17	Sudan[a]	16
3	Eritrea	12	Angola	16	Chad	9
4	DRC	9	Eritrea	9	Namibia	9
5	Botswana	6	Côte d'Ivoire	4	DRC	6
6	Sudan[a]	4	Nigeria	3	Equatorial Guinea	5
7	Uganda	4	Tanzania	3	South Sudan[a]	5
8	Kenya	3	Uganda	2	Kenya	5
9	Nigeria	2	Ghana	2	Angola	4
10	Rwanda	2	Zimbabwe	2	Gabon	3
	Others	13	Others	13	Others	18

DRC = Democratic Republic of the Congo.

[a] Although South Sudan did not become independent until July 2011, Sudan and the Government of Southern Sudan are treated as separate importers from the establishment of the latter in July 2005.

Source: SIPRI Arms Transfers Database, <http://www.sipri.org/databases/armstransfers/>.

Fonte: *Stockholm International Peace Research Institute* (SIPRI), Policy Paper nº 30 "*Arms Flows to Sub-Saharan Africa*", publicado em dezembro de 2011 por Pieter Wezeman; Siemon Wezeman e Lucie Béraud-Sudreau, p. 7. [*http://books.sipri.org/product_info?c_product_id=435*]

Figura Nº 3 – **Principais Países Importadores de Armamento na África Subsariana (1996-2010)**

sador da crise, ou seja, aquelas que, direta ou indiretamente, participam na gestão dos mesmos, não só fornecendo apoio logístico ou moral, mas acolhendo apoios de determinadas fações, tendo em vista tirar vantagem do desfecho do conflito.

Na África subsariana, devido à permeabilidade das fronteiras e ao domínio político-estratégico dos grupos étnicos que a povoam, torna-se quase impercetível definir se o conflito envolve grupos ou clãs, ou se circunscreve às fronteiras de um só Estado, pois os limites do conflito são normalmente os limites dos meios disponíveis e principalmente dos interesses conjunturais vigentes. As fronteiras geopolíticas que limitam as intervenções das Organizações Internacionais não são na maioria dos casos coincidentes com as linhas de fronteira dos conflitos regionais, pois estes estendem-se por regiões, países, desertos e mares, que não coincidem com as fronteiras geopoliticamente definidas na cartografia terrestre e marítima subsariana (Hugon, 2007, pp. 18-20).

Alguns fatores de ordem interna dos Estados, como a pobreza social, a instabilidade social e política, a corrupção e a insegurança devido às agitadas transformações, simultaneamente políticas, económicas, institucionais e sociais, ocorridas nos estados africanos nesta região, vêm mostrando que, tal como refere Fátima Roque, *"...o desenvolvimento residual realizado a várias velocidades, não permitiram um crescimento homogéneo do continente Africano..."* (2005, pp. 19-20).

Os desequilíbrios e as clivagens internas induzem a desigualdades e pressões externas, originando fluxos de populações e refugiados, normalmente em busca de melhores condições de vida e fugindo aos conflitos e à mortandade, o que pode constituir, simultaneamente, causa e consequência de conflitos étnicos e sociais, mais ou menos gravosos, de acordo com a incidência geográfica e social desses fenómenos migratórios. Aspetos que, segundo Janete Cravino, são considerados elementos transversais nas estratégias de gestão de conflitos e surgem integrados nos programas de RSS ou RSD (2010, pp. 56-59).

As ameaças transnacionais que são, em ambos os lados da fronteira, associadas a novos poderes que emergem da necessidade de controlo de regiões estrategicamente relevantes, fazem emergir uma necessidade de se considerar a intervenção destes poderes autóctones paralelos/sobrepostos ao Estado em regiões intra e extra fronteiriças, no intuito de se adequarem às condições para a intervenção dos agentes da paz, pois que para os primeiros a desordem e a destabilização regional são os ambientes fomentadores das suas atividades ilícitas. Neste contexto, a segurança em África passou a ter como um dos pilares fundamentais as suas Organizações Regionais, recaindo nestas as estratégias e ativação das componentes operacionais da UA inseridas na APSA, intervindo direta e indiretamente nos Estados.

A panóplia de atores transnacionais que intervêm na salvaguarda da paz e segurança, como responsáveis primários face ao Direito Internacional, garantem uma legitimidade na interposição no conflito. A intervenção na gestão do conflito, e a participação destes atores, são também objeto de interesses próprios, nem sempre partilhados e inteiramente convergentes, em prol de valores universais que são transversalmente aceites. Bellamy salienta ainda que no *puzzle* de interesses conjugados, nomeadamente na monopolização do comércio de matérias preciosas ou recursos estratégicos, para os países, para as regiões, para África, é relevante no contexto económico global (Figura Nº 4). Assim, encontramos algumas das causas para uma relativa inépcia no controlo e uma deficiente gestão dos conflitos regionais africanos, pois a interação destes atores (com interesses diferenciados), em caso extremos pode ser considerado um fator potenciador de possíveis tensões internas na região (2010).

Como sabemos, o número de atores e de interesses em África são cada vez maiores e a perspetiva futura do acesso aos recursos estratégicos passa pelos Organismos Internacionais e pela estratégia agressiva dos atores que cooperam para a paz e desenvolvimento na África Subsariana. Por todos estes motivos, assiste-se a uma intervenção crescente em África, advindo potencialmente maior grau de segurança e de desenvolvimento para a região, mas também aumentando as disputas e levando ao surgimento de conflitos de interesses. Contudo, constata-se que outros fenómenos conjunturais e outras ameaças transnacionais se têm deslocalizado para estes espaços, fazendo com que múltiplos interesses sejam colocados na gestão dos conflitos, fomentando, por interpostos atores, a continuidade e em casos mais radicais o agravamento da insegurança regional. Neste particular, importa salientar que fatores como o terrorismo transnacional, a proliferação do tráfico de pessoas, armas e droga entre outras ameaças, é facilitado pela prevalência de fatores de instabilidade em regiões onde se jogam os interesses geoestratégicos e geopolíticos de múltiplos atores.

Para se estudar os conflitos regionais em África, definindo nesse modelo conceptual as *rootcauses*, contextualizando os atores, motivações, conse-

A GESTÃO DE CONFLITOS E A CONFLITUALIDADE EM ÁFRICA

Tableau 1 Part de l'Afrique dans la production mondiale de certains minerais (2005 et 2015)

Minerais	Unités	Productions en 2005			Projections en 2015		
		Afrique	Monde	Afrique	Afrique	Monde	Afrique
Platinium	1 000 onces	5 115	6 640	77 %	6 100	7 800	78 %
Cobalt	tonnes	32 100	57 500	56 %	48 000	80 000	60 %
Manganèse	1 000 tonnes	4 010	10 400	39 %	8 000	14 000	57 %
Diamants	1 000 carats	90 400	196 000	46 %	120 000	210 000	57 %
Palladium	1 000 onces	2 605	8 405	31 %	3 100	9 000	34 %
Or	tonnes	522	2 470	21 %	550	2 550	22 %
Uranium	tonnes	8 150	50 900	16 %	12 000	55 000	22 %
Bauxite	1 000 tonnes	15 900	172 000	9 %	30 000	200 000	15 %
Cuivre	1 000 tonnes	730	15 500	5 %	2 000	23 461	9 %
Zinc	1 000 tonnes	410	9 560	4 %	800	11 165	7 %
Charbon	millions de tonnes	249	5 886	4 %	425	8 857	5 %

Source : Proparco, *Secteur privé et développement*, n° 8, janvier 2011, p. 18.

Fonte: Dubresson e Moreau, 2011, p. 13

FIGURA Nº 4 – **Participação de África na produção mundial de matérias-primas (2005-2015)**

quências para o Estado Africano, para as sociedades e fazendo a prospeção de cenários geoestratégicos e geopolíticos, no intuito de conceber a melhor forma de intervenção dos atores multinacionais, devem-se, segundo Assis Malaquias, sistematizar as causas profundas dos conflitos. A criação de um modelo académico onde se procede à sistematização das causas dos conflitos em África, sabendo antecipadamente que a fronteira entre as causas internas e externas nem sempre é consensual e que em África "... *cada conflito é um conflito...*", não existindo identidade e matriz própria para a conflitualidade regional. Neste contexto, qualquer visão académica resulta numa amálgama de causas difusas que caracterizam transversalmente a conflitualidade na região, mas que carece de uma análise sistémica, multidisciplinar mais abrangente e especializada, pois que para se perceber as causas implica perceber a amplitude do conflito e para se perceber o conflito devemos perceber as suas *rootcauses* (2010).

A interação entre causas internas e causas externas materializa a dinâmica entre as permeáveis fronteiras dos Estados na região, pois a dificuldade da interpretação deriva precisamente da descontinuidade geopolítica e da fluidez do espaço que representam conjunturalmente. Como refere Theresa Whelan, relativamente ao *African Environment*, a região subsariana continua a enfrentar constantes problemas de segurança, políticos e económicos, resultantes de uma crise estatal. O maior problema, porém, resulta da incapacidade em resolver os problemas de insegurança interna, da aplicação das Leis do Estado de Direito e principalmente da garantia de inviolabilidade das suas fronteiras geográficas (2006, p. 64).

Refere ainda a este propósito que o que é relevante é a "ingovernabilidade" dos espaços de fronteira entre os conflitos e o Estado, com reflexos na inoperância verificada entre as entidades afetadas e envolvidas nos conflitos regionais transfronteiriços neste continente que no contexto das Relações Internacionais as dinâmicas evolutiva recente da conflitualidade e especialmente dos conflitos regionais acompanhado a dinâmica da evolução dos Estados no período pós Guerra Fria, tendo-se assistido a uma mudança significativa da sua intensidade, distinção geográfica e tipologia, pois os conflitos transitaram para o interior dos Estados e deslocalizaram-se para regiões que não constam no mapa geopolítico da conflitualidade no passado recente.

Por via da "globalização" dos conflitos regionais assistiu-se em África a uma fragilização dos Estados e das suas estruturas sociais, políticas e militares, em que a permeabilidade das fronteiras e a deficiente *good governance* levaram a uma "crise" de soberania do Estado Africano, o qual causou uma perturbação no espaço subsariano, revelando-se assim uma permanente ameaça transnacional à segurança global. Neste contexto, considera-se que existe uma nova geopolítica dos conflitos em África, associada à crise do Estado que tem levado a sociedade internacional a intervir crescentemente neste continente com vista a contribuir para a segurança regional, como elemento do desenvolvimento sustentado.

A atual conjuntura geopolítica subsariana, não só relacionada com as dinâmicas das fronteiras mas em outros domínios (económico, político, no tecido social e na gestão dos recursos naturais estratégicos), tem contribuído para o aumento de conflitos na região subsariana, assumindo o Estado o principal ónus deste fenómeno conjuntural.

Numa perspetiva mais alargada, as causas dos conflitos regionais em África vão desde questões de ordem social, religiosa, militar e política, assistindo-se por norma à combinação destes elementos, levando a que

A GESTÃO DE CONFLITOS E A CONFLITUALIDADE EM ÁFRICA

cada conflito tenha não apenas uma única causa, mas uma miríade de causas e uma complexidade de fatores que o tornam num fenómeno de difícil análise e compreensão para a sociedade internacional, principalmente quando se utilizam os padrões ocidentais de comparação e de análise da conflitualidade no mundo. Todavia, a temática de sistematização académica resulta da necessidade de se analisar os conflitos regionais de uma forma multidisciplinar, com um enfoque particular nas suas *rootcauses*, procurando identificar as causas internas, externas e outras causas, em que a razão da fronteira física não é limitadora, mas sim orientadora e geopoliticamente relevante, sobre as motivações que induzem os conflitos regionais na África subsariana (Assis, 2010).

Em suma, os especialistas salientam que na região subsariana se constata atualmente a existência de uma variedade de causas intrínsecas que caracterizam transversalmente a conflitualidade na região, associada a uma amálgama difusa de *rootcauses*, de caráter interno e externo de matriz indiferenciada, assentando direta ou indiretamente na falência do Estado. A conjuntura geopolítica tem contribuído para que esta região seja considerada como uma das regiões com maior grau de conflitualidade no mundo, congregando no início do século XXI mais conflitos regionais do que o somatório de todos os restantes conflitos no mundo (Hugon, 2007, pp. 72-74).

CAPÍTULO IV

ESTRATÉGIAS DE SEGURANÇA E DE APOIO AO DESENVOLVIMENTO EM ÁFRICA

A FUNÇÃO ESTRATÉGICA DOS PRINCIPAIS ATORES EXTERNOS E INTERNOS

> "...before explaining how best to provide aid, it helps to understand why past efforts have not worked...[ ]...Thinking in long time frames is not easy for western governments, but they can do it when they have to, as they have shown with energy policy...[ ]...too may outside interventions have been undermined by the expectation of instant results..."
>
> STEPHEN ELLIS, *How to Rebuild Africa?*,
> Council on Foreign Relations, 2007, p. 155

A Política Externa desenvolvida pelos Estados nos atuais contextos político-estratégicos complexos confluem e confundem-se como as estratégias de relação que os diversos atores levam a efeito no seio das organizações, constituindo um constante atrito no xadrez internacional que tende a produzir efeitos decisivos e congruentes no contexto mundial, sendo por esse motivo, por um lado um sinal ativo da emancipação das organizações nas sociedades modernas onde estão integradas e por outro lado sendo considerados atores incontornáveis do atual Sistema Político Internacional. Neste âmbito, num período em que se assiste a uma multiplicidade de relações entre os diversos atores na sociedade internacional, uma estratégia que aposte na multilateralidade e na diversificação da cooperação estratégica é particularmente importante para os Estados e cumulativamente para as Organizações Internacionais[72].

---

[72] As Organizações Internacionais são associações políticas de Estados, e porque estes, nas suas tomadas de posição no seu seio, não podem pôr de lado as razões políticas que visam contribuir para a segurança e bem-estar das suas populações, tendem a ser analisados segundo

Neste contexto, assiste-se atualmente a um renovado interesse destas também por via da conjuntura da "globalização", em desenvolverem políticas externas mais proativas, em espaços de aparente reduzido interesse estratégico, nomeadamente em África e especialmente na região subsariana, onde se constituem como elementos ativos das dinâmicas da segurança, do apoio ao desenvolvimento e da diplomacia (nas suas múltiplas formas). Por essa via, este continente e em especial esta região, passaram a atrair a atenção mundial e a constar nas agendas dos principais agentes da cena internacional, pois os fenómenos da insegurança e do subdesenvolvimento regional africanos afetam o comércio internacional e a paz mundial.

Segundo este paradigma global, as Organizações Internacionais têm presentemente um papel cada vez mais relevante na segurança coletiva e na defesa das populações, adquirindo um de maior protagonismo no contexto das Relações Internacionais. Essa importância crescente decorre da evolução das sociedades nas suas várias vertentes (económicas, sociais e militares), determinando uma "necessidade" de constituição (ou reformulação) de organizações com características e fins específicos que exigem por parte dos Estados uma atenção especial no contexto das Políticas Externas e nas orientações estratégicas nacionais no sentido de se adequarem às realidades e aos interesses partilhados do atual contexto internacional, pois o equilíbrio geoestratégico e geopolítico entre estas duas entidades tende a evidenciar o papel destas em detrimento da ação centralizadora, fulcral e única do Estado caracteristico do século passado (Moreira, 2011).

Os elementos da análise geopolítica e a geoestratégica nos espaços regionais e o jogo de interesses dos Estados passaram a estar associados às dinâmicas das organizações, pois não parece ser possível saber o que se passa numa região sem conhecer a ação estratégica das organizações regionais, mas também não será possível interagir com as estas, sem conhecer as Políticas Externas dos seus Estados-Membros. Segundo este paradigma, parece-nos importante fazer uma análise crítica entre a ação dos países e das organizações e analisar ao nível da segurança e do apoio ao desenvolvimento, como tem sido esta interação e quais os reais impactos para Angola no contexto regional subsariano. Esta abordagem sistémica tem

---

a influência do poder (peso) político e a respetiva influência político-diplomática dos seus Estados-Membros numa perspetiva global, bem como o reflexo nas tomadas de decisões político-estratégicas por elas vinculadas (Tavares, 2010. pp. 3-7).

como objetivo a identificação do enquadramento necessário à análise das organizações, pois estas desempenham atualmente papéis muito relevantes no quadro da segurança e da defesa global. Será analisada a evolução nas suas múltiplas vertentes, e objeto de destaque as que de uma forma direta contribuem para a segurança coletiva e concomitantemente para o apoio ao desenvolvimento em África e que em determinado contexto geopolítico influenciam a Política Externa de Angola.

1. O papel da Cooperação Internacional na Política Externa dos Estados Africanos. A cooperação Bi-Multilateral como ação estratégica do Estado

Numa primeira abordagem, parecem evidentes as características que diferenciam as Organizações Internacionais dos outros tipos de organizações, constatando-se que segundo Rodrigo Tavares, a classificação proposta pelas Nações Unidas no capítulo VIII da sua Carta, nomeadamente os Art. 52 e 53, referem uma projetada classificação em função dos seus estatutos, normativo jurídico e das suas capacidades estratégicas, apontando num quadro resumo (sintético e sem explicação subjacente ao racional) aquelas que pudemos designar por Organizações Regionais ou Sub-regionais (capítulo VIII) e as outras Organizações (extra capítulo VIII). Estas características contribuem de uma forma quase decisiva e pragmática para a sua credibilidade e projeção estratégica das organizações junto da comunidade internacional. Neste contexto, constituem especial interesse os aspetos jurídico-legais e as capacidades estratégica-operacionais, bem como a sua ação estratégica e objetivos políticos no contexto regional de inserção, fundamentos derivados da sua ação na política internacional, pelo que importa considerá-los como atores relevantes do sistema internacional e estudá-las no quadro das análises conjunturais estratégicas contemporâneas (2010, pp. 10-12).

Os conflitos em que a Humanidade se tem envolvido ao longo do último século têm sido de natureza local/regional, salvo duas exceções conhecidas que se revelaram guerras globais, embora o catalisador específico tenha consistido em manifestações beligerantes em pontos bem precisos de uma região do globo e que por motivos políticos se tenham generalizado, ou por questões de alianças existentes ou que se formaram após o início do conflito, tornando-os de dimensão mundial, embora de natureza regional. No domínio das questões de segurança coletiva, de entre as Organizações Internacionais que tiveram a sua génese durante e após os conflitos mundiais e cuja ação mais contribui para manter a estabilidade nas diversas áreas do globo, nomeadamente na África subsariana, figura a ONU, que também teve uma presença significativa na República de Angola (dezembro 1988 a março 1999), num período em que as questões da segurança e dos processos de paz formavam o centro de gravidade dos onze anos de intervenção (Ramos, 2000, pp. 259-270).

Os processos de cooperação envolvem quer os atores que têm visibilidade e que atualmente estão presentes nestes contextos regionais (ONU, NATO e UE), como também as organizações que não adquiriram ainda este estatuto, mas que desenvolvem e contribuem para a Política Externa de Angola, ou ainda as que emanam do próprio continente e que constituem potencialmente os principais agentes da segurança e do desenvolvimento sustentado no continente e na região subsariana (UA, SADC e CEEAC) e mais recentemente a Comissão do Golfo da Guiné (CGG), que como iremos constatar, vem assumindo uma dinâmica de crescimento institucional na região, muito devido ao apoio e iniciativa política de Angola.

Atendendo a que se vivem atualmente processos de profundas mudanças sociopolíticas no mundo, não só os Estados se veem obrigados a evoluir para novas estratégias de abordagem aos problemas, como também as organizações procuram atingir os objetivos que estiveram na origem da sua criação através de novas políticas, estratégias e metodologias, encontrando-se em fase de adaptação às novas realidades conjunturais e assumindo mesmo em contextos mais complexos a primazia da ação estratégica, pois os Estados transferiram para estas entidades regionais/globais parte da sua soberania, nomeadamente no quadro da segurança e da defesa.

Neste quadro, ao procurarmos encontrar uma definição abrangente de organização internacional que satisfaça e integre estes paradigmas, encontramos uma dificuldade prévia relativamente às consideráveis diferenças de estrutura, objeto e competências que existem entre elas e além disso de se constituírem num fenómeno em constante evolução. Neste contexto, a quase generalidade de doutrinas existentes inclina-se para uma definição global genérica e por vezes, pouco rigorosa das mesmas. Situando-nos nesta perspetiva, podemos defini-las genericamente como "*...associações voluntárias de Estados, estabelecidas por acordos internacionais, dotadas de órgãos*

*permanentes, próprios e independentes, com o objetivo de gerir interesses coleti-
vos capazes de expressar uma vontade juridicamente distinta dos seus membros..."*
(Vallejo, 1991, pp. 41-42).

A conceptualização académica apresentada por Velasco Vallejo que serve de enquadramento teórico-doutrinário faz referência aos quatro elementos principais que permitem diferenciar as Organizações Interna-cionais de outras entidades afins, que são: uma composição essencialmente interestatal, uma base jurídica própria, uma estrutura orgânica permanente e independente e ainda uma autonomia jurídica.

Quanto à "composição essencialmente estatal", constata-se que as Orga-nizações Internacionais estão constituídas por Estados soberanos (ou entidades com idêntico estatuto), o que permite distingui-las de outras entidades internacionais como as confederações de Estados, ou mesmo os Estados federais ou ainda as uniões entre as metrópoles e as suas ex-colónias. Esta característica leva a que em diversos encontros multila-terais se possam confundir as Organizações Internacionais como Orga-nizações Intergovernamentais ou Transnacionais, que possam existir estratégias integradoras e mais abrangentes para redução dos problemas globais (Couto, 2008, p. 31).

A "base jurídica própria", pois são considerados sujeitos de direito, devem a sua existência a um ato jurídico prévio, regulamentado em acordo e exterior à organização. Usualmente, este ato jurídico criador adota a forma de um tratado multilateral negociado no decorrer de uma confe-rência intergovernamental, pelo que estará sujeito às normas próprias do Direito dos Tratados (Art. 5º do Convénio de Viena sobre o Direito dos Tratados entre Estados e Organizações ou entre Organizações – 1986) em consonância com o Direito Internacional.

Trata-se por fim, de uma "autonomia jurídica própria" que possui um caráter convencional e institucional em que o "Acordo" criador/funda-dor frequentemente adotará uma forma solene e inclusivamente dar-se-á uma denominação especial e simbólica para marcar a sua transcendência (cartas, pactos, constituições, estatutos). O estabelecimento de organi-zações através de Tratados internacionais permite distingui-las de outras estruturas internacionais sobretudo das Organizações Internacionais Não--Governamentais em que a base jurídica está constituída por um ato de Direito Internacional (Resolução Nº 228/50 de 27 de fevereiro de 1950 do Conselho Económico e Social das Nações Unidas) (Tavares, 2010, pp. 4-6).

As Organizações Não-Governamentais constituem um dos atores mais relevantes e interventivos da cena internacional contemporânea, sendo diferenciadas das Organizações Internacionais porque estão constituídas por associações, fundações e instituições privadas, fruto da iniciativa privada ou mista com exclusão de todo o acordo intergovernamental, constituídas de maneira duradoura, espontânea e livre por pessoas privadas ou públicas de diferentes nacionalidades, que expressando uma solidariedade transnacional, perseguem sem espírito de lucro um objetivo de interesse nacional, e foram criadas em conformidade com o Direito Internacional do Estado (Vallejo, 1997, pp. 42-43).

Uma "estrutura orgânica permanente e independente" em que possui uma estrutura constituída por diversos órgãos fixos e organicamente definidos, em que a permanência é assumida pelos órgãos administrativos que permitem o funcionamento continuado da organização, ao passo que os restantes órgãos podem reunir-se periodicamente, não têm carácter permanente. Este carácter de permanência pode aparecer destacado no próprio Tratado Constitutivo (ONU – Art. 28.1) pois estes órgãos, que são distintos e independentes daqueles que possuem os Estados membro (Art. 7 da Carta das NU; Art. 4 Tratado da Comunidade Europeia), estão encarregues de gerir os interesses coletivos e de operacionalizar as estratégias adotadas de acordo com as orientações políticas e o poder que lhes advém das suas capacidades (Santos, 2007, pp. 241-255).

Com a variedade de organizações existentes, não é possível falar de uma estrutura institucional típica, mas sim numa estrutura padrão baseada genericamente nos seguintes órgãos: uma assembleia plenária na qual estão representados todos os Estados-Membros, uma instituição de composição restrita que assegura o governo da organização e um secretariado encarregue da administração e da condução administrativa da organização. Os dois primeiros órgãos geralmente são formados por representantes dos governos dos países membros, enquanto o terceiro está integrado por funcionários profissionalizados internacionais. A "autonomia jurídica" justifica-se por possuírem uma personalidade jurídica, diferente em relação aos seus Estados-Membros e necessária para o cumprimento dos fins para as quais foram criadas.

Reconhece-se às Organizações Internacionais a capacidade para serem titulares de Direito e em obrigações próprias, quer nas relações com outros sujeitos internacionais, quer na relação intra organização designada por personalidade jurídica internacional (UE – Art. 210; UNESCO – Art. XII) quer ainda no exercício das suas funções no território do Estado (personalidade jurídica de Direito Interno da ONU – Art. 104; UE – Art. 211). Independentemente da personalidade jurídica que adquiriram no conjunto das nações, o mais importante e o que ressalta são as ações e o papel desenvolvido no apoio aos Estados e na salvaguarda dos direitos e necessidades das populações, onde lhe confere, na África subsariana a valência de um papel central. Assim, as Organizações Regionais e Internacionais devem ser consideradas no contexto das soluções multidimensionais para os problemas do Estado e agirem como vetor estratégico de projeção do interesse do Estado, embora no contexto atual africano esta aprendizagem ainda agora tenha começado.

As Organizações Internacionais têm atualmente o continente Africano como destino privilegiado das suas intervenções estratégicas no sentido de contribuir para a consolidação de capacidades próprias dos Africanos, em prol de um desenvolvimento sustentado mais participado e principalmente mais eficaz e seguro. Instituições como o Banco Mundial, o Fundo Monetário Internacional (FMI) e especialmente o Banco Africano para o Desenvolvimento[73] (BAD), entre outras, em linha com as atribuições e missões que as criaram, vêm desenvolvendo um papel fulcral no combate ao subdesenvolvimento e à insegurança no continente africano. Neste papel de auxílio, atores globais como são a UE e a ONU, nomeadamente através das suas agências e organismos especializados, definiram estratégias e alinharam os seus objetivos por metas internacionalmente aceites, como são as linhas de ação da Ajuda Pública ao Desenvolvimento e os Objetivos de Desenvolvimento do Milénio.

Às Nações Unidas cabe por norma internacional as funções de regulação e aferição dos mecanismos de ajuda global, bem como o estabelecimento

---

[73] O Banco Africano de Desenvolvimento foi fundado em 4 de agosto de 1963 e é uma Instituição regional e multilateral de financiamento do desenvolvimento que tem como objetivos principais a mobilização de recursos para o progresso económico e social dos seus países membros. As suas principais funções consistem em conceder empréstimos e receber as participações das empresas com vista à promoção do desenvolvimento económico e social; fornecer assistência técnica para a preparação e execução de projetos e programas de desenvolvimento; favorecer o investimento de capitais públicos e privados nas atividades suscetíveis de contribuir para o desenvolvimento do continente; fornecer assistência solicitada pela coordenação de políticas e planos de desenvolvimento dos Estados (BAD, 2011). [*http://www.afdb.org/*]

de parâmetros legais para o comportamento dos Estados e das Organizações num contexto global. Estas intervenções podem ir desde a imposição de sanções económicas e o auxílio às políticas económicas ou cambiais, às intervenções com meios militares em prol da paz (como aconteceu em Angola com a UNAVEM e a MONUA), podendo ainda incluir a participação na ajuda à diminuição do impacto dos conflitos nas populações, na reconstrução pós-conflito (*peacebuilding*), na prevenção de conflitos regionais e de catástrofes humanitárias (genocídios). Algumas agências das Nações Unidas, nomeadamente a *United Nations High Commissioner for Refugees* (UNHCR), o grupo criado para acompanhar os países saídos de conflitos regionais, *Adhoc Advisory Groups on African Countries Emerging from Conflict* e principalmente a United Nations Economic Commission for Africa (ECA)[74] têm acompanhado em permanência os Estados africanos, no âmbito dos problemas económicos e de gestão de recursos, mas também na resolução dos problemas de carácter social e de segurança, pois o desenvolvimento económico está intimamente associado à segurança e a questões de ordem social e política.

No âmbito da UE, pela via bilateral ou multilateral, a participação em África vem crescendo, assumindo um maior protagonismo no contexto internacional, quer por via da assinatura de acordos de cooperação, o designado Acordo de Cotonou, assinado em 2000 (Benim) com os países ACP (África, Caraíbas e Pacífico) e o Fundo Europeu de Desenvolvimento (FED)[75]. Nomeadamente com a República de Angola, que permitem à

---

[74] Criada em 1956, a Comissão Económica para a África (ECA) é uma das cinco comissões regionais das NU e atua como braço regional da organização em África, competindo-lhe apoiar o desenvolvimento económico e social dos seus 54 países membros (incluindo os cinco PALOP e nomeadamente Angola), fomentar a integração regional e a cooperação internacional para o desenvolvimento sustentado (ECA, 2011). [*www.uneca.org/*]

[75] O Fundo Europeu de Desenvolvimento constitui o principal instrumento da ajuda comunitária no âmbito da cooperação para o desenvolvimento dos Estados ACP, assim como dos "países e territórios ultramarinos" (PTU), onde se inclui a República de Angola. O Tratado de Roma (1957) previa a sua criação para a concessão de ajuda técnica e financeira, inicialmente aos países africanos que eram colónias e com os quais alguns Estados mantinham laços históricos, tal como Portugal. Embora, na sequência do pedido do Parlamento Europeu, haja um título reservado para o *Fundo no Orçamento Geral da Comunidade* desde 1993, o Fundo ainda não faz parte integrante do orçamento comunitário geral. O Fundo é financiado pelos Estados--Membros e está sujeito a regras financeiras muito restritas, sendo gerido por um comité específico, e auditadas frequentemente. A ajuda concedida aos países ACP e PTU continuará

UE constituir-se atualmente no principal doadora internacional para África. Esta intervém ainda bilateralmente, por via de ações de cooperação, nem sempre concertadas, entre os seus Estados-Membros, normalmente ligando estes com os anteriores espaços de colonização africana, mantendo assim uma ligação histórica e comercial que integrando ou não projetos de amplitude europeia, constituem-se por esta via, na principal fonte de ligação estratégica no apoio ao desenvolvimento do Estado Africano.

Apesar de se pretender intencionalmente destacar neste trabalho o papel das NU e da UE, pelos motivos já anteriormente explicitados, existe um conjunto de outros atores no SPI, especialmente oganizações, que prestam em vários domínios um tributo fundamental para a segurança e desenvolvimento sustentado africano. Contudo, na impossibilidade de as abordar todas, importa ainda relevar o papel recente, mas muito ativo, da NATO nestes espaços geográficos, em que estiveram atribuídas até final de 2011 ao *Joint Command Lisbon* as missões de cooperar com a UA, no auxílio à condução de missões de paz em África, estando já no terreno missões de assessoria técnico-militar e de auxílio ao planeamento de Estado-Maior, no âmbito do apoio à missão AMIS II, no Sudão. Estas organizações e muitas outras, por via das intervenções estratégicas ao nível do apoio ao desenvolvimento e do reforço do binómio "segurança-defesa", constituem-se nos atores externos da mudança, desempenhando um papel importante na recuperação do Estado Africano e das economias regionais em África (Malaquias, 2010) (Cahen, 2011).

Transversalmente, as Organizações Internacionais que intervêm em África preocupam-se principalmente com o apoio ao desenvolvimento sustentado, em áreas como a erradicação da pobreza, o combate às doenças (HIV/SIDA, malária, tuberculose, etc.) e no apoio à *good governance*, constituindo os motores do apoio ao desenvolvimento e do próprio Estado nestes espaços. No entanto, em face da proliferação de conflitos regionais

a ser financiada através do FED durante o período de 2008 a 2013, pois cada FED é celebrado por um período de cerca de cinco anos. Desde a conclusão da primeira convenção de parceria em 1964, os ciclos do FED coincidem, em geral, com os dos acordos/convenções de parceria. O Fundo é composto por vários instrumentos, designadamente as subvenções, os capitais de risco e os empréstimos ao sector privado, que são atualmente os principais mecanismos financeiros utilizados pela EU no apoio aos Estados ACP. [*http://europa.eu/legislation_summaries/ development/overseas_countries_territories/r12102_pt.htm*]

AS DINÂMICAS DA SEGURANÇA E DO DESENVOLVIMENTO EM AMBIENTES DE CONFLITUALIDADE

na sua esfera de ação político-estratégica, as questões da defesa e da segurança assumiram uma maior preponderância[76], interferindo diretamente no apoio ao desenvolvimento sustentado. Consequentemente, as Organizações Internacionais, Estados e outros atores de oportunidade, alinhados em parcerias estratégias de cooperação de geometria variável, participam com as Organizações Africanas e com os Estados Africanos na definição de estratégias e de objetivos relacionados diretamente com o reforço das capacidades destes e indiretamente das Organizações Regionais Africanas, tendente a proporcionar um clima de segurança continental, de estabilidade e desenvolvimento regional (Pourtier, 2010, pp. 37-40) (Pinto de Andrade, 2011).

As Organizações Internacionais constituem-se por esse motivo nos "agentes externos" das mudanças em África, sendo mesmo consideradas por especialistas como os atores privilegiados e os parceiros mais credíveis que os Estados Africanos e as ORA têm ao dispor para desenvolverem parcerias e garantir o suporte das estratégias de apoio ao desenvolvimento e de segurança (Malaquias, 2010) (Cahen, 2011).

Apesar de se constatar uma especialização nas vertentes desse apoio, denotando uma vocação estratégica para áreas específicas de determinadas organizações, constata-se contudo, no âmbito do apoio aos Estados, que a cooperação estratégica deve caracterizar-se por uma multidimensionalidade e uma maior abrangência nas áreas de cooperação e nas formas de intervenção, bem para além da vertente do financiamento direto a projetos ou do apoio em material bélico e assessoria técnico-militar. Neste contexto, o complemento e o equilíbrio entre o apoio ao desenvolvimento, por via da *good governance* e da democratização dos regimes, torna os mercados e as oportunidades globais, contribuindo ainda para o reforço em paralelo da segurança humana e para projetar as Forças Armadas como instrumentos do Estado, ao serviço dos superiores interesses da Nação.

O fortalecer das componentes de defesa e segurança (normalmente por via da RSS e da RSD) do Estado, sem as integrar nos outros "Pilares Democráticos" do Estado de Direito (legislativo, executivo e judicial),

---

[76] O Relatório do ex-Secretário Geral da ONU, Kofi Annan (2005) *In Larger Freedom: Towards Developmente, Security and Human Rights for All*, refere as propostas que associam o desenvolvimento à segurança e aos Direitos Humanos e que demonstram a bivalência entre o binómio segurança-desenvolvimento. [*www.un.org/largerfreedom/contents.htm*]

190

implica criar desequilíbrios que potencialmente degeneram em golpes de estado palacianos ou conflitos regionais de consequências variáveis. Neste sentido, as ações de cooperação estratégica das organizações passam nomeadamente pelo reforço das medidas económicas de mercado, suporte da democratização dos Estados, pelo apoio às intervenções militares de africanos em África, integrando mecanismos de cooperação estratégica com parceiros credíveis, pela gestão de conflitos e frequentemente, assumindo a resolução dos dilemas de desenvolvimento e de segurança. Complementarmente, consegue-se pelo apoio em medidas de longo prazo, com projetos bem estruturados e realizáveis, pois o verdadeiro desenvolvimento sustentado é um desenvolvimento evolutivo e por isso de longo prazo, onde a integração dos mecanismos de apoio à segurança é fulcral para o êxito das estratégias de longo prazo.

No caso africano, na vertente da segurança e defesa, mais concretamente no respeitante ao auxílio à implementação de um sistema de segurança regional e continental abrangente e complementar, existe uma cumplicidade positiva (mas considerada ainda como insuficiente e parcialmente inoperativa) entre as Organizações Internacionais e as ORA com vista a garantir as condições para se desenvolverem projetos no âmbito do reforço das capacidades dos Estados africanos, de resolverem os seus problemas, o que alguns autores designam por "African Ownership". Neste princípio, as sinergias atuais entre os sistemas regional africano e mundial conduziram o continente a desenvolver conceptualmente e a implementar uma APSA, garantida pela complementaridade na "...*interligação entre Organizações em diferentes níveis...*", pois o todo é composto pelas partes e neste contexto, as partes são os países (Coning, 2005, pp. 1-3).

Esta conjuntura favorável e conciliadora de sinergias e mecanismos que visam criar as condições próprias aos Africanos para resolverem os seus dilemas de segurança e desenvolvimento criou um espaço ideal para a intervenção estratégica e de longo prazo da comunidade mundial para África. No entanto, existem alguns autores que defendem que a constituição de uma "nova" África sem conflitos e em paz, com tolerância na diversidade e sustentada por economias de mercado, com forte responsabilização social, está dependente da democratização dos Estados Africanos e do justo equilíbrio entre uma segurança regional e um desenvolvimento continental apoiado pelas Organizações Internacionais (Roque et al., 2005, p. 27) (Cahen, 2011).

Neste paradigma, as organizações, sendo consideradas como os atores externos da mudança, são também as principais responsáveis pelos sucessos e fracassos de muito do que se passa atualmente em África. Neste caso particular, importa analisar o desempenho de duas das principais Organizações Internacionais que intervêm atualmente em África, combinando o apoio ao desenvolvimento com a segurança regional, e em complemento, para a área da segurança e da defesa (ONU e UE). Analisa-se ainda complementarmente a intervenção da NATO, especialmente na vertente da cooperação para a segurança, no espaço que constitui uma área de intervenção estratégica relativamente recente, mas estratégica, para o futuro da Aliança – o continente Africano.

Os quadros ou modelos de cooperação são multidimensionais e estrategicamente adaptáveis aos contextos das Relações Internacionais, existindo duas formas básicas de cooperação: a bilateral ou a multilateral. A primeira é aquela que envolve os Estados e que estabelece uma relação biunívoca do sentido e do fluxo da cooperação, podendo integrar diversificados quadros e áreas de cooperação. Por sua vez, a cooperação multilateral desenvolve-se em contextos mais regionalizados ou globalizados, envolvendo Organizações ou associações de países, numa sinergia integradora e multidimensional, onde os países cruzam os seus interesses numa plataforma supranacional que integra, otimiza e dinamiza a cooperação, no sentido de em primeiro lugar, corresponder aos anseios dos Estados-Membros e por outro lado, aos propósitos objetivos para que foi criada. Todavia, o processo de globalização trouxe outros desafios para a relação entre Estados e dinamizou o vetor da cooperação multidimensional no seio das Organizações em complemento da cooperação bilateral que sempre existiu. Assim, a cooperação multidimensional proliferou e levou à criação de estruturas dedicadas onde os interesses dos Estados pudessem ser jogados, levando ao surgimento de organizações de diferente amplitude e propósito que serviam de tabuleiro para jogar os interesses do Estados. Neste quadro, a cooperação multidimensional veio exponenciar a cooperação bilateral que existia e agregar mais recursos e outras dinâmicas aos seus processos, que normalmente não dispunham de recursos financeiros, humanos e matérias para vingarem (vide o caso de Portugal e França no contexto da UE).

A dinâmica entre Estados e Organizações, o grau de complexidade nas relações pessoais-organizacionais em contextos de crise e o número cres-

ESTRATÉGIAS DE SEGURANÇA E DE APOIO AO DESENVOLVIMENTO EM ÁFRICA

cente de atores globais levou à necessidade de se definirem novas formas de estabelecer e orientar a cooperação no seio da dinâmica Estado-Organização (ou Estados-Organizações) implicando o surgimento da cooperação "bimultilateral" como uma resposta para este desafio de complexidade, em que se procurava, em cada momento, privilegiar ou otimizar quer a relação bilateral, ou a multilateral, numa lógica de melhor entender, intervir e contribuir para os problemas de segurança e desenvolvimento, pois que, num dado contexto as relações pessoais ultrapassam as vontades políticas e a cooperação diplomática bilateral é vetor de excelência para a cooperação multilateral que normalmente está associada a uma maior legalidade, legitimidade e quantidade de recursos (financeiros e materiais).

2. O papel das Organizações como Atores Externos na segurança e no apoio ao desenvolvimento em África

A cooperação internacional assumiu ao longo dos tempos diferentes propósitos e revestiu-se de múltiplos instrumentos, estando sempre presente no contexto das Relações Internacionais, quer ao nível do diálogo entre Estados (Diplomacia) ou no quadro das Organizações Internacionais (Política Externa). Contudo, temos assistido quase inconscientemente, aos Estados a delegarem nas organizações supranacionais algum do seu poder de intervenção e de decisão (além de recursos) o que alguns autores chamam de uma transferência de soberania (visível no quadro da segurança e defesa) implicando a definição de estratégias e políticas congruentes e que vistas numa perspetiva de estratégia nacional, onde se definem em cada momento, as prioridades e os recursos do Estado, se articula numa cooperação bimultilateral. Pretende-se assim alertar para uma nova e mais complexa realidade no quadro da cooperação internacional, pois em determinada conjuntura regional é frequente encontrarmos dezenas de países e de organizações em quadros de cooperação multidimensionais e em que, em cada momento, os vetores estratégicos de cooperação são ajustados em função dos interesses do Estado e a cooperação bimultilateral torna-se o melhor instrumento do Estado e da Organização.

Os modelos sistémicos defendidos por Morton Kaplan abordam a noção de equilíbrio e de interatividade, relativizando a estabilidade e as mudanças dinâmicas de um conjunto de variáveis multidimensionais num determinado contexto, sujeita a pressões e relações de interesses por parte de atores (regionais ou globais) bem como de agentes conjunturais (Santos, 2007, pp. 170-171). Neste sistema, a presença das Organizações Internacionais constitui uma constante e introduz diversas variáveis que "perturbam e condicionam" o sistema, constatando-se segundo, Henry Kissinger que "...*todos os sistemas internacionais parecem possuir uma simetria inevitável...*" pois que "...*uma vez estabelecida é difícil imaginar como a história teria evoluído se outras opções [ou actores] tivessem sido tomadas ou mesmo se tivesse sido possível...*" (2002, p. 19).

Este paradigma contemporâneo parece aplicar-se conceptualmente à presença constante das Organizações Internacionais nos sistemas regionais de prevenção de conflitos e de apoio ao desenvolvimento, projetando o poder e influência que advém da sua legitimidade global e dos recursos que são normalmente muito superiores aos da soma das partes em conflito. Contudo, se partirmos da definição genérica de Organização Internacional, segundo Michel Virally, que a refere como "...*associação estabelecida entre os seus membros, dotada de um aparelho permanente de órgãos, com vista a realização de objetivos através da cooperação...*" (1990). Facilmente compreenderão que estamos perante um dos principais atores do sistema internacional, criado para complementar a ação dos seus Estados-Membros no alcançar dos seus objetivos primários, nomeadamente os relacionados com a segurança, o progresso e bem-estar dos cidadão ou, num sentido mais global, com a influência geopolítica e geoestratégica, o desenvolvimento económico e financeiro e a concertação político-diplomática nos fóruns de decisão multilaterais.

Neste contexto, Rodrigo Tavares apresenta-nos, com base na tabela (1.2) do capítulo VIII da Carta das Nações Unidas, um conjunto de atributos e capacidades no âmbito da segurança, que estas entidades devem possuir para desenvolver as suas atividades à luz do consenso internacional.

> "...*alliance organizations whose prime mandate is to contain and diffuse threats originated outsider their jurisdictional area; that operate out-of-area, that have the legal operational capacity to deploy security missions outsider the geographical space formed by their member states and agencies whose criteria for membership does not abide by any geographical proximity rule and therefore cannot be called 'regional'...*"
> (Tavares, 2010, p. 9).

Assim, estas características globais tendem a agrupar e a orientar a sociedade internacional para a tipologia de organizações atuais e a sistematizar a sua ação nos contextos regionais onde operam. As Organizações Internacionais passaram a ser elementos de um sistema proativo e multidimensional de alcance global, que tem ainda como factor central o Estado, o qual constitui o vetor primordial das Relações Internacionais. Contudo, os Estados transferiram para estas entidades algumas das suas "necessidades estratégicas" e competências de soberania, pois, referimos já que para fazer face a ameaças e riscos globais os Estados elegeram as Organizações Internacionais como vetores prioritários de ação estratégica. Este paradigma parece ser mais evidente no âmbito da segurança e da defesa, particularmente em conjunturas de elevada complexidade geopolítica e geoestratégica, onde os Estados não dispõem de capacidades para fazer face ao elevado teor de conflitualidade e de subdesenvolvimento (Moreira, 2010).

A interdependência sistémica entre estes atores leva-nos a analisar os fenómenos sociais numa perspetiva mais integrada, crítica e objetiva, assumindo-se a "geopolítica crítica" como instrumento privilegiado de análise da ação dos Estados e das organizações. No entanto, o facto de os Estados-Membros continuarem a ter largas divergências no seio das organizações não retira a estas o grau de importância que vêm adquirindo na cena internacional.

Reafirmando esta aparente evidência, estas continuam a ser um palco privilegiado para que os seus membros exponham as ideias e pontos de vista perante uma audiência global, permitindo-lhes perfilar os seus direitos em contexto de maior adversidade e dificuldade e de conseguir convergências político-estratégicas. Deste modo, independentemente na sua natureza política, económica ou militar e dos seus sucessos ou insucessos, as Organizações Internacionais continuam a ser motivadas pela procura de uma "nova" ordem político-económica/social que aumente as possibilidades de progresso e desenvolvimento dos seus Estados-Membros. Tal como salientam Gearóid Ó Tuathail e Simon Dalby, os elementos geopolíticos e a relação com o Estado geraram um conjunto de práticas e matérias de representação que servem não apenas os Estados mas também as Organizações (1998, p. 59).

Este pensamento é complementado por Marques Bessa e Mendes Dias que salientam ainda a importância das fronteiras na Política Internacional

AS DINÂMICAS DA SEGURANÇA E DO DESENVOLVIMENTO EM AMBIENTES DE CONFLITUALIDADE

e a necessidade de aprofundar o conhecimento sobre uma "geopolítica crítica"[77] que sirva os interesses dos Estados e que constitui o mecanismo atual do jogo dos interesses no seio das Organizações (2007, p. 57).

Como se depreende, os diferentes membros das Organizações Internacionais têm um peso geopolítico diferente na cena internacional (nomeadamente nos contextos regionais de intervenção). A esta diferença não é indiferente a política e estratégias definidas pelas organizações, das quais as potências fazem parte, e também porque estas políticas e estratégias acompanham os interesses destas potências, sendo elas os principais contribuintes (financeira e politicamente). Todavia, de uma forma geral, considera-se que as organizações de natureza política têm desempenhado uma influência estratégica global que fica aquém das suas expetativas, salvo em alguns sectores especializados ligados ao desenvolvimento económico, à saúde e à educação. Por outro lado, as organizações militares, de um modo geral associadas às potências globais, têm tido uma forte influência estratégica na cena internacional e vêm intervindo ativamente na deriva dos

---

[77] A "Geopolítica Crítica" é uma escola de pensamento radical surgida nos anos 90, que se coloca em oposição à "Geopolítica Clássica" e que conceptualiza a geopolítica como um conjunto complexo de discursos, representações e práticas, em vez de constituir uma ciência coerente, neutral e objetivista. Encontra-se baseada na escola de pensamento pós-estruturalista e preocupa-se com a interação e a contestação dos discursos geopolíticos em que defende que as realidades do espaço político global não se revelam apenas a observadores omniscientes e separados, mas que pelo contrário, o conhecimento geopolítico é parcial e localizado, fruto de posições subjetivas particulares e conjunturais. A visão que temos do mundo é um conceito subjetivo, dependente das nossas próprias avaliações, perceções e objetivos. Neste contexto, as práticas geopolíticas resultam de agrupamento complexo de ideias e discursos em competição que, por seu turno, modificam e são modificadas pelo próprio sistema em que não existem verdades universais em que a prática geopolítica não é, por isso, direta ou natural. A Geopolítica Crítica desmonta os modos como as elites políticas descrevem e representam os locais no seu exercício do poder e dado que o conhecimento geopolítico é tido como parcial, localizado e integrado, os Estados não serão as únicas unidades legítimas de análise geopolítica, nomeadamente surgem neste contexto as Organizações Internacionais. Assim, pensa-se que o conhecimento geopolítico é mais difuso, em que aos discursos "formal" e "prático" se junta o discurso "popular" que diz respeito ao modo como se produz e reproduz a compreensão dos assuntos geopolíticos através da cultura popular, sendo por isso uma relação recursiva entre a cultura e a consciência popular num cenário onde, segundo Silvestre dos Santos, os estudos e as organizações se entrecruzam. *O Conceito de Geopolítica: Uma Aproximação Histórica e Evolutiva* (2007, pp. 2-3). [*http://www.jornaldefesa.com.pt/conteudos/view_txt.asp?id=432*]

ESTRATÉGIAS DE SEGURANÇA E DE APOIO AO DESENVOLVIMENTO EM ÁFRICA

conflitos regionais que vêm subsistindo no Mundo ao longo das últimas décadas, concretamente no continente Africano (Gazibo, 2010, pp. 56-57).

Neste quadro, constatamos que o grau de importância das organizações transnacionais advém da possibilidade de atuarem em contraposição (e em alguns casos como complemento) das antecessoras, tais como "poderes de opinião" e "grupos de pressão", pois tratando-se de atores de origem privada multinacional, procuram atingir os seus objetivos exercendo a sua atividade em vários países (independentemente das suas fronteiras) e de diferentes formas. Estas dividem-se fundamentalmente em dois grupos: as que desenvolvem a sua ação influenciando a opinião das pessoas, como é o caso das centrais sindicais e organizações religiosas, e as que podem constituir normalmente em "grupo de opinião" ou em "grupo de pressão" e que apoiam no seio da sociedade civil como agentes da moralização e vetores espontâneos de concentração das vontades populares, salvaguardando as particularidades destas diferentes organizações.

Neste quadro, estas últimas têm conseguido obter resultados mais significativos quando conseguem canalizar para a sua causa o apoio da opinião pública internacional[78]. Este apoio é muito volúvel e volátil em virtude da sua fixação num objetivo ser de duração limitada e da opinião pública na atualidade, fruto da evolução das tecnologias de informação, ser facilmente "desviada" ou "condicionada" por *lobbies*" normalmente de estreitas relações com o poder instituído. Por outro lado, as que correspondem ao aparecimento de novos poderes económicos, que pela sua dimensão em termos sociais e humanos, têm um grande impacto social (e político) no sistema contemporâneo, constituem-se como fortes grupos de pressão e agentes da mudança moral na sociedade.

Assim, a forma particular como as grandes multinacionais canalizam os seus investimentos influencia a natureza do desenvolvimento económico a nível mundial, podendo afetar de forma muito significativa a estrutura económica de um país ou de uma região, nomeadamente através da monopolização da gestão estratégica de determinados recursos vitais. O resultado dessa influência é de uma forma geral inversamente proporcional ao desen-

---

[78] A título de exemplo, salientando-se o trabalho de investigação desenvolvido pelo jornalista angolano Rafael Marques, que procura trazer para o conhecimento da Comunidade Internacional o problema dos diamantes de sangue em Angola e as sistemáticas violações dos Direitos Humanos, que relata o constatado ao longo dos últimos anos na região da Bacia do Cuango, Luanda-Norte (Marques, 2011, pp. 215-220).

volvimento económico e social do país alvo pois segundo Assis Malaquias, se uma multinacional de valor significativo pretender instalar-se num país de parcos recursos económicos e sociais, pela mais-valia que representa, constitui por si só uma forte pressão capaz de a levar a obter das fontes de poder, condições impensáveis de obter numa potência económica, citando como exemplo a pressão que as petrolíferas internacionais exercem sobre o Estado Angolano (Malaquias, 2010) (Justino Pinto de Andrade, 2011).

2.1. A Organização das Nações Unidas

As Nações Unidas pretendem desempenhar no atual processo de globalização o equilíbrio político-estratégico entre os países e as regiões e entre as Organizações Regionais e supranacionais, na defesa dos princípios de igualdade e justiça social, atuando no mundo como a entidade supraestatal que "avalia e determina" as principais medidas para o desenvolvimento e para a segurança global[79]. A ONU conta atualmente com 193 Estados-Membros, soberanos e de pleno direito, formalmente iguais entre si, apesar de se reconhecer que existe uma categoria de "grandes" Estados que tem "especiais" responsabilidades pela manutenção da ordem no Sistema Político Internacional e que estes, por via da ONU o fazem multilateralmente, com menor ou maior empenho, nomeadamente em África (Cravinho, 2002, p. 82).

Como sabemos, a ONU comporta órgãos principais[80] e órgãos subsidiários, expressões empregues na própria Carta Constitutiva (Art. 7) que são os mecanismos de ação da organização. A par dos órgãos principais, e

---

[79] A Sociedade das Nações tinha-se revelado ineficaz na resolução da conflitualidade global. A ONU parecia "naturalmente" mais apta para impor a paz entre os países em conflito, mas não revela igual capacidade para resolver o problema das limitações das potências globais à observância do direito internacional e os interesses que "subliminarmente" estão presentes nesses conflitos e nestas regiões. A ONU é uma organização de carácter político com vocação mundial, mas esta forma de organização não pode escapar ao dilema de se estruturar na base da igualdade absoluta dos Estados ou na base de um princípio aristocrático, que atribui um grupo de Estados a hegemonia (Moreira, 2010).

[80] Os órgãos principais, que são enumerados no artigo 7º e cujos capítulos subsequentes da Carta regulam o funcionamento, são: a Assembleia Geral, o Conselho de Segurança, o Conselho Económico e Social, o Conselho de Tutela, o Tribunal Internacional de Justiça e Secretariado. Os órgãos subsidiários são criados à medida que a sua necessidade se revele e no quadro das competências da Organização geradas a partir dos órgãos principais.

ESTRATÉGIAS DE SEGURANÇA E DE APOIO AO DESENVOLVIMENTO EM ÁFRICA

dos órgãos subsidiários das NU existem organismos que lhe estão diretamente dependentes, sem no entanto se poder considerar que fazem parte dela. Apesar de ser reconhecida a importância prática de algumas delas, nomeadamente da Assembleia Geral e especialmente do Conselho de Segurança, é conveniente refletir sobre as suas características essenciais e avaliar a sua pertinência no atual contexto global da segurança e defesa.

A Assembleia Geral é composta por todos os membros das NU que aí podem ter pelo menos cinco representantes, embora cada um tenha apenas direito a um voto. A Assembleia funciona em sessões e desde 1946 que a sua duração mostrou tendência para aumentar, não apenas devido ao número considerável de questões na ordem do dia, mas também pelo aumento dos debates em virtude de divergências e oposições internacionais, particularmente em resultado do anticolonialismo e mais recentemente com os problemas relacionados com a globalização (segurança, economia e finanças, associados às questões dos Direitos Humanos e a Assistência Humanitária). A Assembleia pretende agrupar todos os Estados do mundo colocando-os em pé de igualdade, onde a liberdade de expressão é considerada como um dos aspetos essenciais e gerador de equilíbrios no contexto das Relações Internacionais. A Assembleia partilha com o Conselho de Tutela, que está sob a sua autoridade, o cuidado de controlar a administração dos territórios colocados sob regime de tutela. Entre as atribuições particulares da Assembleia Geral existe uma de considerável importância prática: o seu poder financeiro e orçamental em que o montante de despesas é repartido entre os países de acordo com uma tabela de contribuições, adotada numa resolução e que é revista frequentemente.

Neste propósito, as NU intervêm por "dever e direito" na resolução dos desequilíbrios no mundo, na busca de soluções pacíficas para os conflitos inter e intraestatais. Por esse motivo, pretende conciliar a vontade internacional na atuação em situações relacionadas com o subdesenvolvimento e a instabilidade regional, acorrendo por norma a regiões com menores índices de desenvolvimento e de maiores registos de conflitos inter e intraestatais, nomeadamente em África[81] e muito especialmente na região subsariana, onde realiza atualmente oito das quinze missões em

---

[81] As Nações Unidas desenvolvem em finais de 2011 oito missões em África, especialmente na região Subsariana – Sudão, Darfur, Costa do Marfim, Libéria, RDC, Etiópia, Eritreia e Saara Ocidental (*Global Peace Operations*, 2011, pp. 137-147). [*www.un.org/en/peacekeeping*]

AS DINÂMICAS DA SEGURANÇA E DO DESENVOLVIMENTO EM AMBIENTES DE CONFLITUALIDADE

todo o mundo, envolvendo mais de 70 mil efetivos (militares, polícias e civis). Em 30 de setembro de 2011, a UNAMID (missão híbrida com UA no Darfur) constituía a missão mais relevante no quadro das NU, com um efetivo de 27 685 e um orçamento anual de 1,6 mil milhões dólares, envolvendo 17 763 militares, dos quais 65% são militares africanos (Martins, 2003, pp. 40-41).

Nas intervenções em prol da paz e da segurança mundial, nomeadamente em África, a ONU concilia uma capacidade logística robusta, recursos financeiros e administrativos avultados e quando necessário, um aparelho militar e policial muito significativo, com a legitimidade intrínseca que lhe é conferida pelo mandato da sua "Carta Constitutiva". A Carta constitui atualmente o documento fundamental nas Relações Internacionais e tem como objetivo essencial[82] a *"...manutenção da paz e da segurança internacional..."*, sendo por essa via considerada mundialmente como a plataforma de sustentação político-legal, para se desenvolver ações nos Estados e nas regiões em conflito.

Estas intervenções, principalmente na área da prevenção e resolução de conflitos, foram analisadas em 1995, através da ação da *Joint Inspection Unit*[83], que tendo por base o suplemento da *Agenda para a Paz* do ex-Secretário-Geral das NU, Boutros Boutros-Ghali, elaborou um vasto relatório[84] sobre a ação das NU na prevenção e resolução de conflitos no mundo, com especial enfoque no continente Africano. Este relatório refere concretamente a necessidade de melhorar a curto prazo a articulação com as ORA e a urgência de reforçar a sua intervenção em África, especialmente na região subsariana. Nas Nações Unidas a essência dos problemas discu-

---

[82] Capitulo I – Artigo 1º refere no ponto (1) que o objetivo principal é *"...manter a paz e a segurança internacional, e para esse fim: tomar, colectivamente, medidas efectivas para evitar ameaças à paz e reprimir os actos de agressão ou outra qualquer ruptura da paz e chegar, por meios pacíficos e de conformidade com os princípios da justiça e do direito internacional, a um ajuste ou solução das controvérsias ou situações que possam levar a uma perturbação da paz..."* (NU, 2010).

[83] A *"Joint Inspection Unit"* é desde 1978, um órgão subsidiário das NU (criado inicialmente em 1966) composto por onze inspetores (por cinco anos) dependendo da Assembleia Geral tendo como missão aconselhar e inspecionar o funcionamento dos órgãos das NU. Angola nunca esteve representada. [*www.unjiu.org*]

[84] O Relatório produzido pelas NU e designado por *Strengthening of the United Nations System Capacity for Conflict Prevention*, constitui um referencial académico no âmbito da prevenção e resolução de conflitos em África. [*www.unjiu.org/data/reports/1995/en95_13.pdf*]

tidos assumiu, por vocação, uma natureza global, impondo-se para a sua resolução a cabal implementação de soluções igualmente globais. Neste princípio, sendo África constantemente referida nos vários relatórios por si produzidos como "...*desproporcionalmente afetada por problemas de natureza globalizada...*", o continente carece de uma intervenção mundial e principalmente concertada, alinhando todos os esforços na busca de uma solução global (Holt e Shanahen, 2005, p. 20) (Cardoso e Ferreira, 2005, p. 17).

A desarticulação estratégica e carência generalizada necessitam de modelos abrangentes e globais de transformação para a estabilidade e de implementação de estratégias multidisciplinares, multilaterais e da aplicação de programas de desenvolvimento sustentado de longo prazo. Moura Roque, refere a este propósito, uma vasta lista de áreas de intervenção para uma "Estratégia de Desenvolvimento Sustentado a Longo Prazo" necessária à reabilitação dos Estados Africanos salientando em alguns aspetos o caso de Angola, em que a transformação para uma "...*nova África depende essencialmente da consolidação do Estado-Nação e da democratização das sociedades...*" (2005, p. 34).

Esta intenção constitui-se num bom referencial para as estratégias de longo prazo dos Estados e das organizações que estão ou pretendem vir a estar em África. Outra perspetiva defende que se devem globalizar as soluções e regionalizar os contributos e as estratégias, pois o "...*reforço das capacidades da ONU, enquanto organização de segurança coletiva, passa também pela 'regionalização' e descentralização da sua acção...*", aspeto que reforça a necessidade de se desenvolverem estratégias integradas, bimultilaterais e centradas no vetor da segurança, pois este elemento é central na construção da paz e do desenvolvimento sustentado em África (Almquist, 2010).

Neste contexto, o *Center on International Cooperation* editou em 2011 o *Review of Political MiniAtlas 2011* onde se fez a análise das dezasseis (16) missões autorizadas pelas Nações Unidas e onde Lynn-Pascoe (*United Nations Under-Secretary-General for Political Affairs*) no prefácio salienta a necessidade de existir uma complementaridade entre as organizações globais e regionais. Salienta-se a participação de Angola na 26ª posição (30 de abril de 2011) com quatro representantes a integrar as suas missões políticas (Viana, 2002, p. 375) (Kufel, 2011, p. 149).

Exige-se contudo uma complementaridade estratégica e um maior compromisso sustentado entre a ONU e as ORA, pelo princípio da responsabilidade mútua, para a construção de uma paz e estabilidade durável em África. Importa porém salientar que as Nações Unidas estão principalmente vocacionadas para realizar operações como entidade líder e não para apoiar ou suportar o envio de tropas ou outros meios, das ORA ou dos Estados nas suas missões, apesar de aceitar contributos dos Estados-Membros, incluindo dos países africanos sendo a *AU/UN Hybrid Operations in Darfur* (UNAMID)[85] a exceção à regra com a participação numa missão "híbrida" no quadro da UA e com relativamente pouco sucesso.

Apesar de se verificar uma tendência crescente para se obter nesta área, uma divisão do trabalho estratégico, principalmente na vertente mundial da cooperação para o desenvolvimento e na vertente da defesa e segurança, envolvendo alguns atores considerados "credíveis" no atual Sistema Político Internacional (UE, NATO), constata-se que as NU continuam a liderar as missões de paz no mundo, não se subalternizam ou atuando em complemento de outras Organizações Internacionais ou regionais. Contudo, vimos assistindo gradualmente a um crescimento do número e do volume das intervenções da ONU, UE e NATO, em áreas onde não detinham qualquer participação (Holt, 2005, p. 6).

A ordem mundial existente na Guerra Fria bipolar desapareceu. Atualmente, uma nova ordem, ainda não claramente definida, revela por enquanto um único polo materializado pela grande potência – EUA e um conjunto de potências emergentes ou a reemergir (China, India, Brasil e Rússia). Assim tem sido possível às NU intervir de forma mais eficaz e credível em alguns conflitos regionais em África, uma vez que o recurso indiscriminado ao poder de veto por parte quer dos EUA, quer da Rússia, parece ter caído em desuso e não reflete a atual política externa desses países. Paralelamente, esta situação conjuntural da Guerra Fria veio reavivar antigos problemas da organização ao mesmo tempo que evidenciou novas vulnerabilidades e disfuncionalidades, e impôs uma reflexão sobre a necessidade de reformas (são latentes as questões que se prendem com o financiamento, a igualdade de voto na Assembleia Geral, a composição equilibrada e representativa do Conselho de Segurança, a alteração do direito de veto, operacionalização de uma força de intervenção rápida e a jurisdição do Tribunal Internacional).

São neste momento grandes as expetativas face aos limites até onde se poderá estender a ação das NU, embora o excessivo entusiasmo surgido após

---

[85] [*http://unamid.unmissions.org/*].

a queda do muro de Berlim não tenha encontrado eco em resultados práticos. É contudo de esperar que a ação da ONU, quer direta quer através da cooperação estratégica com as Organizações Regionais, seja cada vez mais uma realidade e uma necessidade para ambas as partes (Cardoso, 2011).

O continente Africano continuará supostamente a desempenhar um papel central nas missões das NU em prol do desenvolvimento e da segurança, sendo contudo importante renovar e fortalecer as alianças e estratégias de abordagem aos problemas do continente envolvendo os parceiros regionais, pois as ORA vêm assumindo um papel preponderante nas dinâmicas da segurança e do apoio ao desenvolvimento (Tavares, 2010).

Um dos exemplos do supracitado iniciou-se em Nova Iorque, na sede das NU onde ocorreu (2000) a Cimeira do Milénio, na qual a Comunidade Internacional adotou os Objetivos de Desenvolvimento do Milénio[86]. Esta foi uma iniciativa global onde se procuram encontrar e fomentar um mecanismo de apoio ao desenvolvimento sustentado e se propôs reduzir o nível de pobreza e subdesenvolvimento no mundo até 2015. Segundo este princípio, a cooperação de qualquer ator em África deve seguir uma lógica de participação coletiva, num esforço integrado, conjunto e globalizado no intuito de alcançar este objetivo (Objetivos Milénio, 2005, p. 34).

Assim, desde essa data estabeleceu-se um conjunto de objetivos e metas, que abrangem transversalmente grande parte das sociedades e dos povos, levando a um esforço global de assistência aos mais desfavorecidos. A documentação produzida pelas NU constitui-se assim nas linhas estratégicas orientadoras e aponta os caminhos para 2015, sem esquecer que o centro do esforço não reside apenas nas NU ou nas outras Organizações Regionais que assumiram este desiderato, mas tão-somente reside nos próprios Estados subdesenvolvidos, onde *"...o poder se reflecte principalmente ao nível do querer..."*. Este aspeto assume particular destaque quando se sabe que a discrepância entre os dados macroeconómicos atuais, apresentados pelos países da África Subsariana e os objetivos definidos em 2000 e já revistos em 2005, reafirmam a necessidade de convergir os doadores internacionais para um apoio mais robusto e efetivo a esta região, sendo contudo referida

---

[86] Estes objetivos foram transcritos na *Declaração do Milénio* tendo sido formada pelos 189 países e onde estão inseridos os oito objetivos, ajustados em 18 áreas de intervenção e com 48 indicadores associados, permitindo uma avaliação permanente e um acompanhamento constante da evolução (Objetivos de Desenvolvimento do Milénio, 2005, pp. 43-45).

em relatório, que a África Subsariana será das regiões que dificilmente alcançará tal desiderato até 2015 (Renner, 2005, p. 168) (Moreira, 2006) (Bernardino, 2007, p. 108).

Neste contexto, o Relatório sobre os Objetivos de Desenvolvimento do Milénio de setembro de 2010, elaborado pelo Ministério do Planeamento de Angola[87], define seis eixos estratégicos no Programa Integrado de Combate à Pobreza, evidenciando o empreendorismo, a escolaridade e a alfabetização, o acesso aos serviços públicos, a saúde preventiva, e a solidariedade e mobilização social. Da análise global do relatório transparece uma evolução ao nível dos principais indicadores da pobreza e uma evolução positiva nos fatores de análise comparativas dos ODM, sendo também possível ver, que em alinhamento com os restantes países do continente, as metas foram contudo demasiadamente ambiciosas e os objetivos não serão alcançados até 2015, nem por Angola, nem pela maioria dos países na região subsariana.

A Carta das Nações Unidas estabelece como atribuições e competências globais da organização o desenvolvimento económico e social sustentado ao nível do mundo. Para concretizar esta inaudita missão foram sendo criados vários organismos, programas e fundos especializados na concessão de auxílio aos países subdesenvolvidos ou como mais recentemente se refere, países em vias de desenvolvimento. Este auxílio está particularmente vocacionado para a assistência técnica, para as doações e assessoria a projetos, para a ajuda humanitária de emergência e em determinadas situações de crise humanitária a ajuda alimentar de emergência. As formas de ajuda simbolizam as diferentes estratégias de apoio ao desenvolvimento no continente, uma estratificação da panóplia de ações desenvolvidas pelos Estados e Organizações, resultando na sua maioria em estratégias sem "estratégia", de ações desconexas que apenas surtem efeito no imediato e não acrescentam valor ao desenvolvimento, não produzem um desenvolvimento sustentado.

Os organismos "associados" da ONU são financiados pelo seu orçamento anual, que deriva, em larga medida das contribuições obrigatórias dos Estados-Membros e das contribuições voluntárias dos países e ainda de algumas entidades particulares (principalmente grupos económicos em instituições civis). As suas atribuições passam por produzir recomendações,

---

[87] [*http://minor.undp.org/Angola/linkRtj/Angola_2010_MDG_report.pdf*].

desenvolver planos de ação e promover o debate ao nível das políticas de desenvolvimento sustentado e da gestão internacional dos mecanismos de ajuda regional. Entre as Instituições e as Agências que fazem parte do complexo sistema das NU relacionadas com a cooperação para o desenvolvimento destacam-se o Programa das Nações Unidas para o Desenvolvimento (PNUD), o Fundo das Nações Unidas para a Infância – *United Nations Children's Fund* (UNICEF), o Programa Alimentar Mundial (PAM) e o Fundo das Nações Unidas para a População, tendo todas um impacto nas dinâmicas do desenvolvimento no continente africano. As agências, grupos de acompanhamento, comissões e outras entidades criadas por missão constituem o sistema atual de acompanhamento e monitorização das políticas seguidas pelas Organizações e pelos Estados em prol do desenvolvimento sustentado em espaços de conflito e subdesenvolvimento acentuado, como acontece na África Subsariana.

As NU intervêm não só ao nível da prevenção e da resolução dos conflitos e no apoio ao desenvolvimento sustentado, como vimos, tendo mais recentemente sentido a necessidade de abrir outras vertentes de cooperação estratégica numa postura mais interventiva e assumindo parcerias conjunturais com os atores regionais. Procura-se com esta abordagem intervir numa fase em que os conflitos terminaram ou estabilizaram e se torna necessário participar no terreno em apoio desses Estados, em ações de emergência humanitária e motivada para apoio às populações, auxiliando na recuperação pós-conflito e alinhando as sinergias mundiais de apoio à reconstrução e recuperação dos Estados saídos de conflitos. Nesse âmbito, merece especial realce, no seio das NU, a criação da *United Nations Peacebuilding Commission* (UNPBC), como organização fulcral no auxílio aos países saídos de crises ou conflitos, congregando a ajuda internacional em apoio das populações, do Estado e em parceria estratégica com as organizações e demais atores que operam na região. Neste intuito, nasceu em 11 de outubro de 2006, na sede das NU a organização que faltava no Iraque, Bósnia e em praticamente todas as situações pós-conflito nos Estados Africanos, permitindo, como vimos recentemente (2011) na Guiné-Bissau, congregar esforços no âmbito das reformas do Estado, nomeadamente na vertente da RSS e RSD.

A Comissão das Nações Unidas para o *peacebuilding* foi criada para auxiliar os Estados saídos das crises a restabelecer a paz e o equilíbrio democrático pelas vias padrão e segundo mecanismos estereotipados. Neste intuito, a Comissão gere os recursos atribuídos (materiais e financeiros) e colocados ao dispor das NU pelos doadores da Comunidade Internacional, focando a sua atenção na reconstrução dos Estados, das instituições públicas, garantindo um impulso ao desenvolvimento inicial a estes países e contribuindo para o bem-estar social[88]. A Comissão tem como missões principais propor estratégias de recuperação pós-conflito, auxiliar a recuperação financeira e económica, realizando programas de médio e longo prazo, agregando os esforços da Comunidade Internacional e focar atenção da sociedade mundial para os países saídos dos conflitos e necessitados. Tem como incumbência ainda o desenvolvimento de boas práticas na esfera política, militar, humanitária e de apoio ao desenvolvimento. Nesta estrutura de paz global, Angola assumiu em 2007 a presidência através do diplomata angolano, Ismael Gaspar Martins e dos 31 Estados escolhidos dos órgãos das NU (tendo em vista o critério da distribuição geográfica) Angola encontrava-se representada no contexto Africano[89].

No âmbito das ações no terreno, segundo dados divulgados pelo *Stockholm International Peace Research Institute* (SIPRI) em 30 de julho de 2010, e relativamente às Operações de Paz realizadas em África em 2009, nota-se que pela primeira vez desde 2003, África não constava na região com a maior percentagem de efetivos destacados para missões de paz. Ficando em segundo lugar seguido da Ásia (devido principalmente ao empenhamento da sociedade internacional no Afeganistão) África apresentou 71.736 militares (incluindo tropas e observadores militares) e 13.799 civis. No entanto, o continente Africano continua a ser a região com a mais alta concentração de operações de paz no mundo, registando um elevado empenhamento organizacional, com 8 missões em 16 (Figura Nº 5) em que estão 6 das principais 10 missões com mais de 5000 pessoas foram mobilizadas para África, envolvendo cerca de 74% de todas as forças de paz das NU.

---

[88] No âmbito dos recursos financeiros realce para o mecanismo criado de auxílio financeiro estipulado, designado por *"Peacebuilding Fund"*, que congrega os valores cedidos pelos doadores internacionais e geridos pela Comissão. [*www.un.org/peace/peacebuilding/*]

[89] [*http://www.un.org/peace/peacebuilding/membership.htm*].

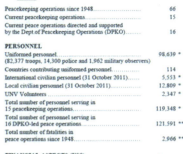

Fonte: [*http://www.un.org/en/peacekeeping/documents/bnote010101.pdf*].

FIGURA Nº 5 – **United Nations Peacekeeping Operations (31 de dezembro de 2011)**

Refira-se ainda que o número de pessoal destacado em África aumentou 8% entre 2008 e 2009, constatando-se que o pessoal civil aumentou 23% e o número de militares aumentou apenas 6%[90]. Contudo, problemas relacionados com a geração de forças continuaram a afetar as operações de paz em África. Ao todo, em finais de 2005 existiam cerca de 15 800 pessoas em operações na África, um pouco aquém do nível de pessoal aprovado. Apesar de a AU/UN *Hybrid Operation* em Darfur (UNAMID) e de a missão da UA na Somália (AMISOM) estar no terreno com as suas forças desde 2007, depois de dois anos no terreno, a UNAMID teve 76% dos seus níveis de pessoal autorizado e implantado enquanto a AMISOM tem 65%, materializando esta dificuldade em mobilizar recursos humanos para as missões de paz em África, com especial incidência para os países desenvolvidos que cada vez mais apoiam soluções africanas conduzidas pelos Africanos. A missão das NU no Chade, designada por *UN Mission in the Central African Republic Chad* (MINURCAT)[91] apresenta a de maior percentagem de incumprimento dos quadros orgânicos de pessoal, entre missões da UN em 2009, pois apenas 52% do pessoal aprovado foram destacados para cumprir efetivamente uma missão no terreno.

Em linhas gerais, conforme dados do SIPRI, mais de metade das operações em África no ano de 2009 foram conduzidas pelas NU e representam ainda maior parcela (91%) de todo o pessoal destacado nas missões na região nesse período. A implantação das NU em África, nomeadamente o número de missões e do envolvimento de operacionais da paz aumentou exponencialmente ao longo dos anos 2000-2009. Como referência e a título de exemplo salienta-se que em dezembro de 2009, 110 países enviaram efetivos (tropas, observadores militares e polícias) para as quinze Operações de Paz em África. Dos principais países contribuintes apenas o Burundi e Uganda enviaram a maioria do seu pessoal para a operação da UA, AMISOM, onde cerca de 48% do pessoal designado era de África e cerca de 41% é oriundo de países asiáticos.

Constatamos assim que os efetivos destacados em África aumentaram de forma constante entre 2000-2009 e que cerca de 84% do pessoal destacado em 2009 era militar, enquanto a proporção do pessoal civil cresceu de 6% em 2000 para 16% em 2009. Ao longo da década, o número do pessoal

---

[90] [*http://books.sipri.org/*].

[91] [*http://minurcat.unmissions.org/*].

civil aumentou mais de quinze vezes (de 886 para 13 799) e o número de militares aumentou apenas cerca de cinco vezes (de 13 402 para 71 763). Durante o ano de 2009, um total de 200 soldados da AMISOM faleceram em missão neste teatro, inclusive o ser vice-comandante, o que a tornou a segunda missão de paz mais perigosa no contexto global, denotando também não só o risco, como a fragilidade e a impreparação dos militares Africanos para desempenharem eficazmente as suas missões de paz.

A mudança da natureza dos conflitos fez surgir, também nestes espaços, várias interrogações, dificultando à Comunidade Internacional a compreensão das causas principais dos conflitos e o consequente estabelecimento de padrões eficientes de ajuda humanitária, bem como impedindo a adoção de relações diplomáticas estáveis ou mesmo compreender e implementar as dinâmicas dos processos de resolução de conflitos, dentro dos modelos que vinham sendo aplicados noutras partes do globo, como já referimos. Por esse motivo, África constitui-se atualmente, passados mais de meio século das primeiras Independências, numa região que apresenta uma elevada taxa de conflitualidade intrínseca e muito volátil, especialmente quando nos referimos às constantes mudanças de governos, ao refluxo de conflitos regionais e aos problemas das economias e das populações, onde as fronteiras geográficas traçadas nos mapas da geopolítica não correspondem às fronteiras étnico-culturais vigentes, em que mais uma vez, a "segurança" é elemento estratégico de desenvolvimento. Fatores que originam um constante atrito entre os que estão nas fronteiras do espaço que lhes pertence por tradição e do espaço que ocupam por obrigação, criando uma dificuldade acrescida para a boa governação dos Estados e para a intervenção concertada da sociedade internacional (Malaquias, 2010).

Este aparentemente insignificante mas evidente aspeto tem originado uma constante conflitualidade entre povos, no espaço regional, que aliada à luta pelo acesso privilegiado aos designados "recursos de conflito" constitui os fatores para ser considerada a região no mundo onde a conflitualidade aumentam e o Índice de Desenvolvimento Humano (IDH) diminui, levando a uma intervenção estrategicamente mais concertada das Nações Unidas com as Organizações Regionais, pois o apoio ao *African Regional Ownership* parece ser a estratégia mais adequada para o futuro de África.

2.2. A União Europeia

O Mar Mediterrâneo nunca constituiu uma verdadeira barreira natural entre o continente Europeu e o Africano. Historiadores referem mesmo que a união histórico-cultural que nos une desde os primórdios da Humanidade foi facilitada pela existência dessa continuidade marítima. E ficou ainda mais facilitada quando a ciência náutica, a astronomia e a vontade dos homens procurou essa aproximação, nem sempre pacífica, mas frutuosa e enigmática para ambas as culturas. Como sabemos, são profundas as relações históricas, culturais, económicas e sociais que ligam a Europa a África, particularmente as antigas potências coloniais e muitas das suas ex-colónias.

O aprofundamento das relações político-diplomáticas entre continentes e países é do interesse simultâneo de praticamente todos os Estados da UE, bem como da grande maioria dos países Africanos, nomeadamente os da África Subsariana, pois que se muitos fatores negativos foram invocados pelas "Descobertas", um facto merece realce como elemento valorativo: a circunstância de aproximar povos, raças e de ter permitido um melhor conhecimento das realidades Africanas e dos Africanos por parte dos Europeus. Neste contexto, considera-se que África constitui um parceiro essencial para a Europa, principalmente porque muitas das ameaças à sua própria segurança[92] atual têm origem naquele continente e quando se pensa num conceito alargado de segurança e defesa implica elaborar e desenvolver estratégias conjugadas e atividades em parceria com o continente Africano.

Na história da multifacetada, dinâmica e quase permanente, cooperação entre a Europa e África, podemos constatar a existência de dois patamares de cooperação: primeiro, o que envolve cada país individualmente (com

---

[92] A *Estratégia Europeia de Segurança* foi publicada em dezembro de 2003 e aponta a África Subsariana como uma das principais fontes das ameaças à segurança da Europa, referindo nomeadamente: o terrorismo internacional, a emigração clandestina, o tráfico de armas, de droga ou de pessoas, bem como as pandemias. Em 11 de dezembro de 2008 foi publicado o Relatório de Execução da Estratégia de Segurança Europeia, designado *Garantir a Segurança num Mundo em Mudança* – S407/08, onde reitera a preocupação da segurança, mais centrado na atualidade politica e conflitual do Norte de África e na região do Médio Oriente. [*http:// www.consilium.europa.eu/ueDocs/cms_Data/docs/pressdata/PT/reports/104638.pdf*] Entretanto foi apresentada em março 2010 a *Estratégia de Segurança Interna – Rumo a um modelo europeu de segurança*. [*http://www.consilium.europa.eu/uedocs/cms_data/librairie/PDF/QC3010313PTC.pdf*]

séculos de existência e associado a dinâmicas próprias e diferenciadas) e numa segunda dimensão (mais recente e estratégica), a que surgiu com o aparecimento da Comunidade Económica Europeia (CEE), e posteriormente da União Europeia, como organização e espaço geoestratégico, cooperando em cada região e em todo o continente, através da ligação privilegiada às ORA nas suas comunidades económicas sub-regionais e à sua congénere, a UA. Para além dos acordos estabelecidos com os países, numa dinâmica que envolve um quadro de cooperação estratégico (cinco anos) designado por Fundo de Apoio ao Desenvolvimento (FED) onde se associam projetos e recursos, em prol da segurança e do apoio ao desenvolvimento em cada país africano. Como parte desta dinâmica, assistiu-se em África, com a criação da UA, ao surgimento de um par otimizado e mais dinâmico da UE para todo o continente, conferindo uma "nova" dimensão pan-africana às relações euro-africanas e a possibilidade de criar uma cooperação estratégica entre organizações, países e continentes.

A União Europeia integra em vários domínios da cooperação os instrumentos financeiros que disponibiliza para a ajuda, colocando sistematicamente o problema africano nas agendas das conversações europeias e procurando realizar cimeiras e encontros multilaterais entre as Organizações, de que é exemplo a IIª Cimeira Euro-Africana, realizada em Portugal em finais de 2007 (Presidência Portuguesa da União Europeia) como demonstrativo da capacidade diplomática de Portugal de aproximação entre continentes e vetor de ligação entre a Europa e África. Neste sentido, adotou-se uma estratégia para África que define como objetivo central cooperar entre Organizações, num quadro mais *"...global, integrado e de longo prazo...*", preocupando-se com a gestão das relações de cooperação intercontinentais sustentadas e politicamente compatíveis com os seus valores Democráticos e na luta pelos Direitos Humanos (Bernardino, 2007, p. 114).

Apresentadas estas orientações estratégicas e integrando uma visão mais realista para África, a União definiu uma linha de conduta na vertente da cooperação para Sul. Neste intuito, a Comissão Europeia aposta na ligação com as ORA como parte de uma conjuntura estratégica favorável no sentido de reforçar e estreitar o diálogo político com o continente Africano, nomeadamente com Angola (Sampaio, 2006, p. 11).

O diálogo euro-africano baseado na vertente da cooperação e da sua Política Externa teve o início institucionalizado no quadro da UE em 2000 na *Cimeira do Cairo*, tendo sido dado um passo decisivo e estratégico ao juntar pela primeira vez, por iniciativa portuguesa, os Chefes de Estado da Europa e de África, estabelecendo-se uma *"...plataforma de relacionamento multilateral, um novo espaço de negociação e debate, um fórum privilegiado de diálogo ao nível ministerial e de Chefes de Estado..."* que permitiu uma melhor aproximação entre os objetivos político-estratégicos da Europa e as aspirações estratégico-operacionais de África (Cardoso e Ferreira, 2005, pp. 6-7)[93].

A Cimeira deu particular ênfase à intenção partilhada dos dois continentes de colaborarem no sentido de encontrarem novas soluções para os múltiplos problemas em África (com reflexo direto na Europa), adotando-se uma postura estratégica de parceria multifacetada entre continentes para o século XXI. Esta parceria destina-se a reforçar um diálogo construtivo sobre aspetos tão diversos como as questões políticas, económicas, sociais, de desenvolvimento sustentado e complementarmente, na vertente da segurança.

Na "Declaração do Cairo" e no consequente *Plano de Acção*, a UE mostrou-se disposta a realizar essa cooperação por via do apoio à edificação e operacionalização da UA, destacando-a desde logo como interlocutor privilegiado nas relações Euro-Africanas e apontando para a necessidade de cooperar na adoção de mecanismos de prevenção e resolução de conflitos, principalmente na vertente pós-conflito, como fator principal do garante do desenvolvimento sustentado e da segurança humana em África. A relação entre a África-Europa (ou União Africana-União Europeia) passou a reger-se por alguns princípios fundamentais[94], nomeadamente, a

---

[93] A Iª Cimeira entre África e a Europa decorreu no Cairo (Egipto) a 3 e 4 de abril de 2000 e visava lançar uma nova forma de parceria entre estas duas regiões ou continentes de maneira a explorar soluções comuns para fazer face particularmente à pobreza, à instabilidade política, aos direitos do homem e à dívida externa. O objetivo era o de elevar as relações entre a UE e África ao mesmo nível daquelas que a UE mantém com a América Latina e a Ásia. Um dos resultados desta cimeira foi o estabelecimento de uma base institucional para o diálogo estratégico. A *Declaração do Cairo* determinou os oito domínios de ação para o futuro: Cooperação, Integração regional, Integração da África na economia e no mercado mundial; Meio Ambiente, incluindo a luta contra a seca e a desertificação, doenças contagiosas, segurança alimentar; Direitos Humanos e Democracia, Restituição dos bens culturais roubados, Dívida Externa da África e o auxílio na prevenção e resolução de conflitos africanos (Cardoso e Ferreira, 2005, pp. 6-7).

[94] Referido no Comunicado da CE Nº 489/2005 de 12 de outubro de 2005, a *Estratégia da UE para a África: Rumo a um Pacto Euro-Africano a fim de acelerar o desenvolvimento de África.* [*http://eur-lex.europa.eu/LexUriServ/LexUriServ.do?uri=COM:2005:0489:FIN:PT:PDF*]

igualdade, a parceria e a apropriação. Neste inovador quadro de cooperação estratégica e como matriz da Política Externa da União, a "igualdade" pressupõe o reconhecimento e o respeito mútuo das instituições e a definição de interesses coletivos mútuos para abarcar as melhores soluções para os problemas, a "parceria" consiste em desenvolver ligações e projetos assentes numa parceria comercial e política comum e responsavelmente partilhada, a "apropriação" significa, por último, o assumir de estratégias e políticas de apoio ao desenvolvimento e de segurança, que não devem ser impostas e decalcadas pelo exterior, mas que devem antes ser soluções próprias e conjunturalmente apropriadas para o país e para a região em questão.

A União Europeia, assumindo a sua vocação globalista e constatando que num mundo cada vez mais interdependente e globalizado, os conflitos em África afetam diretamente o desenvolvimento económico-social e a segurança da Europa, tem procurado encontrar soluções para os problemas deste continente auxiliando os Estados, principalmente encorajando boas práticas de governação e apoiando a sua democratização, reconhecendo ser este o caminho certo para almejar a segurança e o desenvolvimento sustentado em África. Neste contexto, desenvolve um conjunto de programas de apoio aos países africanos, que vão desde o apoio à agricultura, educação, saúde e segurança, nomeadamente no envolvimento direto de militares em cooperação técnico-militar e na assessoria às Forças Armadas dos Países Africanos, quer seja no quadro da Arquitetura de Paz e Segurança, quer em apoio das missões da UA ou ainda na RSS e RSD ou participando (o que já vem sendo habitual) com missões de observação nos processos eleitorais em África.

Em 23 de junho de 2000 foi assinado entre a UE e os 77 (na altura) Estados de África, Caraíbas e Pacífico (ACP), o Acordo de Parceria de Cotonou[95]. Este acordo de parceria assenta em cinco pilares de cooperação para o desenvolvimento e baseia-se também no apoio à *good governance*, considerado como "*...elemento essencial para a cooperação...*" (Cotonou, 2000).

---

[95] O Acordo entre os Estados de África, das Caraíbas e do Pacífico e a CE e os seus Estados-Membros foi assinado em Cotonou (Benim) em 23 de junho de 2000 (2000/483/CE) e entrou em vigor em 1 abril de 2003. O Acordo constitui o sucessor das Convenções de Lomé e dos Acordos de Yaoundé, que desde 1959 têm o Fundo Europeu de Desenvolvimento como forma de apoiar financeiramente o desenvolvimento estratégico e sustentado dos países parceiros. [*http://europa.eu/scadplus/leg/pt/lvb/r12101.htm*].

Anteriormente, em 1975, havia sido assinada entre a UE, os seus Estados-
-Membros e por 46 países de África, Caraíbas e Pacífico, a Iª Convenção de
Lomé, a qual sucedeu aos Acordos de Yaoundé, cujo campo de aplicação era
mais restrito. A partir dessa altura, sucederam-se cinco Convenções, tendo
a última sido assinada em Cotonou. Estes quadros gerais de cooperação
constituem atualmente base para a assinatura dos programas nacionais e
regionais de cooperação nos países ACP, denominados respetivamente por
Programas Indicativos Nacionais e Programas Indicativos Regionais, onde
se integram as políticas da Europa para África, as atividades ou projetos de
cooperação que sejam identificados durante a fase de conceção dos programas e que beneficiam de subvenções programáveis associadas ao FED[96].

Neste âmbito, o Fundo incorpora um envelope financeiro significativo
de ajuda aos países ACP[97] e passou a constituir-se no principal instrumento da ajuda Europeia no âmbito da cooperação para o desenvolvimento
(onde se inclui o apoio à prevenção e resolução de conflitos regionais em
África) aos países ACP, assim como aos Países e Territórios Ultramarinos,
que inclui os cinco PALOP. Estas intervenções permitem a realização de

---

[96] O Fundo Europeu de Desenvolvimento, na sequência do que vimos na página 117, é constituído pelo conjunto das contribuições dos Estados-Membros da UE destinadas ao financiamento
de atividades e projetos em que existe um compromisso dos países da UE face ao Fundo que
são definidos com uma periodicidade quinquenal, funcionando com base nas iniciativas dos
Estados beneficiários. A aprovação e a gestão dos fundos alocados são asseguradas através de
mecanismos que implicam simultaneamente os Estados beneficiários, os serviços da União e os
Comités constituídos por representantes dos países e da UE. Além das ações que se inscrevem
no âmbito dos financiamentos do FED também existe no quadro geral das Convenções ou dos
acordos estratégicos, a possibilidade de acesso a empréstimos ou financiamento de projetos
por parte do Banco Europeu de Investimento. A União dispõe igualmente de recursos financeiros próprios para financiar ações nos chamados "países em desenvolvimento", tratando-se
de fundos de linhas orçamentais em que cada uma dessas linhas beneficia um domínio (eventualmente uma região) específico de intervenção, existindo linhas orçamentais para ações de
reabilitação, para a luta contra as minas antipessoais, para a ajuda de catástrofes humanitárias,
etc.). O acordo aposta numa maior participação da sociedade civil, dos organismos estatais
e dos Estados e aposta numa "...focalização especial na cooperação regional e na liberalização regional (recíproca) do comércio...", constituindo ainda hoje uma referência e um mecanismo útil no
apoio às políticas de cooperação para o desenvolvimento com os países ACP (FED, 1012).
[97] O 10º FED (2008-2013) dispõe de uma verba de 214 milhões euros e de mais 13,9 milhões,
conforme refere o Art. 5º (7) do Anexo IV do Acordo de Cooperação ACP-EC para a cooperação específica com Angola, designado por Country Strategy Paper and National Indicative
Programme. [http://ec.europa.eu/development/icenter/repository/scanned_ao_csp10_en.pdf]

projetos de apoio ao desenvolvimento, tal como se assistiu na recente crise da Guiné Bissau, em que o Estado Português se assumiu como nação líder do *Grupo Internacional de Contacto sobre a Guiné-Bissau* formando a responsabilidade de alinhar e fazer convergir o apoio da Comunidade Internacional para a reconstrução deste país Africano.

Fora do âmbito multilateral, Portugal e outros Estados-Membros com particular interesse em África, têm vindo a integrar a disponibilidade da UE para reforçar as capacidades da UA na condução das suas Operações de Paz e na cooperação para o desenvolvimento, realizando projetos bi-multilaterais com os Estados Africanos e/ou com as ORA[98]. A participação dos países encontra-se especialmente vocacionada para a ligação aos Estados Africanos, mais às suas ex-colónias do que para a cooperação com a UA, pois estes constituem-se nos parceiros privilegiados para as políticas de apoio ao desenvolvimento e no fortalecimento das capacidades institucionais. Sublinha-se contudo a necessidade da UE de atuar institucionalmente de forma integrada nestes projetos, conjugando de forma estratégica uma intervenção conjunta com a ação dos Estados-Membros (principalmente optando por aqueles que já desenvolvem projetos em África, sendo por isso de mais fácil integração), pois só uma cooperação estratégica estruturada poderá conduzir a resultados positivos no médio-longo prazo.

A "Cimeira do Milénio" teve também repercussões visíveis na Política Externa da Europa para África, assumindo-se desde aí a UE como o principal doador da Ajuda Pública ao Desenvolvimento para o continente Africano. Estes objetivos proporcionaram um enquadramento e uma orientação para as Políticas Externas e Política de Segurança e Defesa da UE, especialmente nos domínios do comércio e da cooperação para o desenvolvimento, e em paralelo, na vertente da segurança, considerada uma tentativa de "...*harmonização das políticas de prevenção e resolução de conflitos*

---

[98] Dos Estados com interesses em África, destacam-se a França, o Reino Unido e os EUA que, conjuntamente, assinaram em maio de 1997 uma iniciativa multilateral de cooperação que chamaram de *P-3 Iniciative*, no sentido de harmonizar os programas de apoio à construção de capacidades aos países africanos, designado por *Capacity-building Programs*. A França possuía o programa *ReCAMP*, o Reino Unido, o programa *UK Peacekeeping Training Support Program* e os EUA, de entre outros o programa *Africa Crisis Response Initiative* (ACRI), a *African Crisis Response Force* (ACRF) e os programas *African Contingency Operations Training and Assistance* (ACOTA) e *African Regional Peacekeeping Programme* (ARP) que se mantêm ainda em execução (Berman, 2002, pp. 1-3) (OSCE, 2004, pp. 20-21).

para África...", pois que esta temática passava a constituir uma das áreas principais de envolvimento estratégico (Faria, 2004, p. 39).

A participação dos Estados-Membros na cooperação com África faz-se em larga medida pela ação bilateral em projetos que alavancam as parcerias e os interesses individuais numa dada região, o que já acontecia mesmo antes de existir a UE. Contudo, o que cada Estado-Membro procura fazer é otimizar e alargar os seus projetos de cooperação para que possam ter uma maior visibilidade, mais meios envolvidos e associadas fontes de financiamento ampliadas, aspetos que não colidem com os interesses do Estado e que, na perspetiva das Relações Internacionais, servem dois propósitos: por um lado permite ao Estado retirar dividendos diretos desses investimentos e, por outro, para a União representa um peão no jogo das influências regionais e um vetor de Política Externa, o que materializa uma projeção da presença e influência da UE em África.

A visão da UE para o desenvolvimento sustentado e para um crescimento inclusivo de África nomeadamente na vertente da cooperação militar foi adotada inicialmente em 2005 e reafirmada em finais de 2010 no "Livro Verde"[99]. A visão estratégica da UE para África (2005) refere explicitamente que a "*...Europa e África estão ligadas pela história, geografia e por uma visão comum de paz, democracia e pela prosperidade das pessoas...*", apostando na promoção da paz e da segurança pela cooperação com as ORA e com os Estados Africanos, particularmente ao nível da previsão, prevenção, mediação e resolução de conflitos regionais. Na sequência das decisões políticas tomadas pela UA, na Cimeira de Maputo em 2003, a UE no âmbito da sua Política Externa e de Segurança Comum (PESC) e por via da Política Europeia de Segurança e Defesa (PESD) estabeleceu uma iniciativa a que chamou Peace Support Operations Facility for the African Union que implica o uso de recursos financeiros do FED para apoio às Operações de Paz realizadas pela UA em África e que constituiu a forma de apoiar diretamente a edificação e a operacionalidade da APSA.

---

[99] A visão estratégica da UE para África foi apresentada no documento *The EU and Africa: Towards a Strategic Parternership*, publicado pela Conselho Europeu em 16 de dezembro de 2005 e reafirmada no *Livro Verde* – COM/2010/629 de 10 de novembro de 2010 – "*A política de desenvolvimento da UE ao serviço do crescimento inclusivo e do desenvolvimento sustentado*". [*http://ec.europa.eu/development/icenter/repository/*]

ESTRATÉGIAS DE SEGURANÇA E DE APOIO AO DESENVOLVIMENTO EM ÁFRICA

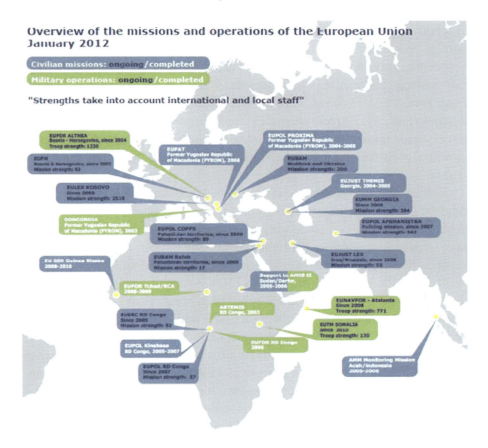

Fonte: [http://www.consilium.europa.eu/media/1403931/mapen012012.pdf]

Figura Nº 6 – **Missões da União Europeia – 30 de janeiro de 2012**

Neste alinhamento, em fevereiro de 2004, na reunião do Comité Político e de Segurança da UE foi apresentado e discutido o documento sobre os "*Elementos de reflexão para um apoio da UE ao desenvolvimento das capacidades africanas de manutenção de paz*", contendo algumas preocupações nesta área da cooperação, referindo-se à necessidade de uma recolha e troca de informações permanentes em relação às atividades dos Estados-Membros e da CE e a importância do apoio ao *African Ownership* como reforço das capacidades próprias africanas na prevenção e resolução de conflitos regionais.

O documento evidencia ainda a necessidade de uma eficaz cooperação com as NU, a importância de uma abordagem equilibrada face às ORA (especialmente a UA) e a necessidade de assegurar uma melhor coerência e articulação entre atividades e projetos financiados no quadro do *African Peace Facility* (APF) da UA. Este projeto constitui o elemento estruturante do apoio europeu à Arquitetura de Paz e Segurança Africana, contribuindo para o levantamento das capacidades africanas no âmbito da gestão de conflitos regionais e ainda para o desenvolvimento económico e social de África.

Por esse motivo, as verbas atribuídas exclusivamente para o apoio ao desenvolvimento, integrando o quadro da APD, contemplam projetos de desenvolvimento das capacidades militares no âmbito da defesa e da segurança do Estado, pois este contributo reflete-se na edificação do Estado ao nível da RSS e RSD, e releva para a segurança em África.

O Conselho Europeu aprovou em 2004, no âmbito da PESD, um Plano de Acção para o Apoio à Paz e à Segurança em África[100], acionando em estreita coordenação com o programa APF da UA e sendo operacionalizado através do plano estratégico designado por *Africa Action Plan*. Este programa visava apoiar as ORA e os Estados Africanos no desenvolvimento de capacidades autónomas na prevenção e resolução de conflitos regionais. O documento incide, contudo, sobre estratégias de curto prazo, nomeadamente, o apoio ao planeamento militar, o desarmamento, desmobilização, realojamento e reintegração de combatentes, a RSS e RSD e a coordenação interna e externa da UA. Do conjunto destas ações de cooperação e relativamente ao reforço de capacidades próprias, realça-se o apoio financeiro prestado à criação do Conselho de Paz e de Segurança da UA (CPS), permitindo a sua operacionalização no contexto da Arquitetura de Segurança do continente. Aspeto que se tem revelado insuficiente para a operacionalização do principal instrumento de gestão de conflitos em África, já que a otimização do projeto e do *roadmap* não é acompanhada por uma logística e

---

[100] Em 12 de abril de 2005, a Conselho Europeu aprovou a primeira resolução específica relativa à prevenção, gestão e resolução de conflitos em África (2005/304/PESC). Em 22 de novembro de 2004 aprova o *Plano de Acção para o apoio da PESD à paz e à segurança em África* e a 13 de dezembro difundiu as orientações para a implementação do 1º Plano de Ação da PESD para África, que constitui um marco na relação Europa-África na cooperação na área da segurança e defesa.

um nível de operacionalidade que permita alcançar os objetivos propostos (Chaillot Paper 87, 2006, p. 440) (Cillier, 2010, pp. 3-7).

No âmbito da PESD, o conceito de *Battle Group* foi particularmente relevante por vários motivos: primeiro, porque foi a afirmação de uma capacidade e de uma vontade em intervir em ambiente de crises complexas; segundo, porque tem associado uma inovadora forma de se envolver no âmbito da prevenção de conflitos no continente e terceiro, porque a UE conseguiu construir um mecanismo militar (à experiência) que parece estar talhado para possíveis intervenções *Out of Europe*, essencialmente em África, conciliando os interesses dos Estados-Membros (França, Reino Unido, Alemanha, Portugal, etc.), como aconteceu na RDC. Ainda neste contexto, a UE no âmbito das operações de gestão de crises, realizou em 2003, na RDC, a Operação *Artemis*, que se constitui historicamente na primeira intervenção militar da UE fora do espaço europeu e por destino, no continente Africano. Nesta operação um *Groupement Tactique Interarmes Multinational*, com cerca de dois mil militares, enquadrado pela França (integrando onze Estados, incluindo Portugal e destacando-se ainda a participação do Brasil) em coordenação com a ONU, contribuiu para a estabilização das condições de segurança e para a melhoria da situação humanitária em Bunia. Esta operação demonstrou que a UE detém capacidade de projeção estratégica e de intervenção fora do espaço europeu, constituindo-se num tubo de ensaio para outras missões que poderão seguir-se em quadros geoestratégicos semelhantes (Faria, 2004, pp. 50-51) (Cardoso e Ferreira, 2005, pp. 39-40) (Kingebiel, 2005, p. 3).

A UE levou também a efeito uma operação militar no âmbito da PESD, na região do Darfur com início em 2005[101], tendo incluído cooperação nas áreas de assessoria policial e militar, ao nível do Estado-Maior e no treino de forças militares (essencialmente pela França), no âmbito da resolução pacífica de conflitos, em consonância e em apoio à missão da UA[102] na região.

---

[101] O Council Joint Action 2005/557/CFSP – OJ L188, apresentado em 20 de junho de 2005 aprovou e regulamentou o programa de reforço das capacidades de manutenção de apoio à paz em África. [*http://eur-lex.europa.eu/LexUriServ/site/en/oj/2005/l_303/l_30320051122en00600060.pdf*]

[102] O apoio bilateral da França no reforço da Missão da UA no Sudão (AMIS II) baseou-se em elementos para as áreas de planeamento e logística militar, transporte aéreo estratégico (através das bases no Chade, podendo apoiar o destacamento de um contingente de tropas senegalesas), capacidades aéreas de reconhecimento e de todos os meios logísticos ineren-

Fonte: Estado-Maior-General das Forças Armadas Portuguesas, 2012[103]

FIGURA Nº 7 – **Training Camp – Bihanga (2012) EUTM/Somália**

Em 25 de janeiro de 2010, o Conselho e aprovou a criação de uma missão militar com vista a contribuir para a formação das forças de segurança somalis, designada por *"UE Training Mission in Somalia"* (EUTM-Somália). Mantendo-se o quadro de instabilidade e de violência e considerando a necessidade de viabilizar a consolidação do processo de restabelecimento de um ambiente de segurança e desenvolvimento no caminho da paz e estabilidade da Somália, o Conselho da UE, através da Decisão Nº 2010/96/CFSP, de 15 de fevereiro de 1996 e em estreita cooperação e coordenação com a UA, aprovou o estabelecimento de uma missão para contribuir para o treino das forças de segurança da Somália, a EUTM – Somália, que por motivos de segurança regional decorre no Uganda, com o HQ em Kampala e o aquartelamento onde se ministra a instrução militar em Bihanga (Figura Nº 7). A missão militar da UE funciona em estreita colaboração

---

tes, que operaram a partir do Chade, bem como de instrutores militares para formação de militares (UA, 2011).
[103] [*http://www.emgfa.pt/pt/noticias/401*].

e coordenação com parceiros internacionais, em particular as NU, a UA (AMISOM) e os EUA. Complementarmente desenvolve-se a operação naval de combate à pirataria designada por "Atalanta" e outras pequenas missões de assessoria à UA em colaboração com a ONU, NATO e UA.

Realce ainda para o moribundo programa euro-francês de apoio às missões em África, o *Euro-ReCAMP – Renforcement des Capacités Africaines de Maintien de la Paix* que foi inicialmente estabelecido em 1996 pela França, como uma aposta na africanização da Cooperação Técnico-Militar, sendo assumida como uma peça importante da Política Externa Francesa e mais tarde da europeia. A missão representa um reforço global da cooperação multilateral em detrimento da cooperação clássica, tipo bilateral, o que veio a conferir uma outra dimensão ao programa francês. Posteriormente, veio a integrar-se na PESD, o que permitiu ter uma vertente multinacional, possibilitando uma maior visibilidade e suposta eficácia na cooperação para a paz e da ajuda humanitária no continente (Faria, 2004, p. 23).

De modo a elevar o nível das suas relações político-diplomáticos com Angola, desenvolveu uma estratégia intitulada *Angola-EU Joint Way Forward* (JWF)[104], que tem por objetivo reforçar o relacionamento entre as duas partes através de um diálogo político que terá por base os princípios fundamentais de *ownership* e pretende apostar numa responsabilidade conjunta, bem como desenvolver uma interdependência entre a África e a Europa. A implementação da JWF pretende criar estratégias reforçadas sobre temas de interesse comum como a paz e segurança, boa governação e Direitos Humanos, desenvolvimento económico, energia, transportes, alterações climáticas, ciência e tecnologia e educação. Esta proposta foi entregue ao Governo Angolano, em dezembro de 2009, tendo no dia 22 de novembro de 2010 a Ministra do Planeamento enviado uma nota verbal ao Chefe da Delegação da UE em Angola informando que o Governo de Angola havia constituído um grupo de trabalho interministerial e que estaria disponível para iniciar as discussões em torno do documento estratégico. Portugal apoiou esta iniciativa, considerando que a mesma poderá ter um efeito positivo e agregador em termos de reforço da capacidade de influência política da UE, face a outras potências regionais emergentes (a UE na África Subsariana tem parcerias com Cabo Verde, Nigéria e a Africa do Sul).

---

[104] [*http://eeas.europa.eu/angola/index_en.htm*].

Angola e a UE iniciaram em Luanda, no dia 3 de dezembro de 2000, o diálogo político para o aprofundamento das relações bilaterais, ao abrigo do Acordo de Cotonou que estabelece as bases da cooperação entre a UE e os países ACP, onde se encontra Angola. A sessão inaugural teve lugar no Ministério das Relações Exteriores (MIREX) e presentes à cerimónia estiveram, pela parte angolana, o Ministro das Relações Exteriores (João Bernardo Miranda) e pela UE os Embaixadores da Itália (Alfredo Bastianelli) na qualidade de representante da Presidência Italiana do Conselho da UE, o Embaixador da Holanda (Robert Brinks) e o Chefe da Delegação da União Europeia em Angola (Glauco Calzuola). A cooperação UE-Angola conta já com mais de duas décadas, tendo-se iniciado mesmo antes de Angola ter formalmente aderido à IIIª Convenção de Lomé (1986).

A cooperação é elaborada com base num Programa Indicativo Nacional (PIN) que estabelece as orientações estratégicas e as linhas de atuação no domínio da cooperação. O objetivo primordial do programa é o de ajudar o Governo a implementar estratégias que promovam um desenvolvimento económico e social sustentado. No caso de Angola e mercê da situação que assolou o país durante várias décadas, as ações de carácter humanitário assumiram um carácter preponderante, o que tem levado desde então a UE a apoiar o povo angolano, sobretudo as populações mais vulneráveis e afetadas pelo longo conflito interno, através dos dispositivos mais vocacionados para a ajuda de emergência: o Gabinete de Ajuda Humanitária da UE, *European Community Humanitarian Office* (ECHO)[105] e o Núcleo Europeu de Segurança Alimentar.

---

[105] Desde 1993, a ECHO contribuiu com mais de 143 milhões de euros em ajuda humanitária para ações em Angola. Em 2002, a UE aprovou um novo plano global de ajuda humanitária de 8 milhões euros para projetos relacionados com a saúde, nutrição, água saneamento, básica ajuda de emergência, proteção civil e transporte aéreo. O financiamento é canalizado por intermédio de Organizações Internacionais e ONG que são parceiros da ECHO no país. A ECHO dá prioridade às áreas mais diretamente afetadas pela guerra, com as de maiores deres concentrações de pessoas deslocadas internamente e com as mais altas taxas de má nutrição. Continua igualmente a prestar ajuda às províncias que não têm apoio de outros doadores e a intervir nas zonas recentemente abertas à comunidade. Em termos de apoio de emergência, a ECHO continuará a fornecer bens essenciais não-alimentares, como cobertores, utensílios de cozinha e lona para abrigos e também continuará a proporcionar proteção legal às pessoas vulneráveis, apoio às operações do PAM, designadamente transporte de alimentos por via aérea e terrestre, sementes e utensílios agrícolas e pessoal humanitário, com o apoio das FAA (ECHO, 2012).

O apoio também é feito indiretamente, através de outros programas, em grande medida financiados pela UE e pelos Estados-Membros, sendo o mais conhecido o PAM das Nações Unidas. Neste contexto, um terço das atividades do Programa Alimentar contra a fome em Angola são financiadas pela UE. Conforme informação da Delegação da UE em Angola, a ECHO centra a sua atividade na ajuda de emergência com base no seu mandato humanitário às vítimas de catástrofes naturais ou de conflitos armados[106].

A ECHO tem em conta a questão essencial da interligação das ações de emergência, de reabilitação e de desenvolvimento, tal como consta no *Country Strategy Paper and National Indicative Program 2008-2013*[107] assinado em 20 de novembro de 2008 entre a UE e o Governo da República de Angola. Contudo, importa referir que a intervenção da UE em Angola não se esgota na ajuda humanitária e de emergência, estando em curso ou em preparação um conjunto de ações de reabilitação ou de apoio ao desenvolvimento, passando por projetos de desenvolvimento institucional, saneamento urbano, transportes, infraestruturas sociais e produtivas, saúde ou desenvolvimento rural, integrando ações de desminagem humanitária em parceria com as NU e alguns Estados-Membros da UE que desenvolvem parcerias bi-multilaterais nestas áreas da cooperação.

Em suma, e no quadro geral das sucessivas convenções de Yaoundé e Lomé, e presentemente, de Cotonou, e revisto em 25 de junho de 2005, no Luxemburgo a ajuda da UE a Angola tem-se traduzido em financiamentos, sob a forma de subvenção, concedidos no âmbito dos PIN, com fundos FED, constituído por um conjunto de contribuições dos Estados-Membros e outros fundos próprios da União Europeia (linhas orçamentais). A cooperação com Angola, desde a sua adesão ao chamado grupo ACP, totalizou já mais de 800 milhões de euros, sendo cerca de 40% do FED e os restantes 60% provenientes de Linhas Orçamentais. Importa ainda destacar que a política de cooperação e desenvolvimento que a UE tem vindo a manter com países terceiros, assenta em princípios ímpares de parceria e orienta-se essencialmente por quatro objetivos: a consolidação democrá-

---

[106] O Programa estabelece para 2008-2013 um envelope de 214 milhões de euros e foi negociado em 2008, pelo Ministério do Planeamento (Ana Afonso Dias Lourenço) e o Chefe da Delegação da UE em Angola (João Gabriel Ferreira). O Programa estabelece as áreas onde irá incidir a ajuda humanitária do 10º FED, uma programação importante para o desenvolvimento de Angola.

[107] [*http://ec.europa.eu/development/icenter/repository/scanned_ao_csp10_en.pdf*].

tica num quadro de estabilidade política, o desenvolvimento económico e social duradouro, especialmente nos países mais desfavorecidos, a inserção harmoniosa e progressiva na economia mundial, e por fim, a luta contra a pobreza, com reflexos muito positivos no desenvolvimento social do país.

2.3. A Organização do Tratado do Atlântico Norte

O Ato Constitutivo da Organização do Tratado do Atlântico Norte, assinado em Washington em 4 de abril de 1949 como resultado das tensões acumuladas no início da Guerra Fria entre as duas potências vencedoras da IIª Guerra Mundial, levou à criação de uma aliança de dez nações da Europa e da América do Norte comprometidas com a defesa mútua dos seus espaços geopolíticos. Atualmente, passados mais de sessenta anos, a OTAN é uma aliança empenhada na defesa coletiva de seus Estados--Membros como base para preservar a paz e assegurar a segurança e defesa da integridade territorial. Contudo, após as mudanças que ocorreram na Europa e no mundo na década de 1990, tornou-se catalisadora de uma maior segurança e estabilidade no globo, assumindo outras responsabilidades, noutros contextos, agora mais globais e para além dos seus espaços tradicionais de intervenção.

A transformação da OTAN, após a queda do Muro de Berlim e da dissolução da URSS e do Pacto de Varsóvia, levou à redefinição das políticas e estratégias de cooperação, levando-a atualmente a preocupar-se com a cooperação de Defesa com novos parceiros em todo o mundo, nomeadamente em África. Hoje, o processo acelerado de "transformação" da Aliança implicou também uma renovação do seu catálogo de Forças, reajustou o dispositivo e adotou um novo conceito estratégico (2010), preparando-se para assumir outro protagonismo na cena internacional em prol da segurança, não só no seu espaço tradicional, mas por via da globalização, em todo o mundo, nomeadamente em África, onde vem atuando com sucesso (Líbia, Darfur, Costa da Somália).

No âmbito da prevenção e resolução de conflitos, a par das duas Organizações globais que já abordámos (ONU e UE), a NATO surge em África, mais recentemente, fruto de um novo conceito estratégico, dirigido para a atuação *out of area*, ou seja, intervir para além das suas fronteiras e teatros tradicionais, os cenários norte-americano e o europeu. Com o final da

Guerra Fria e o desaparecimento do crónico "inimigo", houve a necessidade de redefinir conceitos, missões, estratégias e até a política da Aliança, deixando esta de se centrar apenas na defesa do seu espaço interno para passar a agir ativamente em defesa de uma segurança global vindo progressivamente a tornar-se num ator global, com um crescendo de intervenção em prol da defesa e da segurança mundial.

Nesta perspetiva mais abrangente e preemptiva, face às novas ameaças que se têm vindo a revelar no espaço dos Estados-Membros, a Aliança ampliou o âmbito das suas atuações e estendeu-se para além do seu espaço geoestratégico tradicional. Por esse motivo, levou a efeito operações militares em teatros europeus (Bósnia-Herzegovina e Kosovo), desenvolve a missão mais robusta da sua história no Afeganistão (ISAF), interveio ainda recentemente no Paquistão e nos EUA (furacão *Katrina*), no Iraque, e está empenhada no continente africano, onde interveio diretamente no apoio à resolução do conflito interno na Líbia e nomeadamente no Sudão (Darfur)[108] em apoio da missão da UA (AMIS II). Nestas intervenções, a Aliança ampliou o âmbito não só geográfico das suas intervenções, como extrapolou a tipologia típica da doutrina. Assim, missões como o apoio a emergências em situações de crise ou catástrofes naturais, assessoria técnico-militar e apoio à reconstrução dos Estados, passaram a integrar o vasto léxico das missões que começou a poder desenvolver.

O paradigma da transformação da Aliança levou-a a constituir-se como um parceiro credível para as outras Organizações Regionais/Internacionais, contribuindo para a segurança mundial e por essa via, direta e indiretamente, para o desenvolvimento sustentado global. Em especial, levou à adoção após a Cimeira de Praga (2002), do conceito de *NATO Response Force* (NRF)[109] como uma resposta operacional às novas ameaças trans-

---

[108] Esta intervenção insere-se no quadro do apoio à missão da UA no Sudão e foi desencadeada pela NATO desde julho de 2005 com o objetivo de fazer o transporte aéreo das forças da UA (militares e policiais) proporcionar treino e apoiar o levantamento e funcionamento de um quartel militar multinacional, sendo fundamental ao nível da gestão da informação e a criação de uma célula de gestão das operações aéreas (NATO, 2006, p. 163).

[109] A NRF constitui uma força conjunta e combinada de elevada prontidão, limitada em efetivos, composição e capacidades, capaz de desenvolver, por si só, determinado tipo de missões, assim como participar numa operação integrando uma força de maior dimensão ou servir como força de entrada inicial, isto é, como primeira força a entrar no teatro de operações para criar condições para a entrada das forças de seguimento, designadas por *follow-on-forces* (MC-477, 2003, p. 4).

nacionais e principalmente para fazer face à ambição de se tornar mais global. A aliança passava assim a possuir um instrumento de intervenção rápida e eficaz na prevenção e resolução de conflitos em qualquer parte do globo. Ao conceito de NRF está subjacente a criação de "...*uma força tecnologicamente evoluída, flexível, destacável, interoperável, com capacidade de autossustentação para trinta dias e que inclui uma componente terrestre, aérea e naval pronta para ser empenhada em qualquer lugar onde seja necessária e por decisão do Conselho do Atlântico Norte (NAC) capaz de participar em todo o espectro de missões da NATO...*" (MC-477, 2003, p. 4).

A participação da NATO nas dinâmicas da segurança africana é atualmente uma estratégia assumida não só pela Aliança, que se constitui já como um ator credível e capaz de projetar segurança nos espaços que são do seu interesse estratégico, mas principalmente pela via bilateral dos seus Estados-Membros, onde se destacam os EUA, o Reino Unido, França e numa dimensão menor, mas igualmente com grande visibilidade no continente Africano, Alemanha, Itália, Canadá e Portugal[110]. A Portugal, bilateralmente ou multilateralmente, cabe-lhe um papel de relevo na "expansão africana" da NATO, possibilitando-lhe contribuir com o seu capital de "Africanidade", para facilitar a aproximação da organização ao continente Africano. A versão "atualizada" e "revista" do conceito estratégico da NATO de finais de 2010 fornece uma orientação global para as políticas e para os planos militares produzidos pela Aliança de acordo com o seu nível de ambição. Descreve quais são os objetivos e as tarefas da Aliança e faz ainda uma análise das suas perspetivas estratégicas à luz do ambiente complexo envolvente e elabora ainda os principais desafios relacionados com a segurança e com os riscos e ameaças no mundo atual, onde África surge como um continente ameaçado e onde os conflitos regionais proliferam e induzem insegurança noutros espaços.

Assim, o presente ambiente político-estratégico e a conjuntura internacional, estigmatizados pelas novas ameaças globais e a necessidade de intervir nos espaços regionais em prol da defesa global, suportadas pelo atual

---

[110] O governo Alemão, em cooperação com os EUA, Canadá e o Reino Unido, apoia em termos de doadores para a construção de capacidades na UA e para o Conselho de Paz e Segurança, de acordo com os objetivos das NU, destacando-se as contribuições para o *Kofi Annan International Peacekeeping Center*, em Accra [*http://www.kaiptc.org*] e o *Peace Support Training Centre*, em Nairobi [*http://armyapp.dnd.ca/pstc-cfsp/*] (Kingebiel, 2005, p. 39).

conceito estratégico da NATO, são influenciados pelo facto de se assumir que uma eventual agressão do tipo convencional em larga escala (eventualmente partido de Leste) a um membro da Aliança é altamente improvável, sendo no entanto considerado possível a longo prazo. Outro fator que determina a postura da NATO é o facto de alguns dos Estados vizinhos do espaço Euro-Atlântico (definido como espaço de interesse conjuntural) se debaterem com crises económicas, sociais e políticas com alguma gravidade, em especial no continente Africano. Este aspeto aponta não só para as problemáticas regiões da Europa de Leste, e o Médio Oriente, como para algumas regiões no Norte de África e na África Subsariana, pois crê que a sua segurança começa e é também influenciada grandemente pela insegurança dos outros (Moreira, 2010).

Outros fatores condicionantes do ambiente estratégico atual são os confrontos étnicos e religiosos extremistas, as disputas territoriais, os abusos e as violações dos Direitos do Homem e os Estados em colapso ou "falhados" que, como vimos, poderão originar instabilidade e conflitos, quer local quer mesmo regionalmente, os quais poderão por via da globalização afetar outros espaços mais a Norte, nomeadamente nos países que compõem a Aliança, constituindo-se numa ameaça real e fonte de preocupação para os Estados-Membros. Um fator a reter na atual instabilidade global é a existência de armas nucleares não controladas, associadas perigosamente a grupos extremistas ou a Estados "falhados", que por vários motivos, ameaçam potencialmente constituir-se uma ameaça à segurança no espaço da Aliança. Sublinha-se ainda o fenómeno da proliferação de armas biológicas ou químicas, e os meios de lançamento associados, que sendo teoricamente mais fáceis de construir e utilizar, estão por isso ao alcance de um maior número de potenciais terroristas. Estas ameaças traduzem atualmente uma postura e um enfoque da Aliança para os países que podem constituir ameaças regionais à segurança global, nomeadamente os países ribeirinhos do Mediterrâneo Sul e uma grande maioria dos Estados africanos na sua dimensão subsariana.

Se, por um lado, qualquer ataque ao território de um dos aliados, estaria coberto pelo Art. 5º do Tratado de Washington, por outro, e face ao atual contexto internacional, a segurança do espaço da Aliança poderá ser afetada por outros riscos, onde se incluem os atos de terrorismo, a sabotagem, as migrações clandestinas, o crime organizado, o tráfego de armas e pessoas e a interrupção do fluxo de recursos estratégicos vitais para um dos aliados (petróleo, gás natural, etc.), abrindo o caminho para a possibilidade de um conjunto de iniciativas por parte da NATO a ser lançadas com um carácter preemptivo ou preventivo. Neste âmbito, a criação de cenários para uma possível intervenção da Aliança em África assume-se hoje como uma realidade, onde o espaço de intervenção *out of area* se constitui numa realidade e na nossa opinião, com tendências para uma evolução gradual, quer em número de intervenções regionais, quer no reforço das missões que já realiza nesses espaços estratégicos.

O conceito estratégico da Aliança reitera que o objetivo essencial e permanente continua a ser a salvaguarda da liberdade e a segurança dos Estados-Membros, através do emprego de meios políticos (nomeadamente a concertação diplomática, a mediação e a negociação) e militares (no emprego do aparelho militar da Aliança, quer preventivamente, quer mesmo em operações de combate). Realce ainda para a inclusão de políticas económicas, sociais e ambientais concertadas de forma concorrente com esses objetivos. A forma como pretende trilhar o caminho que conduzirá a um reforço do espaço de segurança euro-atlântica passa pela preservação do seu elo transatlântico, e pela manutenção de capacidades militares efetivas suficientes para dissuadir e defender, permitindo-lhe cumprir todo o espectro das missões da Aliança, mesmo em espaços que no passado recente estavam fora do seu raio de ação, nomeadamente em África.

O desenvolvimento da "Identidade Europeia de Segurança e de Defesa" dentro da Aliança é outro aspeto que contribuirá para alcançar os seus objetivos bem como para possuir outras capacidades acrescidas no âmbito da gestão de crises, possibilitando uma intervenção com um de maior de eficácia e de uma forma muito mais efetiva. Neste particular, cremos que a Aliança não constitui um competidor direto da Estratégia de Defesa da UE, mas antes funcionará como um complemento da interação dos Estados e das organizações, resultando daí sinergias positivas para ambos, possibilitando-lhe uma maior visibilidade e proficiência nas suas intervenções, pois só um Estado com vocações assumidamente universalistas, pode alinhar as suas estratégias pelas três organizações que abordamos, com reflexo na atuação concertada em prol da segurança Africana.

As missões que a Aliança atribui às suas Forças Militares determinam que o seu papel primordial continue a ser o de manter a paz e garantir a integridade territorial no espaço da Aliança, assegurando a independência política e segurança dos seus Estados-Membros. Deverá para isso, segundo alguns especialistas, combinar capacidade de dissuasão e defesa eficiente para manter ou restabelecer a integridade territorial das nações Aliadas e em caso de conflito, resolvê-lo rapidamente, obrigando o agressor a reconsiderar a sua decisão, cessar as hostilidades e a retirar.

As Forças da Aliança deverão possuir esta capacidade e paralelamente possuir a capacidade de conduzir operações não cobertas pelo já citado, Art 5º, mais concretamente, Operações de Resposta a Crise e Operações de Ajuda Humanitária e de Assistência Militar. Esta "nova" tipologia de operações combina a intervenção na prevenção e na resolução do conflito, indo desde o *pre-deployment* preventivo de Forças, à Ajuda Humanitária e à reconstrução pós-conflito (*peacebuilding*). Veio também a conceber uma doutrina de gestão de crises, que lhe garantiu um relativo sucesso nas intervenções em auxílio das populações afetadas pelas recentes catástrofes naturais, verificadas no Paquistão e nos EUA, e ainda o reconhecimento internacional das capacidades e potencialidades, principalmente porque passou a ser vista como uma organização credível e eficiente na gestão de conflitos, no auxílio às populações e como produtor de segurança.

Um objetivo importante da Aliança é manter as ameaças ao espaço Euro-Atlântico fora desse âmbito e a uma distância desejavelmente confortável, lidando com as potenciais crises nos seus estágios iniciais e nos seus pontos de origem. Neste quadro de intenções, os conflitos *out of area* irão produzir tendencialmente missões *out of area*, levando a Aliança para as regiões onde existem atualmente conflitos regionais numa tentativa de prevenir e resolver os mesmos em complemento estratégico de outras organizações, produzindo segurança e por essa via, contribuindo para um desenvolvimento sustentado. Assim, se uma crise pode afetar a segurança dos membros da Aliança, as suas forças poderão ser empregues em operações do tipo operações de resposta crise, bem como, em apoio de outras Organizações Internacionais ou Regionais (como acontece atualmente no Sudão (Darfur), em que atua em apoio da UA na missão AMIS II/AMISOM).

A possibilidade de forças militares da Aliança poderem ser empregues nesta tipologia de operações determina que terão de lidar com teatros mais complexos e com um variado leque de atores, riscos, ameaças, situações e solicitações, onde se incluem emergências de cariz humanitário, o que poderá levar a que algumas destas missões sejam até eventualmente mais exigentes que as missões conduzidas ao abrigo do Art 5º, aquelas para as quais foi concebida em 1949. Este desiderato levará porventura à necessidade de adequar os seus mecanismos de intervenção, alinhar as suas estratégias particulares com as novas realidades conjunturais, alterar as políticas da Aliança, aplicar o seu novo conceito estratégico e rever os estatutos da organização, tal como o exigem as alterações no mundo.

2.4. A Comunidade dos Países de Língua Portuguesa

O "novo" paradigma securitário trouxe para a atualidade novos atores e novas ameaças transnacionais, que proliferam em todo o mundo, designadamente em África, onde a conflitualidade e as problemáticas da Segurança e da Defesa proliferam a nível regional, com reflexo na segurança interna dos Estados. Este fenómeno induziu as organizações a apostarem na cooperação no domínio da segurança, incrementando a cooperação militar e os mecanismos de prevenção e resolução de conflitos, pois as ameaças globais aos Estados são múltiplas e complexas e as respostas carecem atualmente também de respostas múltiplas, articuladas e de dimensão maior. Nesse propósito, a CPLP pretende, através dos seus instrumentos de cooperação na área da segurança e defesa, ser esse "instrumento" ao serviço dos Estados, podendo intervir na prevenção, ou mais robustamente e por decisão política, na resolução de conflitos intraestatais, nomeadamente em África, e onde a República de Angola é o principal instrumento (Simões Pereira, 2010).

As organizações, mesmo as que não tiveram como propósito inicial o domínio da cooperação nas vertentes da segurança e da defesa (como foi o caso da CPLP), foram "obrigadas" a incluí-las nas suas agendas para a cooperação e acoplando-as ao apoio ao desenvolvimento sustentado, pois sem segurança não existe desenvolvimento e sem desenvolvimento não temos segurança. Esta recíproca necessidade levou à reformulação dos seus objetivos, estratégias e levou à criação de órgãos específicos que se ocupam desta vertente específica, que passam atualmente por Angola, país que tem até julho de 2012 a Presidência da Comunidade.

A componente de Defesa da CPLP constituiu uma área de preocupação praticamente desde a sua criação, embora não estivesse formalizada nos Estatutos e na Declaração Constitutiva de 1996. A vertente da cooperação na defesa surge no âmbito das Políticas Externas dos sete Estados-Membros, numa tentativa de concertar posições, dando corpo a um dos seus principais objetivos de reforçar e aperfeiçoar os mecanismos de cooperação estratégica.

O vínculo à área da Defesa ficou mais forte a partir de 1998, quando em Portugal se realizou a 1ª Reunião de MDN, em que se estabeleceram as primeiras linhas orientadoras da futura vertente de defesa na comunidade. Dois anos depois da assinatura do Ato Constitutivo, o pilar da defesa dava (ainda fora do âmbito da organização) os primeiros passos. Esta dinâmica da Comunidade vem crescendo, integrada num mundo em permanente convulsão, em que o fator "segurança" assume especial relevância (Bernardino, 2007, p. 184).

Em Oeiras deram-se os primeiros passos, abriram-se as primeiras portas da globalização da cooperação militar, assistindo-se à sua formalização em Protocolo, oito anos depois, em 2006. Neste lapso de tempo, avanços e recuos pairaram sobre a mesa das negociações. Criaram-se mecanismos de defesa, estruturas que operacionalizam e pretendem tornar cada vez mais efetiva e eficiente a vertente da cooperação na área da Defesa e da Segurança. No entanto, o Protocolo de Cooperação dos Países de Língua Portuguesa no Domínio da Defesa, que constitui o elemento estruturante da cooperação e foi elaborado pelo SPAD e demorou cerca de três anos a estar redigido e veio a concretizar-se três meses depois, em Cabo Verde, na IXª Reunião de Ministros da Defesa da CPLP, em 15 de setembro de 2006. Esta preocupação surge num contexto de instabilidade no meio dos PALOP que contam com este mecanismo proativo de estabilidade para consolidar os seus processos democráticos e onde a reforma do Sector da Segurança e da Defesa assumem aspeto central.

Assim, para os PALOP, a Comunidade representa um paradigma produtor de segurança e materializa uma vontade de reestruturar e colocar as suas Forças Armadas ao serviço dos Estados, recolhendo apoios e sinergias positivas para Angola. A Comunidade é sentida como mais um sector de projeção e de afirmação das capacidades militares das FAA, principal elemento da cooperação estratégica no contexto da Defesa, com mais-valias ao nível do aperfeiçoamento doutrinário, da projeção de meios e forças, reequipamento e na partilha de capacidades com vista a crescer institucionalmente e ganhar protagonismo no contexto regional de inserção. A CPLP está mais voltada para África e para os Africanos, que apesar de representarem apenas 5% da população e cerca de 20% do território da organização, têm no mar e nas dinâmicas internas as mais-valias e forças que derivam do potencial por explorar das dinâmicas e estratégias africanistas que a comunidade vem aperfeiçoando desde 1996 e especialmente depois da Cimeira de Bissau em 2006.

A temática de cooperação internacional assume várias formas e integra diferentes processos e atores, sendo um fenómeno conjuntural em que os interesses dos Estados se interligam e colocam num patamar comum e supranacional alguns dos seus objetivos. É o caso da cooperação na área da defesa no quadro da comunidade, onde se constata uma aproximação às dinâmicas Africanas, evidenciada pela cooperação multidimensional que existe desde 1996.

O Secretário Executivo da CPLP, Simões Pereira, em entrevista ao autor (2010) confirma que existe atualmente um melhor conhecimento da comunidade no espaço Africano, fruto por um lado, de uma maior abertura dos PALOP (principalmente Angola) às dinâmicas da organização e por outro lado, esta se ter voltado a partir da Guiné-Bissau (2006) muito mais para as questões africanas, normalmente na área da Defesa e da Segurança, com a assinatura nesse ano do Protocolo de Defesa, que materializa uma cooperação multissectorial reforçada, participada e dinâmica (Figura Nº 8).

Contudo, para os Países Africanos, a Comunidade continua ainda a ser vista como o passaporte para o desenvolvimento e para a segurança, não sentido e vivido no seu espaço natal, mas como possibilidade de contacto com outras oportunidades e culturas. Aspeto que na cooperação da defesa tem marcado a diferença, pois se por um lado a cooperação militar com Portugal (e Brasil) é o êxito cultural da CPLP, também se constata que a cooperação Inter-PALOP evoluiu ao longo da última década, principalmente após 2002, com a paz em Angola, o que veio permitir a projeção de forças dos FAA para participar nos exercícios *Felino* e embora não no quadro da Comunidade, no apoio às crises na Guiné-Bissau, em S. Tomé e Príncipe e, tendo também recebido na Escola Superior de Guerra (ESG) Oficiais destes países para receber formação militar. Angola representa mesmo segundo Saldanha Serra, Chefe do Gabinete de Cooperação Técnico Militar na DGPDN (2010), o elemento mais ativo do sector africano da CPLP e tenderá no futuro, com o crescimento do sector da defesa e das FAA, a constituir-se na principal potência da comunidade em África, elemento que lhe irá permitir já durante a sua presidência projetar e

ESTRATÉGIAS DE SEGURANÇA E DE APOIO AO DESENVOLVIMENTO EM ÁFRICA

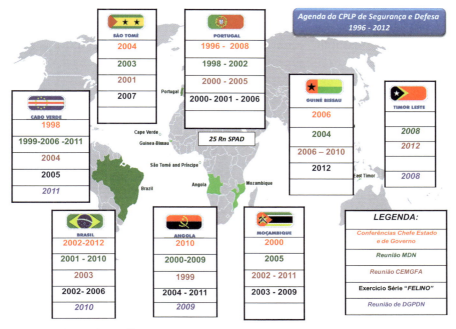

Fonte: Compilado pelo autor[111]

FIGURA Nº 8 – **Agenda da Componente de Defesa da Comunidade 1996-2012**

aproximar as dinâmicas da comunidade com as dos PALOP em linha com as estratégias das ORA onde estão inseridos (Saldanha Serra, 2010).

As Reuniões dos Ministros da Defesa e as Reuniões de Chefes do Estado--Maior Geral Forças Armadas da CPLP constituem os principais órgãos de decisão e de acompanhamento das ações desenvolvidas pela Comunidade no âmbito da Defesa, proporcionando um fórum de discussão e troca de informações estratégicas privilegiadas sobre as problemáticas da segurança nos Países. As reuniões ao nível dos CEMGFA decorrem em paralelo com as reuniões ministeriais que, para além de analisarem numa perspetiva militar conjunta as propostas e os desenvolvimentos no pilar da segurança e da defesa, passavam a integrar a vertente doutrinária, operacional e logística,

---

[111] Veja-se de Luís Bernardino e José Santos Leal, na obra *A Arquitetura de Segurança e Defesa da Comunidade dos Países de Língua Portuguesa*, editada pelo IDN Cadernos, Instituto de Defesa Nacional, Lisboa, dezembro 2011, p. 44.

do planeamento, conduta e avaliação dos exercícios militares *Felino*, que lhes passou a estar por inerência acometido, coordenação na sua organização, no planeamento e na conduta operacional, constituindo-se num facilitador do eventual emprego conjunto de meios militares em prol dos superiores interesses dos Estados-Membros e da organização (Ibidem).

A componente operacional surge como a plataforma do treino militar, onde os militares em permanência (ainda que muito reduzida) treinam procedimentos operacionais, técnicas e consolidam técnicas e tácticas. Na Declaração Final da IIª Reunião MDN, em 1999, estes concordaram em constituir um órgão que apoie administrativa e logisticamente, nascendo assim o "Secretariado Permanente de Assuntos de Defesa da CPLP" (SPAD), ficando sedeado em Lisboa, no Ministério da Defesa Nacional. O normativo viria a ser aprovado na IIIª Reunião MDN, em Luanda (2000) marcando oficialmente o início das suas atividades no quadro da cooperação estruturada de defesa. A missão do SPAD, para além das atribuições iniciais e decorrentes da burocratização do processo institucional, passou estatutariamente a ser a de "*...estudar e propor medidas concretas para a implementação das ideias de cooperação multilateral, identificadas no quadro da globalização...*" (SPAD, 2000).

A necessidade de acompanhar os desenvolvimentos na área da segurança e da defesa e simultaneamente reforçar os laços de cooperação neste domínio, face às mudanças impostas pela envolvente internacional, foram os fatores que ditaram a criação pelos Ministros de Defesa da CPLP, do Centro de Análise Estratégica para os Assuntos de Defesa (CAE). O Centro é um órgão que visa a pesquisa, o estudo e a difusão de conhecimentos, no domínio da estratégia, com interesse para os objetivos da Comunidade, tendo como objetivo primordial "*...promover o estudo de questões estratégicas de interesse comum que habilitem à tomada de posições concertadas nos diversos foros internacionais e acompanhar os desenvolvimentos na comunidade internacional...*" (CAE, 2002). No continente Africano, com reflexo direto em Angola, o CAE poderia desempenhar um papel interessante se estivesse associado aos mecanismos de alerta prévio das ORA, partilhando análises, informações e acompanhando o evoluir da situação interna em cada um dos países da CPLP, contribuindo por esta via, para a segurança regional (Bernardino, 2008, p. 189)[112].

---

[112] [*http://www.revistamilitar.pt/modules/articles/article.php?id=503*].

Os exercícios militares da série *Felino* constituem uma referência na componente de Defesa da Comunidade, sendo apontados como um bom exemplo do crescimento institucional da organização. Estes exercícios nasceram praticamente com a componente de Defesa, quando se pretendeu aproveitar um dos melhores mecanismos de cooperação efetiva entre os países lusófonos, que constituía a CTM. Neste intuito, e porque esta cooperação existia ininterruptamente em África desde as Independências (mais de trinta anos), foi possível operacionalizar "facilmente" esta dinâmica. Este aspeto levou à aprovação da realização de exercícios conjuntos e combinados no âmbito das Operações de Apoio à Paz, com o intuito de criar sinergias e estreitar os laços de amizade e união entre os militares das Forças Armadas dos países da CPLP. O exercício *Felino2010*[113] realizou-se na região de Cabo Ledo, em Angola, em março de 2011, e constitui um exemplo do supracitado, estando presente todos os países da Comunidade, com cerca de 800 militares a operarem em conjunto num cenário hipotético de uma ação de Ajuda Humanitária. Tal permitiu, mais uma vez, treinar as técnicas, táticas e procedimentos entre as Forças Armadas dos países da CPLP, assunto ao qual dedicaremos especial atenção na Parte III.

No cumprimento do estipulado no Protocolo de Cooperação de Defesa, realizou-se a Iª Reunião de Diretores Gerais Política Defesa Nacional (DGPDN) em Timor-Leste em 2008, iniciando-se uma nova área de cooperação e de entendimento no seio da componente de Defesa. Estas reuniões incluem nas suas atribuições competências para apreciar a evolução do sector da Defesa dos países nas questões internacionais e as implicações político-militares no contexto regional e produzir subsídios para as reuniões dos MDN; no âmbito da Política de Defesa submetem à Reunião

---

[113] O exercício *Felino2010*, do tipo LIVEX/FTX (com forças no terreno) contou com a participação de militares das Forças Armadas dos oito Países de Língua Portuguesa e teve lugar em Angola, conforme decidido na reunião dos CEMGFA da CPLP realizada em Brasília de 14 a 17 de abril de 2010, envolvendo o treino de uma Força Tarefa Conjunta e Combinada (FTCC) gerada no âmbito da CPLP a partir de Angola enquanto *Framework Nation* e operando sobre a égide da ONU. Pretendeu-se desta forma, planear um exercício de nível operacional com a finalidade primária de exercitar uma Força, no quadro da Comunidade, no sentido de incrementar a interoperabilidade das Forças Armadas dos países e contribuir para aperfeiçoar o emprego das mesmas em Operações Humanitárias e de Apoio à Paz sob a égide da ONU.

dos MDN propostas e contributos para que os estudos multidisciplinares produzidos ao nível do CAE tenham aplicabilidade nos Estados-Membros, tendo em conta as realidades nacionais e regionais.

As Reuniões de Diretores dos Serviços de Informações Militares (DSIM) têm competências para discutir assuntos da sua área de atividade específica (apenas na vertente militar) e com interesse para a componente de Defesa, designadamente: produzir sínteses de situação acerca dos Estados-Membros da CPLP (e sobre a situação internacional e regional com implicações nos países), efetuar a troca de informações estratégicas de interesse para a Comunidade, em conformidade com as normas acordadas pelos MDN e proceder à troca de experiências entre os serviços de informações militares dos Estados-Membros. Estes mecanismos de dimensão de defesa no quadro da Comunidade são instrumentos para o desenvolvimento dos Ministérios de Segurança Interna e Defesa e ainda das Forças Armadas dos PALOP, que nos contextos regionais de indução lhes permite otimizar e criar mais e melhores capacidades com vista a contribuir para a paz, segurança e desenvolvimento.

A primeira referência, mais significativa, aos Centros de Excelência de Formação de Formadores para Operações de Apoio à Paz encontra-se materializada na ata da IXª Reunião de MDN e surge na sequência da apresentação efetuada por parte da delegação portuguesa sobre o conteúdo do então Programa de Apoio às Missões de Paz em África" (PAMPA), a qual despertou um interesse geral em obter informações mais detalhadas, sobre os referidos Centros de Excelência tendo ficado o SPAD mandatado para esse efeito. Na sequência deste interesse, a Guiné-Bissau declarou disponibilizar o Centro de Instrução Militar do Cumeré como base para implementação dos Centros, embora se saiba que Angola, através do Centro de Operações de Apoio à Paz, em Cabo Ledo e Cabo Verde, possa reunir melhores condições. Importa ainda salientar que na Xª Reunião de MDN foi assinada uma declaração sobre os Centros de Excelência que permite a projeção para o cumprimento de missões em resposta a uma necessidade no seio do continente Africano e em linha com as pretensões no âmbito da certificação e aprontamento de forças para missões no quadro da UA, nas quais Angola tem particular e especial interesse, pois permite-lhe preparar, treinar e certificar Forças no quadro das missões de paz que venham a estar cometidas no contexto regional dos SADC e CEECA, onde o país desempenha um papel crescentemente relevante.

Na XI³ Reunião de Ministros de Defesa dos Países da CPLP realizada em Luanda, em maio de 2009, foi reconhecida através da ata da II³ Reunião de DGPDN que a implementação dos Centros de Excelência de Formação de Formadores para Operações de Apoio à Paz passava a constituir a grande prioridade para o desenvolvimento dos trabalhos da componente de Defesa da organização. Foi ainda assinada a declaração que aprova o modelo dos Centros. Os "Centros de Excelência" têm como objetivo principal "...*garantir o controlo, gestão e execução integradas do processo de formação, optimizando recursos e facilitando a harmonização de princípios, conceitos e doutrina...*" (MDN, 2006).

Este conceito é uma das áreas que, desde o início, os MDN identificaram como das necessidades e áreas estratégicas a serem concretizadas numa perspetiva da cooperação militar globalizante. Na 23³ reunião plenária do SPAD, que decorreu entre 29 e 30 de março de 2011, em Lisboa, foi possível perspetivar a validação, ao nível técnico, do texto constante do *Entendimento Técnico*, estando prevista a apresentação das conclusões para a entrada em funcionamento dos supracitados Centros na XIII³ Reunião de MDN, com o esforço a ser direcionado para a implementação de um Centro de Excelência na vertente das Operações de Paz em Angola, nomeadamente em Cabo Ledo, assunto que cria uma nova dimensão na cooperação na área da Defesa no seio da Comunidade, onde Angola continuará a ser estrategicamente relevante.

A transição entre o pré e o pós-colonial, não só no aspeto territorial e geopolítico, mas em outros domínios, tais como o económico, político, social e ainda na gestão dos recursos naturais estratégicos, tem contribuído para a profusão de conflitos nesta região, tendo o Estado Africano assumido, quase sempre o ónus destes fenómenos. Em complemento, constata-se que é possível destacar a existência de uma complexidade de causas intrínsecas que caracterizam transversalmente os conflitos na região, principalmente aqueles que se materializam em ações de rapto, roubo ou simples banditismo numa nova dimensão que é o mar, que apresentam uma tipologia própria, normalmente associados a uma amálgama difusa de *rootcauses* internas e externas de matriz indiferenciada e multidimensional, assentando nas lacunas governativas do Estado, embora se constate que cada conflito é um conflito e que a conflitualidade em terra tem, quase sempre, repercussões no crescimento da instabilidade no mar e nas economias associadas.

Os atribulados processos de descolonização dos países Africanos conduziram à inépcia temporária da entidade "Estado", tendo levado reciprocamente à fragmentação regional do continente Africano e à proliferação da criminalidade de ordem mais diversa, bem como ao crescente desregular do controlo das fronteiras, dos portos, das costas oceânicas e das rotas comerciais marítimas, tal como se verificou em Angola no período pós-independência. Este singular aspeto conduziu a uma luta pela identidade regional (cultural, religiosa ou de poder) que, devido a pressões políticas, económicas, raciais ou religiosas, levou ao surgimento de conflitos no interior destes Estados, constituindo-se nos aspetos geopolíticos primordiais de uma "nova" conflitualidade que Angola protagonizou entre 1975 e 2002 (Fisas, 2004, pp. 52-62).

Os oito Estados-Membros da CPLP possuem em comum uma língua e uma extensa base histórico-cultural que os identifica e diferencia mutuamente. Mas dispõem também de vastas áreas marítimas sob as respetivas jurisdições nacionais, que perfazem no seu conjunto cerca de 7,6 milhões de km² de mar, significando mais de 2,5% da superfície marítima do globo e materializando uma imensidão de rotas comerciais, recursos estratégicos e de potencialidades geoestratégicas e geopolíticas que importa conhecer e potenciar (Simões Pereira, 2010).

Conforme vem chegando ao conhecimento público e de acordo os progressos tecnológicos e científicos mais avançados, toma-se consciência de que os Oceanos constituem uma fonte de recursos fundamental para o desenvolvimento e para a economia dos países ribeirinhos, particularmente para as comunidades costeiras que deles dependem, quer seja na atividade económica diária de subsistência ou na indústria extrativa, envolvendo elevados interesses económicos. Por esta razão, a gestão adequada e equilibrada (sustentada) dos recursos contribui, em larga medida, para a estabilidade das nações e para o fortalecimento das relações de soberania entre os países que constituem a Comunidade, contribuindo ainda para a consolidação da organização, como garante dos valores do desenvolvimento e da paz nos espaços da Lusofonia. Neste contexto, a elaboração de uma estratégia conjunta para os mares constitui um instrumento indispensável na definição das políticas para os Oceanos, surgindo como um processo natural (e necessário) de assunção e consolidação de objetivos comuns e considerados da maior importância para o desenvolvimento de cada País. Aliás, em linha com as orientações políticas, o Conselho de Ministros da

ESTRATÉGIAS DE SEGURANÇA E DE APOIO AO DESENVOLVIMENTO EM ÁFRICA

CPLP[114] determinou em novembro de 2007 que a *"...concertação de esforços entre os países da CPLP no sentido da elaboração de uma visão integrada, com vista a promover o desenvolvimento sustentável dos espaços oceânicos sob as suas respectivas jurisdições nacionais, inclusive por meio da cooperação internacional..."*.

Ficavam assim definidas as principais (primeiras) orientações para a Comunidade no sentido de se alargarem os domínios da cooperação para a problemática do mar, representando o primeiro ato formal desta "nova" orientação geoestratégica. A aproximação política no âmbito dos assuntos do mar entre países da Comunidade teve lugar em várias áreas e por diversas ocasiões, de que são exemplo a Conferência dos Ministros das Pescas em 2005, o Iº Simpósio das Marinhas dos Países de Língua Portuguesa[115] (2008) que constitui um fórum de discussão sobre os aspetos das Marinhas e da segurança marítima, o Iº Encontro de Portos (Leixões-2008) e o IIIº Encontro realizado em Luanda (2010).

A "Estratégia da CPLP para os Oceanos" rege-se por princípios e objetivos transversais aos demais vetores da cooperação no seio da Comunidade, nomeadamente pelos princípios de igualdade soberana dos Estados respeito pela integridade territorial; promoção do desenvolvimento e da cooperação. Entre os objetivos, contam-se propósitos que podem igualmente ser relacionados com a estratégia, como a concertação político-diplomática, fundamentalmente para o reforço da sua presença nos contextos regionais e internacionais e a cooperação em vários domínios, como por exemplo a segurança e defesa marítima, um assunto pouco desenvolvido na comu-

---

[114] Resolução do Conselho de Ministros da CPLP 2 novembro 2007, XII CM CPLP/PR.9/2007.

[115] Entre 2 e 3 de julho de 2008, com a presença de altos representantes das Marinhas dos oito países da CPLP, realizou-se na Academia de Marinha (Lisboa) o Iº Simpósio das Marinhas dos Países de Língua Portuguesa. Esta iniciativa, promovida pela Marinha Portuguesa com a colaboração do Instituto Superior de Ciências Sociais e Políticas (ISCSP) visou promover o diálogo, incrementar a cooperação e partilhar experiências organizacionais entre as Marinhas que usam a mesma língua. O tema base escolhido Simpósio foi *O papel das Marinhas no actual contexto internacional*, tendo em vista a análise da adaptação das Marinhas à nova complexidade do ambiente internacional. Apesar das diferenças entre as Marinhas, face às características e especificidades de cada uma, foi possível partilhar experiências, defender convicções e refletir sobre alguns dos mais importantes temas da atualidade, onde as Marinhas jogam papel de relevo. Em junho de 2010, o IIº Simpósio das Marinhas dos Países de Língua Portuguesa em Luanda – *As Marinhas e os desafios do século XXI. [http://www.marinhasplp.org/MPLP/resources/pdfs/cad26.pdf]*

nidade e que Angola procura desenvolver no contexto das reformas em manter nos FAA e em especial na Marinha de Guerra Angolana.

Esta cooperação estratégica baseia-se nas políticas nacionais dos Estados e assenta numa visão comum de união e de partilha, tendo em conta a diversidade de realidades existentes entre os diferentes países, não só ao nível económico e social, mas também ao nível geográfico. Esta visão comum constitui uma ampla oportunidade para uma cooperação internacional em domínios essenciais para o desenvolvimento sustentável das atividades ligadas ao mar, já que os países da Comunidade se distribuem por vários oceanos em diferentes quadrantes do globo (Bernardino e Leal, 2011, pp. 59-63).

Assim, e dando corpo ao supracitado desiderato, a partir do início de 2011, os MDN de Angola e de Portugal, através da Comissão Interministerial para Delimitação e Demarcação do Espaços Marítimos de Angola (CIDDEMA) e da *Estrutura de Missão para os Assuntos do Mar* (EMAM)[116] manifestaram mútuo interesse em reforçar a cooperação no domínio da segurança marítima e em particular no processo de extensão da plataforma continental, assinando um Memorandum de Entendimento, em linha com os princípios e objetivos estabelecidos na *Estratégia da Comunidade dos Países de Língua Portuguesa para os Oceanos*, de 21 de março de 2010. O documento aponta para as vantagens mútuas que resultarão de uma abordagem conjunta nas ações que constituem a missão da CIDDEMA (onde a EMAM dispõe de competência científica e técnica), considerando oportuno estabelecer institucionalmente, no contexto dos Acordos de Cooperação no domínio da Defesa no quadro da cooperação (2010-2014) um instrumento de cooperação celebrado para o efeito, que melhor responda aos interesses de Angola e de Portugal. As ações de cooperação reguladas pelo Memorandum incluem ações no âmbito da delimitação e demarcação dos

---

[116] A *Estrutura de Missão para os Assuntos do Mar* tem como objetivos prestar apoio na preparação de propostas de extensão da plataforma continental dos Estados com os quais o Governo Português estabeleça acordos de cooperação. Através do Despacho 13/06, de 12 de maio de 2010, o Conselho de Ministros da República de Angola criou a *Comissão Interministerial para a Delimitação e Demarcação dos Espaços Marítimos de Angola*, com o objetivo de dinamizar a atividade de coordenação e execução dos estudos e projetos para a delimitação das fronteiras marítimas ao Norte e para a extensão da plataforma continental de Angola, que corresponde com a *Estrutura de Missão para os Assuntos do Mar* de Portugal nos assuntos subscritos no Acordo. [*http://www.emam.com.pt/*].

espaços marítimos de Angola (estabelecidas nos anexos ao *Memorandum*) constituindo um novo marco na cooperação na segurança marítima no seio da Comunidade.

As ações a desenvolver no âmbito das áreas indicadas têm por finalidade os interesses de Angola, tendo em conta a realidade geofísica e a natureza dos fundos marinhos adjacentes ao território emerso de Angola até ao limite da plataforma continental, face ao contexto regional dos Estados adjacentes, tendo sido identificado como as duas áreas prioritárias no âmbito do *Memorandum*, a delimitação e demarcação da fronteira, bem como dos espaços marítimos de Angola e ainda a extensão da plataforma continental de Angola.

O desenvolvimento do processo será conduzido nos termos acordados entre os dois Estados e em conformidade com as recomendações contidas no *Relatório de Avaliação Inicial* (elaborado pela EMAM) para a extensão da plataforma continental. O relatório conterá uma descrição detalhada das ações a desenvolver, a indicação da respetiva natureza e uma previsão de prazos e custos para a respetiva realização.

No âmbito das áreas de cooperação identificadas por Angola e Portugal, no quadro do Projecto de Extensão da Plataforma Continental de Angola (PEPCA) serão desenvolvidas um conjunto de ações seguidamente identificadas, relativas à preparação da respetiva submissão[117] nomeadamente: consultoria e assistência jurídica, científica e técnica pela EMAM no âmbito do processo de extensão da plataforma continental; estabelecimento do quadro jurídico, científico e técnico das ações a desenvolver para a realização do processo de extensão da plataforma continental; supervisão, fiscalização e auditoria pela EMAM dos trabalhos de campo e de gabinete a desenvolver pelas entidades a designar pelo Governo de Angola; validação do processamento e integração dos dados e informação de suporte à proposta de extensão da plataforma continental e respetiva certificação de qualidade; certificação e homologação pela EMAM dos relatórios científicos e técnicos inerentes a todos os trabalhos a realizar no âmbito desta ação; assessoria à elaboração da submissão a apresentar à Comissão de Limites

---

[117] In *Memorandum de Entendimento – Cooperação AngolaPortugal no âmbito da Delimitação e Demarcação dos Espaços Marítimos* assinado em 21 de fevereiro de 2011, em Luanda, entre o Ministro da Defesa de Angola (Cândido Pereira dos Santos VanDúnen) e o Secretário de Estado da Defesa Nacional e dos Assuntos do Mar de Portugal (Marco Perestrello).

da Plataforma Continental; realização de seminários no âmbito das matérias de relevo para as áreas de cooperação acima identificadas; realização de ações de formação específica no âmbito das áreas de cooperação identificadas e preparação de quadros angolanos nas matérias respeitantes às áreas de cooperação, em particular às que permitam a defesa da submissão junto da Comissão.

Os contributos para a segurança marítima e para o desenvolvimento das estratégias relacionadas com o mar serão no futuro, segundo Simões Pereira, uma área de cooperação a desenvolverem que Angola será potencialmente um dos países da Comunidade que maior vantagem tirará desse processo (2010) (Matias, 2010).

3. O papel das Organizações Regionais Africanas na segurança e no apoio ao desenvolvimento em África

As Organizações Regionais Africanas assumiram, após os atribulados processos de descolonização africanos, uma estratégia de crescimento e de afirmação institucional que lhes tem garantido uma projeção e o reconhecimento da sociedade internacional, em face das inovadoras estratégias de segurança, das várias políticas de apoio ao desenvolvimento e das múltiplas intervenções, bem como do protagonismo que vêm assumindo no contexto regional africano e mundial. Em especial, algumas organizações, tais como a UA, SADC, CEDEAO e a ECCAS, têm intervindo ao nível do apoio ao desenvolvimento económico e da segurança, especialmente na mediação e prevenção de conflitos, na intervenção militar e na contenção da criminalidade, contribuindo para um reforço da segurança regional em África, condição necessária para se alcançar o desenvolvimento sustentado. Depois de mais de três décadas de independência, o futuro dos Estados Africanos pré-coloniais, parece mais do que nunca, como refere Marina Ottaway, incerto, e a probabilidade de todos os Estados em África permanecerem intactos com as suas fronteiras estabilizadas (definidas pelas potências coloniais) parece agora mais remota (Daddieh e Mengisteab, 1999, p. 83).

Por esse motivo, o Estado Africano, débil e com elevado défice de soberania, apesar de se constituir na pedra basilar das dinâmicas em África, transferiu para as ORA parte dos seus atributos, deveres e responsabilidades, repousando nestas últimas grande parte das responsabilidades relacionadas com a satisfação das condições essenciais para as populações, principalmente o desenvolvimento social, económico, a *good governance* e ainda a segurança humana. Contudo, para os autores, não existem dúvidas de que "uma integração com a economia global nas condições certas pode promover o crescimento económico" e que os agentes facilitadores desta globalização do desenvolvimento são mesmo as ORA, pois os Estados não conseguem dar resposta às necessidades económicas e financeiras nacionais e internacionais (Idem, p. 3).

Neste contexto, cremos que a globalização trouxe para o continente Africano a necessidade da implementação de regras de um mercado económico global, incorporando fatores como a união aduaneira regional, os mercados livres, a integração monetária, o corporativismo económico e o associativismo económico-comercial. Aspetos que comprometem não só os Estados, mas principalmente as suas elites governativas e ainda mais as organizações africanas, que perante os mecanismos internacionais de ajuda económico-financeira, assumiram-se como os interlocutores privilegiados e sendo considerados os potenciais agentes internos da mudança (Justino Pinto de Andrade, 2010).

Estas ações económico-financeiras, são realizadas pelas Organizações Regionais Africanas, principalmente ao nível sub-regional, tentando criar à semelhança do que se faz noutras partes do mundo, as bases para uma sociedade democrática, onde a economia de mercado dita as regras num mercado mais amplo, o mercado global. Cremos pois que, na integração com a economia global, em certas condições e na medida certa, as organizações africanas podem ser a mola impulsionadora do desenvolvimento que se pretende para o continente Africano. Noutro âmbito, complementar e interdependente, as ORA criaram alianças militares regionais, mecanismos próprios de resposta aos conflitos e implementaram sistemas de alerta regionais, conferindo-lhes uma outra dimensão e uma responsabilidade acrescida no âmbito da segurança regional africana. Pois os Estados (no terceiro mundo, segundo o autor) "...*encontram-se numa fase de afirmação da sua existência e da sua independência, face e esta situação de fraqueza e posição periférica na esfera das decisões...*" e vão sendo gradualmente substituídos em muitas das suas funções estruturantes pelas ORA (Braillard, 1999, p. 451).

3.1. Da Organização de Unidade Africana à União Africana

Na 38ª Cimeira de Chefes de Estado e de Governo da Organização da Unidade Africana, realizada em Durban (África do Sul) em 8 de julho de 2002 foi formalizada a constituição da União Africana, organismo que sucede à própria OUA, pois esta havia-se tornado inoperante e ineficiente, a partir do momento em que não dispunha de mecanismos legais de intervenção na resolução dos inúmeros conflitos regionais que existiam em África. Esta organização pan-africana recente, tendo herdado a história mas não as tradições da sua antecessora, preparava-se para assumir outro nível de ambição e valorizar África no mundo. A mudança conjuntural permitiu criar um conjunto de sinergias, órgãos e mecanismos proativos, com vista à implementação de sistemas de prevenção e resolução de conflitos regionais, mais adequada à atual realidade africana, tornando-se numa organização de integração em vez de uma organização de cooperação intergovernamental.

Desde o início da vigência do Tratado de Abuja (Maio de 1994), o qual estabeleceu a Comunidade Económica Africana, que a OUA, organização continental africana, havia passado a funcionar com base em dois instrumentos legais: a Carta da OUA (1963) e o Tratado da Comunidade Económica Africana. O lançamento da UA veio, contudo, a marcar o início de uma transição gradual da OUA e da CEA para uma organização única, no espírito de uma unidade política e económica, ao nível continental.

Assim, no quadro da UA foram retomados os objetivos do Tratado de Abuja, no sentido da criação gradual de uma "nova" Comunidade Económica mediante o reforço, coordenação, harmonização e integração progressiva das atividades das comunidades económicas regionais africanas, que estão na base da constituição da Comunidade. Neste intuito, para além de uma reformulação e alargamento do mandato tradicionalmente conferido à OUA, a UA apresenta uma estrutura institucional substancialmente diferente e, em grande parte, definida à luz do modelo de integração europeu. Destaca-se neste particular, o Secretariado ou a Comissão Africana, o Parlamento Pan-Africano e o Tribunal de Justiça Africano (UA, 2011) (Tavares, 2010, pp. 22-27).

Na última Cimeira da OUA, realizada em Durban, foram adotados os estatutos e regras de funcionamento dos principais órgãos da UA, que teve a sua primeira Cimeira nos dias 9 e 10 de julho de 2002, (marcando o seu início formal). Com vista à operacionalização dos compromissos e objetivos consagrados no Ato Constitutivo da UA, em matéria de paz e segurança, foi ainda aí adotado um Protocolo relativo ao estabelecimento de um Conselho para a Paz e Segurança da UA (CPS), em substituição do "Órgão Central do Mecanismo para a Prevenção, Gestão e Resolução de Conflitos da OUA"[118] que estava obsoleto e inoperante. O CPS entrou formalmente em vigor em 25 de maio de 2004, tendo a seu cargo o desempenho de funções em matéria de promoção da paz, segurança e estabilidade, mecanismos de alerta precoce e diplomacia preventiva, *peacemaking* (mediação e conciliação), operações de paz, consolidação da paz e reconstrução pós-conflito, ações de ajuda humanitária e gestão de catástrofes, bem como outras funções que poderão ser decididas pela Assembleia.

Presentemente, a UA representa uma pan-africanização teórica da segurança e da defesa em África, integrando num sistema continental as capacidades dos Estados, agregados em regiões, que procura resolver os conflitos pelo esforço conjugado e partilhado do emprego dos meios militares ao dispor destas Organizações, num sistema continental de paz e segurança, que iremos procurar aprofundar ao longo deste capítulo.

3.2. A União Africana

A regionalização africana assumida pelos principais atores da globalização africana, as organizações regionais e sub-regionais, pode constituir-se num fator agregador e de estabilidade no continente africano, principalmente porque estes (organizações) são os atores que estão atualmente a assumir maior preponderância na resolução de conflitos regionais, e paralelamente, na afirmação das economias regionais sustentadas, assimilando o papel de entidade charneira entre os Estados Africanos e a sua população, a ordem Internacional e os interesses dos países e das várias organizações no continente. Na vertente económico-financeira, as organizações sub-regionais africanas conceberam uma ampla (mas nem sempre eficiente) estrutura em rede, que funciona de acordo com as afinidades culturais, linguísticas e até relacionadas e algo influenciadas pelas assessorias dos países de referência (nomeadamente os países colonizadores). Alinhados

---

[118] Criado em junho de 1993, durante a 29ª Assembleia de Chefes de Estado e de Governo da OUA.

AS DINÂMICAS DA SEGURANÇA E DO DESENVOLVIMENTO EM AMBIENTES DE CONFLITUALIDADE

numa profusão regional de mercados económico-financeiros reguladores, que se constituem efetivamente numa desregulada regionalização da *African Economic Community* (AEC).

Na assinatura do *Acto Constitutivo* da União Africana, na Cimeira de Lomé, em 2000, consagra-se como objetivo principal (de entre os treze encontrados para a sua criação), a necessidade de "realizar maior unidade e solidariedade entre os países e povos de África" (UA, 2011). A UA inicia as suas funções em 2002, criando um conjunto de órgãos institucionais que contribuíram para criar no SPI a perceção de que esta seria a solução ideal para os problemas em África e que para as ORA se "...*abriam novas perspetivas face ao reforço da cooperação continental, em áreas chave como seja a intervenção diplomática e a militar, nomeadamente na prevenção de conflitos...*", tendo como objetivo primordial a promoção da paz, a segurança e a estabilidade no continente[119].

A União Africana passou a ser vista pela sociedade internacional como um relançamento refinado da OUA, uma nova fase da história africana, em que 53 Estados se associaram para resolverem as questões do desenvolvimento e da segurança para o futuro de África. Esta coligação assenta em três eixos principais: a Paz e a Segurança, os Direitos Humanos e a Democracia e ainda a integração económica regional. No seu *site* oficial lê-se o sugestivo lema: "*Uma eficiente e efetiva União Africana para uma Nova África*", que reflete a nova visão estratégica da organização para África (UA, 2011).

Ressalta na estratégia da UA para África, consentânea com os seus objetivos, a sua visão e num quadro de atuação o programa de apoio ao desenvolvimento em África, o *New Partnership for Africa's Development* (NEPAD)[120].

---

[119] Os organismos institucionais da UA são: a Comissão da União Africana, que sendo o órgão executivo com o papel de supervisão estratégica, estabelece o interface entre o continente e o exterior; a Conferência de Chefes de Estado e de Governo, que reúne anualmente e detêm a competência de autorizar a intervenção num Estado-Membro em circunstâncias consideradas graves; o Conselho Executivo, constituído pelos Ministros dos Negócios Estrangeiros, sendo responsável por coordenar as políticas dos Estados-Membros nos domínios de interesse comum; o Parlamento Pan-Africano, com uma presença de 265 parlamentares (cinco por cada Estado--Membro) que detêm o poder legislativo, o Tribunal Africano para os Direitos do Homem e dos Povos, tem o objetivo de promover a Carta Africana dos Direitos do Homem e dos Povos, com um poder executivo e o Conselho de Paz e Segurança, implementado em maio de 2004, sendo um modelo adaptado do Conselho de Segurança da ONU (Cardoso e Ferreira, 2005, pp. 10-13).

[120] A iniciativa nasceu em julho de 2001, na 37ª Cimeira de Chefes de Estado Africanos, tendo sido designada inicialmente por *New Africa Iniciative* (NAI) vindo a designar-se por *Nova*

Este programa constitui o principal quadro de apoio ao desenvolvimento para o continente africano e apoia-se na vontade dos próprios africanos em criarem, através do reforço das suas próprias capacidades, condições para assegurarem a promoção da paz, da segurança, da democracia, da *good governance* e da cooperação[121]. O NEPAD é a forma de garantir a afetação de recursos da APD e da cooperação estratégica internacional para África, no âmbito da organização levar o desenvolvimento sustentado e a segurança aos PALOP, contribuindo para uma África mais desenvolvida e segura, que como refere Almeida Santos, necessita de um modelo global, mas economicamente e num modelo de assimilação que *"...ameaça globalmente falhar..."*, mas que tem contribuído para o desenvolvimento em África (2005, p. 29).

Parceria para o Desenvolvimento de África, em outubro do mesmo ano, em resultado da fusão do *Plan Ómega Pour l'Afrique* (elaborado pelo Presidente do Senegal) e do *Millenium Africa Programme* (elaborado pela África do Sul, Nigéria e Argélia). A *Nova Iniciativa Africana* e o *Plano Ómega* elaborados na esteira da OUA, levaram a UA a elaborar em 2001, a *Nova Parceria para o Desenvolvimento de África* que representa uma visão a longo prazo e um programa de ação elaborada pelos próprios líderes Africanos, para a reconstrução de África. Os Chefes de Estado, envolvidos na elaboração do supracitado documento parecem vê-lo como um compromisso assumido para com o seu povo e para com a sociedade internacional, tendo decidido colocar África na via do crescimento sustentável e da integração na economia global. O programa NEPAD adotou oito áreas prioritárias de intervenção, entre as quais, o desenvolvimento dos recursos humanos, infraestruturas, agricultura, saúde, ciência e tecnologia, bem como o acesso aos mercados dos países desenvolvidos. Nestas áreas de intervenção conjuga-se projetos bi ou multilaterais de cooperação entre Estados e organizações, aliando o reforço da segurança ao do desenvolvimento sustentado. Neste prisma, apoia a cooperação para o fortalecimento de capacidades militares dos Estados Africanos, podendo este tornar-se inconsequente e até perigoso se não for acompanhado de um desenvolvimento equilibrado das estruturas governativas dos Estados. Por esses motivos, em complemento ao desenvolvimento, o programa *Nova Parceria para o Desenvolvimento de África* ajusta-se à intervenção da UA no reforço das condições de apoio ao desenvolvimento sustentado e de segurança em África, reforçando por essa via o próprio Estado Africano, pois como refere Luís Moita, com os devidos condicionalismos, o *"...Estado soberano é o principal responsável por garantir a paz e a ordem pública no seu território, contribuindo assim para a paz e estabilidade na sociedade internacional..."* (2003, p. 23) (Kingebiel, 2005, p. 5) (Cardoso, 2011).

[121] Na 38ª Sessão Ordinária da Assembleia de Chefes de Estado e de Governo da UA, em Durban, na África do Sul, a organização adotou em 8 de julho de 2002, o *African Peer Review Mechanism* (APRM) constituindo na forma de auto monitorização dos governos da evolução do programa NEPAD, nos seus países, com o propósito de identificar deficiências e desvios permitindo a introdução de correções de carácter técnico (NEPAD, 2011).

AS DINÂMICAS DA SEGURANÇA E DO DESENVOLVIMENTO EM AMBIENTES DE CONFLITUALIDADE

Em complemento, na vertente da segurança e da defesa, a criação das ASF[122] parece ser a aposta certa para garantir uma prevenção e resolução dos conflitos regionais de forma eficaz e intervir capazmente na gestão das múltiplas crises intraestatais africanas. A UA, atendendo a toda a atual complexa realidade africana e mundial, tem o mérito de ter conseguido alcançar três sucessos: primeiro, conseguiu congregar praticamente todos os países de África, em torno das mesmas causas; segundo, levou as organizações "não africanas" a encontrarem na UA o parceiro ideal para desenvolverem as políticas africanas e ainda porque apesar de todas as deficiências e dificuldades encontradas, tem mostrado trabalho feito no terreno, não só ao nível do apoio ao desenvolvimento sustentado e da concertação diplomática, mas principalmente como mecanismo estabilizador de conflitos intraestatais (Cilliers e Malan, 2005, p. 4).

O panorama da intervenção nos conflitos regionais africanos mudou significativamente depois da criação da UA e especialmente depois de 2004, com a ativação do CPS. Com este órgão, estamos perante uma alteração na relação entre o nível regional e sub-regional, no quadro da APSA, em que o Conselho assume o papel integrador e coordenador das atividades desenvolvidas no âmbito da segurança pelas organizações sub-regionais, encontrando-se mandatado para tomar decisões e se necessário, intervir, nos Estados-Membros em prol da manutenção da paz e da segurança regional e continental[123]. O Secretariado, também designado por Comissão Africana, é constituído por oito, subcomissões, cujo trabalho é o de preparar os dossiês e fazer o acompanhamento das políticas nacionais e internacionais em África.

A primeira das Comissões, e talvez a mais importante, é a Comissão de Paz e Segurança (CPS), que tem por finalidade constituir-se no órgão de aconselhamento e de acompanhamento das políticas no âmbito da segurança e defesa continental. Para a operacionalização das estratégias e motor

---

[122] As ASF congregam atualmente cinco Brigadas, associadas às cinco sub-regiões em que se divide o continente africano e atribuídas às Organizações Sub-regionais que operam nessas regiões, constituindo no mecanismo de reação rápida da UA para a prevenção e especialmente a resolução de conflitos regionais em África (Correia de Barros, 2011).

[123] O CPS definiu quatro áreas em que poderá levar a efeito "intervenções preventivas", nomeadamente: em caso de genocídio; grave violação dos Direitos Humanos; quando a instabilidade numa região ameaça transpor as fronteiras para outro Estado e quando houver mudanças de governo inconstitucionais (NEPAD, 2004, p. 24).

ESTRATÉGIAS DE SEGURANÇA E DE APOIO AO DESENVOLVIMENTO EM ÁFRICA

das ações em prol da segurança e defesa, temos o Conselho dependente da Comissão, mas tendo na sua direta dependência os instrumentos da prevenção e resolução de conflitos da UA. Neste âmbito, o CPS constitui-se no órgão agregador e nevrálgico quer das aspirações dos próprios Estados africanos, que viam aí o seu ponto de convergência para as forças militares dispersas e mal equipadas que possuíam ao seu serviço, esperando que o todo resulte melhor do que as partes. Externamente, os doadores internacionais viram no CPS o veículo estratégico do financiamento e do suporte militar, pois apostando-o na sua eficácia e eficiência, contribuíram diretamente para a efetivação das *African Standby Forces* (Boshoff, 2010).

As organizações sub-regionais africanas representam na "nova" ordem mundial, os verdadeiros agentes da mudança, apoiadas pelos agentes da cooperação para África, irão num futuro próximo assumir os destinos das regiões onde exercem a sua influência, numa missão consentânea com os objetivos e estatutos que lhe deram origem. Algumas dessas organizações, que atualmente desempenham um papel de relevo na dinâmica regional e que têm um enfoque muito particular em África, são a CEEAC e a SADC. Na vertente económica, as organizações sub-regionais em articulação com a UA, pretendem um mercado económico global para África, aferindo mecanismos de cooperação entre organizações, regulando os fluxos de capitais e alinhando as perspetivas económico-financeiras regionais com os mercados globais extra-africanos (Cardoso, 2009, pp. 99-102).

3.3. A Comunidade para o Desenvolvimento da África Austral

A Comunidade de Desenvolvimento da África Austral, conhecida internacionalmente por "SADC" – *Southern African Development Community*, é a organização sub-regional de integração económica dos países da África Austral e teve o seu início em 1980, na Conferência de Coordenação para o Desenvolvimento da África Austral[124] realizada pelos países da "linha da

---

[124] Esse grupo de países reuniu-se então em Arusha, Tanzânia, em 1979 e em Lusaka (Zâmbia), em 1980, apresentando como compromisso seguir políticas dirigidas à liberalização económica e ao desenvolvimento integrado das economias nacionais. Na *Conferência de Lusaka* foi criada a Conferência para Coordenação do Desenvolvimento da África Austral (SADCC). Esta organização foi essencial ao criar as bases para a integração regional na África Austral. Em 1989, a Conferência de Chefes de Estado e Governo, em Harare (Zimbabué), decidiu que

AS DINÂMICAS DA SEGURANÇA E DO DESENVOLVIMENTO EM AMBIENTES DE CONFLITUALIDADE

frente"[125] e o Zimbabwe. Constitui-se formalmente em 1992, na SADC, integrando alguns países num mercado comum regional confinado à África Austral. Esta organização associa a cooperação inter-Estados e a adoção de políticas e instituições comuns, nomeadamente no âmbito da promoção da paz e da segurança regional, reforçando a sua credibilidade e da África do Sul (nação líder neste contexto), a nível internacional (Faria, 2004, pp. 20-21) (Cardoso, 2010).

A SADC estabeleceu em 2001 um Protocolo para a Cooperação nas Áreas de Política, Defesa e Segurança, com o objetivo de servir de instrumento para fazer face aos desafios políticos, de defesa e de segurança na região. Para o efeito, criou o Comité Inter-Estatal de Defesa e Segurança, que é constituído pelos Ministros da Defesa dos Estados-Membros. Este Protocolo estabelece as metodologias a utilizar na prevenção, gestão e resolução de conflitos por meios pacíficos, recorrendo nomeadamente à diplomacia preventiva, negociações, conciliação, mediação, os bons ofícios, à arbitragem e adjudicação por um tribunal internacional e teve ainda o estabelecimento de um sistema de aviso prévio a fim de facilitar ações atempadas que previnam a erupção e a escalada dos conflitos (SADC, 2011).

Ainda no âmbito das atividades desenvolvidas em prol da segurança regional, o estabelecimento do Pacto de Defesa Mútua em 2003, ainda não adotado, e a decisão de criar num período de cinco anos, uma força de escalão Brigada, a *SADC Standby Force Brigade – SADCBRIG*"[126], merece especial referência. Tendo levado a efeito algumas intervenções militares, nomeadamente na RDC (1998) com militares da África do Sul, Angola, Moçambique e do Botswana e no Lesoto (1998-1999) com militares do Zimbabwe, Angola e Namíbia, vem dando mostras de pretender assumir um maior protagonismo no continente africano (Cilliers e Malan, 2005, p. 13).

---

deveria formalizar a SADCC para *"...dar-lhe um* status *adequado substituindo o memorando de Entendimento por um Acordo, Carta ou Tratado..."*. A Declaração e o Tratado que fundam a SADC, em substituição da SADCC, Conferência de Chefes de Estado e de Governo, em 17 de agosto de 1992, em Windhoek, na Namíbia (Sousa, 2005, p. 43) (Cardoso, 2009) (Tavares, 2010, pp. 56-59) (Cardoso, 2011).

[125] Na origem os países da linha da frente eram Angola, Moçambique, Tanzânia e Zâmbia, passando a integrar a África do Sul em 1994, quando esta aderiu à SADC (Faria, 2004, p. 20).

[126] A SADC dispõe de uma estrutura dedicada para a gestão estratégica da *SADCBRIG*, e a *SADC Strategic Management Structure* (SADC-SMS) e o Comité Inter-Estatal de Defesa e Segurança (CIEDS) (Cilliers e Malan, 2005, p. 13) (Cardoso, 2009, p. 103).

ESTRATÉGIAS DE SEGURANÇA E DE APOIO AO DESENVOLVIMENTO EM ÁFRICA

Em 2004, a SADC adotou o *Strategic Indicative Plan for the SADC Organ* (SIPO) que identifica as principais fragilidades em matéria de segurança e defesa e propõe algumas medidas corretivas, estabelecendo dois órgãos que associam as comissões inter-estatais de política e diplomacia, o *Interstate Politics and Diplomacy Committee*, fórum de discussão dos Ministros dos Negócios Estrangeiro e o *Interstate Defence and Security Committee*, para os Ministros da Defesa, não se tendo até ao momento revelado muito eficaz na gestão de crises na região (Faria, 2004, p. 21) (Cardoso, 2009, pp. 103-105).

Atualmente, a SADC forma uma organização sub-regional que congrega quinze Estados-Membros[127] num conjunto de programas de apoio ao desenvolvimento sustentado, o que, devido a uma diversificação das economias na região, lhe tem permitido (muito por via do sucesso económico-financeiro verificado na África do Sul) um crescimento económico generalizado, constituindo-se numa organização de sucesso, nesta região e neste continente. Em sintonia, conforme vimos, alia o aspeto da segurança regional ao do desenvolvimento económico, garantindo internamente na região, uma estabilidade económica e social, apresentando-se neste âmbito num bom exemplo para as restantes Organizações Sub-regionais Africanas.

3.4. A Comunidade Económica dos Estados da África Central

A Comunidade Económica dos Estados da África Central decorre do *Plano de Acção de Lagos* elaborado em 1980, que visava o desenvolvimento económico, social e cultural e a criação de um mercado comum regional, resultando da fusão da *African Coustoms and Economic Union* e da *Economic Community of the Great Lakes States*, tendo iniciado as suas atividades em 1985[128]. Com alguma intermitência na sua ação e após um período de hibernação (1992 e 1996), viria a assinar em 1996 um pacto de "não-agres-

---

[127] Em 1994, a Namíbia também aderiu à SADC. Atualmente são membros da Comunidade: Angola, Botswana, RDC, Lesoto, Madagáscar, Malawi, Ilhas Maurício, Moçambique, Namíbia, África do Sul, Suazilândia, Tanzânia, Zâmbia e o Zimbabwe (SADC, 2011) (Tavares, 2009, pp. 56-58).

[128] Inicialmente constituída por dez Estados-Membros, onde se incluía S. Tomé e Príncipe e Angola, em que esta última tinha estatuto de observador desde a sua criação, e veio a constitui--se membro de pleno direito em junho de 1999, devido aos conflitos na região dos Grandes Lagos (1985) e à guerra generalizada na RDC, que dividiram particularmente Angola e o

são" entre os Estados-Membros (não assinado nessa data por Angola nem Ruanda), criando as condições de paz e segurança (relativas) para uma cooperação mais profícua na região.

No âmbito da segurança, estabeleceu em 2002, o Protocolo de Ligação Parlamentar da África Central e aprovou os estatutos do Conselho de Paz e Segurança da África Central (COPAX)[129], comprometendo-se assim com a missão de garantir a paz e segurança regional. Como mecanismos operacionais estabeleceu a Comissão de Defesa e Segurança, o Mecanismo de Alerta Rápido da África Central (MARAC), encarregue da observação, controlo e prevenção de conflitos e constituiu uma Força Multinacional para a África Central (FOMAC), de escalão Brigada, constituída por contingentes nacionais integrando componentes de polícias e módulos civis, em linha com o que se vem fazendo nas outras quatro organizações sub--regionais africanas.

Em 2004, viria a consolidar a parceria para a paz regional entre os seus Estados-Membros, ao assinar o Pacto de Segurança Mútua para a África Central[130], tendo assinado em 24 de agosto de 2006 um protocolo relativo à criação de um Centro de Gestão de Conflitos constituindo o órgão de planeamento e gestão das participações da organização na sua aérea de intervenção. Este Centro encontra-se ainda em fase de implementação e operacionalização. Regionalmente importa salientar a realização do exercício militar *Kwanza* que corresponde ao treino operacional de meios militares (e policiais) afetos à organização regional em prol da prevenção e conflitos regionais. Este mecanismo, que apenas compreende uma com-

Ruanda, retardando o surgimento da ECCAS como organização sub-regional sendo atualmente um dos membros mais ativos no âmbito da segurança e defesa regional.

[129] O Conselho de Paz e Segurança na África Central foi criado a 25 de fevereiro de 1999 em Yaoundé (Camarões), na Cimeira de Chefes de Estado e de Governo, tendo em vista fazer face à proliferação e à persistência de crises políticas e de conflitos armados que representavam uma ameaça à paz e à segurança na sub-região, constituindo-se num órgão de concertação política e militar destes Estados.

[130] O designado *Mutual Security Pact for Central Africa* ao definir os termos de agressão, conflito interno e assistência humanitária em matéria de defesa, o pacto indica o compromisso assumido pelos Estados-Membros de prestarem mutuamente ajuda e assistência para a sua defesa contra qualquer ameaça de agressão. Em caso de intervenção armada, os Estados-Membros colocam a FOMAC ao dispor do Estado agredido como prevê o respetivo protocolo. O pacto prevê ainda a realização periódica de exercícios militares entre duas ou várias unidades das Forças Armadas dos Estados-Membros sob a égide do Conselho de Paz e Segurança (CEEAC, 2011).

ponente aérea e terrestre, tem para Angola uma importância estratégica, pois parece ser o mecanismo privilegiado de interação com os parceiros regionais na defesa das fronteiras e aposta na luta contra o tráfego e o crime transnacional organizado. A realização do exercício *Kwanza2010* em Angola, a que dedicaremos especial atenção na Parte III, constitui elemento de análise do grau de operacionalidade dessas forças e particularmente das capacidades de Angola.

Contudo e para reflexão, a falta de uma componente naval (que constitui uma das fragilidades da Arquitetura de Paz e Segurança Africana) com alguns países a terem ainda Marinhas ou Guardas Costeira incipientes, parece constituir uma forte vulnerabilidade, que analisaremos no quadro da Comissão do Golfo da Guiné, embora como salienta Correia de Barros, a segurança marítima na região do golfo será um assunto demasiado importante para que ainda não se tenha discutido e integrado nas dinâmicas regionais da segurança e defesa no contexto da CEEAC, onde a República de Angola tem um papel central e um interesse estratégico relevante (2010).

PARTE II

AS FORÇAS ARMADAS ANGOLANAS COMO ELEMENTO DO POTENCIAL ESTRATÉGICO DE ANGOLA UMA ABORDAGEM GEOESTRATÉGICA E GEOPOLÍTICA

CAPÍTULO I

CONTRIBUTOS DAS FORÇAS ARMADAS ANGOLANAS PARA A FORMAÇÃO DA NACIONALIDADE

"The history of the Angolan Armed Forces remains largely unwritten-yet, understanding the FAA's development is undoubtedly important both for the future Angolan generation as well as for other sub-Saharan African countries..."

ANA LEÃO and MARTIN RUPIYA, 2005, p. 7

Para as atuais chefias militares em Angola, as Forças Armadas Angolanas (FAA) herdeiras do Exército de Libertação Nacional de Angola (ELNA) afiliado à Frente Nacional de Libertação de Angola (FNLA), de Holden Roberto (1923-2007), às Forças Armadas de Libertação de Angola (FALA), ligadas à União Nacional pela Independência Total de Angola (UNITA) de Jonas Savimbi (1934-2002), e às Forças Armadas Populares de Libertação de Angola (FAPLA), do Movimento Popular de Libertação de Angola (MPLA) de Agostinho Neto (1922-1979), encontram-se atualmente transformadas numa *"...instituição militar, acarinhada, respeitada e reconhecida nacional e internacionalmente, pela sua capacidade, organização, tenacidade e magnanimidade na defesa dos interesses mais nobres da nação e dos angolanos..."*[131]. Estas materializam e simbolizam, segundo Correia de Barros, a própria História recente da República de Angola, pois a História do país confunde-se com a evolução e formação das suas Forças Armadas,

---

[131] Conferência proferida no Quartel-General do Estado-Maior do Exército em 2009, pelo General Francisco Higino Lopes Carneiro, por ocasião das Jornadas Comemorativas do 18º Aniversário das Forças Armadas de Angola, intitulada *A trajetória histórica das FAA e o seu papel na defesa da Pátria na conquista e consolidação da paz e reconciliação nacional*. [*http://www.mga.gv.ao*]

ainda antes da Proclamação da Independência Nacional, ocorrida em 11 de novembro de 1975 (2011) (Júnior, 2003, p. 12).

Outros especialistas, numa análise mais desprendida e realista, mostram que as FAA representam hoje, não só um elemento agregador e estruturante na sociedade, mas também um elemento fundamental para a coesão nacional do povo angolano, fator relevante na Política Interna e com crescente importância na Política Externa de Angola. Embora se saiba que atualmente as FAA se encontram num processo de reestruturação e de reequipamento acelerado que visa contribuir para o equilíbrio de um Sistema de Forças Nacional mais adequado e adaptado à realidade conjuntural angolana e assim, tornar-se potencialmente mais operacional, para que se possa constituir num dos principais instrumentos da ação político-estratégica do Estado, interna e externamente (Malaquias, 2010) (Leão e Rupiya, 2005) (Weigert, 2011).

Como salientou o Presidente da República de Angola, José Eduardo dos Santos, no discurso sobre o Estado da Nação, na Cerimónia de Abertura da IVª Sessão Legislativa da IIª Legislatura da Assembleia Nacional de Angola, em 11 de outubro de 2011 "...é pois, *digno de louvar o reconhecimento e esforço das responsáveis e dos efetivos das forças de Defesa e Segurança e Ordem Pública, que além de permanecerem a paz, protegem as nossas fronteiras e fazem respeitar a legalidade plasmada na constituição da República...*", o que demonstra a crescente importância das Forças Armadas Angolanas como elemento estruturante do Estado Angolano para o governante. Assim, propõe-se neste capítulo percorrer o caminho da História da República de Angola, onde se analisa o papel do instrumento militar na formação da História, da Nação e do que designamos por "Nacionalidade"[132].

---

[132] Embora o conceito de "Nacionalidade", aludido por Adriano Moreira (2002, pp. 85-87), Fernando de Sousa (2005, p. 123) ou defendido por Borges Graça (2005, pp. 22-23) nos transportem para a prespetiva semântica e polissémica do conceito, em que a "...*naturalidade é o vínculo político e jurídico a um dado Estado...*", entende que não estabelecendo qualquer correlação com o conceito de Nação ou derivados do Nacionalismo, apenas se pretendeu contribuir para um alinhamento que vem existindo relativamente a alguns autores que escrevem sobre Angola (Júnior, 2003) (Rocha, 2009) (Andrade, 2011), e em linha com o definido no art. 9º da Constituição da República de Angola (2010).

1. A Formação da "Nacionalidade" em Angola[133]

Relativamente à coesão e construção do Estado, e compulsivamente à criação e operacionalização das FAA, salienta-se que apenas a possibilidade de se terem reatado as conversações para a paz e após a morte de Jonas Savimbi (22 de fevereiro de 2002) ter conduzido à realização de eleições multipartidárias (2002), tornou possível uma Política Interna que permitisse a segurança, a paz e o desenvolvimento económico e social do povo Angolano, enquanto no contexto da Política Externa, as Forças Armadas tornaram-se cada vez mais num elemento preponderante do Estado como agente da cooperação internacional. Nomeadamente no contexto regional onde estão inseridas, as FAA, quer em missões de cooperação militar, quer na realização de missões de apoio à paz ou nos contributos que vêm dando para a edificação e operacionalização da APSA muito por via da sua proatividade na SADC e na CEEAC, com empenhamentos e interesses diferenciados, mas como forma de manter um equilíbrio geoestratégico dinâmico na região e na defesa dos seus interesses conjunturais (Mário Pinto de Andrade, 2011).

O processo nacional que vem contribuindo para a edificação e operacionalização das FAA e que se encontra atualmente em marcha, é no contexto regional africano um exemplo da forma como os processos de paz e de desenvolvimento sustentado são vividos, em que na vertente da segurança e da defesa se assiste a uma "assimilação desregulada" de múltiplas doutrinas, regulamentos, leis e normativos, que na consciência de uma assessoria político-militar e assente numa Cooperação Técnico-Militar extremamente competitiva, se torna obsessiva nos objetivos e muitas vezes irrealista e megalómana nos propósitos. Pensamos mesmo que as FAA e a cooperação militar em Angola sofrem desse dilema, pois, que se constata um excesso de influências externas na construção da dimensão da Segurança Nacional e da Defesa Nacional.

Neste contexto, desde 1988 (antes dos Acordos de Paz de Bicesse) que em Angola a edificação e reestruturação das Forças Armadas teve a intervenção e o apoio institucional das Nações Unidas e foi assessorada por militares de países tão díspares como a Rússia, o Brasil, China, Cuba, Reino

---

[133] Edmundo Rocha in *Angola – Contribuição ao Estado de Génese do Nacionalismo Moderno Angolano – Período de 1950 a 1964*, Editora Dinalivro, 2ª Edição Revista e Corrigida (2009), p. 351.

Unido, França, EUA e Portugal, entre outros (de forma mais ou menos camuflada) que procuraram deixar o seu cunho institucional na doutrina, organização e na legislação das FAA. Contudo, não se conhece a existência de um estudo sistemático, integrado, completo e credível, que tenha orientado essa formação, calculando o seu dimensionamento, a estrutura operacional e sistemas de forças e ainda quais as principais linhas da Política de Defesa Nacional, bem como os contributos que se esperam das Forças Armadas em prol dos superiores interesses nacionais.

Por consequência, este aspeto tem vindo a espoletar, ao nível das lideranças angolanas, a necessidade de se estabelecer legislação e diretivas específicas que tenham em vista a construção da imagem de umas Forças Armadas credíveis, operacionais e em acelerada modernização. Tem sido possível comprovar esta ideia pela crescente divulgação de notícias e de reportagens publicadas nos órgãos de comunicação social angolanos e por uma maior abertura à reflexão académica sobre a segurança e defesa em Angola, embora seja ainda pouco usual falar das temáticas associadas à segurança, às Forças Armadas, Forças Policiais ou Sistemas de Informação do Estado na República de Angola.

Ainda assim, a evolução histórica das FAA e os contributos mais ou menos "musculados" para a coesão interna (nacional) e para uma postura proativa na segurança nacional, resultam das capacidades intrínsecas que foram sendo edificadas e do treino e operacionalidade que foi possível desenvolver, onde o redimensionamento e o equilíbrio do sistema de forças terrestres, aéreas e navais, o processo de reequipamento e a formação de uma Marinha de Guerra ou de uma Guarda Costeira (que seja capaz de garantir a defesa da soberania nas suas águas territoriais), parecem ser, segundo especialistas, três dos mais importantes vetores de desenvolvimento das FAA para o futuro (Matias, 2010) (Jorge Cardoso, 2011) (Leão e Rupiya, 2005, pp. 39-40).

Ao percorrermos o caminho da História recente da República de Angola, iremos relatando e retendo factos e referências da formação das Forças Armadas Angolanas (essencialmente no período pós-colonial, mas com ligação política aos Movimentos de Libertação no período colonial) pois estas duas histórias fundem-se no preceito de que para se saber uma, temos de obrigatoriamente aprofundar o nosso conhecimento na outra. Assim, ao analisarmos cronologicamente os principais acontecimentos da história recente de Angola e que conduziram à criação das atuais FAA, constatamos que os diversos normativos de paz, bordeados pelos conflitos internos, e ainda as participações externas, marcaram indelevelmente uma e outra e representam a atual realidade de Angola, dos Angolanos e das suas Forças Armadas (Idem).

1.1. De Lisboa a Luanda. O Colonialismo Clássico

Angola foi um território habitado já desde a Pré-História, como atestam vestígios encontrados na região das Lundas, no Congo e a Sul no deserto do Namibe, entre outras áreas geográficas. Porém, só milhares de anos mais tarde, em plena proto-história, receberia povos paleontologicamente relevantes, tendo sido os primeiros a instalarem-se na região os "Bochimanes", considerados grandes caçadores, de estatura pigmoide e claros, de cor acastanhada que, segundo John Reader, povoavam e dominavam as regiões do Norte de Angola (1999, pp. 371-375).

No início do século VI d.C., povos mais evoluídos, de cor negra, inseridos tecnologicamente na designada "Idade dos Metais", empreenderam uma das maiores migrações da História de África[134]. Eram os "Bantu", originários dos "Bakongos", e que vieram do Norte, provavelmente da região da atual República dos Camarões. Esses povos, ao chegarem a Angola, encontraram os "Bochimanes" (ou Boximanes)[135] e outros grupos menores, bem mais primitivos e rudimentares, impondo-lhes facilmente as suas tecnologias nos domínios da metalurgia, cerâmica e agricultura, com reflexos ao nível do domínio territorial e das zonas de caça e consequentemente em termos de poderio militar. A instalação dos Bantu decorreu ao longo de muitos séculos (nem sempre pacífica), gerando diversos subgrupos (que se degladiavam constantemente) e que viriam a estabilizar-se em etnias que perduram até aos dias de hoje, explicando a diversidade do mosaico conflito-étnico que caracteriza Angola (Zerbo, 2010, p. 302) (Mokhtar, 2010, p. 587).

---

[134] Para uma melhor abordagem à história do continente Africano, sugere-se a obra do escritor e fotojornalista britânico, John Reader, *A Biography of the Continent – Africa*, Ed. Vintage Books, Nova Iorque, 1999.

[135] Eduardo dos Santos, *Etnologia Africana*, 1969, p. 193.

A afirmação desses povos deu-se primeiramente com demarcação de territórios próprios, leis próprias e culturas distintas, garantindo contudo uma grande unidade política do seu território, que passaria à história do continente e de Angola como "Reino do Congo". Este Império surgiu no século XIII, estendendo-se até ao Gabão a norte, ao Rio Kwanza a sul, para um interior do continente até ao Rio Cuango e afetando as dinâmicas regionais na época, marcando o espaço e o tempo de um reinado. Com o advento das Descobertas, no início do século XV, a presença portuguesa na região foi-se intensificando, enquanto mais a norte, nas terras do Preste João, a presença portuguesa e a sua ação política terminara, como salienta Durval Pires de Lima, citando o historiador italiano Nel Mazzucconi, que refere "... *dopo piú di un secolo de feconda collaborazione, i Portoghesi furono espulsi dall'impero dei Salomonidi, il quale ripiombò nello scentroso isolamento che doveva durare fino a circa un secolofa...*" (1946, p. 71).

A presença dos portugueses entrou no Reino do Congo pela via dos mares e das rotas que cruzam o Atlântico para Sul. Neste contexto histó-rico-geográfico, vários foram os historiadores que se debruçaram sobre a história do "Reino dos Congos" e mais concretamente sobre a presença de portugueses na região a que chamamos hoje Angola. Neste contexto, Alberto de Lemos, citado por Pires de Lima, em artigo publicado em 1929, intitulado "A História de Angola", divide a representatividade histórica deste período em duas partes: "...*a da exploração e conquista, que se inicia com a expedição de Gonçalo de Sousa, iniciada em 1490 e termina em 1684, e a da conso-lidação da conquista, até 1836...*", salientando as inúmeras batalhas e conflitos regionais/locais, pois que "...*as populações indígenas eram, por uma razão que se dirá, inclinadas à guerra...*", sendo a razão referente a "...*que os congoleses, angolas, dembos, jagas, jingas, libolos, etc. procuravam sucessivamente alianças com os portugueses para diminuir questiúnculas de libalas...*", pois a conflitualidade era um elemento intrínseco e sempre presente na relação entre os povos da região (Idem, pp. 129-130).

Como salienta Richard Patte, a presença portuguesa na região, ao tempo de Diogo Cão (1484) deu-se através da conquista pela evangelização e pela implementação territorial de "padrões", que simbolizavam a posse do ter-reno, ideia que Mugur Valahu reforça afirmando que "...*l'absence de préjugés raciamx permit aux souverains portugais de recevoir à Lisbonne de nombreux chefs africains qui apprirent la langue et devinrent sur le continent noir de precieux auxi-liaires de l'action lusitaniemme, visant tant l'evangelisation que le maintien de la paix le portugais interviendrant aimsi dans les disputes africaines, qui n'etaient pás d'importance négligeable, en essayant de las apaiser avec le concours dês chefs mairs chrétiens et amis...*", fator que releva as capacidades dos portugueses de se relacionarem com os povos indígenas (1967, p. 27) (1959, pp. 106-107).

A colónia portuguesa de Angola viria a formar-se em fevereiro de 1575, com a chegada de Paulo Dias de Novais com cerca de 100 famílias de colonos e 400 soldados, às terras do Reino do Congo. Luanda seria cidade em 1605, tendo como primeiro Governador e Capitão-Geral de Angola Pedro César de Menezes (1639-1643), tendo havido entre 1639-1753, 37 governadores. Através de bula papal de Clemente VIII, *Super Specule*, de 20 de maio de 1656, Angola e a região do "Reino do Congo" viriam a ser integrados no Bispado do Funchal, sendo o primeiro Bispo, D. Frei Francisco de Soveral (Selvagem, 1999, p. 332).

Neste período, o comércio era na maior parte feito com a outra margem do Atlântico Sul, o Brasil, e os navios europeus eram os mais numerosos nos portos de Luanda e Benguela. David Birmingham refere a este propósito que "*...os mercados de escravos eram a vanguarda da penetração europeia em África, mas exibiam poucas provas de cultura, língua, literatura, religião, tecnologia, e moeda europeia, ou de qualquer outro componente desse conceito efémero chamado civilização...*" (Birmingham, 2003, p. 51).

A partir de 1764, de uma sociedade esclavagista, passou-se gradualmente a uma sociedade ocupada em produzir o que consumia e em integrar as normas do comércio na altura. Em 1850, Luanda já era uma grande cidade costeira, repleta de atividade comercial e que exportava (conjuntamente com o porto de Benguela) óleos de palma e de amendoim, cera, goma copal, madeiras, marfim, algodão, café e cacau, produtos que começariam igualmente a ser produzidos e comercializados localmente, dinamizando o crescimento de uma burguesia mercantilista angolana que iria dinamizar o desenvolvimento de Angola nos séculos seguintes, contribuindo também para o enriquecimento da Coroa Portuguesa e de Portugal (Pires de Lima, 1946, pp. 162-165).

Entretanto, em 1836, o tráfico de escravos era abolido por convenção e em 1844, os portos de Angola seriam abertos aos navios estrangeiros, o que veio contribuir ainda mais para o incremento das trocas comerciais de e para Angola, tornando-se ainda mais como um entreposto comercial estratégico na costa Africana. Mais tarde, com a Conferência de Berlim (1884/1885), Portugal viu-se na obrigação político-estratégica de incrementar a ocupação territorial das suas colónias. Neste contexto, o território de Cabinda, a norte do Rio Zaire, seria conferido a Portugal, graças à legitimidade internacional propiciada pelo Tratado de Simulambuco[136], assinado em 1885 entre os Reis de Portugal e os Príncipes de Cabinda. Depois de uma implantação territorial e da adoção de uma política colonial, o final do século XIX marcaria a organização de uma administração colonial diretamente relacionada com o território e os povos "...a governar..." por Portugal, à semelhança do que faziam as potências europeias na consequência dos pressupostos assumidos na Conferência de Berlim.

Na economia, a estratégia colonial assentava no incentivo da atividade agrícola e na exportação de matérias-primas que alimentava a Revolução Industrial em Portugal e na Europa. O comércio da borracha e do marfim, acrescido da receita dos inúmeros impostos tomados às populações locais, geravam grande quantidade de rendimentos para Lisboa, pois o conselho ultramarino havia proibido as naus da Índia de escalarem os portos de Angola (1651, 1661, 1665) fazendo-se então o comércio com o Brasil e Europa (Pires de Lima, 1946, p. 161).

1.2. De Berlim a Luanda. O Colonialismo Moderno

Seria contudo na Conferência de Berlim (15 de novembro de 1884 a 26 de fevereiro de 1885), na presença de 14 potências europeias (incluindo Portugal) e ainda os EUA, que se traçariam as fronteiras políticas e os destinos do continente Africano, dando origem aos "Impérios Coloniais", característico de um período que se designou por "Colonialismo Moderno". Mas importa salientar contudo que após a guerra franco-prussiana de 1870

---

[136] O Tratado de Simulambuco foi assinado em 1 de fevereiro de 1885, pelo representante do Governo Português, Guilherme Augusto de Brito Capello, então capitão-tenente da Armada e comandante da corveta *Rainha de Portugal*, e pelos Príncipes do Reino de N'Goyo e que colocou Cabinda sob protetorado português. A assinatura do Tratado foi uma resposta à Conferência de Berlim, que dividiu África pelas principais potências europeias. No documento, Portugal compromete-se a manter a integridade dos territórios colocados sob o seu protetorado e a respeitar os usos e costumes do país. Salienta-se que, na época, Cabinda não estava separada de Angola pelo Rio Congo e que o território só se tornou enclave após os acordos celebrados com os Belgas, em 5 de julho de 1913, em Bruxelas, onde foram definidas as novas fronteiras coloniais luso-belgas para Cabinda e que perduram até à atividade (A Independência de Cabinda, 1977, pp. 58-60) (Davezies, 1968, pp. 118-123).

se produziram no seio da Europa "...*acontecimentos novos, com efeitos profundíssimos na colonização de África...*" e que viriam a ter um impacto geopolítico e geoestratégico significativo no continente Europeu e Africano que se mantém até à atualidade (Caetano, 1965, p. 71) (Scheibling e Borne, 2010, pp. 122-123).

Da documentação produzida na Conferência de Berlim, a análise ao Ato Geral[137] (bem como aos Protocolos Adicionais), independentemente da multiplicidade de atos político-diplomáticos desenvolvidos, revela um aspeto que por ter tido uma influência decisiva no que são atualmente as fronteiras geográficas e políticas em África e nomeadamente sobre Angola, merece, na nossa opinião, uma análise mais elaborada. Neste contexto, salienta-se o papel da Associação Internacional do Congo (AIC) e do Reino da Bélgica, levando os Estados a elaborarem convenções, acentuando o caráter de Estado, que lhe era reconhecido no contexto Africano, como sendo o centro da questão sobre as fronteiras e do "jogo de interesses" que se haviam instalado no seio das "potências de Berlim".

Assim, a reivindicação de Portugal sobre os limites na margem esquerda do Rio Zaire levou a que se abandonassem os territórios a norte, em troca do reconhecimento do domínio português na margem esquerda (Angola), o que resultou na definição política atual dos limites geográficos de Angola. O Duque de Palmela, representante de Portugal na Conferência de Berlim, refere a este propósito que "...*alcançamos um limite perfeitamente definido para a Província de Angola, prolongando até ao Cuango o paralelo Nóqui, e por esta forma assegurando e favorecendo o desenvolvimento do Reino do Congo, sujeito desde há séculos à vassalagem da Coroa Portuguesa...*" (Birmingham, 2003, p. 108) (Caetano, 1965, p. 93).

Neste contexto, referia-se Marcello Caetano, professor da Faculdade de Direito de Lisboa, ao poder de influência exercido pelas novas potências europeias sobre o continente africano, na busca de novos mercados para

---

[137] O Acto Geral compreende os seguintes documentos: Declaração relativa à liberdade do comércio na Bacia do Zaire, suas embocaduras e países circunvizinhos; Declaração respeitante ao tráfego de escravos e às operações que em terra ou no mar forneciam escravos ao tráfico; Declaração relativa à neutralidade dos territórios compreendidos na bacia convencional do Zaire; Ato de navegação no Zaire e no Níger e uma Declaração que introduz nas Relações Internacionais regras uniformes relativas às ocupações que possam no futuro verificar-se nas costas do continente africano (Protocolos da Conferência de Berlim – 1885, Ministério dos Negócios Externos, p. 230).

a expansão do comércio europeu, estimulado pelo aumento e embaratecimento da produção que o processo industrial provocara. Na demanda africanista, começavam a surgir na imprensa da época, relatos e crónicas de novos exploradores que demandavam a África no intuito de darem a conhecer ao mundo os segredos de um continente conhecido antes do século xv mas, no século xvii ainda pouco explorado. Luciano Cordeiro, na sua obra *L'hydrographie Africaine aux XVI^{éme} Siécle d'après les premières explorations Portugaises*, nas palavras ainda de Marcello Caetano, referia por ironia, as regiões que os portugueses já haviam percorrido séculos antes e que estavam guardadas nas narrativas inéditas, de pequena tiragem e num estilo rude, sem sedução para o grande público[138], aspeto que não impediu contudo a multiplicação da realização de expedições geográficas ao continente Africano neste período, como iremos ver (Caetano, 1965, p. 72).

Entretanto, na Europa, o congresso geográfico de 1876, patrocinado pelo Rei Leopoldo II, atento ao crescimento da população na Bélgica, bem como o crescente desenvolvimento industrial, convocou os geógrafos belgas e estudou-se a forma de penetrar no interior do continente africano, relevando os supostos fins científicos e humanitários, com o aparente objetivo estratégico de se fundar uma Associação Internacional Africana (AIA)[139]

---

[138] Para aprofundar a temática recomenda-se a leitura da expedição geográfica portuguesa (1877 e 1880) empreendida, segundo Marcello Caetano e citando Luciano Cordeiro "...*já muito tardiamente...*" (1965, p. 76) por Hermenegildo Capelo e Roberto Ivens, oficiais da Armada Real Portuguesa à região dos Rios Congo-Zaire, entre Angola e Moçambique (lei de 12 de abril de 1877), patrocinada pela Sociedade de Geografia de Lisboa e pelo Governo Português (com destaque para João de Andrade Corvo e o Visconde de S. Januário, no Ministério da Marinha e do Ultramar), descrita nos dois volumes da obra *De Benguela às Terras de Iaca* (13 de abril de 1881) republicado em 1996 pela Ed. Publicações Europa-América (ISBN 972-1-04104-1) e as narrativas de Serpa Pinto – *Como eu atravessei a África do Atlântico ao Mar Índico...* (1881).

[139] A Associação Internacional Africana (AIA) ou *Association Internationale Africaine* foi uma organização criada pelo Rei Leopoldo II, da Bélgica, com ambições aparentemente humanitárias para a África Central, na região que iria se tornar no Congo-Belga e mais tarde na República Democrática do Congo (RDC). A organização foi criada em 6 de novembro de 1876 na sequência da Conferência Geográfica de Bruxelas, e viria a ser dominada por interesses económicos, em que os objetivos originais da associação eram descobrir terras desconhecidas na bacia do Rio Congo, com a missão estratégica de "civilizar" os autóctones. De 1879 a 1884, o explorador Henry Morton Stanley retornou ao Congo, como agente belga, onde, sob a fachada da AIA, estabeleceu o Estado do Congo. Nesta época, o francês Pierre Savorgnan de Brazza explorava a margem ocidental do Rio Congo e içou em 1881, a bandeira francesa sobre o novo porto fluvial batizado de Brazzaville. Portugal, que havia igualmente feito rei-

destinada a explorar o continente através do estabelecimento de estações hospedeiras e científicas que servissem simultaneamente de apoio aos viajantes e exploradores, ao mesmo tempo que cooperavam na luta contra a escravatura e evangelizavam os locais, convertendo-se aos seus interesses comerciais e económicos.

Ainda nesse período, numa expansão sem precedentes para África, a França ocupava a Tunísia e o território da atual República do Congo em 1881 e a Guiné a partir de 1884. Em 1882, a Grã-Bretanha ocupava o Egito e penetrava no Sudão e na Somália. Entre 1870 e 1882, a Itália tomava posse da Eritreia, enquanto a Alemanha, de Bismark (na linha da retaguarda do movimento expansionista dos interesse europeus em África) se estabelecia, em 1883, no Togo, nos Camarões e no Sudoeste Africano, o que vinha provar que os interesses em África eram estrategicamente divergentes, mas importantes para todas as potências europeias de Berlim[140]. Aspeto que, segundo Marcello Caetano, foi a principal causa da ruína da AIA enquanto organismo filantropo multinacional e um dos exemplos da forma como eram vistos os interesses políticos e estratégicos para África (1965, pp. 74-75).

Como vimos, a Conferência de Berlim em 1884-1885 viria a consagrar o fim da associação euro-africanista, pois esta terminou com o que ficou conhecido internacionalmente sobre o nome de "Partilha da África". Contudo, apesar da falência do modelo da primeira conceção de associação, a Bélgica continuou a promover a realização de supostas missões humani-

---

vindicações na região, derivada dos antigos Tratados com o Reino do Congo, concluiu um Acordo com Inglaterra em 26 de fevereiro de 1884, com o intuito de bloquear o acesso ao Oceano Atlântico da AIA, que havia de ser rebatizada de Comité de Estudos do Alto-Congo e em 1878 viria a ser conhecida por Associação Internacional do Congo (AIC). A Associação Internacional do Congo tinha orientações e intenções económicas camufladas, mas funcionava sobre a capa dos objetivos humanitários da Associação Internacional Africana, com fins políticos que serviam para expandir a sua influência na bacia do Rio Zaire, em competição com os interesses franceses. Leopoldo II liderava pessoalmente a Associação de investidores privados com interesses financeiros e levou a AIC a tornar-se num empreendimento comercial privado ao serviço dos interesses belgas em África. A AIC cedeu o seu lugar ao Estado do Congo que herdou as suas estruturas, competências e atribuições (Caetano, 1965, pp. 74-79) (Brunschwig, 1974, pp. 30-32).

[140] João Freire, *Olhares Europeus sobre a Angola. Ocupação do território, operações militares, conhecimentos dos povos, projectos de modernização (1883-1918)*, Edições Culturais da Marinha, Lisboa, 2011.

AS FORÇAS ARMADAS ANGOLANAS COMO ELEMENTO DO POTENCIAL ESTRATÉGICO...

tárias em África e foi na opinião de Marcello Caetano, aquele ator que na conjuntura político-estratégica da época, melhor soube tirar partido da sua Política Externa e melhor se posicionou para defender os seus objetivos em face dos múltiplos interesses políticos em África (Ibidem) (Gazibo, 2010, p. 72).

Para melhor se perceberem os factos supracitados, apresentam-se numa sequência cronológica as iniciativas que melhor ilustram as ações e incursões europeias em África: 1870 e 1874 – 1ª e 2ª Viagem de Henry Morton Standley (Bélgica); 1875 – 1ª Viagem de Pierre Brazza (França) onde funda a cidade de Brazzaville em 1 de outubro de 1880; 1877 – 1ª Viagem de Hermenegildo Capelo e Serpa Pinto (Portugal); 1879 – 3ª Viagem de Morton Standley (Bélgica); 1883 – 3ª Viagem de Pierre Brazza (França) – onde cria a colónia francesa do Congo; 1884 – 2ª Viagem de Hermenegildo Capelo e Roberto Ivens (Portugal) e em 1884 – Declaração da Constituição dos Protetorados Alemães no Togo e nos Camarões e procede-se à assinatura em 26 de fevereiro de 1884, do Tratado do Zaire, firmado entre o governo Português e Inglês[141] (Selvagem, 1999, pp. 620-648).

Da Conferência de Berlim saíram as fronteiras geográficas para o continente Africano. Contudo, os interesses e as divergências fronteiriças iriam prolongar-se e apenas em 1901, as fronteiras norte de Angola estariam definitivamente estabilizadas, segundo as quais face à pressão da Alemanha, a região do Cubango até ao Rio Zambeze viria a ficar de fora na região sul. Só em 1926 Portugal estabelecia um acordo com a União da África do Sul para estabilizar e romper esses limites para as atuais fronteiras a sul de Angola, data a partir da qual houve uma estabilização no que são as fronteiras políticas atuais da República de Angola (Valahu, 1967, p. 31).

---

[141] Segundo Proença Garcia, a assinatura do Tratado do Zaire em 26 de fevereiro de 1884, foi contestada pela opinião pública inglesa, francesa, alemã, holandesa e espanhola, alegando *"...serem desprezíveis os direitos históricos e antiquíssimos de Portugal naquela área..."*, o que levou à não ratificação do Tratado por parte da Inglaterra (comunicado a Portugal em 9 de maio de 1984). Neste âmbito, com o intuito de resolver a situação, Barbosa du Bocage (Ministro dos Negócios Estrangeiros), pretendeu realizar uma Conferência Internacional em Lisboa, mas é Bismark quem, recusando-se a reconhecer o Tratado do Zaire (por ser apenas de caráter bilateral), vai tomar a iniciativa (com o apoio da França) de convocar, nesse mesmo ano, uma Conferência Internacional para Berlim. Para complemento, sugere-se a leitura da obra editada pela Comissão para o Estudo das Campanhas de África, *Resenha Histórico-Militar das Campanhas de África (1961-1974)* – 1º Volume – Enquadramento Geral (1993), Lisboa, pp. 32-33. [*http://www.triplov.com/miguel_garcia/guine/cap1_viagens.htm*]

África passaria a despertar o interesse da Europa (e do Mundo) em meados do século XIX, resultando na partilha do continente pelas potências europeias da época, adquirindo no início do século XX um maior interesse estratégico no contexto mundial, pois a França, o Reino Unido e os EUA posicionavam-se para colocar os excedentes de produtos (verifica-se que o valor das importações americanas para África entre 1951 e 1960 quadruplicou, passando de 4,3 biliões de dólares para 14,2 biliões) e adquirir matérias-primas e energia a preços irrisórios, funcionando como um complemento económico[142] das potências globais e ainda na salvaguarda dos aspetos da segurança e da defesa, pois como se viria a constatar, um número apreciável de soldados africanos combateu ao lado dos europeus na I e IIª Guerra Mundial e até o urânio para as primeiras bombas atómicas de Hiroxima e Nagasaki, proveio teoricamente das aquisições dos Americanos em África (Felgas, 1962, pp. 14-17).

[QUADRO N.º 2]

Exportações	1930	1935	1940	1945	1950	1955	1960
Café	11 839	10 277	11 066	—	58 860(a)	31 948	87 217
Sisal	422	4 295	6 198	—	21 250	41 369	58 571
Algodão	780	399(b)	3 502	4 360	4 058(a)	6 266	8 894
Milho	66 629(c)	—	—	105 877	189 477	53 533	117 111
Óleo de palma	—	—	—	—	11 391(a)	8 294	13 004
Farinha de peixe	—	—	2 212	—	31 329	50 245	45 085
Açúcar	—	27 657	—	48 140	43 103	30 567	46 899
Diamantes (produção em quilates)	—	—	784 271	803 887	538 867	743 377	1 056 827
Ferro	—	—	—	—	—	6 096(d)	545 800

(a) 1951.
(b) 1934.
(c) Média de 1931-35.
(d) 1956.
Fontes: Walter Marques, *Problemas do Desenvolvimento Económico de Angola*, Luanda, 1963. Instituto Nacional de Estatística, *Anuário Estatístico*, vol. II: *Ultramar*, 1961.

Fonte: Eduardo de Sousa Ferreira, 1985, p. 90[143]

FIGURA Nº 9 – **Principais Exportações de Angola (1930-1960)**

[142] Os indicadores económicos faziam referência nesse período a uma África que era considerado o continente com um dos maiores índices de progresso económico no mundo, com a maior população mineira do globo, derivado da riqueza dos solos (fosfatos, hulha, ferro, cobre, chumbo, zinco e o petróleo), sendo dos principais produtores mundiais de cana-de-açúcar, oleaginosas, café e fibras, e ainda com especial destaque para as significativas exportações de ouro, prata, platina, diamantes e pedras preciosas, que atraía mercadores e mercados à escala global (Ennes Ferreira, 2010).
[143] [*http://analisesocial.ics.ul.pt/documentos/1223476582X5dGR7qk4Lo82EL4.pdf*].

Para Portugal, segundo Eduardo de Sousa Ferreira, e relativamente à sua política ultramarinista para Angola, assistiu-se:

> "...a uma fase de integração crescente da mão-de-obra numa economia de mercado sucedeu, a partir dos anos 50, um grau crescente, porque mais racional, de exploração. Estas fases representam a penetração e consolidação em Angola dum modo de produção baseado na economia de mercado e orientado segundo os interesses da economia metropolitana, onde – ao contrário do que geralmente é afirmado – se encontravam os principais centros de decisão. A partir da década de 60 assiste-se à expansão deste modo de produção, com a passagem da exploração colonial através do comércio para a exploração através da penetração de capital e do aumento de possibilidades de acumulação local, com o respectivo reforço duma burguesia local fraca, mas já existente..." (Ferreira, 1985, p. 83).

A situação contribuiu para o desenvolvimento económico de Portugal, pois o volume de exportações e a riqueza produzida a partir de Angola revelava-se em 1960, como extremamente produtivo, nomeadamente a produção de café, milho e a exploração de diamantes, que triplicou entre 1950 – 1960 (Figura Nº 9) (Ferreira, 1985, pp. 87-88).

1.3. A "questão" Angolana nas Nações Unidas

O fim da monarquia em Portugal em 1910 e a conjuntura internacional levariam a novas reformas no domínio administrativo, agrário e educativo, com especial reflexo na política ultramarina com o papel do Estado que se pretende extensivo às colónias ultramarinas, passando Angola a ser considerada pelo Acto Colonial (1933) uma das províncias de Portugal (Colónia Ultramarina)[144] (Moreira, 1960, p. 295).

Contudo, segundo Alfredo Wilensky, a Constituição de 1838 já consagrava um título especial com a designação de "As Províncias Ultramarinas", contendo um só artigo dividido em três parágrafos, salientando ainda assim

---

[144] A rescisão constitucional de 1951, arguiu um modelo que Maria do Carmo Medina considera de "integração" para contornar a exigência internacional de autodeterminação dos povos colonizados e em 1953 à Lei Orgânica do Ultramar Português veio substituir a Carta Orgânica do Império Colonial, passando as Colónias a serem consideradas Províncias "...do Minho a Timor-Leste..." (2011, p. 25).

que *"...El 'Acto Colonial' representaba la síntesis de las corrientes centralizadoras tan en boga en europa en la tercera década de nuestro siglo..."* (Wilensky, 1968, pp. 105-107).

Na segunda metade do século xx, a tranquilidade na região seria posta em causa com o aparecimento dos primeiros movimentos nacionalistas em África e inicia-se então a formação de organizações políticas mais explícitas e ativas a partir da década de 50 que, de uma forma organizada, iam fazendo ouvir os seus intentos no contexto regional africano e global. Promovem campanhas diplomáticas no mundo, defendendo a autonomia e a independência de Angola e agem local e regionalmente com violência, de forma organizada e potencialmente mais perigosa para os interesses portugueses em África e concretamente em Angola. A estratégia da potência colonial não cederia, no entanto, às propostas das forças nacionalistas que pretendiam a independência de Angola, provocando o desencadear de conflitos armados diretos, a designada "Luta Armada", levando para o continente Africano e especialmente para Angola, milhares de militares portugueses, que procuravam em nome do Estado Português resistir às pressões do contexto político internacional.

Com o final da IIª Guerra Mundial, vir-se-iam a recolocar as questões coloniais nas agendas globais, e com a assinatura da Carta das Nações Unidas, no pós-guerra, desaparecem quaisquer referências em relação à terminologia "Colónias", sendo proibida em toda a linha, a escravatura e reposta a liberdade de expressão e de consciência religiosa. A preocupação da sociedade internacional passou a ser o progresso económico, político e social das populações. Nesse sentido, a Carta das Nações Unidas (Art. 67) exigia uma progressiva evolução no sentido de se conceder a autonomia da administração e independência, encorajando o respeito pelos Direitos Humanos e criando uma pressão política sob Portugal para "abandonar" as colónias e integrar-se na vaga dos movimentos independentistas que proliferavam em África (Van Der Waals, 1993, pp. 35-37).

Em termos políticos, os reflexos longínquos da Conferência de Berlim eram sentidos e vividos pelas populações africanas, levando a um descontentamento crescente e a um agravamento da agitação social que iria transbordar para fora de África, pois os interesses das potências comunistas (principalmente a URSS, mas também a RDA e a China) desencadeavam fortes pressões político-diplomáticas e apoiaram, direta e indiretamente, a emancipação dos movimentos de libertação Africanos (Brunschwig, 1974, pp. 114-116).

Estes movimentos iam no sentido de incrementar o sentimento anticolonialismo e o antiocidentalismo, já que as suas ideologias políticas defendiam que *"...enquanto o Ocidente tiver territórios e presença em África ou conseguir manter com os países africanos relações de amizade e de comércio, estará suficientemente forte para suportar o ataque económico dos países comunistas..."*, o que se tornou num obstáculo à expansão do Comunismo em África. Como salienta Mamoudou Gazibo, professor de Ciência Política na Universidade de Montreal, *"... la théorie de la dépendance une puise bomme portie de son corpus dans les malyses mapixistes, notamment celle de l'impérialisme proposée par Lénine et, surtout, celles de Nicolai Boukharine et de Karl Kautsky qui ont revisité la thèse de l'effondrement du capitalisme pour montrer qu'il s'agit d'un système qui s'adapte et qui est appelé à persistir..."*, convergindo assim os interesses e as ideologias dos oprimidos, com as políticas dos ideólogos apoiantes (2010, p. 48) (Felgas, 1962, pp. 16-17).

A relação tensa da Guerra Fria (Leste-Oeste) elevou as tensões político-estratégicas e a conflitualidade intraestatal em África na década de sessenta e seguintes (nomeadamente até à queda do Muro de Berlim), o que Cabral Couto e Loureiro dos Santos iriam apelidar de "guerras por procuração", pois estas estavam assentes na ideologia marxista-leninista de Lenine, defendendo que *"...o Imperialismo conduz, à guerra (injusta ou reacionária), por outro lado, a divisão do mundo entre países 'explorados' e 'exploradores', conduz à eclosão de 'guerras de libertação nacional' (estas justas ou progressistas) ..."* sendo vistas pelos Movimentos de Libertação como a doutrina político-estratégica ideal que os levaria à luta pela emancipação e pela Independência dos seus territórios (1988, p. 131).

Não admira, por esse motivo, que neste contexto geoestratégico de agitação política a evolução geopolítica dos movimentos nacionalistas em África tenha sido relevante, assistindo-se a uma vaga de Independências (umas mais pacíficas do que outras) que levou a que em cinco anos (1957-1962) se tenha passado de 19% da população e 27% do território de África pertencente (ou sob jurisdição) países Africanos, para 80% e 87%, respetivamente, na posse de autóctones. Só no ano de 1960 surgiram em África 17 "novos" Estados Independentes (Gazibo, 2010, p. 131).

Deste modo, na Assembleia Geral das NU existiam no final de 1961, 28 países Africanos, passando a ser o continente com maior representa-

CONTRIBUTOS DAS FORÇAS ARMADAS ANGOLANAS PARA A FORMAÇÃO DA NACIONALIDADE

tividade, correspondendo ao número de votos na Assembleia Geral da ONU, mantendo-se embora pequenas possessões[145] das potências europeias resultantes da Conferência de Berlim. Nomeadamente Portugal e Inglaterra, que mantinham ainda grande parte dos seus protetorados a sul e a Espanha (com exceção de Marrocos) que se mantinha praticamente inalterável com o mapa das suas possessões no norte de África. É neste novo cenário que na sede das NU se irá fazer o "jogo político-estratégico internacional" para forçar Portugal a abdicar das colónias em África, pois as grandes potências mundiais (nas disputas da Guerra Fria) passaram a estar mais interessadas em obter os 28 votos dos países africanos, do que em capitalizar o voto único português. Fator políticoestratégico que, na nossa opinião, precipitou os acontecimentos em África e que iria ter um papel decisivo no processo diplomático da Independência de Angola (Felgas, 1962, pp. 15-18) (Morin, 1983, pp. 139-143).

Todavia, para Portugal, a XVª Assembleia Geral da ONU, realizada em 14 de dezembro de 1960, em Nova Iorque marcou o início da ofensiva político-diplomática contra a soberania de Portugal sobre as cinco colónias ultramarinas (Resolução 1514/XV de 14 de dezembro de 1960 e Resoluções 1541 e 1542 de 15 de dezembro de 1960). Na supracitada Assembleia Geral, notou-se a presença de muitos governantes africanos e de diversos Chefes de Estado de países comunistas (uma concertação política pan-africana comunista) tendo o representante russo, Nikita Khrushchov[146] a 23 de setembro de 1960, depois de tomar a palavra, repudiado a atitude de Portugal em relação às suas colónias em África, apresentado uma moção onde pedia a abolição imediata do colonialismo em Angola. Neste

---

[145] Na sequência das Independências Africanas, os países europeus colonizadores mantiveram após 1960 algumas pequenas possessões: França ficava com a Argélia (por pouco tempo) e as pequenas Ilhas de Comores e Reunião, na Costa dos Somalis; Inglaterra mantinha os protetorados encravados na União Sul Africana (Seychelles, Socotorá e Santa Helena) e ainda o Quénia, Tanganica, Uganda e a Federação das Rodésias; A Bélgica manteve o Ruanda-Uruti (pouco tempo) perdendo o Congo-Belga; Itália perdeu a Líbia, a Somália e a Eritreia; Espanha perde Marrocos e Portugal mantinha as possessões africanas (Angola, Cabo-Verde, Moçambique, Guiné-Bissau e São Tomé e Príncipe) (Felgas, 1962, p. 16) (Meredith, 2006, pp. 3-5).
[146] Nikita Khrushchov (1894-1971) foi Secretário-Geral do Partido Comunista da União Soviética (PCUS) entre 1953 e 1964 e líder político comunista até ser afastado do poder devido à sua perspetiva reformista, sendo substituído na liderança da URSS pelo conservador Leonid Brejnev. Com a morte de Josef Stalin em 1953, Khrushchov chegou ao poder como líder do PCUS, vencendo uma disputa interna com políticos da Era Estalinista (Morin, 1983, pp. 139-143).

AS FORÇAS ARMADAS ANGOLANAS COMO ELEMENTO DO POTENCIAL ESTRATÉGICO...

contexto, em 28 de novembro do mesmo ano, começava o debate sobre Angola na Assembleia Geral das Nações Unidas, tendo sido apresentadas duas moções: a moção russa, que ideologicamente baseada nos princípios do Comunismo pedia a libertação imediata dos países africanos, e a moção afro-asiática, patrocinada pelos 28 países africanos, e proclamada como a mais consensual, que abria as portas a um entendimento político para as Independências, onde se podia ler:

"...serão adoptadas medidas imediatas nos territórios sob mandato ou não-autóno-mas ou quaisquer outros territórios que ainda não tenham atingido a Independência, para que sejam transferidos todos os poderes aos povos desses territórios, sem quaisquer condição, nem reservas, em conformidade com a vontade e os seus desejos livremente expressos, sem quaisquer distinções de raça, credo, nem cor, a fim de que possam gozar de completa independência e liberdade..."

(Felgas, 1962, pp. 45-46)

A moção afro-asiática (apoiada por 43 países) viria a ser aprovada em 14 de dezembro de 1960, com 89 votos a favor e 9 abstenções (Portugal[147], Espanha, União Sul-Africana, Grã-Bretanha, Estados Unidos da América, Austrália, Bélgica, República Dominicana e França). Contudo, depois de aprovada, não ficaram contudo estipulados prazos claramente definidos para a concretização da transferência de poderes.

A estratégia Portuguesa começava a ficar insustentável perante a pressão político-diplomática da Comunidade Internacional[148]. A posição de Portu-

---

[147] O Delegado Português (Vasco Garin) afirma que a sua abstenção era justificada pelo facto de que a questão em debate não estava relacionada diretamente com Portugal (nem com Angola), pois Portugal não tinha colónias mas sim províncias ultramarinas. As pressões internas e externas sobre os territórios ultramarinos eram sistemáticas e Portugal encontrava-se cada vez mais isolado na defesa de uma posição que parecia insustentável e que potenciou o aparecimento de movimentos de Libertação e levou aos conflitos em Angola que perduraram até 1974.

[148] Em 15 de dezembro de 1960, realiza-se por votação nominal, na Assembleia Geral da ONU, uma proposta apresentada pela Comissão de Curadoria, onde se pretendia "obrigar" Portugal a enviar relatórios periódicos sobre as suas "Províncias Ultramarinas". Esta proposta viria a ser sancionada com 68 votos a favor contra 6 (Bélgica, Brasil, França, Portugal, Espanha e União Sul-Africana) e ainda 17 abstenções, o que constituiu um forte revés para as pretensões portuguesas e iria conferir maior legitimidade aos grupos da pressão que vinham questionando na

274

CONTRIBUTOS DAS FORÇAS ARMADAS ANGOLANAS PARA A FORMAÇÃO DA NACIONALIDADE

gal na ONU na sequência dos acontecimentos de 15 de fevereiro de 1961 em Angola viria a ficar ainda mais delicada, quando na sessão de abertura da reunião do Conselho de Segurança, a Libéria propôs, baseada no Art. 34 da Carta das NU (inesperadamente para muitos, incluindo Portugal, mas esperado e aguardado pelos jovens governos Africanos) pela primeira vez neste fórum, que a situação de Angola fosse apreciada e debatida nas Nações Unidas. O delegado liberiano (apoiado pelo russo)[149] acusava então Portugal de violar em Angola os Direitos Humanos, solicitando que as Nações Unidas agissem de forma a *"...libertar o povo de Angola da opressão..."*, à semelhança do que havia sido feito em outros Estados do Norte de África, referindo-se à Argélia e a Marrocos (Ibidem).

Na sequência, seria inscrita uma proposta na ordem do dia e transformada a pretensão em projeto de resolução (assinada pela Libéria e Ceilão), estando prevista a criação de uma subcomissão de investigação para Angola e em que se pedia a Portugal a introdução de medidas reformatórias no território. Assim, viria a ser agendado um debate na sede das NU em 10 a 12 de março de 1961 sobre Angola, onde foram convidados o Gana e o Congo (Brazzaville), procedendo-se à votação em 15 de março do mesmo ano. A resolução viria a ser rejeitada pois precisava para ser aprovada de sete votos favoráveis e obteve apenas cinco (Libéria, RAU, Ceilão, Rússia e EUA, com as abstenções da França, Grã-Bretanha, Chile, Equador, China e Turquia), com o argumento de que o assunto não perigava a segurança internacional, pelo que não era da competência do Conselho de Segurança ajuizar tal ato. No dia imediatamente seguinte, contando com o apoio dos EUA e do Presidente Kennedy, o grupo afro-asiático pedia a inscrição da "questão" de Angola na agenda da Assembleia Geral da ONU. Neste contexto, seria na 992ª Sessão Plenária da Assembleia Geral das NU, realizada em 20 de abril de 1961 em Nova Iorque, que seria debatida a implantação da Resolução 1514 (XV)/60 de 14 de dezembro de 1960 (posteriormente

---

cena internacional a posição portuguesa, insistindo que as províncias ultramarinas deveriam ser consideradas territórios não autónomos (Felgas, 1962, p. 47).

[149] O apoio soviético aos Movimentos de Libertação africanos conduziu a uma "militarização" dos conflitos regionais de luta pela independência, nomeadamente a Angola, pois como refere Mugur Valahu *"...la guerre en Angola fit beaucoup de victimes. Les responsables ne sont pas seulement ces Noirs déshérités avides de vivre à la remorque des pays riches, mais bien les paranoïaques de Moscou et de Pékin qui, pour dissimuler leur monde misérable, leurs défaites économiques et idéologiques, et jaloux de la démocratie occidentale, espèrent la démolir en soulevant l'Afrique encore sauvage..."* (1967, p. 111).

Resolução 1514 (XV)/60 e 1542 (XV)/60 de 15 de dezembro do mesmo ano), onde se solicita a Portugal a introdução de medidas e reformas em Angola no propósito de implementar as resoluções 1514/1541/1542 (XV), na salvaguarda dos Direitos Humanos e da Liberdade, de acordo com os princípios magnos defendidos na Carta das Nações Unidas (Resolução nº 1514/60 e nº 1542/60 de 15 de dezembro de 1960, pp. 1-3).

Na sessão plenária decidiu-se ainda criar um subcomité com cinco membros, nomeados pelo Presidente da Assembleia-Geral, para examinar e acompanhar o processo de Angola e que passaria a ser o interlocutor para as conversações futuras e ainda enviar à Assembleia Geral um relatório com caráter de urgência (1603 (XV) – *The situation in Angola*, 992^{sd} *Plenary Meeting, 20th April 1961*). Na conferência em Nova Iorque de 10 a 12 de março de 1961, Holden Roberto participaria em representação da UPA, deixando um dos fundadores da UPA, Francisco Borralho Lulendo, em Kinshasa, no comando das operações de sublevação contra Portugal.

As operações militares teriam o seu início três dias depois, em 15 de março de 1961, e tiveram o propósito de despertar, segundo Adriano Moreira (2010), os Portugueses e Portugal para os problemas sociais, militares e políticos que se desenvolviam em Angola. Em 20 de março, em Kinshasa, Holden Roberto através de uma conferência de imprensa, reivindica oficialmente a autoria dos atentados no Norte de Angola e apresenta os propósitos políticos da UPA. A luta armada contra a ocupação portuguesa para alcançar a independência de Angola tinha começado ...mas os Movimentos de Libertação[150] tinham iniciado as atividades político-militares alguns anos antes (em Portugal) um pouco por todo o mundo (Justino Pinto de Andrade, 2010).

---

[150] As obras clássicas de referência sobre esta temática no período 1950-1960 são: John Marcum (1969) – *The Angolan Revolution. Vol.I: The Anatomy of an Explosion* (1950-1962), Massachusetts, MIT Press, 380 páginas e René Pélissier (1978) – *La colonie du Minotaure. Nationalismes et révoltes en Angola* (1926-1961), Orgeval, Pélissier, 727 páginas. Existem outras obras e também teses não publicadas, mais quatro livros recentes: Carlos Pacheco (1997) – *MPLA, um nascimento polémico (as falsificações da História)* , Lisboa Ed. Veja, 201 páginas; F. James Grenfell (1998) – *História da Igreja Batista em Angola 1879-1975*, Queluz (Portugal), Batista Missionary Society, 323 páginas; Marcelo Bettencourt (1999) – *Dos jornais às armas – Trajetórias da contestação Angolana*, Lisboa; Veja, 229 páginas; Jean-Michel Mabeko Tali (2001) – *Dissidências e Poder de Estado. O MPLA perante si próprio (1962-1977)* – Ensaio de História Política, Luanda, Editorial Nzila, 1º Volume: 1962-1974, 473 páginas.

2. A génese da formação dos Movimentos de Libertação em Angola

No momento em que a temática da Independência de Angola constituía um dos principais assuntos debatidos na sede das Nações Unidas (1960/61) no centro da vaga de independências que alastrava pelo continente Africano, nos países fronteiriços com Angola iam nascendo uma miríade de movimentos "políticos" de emancipação/libertação que procuram alavancar alianças e potenciar contactos, granjeando apoios políticos, logísticos, financeiros e, numa fase subsequente, apoio à formação das componentes armadas dos Movimentos de Libertação. Estes apoios não só reforçavam a ideia inicial de emancipação, mas permitiam-se posicionar estrategicamente como interlocutores privilegiados das potências regionais e agentes das potências globais, para as questões do futuro de Angola (Cahen, 2010).

Alguns autores consideram que foi supostamente a ação conjugada de dois movimentos de libertação (UPA e MPLA), apoiados direta e indiretamente pelas designadas "Forças do Comunismo Internacional" e por países "africanos de alojamento" (Congo ex-Belga, Congo – Brazzaville, Gana, Libéria e Guiné-Conacri) que tornou o tema da luta armada pela Independência de Angola num assunto relevante no contexto regional Africano e no centro das disputas de África pelas potências da Guerra Fria. Contudo, os relatos da criação de movimentos independentistas e subversivos, quer em Angola quer no exterior, datam da década de 40, pelo que importa fazer uma breve introdução ao seu surgimento e evolução, antes de abordar a sua implantação e emancipação política (Valahu, 1967, p. 95) (Messiant, 2008, pp. 41-43).

A partir de 1948/49 começaram a surgir no Norte de Angola alguns Movimentos com o objetivo comum de se oporem ao sistema colonial português, em linha com o que vinha acontecendo em outros países africanos da região. Tiveram, de início, uma base local e tribal, destacando-se o movimento de Simão Toco[151] (1918-1984), que ficou conhecido por "Tocoísmo"

---

[151] Simão Toco nasceu em fevereiro de 1918 (ou em 1920, segundo Mugur Valahu), em Quisadi no Norte de Angola na região de Maquella do Zombo e foi considerado um profeta africano. Iniciado muito jovem no culto Batista, numa linha de pensamento próxima de Simão Kimbangu (1908), funda um movimento religioso inicialmente denominado "Kitawala", que constitui a fundação da "Igreja Tocoísta", que viria a ocorrer em 25 de julho de 1949, assinalando a narrativa da descida do "Espírito Santo" sobre Simão Toco e seus companheiros, numa noite de oração, quando estes começaram a tremer, falar em línguas desconhecidas e a citar passagens da Bíblia. Uma vez presos e deportados pelo regime Belga e entregues ao governo

e/ou "Igreja Tocoísta", que proclamava o fim da miséria social e criava uma mensagem divina, espiritual, congregando na sua ideologia o puritísmo das crenças religiosas e o eruditismo da feitiçaria local. Embora detido pelas autoridades em 1949, as suas ideias vanguardistas estenderam-se entre os Bacongos, emigrados no então Congo Belga, e levando à criação em 1956, da Aliança do Povo Zombo (ALIAZO). Este movimento messiânico viria a converter-se no Partido Democrático de Angola (PDA) em 15 de fevereiro de 1962, em Congresso havido em Kinshasa que a projetou no contexto regional (Rocha, 2009, pp. 338-339).

Outro movimento político-social que esteve na base da sublevação da Baixa do Cassange, no início de 1961[152] e que colheu de surpresa as autoridades portuguesas, iniciou-se com uma inesperada e aparentemente pacífica, greve dos trabalhadores assalariados da companhia exploradora de algodão COTONANG, no intuito de protestar contra o atraso no pagamento de salários, mas que viria a transformar-se num protesto da população contra o cultivo e comércio obrigatório de algodão e ainda relativamente contra as duras condições de trabalho. Neste movimento, destacou-se António Mariano, que pertencia a uma seita católica local e que levou à apelidada "Guerra da Maria"[153], em que os habitantes da região Norte de Angola

Português, em 1950, o movimento tocoísta adquiriu uma nova dimensão regional. Simão Toco e seus aderentes foram "espalhados" por diversas regiões (prisão) de Angola, no intuito de enfraquecer o movimento, o que incluiu sucessivas transferências forçadas de Simão Toco para várias regiões do país, o que resultou na disseminação da doutrina tocoísta, tornando quase "inconscientemente" o movimento de dimensão nacional e não apenas de carácter regional e bacongo/angolano. As características da doutrina tocoísta eram basicamente a de recusa do regime colonial, sem no entanto estabelecer uma rutura a nível político com este regime, adotando uma postura de obediência às autoridades e de dedicação ao trabalho, com ênfase na recusa à aprendizagem da língua portuguesa, sentida como elemento de opressão política. De acordo com relatos (não confirmados) Simão Toco morreu na noite de 31 de dezembro para 1 de janeiro de 1984 (Valahu, 1967, pp. 91-95).

[152] Desenvolvido por John P. Cann (Capitão-de-Mar-e-Guerra aposentado) tendo servido no Gabinete do Chefe do Estado-Maior da Armada e no Gabinete da Secretaria da Defesa nos EUA. Em 2005 publicou a obra *ContraSubversão em África* (Ed. Prefácio) e em 2009, (também da Ed. Prefácio), a obra *A Marinha em África*. No seu artigo publicado em 19 de novembro de 2011 na Revista Militar, intitulado "Baixa do Cassange – Catalyst for righting a wrong" e complementado em entrevista enviada por email ao autor (Anexo A). [*http://www.revistamilitar.pt/ modules/articles/article.php?id=625*]

[153] Para reprimir este movimento, as autoridades portuguesas socorreram-se de unidades do Exército e da Força Aérea (posicionadas em Angola), que atacaram os grevistas no

queimaram as sementes, destruíram ou interromperam as vias de comunicação na região, mataram gado, invadiram armazéns e missões católicas, e expulsaram os brancos colonos (Mateus e Mateus, 2011, pp. 45-47).

Contudo, a organização mais relevante e que viria a dar consistência ao apelidado "nacionalismo Bacongo"[154], foi a "União dos Povos (ou das Populações) do Norte de Angola" (UPNA), criada em 7 de julho de 1954, na cidade de Matadi, província do Baixo Congo (RDC), pelos nacionalistas Manuel Barros Sidney Nekaka, Eduardo Pinnock e Borralho Lulendo, com a finalidade de influenciar a sucessão do Rei do Congo (Pedro VII), que tinha morrido nesse ano. A UPNA pretendia que o futuro monarca se tornasse mais independente das autoridades portuguesas, apresentando-se então como candidato Álvaro Holden Roberto. Holden Roberto (também apelidado em alguns escritos de José Gilmore) nasceu em Mbanza Kongo, ex-São Salvador, (província do Zaire) a 12 de janeiro de 1923. Na sua formação académica e política, destaca-se a frequência em Leopoldville e no Gana do curso de Ciências Políticas, incluindo um estágio político-diplomático na Representação Diplomática da República da Guiné-Conacri na sede das Nações Unidas, em Nova Iorque (1959-1960) (FNLA, 2012).

Foi o primeiro Presidente eleito da União dos Povos do Norte de Angola (UPNA), que nascia clandestinamente no Lobito e viria a oficializar-se em Leopoldville, a 10 de outubro de 1954, incluindo ativistas de várias origens do Norte de Angola, e que a 7 de dezembro de 1958, dava lugar à União das Populações de Angola (UPA) passando de uma base local a uma

---

período de 24 de janeiro a 2 de março de 1961, transformando a ação num *"...desproporcionado massacre de populações civis, cujo número de vítimas nunca se conheceu com exactidão..."* Cf. *"Centro de Documentação 25 de Abril"*, da Universidade de Coimbra. [*http://www1.ci.uc.pt/cd25a/wikka. php?wakka=intervns1/#mpla*]

[154] Os Bacongos (ou Bakongos) são originários, como vimos, do Noroeste de Angola, mais precisamente das províncias do Zaire, Uíge e Cabinda, aparecendo também no Congo e na República Democrática do Congo. Em meados do século XIII, ocupavam o vale do Rio Congo e formaram o "Reino do Congo", que até à chegada dos portugueses (no fim do século XV) era um reino forte e unificado, que ficava na atual província angolana do Zaire, ficando bastante enfraquecido pelos ataques portugueses no século XVII e acabando por desaparecer na totalidade. Durante a guerra colonial, muitos Bacongos fugiram para o então Zaire, levando a que esta etnia diminuísse consideravelmente em solo angolano, no entanto após a Independência de Angola, muitos refugiados regressaram, mas nunca se chegou a atingir os valores de 1960, em que os Bacongos representavam 13,5% da população angolana, contra os atuais cerca de 8,5% (Messiant, 2008, pp. 69-72).

base regional. Em março de 1957, na viagem ao Gana, em Leopoldville, Holden Roberto iniciou contactos com o futuro Presidente da Tanzânia (Julius Nyerere) e este após uma análise da situação de Angola, sugeriu que o problema Angolano, deveria ser submetido à Iª Conferência dos Povos Africanos[155] que teria lugar em Acra (República do Gana), visto que a política do colonialismo português não era suficientemente conhecida em África e no mundo. A participação de Holden Roberto como delegado da UPA, na Iª Conferência dos Povos Africanos (6 a 13 de dezembro de 1958) constituiu um marco políticoestratégico para a UPA e para o início da luta de libertação de Angola (Eduardo dos Santos, 1968, p. 210).

Na Cimeira foram aprovadas medidas de apoio aos movimentos emancipalistas de todo o continente e decidiu-se criar um secretariado permanente (Acra), o que permitiu a abertura ao mundo das intenções independentistas da UPA de Holden Roberto em Angola. Na Conferência, este viria a travar conhecimento com Tom Mboya (Quénia), Kenneth Kaunda (Zâmbia), Joshua Nkomo (Zimbabwe), Frantz Fanon, (do Governo Provisório da Argélia), Kamuzu Banda, de Nyassaland (Malawi) e outros líderes Africanos. Estava assim lançada a mensagem política da UPA que iria mobilizar consideráveis apoios políticos e diplomáticos, não só em África, mas em outras partes do Mundo. Na Iª Conferência dos Povos Africanos, Holden Roberto (sob o pseudónimo de José Gilmore), foi eleito membro do *Steering Committee*, cargo para o qual viria a ser reeleito em 1960 na IIª Conferência dos Povos Africanos, realizada em Tunis em agosto de 1960 (Figura Nº 10). Durante a estadia em Kinshasa, reúne alguns operacionais: Pedro Vida, Manuel Cosmo, Manuel Lelo, Pedro Sadi, Manuel Bernardo, Tusamba Kwa Nzambi, Pedro Massumu e, nomeadamente, o primeiro comandante das operações de guerrilha da UPA, o alferes João Batista Traves Pereira.

---

[155] Compareceram em Acra cerca de 300 delegados de 62 organizações e 26 países ou territórios Africanos. Apesar de a conferência não ter, segundo Eduardo dos Santos, um carácter oficial, todos os países independentes (com exceção da África do Sul e do Sudão) enviaram membros do governo. A URSS enviou uma missão com seis observadores e os EUA também estiveram representados. O aspeto mais relevante foi segundo Eduardo dos Santos a formação da Frente Unida dos Combatentes da Liberdade, proposta por Tom M' Boyo, reivindicando a independência (não-violenta) e o fim do colonialismo, e contestava Portugal pela reivindicação do direito de assimilar as suas províncias ultramarinas (1968, pp. 211-213).

CONTRIBUTOS DAS FORÇAS ARMADAS ANGOLANAS PARA A FORMAÇÃO DA NACIONALIDADE

RESOLUÇÃO DA II CONFERÊNCIA DOS POVOS AFRICANOS

(Tunis, Janeiro de 1960)

SOBRE AS COLÓNIAS PORTUGUESAS

A II CONFERÊNCIA DOS POVOS AFRICANOS, reunida em Tunis de 25 a 30 de Janeiro de 1960.

Depois de proceder ao exame da situação em que se encontram os paises africanos sob dominação portuguesa, nos quais impera ainda o regime de trabalhos forçados e as populações indige - nas sofrem uma exploração sem limites.

Condena a politica colonialista de Portugal e denuncia tan to a repressão sistemática a que os movimentos nacionais desses paises estão sujeitos, como os preparativos de guerra do Gover - no português em Angola.

Reafirma o direito das populações das colónias portuguesas a independência nacional e determina que os Estados Africanos in dependentes e todos os Povos de África devem dar a essas popula - ções um apoio incondicional.

Exige a libertação imediata de todos os prisioneiros poli - ticos em Angola, Moçambique, Guiné dita portuguesa, S.Tomé e Ca - bo Verde.

Faz apelo às Organizações membros desta Conferência para que organizem, durante o ano de 1960, uma jornada de solidarie - dade a favor dos territórios sob dominação portuguesa.

Faz apelo ao Comité Especial das Nações Unidas, encarrega - do de estudar a questão dos territórios não-autónomos, para que levante o problema da descolonização e da independência dos ter - ritórios sob dominação portuguesa.

****

INFORMAÇÃO: Na II Conferencia dos Povos Africanos os movimentos nacionais das colónias portuguesas estiveram repre - sentados por cinco Delegados:

Do Movimento Anti-Colonialista e Organizações a ele ligados:

Abel DJASSI
Hugo MENEZES
Lucio LARA
Viriato CRUZ

Da União das Populações de Angola:

J. GILMORE

Fonte: [*http://www.fmsoares.pt/aeb_online/visualizador.php?nome_da_pasta=04337.004.008&bd=Documentos*].

FIGURA Nº 10 – **Resolução da IIª Conferência dos Povos Africanos**

AS FORÇAS ARMADAS ANGOLANAS COMO ELEMENTO DO POTENCIAL ESTRATÉGICO...

Mais tarde, a UPA, beneficiando da ajuda e influência de Omar Oussedik e do próprio Chefe do Estado-Maior da Frente de Libertação Nacional (FLN) da Argélia, o Coronel Boumedienne (mais tarde Presidente da República da Argélia), conseguiu enviar para a principal base militar de Ghardemaou (Tunísia) cerca de 20 guerrilheiros para serem formados, que integrados com soldados Angolanos desertores do Exército Português, constituiu a primeira célula operacional e embrionária do que seria o Exército de Libertação Nacional de Angola (ELNA) e das futuras Forças Armadas Angolanas.

Holden Roberto permaneceu por breves períodos na base de Ghardemaou e criou a Base de Kinkuzu da FNLA, na República do Zaire, sendo essencial para desenvolver e apoiar as operações no Nordeste de Angola. Entretanto, nas Nações Unidas, Holden Roberto cruzava-se com os representantes de Portugal, nomeadamente com Franco Nogueira (Ministro dos Negócios Estrangeiros) e Vasco Garin (Embaixador na ONU) e estes, em sinal de desagravo, comentavam lateralmente a temática da "ASPRO", que significava uma aliança militar entre a África do Sul (AS), Portugal (P) e Rodésia (RO) e era denominada *Impie Alliance* (Ímpia Aliança) funcionando como estratégia para o controlo político-militar dos movimentos independentistas em Angola. Depois da IIª Conferência dos Povos Africanos (25-31 de janeiro de 1960), o Presidente Bourguiba (Tunísia) na presença dos membros do designado "MAC" – Movimento Anticolonial, com Lúcio Lara, Viriato da Cruz (Angolanos), Hugo de Menezes (Santomense), Amílcar Cabral (Guineense) e Luís Araújo (Cabo Verde) encorajou os movimentos de libertação a pegarem em armas, se necessário fosse, porque *"...todos os meios a utilizar e todas as formas a empregar eram válidas para que os Povos se libertassem da escravatura, pois o que contava era o resultado..."*, funcionando como um incentivo à criação de elementos armados no seio dos Movimentos de Libertação (Felgas, 1962, p. 48).

Em meados de 1960, Holden Roberto foi eleito Presidente da UPA e em 15 de março de 1961, inicia-se a luta de guerrilha que só culminaria com a assinatura dos Acordos da Independência celebrados em 15 de janeiro de 1975, em Alvor (Portugal) entre os três movimentos de libertação, a FNLA, o MPLA e a UNITA e Portugal. Desde então, Holden Roberto vivem a reconciliação nacional de Angola, preconizando a via do diálogo nacional para a designada "solução Angolana". Em 22 de outubro de 2004, viria a ser reconduzido à Presidência da FNLA, pelo Congresso da Reconciliação da FNLA (18-22 de outubro de 2004) vindo a falecer em Luanda, a 2 de agosto de 2007[156] (Idem, pp. 52-53).

Contudo, como vimos, a participação da UPA com uma delegação liderada por Holden Roberto na Iª Conferência dos Povos Africanos (1958), de Acra e patrocinada por Nkrumah, foi na opinião de Adriano Moreira (2010), o fator político estratégico de afirmação do movimento e o elemento central que lhe permitiria projetar a UPA no contexto regional e nas Nações Unidas. Em 1962, a União das Populações de Angola viria a dar lugar à Frente Nacional para a Libertação de Angola (FNLA). Nesse contexto, surge também o Partido Democrático de Angola (PDA), que foi fundado em Leopoldville (atual Kinshasa) a 15 de fevereiro de 1962, embora atuasse já desde 23 de dezembro de 1956, pela iniciativa do nacionalista André Massaki (jornalista e escritor), com a designação de Aliança dos Naturais do Zombo (ALIANZO) e Associação Mútua dos Zombos (ASSOMIZO), que constituíam uma plataforma de intelectuais angolanos, em linha com o Tocoísmo, de Simão Toco, e que veio a constituir-se mais tarde em aliança política com a UPA na FNLA (Valahu, 1967, pp. 226-229) (FNLA, 2011) (Rocha, 2009, pp. 338-339).

De igual forma, o Movimento para a Independência de Angola (MINA) atuava como movimento satélite da UPA para as atividades subversivas na cidade de Luanda, o que permitia, segundo Holden Roberto, ter controlo sob a situação política em Luanda, com destaque para Aníbal de Melo e servindo-se da ligação ao Cónego Joaquim das Neves, por intermédio de Sidney Nakaka e Costa N'kodo (FNLA, 2011). Contudo, a adesão de angolanos à causa da luta pela libertação, no espaço intra e extra angolano, incidia especialmente na RDC (Kinshasa), onde a UPA tinha os seus principais órgãos de Direção, e onde mobilizava voluntários para a luta de guerrilha.

Os angolanos que viviam entre as duas fronteiras, e que o PDA apoiava na ação de mobilização, e contribuiu para a fusão dos dois movimentos em 27 de março de 1962 e conduziu à edificação e consolidação da FNLA, dando origem à criação de um instrumento de liderança política no exterior de Angola, designado por Governo da República de Angola no Exílio (GRAE), que pretendia constituir-se no interlocutor regional para as atividades político-estratégicas para a Independência de Angola. Por outro

---

[156] Compilado com informação disponibilizada pelo Centro de Investigação Histórica da Frente Nacional Libertação de Angola (FNLA). Disponível em [*http://www.fnla.net/*]

lado, segundo o Iº volume (1940-1966) da *História do MPLA*, a promulgação do *Acto Colonial*[157], o Decreto nº 18570 de 8 de julho de 1930, que teve como princípio fundamental a regulação do sistema colonial, estabeleceu também o regime político, administrativo, económico e financeiro das colónias, bem como os normativos jurídico-legais da população africana, e veio intensificar o *modus operandi* e a política de dominação dos povos territoriais ultramarinos, constituindo, segundo Adriano Moreira, ideológica e politicamente o ponto de decisão para o surgimento de Movimentos de Libertação, de onde se destaca o Movimento Popular para a Libertação de Angola (MPLA) que iria ganhar relevo no contexto angolano (2008, p. 35) (Valahu, 1967, p. 230) (Moreira, 2010).

O Estado Novo e a promulgação do *Estatuto do Indigenato* (1929 e 1954) haviam definido entretanto o conceito de "Indígena"[158], provocando a indesejada "assimilação", levando segundo o Centro de Documentação e Investigação Histórica do MPLA (CDIH) à "*...negação absoluta da sua própria nacionalidade, ao adotar os valores culturais e as crenças consideradas válidas do colonizador...*" (Idem, p. 36). Contudo, o mecanismo adotado por Portugal para integrar os "Assimilados" levou à entrada massiva em Angola de população branca, que já vinha acontecendo desde o século XIX e que levou segundo o professor Gerald Blender, a constituir "*...a porta de saída adequada para os elementos rebeldes e criminosos da sociedade metropolitana...*", como se constatava por parte dos países europeus noutras portes do mundo e em África (2004, p. 117).

Para Mário Pinto de Andrade, o MPLA surge da conjugação das vontades de um povo, num contexto regional continental de mudança e apoiado por interesses políticos das potências da altura, em que a partir da *Carta Orgânica do Império Colonial* (1935) passando a designar as Colónias Ultra-

---

[157] Veja-se Adriano Moreira no livro, *Política Ultramarina, Estudos de Ciências Políticas e Sociais* do Instituto Superior de Estudos Ultramarinos, em Lisboa (1960) onde é apresentado o sentido de integração Ato Colonial na ideologia política portuguesa em relação às colónias ultramarinas e concretamente em relação e Angola (Moreira, 1960, pp. 300-303).

[158] Conforme refere o Decreto-Lei "*...indivíduos de raça negra ou seus descendentes, que tendo nascido ou vivendo habitualmente nelas, não possuam ainda a ilustração e os hábitos individuais e sociais pressupostos para a integral aplicação do direito público e privado dos cidadãos portugueses. Considera-se igualmente indígenas e indivíduos nascidos de pai e mãe indígena em local estranho àquelas províncias, para onde os pais se tenham deslocado temporariamente...*", Decreto nº 16.473 de 6 de fevereiro de 1929 e reajustado pelo Decreto-Lei nº 39.666 de 20 de maio de 1954.

marinas por "Províncias Ultramarinas" e nomeadamente com o argumento de 1955 nas Nações Unidas da aplicação da ideologia para garantir o controlo de Angola como país colonizado, estavam criadas as condições políticas que conduziriam à luta ideológica pela emancipação e independência (Mário Pinto de Andrade, 2011).

A perspetiva colonial tornou-se segundo Júlio Evangelista *"...imperioso surpreender ao pormenor as mudanças sociais ocorridas, pois estas definiam o processo evolutivo do sistema colonial e foram categoricamente determinantes no desenvolvimento do moderno nacionalismo angolano e consequentemente para a introdução de novas formas de luta anticolonial..."*, levando ao surgimento do MPLA, entre outros movimentos sociopolíticos de afirmação do nacionalismo angolano. Neste contexto, a Conferência de Bandung (1955) e a Conferência de Tunis (1960) condenam formalmente o colonialismo e dão início à vaga de independências africanas, que seria, mais tarde, o catalisador para a Independência de Angola, onde o MPLA tem um papel preponderante, mesmo na ação em movimentos de caráter cultural, como o "Vamos descobrir Angola" (1948) e a Liga Nacional Africana (1933) que servia de vetor camuflado de mobilização para o percurso revolucionário que se iniciava (CDIH, p. 52) (Mário Pinto de Andrade, 2011) (Messiant, 2008, pp. 38-39).

Neste contexto, destacaram-se na "Luta Armada" de libertação nacional em Angola, no Movimento Popular para a Libertação de Angola, antecessor do Exército de Libertação de Angola (ELNA) fundado em 1956 e ainda a FNLA (Frente Nacional para a Libertação de Angola), com o seu Governo da República de Angola no Exílio (GRAE), que se revelou em 1962 (a partir da união da UPA, de Holden Roberto com o Partido Democrático de Angola – PDA) e a UNITA (União Nacional para a Independência Total de Angola) em 1966, que segundo Margaret Anstee, eram fonte de hostilidade permanente para as atividades portuguesas na colónia, mas tinham uma eficiência muito diminuta devido à discordância e divergência políticas entre as lideranças, pois ideologicamente, como refere a jornalista Rita Garcia no livro *S.O.S Angola – Os Dias da Ponte Aérea "...o conflito entre [negros], que tinham de três etnias diferentes: Bacongos [da UPA e mais tarde da FNLA] Quimbundos [da MPLA] e os Ovimbundos [da UNITA] ..."*, o que pressupunha uma afiliação genética e racial que perdurou no período pré e pós Independência (1997, p. 33) (Garcia, 2011, p. 68) (Davezies, 1968, p. 59) (Nunes, 2002, pp. 18-25).

Pires Nunes, membro da Comissão para o Estudo das Campanhas de África (CECA), recorda-nos que as Forças Armadas Portuguesas (FAP) acorreram a Angola a partir de 15 de março de 1961, na sequência dos massacres na Baixa do Cassange e a Leste de Malange em 11 de janeiro de 1961[159] e da sublevação de 4 de fevereiro de 1961, nas tentativas de assalto à Cadeia de S. Paulo e Casa de Reclusão de Luanda e à Esquadra da Polícia de Segurança Pública (PSP). Enfrentaram durante treze anos (1961-1974) os três movimentos independentistas, ressalvando que a UPA abriu as hostilidades em 1961[160], o MPLA, de Agostinho Neto, na frente de Cabinda[161] em 1962 e a UNITA, de Jonas Savimbi, no interior de Angola, na região do Moxico (Nunes, 2002, pp. 18-25) (Júnior, 2003, pp. 153-155) (Messiant, 2008, pp. 39-40).

Contudo, ainda segundo Pires Nunes, não houve influência direta dos movimentos independentistas nos acontecimentos do início de 1961, embora se tratassem de pequenos grupos armados clandestinos[162], não

---

[159] A revolta genuína foi, segundo Pires Nunes, publicada na coletânea *Academia Militar e a Guerra de África* foi gerada pela "COTONAG" (empresa belga que obtivera do governo português uma concessão e que, por esse motivo, detinha o monopólio do comércio do algodão em Angola) e incentivada pelo Partido Solidário Africano (PSA) partido Congolês de influência transfronteiriça com o Congo (ex-Belga) alimentada pela corrupção de alguns inspetores sobre a população e induzida numa região onde a feitiçaria era uma prática corrente, e sem interferência direta de qualquer dos movimentos independentistas, mas sendo aproveitado posteriormente pela UPA, de Holden Roberto (2009, p. 121).

[160] A UPA, segundo Valdês Vivo, salienta que de acordo com notícias vinculadas na edição de 20 de dezembro de 1975 do *New York Times*, com tese em confidências de altos funcionários da CIA e do Departamento de Estado escreveu "...*desde 1961 que Holden Roberto, chefe do FNLA, é agente da CIA, a troco de um salário anual de 10 000 dólares pagos para receber e transmitir informações. Em janeiro de 1975, o 'Comité dos 40' presidido por Kissinger deu 300 000 dólares para que possa combater o MPLA...*". Facto que o mesmo refere que foi feito também com a UNITA por intermédio da Zâmbia e do Zaire (1976, p. 92).

[161] O MPLA abriu a frente de Cabinda em 1962, não apenas porque só nessa altura estava preparada para iniciar a luta guerrilha contra Portugal, mas porque, conforme refere Pires Nunes, tal apenas foi possível depois do Golpe de Estado de Massamba Dabat na República Popular do Congo (RPC), Congo ex-francês (também independente em 1960), que o levou a aderir ao comunismo soviético e a servir de base de apoio ao movimento subversivo angolano (2002, p. 120).

[162] Entre estes pequenos grupos estava o Movimento para a Independência Nacional de Angola (MINA) o Partido Unido para a Luta de Angola (PULA), o Movimento Independentista Africano (MIA) e o Movimento Anti-Colonialistas (MIAC) entre outros, orientados pelo Cónego

CONTRIBUTOS DAS FORÇAS ARMADAS ANGOLANAS PARA A FORMAÇÃO DA NACIONALIDADE

organizados e sem filiação ideológica e política, que a Polícia Internacional e de Defesa do Estado (PIDE) já tinha identificado e desorganizado em 1959 e 1960. Contudo, o aproveitamento político foi imediato e as ações de guerrilha iniciaram-se com os massacres da designada "Campanha da UPA", iniciada em 15 de março de 1961 (o armamento seria fornecido pela Tunísia de Habib Bourguiba, tendo sido enviados através da Embaixada em Leopoldville, num total de cerca de 500 fuzis) recorrendo a um recrutamento forçado, que chegou, segundo John Cann, a ter 25 000 homens (deficientemente armados) nos distritos de Cuanza Norte, Uíge e Zaire, o que levou à morte de cerca de 300 brancos e 6000 negros (valores que variam de acordo com as fontes consultadas). Tinha começado verdadeiramente a guerra independentista no Teatro de Operações de Angola, em que o MPLA e a UNITA entrariam na designada "Luta de Libertação", um pouco mais tarde (1998, p. 25) (Waals, 1993, pp. 62-63) (Ventura, 1964, pp. 96-97) (Pélissier, 1994, p. 19) (Júnior, 2003, pp. 152-155) (Cann, 2010).

Esta versão entra em contradição com os escritos de Hélio Felgas, que salienta "...ao MPLA, se atribuem os distúrbios de Luanda em 1961... e... a FNLA declara-se autora do terrorismo que, a partir de 15 de março de 1961, assolou o Norte de Angola...". Nesta data, este aspeto revelava ainda algumas contradições, mas que, na perspetiva dos próprios movimentos independentistas parece uma versão adequada e reforçada recentemente com as declarações de Holden Roberto em 22 de outubro de 2004 (três anos antes de falecer) no seu discurso no Congresso da Reconciliação da FNLA, em Luanda (1966, p. 7) (1962, p. 26) (FNLA, 2010) (Cardoso, 2005, pp. 135-139).

Em 1970, a FNLA (resultando da união política da UPA e PDA desde 27 de março de 1962), e financiada pelo *American Committee on Africa*[163],

---

Manuel Joaquim Mendes das Neves, em coordenação com a Direção da UPA (a partir de Kinshasa) com o qual mantinha contactos secretos desde 1954, conforme refere o próprio Holden Roberto (2004).

[163] O *American Committee On Africa* (ACOA) foi fundado em 1953 e estava sediado em Nova Iorque, proporcionando segundo Hélio Felgas, apoios contínuos a décadas de lutas em África contra o colonialismo e o *apartheid*. O ACOA foi idealizado inicialmente para apoiar o movimento *South African Resistance* (AFSAR), que havia sido criado em 1952 para desenvolver a campanha de luta contra as leis do Congresso Nacional Africano. Depois da campanha de apoio ao AFSAR ter terminado em 1953, o ACOA, foi desenvolvido com o objetivo de apoiar a luta anticolonial em todo o continente africano. Em 1966, ACOA criou o *Africa Fund*, que foi registado ao abrigo da lei de impostos dos EUA como uma organização de apoio à caridade e

AS FORÇAS ARMADAS ANGOLANAS COMO ELEMENTO DO POTENCIAL ESTRATÉGICO...

tinha reforçado a sua atividade operacional de guerrilha e estava organizada em três frentes (Norte, Nordeste e Leste), cada uma delas com efetivos da ordem de um batalhão (300-500), tendo lançado nesse ano (1970) uma ofensiva conjunta (repelida pelas Forças Armadas Portuguesas)[164], que levou praticamente ao seu desaparecimento operacional até 1974. Neste período, o MPLA transferiu a sua sede para Brazzaville em 1965 (onde o governo congolês de Massamba-Débat o acolheu com aparente simpatia) como resultado da Iª Conferência Nacional (dezembro de 1962) e tinha após 1966 o território dividido em seis Zonas Militares, mais tarde designadas por Regiões Político-Militares (RPM)[165], desenvolvendo operações militares empregando técnicas de guerrilha a partir de bases posicionadas ao longo da fronteira com o Congo-Belga e a Zâmbia e utilizando linhas de infiltração na região do Bié, a Leste do Rio Cuanza e através do Rio Lungué-Bungo. Para Hélio Felgas, embora o MPLA tenha afirmado que a sua atuação se estende ao Norte e Este do território angolano, parece-lhe evidente que os seus grupos armados só a partir de 1964 se tornaram efetivos e apenas no enclave de Cabinda, onde a ação da FNLA era relativamente reduzida[166] (1966, p. 9) (Valahu, 1966, pp. 102-107) (Correia de Barros, 2011).

---

educacional, tendo contudo outros propósitos. As duas organizações compartilham os mesmos espaços e o mesmo pessoal, mas tinha identificações separadas e orçamentos próprios, e na prática, serviam como uma organização com dois conjuntos de atividades e propósitos artificialmente separados, mas ao serviço dos interesses americanos no apoio às independências em África (Folques, 1962, p. 52).

[164] As Forças Armadas Portuguesas em Angola contavam, na época (1961) com cerca de 6500 efetivos, dos quais 1500 eram europeus e 5000 recrutados localmente. As FAP contavam na altura com 79 000 efetivos, dos quais 58 000 pertenciam ao Exército, 8 500 à Marinha e 12 500 à Força Aérea, com um orçamento de Defesa de cerca de 93 milhões de dólares, e apresentavam-se, em comparação com outras forças militares europeias que combatiam os movimentos de insurreição em África (em França e Grã-Bretanha) "...fisicamente pequenas e descapitalizadas e diminutas em comparação com outras... " (Cann, 1998, p. 26).

[165] Iª RPM – Distrito do Zaire; IIª RPM – Distrito de Cabinda; IIIª RPM – Distritos de Moxico e Cuando-Cubango; IVª RPM – Distritos de Malange e Luanda; Vª RPM – Distritos de Cuanza Sul, Benguela, Huambo e Bié e VIª RPM – Distritos de Huíla e Moçâmedes (Nunes, 2002, p. 22) (Lima "Foguetão", 2007, pp. 53-55).

[166] Veja-se John Cann, no seu artigo, "Securing the Borders of Angola: 1961-1974", publicado na Revista Militar em 31 de maio de 2010. *[http://www.revistamilitar.pt/modules/articles/article. php?id=531]*

CONTRIBUTOS DAS FORÇAS ARMADAS ANGOLANAS PARA A FORMAÇÃO DA NACIONALIDADE

Por outro lado, a UNITA, antecipou-se ao MPLA na abertura da Frente Leste e durante o ano de 1966 desenvolveu atividades militares (algumas combatendo o próprio MPLA) contra as populações, envolvendo cerca de 500 guerrilheiros, mas segundo Pires Nunes "...*com uma apreciável capacidade de mobilização das populações locais e ocupando zonas estratégicas...*", mostrando as boas capacidades de liderança e evidenciando as reconhecidas qualidades de chefe militar de Jonas Savimbi (Bridgland, 1988, pp. 61-70) (Felgas, 1966, pp. 8-9) (Messiant, 2010, pp. 46-48).

Neste enquadramento e no desenvolvimento de estratégias de confronto, quase sempre indiretas, importava para todos os Movimentos de Libertação passar para o exterior e divulgar a ação em curso (fundamental para a técnica de guerrilha no sentido de reunir apoios para a sua causa de libertação). Neste propósito, o MPLA realizou uma conferência de imprensa em 3 de janeiro de 1968, em Brazzaville, onde procurou mostrar que a luta armada estava generalizada no interior norte de Angola, fazendo referência ao dispositivo político-militar (RPM), facilitando a subversão e o trabalho dos militares infiltrados. A guerrilha era a forma de luta escolhida pelo MPLA (e pelos outros movimentos) sob o lema "Vitória ou Morte. A Vitória é Certa", sendo que se iria assistir a uma transformação da organização no desenvolvimento das operações militares, não abandonando contudo, até 1974, a técnica de guerrilha e a subversão[167] como forma de

---

[167] Para combater o ascendente operacional dos Movimentos da Libertação em Angola, as autoridades portuguesas tinham iniciado em 1967, uma alteração profunda na sua estratégia de contrassubversão, depois de em 7 de outubro de 1967 os Ministros do Ultramar e da Defesa, em Despacho Conjunto, criarem as novas bases que passariam a orientar estrategicamente as ações de contrassubversão em Angola. O Despacho atribuía uma elevada prioridade à conquista e adesão das populações, elegendo-as como "centro de gravidade" da ação político-estratégica de Portugal em Angola, e impondo um reforço de ações e uma unidade de comando, sendo criado para o efeito o Conselho Provincial de Contra-Subversão (CPCS) cujo presidente era o governador-geral, integrando as mais elevadas instâncias militares e civis da administração colonial portuguesa, levantando ainda Conselhos Distritais de Contra-Subversão (CDCS) com os governadores do Distrito e os comandantes militares de nível operacional e ainda as Comissões Locais de Contra-Subversão (CLCS) que desenvolviam e operacionalizavam as estratégias de contrassubversão em Angola. Neste contexto, foi difundida a Diretiva "Raio Verde", em 6 de junho de 1972, onde se definiam "Zonas de Risco", sendo que a Zona de grau 1 (mais elevado) compreendia o Leste (na região do Bié e na fronteira com a Zâmbia) a Zona de grau 2 (zonas envolventes da Zona 1) a Zona de grau 3 que se situavam na fronteira Norte e a região de Cabinda Zona de grau 4 (zonas sem subversão) que correspondia, segundo o

luta privilegiada, com destaque para a formação da "Unidade do Nacionalismo", que tinha por objetivo principal congregar todos os Movimentos de Libertação que combatiam Portugal (Carreira, 1996, p. 75).

3. O idealismo Pan-Africano. A perspetiva Angolana

Importa recordar que o idealismo pan-africano [*pan* (toda) e *africanismo* (referindo-se a toda a África como continente)], tendo por objetivo principal reabilitar as civilizações africanas e restaurar a ideologia africana de um continente (África) para os Africanos, nasceu nas Antilhas Britânicas na América, no final do século XIX, na sequência da Revolução Americana e do espírito do Federalismo Unionista e da Guerra de Secessão (1861-1865). Na sequência, em 31 de janeiro de 1865 é votado pelo Congresso em Washington a XIII emenda à Constituição, que iria abolir a escravatura e escravidão nos Estados Unidos da América e em 1866 em 1870 são aprovadas as emendas XIV e XV, de acordo com os quais os Negros adquirem os mesmos direitos civis e políticos que os demais habitantes americanos. Aspeto que foi, segundo Eduardo dos Santos, "...*uma aquisição* de jure *que não se tornou* de facto...", referindo-se particularmente ao Sul, onde os direitos dos Negros tardavam em ser implementados (1968, pp. 17-18).

A Iª Conferência Pan-Africana teve lugar em Londres em 1890, por iniciativa de Sylvester Williams Edward Burghardt Du Bois. O Iº Congresso formal viria contudo a ter lugar em Paris apenas em 1919, onde se reivindicou um Código de Proteção Internacional dos Africanos, o qual incidia sobre o direito à terra, à educação e ao trabalho livre, em linha com o sentimento liberal da Revolução Francesa, que se previa transportar para África. Seria contudo no Vº Congresso, em 1945, que se reúnem aqueles que virão a ser os futuros governantes da África Independente no

General Bettencourt Rodrigues, à região Centro-Sul (incluindo Luanda). Para complemento, recomenda-se a leitura da obra *Resenha Histórico-Militar da Comissão para o Estudo das Campanhas de África* (CECA), 2º Volume – *Angola – Dispositivo das Nossas Forças* (Esboço Histórico das Operações na R.M.A – Quartel General – 3ª Repartição (Reservado), março de 1965, pp. 5.22-5.24) (Felgas, 1966, p. 133) (Espírito Santo, 2009) [*http://www.revistamilitar.pt/modules/articles/article.php?id=467*].

século XX[168] e que mais utilidade política daria à ideologia do Pan-Africanismo (Idem, p. 19) (Reader, 1997, pp. 654-659).

Também na Guiné-Bissau, Cabo Verde, Angola e Moçambique começam a surgir os primeiros pan-africanistas que iniciariam as lutas pela independência associando-se aos movimentos que floresciam pelo continente. É um tempo onde emergem por consequência, os primeiros grupos armados que lutam abertamente pela independência. Entretanto, em Portugal, os militares desencadeiam o 25 de Abril de 1974, abrindo novas perspetivas para os povos Africanos que até então viviam sob o domínio português. Nessa altura, como vimos, o mundo estava "dividido" entre duas doutrinas ideológicas e por duas potências: A União das Repúblicas Socialistas Soviéticas (URSS) e os EUA e também os países que lutavam pela sua Independência foram "reféns" dos efeitos antagónicos e animadores das lutas decorrentes pelo poder mundial realizado em todo o globo e também em África.

Aspeto que contribuiu para incentivar o Pan-Africanismo e levou ao surgimento de uma nova burguesia ideológica africanista, que sem olhar a meios, implementou revoluções, rebeliões e conduziu a surgimento de autonomias, que como refere Stephen Smith, contribuiu também para uma "*Negrologia complexa*", pois "*...la sourgeoisie nationale, qui prend le pouvoir à la fim du regime colonial, est une sourgeoisie sous-développée, de puissonce économique presque muele, pás orienteé vers la prodution, l'invention, la constution, le travail et l'âne en paix, daus la voie hamible, antinationale d'une sourgeoisie platement, sêtement, cymiquement sourgeoise...*", passando a constituir elemento central do Pan-Africanismo (2003, pp. 192-193).

O Pan-Africanismo, segundo a ideia de "Nacionalidade" defendida por Adriano Moreira referia-se ao direito dos povos surgido da opressão das potências globais que na Conferência de Bandung (1955), foram questionadas e deram o seu apoio aos movimentos de afiliação ideológica libertária e emancipalista que viria a expandir-se pelo continente Africano, pois que "*...o princípio dos nacionalistas, mesmos na sua forma de direito de os povos disporem de si próprios, não tem papel a desempenhar na África Negra em relação aos povos objecto de uma acção colonial...*" (1960, p. 60). Neste contexto, Borges

---

[168] Alguns dos líderes que nos referimos, neste contexto são: Kennyota, do Quénia; Abrahams, da África do Sul; Sellassié, da Etiópia; Azikiwé, da Nigéria; Nyerere, da Tanzânia; Kaunda, da Zâmbia e Khrumal do Gana.

Graça, salienta que em África existem diferentes tipos de nacionalismo, e que "...*o nível de nacionalismo africano 'supranacional' foi o primeiro que definiu a sua área de actuação do movimento anticolonial africano, tendo como paradigma o pan-africanismo...*" (2005, p. 175).

Neste contexto, o Pan-Africanismo assentava num mecanismo de poder forte, em Autocracias "puras", onde o instrumento militar protegia as burguesias ideológicas e contribuía para uma constante segregação/opressão sobre os povos que continuavam a estar afastados dos valores que o fomentavam: a Democracia, os Direitos Humanos e demais valores defendidos pela Carta das Nações Unidas, na sua versão Africana. Segundo este propósito, as Forças Armadas iam surgindo para responder às várias ameaças sem tempo para uma consolidação e organização consubstanciada em estudos que defendessem os interesses estratégicos de longo prazo e integrassem os sistemas políticos e os aparelhos de Segurança e Defesa do Estado de Direito. Em relação a Angola, Mário Pinto de Andrade salienta que a unidade da nação Angolana não estava nesse período ainda consolidada, havendo atos de heroicidade e a capacidade de resistir que surgiu no período pré-independência, onde o espírito pan-africano constituiu a ideologia dos Movimentos de Libertação e que esteve presente na edificação dos instrumentos militares e nas principais orientações político-estratégicas dos Movimentos de Libertação (2011).

A História de Angola entrecruza-se na História de África, onde os interesses conjunturais, as relações e os atores envolvidos, em determinadas épocas e contextos geopolíticos, realizaram as suas influências e as estratégias sobre os desafios que se colocaram ao Continente, levando a que possamos encontrar, ao longo desse tempo, inúmeros episódios históricos que não só caracterizaram essa época, como transportaram para a atualidade alguns fatores de paz e de guerra. Para se perceber o presente e pensar prospetivamente no futuro, temos de refletir aprofundadamente sobre o passado, não o passado conjuntural, mas as raízes da história dos povos, dos países e das organizações, pois serão estes os principais indicadores geopolíticos de análise da História contemporânea.

Neste contexto, e relativamente a Angola, a formação da "Nação Angolana", os reflexos político-estratégicos do colonialismo (clássico ou moderno) e as influências africanas dos Movimentos de Independência nos meados do século xx, animados pelo ideal do Pan-Africanismo, conduziram ao aparecimento dos Movimentos de Libertação em Angola e permitiram transportar a temática da sua independência para o contexto regional, continental e global (através nomeadamente das Nações Unidas), forjando-se o nascimento de um país que, ao longo da sua história recente, teve as FAA (nas suas várias vertentes) como as principais impulsionadoras do que de bom e de mau veio a originar o aparecimento, o crescimento e consolidação da República Popular de Angola e mais tarde da República de Angola.

CAPÍTULO II

OS PRELIMINARES DA FORMAÇÃO DAS FORÇAS ARMADAS ANGOLANAS. DE ALVOR A BICESSE

> "A luta de Libertação Nacional levada a cabo contra o colonialismo português foi feita por uma gesta de homens e mulheres de várias origens e estratos sociais, alguns dos quais heróis anónimos. Foi um rio com muitos afluentes; uma causa de muitas vontades, com muitas maneiras de ver, de estar e de encarar a questão... A integridade territorial após a independência conquistada esteve muitas vezes em risco, porém a Nação venceu..."
>
> General Pedro Lima, *Percursos Espinhosos (Memórias)*, 2007, p. 229

As Forças Armadas são por definição o garante da soberania do Estado e um dos pilares do Estado de Direito, mesmo nas sociedades onde não existe Estado e onde o Direito Internacional não é a referência do normativo político interno. Contudo, em estágios mais remotos, onde a criação de umas Forças Armadas se processa alinhada com o crescimento e consolidação do Estado, estas são também o garante do apoio ao desenvolvimento e sustentáculo da justiça e da segurança humana, contribuindo para o crescimento económico e desenvolvimento social. Neste contexto, as Forças Armadas Angolanas desenvolvem na linha da História recente um assinalável progresso, que em muitos aspetos e momentos da História de Angola e do seu povo, se interligam com o crescimento e consolidação do país, pois, nas suas diferentes vertentes e sob orientação política diferenciada, muito contribuíram para a edificação de Angola.

Ao percorrer o crescimento institucional das FAA iremos procurar descortinar, em cada momento significativo da História recente de Angola, quais os contributos daquelas para a sua formação desta, e como se relacionaram com o poder político, com a sociedade e com a própria história. Este capítulo, que tem à partida o demérito de pretender o que parece impossível, colocar nestas páginas tão vastos e valiosos contributos dados a Angola e aos Angolanos, pressupõe que ao longo dos processos para a Paz, entre Alvor, Bicesse e Luena (entre muitas outras latitudes) em que a guerra e a violência estiveram quase sempre bem presentes, as Forças Armadas (e os movimentos armados) foram os atores principais e os elementos centrais desses processos que procuramos analisar e interligar com os factos históricos no período imediatamente pré e pós-Independência.

1. Os preliminares da formação das Forças Armadas de Angola

Margaret Anstee defendia em 1997, na sua obra reflexiva sobre a intervenção das Nações Unidas em Angola, que se não tivesse existido a Revolução em Portugal em abril de 1974, não teria sido possível a Independência de Angola em 1975, salientando que "...*as divisões entre os grupos em confronto e a resistência feroz de portugueses permitem afirmar que seria impossível que a independência fosse alcançada antes de 1975* [...] *caso o regime autoritário em Portugal não tivesse sido derrubado...*", aspeto que teve um peso decisivo na História de Angola e nos leva a refletir sobre a relevância dos Acordos de Alvor e dos memorandos de entendimento subsequentes para o futuro de Portugal e para a consolidação da paz e a formação das Forças Armadas em Angola (1997, p. 34).

Para Portugal, a postura relativamente à Independência de Angola simbolizou, segundo o Tenente-General Tomé Pinto, a maturidade e o rigor da capacidade diplomática e a ligação histórico-cultural de uma consciência moral que não terminava em abril de 1974 (2010/2011). Para Angola, segundo o Tenente-General Felisberto Njele, era o início de um processo singular que marcava a viragem de uma nova página da sua História, mas simbolizou também o início de um período de conflitualidade interna que passaria por Nova Iorque, Bissau, Gbadolite, Lusaka, Luena e Luanda, na busca da paz, do desenvolvimento social e da construção da Nação na senda de uma soberania completa que a recente aprovação da Constituição de Angola, aprovada em 3 de Fevereiro de 2010 (art. 3º) nos "obriga" a recordar (2011).

OS PRELIMINARES DA FORMAÇÃO DAS FORÇAS ARMADAS ANGOLANAS

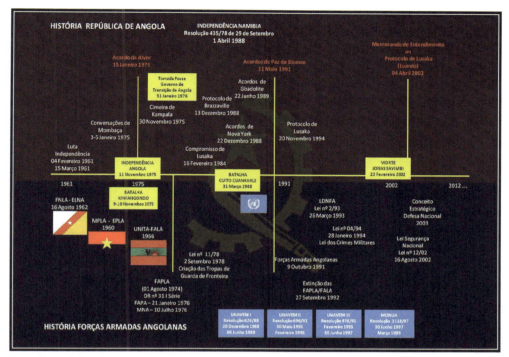

Fonte: Compilado pelo autor

Figura Nº 11 – **A História de Angola e das Forças Armadas Angolanas**

Contudo, Miguel Júnior interroga-se se existirá já uma verdadeira História Militar de Angola. E se existem elementos na História de Angola que possam ser entendidos à luz das teorias dos conflitos ou se existe uma relação direta entre os acontecimentos históricos de Angola e as fases pelas quais passaram as Forças Armadas de Angola (ou os Movimentos Armados de Libertação) nas diferentes designações, legislação enquadrante e conjunturas políticas que as orientaram. Ainda assim, os factos que procuramos alinhar nas páginas seguintes correspondem modestamente a esse desideratum, ao facto de podermos encontrar no que cremos, uma linha paralela entre a História de Angola e a História Militar de Angola, na vertente da edificação das FAA, que se cruzam nas marcas históricas

AS FORÇAS ARMADAS ANGOLANAS COMO ELEMENTO DO POTENCIAL ESTRATÉGICO...

que assinalamos cronologicamente[169]. Percorrer o caminho entre Alvor e Bicesse, passando por Nova Iorque, ou Luena simboliza o percorrer da História recente de Angola e em cada momento da sua intensa vivência recente, bem como aferir sobre a importância das suas Forças Armadas no processo de crescimento e de consolidação institucional do Estado Angolano (2003, pp. 146-147).

1.1. Os preparativos da assinatura do Acordo de Cessar-Fogo de Alvor

Na sequência do derrube da ditadura em Portugal a 25 de abril de 1974, abriram-se novas perspetivas para os Movimentos de Libertação com vista à independência nos PALOP, nomeadamente para a Independência de Angola. A política das autoridades portuguesas (Movimento Forças Armadas e Conselho da Revolução) consistia em desenvolver contactos com os principais Movimentos de Libertação Angolanos em separado, visando, num primeiro momento, assegurar o fim das hostilidades intrínsecas e numa segunda fase, encontrar a plataforma político-militar de entendimento para a desejada Proclamação da Independência de Angola, originando o que Armelle Enders considera uma "*...descolonização tardia mas precipitada...*" (1994, p. 104).

Contudo, um pouco precipitada e apressadamente, os preliminares dos acordos de cessar-fogo com os três movimentos foram negociados de forma separada em diferentes lugares e com cronologias e contextos diferenciadas: A 14 de junho de 1974, em Lungue-Bungo, no Moxico, com a UNITA e Jonas Savimbi; entre 12 e 15 de outubro de 1974, em Kinshasa na República do Congo, com a FNLA, de Holden Roberto e em 21 de outubro de 1974, no Lumege (Lunhameje) – Cameia, no Moxico, com o MPLA e Agostinho Neto. Chega-se assim até ao final desse ano de 1974 a um possível entendimento preliminar partilhado e estabelecendo-se as bases de partida para a assinatura de um cessar-fogo conjunto, sem no entanto estarem estabelecidas as premissas base para se negociar o que viriam a ser as diretrizes principais dos Acordos de Alvor. Assinados os

[169] Veja-se as *Resenhas Histórico-Militares das Campanhas de África 1961-1974*, editadas pela Comissão para o Estudo das Campanhas de África (CECA), 6º Volume, 1ª Edição, Lisboa, Estado-Maior do Exército, 2006.

OS PRELIMINARES DA FORMAÇÃO DAS FORÇAS ARMADAS ANGOLANAS

acordos de cessar-fogo com Portugal e pondo fim às três guerras de guerrilha que Miguel Júnior considera existirem simultaneamente em Angola, os Movimentos de Libertação receberam o reconhecimento incondicional ao direito à Independência de Angola, condição imposta para a assinatura do Acordo, pondo desse modo fim à denominada "Primeira Guerra de Libertação", iniciada teoricamente, segundo Miguel Júnior a 4 de fevereiro de 1961, na Baixa de Cassange (Júnior, 2007, p. 26) (Weigert, 2011, pp. 57-58).

Pelo lado português, o novo governo pós-revolução liderado por militares (a maioria com conhecimento profundo sobre Angola, pois haviam combatido nesse teatro de operações) abre negociações em paralelo com os três principais Movimentos de Libertação e cujos objetivos eram estabelecer o período de transição para a Independência, definir o processo de implantação de um regime democrático em Angola e acordar a data e local da Proclamação da Independência, bem como a forma e o calendário como seria feita a passagem dos poderes públicos do Estado[170] (Kapúscínski, 2000, pp. 98-101).

Com os Acordos de Alvor, os Movimentos depuseram as armas e ganharam o direito a realizarem livremente a propaganda política e a instalação oficial, em Luanda, das suas representações políticas, com extensão a todo o território nacional. Estava assim aberto o processo de ingresso massivo dos Angolanos em cada um dos três movimentos de libertação, que se organizavam politicamente para uma nova fase da sua existência, tendo

---

[170] Veja-se Pedro Pezarat Correia, nas obras, *Recordar Agostinho Neto* AngoItalia, p 88-92; *Angola: do Alvor a Lusaka*, Hugin Editores, Lisboa, 1996. 506 páginas; *A participação local no desenvolvimento das campanhas: o recrutamento africano*, Estudos sobre as Campanhas de Africa, 1961-1974, Edições Atena, 2000, Sintra, pp. 143-159; *Portugal e a descolonização*, Sociedade Geografia Lisboa – Nº 9 (1995), p. 10-19; *Descolonização de Angola: a jóia da coroa do império português*, Lisboa, 1991, 197 páginas; *Descolonização de Angola: a jóia da coroa do império português* – Mem Martins: Editorial Inquérito, 1991, 198 páginas; *Portugal e a descolonização*; *Estratégias em confronto na África Austral*, In: Terra Solidária – Nº 10 (1987), caderno A, pp. 3-8; *A cooperação portuguesa com a SADCC*, Terra Solidária Nº 12 (1988), caderno B, pp. 1-4; *Descolonização de Angola: A jóia da coroa do império português*, Lisboa: Inquérito, D.L. 1991-197 páginas; *O processo de descolonização de Angola do 25 de abril ao Alvor*, In: Seminário 25 de Abril 10 anos depois – Associação 25 de Abril, Lisboa, Fundação Calouste Gulbenkian, 1984, pp. 353-358; *Angola do Alvor a Lusaka* – Lisboa: Hugin, 1996, 405 páginas; *Uma perspectiva sobre a descolonização*, Revista Crítica de Ciências Socias Nºs 15/16/17 (1985), pp. 549-558; *O processo de descolonização de Angola: do 25 de Abril ao Alvor*, Associação 25 de Abril, 1985, pp. 353-358; *As Quase Memórias de Almeida Santos*, Lisboa, Associação 25 de Abril, 2006.

contudo os seus elementos de poder (aparelho militar) mantendo-se política e militarmente inalterados e até sendo reforçados (Bridgland, 1988, pp. 124) (Tomé Pinto, 2010).

Encerrado o ciclo de luta armada contra a potência colonial, os Movimentos de Libertação procuraram controlar, antes da data marcada nos Acordos de Alvor para a Independência (11 de novembro de 1975), os principais pontos-chave do território de modo a garantir vantagem estratégico-militar sobre as demais forças político-militares opositoras, concentrando-se fundamentalmente nas grandes cidades da faixa costeira e respetivos portos, sendo que o objetivo estratégico decisivo seria, para todos, o controlo operacional da capital política e económica de Angola – Luanda[171] (Kapúsciński, 2000, pp. 98-101) (Justino Pinto de Andrade, 2011).

Em 15 de janeiro de 1975 iria dar-se a assinatura, pelos três Movimentos e em Portugal, dos Acordos de Alvor, onde se estipulou consensualmente a data da Proclamação da Independência de Angola para 11 de novembro desse mesmo ano, sendo que a transferência da autoridade seria para o governo eleito realizado em ato eleitoral previsto inicialmente para outubro de 1975. Contudo, o que Spínola, Richard Nixon e Mobutu Sese Seko tentaram nas conversações em 15 de setembro de 1974 na Ilha do Sal em Cabo Verde[172], foi "construir" uma aliança política partilhada entre Holden Roberto, Daniel Chipenda, Jonas Savimbi e as demais forças vivas de Angola (partidos recém-criados e associações socioeconómicas), que dividiriam, entre si, as doze pastas do futuro executivo de transição: (seis mais seis). O entendimento político pressupunha que Holden Roberto (FNLA), Jonas Savimbi (UNITA) e Daniel Chipenda (MPLA), ficariam com duas

---

[171] General Gonçalves Ribeiro, In *A vertigem da Descolonização. Da agonia do Exôdo à Cidadania Plena*, Lisboa: Editora Inquérito História, 2002, pp. 143-146.

[172] John A. Marcum in *The Angolan Revolution: Exile Politics and Guerrilla Warfare* (1978) e Norrie Macqueen na obra, *The Decolonization of Portuguese Africa* (1997). Salienta-se ainda os comentários do General Luis Alves de Fraga, que refere *"...um mês depois, Nixon, Spínola e Mobutu têm uma reunião na Ilha do Sal, Cabo Verde, e estabelecem o plano de transferência de poderes para a FNLA, sob a alegação de que o MPLA não podia ser interlocutor já que estava dividido em três fações, uma liderada por Agostinho Neto, outra por Daniel Chipenda (Revolta do Leste) e a terceira por Joaquim Pinto de Andrade (Revolta Ativa). A UNITA ficou de fora porque não era reconhecida pela Organização de Unidade Africana (posteriormente União Africana) como Movimento de Libertação...". [http://luisalvesdefraga.blogs.sapo.pt/71043.html]*

OS PRELIMINARES DA FORMAÇÃO DAS FORÇAS ARMADAS ANGOLANAS

pastas (Ministérios) cada no executivo angolano pós-Independência, pois a preocupação que o caminho seria uma questão interna, com um conflito generalizado era já possível antever.

Entretanto, entre fevereiro e julho de 1975 tem lugar, opondo os três movimentos, escaramuças populares militarizadas, o que viria a ficar a designado por "Batalha de Luanda", com vista a garantir o controlo da capital pelos movimentos políticos (em processo de transformação para se constituírem partidos políticos). A 9 de julho, o MPLA vence o confronto expulsando a FNLA de Holden Roberto da capital e assume o controlo da mesma, ficando a sensação de desalento e o paradigma das contradições políticas e ideológicas entre os Movimentos de Libertação, assumindo-se já como partidos políticos e pondo em causa o estabelecido nos Acordos de Alvor e comprometendo o futuro imediato de Angola e das suas Forças Armadas, relançando o que Armelle Enders considera "...uma internacionalização da questão Angolana...", assistindo-se a partir deste momento ao crescente envolvimento das potências regionais e globais no conflito Angolano (1994, p. 121) (Moreira, 2010).

1.2. Os Acordos de Alvor (15 de janeiro de 1975)

Após a aprovação do *Estatuto Orgânico do Estado de Angola* em 28 de novembro de 1974, Mário Soares atribui a Rosa Coutinho a missão de "*...trazer para a mesa das negociações os movimentos de Independência de Angola, para se consolidar a paz e o progresso duma Angola livre e independente...*". Assim, entre 3 e 5 de janeiro de 1975, os três Movimentos de Libertação que lutavam pela supremacia político-militar em Angola (MPLA, FNLA e UNITA)[173] reuniram-se em Mombaça (Quénia), no que ficou conhecido pelas "Conversações de Mombaça", sob os auspícios do Presidente Queniano, Jomo Kenyatta, a fim de discutirem uma plataforma de entendimento para servir de base às negociações com as Autoridades Portuguesas,

---

[173] Passa-se uma fase política e militarmente muito ativa em Angola, em que os principais Movimentos de Libertação acertam acordos bilaterais (FNLA/UNITA em Kinshasa), (MPLA/UNITA no Luso) e (FNLA/MPLA em Mombaça) entre outras conversações bilaterais que possibilitam a realização da "Cimeira de Mombaça" (3-5 de janeiro de 1975) em que os três movimentos aprovaram uma plataforma comum para negociar com Portugal. É depois das Conversações de Mombaça que a UNITA é reconhecida pela OUA como Movimento de Libertação e abre o caminho político à participação nas negociações em Alvor (Rocha, 2009, pp. 338-339).

AS FORÇAS ARMADAS ANGOLANAS COMO ELEMENTO DO POTENCIAL ESTRATÉGICO...

com vista a preparar as reuniões preliminares para a assinatura dos Acordos de Alvor, firmados em 15 de janeiro de 1975, no Algarve, em Portugal, que consagravam formalmente a Independência de Angola (Cardoso, 2005, p. 460) (James III, 2011, pp. 55-58).

O Estado Português, na pessoa do Presidente Costa Gomes, reconhece à data da assinatura formal dos Acordos os Movimentos de Libertação como os únicos e legítimos representantes do povo angolano, e reafirma, solenemente, o reconhecimento do direito do povo angolano à Independência de Angola. O Acordo de Alvor, negociado "secretamente" com o MPLA de Agostinho Neto em Argel (20 de novembro de 1974)[174], constituiria o instrumento jurídico que viria a pôr fim à presença portuguesa em Angola, pretendendo demonstrar uma *"...unidade, independência e integridade angolanas, como se estivesse perante um Estado unitário e indissociável, sem diferenças étnicas e culturais. Este pretenso Estado era, já nessa altura, manobrado por ideologias importadas do exterior e que nada tinham a ver com a realidade africana e com Angola..."*, que conduziu ao conflito interno que se arrastou até 2002 (Ramos, 2000, p. 62) (Cardoso, 2005, p. 462).

No extenso documento assinado em Alvor, articulado em onze capítulos, foi declarado que Angola constitui uma entidade política, una e indivisível, nos seus limites políticos atuais e neste contexto, Cabinda foi considerada também como parte integrante e inalienável do território angolano[175], tendo ficado acordado que o Poder passasse a ser exercido, até à proclamação da independência, pelo Alto-Comissário (e Governador de Angola), Brigadeiro António Silva Cardoso (com a missão de defender os interesses da República Portuguesa), que tomou posse em 28 de janeiro de 1975 e ainda por um "Governo de Transição de Angola", cujo Presidente passaria a ser o Almirante Rosa Coutinho, que tomou posse dois dias depois, em 31 de janeiro e que "governaria" até às vésperas da

---

[174] Segundo Henriques Teles Carreira "Iko", na sua obra *O Pensamento Estratégico de Agostinho Neto* e Pezarat Correia, no seu livro *A Descolonização de Angola – A jóia da coroa do Império Português* (1991, p. 104) o encontro em Argel, entre o líder do MPLA e a Delegação Portuguesa (que viria a estar em Alvor), chefiada pelo Major Melo Antunes, acompanhado por Mário Soares (Ministro dos Negócios Estrangeiros), Almeida Santos (Presidente do PS), o Major Pezarat Correia (representante do MFA em Angola) e ainda por Fernando Reino, do Ministério dos Negócios Estrangeiros (MNE) de Portugal, teve como intuito principal negociar o texto final a apresentar nas negociações preliminares para os Acordos de Alvor.

[175] Veja-se Natércia Coimbra e Joaquim Ramos de Carvalho, In Acordo de Alvor, Centro de Documentação 25 de Abril, 1996.

Proclamação da Independência, em 11 de novembro de 1975 (Ribeiro, 2002, pp. 203-211).

Após o cessar-fogo, as Forças Armadas (ou melhor, os braços armados) dos Movimentos de Libertação fixar-se-ão nas regiões e locais correspondentes à sua implantação territorial, desenvolvendo estratégias de afirmação político-militares que as iriam conduzir à Batalha de Luanda e à guerra civil em Angola. O Estado Português obriga-se a transferir progressivamente até ao termo do período transitório para os órgãos de soberania Angolana todos os poderes que detém e exerce na ex-Colónia. Por último, o Estado Independente de Angola exercerá a soberania, total e livremente, quer no plano interno quer no plano internacional. No Capítulo I, do documento, no seu artigo 2º refere a propósito:

> *"...Portugal reafirma solenemente o reconhecimento do direito do Povo angolano à independência, sendo que Angola constitui uma entidade una e indivisível, e por isso Cabinda é parte integrante e inalienável do território angolano..."*
>
> (Acordos de Alvor, 1975).

A criação da Comissão Nacional de Defesa, com um Estado-Maior Unificado era constituída, para além do Alto-Comissário, por um Colégio Presidencial, pelos Comandantes dos três ramos das Forças Armadas Portuguesas representados em Angola e pelos Comandantes dos Exércitos dos três Movimentos de Libertação (FAPLA, ELNA e FALA). As Forças Armadas Portuguesas tinham nessa altura, segundo dados recolhidos na Comissão para o Estudo das Campanhas de África, cerca de 24 000 militares em Angola e estava-lhes confiada a missão de assegurar a integridade territorial, tendo contudo os maiores problemas de segurança surgido em Luanda. Foram para o efeito criadas forças mistas de polícia e militares, sob a alçada de um comando militar-policial unificado e sob o controlo operacional da Comissão Nacional de Defesa (Pezarat Correia, 1991).

A constituição das Forças Militares Mistas (FMM) com um efetivo das FAP (24 000), FNLA (8000), UNITA (8000) e MPLA (8000), num total de 48 000 homens[176], seria o embrião das Forças Nacionais da República

---

[176] De acordo com o Decreto-Lei nº 18/75 de 20 de janeiro de 1975, o Conselho dos Chefes do Estado-Maior das Forças Armadas Portuguesas criaram o Comando-Chefe das suas forças para Angola, estando contudo prevista a sucessiva redução do contingente militar português entre 1 de outubro de 1975 e 29 de fevereiro de 1976 (Júnior, 2007, p. 34).

Popular de Angola. Medida que não evitaria contudo as constantes lutas entre Movimentos em todo o território e com incidência direta no fluxo enorme de "Retornados" que procuravam sair de Angola, pela "Ponte Aérea", que entretanto havia sido montada sob a supervisão do tenente-coronel Gonçalves Ribeiro e que Rita Garcia descreve no seu livro *S.O.S. Angola – Os Dias da Ponte Aérea* (Kapuściński, 2000, pp. 187-188) (Júnior, 2007, p. 31) (Garcia, 2011).

Conforme salienta Justino da Glória Ramos, o Acordo foi *"...um acordo complexo, de compromissos, que conciliava a legitimidade conquistada na luta armada de libertação com a passagem pela prova eleitoral, ainda sob um controlo que era partilhado com a potência colonial..."* e em que a nomeação de Rosa Coutinho (no lugar do General Silva Cardoso, como era desejado por todos, exceto pelo MPLA) (Figura Nº 12) não permitiu o melhor entendimento entre as partes. Contudo, a organização de eleições no prazo de nove meses a contar da data de assinatura do Acordo, conforme referem os Arts. 42 e 43, criando uma Comissão Central para levar a efeito esta tarefa, iria revelar-se *"...suficientemente ingénua e apressada para resolver o processo para acreditar que as eleições previstas fossem realizadas..."*, aspeto que veio a agravar a tensão político-militar e a ter consequências para a sociedade angolana (Ramos, 2000, pp. 64-65).

O jogo político em Angola centrava-se agora no controlo militar nas suas áreas de influência e aí impedir a atividade política dos outros Movimentos. Neste contexto, os braços armados dos Movimentos de Libertação criaram robustez e desenvolveram as suas capacidades bélicas, quer ao nível do reequipamento militar, quer na formação das tropas de base. A FNLA, com face à implantação territorial, mas com o ELNA em atividades de demonstração de força, foi reforçada a partir da República do Zaire.

Figura Nº 12 – **Carta do Presidente do Governo de Transição de Angola Almirante Rosa Coutinho**[177]

[177] Carta do Presidente do Governo de Transição de Angola – Almirante Rosa Coutinho a Agostinho Neto, datada supostamente de 22 de dezembro de 1974, parece (pois não é consensual a veracidade do documento apresentado) transparecer um apoio ao MPLA, em detrimento da FNLA e UNITA, numa fase em que a implementação das condições para a Proclamação da Independência exigia da parte das autoridades portuguesas uma neutralidade e um processo apartidário e neutral [http://angolaterranossa.blogspot.com/].

O MPLA e as FAPLA dominavam os centros urbanos, especialmente a capital, e foram os que mais desenvolveram as suas estruturas de poder locais e construíram, com a colaboração de Portugal, URSS, Cuba e outros países não-africanos, um verdadeiro Exército Nacional (FAPLA). A UNITA e os FALA encontravam-se em fase de reestruturação e apresentavam o que o Coronel Glória Ramos designou por "...*neutralidade expectante...*", recorrendo ao recrutamento massivo e à aquisição (doação) de equipamentos militares proveniente dos EUA, África do Sul e de Israel. Neste processo político-militar de preparação para a Independência, as viagens de representantes dos Movimentos de Libertação a Lisboa, para se reunir (algumas vezes em segredo) com as representantes das Forças Armadas eram constantes e visavam fundamentalmente ganhar vantagem ao nível da formação militar e da aproximação político-diplomática aos militares do MFA (Anexo B – Documentos Relativos à Edificação das Forças Armadas de Angola 1982-2007) (Idem, p. 68) (Bridgland, 1988, pp. 158-162).

No terreno, nomeadamente em Luanda, os confrontos militares eram quase diários e a Comissão de Defesa Nacional via-se impotente para travar a escalada da tensão e o Conselho da Revolução do MFA em Angola, mantinha "...*uma neutralidade ativa...*", agravada pelos ataques da FNLA à emissora da rádio e pela internacionalização da questão de Cabinda, nomeadamente com a criação das FLEC em Paris e da implantação de um Governo Provisório, em Kinshasa, em 1 de agosto de 1975 (Ibidem). Factos que nem a Cimeira de Nakuru, realizada no Quénia entre 16-21 de junho de 1975, com a finalidade de pôr cobro à sistemática violência e conflitualidade que assolava o País e que colocava em risco os Acordos de Alvor, permitia resolver, tendo sido identificadas as quatro principais causas para os conflitos: a introdução pelos Movimentos de Libertação de grandes quantidades de armamento; a falta de tolerância política entre os Movimentos e os principais interlocutores; o fracionamento da integridade nacional em zonas de influência e ainda o facto de existir uma quantidade de armamento crescente do seio da população civil[178].

---

[178] *História do MPLA* – II° Volume, onde se salientam as nove medidas para estabelecer a paz e a harmonia em Angola, evidenciando-se, nesse contexto, a necessidade de acelerar a formação do Exército Nacional (e) das FAA, limitando o seu efetivo a 30 000 militares (2008, pp. 204-205).

OS PRELIMINARES DA FORMAÇÃO DAS FORÇAS ARMADAS ANGOLANAS

1.2.1. A importância dos instrumentos militares dos Movimentos de Libertação no processo de Independência. Consequências para os Acordos de Alvor

No início dos anos 60, o MPLA criou o Exército Popular de Libertação de Angola (EPLA) como elemento (fação) armado da sua luta pela Independência de Angola, tendo muitos dos seus primeiros quadros recebido formação em Marrocos e especialmente na Argélia. Em janeiro de 1963, numa das suas primeiras operações em Angola, o EPLA atacou um posto militar em Cabinda, matando um número considerável de tropas portuguesas e marcando a sua forma de atuar e evidenciando as capacidades operacionais e organizativas. Durante meados dos anos 60 e no início de 1970, o EPLA operou com sucesso a partir das bases na Zâmbia contra as unidades militares portuguesas essencialmente no Leste de Angola. Após 1972, a eficácia do EPLA declinou após uma maior resistência por parte das FAP e também devido às disputas com forças da FNLA (ELNA) de Holden Roberto, tendo este facto originado a "Revolta Activa" e que teve como consequência direta a divisão das forças do MPLA. Este movimento foi liderado por Daniel Chipenda, então seu vice-presidente, e levou a um enfraquecimento operacional global do MPLA e do EPLA.

Em 1 de agosto de 1974, poucos meses depois do Golpe de Estado em Portugal e do MFA proclamar a intenção de conceder a Independência a Angola, o MPLA anunciou a formação das Forças Armadas Populares de Libertação de Angola (FAPLA), que vinham substituir o EPLA, vindo a transformar-se gradualmente num Exército Nacional[179], capaz de desenvolver operações militares sustentadas, chegando a ter um efetivo estimado de 175 549 homens. O processo ocorreu a partir das múltiplas "unidades militares de guerrilha" e a transformação foi gradual até à intervenção soviética e cubana, quando um grande volume de armamento pesado, técnicos e assessores militares acompanharam o processo em ritmo acelerado de mudança institucional e de criação de capacidades militares ao nível operacional (Júnior, 2003, p. 19) (Sierra, 2011).

---

[179] As FAPLA foram institucionalizadas e inscritas na Lei Constitucional, publicada em Diário da República nº 31, Iª Série de 1978 e no Diário da República nº 225, Iª Série de 1980. Os Decretos Regulamentares foram publicados, segundo Miguel Júnior, para regular e forçar à criação de umas Forças Armadas em Angola, tal como previa os Acordos de Alvor (Figura Nº 11) (2003, p. 17).

AS FORÇAS ARMADAS ANGOLANAS COMO ELEMENTO DO POTENCIAL ESTRATÉGICO...

Ao contrário da maioria dos Estados Africanos que aderiram e conquistaram a Independência de forma relativamente pacífica e ordeira (embora não seja possível generalizar). Em Angola, o processo foi complexo e não teve as consequências que as autoridades portuguesas pretendiam, isto é, uma transição pacífica para mais um Estado Independente no continente Africano, pois após o Exército Português abandonar Angola (10 de novembro de 1975) seguiu-se uma guerra civil que alastrou ao país. De facto, após o período revolucionário e pré-Independência, as FAPLA haviam-se reorganizado para fazer face a uma guerra interna, do tipo convencional e também para estar apta para a guerra de contra insurreição em simultâneo, a contra a UNITA (FALA) e forças regulares da África do Sul e ainda simultaneamente, combater nas cidades o ELNA de Holden Robert. Contudo, Miguel Júnior afirma que as FAPLA eram apartidárias, salientando que a doutrina pró-soviética adotada por Agostinho Neto estabelecia uma ligação estreita entre o aparelho político e militar, bem explícito no formato institucional das FAPLA, aspeto que o autor apresenta detalhadamente no seu livro (2003, p. 19).

As FAPLA ocupavam Luanda e algumas localidades a Sul, desenvolvendo simultaneamente táticas e técnicas de guerrilha (assessoradas pelos militares cubanos das FAR) e por umas Forças Armadas semi-estruturadas. Estavam articuladas em Companhias, Batalhões e Brigadas (9ª BRIM)[180] sob a supervisão e com equipamento militar soviético[181], numa duplicidade comprometedora que Correia de Barros enaltece como forma de ajustar as FAPLA às necessidades do MPLA (2011), mas que veio a ter consequências no futuro das FAPLA e das Forças Armadas Angolanas. Contudo, a articulação territorial em cinco Regiões Militares (que derivava do período pré-independência), cujo efetivo estava estimado em 4700 homens antes de 1975, passou deviso às ações de formação dos Centros de Instrução

---

[180] A 9ª Brigada de Infantaria Motorizada (9ª BRIM), ainda em formação, recebeu a ordem de desalojar os efetivos das ELNA e da UNITA nos arredores de Luanda numa operação militar designada por "Operação Ciclone Negro" (Júnior, 2007, pp. 140-163).

[181] Veja-se Miguel Júnior, na obra *Formação e Desenvolvimento das Forças Armadas Angolanas*, Editorial Nzila, Luanda, 2003; Stephen Weigert, *Angola: A modern Military History, 1961-2002*, Ed. Palgrave – Macmillan, 2011 e Ana Leão e Martin Rupiya, *A military history of the Angolan Armed Forces the 1960s onwards – as told by former combatants*, Institute for Security Studies (ISS), Pretoria, 2005.

OS PRELIMINARES DA FORMAÇÃO DAS FORÇAS ARMADAS ANGOLANAS

Revolucionários (CIR) para perto de 20 000 homens em 1975 (Cann, 1988, p. 27) (Cardoso, 2005, p. 547) (Júnior, 2007, pp. 35-37).

Em Luanda, existiu em 1975, de acordo com o referido no Plano Operacional do EMG/FAPLA de agosto de 1975, uma estrutura militar significativa, com destaque para o Estado-Maior-Geral das FAPLA (situado em Dona Amália – Rangel, no Morro da Luz – Corimba) e situado na Fortaleza de São Miguel, o Comando Operacional de Luanda. O Plano Operacional definia a organização do "Sistema de Forças das FAPLA" e estabelecia as três direções principais de esforço para a defesa de Luanda (Principal: Caxito – Ambriz; Secundária: Huambo e Bié e como outra direção, a Frente Sul). Da designada "preparação combativa" (equivalente ao que conhecemos em Portugal por treino operacional) as FAPLA integram nas suas estruturas militares as tropas especiais (comandos) que abandonaram as Forças Armadas Portuguesas e levou à criação de cinco Esquadrões de Forças Especiais (Ibidem).

Em meados de 1975, as FAPLA desenvolviam uma intensa atividade operacional, não só em Luanda, mas abrindo a frente central-sul sobre a FNLA, que viria a culminar com a Batalha de Quifangondo em 10 de novembro de 1975. Em agosto abriu os combates na frente Sul, na contenção da ofensiva Sul-Africana na região de Ondjiva (capital regional do Cunene). Com a colaboração das FAR, a Batalha do Ebo (23 novembro 1975) viria a abalar o contingente invasor e marcou a viragem da ofensiva Sul-Africana em Angola. Com a Proclamação da República em 1975 as FAPLA são institucionalizadas em Exército Nacional e no dia 12 de novembro de 1975 o Conselho da Revolução aprova a criação do Ministério da Defesa Nacional de Angola[182], em que o Presidente da República empossado, Agostinho Neto, nomeia o Comandante Henriques Telles Correia "Iko" para Ministro da Defesa Nacional de Angola, passando a dispor do instrumento militar que caracteriza um Estado de Direito (Idem, p. 180) (Weigert, 2011, pp. 62-64).

O Exército de Libertação Nacional de Angola (ELNA) teve na sua génese a ligação da FNLA, resultante da fusão da UPA e do PDA, em 27 de março de 1962 e contava com a experiência de cerca de quinze anos

---

[182] Cf. Diário da República, Lei nº 1/75 de 12 de novembro de 1975, a Secretaria de Estado das Comunicações passou a integrar o Ministério da Defesa Nacional (Decreto-Lei nº 3-A/76 de 4 de fevereiro de 1976 (Júnior, 2007, p. 50).

de combates no Norte de Angola, contra as FAP e num confronto militar com forças do MPLA, nomeadamente na região de Cabinda (Figura Nº 11). Holden Roberto "constrói" o ELNA após 1962, no intuito de servir os propósitos da libertação de Angola, dinamizando um conjunto de apoios regionais, necessários para a edificação de bases de apoio logístico e de treino às operações militares que desenvolvia em Angola. Dispunha ainda do seu Estado-Maior no Congo – Leopoldville e na República do Zaire e os seus efetivos eram, em finais de 1962, de cerca de 28 000 homens (Weigert, 2011, p. 64).

Em 1972, após um período de reestruturação com o apoio do Congo e da Argélia, Holden Roberto nomeia para as três frentes de combate, novos comandantes operacionais (Nzandi Ozengawo, Alberto Angelino e André Vemba) e estabelece uma organização em companhias (algumas móveis), com efetivo a rondar 75 militares e sediadas em quartéis rudimentares com zonas atribuídas e instalados em território angolano, equipados com material soviético e financiados pelos EUA (através dos contatos de Holden Roberto) o que lhe garantia a combinação ideal para se constituir num aparelho militar mais robusto e operacional, que seria chamado para a mesa das negociações em Alvor e teria um papel de relevo no processo de transição para a Independência de Angola (Correia de Barros, 2011).

Após a derrota na Batalha de Luanda em 9 de julho de 1975 imposta por tropas do MPLA, o ELNA procurou reorganizar-se nas zonas de refúgio no Norte-Este de Angola, tendo em vista retomar a posse de Luanda (o centro de gravidade político operacional definido por Holden Roberto), tendo-se então apoiado no eixo Caxito-Cacuaco-Luanda, única alternativa viável por norte para uma aproximação à capital (Njele, 2011). Após uma série de combates ocasionais com as FAPLA ao longo deste eixo de progressão, as forças do ELNA assumem claramente a ofensiva e preparam em Quifangondo o assalto a Luanda e a conquista do poder, o que constituía para Holden Roberto a oportunidade estratégica, pois o momento constituiria um marco na ação política da FNLA e viria a ditar o futuro do ELNA e das Forças Armadas de Angola.

O comando do ELNA e o próprio líder da FNLA receberam assessoria militar de conselheiros sul-africanos e portugueses, contando ainda com algum apoio aéreo relativamente à forma de utilizar missões de reconhecimento aéreo e de bombardeamentos aéreos (pela Força Aérea do Zaire), o que lhes permitiu conquistar as povoações de Caxito e de Sassalemba,

OS PRELIMINARES DA FORMAÇÃO DAS FORÇAS ARMADAS ANGOLANAS

atingindo a região estratégica do Morro da Cal[183]. Segundo o "Plano Operacional (de 4 de setembro de 1975)[184] com o emprego do potencial militar, remetem as FAPLA a uma postura defensiva, concentrando as suas forças na última posição com valor defensivo antes de Luanda, a região de Quifangondo.

O desenrolar da batalha não foi contudo favorável ao ELNA, que ainda quebrado pela derrota na Batalha de Luanda, perdeu aí grande parte das suas capacidades operacionais, o que levaria à divisão da FNLA e à cisão e extinsão do ELNA com o consequente afastamento da Luta pela Independência, tendo alguns militares integrado as Forças Armadas de Libertação de Angola e outras, mais tarde, as FAA, resultando na efetiva extinção do ELNA em meados de 1985. Neste período, as FALA constituíam o braço armado da luta da UNITA pela Independência de Angola e apesar de estarem afastados da capital e algo reduzidas em potencial de combate, não intervieram na Batalha de Quifangondo (nem na Batalha de Luanda). Importa contudo, em nossa opinião, refletir e considerar a sua existência no quadro dos instrumentos militares em disputa no período pré-Independência de Angola.

O desenvolvimento das FALA decorreu segundo Miguel Júnior em quatro fases[185] entre 1976 e 2002, altura em que, com a morte de Savimbi

---

[183] Para o "assalto final" a Luanda, o ELNA mobilizou mais de oitocentos homens, reforçados por dois batalhões de Infantaria do Exército Zairense (o seu velho aliado) apoiados por 15 viaturas blindadas, dois obuses de artilharia de 130mm, morteiros 120mm e uma equipa de engenharia, reforçados por 150 militares/mercenários os apelidados "comandos especiais portugueses", embora comandados por um Português, era composto por militares de várias nacionalidades (FNLA, 2011).

[184] Veja-se o comunicação de Miguel Júnior – *A Batalha de Kifangondo – 1975*, Editora Mayamba, Luanda, 2011, nomeadamente o Anexo nº 3 (policópia do documento) e pp. 49-50.

[185] A primeira fase do desenvolvimento das FALA é a da constituição de *"unidades de guerrilha dispersa"*, que surgiram em 1976, com uma estrutura muito móvel, de escalão pelotão que atuavam de uma forma dispersa ou em operações mais complexas, agrupando duas ou três unidades. A segunda fase deu lugar à criação de *"unidades de guerrilha compactas"*, que significavam um esforço de evolução empreendido a partir de 1977, aumentando a área de operações e permitindo uma melhor coordenação operacional. A terceira fase, designada por *"unidades semirregulares"* assinalou a viragem das FALA e projetou a UNITA para outros desafios na vertente militar, desenvolver-se até 1985 e envolvia a constituição de batalhões com capacidade de reconhecimento, artilharia, sapadores e com uma estrutura rudimentar de apoio logístico. A quarta fase começou a partir de 1985 com o levantamento de *"unidades semirregulares"* que

e a assinatura do Memorando de Entendimento de Luena, foram absorvidas e integradas nas FAA, já depois da primeira tentativa de conciliação nacional com o Acordo de Paz Bicesse em 1991. Contudo, em finais de 1974, as FALA dispunham de um efetivo que Miguel Júnior situa em cerca de 150 000 homens (valores que nos parecem exagerados, talvez integrando todas as estruturas da UNITA, mas que não se conseguiu contrapor) e estavam articulados em frentes político-militares e regiões militares operacionais. A formação militar nas matas da Jamba era uma das características das FALA, que não dispondo de efetivos militares com estudos militares[186] e educação superior, apostavam no treino militar de base (e na educação e na endoutrinação da população) mas que estavam aquém de serem consideradas como uma organização militar potencialmente "ameaçadora" para as FAPLA (Júnior, 2003, pp. 29-30).

No seu discurso de Independência, Jonas Savimbi, no estádio de futebol de Nova Lisboa, dá uma reprimenda aos militares das FAA, que segundo Fred Bridgland, este refere que "...*se esta noite, ou em qualquer outra ocasião, a partir de agora, algum soldado da UNITA disparar um tiro sem ter recebido ordem, será o seu último tiro...*", o que dava ideia da disciplina férrea que trazia da Jamba e que lhe tinha permitido alguns sucessos no campo de batalha a Sul de Angola, nomeadamente no controlo do estratégico caminho-de-ferro de Bengala. A boa organização das FALA possibilitou a Savimbi e à UNITA o controlo militar da zona Sul de Angola e tiveram um papel importante na confrontação de poderes com o MPLA no período pré-independência mantendo as suas capacidades militares intactas nos anos que se seguiram (Idem, pp. 190-192).

---

deram lugar às primeiras grandes unidades (Brigadas) onde já existia um Estado-Maior que articulava o apoio de combate com a introdução de mísseis, aviação ligeira, artilharia pesada e que permitia desenvolver ações militares continuadas numa vasta área de operações. Esta estrutura militar desenvolveu-se até 2002, período em que as FALA foram integradas nas FAA (Júnior, 2003, pp. 29-30).

[186] Jonas Savimbi, para colmatar esta lacuna significativa no seu Exército (FALA), negoceia com Julius Nyerere (Tanzânia) e Ngouabi (Congo-Brazzaville) o apoio à formação de militares e apoio em material para as FALA, mas seriam os Sul-Africanos e Chineses a enviar setenta toneladas de equipamento militar através de Dar-es-Salaam, que ainda com significativo apoio financeiro e equipamento militar americano, lhe iria permitir ocupar uma posição de destaque no xadrez político-militar na Independência de Angola (Bridgland, 1988, p. 136).

OS PRELIMINARES DA FORMAÇÃO DAS FORÇAS ARMADAS ANGOLANAS

Quanto ao MPLA, acautelando uma reiteração dos ataques da FNLA sobre Luanda, solicita apoio da cooperação militar da União Soviética com o fornecimento de equipamento militar e assessoria militar e a Cuba o apoio em conselheiros militares para treino e preparação operacional dos seus efetivos, nomeadamente artilharia e ainda de tropas cubanas (para garantir uma segunda linha de defesa à retaguarda das posições de Quifangondo) e que viria a ser decisivo no desenrolar do combate. Em resposta ao pedido Angolano, Cuba desencadeia a *Operação Carlota*[187], projetando efetivos militares (e civis) para suster os ataques da FNLA a norte e simultaneamente das forças da UNITA e sul-africanas a sul de Angola. Para defender Quifangondo, segundo Gabriel García Marquéz, as FAPLA contavam com 3 Batalhões de Infantaria, uma Companhia de Comandos da 9ª Brigada e uma Companhia do destacamento feminino, apoiadas por uma bateria de foguetes Grade-P1, uma bateria de lança foguetes múltiplos BM-21, duas baterias de morteiros 120mm e cerca de 58 militares cubanos (assessores militares).

Quifangondo passaria a constituir o palco de um conflito local de dimensão regional e internacional, em que de um lado estavam as FAPLA reforçadas pelas Forças Armadas Revolucionária Cubanas (FAR) e do outro lado, por forças da FNLA (ELNA) apoiadas por forças do Exército do Zaire, tropas Sul-Africanas e militares de várias nacionalidades (mercenários), entre os quais alguns portugueses (comandados pelo ex-comandante do Centro de Instrução de Comandos em Angola, o Coronel Gilberto Santos e Castro), Girão Osório descreve estas forças como "*...a mais extraordinária, a mais inconcebível, a mais desesperada força militar que alguma vez se propôs fazer frente ao império comunista...*" [188]. A região de Quifangondo conhecia assim uma das maiores concentrações de forças militares de que há memória

---

[187] O nome "Operação Carlota" designa uma escrava negra que liderou uma revolta de escravos contra o colonialismo espanhol em Cuba (1843). Carlota foi derrotada pelos espanhóis, mas morreu bravamente em combate. Em 1975, Castro resolveu batizar de "Carlota" o nome da operação de ajuda ao MPLA e ao envio do "Contingente Internacional Cubano" para Angola. Para aprofundar a temática sugere-se a obra de David Deutschmann (Ed.), *Angola and Namíbia – Changing the history of Africa* (1989), nomeadamente o artigo de Gabriel García Marquéz, pp. 41-60.

[188] Veja-se a comunicação de Filinto Girão Osório – "Reflexões sobre a Batalha de Kifangondo", Editora Mayamba, Luanda, 2011, p. 37.

(número de tropas, equipamentos e tecnologia militar) no período 1974-1975 na região subsariana[189].

1.2.2. A Batalha de Quifangondo. Um marco na Independência de Angola

Quifangondo é uma pequena vila, uma terra pantanosa e alagadiça, situada no Município de Cacuaco a cerca de 30km a norte de Luanda, uma comuna essencialmente agrícola e habitada maioritariamente por camponeses, numa área dominada pelo ondulado do terreno, onde se destaca a planície do vale do Rio Bengo e da Lagoa Panguila, situado imediatamente a norte das elevações de Quifangondo e a Sul do "Morro da Cal"[190] (Figura Nº 13).

O objetivo principal da batalha enquadra-se, segundo Miguel Júnior *"...nos esforços empreendidos pela FNLA que, depois de expulsa da capital, decidiu organizar forças e marchar para a ela voltar. A chegada estava prevista para antes de 11 de novembro, dia em que o MPLA previa proclamar a independência. O objetivo era impedir a realização isolada do ato e também intimidar a população luandense*

---

[189] Veja-se a comunicação do General Tonta Afonso de Castro (Comandante Operacional da coligação FNLA – "O ELNA e a Batalha de Kifangondo", Editora Mayamba, Luanda, 2011, pp. 13-22.

[190] A região onde se desenvolveu a campanha militar é constituída essencialmente por zonas alagadiças e dominada pelas elevações do Morro da Cal a norte e de Kifangondo e do Candelabro a sul, em que os movimentos montados restringem-se aos itinerários existentes. A região de Kifangondo, concretamente o Morro da Cal (onde se localiza atualmente o referencial histórico) e áreas adjacentes, estavam ocupados pelas FAPLA e desta posição podia-se controlar os acessos desde a região do Dande e Caxito, passando pelo Morro da Cal em direção a Luanda. Também era possível controlar o acesso a Luanda no eixo Catete-Kifangondo-Luanda, além de dominar toda a planície ao longo da margem direita do Rio Bengo. Cabe também ressaltar que as margens do Rio Bengo e lagoas adjacentes são dominadas por terrenos pantanosos onde não seria possível a transitabilidade com meios mecanizados, o que obrigava as tropas atacantes a concentrar esforços ao longo da Estrada Nacional que liga Caxito à Luanda, tendo como passagem obrigatória a ponte sobre o Rio Bengo, a 25 km de Luanda. A orla esquerda do Rio Bengo oferecia boas condições defensivas e boa visibilidade para a margem direita, bem como bons campos de tiro, cobertos e abrigos e o Rio Bengo, que constitui um obstáculo com valor defensivo, levando a concluir a decisão sobre a escolha do local foi estrategicamente acertada (Figura Nº 13) (Júnior, 2007, p. 179).

OS PRELIMINARES DA FORMAÇÃO DAS FORÇAS ARMADAS ANGOLANAS

Fonte: [http://www.veteranangola.ru/upload/1265475698_super_image.jpg].

FIGURA Nº 13 – **A Batalha de Quifangondo**

para desencorajá-la a participação no evento....", transformando-se num marco da História recente de Angola[191] e com reflexos na formação da identidade de defesa e segurança em Angola e em particular das suas Forças Armadas e nas Forças de Segurança (2011, p. 15).

---

[191] Para melhor compreender as envolventes político-militares da Batalha de Quifangondo, sugere-se a leitura do livro editado em maio de 2011, em Luanda (Editor Mayamba) intitulado *A Batalha de Kifangondo – 1975 – Factos e Documentos*, no quadro das Comemorações do XXXVº Aniversário da Independência de Angola, em conferência coordenada pelo General Miguel Júnior no Instituto do Pensamento (Luanda).

AS FORÇAS ARMADAS ANGOLANAS COMO ELEMENTO DO POTENCIAL ESTRATÉGICO...

As FAPLA que defenderam a posição do Quifangondo eram comandadas pelo experiente o Comandante N'dozi, integravam entre outros, os Generais António França N'dalu[192] (Chefe do Estado-Maior da 9ª Brigada), Roberto Leal Ngongo, (Comandante da Artilharia), Rui de Matos, (Chefe das Operações) e Salviano Sequeira "Kianda", entre muitos outros (atuais) Oficiais Generais das FAA. Do lado do ENLA, o comando supremo das operações estava centralizado no próprio Presidente da FNLA, Holden Roberto, assessorado pelo português Tenente-Coronel Gilberto Santos e Castro. Em termos da conduta operacional por parte da FNLA, relata o General Tonta Afonso de Castro que os diferentes contingentes que integravam a ofensiva militar para além do ENLA procuraram conduzir as operações de modo autónomo, o que dificultou o comando e controlo, criando falhas de coordenação nas diferentes ações, para além de que a peça de artilharia mais significativa (D-30, de origem norte-coreana) chegou apenas na véspera e efetuou somente um disparo na manhã do dia da batalha, explodindo e matando o comandante da secção (tenente do Exército do Zaire) (Júnior, 2011, pp. 18-19).

O comando da força de mercenários, designados por "*comandos especiais portugueses*", recaiu no Major Alves Cardoso, pela parte sul-africana, o Brigadeiro Ben Roos desempenhou o papel de principal conselheiro militar de Holden Roberto e de coordenador das forças militares sul-africanas presentes no conflito, pois estes estavam interessados (sem informar Savimbi) em apoiar Holden Roberto contra o MPLA e contra a expansão do comunismo na região. No dia 10 de novembro, pelas cinco horas da manhã, dois aviões, do tipo bombardeiro, atacaram as posições das FAPLA nos morros de Quifangondo, sendo que o aparecimento dos aviões constitui ainda um mistério, pois não se sabe se eram *Mirage* zairenses e portanto se descolaram da Base Aérea do Negage, ou se eram aviões que teriam descolado da Base Aérea de Luanda e então seriam provavelmente (não confirmado mas considerada como hipótese pelos oficiais angolanos) aviões portugueses

---

[192] Em entrevista ao *Jornal de Angola* (11 de novembro de 2011) – "Batalha de Quifangondo na voz do general Ndalu", o General António França Ndalu confirma a preparação de militares das FAPLA na ex-União Soviética, levando à criação da IXª Brigada que tinha carro de combate e artilharia proveniente da URSS, que chegou na véspera e que viria a ser decisiva no desenlace final dos combates em Quifangondo. [*http://jornaldeangola.sapo.ao/27/0/ batalha_de_kifangondo_na_voz_do_general_ndalu*]

OS PRELIMINARES DA FORMAÇÃO DAS FORÇAS ARMADAS ANGOLANAS

pilotados por portugueses, cuja missão em Angola era defender a integridade territorial do país até à Proclamação da Independência.

De acordo com os relatos dos participantes diretos na batalha, o combate durou pouco tempo, e as tropas do ELNA e apoiantes de Holden Roberto desorientados recuaram desordenadamente. Em pouco mais de duas horas, mais de metade dos seus efetivos tinham morrido ou estavam feridos, para além de terem perdido quantidades impressionantes de material de guerra e tendo sido feitos alguns prisioneiros, entre os quais membros do ELP, militares estrangeiros e soldados zairenses (Bridgland, 1988, p. 152).

Segundo o jornalista Artur Queiroz do *Jornal de Angola*, em artigo publicado em 10 de novembro de 2009[193], a IXª Brigada realizou uma operação de exploração do sucesso no encalço do inimigo que, para ganhar tempo, foi destruindo as pontes por onde passavam numa tentativa desesperada de retardar a perseguição. Na fuga, militares zairenses e de várias nacionalidades sabotaram dezenas de pontes, e as estradas foram cortadas. Os entrevistados referiram que a ofensiva organizada pelas FAPLA foi de tal forma vitoriosa que o Uíje caiu praticamente sem um único tiro e só terminou quando o assessor militar americano "Barcker", supostamente agente da CIA (que apoiava Holden Roberto) e então "comandante militar" do Soyo (Ex-Santo António do Zaire) foi preso pelas FAPLA, marcando o início do fim da Batalha de Kifangondo (Milhazes, 2009, pp. 82-83) (Correia de Barros, 2011) (Njele, 2011).

O Norte de Angola estava "libertado", as forças da coligação do ELNA, de Holden Roberto, foram derrotadas, a despeito de Mobutu Sese Seko e apoiantes internacionais do FNLA terem empenhado nesta guerra um significativo número de soldados e o mais moderno e sofisticado material de guerra, o que constituiu uma surpresa e levou os Movimentos de Libertação a proclamar a Independência em datas, locais e de forma diferenciada, um mau prenúncio para o futuro da república de Angola que viria a precipitar o conflito armado após 1976.

---

[193] O artigo publicado no *Jornal de Angola* procura desmistificar alguns aspetos que ainda contraditórios, não nos permitem tirar conclusões concretas e objetivas sobre alguns elementos estratégico-operacionais do combate. [*http://kuribeka.com.sapo.pt/kifangondo.htm*]

1.2.3. A Independência de Angola (11 de novembro de 1975)

No dia 10 de novembro de 1975, a bandeira portuguesa foi pela última vez arriada no Palácio do Governo e na Fortaleza de S. Miguel, em Luanda. Ao Alto-Comissário e Governador-Geral de Angola, Almirante Leonel Cardoso, coube a tarefa em nome do Governo Português, de proclamar a Independência de Angola, conforme estipulado nos Acordos de Alvor, e transferir a soberania de Portugal, não para um movimento ou partido político mas sim para o *"Povo Angolano"*, a partir de 11 de novembro de 1975. De uma forma algo precipitada e pouco consensual, Portugal entrega Angola aos Angolanos (parte deles), depois de quase 500 anos de presença Lusitana, durante os quais se foram cimentando laços de amizade e uma ligação histórico-cultural entre angolanos e portugueses[194].

Após ter saído o último navio da Baía de Luanda, saía também o derradeiro representante da soberania portuguesa que abandonava a joia do Ex-Império, e partia na fragata *Roberto Ivens*, escoltada pela *Uíge* e o *Niassa*, depois de uma "ponte aérea" que havia durado dez meses e movimentado no meio de cenas de pânico e confusão quase meio milhão de portugueses[195]. As estátuas dos imortais portugueses jaziam agora ape-

---

[194] O primeiro Presidente da República Popular de Angola, proclamou a Independência do 47º país africano, referindo no seu discurso *"Em nome do povo Angolano, o Comité Central do Movimento Popular de Libertação de Angola (MPLA) proclama solenemente perante a África ao Mundo a independência de Angola. Nesta hora, o povo de Angola e o Comité Central do MPLA guardam um minuto de silêncio e determina que vivam para sempre os heróis tombados pela Independência da Pátria..."* [...] *"...mais uma vez deixamos aqui expresso que a nossa luta nunca será contra o povo português. Pelo contrário, a partir de agora, poderemos cimentar ligações fraternas entre dois povos que têm em comum laços históricos, linguísticos e o mesmo objectivo: a liberdade..."*. In *História do MPLA* – 2º Volume (1967-1976), maio de 2008, p. 230.

[195] Apesar das dificuldades, entre 13 de julho e 9 de novembro, saíram de Luanda segundo a jornalista Rita Garcia, dez navios carregueiros e quatro porta-viaturas com 140 500 m³ de carga e 9451 automóveis. Do Lobito saíram cinco navios com 57 600 m³ de carga e dois com 3631 viaturas e o Porto de Moçâmedes escoou 63 500 m³ de mercadorias e 3445 viaturas em cinco carregueiros e duas grandes embarcações para transporte de veículos. A ponte aérea terminou em 3 de novembro de 1975 e no espaço de seis meses, em conjunto com vários países (Reino Unido, EUA, Suíça, URSS, França e RDA) foram resgatadas 173 982 pessoas, tendo sido realizado 905 voos de carácter humanitário, em que a autora salienta *"...mesmo com todas as contrariedades, o desinteresse inicial das autoridades de Lisboa e o atraso da chegada do auxílio externo a Angola, a Ponte Aérea terminava sem deixar ninguém em terra..."* (2010, pp. 199 e 227).

OS PRELIMINARES DA FORMAÇÃO DAS FORÇAS ARMADAS ANGOLANAS

adas (no sítio havia apenas os pedestais) já "pintadas" com o vermelho e o negro do MPLA. Para trás ficara uma companhia de paraquedistas e uma meia dúzia de funcionários públicos que se dirigiam para o Porto de Luanda. O controlo político de Angola estava dividido pelos três maiores grupos nacionalistas: MPLA, UNITA e FNLA, pelo que a Independência viria a ser proclamada unilateralmente, pelos três movimentos em horas e locais diferenciados, ficando para a História de Angola, a data oficial de 11 de novembro de 1975, data em que foi aclamada pelo MPLA em Luanda (Garcia, 2010, pp. 226-227).

O MPLA, que controlava a capital, proclamou a Independência da República Popular de Angola à meia-noite do dia 11 de novembro de 1975, pela voz de Agostinho Neto, referindo no seu discurso oficial que *"...diante de África e do mundo proclamo a Independência de Angola..."*, culminando assim o périplo Independentista, iniciado em 4 de fevereiro de 1961, com o início da luta de libertação nacional e estabelecendo o governo em Luanda com a Presidência entregue ao líder do movimento conforme havia sido acordado em Alvor em 15 de janeiro de 1975. Noutro paralelo, Holden Roberto, líder da FNLA, proclamava a Independência da República Popular e Democrática de Angola à meia-noite do mesmo dia 11 de novembro, no Ambriz. Nessa mesma data, a Independência foi também proclamada na ex-Nova Lisboa (Huambo), por Jonas Savimbi, líder da UNITA. Contudo, internacionalmente, apenas prevaleceu como independência reconhecida a proclamação do MPLA, que detinha a capital do país passando a FNLA e a UNITA a "partidos da oposição", que seriam portadores da lei da espada (Bridgland, 1988, pp. 153-155).

O sucesso do MPLA de Agostinho Neto na Batalha de Quifangondo contribuiu para a forma empolgada como foi proclamada, no dia seguinte, a Independência de Angola, simbolizada pelo hastear da bandeira rubro--negra da "República Popular de Angola" em Luanda. Assim como as FAPLA, que desempenharam um papel crucial na batalha, sendo coadju-vadas pelas forças internacionais cubanas e soviéticas (assessores milita-res), que impedindo o avanço das forças do ENLA e a tomada da cidade capital (Luanda) contribuíram para criar as condições político-militares para a proclamação da Independência em Luanda por parte do MPLA sob a supervisão portuguesa. Prosseguiram, contudo, os combates em diferen-tes pontos do país, no encalço dos grupos armados que se encontravam no território nacional Angolano. O MPLA criou assim condições para conso-

AS FORÇAS ARMADAS ANGOLANAS COMO ELEMENTO DO POTENCIAL ESTRATÉGICO...

lidar o poder em Luanda e perante a sociedade internacional, aumentou a pressão militar das FAPLA e (FAR) sobre os Movimentos de Libertação (e forças estrangeiras associadas) e forçou o ELNA, a fação "Chipenda", elementos das Forças Especiais do ELP e militares Sul-Africanos a abandonarem as cidades ocupadas na periferia de Luanda, tendo uns regressado aos seus países de origem e outros adotando uma guerra de guerrilha que iria durar até abril de 2002 (Correia de Barros, 2011).

1.2.4. A participação das FAR. Contributos para a edificação da segurança em Angola[196]

Os contactos entre o Partido Comunista de Cuba (PCC) e o Movimento Popular de Libertação de Angola (MPLA) estabeleceram-se pela primeira vez em agosto de 1965, quando Che Guevara se envolveria diretamente na guerrilha na República do Congo. No ano seguinte, Agostinho Neto viaja para Cuba e encontra-se com Fidel Castro, onde abordam questões ligadas à situação da luta armada de libertação em Angola e ao possível envolvimento de Cuba nesse propósito. Na sequência do derrube da ditadura em Portugal, em abril de 1974, abriram-se novas perspetivas para a Proclamação da Independência de Angola e para a entrada de Cuba na *"Revolução Angolana"*, deslocalizando os ideais da *"Revolução Cubana"* para o outro lado do Oceano. Em dezembro de 1974, os três Movimentos de Libertação reuniram-se em Mombaça, sob os auspícios de Kenyatta, com o objetivo de criar uma base política comum para as negociações com as autoridades portuguesas e em 15 de janeiro foram assinados os Acordos de Alvor, que consagram a Independência de Angola. A 31 de janeiro desse ano, o governo de transição toma posse, sendo formado por uma *"troika"* presidencial dos três Movimentos de Libertação, com as posições ministeriais divididas entre estes e o Estado Português[197]. O agravamento das

---

[196] W. Martin James III (republicado com nova introdução do autor), In *A Political History of the Civil War in Angola 1974-1990*, 2011, Transaction Publishers, New Brunswick (USA) and London (UK).

[197] Entre 16 a 21 de junho de 1975, o Presidente Mzei Jomo Kenyatta convoca em Nakuru uma "cimeira de emergência" devido o aumento das hostilidades militares. Os três Movimentos de Libertação fizeram autocríticas, reconhecem ter dificultado a atuação do governo de transição e comprometeram-se a acabar com a violência e a intimidação, e a integrar os seus

OS PRELIMINARES DA FORMAÇÃO DAS FORÇAS ARMADAS ANGOLANAS

hostilidades e da situação militar em Angola, concretamente em Luanda, levou Agostinho Neto a encontrar-se em Brazzaville com o comandante cubano Flávio Bravo, onde lhe solicitou ajuda para transportar armas e o consultou sobre a possibilidade de uma ajuda mais ampla e específica do MPLA e mais concretamente às FAPLA. Em julho de 1975, o Comandante Díaz Arguelles viajou até Luanda, liderando uma delegação de conselheiros militares cubanos, para fundar e dirigir centros de treino militar[198].

Em agosto de 1975, unidades da República do Ex-Zaire penetram no Norte de Angola, em apoio à FNLA e as tropas da Força de Defesa da África do Sul (SADF) ocupam a Sul a região limítrofe do Cunene, com a Namíbia. Em setembro do mesmo ano, o MPLA assegura o controlo de Luanda, quando os funcionários da UNITA (militares das FALA) e da FNLA que restavam, se retiram para o Centro-Norte de Angola. No início de outubro de 1975, os Sul-Africanos decidem lançar um ataque no sul de Angola, na província do Cunene com um batalhão, apoiada por carros blindados *Panhard* e helicópteros, destruindo a capital (Ondjiva) e a 20 de outubro desse ano tomaram a povoação de Xangongo.

As operações da SADF permitiram às tropas da UNITA instalarem-se nas áreas fronteiriças. No mesmo mês, os militares sul-africanos, fazendo-se passar por mercenários, enviaram uma coluna militar "Zulú" em direção ao Norte de Angola (rumo a Luanda), numa tentativa de tomar a capital antes da data limite de Independência prevista para 11 de novembro de 1975. Ao mesmo tempo, as forças da FNLA avançavam para o Sul a partir do Zaire com o mesmo objetivo. As tropas da FNLA viriam a ser derrotadas em Quifangondo pelas FAPLA com apoio das FAR que haviam começado a chegar massivamente a Luanda[199]. Entretanto, a ligação a Cuba

exércitos numas Forças Armada única ou seja, a renúncia ao uso da força para resolução dos conflitos entre os três movimentos, bem como reatar o estabelecido nos Acordos de Alvor (Ramos, 2000, p. 71).

[198] Conforme refere Gabriel García Márquez, em artigo extraído da 53ª Edição da *Revista Tricontinental*, 1977, Digital Granma Internacional, Edição em Português. [*http://www.granma.cu/*]

[199] Segundo o general das FAR, Lázaro Cárdenas Sierra, In *Angola e África Austral – Apontamentos para a história do processo negocial para Paz (1976-1992)* e confirmado em entrevista em Luanda em novembro de 2011, salienta que após a Independência, as tropas sul-africanas lançam a "Operação *Savannah*" contra o território angolano para auxiliar os guerrilheiros da UNITA impedindo a tomada do poder pelo MPLA, usaram brigadas mecanizadas que penetraram e ocuparam a Cidade de Lubango, província da Huíla, no mesmo mês atacaram

AS FORÇAS ARMADAS ANGOLANAS COMO ELEMENTO DO POTENCIAL ESTRATÉGICO...

ia-se fortalecendo, à luz de um comunismo ideológico e muito necessário (para Angola) que levou Agostinho Neto a viajar novamente a Cuba e a encontrar-se com Fidel Castro em julho de 1976, no sentido de reforçar e formalizar um compromisso solene de cooperação estratégica que já existia do passado (Siérra, 2010, p. 68).

A 5 de novembro de 1975 dá-se início à "Operação Carlota"[200], que marcou o princípio da mudança de correlação de forças em Angola, primeiro no processo interno Angolano e posteriormente na aplicação do plano da ONU para a Independência da Namíbia. A Intervenção das FAR iniciou-se com o primeiro voo em 7 de novembro de 1975 com 652 tropas de elite (membros do batalhão de tropas especiais que não dependem das Forças Armadas Revolucionárias, mas sim do Ministério do Interior, soldados bem treinados, com nível ideológico e político elevado, alguns com formação académica) numa manobra militar levada a cabo contra a incursão sul--africana em apoio do MPLA. Assim, entre 8 a 10 de novembro chegaram a Luanda as primeiras, então designadas, *Tropas Internacionalistas Cubanas* como pioneiros de milhares de homens e mulheres civis e militares que, voluntariamente chegaram a Angola para ajudar a combater os agressores e manter as conquistas então alcançadas quer no aspeto militar, quer na vertente do apoio ao desenvolvimento, pois a ajuda comportava numa segunda fase a presença de professores, médicos e entre outros de caráter social (Idem, pp. 57-59) (Márquez, 1997).

Em 23 de outubro de 1975, forças coligadas da FNLA iniciam uma grande ofensiva militar na região de Quifangondo com o objetivo de tomar Luanda e impedir a proclamação da Independência de Angola por parte unilateral do MPLA. A batalha principal ocorreu a 10 de novembro, onde as FAPLA, apoiadas pelas FAR, derrotaram as tropas da FNLA e, entretanto, no Norte de Angola, assistia-se à recuperação por parte das FAPLA das povoações do Caxito, Libongos, Ambriz, Ambrizete, Negage e Uíge. Dois

---

a povoação da Chibia e foi ocupada. A 3 de novembro de 1976 as tropas sul-africanas atacaram o Centro de Instrução de Benguela, obrigando os instrutores cubanos a abandonar as escolas para enfrentar os invasores com os soldados instruendos, aos quais davam instrução militar.

[200] Segundo o escritor cubano Gabriel García Márquez, em artigo publicado na 53ª Edição da *Revista Tricontinental*, 1977. [*http://www.granma.cu/portugues/2005/noviembre/juev3/45carlota. html*]

OS PRELIMINARES DA FORMAÇÃO DAS FORÇAS ARMADAS ANGOLANAS

dias após a Proclamação da Independência efetuada por Holden Roberto[201], as forças do MPLA ampliavam a sua área de operações e de influência política e obrigavam as forças da FNLA a uma situação defensiva (Correia de Barros, 2010).

No fim do mês de novembro, de acordo com as instruções recebidas do alto comandante das FAPLA e a chefia da missão militar cubana em Angola, foi decidido passar à ofensiva Norte e Sul. Foi assim que o dia 4 de dezembro de 1975 marcou o começo da ofensiva na direção principal, Caxito, Lunga, Camabatela. Seguidamente, um Batalhão de Infantaria das FAPLA com elementos das FAR atacou e libertou a povoação do Caxito, tendo feito prisioneiros cerca de 150 homens do ELNA. Nesta data, incorporou as FAR o 2º Batalhão de Infantaria que havia começado a sua preparação militar desde Quifangondo, dando mostras de um crescimento sustentado acelerado e de desenvolver atividades na preparação de tropas para aumentar o potencial operacional das FAPLA. Em 10 de dezembro de 1975, Fidel Castro, em Havana, no discurso de encerramento oficial do Iº Congresso do Partido Comunista de Cuba, anuncia publicamente a presença das *"Tropas Internacionalistas Cubanas"* em Angola e afirma publicamente que, *"...nós somos uma nação latino-africana e sangue Africano corre pelas nossas veias..."*[202].

---

[201] No mesmo ano, em Porto Amboim, (Kwanza Sul), as FAPLA e as FAR batiam-se contra o exército da África do Sul e as tropas da UNITA, que estavam concentradas e beneficiavam de apoio aéreo. Neste combate, as FAPLA e as FAR derrotam a força opositora. Com as sucessivas derrotas sofridas no campo de batalha, as tropas da FNLA no Norte de Angola e no Sul as tropas da UNITA e sul-africana, estavam criadas as condições para que no dia 11 de novembro de 1975, o Presidente Agostinho Neto proclamasse a Independência de Angola. Após a proclamação da independência as forças sul-africanas voltaram a invadir Angola, posicionando-se ao sul do Ebo, no Kwanza Sul, tendo posteriormente instalado na República da Namíbia e daí realizavam incursões no território angolano, sempre com o pretexto de que combatiam os militantes da SWAPO e do ANC. Para complemento, sugere-se o livro de Fred Bridgland, *The War for Africa: Twelve Months that transformed a Continent*, 1990, Ed. Ashanti Publishing Limited, Gibraltar, ISBN (187-4800-12x).

[202] [*http://www.buala.org/pt/a-ler/operacao-carlota*].

(b) Angola, 1977. Fidel Castro discusses the battle of Quifangondo.

Fonte: Deutschmann, 1989, pp 42-43

FIGURA Nº 14 – **Fidel Castro e Agostinho Neto – Batalha de Quifangondo**

A 31 de março de 1976, o Conselho de Segurança da ONU em sessão extraordinária, qualificou a África do Sul como um país agressor e exigiu que pagasse à República de Angola as despesas de guerra e em junho de 1976, os governos de Angola e Cuba acordaram um calendário para a retirada faseada das tropas cubanas ao longo de um período de três anos. Contudo, em maio de 1978 as tropas sul-africanas voltam a atacar um acampamento de refugiados namibianos em Cassinga, província da Huíla, alegando existir um campo de treino de militares da Organização do Povo do Sudoeste Africano (SWAPO). Mais de uma centena de pessoas, segundo relatos pessoais a que tivemos acesso, morrem no que ficou conhecido como o "Massacre de Cassinga" (Siérra, 2010, pp. 80-82 – com fotografias) (Deutschmann, 1989, pp. 42-43).

As autoridades cubanas, em 26 de abril de 1980, instam o CS a impor sanções mais credíveis à África do Sul, em protesto pelos ataques levados a cabo em Angola. Cuba solicitou ainda a retirada imediata e incondicional das tropas sul-africanas de Angola e terminar o emprego do território da Namíbia como base para os ataques. Em agosto de 1981, a África do Sul invade novamente o sul de Angola, com o objetivo declarado de perseguir os membros da SWAPO, embora o centro dos combates fosse entre as tropas sul-africanas e os militares das FAPLA. No dia 4 de setembro de 1982, os países da linha da frente (Angola, Moçambique, Botswana, Tanzânia, Zâmbia e Zimbabwe) rejeitam a proposta dos EUA de vincular a ocupação ilegal da Namíbia pela África do Sul com a retirada das tropas internacionalista cubanas de Angola. Em dezembro de 1983, as tropas sul-africanas invadem mais uma vez Angola sob pretexto de perseguir a SWAPO, penetrando até cerca de 240 km, tendo encontrado resistências por parte das tropas cubanas e das FAPLA e o CS exigiu a retirada imediata das tropas sul-africanas do território angolano (os EUA abstiveram-se). Finalmente, a 16 de fevereiro de 1984, o governo de Angola e da África do Sul, assinam o *Compromisso de Lusaka*, estabelecendo o cessar-fogo, a retirada das tropas sul-africana e a deslocação da SWAPO para fora da região fronteiriça (Cárdenas Siérra, 2011).

Contudo, a sua implementação demorou mais de um ano e em julho de 1987 o governo de África do Sul começa a apoiar a UNITA com objetivo de manter forças militares na base de Mavinga no sudeste de Angola, admitindo em Novembro o seu apoio à UNITA e incrementa ações contra o governo de Angola, ameaçando a segurança na região sul do país e destabilizando o precário acordo que a sociedade internacional e as NU pretendiam desenvolver e implementar. Em resposta, o governo angolano, através das FAPLA, lança uma ofensiva militar com assessoria soviético-cubana contras as tropas da UNITA e SADF, com a finalidade de recapturar Mavinga e o seu aeródromo (considerado centro de gravidade estratégico na região sul de Angola). Nesse mês, começou a operação de reforço das tropas cubanas às FAPLA, com o objetivo de derrotar as tropas sul-africanas e a UNITA, libertando Angola e abrindo o caminho para a Independência da Namíbia. No dia 5 de dezembro, as primeiras tropas cubanas de reforço avançam para Cuíto Cuanavale e, apesar das reclamações para abandonarem o território, os Sul-Africanos continuam a manter a sua posição de força. A 15 de dezembro, o governo de Angola anuncia ter adotado uma nova política, solicitando às tropas cubanas para patrulhar o sul de Angola e assumirem o combate direto com as SADF, o que

AS FORÇAS ARMADAS ANGOLANAS COMO ELEMENTO DO POTENCIAL ESTRATÉGICO...

levaria ao envolvimento das FAR em ações de combate contra as FALA e as Forças Armadas Sul-Africanas. Em janeiro de 1988, as tropas da África do Sul realizaram o assalto a Cuíto Cuanavale (Weigert, 2011, pp. 94-95) (Leão e Rupiya, 2005, pp. 26-27).

No patamar diplomático, a República Cubana, pela primeira vez, participa oficialmente do processo de negociações da paz, conjuntamente com os EUA. A delegação cubana foi chefiada por Jorge Risquet, membro do secretariado do comité central do Partido Comunista de Cuba e o chefe do Departamento de Relações Exteriores, junto da delegação angolana numa nova ronda de conversações em Luanda. No mesmo ano as delegações dos governos de Angola, Cuba, África do Sul reunidos, em Genebra, Suíça, com a mediação dos EUA, assinam os acordos na preparação do caminho para a Independência da Namíbia[203].

Ainda assim, em 22 de dezembro de 1988, em Nova Iorque, na sede das NU, foram assinados na presença do Secretário-Geral e dos EUA, como mediador, os seguintes documentos: Acordo tripartido entre Angola, Cuba e África do Sul – Acordo de Nova Iorque e o Acordo bilateral entre Cuba e Angola para retirada das tropas internacionalista Cubanas, documentos que seriam fundamentais para a assinatura do Acordo de Bicesse em 31 de maio de 1991, em Portugal e que colocava o processo de paz sem a intromissão externa. Entretanto, o CS/ONU cria a UNAVEM I (Resolução nº 626/88 de 20 de dezembro e que seria prolongada ate à UNAVEM III (Resolução nº 696/91 de 30 de maio e Resolução nº 976/91 de fevereiro de 1991), com a missão de verificar e supervisionar a retirada das tropas cubanas de Angola, que aconteceria em 25 de maio de 1991, cinco semanas antes da data acordada – 1 de julho de 1991 (Siérra, 2010, p. 833) (Deutschmann, 1989, pp. 89-91).

---

[203] Segundo Justino da Glória Ramos, Chester Croker, então Subsecretário de Estado para os Assuntos Africanos dos EUA (1982), desenhou uma estratégia que se denominou de "engajamento construtivo" ou "teoria de *linkage*" em que visava comprometer a África do Sul no intuito de criar um clima regional favorável a compromissos políticos e a conseguir a retirada em paralelo das tropas cubanas e dos militares sul-africanos, criando condições para a Independência da Namíbia, dando boa sequência ao "Compromisso de Lusaka", resultante do encontro entre os governos de Angola e África do Sul em 16 de fevereiro de 1984, onde se previa a criação de uma zona desmilitarizada junto à fronteira com a Namíbia e a saída das tropas sul-africanos, representando um passo significativo na aplicação da Resolução nº 435/87 (2000, p. 105).

A presença cubana em Angola marcou também uma geração de cubanos que se envolveram numa luta política numa terra que não era a sua, guiados por uma ideologia marxista de um líder militar que projetava a sua liderança político-militar para um outro continente ao serviço dos interesses dos aliados soviéticos, em que segundo dados apresentados por Martin James III, causou um número ainda indeterminado de mortos e feridos, variando entre os 2016 de Fidel Castro e os cerca de 15 000, segundo as fontes dos serviços de inteligência portuguesa da época (2011, p. 117).

1.2.5. As Nações Unidas em Angola. Contributos para a Paz

Com a intensificação dos combates entre o Movimento Popular de Libertação de Angola e a União Nacional para a Independência Total de Angola que travavam uma guerra civil praticamente desde a independência de Angola, em 1975 emergem, no final dos anos oitenta, importantes iniciativas da sociedade internacional para conter a violência e criar condições para a paz e segurança em Angola. A primeira operação de paz da ONU em Angola, a *United Nations Angola Verification Mission*, foi edificada com o objetivo primário de apoiar a retirada das tropas cubanas sedeadas no território angolano e que apoiavam o MPLA. A missão esteve no terreno entre janeiro de 1989 e maio de 1991, e cumpriu os objetivos principais para a qual foi criada.

Entretanto, decorreram outras iniciativas de caráter regional relacionadas com a vontade dos Estados Africanos de resolver autonomamente os conflitos internos com a mediação de potências regionais ou de figuras proeminentes do continente. Num destes esforços de mediação africana, o Presidente do Zaire (Mobutu Sese Seko) organizou em junho de 1989, com a presença de vários Chefes de Estado de países vizinhos, um encontro entre José Eduardo dos Santos, o líder do MPLA, e o líder da UNITA, Jonas Savimbi. Do encontro, em Gbadolite (República Democrática do Congo), sairia um acordo de cessar-fogo considerado frágil e ambíguo pela sociedade internacional, sendo rapidamente recusado pela UNITA, que continuava com as ações de combate contra as FAPLA. Em setembro de 1989, o governo português medeia as negociações entre as partes beligerantes, uma iniciativa que se concretiza em abril de 1991, em Portugal.

O Acordo de Paz de Bicesse[204], assinado em 31 de maio de 1991, em que Portugal foi o mediador principal, e tendo como observadores os governos dos EUA e da URSS, previa o cessar-fogo, a desmobilização das tropas da UNITA e do MPLA, levando a criação de Forças Armadas únicas, assentes numa nova Constituição e a realização dentro do prazo estipulados, de eleições Presidenciais e Parlamentares. É com o objetivo de implementar o Acordo de Paz para Angola que é criada a UNAVEM II, cujo mandato conferido pelo Conselho de Segurança, é definido pela Resolução nº 696/91 de 30 de maio de 1991. Para esta missão foram mobilizados cerca de 350 observadores militares, 120 polícias, um Estado-Maior internacional com 87 elementos e 155 locais e cerca de 400 observadores eleitorais. Para apoiar a implementação do Acordo de Paz de Bicesse, Portugal cria pelo Despacho Conjunto (A-62/91-XI) do Ministério da Defesa Nacional (MDN) e do Ministério dos Negócios Estrangeiros (MNE), a Missão Temporária de Portugal junto das Estruturas do Processo de Paz em Angola[205].

Neste contexto, Portugal envia para Angola representantes diplomáticos para as estruturas políticas de implementação do Acordo, nomeadamente para a Comissão Conjunta Político-Militar (CCPM), a Comissão Mista de Verificação (CMV) e a Comissão Conjunta para a Formação das Forças Armadas de Angola (CCFA) e participa ainda, com alguns observadores militares e pessoal técnico na assessoria militar às FAA. Mas, contudo, com uma intervenção limitada à observação do desenvolvimento do processo de paz, sem capacidade de atuação, com um orçamento anual e ainda um número de efetivos inadequado para as necessidades operacionais (Tomé Pinto, 2010/2011).

A UNAVEM II viria a terminar a sua missão quando, em outubro de 1992, a UNITA declarou não aceitar os resultados das eleições presiden-

---

[204] José Manuel Correia, in "Remembering the Bicesse Peace Agreement: Time for Peace!", Revista *Negócios Estrangeiros*, Nº 19, dezembro 2011, pp. 95-104.

[205] O diplomata português, Paulo Vizeu Pinheiro, integrou a Missão e relata no artigo "Angola: de Bicesse a Lusaka", publicado pela Fundação Luso-Americana para o Desenvolvimento (FLAD), os quatro princípios básicos e os seis principais "...*erros de concepção*...", onde salienta a marcação precipitada das eleições e o facto de constituir o objetivo final, a ausência de *benchmarks*, ou de objetivos intermédios, a repartição de forças à escala nacional, a dificuldade na ultrapassagem de situações de impasse e que a formação das FAA não deveriam estar plenamente subordinadas "...*ao totoloto das eleições*..." (2006, pp. 143-144). [*http://www.flad.pt/doc umentos/1246618337G4qWF2jz4Rl6OKA8.pdf*].

OS PRELIMINARES DA FORMAÇÃO DAS FORÇAS ARMADAS ANGOLANAS

ciais de 29 e 30 setembro 1992. Após o reinício dos combates, a UNAVEM II é ajustada ao recomeço da guerra, mantendo a sua presença no intuito de recuperar o estabelecido no Acordo de Paz, mas com uma significativa redução de efetivos e da importância estratégica (Figura Nº 11) (Anexo B – Documentos relativos à Formação das Forças Armadas Angolanas – Documento Nº 6).

A nova iniciativa para a resolução pacífica do conflito angolano seria desencadeada na Zâmbia (novembro 1994), com mediação do novo Representante Especial do Secretário-Geral e Chefe da Missão da ONU em Angola, Alioune Blondin Beye e a presença do grupo de observadores de Portugal, EUA e da Rússia, o que correspondeu à criação de uma nova UNAVEM. Neste contexto, a Resolução do CS nº 976/95 de 8 de fevereiro de 1995 veio, no seguimento da assinatura do Protocolo de Lusaka (20 novembro 1994), autoriza a mobilização de uma força militar com maior capacidade de atuação que a UNAVEM II.

Segundo Margareth Anstee, foi para compensar o fracasso da segunda missão da ONU em Angola que a organização decidiu montar uma das maiores Operações de Paz em África, composta por cerca de 3600 militares, 280 observadores militares, 280 observadores policiais, cerca de 700 elementos civis e 75 voluntários das Nações Unidas. Os objetivos definidos pelo mandato da UNAVEM III (no terreno entre fevereiro de 1995 e junho de 1997) pretendia facilitar o diálogo entre o governo Angolano e a UNITA, garantir o apoio ao processo de reconciliação nacional, a fiscalização do cessar-fogo, a verificação da desmobilização e acantonamento das tropas da UNITA e do MPLA, a fiscalização da neutralidade da Polícia Nacional Angolana (PNA), a coordenação da ajuda humanitária, a desminagem e, por último, a verificação do processo eleitoral. Portugal enviou, em abril de 1995, oficiais e sargentos para o Estado-Maior da missão, bem como observadores militares[206].

---

[206] O Coronel Bento Soares seria nomeado, pelo Despacho 29/MDN/95, para o cargo de Chefe Coordenador/Chefe do Estado-Maior da UNAVEM III. Os Despachos 127/MDN/95 e 128/MDN/95 permitiram levantar a representação portuguesa no comando da força multinacional e nos comandos regionais. Em maio desse ano, chegava a Luanda a Companhia de Transmissões 5 (CTm5) permitindo a instalação e manutenção de um sistema de comunicações para a ONU em Angola. A CTm5 participou na UNAVEM III com cerca de 100 militares (130/MDN/95). Em agosto 1995 juntou-se-lhes a Companhia Logística n.º 6 (CLog6) do Exército, que se instalou no Huambo, com um destacamento em Luanda e outro no Lobito, tinha como

AS FORÇAS ARMADAS ANGOLANAS COMO ELEMENTO DO POTENCIAL ESTRATÉGICO...

A contribuição portuguesa para a UNAVEM III coincidiu com o último ano da campanha internacional da candidatura portuguesa a membro não--permanente do Conselho de Segurança, bem como com a eleição de Diogo Freitas do Amaral para Presidente da 50ª Sessão da Assembleia Geral da ONU. É, aliás, na condição de membro não-permanente do Conselho de Segurança (para o qual viria a ser eleito em 1996) que Portugal desempenha um papel crucial no estabelecimento da missão, quando o arrastar do conflito no terreno obrigou a uma nova remodelação da presença das Nações Unidas. Devido à falta de confiança mútua entre a UNITA e o MPLA e à ausência de uma vontade sincera de entregar as armas, o cumprimento pelos beligerantes de tarefas prioritárias de nível político e militar definidas no Protocolo de Lusaka foi sofrendo sucessivos e comprometedores atrasos, pondo em sério risco a continuação do processo de paz em Angola. As permanentes violações do cessar-fogo (ambas partes) e os ataques a postos e pessoas incentivaram a ONU a alterar o caráter da missão, recuando no que diz respeito a meios e funções (Anstee, 1997, pp. 61-65).

As Nações Unidas, através da Resolução do CS nº 1118/97 de 30 de junho de 1997, decidem estabelecer uma "nova" missão de paz para Angola, a Missão de Observação das Nações Unidas em Angola (MONUA), que implicava a implementação de mecanismos de reconciliação nacional no intuito de assegurar um ambiente de estabilidade e de confiança entre o MPLA e a UNITA, sem o qual seria difícil a implementação dos Acordos de Paz. Na fase inicial da implantação da MONUA. Portugal enviou o Destacamento Sanitário nº 7 (DSant7) mobilizado pelo Batalhão de Serviços de Saúde do Comando Operacional de Forças Terrestres (pela primeira vez no quadro de uma missão militar portuguesa em Operações de Apoio à Paz no contexto das Nações Unidas).

O Destacamento, que englobava elementos dos três ramos das Forças Armadas, seguiu para Belas (Luanda), onde montou um Hospital de Campanha que integrava uma unidade móvel de cirurgia e que detinha capacidade para dar consultas médicas. Porém, o agudizar das tensões no terreno condicionou o trabalho da força multinacional, com a deterioração

---

missão, apoiar logisticamente os Batalhões das regiões Centro-Sul de Angola. A opção de enviar uma força militar para integrar a operação das NU em Angola inscreveu-se num conjunto de iniciativas político-diplomáticas portuguesas no intuito de reforçar o protagonismo de Portugal na cena palco internacional. *Súmula N.º 79/MDN/DGPDN – "Missões Humanitárias e de Paz. Participação Portuguesa 1992-2002", 29 de abril de 2003.*

OS PRELIMINARES DA FORMAÇÃO DAS FORÇAS ARMADAS ANGOLANAS

da situação humanitária e a extensão do conflito aos países da região. As condições tornam-se cada vez mais difíceis devido à guerra interna, sendo as acessibilidades dificultadas pela insegurança e pela proliferação de minas antipessoais. A desmobilização (parcial) da força da ONU prevista na criação da MONUA é suspensa, devido à intensificação dos combates, numa tentativa da sociedade internacional de conter o recrudescer da violência que se generalizou a todo o território Angolano. O governo português faz regressar entretanto a Companhia de Logística nº 6 (CLog6) instalada no Huambo, em julho 1998 e em outubro, a DSant7 regressa também a Portugal, numa altura em que a presença militar da ONU no terreno era já inferior a um quinto da existente inicialmente. Em dezembro de 1998 e janeiro de 1999 dois aviões das NU são abatidos em território controlado pela UNITA, e em finais de janeiro, o governo Angolano informa as NU de que não existiam condições de segurança para a manutenção da MONUA no terreno (Correia de Barros, 2011).

Neste contexto, a missão de observação da ONU em Angola, inicialmente prevista para terminar a 1 de fevereiro 1998, mas que tinha sido várias vezes prolongada, foi autorizada a desmobilizar, através da Resolução do CS nº 1229/ 99 de 26 de fevereiro de 1999. Nesse mês, os últimos elementos da Companhia de Transmissões Nº 5 (CTm5) regressam também a Portugal, fechando o capítulo da participação portuguesa nas missões de paz em Angola. Numa missão multinacional pautada pela impotência em solucionar e contribuir para o final do conflito, a presença portuguesa em Angola no quadro da ONU é elogiada pela facilidade que demonstrou em estabelecer relações no terreno, favorecida pela proximidade cultural com os angolanos, e pelo importante contributo logístico, técnico e nomeadamente no que diz respeito aos sistemas de comunicações, que sob condições adversas, conseguiu deixar em Angola (*Súmula N.º 79/MDN/ DGPDN – Missões Humanitárias e de Paz. Participação Portuguesa 1992-2002, 29 de abril de 2003*).

1.2.6. A Independência da República da Namíbia (21 de março de 1990)

A história da República de Angola (11 de novembro de 1975) e da República da Namíbia (1 de abril de 1988) sempre estiveram ligadas, não apenas por uma questão de fronteiras e de comunhão dos problemas regionais desde a Conferência de Berlim, mas mais recentemente, com as ocupações territoriais e luta pela independência que partilharam com doze anos de desfasamento. Importa recuar a 1971, num contexto em que o Tribunal Internacional de Haia declarou ilegal a presença da África do Sul na Namíbia e principalmente em março de 1977, quando aprovou um projeto constitucional que permitia a formação de um governo provisório que deveria proporcionar a Independência da Namíbia[207] antes de 31 de dezembro de 1978.

O partido político que foi relevante no processo de criação e afirmação da SWAPO, que desenvolve a partir de dezembro de 1978 uma companha ativa pró-independência violando todas resoluções da ONU, a África do Sul realiza umas eleições (forjadas, segundo a opinião da Comunidade Internacional) num clima de intimidação e ameaça, no qual vence o Partido da Aliança Democrático, pró África do Sul. Entretanto, o CS das NU aprovou em 29 de setembro de 1978 a Resolução do CS nº 435/78[208], cujo objetivo

---

[207] A história da República da Namíbia foi marcada pela presença da Alemanha na sequência da Conferência de Berlim em 1885 e a sua saída, após a derrota na Primeira Guerra Mundial. Em 1919, a África do Sul havia recebido o mandato da Comunidade Internacional para administrar o território da Namíbia, com o fim de promover o máximo bem-estar aos habitantes deste território, proteger os interesses da população e preparar as condições necessárias para a proclamação da independência. O mandato previa que deveriam permanecer desmilitarizados. Em 1949, a África do Sul rejeita assinar os *"acordos de fideicomisso"* que constam na Carta das Nações Unidas no regime internacional de administração fiduciária, cujo objetivo consistia em promover o desenvolvimento dos territórios a confiança e progredir para a independência. No mesmo ano, o governo sul-africano deixou de enviar informações às Nações Unidas sobre o território namibiano, trabalhando para anexar politicamente o território da Namíbia. Em 1960, funda-se a SWAPO como organização de vanguarda na sua luta pela libertação nacional. Em setembro de 1962, a África do Sul criou um plano de desenvolvimento, cujo objetivo era a *"bantunização"* (regime racista) da Namíbia, em que a intenção do plano consistia em criar uma zona branca com uma estrutura administrativa dirigida por um governador sul-africano. Este plano pretendia desvirtuar as legítimas reclamações de igualdade e independência de mais de 80% da população. Em 1964, a Assembleia Geral da ONU examinou a situação na Namíbia e no ano seguinte condenou a recusa de a África do Sul permitir a libertação da Namíbia com a adoção da Resolução 2074, que criticava a política do *apartheid* e a discriminação racial que havia implantado pelos sul-africanos na Namíbia. No ano seguinte a ONU mudou o estatuto do território da Namíbia sob leis internacionais ao dar por terminado o mandato sul-africano e passou a considerar a Namíbia como uma área sob a supervisão direta da ONU (Meredith, 2006, pp. 316-317).
[208] [*http://daccess-ddsny.un.org/doc/RESOLUTION/GEN/NR0/368/80/IMG/NR036880. pdf?OpenElement*].

principal era a retirada da administração ilegal sul-africana da Namíbia e das suas tropas, assim como a transferência do poder ao povo namibiano. A transferência deveria ser realizada através de eleições livres, supervisionadas e controladas pela ONU. Neste mesmo ano, a África do Sul inicia um processo de preparação para formar um exército negro namibiano, designado por SWATF (*South West Africa Territorial Force*), fundado em 1980 e que tinha por objetivo principal cooperar com as SADF na luta contra os membros da SWAPO. Mas que estava subentendida uma estratégia de continuidade das SADF na região.

A África do Sul formou vários destes batalhões militares e continuou a aumentar o efetivo militar, violando a Resolução do CS nº 435/78. A Proclamação da Independência do Zimbabwe[209] em 18 de Abril de 1980, do Reino Unido, por causa dos Acordos de Lancaster House, assinados em Londres pelos líderes da guerrilha independentista e o governo de Ian Smith contribuiu para fortalecer os esforços de resolução da questão namibiana, tendo ficado demonstrado pelos países da linha da frente que os movimentos de independência a sul do continente africanos tinham ganho o seu espaço na sociedade internacional.

Os combates do Cuíto Cuanavale e a posterior ofensiva cubano-angolana até à fronteira de Angola com a Namíbia criaram condições favoráveis para que os Sul-Africanos respeitassem a Resolução nº 435/78 e acedessem que se tornassem independentes. Foi assim que a Namíbia haveria de conquistar a independência a 21 de março de 1990, depois da vitória eleitoral da SWAPO e a designação de Sam Nujoma como Primeiro Presidente da República da Namíbia.

1.3. Da Independência a Bicesse

Angola transitou para a independência, mas não conseguiu reunir a convergência política, ideológica e social que seria desejável e que o povo Angolano ansiava. Os movimentos políticos transitaram de um período de opressão para um período de guerra aberta que trouxe consequências para Angola, nomeadamente ao nível da segurança e do desenvolvimento, repre-

---

[209] Richard Dowden, In *Africa – Altered States, Ordinary Miracles*, Public Affairs, New York, 2009, pp. 127-157.

sentando no contexto regional e continental, mais um exemplo do falhanço dos processos de transição democrática para um Estado de Direito, onde os instrumentos militares foram colocados ao serviço dos interesses político--estratégicos dos Movimentos de Libertação, que não souberam (ou não quiseram) ou não puderam, abdicar desses poderes em prol de um poder mais integrado, convergente, partilhado e produtor de segurança e desenvolvimento sustentado para Angola.

Entre 11 de novembro de 1975 e 31 de maio de 1991, o caminho para a paz nem sempre foi o mais fácil e direto, assistindo-se a inúmeras intervenções regionais e internacionais que pretendiam mediar, apoiar e partilhar as dificuldades e os interesses políticos (e raciais) que se sobrepunham aos interesses nacionais e sociais, em que as minorias (lideranças político--militares) estabeleciam as regras da maioria da população angolana. A paz constituiu um paradigma e numa palavra que parecia não ter significado, pois que durante os 16 anos de confrontos e de uma guerra interna e fratricida não foi possível de alcançar. A paz em Angola passou a ser tema de reuniões, a fazer parte das agendas internacionais, a constar em acordos e memorandos, transportando uma carga simbólica que se prolongou para além dos Acordos de Bicesse, pois, como iremos ver, estes eram segundo Tomé Pinto, demasiadamente (no que diz respeito essencialmente à constituição das Forças Armadas Angolanas, mas não só...) irrealistas e utópicos (2010/2011).

1.3.1. O Acordo de Nova Iorque (22 de dezembro de 1988)

O designado "Acordo de Lusaka" (16 de fevereiro de 1984) entre o governo angolano (MPLA) e o governo sul-africano permitiu o isolamento da UNITA a Sul de Angola e a partir desse momento as FAPLA aumentavam o seu poderio militar e cresciam a nível operacional. Contudo, a ofensiva de 1987 e a Batalha da Lamba II foram afirmativos das capacidades militares da UNITA e projetaram a organização para os patamares regional e internacional. Em Brazzaville (13 de dezembro de 1988) e especialmente em Nova Iorque (22 de dezembro de 1988), após o agudizar dos conflitos na Batalha do Cuíto Cuanavale, assistiu-se um ponto de viragem militar que se traduziu numa inflexão diplomática com consequências políticas para Angola e para a região. Neste contexto e segundo Justino da Glória

OS PRELIMINARES DA FORMAÇÃO DAS FORÇAS ARMADAS ANGOLANAS

Ramos, o conteúdo e os principais efeitos dos Acordos de Nova Iorque, mostravam já o potencial político-diplomático e militar da República de Angola no contexto regional, salientando que as conversações:

> "...eram o resultado de árduas negociações que se realizaram de capital em capital, até à sede das Nações Unidas, onde foram assinadas, na presença dos membros permanentes do Conselho de Seguranças das Nações Unidas [...] que trouxeram certamente a tão almejada paz para os Estados da África Austral, foram o resultado de todo um esforço diplomático em que Angola desempenhou um papel central, senão o mais importante..."
> (Ramos, 2002, p. 93)

O "Plano dos Cinco" ou "Plano das Nações Unidas" ou ainda "Plano Waldheim", seria a base político-ideológica e de compromisso para alteração do *status quo* na fronteira sul de Angola e na adoção da Resolução do CS nº 435/78 de 29 de setembro, que continha os seguintes pontos: a adoção de um acordo de paz (armistício); retirada gradual das tropas sul-africanas da Namíbia e a criação de uma missão das Nações Unidas para monitorizar o processo, constituído por um Grupo de Assistência das NU para o período de transição – UNTAG, com o efetivo previsto de 10 000 efetivos (em que 7500 eram militares), apoio à realização de eleições e a aprovação da Constituição. Contudo, a pressão internacional sobre a África do Sul ia aumentando principalmente quando o "Massacre de Cassinga"[210] trouxe para a opinião pública internacional os métodos sul-africanos para lidar com o conflito regional. Assim, as Resoluções Nº 431/78 de 27 de julho e principalmente a Resolução do CS Nº 435/78 de 29 de setembro de 1978 trouxeram pela via das NU a projetada solução para o problema Anglo-Namibiano-Sul Africano (Deutschmann, 1989, pp. 42-43).

A África do Sul constituiu, segundo Justino da Glória Ramos, o desestabilizador regional, pois a sua incursão em Angola tinha vários propósitos político-militares. Primeiro servia para apoiar com tráfego de armas a luta da UNITA; segundo, combatia a SWAPO no espaço extra namibiano, onde

---

[210] O "Massacre de Cassinga" ocorreu no dia 4 de maio de 1978 por ação da Força Aérea Sul-Africana e alguns paraquedistas da base da SWAPO, situada a 250 km para o interior de Angola e onde foram mortos cerca de 600 namibianos, constituindo a primeira incursão em Angola das SADF e passada para a comunicação social, pois a URSS tinha oficiais espiões nos destacamentos da SWAPO (Bridgland, 1988, p. 312) (Deutschmann, 1989, pp. 42-43) (Milhazes, 2009, p. 108).

lhe era mais fácil e mais favorável e por fim, porque contribuía para marcar a agenda regional[211]. Depois das negociações de Lusaka, Maputo, Ilha do Sal, Brazzaville, Luanda e Bruxelas, chegava-se à reunião preparatória quadripartida no Cairo (Egito) entre 24 e 25 de junho de 1988, onde se apresentava uma articulação em dois escalões para as FAPLA (agrupamento de tropas do Norte e agrupamento de tropas do Sul), possibilitando a retirada das FAR em duas fases, tendo como ponto de partida a Independência da Namíbia. Neste contexto, a Independência da Namíbia era a chave político-estratégica para a Cimeira de Nova Iorque e seria em torno desta questão estratégica que todos os outros assuntos se iriam desenvolver e a primeira ronda das negociações (11 a 13 de julho de 1988, na Ilha do Governador, em Nova Iorque) era a prova provada desta diálise político-estratégica regional (Correia de Barros, 2011).

Na ronda de negociações em Nova Iorque, construiu-se o documento *Princípios para uma solução pacífica no Sudoeste de África*, que serviu de base para as conversações subsequentes, nomeadamente o Projeto do Acordo tripartido para Angola, Cuba e África do Sul (negociado em Genebra na versão final e que conduziu ao Protocolo de Brazzaville, assinado nove dias antes do Acordo de Nova Iorque). A assinatura dos Acordos de Nova Iorque definia um prazo de 27 meses a contar de 1 de abril de 1989 para a retirada de tropas cubanas[212] e simultaneamente a retirada das tropas sul-africanas de Angola e ainda a legalização dos partidos políticos (inclusive da SWAPO), bem como o acordo para que os militares do ANC saiam

---

[211] João Bernardo Miranda, Ministro das Relações Exteriores de Angola em discurso na Cimeira de Chefes de Estado e de Governo da SADC, realizada em Luanda (26 de setembro – 3 de outubro de 2002) intitulado *"A paz em Angola e seu impacto regional"*, salienta que *"...os Acordos de Nova Iorque alteraram de maneira positiva o cenário militar e político em Angola e na África Austral. O regime do* apartheid *chega à conclusão da sua insustentabilidade e enveredou por um processo de abertura política e democratização..."* contribuindo para a paz em Angola e para os Acordos de Bicesse (Cardoso, 2011) [*http//www.mirex.gv.ao/sadc/politica.htm*]

[212] A retirada das tropas cubanas de Angola foi como descreve Lázaro Cárdenas Siérra no seu livro *Angola e África Austral – Aprontamentos para a história do processo regional para a paz (1976-1992)* (2010), um processo dinâmico transparente e realizado com método, constando-se que ao fim do sétimo mês já não havia militares da FAR a sul do paralelo 13, 53% do efetivo, ascendendo a 25-18, soldados (a um ritmo de cerca de 3000/ mês) e a 1 de novembro de 1989, 50% das tropas já tinha abandonado Angola. Em 25 de maio de 1991 concluía-se a quarta e última etapa e o compromisso cubano em Angola tinha terminado (Ramos, 2000, pp. 112-115).

OS PRELIMINARES DA FORMAÇÃO DAS FORÇAS ARMADAS ANGOLANAS

de Angola para bases secretas na Tanzânia, Etiópia, Uganda ou para a clandestinidade na África do Sul (Ramos, 2000, p. 116) (Cardoso, 2011).

Estavam assim, aparentemente, reunidas as condições político-estratégicas e diplomáticas para a solução do conflito angolano por meios pacíficos e centrava-se agora a questão no entendimento político-militar entre o MPLA e a UNITA, apostando-se no reatar do levantamento conjunto de umas "Forças Armadas Angolanas", nacionais e integradoras, como elemento estruturante e integrador das fações políticas, de forma a absorver as pressões e a contribuir para a paz e segurança em Angola (Tomé Pinto, 2011).

1.3.2. A Batalha de Cuíto Cuanavale. O ponto de viragem político-militar

A partir de outubro de 1983 vinha-se assistindo a uma contraofensiva das FAPLA que resultou na reocupação de territórios ocupados pela UNITA. Na sequência e aproveitando a época seca, os militares do MPLA desencadearam uma série de grandes operações militares destinadas à destruição operacional das FALA[213]. Em contraponto, no Kuando Kubango, a tática das forças da UNITA consistia em retardar as forças das FAPLA ao longo do principal itinerário de progressão (estrada Cuíto Cuanavale-Mavinga) pretendendo deste modo ganhar tempo para organizar as suas forças em posições defensivas ao longo do rio Lomba (20 Km a Norte de Mavinga).

Para reforçar a defesa, a UNITA contou ainda com o apoio das SADF, através da artilharia posicionada a sul do rio Lomba, apoio aéreo e com o reforço de unidades de manobra e a execução de ações militares por intermédio de forças especiais na área da retaguarda destinada a interromper o abastecimento das unidades atacantes. Deste modo, a ofensiva operacional do MPLA, até à operação *Saudemos Outubro* não permite atingir os objetivos finais e as FAPLA decidiram em 1987, realizar raides aéreos

---

[213] As operações militares desenvolvidas pelas FAPLA foram: *IIº Congresso do MPLA* de junho a novembro de 1985; *Países da Linha da Frente* de finais de agosto de 1986 a fevereiro de 1987; e especialmente a operação *Saudemos Outubro* de julho a meados de dezembro de 1987. Tratam-se das mais relevantes operações militares em que para a organização, preparação e realização foram mobilizados para o Cuíto Cuanavale, base de partida da operação ofensiva, grandes quantidades de forças e meios bélicos das FAPLA.

AS FORÇAS ARMADAS ANGOLANAS COMO ELEMENTO DO POTENCIAL ESTRATÉGICO...

e flagelações de artilharia numa operação combinada, com vista a destruir as forças sul-africanas, as Forças de Defesa da Namíbia e as FALA. É um período crucial para o MPLA, assim como ao nível operacional para as FAPLA, porque considerava-se que a soberania de Angola estava em perigo. Trata-se, para o Coronel Correia de Barros de "...*uma fase decisiva do conflito MPLA-UNITA, em que as forças militares em presença estavam ao nível do equipamento e do pessoal, bem como dos apoios externos, com boas capacidades combativas...*", em que tanto políticos como militares estavam empenhados em fazer os possíveis para evitar a derrota das FAPLA perante um poderoso exército Sul-Africano aliado com as FALA (Correia de Barros, 2011).

Tanto para a UNITA como para os Sul-Africanos, a localidade de Cuíto Cuanavale passou a ter uma relevância estratégica. Para a UNITA, a posição constituía o centro de gravidade para a defesa das suas estruturas militares no Sul de Angola. A manutenção das suas bases logísticas, centros de instrução e posto de comando da direção política na Jamba dependiam do controlo da região, devido à necessidade de domínio sobre a estrada Menongue-Mavinga e às passagens sobre o rio Cuíto. Para a África de Sul era imprescindível que a UNITA mantivesse sob controlo o Cuíto Cuanavale, evitando assim a intensificação, para o interior dos respetivos territórios, da guerra de libertação da Namíbia e da África de Sul, conduzida pela SWAPO e pelo *African National Congress* (ANC), respetivamente (James III, 2011, p. 158).

Para as FAPLA alcançarem a Jamba, a ponta de entrada estratégica era a região do Cuíto Cuanavale. Acrescente-se a existência de um pequeno aeródromo de manobra, permitindo que o apoio logístico se efetuasse por via aérea, vantagem que seria explorada por qualquer contendor que controlasse o Cuíto Cuanavale. Analisando a importância estratégica da referida localidade para as partes em conflito, foi inevitável uma confrontação no Cuíto Cuanavale, razão pela qual as partes envolvem forças e meios militares significativos[214], que determinou o desenlace da batalha.

---

[214] Em preparação para a operação, as FAPLA desdobram na direção principal Cuíto Cuanavale – Mavinga a 16ª Brigada, a 21ª Brigada de Infantaria, a 47ª Brigada de Desembarque e Assalto, a 59ª Brigada de Infantaria Motorizada; dois Grupos Táticos; Unidades de Defesa Antiaérea, equipadas com sistemas SA-8 SAM, SA-9 e SA-13, mísseis portáteis SA-7, SA-14 e SA-16 da 52ª Brigada de Defesa Antiaérea "OSAKA"; a 24ª Brigada Antiaérea "PETCHORA" que permanece estacionada no Cuíto Cuanavale; a 68ª Brigada de Infantaria equipada com sistema C-10, Antiaéreos montados em veículos blindados; a 8ª Brigada, incumbida de escoltar as colunas

Na tarde do dia 14 de agosto de 1987, inicia-se a ofensiva principal, a partir do ponto de concentração de forças de Chambinga (a leste da região de Cuíto Cuanavale). Face às circunstâncias previsíveis de derrota das forças sul-africanas a SADF desenvolve a *Operation Dispalce*. Esta operação parte do pressuposto de que a região do Cuíto Cuanavale e a ponte sobre o Rio Cuíto não poderiam ser destruídas, pois eram cruciais para a continuação posterior das operações militares na região. Para contrariar este cenário, as SADF decidem abandonar a região e minar o planalto oriental, constituindo assim um obstáculo artificial para a progressão das FAPLA. As forças sul-africanas permaneceriam no terreno para cobrir o trabalho de minagem e para treinarem as tropas da UNITA no uso de equipamento militar convencional.

Durante a Batalha do Cuíto Cuanavale, as FAPLA encontram-se sob intensa pressão militar das SADF e da UNITA, nomeadamente batidos por intenso fogo de artilharia de longo alcance, os obuses de 155mm modelo "G-5" e "G-6", os lança foguetes de tipo "*Walkiria*" e os ataques da aviação, que materializavam o potencial de fogo que as forças Sul-Africanas detinham. Por sua parte a UNITA, através das FALA, concentram também esforços sobre as unidades de combate das FAPLA que resistem na região e especialmente contra as que se encontram a este do rio Cuíto. Estas procuram tomar a iniciativa que fosse capaz de derrotar totalmente as FAPLA em cooperação com as forças da África do Sul, para impedir os abastecimentos às tropas angolanas, incrementando todo tipo de ações militares: emboscadas e colocação de minas nos itinerários ao longo de quase 200 km entre Menongue e Cuíto Cuanavale, numa estratégia que condicionava os movimentos e a manobra operacional das forças militares do MPLA. A situação exigia das FAPLA, segundo Correia de Barros, não só a realização de um grande esforço logístico de colocar à disposição todo o potencial de armamento e sistemas de armas adquiridos, mas também fir-

---

de abastecimento; a 13ª Brigada incumbida de defender Cuíto Cuanavale; a 66ª Brigada responsável por defender a travessia do rio Chambinga; a 25ª Brigada preposicionada na parte Leste do Cuíto Cuanavale, na posição de Samaria. As FALA contrapõem aos preparativos das FAPLA uma campanha de desgaste, lançando ataques a pequenas guarnições, emboscadas às colunas de abastecimento e uma série de ações que visam desviar a atenção para Mavinga. A partir de 2 de julho de 1987, os combates iniciam-se à volta das concentrações de tropas e ao longo das estradas Menongue – Longa e Longa – Cuíto Cuanavale, estendendo-se ao longo de todo mês de julho (Correia de Barros, 2010).

meza e habilidade para salvar o agrupamento de forças e meios das FAPLA por sua vez ao pretenderem evitar que as forças atacantes ocupem o Cuíto Cuanavale, pois se a coligação FALA – SADF ocupassem aquela localidade o equilíbrio de forças no Sul de Angola ficaria seriamente comprometido ao nível do potencial de combate (2010).

Os políticos cubanos compreenderam esta realidade e o perigo que correram as forças da *Missão Militar Cubana* e as FAPLA e procuram uma saída política, diplomática ou militar para o conflito. A decisão cubana haveria de ser para a vertente militar, pois caso não se tomasse a decisão de reforçar (com pessoal e equipamento) as forças do MPLA, entre outras medidas militares, corria-se o risco de se perder aquela localidade e desequilibrar o dispositivo estratégico-operacional à volta da região do Cuíto Cuanavale. Seria uma fatura cara também para Cuba e é nesse sentido que se decide o reforço em equipamento e unidades cubanas, reforçando as FALPA, evitando assim uma catástrofe e a derrota militar do governo Angolano. É assim que em 15 novembro de 1987 Cuba toma a resolução de enfrentar a situação do Cuíto Cuanavale. Tratou-se de uma decisão político-estratégica que implicou duplicar as FAR em Angola num curto espaço de tempo, com todo o equipamento necessário para fazer face principalmente à ameaça sul-africana (Cardenas Siérra, 2011).

Após o reforço de meios por parte de Cuba e com o apoio da União Soviética, o conflito termina com a derrota da SADF e das FALA no Cuíto Cuanavale, e materializado no terreno com a chegada das forças angolanas e cubanas à fronteira (oeste) com a Namíbia. A 27 de junho de 1988 uma esquadrilha de MIG-23 da Missão Militar Cubana destrói uma base Sul-Africana na região de fronteira com Angola, causando numerosas baixas à SADF. Neste mesmo dia, uma esquadrilha de aviões MIG-23 ataca a estação reguladora de água situada em Calueque (território Angolano próximo a fronteira com a Namíbia), obtendo também uma vitória simbólica. As forças anglo-cubanas dominavam assim o espaço terrestre e aéreo da área de operações conjunta, que viria a ser decisivo para o resultado do conflito.

> *"When hundreds of thousands of men and women organized for the defense are gathered here in the plaza, we can't forgot a fact that's really extraordinary, that's a symbol of what our people are, of the degree of consciousness reached, and that is the tens of thousands of internationalist fighters who are thousands upon thousands of*

OS PRELIMINARES DA FORMAÇÃO DAS FORÇAS ARMADAS ANGOLANAS

kilometers from our soil. I think is good measure of the development of our people's defense capacity. I think that is a good measure of our people's spirit, courage, and heroism..."

Discurso de Fidel Castro, 5 de dezembro de 1988, em Havana, no Dia das Forças Armadas Revolucionárias Cubanas[215]

A Batalha do Cuíto Cuanavale constituiu uma etapa marcante e decisiva na história das FAPLA, em particular, e da República de Angola em geral. É importante sob ponto de vista militar considerar: o período temporal em que decorreu a batalha, os objetivos a que se propunham os contendores, a composição das forças ao lado das FAPLA nas duas fases (ofensiva a primeira, defensiva e contra-ataque a segunda), e a extensão do campo de batalha, pois se no princípio ela se circunscreveu ao circuito da região do Cuíto Cuanavale-Mavinga-Lomba, com todo impasse tático que se gerou, acabou por se estender a toda a linha fronteiriça com a Namíbia, colocando as SADF em desvantagem estratégico-operacional, pois não detinham efetivos militares suficientes para guarnecer toda essa frente de combate (Correia de Barros, 2010).

As FAPLA enfrentaram os Sul-Africanos com potencial de combate significativo que estes, apesar de investirem todo o seu potencial humano especializado, carros de combate de último modelo, aviação e forças especiais de elite, assumiram ainda assim uma derrota imposta pela coligação FAPLA e a *"Missão Militar Cubana"*. Em termos táticos, os militares sul-africanos cometeram erros de cálculos do potencial relativo de combate, subestimaram as capacidades das FAPLA que beneficiaram de um apoio significativo em meios bélicos com uma técnica moderna e uma superioridade em aviação e meios de defesa antiaérea da URSS. As FAPLA beneficiaram também de um importante reforço em efetivos cubanos na assessoria e não só, mas que tendo participado diretamente em combate nos momentos mais críticos da última Batalha de Cuíto Cuanavale, retirando a possibilidade de as FAPLA se posicionarem em desvantagem perante os Sul-Africanos (Weigert, 2011, pp. 97-99).

---

[215] Fidel Castro, *Paying our debt to Humanity*, com David Deutschmann (Coord.) na obra *Angola and Namibia. Changing the history of Africa*, Ocean Press, Melbourne, 1989, pp. 105-119.

Formou-se assim uma coligação da UNITA com os Sul-Africanos que participam no conflito sem nenhuma declaração de guerra, o que conferiu internacionalmente ao governo de Angola uma vantagem político-diplomática e que lhe permitiu apostar numa propaganda de desinformação ao longo do conflito. Neste contexto, a diplomacia de Angola teve alguns sucessos regionais porque a África do Sul perdeu a capacidade de argumentação perante a opinião internacional, pese embora apoiar a *"cruzada anticomunista em África"*, encabeçada pelo presidente norte-americano Ronald Reagan. Os Sul-Africanos não foram capazes de inverter a situação a seu favor apesar da forma como os combates até à passagem das FAPLA ao contra-ataque, última etapa em março de 1988, ocorreram, em que a Batalha de Cuíto Cuanavale foi considerara uma das maiores batalhas travadas na África Subsariana pela Forças Armadas da África do Sul (Leão e Rupiya, 2005, pp. 24-25).

O envolvimento de atores internos e externos, dos quais se destacam Angola (FAPLA), Cuba (FAR), URSS, UNITA (FALA), África do Sul (SADF) e os EUA, para além dos países da região e outros países que indiretamente contribuíram para o conflito (China, Israel, etc.) contribuiu para a internacionalização do conflito angolano. Os EUA apesar de condenarem a política do *apartheid* e a ocupação da Namíbia pela África do Sul, não hesitaram em apoiá-los, embora mais tarde, perante a derrota, tenham mudado de política e de estratégia face a Angola e à Independência da Namíbia. Os Sul-Africanos conheceram dificuldades de vária ordem quer no teatro de operações onde o comando das SADF, que tinham assumido desmobilizar uma parte dos efetivos que de acordo o sistema das SADF já não fariam parte das suas Forças Armadas, nomeadamente ao nível interno, o que levou a que algumas famílias (brancas) manifestassem o seu desagrado (e incompreensão) pela longa permanência dos seus filhos na guerra contra Angola. Estes fatores conduziram os Sul-Africanos à derrota militar, criando contudo as condições político-diplomáticas para uma saída através de negociações.

A estratégia militar sul-africana visava ocupar o Cuíto Cuanavale para explorar as suas vantagens estratégicas, que facilitariam uma coligação operacional com a UNITA no prosseguimento dos seus objetivos militares para o interior de Angola, numa estratégia de impedir a SWAPO e o ANC de prosseguirem a luta de libertação da Namíbia e da África do Sul e, assim manter o regime do *apartheid* no seu espaço nacional, o que não obteve sucesso. Os intervenientes na Batalha de Cuíto Cuanavale contribuíram assim para mudar o curso da história, enveredando, após a derrota militar, as forças sul-africanas pelo caminho da paz negociada. Foram criadas condições para um acordo de princípios que permitiu a assinatura dos Acordos de Nova Iorque e consequentemente outros pactos para a implementação da Resolução nº 435/78 do Conselho de Segurança das Nações Unidas para a independência da Namíbia, como sejam os acordos para a retirada das tropas sul-africanas em Angola e a retirada total e definitiva das forças cubanas do território de Angola (Correia de Barros, 2011).

O novo "quadro geopolítico" que resulta da vitória da Batalha de Cuíto Cuanavale pelas FAPLA criou condições propícias para a independência da Namíbia, a queda do regime de *apartheid*, a libertação de Nelson Mandela e a democratização da África do Sul. Esta tornou-se num parceiro económico da região Austral da África, livre de qualquer confronto militar. A nível internacional, apostou nas suas relações diplomáticas com vários países e constitui um país de referência no continente Africano, considerando as suas potencialidades embora se debata com problemas sociais. A vitória das FAPLA na Batalha de Cuíto Cuanavale alterou o contexto de análise geopolítica e geoestratégica de Angola em particular e em geral da África Austral. A Batalha de Cuíto Cuanavale foi assim considerada pelos analistas político-militares como o ponto de viragem decisivo numa guerra que se arrastou longos anos e que a República de Angola teve que enfrentar, cujas consequências beneficiam os países da África Austral e Central, não só pelo papel que Angola desempenhou, mas pela afirmação da sua posição estratégica como porta de entrada nas duas regiões, estabelecendo a charneira entre a África do Sul e do Centro (Cardoso, 2011).

Em suma, a vitória das FAPLA alterou os contextos geopolíticos e geoestratégicos da região, criando condições para os acordos tripartidos que permitiram a implementação da Resolução nº 435/78 para a proclamação da Independência da Namíbia, o fim do regime de *apartheid* e a consequente "democratização" da África do Sul. Para o governo da República de Angola, a vitória da Batalha de Cuíto Cuanavale e as medidas tomadas posteriormente, permitiram eliminar os principais fatores externos que ainda "condicionavam" a resolução do conflito angolano e possibilitar as negociações entre angolanos, apontando para uma resolução interna do conflito.

1.4. Os Acordos de Paz de Bicesse (31 de maio de 1991)

No contexto do Acordo de Nova Iorque, a 22 de dezembro de 1988, foi assinado um pacto trilateral entre Angola, Cuba e a África do Sul e um acordo bilateral entre Cuba e Angola, que previa a retirada das tropas cubanas até 1 de julho de 1991 e a retirada das tropas sul-africanas da Namíbia, proporcionando a sua independência em 21 de março de 1990. Antes, o desfecho favorável na sequência da ofensiva de Cuíto Cuanavale, com o final da resistência da UNITA e da intervenção sul-africana e cubana na guerra, levaram o MPLA a avançar para a mesa de negociações, como forma de alcançar a paz através de uma solução politicamente negociável (Anstee, 1997, p. 36).

Nos anos de 1991/92, após a assinatura dos Acordos de Paz de Bicesse[216], em 1 de maio de 1991, foram encetadas reuniões multilaterais no sentido de criar os mecanismos legais e operacionais para a organização das "novas" Forças Armadas Angolanas, designadas e conhecidas por "FAA". Segundo as orientações político-estratégicas então definidas pela Comissão Conjunta Político-Militar (CCPM)[217] e pela Comissão Conjunta para

---

[216] Os Acordos de Paz de Bicesse foram assinados entre o Governo da República Popular de Angola (GRPA) e a União Nacional para a Independência Total de Angola, com a mediação do Governo de Portugal e a participação de observadores dos governos dos EUA e da URSS, que aceitaram como vinculativos os seguintes documentos, que constituem o Acordo de Paz para Angola: o Acordo de Cessar-Fogo (incluindo os Anexos I e II); Princípios fundamentais para o estabelecimento da paz em Angola (incluindo o anexo relativo à Comissão Militar Mista); a lista de conceitos para a resolução de questões pendentes entre o GRPA e a UNITA; e o Protocolo do Estoril. O Acordo de Paz foi rubricado em 1 de maio de 1991, pelos respetivos líderes das delegações e subsequentemente aprovado pelo GRPA e pela UNITA, como é atestado pela comunicação endereçada ao Primeiro-Ministro de Portugal no dia 15 de maio de 1991, e que ocasionou a suspensão das hostilidades em Angola, a partir dessa data, o início do processo de paz e as diligências para que os Acordos de Bicesse, entrarem em vigor, imediatamente após as assinaturas. (Acordo de Paz para Angola, 1991, pp. 1-2) (Messiant, 2008, pp. 212-215).

[217] A Comissão Conjunta Política e Militar (CCPM) foi constituída na sequência dos Acordos de Paz de Bicesse e era composto pelas seguintes personalidades: na Delegação do Governo (MPLA): General Ita (Chefe da Delegação); Dias dos Santos (Chefe-delegado); Coronel (depois promovido a General) Higino Carneiro; General Ciel da Conceição "Gato"; General Rasoilo e Fernando da Piedade (Ministro do Interior). Delegação da UNITA: Engenheiro Elias Salupeto Pena (Chefe da Delegação); General Chilingutila; Dr. Abel Chivukuvuku (Ministro dos Negócios Estrangeiros da UNITA e Chefe-Delegado); General "Mackenzie"; General Armindo Lucas Paulo "Gato"; General Tadeu e General Zacarias. Pertenciam ainda à CCPM

a Formação das Forças Armadas Angolanas (CCFA)[218] que se iniciou com a entrada em vigor do cessar-fogo[219], a criação de umas Forças Armadas

os Chefes da Delegação de Observadores da *troika*: Embaixador António Monteiro (Portugal); Embaixadores Edmund de Jarnette e Jeffrey Millington (EUA) e o Embaixador Yiri Kapralov e o Dr Vladimir Petukov (Federação Russa) (Anstee, 1997, pp. 15-16 e 40-42 com fotografias nas pp. 352-353) (Tomé Pinto, 2010) (Ita, 2011).

[218] A Comissão Conjunta para a Formação das Forças Armadas Angolanas (CCFA), era na subcomissão do CCPM, envolvendo Portugal, França e o Reino Unido em que o seu mandato deveria terminar na data em que o governo eleito tomasse posse. A CCFA tinha propósito o levantamento das Forças Armadas de Angola a partir das FAPLA e das FALA, respetivamente os movimentos armados do MPLA e da UNITA. Para a presidência da Comissão foi nomeado pelo Presidente Mário Soares, o General Tomé Pinto, que em entrevista confidenciou o elevado apreço e sentido de Estado com que aceitou a missão e releva-me o seu papel em todo o processo de formação dos FAA, a que dedicaremos especial atenção neste ensaio (Tomé Pinto, 2010).

[219] A definição e princípios que caracterizam o acordo de cessar-fogo como a cessação de hostilidades entre o GRPA e a UNITA, com o objetivo de alcançar a paz em todo o território angolano, indicam que o cessar-fogo deve ser total e (supostamente) definitivo em todo o território nacional, e tem que garantir a livre circulação de pessoas e bens. A supervisão geral do cessar-fogo foi atribuída à responsabilidade do GRPA e da UNITA, no quadro da Comissão Conjunta Política e Militar, criada de acordo com o anexo aos Princípios Fundamentais para o Estabelecimento da Paz em Angola. A ONU enviou uma missão de monitorização (UNAVEM) para apoiarem as partes angolanas (a pedido do GRPA), onde Portugal, segundo Martins Barrento, colocou o seu poder (segundo a definição de Cabral Couto) que permitia explorar o conhecimento que detínhamos da situação, do ambiente, a vantagem de utilizar a língua portuguesa, e de usar "trunfos" na ação sobre as partes em conflito e na cena internacional, mas também permitia disponibilizar unidades militares para uma ação internacional de *peacekeeping*, como foi feito (2010, p. 141). O cessar-fogo inclui a cessação de toda a propaganda hostil por parte dos partidos (a nível doméstico e internacional), e obriga os partidos a absterem-se de adquirir equipamento e tecnologia militar, e inclui ainda o compromisso dos EUA e da URSS em não fornecerem armamento a qualquer das partes angolanas, e em encorajarem outros países a agirem de forma semelhante. A secção sobre a entrada em vigor do cessar-fogo salienta que tornou necessário a estrita observância dos compromissos assumidos pelas partes, assim como das decisões tomadas pelos órgãos com autoridade para verificar e fiscalizar o cessar-fogo. Entre as questões abordadas estão os abastecimentos logísticos de materiais não letais, a libertação de todos os prisioneiros civis e militares detidos em consequência do conflito (com verificação do Comité Internacional da Cruz Vermelha), e a aplicação do cessar-fogo a todas as forças estrangeiras presentes em território angolano. A secção enumera ainda todas as atividades a cessar, e refere especificamente que a não observância de qualquer uma das disposições acima estabelecidas, constitui uma violação do cessar-fogo, sem prejuízo das decisões tomadas pelos grupos de verificação e fiscalização. Neste intuito, foi criada antes da entrada em vigor do cessar-fogo uma Comissão Mista de Verificação e fiscalização (CMVF).

nacionais estariam concluído as data das eleições nos termos dos acordos de paz para Angola assinados entre o Governo da República Popular de Angola (GRPA) e a União Nacional para a Independência Total de Angola (UNITA), presidida respetivamente por José Eduardo dos Santos e Jonas Malheiro Savimbi[220] (1934-2002).

29 e 30 de setembro de 1992, ano das primeiras eleições gerais em Angola, foram dias históricos para o Estado Angolano e para Portugal, que Margaret Anstee, representante especial do Secretário-Geral da Organização das Nações Unidas para Angola e Chefe da Missão de Verificação da Organização das Nações Unidas em Angola, considerou memorável, pois mais de quatro milhões de angolanos (cerca de 90% da população), esperava pacientemente em longas filas para tornar conhecido a sua preferência eleitoral e assim contribuir para a paz em Angola. A implementação de uma desejada democracia multipartidária "embrionária" para governar Angola, em que o MPLA em conjunto com a UNITA e outras forças políticas (residuais, onde se inclui a FNLA) com assento parlamen-

---

Nas orientações político-estratégicas foi indicado, que a CMVF reportará à CCPM e tinha autoridade para criar os grupos de supervisão necessários para a completa observância do cessar-fogo em todo o território angolano, pois que os grupos estão subordinados à CMVF e é tratada a criação e composição dos grupos de monitorização, e são fornecidos alguns detalhes sobre a monitorização, sendo grupos pela ONU. Os órgãos e mecanismos criados para verificar e fiscalizar o cessar-fogo deixaram de exercer as suas funções no final do cessar-fogo (aspeto que não viria a ser acatado). No Anexo I são delineadas ainda outras disposições relacionadas com a verificação e fiscalização do cessar-fogo. Quanto à regulação das medidas de verificação e fiscalização, é declarado que a CMVF terá a autoridade necessária para garantir uma observância eficaz do cessar-fogo, e são enumerados os seus deveres específicos e decidirá sobre os seus próprios regulamentos, tem também autoridade para definir as funções e aprovar os regulamentos de quaisquer grupos de monitorização que criar e os grupos de monitorização e acompanhamento, farão verificações "no local" à observância do cessar-fogo, para impedir, verificar e investigar as possíveis violações. O calendário do cessar-fogo (detalhado no Anexo II) fornece as datas dos acontecimentos chave, incluindo a rubrica do Acordo, a suspensão de facto das hostilidades, a assinatura e entrada em vigor do cessar-fogo, a criação dos grupos de monitorização, a instalação do sistema de verificação da ONU, e dos movimentos de forças para as áreas de acantonamento. Na data das eleições, o processo de cessar-fogo estará terminado e os órgãos de verificação e fiscalização serão extintos (Acordo de Bicesse, 1991, pp. 2-7) (Anstee, 1997, pp. 81-129) (Gazido, 2010, pp. 154-155).

[220] Sugere-se para aprofundamento do conhecimento sobre a Biografia de Jonas Malheiro Savimbi, o livro de Mário António Palha e João Soares (2003), *Savimbi – Um sonho Africano* e especialmente o livro de Fred Bridgland (1988), *Jonas Savimbi – Uma chave para a África*.

OS PRELIMINARES DA FORMAÇÃO DAS FORÇAS ARMADAS ANGOLANAS

tar, orientariam a reconstrução do Estado e consequentemente das Forças Armadas Angolanas, de um dos países mais promissores de toda a África que, no entanto, paradoxalmente por meio dos contantes conflitos, viveu-se uma difícil realidade socioeconómica e conflitual (Anstee, 1997, p. 9) (Eleições, 1992).

Mais tarde, no âmbito de uma programação governamental para a modernidade, progresso e desenvolvimento, novas eleições foram realizadas em Angola em 2008, os quais reconduzam o MPLA no poder, força política que sempre governou desde a Independência, e que procurou preservar a identidade nacional (de acordo com a Constituição da República), principalmente pela ação dos dois presidentes que Angola teve até ao momento. O primeiro, considerado o fundador da Nação Angolana, António Agostinho Neto (1922-1979) e o segundo e atual Presidente da República de Angola, José Eduardo dos Santos (que se tornou, aquando da sua investidura, em 20 de setembro de 1979, o mais jovem presidente do continente Africano[221]), assumiu nessa data, em acumulação, as funções de Presidente do partido "MPLA" e por inerência as funções de Comandante-em-Chefe das Forças Armadas de Angola[222]. Na cena internacional, com um enfoque na região subsariana e em África, Angola, através das orientações de Política Externa, pretende dar apoio a iniciativas multilaterais ou bilaterais que promovam a paz e a resolução de disputas regionais, favorecendo a via diplomática como veículo da prevenção do conflito e a promoção da paz (Eduardo dos Santos, 2011).

1.4.1. A importância da Comissão Conjunta Político-Militar na edificação das Forças Armadas de Angola

Em junho de 1975, as Autoridades Portuguesas tentaram alinhar politicamente o MPLA, UNITA e FNLA, de forma a desistirem (ou adiarem) da realização das eleições previstas nos Acordos de Alvor e que conside-

---

[221] Cf. Informação veiculada na página oficial de apoio ao Presidente da República de Angola – José Eduardo dos Santos, 2012. [*http://www.pr.ao/angola/ver/historia_de_angola*]

[222] De acordo com o Art. 108/Secção I da Constituição da República de Angola, Diário da República em 5 de fevereiro de 2010 (Iª Serie-Nº 23). [*http://www.pr.ao/site/uploads/files/20101105180900.pdf*]

ravam a Independência de Angola como uma possibilidade de unificar as partes e constituir uma unidade nacional multipartidária, pois todos os indícios apostavam para o início de uma guerra civil. No início de novembro de 1975, o primeiro-ministro, Almirante Pinheiro de Azevedo, havia ameaçado, segundo Glória Ramos, a sua demissão e do VIº Governo, caso Portugal reconhecesse a independência declarada apenas por um movimento (2000, p. 81).

No Conselho da Revolução acabaria por vingar, entre as diferentes hipóteses, a que defendia que o Presidente da República declara-se a independência transferindo o poder para o povo Angolano, sem reconhecer qualquer governo ou força política, o que viria a acontecer às zero horas do dia 11 de novembro de 1975, no discurso do Alto-Comissário e Governador-Geral de Angola, Almirante Leonel Cardoso, em nome do Governo Português, na cerimónia solene realizada no salão nobre do Palácio do Governo, perante a sociedade internacional (Ibidem), onde salientava:

> *"E assim Portugal entrega Angola aos angolanos, depois de quase 500 anos de presença, durante os quais se foram cimentando amizades e caldeando culturas, com ingredientes que nada poderá destruir. Os homens desaparecem, mas a obra fica. Portugal parte sem sentimentos de culpa e sem ter de que se envergonhar. Deixa um país que está na vanguarda dos estados africanos, deixa um país de que se orgulha e de que todos os angolanos podem orgulhar-se..."*
>
> (Ribeiro, 2002, p. 385)

Entretanto, Lisboa reconhecia implicitamente que nenhuma das grandes metas assinadas nos Acordos iriam ser alcançadas e que cada movimento tinha as suas próprias forças de natureza militar a serem desenvolvidas e posicionadas numa luta pela posse do terreno e na materialização de um único objetivo, o de se posicionarem para ganhar vantagem política (e militar) que lhe permitisse celebrar a Independência em 11 de novembro de 1975, o que veio a caber ao MPLA. Ainda assim, a UNITA é encorajada pelos Americanos, nomeadamente pela ação do seu Presidente Gerald Ford, a continuar a luta pelo poder em Angola, ao mesmo tempo que Henry Kissinger apoiava o movimento de Jonas Savimbi logística e financeiramente, através da ligação da CIA a Kinshasa via Mobuta Sese Seko e apoiava Holden Roberto, ministrando instrução aos militares restantes do ELNA na região do Bié (Capolo) (Ramos, 2000, pp. 81-85).

OS PRELIMINARES DA FORMAÇÃO DAS FORÇAS ARMADAS ANGOLANAS

Entre 9 e 12 de fevereiro de 1975, Jonas Savimbi iniciou a "longa marcha" no intuito de concentrar forças militares para reorganizar as FALA (do Bié para Meneongue) e recebeu os apoios dos EUA através da *Angola Task Force*[223], que lhe permitiu "ressuscitar" o braço armado da resistência da UNITA. As FALA viriam a ter 4000 apoiantes e preparavam-se para ser as principais opositoras do MPLA, pois em fevereiro de 1976 a FNLA deixava de existir como força de combate capaz de realizar operações militares consistentes (Tomé Pinto, 2010/2011).

Militarmente, o período entre 1975 e 1991, coincidiu com um dos períodos mais conflituosos da região subsariana e de Angola, cerca de 14 anos de um conflito que teve de quase tudo e que segundo Correia de Barros, contribuiu para um atraso infraestrutural que atualmente se procura recuperar e que apesar de ter criado dois grupos armados robustos e com uma boa experiência de guerra, serviu também para multiplicar as cooperações técnico-militares e levou a uma estagnação no processo de criação das FAA (que viria a ressurgir em outubro de 1991 com a junção entre as FAPLA e as FALA). Politicamente, foi mais de uma década onde as lideranças de Agostinho Neto (e a partir de 10 de setembro de 1979 com José Eduardo dos Santos) do MPLA e de Jonas Savimbi, por parte da UNITA, e residualmente a FNLA, de Holden Roberto, se iam encontrando nas cimeiras e encontros parcelares, conjunturalmente criados pelos líderes regionais ou por iniciativa própria com vista a definir os termos da paz para Angola, que tardava contudo em chegar...

Nesse longo período de quase 16 anos (1975-1991), a dinâmica nacional, regional, africana e até mundial, em torno da resolução do conflito interno Angolano, foi uma constante nas agendas regionais e internacionais, em que o palco onde se haviam desenvolvido as *"guerras por procuração"*, segundo Loureiro dos Santos, passava agora a ser palco das *"guerras das influências"*, em que as ideologias políticas, os interesses pessoais e económicos, ainda a luta pelas riquezas pessoais, o subdesenvolvimento social e humano da população, bem como outros fatores de natureza social, de

---

[223] A CIA utilizava também o espaço aéreo zambiano, com a autorização de Kaunda (apesar do Congresso Americano ter proibido) para transferir armamento no valor de 32 milhões de dólares para a UNITA. As remessas bélicas voavam de bases militares em Kinshasa, contendo misseis antitanque Law-64, morteiros 60, 82 e ainda 120mm, canhões anticarro de 76mm e 105mm (Bridgland, 1988, pp. 201-202).

fronteiras e até culturais, tribais (raciais) ou religiosos, dinamizaram e contribuíram para arrastar a situação conflitual em Angola. Neste contexto, realizavam-se neste período um conjunto de cimeiras (Alvor, Mombaça, Libreville, Nova Iorque, Bicesse e Lusaka, entre outras) e foram assinados (e desrespeitados) um conjunto de memorandos, compromissos ou acordos, que ficaram conhecidos na História de Angola pelo período em que mais se comprometeu o diálogo pela voz das armas (Justino Pinto de Andrade, 2011).

Rubricado o Acordo de Paz para Angola em Bicesse, e após a data oficial da assinatura formal e solene em Lisboa, e deu-se início a uma época de paz para o povo Angolano e potencialmente definitiva para o bem-estar da população. Contudo, precede a reunião de 31 de maio de 1991 um encontro inesperado a 15 de maio, no Moxico (arredores de Luena na nascente do Rio Cambongo), entre as chefias militares com vista à cessação efetiva das hostilidades, onde participou o General Ben-Ben entre outros militares das FAPLA, que levou à assinatura do memorando de Luena (4 de Abril de 2002). As estruturas do acordo de paz assinado previam, entre outros aspetos, a necessidade da operacionalização de uma Comissão Conjunta para a Formação das Forças Armadas, com a missão de criar umas novas Forças Armadas que permitissem a emancipação da nação angolana, que tivessem um sentido de fraternidade conjunto e que fossem o suporte elementar da unidade nacional, contribuindo para o desenvolvimento do país e emanadas a partir dos elementos armados dos Movimentos de Libertação de Angola, constituindo-se assim num referencial moral e ético e que permitisse a junção de etnias, raças e religiões, contribuindo conjuntamente para o futuro do país.

Após Bicesse, a CCFA reuniu-se pela primeira vez em 24 de junho de 1991 e considerou-se, nesta data, que estava terminada a 1ª Fase do trabalho[224], materializada nas diferentes diretivas produzidas que se referem

---

[224] O processo de Paz entre Governo da República Popular de Angola e a UNITA pressupôs a necessidade de organização das Forças Armadas e as partes acordaram na sua formação num quadro mais vasto da Defesa Nacional, respondendo ao imperativo permanente de: Garantir a Independência Nacional; Assegurar a Integridade do Território Nacional; Garantir o regular funcionamento das instituições Democráticas e a possibilidade da realização das tarefas fundamentais do País; Contribuir para o desenvolvimento das capacidades morais e materiais da comunidade nacional, de modo a que possa prevenir ou reagir pelos meios adequados a qualquer agressão ou ameaça externa e Salvaguardar a liberdade e a segurança das popula-

OS PRELIMINARES DA FORMAÇÃO DAS FORÇAS ARMADAS ANGOLANAS

fundamentalmente ao Sistema Normativo e Legislativo (Anexo B), elementos indispensáveis ao levantamento das Forças Armadas Angolanas. Foi um trabalho realizado em equipa, no qual, apesar dos ideários de cada uma das partes envolvidas (Governo/UNITA), se conseguiu suplantar as diferenças político-ideológicas e a obra em comum começou a nascer, pois o pilar da criação militar seria o suporte à materialização do ideal político e se a formação das FAA falhasse tudo estaria muito mais difícil. Em entrevista, Correia de Barros e Tomé Pinto salientam amplamente o entusiasmo dos Generais Pedro Maria Tonha "Pedale", então Ministro da Defesa da República Popular de Angola, do General António dos Santos França "Ndalu", então Vice-ministro da Defesa e Chefe do Estado-Maior General (em exercício) das FAPLA e do General Demóstenes Amós Chilingutila (FALA), que representando cada uma das partes dos Acordos, souberam com a sua equipa lançar as sementes para que fosse possível não só criar-se um sentido de muita responsabilidade, como da formulação de princípios e regras que deram origem às diretivas orientadoras para a constituição das FAA (2010/2011).

ções, bem como a proteção dos seus bens e do património nacional. Para o levantamento das FAA após 24 de setembro de 1991 tinha sido estabelecido pelas CCFA a seguinte sequência e faseamento de ações: Instalação do Comando Superior das FAA (CSFAA) – de imediato (incluindo a nomeação do general Abílio Kalamata Numa e do general João Batista de Matos); Instalação e Operacionalização do Estado-Maior (EMGFAA) – desde já com os elementos considerados prioritários; Implementar os Centros de Instrução; Preparação de instrutores (com o apoio da assessoria Portuguesa no Huambo) – a partir da 1ª quinzena de novembro; Implementação das Unidades Militares – progressivamente a partir de 31 de novembro de 1991; Implementar os comandos e estruturas de apoio para as quatro Regiões Militares e Zona Militar de Cabinda – progressivamente a partir de 29 de fevereiro de 1992 e após 30 de maio de 1992, implementar a orgânica dos Ramos, ficando definido que os prazos a atingir poderiam ser eventualmente ser ajustados à medida que fossem recolhidos dados de planeamento mais precisos. No Exército a formação em simultâneo das estruturas superiores e das unidades de base permitirá caminhar para a consolidação das estruturas a nível médio de cada Ramo de forma lenta, centralizada, eficiente e, admite-se com garantia de sucesso no processo de formação, enquanto na Força Aérea e na Marinha deveria ser efetuada a reorganização dos dois Ramos a partir dos efetivos iniciais dos Ramos das FAPLA (pois as FALA não dispunham destas componentes) garantido o acesso equilibrado dos elementos das FAPLA e FALA após a realização dos cursos e estágios considerados adequados. Assim, o recrutamento será progressivo e contínuo, enquanto que no Exército é por levantamento de pequenas unidades e formação de especialistas para órgãos de Comando e Serviços. In *Bases Gerais para a Formação das Forças Armadas Angolanas.*

AS FORÇAS ARMADAS ANGOLANAS COMO ELEMENTO DO POTENCIAL ESTRATÉGICO...

Os grupos de trabalho constituídos integravam no conjunto da própria comissão militares angolanos e assessores militares de Portugal, do Reino Unido e da França. A coexistência de três países a assessorar levantou, naturalmente, questões delicadas não apenas por defesa de interesses próprios, mas também por se seguirem doutrinas e estruturas militares diferentes. Contudo, ao longo do tempo em que decorriam os trabalhos, Portugal como seu representante, o General Alípio Tomé Pinto viria, naturalmente, a assumir a liderança do processo de assessoria pois *"...o trabalho de assessoria por parte de Portugal viria a ser fundamental, como ponte de ligação entre interesses e conceitos divergentes..."*[225]. Neste contexto, Tomé Pinto salienta o esforço feito pela Comissão que tinha a missão de criar as FAA, pois foi desenvolvido em equipas muito pequenas mas que *"...se entregaram de forma sublime num momento de extraordinária importância e histórica para Angola que era a edificação de novas Forças Armadas..."* (2010/201). O principal problema foi garantir que o entusiasmo não diminuísse e que se soubesse encontrar em conjunto as melhores formas para criar umas FAA dignas e merecedoras de respeito e orgulho da nação, o que veio efetivamente a acontecer. A 2ª Fase trataria do levantamento do Exército Nacional, conforme referia a Diretiva Nº 4 em que às FAPLA e FALA estavam acometidas as principais responsabilidades dessa tarefa, conjuntamente com os países assessores, com destaque para Portugal, que daria o melhor do seu apoio, conscientes, dos seus poucos recursos e da importância da missão para o futuro da sua ex-colónia.

Segundo Tomé Pinto, um apoio significativo viria a ser prestado pelo General Soares Carneiro, então Chefe do Estado-Maior-General das Forças Armadas (CEMGFA) de Portugal, disponibilizando um conjunto de meios (humanos e materiais) das FAP que seriam estruturantes para o levantamento, formação e consolidação das FAA. A segunda fase iniciou-se em meados de novembro de 1991 e foi prolongada até às eleições de setembro de 1992, tendo sido subdividida em dois períodos: o primeiro período, que incluía a formação de Instrutores (até finais de fevereiro de 1992) e a que se seguiria uma segunda fase, com o levantamento das unidades (e estruturas) do Exército e dos outros ramos, bem como do Ministério da Defesa Nacional. No entanto, vale a pena sublinhar que o levantamento decorreria do grau de prontidão e preparação dos aquartelamentos, na

---

[225] Entrevistas ao autor em dezembro/2010 e fevereiro/2011 (Anexo A).

OS PRELIMINARES DA FORMAÇÃO DAS FORÇAS ARMADAS ANGOLANAS

época degradados e onde era preciso intervir para recuperar e permitir que pudessem acolher os militares que eram aí concentrados e também da própria condicionante política, fator que ultrapassava a esfera político-militar da CCFA (2010/2011).

Todavia, as Forças Armadas Angolanas, se bem que tendo como seu elemento mais numeroso o Exército (os Acordos de Bicesse estabeleciam 40 mil homens), teria que absorver a Força Aérea (6000) e a Marinha de Guerra (4000), que também naquele momento viriam a iniciar a sua fase de reestruturação, com a colaboração dos assessores internacionais. Os trabalhos de estudo e planeamento haviam começado nessas estruturas e previa-se que em maio de 1992 estes Ramos pudessem estar já subordinados ao comando superior das FAA, que havia sido nomeado (14 de novembro de 1991). Entendia-se que seria esse o ponto sem retorno e em que se estabeleceria a unidade das FAA, sendo o período das eleições o da conciliação e equilíbrio de todo o sistema, com reflexos na segurança e bem-estar da população Angolana.

Em 14 de novembro de 1991 haviam sido nomeados os Generais Comandantes do Comando Superior das FAA, o General João Batista de Matos e o General Abílio Camalata, numa cerimónia muito concorrida pela presença de órgãos de comunicação social nacional e internacional. Na véspera da nomeação do comando superior das FAA, havia chegado de Lisboa (13 novembro de 1991) em avião C-130 (Lisboa – São Tomé – Huambo) a primeira equipa de instrutores portugueses num número de 23 militares com equipamento auxiliar para o apoio à instrução e também para a melhoria das instalações dos aquartelamentos. Foi na realidade uma odisseia "...*hoje impossível de se imaginar face às deficientes condições que o Huambo vivia naquela época*...", mas que demonstrou a vontade de um povo e a confiança que depositavam nas suas Forças Armadas (Tomé Pinto, 2010/2011).

A 13 de dezembro de 1991 dá-se início na Escola de Formação de Oficiais (EFO) ao primeiro curso de oficiais formadores (25 vindos das FAPLA e outros tantos das FALA). Em 10 de janeiro de 1992, foram nomeados os Chefes de Repartição do Estado-Maior General das FAA e do Comando Logístico e de Infraestruturas. Mais tarde, a 18 de fevereiro teriam início os cursos de Estado-Maior ministrados por oficiais superiores vindos de Portugal e com o apoio do Instituto de Altos Estudos Militares (IAEM). Em 26 de fevereiro de 1992, por ocasião de uma visita ministerial (Ministro da Defesa Nacional de Portugal), realizou-se na Escola de Formação de Oficiais (Huambo) a primeira "Guarda de Honra" feita pelas FAA que constituiu um sucesso mediático (Tomé Pinto, 2010).

Em 6 de dezembro de 1991 as assessorias internacionais haviam elaborado uma recomendação às partes (Governo/UNITA) para as possíveis consequências negativas do atraso do processo, situação relembrada em novo documento em março de 1992, e que serviriam para impulsionar o processo negocial e político. As diferentes Diretivas elaboradas pela CCFA eram aprovadas pela CCPM, que constituía um entrave "necessário" no processo de levantamento das FAA. Por exemplo, até 17 de dezembro de 1992, só haviam sido retificadas pela CCPM, três Diretivas: 3, 4 e 5 e continuavam em discussão as Diretivas 6, 7, 8, 9 e 10 que diziam respeito à Força Aérea e à Marinha. As Diretivas entretanto produzidas referiam-se mais especificamente a:

- *Diretiva Nº 1* – Bases Gerais para formação das Forças Armadas Angolanas, que incluía a Missão das FAA, Princípios definidores de Doutrina, Justiça e Disciplina Militar e Estruturas de Comando;
- *Diretiva Nº 2* – Critérios de seleção dos militares para as FAA, onde era incluída a *Declaração Individual de Voluntário*;
- *Diretiva Nº 3* – Exército Angolano: Definição da Missão, estrutura orgânica e territorial (foram criadas 4 regiões e uma Zona) e Estrutura do Sistema de Forças (Anexo B) contendo ainda (Anexo C) a constituição da Brigada Ligeira de Intervenção. Aprovado pela CCPM em 17 de dezembro de 1991;
- *Diretiva Nº 4* – Levantamento das Unidades do Exército e incluindo o esquema geral de formação, Quadros Orgânicos (provisórios) para cada unidade, matérias a ministrar nos vários cursos pormenorizados. O 1º Curso de Formação realiza-se no Huambo, referindo princípios para as propostas de indigitação;
- *Diretiva Nº 5* – Normas Básicas para uniformização de procedimentos nas FAA (recordo as diferentes origens doutrinárias das duas forças). Lei e Ordem Militar, Vida Interna dos Quartéis, Normas Protocolares, Ensino e Instrução Militar. Integrando ainda as *Normas Básicas para a uniformização de procedimentos nas FAA* incluindo: Normas Reguladoras da Disciplina Militar; Normas Reguladoras da Justiça Criminal Militar; Normas de Serviço das Unidades; Normas de Ordem Unida; Normas de Continências e Honras Militares e as Normas de Preparação Física.

OS PRELIMINARES DA FORMAÇÃO DAS FORÇAS ARMADAS ANGOLANAS

Contudo, considerava-se essencial para o levantamento das FAA, que se realizassem as seguintes condições: ocupação dos acantonamentos nas áreas de localização pelos militares das FAPLA e das FALA; definição das normas quanto ao destino a dar ao pessoal (indigitação dos que eram para incorporar nas FAA e aqueles que seriam desmobilizados) e ao material (a distribuir pelos Centros de Instrução e a transferir para Depósitos Centrais de Material); preparação de aquartelamentos para receber e acolher de forma condigna os militares integrantes das novas FAA (o que obrigava à recuperação urgente de infraestruturas, constituindo um significativo entrave ao processo); definição de Doutrina, Normas e Programas de instrução; definição de novos uniformes e respetiva simbologia e a manutenção de confiança e segurança, quer pessoal quer social, dos militares que hoje constituem as FALA e as FAPLA.

Também neste contexto, foi elaborado na época um plano logístico provisório para alimentar o sistema em formação, pois era necessário não condicionar as ações formativas dos militares, os quais representavam o eixo central para conseguir a junção (e uniformização) das FAPLA e FALA, procurando-se dar um sentimento e corpo comum. A estas Diretivas (com o valor de Lei) seguiram-se outras seis, dizendo respeito à Força Aérea e à Marinha, em que a Diretiva 11 (última a ser elaborada pela Comissão) definia a organização do Ministério da Defesa Nacional de Angola. Elaboraram-se ainda no decorrer da Formação vários Despachos com a força legal de Decreto-Lei, tendo em vista a consolidação da organização, formação das unidades, além de 38 atas das reuniões parcelares (a última realizada em 8 de setembro de 1992) que continham orientações político-militares dos representantes do Governo e da UNITA, obtidas nas múltiplas reuniões realizadas neste período intenso da formação/edificação das FAA (Anexo B).

O processo de negociação, planeamento e execução, era segundo Tomé Pinto, contínuo e difícil e os trabalhos aconteciam em paralelo no terreno e nos gabinetes, sob a dependência permanente da evolução do processo político e que nem sempre os militares de um e outro lado estavam de acordo (2010/2011). Contudo, importa salientar ainda que os princípios que iriam reger a constituição das novas Forças Armadas Angolanas foram definidos na proposta conjunta apresentada pela CCFA e aprovada em 9 de outubro de 1991 pela CCPM e foi designada por *Bases Gerais para a Formação das Forças Armadas Angolanas* – Diretiva N.º 1, dando-se assim início ao processo de formação institucional das FAA, onde tinha grande relevo o aspeto da Justiça e da Disciplina Militar, pois parecia ser central na edificação das novas Forças Armadas[226].

O que se constata na análise dos documentos que temos abordado neste contexto é que existe uma similitude entre o planeado no EMGFA de Portugal no *Um Conceito para as Forças Armadas de Angola* idealizado pelo General Tomé Pinto e as *Bases Gerais para a Formação das FAA*, aprovado pela CCPA, indiciando que existiu uma cumplicidade e orientação estratégica na edificação das Forças Armadas Angolanas, por parte de Portugal, que não só serviu apenas de assessor e facilitador (neutral) do processo

---

[226] Dos Acordos de Paz para Angola assinados entre o Governo da República Popular de Angola e a UNITA, no que se refere à formação das FAA, salientam-se os seguintes princípios: O processo de criação das Forças Armadas Angolanas iniciar-se-á com a entrada em vigor de cessar-fogo e estará concluído à data das eleições nos termos do acordo; As Forças Armadas Angolanas terão por missão geral a defesa e a salvaguarda da independência e da integridade territorial e poderão, em obediência a disposições legais, desempenhar outras missões de interesse geral da responsabilidade do Estado ou colaborar nas tarefas relacionadas com a satisfação das necessidades básicas e melhoria da qualidade de vida das populações, sem prejuízo da missão geral referida; Compõe-se exclusivamente de cidadãos Angolanos e a sua organização é a única para todo o território nacional; São apartidárias e obedecem aos órgãos de soberania competentes, dentro do princípio da subordinação ao poder político; Os militares no ativo gozarão de capacidade eleitoral ativa não podendo utilizar as suas funções ou as estruturas das FAA para qualquer outra intervenção político-partidária e sindical; Assumem o compromisso público de respeitar a Constituição e demais leis da República; O recrutamento para as Forças Armadas no período até às eleições será feito de acordo com o princípio do voluntariado a partir dos atuais efetivos das FAPLA e FALA; Todos os militares incorporados nas Forças Armadas até à realização de eleições frequentarão obrigatoriamente cursos de formação profissional com vista à unificação de doutrinas e procedimentos, conducentes à criação do indispensável espírito de corpo; A neutralidade das Forças Armadas no período até à realização das eleições será garantida pelas partes Angolanas atuando no âmbito da CCPM e da Comissão Conjunta para a Formação das Forças Armadas; Criada especificamente para dirigir o processo de formação das Forças Armadas existirá a CCFA na independência da CCPM; Toda a estrutura de comando das Forças Armadas, embora no período de formação das FAA seja originária das FAPLA e FALA, passa a ser rigorosamente apartidária, recebendo apenas diretivas e ordens da CCPM, da CCFA e do canal hierárquico das FAA; Na dependência direta da CCPM a CCFA constitui o órgão de transição, até à data das eleições, entre o escalão político-militar e o escalão FAA e o Comando Superior das Forças Armadas Angolanas tem por missão geral detalhar as diretivas genéricas recebidas da CCFA tendo em vista o levantamento das estruturas e o apoio das Forças. In *Bases Gerais das Forças Armadas Angolanas*, Luanda (CCFA), 24 de setembro de 1991.

OS PRELIMINARES DA FORMAÇÃO DAS FORÇAS ARMADAS ANGOLANAS

de edificação das FAA no contexto da CCFA, como idealizou, pela ação relevante e visionária do seu Presidente, o levantamento de um Exército Nacional a partir de dois grupos armados partidários e independentistas. Tomé Pinto salienta ainda que recebeu do Presidente da República Portuguesa, Mário Soares, a proposta de indigitação, tendo sido apontado pela sua experiência e carisma junto dos militares angolanos como a pessoa (militar) mais indicada para levar a efeito tão importante tarefa para o futuro de Portugal e de Angola (Tomé Pinto, 2010/2011).

1.4.2. A assessoria jurídica e a legislação militar nas Forças Armadas de Angola

No âmbito das atribuições da CCFA, a assessoria jurídica proporcionada por Portugal para elaboração dos principais regulamentos militares[227],

---

[227] No domínio da Justiça e Disciplina, as Forças Armadas Angolanas iriam reger-se pelos seguintes princípios orientadores: Competência da hierarquia militar na manutenção da disciplinadas Forças Armadas, exercendo-a nos termos de normas específicas a aprovar, com direito a recurso contencioso; Independência absoluta dos Tribunais Militares no exercício das suas Funções; Competência dos Tribunais Militares para conhecer todos os crimes de natureza militar e ainda os crimes comuns cometidos por membros das Forças Armadas na efetividade de serviço. A composição inicial dos Tribunais Militares das Forças Armadas Angolanas abrangerá juízes militares designados por ambas as partes em número igual, competindo a um deles a presidência por rotação, o qual disporá de voto de qualidade. Foram entretanto criadas umas normas transitórias pois que até à data da institucionalização dos órgãos de justiça nas Forças Armadas Angolanas, seria adotado o seguinte procedimento em relação aos crimes de competência do foro militar praticados por militares de cada uma das partes na área controlada pela outra ou em que estejam envolvidos militares de ambas as partes: Quando houver conhecimento, denúncia ou suspeita da prática de crime nas condições acima previstas, deverá imediatamente dar-se parte ao Comando Militar mais próximo que comunicará o facto à CCPM, através das vias competentes, e promoverá a deslocação imediata de uma equipa ao local do crime, a qual tomará as medidas e realizará as diligências que as circunstâncias as imponham, como sejam guardar os instrumentos do crime, preservar quaisquer provas materiais ou vestígios cujo desaparecimento possa prejudicar a descoberta da verdade; Se houver conhecimento de que na sua área em que o facto ocorreu ou onde essas diligências se realizem há militares da outra parte, ser-lhes-á dado conhecimento da ocorrência pelo Comando a que se referem os números anteriores, sendo agregado à equipa representante; Justificando-se a realização imediata de quaisquer exames periciais, o chefe da referida equipa requisitá-los-á à autoridade judiciária civil territorialmente competente; A prisão preventiva do suspeito só

nomeadamente das *Normas Reguladoras da Justiça Criminal Militar* (1992) foram, no contexto da edificação das FAA, uma das áreas mais debatidas e trabalhadas pelas Partes, pois se por um lado, não se pretendia romper com um passado jurídico-legal que derivava das normas jurídicas estabelecidas no Programa do Conselho da Revolução da República Popular de Angola, que integravam às orientações político-militares emanadas pela Procuradoria Militar das Forças Armadas (Luanda, 4 de maio de 1984), designadas por Duas Leis da Revolução Angolana[228]. Pretendia-se por outro lado acrescentar valor e transportar uma legislação que derivava da Lei nº 16/78 e nº 17/78, ambas de 24 de novembro de 1978 (assinada ainda por Agostinho Neto) para outros paradigmas de modernidade jurídica, mais condescendente com umas Forças Armadas modernas.

Contudo, a forma como era entendida e exercida a justiça militar era diferente entre o MPLA e UNITA e caracterizava cada Movimento de Libertação (fação militar), pela forma como era aplicada e pelas orientações e normativos que integravam em muitos aspetos, orientações dadas pelos países que prestavam assessoria técnico-militar. Era, segundo Castel-Branco Ferreira, relativamente comum na mesa das negociações, uma

---

terá lugar no caso de flagrante delito por crime doloso a que corresponda pena de prisão maior, devendo ele, em tal hipótese, ficar sob custódia do Comando Militar que tomou conhecimento da infração até ser entregue à Unidade a que pertence, entrega que terá lugar o mais breve possível; Não havendo na proximidade do local da infração qualquer Comando ou Unidade Militar, a comunicação deverá ser feita à autoridade judiciária civil territorialmente competente, a qual assumirá a responsabilidade pela realização das diligências mencionadas no caso previsto no número anterior, em que a intervenção da autoridade judiciária civil cessará logo que compareça no local a autoridade militar; Realizadas as diligências a que se referem os números anteriores, o processo fica suspenso até à data indicada no proémio deste número, a partir da qual só começará a contar o respetivo prazo de prescrição. Nos casos não previstos mantem-se a competência dos órgãos de justiça militar de cada parte e a CCPM manterá atualizada uma lista dos casos a que se referem estas normas e vigiará pela fiel execução destas. As normas transitórias aplicam-se, com as necessárias adaptações, aos casos ocorridos antes da sua aprovação, que estejam nas condições previstas. In *Bases Gerais das Forças Armadas Angolanas*, Luanda (CCFA), 24 de setembro de 1991.

[228] Os órgãos de administração da Justiça Militar Angolana serviram de instrumento importante no combate e na repressão à criminalidade e na prevenção e reeducação dos delinquentes no seio das Forças de Defesa, Segurança e Interior; regiam-se após a Independência, pela Lei nº 16/78 (Lei dos Crimes Militares) e Lei nº 17/78 (Lei Sobre a Justiça Penal Militar) de 24 de novembro de 1978, promulgadas pelo Conselho da Revolução em 8 de dezembro de 1987 – Diário da República Nº 300 – Iª Série (1978).

quase divergência entre as necessidades ditadas pela guerra e a realidade da necessidade de administração da justiça em tempo de guerra, até que não existia capacidades em termos de recursos humanos (com conhecimentos de direito) para se poder fazer melhor (2011). Aspeto que nos Acordos de Paz para Angola, assinados em Bicesse, nomeadamente no Protocolo do Estoril, passaria a definir a formação das Forças Armadas e a forma como seria a Estrutura de Comando das FAA e qual o contributo da CCFA para o processo legislativo, criando-se, neste contexto, uma Repartição de Justiça e Disciplina no EMGFAA, que teria entre as suas principais preocupações imediatas, formar um corpo de juristas e de pessoas formadas nesta vertente para poderem administrar a justiça militar aos "novos" militares das FAA.

Para o General Tomé Pinto, Presidente da Comissão, parecia evidente a necessidade de desenvolver a vertente da justiça militar como a espinha dorsal da constituição das FAA. Assim, para além de possuir um Plano (de carácter confidencial) para o levantamento das Forças Armadas Angolanas[229], preocupou-se em garantir a presença de um assessor específico para a área da justiça e do direito militar, tendo solicitado ao CEMGFA de Portugal (General Soares Carneiro) a presença do seu assessor jurídico principal, Caetano José Castel-Branco Ferreira (membro do recentemente criado Centro de Estudos de Direito Militar) para proceder à elaboração e implementação da legislação e normativos jurídico-militares referente aos futuros Regulamentos Disciplinar e Criminais das FAA (Anexo B).

A participação da auditoria jurídica portuguesa no processo de formação das FAA iniciou-se por Despacho do CEMGFA de Portugal em 26 de

---

[229] O documento estratégico-operacional designado por *Um Conceito para as Forças Armadas de Angola* foi coordenado pelo próprio General Tomé Pinto e elaborado no Estado-Maior General das Forças Armadas de Portugal em 8 de maio de 1991 e desenvolve um enquadramento conceptual onde se caracterizava as ameaças e os interesses nacionais, a articulação entre o poder político e as Forças Armadas, faz também uma análise do que devem vir a ser as missões dos Ramos, procurando projetar uma nova imagem das FAA (referindo-se a uniformes, dísticos militares e simbologias) através das missões de interesse público. Quanto ao conceito de emprego das Forças Armadas, estabelece a criação das quatro regiões militares e a criação da Zona Militar de Cabinda (ponderando a hipótese da criação e um Governo Militar de Luanda) e articula a cadeia de comando, a estruturas das Forças Armadas. O documento continha quatro anexos: Anexo A – Organização Superior das Forças Armadas; Anexo B – Organização Superior do Exército; Anexo C – Sistema de Forças e Anexo D – Princípios Doutrinários (onde se integrava o Sistema de Justiça). (Anexo B – Documentos Estratégicos sobre a edificação das Forças Armadas de Angola).

agosto de 1991, estando inicialmente previsto para uma estada de curta duração que acabaria por se estender até 13 de setembro de 1991, tal era a complexidade e dificuldade na obtenção de consensos. Numa primeira avaliação, Castel-Branco Ferreira, refere em missiva enviada ao CEMGFA de Portugal, que "...*a limitada tarefa que me foi confiada em Lisboa cedo foi ultrapassada, pela complexidade do contexto em que se inseria, cujos contornos nem sequer tinham, até então, sido corretamente estimados...*", perspetivando a morosidade e dificuldade da implementação destes normativos e quão seriam importantes para a edificação das FAA (Anexo B – Documentos Estratégicos sobre a edificação das Forças Armadas de Angola).

Para a definição do conceito de Justiça e Disciplina das Bases Gerais para as FAA, a interação entre o General Tomé Pinto e o assessor jurídico desenvolvia-se desde 24 de agosto de 1991, tendo sido contudo aprovado por ambas as delegações[230] em 5 de setembro de 1991, o documento e as respetivas normas transitórias, tendo ficado definido que iriam vigorar transitoriamente três ordenamentos jurídicos, o que regia as FAPLA, o que norteava as FALA e o que irá reger juridicamente as FAA (que é diferente de ambas e que iria ser trabalhado de forma a integrar as sensibilidades e orientações emanadas pelo escalão político e militar). Contudo, a relevância da participação do Dr. Castel-Branco Ferreira deu-se pela solicitação apresentada em 28 de agosto de 1991 por ambas as partes para iniciar e propor a redação do futuro *Código da Justiça Militar das FAA*, pois era necessário tecnicamente ultrapassar, segundo o entrevistado, "...*o impasse a que se chegara..., pelo radicalismo das posições da UNITA que rejeitava, por sistema, todas as propostas provindas do Governo...*" (20 de setembro de 1991).

Assim, acabaram por ser redigidas, num curto espaço de tempo, as "Normas Reguladoras da Disciplina Militar"[231], que viriam a ser aprova-

---

[230] Nas conversações estiveram presentes: Maria João de Oliveira Monteiro Jardim França (Coronel das FAPLA e Presidente da Direção dos Tribunais Militares de Angola), Agostinho Gaspar (Coronel das FAPLA e Procurador Geral Militar) e Moreira Bastos (Tenente-Coronel das FAPLA e Vice-Procurador-Geral Militar) e da UNITA, Aniceto Hamukwaya e Domingos Hossi (Assessores da Comissão Política da UNITA) e ainda o Coronel Catumbela das FALA, assistente do Dr. Hamukwaya (Castel-Branco Ferreira, 2011).

[231] As "Normas Reguladoras da Justiça Criminal Militar" viriam a ser publicadas em livro sob a forma de *Instruções Provisórias* em 1992, integrando as principais orientações e comentários do assessor jurídico português, tendo um papel relevante no que é atualmente o edifício jurídico-legal das FAA.

das pelas delegações, mas apenas até ao Art. 17 (inclusive), pois o Comité Permanente da Comissão Política da UNITA abandonava entretanto as conversações, com base na missiva enviada a partir da Jamba e que colocava em questão o processo político dos Acordos de Bicesse, que tinha reflexos no Trabalho desenvolvido pela CCFA (Documento Nº 7 – Anexo B).

O projeto de "Normas Reguladoras da Justiça Criminal Militar", entretanto elaborado não foi sequer abordado e analisado pela Comissão Técnica, pois carecia de uma análise mais pragmática da implementação e administração da justiça militar o que carecia de resolver um conjunto de anacronismos (identificados por Castel-Branco) referindo-se à necessidade de ter em Angola uma maior percentagem de tribunais militares territoriais (definida no mínimo como um em cada região/zona) e implemento um sistema jurídico-militar misto que carecia de Oficiais formados em direito militar, na proporção de um para um (FAPLA-FALA), o que não era possível na parte da UNITA (pois esta não dispunha de qualquer estrutura jurídica, nem militares com esta formação). E ainda que a acumulação entre cargos jurídicos e políticos era (deveria de ser) contra a Lei do Estado de Direito, de forma a separar poder legislativo do poder jurídico, característico do Estado de Direito. O assessor português reconhece (na documentação enviada para Portugal) ser um processo de difícil resolução, mas que tinham tempo para refletir e resolver com a colaboração das partes envolvidas, até porque ao nível da conversação jurídica os progressos eram evidentes (o que não era exatamente igual ao nível político), pensando-se que seria necessário ter o sistema jurídico militar a funcionar quando o Sistema de Forças Nacional estivesse completamente implementado e as FAA iniciassem as suas atividades ao serviço de Angola.

1.4.3. A Missão Temporária de Portugal junto das Estruturas do Processo de Paz em Angola e os contributos para a edificação das Forças Armadas de Angola

O Despacho Conjunto A-62/91-XI publicado no DR nº 124-II Série de 31 de maio de 1992 cria a Missão Temporária de Portugal Junto das Estruturas do Processo de Paz em Angola (MTPJE-PPA), com a incumbência de assegurar a representação de Portugal junto da Comissão Conjunta Político Militar, da Comissão Mista de Verificação e Fiscalização, da Comissão Conjunta para a Formação das Forças Armadas e da Comissão Política. Foi designado Chefe da MTPJEPPA, o Embaixador António Monteiro, diretamente apoiado pelos Chefes das Representações Portuguesas nas demais Comissões, nomeadamente: General Tomé Pinto na CCFA, o Brigadeiro Pereira Bonito na CMVF e António Franco na Comissão Política (que assumiu as funções de Observador Português na CCPM, cabendo à Componente Militar da Missão a assessoria à CCFA e à CMVF e a Componente Civil a assessoria à Comissão Política).

A Componente Militar da Missão, sob a chefia do General Tomé Pinto, articulou-se de modo a garantir aos dois membros da CCFA e da CMVF os apoios necessários e, quando se iniciou a fase da formação das FAA foi reforçada com um grupo de instrutores constituído por Oficiais e Sargentos dos três Ramos das FAP, que, primeiro no Huambo e, depois no Soyo, em N'Dalatando, Luanda, Benguela, Cabo Ledo e no Lubango, assessoraram os Cursos de Formação dos efetivos incorporados no Exército, na Força Aérea e na Marinha Angolanas e assessoraram ainda a organização dos Centros de Instrução, dos Órgãos da Estrutura Superior das FAA, dos Quartéis-Generais das RM/ZM, dos Regimentos, bem como das Bases Aéreas e Navais que progressivamente foram sendo levantados.

A Diretiva nº9/91 do EMGFA de 6 de junho de 1991 definia que *"...o Chefe da Componente Militar depende do General CEMGFA no âmbito militar e do Chefe da MTP JEPPA no respeitante à orientação política geral..."* e que a referida chefia é *"...exercida pelo Oficial General mais antigo..."*. Este documento foi elaborado de acordo com o que a doutrina nacional em vigor determinava e incluía as atividades desenvolvidas pelos militares portugueses no âmbito das suas funções de assessores na CCFA e de observadores na CMVF. Como vimos, nos termos dos Acordos de Paz de Bicesse a CCFA, constituiu o órgão de transição entre o escalão político-militar e o escalão FAA até à data das eleições, e era formada por representantes das FAPLA e das FALA como membros, foi assistida por assessores de Portugal, do Reino Unido e da França, e tinha como principal tarefa dirigir o processo de formação das FAA. Internamente articulou-se do seguinte modo: Chefes das Delegações do Governo (MPLA) e da UNITA; Grupo de Estudos e Planeamento; Grupo de Trabalho Nº1 para a área da Organização e do Pessoal; Grupo de Trabalho Nº2 para a área de Legislação e dos Regulamentos; Grupo de Trabalho Nº3 para a área da Logística; Grupo de Trabalho Nº4 para a Força Aérea; Grupo de Trabalho Nº5 para a Marinha e o Secretariado.

A assessoria portuguesa[232] na CCFA, que tomou parte ativa tanto nas 38 reuniões realizadas nesta Comissão, bem como nas que os vários Grupos de Trabalho levaram a efeito, elaborou e desenvolveu todas as propostas de Diretiva apresentadas à CCPM e todos os Despachos com que a CCFA regulou o exercício das funções cometidas ao Comando Superior das FAA, além de ter assumido a responsabilidade pela elaboração das Atas das reuniões plenárias, pelo que podemos afirmar que teve um papel central na edificação das FAA no pós-Bicesse e que se reflete ainda atualmente no quadro das diretivas e sistema legislativo das Forças Armadas Angolanas (Tomé Pinto 2010/2011).

Nos termos dos Acordos de Paz de Bicesse, conforme refere o *Relatório Sumário de Fim de Missão* (1992):

> "...*competia aos representantes das duas partes a decisão, por consenso, sobre todas as matérias relativas ao processo de formação das Forças Armadas e aos três Países assessores a apresentação de propostas aceitáveis pelas duas partes evitando a criação de situações de impasse que inviabilizassem ou dificultassem o clima de bom entendimento desejado*...".

(Tomé Pinto, 1991, p. 4)

---

[232] Para cumprimento da multiplicidade de tarefas que ao longo do tempo foram solicitadas tanto pela CCFA como, depois da sua constituição, pelo Comando Superior das FAA, a assessoria militar portuguesa articulou-se, genericamente, na seguinte forma: Chefe da Delegação (apoio à CCFA) General Alípio Tomé Pinto; Coordenação do Grupo de Instrutores – Brigadeiro Gonçalves Aranha; Estado-Maior: Chefe de Estado-Maior: Coronel Fontes Ramos; Exército: Coronel Rui Reis e Tenente-Coronel Lima Bacelar; Instrução: Tenente-Coronel Vicente Fernandes; Força Aérea: Tenente-Coronel Bento Jordão; Marinha: Capitão-Fragata Blanc Lupi; Logística: Tenente-Coronel Artur Gonçalves e no Serviço de Saúde: Major Silva Santos. Os Grupos de Instrutores para as diferentes fases eram: 1ªFase: Huambo – Escola de Formação de Oficiais (EFO); 2ªFase: Huambo-EFO e Benguela – Escola de Formação de Sargentos (EFS); 3ªFase: Huambo-EFO, Benguela-EFS, Soyo, N'Dalatando, Lubango – Centros de Instrução (CI), Luanda – Instituto Superior de Ensino Militar (ISEM), Estado Maior General das FAA (EMGFAA) e Comado Logístico e de Infraestruturas (CLI); 4ªFase: Huambo – EFO; Benguela--EFS, Soyo, N'Dalatando, Lubango – CI, Luanda – ISEM, EMGFAA, CLI, implementação de Regimentos de Apoio de Serviços e em Cabo Ledo – Instrutores da Força Aérea e da Marinha; 5ªFase: Huambo, Úige e Lubango – Quartel-General (QG/RM), Luanda – Estado-Maior do Exército (EME). In *Relatório Sumário de Fim de Missão – Missão Temporária de Portugal junto das Estruturas do Processo de Paz em Angola – Componente Militar*, 14 de outubro de 1992, pp. 3-5.

Contudo, desde o início que ambas as partes fizeram saber que o ritmo "aceitável" para a formação das FAA estaria ligado aos interesses políticos globais pelo que a intervenção dos assessores teve que ter em conta o ambiente político-militar que em cada momento pautava as relações entre os signatários dos Acordos de Paz. O evidente constrangimento que inicialmente existia entre as duas delegações membros da CCFA foi algo esbatido, segundo Tomé Pinto, à custa da permanente presença das assessorias em todo o tipo de reuniões levadas a cabo, sendo evidente o papel que neste campo a Delegação Portuguesa pôde desempenhar, quer pelo conhecimento da cultura Angolana, quer pela facilidade de entendimento e compreensão que o uso da língua comum facultava, quer ainda pelos laços pessoais de amizade progressivamente criados, aspeto que as duas outras assessorias não cultivaram face à frequente alteração dos elementos presentes, e ainda, pelo facto de muitos dos principais chefes militares dos dois lados terem prestado serviço no Exército Português e a Portugal estarem ligados por familiares e amigos (2010/2011).

As dificuldades de ordem logística desde logo pressentidas e a curto prazo constatadas através das visitas aos aquartelamentos do dispositivo territorial construído pela administração portuguesa foram determinantes no " necessário abrandamento" da implementação das medidas acordadas (Tomé Pinto, 2010/2011). Pese embora a vontade de ambas as partes em concederem aos militares escolhidos para as FAA condições de vida aliciante, só a realização de obras permitiu a reconstrução de alguns desses Quartéis sem que, apesar disso, fosse possível garantir-se o fornecimento da água e da luz bem como o regular fluxo dos bens alimentares.

A "infeliz" circunstância de claramente ter estado associada a formação das FAA ao complexo processo da desmobilização, constituiu também, ainda conforme refere Tomé Pinto, fator limitativo à consecução das ações clinicamente programadas e depois, progressivamente adiadas este aspeto, constituiu permanente barómetro das reais intenções das duas partes interlocutoras já que, sendo evidente que uma rápida e eficiente desmobilização iria aligeirar as responsabilidades de ordem logística, o seu protelamento indiciou que a manutenção do poder militar sob seu controlo era um pressuposto básico das duas filosofias políticas em presença (2010/2011).

Apenas em 7 de julho de 1992 foi acordada no seio da CCPM a dissolução das FAPLA e das FALA, para antes das eleições, o que face às considerações emanadas pelas Partes, levou a que a atuação da assessoria portuguesa

OS PRELIMINARES DA FORMAÇÃO DAS FORÇAS ARMADAS ANGOLANAS

pautasse, fundamentalmente pelas seguintes ideias força: Respeito permanente pelas disposições contidas nos acordos de Paz; Compreensão e respeito pelas vontades próprias das partes (Governo e UNITA); Equidistância e isenção política; Entendimento da situação vivida em cada espaço de tempo, privilegiando o diálogo mútuo, quando a tensão se instalava e acelerando as ações concretas quando o entendimento reinava; Elaboração de propostas capazes de atender à experiencia das partes, à realidade da Nação Angolana e à efetiva capacidade de serem implementadas e ativadas; Organização de um todo coerente que, embora respeitasse todos os pressupostos enunciados, se apoiasse em princípios doutrinários testados e articulasse harmonicamente os níveis de comando e decisão com os de Estado-Maior e com os de execução[233].

A constatação de que as duas partes consideraram fundamental a incorporação na Estrutura Superior das FAA (MDN e EMGFAA) dos seus Oficiais que constituíam figuras de referência, obrigou a algumas distorções (adaptações e improvisação ao que estava previsto) orgânicas nos sistemas e órgãos de decisão, o que se procurou minimizar através da aceitação mútua de normas limitativas e corretivas a serem implementadas num período de cinco anos, partindo de um planeamento inicial faseado[234].

---

[233] In *Relatório Final da Assessoria Portuguesa na Comissão Conjunta para a Formação das Forças Armadas – Formação das Forças Armadas Angolanas*, de 15 de dezembro de 1992.

[234] A Delegação Portuguesa na CCFA, ao longo dos cerca de 16 meses em que esteve ativa, desenvolveu a sua ação de forma faseada dando ênfase aos seguintes aspetos: Levantamento e organização da CCFA; Elaboração do Regulamento Interno; Criação dos Grupos de Trabalho; Proposta da Organização do Exército; Elaboração da Diretiva 3/CCFA; Enquadramento legal e doutrinário das FAA; Elaboração das Normas Regulamentares para Uniformização de Procedimentos; Elaboração da Diretiva 5/CCFA; Elaboração do Plano de Uniformes; Elaboração do Plano Logístico; Estudo do conceito de levantamento do Exército; Definição das Escolas e Centros de Instrução a serem utilizados; Determinação dos Programas a serem seguidos; Definição das áreas e tarefas a serem apoiadas pela assessoria; Estudo da organização da assessoria; Elaboração dos Quadros Orgânicos de Pessoal e de Material; Estudo das Normas Básicas para a reorganização da Força Aérea e da Marinha; Elaboração da Diretiva 6/CCFA; Estudo da organização e da forma de levantamento da Força Aérea e da Marinha Angolanas; Elaboração das Diretivas 7/CCFA e 9/CCFA para a Força Aérea; Elaboração das Diretivas 8/CCFA e 10/CCFA para a Marinha e a concretização do apoio da assessoria ao levantamento dos Ramos das FAA. In *Relatório Sumário de Fim de Missão – Missão Temporária de Portugal junto das Estruturas do Processo de Paz em Angola – Componente Militar*, 14 de outubro de 1992, pp. 6-7.

AS FORÇAS ARMADAS ANGOLANAS COMO ELEMENTO DO POTENCIAL ESTRATÉGICO...

No espaço que mediou entre a chegada da Delegação Portuguesa a Luanda[235], em 8 de junho de 1991 até à data das eleições (29 e 30 de setembro de 1992) manteve-se na missão a preocupação permanente em aquilatar das possibilidades de se formarem as FAA nos termos previstos nos Acordos de Paz, atuando como salvaguarda das condições fundamentais ali contidas (no Acordo) para que o processo eleitoral pudesse decorrer sem contestação por qualquer das partes. Por tal razão, sempre que se constatou a existência de paragens ou atrasos que pudessem pôr em causa o completo cumprimento de tal tarefa, a delegação portuguesa tomou a iniciativa de motivar as lideranças das delegações assessoras para a elaboração de uma recomendação formal para que ativassem o processo de formação das FAA ou se consciencializassem de que mais tarde não poderiam remeter para terceiros responsabilidades que cabalmente lhes eram inerentes. Foi assim que em 6 de dezembro de 1991 que a CCFA entregou a primeira recomendação oficial, chamando a atenção para o facto de as obras planeadas para os aquartelamentos previstos para os Centros de Instrução decorrerem com alguma morosidade ou não terem ainda começado, o que inviabilizaria a formação adequada da totalidade dos efetivos determinados para os três Ramos das FAA, condição essencial para a formação das FAA, antes do processo elitoral (Tomé Pinto, 2010/2011).

Contudo, em 18 de março de 1991, e perante a evidência de que apenas alguns dos aquartelamentos necessários seriam utilizados e de que a nomeação do pessoal para a frequência dos Cursos de Formação se revestia de uma injustificada morosidade, elaborou a Missão um *"Ponto de Situa-*

---

[235] Os dias que mediaram entre a data da chegada do General Tomé Pinto (13 de junho de 1991) – coincidente com a do Chefe da Missão, Embaixador António Monteiro e a 1ª reunião plenária da CCFA (24 de junho de 1991) destinou-se à instalação dos elementos já presentes, a contactos informais com entidades de ambas as partes, a visita a diversas instalações para escolha daquela onde iria funcionar a CCFA e à própria preparação da reunião cuja "Ordem de Trabalhos" já incluiu a apreciação do projeto do Regulamento da Comissão, o levantamento das tarefas prioritárias a serem por ela desenvolvidas, a constituição dos Grupos de Trabalho vocacionados para a abordagem das áreas técnicas específicas em que a formação das FAA iria assentar e a entrega por ambas as partes das *Propostas com os Princípios Básicos da Organização das FAA*. A Delegação portuguesa integrou-se em todos os grupos constituídos e procurou por um lado incentivar o ambiente de diálogo e de confiança mútuo adequado ao entendimento e à cooperação entre as parte e, por outro, assessorar tecnicamente as várias áreas identificadas como preocupações fundamentais para o cumprimento da missão cometida à CCFA (Tomé Pinto, 2010/2011).

OS PRELIMINARES DA FORMAÇÃO DAS FORÇAS ARMADAS ANGOLANAS

ção sobre o levantamento das FAA" para que o Chefe da Missão Portuguesa e Representante de Portugal na CCPM pudesse, nessa instância, alertar as duas partes para a situação. Com base no estudo foi, segundo Tomé Pinto, elaborado a segunda recomendação formal em 25 de março de 1992 e nesse documento não só se preconizavam procedimentos alternativos capazes de viabilizarem o levantamento dos 3 Ramos das FAA em tempo útil, como se referiam quais os quantitativos estimados como possíveis de serem incorporados antes de setembro de 1992, caso tais medidas não fossem adotadas em tempo (2010/2011).

Ainda assim, cerca de 2 meses antes da data reafirmada pelas partes para a realização do ato eleitoral e numa altura em que o sucesso do recenseamento eleitoral era já evidente recomendou às partes o conjunto de medidas necessárias para que, pelo menos, os 3 Ramos das FAA ficassem dotados dos níveis de Comando e de apoio logístico capazes de suportarem a estrutura das FAA final prevista, de organizarem os efetivos a incorporar e de administrarem os meios materiais a libertar pelas FAPLA e FALA. Neste cenário, as insuficiências que a todos os títulos se verificaram nas FAA na data em que a sua formação devia estar completa, decorrem, portanto, de uma atitude consciente e ponderada de ambas as partes que os países assessores procuraram obviar em tempo devido a através dos únicos argumentos que à luz dos Acordos de Paz lhes era lícito utilizar. De qualquer modo, no dia 27 de setembro de 1992 (data em que formalmente foram extintas as FAPLA e as FALA) tomou posse a Chefia do Estado-Maior General das FAA, foram investidos outros 13 Generais de 3 estrelas, estavam em exercício de funções os Chefes do Estado-Maior dos 3 Ramos das FAA e estavam formadas, ou em formação, as seguintes estruturas: Exército: implementados os Quartéis-generais das RM/ZM e seus Estados-Maiores; Regimentos de Execução Logística a 39%; Regimentos da Organização Territorial a 25%; Estrutura Administrativo-Logística a 28,5%e a Estrutura Operacional a 66%. Quanto à Força Aérea e Marinha Angolana, estavam completamente redimensionadas (Idem).

A partir das propostas que as duas partes entregaram com os *Princípios Básicos para a Organização das FAA* e tendo como pressupostos fundamentais as disposições constantes nos Acordos de Paz, a assessoria portuguesa apresentou uma proposta de organização para a estrutura superior das FAA que mereceu a concordância genérica da CCFA (documento que tinha sido previamente elaborado em Lisboa – Documento Nº 4 – Anexo B). A partir da aceitação da proposta referida, foi elaborada ao nível do Grupo de Trabalho Nº 1, a Diretiva Nº 1/CCFA, a qual foi aprovada pela CCFA no dia 24 de setembro de 1992 e pela CCPM em 9 de outubro de 1992.

Tendo em conta os mesmos parâmetros de referência que serviram de base à organização superior das FAA, a assessoria portuguesa apresentou a proposta de organização do Exército, a qual já incluía os primeiros estudos sobre os Quadros Orgânicos de Pessoal que globalmente se teriam de aproximar dos 40 000 efetivos (4000 Oficiais, 6000 Sargentos e 30 000 Praças) previstos nos Acordos de Paz. Em simultâneo, foram visitados todos os aquartelamentos que o Governo admitiu poderem vir a ser utilizados para a formação das FAA e face a situação observada, a delegação portuguesa apresentou uma proposta sobre aqueles que em primeira prioridade deveriam ser recuperados e face às capacidades de cada um, elaborou-se em primeiro lugar o esboço das várias fases que deveriam ser cumpridas para que o levantamento da estrutura superior das FAA e do Exército fosse possível até ao final do 1º semestre de 1992. Dentro do quadro descrito, foi feito o planeamento sobre quadros orgânicos dos Centros de Instrução, sobre os programas para os vários cursos de formação e sobre as necessidades de assessoria, quer quantitativas, quer qualitativas. A materialização de todo o trabalho descrito consumou-se com a apresentação da Diretiva Nº 3/CCFA aprovada pela CCPM na sua reunião de 17 de dezembro de 1991 (Tomé Pinto 2010/2011).

Quanto ao enquadramento legal e doutrinário das FAA, refira-se que para que o levantamento, quer da organização superior das FAA, quer dos seus 3 Ramos se tornasse exequível, foi necessária a elaboração dos documentos que enquadrariam legal e doutrinariamente toda a estrutura. Assim, O Grupo de Trabalho nº 2, que durante algum tempo contou, como vimos, com a colaboração de Castel-Branco Ferreira do EMGFA de Portugal, elaborou o conjunto normativo legal que foi aprovado pela CCPM na sua reunião de 17 de dezembro de 1991, constituindo a Diretiva Nº 5/CCFA: *Normas Reguladoras da Disciplina Militar*; *Normas do Serviço das Unidades*; *Normas de Continências e Honras Militares* a as *Normas de Preparação Física*, que ainda subsistem genericamente nas FAA atualmente. Para além disso, foi possível definir e propor para aprovação a designação dos postos do Exército, da Força Aérea e da Marinha, bem como a simbologia das respetivas hierarquias. Complementarmente, foram elaborados os projetos dos documentos legais que embora envolvam matéria suscetível de ser ajustada à lei geral do Estado Angolano, nomeadamente à Constituição, foram apreciadas e aprovadas pelas instâncias adequadas: as *Normas de Justiça Criminal Militar* e as *Normas de Prestação do Serviço Militar*.

Não tendo sido contudo possível delinear um documento regulador, foi acordado um plano de uniformes provisório que, numa 1ª Fase, apenas comportava uniforme de instrução, numa 2ª Fase incluiu o fardamento de serviço interno para Oficiais Generais e numa 3ª Fase, (não implementada), seria completado com os uniformes de passeio e de cerimónia. Também sem regulamentação específica, foram aprovados os modelos de material de aquartelamento fundamental para equipamento das unidades ativados. O fornecimento dos fardamentos e materiais referidos foi feito pelas Oficinas Gerais de Fardamento e Equipamento (OGFE), de Portugal, que para concretização das encomendas e elaboração dos necessários contratos, manteve com regularidade um ou dois Oficiais em Luanda. O conceito estudado pela assessoria portuguesa para o levantamento do Exército[236] assentou numa progressão sequencial, que se interligou com a formação da Força Aérea e da Marinha de Guerra Angolana.

---

[236] A programação sequencial seguia as seguintes fases: 1ª Fase: Nomeação do Comando Superior; 2ª Fase: Nomeação do EMGFA e do CLI e cursos de formação no Huambo com colaboração do IAEM de Portugal; 3ª Fase: Nomeação do 1º Grupo de Instrutores, curso de formação dos instrutores (Oficiais e Sargentos) da Escola de Formação de Oficiais (EFO), da Escola de Formação de Sargentos (EFS) – respetivos Quadros Orgânicos; 4ª Fase: Nomeação dos Quadros Orgânicos dos Centros de Instrução, cursos de formação na EFO e EFS para os Oficiais, os Sargentos e as Praças do CI a serem utilizados na formação do dispositivo territorial do Exército; 5ª Fase: Nomeação dos Oficiais da estrutura de comando em cursos sucessivos no ISEM, em Luanda, ministra-se o curso de formação aos Oficiais Generais e Coronéis progressivamente incorporados nas FAA; 6ª Fase: Nomeação das Unidades do Sistema de Forças Em turnos sucessivos, ministra-se o curso de formação aos Oficiais, Sargentos e Praças de todo o sistema territorial de modo a que, em cada caso, se garantissem as estruturas de comando de controlo e de comunicações e da cadeia logística de sustentação das forças e, só depois desta, da componente operacional. In *Relatório Sumário de Fim de Missão – Missão Temporária de Portugal junto das Estruturas do Processo de Paz em Angola – Componente Militar*, 14 de outubro de 1992, pp. 13-14.

1.4.4. A extinção da Comissão Conjunta para a Formação das Forças Armadas. Um revés no processo de formação das FAA

De abril de 1992 a 27 de setembro do mesmo ano, data oficial da extinção da Comissão Conjunta para a Formação das Forças Armadas, esta desenvolveu, segundo Tomé Pinto, um trabalho muito difícil, sob condições político-estratégicas adversas em que os prazos estabelecidos eram manifestamente insuficientes para planeamento e operacionalização do processo de decisão político-militar necessário para se reestruturar, desmobilizar e edificar umas Forças Armadas saídas de um processo destruturante, onde se pretendia juntar à mesma mesa combatentes e guerrilheiros que combatiam entre si há pelo menos 15 anos (2010/2011). Entretanto, o trabalho da administração central continuou a processar-se com alguma lentidão ou de forma teórica, havendo um afastamento entre o processo de decisão política e as dinâmicas ao nível operacional, inviabilizando que o processo de formação das FAA fosse mais célere, expedito e proativo, pois a aprovação das Diretivas, era sempre vista com relativa desconfiança política e objeto de discussão.

A Comissão Nacional Eleitoral viria a tomar posse a 9 de maio de 1992 e tudo o mais passava a ser secundário, pois o processo político-eleitoral passaria a dominar a agenda internacional sobre Angola e o processo de formação das FAA passaria para segundo plano relativamente à importância para consolidar a paz em Angola. Mantém-se a propaganda hostil Governo/UNITA/Governo. No âmbito militar, inicia-se a desmobilização, ansiosamente esperada, para garantir a extinção das FAPLA e das FALA e para "libertar" militares para constituírem as FAA. Na área da formação das Forças Armadas foram aprovadas, em maio de 1992 pela CCPM, as Diretivas 6, 7, 8, 9 e 10. Porém, a nomeação do 2º grupo de formadores (300 Oficiais e 600 Sargentos e Praças) que se pretendia que fosse iniciada em fevereiro só teve lugar em abril, tendo-se aberto a Escola de Formação de Sargentos (EFS) em Benguela. Estes graduados destinavam-se, em conjunto com os assessores, a instruir os militares que iriam constituir o corpo de instrutores base dos Centros de Instrução do Soyo, Ndalatando e Lubango, entretanto recuperados e em razoáveis condições de operacionalidade. Em cada Centro foram colocados 3 a 4 instrutores militares portugueses e 1 ou 2 do Reino Unido ou da França, procurando cobrir todas as áreas da formação e se possível com equipas multinacionais, para conferir, segundo

OS PRELIMINARES DA FORMAÇÃO DAS FORÇAS ARMADAS ANGOLANAS

Tomé Pinto, mais transparência ao processo de formação das FAA. Criou-se entretanto em Luanda, o Instituto Superior de Ensino Militar (ISEM), onde se iniciaria em finais de junho, o 1º Curso de Formação de Oficiais Superiores das FAA (Figura Nº 17).

Em julho de 1992 estavam em instrução cerca de 5 mil militares das FAPLA/FALA em todas as Escolas, Centro de Instrução e no aquartelamento de Cabo-Ledo, onde a assessoria Portuguesa da Força Aérea estava presente desde o início de junho de 1992, onde se procuraram criar as condições para o levantamento da própria Base Aérea e para a formação do núcleo inicial dos instrutores da Força Aérea e da Marinha de Guerra Angolana. Tomé Pinto sublinha o interesse e empenhamento dos militares recrutados que constituíram as novas Forças Armadas de Angola, em especial o enorme empenhamento dos militares e oficiais generais angolanos que constituíam a CCFA e que se empenharam na formação das FAA, ultrapassando clivagens político-ideológicas que derivava das guerras entre MPLA/FNLA/UNITA. Os militares assumiam a iniciativa de fazer a paz, construindo um novo mecanismo, que Tomé Pinto, define como umas novas Forças Armadas, para um novo país, que desejava a paz e o desenvolvimento (2010/2011).

Em Luanda, foram levantados os Regimentos de Intendência, de Material, Transportes, Transmissões e de Polícia Militar. Em 26 de agosto de 1992 dá-se a tomada de posse oficial dos Chefes do Estado-Maior do Exército e da Força Aérea e dos Comandos das Regiões Militares.

Em setembro de 1992, após reiteradas insistências, é iniciado um turno de instrução com 3200 militares destinados a concluir a estrutura de Comando, levantar os Regimentos ainda em falta (o Centro de Formação do Uíge seria totalmente recuperado pelo Reino Unido) e a formar as primeiras Unidades Operacionais. Esse Turno permitiria criar condições para que os Regimentos formados prosseguissem, eles próprios, através dos seus Batalhões de Instrução, a formação dos militares que entretanto deveriam ter sido reunidos em acantonamentos provisórios. Era o fecho da formação das FAA, dado que a Força Aérea e Marinha (onde a UNITA já tinha feito apresentar parte do pessoal com que iria participar, 12 e 10%, respetivamente) seriam formados *on job training* com o pessoal instruído em Cabo-Ledo. Este período termina com a extinção formal das FAPLA e FALA declarada em 27 de setembro de 1992 e com a tomada de posse no dia seguinte, dos militares de mais elevada patente e "influência" nos

AS FORÇAS ARMADAS ANGOLANAS COMO ELEMENTO DO POTENCIAL ESTRATÉGICO...

dois grupos dos ex-Movimentos de Libertação, agora partidos políticos, com expressão militar. A chefia do Estado-Maior General das FAA constituída assumiria a tarefa de continuar a formação das FAA, nos moldes que lhes tinha sido proposto pela assessoria e conforme estipulado pela CCFA (Tomé Pinto, 2010/2011).

Entre setembro de 1992 e 15 de dezembro de 1992 e apesar de o ato eleitoral ter decorrido com civismo e grande afluência popular (segundo a observação internacional presente), os resultados não foram aceites pela UNITA e passados dias reabrem-se as hostilidades que uma vez mais levaram o povo Angolano para a guerra. Apesar deste ambiente, a Assembleia Nacional tomou posse, elegeu os deputados e outro tanto acontece com o Governo em 14 de dezembro de 1992 em conformidade com os resultados eleitorais. Como podem observar depois da rejeição dos resultados por parte da UNITA, ainda algumas tentativas políticas se fizeram no sentido de trazer à mesma a razão e evitar que o processo de paz evoluísse para o retorno a guerra. Salientam-se as reuniões realizadas do Namibe, Adis Abeba, Abidjan e igualmente Lusaka, que viria o seu esforço complementado com o acordo sobre as linhas gerais do *Memorando de Entendimento do Luena* e com a assinatura do cessar-fogo definitivo a 4 de abril de 2002 (negociado e assinado, por ironia do destino, entre dois militares que fizeram parte das FALA).

Em síntese, e no que se refere à formação das FAA podemos sublinhar o esforço e dedicação dos elementos militares e civis envolvidos na formação tendo-se atingido, no exercício, 40% do Sistema Territorial e 9% do Sistema de Forças Operacionais. A Força Aérea e a Marinha de Guerra Angolana foram redimensionadas para os efetivos, determinados nos Acordos de Paz (6 e 4 mil homens) e criaram-se condições para que o EMGFAA prosseguisse o processo de formação que veio a fazer-se de modo acelerado, algo diferente do previsto inicialmente, mas efetivo, permitindo defender a soberania e a integridade territorial e garantir a salvaguarda das instituições democráticas resultantes das eleições e assim promover a paz e o desenvolvimento de Angola. Neste processo, muitos dos princípios, orientações, normativos jurídicos, sistemas de força implementados (operacionais, formação, etc.) e outras decisões político-militares tomadas no seio da CCFA, com a participação ativa do Governo, MPLA, UNITA, constituem ainda atualmente a "matriz de base" das atuais Forças Armadas Angolanas.

OS PRELIMINARES DA FORMAÇÃO DAS FORÇAS ARMADAS ANGOLANAS

Contudo, a extinção da CCFA, realizada apressadamente antes das eleições, é referida por Tomé Pinto no seu *Relatório Sumário de Fim de Missão* para a componente militar da *Missão Temporária de Portugal Junto das Estruturas do Processo de Paz em Angola*, datado de 14 de outubro de 1992, como a sensação do trabalho inacabado (transferindo os trabalhos e responsabilidade para o embrião das FAA, assessorado por militares em cooperação militar bilateral). A este propósito aponta mesmo, nas considerações finais, que o processo de formação das FAA se iria necessariamente prolongar para além dessa data (eleições e tomada de posse do Governo) por solicitação das partes, pois *"...a 'obra' se continuará pelo tempo não é de excluir que por entendimento entre Governos se desenvolva uma forte componente de cooperação na área militar fator que consolidará o sistema que foi definido no período antes enunciado..."* (p. 26). Aspeto que teve, em nossa opinião, dois impactos diretos na edificação das FAA: Em primeiro lugar, inviabilizou a formação cabal das FAA e eventualmente a consolidação da paz em Angola e, em segundo lugar, para Portugal, permitiu positivamente para criar as raízes para o desenvolvimento de uma Cooperação Técnico-Militar entre Angola-Portugal, que se prolonga, sem interrupções e com Programas Quadrianuais, até ao presente.

2. A morte de Jonas Savimbi[237] e os Acordos de Luena (4 de abril de 2002)

O atribulado caminho percorrido por Angola que conduziu à criação de um Exército único e às atribulações político-militares que se seguiram às eleições de 1992 dificultaram (inviabilizaram) a materialização do preceituado em 1991 nos Acordos de Bicesse, onde as Forças Armadas Populares de Libertação de Angola e as Forças Armadas de Libertação de Angola deveriam fundir-se num Exército Nacional. A não materialização deste desiderato conduziu o país a um dos mais difíceis períodos da sua

---

[237] Jonas Malheiro Savimbi nasceu a 3 de agosto de 1934, em Munhango, uma povoação situada ao longo do caminho-de-ferro de Benguela. O seu pai, Loth Malheiro Savimbi *"...era um homem de espírito forte e independente, de quem herdou a determinação e perseverança que viriam a moldar tanto o seu carácter como a influenciar definitivamente o futuro do seu país..."*, Jonas Savimbi viria a falecer em 22 de fevereiro de 2002 em combate, na região do Moxico, como havia previsto o seu biógrafo "oficial" – o jornalista Fred Bridgland (Bridgland, 1988, p. 239).

História. Contudo, a mesma História também nos recorda que é feita de momentos, de Homens e de contextos geopolíticos próprios que marcam viragens e que definem o rumo da própria História e da Nação. Segundo este paradigma, na história recente da República de Angola, a morte de Jonas Malheiro Savimbi, em 22 de fevereiro de 2002, por forças do governo, parece ser um desses períodos em que a morte de um homem marca um rumo, em que a morte e enfraquecimento moral de uma fação político--militar permitiriam o diálogo e a emancipação de uma Nação, pois que desaparecia segundo João Soares "...*um dos grandes e últimos líderes nacionalistas africanos, na linha de Senghor, Mandela, Amílcar Cabral... Os soldados que carregaram o caixão eram inimigos, a mulher que chorou não era a sua, a terra onde ficou não lhe pertencia. Só a bandeira em que enrolaram era a dele, a bandeira da UNITA por ele criada em 1966 e à qual dedicou a vida...*" (2003, p. 140).

A pressão internacional para isolar a UNITA e o empenho militar que o governo de Angola vinha conduzindo para derrotar o seu centro de gravidade político-estratégico – Jonas Savimbi, viria a ter consequências operacionais e a rendição total da UNITA avizinhava-se para breve. Em 25 de fevereiro de 2002, três dias após a morte do líder da UNITA, José Eduardo dos Santos (em visita a Lisboa) anunciava o recomeço das negociações e a 2 de março na vila de Cassamba, na província do Moxico, segundo Aaron Griffiths, o governo contacta a liderança "moribunda" da UNITA no sentido de preparar o terreno para o cessar-fogo (Meijer, 2004, pp. 24-25).

A criação de uma "*Comissão de Gestão da UNITA*" na sequência da morte do Vice-Presidente (António Dembo) que passou a ser liderada pelo Secretário-Geral da UNITA, General Paulo Lukamba "Gato", representava a linha militarista do Movimento, enquanto se assiste ao surgimento da "UNITA-Renovada" uma fação do movimento mais politizada e que integrava elementos do Governo de Unidade e Reconciliação Nacional (GURN)[238]. Esta bicefalia político-militar obrigada o MPLA a fazer jogo duplo e a negociar aspetos diferenciados dos Acordos de Bicesse e do Protocolo de Lusaka com ambas as partes, no intuito de estabelecer um plano

---

[238] Meijer, Guus (2004) – *The End of War – The Memorandum of Understanding.* London, *Conciliation Resources Accord,* Issue 15, *From Military Peace to Social Justice? The Angolan Peace Process.* [*http://www.c-r.org/our-work/accord/angola/portuguese/memorando-entendimento-luena.php*]

que conduzisse ao cessar-fogo, à desmilitarização, à criação do Exército Nacional Angolano e ao fim das hostilidades[239].

As perspetivas para a cessação definitiva das hostilidades pareciam promissoras. O General Geraldo Sachipengo Nunda das FAA e o Chefe do Estado-Maior da UNITA, General Abreu Muengo Ukwachitembo "Kamorteiro", assinaram um 'pré-acordo' de cessar-fogo em Cassamba, a 18 de março. Continuaram a aparecer relatos de combates em diversas partes do país, mas o governo minimizou a sua importância, insistindo que se deviam apenas a *"...falhas de comunicação..."* com os combatentes no terreno e que a luta tinha que continuar pois entretanto o representante da UNITA em Paris, Isaías Samakuva, tinha sido eleito líder interino da UNITA[240] (Idem, p. 26).

Na sequência da morte de Jonas Savimbi e das conversações posteriores, nomeadamente após a segunda ronda de conversações em 20 de março, foi possível reajustar os termos dos documentos negociados pela sociedade internacional para a paz em Angola e ser assinado a 4 de abril de 2002[241], em Luanda, o *Memorando de Entendimento de Luena*[242] (Figura Nº 15) (Anexo B – Documento Nº 17). O general Samuel Chiwale,

---

[239] Conversações preliminares entre as FAA e os generais das FALA começaram a 15 de março com uma reunião exploratória de dois dias com o general Paulo Lukamba "Gato", na base da UNITA no Moxico, mas foi o general Samuel Chiwale que liderou a delegação da UNITA nas conversações. Facto importante, a presença do ex-General da UNITA que ingressara nas FAA em 1993, e liderava operações militares recentes, general Geraldo Sachipengo Nunda (na altura, Chefe do Estado-Maior Adjunto das FAA) que liderou a delegação do governo nestas conversações preliminares. Alegadamente, pode dever-se a ele o estabelecimento de boa relação com os seus antigos camaradas de armas e que teria mais facilmente contribuído para o estabelecimento dos Acordos de Luena e do cessar-fogo (Chiwale, 2008, pp. 123-155).

[240] Os elementos da UNITA sedeados na Europa acabaram por emitir uma declaração exprimindo o seu apoio total à liderança do General Lukamba "Gato" e dando à equipa negociadora um mandato mais claro para chegar a um acordo. A 25 de março de 2002, 55 dos 70 deputados sedeados em Luanda apoiaram uma declaração de apoio total a Lukamba "Gato" e à sua Comissão de Gestão – sendo os outros 15 seguidores de Eugénio Manuvakola, da UNITA-Renovada

[241] O acordo militar foi assinado a 30 de março, abrindo caminho para a assinatura oficial a 4 de abril em Luanda. Esperava-se que Lukamba "Gato" assinasse pela UNITA, mas ele não compareceu. No seu lugar surge o ex-Comandante Geral da UNITA, general Samuel Chiwale. Em 4 de abril, os dois Comandantes-em-Chefe (Armando da Cruz Neto pelas FAA e Abreu Muengo Ukwachitembo pelas FALA) assinaram o *Memorando de Luena* (Meijer, 2004, pp. 26).

[242] Designado oficialmente por *Memorando de Entendimento Complementar ao Protocolo de Lusaka para a Cessação das Hostilidades e Resolução das Demais Questões Militares Pendentes nos Termos do*

AS FORÇAS ARMADAS ANGOLANAS COMO ELEMENTO DO POTENCIAL ESTRATÉGICO...

ex-Comandante Geral da UNITA e membro dos "Onze Chineses", na sua autobiografia *Cruzei-me com a História* relata que no momento da assinatura do Acordo "*...a nossa participação nesse processo [cessar fogo] seja para uma paz efectiva e que entremos, nunca, na longa lista daqueles que traíram a causa pelas quais lutaram, onde muitos de nós, incluindo o presidente fundador, deram as suas vidas – disse a mim próprio...*" (Chiwale, 2008, p. 303).

> "*...A Delegação das Forças Armadas Angolanas, mandatada pelo Governo da República de Angola; a Delegação das Forças Militares da UNITA, mandatada pela sua Comissão de Gestão; na presença da ONU e dos Países Observadores; Considerando que o Protocolo de Lusaka, o instrumento legal e político para a resolução do conflito angolano, não conheceu a evolução positiva esperada para a sua conclusão definitiva; Considerando que a crescente e premente necessidade de se obter a paz e a reconciliação nacional em Angola se afigura imperativa e urgente, e exige primeiro a cessação do conflito armado entre a UNITA e o Governo, promovendo, para este fim, iniciativas apropriadas para a conclusão definitiva do Protocolo de Lusaka...*"

> In, *Memorando de Entendimento Complementar ao Protocolo de Lusaka para a Cessação das Hostilidades e Resolução das Demais Questões Militares Pendentes nos Termos do Protocolo de Lusaka*, 2002, p. 2.

A assinatura do Acordo de Luena marcou o fim da guerra em Angola, passando assim a conhecer novos rumos na edificação do país e na paz definitiva e veio reforçar a capacidade e o espírito de corpo dos membros das FAA, cuja missão passou a ser constitucionalmente estabelecida, nos termos do art. 207 n.º 1 da Constituição da República de Angola e desenvolvido na Lei nº 2/93 de 26 de março de 2003, "Lei de Defesa Nacional e das Forças Armadas" de Angola. A confiança que a nação deposita no seu Exército emanava do profissionalismo da instituição e de identificação com as aspirações nacionais, da sensibilidade que importa para compreender o presente, aliada à capacidade de adaptar-se à evolução dos cenários, modernizando-se sem abandonar os valores básicos que caracterizaram as instituições que antecederam e seus líderes militares (nomeadamente os que morreram) (Ita, 2011).

Protocolo de Lusaka (Anexo B – Documentos sobre a Edificação das Forças Armadas de Angola (1982-2007)).

A UNITA recebeu do Parlamento Angolano uma amnistia total, aprovada unanimemente dias antes da assinatura, e foi a primeira vez que uma proposta foi aprovada unanimemente pela Assembleia, mas a reação dos observadores internacionais foi menos entusiasta. Havia a sensação de que o "Memorando de Luena" fora um pacto entre dois Exércitos, excluindo outras forças políticas, afastando das conversões Holden Roberto (o único dos três lideres iniciais dos Movimentos de Libertação que ainda estava vivo)[243] nesse período.

Fonte: [http://www.enciclopedia.com.pt/articles.php?article_id=1216].

FIGURA Nº 15 – **Assinatura do Memorando de Entendimento de Luena (2 de abril de 2002) General Armando da Cruz Neto (FAPLA) e General Abreu Muengo Ukwachitembo "Kamorteiro" (FALA)**

[243] A assinatura do *Memorando de Luena* marcou o fim da guerra e o início do cessar-fogo, em que se seguiu-se um período de maior contacto entre os dois lados. A CMM acabou por ser considerada inadequada para completar todas as tarefas, para além das de natureza militar e assim a *Comissão Mista de Lusaka* foi ressuscitada durante alguns meses no final de 2002, sendo desativada em novembro, após o que as Nações Unidas levantariam as últimas sanções à UNITA. [http://www.mpdaangola.com/blog/o-fim-da-guerra-o-memorando-de-entendimento-de--luena.html]

CAPÍTULO III

A POLÍTICA DE DEFESA NACIONAL EM ANGOLA APÓS 2002

> "Havendo a necessidade imperiosa de se adequar as Forças Armadas Angolanas, através de um processo de reedificação, no sentido de propiciar um modelo de forças Armadas, ajustada a estatura político-estratégica do País e que assegure a autonomia de decisão político-militar, poder de dissuasão e a defesa militar, bem como a preparação e desenvolvimento das Forças Armadas...".

> *Diretiva do Presidente da República e Comandante-em-Chefe sobre a Reedificação das Forças Armadas Angolanas*, julho, 2007, p. 16

1. A reformulação da Política de Defesa Nacional em Angola após Luena

Os importantes acontecimentos ocorridos na região Leste do país nos finais de 2001 e início de 2002, (referimo-nos nomeadamente à morte do líder da UNITA, Jonas Savimbi, em 22 de fevereiro de 2002), na região do Moxico, permitiram o desenrolar das conversações para a paz entre os responsáveis das Forças Armadas Angolanas (MPLA) e das Forças Militares da UNITA (FALA) e consequentemente levaram à assinatura do Memorando de Entendimento complementar ao Protocolo de Lusaka, no dia 4 de abril de 2002 (em Luanda), o que veio a produzir profundas e, em algumas situações, radicais mudanças de forma e de conteúdo nas *Políticas de Defesa e Segurança Nacional*[244]. Porém, à medida que o Governo procurou consoli-

---

[244] Perante esta situação acresce salientar que a Política de Defesa Nacional não deve ser referida somente a aspetos de ordem material, mas deve considerar também os fatores morais e psicológicos, pois de nada servirá adquirir e acumular meios bélicos, se aqueles que são

dar a paz, os desafios foram-se tornando mais significativos, colocando-se ao país e com particular acutilância ao MDN e às FAA, a necessidade de reorientação das suas políticas funcionais, legislativa e estrutural de modo a garantir-lhes os melhores padrões de eficácia e eficiência.

De tal modo que a modernização das estruturas e órgãos nestas vertentes foram definidas como sendo uma prioridade imediata, em matéria de estratégias a desenvolver no sentido de melhor contribuir para a paz[245]. Deste modo, ressalta a atraso na adequação das estruturas orgânicas do MDN, cujo trabalho de reforma se encontrava numa fase de estudo desde a implementação dos Acordos de Bicesse. Outro vetor do espaço organizativo e estrutural está ligado à elaboração, conclusão, revisão, e atualização de cada um dos diplomas e documentos constituintes do edifício legislativo da Defesa Nacional e das Forças Armadas, que vinha sendo implementado pela Comissão Conjunta Política e Militar e especialmente pela Comissão Conjunta para a Formação das Forças Armadas desde os Acordos de Bicesse (Tomé Pinto, 2010) (Ita, 2011).

Neste período, procedeu-se à revisão do esboço do projeto sobre a Lei de Defesa Nacional e das Forças Armadas[246] no sentido de estabelecer não só os princípios fundamentais da organização e funcionamento da Defesa Nacional, mas também definir as bases gerais da organização, funcionamento e disciplina das Forças Armadas e, ainda as bases gerais da condição militar. A par desta legislação, foi preciso atualizar e/ou rever o projeto sobre a definição do Conceito Estratégico de Defesa Nacional (CEDN) de forma a definir os aspetos fundamentais da estratégia global do Estado para a consecução dos objetivos da Política de Defesa Nacional – PDN[247]

---

chamados a utilizá-los se retraírem no comprimento da sua missão, por não disporem de um forte espírito de corpo (Malaquias, 2010).

[245] Conforme refere o Coronel Justino da Glória Ramos, assessor político-diplomático do Ministério da Defesa Nacional de Angola no documento *Reflexão sobre as linhas para a Estratégia do Ministério da Defesa Nacional e Forças Armadas face ao novo quadro político do país*, elaborado pelo Gabinete do Vice-Ministro para a Política de Defesa Nacional – Luanda – abril de 2002.

[246] Lei nº 2/93 de 26 de março, publicado no Diário da República de 26 de março de 1993 (Nº 12 – I Série) e de acordo com alínea g) do Art. 89 da Lei Constitucional da República de Angola.

[247] Art. 2º da Lei nº 2/93 de 26 de Março (Lei de Defesa Nacional e das Forças Armadas) a "...*Política de Defesa Nacional consiste no conjunto coerente de princípios, objetivos, estratégias, orientações e medidas adoptadas para assegurar a Defesa Nacional, nos termos definidos no Art. 1.º da presente Lei [LDNFA]. A política de Defesa Nacional tem carácter permanente e preventivo, âmbito interministerial e natureza global. O âmbito interministerial da Política de Defesa Nacional traduz-se na obrigatoriedade*

A POLÍTICA DE DEFESA NACIONAL EM ANGOLA APÓS 2002

para que responda à nova conjuntura (as grandes opções do CEDN foram objeto de algum debate na Assembleia Nacional) e reorienta o país para os seus objetivos de paz e desenvolvimento (Art. 2º e 5º da LDNFA).

Assim, o aparelho militar angolano, necessitou urgentemente de ser reformulado e redimensionado, necessitando-se de orientações político-estratégicas que derivaram do Conceito Estratégico Militar (Art. 23 da LDNFA) que foi elaborado pelo Conselho de Chefes do Estado-Maior, onde se retirariam as principais linhas definidoras do Sistema de Forças Angolano a manter, do Dispositivo e Sistema de Forças Militar e das Missões das Forças Armadas (Art. 24º e 25º da LDNFA), entre outros documentos estruturantes, que importava consolidar para dinamizar e melhor estruturar a componente de Defesa e organizar umas Forças Armadas acabadas de sair de um período longo de guerra interna. De ressaltar ainda que o processo de planeamento estratégico assentou na doutrina estratégica Portuguesa, tendo não só o processo a implementar, como os documentos produzidos, derivados da aprendizagem e cooperação ao nível da assessoria militar Portuguesa que existia desde 1991. Recorde-se que Portugal também aprovou o seu CEDN em finais de 2003, havendo durante o ano de 2001/2002, discussão pública sobre as grandes opções do CEDN (Ibidem) (Serra, 2010).

As opções estratégicas, que ao nível da tipologia de Forças Armadas, levantam a necessidade de organização, a interligação entre os Ramos, a sua modernização estrutural e consequentemente do seu material, definir qual a natureza desejável do Sistema de Forças Nacionais e a sua expressão qualitativa e quantitativa, qual a estrutura de comando e controlo adequada aos condicionalismos da estratégia operacional, qual a organização mais eficaz para o apoio logístico e a sustentação das forças, qual a composição do dispositivo em tempo de paz e como evoluirá para o tempo de guerra, que efetivos devem ter as Forças Armadas, (nas suas componentes de pessoal militar e de pessoal civil) foram alguns dos aspetos que obrigavam à reflexão angolana e que serviram de pretexto para uma profusão de assessorias militares, multiplicando e propiciando o surgimento de diversos parceiros para a cooperação militar em Angola, envolvendo concretamente as suas

---

de todas as estruturas Governamentais concorrerem para a sua execução. A natureza global da Política de Defesa Nacional traduz-se na integração de uma componente militar e componentes não militar...".

Forças Armadas, e que se tem mantido até à atualidade (Correia de Barros, 2011) (Njele, 2011).

Apesar de não elegerem grandes opções estratégicas para as Forças Armadas, não constituiu entrave para quem decide, que outros diplomas, tais como os projetos de Lei das Carreiras Militares e do Estatuto Remuneratório dos Militares das Forças Armadas (em planeamento desde 2002) passassem a carecer de uma atenção especial, em que a atualização e equiparação dos vencimentos dos militares se encontrava desajustada em relação às de outras profissões do mesmo nível e que mereceu também a iniciativa do MDN de Angola. As Forças Armadas, tal como as magistraturas e as polícias, por exemplo, eram vistas como um mero departamento da administração pública, com identidade de funcionário público, a par dos vencimentos e do estatuto militar. Nesse período, salientava ainda Justino Ramos que:

> *"...se ainda há soberania e independência a assegurar, tal requererá a existência das Forças Armadas, tal como existem. De tal forma, terão de ser, portanto, intervenientes directos na apreciação e decisão sobre estes aspectos o Governo, através do Ministério da Defesa Nacional, e da Assembleia Nacional...".*

(Ramos, 2002, p. 11)

Com as mutações que se operavam no contexto político-militar angolano tornou-se necessário iniciar uma reflexão sobre a dignificação da condição militar e sobre as perspetivas de carreira. Neste contexto, a criação de uma orientação político-estratégica semelhante à Lei de Programação Militar (Portuguesa) foi objeto de apurado estudo e reflexão, tendo incorporado a programação de plano e médio prazo, o investimentos público e a ativação do Plano de Reequipamento das FAA, bem como das infraestruturas de Defesa, da mesma forma que a necessidade de uma efetiva dinamização das opções estruturantes da profissionalização das Forças Armadas, em ligação com as ações de dignificação da condição militar, aspetos que passaram a constituir uma preocupação para o Estado, embora grande parte dos estudos nunca tenham saído do papel e aqueles que foram conceptualmente levantados, nunca tivessem sido cabalmente aplicados.

Contudo, o início do processo de reforma e de modernização das Forças Armadas, na consolidação de um novo quadro conceptual, assente no aprofundamento da reestruturação e redimensionamento das Forças Armadas e no desenvolvimento coerente e sustentado da programação militar[248], implicava uma redução do tempo de prestação do Serviço Militar Obrigatório (SMO), pois as necessidades de efetivos (derivadas do conflito interno) tinham trazido para as fileiras muitos milhares de jovens que engrossavam os quadros das FAA e como era hábito, os recrutamentos forçados no período do conflito tinham um início, mas não se marcava a data para o final da prestação do seu contributo para a nação Angolana, pois esta estava em guerra e precisava deles a todo o tempo. Esta redução tinha em vista os objetivos fundamentais do Estado para que se mostrem conciliáveis com a estrutura e as suas missões de forma que os jovens possam corresponder com os anseios relativos à construção das suas vidas pessoais e profissionais numa fase que lhes são determinantes e que a nação lhes exige.

O projeto de redimensionamento, reintegração e desmobilização dos quadros excedentes das Forças Armadas que deveria ser coerente com o modelo organizacional adaptado, foi considerado elemento essencial para garantir tanto os equilíbrios orçamentais e um investimento preferencial na modernização qualitativa das Forças Armadas, com a consequente dignificação das carreiras dos militares, indispensável para assegurar uma crescente motivação profissional, aspeto que não viria a acontecer com esta clareza, pois constata-se que, com base nos dados disponíveis que o efetivo das FAA não sofreu grandes variações entre 2002 e 2011 (mantendo-se em cerca de 107 000 militares)[249].

Cabe ainda referir que se procurou definir, em termos inovadores, como dotar os organismos e serviços centrais de quadros de pessoal próprios e ajustá-los às suas missões específicas, quer para os cargos de direção, chefia e de apoio técnico a ser implementado com a criação de uma mentalidade de operacionalização e acompanhamento das estruturas em matéria de atribuições organizativa e funcional. Por conseguinte, foi necessário

---

[248] O principal vetor da reestruturação e redimensionamento das Forças Armadas constituiu na adoção de um novo modelo organizacional, assente na prestação regular do serviço militar. Significa dizer que a Lei do Serviço Militar mereceu uma revisão, estabelecendo uma inovação histórica no recrutamento dos efetivos em tempo de paz, pois sendo o Serviço Militar Obrigatório, dever-se-á também criar um sistema de incentivo para interessar os jovens na prestação deste mesmo serviço nos regimes de voluntariado e de contrato sempre de acordo com as necessidades das Forças Armadas e dos interesses do Estado (Correia de Barros, 2010).

[249] Cf. Dados do *Military Balance 2011* [*http://www.iiss.org/publications/military-balance/the-military-balance-2011/*]

mobilizar e responsabilizar as pessoas (políticos e militares) envolvidas, porque as reformas só atingiriam os índices desejáveis de sucesso se feitas com a participação dos protagonistas "*...enquanto autênticos agentes da modernidade, reforçando os circuitos de informação, congregando energias e atualizando procedimentos, através da aplicação de novas dinâmicas de trabalho...*" (Ramos, 2002, p. 14).

As reformas para a modernização funcional e organizativa das FA visavam não só melhorar a eficácia do sistema governativo, como também melhorar o desempenho em relação àqueles que prestam serviços nos órgãos centrais e serviços na vertente da defesa e da segurança. A inserção das Forças Armadas na administração direta do Estado, tal como acontece nos países mais desenvolvidos, pressupõe a reorganização do Estado-Maior--General, do Exército, da Força Aérea Nacional Angolana e da Marinha de Guerra Angolana, no sentido do reforço da sua componente operacional, garantindo maior eficácia e modernidade, procurando num "equilíbrio conjunto", uma maior operacionalidade em prol da segurança e do apoio ao desenvolvimento do país, pois constituíam-se nos aspetos primordiais no período pós-guerra interna. Por outro lado, tornou-se necessário esclarecer, clarificar e aplicar os princípios doutrinários geradores da Política de Defesa Militar, consequente com a nova situação política e conceber de forma inovadora, as soluções organizacionais ajustadas à realização dos objetivos definidos, isto é, uma defesa militar racionalizada, para ser construída ao longo de um período de tempo (por fases) formando um conjunto de sistemas operacionais parcelares coerentes entre si e no seu todo, de forma a dar satisfação aos requisitos operacionais que encontrarão justificação lógica nas realidades histórica, política, económica e geográfica concreta de Angola, nomeadamente para fazer face às ameaças regionais[250], embora a teoria estratégica não tenha, em alguns aspetos, dado lugar à doutrina operacional (Correia de Barros, 2011).

Internamente, pretendeu-se fortalecer a coesão nacional e contribuir para uma educação cívica e patriótica dos efetivos das Forças Armadas, em linha com as doutrinas políticas soviéticas do que se chamou "educação

---

[250] Importa ter uma noção clara e realista de que o fator primordial no xadrez regional foi e continua a ser, o "poder" efetivo dos Estados, cujo garante são as suas Forças Armadas e estas devem estar assentes em padrões de rigor em matéria de organização, controlo, gestão e disciplina, mas serão sempre o reflexo do ensino militar (Tomé Pinto, 2010).

A POLÍTICA DE DEFESA NACIONAL EM ANGOLA APÓS 2002

patriótica". Este é um processo que se prolongou no tempo, pois há que também garantir adequados e justos processos de seleção para os lugares de responsabilidade e de chefia. Para uma real adaptação filosófica, conceptual e doutrinária, as Forças Armadas necessitaram de propiciar uma maior abertura e de criar sistemas que dissipem a desconfiança do passado (derivada do clima de guerra), e cimentem a confiança dos seus integrantes e convençam os opositores sobre o seu caráter apartidário e sobre a sua unidade e unicidade, aspeto que foi aplicado com dificuldades, embora, conforme se pode constatar pelo crescente número de notícias diárias sobre a segurança e defesa em Angola e sobre as FAA, esta abertura à comunicação social e aos *media* está aos poucos a alterar a imagem das Forças Armadas Angolanas no seio da população. Em todas essas dimensões estiveram em jogo as decisões que moldaram as estruturas de Defesa Nacional e das Forças Armadas, e que pretendiam consolidar a unidade patriótica interna e contribuir para a consolidação da posição geoestratégica de vizinhança como potência regional em ascensão (Ibidem).

1.1. A criação dos Estabelecimentos de Ensino Militar. A alavanca da modernidade na formação das Forças Armadas de Angola

Não obstante o MDN e as Forças Armadas possuírem um leque de quadros com alguma formação académica (derivado da formação feita nas Academias Militares dos países parceiros) em termos de qualidade, a formação profissional (militar) constituiu um domínio em que se procurou investir com elevada prioridade, tendo sido imprescindível a definição de programas de formação que permitam conhecer e aperfeiçoar os assuntos de natureza militar, económica, política, jurídica ou outros de interesse para o MDN e para as Forças Armadas, participando assim, na medida das suas responsabilidades, na formação e defesa ativa dos interesses nacionais. Este propósito pretendeu ajustar-se a um adequado equilíbrio entre a necessária especialização (muito em particular no que concerne às matérias militares, políticas, económicas e de Relações Internacionais) e a capacidade de análise global dos problemas que ao Ministério da Defesa e às Forças Armadas forem colocados pelo Estado ao serviço da Nação.

Uma área a que foi dada uma atenção especial tem a ver com o Ensino Superior Militar, pois para além da formação de quadros no exterior de

Angola (com realce no Brasil e Portugal) uma atenção especial já dada na formação do país, com o melhoramento significativo do funcionamento do Instituto Superior de Ensino Militar (ISEM) e das escolas a nível dos Ramos. A criação de uma Academia Militar (Lobito) e de um Colégio Militar (Luanda) de interesse nacional careceu também de um estudo e da atenção especial a médio prazo. Estas estruturas de ensino militar foram de primordial importância para o futuro das FAA, pelo que todos os esforços foram desenvolvidos neste sentido, para que os cursos de formação militar (de nível médio e superior) pudessem ser ministrados no país, como forma de minorar os efeitos negativos resultantes da insuficiente formação de quadros militares no exterior (em quantidades sempre insuficientes e passíveis de criar incompatibilidades ao nível das doutrinas e procedimentos). De sublinhar também neste campo da formação/educação e no âmbito de uma das componentes da política de cooperação, o MDN e as Forças Armadas analisaram as possibilidades de disponibilizar vagas, nos seus estabelecimentos de ensino militar, para a formação de militares de outros países da região e africanos lusófonos, ainda que seja de forma simbólica e com um espírito de solidariedade iria contribuir significativamente para a operacionalização da APSA como iremos constatar.

Neste contexto, considera o Coronel Justino Ramos, que o cerne do funcionamento das Forças Armadas (2002) é caracterizado pelo imediatismo e rotina do dia-a-dia, sendo necessário melhorar a qualidade técnico-funcional e profissional dos quadros, dotando-os dos conhecimentos necessários para desenvolverem as suas capacidade e habilidades técnico-táticas. Como exemplo, refere ainda que independentemente da importância que se reveste, uma direção de política externa passa também, pela formação do pessoal das Chancelarias de Defesa junto das Missões Diplomáticas no exterior:

> "...onde se pretende conceder atenção especial à nova geração de militares angolanos e naqueles que vão ingressando no quadro dos serviços diplomático-militar e que, naturalmente inexperientes neste domínio, requerem auxilio adicionais de aperfeiçoamento, visando o exercício das suas funções, pois não bastam os estágios de preparação que são efectuados do Ministério das Relações Exteriores (MIREX) no acto das nomeações para o cumprimento das missões respectivas..."
>
> (Ramos, 2002, pp. 18-19)

A POLÍTICA DE DEFESA NACIONAL EM ANGOLA APÓS 2002

É preciso dar-se continuidade na atualização e capacitação metodológica, de forma a dotá-los de conhecimentos indispensáveis ao exercício da sua atividade profissional. Assim, tal desiderato não foi ainda plenamente conseguido, pois a questão não se colocava nos programas de formação intensivo e de nível científico, sempre que possível de especialistas do domínio da História Diplomática, História das Relações Internacionais, Teoria das Relações Internacionais, Economia Internacional, Direito Internacional Público, Direito Diplomático, onde se pretendia dar visão do mundo na época contemporânea em constante mutação, mas o "problema" estava ao nível da seleção, pois o diplomata (militar) só pode exercer bem as suas ações se mantiver um bom conhecimento da vida nacional e internacional em todas as suas facetas e é preciso aproveitar as aberturas e os novos horizontes que a vida diplomática lhes proporciona para o seu enriquecimento individual, humano e intelectual. Aspeto que nem sempre coincidia, pois para alguns, os interesses pessoais e familiares, sobrepunham-se aos interesses do Estado e como a carreira diplomático-militar não existia (nem derivava de uma formação específica) a colocação de militares na função de Adido Militar, nem sempre era a mais transparente e potencialmente útil para a Política Externa de Angola.

Para além do supracitado, a implementação do *Instituto de Defesa Nacional* (IDN)[251], com o objetivo principal de estudar, investigar e dedicar-se ao ensino das questões relacionadas com Defesa Nacional, à semelhança do que existe em Portugal, constitui um elemento central no processo de planeamento estratégico e sobre as reflexões sobre a temática da segurança e da defesa em Angola. Contudo, pela natureza e reduzido tempo

---

[251] O Instituto de Defesa Nacional Angolano (IDN) foi criado ao abrigo do n.º 2 do Artigo 13 do Decreto n.º 15/94, de 8 de abril, Diploma que aprova o estatuto orgânico do MDN, adequado ao Decreto-Lei n.º 4/96, de 12 de janeiro, que estabelece o regime jurídico para os Institutos Públicos, contendo algumas diferenças próprias de especificidades dos organismos de Defesa Nacional. O Decreto n.º 1/98, de 30 de janeiro, aprova o estatuto orgânico do IDN, que foi visto e aprovado pelo Conselho de Ministros (Luanda) em 1 de setembro de 1997, e publicado no Diário da República I Série, n.º 4, de 30 de janeiro de 1998. O IDN é um órgão tutelado pelo MDN ao qual compete o estudo, a investigação e o ensino das questões da Defesa Nacional, dispõe de autonomia científica e pedagógica e é dotado de autonomia administrativa e financeira, que garante a valorização dos oficiais dos escalões superiores das Forças Armadas e de Segurança, bem como dos quadros superiores da administração pública, empresas públicas e privadas. Ministério da Defesa Nacional de Angola. [*http://www.minden. gov.ao/PublicacoesD.aspx?Codigo=346*]

de existência, o Instituto, esta ainda longe de corresponder às espectativas e exigências, ou seja, estavam motivadas por ineficiência na conceção e implementação da Política de Defesa Nacional, aliado à escassez de quadros técnicos e profissionais competentes para a sua estrutura, o que levou a que esta importante instituição de investigação para evoluir tenha de estar dotada de quadros com conhecimentos necessários à elaboração com profundidade, objetividade e cientificidade na análise, a interpretação e a perspetivação das realidades nacional e internacional[252].

Aspeto que corresponde a uma realidade atual, para o conhecimento e a formação de um quadro de "estratégias militares" é um processo contínuo e de caminho lento, mas o caminho faz-se caminhando (Victoriano, 2011).

1.2. As potencialidades de uma Indústria de Defesa em Angola

O Ministério da Defesa Nacional e as Forças Armadas tiveram de enfrentar, no período pós 2001, uma nova fase de reestruturação dos seus instrumentos de poder, nomeadamente o militar, onde se destaca o reequipamento e a modernização dos sistemas de armas, comunicações, fardamento e equipamento, com especial destaque para a Força Aérea Nacional Angolana e a Marinha de Guerra Angolana que era em 2002 praticamente residual. Angola possuía fatores estratégicos que contribuem para formação de um poder subentendido, projetando-se como uma potência militar regional, sendo no entanto necessário que se dê relevância a dois critérios principais da Política Internacional: o potencial económico-tecnológico e as potencialidades para poder desenvolver uma indústria de defesa nacional, aspetos de relevo que as lideranças governativas procuram investirem política e estrategicamente. Todavia, alguns entrevistados salientaram que

---

[252] Com efeito, dada a universalidade do sistema, a tendência para a multipolaridade e complexidade crescente da vida política nacional e regional, pode o IDN promover cursos, seminários, colóquios, reflexões académicas sobre a Defesa e sobre as Forças Armadas, etc., para que tenham as bases suficientes sobre as matérias de Política de Defesa Nacional. A par desta questão, tendo em consideração os objetivos de Angola na região, considerou-se de extrema importância, a criação de um Centro de Estudos Estratégicos, de forma a fomentar uma maior e melhor consciencialização dos assuntos e matérias neste domínio, que veio a acontecer com a criação do Centro de Estudo Estratégico de Angola (CEEA) a que dedicaremos especial atenção (Correia de Barros, 2011).

era necessário que Angola tenha uma estratégia de defesa, porque o poder nacional tem apenas um valor relativo, cujo potencial depende da sua utilização no plano político em que possa servir para alcançar um objetivo determinado. Neste contexto, Angola, para consolidar a paz, tendo em conta os fatores intervenientes acima apontados, o que pressupõe que virá a ser alvo de pressões externas no futuro (fronteiras, imigração ilegal, tráfego marítimo, etc.) terá de manter uma "*...autonomia em termos de defesa, o que servirá também de medida de persuasão para qualquer país que tenha intenção de invadi-la...*", pois é fundamental como garante da soberania nacional (Ramos, 2002, p. 24) (Correia de Barros, 2011).

Neste contexto, o Coronel Justino de Glória Ramos salienta ainda que "*...não se pode continuar a viver sob dependência do exterior, deve-se aproveitar as infraestruturas já existentes, para, numa primeira fase, garantir alguma autossuficiência em relação às Forças Armadas e, numa segunda fase, poder-se constituir em potenciais fornecedores das Forças Armadas de outros países, quer da região austral, central e dos países africanos de língua oficial portuguesa...*" o que equivale a dizer "*...se vis pacem para bellum...*" ou "*...se não queres ser atacado, prepara-te para a guerra...*" (Ibidem).

Neste enquadramento conjuntural complexo do ponto de vista do ambiente externo e interno (2002), o planeamento e a organização da defesa militar, em termos de ato de soberania, emerge como um importante desafio, um exigente e estimulante exercício intelectual que passa por administrar a manutenção de paz, mas antecipar e preparar, com eficácia, a ocorrência de crises regionais, levando na potencial intervenção militar com menos forças, mas com melhores e mais adequadas forças, desenhadas para a aquisição de índices mais elevados de mobilidade, flexibilidade e versatilidade de ação em operações militares, mas requerendo custos globais economicamente aceitáveis, o que passa por uma aposta nas indústrias de defesa, numa 1ª Fase, em articulação com as potências cooperantes e eventualmente numa 2ª Fase, em contexto nacional e regional de cooperação (Assis, 2010) (Matias, 2010).

A criação e aprovação na Assembleia, de uma Lei de Desenvolvimento e Emprego das Forças Armadas Angolanas (equivalente à Lei de Programação Militar em Portugal), ou a adoção de um planeamento estratégico de aquisições militares em Angola, transparente e do conhecimento geral, saindo da esfera do Presidente da República e da Casa Militar, pode significar a mudança de um paradigma de segredo que, por ser do conhecimento de poucos, se tornou paulatinamente numa matéria onde o segredo e os interesses do Estado se impuseram sobre a consciência popular e eventualmente sobre o interesse nacional.

1.3. A Reintegração e a Desmobilização como via para a Reestruturação

A modernização das Forças Armadas implica a afirmação da continuidade dos valores essenciais ao serviço da Pátria, que relevam a sua importância e as definem como instituição nacional. No âmbito das questões pendentes no contexto do Protocolo de Lusaka e de acordo com a Declaração do Governo sobre o Processo de Paz, estavam criadas as condições de segurança e a definitiva cessação das hostilidades, assegurando o aquartelamento dos efetivos militares da UNITA, o desarmamento e a seleção dos efetivos a enquadrar nas FAA e cabendo apresentar ao Governo os normativos legais para o enquadramento na vida nacional dos militares das FALA. Porém, uma questão relevante para o processo de paz, prendeu-se com o desarmamento, a desmobilização e a reinserção e/ou reintegração social dos efetivos militares da UNITA, com vista a assegurar a redução dos militares excedentários que as Forças Armadas possuíam em 2001, face às necessidades que decorrentes da guerra, bem como apontava para o enquadramento social dos cerca de 150 000 soldados desmobilizados das várias guerras e dos combatentes, quer das extintas FAPLA, FALA e ELNA, de acordo com o definido no Plano de Paz.

Nesta conformidade, apesar de algumas medidas atinentes à reflexão constituírem preocupação do Estado, pretendeu criar-se um sistema de incentivos (formação profissional, prioridade no acesso ao emprego no funcionalismo público, incluindo a Polícia Nacional e o sector privado, acesso ao ensino sem condição, acesso ao crédito habitacional ou empresarial) tendo sido atribuído ao Ministério dos Antigos Combatentes e Veteranos da Pátria a coordenação interministerial da aplicação do sistema relativo aos antigos combatentes. Deste modo, a transição da guerra para a paz levantou a obrigação moral do Estado e de toda a sociedade de acomodar as "misérias da guerra" e pressupôs um esforço político centrado na adequada desmobilização, equilibrada reintegração social dos militares e na suavização do sofrimento das vítimas de guerra, pois o Estado considerou que é uma obrigação dar-lhes a solidariedade e o apoio económico e social

A POLÍTICA DE DEFESA NACIONAL EM ANGOLA APÓS 2002

necessário para que *"...tenham uma vida satisfatória, pelo facto de terem cumprido com o dever sagrado em defesa da Pátria, da independência e da soberania..."* (Ramos, 2002, p. 28).

Não obstante as enormes dificuldades que o país atravessava, o MDN e as Forças Armadas procuraram cumprir com o seu papel, sendo uma das preocupações maiores, a de preparar forças e quadros competentes para missões de manutenção da paz e para que estejam aptos a cumprir as missões de interesse político em prol da segurança e do desenvolvimento de Angola. Assim, importava assegurar as condições necessárias dos efetivos a desmobilizar para a reinserção e/ou reintegração na sociedade civil de forma a não originar mais um acréscimo na criminalidade e na instabilidade social. A tarefa de desmobilização careceu de elevada ponderação e seriedade sob pena de segundo o coronel Justino Ramos se ter desenvolvido um processo *Bicesse II*, onde teria de ser reestruturado e reagendado o conjunto de conversações, iniciativas, acordos e linhas de ação estratégica, desenvolvidas no Acordo de Bicesse (Idem, pp. 29-31).

Ponderando os elementos acima referenciados em relação às linhas gerais para a estratégia geral de Defesa Nacional e face aos novos desafios, sempre se afigurou problemática a questão dos jovens mutilados e deficientes físicos de guerra (cerca de 100 mil) que deram a sua juventude em prol da paz e da Democracia. No entanto, o Estado Angolano foi chamado a encontrar soluções económicas e sociais para este problema, sob pena de se constituir, no futuro, num "Exército de Deficientes", sem capacidade de se regenerar e ser útil para o Estado. Solicitou-se assim o comprometimento de toda a sociedade e de toda a Pátria, na obrigação de disponibilizarem a solidariedade e o apoio necessário para que estes mutilados tenham uma vida satisfatória através da criação de Centros de Reabilitação, de um *Código do Portador de Deficiência* que lhes garanta pensões, direito à assistência médica e medicamentosa, reabilitação física, formação profissional, prioridade no acesso ao emprego no funcionalismo público e no sector privado, criação de um fundo de apoio e integração social). Aspeto que ainda constitui atualmente um enorme desafio para o Estado Angolano e que apenas o tempo irá poder resolver, havendo já contudo alguma inquietação e injustiça social sentida pelos ex-combatentes (Correia de Barros, 2011).

Uma das prioritárias missões prende-se com a elevada taxa de analfabetismo a nível das Forças Armadas, nomeadamente dos militares oriundos da UNITA e constituindo uma vulnerabilidade de relevo, que deve conduzir à adoção de um plano de alfabetização no seio das Forças Armadas para que não haja perigo de o factor de unidade dado pela língua comum (português) possa ser perdido se esta língua não for ensinada (e entendida) particularmente para muitos provenientes das matas e que nunca tiveram a possibilidade de ocupar um banco de escola. Por outro lado, a grande amálgama de etnias ainda existentes no país, são potencialmente causadoras de divisão, constituindo uma importante vulnerabilidade que pode vir a ser explorada, para prejuízo do país e da unidade de Angola.

Assim, e com o cumprimento dos pressupostos do Protocolo de Lusaka e uma especial atenção dos órgãos do Estado para com as Forças Armadas, estariam criadas (2002) as condições básicas para se proceder a uma reorganização e modernização da Arquitetura de Segurança e Defesa em Angola, e consolidar a paz como forma de contribuir para o desenvolvimento. Aspetos que segundo alguns oficiais das FAA entrevistados não foram ainda plenamente conseguidos, pois em 2011 ainda não existe uma Política de Defesa Nacional efetiva e a reforma das FAA sobre múltiplos aspetos ainda não se iniciou (Correia de Barros, 2011) (Vitoriano, 2011).

2. O Conceito Estratégica de Defesa Nacional como elemento de valorização das Forças Armadas Angolanas

Relativamente à criação de um Conceito Estratégica de Defesa Nacional, importa reter que mesmo que se encerre o ciclo do conflito interno angolano num período relativamente reduzido, permanecerão na região Austral por muito tempo ainda focos potenciais de conflitos regionais que possam vir a assumir as expressões violentas das últimas décadas, afetando a paz interna. É em função desta perspetiva que Angola se preparou (desde 2002) para encarar o futuro precavendo-se da probabilidade da reedição de atos de desestabilização a partir do exterior e preocupando-se por isso, com o controlo das suas fronteiras, nomeadamente a norte e principalmente na questão de Cabinda.

A segurança das fronteiras e a própria estabilidade interna são pressupostos de defesa que importa ter permanentemente em conta. Neste

A POLÍTICA DE DEFESA NACIONAL EM ANGOLA APÓS 2002

contexto, apresentam-se alguns elementos que foram considerados para o enquadramento político da ação estratégica geral no âmbito da Política de Defesa Nacional em 2002 e que, como podemos constatar, alguns se mantêm com perfeita atualidade, como sejam:

- A descontinuidade territorial, a fronteira externa aberta e não fiscalizada, a existência de um elevado número de refugiados quer no interior, como nos países limítrofes, poderá originar situações de instabilidade, podendo estes servirem como forma de pressão direta ou indireta sobre o Estado angolano. Acrescida da incapacidade para garantir a soberania sobre as fronteiras marítimas e o controlo da ZEE, o que leva à necessidade de implementação de uma Marinha de Guerra com capacidade para garantir a soberania no mar, realizando operações navais dirigidas para a segurança marítima das águas terrotoriais;
- A diversidade étnica e a sua extensão aos países vizinhos poderá provocar a proliferação de partidos políticos, desejos autonómicos ou independentistas, o que pode conduzir à instabilidade interna do país (como tem acontecido em Cabinda). As fronteiras terrestres dividindo raças ou etnias e terras tradicionalmente utilizadas por uma mesma raça ou tribo, possibilitam a fácil violação das fronteiras motivadas por procura de melhores espaços de pastoreio, cultivo, comércio, garimpo, etc., o que pode ser tomado como provocação pelas unidades políticas;
- A vigilância das fronteiras deve ser eficaz, com uma rede de radares, sistema de defesa antiaérea extremamente moderna em todo o território nacional e aviões intercetores, com uma grande capacidade para intercetar voos não identificados e que possam levantar suspeitas. Portanto, urge a necessidade de equipar a Força Aérea Nacional com todo este tipo de material, no intuito de dissuadir possíveis prevaricadores das intenções de violação de espaço aéreo;
- Garantir o controlo e a defesa do espaço aéreo e dispor dos meios necessários para o efeito, assim como a necessidade de um programa de modernização da técnica de aviação, radares, sistema de controlo e informação e de defesa antiaérea, mantendo bases aéreas perto das zonas de fronteira, assim como a necessidade de manter, em posições avançadas, pequenos aeródromos para serem utilizados

por aviões ligeiros de apoio, em operações tanto convencionais como antiterroristas. Esta forma de atuação é uma forma de afirmação de soberania;

- Em termos de soberania, a defesa das águas territoriais e fiscalização da ZEE, dever-se-á ter especial cuidado em evitar ou restringir vazios estratégicos nesse espaço. Deste modo, a vigilância da orla marítima e a segurança dos portos é uma prioridade, de onde emerge a necessidade de repensar-se no controlo naval da navegação mercante e de pesca e ainda, refrescar o conceito de defesa marítima dos portos. Estas ações e medidas a serem tidas em conta constituirão um valor estratégico na defesa da soberania;

- As missões de interesse público, a par das outras missões primárias, há uma que tem caráter permanente e preventivo, exercendo-se com ritmos diferentes em função das situações, seja ela de guerra, de paz ou de crise, abrangendo todo o território nacional, tem em conta todo o espaço estratégico de interesse nacional e em particular o espaço interterritorial e visa garantir a salvaguarda dos interesses nacionais;

- A par desta questão, o Governo através do MDN definiu as orientações da Organização Nacional de Defesa Civil (ONDC). Estrutura com o fim de garantir a proteção e defesa de objetivos de grande interesse socioeconómico com maior incidência nas zonas rurais e periféricas nos grandes centros urbanos, também teve a sua quota de participação na defesa da soberania. Outra solução para a problemática da ONDC defende que deverá passar a sua integração na estrutura dos Serviços de Reconstrução Nacional, contribuindo desta forma para os esforços de reconstrução do país e em particular das áreas em que se encontrem integradas;

- A Participação em missões humanitárias e de apoio à paz, o que implica colaborar em missões de estabelecimento ou de manutenção da paz, integradas em forças multinacionais a constituir no âmbito da SADC, capacidade das FAA atuar, para além do âmbito das missões específicas e fundamentais da defesa militar do país, como vetor da Política Externa do Estado e satisfazer os compromissos internacionais assumidos quer no âmbito da participação em alianças, quer no âmbito mais genérico da participação nos esforços da sociedade internacional para fazer face às situações que afetam a estabilidade e segurança regional, continental e internacional, com os graus de prontidão exigidos[253];

- Para apoiar o conjunto de atividades primárias será necessário que se desenvolvam atividades de suporte ligadas, por exemplo, à gestão e controlo dos recursos a disponibilizar (humanos, materiais e financeiros). Desta forma, julgamos que as atividades de suporte a definir não se afastam das seguintes: Definição e execução das Políticas de Defesa Nacional; Definição e execução das políticas de recursos humanos afetos à Defesa Nacional; Controlo e gestão dos recursos financeiros afetos à Defesa Nacional; Gestão do património e infraestruturas afetas à Defesa Nacional; Resolução da situação de caráter social dos militares a desmobilizar (premissa base do cenário) e dos militares do quadro permanente; Execução e coordenação das ações ligadas ao armamento e equipamentos de defesa e clarificação do relacionamento do poder político e das Forças Armadas.

Face a estas constatações, as principais linhas de força apontavam para a necessidade das Forças Armadas, num contexto de consolidação da paz, para além de continuarem a ser o garante da Lei Constitucional, da soberania nacional e da integridade nacional e territorial, serem orientadas no sentido de passarem a desempenhar outras missões, quer no âmbito da extensão da administração do Estado, garantindo a segurança da livre circulação de pessoas e bens por todo o território nacional, quer de âmbito socioeconómico, integrando-se nos esforços de reabilitação das infraestruturas económicas e sociais, dinamizando desta forma o mercado interno, através do recurso aos serviços de reconstrução nacional.

Por outro lado, envolvendo as suas estruturas específicas no aumento da oferta de serviços de educação e saúde nas zonas mais afastadas, alcançados estes objetivos de envolvimento, as FAA contribuirão para a garantia e consolidação da Defesa Nacional, tornando-as num instrumento de coesão social e reconciliação patriótica. Do mesmo modo que contribuirão para

---

[253] Para este efeito, pensamos que seria potencialmente conveniente que a preparação de quadros para o desempenho de cargos em estruturas de Comando de Forças Multinacionais e de Observadores Militares (quer no âmbito regional ou internacional) fosse feita no Instituto Superior de Guerra. Angola disponibiliza regularmente também vagas para outros PALOP e países da região, nos cursos que organiza neste âmbito.

o controlo e diminuição das ações de criminalidade interna e insegurança civil, aumentando-se, por maioria de razão, as condições de segurança para a circulação de pessoas e bens, pois deve fazer parte de uma cultura política e de Defesa Nacional indispensável. Que as missões que se colocam ao MDN e às FAA tenham, pelo menos, o mérito de nos fazer refletir sobre estas grandes questões nacionais.

3. A Política Externa de Defesa no período pós-2002. O Contexto Regional Africano

Quanto à estratégia geral a desenvolver no plano externo, o Coronel Justino da Glória Ramos, assessor político-diplomático do Ministério da Defesa Nacional de Angola questiona, em *Reflexão sobre as linhas para a Estratégia do Ministério da Defesa Nacional e Forças Armadas face ao novo quadro político do país* – Gabinete do Vice-Ministro para a política de Defesa Nacional – Luanda – abril de 2002, se a República de Angola, pela sua *"...condição de país subdesenvolvido, destruído e desarticulado pela guerra, terá necessidade de nas suas relações com o exterior privilegiar determinada potência para que tenha um ascendente com respeito às demais, ou se bastará apenas criar conscientemente uma constelação de interesses equilibrados, cuja dinâmica interna, convenientemente gerida, possa evitar ou acautelar a tendência para primazia dessa ou daquela potência no seu relacionamento com ela?..."* (Ramos, 2002, p. 20).

Esta interrogação nasce no momento em que se procura consolidar a paz internamente, pois como afirmava o Presidente da República de Angola, José Eduardo dos Santos em mensagem à nação a 3 de abril de 2002 *"...um novo cenário já se vislumbra no novo horizonte. Começamos a sentir os primeiros efeitos benéficos da Paz, porque ele já se manifesta na sua dimensão humana..."*. Por outro lado, surge a necessidade de se proceder a uma reflexão sobre a Política de Defesa Nacional após os acontecimentos da morte de Jonas Savimbi, a 22 de fevereiro de 2002, e a consequente assinatura em 4 de abril do Memorando do Entendimento complementar ao Protocolo de Lusaka com vista à cessação das hostilidades e ao restabelecimento da paz em Angola (Correia de Barros, 2011) (Messiant, 2008, pp. 367-369).

A temática da Política Externa parece-nos ainda atual na medida em que está estreitamente ligada à busca da paz e de uma estabilidade política interna sustentada, indispensáveis para o desenvolvimento nacional, o bem-estar e prosperidade do povo angolano. As decisões tomadas a esse respeito marcaram, de um modo indelével, o curso dos acontecimentos no país, uma estabilidade sólida dava lugar a uma instabilidade sempre lactente, associado a uma constante projeção regional, na afirmação de Angola como produtor de segurança e potência regional em ascensão e consequentemente na salvaguarda das suas fronteiras. Nesse contexto, a Política Externa Angolana elaborada no sentido de dar resposta eficiente aos desafios emergentes e estabelece uma estratégia de atuação política e diplomática que contribui para a integração cada vez mais plena do país no sistema político e económico regional e internacional e para a assunção de Angola num lugar de prestígio e de relevância nos centros políticos e económico de África de forma que venha a corresponder definitivamente às suas reais potencialidades (Pinto de Andrade, 2011).

Neste quadro, a integração regional no âmbito da SADC e da CEAC (vista a partir de 2002), que constituem os principais fatores e espaços económicos e de segurança no qual o desenvolvimento de Angola se vai processar nos próximos tempos, irá merecer uma atenção especial. No âmbito da SADC, Angola pretende traçar uma política que permita, no quadro do desafio que constitui a integração, contornar os obstáculos que se interponham ao seu crescimento e desenvolvimento económico, alguns decorrentes da superioridade tecnológica (e militar) da África do Sul e que, por razões intrínsecas às leis do mercado, procurará fazer vingar a sua hegemonia na região liderando as políticas de defesa no quadro da SADC. Por outro lado, Angola continuou a participar ativamente no aprofundamento da integração regional, acompanhamento os desenvolvimentos relativos às componentes de defesa e segurança regionais, nomeadamente a partir de 2006 no contexto da APSA (Cardoso, 2011).

Ainda neste âmbito, no que concerne à sua estratégia geral militar, Angola adota uma postura substancialmente defensiva, com vista a preparar as FAA para emprego no quadro de forças regionais, em operações de defesa ou segurança coletiva ou em operações de manutenção de paz, através da adaptação de doutrinas e métodos de formação e treino do pessoal, bem como das táticas e técnicas de emprego operacional das forças com que forem estabelecidas no âmbito das alianças de defesa em que estão inseridos. Do mesmo modo, pretende desenvolver ações de CTM com os países da região, não só no quadro da proteção das fronteiras, mas no contexto da assistência militar com os países amigos, como é o caso recente da participação na Guiné-Bissau na missão *MISSANG-GB*, desde o início de 2011. É, pois, compreensível que a par das relações multilaterais, Angola procure privilegiar as relações bilaterais aos níveis político, económico e militar, fazendo valer as suas potencialidades como forma de recuperar e preservar uma posição de protagonismo no exercício da Política Externa de Defesa. Neste contexto, pensamos que Angola pretende contudo dar primazia às relações bilaterais, no âmbito regional e extrarregional e acautelar os interesses nacionais na defesa dos interesses coletivos ou comuns.

A Política de Defesa de Angola no pós-2002, procura ajustar-se à definição da Política Externa Angolana para os anos imediatos no contexto regional subsariano, não podendo ainda assim contornar a necessidade de

> *"...não ser conveniente conferir-se ascendeste político a qualquer dos potenciais parceiros estrangeiros na expectativa de que estes venham a servir de entidade protetora no cenário internacional, mas sim, criar e preservar um equilíbrio razoável dos interesses estrangeiros no país, de modo a que a ascendência circunstancial de alguma potência em relação a Angola, possa ser determinada conjunturalmente pela vontade política do Governo angolano..."*

(Ramos, 2002, pp. 44-45).

Na conjuntura da época, Angola apostava no desenvolvimento e no estreitar de relações económicas e diplomáticas com os EUA, convertendo este país (por força de interesses recíprocos) num parceiro permanente e interessado na paz e na estabilidade em Angola, pois para o Governo Americano, Angola representa uma alternativa no seu esforço de obtenção de recursos estratégicos, nomeadamente o petróleo, do qual Angola assegurava o fornecimento de cerca de 5% a 7% (com tendências para aumentar) em relação às suas habituais fontes, razão pela qual se multiplica a instalação de companhias petrolíferas americanas em solo ou mar Angolano (Luvualu de Carvalho, 2011, pp. 99-100).

Pelo lado do Governo angolano, constata-se que seria conveniente apostar nesta relação, uma vez que, para além do sector petrolífero, outras companhias americanas estão envolvidas em projetos bem-sucedidos em Angola, nomeadamente nos programas de desminagem, apoio à população e na dinamização da economia. Perante esta constatação e tendo em conta que os EUA têm desde a independência nacional um grande envolvimento em Angola, assente em interesses próprios, Angola equaciona as soluções

A POLÍTICA DE DEFESA NACIONAL EM ANGOLA APÓS 2002

para a mudança da atitude americana relativamente a Angola, aspeto que após 2002 não teve grandes consequências práticas existindo ainda um certo afastamento e "desconfiança" em relação às propostas de cooperação com os EUA, país que como refere Dan Mozena, ex-Embaixador dos EUA em Luanda, "...*Angola é cada vez mais um parceiro estratégico para os Americanos em África...*" (2011).

Aspeto que Assis Malaquias, do *Africa Center for Strategic Studies* (*ACSS*) reforça, salientando que o interesse crescente dos EUA por Angola não tem sido aproveitado, fruto de algum "relacionamento" dos apoios à FNLA e UNITA em diferentes etapas da luta pela independência e nos conflitos internos onde o MPLA interveio (2010). Contudo, não se pode descurar o facto de que apesar da lenta e atribulada institucionalização da Democracia em Angola, o que leva a que alguns sectores americanos mantenham ainda uma atitude que nos parece de cumplicidade com o passado, mesmo depois da morte de Savimbi. Mas para os Estados Unidos, após a morte de Jonas Savimbi, percebe-se que estarão mais comprometidos na obtenção da paz e no desenvolvimento em Angola, em garantir o fornecimento dos recursos minerais estratégicos necessários ao seu próprio desenvolvimento[254].

Assim, em 2002, a Política Externa Angolana apostava no reforço diplomático da relação com os EUA, no sentido de incrementar as relações com

---

[254] Angola considera os EUA como uma das principais prioridades da sua Política Externa, onde pretende ter uma intervenção política e diplomática intensa para levar este país a mudar a sua postura e assumir posições claras de apoio à consolidação da Democracia e à preservação da integridade territorial do país. Para Angola, este objetivo será tanto mais facilmente atingido quanto mais capaz for de contrapor a ação política, diplomática e de propaganda que os representantes da UNITA no exterior, (sobretudo no próprio EUA) possam desenvolver, porque do ponto de vista do MPLA, é preciso que Angola leve a cabo uma política capaz de atrair e interessar o empresariado americano a fazer negócios em Angola de modo a que se sintam motivados pelas vantagens que colherem deste facto, e com isso, Angola poder exercer a necessária pressão sobre o poder executivo e legislativo norte-americano, que significa que Angola deverá considerar uma estratégia de aproximação aos EUA numa perspetiva fundamentalmente económica, no sentido de cativar figuras políticas (e não só) com acentuada influência nos centros de decisão política, de forma a conseguir uma postura de apoio inequívoco aos programas do Governo Angolano, quer por parte do Congresso, quer da Administração, pois os governantes Angolanos entendem que se deverá manter o intercâmbio comercial existente com os Estados Unidos e ampliá-lo, se possível, para outros domínios de interesse nacional, nomeadamente o da aviação civil, da economia e da segurança e defesa (Ward, 2010) (Dan Mozena, 2011) (Jorge Cardoso, 2011).

Angola, independentemente das variações políticas que se registarem quer num quer noutro país, pois face à constatação de que parece aconselhável uma política externa cada vez mais abrangente e pragmática, Angola considerava que o sucesso das opções dependerá fundamentalmente da forma como o Governo angolano for capaz de gerir a influência e a ação estrangeira sobre Angola, o que ameaçava tornar-se complexa, com o surgimento de novos *player's* que não estavam contidos no espectro da análise política de Angola (Brasil, China, França e Alemanha).

Quanto às Nações Unidas, Angola e o seu Governo apostam na *"...diplomacia proactiva e pragmática..."* como instrumento ativo da sua política externa, para conduzir as relações na ONU como a maior organização universal e com os Estados que a integram. Nesta conformidade, Angola pretendeu desenvolver uma diplomacia ativa com vista a conseguir o apoio necessário aos esforços empreendidos pelo Governo em prol da resolução do conflito interno, procurando obter apoios financeiros para reconstrução do país, passando por um grande compromisso diplomático junto das agências especializadas das Nações Unidas e o compromisso da organização com o futuro de Angola, o que salienta Mário Pinto de Andrade, nem sempre acontece da forma mais proativa e eficiente (2011).

Como estratégia político-diplomática no continente Africano, o Governo de Angola salienta que se deve continuar a atuar no seio da OUA/UA "*...como principal fórum de concertação política continental e participar activamente na tomada de decisões, procurando situar o país no contexto da Organização, a um nível de influência política que reflicta as suas potencialidades e sua importância geopolítica..."* (Ramos, 2002, pp. 47-48).

Por outro lado, imperioso parece ser intensificar a sua ação no sentido de uma maior proximidade política com os países africanos vizinhos, seja através de uma participação mais ativa e qualificada nos órgãos e organismos adstritos à OUA/UA, ou de uma maior intervenção nos fóruns de discussão dos problemas continentais, bem como por via dos intercâmbios bi e multilaterais.

Os países fronteiriços, Congo-Brazzaville, República Democrática do Congo, Zâmbia, e Namíbia, constituem uma área crucial para a Política Externa e para os interesses de defesa e segurança de Angola. É neste sentido que Angola pretende criar uma capacidade dissuasiva no exterior e principalmente nos países fronteiriços, para desencorajar ou fazer abortar eventuais ingerências provenientes dos mesmos apesar de no estado atual

A POLÍTICA DE DEFESA NACIONAL EM ANGOLA APÓS 2002

das Relações Internacionais (contexto regional) e para a opinião pública angolana, a noção de ameaça ter perdido parte significativa da sua acuidade tradicional.

O fim da era "savimbista" esbateu a perspetiva de uma agressão armada visando diretamente e no curto/médio prazo o território nacional. Contudo, especificando o cenário regional na atualidade, não estão identificados os Estados na região austral que possam constituir significativa ameaça militar direta a Angola, sobretudo depois da demonstração de força nos dois Congo. Ainda assim, a República Democrática do Congo, mesmo não tendo capacidade nem intenção, tal como no passado o ex-Zaire, possa constituir um paradigma de desconfiança, devido a atitudes dos seus dirigentes e à instabilidade político-económica e social internamente, apesar de tudo levar a crer que a ação concertada das Organizações Regionais Africanas possa vir a ser um dos cenários mais expectantes de atuação dos meios militares angolanos em apoio das Políticas Externas de Defesa (Correia de Barros, 2011).

Todavia, a ameaça da fronteira norte, conduziu o governo de Angola a prevenir-se para o caso de no futuro surgir no poder da RDC, um líder hostil ao Governo de Angola, pelo que se julgou ser aconselhável manter e/ou reforçar a presença das FAA nas fronteiras a norte (terrestre e marítimas), pois como salienta Adriano Moreira, em política não há amigos nem fronteiras, mas sim jogos de interesses de Estados e para Angola a geometria transfronteiriça a norte é complexa e potencialmente perigosa para a segurança de Angola (Jorge Cardoso, 2011) (Njele, 2011).

As preocupações prendem-se sobretudo, no aspeto da soberania e, no caso de a intenção mudar, deter um aparelho militar assente numas Forças Armadas suficientemente dissuasoras, que obrigue a outra parte a ponderar os custos de uma ação violenta. Contudo, a potencial ameaça, situa-se no campo económico, com a hegemonia regional África do Sul, considerada já uma potência regional ao nível da SADC. Perante este quadro, foi necessário que o governo angolano assumisse um maior protagonismo na região austral, para preservar os seus interesses políticos, de segurança, na defesa da sua integridade territorial e soberania nacional, pois foi importante manter uma estratégia de relacionamento privilegiado com os Congo, com a Namíbia e a Zâmbia, devido ao facto da existência de interesses comuns a curto, médio e longo prazo, tanto no campo bilateral, como no quadro multilateral, muito por força da partilha espacial dos conjuntos sociocul-

AS FORÇAS ARMADAS ANGOLANAS COMO ELEMENTO DO POTENCIAL ESTRATÉGICO...

turais e etnolinguísticos e de pertença em termos de Organizações Sub-
-regionais Africanas.

Contudo, o necessário equilíbrio interno e externo e a prossecução
dos objetivos da Política Externa de Angola foram também vistos em função da sua estratégia de relacionamento com alguns países do designado
"Grupo dos Oito Africanos" (Ruanda, Uganda, República Centro-Africana,
Burundi, Tanzânia, RDC, Sudão e Quénia). No espírito desta tendência, a
questão das relações com os demais países do continente Africano (e, de
um modo mais restrito, com os países como o Tongo e a Costa do Marfim,
então apoiantes do ex-líder da UNITA) obrigará Angola a intensificar as
suas ações no sentido de uma maior aproximação política, seja através de
uma participação mais ativa e qualificada nos órgãos e organismos adstritos
à UA ou de uma intervenção maior nos fóruns de abordagem dos problemas continentais, ou ainda por via do intercâmbio multilateral ao nível das
Organizações Regionais Africanas (Jorge Cardoso, 2011).

Visto que as principais potenciais ameaças à lusofonia (Angola) estão
materializadas pela presença da comunidade francófona a Norte e pela
Commonwealth a Sul e a Este, julgamos ser importante referir que Angola
vem assumindo um papel preponderante na defesa da Língua Portuguesa,
constituindo-se no último bastião representativo, em exclusividade, da língua portuguesa, naquele perímetro político-geográfico. Nesse sentido, o
governo angolano pretende proteger a lusofonia e tem privilegiado o relacionamento com os Países de Língua Oficial Portuguesa, acreditando no
papel decisivo da Língua Portuguesa como garantia de uma independência
verdadeira, acreditando igualmente nas potencialidades da CPLP para
garantir a solidez das posições lusófonas, que podem controlar o Atlântico
e para constituir em conjunto com Moçambique e África do Sul, um bloco
triangular, capaz de conduzir os destinos para se constituir num foco de
influências determinante, em toda a região da África Austral (Justino Pinto
de Andrade, 2011).

Por outro lado, também a lusofonia se constitui num fator importante
da vida de Angola, reduzindo as diferenças motivadas pela sua diversidade
étnica, em conjunto com as restantes heranças positivas deixadas pela colonização portuguesa, ou seja, a religião comum e a miscigenação étnica e
racial (Moreira, 2010) (Hoygaard, 2011).

Sendo assim, Angola na perspetiva de Justino da Glória Ramos, assessor
político-diplomático do Vice-Ministro para a Política de Defesa Nacional,

defende que deverá aprofundar o seu posicionamento no quadro de Defesa na CPLP, como prossecução de um imperativo nacional e também como forma de valorizar o contributo para projeção externa da lusofonia referindo ainda que, além disso:

> "...Angola deverá concentrar as atenções da sua diplomacia nos países com potencialidades que o torne capaz de cooperar, promovendo preferencialmente ações que visam a intensificação da cooperação com os países produtores de petróleo num quadro bilateral ou multilateral e, pela via das relações económicas com estes países, estabelecer vínculos de compromisso político e de solidariedade..." (2002, pp. 50-51).

4. Principais eixos da Política Externa de Defesa de Angola. A "questão" de Cabinda

A Defesa Nacional visa em principal instância a salvaguarda da soberania e a proteção dos nacionais dentro e fora do território do Estado e deve contribuir para a segurança e bem-estar das populações, o que implica um maior envolvimento da componente militar na persecução destes objetivos. Como vetor político-estratégico transversal que é, a Política de Defesa Nacional, tem um carácter abrangente e permanente, exercendo-se em todo o tempo e em qualquer lugar, abrangendo componentes militares e não militares, numa conjugação que simboliza e materializa a influência do Estado, mesmo em áreas que não lhe sejam geograficamente contíguas, como é o caso da região de Cabinda[255]. Assim sendo, no plano interno e na relação com a população da região, as Forças Armadas Angolanas têm

---

[255] Cabinda representa uma das atuais 18 províncias da República de Angola, sendo um enclave limitado ao norte pela República do Congo, a leste e ao sul pela República Democrática do Congo e a oeste pelo Oceano Atlântico. A capital da província de Cabinda é a cidade de Cabinda, conhecida também com o nome de *"Tchiowa"*. O enclave tem uma superfície de cerca de 7270 km² (0,6 % de Angola) e cerca de 300 000 habitantes (0,25% da população Angolana-1999) (Figura Nº 1 a). A população de Cabinda pertence na sua quase totalidade aos povos bantu, mais concretamente ao grupo *"Fiote"*, cuja língua, o *"Ibinda"*, representa um dos dialetos do *"Kikongo"*. Administrativamente, a província é constituída pelos municípios de Cabinda, Cacongo, Buco-Zau e Belize e representa em termos militares uma importante Região Militar onde concentra uma presença militar e policial robusta (Cristóvão, 2005, pp. 354-355) (Njele, 2011) (Pinto de Andrade, 2011).

AS FORÇAS ARMADAS ANGOLANAS COMO ELEMENTO DO POTENCIAL ESTRATÉGICO...

participado no cumprimento de missões de interesse público, tirando partido e dando acrescido valor a uma robusta e significativa presença militar e policial na região e promovendo também por essa via, uma relação intensa com as entidades locais, pois que para José Eduardo dos Santos e para Angola, Cabinda representa para além de mais uma região Angolana (com a carga político-ideológica associada), uma área estratégica em termos de acesso a recursos energéticos (petróleo e gás natural), fundamentais para ao desenvolvimento económico de Angola.

As Forças Armadas Angolanas, como instrumento da Política da Defesa Nacional que são, contribuem para aumentar a presença política no enclave, constituindo um vetor importante da política interna (externa) de afirmação do Estado, instituindo um fator de dissuasão credível face a eventuais agressões externas (nomeadamente as violações de fronteiras[256]) ou as constantes ameaças internas, nomeadamente pela ação dos movimentos de libertação cabindenses, que constituem para o governo angolano, uma constante ameaça à unidade e integridade nacional e representam uma cominação dos seus interesses na região, nomeadamente a utilização de infraestruturas estratégicas.

Uma dessas infraestruturas é o Porto de Cabinda, não só pela sua localização geográfica mas pelo que representa para os países vizinhos no acesso ao Oceano Atlântico e na possibilidade de escoar as suas matérias-primas. A sua construção data do ano de 1953, embora somente no ano de 1962 tenha sido elevado à categoria de porto comercial. Contudo, as operações portuárias na Região de Cabinda começaram no ano de 1758, com o comércio de mercadorias efetivado através da ação da Marinha Real Inglesa.

---

[256] Quanto à fronteira terrestre, definida segundo Ribeiro da Cruz no "...*convénio de 12 de Maio de 1886, modificado pelo Protocolo de 23 de Janeiro de 1901...*", o enclave tem a sua fronteira a norte definida geograficamente pela ponta de Chicamba e segue em direção a nordeste, formando vários salientes até à região a oeste de Miconge. Daqui parte em direção a sudoeste até ao rio Luango, terminando a fronteira na República do Congo Brazzaville, onde toma a direção noroeste da fronteira com a RDC, seguindo o rio Chiluango até a confluência deste com o rio Lucula, donde a linha segue para sul na direção meridional até encontrar o paralelo da antiga feitoria do Hucunga, definindo assim a linha geral da fronteira sul (Figura Nº 1 a). A fronteira marítima é definida pela costa marítima desde Massabi até a foz do rio Chiluango é baixa, arenosa e reta. De Lândana, a cidade de Cabinda é montanhosa e cortada por inúmeras barreiras e pontas de rocha. Da cidade de Cabinda a região do Iabi é arenosa e com as áreas adjacentes pantanosas na época chuvosa e a cerca de 150 km encontram-se os portos de Landana e de Cabinda (1940, pp. 18-20).

Contudo, as principais cargas[257] manuseadas no Porto de Cabinda após o ano de 1953 eram, como salientava, na altura o seu Governador, Horácio de Sá Viana Rebelo, a madeira, coconote, o café, e minérios para além de atender também a transportação de passageiros (1961, pp. 61-63).

A importância do Porto de Cabinda tem que ver também ainda com a ausência de rodovias e ferrovias que fizessem a interligação e integração da Província de Cabinda com Angola. Daí o transporte ser feito apenas de barco e avião, apesar de muito recentemente se ter aventado a possibilidade de construção de uma ponte sobre o rio Zaire e, com a anuência política do governo da RDC, estabelecer-se ligação rodoviária com o enclave (não confirmado oficialmente). Apesar das difíceis condições de navegabilidade e atracagem[258], dos portos de cabotagem de Angola, o Porto de Cabinda é o que tem mais movimento de carga, pois serve toda a província, embora se faça também manuseamento de carga na *"Enseada de Lândana"* e na *"Baía de Malembo"* em apoio a intensa atividade de produção petrolífera desenvolvida no enclave. Contudo, prevê-se que o Porto Comercial de Cabinda[259] vá beneficiar de uma nova ponte cais tendo em conta a assinatura recente do contrato para adjudicação da empreitada, em que a cerimónia de assinatura do contrato teve lugar no salão nobre do palácio do governo da província, na presença do Ministro dos Transportes de Angola, Augusto da Silva Tomás, do governador de cabinda, Mawete João Baptista, membros do governo local, deputados do círculo provincial, autoridades tradicionais, religiosas e empresários.

Baseando-se em razões históricas, mas resultantes essencialmente de tensões sociais e económicas existentes, é de referir a persistência de movi-

---

[257] O coconote foi produzido em grande escala, servia para manter funcional a fábrica de sabão de Sassa Zaú e grande parte era transportado para Benguela com o mesmo fim. A madeira serviu durante longos anos para a construção de moradias um pouco pelas principais províncias de Angola e também para as grandes metrópoles. O bago vermelho, uma das riquezas retiradas de Cabinda, mais concretamente dos municípios de Buco-Zaú e Belize, tinha como destino a América, fundamentalmente o Brasil.

[258] Cf. descrição de um Oficial da Marinha de Guerra Angolana, as facilidades portuárias são mínimas e as condições de abrigo quase inexistentes. A escassez de fundos na baía não permite a sua utilização pela navegação de longo curso, que tem normalmente de fundear bastante longe de terra (cerca de 2 milhas náuticas ou mais) e embora não haja temporais, a calema de direção w e wsw que se faz sentir na baía, torna os fundeadouros incómodos e dificulta as operações de carga e descarga com estabilidade.

[259] [*http://www.portodecabinda.com/*]

mentos independentistas, os quais, apesar de atualmente muito debilitados militarmente, dão corpo a identidades regionais mais fortes e de descontentamento regional. Pois que historicamente no território da atual Cabinda existiam, antes da ocupação colonial portuguesa, três pequenos "reinos": Loango, Kakongo e N'Goyo. Estas unidades políticas rudimentares faziam parte, embora de maneira algo periférica e desintegrada do já citado Reino do Kongo, pois que no contexto das "corridas europeia para África", Portugal concluiu com os chefes destes "reinos", em 1 de Fevereiro de 1885, o Tratado de Simulambuco, pelo qual o território passou a ser um Protetorado de Portugal, distinto das possessões que detinha na altura mais a sul, no continente africano. Contudo, por ocasião da Conferência de Berlim, realizada nesse ano, originou o surgimento do Congo Belga (ex-Zaire e atualmente República Democrática do Congo) e o Congo Francês (ex-Congo Brazzaville e atualmente República do Congo), a atribuição de Cabinda a Portugal viria a ser internacionalmente confirmada no quadro do Direito Internacional vigente, adotando-se desde aí a designação de "Congo Português", em linha com as outras possessões europeias na região (Felgas, 1965, pp. 54-55) (Selvagem, 1999, p. 606) (Ribeiro, 2002, pp. 137-141) (Freire, 2011, pp. 30-32).

No entanto, como a Bélgica reivindicou uma saída para o Atlântico para o Congo Belga, agora constituído como tal, foi-lhe concedido um "corredor" constituído pelos territórios adjacentes ao Rio Zaire, tendo sido desta forma interdita a ligação por terra entre Cabinda e o restante Reino do Congo, entretanto em vias de ser ocupado por Portugal. Completada, até meados dos anos 1920, a ocupação efetiva do território da Angola, Portugal deu por findo o estatuto de protetorado separado, passando a considerar Cabinda como parte integrante (com o estatuto de Distrito da então Colónia (mais tarde designada Província Ultramarina) de Angola. No quadro do sistema colonial estabelecido em Angola, Cabinda teve acrescida importância económica que levou a um significativo desenvolvimento da cidade de Cabinda que passou a ter de um porto e de um aeroporto. A relevância político-estratégica viria ser mais significativa quando, em 1967, foram descobertos importantes jazidos de petróleo ao largo da costa de Cabinda, o que levou Portugal a promover a sua exploração. Porém, ao mesmo tempo a luta independentista desenvolveu-se pelos três Movimentos de Libertação em Cabinda, e levou a que nos anos 50/60 se constituíssem no território vários grupos que se insurgiam contra a dominação colonial, pois neste

A POLÍTICA DE DEFESA NACIONAL EM ANGOLA APÓS 2002

meio havia a ideia de uma independência de Cabinda separada de Portugal e Angola (Justino Pinto de Andrade, 2011).

Em 1962, estes grupos uniram-se, formando em Brazzaville a Frente para a Libertação do Enclave de Cabinda (FLEC), com a designação oficial de *Front pour la Libération de l'Enclave de Cabinda*. Este movimento teve desde o início o propósito de promover para Cabinda uma independência separada da pretendida para Angola, desde os anos 50, pelos movimentos nacionalistas FNLA e MPLA, e a partir de 1966, também pela UNITA. Neste sentido, a FLEC constituiu em 1967 um Governo de Cabinda no Exílio, com sede em Ponta Negra (*Pointe Noire*), no Congo Brazzaville. As atividades desenvolvidas pela FLEC foram, durante esta fase, no essencial de mobilização política em Cabinda e procuram, por via político-diplomática, o reconhecimento internacional. Assim, quase em simultâneo, a FNLA e o MPLA desenvolveram a partir do Congo-Kinshasa (o MPLA mais tarde a partir do Congo-Brazzaville) operações militares em Cabinda, no essencial em regiões do interior, de acesso mais difícil e com grau de risco menor. Estas operações obrigaram Portugal a reforçar a presença militar em Cabinda, conseguindo deste modo conter a penetração dos Movimentos de Libertação, tarefa facilitada pelos frequentes conflitos armados entre ambos. No fim dos anos 1960, a FNLA cessou as suas operações em Cabinda, enquanto o MPLA marcou alguma presença militar até ao fim da era colonial (1974), altura em que o MPLA e FLEC rivalizaram no campo da mobilização política e social.

Após o 25 de Abril de 1974 em Portugal, o MPLA obteve o controlo militar de Cabinda, defendendo a continuação do enclave como parte integrante de Angola, e procurando neutralizar os militantes da FLEC. Por sua vez esta, na altura dividida em várias correntes, declarou a independência separada do enclave de Cabinda e criou uma pequena força militar. Esta tentou uma incursão a partir do Congo-Kinshasa, mas foi rechaçada pelo MPLA e a partir desse momento, a FLEC deixou de ter qualquer intervenção no processo político que levou à Independência de Angola em 1975 e passou a preocupar-se com a autonomização ou independência face a Angola de Agostinho Neto. Na resultante das circunstância em que foi alcançada a independência de Angola, o MPLA conquistou o poder, e UNITA e FNLA desencadearem o conflito interno, em que o petróleo de Cabinda se tornou no recurso económico vital para a sobrevivência do novo regime político e para a manutenção do esforço de guerra. Assim, por

AS FORÇAS ARMADAS ANGOLANAS COMO ELEMENTO DO POTENCIAL ESTRATÉGICO...

um lado, investiu na proteção militar das instalações de extração do *crude*, valendo-se durante algum tempo do apoio por parte de unidades militares cubanas (FAR) e por outro lado, concluiu alguns contratos, especialmente com companhias americanas, especializadas na extração de crude (Luvualu de Carvalho, 2011, pp. 57-68).

Dada a rápida decadência da FNLA enquanto força militar, e a impossibilidade de a UNITA se envolver no teatro de operações de Cabinda, esta não viria a ser afetada pelas operações militares no conflito angolano. Em contrapartida, a FLEC (apesar das suas divisões internas) parece retomar a iniciativa, menos evidente em termos de ações armadas, mas com uma significativa capacidade de mobilização política e de projeção regional e internacional[260]. Esta última foi de certo modo facilitada pela repressão por parte do governo do MPLA. Os conflitos, que duraram longos anos, suscitaram a intervenção de várias forças da sociedade civil de Cabinda, com destaque para a Igreja Católica, com o objetivo de conseguir a pacificação. Porém, só depois do fim do conflito no enclave, a 1 de Julho de 2006, foi assinado um *Memorando de Entendimento para a Paz e a Reconciliação da Província de Cabinda*, entre o Governo de Angola e o Fórum Cabindês para o Diálogo, um órgão da sociedade civil que integra parte das tendências políticas da FLEC. Em consequência do "entendimento político"[261], os efetivos militares da FLEC foram aquarteladas e a 6 de janeiro de 2007, elementos foram incorporados nas FAA e na PN, nomeadamente na frequência de cursos ao nível da Escola Superior de Guerra para oficias superiores e oficiais generais (ou equivalentes) das FLEC.

Globalmente, a situação em Cabinda tem sido relativamente pacífica nos últimos anos. No entanto, elementos inconformados da FLEC têm vindo a realizar ataques esporádicos contra forças do governo nas selvas e também contra instalações de empresas sediadas no território. Para demonstrar uma aparente normalidade, Cabinda foi escolhida como uma das sedes do Campeonato Africano das Nações (CAN 2010) de futebol, organizado por

---

[260] [*http://www.cabinda.net/indice.html*] [*http://www.cabinda.net/international_criminal_court.htm*]
[261] Um dirigente da FLEC, António Bento Bembe, passou a integrar o governo de Luanda e um contingente de bolsas de estudo foi atribuído a pessoas anteriormente envolvidas na oposição cabindense ao Estado angolano, como forma de pagamento pela aceitação do acordo. O governo do MPLA prometeu ainda atribuir a Cabinda uma parcela maior dos lucros obtidos na exploração do sector petrolífero. Entre outras melhorias ao nível social, destaca-se a criação em 2009 da Universidade 11 de Novembro, na cidade de Cabinda.

A POLÍTICA DE DEFESA NACIONAL EM ANGOLA APÓS 2002

Angola em 2010. A FLEC aproveitou esta oportunidade para levar a cabo em Janeiro de 2010 um ato considerado terrorista, atacando o autocarro que fazia o transporte da seleção de futebol do Togo[262], resultando numa nova projeção mediática da causa cabindense a nível internacional.

No início de março de 2011, as Forças Armadas Angolanas captura-ram o Chefe do Estado-Maior das Forças Armadas de Cabinda (FAC), o braço armado da FLEC, resultando a expectativa de que no futuro não haveria mais conflitos armados em Cabinda. Entretanto, a Igreja Católica sob pressão do regime angolano parece empenhada em evitar um envol-vimento de elementos seus em atitudes e atos de resistência política em Cabinda. Nesse sentido, não apenas nomeou para a Diocese de Cabinda um bispo, Filomeno Vieira Dias, que não é natural da região e tem ligações com figuras do poder central, como retirou o estatuto de sacerdote a três padres de Cabinda que tinham, repetidamente, articulado as reclamações da população contra "Luanda". Entretanto, a FLEC mudou recentemente o nome para Frente de Libertação do Estado de Cabinda[263] e tem vindo a utilizar as redes sociais e a diáspora cabindense para fazer evoluir os seus objetivos políticos, havendo também uma assinalável dissidência política e facciosismo interno entre os seus principais dirigentes que contribui para a solução do governo de Luanda[264].

Em suma, salienta-se que em Cabinda, embora tenha sido assinado, em Agosto de 2006, entre o Fórum Cabindês para o Diálogo e o Governo de Unidade e Reconciliação Nacional, um Memorando de Entendimento para a Paz em Cabinda, algumas das fações separatistas distanciaram-se do mesmo, como foi o caso da FLEC, tendo-se vindo a registar espora-

---

[262] Este atentado ocorreu em dia 8 de Janeiro de 2010 contra a escolta militar da seleção de futebol do Togo, que entrara em Cabinda de autocarro, para participar no Campeonato Africano das Nações, do qual resultaram alguns mortos, incluindo dois membros da comitiva togolesa. Este atentado, reivindicado pelas Forças de Libertação do Estado de Cabinda/Posi-ção Militar (FLEC/PM) foi qualificado pelas autoridades angolanas como "ato terrorista", e condenado pela Comunidade Internacional. Em 3 de agosto de 2010, a Rádio Ecclesia noticiou a condenação dos quatro ativistas de Cabinda, que já se encontravam detidos desde janeiro, sob acusação de crime contra a segurança do Estado angolano, na sequência do ataque contra o cortejo que transportava a seleção de futebol do Togo. Os condenados eram membros da associação cívica Mpalabanda, extinta por decisão do governo angolano.

[263] [http://www.cabinda.org/portugues.htm]

[264] Revista *Password*, In *"Resistência Cabindense está de novo no turbilhão das dissidências"*, Série III – Nº 25, de março de 2012, pp. 5-9.

dicamente ameaças e ataques contra as Forças Armadas e trabalhadores estrangeiros, apesar de o governo angolano não reconhecer oficialmente estas operações de guerrilha. Contudo, em março de 2010, segundo o jornal *Apostolado*, da Igreja Católica, o líder da FLEC-FAC, Nzita Tiago, terá endereçado uma carta ao Presidente José Eduardo dos Santos no sentido de ser encetado o início de um processo de diálogo, propondo a criação de uma Confederação entre Cabinda e Angola. Nesse sentido, defende que Cabinda seja dotada de uma Constituição própria, de um Parlamento autónomo, de um Governo "chefiado por um Primeiro-Ministro" nomeado após eleições "em todo o território", de "um poder judicial próprio" e de um exército constituído pelas Forças Armadas Cabindenses (FAC), podendo ser uma possível solução política para o diferendo no enclave de Cabinda (Justino Pinto de Andrade, 2011).

CAPÍTULO IV

AS FORÇAS ARMADAS DE ANGOLA
O SISTEMA DE ENSINO MILITAR
COMO VETOR DE MODERNIDADE

> "O estado em que se encontra o ensino militar em Angola é caracterizado por uma organização incipiente, com grandes carências ao nível das infraestruturas, meios materiais e humanos (docentes devidamente habilitados), bem como os efeitos negativos resultantes da formação de quadros militares no estrangeiro (em quantidades insuficientes, muito diversificada, passível de criar incompatibilidades ao nível das doutrinas e dos procedimentos), que tende a comprometer a constituição de umas Forças Armadas coesas, de elevada prontidão, operacionalidade e proficiência..."

> In, *Bases Gerais do Sistema de Ensino Militar*, 2008

1. O Sistema de Ensino Militar nas Forças Armadas Angolanas

As Forças Armadas são o espelho da Nação e representam a identidade do Estado, tornando-se necessário, segundo este paradigma apostar na formação militar superior como elemento estruturante e conciliador do processo de edificação (reintegração) das capacidades e estruturas operativas e decisórias. Assim, o Sistema de Ensino Militar no processo de construção, crescimento e consolidação das FAA, nomeadamente o Sistema de Ensino Superior nas Forças Armadas, contribuiu ininterruptamente para a formação de oficiais superiores para o quadro das FAA desde 1992, sendo o elemento estratégico que consideramos na formação pós Acordos de Bicesse das Forças Armadas Angolanas e central no processo de crescimento institucional (Júnior, 2003, pp. 31-33) (Tomé Pinto, 2010/2011).

Para se compreender a abrangência e evolução para a atual situação do Sistema de Ensino Militar nas Forças Armadas Angolanas é necessário fazer uma reflexão à luz das *Bases Gerais do Sistema de Ensino Militar* (2008) e relativizar relativamente à evolução geral do nível de instrução dos militares das Forças Armadas. Nesse sentido torna-se necessário, em primeiro lugar, compreender a envolvente conjuntural político-militar que conduziu à situação atual, sendo incontornável analisar a formação militar em Angola e reconhecer que, como se salienta nas Bases Gerais do Sistema de Ensino Militar "*...ensino militar em Angola é caracterizado por uma organização incipiente, com grandes carências ao nível das infraestruturas, meios materiais e humanos (docentes devidamente habilitados), bem como os efeitos negativos resultantes da formação de quadros militares no estrangeiro...*" (2008) essencialmente desde o período pós-independência.

Para dar resposta a este desiderato, começamos por fazer uma análise histórica sobre a evolução do Sistema de Ensino Militar em Angola em dois períodos distintos: o período pré-Bicesse, designado como a Primeira Fase (1975-1991) e o período pós-Bicesse, ou designado de Segunda Fase (1991-2011), onde pudemos constatar quão importante foi o ensino superior militar como elemento de integração, consolidação e construção das Forças Armadas Angolanas.

1.1. O Ensino Militar pré-Bicesse

Após a Proclamação da Independência de Angola em 11 de novembro de 1975 por Agostinho Neto em Luanda, o conflito interno pela disputa do poder entre os dois principais movimentos de libertação (MPLA e UNITA) agravou-se e o governo de Angola (MPLA) depara-se com uma situação militar extremamente difícil, uma vez que se sentia ameaçado a norte pelo Exército regular do Zaire, que havia apoiado a Frente de Libertação Nacional de Angola (FNLA) e a leste e a sul pelas Forças Armadas de Defesa da África do Sul (*South African Defense Forces*) que apoiavam a UNITA. Salienta-se que na época, estas eram as Forças Armadas mais poderosas da África Austral. Para enfrentar estas ameaças, o governo instituído dispunha das Forças Armadas Populares de Libertação de Angola (FAPLA) que tinham sido proclamadas a 1 de agosto de 1974 e que tinham sido formadas com base num dos movimentos de guerrilha (MPLA) que tinha participado ativamente na Guerra Colonial. Contudo, as FAPLA, cujos quadros tinham (na sua maioria), sido formados nos diversos Centros de Instrução Revolucionária (CIR)[265] onde receberam uma formação orientada para a guerra subversiva, mas contudo não se encontravam organizados do ponto de vista doutrinário, organizacional e operacional para fazer face à luta de guerrilha (Tomé Pinto, 2011).

Para responder às necessidades em quadros, nomeadamente em oficiais instrutores, foi criado um sistema de formação que se apoiava em duas modalidades. Por um lado, a formação no exterior, sobretudo em países do ex-Pacto Varsóvia (RDA e URSS) e em Cuba e por outro lado, Contudo, como a formação no exterior, integrava um número reduzido de militares e manifestamente insuficiente para as crescentes necessidades operacionais, foi criado o Gabinete das Academias Militares (GAM), órgão que, ao nível do Estado-Maior General das FAPLA, tinha a missão de promover a

---

[265] Os Centros de Instruções Revolucionária (CIR) constituem os locais, ou bases militares (implantados no interior e exterior de Angola) onde se fazia o treino operacional e a preparação dos militares do MPLA, que iriam integrar os Movimentos Armados de Libertação no contexto da doutrina marxista-leninista. Conforme descreve Nito Alves no livro *Minoria da Larga Resistência Popular* editado pela "África Editora" em 1976 "*...esgotaram-se todas as leis da guerrilha e toda a inteligência militar...*". Nito Alves viria a assumir a Direção do CIR em 1968 e constitui-se como um dos principais precursores do sistema de formação das Forças Armadas de Angola. Contudo, os CIR têm um maior desenvolvimento após a assinatura do acordo de cessar-fogo, em que o principal é o CIR Kahonga, na República do Congo Brazzaville, contudo nas Regiões Militares foram constituídas de acordo com a divisão territorial que adotou o MPLA, dividindo o território de Angola em quatro Frentes e cinco Regiões Militares, nomeadamente: <u>Frente Norte</u>: 1ª Região Militar (Luanda, Uíge e Kuanza-Norte) e 2ª Região Militar (Cabinda). Frente Leste – 3ª Região Militar (Malange, Lundas e Moxico). <u>Frente Centro</u>: 4ª Região Militar (Bié, Huambo, Kuaza-Sul e Benguele) e a <u>Frente Sul</u>: 5ª Região Militar (Namibe, Huíla, Cunene e Kuando-Kubango). Assim os CIR implementados (1974-1976) com maior ou menor grau de sucesso são, para além do Kalunga (Congo Brazzaville) e com a designação original os seguintes: 1ª Região Militar (Totobola (Certeza, Hoji, Ya Henda, Mussenga, Che Guevara, ASPRO, Resistência Popular e Impuanza), 2ª Região Militar (Binheco, Sanga Planície); 3ª Região Militar (Kazaje, Kwenha), 4ª Região Militar (Kassanje, Sangue do Povo, Boa Altura, Mamão Verde, Kapango e Argueles) e a 5ª Região Militar. A presença cubana foi uma constante na implantação e operacionalidade dos CIR, aliás, foi um modelo importado da Revolução Cubana de Fidel Castro, que em outubro de 1975 com a presença de estruturas militares cubanas, criaram e edificaram quatro Centros, nomeadamente: (Ndalatando), Katengue (Benguele), Dinge (Cabinda) e Saurimo (Júnior, 2007, pp. 36-38) (Cann, 1988, p. 27) (Cardoso, 2005, p. 547) (Carreira, 2005, p. 100) (Weigert, 2011, pp. 72-75).

formação de quadros. Neste contexto, é criado o *"Sistema de Estabelecimentos de Ensino Militar"* (SEEM) que incluía como principais pilares:

- A Escola do Curso Superior de Oficiais do Ministério da Defesa – Esta Escola foi criada em 1976 e localizava-se, inicialmente em Luanda, sendo posteriormente transferida para o Huambo e destinava-se à formação de comandantes militares e oficiais de Estado-Maior para o desempenho de cargos de comando e chefia de Grandes Unidades (GU) no EMG e no Ministério da Defesa, ministrando para o efeito cursos com a duração de 10 meses;
- A Escola Inter-Armas *Comandante Nicolau Gomes Spencer* – Esta Escola localizava-se no Huambo, foi criada em 1976, e destinava-se à formação de oficiais dos diversos escalões (pelotão, companhia e batalhão), ministrando cursos de Infantaria, Cavalaria (carros de combate), Defesa Antiaérea, Comunicações, Logística Geral, Combustíveis, Fardamento, Defesa Química, Sapadores de Engenharia, Transportes e Comissários Políticos. Existiam dois tipos de cursos: os cursos de formação inicial para Cadetes e os cursos de qualificação profissional para Chefes e Oficiais dos diversos escalões de comando (pelotão, companhia e batalhão) e estavam essencialmente vocacionados para a formação de nível operacional e destinavam-se a fornecer quadros para as unidades operacionais das FAPLA;
- A Escola de Oficiais de Unidades Especiais *Comandante Raul Dias Arguelles* – Esta Escola localizava-se na Gabela (Amboim-Kuanza--Sul) e foi criada em 1976. Destinava-se à formação de oficiais para o comando de unidades de *"luta contra-bandidos"* (infantaria ligeira) e contrassubversão, ministrando dois tipos de cursos: os cursos de formação inicial (para cadetes) e os cursos de qualificação profissional, para Chefes e Oficiais dos diversos escalões (pelotão, companhia e batalhão) que se destinavam a equipar unidades especiais de Infantaria e constituiriam os primeiros núcleos das "Forças Especiais Angolanas";
- A Escola Nacional de Aviação Ligeira *Comandante Veneno* – Esta Escola localizava-se no Lobito e destinava-se à formação e qualificação de pilotos de aviação ligeira em complemento dos formandos que eram na sua maioria oriundos de países de Leste.

- A Escola Nacional de Aviação Militar – *Comandante Bula* – Esta escola localizava-se no Negage (Uíge) e destinava-se à formação e qualificação de pilotos e técnicos de helicópteros de combate em complemento dos pilotos formados no exterior de Angola, principalmente na Ex-URSS;
- A Escola Político-Militar – *Comandante Gika* – Esta Escola localizava-se em Luanda, foi criada em 1978 e destinava-se à formação e qualificação de Oficiais para a área da educação político-patriótica e ideológica (reflexo de uma doutrina marxista que também se refletia na formação e no ensino militar);
- O Colégio Militar – Funcionava como uma pré-Academia Militar e destinava-se prioritariamente aos órfãos de guerra que entravam com a 8ª classe e saíam com a 12ª classe (integrado no sistema escolar angolano) para a *Escola Comandante Gomes Spencer* ou para a *Escola Comandante Gika* tinha assim uma dupla função social e de pré-preparação de potenciais quadros para as FAPLA.

Durante este período, o modelo de formação dos oficiais das FAPLA era o seguinte: para os jovens provenientes da vida civil, que ingressavam nas FAPLA através do Serviço Militar Obrigatório (SMO), se possuíam a 8ª Classe frequentavam os cursos de cadetes das Escolas *Comandante Gomes Spencer*, *Comandante Raul Dias Arguelles* ou *Comandante Gika* durante cerca de dois anos, findos os quais frequentavam um estágio de 45 dias numa unidade operacional e após este período de formação, estavam habilitados a desempenhar as funções de Chefe de Pelotão (com a graduação de Oficial Subalterno).

Em alternativa, a formação inicial podia ser feita no exterior de Angola em países do ex-Pacto Varsóvia ou em Cuba (nas respetivas escolas militares) e estes cursos tinham, por norma, duração de cerca de quatro anos. Ao longo da vida militar os oficiais frequentavam os cursos para Chefes e Oficiais de Batalhão numa das Escolas de formação supracitadas e mais tarde, para ascenderem na hierarquia militar completavam a sua formação frequentando o Curso Superior de Oficiais do Ministério da Defesa, ou em alternativa, estas ações de formação também podiam ser feitas no exterior em países do ex-Pacto Varsóvia ou em Cuba. Estes cursos de nível mais elevado tinham uma duração variável, que podia ir de alguns meses até vários anos, como eram os casos dos cursos com equivalência a curso superior (como por exemplo curso de engenharia) nas Academias Militares (Vitoriano, 2011) (Correia de Barros, 2011).

Por outro lado, para os candidatos militares, se possuíam a 6ª Classe (e uma vez que normalmente já dispunham de experiência de comando de tropas em operações), frequentavam um curso de qualificação profissional para Chefes e Oficiais para um dos diversos escalões das FAPLA (pelotão, companhia e batalhão), e consoante o nível a que ingressavam na carreira de Oficial, a restante formação era idêntica à dos jovens oriundos de civis e alguns destes cursos também podiam ser feitos no exterior à semelhança do que acontecia com os mancebos que eram incorporados a partir da vida civil.

Para a Força Aérea Nacional, os pilotos eram recrutados a partir dos militares que terminavam os cursos de oficiais referidos, que após prestarem provas médicas, físicas e psíquicas ingressavam na Escola *Comandante Veneno* ou *Comandante Bula* onde recebiam a formação básica em piloto aviador ou em alternativa os pilotos (nomeadamente os pilotos de caças) podiam ser formados num dos países do ex-Pacto de Varsóvia (principalmente a URSS, pois as aeronaves eram do tipo MIG). Para a Marinha de Guerra Angolana, como não dispunham de estabelecimentos de ensino militar, todos os seus oficiais eram formados no exterior, complementado com uma rudimentar instrução e treino *on-job* quando ingressavam ao serviço das reduzidas unidades nacionais que operavam na foz dos principais rios de Angola.

1.2. O Ensino Militar pós-Bicesse

Após os Acordos de Paz de Bicesse as diversas forças político-militares em confronto são acantonadas e integradas no suposto Exército Nacional – as Forças Armadas de Angola. Em resultado deste processo, as FAPLA são desmanteladas e reintegradas nas novas FAA, mantendo-se apenas a Escola Inter-Armas *Comandante Nicolau Gomes Spencer*, que passou a designar-se por Escola de Formação de Oficiais do Lobito (EFO)[266]. Contudo, dentro

---

[266] A Escola de Formação de Oficiais passou, a partir desse ano, a assumir funcionar como núcleo inicial da futura Academia Militar do Exército (AME) transferindo as suas anteriores responsabilidades de formação para a Escola de Administração Militar. Portugal viria a participar através do envio de formadores para a edificação desta estrutura no âmbito dos projetos de CTM.

do âmbito do processo de criação das FAA foram criados os seguintes Estabelecimentos de Ensino Militar:

- O Instituto de Ensino Superior Militar (ISEM)[267] que iniciou atividades em 1992 e tinha a missão genérica de qualificar Oficiais, de qualquer ramo e posto (de Aspirante a General), com doutrinas e procedimentos comuns, formando cerca de três mil Oficiais entre 1992 e 1995. A partir de 1996 passa a ministrar cursos de Comando e Direção a Oficiais Generais, iniciando-se os Cursos de Estado-Maior para Oficiais Superiores em 1999 (Figura Nº 17);
- A Escola Prática de Administração Militar (EPAM)[268], foi criada em 1993 com polos em Luanda e no Namibe, com a responsabilidade

---

[267] Escola Superior de Guerra – No âmbito do processo de Reedificação das FAA, e por despacho do CEMGFAA, em 2002, o ISEM passa a designar-se por Escola Superior de Guerra (ESG), tendo por missão principal preparar os Oficiais Generais e Superiores das FAA e da Polícia Nacional, para o desempenho de funções de Comando e Estado-Maior que lhes competem ao mais alto nível da estrutura de Segurança e Defesa Nacional, fornecendo-lhes os conhecimentos necessários para o exercício das mesmas, no Ramo a que pertencem, no Estado-Maior General das Forças Armadas, no Ministério da Defesa Nacional e ainda em missões internacionais. Dentro deste âmbito ministra, na atualidade, os seguintes cursos: Curso Superior de Comando e Direção (CSCD) – Destinado a Oficiais Generais e Coronéis, tendo por finalidade complementar a formação para o exercício das funções inerentes aos altos cargos de Comando, Direção e Estado-Maior (EM); Curso de Comando e Estado-Maior (CCEM) – É um curso que se destina a habilitar os oficiais Superiores para o desempenho de funções de EM nos órgãos de comando do EM do Estado-Maior General (EMG), nos Comandos e Órgãos Centrais de Administração e Direção, nos Comandos territoriais, em Comandos Operacionais e Comandos de Grandes Unidades (GU), em Estado-Maior Conjuntos e Combinados e no Ministério da Defesa Nacional (MDN); Curso de Promoção a Oficial Superior (CPOS) – É um curso de promoção que tem por finalidade habilitar os oficiais superiores e Capitães para o desempenho de funções de Comando de Unidades de escalão Batalhão ou equivalente e funções de Estado-Maior em GU e Órgãos da Estrutura Superior dos Ramos das FAA. In, *Bases Gerais sobre o Ensino Militar das FAA* (DPPTE/EMG/FAA), 2008.

[268] Escola de Administração Militar – No âmbito do processo de Reedificação das FAA, e por despacho do CEMGFA, a EPSM passa a designar-se por Escola de Administração Militar (EAM), mantendo as responsabilidades já referidas anteriormente. Este ano ministrou, pela primeira vez, o CFO de Infantaria e de Serviço de Saúde, com a duração de três meses. Do antecedente estes cursos eram ministrados na EFO, no Lobito, atual AM. Os candidatos ao CFO de Infantaria podem ser civis e militares e ao de Serviço de Saúde são civis (médicos, fisioterapeutas e de outras especialidades clínicas), frequentando inicialmente a "Preparação Militar Geral" (PMG).

pela formação dos Oficiais de Administração Militar essencialmente nas áreas de Intendência e das Finanças. Esta escola foi posteriormente transferida para Benguela em 1994, mantendo as mesmas responsabilidades de função.

Em 1992 acontecem as primeiras eleições em Angola e a UNITA não aceita os resultados eleitorais que atribuiu a vitória ao MPLA, enveredando pela luta armada, resultando num conflito com consequências para o sistema de formação das recém-criadas FAA. Este sistema de ensino militar sofre um retrocesso e praticamente é desmantelado. Entre 1992 e até 2002 (data em que termina a guerra), a formação militar resumiu-se a ensinar as matérias consideradas essenciais para a guerra, não obedecendo a um modelo estruturado nem a um normativo teórico próprio.

As ações de formação tinham apenas uma data certa: a de início, sendo regra geral interrompidas a meio pela urgência e necessidade de guarnecerem as unidades operacionais das frentes de combate. Neste contexto e de certa forma, constituiu exceção o ISEM que foi mantenho uma atividade académica regular, pois a situação da formação dos Oficiais realizava-se ao abrigo dos acordos de CTM com países ocidentais, nomeadamente com Portugal. Estes acordos envolviam, não só a formação de Oficiais angolanos no país com o qual tinha sido estabelecido o acordo, como também ações de formação em Angola com o apoio de militares desses países (de Portugal a CTM não sofreu interrupção durante o período da guerra).

Estes acordos tiveram a vantagem de proporcionar aos Oficiais Angolanos um ensino devidamente consolidado e reconhecido internacionalmente, mas tiveram como desvantagem a formação ser feita com uma matriz doutrinária e cultural substancialmente diferente daquela que vinha a ser seguida até então, pois que em resultado dos Acordos de Bicesse (bem como de outros acordos e memorandos que foram sendo assinados) estas doutrinas foram integradas nas FAA, Oficiais com diferentes habilitações literárias e sem terem frequentado um curso de formação militar de base (semelhante ao da Academia Militar), o que tornava inviável uma unidade de doutrina e a implementação de um sistema doutrinário próprio, uma que permitisse uma maior operacionalidade combativa das FAA.

Face aos desafios da reconstrução nacional, lançados pelo Comandante-em-Chefe das Forças Armadas Angolanas e Presidente da República (José Eduardo dos Santos), as Forças Armadas têm vindo a efetuar reformas nas

AS FORÇAS ARMADAS DE ANGOLA

áreas administrativas, operacionais e na doutrina e ainda em outras áreas e estruturas organizativas no sentido de adequá-las aos novos desafios da modernidade. Assim a área do Ensino, dirigida pela Direção Principal de Preparação de Tropas e Ensino (DPPTE) afeta ao Estado-Maior-General, é responsável pela condução e criação de linhas de atuação e definição das prioridades do Ensino Militar ao nível das Forças Armadas e, tem vindo a implementar um conjunto de reformas no sistema de ensino para adequá-lo às novas realidades do país e da conjuntura regional e internacional (Bases Gerais do Sistema de Ensino Militar, 2008).

Devido à tarefa de ajustamento e atualização da doutrina militar, a Escola Superior de Guerra atualizou os principais cursos, nomeadamente o Curso de Comando e Estado-Maior que produzisse ideologias e doutrinas e que trabalhassem num modelo que permita às FAA modernizar e racionalizar o Ensino Superior Militar, pois o modelo passado apresentava algumas insuficiências de formação e não se revelava suficiente para os propósitos de modernização das Forças Armadas de Angola (Vitoriano, 2011).

2. O Sistema de Ensino Militar atual das Forças Armadas Angolanas

O Sistema de Ensino Militar das Forças Armadas Angolanas encontra-se articulado da seguinte forma[269]: Subsistema de Ensino do Estado-Maior General; Subsistema de Ensino do Exército; Subsistema de Ensino da Força Aérea Nacional e o Subsistema de Ensino da Marinha de Guerra Angolana, caracterizando-se pelos seguintes aspetos específicos:

- O Subsistema de Ensino do Estado-Maior-General comporta os seguintes Estabelecimentos de Ensino Militar: Estabelecimento Militar de Ensino e Centros de Instrução: Colégio Militar; Academia Militar de Angola (AMA); Escola Superior de Guerra (ESG); Escola de Administração Militar (EAM); Centro de Instrução de Forças Especiais (CIFE); Escola de Especialistas Menores de Logística (EEML) e a Escola Prática de Saúde (EPS);
- O Subsistema do Exército comporta os seguintes Estabelecimentos de Ensino Militar e Centros de Instrução: Escola Inter-Armas de

---

[269] "*Bases Gerais sobre o Ensino Militar das FAA*" (DPPTE/EMG/FAA), 2008.

Oficiais (EIAO); Escola Inter-Armas de Sargentos (EIAS); Escola Prática de Armamento e Técnica (EPAT); Escola de Condução Auto (ECA); Centro de instrução do Huambo (CIH); Centro de Instrução do Luena (CIL);

- Subsistema da Força Aérea Nacional de Angola[270] comporta os seguintes Estabelecimentos de Ensino Militar: Escola de Formação de Pilotos (EFP) e a Escola de Formação Militar Técnico (EFMT);
- Subsistema da Marinha de Guerra Angolana comporta os seguintes Estabelecimentos de Ensino Militar: Escola Naval (em perspetiva); Escola de Especialistas Navais (EEN) e a Escola de Fuzileiros Navais (EFN).

Pretende-se harmonizar esta estrutura do ensino militar ao sistema ensino do país para a sua integração no sistema previsto na Lei de Bases do Ensino que prevê o seguinte[271]: A educação realiza-se através de um sistema unificado, constituído pelos seguintes Sistemas de Ensino: Subsistema de educação pré-escolar; Subsistema de ensino geral; Subsistema de ensino técnico-profissional; Subsistema de formação de professores; Subsistema de educação de adultos; Subsistema de ensino superior. O Sistema de Educação estrutura-se em três níveis: Primário; Secundário e Superior. Neste quadro, será interessante perspetivar a integração do Sistema de Ensino Militar no Sistema de Ensino Nacional Angolano e de acordo com a *Lei de Bases do Sistema de Educação*[272], nomeadamente com a frequência de cursos civis por parte de estudantes militares, bem como o recrutamento e mobilização efetuada a partir do ensino civil, à semelhança do que ocorre em outros países (ex: Portugal), onde os alunos concorrem para as Universidades e para as Academias Militares em igualdade de critérios de admissão.

---

[270] A Escola de Aeronáutica Militar localiza-se atualmente no Lobito e está vocacionada para a formação e qualificação de Oficiais Pilotos Aviadores e de Técnicos para aviação ligeira e a Escola de Formação Militar Técnica localiza-se no Namibe e está vocacionada para cursos de formação de Oficiais Especialistas de Defesa Antiaérea.

[271] Cap. III, Art. 10º da Lei de Bases do Sistema de Educação (Angola) – Lei Nº 13/01 de 31 de dezembro 2001.

[272] Art.º 31 2. e Art.º 71 4. da Lei nº 13/01, aprovada pela Assembleia Nacional em 13 de junho de 2001. [*http://planipolis.iiep.unesco.org/upload/Angola/Angola_Lei_de_educacao.pdf*]

AS FORÇAS ARMADAS DE ANGOLA

Alcançada a paz e, havendo necessidade de resolver os principais problemas do país, nomeadamente a rede escolar regional e distrital, houve a necessidade de perspetivar e implementar o sistema de ensino a nível nacional efetuando-se uma retrospetiva do sistema de ensino desde o período pós-independência, tendo-se dado já alguns passos significativos no que se refere à melhoria do sistema de ensino militar, que registou francos progressos, nomeadamente ao nível das universidades e institutos superiores.

No período imediatamente pós-Independência, as Forças Armadas não possuíam Instituições de Ensino devidamente estruturadas e que garantissem a formação de nível superior, pelo que, o sistema de ensino passava pela formulação de estratégias que permitisse implementar um processo de resolução dos problemas da sociedade em geral e das Forças Armadas em particular. Segundo a perspetiva do assessor militar português no ISG (incógnito), as Forças Armadas perspetivam um sistema de ensino modernizado, racionalizado e que corresponda aos registos das Forças Armadas e da Defesa Nacional. Modernizado, com as previsões de criação de novas instituições, entre as quais de nível básico, médio e superior e racionalizado, com a distribuição das responsabilidades aos ramos para a eventual criação "autónoma" de instituições que respondam aos problemas específicos dos respetivos ramos, tendo em conta a tipologia das missões e a especificidade dos sistemas de armas combinados e da doutrina específica.

Face à globalização dos desafios, à disseminação de novas tecnologias, à mundialização das trocas comerciais e dos fluxos informativos e financeiros, as Forças Armadas têm que acelerar os seus próprios processos de mudança para se manter em vanguarda da tecnologia e do conhecimento. Mas, com um processo lento e pouco proativo de mudança e uma evolução progressiva e ritmada, as instituições são atualmente compelidas a adaptar-se a um ritmo vertiginoso às novas formas de organização e gestão no intuito de garantirem níveis elevados de razão custo/eficácia, que lhes assegurem a manutenção da competitividade e sejam um benefício e não um custo. Esta dicotomia é o paradigma da modernidade do Ensino Militar e elemento estratégico no Sistema de Ensino Militar nas Forças Armadas de Angola. Para enfrentar estes multifacetados desafios e pretender assegurar o sucesso, torna-se necessário apostar decisivamente na excelência do ensino e na formação. Atuando ao nível dos vários agentes do sistema, mas principalmente abrindo e interligando o conhecimento civil com o conhecimento militar, quer numa perspetiva nacional, quer internacional. Atualmente o desafio já está aberto, estruturou-se o sistema de ensino militar em subsistemas, estando a ser implementado o sistema em termos práticos com elevado grau de sucesso, onde Portugal e a CTM desempenharam e desempenham um importante papel na formação das FAA (2011).

Para o Subsistema de Ensino do Exército foi formado o Comando da Academia Militar do Exército que funciona provisoriamente na província de Benguela (por falta de Infraestruturas próprias) e espera-se a sua transferência para a província do Huambo. Para o Subsistema de Ensino do Estado-Maior General, aquela que deu um significativo passo com a abertura da primeira instituição de nível superior das Forças Armadas Angolanas, que é o Instituto Superior Técnico Militar (ISTM)[273] a funcionar em Luanda. Neste contexto, reabilitou-se e foi equipada a Escola Superior de Guerra e que é a melhor referência quanto à qualidade do ensino superior militar em Angola.

A ESG atualmente ministra três cursos: O Curso de Promoção à Oficial Superior, o Curso de Comando e Estado-Maior e o Curso Superior de Comando e Direção. Níveis Tático, Tático-Operativo e Operativo-Estratégico. Esta Instituição é a mais elevada do Sistema de Ensino das Forças Armadas Angolanas, e prevê ministrar dois grandes grupos de cursos considerados os mais importantes no Sistema de Ensino Militar, que são nomeadamente, o Curso Superior de Guerra e o Curso Geral de Guerra (este último com dois níveis: o nível Tático-Operativo[274] e o nível Operativo-Estratégico (pós graduação do 2º grau), Curso Superior de Comando e Direção de unidades de escalão Divisão, Guerra Aérea, Guerra Naval e respetivos Estados-Maiores. O Curso Superior de Guerra de nível Estratégico (pretenso Doutoramento, na arte e planeamento militar e segurança) para oficiais generais das FAA, Ministério da Defesa e Instituições governamentais, constitui o curso de maior valorização no contexto do Sistema de Ensino Militar.

---

[273] O Instituto Superior Técnico Militar é uma Instituição Militar de Ensino Superior destinada a ministrar licenciatura nas áreas técnicas (Engenharia, Direito, Medicina, entre outras) e forma técnicos bacharéis (Fonte: Ministério da Defesa Nacional de Angola).

[274] Considerado como um curso de pós-graduação de 1º grau, o Curso de Promoção a Oficial General, destina-se primariamente à formação de Comandantes de Brigadas, Regimentos ou Unidades equivalentes e para guarnecer os respetivos Estado-Maior.

AS FORÇAS ARMADAS DE ANGOLA

Segundo alguns entrevistados, está previsto, à luz do novo sistema de ensino das FAA, a realização do Curso de Comando e Estado-Maior e o Curso de Promoção a Oficial Superior nos subsistemas de Ensino dos Ramos. Aguarda-se ainda o arranque dos Colégios Militares (em todas as regiões militares do país), com vista a preparar os futuros candidatos para as Academias Militares e Institutos Superiores, mantendo os propósitos de que a missão primária da Academia Militar é a formação de Oficiais para o Quadro Permanente das Forças Armadas Angolanas, mas onde se procura estabelecer uma estrutura curricular que, cumprindo em pleno os objetivos enunciados, proporcione aos formandos a obtenção de conhecimentos estruturantes com base num conjunto de cadeiras estruturantes, e possibilite ainda a realização de licenciaturas alternativas, condição "chave" para o ingresso à Escola Superior de Guerra (nesta onde só poderão frequentar os cursos alunos que tenham passado pelas Academias e pelos Cursos de CPOS e CEM dos respetivos ramos).

Para tal, pretende-se como objetivo central, o desenvolvimento de um plano de estudos, combinado com o programa a implementar na futura Academia Militar e, enquanto esta não inicia o seu funcionamento: concentrar nos dois primeiros anos as cadeiras essenciais de formação técnico-científica (matemática, física, química, português, inglês, informática, investigação operacional, direito, história, geografia, topografia e gestão) à medida que se enriquece o currículo, de acordo com os programas do Ministério da Educação Nacional de Angola. Em segundo lugar, estabelecer uma estrutura curricular na área técnico-militar que preveja (para os dois primeiros anos) uma formação militar complementar e em terceiro lugar (para o terceiro ano) uma formação técnica e militar geral, com cadeiras como a organização militar, operações, informações, logística, administração, a história e geografia militar, a estratégia, o armamento e tiro e liderança. Por fim, a formação técnico-militar específica da arma ou serviço de destino, a complementar com as aprendizagens (essencialmente de caráter operacional) ao nível das Escolas Práticas dos Ramos, um modelo tipicamente Português.

Entende-se que a estrutura curricular dos cursos da Academia Militar aponta claramente para uma licenciatura em Ciências Militares; esta, pela sua duração e natureza, abre potencialidades para ser completada por um conjunto de cadeiras de natureza diversa, que podem proporcionar, mediante um esforço académico suplementar, a obtenção de uma licenciatura complementar. Esta situação é totalmente diferente no caso das Instituições de perfil técnico superior (onde se incluiem as Engenharias Militares Civil, Material e Eletrotécnicas e a Medicina). Neste contexto e para o futuro a médio e longo prazo, perspetiva-se uma evolução bem estruturada e relevante do sistema de ensino militar nas Forças Armadas Angolanas, em que se procura resolver um problema estruturas, que foi tido como um dos mais candentes das FAA.

Quando funcionar em pleno o sistema de ensino das Forças Armadas, o eixo estruturante passará pelo estabelecimento de parcerias com os Ministérios do Ensino Superior e o da Educação de Angola para suprir os atuais problemas de escassez de vagas nestes Ministérios em termos de formação e, na possibilidade de muitos jovens ingressarem voluntariamente nas Forças Armadas. Por outro lado, a matriz do ensino será enquadrada pela multifacetada e diversa CTM que terá efeitos positivos e relevantes na capacitação dos oficiais das FAA, mas tenderá a impor modelos de formação e doutrinas de referência, sendo fulcral uniformizar não só o ensino militar como uniformizar a doutrina e os procedimentos de nível tático e operacional. Pois só umas Forças Armadas com uma identidade de doutrina e de caráter podem servir os superiores interesses da nação (Vitoriano, 2011).

3. A Formação dos Oficiais nas Forças Armadas de Angola

No Exército os jovens, regra geral, ingressam no Exército através do SMO e frequentam a formação inicial na EFO ou na EAM, o que inclui a PMG e o CFO, com a duração de seis meses, da arma ou serviço específico, sendo depois colocados numa unidade do Exército ou do EMG. A formação inicial também pode ser feita no exterior em países com os quais Angola tem acordos de cooperação, principalmente na Rússia, em Cuba e em Portugal. Normalmente as promoções ao posto de Capitão e a Oficial Superior, por antiguidade ou escolha, sem necessidade de frequentar qualquer curso de promoção. Isto não invalida que alguns frequentem cursos de promoção no exterior. Esporadicamente também se têm realizado o CPC em unidades das FAA.

Fonte: Escola Superior de Guerra, Luanda

Figura Nº 16 – **Escola Superior de Guerra (Símbolo)**

A partir de 2004, a ESG começou a ministrar CPOS aos três ramos das FAA. No entanto, a maioria dos Oficiais superiores das FAA ainda não frequentou este curso. A promoção a Oficial General é feita por escolha, não sendo necessária a frequência de qualquer curso. Como foi atrás referido o CSCD não é um curso de promoção, destinando-se apenas a complementar a formação dos oficiais. Ao longo da carreira podem frequentar cursos de especialização em determinadas áreas (Comandos, Operações Especiais, Polícia Militar, etc.) em centros de instrução específicos (cursos que podem ser frequentados no exterior). Quanto a Cursos de Qualificação, de acordo com a investigação, atualmente apenas existe o CCEM (pode ser frequentado no exterior).

Na Força Aérea Nacional, a formação inicial é feita na Escola Aeronáutica Militar ou na Escola de Formação Militar Técnica e tal como no Exército também pode ser feita no exterior. Após, a formação inicial o Oficial irá completar a sua formação numa das unidades da FAN (por exemplo, para ser piloto de avião de transporte após ter terminado a instrução elementar e básica na Escola de Aeronáutica militar no Lobito e receber o *brevet* de piloto, é colocado no Regimento Aéreo de Transporte Misto, em Luanda, para efetuar o curso de instrução complementar de pilotagem em avião multimotor/transporte. A situação da restante formação ao longo da carreira é idêntica à dos Oficiais do Exército.

AS FORÇAS ARMADAS ANGOLANAS COMO ELEMENTO DO POTENCIAL ESTRATÉGICO...

INSTITUTO SUPERIOR DE ENSINO MILITAR (ISEM)			
ANO LETIVO	CURSO	PERÍODO	DISCENTES
1992 – 1995	Cursos Atualização para os principais postos dos 3 Ramos das FAA	Não determinado	Cerca de 3000
1996	Oficiais Generais – Cursos de Atualização (4)	Não determinado	?
	CCD Cursos de Atualização (1º ao 9º CCD)	04MAR96 – 12ABR96	3
		20MAI96 – 26JUL96	5
		01OUT96 – 12DEZ96	6
1997		05FEV97 – 30ABR97	7
		03JUN97 – 27AGO97	6
		15SET97 – 05DEC97	6
1998/9		19JAN98 – 14JUN98	47
		20JUL98 – 16DEC98	41
		25JAN99 – 26ABR99	13
1999	1º Curso Cmdt e EM Batalhão	25JAN99 – 15DEC99	29
	1º Curso Cmdt e EM Brigada		29
2000	2º CCEM	24JAN00 – 07DEC00	29
2001	3º CCEM	22JAN01 – 15DEC01	31
ESCOLA SUPERIOR DE GUERRA (ESG)			
ANO LETIVO	CURSO	PERÍODO	DISCENTES
2002	10º CCD	25JAN02 – 15DEC06	12 (10 da RDC)
	4º CCEM	25JAN02 a 15DEC06	20
	1º EAC (Estágio de Atualização Conhecimentos – UNITA)	22AGO02 a 12OUT02	45
2003	NÃO FOI MINISTRADO QUALQUER CURSO		
2004/2005	5º CCEM	10AGO04 – 10ABR05	13
	1º CPOS	03SET04 – 10ABR05	13

AS FORÇAS ARMADAS DE ANGOLA

2005	11º CCD	25ABR05 – 15DEC05	16
	6º CCEM		32
	2º CPOS		33
2006	12º CCD	20FEV06 – 08DEC06	20
	7º CCEM		31
	3º CPOS		47
2007	13º CCD	02ABR07 – 14DEC07	28
	8º CCEM		40
	4º CPOS		51
2008	14º CSCD	03MAR08 – 15DEC08	30
	9º CCEM		40
	5º CPOS		55
2009	15º CSCD	20FEV09 – 15DEC09	32
	10º CCEM		45
	6º CPOS		51
2010	16º CSCD	20FEV10 – 15DEC10	27
	11º CCEM		36
	7º CPOS		51
	7º CURSO DE LÍNGUA PORTUGUESA		?
2011c)	17º CSCD	20FEV11 – 15DEC11	27 **a)**
	12º CCEM		42 **b)**
	8º CPOS		?

a) Frequentam este curso 6 militares estrangeiros (1 Guiné-Bissau, 4 Congo-Brazzaville e 1 de Moçambique).
b) Frequentam este curso 5 militares estrangeiros (2 Guiné-Bissau, 1 Cabo Verde, 1 S. Tomé e Príncipe e 1 de Moçambique).
c) Frequentam em diversos cursos na ESG 10 Oficiais das Forças Armadas da Namíbia – Fonte: ANGOP (30-08-2011)
Fonte: Dados compilados pelo autor com informação do Instituto de Ensino Superior Militar (ISEM), posteriormente (2002) Escola Superior de Guerra de Angola (ESG) e do Instituto de Estudos Superiores Militares de Portugal (IESM).

Fonte: Compilado pelo Autor

FIGURA Nº 17 – **Mapa Resumo da Formação no ISEM/ESG em Angola (1992-2011)**

A formação na Marinha de Guerra Angolana é, regra geral, após a uma formação inicial de enquadramento dos Oficiais da Marinha, feita exclusivamente no exterior, nomeadamente no Brasil e em Portugal. No entanto, a Marinha de Guerra Angolana já tem formado Oficiais, em cursos *ad-hoc* com a duração de seis meses, na Escola de Especialistas Navais no Lobito. A situação da restante formação ao longo da carreira é idêntica à dos Oficiais do Exército, pois o sistema de formação continua a estar dimensionado para os atuais 85% dos efetivos das Forças Armadas de Angola, o Exército.

CAPÍTULO V

A CONSTRUÇÃO DA "NOVA" IDENTIDADE
DE SEGURANÇA E DEFESA EM ANGOLA

> "Modern nationalists had many heroic, albeit often tragic, historic figures whose struggles still lived in the memories of contemporary Angolans. The heroes and heroines of previous wars could be recalled to inspire and improve morale but they could also highlight key obstacles to effective insurrection..."

> STEPHEN L. WEIGERT, *Angola: A Modern Military History,*
> *1961-2002*, 2011, p. 31

1. Fatores geoestratégicos da construção da segurança e da defesa em Angola

A determinação dos espaços físicos (terrestres, aéreos ou marítimos) da área de jurisdição de um Estado, em particular da fronteira política acordada internacionalmente, constitui um elemento material fundamental para o exercício da soberania do Estado. O conhecimento profundo das potencialidades e vulnerabilidades que o território apresenta, a começar pela sua fronteira geopolítica, permite uma definição mais clara das aspirações, dos objetivos a atingir e dos interesses a salvaguardar pelo Estado.

Neste contexto, a República de Angola ocupa uma posição geoestratégica privilegiada, estando localizada na zona subequatorial e tropical do hemisfério sul ocupando uma parte sudoeste do continente Africano, localizado entre os paralelos 4º 22' latitude sul, o que determina uma amplitude latitudinal de 13º 40' e entre os meridianos de 11º 41' longitude este a ocidente e 24º 04' longitude este a oriente, com uma amplitude longitudinal de 12º 23'. Assim, a configuração do território de Angola mostra-

-nos a aproximação de um quadrilátero, não considerando as saliências e concavidades que perturbam a regularidade geométrica das suas fronteiras, nomeadamente na parte norte onde se situa um pedaço de terra, pertença do território nacional Angolano "o enclave de Cabinda", que está separado do resto do país por uma faixa estreita de menor de 50 km de largura pertencente à República Democrática do Congo (Angola, 2012).

A República de Angola faz fronteira com diversos países e ainda com o Oceano Atlântico. A NW limita com a República do Congo, a Norte e a NE com a República Democrática do Congo, a este com a República da Zâmbia, a sul com a República da Namíbia, e a oeste com o Oceano Atlântico. A superfície de Angola é de aproximadamente 1 246 700 km² e o seu território estende-se de Norte a Sul num comprimento aproximado de 1300 km e de oeste a este em cerca de 1250 km. A fronteira de Angola tem uma extensão de 6487 km das quais 4837 km são de fronteira terrestre e 1650 km de fronteira marítima. Podemos assim realçar que as fronteiras limítrofes de Angola também são estabelecidas e coincidentes com alguns rios (Zaire, Cassai, Cuando, Cubango e Cunene) e em grande parte por linhas convencionais, seguindo geometricamente paralelos e meridianos alinhados (Figura Nº 1 – Mapa de Angola).

Pelas limitações fixadas na última convenção Luso-Belga de 1928, a superfície de Angola é de 1 246 700 km², cerca de 14 vezes maior que Portugal; 1,2 vezes maior que a França; 5 vezes maior que a Inglaterra; 1,5 vezes maior que Moçambique, 312 vezes maior do que Arquipélago de Cabo Verde e 1247 vezes maior que São Tomé e Príncipe. Angola ocupa o 7º lugar em dimensão a nível de África (em geral) e o 1º lugar na África Austral. A extensão das fronteiras é respetivamente de 168 km com a República do Congo; 1010 km com a República da Zâmbia; 2395 km com a República Democrática do Congo e 1264 Km com a República da Namíbia (Angola, 2012).

Institucionalmente, a República de Angola encontra-se dividida em dezoito províncias, por sua vez administrativamente divididas em municípios e estes em comunas, com uma densidade demográfica de cerca de onze habitantes por Km², embora com assimetrias entre as várias províncias e entre o litoral e o interior, com maior concentração populacional nas cidades, nomeadamente em Luanda. O seu relevo é constituído por um maciço central de terras altas, cuja altitude varia entre os 200 e os 2600 m, limitado no litoral oceânico, por uma estreita faixa de terras baixas, com altitudes entre os 0 e os 200 m. A região planáltica ocupa a maior extensão territorial do País, contudo a geomorfologia do território de Angola é bastante diferenciada. O volume e a densidade da sua rede hidrográfica, dominada pelos rios Zaire, Kwanza (o maior e o mais navegável, com cerca de 1000 km de extensão) o Zambeze e Cunene, com caudais permanentes e alguns a originarem formações aluvionares extensas ao espraiarem-se na planície litoral oceânica. Na faixa litoral formam-se, também importantes linhas de água "secas" na maior parte do ano, mas com caudais consideráveis quando se registam fortes quedas pluviométricas na região planáltica, os imensos caudais hidrográficos conferem a Angola um enorme potencial hidrelétrico e autonomia no abastecimento de água às populações.

A riqueza dos seus recursos minerais, além dos hidrocarbonetos (petróleo e gás natural) que compreendem os diamantes, ouro, cobre, gesso, níquel, quartzo, mármore, granito, chumbo, estanho, urânio, ferro, calcário, caulino, as águas gaseificadas e termais (entre outros) que, devidamente explorados e geridos constituirão um fator impar de desenvolvimento e de integração económica e social de Angola na economia regional e global (Hoygaard, 2011).

O seu potencial económico privilegiado, não só fruto dos recursos energéticos, mineiros e hídricos já referidos, mas também da enorme diversidade de recursos agrícolas, nomeadamente, o açúcar, a borracha, sisal, café, milho e o algodão, que se estendem por quase todo o seu território continental, abarcando uma superfície arável estimada em cerca de três milhões e meio de hectares, extensas áreas de pasto para a produção pecuária e enormes extensões de florestas tropicais, com madeiras (algumas das quais consideradas preciosas), constituem fatores para alavancar o desenvolvimento económico e social de Angola no futuro (Luvualu de Carvalho, 2011, pp. 145-146).

Como vimos em termos de recursos naturais, Angola é rica em petróleo, diamantes, fosfatos, cobre, ouro e urânio e possui importantes recursos hídricos, dispondo de alguns complexos hidroelétricos, destacando-se o de Ruacaná-Calueque, na província do Cunene, no sul do país, que beneficia também a Namíbia. E a utilização do caminho-de-ferro de Benguela é de vital importância económica para a região austral de África, favorecendo o escoamento das principais riquezas das Repúblicas da Zâmbia e do Zaire para o Porto do Lobito. Considerando ainda os portos de Luanda e de Namibe, a posição ribeirinha de Angola revela uma importância estratégica para o conjunto da África Austral, pois permite a ligação com as rotas de tráfego marítimo do Atlântico, através da Rota do Cabo.

Os seus recursos energéticos, assim como os diamantes, constituem uma das suas potencialidades de maior relevância estratégica a nível regional e mundial. Nos anos oitenta, o facto geopolítico caracterizador da região austral africana é o isolamento internacional da África do Sul, devido ao regime do *apartheid* e à ocupação ilegal do território da Namíbia, localizado junto à fronteira sul da (então designada) República Popular de Angola. Durante a guerra contra a ocupação portuguesa em África, o regime sul-africano cooperou diretamente com o regime colonial português, fornecendo apoio considerável em meios bélicos e outros. Após a independência de Angola, os Sul-Africanos, perante o isolamento internacional, apostaram em criar condições para desestabilizar Angola, participando no conflito através da UNITA. A posição sul-africana visa enfraquecer e desequilibrar o governo de Angola e as suas Forças Armadas ou então criar um regime favorável às suas pretensões, deste modo neutralizando as ações do Movimento de Libertação da Namíbia (SWAPO) e o Movimento de Luta contra o Apartheid (ANC) apoiados pelo governo Angolano.

A potencialidade económica de Angola foi severamente danificada com a destruição de infraestruturas: estradas, caminho-de-ferro, pontes, fábricas, hospitais, centros de saúde, escolas, redes da atividade comercial, em que a consequência do desmoronamento dos sistemas de transportes e rodoviário conduziu à desarticulação do mercado nacional em enclaves isolados, em que a sabotagem, a colocação de minas e a degradação das estradas secundárias e terciárias tiveram um impacto extremamente prejudicial no plano da produção, da comercialização dos bens e da circulação das pessoas, obrigando à utilização da via aérea e outras infraestruturas básicas, tais como as centrais e linhas de distribuição de energia elétrica, bem como os sistemas de abastecimento de água, sofreram com a sabotagem e a falta de investimento e de manutenção, gerando condições urbanas, rurais e produtivas precárias.

Embora não existam censos demográficos desde 1970 (período colonial) a informação avulso recolhida, permite estimar a população de Angola em cerca de 14,5 milhões de habitantes, das quais cerca de 27% se encontravam em situação de deslocados, devido à guerra e também à insuficiente oferta de emprego, habitação, instituições de ensino e de saúde e de formação técnico-profissional, agravado pelo movimento transfronteiriço que deslocalizou as populações vítimas da guerra. O quadro tornou-se ainda mais complexo no decorrer da década de noventa, com a transição para uma economia de mercado em simultâneo com a reativação intensa de conflitos armados, como vimos. Durante este período, o Governo lançou programas de desenvolvimento económico-sociais, mas no entanto, a análise dos últimos quinze anos mostra que os sucessivos programas macroeconómicos, com um horizonte de médio prazo, têm vindo a ser interrompidos, por força dos constrangimentos provocados pelo conflito armado, que se estendeu a vastas áreas do território nacional, determinando impactos drásticos nas políticas orçamentais e sociais do Estado Angolano.

Com reflexo subdesenvolvimento, os défices orçamentais foram agravados pelas elevadas despesas com a área da defesa e a segurança (motivado pelas décadas de conflitos), e com as transferências feitas sob a forma de subsídios, designadamente aos produtos petrolíferos. Os relatórios do FMI referem que cerca de 41% do orçamento de estado de Angola (em 1999) estava afeto à defesa e segurança, contra apenas 4,8% na educação e 2,8% na saúde, tendo posteriormente diminuído para representar atualmente cerca de 25% da despesa do Estado (valor que é estimado, pois não é possível determinar com exatidão qual o valor real afeto à defesa e segurança e qual é o teor do investimento na área militar) (Justino Pinto de Andrade, 2011).

A República de Angola emergiu depois dos Acordos de Paz de Luena (2002) de três décadas de agressões e conflitos permanentes e desde a Luta de Libertação Nacional, iniciada em 1961, com a sua economia arruinada (exceto a indústria petrolífera) uma sociedade desestabilizada e empobrecida com cerca de um terço da população deslocada e refugiada, e carenciada de serviços básicos, além de infraestruturas destruídas, com as indústrias transformadoras paralisadas, com inflação de preços e desvalorização monetária, incluindo elevados índices de desemprego e de mortalidade, bem como a redução da esperança de vida e dos índices de desenvolvimento humano. Com o objetivo principal no combate à pobreza, e com a comparticipação de algumas agências internacionais e entidades estrangeiras, o Governo de Angola criou o Fundo de Ação Social que apoia através da concessão de financiamentos às comunidades locais para a reconstrução e reabilitação de infraestruturas sociais (água, saúde, educação, saneamento, básico, etc.).

Contudo, o problema social agrava-se com a insuficiente oferta de emprego na função pública, débil atividade empresarial, baixos salários

AS FORÇAS ARMADAS ANGOLANAS COMO ELEMENTO DO POTENCIAL ESTRATÉGICO...

em permanente perda de poder de compra, ausência de ações significativas de formação técnico-profissional, níveis extremamente baixos de assistência sanitária, entre outros fatores, empurraram grande parte da população, economicamente ativa, para o sector informal da economia paralela e para a marginalidade[275] (Valimamade, 2011).

A República de Angola fica situada na costa ocidental do continente africano, o Presidente é atualmente José Eduardo dos Santos e o governo tem um regime do tipo Democracia Pluripartidária com um sistema semi-presidencialista, desde o que reforça o poder do Presidente e do Partido (MPLA). Angola, como vimos, tem 1650Km de fronteira marítima, sendo a fronteira terrestre cerca de três vezes maior. Pela sua dimensão costeira representa uma enorme potencialidade respeitante às águas territoriais e à exploração dos seus recursos. Como cidades principais temos: Cabinda, Benguela, Lobito, Lubango, Namibe, e o ponto de maior altitude é o Monte Môco, com 2620 m, situado na província do Huambo.

Com uma população de cerca de 13,8 milhões de habitantes (2009) e uma densidade populacional de cerca de 10,9 hab/km² (2009) a concentração da população situa-se contudo nas cidades grandes cidades, onde cifra-se nos 34% (nomeadamente em Luanda) e o crescimento demográfico situa-se perto dos 3% ao ano e o índice de fecundidade é de cerca de 4,3 filhos por mulher, sendo a esperança de vida respetivamente de 44,5 anos para as mulheres e 47,1 anos para os homens. A população é maioritariamente de nacionalidade Angolana, sendo composta por alguns grupos étnicos autóctones 99% (ovimbundos 37%, umbundus 25%, congos 13%, luimbés 5%, imbés nianecas 5%, outros 14%) e europeus ibéricos com apenas cerca de 1% (tendo-se contudo registado recentemente um regresso e um retorno de europeus que tendo nascido em Angola vem requerer a nacionalidade para poderem regressar a Angola). Apesar de a língua oficial

---

[275] Os planos do Governo de Angola, para a reconstrução nacional (incluindo a reabilitação de infraestruturas) e a reintegração de deslocados, desmobilizados e refugiados, constituem um compromisso político e humanitário, com suporte em programas integrados de natureza económico-social para um desenvolvimento sustentado de Angola. As políticas programadas terão reflexos no Índice de Desenvolvimento Humano, nomeadamente, nas taxas de emprego, de mortalidade infantil e de esperança de vida, além do incremento nos fatores relativos à educação, formação profissional e saúde, indispensáveis ao desenvolvimento sustentado. Cf. José Eduardo dos Santos, Luanda, 19 de dezembro de 2011. [*http://www.mission-angola.ch/discursos/pt/20111219_presidente_pt.pdf*]

ser o português, existem outras línguas regionais ou dialetos (umbundo, quimbundo, quicongo, ovimbundo, bacongo), e a religião professada pelo maior número de Angolanos é a Católica, contudo constata-se o avanço de igrejas afro-cristãs (superiores a 400) e das seitas religiosas que surgem ligadas a diferentes grupos étnicos e a espaços linguísticos distintos. Além das igrejas afro-cristãs também as protestantes e animistas se constituem como fator desagregador em virtude de se terem implantado por etnias e de se aproveitarem do período da guerra para apelar à "conversão" (Angola, 2012).

O país é também detentor de outras potencialidades: nomeadamente a sua privilegiada posição geográfica, o que lhe permite controlar os acessos da RDC e da Zâmbia ao Oceano Atlântico. Detém uma posição central no contexto da África Subsariana, sendo o principal produtor de petróleo (o maior a sul do Equador), possui abundância de um recurso estratégico no futuro – água (único país da África Austral) e o solo e subsolo detentor de enormes riquezas ainda em parte inexploradas; possui também excelentes portos de águas profundas, com a Namíbia como seu único rival a sul do Golfo da Guiné e ainda território suficiente para absorver o seu crescimento demográfico e dos países vizinhos, nomeadamente área de cultivo e água para o desenvolvimento da agricultura.

A República de Angola partilha com os seus quatro vizinhos[276] uma fronteira de 6487 Km, dos quais 4837 Km são linhas de fronteira terrestre, salientando-se uma localização geográfica que serve de charneira entre a parte austral e central da África, constitui um elemento sempre presente nas relações regionais subsarianas, conferindo-lhe uma importância estratégica por parte dos decisores da política internacional, por constituir uma porta de entrada para as regiões austral e central, principalmente pelo Caminho de Ferro de Benguela (estratégico não só para Angola mas para os países vizinhos, pois constitui a única via de acesso ao mar para transporte de mercadorias). Entendido como "pulmão" da África Austral, estima-se que depois de reabilitado, o caminho-de-ferro de Benguela terá uma capacidade de circulação de 50 comboios/dia a uma velocidade média de 80 Km/h, que permitirá o transporte de cerca de 4 milhões de passageiros e de 20 milhões de toneladas de cargas diversas/ano. O principal beneficiário será a RDC com a exportação do minério do

---

[276] Congo-Brazzaville, República Democrática do Congo, Zâmbia e Namíbia.

Baixo Congo, razão pela qual está a ser construído um porto específico no Lobito, convertendo-se num ponto económico-estratégico, não só para Angola, mas para a economia da região.

Angola insere-se numa divisão geopolítica típica de África que integra parte de cada uma das duas regiões acima referidas. Esta área é considerada geopoliticamente vital pelos teorizadores geopolíticos por oferecer vantagens estratégicas consideráveis no controlo da Rota do Cabo, cuja importância é relevante para os países do interior, plenamente dependentes do comércio marítimo. Embora a economia angolana esteja ainda assente fundamentalmente no petróleo e nos diamantes, o país dispõe de 35 milhões de hectares de terra arável, dos quais apenas 5 milhões são atualmente explorados (15%). Para além do seu potencial energético e mineral e da sua vocação agrícola, a estabilidade sociopolítica interna, a segurança associada à experiência combativa e à coesão das suas Forças Armadas, bem como o desenvolvimento de uma Política Externa de boa vizinhança, conferem prestígio ao país que o projetam no plano internacional. O território de Angola possui 47 bacias hidrográficas que distribuem segundo a vertente Atlântica com 41% da superfície total, cujos rios desaguam no Oceano Atlântico, a vertente dos rios Zaire ou Congo com uma área de influência 21,6%, a vertente do rio Cubango, que juntamente com a do Rio Kuito alimentam a região índica com a bacia internacional do Zambeze, representando cerca de 18,6% da superfície total do território Angolano (Angola, 2012)[277].

A República de Angola, com cerca de 1 246 700 Km² de superfície, tem aproximadamente 160 000 milhas², equivalente a 548 784,64 Km² de superfície marítima, representada pela sua ZEE e 800 milhas de linha de costa. O que significa que a jurisdição de Angola no mar se exerce sobre uma superfície que em apenas 44% é inferior à superfície terrestre. A gestão dos espaços marítimos sob soberania ou jurisdição nacional, cuja Lei nº 9/95 de 15 de setembro de 1999 foi aprovada por unanimidade na Assembleia Constituinte, regula o exercício dos poderes do Estado Angolano nas zonas marítimas sob soberania ou jurisdição nacional e no alto mar. A nova lei regula as atividades de fiscalização e exercício do direito de visita nos espaços marítimos e estabelece as medidas caute-

---

[277] [*http://www.mga.gv.ao/Especiais/MGA-35anos.pdf*].

lares sobre os navios que se encontrem na sua zona contígua, em matéria civil[278].

O diploma legislativo estabelece que o exercício da Autoridade Marítima do Estado Angolano compete às entidades que integram o Sistema de Autoridade Marítima, à Marinha de Guerra Angolana e à Força Aérea Nacional, no âmbito das suas competências e missões. Pois que a República de Angola se situa no litoral ocidental da África, a sul do equador e é um país essencialmente costeiro, a extensão da linha costeira é de cerca de 810 milhas náuticas, implicando que a zona marítima do Estado se encontre a sudoeste do Oceano Atlântico, em que as fronteiras marítimas ao norte do Estado Angolano com os estados com costas adjacentes, são constituídas pela linha equidistante. Já a fronteira marítima sul é delimitada pelo Tratado de delimitação das fronteiras marítimas, celebrado com a Namíbia a 4 de julho de 2002.

O espaço marítimo de Angola encontra-se a sudoeste do Oceano Atlântico e tem como fronteira convencional a ZEE com uma largura de 200 milhas náuticas, contadas a partir da linha de base. Nele passam inúmeras e importantes rotas marítimas nacionais e internacionais, dispondo de portos comerciais principais, como os de Luanda, Lobito, Namibe, Soyo e os de cabotagem de Cabinda, Noki, Ambriz, Porto Amboim, Tombua, assim como de instalações petrolíferas em *offshore*. Ao longo do litoral, na faixa costeira existem baías, golfos, praias e vastas áreas arenosas, que possibilitam o desembarque das tropas anfíbias na costa não organizada. As grandes profundidades do mar (60-200) metros próximos da costa, contribuem para a navegação oculta de submarinos, realização de reconhecimento, desembarque e embarque de grupos clandestinos, constituindo uma ameaça real à segurança de Angola. Por falta do Sistema de Vigilância Costeira e da monitorização da situação marítima ao longo da costa, torna-se quase impossível a realização do controlo da situação naval e do espaço aéreo sobrejacente sem meios térmicos e tecnologia radar.

As profundidades nas principais rotas de navegação internacional de acesso aos portos e bases navais atingem os 30-150 m, permitindo a colocação de minas com eficácia das respetivas áreas, utilizando todos os modelos de minas de última geração (minas fixas, minas de fundo e minas reativas). Acresce ainda que as condições meteorológicas e hidrometeorológicas no

---

[278] Lei nº 09/95 de 15 de setembro de 1995 – *Lei da Gestão do Espaço Marítimo Angolano*.

espaço marítimo nacional são normalmente favoráveis e permitem a utilização de navios e lanchas de todas as classes sem restrições de mobilidade e acesso aos pontos de costa não vigiados, constituindo uma importante vulnerabilidade do sistema de Segurança Nacional.

A República de Angola tem um grande potencial estratégico que poderá ser devidamente explorado se conseguir manter a paz e a estabilidade no seu território, principalmente com as exportações de petróleo e diamantes, sendo também fator de potencial desenvolvimento de conflitos regionais e transfronteiriços, pelo qual as FAA continuaram a desempenhar um papel central na Política Externa de Angola e a constituir um dos baluartes da soberania do Estado Angolano (Correia de Barros, 2011).

2. Um apontamento sobre a evolução da Política de Segurança e Defesa em Angola

A Defesa Nacional é uma das principais preocupações dos órgãos de soberania do Estado Democrático e de Direito. A Política de Defesa Nacional, de acordo o Art. 2º da Lei de Defesa Nacional e das Forças Armadas de Angola, consiste no *"...conjunto coerente de princípios, objetivos, estratégias, orientações e medidas adotadas para assegurar a defesa nacional...".* O Art. 1º da mesma lei define os seguintes objetivos principais: *"...garantir a independência nacional, a integridade territorial e a liberdade e a segurança das populações contra qualquer agressão ou ameaça externa, no quadro da ordem constitucional instituída e do direito internacional...",* que envolve um vasto conjunto de meios, centrados essencialmente no instrumento militar.

A Política do Estado Angolano está orientada para garantir a soberania, una e indivisível em todos os espaços nacionais: terrestre, aérea e marítima[279]. A vulnerabilidade no controlo dos espaços nacionais, leva a que se

---

[279] O Estado Angolano é proprietário dos recursos marítimos, nos termos da Lei nº 13/78 de 26 de agosto de 1978, princípio consagrado, novamente, na Lei nº 10/04 de 12 de setembro de 2004 – Lei das Atividades Petrolíferas, em que implica: domínio público dos jazigos petrolíferos (art. 3.º); princípio da exclusividade da concessionária nacional (art. 4.º); intransmissibilidade de direitos (art. 5.º), são matérias entendidas no âmbito dos debates sobre os recursos minerais, que produziram a "Declaração sobre a soberania permanente em relação aos recursos naturais " adotada na Assembleia Geral das Nações Unidas como Resolução nº 1803/62 de 14 de dezembro de 1962. A Lei Constitucional da República de Angola no

possam aproveitar as ocasiões para as manobras e atividades clandestinas e atentatórias dos princípios da soberania do Estado.

A finalidade última da Defesa Nacional consiste na preservação da sociedade política como objetivo de segurança, quando os seus valores fundamentais se encontram ameaçados, e os instrumentos de Defesa Nacional têm como obrigações procurar corresponder a este conceito alargado de segurança e de flexibilização das fronteiras através de uma articulação de vários componentes, onde a característica determinante será a flexibilidade e a oportunidade de atuação, aspetos que só se conseguem com um bom sistema de monitorização dos espaços com meios tecnológicos avançados e com a permanente vigilância e patrulhamento das fronteiras, do mar e do ar. O que implica apostar na segurança e na defesa, nomeadamente no desenvolvimento das suas Forças Armadas, empregando-as como mecanismo de segurança e de apoio ao desenvolvimento em Angola.

A segurança e a defesa asseguram-se na fronteira dos interesses e num quadro coletivo, em que a resposta aos desafios de segurança, defesa e subdesenvolvimento (num mundo interdependente) coloca aos Estados uma multiplicidade de desafios, em que as respostas passam pela conceptualização de uma legitimidade para intervenções, impondo forçosamente a definição de mecanismos nacionais e internacionais com capacidade para garantir a paz e a estabilidade, e de permitir aos atores uma orientação estratégica da sua ação e uma política de segurança abrangente e integrada.

Art. 16 relativamente aos recursos naturais refere ainda o seguinte: "...*os recursos naturais, sólidos, líquidos ou gasosos existentes no solo, subsolo, no mar territorial, na zona económica exclusiva e na plataforma continental sob jurisdição de Angola são propriedade do Estado, que determina as condições para a sua concessão, pesquisa e exploração, nos termos da Constituição, da Lei e do Direito Internacional...*". Lei nº 13/78 de 26 de agosto de 1978 e Lei nº 10/04 de 12 de setembro de 2004.

Fonte: Ministério da Defesa Nacional de Angola

FIGURA Nº 18 – **Ministério da Defesa Nacional de Angola – Luanda**

Em Angola, a Lei de Defesa Nacional e das Forças Armadas (Lei nº 2/93, 26 de março de 1993) define que o poder político determina a aplicação do instrumento militar juntamente com os demais instrumentos da política, para fazer face à insurreição com tendência de colocar em causa os destinos do país. Sublinha-se alguns dos aspetos de relevância à Política de Defesa Nacional que não é exclusiva das Forças Armadas porque as decisões são meramente de natureza política, económica, diplomáticas, antes de recorrer ao emprego da força militar. A segurança de Angola passou a ser entendida com a publicação da Lei nº 2/93 (em revisão) como uma condição, um estado e não um conjunto de medidas a implementar. As medidas para atingir a condição, ou o estado de segurança nacional, configura a Defesa Nacional (Figura Nº 18) que é instrumental e garantida em permanência pelas Forças Armadas.

O Estado implementa políticas de parcerias principalmente com os Estados vizinhos como forma de evitar instabilidade no país, enquanto a que a defesa faz parte da prontidão combativa da componente militar. Neste contexto e de acordo com o Art. 202 do Capítulo II (Segurança

A CONSTRUÇÃO DA "NOVA" IDENTIDADE DE SEGURANÇA E DEFESA EM ANGOLA

Nacional) da Constituição Nacional de Angola[280] refere, relativamente à Segurança Nacional, que:

> "...a segurança nacional tem por objetivo a garantia da salvaguarda da independência e soberania nacionais e da integridade territorial, do estado democrático de direito, da liberdade e da defesa do território contra quaisquer ameaças e riscos, assim como a realização da cooperação para o desenvolvimento nacional e a contribuição para a paz e segurança internacionais...".

Enquanto segundo idêntico enquadramento legal, a Defesa Nacional é considerada de acordo com o Art. 206 (Defesa Nacional) como:

> "...a defesa nacional tem por objetivos a garantia da defesa da soberania e independência nacionais, da integridade territorial e dos poderes constitucionais e, por iniciativa destes, da lei e da ordem pública, o asseguramento da liberdade e segurança da população, contra agressões e outro tipo de ameaças externas e internas, bem como o desenvolvimento de missões de interesse público, nos termos da Constituição e da lei...".

3. A legislação Fundamental: O Sistema Político Presidencial-Parlamentar Angolano

Desde a instauração da paz após os Acordos de Luena em 2002 tem vindo a assistir-se a uma progressiva consolidação das instituições democráticas em Angola, a par de um esforço de reconstrução do país. As segundas eleições legislativas após a Independência, realizaram-se em setembro de 2008 e, embora se esperasse inicialmente que a realização de eleições presidenciais tivesse lugar no ano seguinte, o facto de o Presidente Eduardo dos Santos as ter condicionado à prévia realização da revisão constitucional, contribuiu para adiar o processo (Cardoso, 2011).

A nova Constituição de Angola foi promulgada pelo Presidente da República, no dia 5 de fevereiro de 2010. Previamente tinha sido aprovada pela Assembleia Nacional Angolana com 186 votos a favor do MPLA, "Partido de

---

[280] Aprovado pela Assembleia Constituinte ao 21 de janeiro de 2010 e na sequência do Acórdão do Tribunal Constitucional nº 111/10 de 30 de janeiro de 2010 e publicado em Diário da República em 3 de fevereiro 2010.

AS FORÇAS ARMADAS ANGOLANAS COMO ELEMENTO DO POTENCIAL ESTRATÉGICO...

Renovação Social" (PRS) e "Nova Democracia" (ND), duas abstenções da "Frente Nacional de Libertação de Angola" (FNLA) e nenhum voto contra (os deputados da UNITA abandonaram a sala no momento da votação). Esta nova Constituição consagra um modelo *sui generis*, presidencialista- -parlamentar, legitimando a prática do poder que vinha a ser exercido nos últimos anos por José Eduardo dos Santos. Estabelece três órgãos de soberania: o Presidente da República, a Assembleia Nacional e os Tribunais, sendo os dois primeiros eleitos por sufrágio universal, direto, secreto e periódico, conforme refere o Art. 106 da Constituição da República.

O Presidente da República e o Parlamento serão eleitos em simultâneo, por um período de cinco anos, sendo o Presidente-eleito o cabeça de lista do partido mais votado, registando-se o reforço significativo dos poderes do Presidente da República, que, entre outros, acumula as funções de Chefe de Estado e de Governo, Comandante-em-Chefe as Forças Armadas (Art. 125), nomeia e exonera os mais altos cargos políticos, administrativos e judiciais do país. O cargo de Primeiro-Ministro é extinto, tendo sido criado o de Vice-Presidente como órgão auxiliar do Presidente da República no exercício da função executiva (Art. 131). Atualmente o Vice- -Presidente é Fernando da Piedade Dias dos Santos[281]. O Governo, mero órgão auxiliar do Presidente da República, não responde politicamente perante a Assembleia Nacional, deixando, designadamente, de haver a possibilidade de ser apresentada uma moção de censura.

Segundo o novo texto constitucional, as próximas eleições gerais (legislativas e presidenciais) já anunciadas pelo Presidente José Eduardo dos Santos, terão lugar no último trimestre de 2012, devendo marcar o fim do chamado período de transição para a Democracia. No seguimento da apro-

---

[281] O Vice-Presidente é um órgão auxiliar do Presidente da República no exercício da função executiva. É eleito Vice-Presidente da República, o candidato número dois da lista, pelo círculo nacional, do partido político ou da coligação de partidos políticos mais votados no quadro das eleições gerais, realizadas ao abrigo do artigo 143 e seguintes da Constituição. O Vice-Presidente substitui o Presidente da República nas suas ausências no exterior do país, quando impossibilitado de exercer as suas funções, e nas situações de impedimento temporário, cabendo-lhe neste caso assumir a gestão corrente da função executiva. Aplicam-se ao Vice-Presidente, com as devidas adaptações, as disposições dos artigos nº 110, 111, 113, 114, 115, 116, 127, 129, 130, e 137 da presente Constituição, sendo a mensagem a que se refere o artigo 116 substituída por uma carta dirigida ao Presidente da República. O Vice-Presidente é um órgão auxiliar do Presidente da República no exercício da função executiva.

442

A CONSTRUÇÃO DA "NOVA" IDENTIDADE DE SEGURANÇA E DEFESA EM ANGOLA

vação da nova Constituição em fevereiro de 2010 foi nomeado um novo governo, composto por 31 Ministros, 34 Vice-Ministros e 20 Secretários de Estado, que elegeu como objetivos prioritários o estabelecimento de medidas para a consolidação e melhoria da gestão das finanças públicas, dos sectores da educação e da saúde, bem como o investimento na habitação social, prevendo-se contudo que possa vir a alterar com a aproximação das eleições em finais de agosto de 2012.

Outra preocupação do Executivo Angolano tem sido a "moralização da vida pública", no seguimento do apelo lançado por José Eduardo dos Santos à "tolerância zero" à corrupção praticada por titulares de cargos políticos e da Administração Pública. Neste contexto, no dia 26 de outubro de 2010, foi publicado o "Índice de Percepção da Corrupção 2011"[282], da Transparência Internacional, onde foram analisados e classificados 183 países. Nesta lista, Angola surge classificado em 168º lugar, pois apesar das iniciativas que o Governo parece vir a efetuar, várias entidades da sociedade civil, ONG e principalmente a Igreja Católica, têm vindo a alertar para o avolumar de tensões sociais em Angola. Estes focos de instabilidade e descontentamento das populações (nomeadamente as resultantes da designada "Primavera Árabe") não têm vindo a ser aproveitados pela oposição, que continua a desempenhar um papel relativamente apagado e apático na cena política angolana atual.

Isaías Samakuva, Secretário-Geral da UNITA, não teve, segundo a imprensa, demonstrado capacidade de adaptar a UNITA às novas exigências da vida política do país, mantendo posições de alguma ambiguidade, o que leva a considerar a necessidade de "refundação" do partido. O último Congresso da UNITA (XIº) teve lugar em 13-16 de dezembro de 2011, sob o lema *Unir Angola para a mudança em 2012*" e contou com a presença de 1154 delegados, momento em que era equacionada a liderança do partido. Isaías Samakuva manteve o cargo, mas Abel Chivukuvu aparentemente manifestou interesse em tentar de novo conquistar a liderança, baseando-se em razões históricas, mas resultantes essencialmente de tensões sociais e económicas existentes[283].

---

[282] [*http://cpi.transparency.org/cpi2011/results/*].

[283] Comunicado Final XIº Congresso da UNITA, Luanda, 16 de dezembro 2011. [*www.unitaangola.org/*].

A persistência de movimentos independentistas, os quais, apesar de muito debilitados, dão corpo a identidades regionais mais fortes e de descontentamento regional. Desde logo, em Cabinda, embora tenha sido assinado, em agosto de 2006, entre o Fórum Cabindês para o Diálogo (FCD) e o Governo de Unidade e Reconciliação Nacional (GURN) um "Memorando de Entendimento para a Paz em Cabinda", algumas das fações separatistas distanciaram-se do mesmo, como foi o caso da Frente de Libertação do Enclave de Cabinda (FLEC), tendo-se vindo a registar esporadicamente ameaças e ataques contra as Forças Armadas e trabalhadores estrangeiros, apesar de o governo angolano não reconhecer oficialmente estas atividades de guerrilha[284].

Em março de 2010, segundo o jornal *Apostolado*, da Igreja Católica[285], o líder da FLEC-FLAC, Nzita Tiago, terá endereçado uma carta ao Presidente José Eduardo dos Santos no sentido de ser encetado o início de um processo de diálogo, propondo, como vimos, a criação de uma "Confederação" entre Cabinda e Angola. Nesse sentido, defende que a Província de Cabinda seja dotada de uma Constituição própria, de um Parlamento Autónomo, de um Governo "chefiado por um Primeiro-Ministro" nomeado após eleições "...*em todo o território*...", de "...*um poder judicial próprio*..." e de um Exército, ala armada da FLEC, constituído pelas Forças Armadas Cabindenses (FAC).

Outra região onde têm vindo a manifestar-se a favor de um estatuto especial são as Lundas, uma das principais zonas de produção de diamantes, mas onde reina uma extrema pobreza, falta de infraestruturas e isolamento. Esta reivindicação foi circulada em 2007 num "Manifesto", que defendia uma maior autonomia administrativa e financeira para a região,

---

[284] O último atentado ocorreu em dia 8 de janeiro de 2010 contra a escolta militar da seleção de futebol do Togo, que entrara em Cabinda de autocarro, para participar no Campeonato Africano das Nações, do qual resultaram alguns mortos, incluindo dois membros da comitiva togolesa. Este atentado, reivindicado pelas Forças de Libertação do Estado de Cabinda/Posição Militar (FLEC/PM) foi qualificado pelas autoridades angolanas como "...*ato terrorista*...", e condenado pela Comunidade Internacional, incluindo Portugal. Em 3 de agosto de 2010, a *Rádio Ecclesia* noticiou a condenação dos quatro ativistas de Cabinda, que já se encontravam detidos desde janeiro, sob acusação de crime contra a segurança do Estado angolano, na sequência do ataque contra o cortejo que transportava a seleção de futebol do Togo. Os condenados eram membros da associação cívica "*Mpalabanda*", extinta por decisão do governo (Justino Pinto de Andrade, 2011).

[285] [*http://www.radioecclesia.org/*].

A CONSTRUÇÃO DA "NOVA" IDENTIDADE DE SEGURANÇA E DEFESA EM ANGOLA

com fundamento no estatuto de protetorado, que conheceu no tempo colonial. Jota Filipe "Malakito", Coordenador da Comissão deste Manifesto do Protectorado da Lunda-Tchokwe, encontra-se detido desde 2009, a aguardar julgamento. Recorde-se, no entanto, que no Congresso do MPLA (2010) o Presidente José Eduardo dos Santos teceu críticas às manifestações de "regionalismo e tribalismo", contra as quais o Partido e o Estado se teriam de manter vigilantes. Apesar de ter sido uma questão debatida por ocasião da revisão da Constituição, acabou por ser consagrado o princípio de Estado unitário, uno e indivisível, defendido pelo MPLA, contra opções federalistas (e regionalistas) propostas pelo PRS ou de autonomia pugnadas pela UNITA (Justino Pinto de Andrade, 2011).

O Presidente José Eduardo dos Santos levou a cabo, no passado mês de novembro de 2011, uma remodelação no Executivo Angolano e nos Governos das províncias de Angola que justificou com a necessidade de "...*superar dificuldades e constrangimentos que se registam nos métodos de gestão e trabalho em instituições nacionais...*". O designado "reajustamento governamental" abrangeu o cargo de Ministro das Relações Exteriores, tendo Assunção dos Anjos sido substituído pelo até então Secretário de Estado das Relações Exteriores de Angola, George Chicoty. Este último destacou-se como ativista da UNITA nos países da África francófona durante os anos 80 e chegou a ser um quadro muito próximo de Jonas Savimbi. Viria a optar por se associar ao MPLA no início dos anos 90, tendo assumido o cargo de Vice-Ministro para as Relações Exteriores na sequência das primeiras eleições em Angola. Neste contexto, o ex-Ministro da Defesa Nacional – Kundi Paihama (que transitou para Ministro dos Antigos Combates e Veteranos da Pátria), viria a ser substituído por Cândido Pereira dos Santos Van-Dúnem[286] (General) e dentro do Ministro da Defesa Nacional iriam tomar posse como Vice--Ministro para a Política de Defesa Nacional – Gaspar Rufino dos Santos (Almirante) e o Vice-Ministro para os recursos materiais, Salvino de Jesus Sequeira e ainda para a Administração e Finanças – Agostinho Fernandes Nekumba. A remodelação cria ainda os cargos de três Ministros de Estado,

---

[286] Incorporou-se nas Forças Armadas em 1974 onde exerceu os seguintes cargos: entre 1978 a 1979, foi Chefe da Defesa Antiaérea de Brigada; 1979 e 1982 foi Chefe da Defesa Antiaérea da Frente Leste; 1982 a 1985, foi Chefe do Departamento de Operação da Direção de Defesa Antiaérea do Estado-Maior General; de 1989 a 1992, foi Chefe Adjunto da Direção de Defesa Antiaérea do Estado-Maior-General e de 1992 a 2001 foi Chefe da Direção de Defesa Antiaérea do Exército (Ministério Defesa Nacional de Angola).

com destaque para a nomeação de Hélder Vieira Dias "Kopelipa" para Chefe da Casa Militar do Presidente da República e de Carlos Feijó para Chefe da Casa Civil.

3.1. O papel do Comandante-em-Chefe das Forças Armadas de Angola

De acordo com o Capítulo II/Secção I da Constituição da República de Angola, no seu Art. 108 (Chefe do Estado e Poder Executivo) no ponto 1, refere que "...*o Presidente da República é o Chefe de Estado, o titular do poder Executivo e o Comandante em Chefe das Forças Armadas Angolanas...*", jurando entre outros aspetos, "...*defender a paz e a democracia e promover a estabilidade, o bem-estar e o progresso social de todos os angolanos...*". No âmbito das suas competências como Chefe de Estado (Art. 119), neste contexto, cabe-lhe "...*declarar o estado de guerra e fazer a paz, ouvida a Assembleia Nacional...*" enquanto que na qualidade de Comandante-em-Chefe das Forças Armadas Angolanas tem as seguintes competências específicas:

a) Exercer as funções de Comandante em Chefe das Forças Armadas Angolanas;

b) Assumir a direção superior das Forças Armadas Angolanas em caso de guerra;

c) Nomear e exonerar o Chefe do Estado-Maior General das Forças Armadas Angolanas e o Chefe do Estado-Maior General Adjunto das Forças Armadas, ouvido o Conselho de Segurança Nacional;

d) Nomear e exonerar os demais cargos de comando e chefia das Forças Armadas, ouvido o conselho de Segurança Nacional;

e) Promover e graduar, bem como despromover e desgraduar os oficiais generais das Forças Armadas Angolanas, ouvido o Conselho de Segurança Nacional;

f) Nomear e exonerar o Comandante Geral da Polícia Nacional e os 2º Comandantes da polícia Nacional, ouvido o Conselho de Segurança Nacional;

g) Nomear e exonerar os demais cargos de comando e chefia da Polícia Nacional, ouvido o conselho de Segurança Nacional;

h) Promover e graduar, bem como despromover e desgraduar os oficiais comissários da Polícia Nacional, ouvido o Conselho de Segurança Nacional;

i)   Nomear e exonerar os titulares, adjuntos e chefes de direção dos órgãos de inteligência e de segurança do Estado, ouvido o conselho de Segurança Nacional;

j)   Conferir condecorações e títulos honoríficos militares e policiais.

Compete-lhe ainda em matéria de Segurança Nacional (Art. 123) o seguinte:

a)   Definir a política de segurança nacional e dirigir a sua execução;

b)   Determinar, orientar e decidir sobre a estratégia de atuação da segurança nacional;

c)   Aprovar o planeamento operacional do sistema de segurança nacional e decidir sobre estratégia de emprego e de utilização das FAA, da Polícia Nacional e demais organismos de proteção interior e dos órgãos de inteligência e de segurança do Estado;

d)   Convocar e presidir ao Conselho de Segurança Nacional;

e)   Promover a fidelidade das FAA, da Polícia Nacional e dos órgãos de inteligência e de segurança de Estado à Constituição e às instituições democráticas.

Nos primórdios do Exército Nacional, segundo o General Miguel Júnior, e relativamente aos primeiros anos da criação das FAPLA (1974), o Comandante-em-Chefe impulsionou as mudanças adotando um "...*cunho organizacional que visava enfrentar a escalada da base insurrecional e as agressões externas...*". Num período, para além da introdução da função Militar Obrigatória[287], criou a Força Aérea Popular Angolana (21 de janeiro de 1976) e da Marinha Nacional de Angola (10 de julho de 1976), desempenhando um papel importante no Dispositivo (6 regiões militares com zonas e sectores militares) e na organização territorial do sistema de Forças das FAPLA (2007, p. 55 e pp. 60-61).

Em 1990, surge também por iniciativa do "novo" Comandante-em--Chefe das FAA, José Eduardo dos Santos, o *Reescalonamento das Forças Armadas*[288] adotado um novo dispositivo territorial, em face da necessidade

---

[287] Lei nº 2/76 de 24 de fevereiro de 1976.

[288] Diretiva nº 002/90 do Comandante-em-Chefe de 16 de fevereiro de 1990 – *Ideia sobre a Perspectiva de Desenvolvimento das Forças Armadas no Biénio 1990/91* e Diretiva nº 003/90 do Comandante-em-Chefe de 17 de abril de 1990, *Reescalonamento de Unidades e Redução Respetiva de Efetivos das Forças Armadas* (Júnior, 2007, pp. 137-138).

de concentrar meios para fazer face ao avanço da UNITA e da FNLA. Neste período as frentes Político-Militares foram reajustadas e a articulação entre o Comandante-em-Chefe e o Ministro da Defesa passou a articular melhor o nível de responsabilidade e a otimizar sinergias entre o Ministério da Defesa Nacional e o Estado-Maior General.

3.2. O edifício legislativo na vertente da Defesa Nacional

A Defesa Nacional é uma das principais preocupações dos órgãos de soberania do Estado Democrático e de Direito e constitui um dos pilares da própria identidade do Estado. Para o cumprimento dos objetivos primários da Defesa Nacional preconizados na Lei Constitucional, torna-se necessário deliberar sobre os princípios fundamentais de organização e funcionamento dos órgãos aos quais lhe incumbe a execução da Política de Defesa Nacional, como condição de num Estado Democrático e de Direito. Assim, em Angola e nos termos da alínea i) do Art. 164 da Lei Constitucional e no uso da faculdade que é conferida pela alínea a) do Art. 120 da mesma Lei, a Assembleia Nacional aprova e o Presidente da República promulga sendo depois publicada a Lei de Defesa Nacional e das Forças Armadas (LDNFAA).

Compete-lhe ainda no âmbito do Art. 123 alínea a), *"...definir a política de Segurança nacional e dirigir a sua execução..."*, sendo-lhe conferido por lei a Presidência do Conselho de Segurança Nacional Art. 123 alínea d). Contudo, presentemente existe uma dessincronia entre a constituição aprovada em fevereiro de 2010 e a LDNFAA, que data de 26 de março 1993, pois os normativos e competências relativamente à lei e responsabilidade sectoriais. Neste contexto, pensamos que não tenha sido possível comprovar se preparou para servir a aprovação de uma nova Lei de Defesa Nacional, que terá que ser integrada e ajustado ao *Conceito Estratégico de Defesa e Segurança Nacional* (aprovado em 26 de março de 2003).

Esta discrepância está também expressa nos objetivos previstos para a Política de defesa Nacional (Art. 3º da LDNFAA) em contraposto com os objetivos mais amplos, integrados com o inovador conceito de "Segurança Nacional"[289] e orientados estrategicamente inscritos na recente Constituição da República (Art. 206 1.). De acordo com o mesmo artigo (206) entende-se que *"...a defesa nacional tem por objetivos a garantia da defesa da soberania e independência nacionais, da integridade territorial e dos poderes constitucionais e, por iniciativa destes, da lei e da ordem pública, o asseguramento da liberdade e segurança da população, contra agressões e outro tipo de ameaças externas e internas, bem como o desenvolvimento de missões de interesse público, nos termos da Constituição e da Lei..."*.

A Lei pretende estabelecer os princípios fundamentais da organização e do funcionamento das bases da Defesa Nacional, definindo as Bases Gerais da Organização, do Funcionamento e da Disciplina Militar das Forças Armadas, e ainda as Bases Gerais da Condição Militar, motivos pelos quais não parece ser necessário uma *Lei Orgânica de Bases da Organização das Forças Armadas* nem uma *Lei de Bases da Condição Militar*, pois a *Lei de Defesa Nacional e das Forças Armadas Angolana* é integradora e orientada para um processo de reestruturação e reorganização que se pretende (e se está a) levar a efeito (Correia de Barros, 2011).

Ao processo de elaboração da LDNFAA está subjacente o princípio da separação e interdependência dos diferentes órgãos de soberania (Figura Nº 19) e o problema da sua recíproca posição no ordenamento jurídico e constitucional em vigor e partiu do pressuposto de que *"...a posição jurídico-constitucional dos diversos órgãos de soberania é a constante no projecto de nova (1999) Constituição que nos foi presente..."* (LDNFA_AP, 2000, p. 1).

A definição da LDNFAA que conhecemos teve ainda em consideração um conjunto de aspetos que não foram contemplados nos 69 artigos do LDNFAA/2003 em detrimento do Ante-Projeto que apontava para 75 artigos, nomeadamente o conjunto de documentos/leis e diplomas concretos que passavam a ser aprovados/revistos num prazo de dois anos após

---

[289] A Segurança Nacional é a garantia da salvaguarda da independência e soberania nacional e da integridade territorial, do Estado Democrático de direito, da liberdade e da defesa do território contra quaisquer ameaças e riscos, assim como a realização da cooperação para o desenvolvimento nacional e a contribuição para a paz e segurança internacional. Constituição da República de Angola, 3 de fevereiro de 2010 – Art. 206 1.

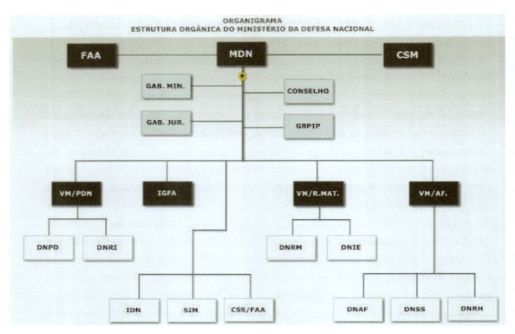

Fonte: Ministério da Defesa Nacional de Angola

FIGURA Nº 19 – **Estrutura Orgânica do Ministério da Defesa Nacional de Angola (2012)**

a publicação da lei, que acabou por não ser incluído e viria a prolongar no tempo essas iniciativas, tal como as orientações para a discussão e aprovação do Conceito Estratégico de Defesa Nacional que incluía o Conselho de Defesa e Segurança Nacional (CDSN) que não viria a ser incluído na Legislação subsequente na vertente da defesa, nem da segurança, acordo, como vimos para sem conceitos e estruturas separados e linearmente diferenciados à luz da própria Constituição.

A elaboração da LDNFA de 1999 teve assim como principal linha orientadora o Despacho nº 74/99 de 2 de agosto de 1999 do Ministro da Defesa Nacional e a Constituição da República de 16 de setembro de 2002, nomeadamente nos termos da alínea a) do artigo 89 nas competências do Comandante-em-Chefe das Forças Armadas e Presidente da República conferida pela alínea s) do Art. 66.

3.3. A revisão do Conceito Estratégico de Segurança Nacional e o Conceito Estratégico Militar

A conjuntura regional e internacional securitária atual e previsível parece confirmar, no quadro da segurança nacional da República de Angola (integrado pelo sistema de defesa nacional, proteção interior (interna), de informações de segurança e de preservação (proteção) civil), a necessidade da evolução do instrumento militar (e policial), no intuito de aprofundar um sistema de segurança e defesa nacional, integrado e concorrente com os interesses nacionais angolanos. Assim, em harmonia com as orientações do Presidente da República e Comandante-em Chefe das Forças Armadas Angolanas (30 de julho de 2007), a conceção de um Conceito Estratégico de Defesa (e Segurança) Nacional (CESDN), integrando um Conceito Estratégico Militar (CEM), assenta especificamente na modernização, ou como tem sido tratado pela chefias político-militares angolanas, na "reedificação" das Forças Armadas e tem por objetivo principal "...*adequar o aparelho militar às transformações conjunturais, para que estas constituam um dos meios de autoridade do Estado, com poder de dissuasão e capacidade de resposta militar eficaz, através do qual se assegura o alcance e/ou manutenção dos objetivos nacionais, com ênfase para a defesa militar do país...*"[290].

Se bem que a conjuntura interna parece apontar para uma continuidade da evolução positiva (económica, social, de desenvolvimento e militar), observando-se o funcionamento estável dos órgãos fundamentais e das instituições do Estado e, por conseguinte, a rearticulação do desenvolvimento sustentado com paz, segurança e relativa estabilidade, persistem porém, determinados fatores de instabilidade de natureza conjuntural e estrutural, relacionados com aspetos regionais e ao nível da eficiência, eficácia e da boa governação do aparelho do Estado. A existência de uma situação militar na generalidade estável e sob controlo governamental, mas com a persistência ainda de fatores de instabilidade, dos quais se destacam, como vimos, os conflitos e instabilidade na África Central e região dos Grandes Lagos, a subversão e terrorismo de baixa intensidade da Província de Cabinda e,

---

[290] Veja-se a Diretiva do Presidente da República e Comandante-em-Chefe sobre a Reedificação das Forças Armadas Angolanas, elaborado pela Comissão de Reedificação das Forças Armadas Angolanas, datado de 30 de julho de 2007 (documento secreto para âmbito do serviço) (Anexo B).

AS FORÇAS ARMADAS ANGOLANAS COMO ELEMENTO DO POTENCIAL ESTRATÉGICO...

não sendo de descurar também os fatores de relativa instabilidade potencial decorrentes do recentemente terminado conflito interno, concorrem para a necessidade de se aprofundar e refletir sobre a adequação de um CESDN em Angola (Correia de Barros, 2011).

Contudo, segundo a constatação no supracitado documento de que o *"...funcionamento regular e de uma actuação estável das FAA, mas com condicionalismos sérios decorrentes de problemas organizativos e limitações de quadros de comando, chefia e direcção e de recursos técnico-materiais e financeiros e, por conseguinte, de limitações de capacidade e resposta funcional e operacional..."*, representam as principais vertentes de desenvolvimento geral que o CEM, o Sistema de Forças e o Dispositivo Militar, procurará para conjugar umas Forças Armadas profissionalizadas, proativas, eficientes e mais adequadas ao funcionamento de um Estado moderno, num contexto regional de volatilidade em que as ameaças e a inconstância são e continuarão a ser elementos condicionantes da definição de um CESDN. Assim, o ambiente legislativo de Defesa Nacional, alinhado pela existência de documentação na vertente da segurança e de defesa e das Forças Armadas básica condicionam a esfera de atuação e orientam as suas atribuições (Vitoriano, 2011).

Por outro lado, a criação de leis orgânicas, de documentos conceptuais e doutrinários atualizados e de documentos regulamentares e operacionais de funcionamento e de emprego das unidades e estabelecimentos militares, constituirá um dos maiores desafios no futuro para a edificação do CEM, pois que a materialização conceptual, doutrinária[291] e legal, deve estar alinhada com a estratégia genética, operacional e no desenvolvimento das pessoas, dos equipamentos e na valorização da Instituição Militar e em linha com as orientações políticas do CESDN.

Os objetivos para uma "política militar" com vista à reedificação das FAA tem por meta a configuração destas como um *"...núcleo da expressão de defesa do poder nacional com capacidade própria e que actua em conformidade*

---

[291] A doutrina militar, enquanto normativos e procedimentos que estabelecem as bases para a organização, preparação e emprego das Forças Armadas para o alcance e/ou manutenção dos objetivos nacionais, com ênfase para a defesa militar, deve estar vinculada às aspirações nacionais e às suas características psicossociais para merecer confiança e apelo da sociedade. Assim, a doutrina militar deve ser adequada de acordo com o poder nacional e, por conseguinte, caracterizar-se por suficiência nacional, respondendo às necessidades militares do País *versus* hipóteses de emprego ou hipóteses de conflito admitidas, conforme o estabelecido nas conceções políticas e estratégicas nacionais.

A CONSTRUÇÃO DA "NOVA" IDENTIDADE DE SEGURANÇA E DEFESA EM ANGOLA

com vontade nacional e sob direção do Estado, com capacidade para assegurar a autonomia de decisão político-militar, o poder de dissuasão e a realização da defesa militar e da preparação e desenvolvimento das Forças Armadas, e bem assim, o reforço do seu prestigio enquanto instituição nacional ao serviço do povo...", pois que a reedificação das FAA, nos aspetos tangentes à sua organização e operacionalidade, para além da Lei Constitucional e a legislação nesta vertente específica na República de Angola, tem em conta os seguintes princípios basilares[292] (Idem):

- As FAA constituem a instituição militar do Estado da República de Angola e o principal e mais importante instrumento estatal na defesa da coletividade no seu sentido mais amplo;
- As FAA são organizadas e preparadas com base no conceito de suficiência nacional ajustado a estrutura político-estratégica do País;
- A manutenção, pelas FAA, de uma composição exclusiva por cidadãos angolanos e de uma organização única para todo o território nacional;
- A observância, pelas FAA, da preservação, culto e aprofundamento dos valores e princípios que inspiram a Instituição Militar, nomeadamente o patriotismo, a ética, a hierarquia, a disciplina e o sentido de dever.

Assim, as medidas no contexto da Política de Defesa constantes no CESDN, com vista à reedificação das Forças Armadas, têm como medidas estratégicas de carácter geral a adequação da estrutura, organização e funcionamento das FAA, mediante a sua reorganização e modernização no sentido da adoção de um instrumento militar com um elevado grau de prontidão e eficácia e com condições de operação, manutenção e sustentação dos meios orgânicos, bem como com evolução da sua preparação e desenvolvimento. E ainda procura a adaptação e/ou revisão e promoção da adoção da arquitetura legal, nomeadamente uma legislação adequada, documentos conceptuais, doutrinários, regulamentares e operacionais[293].

---

[292] Diretiva do Presidente da República e Comandante-em-Chefe sobre a Reedificação das Forças Armadas Angolanas, 30 de julho de 2007, pp. 21-22.

[293] O ordenamento organizativo-funcional das FAA tem como premissas legais a inclusão de documentos legislativos, conceptuais, doutrinários, regulamentares, operacionais e administrativos, nomeadamente: A Lei de Defesa Nacional e das Forças Armadas; A Lei da Organização

As Forças Armadas Angolanas, constituindo a afirmação dos Angolanos em permanecer uma nação livre e soberana, nos termos da lei constitucional, estão destinadas para aprontar as forças e cumprir a atuação constitucional e, subsequentemente, as missões atuais, no quadro da segurança e defesa e/ou no quadro da cooperação para o desenvolvimento. Neste contexto, as missões constitucionais das FAA no quadro da segurança e defesa de Angola são as seguintes: a defesa da Pátria; A garantia dos poderes constitucionais e da lei e da ordem, bem como da afirmação do Estado e defesa dos interesses nacionais. Neste quadro conceptual, segundo a Diretiva do Presidente da República e Comandante-em-Chefe sobre a Reedificação das Forças Armadas Angolanas, elaborado pela Comissão de Reedificação das Forças Armadas Angolanas, de 30 de julho de 2007 (pp. 25-26), as missões atuais das FAA no quadro da Segurança e Defesa Nacional são as seguintes:

- O asseguramento da defesa militar do País, compreendendo a defesa de espaços e objetivos estratégicos e vitais, a vigilância e controlo integrado do território nacional e a defesa contra qualquer agressão e/ou atuação armada interna e/ou externa;
- A realização da intervenção rápida em partes ameaçadas do território nacional, e se necessário em espaços externos de interesse localizados na região;
- A satisfação dos compromissos internacionais assumidos pelo Estado Angolano, designadamente missões de defesa conjunta de eventuais alianças, missões de cooperação técnico-militar e missões de manutenção da paz (apoiando assim as ações de Política Externa na defesa dos interesses nacionais);
- A realização da coordenação e enquadramento militar da população no sentido da resistência ativa e passiva em caso de ocupação do território nacional;

de Bases das Forças Armadas e demais legislação pertinente; A Lei das Carreiras Militares; O Conceito de Defesa e Segurança Nacional; O Conceito Estratégico-Militar; A Diretiva da Defesa Nacional; A Doutrina Militar; As Diretivas do CEMG; O Plano de Desenvolvimento e de Emprego das FAA; O Regulamento de Serviço das FAA; O Regulamento de Emprego do Exército, da Força Aérea e da Marinha de Guerra (equivalente às Leis Orgânicas dos Ramos em Portugal).

A CONSTRUÇÃO DA "NOVA" IDENTIDADE DE SEGURANÇA E DEFESA EM ANGOLA

- A realização da atuação especial, por decisão do Presidente da República e Comandante-em- Chefe, para a garantia da lei e da ordem[294].

3.4. Principais Linhas de Força para a Reedificação das Forças Armadas Angolanas (2007- 2012)

A estratégia militar para a reedificação das FAA apresenta como objetivo principal a adequação das Forças Armadas no sentido da atualização do ordenamento organizativo-funcional, visando a melhoria da suas capacidade operacionais para a pronta e eficaz defesa militar de Angola e para a sua eficiente preparação e desenvolvimento. Assim, a organização e implementação da estratégia de reedificação das FAA, consubstanciada na condução da atualização da conceção estratégica e execução da defesa militar, da preparação e do desenvolvimento, através de medidas de natureza conceptual, organizativa e funcional, com relevo para a prossecução do planeamento estratégico-militar e operacional, vigilância, controlo e defesa e da melhoria de valor, mobilidade e comando operacional e para a consecução do redimensionamento, reestruturação e reequipamento e dos sistemas de comando, tecnológico, logístico e de infraestruturas militares, e deste modo, a assegurar a adequação do ordenamento organizativo--funcional das FAA.

Neste pressuposto, a estratégia de atuação implica, segundo as diretivas do Comandante-em-Chefe de 30 julho de 2007, empreender a reedificação das FAA em duas fases progressivas e interligadas, com os seguintes objetivos estratégicos:

1ª Fase (agosto 2007 – dezembro 2007):

- Definir e realizar o processo legal e administrativo militar inerente à materialização da agenda e do Plano de Reedificação das FAA,

---

[294] As missões atuais das FAA, no quadro da cooperação para o desenvolvimento são as seguintes: a realização de missões de interesse público, nomeadamente missões de assistência humanitária e missões de participação na reconstrução e desenvolvimento do país e a satisfação dos compromissos internacionais assumidos pelo Estado da República de Angola, designadamente missões de assistência humanitária e missões de participação na ajuda ao desenvolvimento (apoiando assim as ações de Política Externa na defesa dos interesses nacionais).

procedendo à adoção de documentos orientadores de trabalho e dos documentos legislativos, conceptuais, doutrinários, regulamentares, operacionais e administrativos, no sentido de permitir a sustentação e implementação da reedificação das FAA;

- Adotar e materializar uma postura estratégico-militar das FAA de suficiência nacional e assegurar uma capacidade de defesa militar, procedendo, gradualmente, à adequação orgânico-funcional no sentido de realizar a defesa militar do País no quadro da reedificação;
- Definir e adotar o ordenamento organizativo-funcional das FAA, procedendo ao estabelecimento da estrutura orgânica das Forças Armadas, incluindo a posição combativa e numérica do EMG (equivalente à Estrutura Orgânica de Material e Pessoal), dos Ramos, das unidades militares e dos estabelecimentos militares, bem como os tipos de armamento e equipamento militar, a determinação do Sistema de Forças Nacionais (SFN) e Dispositivo Militar (DM) e do espaço de servidão militar (organização territorial administrativo--militar e organização territorial operacional-militar) das Forças Armadas;
- Elaborar os documentos conceptuais, doutrinários, regulamentares, operacionais e administrativos das FAA (a nível das Forças Armadas, do EMG e unidades e estabelecimentos de subordinação central, dos Ramos, das Regiões Militares, Aéreas e Marítimas e das Grandes Unidades, unidades e estabelecimentos militares) e ainda a determinação das necessidades de infraestruturas militares, e deste modo criar as condições para a implantação e funcionamento da nova estrutura organizacional das FAA no quadro da reedificação;
- Definir e adotar os mecanismos de direção e de potenciação militar das FAA, procedendo à determinação dos quadros a cargos (EMG e unidades e estabelecimentos militares de subordinação central, nos Ramos e nas Grandes Unidades, unidades e estabelecimentos militares dos Ramos), o estabelecimento da cooperação militar (em particular com a Rússia) e a determinação da programação militar (dando ênfase aos projetos de assistência técnico-militar e de aquisição de meios técnico-materiais), e deste modo, iniciar a implantação e funcionamento da nova estrutura organizacional das FAA no quadro da reedificação.

A CONSTRUÇÃO DA "NOVA" IDENTIDADE DE SEGURANÇA E DEFESA EM ANGOLA

2ª Fase (janeiro 2008 – dezembro 2012):

- Continuar e desenvolver a postura estratégico-militar das FAA de suficiência nacional e a assegurar uma capacidade de defesa militar, procedendo, gradualmente, à evolução orgânico-funcional das FAA no sentido de realizar a defesa militar no quadro da reedificação;
- Implantar, gradualmente, e assegurar o funcionamento do novo sistema de forças e dispositivo militar das FAA, procedendo ao levantamento e desdobramento do EMG e unidades de subordinação central, dos Ramos, das Regiões Militares, Aéreas e Marítimas e das Grandes Unidades e Unidades dos Ramos e o respetivo completamento com pessoal, armamento e equipamento militar, bem com a formação do pessoal no quadro da reedificação;
- Implantar, gradualmente, e assegurar o funcionamento dos sistemas de comando, de ensino e preparação de tropas, logístico e tecnológico militar, bem como de recrutamento e mobilização, procedendo à organização, formação e apetrechamento destes sistemas, e deste modo, assegurar a sustentação e a integração funcional das FAA;
- Adotar e executar, gradualmente, a programação militar, procedendo à obtenção do serviço de assessoria militar, e deste modo, sustentar, técnica e materialmente, o ordenamento organizativo-funcional das FAA (a nível da defesa militar e da preparação e desenvolvimento) no quadro da reedificação.

Se bem que logo em finais de 2007, ficava a sensação de que os objetivos eram demasiado ambiciosos na estratégia adotada, as designadas *Direções Principais de Reedificação*, ou seja, as principais prioridades ao nível da defesa militar da República de Angola com reflexos na Política de Defesa Nacional e no CESDN, eram os seguintes:

- Adoção e implementação de um conjunto de medidas e ações estratégico-militares de defesa militar de Angola de suficiência nacional, assegurando uma capacidade de resposta militar de proximidade e desde a distância, bem como de cooperação com o desenvolvimento;
- Condução do esforço de defesa militar do País, articulando um sistema de forças que, em conformidade com os recursos disponíveis e os objetivos preconizados, assegure as capacidades necessárias, para

designadamente: garantir a vigilância, controlo e defesa dos objetos e espaços estratégicos e vitais do país, garantindo a liberdade de atuação do Presidente da República e dos demais órgãos do Estado e a segurança das populações;

- Realizar o esforço ofensivo militar de luta contra subversão e terrorismo armado de baixa intensidade levado a cabo pelas FLRC a subverter, através de operações de estabilização (nomeadamente ações de inteligência e reconhecimento, de controlo da população, de segurança defensiva das tropas e objetos estratégicos e vitais), de operações de intervenção (nomeadamente ações de destruição das estruturas de guerrilha e de terrorismo, ações de conquista e manutenção de território e de interdição do apoio externo ao inimigo) e de operações psicossociais (nomeadamente atividades de propaganda e desinformação e de apoio e promoção socioeconómica das populações);
- Realizar o esforço de vigilância, controlo e alerta no espaço envolvente conjuntural, em particular na República do Congo, da RDC, na região dos Grandes Lagos e no Golfo da Guiné; estar em prontidão para realizar a projeção e operação de forças para fazer face a ameaças no espaço envolvente conjuntural, em particular no território da RDC e da República do Congo e estar em prontidão para atuar no sentido da garantia da lei e da ordem interna;
- Condução do esforço de interesse público a cargo do Estado, em apoio ao programa do Governo, nomeadamente: realização da desminagem e remoção de engenhos explosivos não-detonados; garantir prontidão para realizar a assistência humanitária e assegurar a prontidão para realizar a busca, salvamento e resgate e a realização da participação na reabilitação de infraestruturas, no auxílio à comunidade e na proteção ambiental e defesa do património natural;
- Condução do esforço de cooperação militar com o exterior, nomeadamente através da cooperação técnico-militar com a Rússia, Israel, Portugal, Brasil, China, RDC e outros países de interesse e realizar a participação nas entidades para a paz e segurança da UA e estar em prontidão para realizar a participação em missões de manutenção de paz e em missões de assistência humanitária, conforme determinado.

Neste contexto, as orientações estratégicas para a reedificação das FAA preconizam um conjunto de reformas, que materializam as áreas onde serão exercidos e investidos os recursos nacionais, em que, ao nível da preparação e do desenvolvimento das FAA, a supracitada Diretiva preconiza o seguinte:

- Adoção e implementação de um conjunto de medidas e ações de preparação e desenvolvimento das Forças Armadas, mediante o redimensionamento, reestruturação e reequipamento (com racionalização, economia e maior rentabilidade das estruturas e meios), como uma força militar organizada, apetrechada (com os meios adequados e necessários), preparada e com uma evolução e modernização progressiva para a realização das missões e tarefas afins;
- Disponibilização de um melhor e mais eficiente sistema de comando e direção, otimizando a orgânica dos órgãos de direção das tropas e criando os postos de comandos com um eficiente sistema de comunicações militares;
- Desenvolvimento do sistema integrado de vigilância e controlo dos espaços nacionais de soberania (terrestre, aéreo e marítimo) e respetivo sistema de aviso e alerta;
- Desenvolvimento do trabalho educativo no sentido do aumento do *"estado psico-moral e patriótico das tropas"* para o cumprimento dos deveres militares e das missões atribuídas com dedicação e espírito de sacrifício;
- Estabelecimento e implementação de um sistema unitário de ensino militar no sentido de assegurar a formação básica (para obtenção da condição militar), a formação contínua (para a atualização permanente e a progressão na carreira) e os altos estudos militares (para formação superior dos oficiais Generais), adotando os estabelecimentos de ensino afins nos ramos das FAA e no EMG, bem como os métodos de ensino militar com sistemas de controlo e avaliação adequados;
- Desenvolvimento da formação de militares nas instituições de ensino militar das FAA e do aperfeiçoamento de quadros militares nos estabelecimentos de ensino no estrangeiro;
- Desenvolvimento da "preparação operativa e combativa" das FAA, em conformidade com os diferentes tipos de unidades e instituições

militares e as missões atribuídas, no sentido da capacitação de ordem prática das unidades e instituições militares, (materializada através de exercícios, treinos e manobras), indispensável à manutenção de uma elevada capacidade operacional para o cumprimento das missões atribuídas;

- Desenvolvimento da base material de estudo com meios e tecnologias modernas, tais como simuladores de treino, no sentido de se adotar aos níveis e padrões de preparação operativa e combativa exigível à situação real;
- Adoção de uma potenciação militar necessária ao desenvolvimento de edificação das FAA no sentido da capacitação do Sistema de Forcas Nacional e do Dispositivo Militar para o cumprimento das missões atribuídas, fazendo corresponder as necessidades de atribuição dos armamento e equipamento militar as reais prioridades estratégico-militares das Forças Armadas e aos recursos disponíveis;
- Estabelecimento de programas de manutenção, reparação e atualização do armamento e equipamento militar, modernizando em particular os meios ultrapassados pelo avanço tecnológico atual e que necessitam de prolongamento da sua vida operacional;
- Criação e desenvolvimento do sistema tecnológico militar, organizando e desdobrando por ramos ao longo da reparação do armamento e equipamento militar;
- Criação e desenvolvimento do sistema único de classificação e registo do armamento e técnica militar das Forças Armadas e dos paióis e parques de conservação de sistemas de armas e munições;
- Desenvolvimento do sistema logístico militar das FAA, dando ênfase, por um lado, ao nível da formação e apetrechamento técnico material das estruturas logísticas, e por outro, no aprovisionamento por via da aquisição interna, e na obtenção de capacidade própria de armazenamento e de transportação, bem como na melhoria da gestão e controlo das reservas dos meios materiais;
- Criação e desenvolvimento do sistema de mobilização e de preparação dos quadros e recursos a mobilizar;
- Atualização das infraestruturas militares no sentido de assegurar os bens imóveis e instalações necessários ao funcionamento e operacionalidade das FAA, reorientando as Grandes Unidades e estabelecimentos militares das FAA, promovendo, em particular, o translado

dos quartéis dos centros urbanos importantes para as periferias não povoadas;
- Reorganização da administração militar nas FAA, implementando medidas de inventário e gestão dos recursos humanos e materiais, tendentes a rentabilizar os meios, em melhores soluções de custo-eficácia, bem como aplicando critérios rigorosos de gestão financeira, com moderação e eliminando os desperdícios;
- Promoção da celeridade na administração da Justiça Militar, bem como da transparência e simplificação dos mecanismos da sua aplicação;
- Fortalecimento da disciplina militar nas FAA, promovendo o cumprimento escrupuloso do disposto nas leis e regulamentos;
- Estabelecimento de medidas e ações no sentido da melhoria da proteção social dos membros das FAA, bem como assistência social às necessidades extremas das viúvas, órfãos e mutilados de guerra;
- Estabelecimento de medidas e ações no sentido da melhoria da ação cultural militar e da ação desportiva militar na FAA com um fator de aumento de qualidade de vida e bem-estar e de unidade nacional.

Assim, as principais linhas de força para a Reedificação das Forças Armadas Angolanas (2007-2012) consubstanciavam uma aproximação aos modelos de umas Forças Armadas modernas e operacionais, que contribuíssem, segundo Correia de Barros, para a afirmação regional e internacional no âmbito da segurança e defesa, embora, segundo o entrevistado, a estratégia necessite ainda de ser aperfeiçoada, mas as FAA serão um breve trecho um instrumento da Política Externa de Angola (2011).

4. As Forças Armadas como fator do Potencial Estratégico de Angola

As Forças Armadas constituem, por norma, o instrumento de defesa da Nação e contribuem, constitucionalmente, para a segurança e para o desenvolvimento do Estado, mais que, são normativamente, o garante da soberania nacional e identitárias do poder vigente e dos interesses do Estado (onde quer que se exista) através da Política de Defesa, ao serviço dos cidadãos.

Estas consubstanciam, quando organizadas e ao serviço do Estado, um poder e uma mais-valia para a capacidade de intervenção/influência regional (ou internacional) e contribuem para a Política de Defesa Nacional, concorrentes com uma Política Externa que se realiza em todo o tempo, e cada vez mais, em todos os lugares. Em Angola, a arquitetura de segurança e defesa, legislada e estruturada em volta de "pressupostos de reedificação" pretende transformar e adequar as FAA a um instrumento militar mais proficiente e com maior grau de operacionalidade e que, assim, contribuam para incrementar o potencial estratégico nacional. Para esse efeito, estas estruturaram-se, criaram legislação e desenvolveram as componentes, os Estados-Maiores e as estruturas de comando, controlo e unidades operacionais, operando na terra, no mar e no ar, recolhendo informação estratégica e contribuindo desde a sua criação para valorizar a influência regional de Angola.

4.1. O edifício conceptual. As Leis e os Regulamentos na reedificação das Forças Armadas Angolanas

A Arquitetura de Segurança e Defesa Angolana na parte legislativa compreende o conjunto estrutural base dos normativos legais que contribuem para a consolidação do instrumento militar de Angola no período pós Independência, nomeadamente na articulação das FAPLA, FALA nas FAA. Nesse contexto, com o crescimento da influência do MPLA assente no crescimento estrutural e no dispositivo, as FAPLA desenvolvem uma "Campanha de Consolidação do Território Nacional", realizando doze grandes operações militares nas 5 Regiões Militares, e consolidando a influência, o dispositivo e a estrutura militar operacional, criando em 21 de janeiro de 1976 a Força Aérea Popular de Angola (FAPA) e em 10 de julho desse ano, a Marinha Nacional Angolana (MNA), bem como a legislação enquadrante. Com a Lei Nº 2/76 de 24 de fevereiro de 1976, surge a implementação nacional do sistema militar, obrigando ao recrutamento e implementando a legislação do Serviço Militar Obrigatório entre outros aspetos relacionados com a Defesa Nacional e as Forças Armadas.

As estruturas Superiores da Defesa Nacional, do Estado-Maior-General (EMG) e das Forças Armadas foram edificadas em sintonia com as decisões do Bureau Político do MPLA, que continuava no modelo comunista a controlar e influenciar ideológica e politicamente, a edificação do aparelho militar do Estado e o enquadramento legal (Júnior, 2007, p. 55) (Correia de Barros, 2011).

Atualmente a estrutura militar das FAA, compreendendo a organização e a articulação, e integrada por armas e serviços reunidos em Comandos Funcionais Territoriais e Estados-Maiores, órgãos, unidades e estabelecimentos militares, e estes agrupados, por sua vez, em Sistemas de Forças Nacional e em Dispositivos Militares que estão articulados geograficamente em Regiões Militares. As Armas das FAA (divididas em tipos e especialidades) são: a Infantaria, os tanques e blindados, a artilharia e foguetes, a defesa Antiaérea, a engenharia, a defesa nuclear, química e biológica, as comunicações, a aviação, as tropas radaristas, as forças navais e a defesa costeira e os Serviços das FAA (divididos em tipos e especialidades) são: o serviço de inteligência militar, a educação patriótica, o ensino e preparação de tropas, a logística e infraestruturas, o armamento e técnica, o serviço de pessoal e quadros, a saúde militar, a polícia militar, os transportes, a guerra psicológica, a topografia, a criptografia, a informática, a justiça militar, a administração e finanças, a meteorologia, o serviço de intercâmbio, cooperação e relações públicas e o serviço de música. As unidades estruturantes operacionais das Forças Armadas Angolanas, idênticas à portuguesa, são: a secção, pelotão, companhia (bateria-esquadrilha), batalhão (grupo--esquadra), regimento (esquadrão), brigada, divisão e corpo de exército (corpo de aviação – flotilha).

Para o cumprimento de determinadas missões, em tempo de guerra, as unidades das FAA podem assumir a organização operacional temporária de destacamento (companhia-batalhão/esquadrão), grupo tático (batalhão-regimento/esquadra-brigada), agrupamento tático (brigada--divisão) agrupação operativo-estratégica (corpo de exército/corpo de aviação/flotilha), correspondentes. Os estabelecimentos das FAA são os estabelecimentos de ensino militar, estabelecimentos judiciais militares, estabelecimentos fabris militares os estabelecimentos oficinais militares e outros estabelecimentos militares. A organização abrange os comandos, Estados-Maiores, órgãos, unidades e estabelecimentos militares, compostos por recursos humanos (efetivos) e recursos materiais (meios). A articulação consiste no dispositivo militar resultante da localização dos comandos, Estados-Maiores, órgãos, unidades e estabelecimentos militares no território nacional (quando necessário em espaços territoriais de interesse de emprego).

AS FORÇAS ARMADAS ANGOLANAS COMO ELEMENTO DO POTENCIAL ESTRATÉGICO...

O Sistema de Forças Nacional constitui o conjunto de forças e meios relacionados entre si numa perspetiva de emprego operacional conjunto e integrado com os demais serviços do Estado com responsabilidades na vertente da Segurança Nacional e Defesa Nacional. A organização das Forças Armadas Angolanas compreende o órgão de comando superior, as estruturas de subordinação central e os Ramos, incluindo o Comando e Estado-Maior-General das FAA, as Estruturas de subordinação central, e o Exército, a Força Aérea Nacional Angolana (FANA) e a Marinha de Guerra Angolana (MGA). O SFN compreende uma componente de estrutura militar regular e outra componente de estrutura militar irregular que integra o "Espaço de Servidão Militar"[295] e a "Organização Territorial Administrativo-Militar"[296]. Este últimas, dividem-se em regiões militares (subdivididas em Zonas Militares, quando necessário), regiões aéreas (subdivididas em Zonas Militares Aéreas) e regiões marítimas (subdivididas em Zonas Marítimas) que de um maneira geral, têm os mesmos limites que a organização territorial operacional-militar.

4.2. O Ante-Projeto do Estatuto dos Militares das Forças Armadas de Angola

A definição dos princípios orientadores das carreiras dos militares das Forças Armadas Angolanas, bem como a concretização dos procedimentos a respeitar no desenvolvimento das mesmas, constituiu uma das matérias de importância fundamental na administração dos recursos humanos, cuja implementação é a sequência lógica do estatuído na "Lei Geral do Serviço Militar"[297]. A razão de ser do diploma em epígrafe radica na necessidade

---

[295] O Espaço de Servidão Militar compreende o espaço considerado fundamental para a implantação e funcionamento territorial das FAA no território nacional (e que é necessário em território estrangeiro de interesse estratégico) no sentido da sua organização territorial. A organização territorial militar do espaço de servidão militar compreende a organização territorial administrativo-militar, a organização territorial operacional-militar.

[296] A organização territorial administrativo-militar das FAA consiste no espaço de localização e funcionamento dos comandos, Estados-Maiores, órgãos, unidades e estabelecimentos militares no território nacional (quando necessário em Espaços Externos de Interesse Estratégico), tendo em conta as hipóteses de emprego.

[297] Lei nº 1/93 de 26 de março de 1993. A Lei Geral do Serviço Militar tem por objeto regular o cumprimento do Serviço Militar por parte dos cidadãos tendo em conta que a "...*Defesa*

A CONSTRUÇÃO DA "NOVA" IDENTIDADE DE SEGURANÇA E DEFESA EM ANGOLA

de traduzir em Lei, de forma, homogénea e coerente, o estabelecimento objetivo das regras a que se deverá subordinar o desenvolvimento e a estruturação das carreiras militares, de modo a constituírem fator de agregação, participação, motivação e responsabilidade, no quadro das necessidades estruturais das FAA.

A estruturação das carreiras militares, pela singularidade dos objetivos, das atribuições e competências cometidas às FAA, que se diferenciam dos demais servidores do Estado, segue uma ordenação própria segundo o estabelecido no Art 6 do Decreto nº 24/91 de 29 de junho de 1991, relativo às carreiras de regime especial. Neste quadro, o desenvolvimento das carreiras militares vai ser regulado, consoante a forma de prestação de serviço a que o militar se encontra vinculada, e com base em iguais parâmetros para todos os Ramos das FAA, dos quais se salientam as ordenações hierárquicas por categorias nas Forças Armadas, os níveis de qualificação técnico profissional para o ingresso, a satisfação de condições gerais e especiais para a promoção e as necessidades da estrutura orgânica das FAA, considerando, contudo a especificidade de cada Ramo (Ante-Projeto da Lei das Carreiras Militares das Forças Armadas Angolanas, 2012).

Nestes termos ao abrigo da alínea g) do Art. 89 da Lei Constitucional, a Assembleia Nacional pretende aprovar a projetada Lei das Carreiras dos Militares das Forças Armadas Angolanas (LCMFAA) que tem por objeto definir o conjunto de normas, procedimentos e princípios orientadores a respeitar no desenvolvimento das carreiras dos militares das Forças Armadas Angolanas.

O diploma "desejado" pelos militares das FAA aplica-se a todos os militares das Forças Armadas, independentemente da sua situação e da forma de prestação de serviço a que se encontra vinculado, podendo ser designadamente Quadro Permanente (QP); no Quadro de Milicianos (QM); no Serviço Militar Obrigatório (SMO) e no Serviço Militar na Reserva (SMR). Os efetivos dos QP e do Quadro de Milicianos das FAA são fixados anualmente, pelo Presidente da República e Comandante-em-Chefe das Forças Armadas, sob proposta do Chefe do Estado-Maior-General das Forças Armadas, a apresentar pelo Ministro da Defesa Nacional (Art. 208 2. da Lei Constitucional). Os efetivos destinados ao Serviço Militar Obrigató-

---

Nacional da Pátria é o direito e o dever mais alto e indeclinável de cada cidadão...". In Preâmbulo da Lei nº1/93 de 26 de março de 1993.

AS FORÇAS ARMADAS ANGOLANAS COMO ELEMENTO DO POTENCIAL ESTRATÉGICO...

rio, a incorporar anualmente nas Forças Armadas são igualmente fixados pelo Chefe do Executivo, sob proposta do (CEMGFAA) a apresentar pelo Ministro da Defesa Nacional e o número de reservistas a mobilizar, para cada situação, sendo fixado de acordo com as disposições previstas na *Lei Geral do Serviço Militar* (Lei nº 1/93 de 26 de março).

O "Serviço Militar" caracteriza-se pelo exercício pleno e permanente, de cargos e funções próprias do posto e compreende o "Serviço Militar Ativo"[298] e o "Serviço Militar na Reserva", em que o cidadão que se encontra a prestar Serviço Militar Ativo denomina-se "Militar" e o que se encontra a prestar o Serviço Militar da Reserva denomina-se "Reservista". O Serviço Militar da Reserva consiste no cumprimento de tarefas de instrução militar que capacite os reservistas para o cumprimento de tarefas militares em tempo de guerra ou no caso de reingresso no ativo. O Serviço Militar da Reserva divide-se nas seguintes categorias: "Primeira Reserva" e "Segunda Reserva". Constituem a Primeira Reserva, os cidadãos licenciados à reserva, após o cumprimento do serviço militar ativo em qualquer das suas formas de prestação de serviço e a Segunda Reserva. O cidadão que não está integrado em estruturas militares, mas está registado nos órgãos competentes das Forças Armadas e todo o cidadão que não cumpriu o SMO, mas que adquiriu formação militar básica, idêntica à ministrada nos Centros de Ensino Militar do país.

---

[298] O Serviço Militar Ativo consiste no cumprimento do Serviço Militar nas FAA, no Ministério da Defesa Nacional e na Casa Militar do Presidente da República. As formas de prestação de serviço militar são as seguintes: Serviço no Quadro Permanente; Serviço no Quadro de Milicianos e mantêm o SMO. O militar do QP é aquele que, tendo adquirido formação profissional adequada e ingressado voluntariamente na carreira militar, serve as FAA como profissional através de um vínculo com carácter de permanência. O militar do Quadro de Milicianos é aquele que, tendo cumprido o SMO, deseja continuar ou regressar ao serviço por um período de tempo mínimo de dois anos e máximo de oito anos, com vista à satisfação das necessidades das Forças Armadas, no preenchimento das funções inerentes aos postos mais baixos das categorias de Oficiais e Sargentos e ainda para preenchimento de funções operativas de carácter técnico na Categoria de Praças, ou com vista ao seu eventual ingresso no QP. O militar do SMO é o cidadão angolano que se encontre no cumprimento direto das obrigações militares por um período de tempo decorrente da Lei Geral do Serviço Militar, contado desde o ato da incorporação até à passagem à situação de licenciado à reserva e a disponibilidade ou ao ingresso noutra forma de prestação de serviço. *Ante-Projeto da Lei das Carreiras dos Militares das Forças Armadas Angolanas*, janeiro de 2012.

Relativamente às condições que pretendem dar aos antigos combatentes, salienta-se que, desde o final da guerra, foi dada especial atenção aos veteranos, aos ex-combatentes e àqueles que lutaram (FAPLA, FALA ou FAA) pela Independência e Reconciliação Nacional. Nesse contexto, foi definido que conta como tempo de serviço, o período de tempo no ativo, acrescido do tempo nas seguintes situações: participação na luta de libertação nacional, anterior a 11 de novembro de 1975, sendo contado como tempo no ativo, o tempo de serviço prestado em comissão normal nas FAA, ou em outras funções militar fora do seu âmbito[299]. A legislação específica neste contexto define as situações, as áreas geográficas, os cargos e as funções que dão lugar a aumento do tempo de serviço militar ativo, bem como a respetiva percentagem de aumento, adotando-se, mais uma vez, alguns dos normativos e regras definidas para as Forças Armadas Portuguesas.

Outro aspeto que se prende com a integração das Forças Armadas Angolanas é definir uma ordenação hierárquica e assimilar o conceito de hierarquia, pois que enquanto na guerra a liderança militar assume um aspeto decisivo e condiciona a progressão das carreiras e a própria gestão do pessoal, em tempo de paz, requer um maior rigor e objetividade na apreciação e valorização do capital humano, pois este continua a ser o mais importante no seio de uma organização e mandatário na disciplina, moral e valorização das Forças Armadas. A hierarquia militar decorre da necessidade de em todas as circunstâncias, se estabelecer relações de autoridade e de subordinação entre os militares e exprime-se por postos, antiguidades e precedências previstas na Lei, sendo fundamentais para o funcionamento do instrumento militar (Correia de Barros, 2011).

A hierarquia funcional é a que decorre dos cargos e funções de natureza militar, caracterizada pelo âmbito funcional do vínculo hierárquico entre o comando instituído e elementos subordinados responsáveis pela execução de uma parte essencial ao cumprimento da sua missão, devendo respeitar a hierarquia dos postos, antiguidades e precedências, ressalvados

---

[299] Conta-se ainda como tempo de serviço militar ativo, o que resulta da frequência de cursos, que no âmbito da carreira militar se considera curricular, ou desde que os mesmos se revistam de interesse para a instituição militar, do tempo em que o militar no ativo estiver compulsivamente afastado do serviço, desde que reintegrado por revisão do respetivo processo, o tempo em que o militar no ativo estiver na situação de inatividade temporária e do tempo em que o militar na situação de reserva estiver a cumprir serviço militar ativo (até ao limite de 30 anos) (Ibidem).

os casos em que a lei determine de forma diferente (os casos considerados excecionais em que a hierarquia funcional implica a promoção, graduação ou precedência sobre a antiguidade, devem constar expressamente no documento da promoção, graduação ou determinação da precedência).

A escala hierárquica do militar no ativo é organizada por ordem decrescente dos postos e dentro destes, por antiguidade relativa. Esta conta para o militar no ativo em cada posto e conta desde a data fixada no respetivo documento oficial de promoção, considerando-se de menor antiguidade[300] o promovido com data mais recente, sabendo-se que, tal como em Portugal, o militar do QP no ativo é sempre mais antigos que o militar do Quadro Miliciano e do SMO, mobilizado, convocados e promovido a posto igual ou correspondente, desde que promovido na mesma data e o militar graduado do QP no ativo é sempre considerado mais moderno que o promovido ao posto igual ou correspondente (Ante-Projeto de Lei das Carreiras dos Militares das Forças Armadas Angolanas).

As listas de antiguidade dos Oficiais e Sargentos do QP de cada Ramo, no ativo, reserva ou reforma (que não existe explicitamente) passarão a ser publicadas anualmente (as listas de antiguidade dos militares no ativo e na reserva são elaboradas por categorias, quadros especiais, por postos e antiguidade relativa) o que mostra uma abertura à transparência e à regulação das Forças Armadas no sentido da profissionalização e da melhoria da sua operacionalidade. Outro aspeto demonstrativo do supracitado é que no Ante-Projeto surge já a preocupação com as carreiras dos militares, definindo conceitos e progressão de acordo com modelos ocidentalizados (Portugal) que cria o enfoque no equilíbrio entre o passado, o presente e a necessidade de, no futuro, ter umas Forças Armadas mais profissionais, com um melhor grau de preparação académica e integradas nos valores que regem Forças Armadas dos Estados Modernos.

---

[300] A antiguidade relativa entre militares do mesmo quadro especial, com o mesmo posto ou postos correspondentes, mas de quadros especiais diferentes, é determinada pelas datas de antiguidade nesse posto e, em caso de igualdade destas, pelas datas de antiguidade no posto anterior e assim sucessivamente. Dentro do mesmo quadro especial, os militares promovidos na mesma data e ao mesmo posto são ordenados por ordem decrescente, respeitando a ordem da sua inscrição na lista de antiguidades desse posto. Sempre que na lista de antiguidade a colocação de um militar do QP no ativo seja alterada, a data da sua nova antiguidade deve constar do documento que determina essa alteração.

A CONSTRUÇÃO DA "NOVA" IDENTIDADE DE SEGURANÇA E DEFESA EM ANGOLA

Assim, define-se no documento a carreira militar como "...*o conjunto hierarquizado de postos, em cada categoria, relativo a determinada forma de prestação de serviço e a que corresponde o exercício de cargos e o desempenho de funções diferenciadas entre si...*". Consoante a forma de prestação de serviço, a carreira do militar designa-se por "*Carreiras Longas*" para os militares do Quadro Permanente; "*Carreiras Médias*" para os militares do Quadro Miliciano e "*Carreiras Curtas*" para o conjunto dos militares do Serviço Militar Obrigatório e dos militares em serviço militar da reserva. O militar no ativo tem a sua progressão na hierarquia das FAA condicionada aos mecanismos reguladores legalmente existentes e aos postos limite definidos para cada carreira em cada forma de prestação de serviço e o que reúna as condições previstas neste diploma, poder candidatar-se à frequência de cursos de formação que o habilite ao acesso a carreira militar de nível superior à sua, definindo ainda que o militar sujeito a mobilização é aplicável as disposições normativas da carreira respeitante às formas de prestação de serviço em que se encontrava aquando da passagem à reserva[301].

A progressão na carreira[302] materializa-se com a promoção do militar aos diferentes postos consoante a categoria e a forma de prestação de serviço

---

[301] As tipologias de cursos são: os Cursos de Formação, que se destinam a assegurar a preparação militar e os conhecimentos técnico-profissionais para ingresso nos quadros especiais das armas ou serviços, especialidades e classes e para o exercício de funções da categoria a que o militar se destina; Os Curso de Promoção, que se destinam a habilitar o militar com conhecimentos técnico-profissionais, para o desempenho de funções de nível de responsabilidade mais elevado, constituindo, nos termos fixados neste diploma, condição especial de promoção ao posto imediato [Oficiais: Curso de Comando e Direção, ou equivalente, para acesso a Major-General/Contra-Almirante; Curso de promoção a Oficial Superior no Exército ou equivalente na Força Aérea e na Marinha, para acesso a Major/Capitão-de-Corveta; Curso de promoção a Capitão no Exército ou equivalente na Força Aérea e na Marinha, para acesso a Capitão/Tenente-de-Navio. Sargentos o Curso de promoção a Sargento-Chefe no exército ou equivalente na Força Aérea e na Marinha para acesso a Sargento-Chefe e para Praças o Curso de promoção a Cabo no exército ou equivalente na Força Aérea e na Marinha para acesso a 2º Cabo ou Marinheiro. Os Curso de Qualificação ou especialização, que se destina a obter ou melhorar os conhecimentos técnico-profissionais, de forma a habilitar o militar para o desempenho de determinadas funções, para as quais sejam requeridos conhecimentos específicos e curso de atualização, que se destina a requalificar os conhecimentos técnico-profissionais, tendo em vista recuperar uma qualificação ou acompanhar a evolução técnico-militar (Ibidem).
[302] A carreira deve desenvolver-se salvaguardando os interesses da Instituição Militar e respeitando os interesse de valorização pessoal e profissional do militar que a integra. O desenvolvimento harmonioso da carreira do militar das Forças Armadas está dependente,

a que o mesmo se encontra vinculado. A progressão na carreira passará a respeitar as qualificações, antiguidade e o mérito revelado no desempenho profissional do militar, observadas a satisfação das condições gerais e especiais de promoção e as necessidades orgânicas das Forças Armadas, sendo o regime da carreira dos militares do QP, afetos à saúde militar regulado em diploma próprio. Contudo, o regime de progressão da carreira dos médicos militares deve estar em sincronia e ser compatível com os princípios e normas de desenvolvimento das carreiras militares previstas na Lei[303].

designadamente, dos seguintes condicionalismos: Quantitativo autorizado de militares nas diferentes formas de prestação de serviço, necessário ao funcionamento das Forças Armadas; Quantitativo de admissões, adequado às necessidades específicas da estrutura orgânica das Forças Armadas Angolanas; Da idade limite de passagem à situação de reserva; Da satisfação das condições gerais e especiais de promoção e Da avaliação individual do desempenho dos militares. O desenvolvimento das carreiras militares norteia-se pelos seguintes princípios orientadores: <u>Valorização militar</u> – dando primazia à adequada formação do militar, permitindo-lhes uma valorização humana e profissional indispensável à sua progressão na carreira; <u>Universalidade</u> – aplicando os princípios, procedimentos e mecanismos adstritos à carreira a todo o militar, consoante a sua forma de prestação de serviço; <u>Profissionalismo</u> – valorizando a capacidade de ação e de completa entrega à missão, a qual exige os necessários conhecimentos técnico-científicos e princípios humanos, e que pressupõe a obrigação de um aperfeiçoamento contínuo e progressivo; <u>Igualdade de oportunidades</u> – proporcionando semelhantes perspetivas de carreira relativamente à formação e a promoções, consoante a forma de prestação de serviço; <u>Equilíbrio</u> – procurando atingir uma gestão integrada dos recursos humanos e financeiros por forma à satisfação das necessidades orgânicas das FAA; <u>Transparência</u> – providenciando uma ampla difusão dos métodos e critérios a aplicar ao desenvolvimento das carreiras; <u>Flexibilidade</u> – permitindo uma oportuna adaptação às eventuais transformações ou modificações na Instituição Militar, decorrentes do progresso científico, técnico, operacional e organizacional. *Ante-Projeto da Lei das Carreiras dos Militares das Forças Armadas Angolanas*, janeiro 2012.

[303] Ao atual militar dos QP é atribuído Tempo de Serviço Ativo (TSA) de acordo com a sua prestação de serviço nas FAA. A atribuição de tempo de serviço a cada militar tem por base a respetiva idade atual (I), aplicando-se o seguinte cálculo: $TSA = I - 18$, para Praças; $TSA = I - 20$, para Oficiais e Sargentos. O TSA calculado é referido à data da entrada em vigor do presente diploma e é contado como tempo de serviço, para todos os efeitos legais, designadamente os que decorrem da sua aplicação e conta-se ainda como tempo de serviço prestado às Forças Armadas, para todos os efeitos legais, o tempo desde a entrada efetiva nas Forças de Guerrilha até aos 20 anos de idade para Oficiais e Sargentos e 18 anos de idade para as praças. A prova da existência e duração dos períodos de serviço referidos nos números anteriores é feita por meio de certificados do tempo de serviço devidamente comprovados pelo organismo responsável (Ibidem).

Se no período da guerra, se compreende que as promoções sejam entendidas na sua quase plenitude como um reconhecimento do mérito, na liderança e no génio militar e da capacidade de subir na hierarquia militar, verificou-se que esse desiderato se prolonga nas FAA até à presente data, não existindo um critério claro, objetivo e diferenciador para as promoções, principalmente as de maior hierarquia, pelo que o Estatuto vem definir as regras para tal. A promoção constitui o ato de atribuição do posto militar imediatamente superior ao que ostenta, proporcionando-lhe assim uma ascensão na hierarquia das Forças Armadas, enquanto o patenteamento é o ato de atribuição ao militar do primeiro posto e constitui o ingresso do mesmo na respetiva categoria e carreira.

O Ante-Projeto define que o militar, para ser promovido, tem de satisfazer as condições gerais e especiais de promoção[304] e que as promoções devem respeitar em princípio a ordem de cursos e, dentro do mesmo curso, por ordem decrescente da classificação obtida, salvo alguns casos previstos no diploma e que as promoções devem respeitar em princípio a ordem de cursos e, dentro do mesmo curso, por ordem decrescente da classificação obtida. As modalidades de promoção são as seguintes: Diuturnidade; Antiguidade; Por Escolha[305]; Distinção e a título excecio-

---

[304] As condições gerais de promoção comuns a todo o militar são as seguintes: cumprimento dos deveres dos militares das FAA; desempenho com aptidão das funções do seu posto; possuir as qualidades e capacidades intelectuais e profissionais, requeridas para o posto imediato; possuir aptidão física e psíquica adequada ao desempenho de funções do posto imediato; existência de um cargo orgânico vago, correspondente ao posto para o qual o militar vai ascender, em que as condições definidas resultam de uma avaliação contínua e periódica a definir em regulamento próprio. As condições especiais de promoção próprias de cada posto são as fixadas na presente lei e em legislação complementar, podendo abranger: Tempo mínimo de permanência no posto, consoante a forma de prestação de serviço; Frequência de curso de promoção com aproveitamento ou de estágio com informação favorável; Desempenho de determinadas funções ou exercício de cargos essenciais.

[305] A promoção "por escolha" consiste no acesso ao posto imediato, mediante a existência de vaga, desde que satisfeitas as condições gerais e especiais de promoção, nos termos previstos nesta lei e independentemente da ordem do curso ou antiguidade relativa no posto que o militar detém. O processo de escolha baseia-se na apreciação do mérito, absoluto e relativo, tendo em vista ordenar no respetivo posto o militar considerado mais competente e que se revele com maior aptidão para o desempenho de funções inerentes ao posto superior imediato. A promoção por escolha, decorrente da ordenação do militar em listas de promoção, deve ser objeto de fundamentação expressa, subordinada a juízos de valor precisos e objetivos, com base nos seguintes critérios de avaliação: A qualidade do desempenho de funções do avaliado

nal[306]. As condições especiais de promoção do Oficial do QP do Exército (como exemplo) a exigir em complementaridade com os tempos mínimos de permanência nos postos anteriormente fixados, são as que se indicam:

- Para promoção a <u>Capitão</u>: Frequência com aproveitamento do curso de promoção a Capitão e ter prestado serviço militar ativo durante dois anos, como Oficial Subalterno, em Unidades, Centros de Instrução e Escolas Práticas das Armas em funções de instrução e comando de subunidades para os Tenentes oriundos das Armas[307] e em Uni-

no atual e, no mínimo, no posto anterior; A natureza, as condições e as exigências particulares das funções exercidas; As potencialidades demonstradas no exercício de funções de posto superior; A qualidade do desempenho de funções do posto superior, quando tenha ocorrido; As avaliações individuais periódicas e extraordinárias; Registo disciplinar; A frequência de cursos e/ou estágios de formação, qualificação, atualização e especialização, e respetivas classificações; A participação em atividades operacionais e de campanha, em situações de conflito ou crise, e em atividades de treino operacional e técnico; A aptidão física; A antiguidade no posto e na carreira sem prejuízo do exposto no artigo anterior. As instruções para a execução dos critérios de avaliação referidos são estabelecidas por diploma do MDN ouvido o CEMGFAA (Idem, Art. 64).

[306] A promoção "por distinção" consiste no acesso ao posto imediatamente superior, independentemente de estarem ou não reunidas as condições de promoção. A promoção por distinção premeia excecionais virtudes militares e dotes de comando, direção ou chefia, demonstrados em campanha ou em ações que tenham contribuído para a glória da Pátria ou para o prestígio das FAA. O militar promovido por distinção a um posto para o qual é exigido curso de habilitação/promoção, deve frequentá-lo sob a forma de estágio. A promoção a título excecional consiste no acesso ao posto imediatamente superior, independentemente de estarem ou não reunidas as condições de promoção, tendo lugar nos seguintes casos específicos: Por qualificação do militar como deficiente das FAA; Por reabilitação em consequência de procedência de recurso em processo criminal ou disciplinar. Ambas as promoções podem ter lugar a título póstumo, mas a promoção a título excecional é regulada em diploma próprio (Idem, Art. 65).

[307] Designam-se por "Armas" o conjunto sistematizado de militares e meios bélicos com características próprias e comuns, constituintes fundamentais do Exército e cuja função se consubstancia no combate direto e oportuno sobre o inimigo e designam-se por "Serviços" o conjunto sistematizado de meios humanos e materiais com características e espírito de corpo próprios, constituintes do Exército e cuja função principal é o asseguramento e apoio combativo. As Armas do Exército são: Infantaria, Tropas Blindadas, Artilharia, Defesa Antiaérea, Engenharia Militar e as Telecomunicações e os Serviços do Exército são: Logística, Administração Militar, Defesa Contra Armas Extermínio em Massa, Serviços Técnicos e Técnicos Superiores.

dades e Órgãos dos Serviços em funções específicas do respetivo Serviço para os Tenentes oriundos dos Serviços.

- Para promoção a <u>Major</u>: Frequência com aproveitamento do curso de promoção a Oficial Superior, ter exercido, (no posto de Capitão), pelo período mínimo de um ano, com informação favorável, o comando de Companhia ou outro comando, direção e chefia considerados, por Despacho do CEME, de categoria equivalente e ter prestado pelo menos dois anos, como Capitão, em Unidades, Centros de Instrução ou Escolas Práticas das Armas para os Capitães oriundos das Armas e em funções específicas dos respetivos Serviços para os Capitães oriundos dos Serviços.
- Para promoção a <u>Coronel</u>: Ter exercido, como Oficial Superior, pelo período mínimo de um ano, com informação favorável, o cargo de Comandante ou Segundo Comandante de Batalhão ou outro comando, direção e chefia considerados, por Despacho do CEME, de categoria equivalente e ter prestado pelo menos dois anos, do tempo mínimo de permanência como Oficial Superior, em Unidades, Centros de Instrução ou Escolas Práticas das Armas para os Oficiais oriundos das Armas e, em funções específicas dos respetivos Serviços para os Oficiais oriundos dos Serviços.
- Para promoção a <u>Major-General</u>: Frequência com aproveitamento do curso de Comando e Direção e ter exercido, no posto de Coronel, pelo período mínimo de um ano ininterrupto, com informação favorável, o cargo de Comandante de Unidade Independente, Centro de Instrução ou Escola Prática, de Chefe de Serviço ou de Diretor de Órgão ou Estabelecimento, ou outra função de comando, direção e chefia, considerada por Despacho do CEME, de categoria equivalente.

As condições especiais de promoção do sargentos do QP do Exército (Art. 109) a exigir em complementaridade com os tempos mínimos de permanência nos postos anteriormente fixados, são as seguintes:

- Promoção a <u>Segundo-Sargento</u>: Implica a frequência com aproveitamento do curso de formação de sargentos.
- Promoção a <u>Primeiro-Sargento</u>: Ter prestado o tempo mínimo de permanência em 2º Sargento, exclusivamente, nas Unidades, Centros

de Instrução, Escolas Práticas e estabelecimentos ou órgãos próprios da respetiva Arma ou Serviço.

- Promoção a <u>Sargento-Ajudante</u>: Frequência com aproveitamento do curso de promoção a Sargento-Ajudante e ter prestado pelo menos quatro anos de serviço militar ativo, do tempo mínimo de permanência em 1º Sargento, em Unidades, Centros de Instrução, Escolas Práticas e estabelecimentos ou órgãos próprios da respetiva Arma ou Serviço.
- Para promoção a <u>Sargento-Chefe</u>: Ter prestado pelo menos três anos de serviço militar ativo, do tempo mínimo de permanência em Sargento-Ajudante, em Unidades, Centros de Instrução, Escolas Práticas e estabelecimentos ou órgãos próprios da respetiva Arma ou Serviço.
- Para promoção a <u>Sargento-Mor</u>: Ter prestado pelo menos dois anos de serviço militar ativo, do tempo mínimo de permanência em Sargento-Chefe, em Unidades, Centros de Instrução, Escolas Práticas e estabelecimentos ou órgãos próprios da respetiva Arma ou Serviço.

As patentes e postos são iguais aos utilizados nas Forças Armadas Portuguesas, sendo os distintivos utilizados uma mescla do Exército Soviético/Cubano e Português, o que reflete as principais influências que lhes advieram no processo de formação das FAA (Correia de Barros, 2011) (Tomé Pinto, 2010).

A identificação dos postos e a uniformização das patentes e das insígnias foi também um processo partilhado e que beneficiava das influências externas nas várias assessorias militares. As patentes em uso atualmente nas Forças Armadas de Angola são as seguintes:

No Ante-Projeto do Estatuto, segundo o Artigo 89 (Quadros Especiais de Oficiais e Postos) os Oficiais do QP comuns aos três ramos distribuem-se pelos seguintes quadros especiais: Justiça Militar (JM); Armamento e Técnica (ArmTec); Saúde Militar (SM) e Serviços Técnicos de Saúde (STS). As especialidades do quadro especial de armamento e técnica comum aos ramos são definidas por Despacho do CEMGFAA[308].

---

[308] No Exército os Quadros Especiais de Oficiais do QP do Exército distribuem-se pelos seguintes quadros especiais: Infantaria (INF); Tropas Blindadas (BLI); Artilharia (ART); Defesa Antiaérea (DAA); Logística (LG); Engenharia Militar (ENG); Telecomunicações (TEL);

Nas carreiras dos militares que fizeram a Luta de Libertação e que ao longo de 30 anos fizeram a guerra em Angola, surge uma preocupação que sentimos nos contactos com os militares mais antigos das FAA (2011): saber o que iria ser das suas vidas após a saída das fileiras, ou saber quando teriam condições para abandonar o serviço militar e reter algumas garantias que lhes pudessem garantir a salvaguarda da sua vida pessoal e familiar. Embora a Lei dos Antigos Combatentes de Guerra (Lei nº 13/02 de 15 de outubro de 2002) e as atribuições dadas ao Ministério dos Antigos Combatentes e Veteranos de Guerra (independentemente do Ministério da Defesa Nacional) saliente que:

> *"A presente lei tem como objectivo a protecção em regime especial dos direitos económicos e sociais dos cidadãos que tenham participado e prestada a sua contribuição à luta de libertação nacional contra o colonialismo português e na defesa da pátria, bem como ao familiar do combatente tombado pela mesma causa ou perecido, nomeadamente o cônjuge sobrevivo, o descendente e ascendente, por forma a garantir-lhes a estabilidade material e moral necessárias ao seu desenvolvimento...."*[309].

Administração Militar (AM); Defesa Contra Armas de Extermínio em Massa (DCAEM); Serviços Técnicos (ST) e Técnicos Superiores (TS). Os Oficiais do Quadro Permanente da Força Aérea distribuem-se pelas seguintes Armas e Serviços: Aviação (AV); Defesa Antiaérea (DAA); Logística (LG); Engenharia (ENG); Tropas Radiotécnicas (TRT); Telecomunicações e ART (TEL/ART); Administração Aeronáutica (ADMER); Defesa Contra Armas de Extermínio em Massa (DCAEM); Serviços Técnicos (ST) e Técnicos Superiores (TS). Os Oficiais do Quadro Permanente da Marinha distribuem-se pelas seguintes Classes: Marinha (M); Engenheiros Navais (EN); Administração Naval (AN); Fuzileiros Navais (FZ); Serviços Técnicos (ST) e Técnicos Superiores (TS); Artilharia (A); Torpedo e Minas (TM); Eletricistas (E); Radaristas (R); Maquinistas Navais (MQ) Mísseis (M) e Comunicações (C). *Ante-Projeto da Lei das Carreiras dos Militares das Forças Armadas Angolanas*, janeiro 2012

[309] Considerando que o Decreto-Lei nº 28/92, de 26 de junho de 1992, não define nem salvaguarda de forma abrangente e eficaz os direitos sociais que o Estado Angolano, à luz da proteção especial prevista no Art. 84 da Lei Constitucional entende ser justo atribuir ao antigo combatente e ao deficiente de guerra, bem como ao familiar do combatente tombado ou perecido, como reconhecimento da contribuição por eles prestada à causa da independência nacional e defesa da pátria; Considerando ainda que tal proteção não abrange outros familiares do combatente tombado ou perecido, aos quais pelo seu vínculo e condição é justo reconhecer-lhes alguns direitos sociais. In, Lei nº 13/2002 de 15 de outubro de 2002.

Compilando o que poderíamos considerar uma linha de orientação para o apoio aos ex-combatentes (designados por antigos combatentes, para além dos participantes na luta clandestina e presos políticos, conforme Art. 4 da Lei nº 13/02 de 15 de outubro) o sistema estatal angolano não conseguiu responder às necessidades, criando neste propósito, o final das designadas "carreiras longas" a que o Art. 114 (Condições de Passagem à Reserva) refere que transita para a situação de reserva o militar do QP que atinja o limite de idade estabelecido para o respetivo posto, que complete 20 anos ou mais de serviço militar, que requeira e seja autorizado; que complete 30 anos de serviço militar, e declare por escrito ou cesse o mandato que exerce e não nomeado para cargo de posto igual ou superior e estando colocado compulsivamente nessa situação por efeito de sanção disciplinar ou criminal e seja excluído da promoção ao posto imediato por motivos disciplinares.

Fonte: Ministério da Defesa Nacional de Angola

FIGURA Nº 20 – **Distintivo do CEMGFAA**

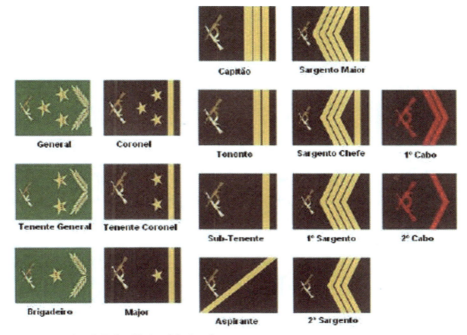

Fonte: Ministério da Defesa Nacional de Angola

Figura Nº 21 – **Patentes do Exército**

Transita ainda à situação de reserva o Oficial General sem limite de idade e os restantes militares com idade igual ou superior a 35 anos, se por limitação dos quadros de pessoal ficam em situação de excedentários[310]. O militar do QP que transite para a situação de reserva[311] tem direito a

---

[310] Os limites de idade de passagem à situação de reserva nos diferentes postos dos militares do QP são para os Oficiais: General de Exército; General de Aviação e Almirante da Armada – 59 anos; Coronel-General/Almirante – 59 anos; Tenente-General/Vice-Almirante – 58 anos; Major-General/Contra-Almirante – 57 anos; Coronel/Capitão-de-Mar-e-Guerra – 56 anos e até ao posto de Tenente-Coronel/Capitão-de-Fragata – 55 anos. Para a classe dos Sargentos: Sargento-Maior – 56 anos e Sargento-Chefe – 55 anos.

[311] Durante um período de cinco anos (contados a partir da data da entrada em vigor deste diploma), é facultada a passagem à situação de reforma ao militar do ativo que, cumulativamente, preencha ou venha a preencher, durante aquele período, as seguintes condições, desde que requeira e lhe seja deferido: ter 45 ou mais anos de idade ou ainda ter 25 ou mais anos de tempo de serviço. Os requerimentos de passagem à situação de reforma do militar abrangido podem, em caso de interesse ou necessidade de serviço, ser indeferidos, devendo para Oficiais Generais ser submetido à homologação do Presidente da República.

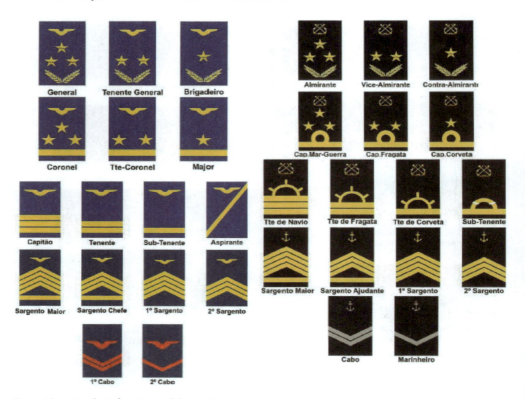

Fonte: Ministério da Defesa Nacional de Angola

FIGURA Nº 22 – **Patentes da Força Aérea Nacional e da Marinha de Guerra Angolana**

remuneração, à assistência médica e medicamentosa e ao apoio social, de acordo com o prescrito em legislação própria, transitando para a situação de reforma o militar que atinja os 60 anos de idade ou requeira a passagem à reforma (depois de completados 30 anos de serviço militar) ou que complete seguida ou interpoladamente, cinco anos na situação de reserva ou ainda que seja declarada incapacidade permanente total pela Junta Médica Militar e opte pela colocação nesta situação quando é declarada incapacidade completa ou parcial pela "Junta Médica Militar" e seja colocado compulsivamente nesta situação por efeito de sanção disciplinar ou criminal. O militar do QP na situação de reforma tem direito à pensão, a assistência médica e medicamentosa e a apoio social, previstos em diploma próprio.

A CONSTRUÇÃO DA "NOVA" IDENTIDADE DE SEGURANÇA E DEFESA EM ANGOLA

Sabendo que as FAA se preparam brevemente (prevê-se que a legislação seja aprovada em breve, se bem que os militares das FAA a aguardem há mais de uma década) para assistir a mais um passo dado no sentido do profissionalismo e na regulamentação de legislação que contribua para uma Forças Armadas mais profissionalizadas, parece-nos também que o tempo que passou (após 2002) sem uma regulamentação clara sobre os militares e as suas carreiras foi um fator inibidor e demagogicamente utilizado para um controlo indireto das Forças Armadas e dos militares Angolanos pelo poder político.

4.3. As Regiões Militares. O Sistema e Dispositivo de Forças Nacional. A Arquitetura Nacional de Segurança e Defesa Angolana

Por norma, uma Região Militar constitui uma articulação do comando territorial das Forças Armadas de um país, encarregue da administração político-militar de uma das parcelas do seu território. Geralmente, as RM têm sobretudo funções administrativas e logísticas, podendo dispor de responsabilidades operacionais. Nos países onde existe o Serviço Militar Obrigatório (como Angola), podem estar encarregues de grande parte do processo de recrutamento e mobilização de conscritos. Em caso de estado de sítio ou de emergência, o comando de uma região militar pode ainda assumir responsabilidade pela administração civil na sua área de jurisdição, substituindo-se às autoridades civis. Conforme a organização das Forças Armadas, as Regiões Militares podem ter outras designações como "distritos militares", "circunscrições militares", "regiões de defesa", "zonas militares", "comandos territoriais", etc. Na maioria dos casos, as RM dependem das forças terrestres, contudo analogamente, um país pode também estar dividido em regiões navais e/ou regiões aéreas, correspondentes respetivamente às suas componentes navais e aéreas.

A criação de Regiões/Zonas Militares em Angola, utilizadas como forma de organizar administrativa e operacionalmente Forças Armadas, foram introduzidas pela governação político-militar colonial Portuguesa, como forma "normal" de limitar responsabilidades de comando e contribuir para uma afetação de recursos militares e meios em função das prioridades definidas pelo comando militar. A título de exemplo, refira-se que em 1961 as FAP tinham o seu dispositivo articulado em RM, Zonas de Intervenção

(ZI) e Sectores Militares[312], segundo as quais a província de Cabinda correspondia a um Sector e as ZI estavam divididas (norte, centro, sul e leste), em que a Zona de Intervenção Sul (ZIS) era a maior com 497.510 Km^2 e a Zona de Intervenção Norte (ZIN) estava articulada em letras, pois era a área mais sensível em termos de presença da guerrilha e onde havia maior concentração de forças e meios militares[313].

Os Movimentos de Libertação, nomeadamente o MPLA, adotou a partir de 1964/65 uma divisão político-operacional de Angola em seis Regiões Militares (RM)[314], em que a Iª RM circundada Luanda e a IIª RM correspondia à província de Cabinda, vindo, segundo Miguel Júnior, a articular--se após 1974/75, segundo os princípios da doutrina militar soviética, em quatro "Frentes"[315], integrando cinco Regiões Militares. As RM a norte (Cabinda, Norte, Leste e Centro) passaram a ter atribuídas duas Brigadas de Infantaria, uma Companhia independente de Reconhecimento, uma Companhia Independente de Comunicações, uma Bateria de canhão anti-tanque, uma Companhia de Artilharia e uma Companhia Independente de Engenharia e de Transportes, enquanto a Região Militar Sul tinha um dispositivo reforçado, com três Brigadas (uma motorizada) e os apoios proporcionais e a Região Militar de Luanda passava a ter uma Brigada de Infantaria Motorizada e idêntico apoio de combate e de serviços (Júnior, 2007, p.37 e 60) (Leão e Rupiya, 2005, pp. 25-27).

---

[312] Veja-se da Comissão para o Estudo das Campanhas de África (CECA), a obra *Resenha Histórica das Campanhas de África (1961-1974)*, 6ª Volume, Angola – Livro 2, 2006, pp. 32-34.

[313] [*http://www.sadf.info/SWATF%20Operations.html*].

[314] Pires Nunes, In *Angola 1966-74. Vitória Militar no Leste*, p. 22 (Mapa Regiões Militares do MPLA).

[315] A Frente Norte incluía a 1ª RM (Luanda, Uíge, Zaire e Kuanza-Norte) e a 2ª RM (Cabinda); a Frente Leste incluía a 3ª RM (Malange, Lundas, e Moxico); a Frente Centro integrava a 4ª RM (Bié, Huambo, Kuanza Sul e Benguela) e a Frente Sul integrava a 5ª RM (Namibe, Huíla, Cunene e Kuando-Kubango) (Júnior, 2007, p. 37).

A CONSTRUÇÃO DA "NOVA" IDENTIDADE DE SEGURANÇA E DEFESA EM ANGOLA

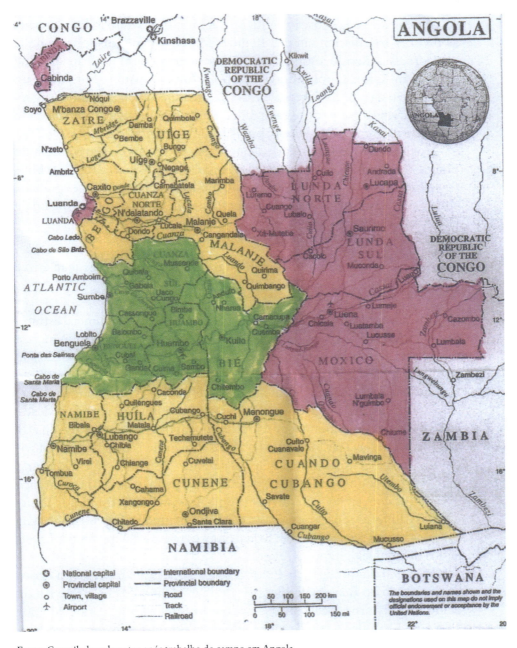

Fonte: Compilado pelo autor após trabalho de campo em Angola

Figura Nº 23 – **Regiões Militares de Angola – 2012**

Com o evoluir da situação política e o agravar do conflito militar interno, as FAPLA articularam em dez Regiões Militares o seu dispositivo militar, correspondendo a um reforço do posicionamento de Brigadas que combatiam as forças opositoras e desenvolviam Campanhas Militares para aniquilação da ameaça interna e externa. Nesse período, segundo Miguel Júnior, desenvolveu-se nove campanhas militares (operações), envolvendo meios de diferentes RM (Idem, pp. 105-107) (Weigert, 2011, pp. 69-78).

Atualmente, a República de Angola tem articulado o seu Sistema de Forças Nacional das Forças Armadas Angolanas em quatro Regiões Militares (norte, centro, este e sul), coincidindo os seus limites geográficos com os limites provinciais e duas Regiões Militares Especiais (Luanda e Cabinda) (Figura Nº 23).

4.4. O sistema de Informações Militares Angolano. Integração entre o sistema civil e militar de Inteligência

As informações estratégicas constituem elementos do potencial estratégico do Estado e são importantes para a decisão política, pois influenciam a ação estratégica, tendo uma repercussão significativa nas atividades de segurança e defesa da nação.

Em Angola, o Serviço de Inteligência Militar (SIM), integrado no Serviço de Inteligência Nacional (SIN), constituiu uma área central desde os tempos dos Movimentos de Libertação Angolanos, onde a recolha de informações estava intimamente ligada à sobrevivência dos próprios Movimentos de Libertação. Não admira assim que exista uma cultura natural pelo segredo e um paradigma constante de tratar os aspetos da segurança e da defesa com sigilo. Pois, tal como em outras áreas do Estado, as Informações Militares são estratégicas e constituem um fator do potencial das próprias Forças Armadas, sobre o qual (com os poucos e nem sempre fiáveis dados disponíveis) importa refletir.

O Serviço de Inteligência Externa de Angola (SIE) foi criado à época da conclusão do Acordo de Bicesse (1991) inicialmente como Serviço de Segurança Externa (SSE), mas já existia do antecedente, conhecido por "*Cosse*"[316]. Em todas as versões que tomou tem sido, de facto, um serviço pri-

---

[316] Cf. Notícia de 30 de maio de 2000, publicado no *Jornal de Angola*. [*http://www.portalangop. co.ao/motix/pt_pt/noticias/politica/2000/4/22/,c7c3e935-a3fe-4d31-824e-afa4e2959a1a.html9*].

vativo da Presidência e do Presidente da República, com as tarefas e missões ajustadas à componente secreta da ação presidencial (interna e externamente). Nos seus primórdios começou por ser um centro de comunicações do Presidente da República – José Eduardo dos Santos (que é perito em comunicações) e que ganhou relativa importância político-estratégica como primeiro chefe do centro, ainda em vida de Agostinho Neto. Na prática, o centro de comunicações passou a estar incorporado no SIE quando este foi criado. A atividade do SIE (com instalações no Bairro Camama) está concentrada menos no campo da *"Intelligence"* propriamente dita e mais no campo das chamadas "ações especiais", encobertas, de natureza diversificada, sendo por essa razão conhecida internamente como um "serviço especial" do Estado ao serviço do Presidente da República e dos interesses de Angola. A definição de serviço externo conferida ao SIE advém em particular da rede própria que mantém no estrangeiro, em geral baseada nas embaixadas (a segunda ou terceira figura das mesmas é geralmente do SIE, embora em representações como as de Lisboa, Washington, Pretória, ou Kinshasa, as redes do SIE sejam mais vastas e estejam melhor articuladas). Os "operativos" (operacionais) colocados nas embaixadas têm missões correntes como efetuar resumos de imprensa ou assistir a conferências temáticas, a par de outras mais exigentes, como a recolha de informação "fechada", controlo/contacto com figuras das oposições (FLEC e UNITA) e outras, mais sensíveis, no âmbito das "ações especiais".

As autoridades angolanas levaram recentemente, segundo o site *"Club--Knet"*, a cabo obras de construção e apetrechamento da Academia Nacional de Inteligência, em Luanda[317]. Os valores de execução da obra estão orçados em 1 525 081 227,00 Kz e estão sob a responsabilidade (orçamental) do Serviço de Inteligência Externa. O valor da consultoria e fiscalização está orçado em 169 453 469,00 Kz. De igual modo, o sector da "inteligência doméstica", o Serviço de Informações e Segurança de Estado – SINSE (Ex-SINFO) concluiu na província do Zaire a construção de duas instalações para a sua direção Municipal em Mbanza Congo e no Noqui. A cobertura financeira das duas obras está estimada em 45 250 000,00 Kz e ficou a cargo do governo provincial liderado pelo general Pedro Sebastião. O maior edifício do SINSE na província do Zaire está situado no município

---

[317] Notícia de 24 de junho de 2011 na página na internet do Club-Knet. [*http://www.club-k.net/sociedade/8005-sie-apetrecha-academia-nacional-de-inteligencia.html*].

do Soyo, e o responsável é um oficial identificado por "Mota". Face à sua dimensão estrutural, o aparelho de segurança no Soyo assume-se como um importante centro de orientação do poder nesta localidade e rivaliza com o elenco do comitê municipal do MPLA, o que demonstra uma capacidade entre o sistema interno de informações e as orientações político--estratégicos do partido no poder (MPLA).

O Sistema de Informações Militares (designado em Angola por Sistema de Inteligência Militar) é um conjunto de órgãos recursos e capacidades implantados nos distintos níveis das Forças Armadas Angolanas (Figura Nº 24) que respondem hierárquica ou tecnicamente ao Serviço de Informações e Segurança do Estado. Desta forma, o SIM compreende um conjunto de órgãos de Direção, Comando e Unidades executantes, que têm como incumbência, as atividades de Inteligência e Contra-Inteligência, no âmbito do Sistema Nacional de Segurança, competindo-lhes a recolha, análise e a disseminação de informações militares necessárias para impedir as atividades hostis contra a segurança do Estado Angolano e particularmente contra as Forças Armadas Angolanas[318].

Como órgão especializado em Inteligência Militar e Contra Inteligência Militar, o SIM está, como vimos, integrado no Sistema de Informações de Segurança de Estado da República de Angola e depende diretamente do Presidente da República, contudo por delegação de competências do Presidente, depende do Ministro da Defesa Nacional (administrativamente) e operacionalmente do CEMGFAA.

O SIM possui na sua estrutura orgânica três Direções Principais (DPIMO, DPCIM e DNIME) (Figura nº 24) e um conjunto de outras Direções, órgãos e capacidades que em conjunto garantem a funcionalidade do Serviço a nível estratégico e operacional (Figura Nº 24). Pertencem ao Sistema as Direções de Inteligência Militar Operativa e as Direções de Contra Inteligência Militar dos Ramos, bem como as respetivas Repartições nas Regiões Militares, Aéreas e Navais ao nível operacional e tático. Estes órgãos produzem informações correspondentes aos níveis em que se encontram inseridos e prestam apoio de Estado-Maior no domínio da Inteligência, Contra Inteligência e Segurança Militar: No EMGFAA estão estru-

---

[318] Art 1º- Disposições Gerais do *Ante-Projeto do Estatuto Orgânico do Serviço de Inteligência Militar.*

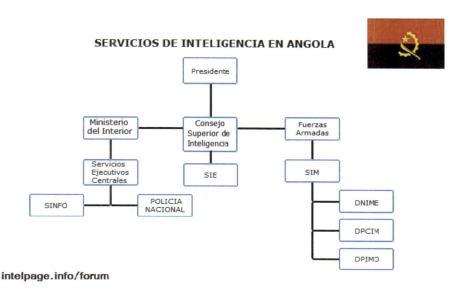

Fonte: [http://www.intelpage.info/forum/viewtopic.php?f=94&t=2007&sid=5cdbe2d481788f1c451dff72817e33e2]

FIGURA Nº 24 – **Serviços de Informações (Inteligência) em Angola**

turadas as Direções Principais de Inteligência Militar Operativa (DPIMO) e Direções Principais Contra Inteligência Militar (DPCIM).

Estas Direções subordinam-se diretamente ao Chefe do SIM que dirige, coordena e controla toda a sua atividade. Nos Ramos encontram-se as Direções de Inteligência Militar e Contra Inteligência Militar, com as Repartições disseminadas pelas Regiões Militares, garantindo uma cobertura do território Nacional Angolano. Os órgãos implantados e estruturados nos Ramos subordinam-se hierarquicamente aos Chefes do Estado-Maior dos respetivos Ramos, porém técnica e metodologicamente subordinam-se às Direções de especialidade colocadas no EMGFAA, e no que tange às Repartições das Regiões, a subordinação obedece ao mesmo princípio aplicado às Direções dos Ramos (Ante-Projeto do Estatuto Orgânico do Serviço de Inteligência Militar).

Com base na análise documental e bibliográfica assim como nas entrevistas desenvolvidas junto de algumas entidades relacionadas com os órgãos do SIM e das Forças Armadas Angolanas, foi possível obter um conjunto de dados caracterizadores do Serviço, o que permitiu sustentar as seguintes observações, que as informações produzidas pelo Serviço de Inteligência Militar são essencialmente de natureza estratégico-militar, operacional, tática e de segurança militar que tais informações visam (segundo o documento supracitado) globalmente:

- Garantir a informação oportuna de inteligência necessária sobre as ameaças reais e potenciais à Segurança Nacional, para a tomada de decisões no domínio da Segurança Militar e da Defesa do Estado, relacionadas com o emprego das Forças Armadas;
- Garantir igualmente a informação oportuna de inteligência necessária à tomada de decisões, no domínio da edificação das Forças Armadas e sua preparação combativa;
- Informar sobre as medidas de contra inteligência (prevenção, descobrimento e corte) tomadas para neutralizar os planos e ações dos serviços especiais hostis, dirigidas contra as Forças Armadas e seus membros.

O SIM[319] produz também informações sobre os teatros de operações militares para o provável emprego das Forças Armadas assim como sobre o acompanhamento da evolução da ciência militar a nível internacional e transmite informações pontuais e sistemáticas às entidades que forem indicadas pelo Presidente da República, pelo Ministro da Defesa Nacional e pelo CEMGFAA. Apesar de as atribuições do SIM estarem bem definidas na Lei nº12/02 de 16 de agosto (Lei de Segurança Nacional) e no *Ante- -Projeto de Estatuto Orgânico do Serviço de Inteligência Militar*, os resultados da sua atividade ainda se apresentam segundo as entrevistas com algumas "insuficiências", pois existem aparentemente queixas dos utilizadores das suas informações, que repetidas vezes alegam que nem sempre recebem a informação que necessitam com a oportunidade e plenitude necessárias prejudicando a qualidade das decisões tomadas. Outras vezes as informações recebidas não correspondem às necessidades reais de informação, uma vez que os comandos militares nem sempre participam na orientação do esforço de pesquisa de informação, recebendo deste modo documentos produzidos pelo SIM segundo o seu próprio conceito de necessidade.

---

[319] Lei nº 2/93 de 26 de março de 1993, Lei da Defesa Nacional e das Forças Armadas, art. 59.

A CONSTRUÇÃO DA "NOVA" IDENTIDADE DE SEGURANÇA E DEFESA EM ANGOLA

Na base estão razões relacionadas com a falta de analistas, em quantidade e qualidade necessárias, para o tratamento dos dados com o profissionalismo que seria exigido, com a obsolescência ou mesmo inexistência de um sistema de comunicações que se adapte às exigências atuais, prejudicando as atividades de comando e controlo por um lado, e o desempenho do SIM como um todo, por outro. A falta de qualidade encontra explicação na falta de formação técnico-profissional e académica de muitos quadros que atualmente integram o SIM. Considerando o problema tendo por base os pressupostos doutrinários que alicerçam o trabalho do Serviço, constata-se que os mesmos exigem uma reformulação se tivermos em conta que muitos desses pressupostos estão já ultrapassados e, hoje, encontram sérias dificuldades em conviver com a realidade das ameaças transnacionais à segurança do Estado.

Numa perspetivas mais ligada aos utilizadores dos produtos do SIM, é possível segundo os entrevistados reconhecer que os comandos militares algumas vezes solicitam informações que estão para lá das possibilidades das instituições, o que se pode atribuir, em parte, ao desconhecimento das reais capacidades de pesquisa dos órgãos e, também, às deficiências de enquadramento das necessidades de informação desses comandos que frequentemente pretendem informações que não são do seu nível e nem fazem ideia dos recursos necessários para alcançar o que pedem. Este cenário torna-se ainda mais difícil se considerarmos que o SIM se debate com problemas de equipamentos diversos, instalações para a acomodação dos seus órgãos e que apesar de possuir alguma autonomia patrimonial e financeira para mitigar estas deficiências, ainda não é uma realidade totalmente tangível, havendo órgãos no sistema que ainda funcionam em condições precárias, apresentadas como provisórias.

As ameaças podem ser exteriores ou internas, ou uma combinação transnacional das duas, em que os Estados são cada vez mais desafiados por novos atores a encarar a segurança como um fator estratégico para o Estado. Neste contexto, as novas tecnologias de informação contribuíram para aumentar a sua influência e eficácia de várias formas. Entre estes atores é possível identificar:

- Indivíduos que propagam ideias e valores que podem influenciar o futuro das sociedades, moldando a opinião pública;

- Grupos étnicos e secessionistas que exigem uma reconfiguração territorial e autonomia regional caso das FLEC;
- As diásporas e movimentos transnacionais religiosos humanitários ou económicos que rivalizam com o Estado no tratamento de problemas e projetos que justificam, a seu ver, a sua intervenção e ingerência;
- O aparecimento de atores "desterritorializados" é a prova do fracionamento da autoridade Estatal, pois mesmo os agrupamentos regionais indicam a diluição dos Estados tradicionais a favor de novos atores supra estatais.

No caso concreto do domínio da segurança constata-se o surgimento de novas entidades no domínio da segurança que, operando em zonas cinzentas, escapam ao controlo estatal. Estas entidades, em geral, são desligadas de pertenças nacionais, híbridas (semi-políticas e semi-criminosas) capazes de grande mobilidade transfronteiriça, pragmáticas e criminosas. No caso de Angola, são de particular realce as organizações ligadas ao garimpo e comércio ilegais principalmente nas províncias da Lunda Norte, Luanda Sul e Bié, onde conflitos e tensões inter-estados, como foram os casos do repatriamento compulsivo de cidadãos angolanos que viviam na RDC, as disputas fronteiriças entre Angola e RDC, os conflitos e tensões intra--estaduais, sendo de referir a ação de alguns partidos políticos que incitam à violência, às greves e à agitação popular.

Os movimentos sociais armados em Cabinda, as situações pós conflito instáveis como a que se desenvolve na RDC (regiões dos Kivus), onde existem situações humanitárias graves (refugiados e deslocados), a profusão de minas e outros engenhos explosivos, assim como o tráfico de armas ligeiras, as pandemias, a degradação do meio ambiente, a criminalidade violenta e outra incluindo a organizada e transfronteiriça, o tráfico humano e de drogas; branqueamento de capitais associado ao terrorismo internacional e atividades terroristas (o que pode constituir uma ameaça a nível regional e nacional) e efeito negativo da globalização, práticas e regimes internacionais injustos que muitas vezes projetam políticas unilaterais destinadas a isolar países africanos, bem como o despejo de resíduos químicos e nucleares em África, são alguns exemplos conhecidos das ameaças transnacionais para Angola (Correia de Barros, 2011).

Como vimos, as ameaças às FAA decorrem da sua natureza, da história da sua formação e de certas insuficiências. É de referir que as Forças

A CONSTRUÇÃO DA "NOVA" IDENTIDADE DE SEGURANÇA E DEFESA EM ANGOLA

Armadas, que emergiram de uma longa guerra que teve consequências nefastas para Angola, precisam de consolidar os ganhos alcançados com a paz, reorganizar-se e orientar as suas atividades para fazer face aos desafios do futuro[320]. Dado o facto de que os atuais efetivos das FAA serem provenientes de forças antes beligerantes (FAPLA, FALA e FLEC). Uma das preocupações a ter em conta está relacionada com o incremento da coesão dos militares que presentemente as integram para que em situações pontuais não sejam utilizados para transformar as Forças Armadas em palco de disputas partidárias.

Por outro lado existe o perigo de se perder o designado pelos Angolanos de "...*património combativo das Forças Armadas...*", que poderia servir para alicerçar uma doutrina de matriz angolana, já que não são visíveis esforços significativos para tratar as experiências acumuladas por oficiais de elevada experiência combativa com a cientificidade e endoutrinamento necessário. Outra fonte de ameaças pode ser localizada em todas as situações passíveis de provocar descontentamentos entre o pessoal e afetar a sua prontidão e moral, onde se destacam: As precárias condições de vida das tropas, resultantes, fundamentalmente, das graves falhas de logística, aqui entendida no seu conceito mais amplo; na má conservação do armamento, munições e da técnica; no débil controlo e segurança do armamento e das munições; na depauperação dos recursos materiais e financeiros das Forças Armadas; na falta de medidas eficazes nos locais onde se manipulam documentos classificados e se guardam combustíveis. As transformações que estão a ter lugar nas FAA, em função do Processo de Reedificação das Forças Armadas Angolanas em curso, bem como a aprovação recente da Constituição de Angola, obrigam certamente à reformulação do Edifício Legislativo que suporta as Forças Armadas e por conseguinte o SIM.

Até à altura em que foi aprovada a recente Constituição vigorava a Lei nº 23/92 de 16 de setembro de 1992, Lei Constitucional da República de

---

[320] Neste contexto, o Comandante-em-Chefe das FAA produziu em 30 de julho de 2007, na *Directiva para a Reedificação das FAA* (Anexo B – Documentos sobre a edificação das Forças Armadas Angolanas 1982-2007) e constituiu uma Comissão de Reedificação das FAA, de carácter técnico-militar executivo na sequência da "Agenda e Plano de Reedificação das FAA". No Plano não identificados as ameaças ao Estado Angolano (pp. 19-21) e aponta para uma realização faseada em dua etapas, em que na 2ª Fase (janeiro 2008 – dezembro 2012) refere que é prioritário "...*realizar a vigilância, controlo e defesa dos objectos e espaços estratégicos e vitais do país...*". p. 29.

AS FORÇAS ARMADAS ANGOLANAS COMO ELEMENTO DO POTENCIAL ESTRATÉGICO...

Angola, que institucionalizou o Estado Democrático e de Direito. Com efeito, a instauração de um regime mais Democrático passava, necessariamente, por uma legislação sobre a produção de informações de segurança e dos serviços públicos incumbidos dessa atividade, questionando-se a legitimidade e a necessidade da produção de informações de segurança. Estas reflexões são justificadas pelo passado recente em que a produção de informações de segurança e os serviços que as produziam tinham uma natureza policial e até de investigação e instrução processual de determinados comportamentos tipificados na lei penal como crimes contra a Segurança do Estado (Lei nº 12/02 de 16 de agosto de 2002).

A pertinência da questão resulta do facto de que nem sempre se conseguia distinguir a atividade de produção de informações de segurança da manutenção da ordem pública e investigação criminal em que se verificava, era mais a perseguição política e um atentado contra os direitos cívicos como os de expressão, reunião, manifestação ou associação[321]. A própria "Lei sobre o Segredo do Estado" foi discutida num ambiente político conturbado, pois que para alguns dos seus artigos eram inconstitucionais, alegando que estava a ser posta em causa a liberdade de imprensa e a democracia nascente. Estas são, em linhas gerais, as razões que se encontram na base de uma certa relutância de certos círculos políticos Angolanos em aceitarem os serviços que se dedicam à produção de informações de segurança e pelo qual é patrocinado uma "cultura do segredo" no seio do ambiente de Defesa e no quadro das Forças Armadas de Angola (Idem).

Por força da Lei de Segurança Nacional – Lei nº 12/02 de 16 de agosto de 2002, o SIM faz parte do Sistema de Segurança Nacional e da Comunidade de Inteligência. Porém, esta Lei atribui autonomia financeira e patrimonial apenas ao SINFO e ao SIE, o que prejudica potencialmente o desempenho do SIM. Por esse motivo parece ser necessário adequar esta Lei à realidade atual. É também necessário fazer aprovar o Estatuto Orgânico do Serviço de Inteligência Militar, que neste momento está sem cobertura legal para as suas atividades operacionais. Apesar de estar consagrada no Regulamento de Organização e Funcionamento da Comunidade de Inteligência[322], a coope-

---

[321] Maria do Carmo Medina, In *Angola. Processo Políticos da luta pela Independência*, 2ª Edição Ampliada, 2011.

[322] Decreto-Lei nº 14/02 de 6 de dezembro de 2002, *Regulamento de Organização e Funcionamento da Comunidade de Inteligência*.

ração entre os serviços membros da comunidade e afins, ainda não é efetiva, verificando-se com frequência comportamentos que estimulam a competição ao invés da cooperação. Estes comportamentos resultam em prejuízo para a Segurança Nacional e para o desempenho do sistema como um todo.

Com vista a garantir um maior grau de transparência, as atividades do SIM devem ser convenientemente fiscalizadas para prevenir "excessos" e arbitrariedades, pois que a:

- A aprovação da Constituição de Angola coloca a necessidade de se rever todo o Edifício Legislativo das Forças Armadas e dos órgãos de segurança a fim de conformá-lo com o novo ordenamento jurídico;
- Uma não aprovação do Estatuto Orgânico do SIM retira cobertura legal para as suas atividades;
- A Lei de Segurança Nacional, Lei nº 12/02 de 16 de agosto de 2002 no seu atual formato, coloca alguns obstáculos ao funcionamento do SIM uma vez que esta Lei só atribui autonomia financeira e patrimonial ao SINFO e SIE;
- É necessário reforçar a legislação sobre a cooperação entre os órgãos do Sistema de Segurança Nacional e criar legislação adequada para promover a cooperação internacional principalmente dentro dos espaços geopolíticos mais significativos em que Angola esta inserida (SADC, CEEAC e CPLP);
- É necessário que as atividades do SIM sejam convenientemente fiscalizadas por uma comissão especializada na dependência da Assembleia Nacional de Angola, na qual existe um controlo Presidencial.

Neste contexto, pode-se salientar que a aprovação do novo Edifício Legislativo das Forças Armadas Angolanas, do Estatuto Orgânico do SIM e a Revisão da Lei de Segurança Nacional, em conjugação com a criação e implementação dos instrumentos legais que promovam a cooperação tanto ao nível nacional como internacional, constituirão um passo importante para o funcionamento otimizado do SIM, em prol das Forças Armadas, da Defesa e Segurança Nacional e de Angola.

5. As Forças Armadas de Angola. Principais Linhas de Força e Missões Específicas

As Forças Armadas de Angola, no cumprimento das suas missões específicas, articulam-se pelos Ramos, tendo cada um dos três ramos: Marinha de Guerra Angolana (MGA) o Exército Nacional e a Força Aérea Nacional Angolana (FANA), missões, características e meios diferenciados, que concorrem potencialmente para umas Forças Armadas conjuntas e que, embora ainda não conseguido completamente, se possam articular através do EMGFAA, no cumprimento de tarefas em apoio da soberania do Estado, incluindo as Missões de Interesse Público e no cumprimento do estipulado na Lei de Defesa Nacional e das Forças Armadas, Lei nº 2/93 de 26 de março de 1993 (em revisão). Considerando os diplomas legais (Constituição da República de Angola, Lei de Defesa Nacional e das Forças Armadas) podemos constatar que também no âmbito da *Lei de Bases da Protecção Civil*[323], as Forças Armadas são qualificadas como agentes de proteção civil, e que se encontram regulamentadas a sua intervenção em situações de acidente grave, catástrofe ou calamidade.

Relativamente às missões de interesse público, para além das relativas à proteção civil, a Constituição define na lei a cometer às Forças Armadas tarefas relacionadas com a satisfação de necessidades básicas da população. Neste quadro, a Lei de Defesa Nacional e das Forças Armadas[324] define que *"...As Forças Armadas podem ser incumbidas, nos termos da lei, de colaborar em missões de protecção civil, em tarefas relacionadas com a satisfação de necessidades básicas e a melhoria da qualidade de vida das populações..."* (art. 24 e 60). Por outro lado define-se como *"...missão genérica das Forças Armadas Angolanas, assegurar a defesa militar contra qualquer agressão ou ameaça externas..."*. Além de outras missões das Forças Armadas, com sejam, *"...satisfazer no âmbito militar os compromissos militares assumidos...."* e *"...colaborar, nos termos da lei, em tarefas relacionadas com a satisfação das necessidades básicas e a melhoria da qualidade de vida das populações, inclusivamente em situações de calamidade pública que não justifiquem a suspensão do exercício de direitos..."*, em que o Governo confia às FAA a execução de diversas missões, entre as quais[325]; *"...executar*

---

[323] Cf. Lei nº 28/03 de 7 de novembro de 2003.
[324] Lei de Defesa Nacional e das Forças Armadas – Art. 34.
[325] Idem – Art. 5º e Art. 34.

A CONSTRUÇÃO DA "NOVA" IDENTIDADE DE SEGURANÇA E DEFESA EM ANGOLA

outras missões de interesse público de que se destacam entre outras, as missões auxiliares no âmbito do combate a certos tipos de criminalidade; a busca e salvamento; a fiscalização marítima e o apoio na prevenção e combate aos incêndios, entre outros...".

Aspetos que deixam transparecer na ligação entre as capacidades das FAA e o serviço prestado à comunidade, tal como acontece em Portugal na LDNFA e na Lei de Protecção Civil. Contudo, as principais linhas de força para a *Processo de Reedificação das Forças Armadas Angolanas*, expressas na Diretiva do Comandante-em-Chefe de 30 de julho de 2007, apontavam para que até ao final de 2012 estaria concluído o processo...

5.1. O Espaço Marítimo e as Missões da Marinha de Guerra Angolana

O mundo atual vive desafios mais complexos do que aqueles enfrentados no passado período de confrontação bipolar. Significa que o fim da Guerra Fria tornou menos provável o grau de coexistência pacífica estabelecida nas Relações Internacionais entre os Estados após a Segunda Guerra Mundial. Neste quadro, são prováveis os conflitos, entre os Estados, assistindo-se ao crescimento de conflitos regionais de carácter étnico – religioso, derivado de um nacionalismo exacerbado, onde o terrorismo internacional constitui a principal ameaça à ordem mundial, com reflexão à ordem nacional. Assim, estamos a assistir atualmente a uma maior apetência na disputa das áreas marítimas, aeroespaciais, fontes de água potável e de energia que Angola possui em relativa abundância para explorar. Porém são cada vez mais escassos em outros países na região, o que eleva os níveis de ameaça e riscos à soberania e à integridade territorial. Assim, a segurança interna de Angola, também depende do grau de estabilidade da região e concorre para esse fator, o consenso e a harmonia política, a convergência de programas e ações com os países vizinhos, visando o controlo da criminalidade transnacional com vista ao bem-estar e ao progresso social comuns nomeadamente no controlo das fronteiras e dos espaços marítimos e o estabelecimento de acordos de cooperação na vertente da defesa regional, nomeadamente no quadro da APSA (Malaquias, 2010) (Matias, 2010).

Na atualidade, dependendo do contexto, as ameaças ao país são diferenciadas e podem na ameaça à soberania em águas territoriais, na jurisdição sobre águas nacionais e na previsibilidade de conflitos marítimos ou afetados a partir do mar. Em Angola os principais riscos e ameaças são,

AS FORÇAS ARMADAS ANGOLANAS COMO ELEMENTO DO POTENCIAL ESTRATÉGICO...

como vimos, o tráfico ilegal de armas, drogas, as imigrações ilegais, pesca ilegal, poluição do meio marinho, atividades comerciais ilegais, a violação das comunicações marítimas para estudo do teatro operacional obtenção de dados científicos e militares, e as ações terroristas e missões de ocupação ou desestabilização do território nacional principalmente nas zonas de fronteira e em Cabinda (Correia de Barros, 2011).

Relativamente à defesa e segurança do espaço marítimo, em Angola, a Autoridade Marítima (AM) constitui-se como o poder público a exercer nos espaços marítimos sob soberania ou jurisdição nacional. A sua ação traduz-se na execução dos atos do Estado, de procedimentos administrativos e de registo marítimo, que contribuam para a segurança da navegação e, no exercício de fiscalização e de polícia, tendentes ao cumprimento das leis e regulamentos aplicáveis nos espaços marítimos sob jurisdição nacional. A Marinha de Guerra Angolana não está ainda suficientemente apetrechada (em meados de 2012) para manter uma presença ininterrupta no mar, dentro das águas nacionais e da ZEE (Matias, 2010).

Uma presença ininterrupta da MGA, na base de uma frota moderna, funcionaria potencialmente como fator de dissuasão e força de paz dentro dos marcos das águas oceânicas nacionais de Angola. Contudo a MGA e o Estado Angolano continuam a desenvolver esforços para a sua adequada potenciação e reequipamento[326]. Por outro lado, a produção em grande escala do petróleo em Angola coloca desafios à Marinha Angolana na garantia da segurança das instalações petrolíferas contra investidas de prováveis inimigos que podem colocar em perigo a atividade de exploração do crude, como tem acontecido noutras regiões do Golfo da Guiné e no Oceano Índico. Ter o mar desguarnecido significa não controlar a atividade de todos aqueles que exploram as riquezas, por vezes de forma menos escrupulosa, fazendo perigar a existência dos recursos vivos do país, o que se repercutirá na economia Angolana. O transporte do petróleo produzido em Angola faz-se essencialmente por via marítima, sendo a principal fonte de receitas e um recurso estratégico para o Estado, o que obriga a Marinha, a garantir a segurança das comunicações marítimas, portos e demais infraestruturas

---

[326] Diretiva do Comandante-em-Chefe das Forças Armadas Angolanas, de 30 de julho de 2007, *Reedificação das Forças Armadas Angolanas*, pp. 28-29 (Anexo B – Documentos sobre a Edificação das Forças Armadas Angolanas 1982-2007).

ligadas com o comércio dos hidrocarbonetos e seus derivados (Valima-made, 2010) (Luvualu de Carvalho, 2011, p. 56).

A missão da MGA, o poder naval angolano, com as suas vertentes fundamentais de serviço público, diplomático e militar, é de importância vital para a defesa do país com vista à preservação dos recursos vivos e não vivos. Angola tem condições para ser uma potência marítima tanto pelas suas potencialidades, como pelas atividades económicas que aí se exercem, daí a necessidade do país dispor de um poder naval forte, capaz de cumprir com as missões de soberania (Pinto de Andrade, 2010).

Os mares e oceanos representam um meio de comunicação e transporte essencial, são fonte de alimentos e fármacos, energia e de recursos geológicos e genéticos e indiretamente, a estas atividades, o mar e as zonas costeiras têm um papel nas populações e economias costeiras, quer através de atividades de desporto e de lazer, quer através do turismo. No entanto, os oceanos enfrentam sérios problemas associados, entre outros, à delapidação dos seus recursos, à destruição de *habitats*, à degradação ambiental, e ao desaparecimento de espécies exóticas. Por isso, torna-se necessário definir e articular políticas que contribuam para a defesa do país através de uma Estratégia Nacional para Assuntos do Mar, que ainda não existe. O valor intrínseco do mar para as regiões costeiras é inegável, contudo a formalização de *clusters* marítimos vai além do espaço costeiro, fomentando as sinergias sectoriais de atividades relacionadas fora da sua esfera direta, como alojamento e a alimentação, que prestam suporte indireto às atividades marítimas (Matias, 2010).

Em tempo de paz, está intimamente ligada à missão de dissuasão e de manutenção da ordem nacional e internacional através do controlo do mar. Em tempo de guerra, é orientada para a Defesa Nacional a sua componente militar. Sendo assim, a MGA constitui um poderoso dissuasor que serve de encorajamento para a lei e para a ordem no mar e um elemento essencial do poder nacional de defesa. Neste quadro, a função diplomática está intimamente relacionada com a direção política externa da nação. Quanto à tarefa policial, ela é utilizada tanto interna como externamente, tendo em vista, fundamentalmente, a manutenção da soberania do Estado, a defesa do aproveitamento dos recursos em águas nacionais e a garantia da ordem, contribuindo, marcadamente, para a Segurança Nacional e para o desenvolvimento. Segundo Vieira Matias, Angola não pode desempenhar o papel regional que ambiciona, sem meios navais convencionais, nem defender

AS FORÇAS ARMADAS ANGOLANAS COMO ELEMENTO DO POTENCIAL ESTRATÉGICO...

as suas preciosas plataformas petrolíferas sem navios, lanchas e patrulhas rápidas e modernas (2010).

Na adoção de modelos de desenvolvimento à exploração oceânica, não se pode ignorar a questão ambiental como um fator crítico, pois o meio marinho possui características de interdependência que amplificam eventuais danos causados ao meio ambiente. Mesmo o alto mar pode sofrer com a exploração desordenada em partes longínquas, em função da migração de detritos e da destruição de microrganismos por meio do soterramento do leito marinho. Os impactos possuem amplitude tal, que podem prejudicar toda uma cadeia alimentar e as exigências de monitorização ambiental têm por fim realizar a assessoria de riscos, fundamentais a empreitadas futuras, que será uma das missões da MGA.

A *Estratégia e Plano de Acção Nacional para o Biodiversidade* 2007-2012 (ABSAP)[327] é um importante documento para assegurar a conservação da biodiversidade em Angola. Devido ao seu contributo para o alcance do desenvolvimento sustentável em Angola, a implementação do Plano de Ação constitui uma prioridade do "Ministério do Urbanismo e Ambiente", que de forma faseada e em parceria com outros organismos e instituições nomeadamente o Ministério da Defesa pretende garantir que os seus objetivos sejam transformados em ações práticas. Em Angola o controlo do mar, apesar da fraca capacidade e falta de meios adequados, é exercido pelas várias componentes do Sistema de Autoridade Marítima, sendo a Marinha como componente militar a que deve merecer maior atenção para que Angola possa ter um poder naval forte, capaz de garantir a defesa e a proteção do imenso espaço marítimo nacional Angolano.

Em setembro de 2010, em entrevista à revista *Marinha* e ao *Jornal de Angola*[328], o Chefe da Direção de Hidrografia e Navegação da Marinha de Guerra Angolana, Contra-almirante Martinho Francisco António relata que o Governo Angolano iria criar o Sistema Nacional de Vigilância Marítima (SNVM) para controlar o tráfego na zona costeira e portuária, e fiscalizar as águas jurisdicionais angolanas (desde as águas interiores até à ZEE). Este SNVM será coordenado pelo Ministério da Defesa, através da

---

[327] Ministério do Urbanismo e Ambiente de Angola. [*http://www.cbd.int/doc/world/ao/ao--nbsap-01-pt.pdf*].

[328] [*http://www.portalangop.co.ao/motix/pt_pt/noticias/politica/2009/10/48/Apresentado-plano--Sistema-Nacional-Vigilancia-Maritima,2902c619-c063-42ce-ae34-707404c674c1.html*].

496

MGA. O SNVM é composto pelo sistema de vigilância costeira da MGA, pelo sistema de processamento de dados do Ministério das Pescas e pelo controlo do tráfego marítimo do Ministério dos Transportes. Com a sua criação é possível estabelecer áreas de atuação dos vários agentes interventores no processo de vigiar e controlar as águas jurisdicionais nacionais (nas águas interiores as Capitanias, na Zona Contígua a Polícia Fiscal e para além desta zona a MGA). Um modelo algo idêntico ao que existe atualmente em Portugal e que se encontra em revisão política.

Com a institucionalização legal do SNVM o Ministério da Defesa irá criar um Centro de Coordenação Naval, a ser operado sob a tutela da MGA (em fase de instalação) aonde irão confluir informações do Centro de Controlo e Fiscalização de Navios Pesqueiros do Ministério das Pescas, informações relativas à entrada e saída de portos, disponibilizadas pelo Sistema de Controlo do Tráfego Marítimo, tutelado pelo Ministério dos Transportes e ainda pela informação processada pelo Sistema de Vigilância Costeira da MGA. O SNVM prevê ainda a criação de Centros de Coordenação Regionais em Cabinda, Soyo, Luanda, Lobito e Namibe, em atualização com as Regiões Navais do Norte e Sul (e da Esquadra Naval – Luanda).

Qualquer política tomada em relação a Angola pelas grandes potências internacionais foi e é motivada pela grande quantidade de petróleo existente no país, nomeadamente no mar. O facto de as disputas político--ideológicas colocarem alguns constrangimentos, existe de uma base para a interferência geopolítica que surgiu, estimulada pelo desejo de controlar as fontes de petróleo (e de diamantes). Facto que levou a um nível de interesse das grandes potências no conflito angolano que esteve ausente em outras guerras civis africanas (Assis, 2010). É sabido que o crescimento económico é derivado da indústria petrolífera, mas também não há dúvidas que alguns sectores da economia Angolana ligados aos recursos estratégicos estão a ter um crescimento substancial[329].

---

[329] In *Relatório Económico do Ano 2010*, julho de 2011, Centro de Estudos e Investigação Científica (CEIC) da Universidade Católica de Angola.

AS FORÇAS ARMADAS ANGOLANAS COMO ELEMENTO DO POTENCIAL ESTRATÉGICO...

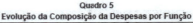

FIGURA Nº 25 – **Estrutura da Receita e da Despesa Realizada – 1º Trimestre 2011**[330]

O potencial económico de Angola é elevado, diversificado e tem merecido uma especial atenção por parte da comunidade empresarial, nacional e estrangeira. Angola dispõe das mais importantes reservas de petróleo, gás natural e diamantes de África, além de outros valiosos recursos minerais[331]. Neste quadro, o petróleo angolano está distribuído ao longo de três

---

[330] O Balanço da Execução do Orçamento Geral do Estado – 1º Trimestre 2011, elaborado pelo Ministério das Finanças (Sistema Integrado de Gestão Financeira do Estado) responde à exigência legal estabelecida no n.º 3 do Artigo 63 da Lei n.º 15/10, de 14 de julho. O documento, elaborado em abril de 2011, apresenta-nos o um balanço do 1º Trimestre do exercício financeiro do Estado Angolano de 2011, apresentando dados sobre a execução do Orçamento Geral do Estado, evidenciando que a Receita Petrolífera com um nível de arrecadação de 27,7% e uma contribuição de 70,9% no financiamento do Estado Angolano (2011, pp. 9-12).

[331] Durante o governo Bush, Angola era o nono maior produtor de petróleo no continente e o segundo maior fornecedor fora da Organização dos Países Exportadores de Petróleo (OPEP) e do Hemisfério Ocidental. As principais exploradoras americanas que operavam na região com a associação da companhia estatal, Sociedade Nacional de Combustíveis de

principais bacias sedimentares costeiras: bacia do Congo (englobando Cabinda), bacia do rio Kwanza e bacia do rio Namibe, que fazem parte da bacia marginal do Atlântico Sul. Aproximadamente dois terços das atuais reservas de hidrocarbonetos de Angola, estimadas em mais de 35 anos, encontram-se na costa marítima da província de Cabinda, estando o restante disperso na plataforma Continental adjacente às províncias do Zaire, Luanda, Benguela e Namibe (SONANGOL, 2012).

As descobertas de petróleo em águas profundas (1993) permitiram incrementar a produção ao nível atual, de cerca de um milhão de barris/dia, e a eventual criação de um novo polo petrolífero ao largo do Lobito, na província de Benguela, pode vir a transformar Angola num produtor ao nível da Nigéria e com um peso equivalente ao dos Emiratos Árabes Unidos na balança petrolífera mundial (Valimamade, 2011). Alguns projetos em curso preveem ainda o aproveitamento do gás natural, em Cabinda e no Soyo e a construção em Cabinda de uma fábrica petroquímica, para a conversão do gás natural em *diesel* e outros derivados e para a liquefação do gás para a exportação (com mercados potenciais da América Latina). Importa ainda acrescentar a construção da nova refinaria no Lobito (Província de Benguela) que potencia a produção de petróleo em Angola[332].

Ao longo dos anos da sua vigência, todas as situações vividas na indústria petrolífera e os casos de direito ocorridos mereceram solução legal adequada, principalmente na interpretação e aplicação correspondente dos princípios e disposições que a estruturam. Como resultado disto, ganhou grande impulso o desenvolvimento da exploração de hidrocarbonetos líquidos e gasosos com a descoberta de campos petrolíferos; o ingresso das maiores companhias petrolíferas operadoras e de prestação de serviços

---

Angola (SONANGOL) foram a Exxon Móbil e a Chevron Texaco, que realizaram intensa atividade e procuraram, cada vez mais, implantar uma política de maior acessibilidade às fontes petrolíferas. Por causa dessa visão norte-americana, em 2001, para reforçar a capacidade das forças militares africanas em proteger o acesso ao petróleo, a Administração Bush iniciou um processo de transformação para um programa mais robusto e de maior presença, a Assistência ao Treino das Operações de Contingência Africana (*African Contingency Operations Training Assistance*). Nesse novo projeto o presidente procurou prover escolta, logística, proteção aos refugiados, negociações, maior proteção das forças, comando e controlo e equipamentos apropriados para apoiar as operações de paz nas regiões onde havia instabilidades, violências e emergências humanitárias.

[332] Para melhorar a abordagem ao assunto, sugere-se a obra de António Manuel Luvualu de Carvalho, *Angola, Economia e Petróleo 2002-2010*, da Universidade Lusíada Editora, 2011.

do mundo contribui para a melhoria da gestão dos recursos petrolíferos do país (Valimamade, 2011).

Como refere o Almirante Vieira Matias (em conferência realizada em Luanda) em 30 de junho de 2010:

> "...o planeamento de forças navais tornar-se-á seguramente mais complexo, com dois polos de preocupações distintas, sendo o primeiro relacionado com as funções típicas de Guarda Costeira e o segundo ligado à componente militar e de apoio à política externa do Estado. O peso a dar a cada uma das partes será objeto de decisão política enquadrada pela situação particular de cada país....".

Contudo, a utilidade das Marinhas nos tempos modernos, como instrumento do Estado, será cada vez mais evidente. Isto porque a Marinha é a única organização que domina o meio marítimo de forma multidisciplinar e continuada. Relegar a Marinha para segundo plano é o caminho certo para a fragilização do Estado no mar, com consequências desastrosas. A centralidade do mar nas questões nacionais e internacionais implica Marinhas que mostrem a determinação dos Estados em assumir as suas responsabilidades no mar. Salienta ainda que *"...desfrutarmos de mar sem Marinha adequada é colaborar com os que quiserem usar abusivamente os espaços marítimos onde temos especiais direitos. Por isso, vale a pena investir nas Marinhas..."* (Matias 2010).

A Marinha de Guerra Angolana como ramo das Forças Armadas tem por missão, de acordo com o art. 207 da Constituição da República, participar na Defesa Nacional, e em conjunto com o Exército e a Força Aérea, contribuir para a garantia da independência nacional, da integridade territorial, da liberdade e segurança das populações contra qualquer agressão ou ameaça externa, no quadro da ordem constitucional instituída e do Direito Internacional. E deve ainda aprontar e manter as forças navais necessárias para a execução das tarefas da componente naval de defesa integrada do território nacional em que se incluem as de vigilância e de controlo das águas territoriais, da liberdade de utilização dos portos nacionais e de colaboração na proteção das infraestruturas petrolíferas *offshore* e das linhas de comunicação marítima de interesse nacional.

Exercer a autoridade e as atividades de segurança marítima na área de jurisdição marítima, com inclusão da salvaguarda da vida humana no mar e o assinalamento marítimo e atividade de investigação científica nos portos,

A CONSTRUÇÃO DA "NOVA" IDENTIDADE DE SEGURANÇA E DEFESA EM ANGOLA

nas costas e no mar, nos domínios da hidrografia, oceanografia física e da geologia submarina, participando em tarefas de desenvolvimento nacional. E ainda colaborar nas ações, de socorro e assistência, em situações de catástrofes, calamidades ou acidentes. E quando necessário, aprontar e manter as forças necessárias para a satisfação dos compromissos internacionais assumidos pelo Estado. Neste princípio, o mar é vocacionado para a Marinha e a sua defesa da soberania é a sua maior e mais importante missão. No quadro das nações modernas a soberania realiza-se pelo seu exercício e pela sua afirmação, em que a defesa da soberania não é necessariamente o preparar da guerra, mas sim o emprego da dissuasão e a afirmação da presença do país, neste caso a dissuasão naval.

A Marinha, rentabilizando os seus recursos e a sua vocação pelo mar deve cumprir Outras Missões de Interesse Público. O navio que afirma a soberania de Angola no mar faz também missões de salvamento de vidas humanas, quando necessário, fiscaliza as pescas rastrear a poluição e providencia o seu combate, bem como controla a navegação. A Marinha pode cumprir diversas missões de interesse nacional, sem duplicação desnecessária de recursos e na base disto tudo estão os seus recursos humanos, militares sem horários, profissionalizados, ética e moralmente responsáveis.

A atribuição à Marinha de missões no âmbito da função de valorização social e da economia nacional, também evita a proliferação de organismos e o acréscimo de dispêndio de recursos. A Marinha também desempenha um relevante papel de fomento económico nas indústrias e serviços diretamente ligados ao apoio logístico naval e ao turismo. Com efeito, por outro lado, a modernização da esquadra e a sua reparação, manutenção e abastecimento, contribuem para a edificação e manutenção de uma capacidade nacional própria materializada num diversificado conjunto de competências e infraestruturas essenciais.

As principais tarefas e Missões Específicas da Marinha de Guerra Angolana, considerando o desenvolvimento da política internacional, o relacionamento com os países vizinhos, as atividades no mar e a situação atual a Marinha, poderá cumprir com as seguintes tarefas, dentro das limitações ainda impostas essencialmente pela falta de meios navais mais robustos:

- Controlar a Zona Económica Exclusiva do país;
- Controlar a exploração dos recursos marinhos nacionais;

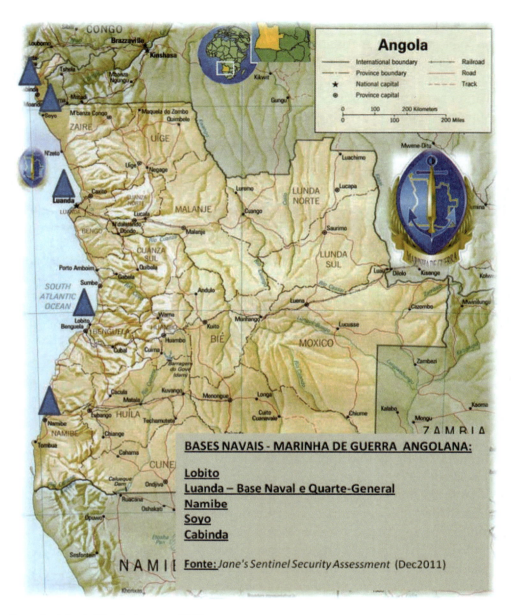

Fonte: *Jane's Sentinel Security Assessment* (2012)

FIGURA Nº 26 – **Bases Navais – Marinha de Guerra Angolana**

A CONSTRUÇÃO DA "NOVA" IDENTIDADE DE SEGURANÇA E DEFESA EM ANGOLA

- Proteger as bases das forças da MGA, portos e golfos;
- Prevenir e impedir todas as atividades ilícitas no mar e águas internas nas áreas de jurisdição;
- Manter o regime operacional favorável na área de jurisdição nacional;
- Realizar operações de busca e salvamento e participar nas atividades de resgate no mar;
- Prestar o apoio à navegação e fornecer dados de hidrometeorologia referente ao espaço marítimo nacional.
- Considerando os aspetos supracitados, as outras tarefas da Marinha podem ser:
- Proteger as atividades de extração petrolífera a norte do País;
- Garantir os interesses nacionais de Angola na ZEE;
- Controlar e proteger as vias de comunicação marítima de importância nacional que desempenham o papel importante na transportação de cargas na sua ZEE de Angola;
- Proteger e guardar os recursos marinhos biológicos e não vivos na ZEE de Angola (jazigos de petróleo, gás, recursos naturais, minério, outros recursos minerais, pescado);
- Controlar para que outros países não efetuem as pesquisas científicas no mar (ZEE de Angola);
- Controlar a poluição do ambiente marinho pelos navios nas áreas expressamente marcadas na ZEE de Angola.

A Marinha de Guerra Angolana, sendo o parente pobre no seio das FAA, representando cerca de 1% do efetivo, tem uma responsabilidade e um conjunto de missões específicas que merecem outra atenção. A recente aquisição de mais meios navais, que lhe permitam maior raio de navegabilidade, autonomia e o patrulhamento continuado da ZEE e das plataformas de petróleo *offshore* é uma necessidade nacional, aspeto que atualmente é entendido como uma das principais fragilidades das Forças Armadas Angolanas (Correia de Barros, 2011).

5.2. O Espaço Aéreo e as Missões da Força Aérea Nacional Angolana

Tal como o espaço marítimo, o espaço aéreo[333] carece de ser salvaguardado, vigiado e protegido, uma constante preocupação para um país da dimensão de Angola, onde a componente aérea teve um papel relevante, apoiando a vertente terrestre nas operações militares e cada vez mais, contribuindo para a segurança e desenvolvimento da República de Angola. Salienta-se ainda que o Potencial Estratégico de Angola no âmbito da segurança e da defesa, não exclusivamente mas em larga medida, assenta nas Forças Armadas e estas, na Força Aérea Nacional Angolana, apesar de esta componente corresponder a somente 5% do efetivo total das FAA, envolvendo cerca de 6000 militares (Military Balance 2010, p. 294).

[333] A Convenção de Chicago (1944) deu origem à Organização da Aviação Civil Internacional (ICAO) que estabelece as linhas aéreas dos países contratantes, onde Angola está inserido. A Região de Informação de Voos (*Flight Information Region* – FIR) de Angola é atravessada em todas suas direções geográficas por um leque de rotas de Serviço de Tráfego Aéreo (ATS) que une vários países do continente e do mundo, tornando-se assim uma importante área de convergência de tráfego aéreo permitindo a ligação entre os países em algumas regiões do Sul e Norte de África, Europa, América, Oceano Índico Médio Oriente e Ásia. O espaço aéreo de Angola não coincide com a sua configuração geográfica, segundo os documentos da ICAO de que Angola é membro. A FIR de Angola engloba parte do território da República da Zâmbia, no espaço entre as coordenadas 11ºSO – 24º20′E e 13ºSO 23ºE e com a República Democrática do Congo entre as coordenadas 05º56′SO – 16º10′E, – 07º20′SO – 22ºE e 09ºSO – 22ºE. Sempre com o objetivo do direito a soberania aérea dos países, a ICAO dividiu o mundo de espaço aéreo em nove regiões de navegação aérea tais como: Região AFI – África; Região CAR – Caraíbas; Região EUR – Europa; Região MID/SEA – Médio Oriente e África do Sudeste; Região NAM – América do Norte; Região SAM – América do Sul; Região NAT – Atlântico Norte; Região INO – Oceano Índico e Região do Oceano Pacífico. [*http://www.faa.gov/air_traffic/publications/ ifim/country_list/index.cfm?countryCode=ao*].

Fonte: [http://www.operacional.pt/distintivo-de-qualificacao-para-quedista-da-republica-de-angola/].

FIGURA Nº 27 – **Força Aérea Popular de Angola/Defesa Antiaérea (FAPA/DAA)**

Contudo, sob o lema "*35 Anos na Defesa do Espaço Aéreo Nacional e da Integridade Territorial*" desempenhou desde a sua origem, em 1975, um papel estratégico na afirmação regional e na garantir da soberania nacional da República de Angola, pois detém um conjunto de capacidades (transporte tático, transporte estratégico, defesa-aérea, vigilância e reconhecimento, etc.) demonstrativas de uma aposta ganha na formação, assessoria e na aquisição de equipamentos aéreos que se tornaram numa mais-valia nacional.

A Força Aérea Popular de Angola/Defesa Antiaérea (FAPA/DAA) foi fundada em 21 de janeiro de 1976[334] por Agostinho Neto, e viria a ter um caminho de crescimento institucional que marcam de forma bastante consistente o seu percurso existencial, tornando-as numa das Forças Aéreas com maior capacidade ao nível de combate e transporte aéreo estratégico na região Subsariana. A FAPA/DAA teve a sua génese na "*DCA-Defesa Contra Aviação*" das FAPLA ainda enquanto Força de guerrilha do MPLA. Esta etapa inicia-se em 1975 até finais de 1976, é caracterizada pela ocupação sistemática das instalações deixadas pela Força Aérea Portuguesa (FAP), nomeadamente em Luanda, Saurimo e Negage, e tomada de posse dos

---

[334] Nesta altura, segundo Miguel Júnior, as FAPLA possuem apenas um ou dois pilotos-aviadores formados no tempo da guerrilha. Contudo, em fevereiro de 1976 as FAPA tinham 365 jovens inscritos por especialidades de aviação (2007, p. 57).

AS FORÇAS ARMADAS ANGOLANAS COMO ELEMENTO DO POTENCIAL ESTRATÉGICO...

meios aéreos e diversos equipamentos das Forças Armadas Portuguesas. Foram também realizadas operações de recrutamento de pessoal navegante e técnico da antiga FAP e admissão de mais cidadãos voluntários para as fileiras da então FAPA/DAA (Júnior, 2007, pp. 55-56).

Neste período, o Estado Angolano, inicia a aquisição e o consequente desdobramento e emprego das primeiras aeronaves, radares de vigilância e peças de artilharia Antiaérea. De igual modo, realiza o recrutamento massivo a partir dos Liceus, Escolas Industriais e Comerciais de jovens estudantes e o respetivo envio para a ex-URSS e Cuba, com vista à sua formação nas mais diversas especialidades da aviação militar e não só, Defesa Antiaérea e serviços de apoio a atividades aeronáuticas. As Bases Aéreas de Luanda, Saurimo e Negage (já utilizadas pelas FAP) são submetidas a uma reestruturação e em 1977 constituídas as primeiras esquadras operacionais de aviação: Esquadra de MIG-17 (fornecidos maioritariamente pela URSS) Esquadra de Transporte e uma Esquadra de helicópteros, equipada com os ALL-III (Idem, p. 57) (Weigert, 2011, p. 62).

No limiar de 1978, regista-se a chegada a Luanda, dos primeiros angolanos especialistas vindos de Cuba e URSS, e é implementado o Sistema de Defesa Antiaérea incluindo a rede de radares de vigilância, de igual modo são constituídas as Esquadras Operacionais de Caça (MIG-21) e de patrulhamento Marítimo integrada por Fokkers-27, e posteriormente a receção e distribuição das aeronaves do tipo AN-26, nas esquadras de transporte. Em 1979, é criada e potencializada a primeira Brigada de Defesa Antiaérea e concomitante desenvolvimento e implementação do Sistema de Defesa Aérea no Sul do País. A criação de uma força de paraquedistas, aproveitando o equipamento deixado pelo Batalhão de Caçadores Paraquedistas nº21 em Luanda e o primeiro centro de paraquedismo militar em 1976, deu origem ao Batalhão de paraquedistas das FAPA/DAA, em que o primeiro comandante seria o Major Fernando Gourcel (um ex-sargento paraquedista formado nas Forças Armadas Portuguesas)[335].

Entre os anos de 1981-1985, registou-se um grande aumento e decisivo das capacidades defensivas e ofensivas da FAPA/DAA com o incremento do número de aviões do tipo Caça-Bombardeiro, mísseis antiaéreos de curto e médio alcance e ainda radares de vigilância fornecidos maioritariamente pela URSS. É inaugurada a Escola Nacional de Aviação Militar

---

[335] [*www.operacional.pt/distintivo-de-qualificação-para-quedista-da-republica-de-angola*].

Fotografia do autor: Operação de Ajuda Humanitária – Exercício *Felino2010*

FIGURA Nº 28 – **Helitransporte com a Força Aérea Nacional Angolana – MI-17 (Cabo Ledo, 2011)**

Comandante Bula (ENAM) na cidade do Negage, e que com a cooperação da República da Roménia viria a dar um contributo decisivo na formação de quadros na categoria de pilotos, navegadores e técnicos para as diferentes áreas e frotas de aviação ligeira (aeroplanos) e helicópteros.

Entre 1985-1988, são constituídas duas Regiões Aéreas, nomeadamente a Região Aérea – Defesa Antiaérea Norte (RADAN) e a Região Aérea- -Defesa Antiaérea Sul (RADAS). Este facto converter-se-ia assim, num verdadeiro marco da história militar angolana, pois viria a configurar uma nítida evolução do conceito de emprego de forças, na Força Aérea. Entre 1991 à 1992, na fase pré eleitoral, assistiu-se a uma desmobilização massiva e descontrolada dos efetivos da Força Aérea, destruição de meios aéreos, de defesa antiaérea, de infraestruturas, do sistema logístico e administrativo da Força Aérea, do sistema de apoio operacional, e dos Serviços de Inteligência Militar, que levou ao desmoronamento da FAPA/DAA, provocando os mais baixos níveis de completamento de forças e meios tornando-a incapaz de cumprir a missão que lhes estava consignada[336].

Entre 1993-2003, passou-se por uma fase caracterizada por uma quase total ineficiência e ineficácia do Sistema de Defesa Aérea do país, que se prolongou até aos dias de hoje e ao reaparecimento, embora de forma tímida da componente aérea das FAA. Com a entrada em vigor de uma nova estrutura orgânica em 2003, que inclui a Direção de Aviação e a Direção de Defesa Antiaérea no Estado-Maior da Força Aérea como órgãos administrativos virados para as respetivas especialidades. Porém, o redimensionamento do Ramo e as decisões tomadas à luz dos Acordos de Bicesse levou a graves e incorretas apreciações de solução e consequentes constrangimentos no emprego dos meios da DAA de Angola, descontrolada desmobilização de quadros, levando à sabotagem e ao roubo indiscriminado dos meios de apoio e sobressalentes tendo tornado a Arma, incapaz de cumprir a missão (Correia de Barros, 2011).

Podemos assim, segundo Correia de Barros, ver que o 11 de novembro de 1975 foi o marco determinante para constituição e consolidação do Exército Nacional Angolano e a formação da sua Força Aérea Nacional, fundada a 21 de janeiro de 1976. De um pequeno núcleo de aeronave ligeiras, algumas peças de artilharia a iniciar pelo ZG-1 e um reduzido número de Estação de Radiolocalização nos primeiros dois anos de independência, a FAPA/DAA, viria a atingir o apogeu entre 1985 e 1988, e que se estendeu até 1992, tendo na sua ordem de batalha, quatro Regimentos Aéreos Operacionais, dois Regimentos Radiotécnicos e oito Brigadas de Mísseis Antiaéreos. Porém no período que procedeu as eleições a Força Aérea, afetada pelo processo de desmobilização, viria a atingir o mais baixo nível de prontidão combativa (Ibidem).

Atualmente, como demonstrou na atuação dos exercícios *Kwanza 2010* e *Felino 2010*, as FANA detém uma boa capacidade de transporte aéreo tático proporcionado pelos meios hélis (MI-17) como na fotografia (Figura Nº 28 – Helitransporte com a Força Aérea Nacional Angolana – MI-17, Cabo Ledo, 2011) e os aviões IL-76TD Candid-A, pilotados por tripulações mistas angolano-soviéticas, uma parceria que já vem desde as

---

[336] Ver a história das FAPA/DAA no artigo do Tenente-Coronel Horácio Correia Freire, da FANA designado *O Poder Aéreo no conflito Angolano*. [*http://Famangola.webnode.pt/historia/*].

Fotografia do autor: Embarque militares Forças Armadas de Timor-Leste – Luanda, 2011

FIGURA Nº 29 – **Transporte Estratégico com a Força Aérea Nacional Angolana – IL- 76TD**
(Luanda, 2011)

Força Aérea Popular de Angola/Defesa Antiaérea (Figura Nº 29 – Transporte Estratégico com a Força Aérea Nacional Angolana – IL-76TD – Angola, Luanda, 2011).

Apesar do ambiente acelerado de mudança que caracteriza o tempo que vivemos e da elevada dependência de tecnologias emergentes e das doutrinas de utilização dos meios, o carácter perene das características, capacidades e princípios de emprego do Poder Aéreo, fornece a necessária reflexão sobre o processo de planeamento estratégico operacional de emprego deste potencial. Com uma certeza, porém, podemos avançar: a Força Aérea Nacional Angolana do futuro será a herdeira da que hoje existe, por sua vez, assumidamente consciente do que aprendeu com a Força Aérea do passado, nomeadamente com a FAP. Esta relação materializa-se, por exemplo, ao constatar que por força dos desígnios nacionais de então, o emprego dos meios aéreos e de Defesa Antiaérea em vastos e longínquos teatros de operações, antecipou as capacidades que hoje se designam por Defesa Aérea, e onde, como agora, o cumprimento da missão se faz, numa lógica de exigências e de rigor tendo como lema "*fazer bem para servir bem*" (este é também o lema utilizado nas FAP).

Assim, o futuro da FAN de Angola, só poderá ser construído numa lógica de continuidade de valores e de ambições, indelevelmente impregnados por uma cultura institucional específica (a cultura do poder aéreo) pois é ao poder político que compete definir os grandes objetivos, atribuir as missões, assegurar os meios e os recursos necessários ao seu cumprimento. Constitui, ainda, premissa essencial na construção de uma visão prospetiva, o entendimento de que o ciclo que governa a estratégia genética, indispensável para a definição e a edificação de capacidades futuras, é muito mais extenso do que o das alterações tecnológicas e doutrinárias, pelo que os investimentos além dos custos de aquisição, deverão também contemplar a afetação dos recursos necessários à sustentação, à operação continuada e à atualização dos meios disponíveis, por formas a manter uma força credível e operacional (com qualificações), face ao ambiente de permanente mudança (Correia de Barros, 2010).

A estrutura do espaço aéreo angolano contribui estrategicamente para o desenvolvimento da nação, por este facto, é necessário defendê-lo. A Força Aérea Nacional ao longo da sua existência tem exercido o cumprimento das tarefas de defesa do espaço aéreo com objetivo de garantir segurança, regularidade, controlo e vigilância a todos os utilizadores do espaço aéreo Angolano. Para o cumprimento das missões atribuídas à Força Aérea, esta coopera com outros órgãos de serviço de gestão e controlo do espaço aéreo como a ENANA, a "Empresa Estatal de Exploração de Aeroportos e Navegação Aérea".

Quanto à gestão do espaço aéreo nacional[337], o exercício do Instituto Nacional de Aviação Civil de Angola (INAVIC)[338] relativamente à FAN. Em termos funcionais existe uma relação coordenativa na navegação aérea, no entanto várias consultas foram feitas às duas instituições em termos da

---

[337] Quando se refere a um espaço aéreo de um país é a porção da atmosfera que se sobrepõe ao território desse país onde detém o controlo sobre a movimentação de aeronaves. O espaço aéreo de Angola estende-se por uma área quase três vezes mais extensa do que o território e este mesmo espaço sob jurisdição de Angola abarca duas grandes áreas: A área sobre o território e as águas territoriais de soberania e a área oceânica, que por acordos regionais lhe foi adjudicada.

[338] [*http://www.inavic.gv.ao/opencms/inavicsite/index.html*].

existência de um Diploma/Protocolo na parte funcional, as respostas surgiam de forma isolada e como conclusão, não existe nenhum documento que lhes permita funcionar numa simbiose. Para o efeito, a Força Aérea Nacional e os demais órgãos afins deverão estabelecer convénios protocolados regionalmente que os permitirá exercer a defesa e gestão do espaço aéreo com eficácia e eficiência. A vigilância e controlo do espaço aéreo é uma responsabilidade meramente militar e a gestão do tráfego é em Angola da exclusiva responsabilidade do ENANA. O Estado, conforme as normas que são exigidas para manter o controlo do espaço aéreo seguro, criou uma legislação dando a responsabilidade ao INAVIC como autoridade aeronáutica civil[339] e atribuindo-lhe funções de gestão, coordenação e legislação (jurisdição) sobre o espaço aéreo.

O tráfego aéreo é considerado seguro, por ter uma legislação nacional e internacional, de acordo com as regras emanadas pelo órgão Internacional de navegação aérea ICAO, tendo havido contudo alguns problemas com os aviões da Companhia Aérea Angolana (TAAG) no espaço europeu. A Assembleia Nacional aprovou a Lei da Aviação Civil em 16 de janeiro de 2008, de acordo o Diário da República I Série-N.º 8 em que no primeiro capítulo, a *Lei da Aviação Civil* no Art. 1.º especifica os princípios e regras a observar nos serviços aéreos, nos serviços auxiliares, o exercício dos poderes da autoridade aeronáutica no domínio da aviação civil e mais.

---

[339] As funções chaves que estão na base da gestão do espaço aéreo são: Comunicação é a troca de informações de voz e de dados entre pilotos e controladores de voo e a Navegação fornece a tripulação do voo a localização da aeronave e a vigilância que fornece a localização da aeronave para o pessoal em terra. A comunicação é feita através dos aparelhos VHF e HF fora dos outros sistemas de auxílio estabelecidos. Analisando os avanços tecnológicos no sistema de comunicação a nível do planeta, há toda necessidade de rever o sistema e os procedimentos que possam continuar a garantir seguro o tráfego ou navegação no espaço aéreo de Angola. A Força Aérea, INAVIC e a ENANA, têm um papel preponderante no quadro da gestão do espaço aéreo Angolano. No quadro da gestão do tráfego aéreo, cabe ao INAVIC em orientar, regulamentar e inspecionar as atividades relacionadas a Aviação Civil, no espaço aéreo nacional.

BASES DA FORÇA AÉREA NACIONAL ANGOLANA:

Kuito
25.º Regimento de Aviação de Caça
13.º Esquadrão de Caça - Su-27, Su-27UB
12.º Esquadrão de Caça - MiG-23ML; MiG-23UB
11.º Esquadrão de Caça - MiG-21bis; MiG-21M; MiG- 21F-13, MiG-21U

Moçâmedes New
26.º Regimento de Aviação de Caça
14.º Esquadrão de Caça - Su-24MK
16.º Esquadrão de Caça - Su-25K; Su-25UBK
15.º Esquadrão de Caça - Su-22M-4K; Su -22UM-3K

Menongue
24.º Regimento de Treinamento
8.º Esquadrão de Treinamento - L-39ZA; EMB-312; PC-9; PC-7
9.º Esquadrão de Treinamento - L-29 Delfin; MiG-15UTI; Yak-11, PC-6B;
10.º Esquadrão de Treinamento - Cessna 172, Z-142C

Luanda-4 de Fevereiro
23.º Regimento de Transporte Aéreo
5.º Esquadrão de Transporte Ligeiro - An-2/12/24/26/28/32/72/74, F-27, C-212-300/200, BN-2A-21 Commander, Turbo; Do 27/28C/228;
6.º Esquadrão de Transporte - Il-76T, C-130K/L-100-20, Boeing 707
7.º Esquadrão de Transporte - Boeing 707, EMB-120

Luena
21.º Regimento do Helicópteros Transporte do
1.º Esquadrão do Helicópteros - SA-315; IAR-316, SA-342m, AB-212; SA-365m
2.º Esquadrão do Helicópteros - Mi-8, Mi-17; AS-532

Huambo
22.º Regimento de Helicópteros do Combate
3.º Esquadrão de Helicópteros - Mi-25/35; AS-565AA/UA; SA-342m
4.º Esquadrão de Helicópteros - Mi-24/25/35

Fonte: http://fanangola.webnode.pt/organog-e-bases/
Jane's Sentinel Security Assessment (Dec2012)

Fonte: [http://fanangola.webnode.pt/organog-e-bases/].
Compilado pelo Autor

FIGURA Nº 30 – **Bases Aéreas – Força Aérea Nacional de Angola**

Como vimos, Angola tem uma posição geopolítica e económica estratégica, que lhe permite, ter uma participação sempre ativa e atuante nos projetos de busca, na consolidação da paz e segurança intercontinental e nos projetos de desenvolvimento económico-social da região subsariana. Referenciando à dimensão do espaço nacional, está correlacionada com a lógica de emprego de meios, equipamentos e materiais adequados ao desempenho da nobre causa, para que a gestão e controlo do espaço aéreo peraneça, eficiente e eficaz. A Força Aérea Nacional Angolana, vigia, protege, garante a segurança e inclui a dissuasão e aniquilamento de toda e qualquer tentativa ou ameaça das fronteiras do espaço que sempre defende.

Quanto à vigilância do espaço aéreo, constata-se que os países têm os seus espaços aéreos vigiados com radares, uma das formas de garantir a segurança na gestão do tráfego aéreo. A vigilância é tida como a tarefa

A CONSTRUÇÃO DA "NOVA" IDENTIDADE DE SEGURANÇA E DEFESA EM ANGOLA

fundamental num país e é feita de acordo com a capacidade de meios disponíveis. Para o cumprimento cabal das tarefas de controlo e vigilância, a FAN organizou um campo compacto de rádio localização pelas TRT que têm a possibilidade de realizar reconhecimento de localização para a presentação de informação sobre o controlo de voos. As TRT estão dotadas de estações de radar de tipo 36D6, P37, P18 e P19, estação de rádio altímetro PRV16 e PRV13 colocadas em pontos estratégicos na superfície Angola (com localização restrita ou camuflada).

Segundo os dados apurados sobre os radares em Angola, existem vários tipos de radares e que na sua maioria funcionam com alguma deficiência devido à carência de sobressalentes para a sua manutenção. Até ao momento, Angola possui estações de rádio localização do tipo 36D6, que garantem a observação do espaço aéreo, com capacidade de determinação de três coordenadas: o objetivo aéreo, azimutes e distância. É um tipo de radar tridimensional usado pela Defesa Antiaérea que nos indica direção de voos e a condução dos mecanismos de interceção aérea (autor identificado). O controlo do espaço aéreo é uma atividade real, uma ação credível com capacidade efetiva de coação, com o objetivo de manter a segurança do tráfego aéreo. No exercício de controlo do tráfego aéreo[340], existem regras e padrões definidos e aprovados pelas entidades aeronáuticas nacionais e internacionais que, regulamentam a circulação aérea, à luz da regulação de regras internacionais emanadas pelo ICAO.

Em suma, refira-se que pese embora a existência deste dispositivo, a Força Aérea Nacional Angolana nunca dispôs nem dispõe aéreos (e antiaéreos, até ao momento) de uma doutrina própria de emprego das suas forças e meios que permitissem o desempenho eficiente e eficaz de acordo com os princípios da guerra e da arte operacional moderna. Não obstante a existência física dos meios, o sistema de controlo do espaço aéreo não

---

[340] Torre de Controlo de Aeródromo (TWR) fornece o serviço de controlo de aeródromo às aeronaves nas fases de manobra, descolagem, pouso ou sobrevoo de aeródromo. Visa principalmente a evitar colisões com outras aeronaves, obstáculos e veículos em movimentação no solo. A sua área de jurisdição abrange o círculo de tráfego e manobra do aeródromo. Controle de Aproximação (APP) que prevê o serviço de controlo de aproximação às aeronaves que estejam a executar procedimentos para chegar ou partir do aeródromo, separa as aeronaves das outras e a sua área de jurisdição é a zona de controlo. O Centro de Controlo de Área (ACC) coordena os procedimentos de aeronaves quando estão no voo em rota, a fim de garantir a separação entre as mesmas com segurança (INAVIC, 2012).

existe na dimensão do desejável. No entanto, não nos esqueçamos que atualmente, como outrora, a superioridade aérea foi, é e será um requisito essencial para o deslocamento e emprego de forças terrestres e navais na área de operações. A capacidade demonstrada ao longo dos tempos de resposta rápida e flexível aos inúmeros conflitos, pressupõe-se que o Poder Aéreo num futuro breve seja por opção, o instrumento de primeira escolha para influenciar as crises regionais. E, neste quadro, a Força Aérea Nacional Angolana, no contexto da CEEAC e da SADC, desempenham potencialmente um papel relevante.

5.3. O Espaço Terrestre e as Missões das Tropas de Guarda de Fronteira Angolana

A vasta e complexa fronteira de Angola[341] exigia que o novo Estado Angolano após a Proclamação da Independência (1975) se dotasse de meios logísticos, militares e de guardas de fronteiras, que assegurassem a integridade territorial e a defesa dos interesses nacionais. A extensão das fronteiras e a complexidade do vasto património material e imaterial reclamava

---

[341] A fronteira entre Angola e a República do Congo é uma linha que se estende por 201km² na direção leste-oeste ao sul do pequeno enclave de Cabinda (perto de Angola) e separa esse enclave da província de Kouilou do Congo. Este enclave de Cabinda é separado do território de Angola pela província do Congo central da RDC. E a curta fronteira vai do litoral do Golfo da Guine (oceano atlântico) nas proximidades da capital de Kouilou – Point Noire, a tríplice fronteira Cabinda (Angola) Congo Brazzaville e Congo Kinshasa. Ela foi definida pela Conferência de Berlim em 1885 e estabelecida em 1891. Fronteira entre Angola e a RDC é a linha que limita as fronteiras de Angola e a RDC, com 2511km² tem duas secções distintas: A leste, a maior secção da fronteira começa no ponto de tríplice que une Angola, Zâmbia e RDC, segue um percurso regular mais com muitos ângulos retos antes de chegar ao oceano Atlântico a noroeste. A secção menor da fronteira terrestre não fica longe, separando Angola do enclave de Cabinda. A fronteira entre Angola e Zâmbia é a linha que limita o território de Angola e Zâmbia, com 1100km² do Norte para o Sul. A fronteira começa no ponto onde se unem as fronteiras da RDC e da Zâmbia, seguindo as Cataratas Chavuma. A norte da faixa de Caprivi no tríplice da fronteira da Angola-Zâmbia-Namíbia. Fronteira Angola – Namíbia é a linha que limita Angola e a Namíbia, tem 1376km² de este para leste, a fronteira é definida pelo rio Cunene, na zona do deserto do Namibe, seguindo o percurso deste rio até às quedas do Ruacana, seguindo uma linha reta segundo um paralelo até encontrar o rio Cuvango e segue o percurso deste até ao Murusso (Angola, 2012) (Figura Nº1 – Mapa de Angola).

a que se procedesse à criação de um organismo autónomo e especializado na sua segurança e defesa. Ao abrigo da Lei nº 11/78 de 2 de setembro de 1978, o Conselho da Revolução criou as Tropas de Guarda de Fronteiras de Angola (TGFA), cuja função principal consistia, desde então, em exercer a vigilância e proteção das fronteiras terrestres e marítimas da República Popular de Angola.

Para assegurar a proteção das fronteiras nacionais, a República de Angola, que se debatia já com a intervenção estrangeira após a conquista da independência, estabeleceu preferencialmente acordos com os países socialistas, especialmente com a ex-URSS. Apesar do colapso do sistema socialista, os Governos de Angola e da República Federativa da Rússia continuam a cooperar no domínio da proteção das fronteiras, tendo rubricado em Luanda, um acordo de cooperação para a melhoria do controlo das fronteiras angolanas, visando um eficaz combate aos crimes transfronteiriços, nomeadamente o combate à imigração ilegal, ao contrabando e ao tráfico de droga. Para além do combate dos crimes acima referenciados, o acordo prevê também a formação de quadros e fornecimento de equipamentos à Angola. Neste âmbito, é intenção de Angola utilizar a vasta experiência da Rússia em termos de tecnologias de informação, circunstância que vai permitir uma gestão e troca de informações rápida e isso, objetivamente vai ao encontro ao esforço do Governo Angolano no sentido de reforçar o controlo das fronteiras de Angola[342].

Com esses instrumentos será possível nos próximos cinco anos criarem-se as condições técnicas e logísticas para fazer face à criminalidade transfronteiriça e para combater a imigração clandestina e o tráfico de drogas e contrabando em Angola. Considerando que a República de Angola, com uma dimensão de 1,4 milhões Km^2, possui como vimos, uma vasta fronteira terrestre de pouco menos de cinco mil quilómetros a norte com a República do Congo e República Democrática do Congo, a sul com a Namíbia e a sudeste com a Zâmbia, situações que atestam a necessidade de estabelecimento de acordos de proteção de fronteiras, devido as relações de vizinhança relevantes e laços consanguíneos que une os povos desses Países, sobretudo os que se encontram na fronteira comum, logo que as condições se mostraram possíveis (Figura Nº 1 – Mapa de Angola).

---

[342] Entrevista ao Comissário Paulo de Almeida – Chefe das Tropas de Guarda Fronteiras de Angola (2006) [*http://www.tranquilidade.angoladigital.net/index.php?option=com_content&task=view&id=111&Itemid=0*].

No domínio da política das fronteiras nacionais, as autoridades angolanas estão a elaborar um projeto para a revisão das atuais fronteiras do país, dado que, durante o conflito armado, estas estiveram sem qualquer controlo por parte das autoridades administrativas angolanas. Sobre o propósito da revisão das fronteiras angolanas existe aceitação e compreensão por parte das autoridades da Namíbia, Zâmbia e da República Democrática do Congo, estando em curso negociações sobre os limites fronteiriços que dividem Angola e o Congo Brazzaville (Correia de Barros, 2011).

Com a reforma política de 1992 e a adoção do pluralismo partidário, ocorreram eleições que vieram mudar a perspetiva e os objetivos dos organismos de defesa e segurança. Nesta esteira, as TGFA passaram a estar subordinadas ao Comando Geral da Polícia Nacional (PN) com a designação de "Polícia de Guarda de Fronteira de Angola" (PGF)[343]. As TGFA constituem ainda hoje um organismo militarizado, devendo os seus membros ter um grau militar correspondente ao cargo que ocupem e a outros requisitos inerentes à atividade militar. Desde a sua criação, envergando os uniformes de cor verde, os membros das TGFA, quase todos os ex-militares, participaram em vários combates em Angola, especialmente no conflito pós eleitoral, em 1992. Considerando que a República de Angola, com uma dimensão de um 1 246 700 Km², possui uma vasta fronteira terrestre situações que atesta a necessidade de estabelecimento de acordos de proteção de fronteiras, devido às relações de vizinhança relevantes e laços consanguíneos que unem os povos desses Países, sobretudo os que se encontram na fronteira comum. Assim, ao abrigo da Lei nº 11/78 de 2 de setembro de 1978, do Conselho da Revolução foi criada a Direcção das Tropas da Guarda Fronteira de Angola, cuja função principal é a de exercer a vigilância e proteção das fronteiras e que dependia orgânica e funcionalmente da Direcção de Informação de Angola (DISA), que exerce a direção, organização e controlo, nos temos do diploma supracitado.

Para corresponder a estes desígnios, estas foram estruturadas do ponto de vista da orgânica da seguinte maneira: em Comandos; Subcomandos; Unidades e Postos Fronteiriços. As TGFA são dirigidas por um sistema único e muito centralizado, que inclui: controlo das fronteiras, ;Guardas de fronteira e de outros órgãos do Serviço de Fronteiras, previstas na Lei nº 11/78 de 2 de setembro. Apesar das alterações verificadas ao longo desses

---

[343] Portal em construção (janeiro de 2012) [*http://guardafronteiras.com/*].

anos de atividade e de defesa, da soberania nacional do povo angolano, as TGFA continuaram a atender de forma ímpar com estes objetivos estratégicos. Entre outros não especificamente estabelecidos por lei, mas que executam diariamente. As TGFA têm como atribuições fundamentais, as seguintes[344]:

- Estudar e prever as direções prováveis de movimentos dos inimigos (ameaças), com o objetivo de organizar o sistema de proteção adequado que garanta a inviolabilidade das fronteiras;
- Manter a escuta rádio – técnica e visual das águas jurisdicionais e contíguas e nas zonas fronteiriças, em estreita cooperação com as forças navais, aéreas e terrestres das Forças Armadas e Polícia Nacional;
- Organizar e executar as operações de deteção, captura e aniquilamento de invasores nas zonas fronteiriças em estreita cooperação com as Forças e Armadas e Polícia Nacional;
- Garantir o cumprimento das leis para a proteção dos recursos naturais, flora e fauna, bem como a proteção do ambiente contra a poluição nas zonas fronteiriças marítimas, terrestres e fluviais;
- Fiscalizar, conjuntamente com a Marinha de Guerra Angolana, a observância pelas embarcações nacionais e estrangeiros do regime legal de navegação, bem como as medidas estabelecidas nas zonas de fundeadouro;
- Prestar auxílio, em cooperação com a Marinha de Guerra, às embarcações nacionais e estrangeiras que sofram avarias ou se encontrem em perigo;
- Detetar, controlar e cooperar com as autoridades de emigração em tudo o que se relacione com as chegadas ilegais de embarcações estrangeiras às costas de Angola;
- Repelir as incursões armadas em território nacional;
- Impedir a travessia ilegal da fronteira ou o transporte de armas, explosivos, contrabando, fiscalização da observância dos procedimentos estabelecidos em pontos de passagem fronteiriços;
- Examinar os documentos e pertences de pessoas que atravessam as fronteiras e confiscar artigos, para realizar investigações em casos

---

[344] Lei nº11/78 de 2 de setembro de 1978, complementado com os aspetos referidos no texto *Organização e Funcionamento das Tropas de Guarda de Fronteira de Angola: lições Aprendidas*, Coronel Álvares Félix, 11º CCEM, 2010.

AS FORÇAS ARMADAS ANGOLANAS COMO ELEMENTO DO POTENCIAL ESTRATÉGICO...

de violação da fronteira do Estado, e tomar medidas como a prisão, busca e interrogatório de pessoas suspeitas de violação de fronteira;

- Proteção dos interesses económicos de Angola, dos seus recursos naturais na terra e áreas de fronteira marítima, águas territoriais internas e mares, incluindo a prevenção de pesca ilegal;
- Combater todas as ameaças à segurança nacional na área de fronteira, incluindo o terrorismo e infiltração estrangeira.

A formação inicial dos efetivos das TGFA provinha dos militares recrutado e alistados nas FAA, treinados nas suas unidades operacionais, em virtude de não haver uma escola especializada para o efeito. Mais recentemente, a formação das tropas tem sido realizada no município de Ambriz, província do Bengo, em que o segundo curso de formação de formadores aconteceu na Escola Ambriz e Escola Mártires da Mongua.

O primeiro curso de oficiais de Estado-Maior da Polícia de Guarda Fronteiras de Angola decorreu no Centro de Formação Mártires de Mongua, no âmbito do acordo de cooperação entre o Ministério do Interior da Cuba e o Ministério do Interior de Angola. O curso visou dotar os formandos de conhecimentos para o melhor desempenho das suas capacidades operacionais, racionalização dos meios materiais e humanos e de conhecimentos práticos com o objetivo de capacitar no sentido de uma melhor coordenação e interoperabilidade entre várias vertentes de segurança perante aos novos desafios e ameaças que se perspetivam às fronteiras e ao espaço de soberania Angolano[345]. Para garantir-se um elevado nível de disciplina entre as tropas de fronteira, foi dedicada especial atenção à formação política do pessoal. Para esse efeito, foi estabelecida uma rede de órgãos políticos das tropas nas fronteiras, que realizaram cursos para especialistas orientados por especialistas israelitas, sobretudo nos domínios de manuseamento de GPS e sensores de vigilância das zonas fronteiriças, bem como de *kit's* individuais para os efetivos da Polícia de Luanda Fronteira[346].

Em face do novo quadro nacional de desafios e oportunidades, é necessário promover em Angola o desenvolvimento de modalidades próprias, flexíveis e criativas de pensamento estratégico, aptas a atender às necessidades

---

[345] In Revista *África 21* de 16 de setembro de 2010 – "Técnicos Israelitas Formam Polícia de Guarda Fronteira Angolana".

[346] In *Jornal de Angola*, 31 de dezembro de 2011 – "Guarda Fronteira redobra controlo".

A CONSTRUÇÃO DA "NOVA" IDENTIDADE DE SEGURANÇA E DEFESA EM ANGOLA

de defesa do espaço soberano. Entretanto, as transformações ocorridas no plano interno, bem como as verificadas no contexto regional, tornam necessário e oportuno adotar uma Política de Defesa Nacional, integrando no seu âmbito a Polícia de Guardas Fronteiras, que reflita a realidade atual e sirva como referência para as estratégias de Segurança Nacional decorrentes.

A principal missão da Polícia de Guarda Fronteiras de Angola visa rechaçar as ameaças externas, tem como escopo fixar os objetivos para a defesa do Estado, bem como orientar o preparo e o emprego da capacitação do pessoal afeto a esse serviço nacional, em todos os níveis e esferas de poder, e com o envolvimento dos sectores civil e militar. A Política de guardas fronteiras resulta dos interesses e das necessidades da sociedade, tem como premissas os fundamentos, objetivos e princípios estipulados na Constituição da República de Angola e está em consonância com a Política Externa Angolana, que se fundamenta na busca da solução pacífica para os conflitos e no fortalecimento da paz e da segurança internacional (Belarmino Van-Dúnem, 2011)[347].

A implementação de uma política de defesa de fronteira sustentável, voltada para a modernização das capacidades de Segurança interna, depende da construção de um modelo de desenvolvimento que fortaleça a democracia, reduza as desigualdades sociais e os desequilíbrios regionais e compatibilize as prioridades nos campos político, social, económico e militar, com as necessidades de defesa e de ação diplomática. Os conflitos regionais que ocorrem atualmente em quase todo continente africano, o recrudescimento de extremismos étnicos e nacionalistas, bem como o fenómeno da fragmentação observado em diversos países, tornam evidente o facto de que continuam a ter relevância conceitos tradicionais como soberania, autodeterminação e identidade nacional. Nesta fase de transição, em que se estabelecem novas regras políticas e económicas de convivência entre as nações, caracterizada pela ausência de paradigmas claros e pela participação crescente de atores não-governamentais, Angola procura afirmar-se estrategicamente na região subsariana e as suas prioridades no campo da segurança das fronteiras nacionais são um conflito para a estabilidade regional (Cardoso, 2011).

O quadro de incertezas que marca o atual contexto mundial impõe que a defesa continue a merecer o cuidado dos governos nacionais e que

---

[347] [*http://belarminovandunem.blogspot.com/*].

a expressão militar permaneça de importância capital para a sobrevivência dos Estados como unidades independentes. Não é realista conceber um Estado de razoável porte e influência regional que possa abdicar de uma força de defesa confiável, pois tal como afirmou o Comandante Nacional da Polícia de Guarda Fronteiras, Alberto Jorge Antunes, em entrevista à ANGOP em 13 de junho de 2011, "...*a imigração ilegal é uma invasão silenciosa que também afeta o equilíbrio social*...".

A conflitualidade, que Angola tem trabalhado na região subsariana no sentido de promover maior integração e aproximação entre estes países, e em consequência, adquirido credibilidade regional, sobretudo na CEEAC e na SADC. Angola não está, no entanto, inteiramente livre de riscos. Apesar de conviver pacificamente na sociedade internacional, pode ser compelida a envolver-se em conflitos regionais, como consequência de ameaças ao seu património e aos seus interesses vitais. No âmbito regional, como vimos, persistem zonas de instabilidade que podem envolver os interesses angolanos. A ação de bandos armados que atuam em países vizinhos, especialmente entre zona fronteiriça entre a RDC e o Ruanda e o crime organizado internacional, nomeadamente nas desprotegidas águas territoriais Angolanas, são alguns dos pontos a provocar preocupação (Ibidem).

A capacidade militar e a diplomacia são expressões da soberania e da dignidade nacionais, e Angola tem demonstrado, de forma à sua determinação em viverem paz e harmonia, segundo os princípios e as normas do Direito Internacional e em respeito aos compromissos internacionais assumidos. O propósito de atuação do Estado Angolano na área de defesa tem como fundamento a obrigação de prover segurança à população, tanto em tempo de paz, como em situação de conflito, onde a defesa das fronteiras e limites perfeitamente definidos e reconhecidos internacionalmente, o relacionamento com os países vizinhos e com a sociedade internacional, em geral, baseado na confiança e no respeito mútuos, a rejeição à guerra de conquista e a procura da solução pacífica de diferendos, com o uso da força somente como recurso à autodefesa do Estado (Correia de Barros, 2011).

Contudo, os entrevistados afirmam que o carácter defensivo não implica que, em caso de conflito, as Forças Armadas no seu todo e a PGF particularmente tenham que se limitar estritamente à realização de operações defensivas. No contexto de um plano mais amplo de defesa, e a fim de repelir uma eventual agressão armada, Angola empregará todo o poderio militar necessário, com vistas à decisão do conflito no prazo mais curto

A CONSTRUÇÃO DA "NOVA" IDENTIDADE DE SEGURANÇA E DEFESA EM ANGOLA

possível e com o mínimo de danos à integridade e aos interesses nacionais, impondo condições favoráveis ao restabelecimento da paz. Para a consecução dos objetivos da Política de Defesa das Fronteiras Nacionais, as seguintes diretrizes deverão ser observadas, segundo os entrevistados[348]:

- Contribuir ativamente para a construção de uma ordem regional, baseada no Estado de Direito, que propicie a paz regional e o desenvolvimento sustentável na região subsariana;
- Participar crescentemente dos processos internacionais relevantes de tomada de decisão, nomeadamente no continente Africano e nas Organizações Regionais Africanas;
- Aprimorar e aumentar a capacidade de negociação de Angola no cenário internacional;
- Participar em Operações de Manutenção da Paz, de acordo com os interesses nacionais;
- Contribuir ativamente para o fortalecimento e a estabilidade da integração regional;
- Atuar para a manutenção de um clima de paz e cooperação ao longo das fronteiras nacionais, e para a solidariedade em África;
- Intensificar o intercâmbio com as guardas fronteiras das nações vizinhas;
- Dar prioridade para ações que visem o desenvolvimento económico e social das populações na faixa de fronteira, em especial nas regiões norte e este;
- Aprimorar a organização, o equipamento e a articulação das guardas fronteiras como as FAA, assegurando-lhes as condições, os meios orgânicos e os recursos necessários a bom desempenho das suas missões;
- Aperfeiçoar a capacidade de comando, controlo e inteligência de todos os órgãos envolvidos na Segurança Nacional, proporcionando-lhes condições que facilitem o processo decisório, na paz e em situações de conflito;
- Aprimorar em coordenação com as Forças Armadas Angolanas o sistema de vigilância, controlo e defesa das fronteiras, das águas

---

[348] In Anexo A – Matriz de Análise das Entrevistas – Entrevista Nº 27 – Coronel Correia de Barros (CEEA) e Entrevista Nº 29 – Dr. Fernando Cardoso (CEEA), Luanda, 2011.

jurisdicionais e da plataforma continental angolana bem como dos tráfegos marítimo e aéreo;

- Fortalecer os sistemas nacionais de transporte, energia e comunicações, contribuindo para o desenvolvimento de Angola.

Em suma, as TGFA surgiram num momento específico na História de Angola, consubstanciado na obtenção da Independência Nacional, em que as TGFA surgem numa sequência lógica de um país que acabava de adquirir a sua soberania no contexto das nações, havendo necessidades imediatas de segurança nas fronteiras herdadas de Portugal. Entretanto não passou ainda tempo considerado suficiente para que esse desiderato seja uma realidade, que de forma organizada, e devidamente estruturada de Cabinda ao Cunene e do mar a leste, tivessem as fronteiras protegidas com mecanismos de defesa e segurança especializada.

A constante violação das fronteiras fez com que as TGFA estivessem também envolvidas no esforço nacional da defesa de Angola. E assim que as suas unidades observassem em concreto o seu objetivo para se envolverem em campanhas militares no lado das extintas "FAPLA" e da também extinta Organização de Defesa Civil (ODP). Mesmo assim, dentro deste cenário, estas forças não deixaram de cumprir, segundo o Coronel Álvares Félix com as suas missões, entreges fundamentalmente aos órgãos do Ministério do Interior. No contexto atual, as TGFA passarem a PGFA e integrar um órgão no Ministério do Interior, um órgão independente do âmbito da prova militar. Um órgão específico de proteção e segurança das fronteiras nacionais com estreitas cooperações com os demais órgãos da soberania nacional, tanto do Ministério do Interior como da Defesa Nacional, onde a interligação com as Forças Armadas Angolanas é a chave para o sucesso na defesa da soberania nacional e do território nacional Angolano.

6. As Missões de Interesse Público no âmbito da Proteção Civil. O papel das Forças Armadas Angolana

Relativamente ao enquadramento legal das desigualadas Missões de Interesse Público, a Constituição da República de Angola acomete às Forças Armadas a missão primária e nuclear de "...*defesa militar da República...*". Porém, além desta missão primária, são referidas outras missões de que poderão ser incumbidas as Forças Armadas, como seja: "...*colaborar em mis-*

sões de protecção civil, em tarefas relacionadas com a satisfação de necessidades básicas e a melhoria da qualidade de vida das populações..."[349]. O referido preceito legal estipula ainda na Constituição da República de Angola, nos Art. 206 e 207, em linha com o estipulado na Lei de Defesa Nacional e das Forças Armadas, art. 34, onde refere que "...*as leis que regulam o estado de sítio e de emergência fixam as condições de emprego das Forças Armadas quando se verifiquem essas situações...*".

A Lei nº 28/03 de 7 de novembro de 2003, *Lei de Bases da Protecção Civil*, publicada no Diário da República I Série nº88, define o conceito da Protecção Civil "...é a atividade desenvolvida pelo Estado e pelos cidadãos com a finalidade de prevenir riscos coletivos inerentes a situações de acidente grave, catástrofe ou calamidade, de origem natural ou tecnológica e de atenuar ou eliminar os seus efeitos e socorrer a pessoas e seus bens em perigo quando aquelas situações ocorram...". Nos artigos supracitados, além da sua missão primária e própria de assegurar a defesa militar da República Angolana contra qualquer agressão ou ameaças externas, a Constituição autoriza o legislador ordinário (Comandante-em-Chefe das FAA) a consubstanciar nas Forças Armadas missões de interesse público, além de outras relacionadas com compromissos internacionais assumidos pelo Estado ou com situações extraordinárias ou excecionais especialmente previstas na lei. Como vimos, a Constituição autoriza que a lei possa incumbir as Forças Armadas de colaborar em missões de proteção civil, em prol da segurança e do apoio ao desenvolvimento social.

As FAA em exercício de funções de proteção civil colaboram das seguintes formas: apoio em pessoal não especializado, designadamente para o rescaldo de incêndios e a organização e montagem de acampamentos de emergência; apoio em pessoal especializado para reforço do pessoal civil, nomeadamente no campo da saúde; participa em ações de busca e salvamento de pessoas e bens; disponibiliza meios de transporte; coopera na reabilitação de infraestruturas danificadas; fornece alimentação, géneros alimentares, abastecimento de água e alojamento de emergência; à população carenciada presta auxílio no domínio da saúde; efetua reconhecimentos terrestres, aéreos e marítimos em prol do senso de emergência nacional; presta apoio em telecomunicações e coopera em ações de salubridade das

---

[349] Constituição da República de Angola, Art. nº 206, 207, p. 74, e articulado na Lei de Defesa Nacional e das Forças Armadas, no Art. 34.

áreas de catástrofe e colabora nos planos de emergência elaborados aos diferentes níveis, nacional, regional e municipal (Art. 3º da Lei nº 78/03 de 7 de novembro de 2003).

Estes aspetos visam realçar o facto de as FAA participarem nas missões de proteção civil e de terem as atribuições, entre outros, de elaborar pareceres relativos aos planos de emergência em que esteja prevista a sua participação e colaborar ativamente no sistema de proteção civil aos diversos níveis, conforme estabelece também o diploma respeitante a atribuições, competências, composição e modo de funcionamento dos centros operacionais de proteção civil (nomeadamente nos Estados de exceção ou de guerra). A definição de missões de interesse público deve ser analisada no sentido a contrapor-se aos interesses particulares ou privados. Soubemos que o interesse particular é subjacente à preocupações de um indivíduo ou núcleo familiar e o interesse privado é subjacente à gestão de propriedade sob tutela de entes ou empresas privadas, ao passo que o interesse público na sua generalidade tem a ver com proteção de bem da tutela do interesse do próprio Estado.

Como entendimento que antecede podemos definir como missão de interesse público nas quais as Forças Armadas são convocadas, identificam-se um conjunto de serviços ou operações gerais e especiais mas que se apresentam no âmbito da lógica da existência das FAA, outras fora deste contexto, mas que face à disponibilidade de recursos humanos e materiais que beneficiam a proteção decorrente das FAA. Assim, as missões de interesse público são reguladas pela Lei nº 2/93 de 26 de março de 1993 – Lei de Defesa Nacional e das Forças Armadas. Por força do que dispõe a lei e mais concretamente o art. 39 no nº 3 "*...as missões de interesse público, podem ser definidas pelo conselho de defesa nacional sempre que as circunstâncias o exigirem...*".

Embora exista uma "*décalage* temporal" e conceptual entre a Lei da Defesa Nacional e das Forças Armadas (1993) e a Lei de Bases da Protecção Civil (2003), embora a recente Constituição da República saliente no art. 204, 206 e 207 a necessidade de interoperabilidade e entreajuda, importa legislar e dar-lhe uma estrutura mais integrada, ágil e potencialmente útil para contribuir para a segurança e para o desenvolvimento de Angola. Desiderato que se espera conseguir com a aprovação do inovador quadro legislativo no âmbito da "Diretiva para a Reestruturação das Forças Armadas Angolanas", nomeadamente com a "nova" Lei de Defesa Nacional e das Forças Armadas.

PARTE III

CONTRIBUTOS DAS FORÇAS ARMADAS ANGOLANAS PARA A SEGURANÇA E DEFESA REGIONAL AFRICANA O EXERCÍCIO MILITAR *FELINO2010*

CAPÍTULO I

AS DINÂMICAS REGIONAIS NO CONTEXTO DA SEGURANÇA E DEFESA

A PERSPETIVA SECURITÁRIA REGIONAL ANGOLANA

> "It is equally significant that Angola responded to its post-conflict internal challenges of reconstruction by looking aboard...."
>
> Assis Malaquias, *Angola's Foreign Policy: Pragmatic Recalibrations*, 2011, p. 17

Assiste-se na atualidade a uma tendência global para a formação de associações de países alinhados em estratégias concertadas de autodefesa e de apoio ao desenvolvimento sustentado. Estas permitem alavancar objetivos nacionais, que para os Estados são difíceis de obter numa perspetiva isolacionista, e levam à partilha de espaços, objetivos, da soberania e de responsabilidades estratégicas, pois que as ameaças e os desafios globais requerem soluções mais articuladas e crescentemente mais organizadas. Os exemplos da Organização do Tratado do Atlântico Norte e mais recentes da União Europeia, entre outros, revelaram-se determinantes na edificação de alianças de segurança coletiva e contribuíram para o desenvolvimento económico dos Estados-Membros, com reflexos na balança de poderes regional e nas dinâmicas da segurança e da defesa globais.

Em África, essa tendência parece estar associada ao surgimento das Organizações Regionais Africanas, nomeadamente com a criação em 1963, da Organização de Unidade Africana, e em 2000 com a União Africana, sendo ao nível subsariano, com a edificação em 1981, da Comunidade Económica dos Estados da África Central e em 1992, com a Comunidade para o Desenvolvimento da África Austral, considerados atores determinantes na integração económica e securitária da região. No entanto, estas Organizações enfrentaram ao longo da sua história recente alguns desafios em termos de integração e de alinhamento político-estratégico, constatando-se a existência de diferentes conceções de estabilidade política, de governação e de "democratização" entre os países membros, o que não contribuiu para uma efetiva operacionalização e concertação política regional.

Este "novo" quadro político levou os Estados e as Organizações Africanas a conferirem maior relevância ao fator "segurança", pois sem paz e estabilidade político-social, não existem condições para um desenvolvimento sustentado, e não existe desenvolvimento sustentado sem segurança sustentada e partilhada (coletiva ou cooperativa). Neste contexto, foi idealizada após 2003 a Arquitetura de Paz e Segurança Africana, no intuíto de contribuir coletivamente para melhorar o índice de segurança regional, constituindo-se num mecanismo potencialmente gerador de paz e segurança, em que os atores globais e principalmente os regionais, assumem um papel estratégico na sua dinamização e operacionalização. Aspeto que a República de Angola tem vindo a dedicar maior atenção, e que tendencialmente irá tornar-se mais relevante no atual contexto da Política Externa regional e no desenvolvimento das Forças Armadas Angolanas.

Assim, segundo a atual Política de Defesa Nacional Angolana, o desenvolvimento do sector da segurança e de defesa do Estado e associado ao crescimento e afirmação regional, assenta na capacitação do instrumento militar e numa orientação estratégica para que as Forças Armadas façam parte dos mecanismos proativos de cooperação regional, permitindo-lhes contribuir para a afirmação regional de Angola. Neste âmbito, a interdependência entre os fatores de afirmação, como é o controlo da soberania transfronteiriça e as contribuições para a segurança nos países vizinhos, concorrem também para reforçar a segurança e estabilidade interna, pois como refere Assis Malaquias, a procura de soluções para os problemas internos de Angola é feita também através da participação nas dinâmicas regionais (2011, p. 17).

Neste contexto, a partilha do esforço estratégico no âmbito da segurança faz-se, multilateralmente, através da participação nas ORA, e mais concretamente no âmbito da APSA, onde os exercícios militares conjuntos anuais constituem um dos mecanismos por excelência da partilha de experiências e de interoperabilidade do vetor militar. Integrados nesta dinâmica, os exercícios conjuntos e combinados *Dolphin*, no contexto da SADC, e *Kwanza*, no âmbito da CEEA, constituem dois exemplos do supracitado. Por outro lado, a cooperação militar no seio da *Comunidade dos*

Países de Língua Portuguesa, nomeadamente a participação no exercício *Felino* representa, numa conjuntura multilateral de cooperação estruturada na área da Defesa, um exemplo de um vetor de afirmação regional de Angola e da sua Política Externa de Defesa. Aspetos que procuramos interligar e analisar através da participação das Forças Armadas Angolanas nestes exercícios militares que se realizam em Angola entre 2009 e 2011.

1. A perspetiva Angolana da segurança e defesa. A inserção nos espaços regionais de Defesa

A criação de um Exército único e as atribulações político-militares que se seguiram às eleições de 1992, dificultaram a materialização do preceituado em 1991, nos Acordos de Bicesse, ao abrigo do qual as então forças contendoras (Forças Armadas Populares de Libertação de Angola e as Forças Armadas de Libertação de Angola), iriam fundir-se num Exército Nacional único, cuja não materialização conduziu o país, segundo Tomé Pinto, a um dos mais difíceis períodos da sua história recente (2011). O Memorando de Entendimento de Luena, assinado a 4 de abril de 2002, marcou o fim da guerra fratricida em Angola, passando-se a definir novos rumos na edificação do país e na construção da paz, tendo contribuído para reforçar as capacidades e o espírito de corpo das FAA, cuja missão passou a estar constitucionalmente estabelecida, nos termos do Art. 207 nº 1 da Constituição da República de Angola e replicada na Lei 2/93 de 26 de março, a Lei de Defesa Nacional e das Forças Armadas.

Este enquadramento serviu para reforçar a noção de que em Angola a segurança e a estabilidade estão dependentes atualmente da existência de uma multiplicidade de ameaças e riscos não convencionais, transnacionais e persistentes, que constituem ameaças tangíveis à segurança nacional e regional. Ao nível internacional, trata-se de fenómenos de criminalidade organizada, terrorismo, fundamentalismo político-religioso, da problemática da proliferação de armamento e dos riscos ambientais, catástrofes humanitárias e pandemias que ameaçam a vida de milhões de seres humanos, nomeadamente em África. Ao nível estatal, trata-se do aparecimento de Estados falhados e da multiplicação de conflitos violentos e de guerras civis, que se tornaram fenómenos correntes representando, direta e indiretamente, uma ameaça à segurança e estabilidade regional, como é exemplo recente o caso da Guiné-Bissau, que envolve diretamente o Estado Angolano e as FAA, através da criação da Missão de Segurança das Forças Angolanas na Guiné-Bissau (MISSANG-GB) no intuito de contribuir para a RSS e RSD neste país.

Neste contexto, o conceito de segurança parece registar duas alterações fundamentais: primeiro, a segurança não se centra exclusivamente, na segurança clássica do Estado, pois significa também, a segurança das pessoas (segurança humana) e em segundo lugar, contra riscos, ameaças e conflitos transnacionais, a resposta terá que basear-se, essencialmente, na cooperação regional ou internacional, pois será num quadro de segurança cooperativa e coletiva, que se procurará colmatar as debilidades dos Estados. Assim, para fazer face ao atual cenário da segurança internacional, em que as Políticas de Defesa Nacional e os instrumentos de segurança e defesa terão de desenvolver respostas mais adequadas, a Defesa Nacional deve ter como objetivos fundamentais, não só a competência para garantir a segurança do Estado e dos cidadãos, mas também a capacidade para projetar segurança no plano externo e reforçar a cooperação no quadro dos sistemas de alianças conjunturais, em favor da segurança e da paz interna e regional.

Neste sentido, constituem objetivos da Política de Defesa "*...garantir a soberania do Estado, a independência nacional, a integridade do território e os valores fundamentais da ordem constitucional; garantir a liberdade e a segurança das populações e do património nacional; garantir a liberdade de acção dos órgãos de soberania, o regular funcionamento das instituições democráticas e a realização das funções e tarefas essenciais do Estado...*", como consta da norma constitucional, Art. 207 da Constituição da República de Angola, pois o atual contexto de segurança internacional e a resposta adequada da Política de Defesa Nacional apontam, como vimos, para uma conceção mais alargada e partilhada da segurança e a adoção de uma estratégia mais integrada e multidimensional nas Políticas de Defesa, com reflexos na doutrina estratégica e operacional, na definição das estruturas de comando e controlo e consequentemente nas missões das Forças Armadas. Neste contexto, para além das missões tradicionais, as FAA serão incumbidas de participar em missões internacionais, nomeadamente nos sistemas de defesa coletiva, e no futuro, tenderão à participação em missões de apoio à Política Externa, designadamente através da integração em estruturas de gestão de crises, nas missões de natureza humanitária e operações de manutenção da paz, no quadro das organizações de que Angola é Estado-Membro, nomeadamente a União Africana, a Comunidade Económica dos Estados da África Central, a Comunidade para o Desenvolvimento da África Austral e a "vertente africanista" da Comunidade dos Países de Língua Portuguesa.

As Forças Armadas Angolanas, constitucionalmente assumem as suas responsabilidades legais nas missões de luta contra agressões e ameaças transnacionais, nos termos da lei e em coordenação com os instrumentos internos, nomeadamente as forças e serviços de segurança e sistemas de informação estratégica, executando entre outras, missões de interesse público, missões residuais de busca e salvamento, de fiscalização marítima e de apoio às populações, especialmente na desminagem, no apoio ao abastecimento público e em situação de catástrofes naturais e pandemias, atuando de forma supletiva e complementar da Proteção Civil Angolana, pois estão empenhadas nos programas de proteção (gestão de crises) e de segurança com os países membros das Organizações Regionais a que pertencem.

Para adaptar as Forças Armadas aos novos tempos e aos inovadores desafios transnacionais, a Política de Defesa Nacional Angolana vem definindo como vetores de intervenção estratégica a intercessão militar regional, criando para o efeito as seguintes linhas de ação, com vista à modernização, operacionalização e inserção das Forças Armadas Angolanas no contexto regional:

- Consolidar e sustentar o modelo de profissionalização das Forças Armadas, garantindo a sustentabilidade baseada em recursos humanos profissionais e qualificados, procurando que a experiência operacional se apresente apelativa e que contribua para a operacionalidade das FAA;
- Modernizar os equipamentos e as infraestruturas, no intuito de contribuir para a interoperabilidade, adequando-se às novas missões, necessidades e exigências, nomeadamente, através da presença em missões militares internacionais. Nesse sentido, constitui-se como prioridade, a revisão do Conceito Estratégico de Defesa Nacional e da Lei Defesa Nacional e das Forças Armadas, apontando para uma maior intervenção regional no contexto das ORA e das Organizações Internacionais;
- Efetivar a "Reestruturação da Estrutura Superior da Defesa Nacional", concretizando a reforma da legislação na área da Defesa, nome-

adamente as Leis de Bases das Forças Armadas, concorrendo para a valorização da condição militar e contribuindo para a profissionalização das FAA;

- Dignificar a função militar, reconhecendo e valorizando a profissão militar no quadro das funções do Estado e incentivando (financeiramente, prestígio e valorização para a função e para a carreira) a participação nas missões de Forças Angolanas Destacadas;
- Garantir a sustentação do orçamento da Defesa Nacional no sentido de definir uma política orçamental que assegure um investimento sustentado na área da Defesa e das FA, com vista ao cumprimento dos compromissos internacionais do Estado;
- Desenvolver tácticas, técnicas e procedimentos, integrando doutrinas consentâneas com os contextos regionais de inserção militar, nomeadamente no quadro das missões de Operações de Paz e nas Operações de Resposta à Crise;
- Ocupar os cargos militares nas estruturas das ORA, permitindo interagir e acompanhar os desenvolvimentos em matéria de segurança e defesa regional;
- Apostar na formação de quadros e capacitá-los para desenvolverem funções de Estado-Maior e de observador ou assessor militar, nas alianças regionais militares.

A Defesa Nacional visa a proteção dos cidadãos nacionais dentro e fora do território nacional e contribui para a segurança e bem-estar das populações, o que implica apostar numa maior credibilidade e ação, da sua componente militar, as suas Forças Armadas. Como política transversal que é, a Defesa Nacional deve assim tem um carácter abrangente e permanente, exercendo-se em todo o tempo e em qualquer lugar onde existam interesses do Estado a proteger, integrando componentes militares e não militares, numa sinergia única em prol do Estado e da Nação. Assim sendo, no plano interno, as FAA participam, como vimos, no cumprimento de missões de interesse público, atuando mais perto dos cidadãos, pois que aproveitando as suas capacidades, acrescenta valor à sua presença ao longo do território e promove, também por essa via, uma relação mais estreita e mutuamente enriquecedora com as populações. As Forças Armadas, como instrumento ativo da política, contribuem de forma significativa para aumentar o potencial de governação do Estado, constituindo um dos vetores principais da sua Política Externa, um fator de dissuasão face a eventuais agressões ou ameaças externas ao espaço aéreo e marítimo de Angola, bem como na salvaguarda das linhas de comunicação internacionais que cruzam o espaço soberano angolano.

2. Contributos de Angola para a Paz e Segurança Regional

Na sequência do disposto na Carta das Nações Unidas, Art. 23 nº 1, o Conselho de Segurança é o organismo "responsável" pela paz e segurança mundial e forja as parcerias estratégicas conjunturais necessárias com outras Organizações Internacionais e Regionais para operacionalizar esse desiderato no globo. Segundo este paradigma, e tendo como objetivo promover a estabilidade e o progresso em África, os Chefes de Estado e de Governo Africanos aprovaram o estabelecimento da Arquitetura de Paz e de Segurança Africana, definindo no protocolo relativo à edificação do Conselho de Paz e Segurança da União Africana, a utilidade e perspetiva de atuação como mecanismo criado para a prevenção, gestão e resolução de conflitos, agindo regionalmente para a promoção da paz, da segurança e estabilidade no continente. Assim, constituiu para além do Conselho de Paz e Segurança, a Força Africana em Alerta (FAeA), o Sistema Continental de Alerta Rápido ou *Continental Early Warning Sistem*, o Painel de Sábios e o Fundo para a Paz, como os principais pilares da estratégia de segurança coletiva africana contemporânea.

No quadro deste mecanismo, a estrutura operacional para a participação em Operações de Paz é a FAeA, constituída por cinco brigadas regionais, compostas pelas componentes militar (para já, apenas terrestre e aérea), policial e civil, na base de uma unidade por cada Comunidade Económica Regional/Região. O *Documento Quadro da Edificação da FAeA* orienta a sua prontidão, pretendendo obter as capacidades para cumprir missões de acordo com um eventual mandato das NU, da UA ou das OR, em prol da segurança regional.

As FAA existem para garantir a defesa dos interesses nacionais, mas participam quando necessário e definido politicamente pelo Executivo, em campanhas militares para além das suas fronteiras, facto que, aliado à forma como procuraram contribuir para a resolução dos conflitos internos na Guiné-Bissau, RDC e na Costa do Marfim, lhes permitiu granjear algum prestígio regional e internacional. Prestígio que importa, segundo Correia de Barros, manter e consolidar, nomeadamente através da continuada participação nos mecanismos de estabelecimento da paz e segurança regional que Angola subscreveu, até porque as intervenções *ad-hoc* têm um impacto político e estratégico regional muito menor e quantas vezes, negativo para o Estado (2011). A República de Angola, na qualidade de Estado-Membro da UA e inserida nas Comunidades Económicas Regionais (SADC e CEEAC) assumiu a "obrigação" de participar com um Batalhão na FAeA e ainda, no âmbito dos compromissos com a CEEAC, Angola ficou responsável pela criação de um Centro de Excelência de Operações de Paz de nível tático, que pode projetar Angola e as suas Forças Armadas no contexto africano como produtor de segurança regional.

Quanto à preparação das forças, constata-se que as FAA e a PN têm feito parte dos efetivos que integram estes compromissos regionais, operando com base na doutrina (possível) da ONU (e da UA), visando a integração e emprego no quadro das FAeA regionais, o que implica também ter uma doutrina nacional consolidada e a realização de treinos e exercícios operacionais onde permita criar e desenvolver as capacidades para emprego conjunto de uma Força Tarefa Africana no contexto regional. Aspeto que Angola e as suas FA têm desenvolvido na vertente regional entre 2009 e 2011. Entretanto, para operacionalizar este desiderato, as FAA formaram dois núcleos para formação na área das em Operações Paz. Um de nível estratégico-operacional que funciona na Escola Superior de Guerra (ESG), o Núcleo Estratégico-Operacional (NEO) e outro de nível tático, a funcionar no Centro de Instrução de Operações de Paz (CIOP)[350], adstrito à

---

[350] Com base no Acordo de Cooperação no domínio da Defesa entre a República Portuguesa e a República de Angola, assinado em 3 de outubro de 1996, foi idealizado o Projeto 5, que visa criar condições para treinar as Operações de Apoio à Paz, criando para o efeito o Centro de Instrução de Operações de Paz (CIOP). O Despacho Nº60/CEMG/2006 do CEMGFFA de 11 de julho considera que "...*tendo em conta os actuais e futuros compromissos da república de Angola junto destas organizações* [SACD e CEEAC], *perspectivam a curto, médio e longo prazo, o cumprimento de missões pelas FAA neste quadro de actuação. Convindo promover acções imediatas, que visem a formação de quadros, a capacitação de unidades e a concepção de doutrina nacional no âmbito destas missões...*". A direção técnica passou a residir na Direção Principal de Preparação de Tropas e o

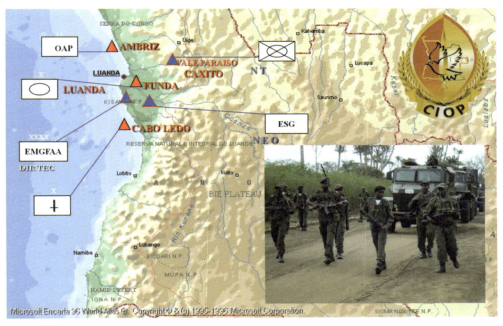

Fonte: CIOP

FIGURA Nº 31 – **Centro de Instrução de Operações de Paz em Angola (CIOP)**

Brigada de Forças Especiais (BFE), na região de Cabo Ledo, unidade geradora de forças para as missões de paz, tendo já preparado para empregar, um núcleo de observadores militares, e um Batalhão de Infantaria que iniciou em 2010 a fase de preparação tática e que viria a ser projetado para a Guiné-Bissau em 2011.

Em entrevista, o Coronel Cardoso Chicapo, Comandante do Centro de Instrução das Forças Especiais das Forças Armadas Angolanas, co-localizado com o Centro de Instrução de Operações de Apoio à Paz, salienta ainda que as Operações de Paz, dada a sua especificidade, multiplicidade de cenários e carácter multinacional, são operações de grande complexidade que requerem forças empenhadas, flexíveis, aptidão para responderem aos vários cenários, e exigem dos efetivos das FAA um bom nível de

Ensino do Estado-Maior-General, com a responsabilidade de direção, coordenação, produção, e atualização da doutrina nacional de Operações de Paz. Despacho Nº 60/CEMG/2006 do CEMGFFA de 11 de julho de 2006.

CONTRIBUTOS DAS FORÇAS ARMADAS ANGOLANAS PARA A SEGURANÇA E DEFESA...

preparação técnico-tática e um estado moral e psicológico elevado, que só se consegue com muito treino (Idem).

Mais recentemente, as estruturas do CIOP junto da ESG no Núcleo Estratégico Operacional (NEO) continuam a funcionar, entretanto foi reforçada com maior número de instrutores em virtude de estes terem sido colocados na ESG, em detrimento da sua anterior colocação junto da 1ª Brigada de Infantaria Motorizada em Vale Paraíso. Esta mudança provou a desativação momentânea do "Núcleo Táctico" que existia naquela unidade, estando a sua reativação prevista para breve. Contudo, ao longo do ano de 2011, o CIOP dá continuidade à sua missão de ministrar instrução na área das Operações de Paz às Unidades ou militares e civis, nacionais ou estrangeiros, bem como, aos contingentes de forças que integram a MISSANG-GB a decorrer na Guiné-Bissau. Saliente-se que segundo dados não definitivos do Relatório da Cooperação Portuguesa 2011 (Reservado), foram realizadas no CIOP 38 ações de formação[351], envolvendo cerca de 3005 miliares e civis.

No início do mês de outubro de 2011 foi criada, na Direção de Operações do EMGFAA, uma unidade orgânica vocacionada para as Operações de Apoio à Paz, com o objetivo de criar uma estrutura nova para o CIOP e o respetivo quadro orgânico, com ligação funcional à nova unidade orgânica, ficando definidas as duas áreas fundamentais das Operações de Paz, a operacional e da formação (incluindo o treino). Neste sentido, os trabalhos mais recentes têm evoluído já de acordo com o novo modelo, em especial a coordenação com a nova unidade de OAP/EMGFAA, como é o caso da preparação de forças para integrarem a MISSANG-GB.

Derivado desta evolução, o CIOP passará a ter dependência hierárquica do Chefe do Estado-Maior General, tendo uma dependência funcional da Direção de Operações (DIROP) e mantendo a dependência técnica da Direção Principal de Preparação de tropas e Ensino (DPTTE). Na sequência e porque as FAA sentiram a necessidade da existência de um órgão responsável pela formação em estreita ligação com a parte opera-

---

[351] Segundo dados do Relatório da Cooperação Portuguesa 2011/DGPDN, das ações de formação desenvolvidas, destaca, entre outras ações de formação nesta vertente específica, o Curso Elementar de Operações de Apoio à Paz (CEOAP), Curso Avançado de Operações de Apoio à Paz (CAOAP), Curso de Ligação e Observação Militar (CLOM), palestras ao CEMC e CPOG na ESG, apoio aos exercícios militares regionais e a formação de dois Batalhões para as FAeA e para a missão militar de Angola na Guiné-Bissau (MISSANG-GB).

cional de OAP, elaboraram-se estudos sobre a possível futura localização do CIOP (ou um órgão semelhante com outra designação), estudo esse que se encontrava para apreciação e decisão no início de 2012. Contudo, durante o ano de 2011, a assessoria militar portuguesa desenvolveu um conjunto de ações de formação específica na vertente das Operações de Apoio à Paz[352] nas áreas definidas para o efeito (Figura Nº 31).

Como é propósito da UA criar uma Força em estado de alerta permanente, isto é, uma força que esteja em condições de, num tempo adequado, poder pré posicionar-se para o emprego em qualquer dos cenários de crise previstos, o que só é possível com Forças Armadas que tenham um elevado grau de preparação e prontidão operacional e que se preparem (treinam) para esta tipologia de cenários e de missões. O "Documento Quadro da Edificação da FAeA" mostra-nos que as componentes militar, policial e civil deverão ser autossustentadas durante a fase inicial das operações e com capacidades para garantir o cumprimento da missão até que os canais logísticos estejam estabelecidos, e ainda assegurados os fornecimentos

---

[352] O 6º Curso Avançado de Operações de Apoio à Paz (CAOAP) decorreu no período de janeiro a fevereiro de 2011, teve lugar nas instalações da Brigada de Forças Operações Especiais em Cabo Ledo com a frequência de 14 oficiais. O 7º CAOAP decorreu no período de junho a julho de 2011, foi ministrado nas instalações da Base Naval de Luanda, e completaram o curso 19 oficiais oriundos dos três Ramos das FAA. O 8º CAOAP decorreu no período de setembro de 2011 e foi ministrado nas instalações da Brigada de Forças Operações Especiais, em Cabo Ledo. Frequentaram o curso 19 oficiais e este curso inseriu-se na preparação do 3º Módulo da força da MISSANG-GB. Por necessidade de formação específica e de aferir os processos pedagógicos de instrução, tendo em vista preparar os oficiais instrutores do módulo das OAP a ministrar ao CPOS2011, foi ainda criado o 1º Curso de Desenvolvimento e Planeamento de Exercícios de Apoio à Paz (DPEAP) e que se realizou em outubro nas instalações da ESG, contando com a participação de 13 oficiais. Este curso teve como base o tema *Bengolândia* ministrado no CAOAP, tendo-se alcançado os objetivos propostos, com resultados apreciáveis, através do desempenho dos instrutores durante o período em que decorreu o módulo de formação. O 7º Curso Elementar de Operação de Apoio à Paz (CEOAP) decorreu no período de janeiro a fevereiro 2011, nas instalações da Brigada de Forças Especiais. Este curso inseriu-se na preparação do 1º Módulo MISSANG-GB e completaram o curso 53 militares (35 sargentos e 18 oficiais). O 8º CEOAP decorreu entre junho a julho de 2011, decorreu também nas instalações da Brigada de Forças Especiais. Este Curso inseriu-se na preparação do 2º Módulo MISSANG-GB. Completaram o curso 63 militares (45 Sargentos e 18 Oficiais). O 9º CEOAP decorreu no mês de novembro de 2011 e foi ministrado nas instalações da BFE. Este curso insere-se na preparação do 3º Módulo MISSANG-GB (Relatório Cooperação Técnico Militar Portuguesa, DGPDN, 2011).

por parte da ONU/UA ou por intermédio de uma nação líder no apoio logístico. O nível de autonomia logística significa que quando as tropas se instalarem deverão ser independentes de qualquer apoio externo por um período mínimo de 30 a 50 dias, implicando que os países que contribuem com forças devem estar preparados para sustentar as suas unidades com recursos próprios, desde o momento da entrada na área de operações até que o sistema logístico seja estabelecido pela nação quadro (ou organização) responsável pelo apoio logístico (Cillier, 2007) (Sullivan, 2011).

Segundo os parâmetros estratégicos da UA e, após um período em que Angola se dedicou a consolidar a paz interna, a reconstruir o país e a adaptar as estruturas de defesa e segurança, passou a desenvolver a sua presença nas Organizações Regionais através da participação em treinos operacionais no contexto das operações de paz, no quadro da ONU e/ou da UA, possibilitando que os militares e policiais possam integrar, a curto prazo, as missões de paz em África. Contudo, na atual dinâmica securitária africana e na região, implica em nossa opinião, por parte de Angola, uma maior proatividade e pragmatismo, pois que concordamos com Jorge Cardoso, que afirma que a presença de Angola nas ORA passa no futuro, também por uma maior intervenção militar no âmbito da Política Externa de Defesa (2011). O que parece apontar para uma participação crescente no contexto regional e uma maior relevância das Forças Armadas Angolanas no quadro da Arquitetura de Paz e Segurança Africana (Correia de Barros, 2011) (Pinto de Andrade, 2011).

Quanto aos exercícios da FAeA, o protocolo do sistema COPAX (CEEAC) no artigo 14, atribui ao Conselho de Ministros da Comissão de Defesa e Segurança da UA, a competência para a organização, planificação e avaliação dos exercícios militares regionais, como resposta às necessidades do desenvolvimento das capacidades da Força Multinacional da África Central em matéria de Operações de Manutenção da Paz, apoiadas nos fundamentos da legislação internacional, e da parceria e cooperação para a segurança regional. Neste quadro, a participação no exercício *Kwanza*, permite a interoperabilidade dos sistemas militares e contribui para projetar as FAA, como nação líder neste contexto, o que ficou demonstrado segundo a opinião dos oficiais angolanos entrevistados no decorrer do exercício *Kwanza2010*, realizado em 2010, na região de Cabo Ledo, em Angola.

No contexto da SADC, a criação da Brigada em Alerta (de que Angola faz parte) desde 17 de agosto de 2007, durante a Cimeira de Chefes de

AS DINÂMICAS REGIONAIS NO CONTEXTO DA SEGURANÇA E DEFESA

Estado e de Governo da SADC, em Lusaka (Zâmbia), tem registado significativos progressos quanto à organização e participação dos Estados-Membros em exercícios no contexto das operações de manutenção de paz. A "SADC BRIG" tem como objetivo principal realizar missões de observação e controlo, intervenção num Estado-Membro (de modo a restaurar a paz e segurança, ou a prevenir uma crise ou conflito regional, impedindo que se agrave ou alastre para áreas ou Estados vizinhos) e realizar entre outras, missões de desarmamento e desmobilização pós conflito. Esta Brigada é integrada por cerca de seis mil efetivos da SADC (militares e policiais), incluindo também membros da componente civil (residual), no intuito de partilhar a segurança no espaço subsariano, contribuindo para o progresso, segurança e bem-estar dos cidadãos dos Estados-Membros.

Nesta circunstância, a integração regional vai constituir-se, por um lado, como um instrumento de importância crucial para desenvolver e fortalecer a interdependência económica dos países da Comunidade e assim, contribuir para promover um maior crescimento económico e, por outro, como um dos meios para garantir a participação dos países no desenvolvimento da segurança regional. Assim, têm levado a efeito diversas ações formativas e de treino operacional ao nível da Brigada, em que Angola tem participado ativamente, como é o caso do exercício militar *Golfinho*, ou *Dolphin*, e dos exercícios *Tokghamo* e *Blue Angel* (este no contexto da componente aérea). A Brigada, integrando forças de Angola, África do Sul, Botswana, Lesotho, Malawi, Ilhas Maurícias, Moçambique, Namíbia, Suazilândia, Tanzânia, Zâmbia, Zimbabwe, RDC e Madagáscar, está preparada para cumprir missões no quadro da UA e da ONU, no âmbito da Arquitetura de Paz e Segurança Africana. As Forças de Defesa e Segurança estão empenhadas neste processo e a nível regional, participam na preparação do exercício multinacional *Dolphin* com as forças dos Estados-Membros da SADC, cujo "MAPEX" (exercício com forças no terreno) foi acolhido pela África do Sul e o CPX (exercício de postos de comando) foi organizado por Moçambique em finais de 2009.

Noutro contexto, os exercícios *MedFlag*[353], com as Forças Armadas Americanas constituem-se em apoio das populações, com implicações na prepa-

---

[353] Executado, inicialmente desde 1987, pelo Comando Europeu das Forças Armadas Americanas (EUCOM), o exercício reúne as forças e a tecnologia dos EUA em operações conjuntas com Exércitos de países Africanos para realizar ações humanitárias onde, além de simular

CONTRIBUTOS DAS FORÇAS ARMADAS ANGOLANAS PARA A SEGURANÇA E DEFESA...

ração dos militares e no intercâmbio com as organizações civis preparadas para atuar em situações de crise, conflito ou guerra, o que requer, treino, organização e planeamento, pois que em tempo de paz, a capacidade e a experiência de se aperceber como essas organizações estão moldadas para enfrentar conflitos, podem ser extremamente valiosas em situações de necessidade nacional em face de catástrofes ou pandemias. Os exercícios *Medflag* são assim um passo significativo das FAA em direção ao novo papel a desempenhar na sociedade angolana nos tempos de paz e no apoio à reconstrução do país. Este exercício visa o tratamento de feridos, extinção de incêndios e busca de cadáveres, e envolve tropas especiais (comandos e fuzileiros) entre os quais mergulhadores da Marinha de Guerra Angolana com equipas médicas e militares de unidades navais americanas que operam na esfera do AFRICOM.

3. Uma reflexão sobre a geopolítica da segurança no Golfo da Guiné

Nos anos mais recentes, os recursos energéticos estratégicos têm ganho uma maior proeminência no contexto geoestratégico energético internacional, nomeadamente devido ao facto de o petróleo e do gás natural desempenharem um papel relevante no quadro da balança energética global. A sua utilização, tendo em conta a limitada disponibilidade destes recursos (não renovável), está a criar novas dinâmicas nas Relações Internacionais e conduziu, segundo Roland Pourtier, a uma reavaliação das estratégias energéticas tanto nos países produtores[354], como nos países

---

salvamentos em situações de catástrofe, prestam assistência direta a população, permitindo treinar mecanismos de assistência humanitária em benefício real da população. Atualmente, os Americanos conduzem exercícios *MedFlag* duas vezes por ano, empregando equipas médicas, técnicos e pessoal de apoio para treinar médicos e assistência humanitária, sendo coordenados pelo quartel-general da equipa de cirurgiões do AFRICOM. Os exercícios permitem o intercâmbio de conhecimentos médicos e de conhecimentos militares, partilhando experiências com as nações anfitriãs em África. O exercício *MedFlag* tem assim como objetivo principal desencadear uma série de serviço público que serve como um treino e experiência operacional em instalações médicas itinerantes e executar missões médicas específicas, em que os participantes aperfeiçoam a prontidão médica na assistência em situação de emergência (AFRICOM,2012).

[354] Angola é o principal exportador de petróleo, ultrapassando a Arábia Saudita, e as suas reservas são estimadas em 7 bilhões de barris, contudo descobertas recentes em águas profun-

540

AS DINÂMICAS REGIONAIS NO CONTEXTO DA SEGURANÇA E DEFESA

consumidores, com repercussão muito específica nas dinâmicas político--estratégicas em África (2011, pp. 240-242).

No contexto, a região do Golfo da Guiné, que cobre o espaço entre o Benim e a Guiné Equatorial, constitui uma vasta região petrolífera, integrando países produtores de petróleo como: Angola, Camarões, Gabão, Guiné Equatorial, Nigéria, RDC, República do Congo e São Tomé e Príncipe, o que levou à criação de uma organização que interligasse estas dinâmicas e estes interesses, tendo sido criada para o efeito, a "Comissão do Golfo da Guiné". Assim, a região do Golfo da Guiné emergiu como potên-

das, fizeram com que o potencial do país fosse visto pela sociedade internacional como muito promissor. Mais de 40% do seu petróleo é exportado para os EUA, e a sua produção diária chega aos 2 milhões de barris por dia (bpd), contudo com a crise internacional, e segundo as regras da Organização dos Países Exportadores de Petróleo, houve uma ligeira redução das suas quotas, estando perto dos 1.9 milhões de bpd. A Nigéria já foi o sexto maior produtor mundial de petróleo e é dos maiores fornecedores dos EUA e da Europa Ocidental, tem reservas petrolíferas de mais de 30 biliões de barris, contudo devido às crises internas e ataques constantes aos campos petrolíferos, correntemente produz somente cerca de 1.8 milhões bpd, quando já produziu mais de 2,5 milhões. A maior área de produção inclui a região do Delta do Níger, com uma produção equivalente a 700 mil bpd, onde se estima uma produção diária de 4 milhões de bpd. O aumento da exploração e da produção em águas profundas é uma realidade em face das descobertas comerciais de empresas como Triton, Chevron, Shell, Exxon-Mobil e Texaco, que também contribuíram para incrementar a produção na Nigéria. A República do Gabão, um país moderadamente rico com recursos naturais, é o terceiro maior produtor de petróleo da região subsariana. Estima-se que tenha reservas superiores a 2.5 bilhões de barris e o seu nível de produção situa-se nos 400 mil bpd. O seu maior campo de petróleo é o "Rabi-Kounga", onde se estima que possua 440 milhões de barris e tem uma produção diária de cerca de 150 mil bpd, constituindo 40% da produção total do país. Na RDC, as suas reservas estão à volta de 1.6 bilhões de barris, e em 2002 a sua produção equivalia a cerca de 300 mil bpd. É o quarto maior produtor da África subsariana e com atividades de exploração dos campos petrolíferos de Moho e Bilondo em 2008, a sua produção tem vindo a crescer, pois estes campos fazem parte dum esforço conjunto com Angola, e serão geridos por uma área conjunta de desenvolvimento. Estima-se que estes campos tenham potencial para produzir mais de 1 bilhão de barris, fazendo com que seja um dos potenciais maiores campos no Golfo da Guiné. As maiores companhias petrolíferas a operarem na região são a Chevron Texaco e a Total. A Guiné Equatorial dispõe de reservas estimadas em mais de 12 bilhões de barris e os níveis de produção estão entre os 250 mil e 300 mil bpd e espera-se que a Guiné Equatorial poderá vir a suplantar a República Democrática do Congo, podendo vir a ser o terceiro maior produtor com uma produção entre 300 mil e 400 mil bpd. O seu maior campo petrolífero, "Zafiro", desenvolve uma produção diária de 80 mbd (Beny, 2007) (Thomson, 2011) (Luvualu de Carvalho, 2011).

CONTRIBUTOS DAS FORÇAS ARMADAS ANGOLANAS PARA A SEGURANÇA E DEFESA...

cia global produtora de hidrocarbonetos e tem levado à definição de um novo realinhamento político-estratégico regional, pelo facto de configurar uma importante fonte alternativa de abastecimento de hidrocarbonetos aos principais mercados mundiais, acrescentando ao facto, entre outras características, da excelência em termos da qualidade do petróleo produzido (baixo teor de enxofre) e porque o seu escoamento é praticamente todo feito em mar aberto, revelando-se economicamente mais viável (e apetecível) (Luvualu de Carvalho, 2011, pp. 100-101).

Os EUA, China, Índia, Brasil e a UE, entre outros atores, apostam numa renovada presença na região do Golfo da Guiné, pois que a designada "rota do petróleo", cruza agora esta região, na busca de recursos energéticos estratégicos para o seu próprio desenvolvimento. Pois o facto de a região deter uma posição geoestratégica privilegiada, considerada o centro geográfico da Terra, uma vez que se encontra na região onde se cruza o Equador (0° de latitude) e o Meridiano de Greenwich (0° de longitude), é uma área muito vasta que engloba 24 países[355], em cerca de 8200 km² e tem como o seu ponto mais alto o Monte Camarões (4095 m), em que o norte é caracterizado por um terreno semiárido designado por (Sahel), uma zona de transição entre o deserto do Sahara e as savanas e a floresta equatorial que faz uma terceira região que cerca o litoral, dando-lhe uma diversidade geográfica assinalável e uma posição geoestratégica relevante no contexto mundial (Hoygaard, 2011) (Valimamade, 2011).

Na região, as jazidas de petróleo e de gás natural, estão a ser cada vez mais procuradas, pois existem reservas petrolíferas por explorar, em que as reservas no *offshore* estão estimadas em cerca de 15 mil milhões de barris de petróleo. Desta forma, o Golfo da Guiné possui uma das maiores reservas de petróleo mundiais no fundo do mar (offshore) bem como consideráveis reservas de gás natural. Mas também em terra (*onshore*) é rica em petróleo e gás, onde o facto de se encontrar a cerca de 14 000 Km mais perto que a região do Médio Oriente das costas norte-americanas (e por via oceânica aberta, sem canais ou estreitos), lhe confere uma localização privilegiada, o que poderá servir de argumento significativo para privilegiar e garantir uma acrescida importância político-estratégica da região no mapa energético

---

[355] Angola, Benim, Burkina Faso, Camarões, Cabo Verde, RCA, Chade, Congo, Costa do Marfim, RDC, Guiné Equatorial, Gabão, Gâmbia, Gana, Guiné, Guiné-Bissau, Libéria, Mali, Níger, Nigéria, São Tomé e Príncipe, Senegal, Serra Leoa e o Togo.

AS DINÂMICAS REGIONAIS NO CONTEXTO DA SEGURANÇA E DEFESA

global. O petróleo do Golfo da Guiné tem uma importância estratégica universal, dispondo ainda de um corredor alternativo estratégico *offshore*, pois possui excelentes particularidades que vão desde a qualidade, localização da maior parte das suas reservas serem em *offshore*, menos vulneráveis a crises, conflitos, e serem de fácil transporte para os mercados internacionais, e ainda o facto de estarem em "mar aberto", e pelas suas jazidas de exploração estarem abertas ao investimento estrangeiro, ao contrário de outras regiões produtoras no mundo (Luvualu de Carvalho, 2011).

Contudo, a importância geoestratégica da região, não só em matéria de produção e exploração dos hidrocarbonetos, deve ser vista num contexto mais alargado, onde o interesse das potências globais com o objetivo de garantir o controlo das principais regiões de abastecimento de petróleo e gás natural na região, numa área que engloba o Atlântico Sul com um (perigoso) vazio estratégico e tem uma larga via de acesso e escoamento, mas também com preocupações securitárias acrescidas ao nível da segurança marítima (Matias, 2010).

Neste contexto, os EUA elaboraram um projeto denominado "Guarda do Golfo da Guiné"[356], que servirá para garantir uma segurança marítima acrescida na região e consequentemente aumentar o fornecimento de petróleo africano para os Estados Unidos para um patamar entre 25% e 35%, pois que atualmente se situa nos 15% (do seu abastecimento), estando Angola e a Nigéria como principais países que satisfazem tais necessidades energéticas. Este projeto visa garantir a estabilidade e segurança regional a longo prazo, com os seguintes objetivos: melhorar a segurança física dos portos dos países do Golfo da Guiné; incrementar o controlo das áreas do litoral; promover a segurança coletiva e de cooperação marítima, para além das áreas do litoral; estabelecer uma rede de comunicações e controlo dos navios e das suas movimentações; exercer um controlo particular e mais direto a Angola e Nigéria, os dois grandes produtores de petróleo no continente, cujo grau de importância é elevado, incluindo a sua influência regional (Beny, 2007).

Neste quadro político, a Estratégia de Segurança Nacional Americana de 2010 (NSS)[357] apresenta as prioridades para a Política Externa na região,

---

[356] Beny, Eduardo de Jesus, *A Nova Geopolítica do Petróleo. Do Golfo Pérsico ao Golfo da Guiné*, Editora Novo Embondeiro, Luanda, 2007, pp. 100-109.

[357] [*http://www.whitehouse.gov/sites/default/files/rss_viewer/national_security_strategy.pdf*].

com reflexos diretos nos aspetos da segurança regional, onde se destaca nomeadamente: Promover a estabilidade regional; Apostar na entrada destes mercados na economia global; A promoção da Democracia; O envolvimento da região na guerra global contra o terrorismo e ainda a procura de novas fontes de energia e de novos mercados. Estas ações envolvem desde finais de 2007, o AFRICOM pois que nas linhas de ação estratégica, na vertente económica, os EUA são um parceiro estratégico para o comércio do petróleo na região, uma vez que tencionam desenvolver uma estratégia de segurança energética global na relação com os seus parceiros na região e adotando um envolvimento mais ativo nas dinâmicas securitárias no Golfo da Guiné (Ward, 2010) (Mozena, 2010) (Malaquias, 2011).

Por outro lado, as potências europeias interessadas na região estão apostadas numa estratégia de manter as suas influências políticas, as pretensões económicas, os laços históricos, e a cooperação bimultilateral, com especial enfoque para a França, Reino Unido, Espanha, Bélgica e Portugal, que continuam a procurar influenciar o desenvolvimento económico, político, diplomático, e militar dos países da região, pois a influência estratégica, também é mantida pelo idioma e considera-se que a Língua é um fator crucial de identidade político-cultural, uma vez que contribui para manter uma continuada e permanente presença político-estratégica no país. Na luta para garantir o acesso aos mercados, as potências europeias são agora concorrentes não só dos EUA, mas também das potências asiáticas como a China[358], pois o seu crescimento económico necessita de recursos naturais, especialmente energéticos, e os países do GG continuam a ser áreas de investimento económico preferencial (Ibidem).

Do ponto de vista estratégico-militar, a República de São Tomé e Príncipe, para além de Angola, tem atributos geográficos ímpares que lhe permitem tornar-se num "porta-aviões" fixo em pleno Golfo da Guiné, controlando uma vasta área marítima, onde estão presentes plataformas petrolíferas norte-americanas, especialmente da *Chevron Texaco* e da *Exxon Mobil*, representando grande parte do investimento Americano nesta região.

---

[358] Japão e Índia e dos novos países emergentes como o Brasil. Programas sociais com o alvo da melhoria da educação e cuidados de saúde, e exercícios militares como exemplo o programa euro-francês, Reforço da Capacidade Africana para Operações de Manutenção de Paz (Euro--Recamp) com o objetivo de reforçar a estabilidade e a segurança regional.

AS DINÂMICAS REGIONAIS NO CONTEXTO DA SEGURANÇA E DEFESA

África e os países Africanos, nomeadamente Angola, tornaram-se na nova área de interesse geoestratégico, muito pela produção de petróleo da região do Golfo da Guiné, visto como um complemento ou mesmo a "substituição" do fornecimento global que advinha da região do Golfo Pérsico. Ao mesmo tempo, a administração americana desenvolve estratégias de segurança para controlar os "espaços vazios", tais como o Deserto do Sahara e do Sahel (a sul), evitando que sejam locais para mobilização e treino de organizações terroristas globais. Assim, num esforço para equilibrar os interesses económicos e estratégicos, tendo em conta também os direitos humanos, e numa perspetiva securitária, os EUA criaram em finais de 2007 o AFRICOM[359], que operacionaliza as estratégias americanas para África, conseguindo consolidar a diplomacia, o desenvolvimento e a defesa (segurança).

Neste cenário, constata-se que as forças militares dos países na região dificilmente poderão garantir um controlo eficaz sobre as suas águas territoriais, com evidentes reflexos negativos ao nível da economia, da soberania e colocando em risco a segurança nacional e regional, principalmente pela violação das fronteiras marítimas (deficientemente definidas nesta região), que muitas vezes são alvo da exploração ilegal e uso abusivo dos seus recursos. Além disso, a inadequada estratégia militar (onde ressalta a falta de acordos sobre a segurança marítima regional) não fornece a segurança necessária para o Estado e para a proteção dos seus bens. Consequência imediata é o aumento da insegurança[360] e a necessidade de se criarem mecanismos regionais que garantam a segurança das populações e dos interesses dos Estados, pois que para ameaças mais complexas e em áreas geográficas maiores, estes não têm meios militares para as neutralizar (Metogo, 2006, pp. 8-12).

Contudo, os Estados beneficiam de uma atracão à economia global, que lhes garante respeitabilidade, e a continuidade nas fontes de financiamento que os governos necessitarem no acesso aos mercados internacionais de capitais, sendo que a sociedade internacional promove de forma ativa a sua sobrevivência pelo papel imprescindível que desempenham no acesso às riquezas energéticas procuradas pelos países consumidores e pelas com-

---

[359] Veja-se o autor em *A nova Estratégia Americana para África*, In *Revista Militar*, 17 de junho de 2007. [*http://www.revistamilitar.pt/modles/articles*].
[360] Gabriel Metogo, In *Stability in the Gulf of Guinea*, US Army War College, 2006, pp. 8-12.

panhias que os abastecem, num ciclo que gera desenvolvimento, mas que também tem contribuído, segundo Correia de Barros, para a insegurança na região do Golfo da Guiné (2011).

O sucesso dos Estados reside também na necessidade que os atores externos (principalmente as companhias energéticas multinacionais) têm da intermediação para poderem aceder aos recursos num quadro compatível com o atual Direito Internacional, num contexto competitivo que não exclua à partida nenhum dos atores e em condições mais favoráveis do que as que encontram nos países que constituem o atual "núcleo duro" da Organização de Países Exportadores de Petróleo. Neste contexto, Angola tem tido na região um papel de dinamizador da economia do petróleo, constatando-se que também as suas receitas são essencialmente fonte deste recurso, o que leva a refletir sobre três aspetos:

- A possibilidade que a dimensão das receitas do petróleo confere (quando as cotações são elevadas, o que tem acontecido) aos governos de obterem uma significativa autonomia financeira face aos doadores e às Organizações Internacionais e o montante de investimentos dirigido a estes Estados, bem como o acesso continuado ao financiamento internacional, pois quase duas décadas depois de outros Estados Africanos terem visto cortado o acesso a financiamento internacional e ainda a aceitação destes Estados, cuja integração no sistema internacional é ativamente procurada pelos países desenvolvidos que estrategicamente mais valor dão à bacia energética da África Ocidental para o seu futuro abastecimento energético são os elementos de sucesso dessa cooperação estratégica. Em resposta às ameaças, a recente evolução dos Estados petrolíferos do Golfo da Guiné traduziu-se num conjunto de políticas e estratégias tendentes a reforçar a importância da região no contexto global;
- O reforço dos mecanismos de segurança regional, já não só na sua forma tradicional (Forças Armadas), mas devido ao crescente papel das empresas privadas de segurança, dos serviços secretos e, devido ao alargamento do poder dos governos (face à prevalência de partidos únicos e de Autocracias) à concentração das capacidades administrativas na gestão do sector petrolífero, condensada nas Companhias Nacionais de Petróleo e na sua articulação com os

AS DINÂMICAS REGIONAIS NO CONTEXTO DA SEGURANÇA E DEFESA

Ministérios das Finanças e os bancos centrais, sendo que em vários casos estas companhias passaram a ser capazes de vender nos mercados internacionais, de forma autónoma, a parte do petróleo extraído cabendo aos respetivos Estados, ainda que se limitem a estas funções e não monopolizem, a prospeção, desenvolvimento e exploração destas atividades ou fraco grau de multipartidarismo como acontece em Angola. Refira-se, a este propósito, que a deslocação do centro de gravidade estratégica da exploração de petróleo para o *offshore* profundo teve consequências estratégicas para a região;

- A desequilibrada relação de forças entre os Estados e as multinacionais, dado que o afastamento dos primeiros em relação às tecnologias que permitem explorar as reservas é ainda maior e favorece a ação das multinacionais que detêm tecnologias extrativas mais desenvolvidas e torna as elites governativas ainda mais independentes, levando no extremo ao controlo do território e dos recursos e, por isso mesmo, menos dependentes do interesse nacional[361].

A Comissão do Golfo da Guiné foi criada em 19 de novembro de 1999, sendo membros da organização: Angola, RDC, Congo (Brazzaville), Nigéria, São Tomé e Príncipe, Gabão, Camarões e Guiné Equatorial. A organização representa um quadro de concertação político-estratégico destinado à cooperação para o desenvolvimento, à prevenção, gestão e resolução de conflitos regionais (derivados da delimitação das fronteiras marítimas, da exploração económica e comercial das riquezas naturais localizadas nos limites territoriais) e da necessidade de potência e a segurança coletiva na área, nomeadamente a vertente da segurança marítima, que constitui uma enorme vulnerabilidade deste Estados. Quais são então os aspetos que tornam esta região "estratégica" para o mundo e que levaram à criação da CGG?

---

[361] A manutenção de um cenário sustentado de cotações elevadas do petróleo, sobretudo nos países com reservas consideráveis (Angola) ou população reduzida (Guiné Equatorial), vai possivelmente determinar uma "explosão" nos montantes da renda disponível para os Estados, ao mesmo tempo que a elevação dos preços dos alimentos vai forçar estes a utilizar parte desses proveitos na aquisição de alimentos no exterior, ou a optar pelo desenvolvimento da agricultura com o que tal significaria de regresso à dependência para com o território e populações (Cardoso, 2011).

A Cimeira dos Chefes de Estado dos países membros da CGG realizada em 2006, Gabão (Libreville), levou os países do Golfo da Guiné uma ideia consensual, para um mandato de três anos e a nomeação de São Tomé e Príncipe para o Secretariado Executivo, ao passo que a sede da organização foi atribuída a Angola (estando atualmente situada em Luanda). O Presidente nigeriano Olusegun Obasanjo tomou a iniciativa de edificação da Comissão do Golfo de Guiné. Angola propôs colocar à disposição uma sede e encarregar-se do orçamento do seu funcionamento para um período de um ano. Assim, com sede em Luanda, a Comissão começou a funcionar a partir de 11 de abril de 2007, data em que o Governo Angolano assinou, formalmente, o acordo-sede que rege as relações entre Angola e a organização e que permitiu o financiamento organizacional a partir de Luanda desde 2007.

O Golfo de Guiné, nomeadamente na sua parte da África Central, ocupa uma posição geoestratégica, que interliga as outras sub-regiões africanas, onde a construção do importante oleoduto "Chade-Camarões" e a sua eventual extensão para abranger e interligar Níger, a RCA, o Sudão e a Líbia, reforçam a dimensão estratégica desta região pois tem um mercado com cerca de 250 milhões de habitantes num espaço de oito países e é já responsável por mais de 15% da produção mundial de petróleo. Assim, e tendo em vista a necessidade de garantir a estabilidade na zona, rica em petróleo e definida pelos EUA, como "zona de interesse vital"[362], o que justifica os investimentos realizados em São Tomé e Príncipe e a prioridade que o ACSS e o AFRICOM dedicam a esta área do continente africano, a Marinha dos EUA iniciou em 2008 a instalação de um sofisticado sistema de radares de vigilância no espaço marítimo são-tomense, cujo projeto foi orçado em 18 milhões de dólares americanos. O sistema de radares de vigilância tem um alcance que abrange praticamente a África Central, com especial incidência sobre a região do Golfo da Guiné, visando a localização, identificação e obtenção de informações dos navios que circulam neste espaço marítimo (Matias, 2011).

O projeto que vai ser implementado enquadra-se no programa do Centro Regional de Vigilância Marítima (*Regional Maritime Awareness Center*) no Golfo da Guiné. Os radares visam a proteção e segurança marítima

---

[362] Beny, Eduardo, In *A nova geopolítica do petróleo, Do Golfo da Pérsico ao Golfo da Guiné*, Editora Novo Imbondeiro, Luanda: 2007, p. 94

AS DINÂMICAS REGIONAIS NO CONTEXTO DA SEGURANÇA E DEFESA

da região do Golfo da Guiné e que irá ser estendido a outros países da Costa Africana (nomeadamente Cabo Verde) e vão permitir identificar embarcações que operam ilegalmente na zona, principalmente pesqueiros e petroleiros que muitas vezes lavam os tanques poluindo as águas territoriais (Marçal Lima, 2010).

Pelo facto de a capacidade de reação do país para interditar esses navios ser praticamente nula, anuncia-se que a componente naval do AFRICOM está a preparar um projeto de assistência naval para dotar os países do Golfo da Guiné de meios navais de reação rápida, para dar complemento às informações que são recolhidas pelo sistema de radares com ações concretas de abordagem e interdição marítima (Ibidem).

Segundo alguns analistas a costa africana, desde a Mauritânia até à Namíbia (identificada como uma das regiões mais promissoras ao nível de aumento da produção petrolífera durante os próximos anos), existem países que já são conhecidos como importantes produtores e exportadores de petróleo, outros iniciaram ou estão a iniciar a sua produção[363], sendo que dos oito países pertencentes à Comissão do Golfo da Guiné e que fazem parte da Comissão do Golfo da Guiné, Angola, Guiné Equatorial, Nigéria e São Tomé e Príncipe constituem um eixo muito importante, formando mesmo o que Luvualu de Carvalho define como um "quarteto estratégico" no quadro da nova geopolítica regional do petróleo, até porque estamos perante o primeiro, segundo e terceiro maiores produtores da África Subsariana segundo dados do "África Outlook 2011" (Luvualu de Carvalho, 2011).

Em suma, a integração regional (nas várias vertentes) parece ser o melhor caminho para os Estados do Golfo da Guiné enfrentarem os desafios da globalização e preservarem os seus interesses na região, pois à medida que as tentativas de promover o crescimento económico através de mercados regionais e o intercâmbio entre os Estados pela maior integração contribui, em nossa opinião, para a estabilidade regional através de uma partilha de segurança, um crescimento económico sustentado, e elaboração de planos de desenvolvimento social conjuntos. A adoção e implementação de medidas políticas, económicas, sociais e militares é essencial para a construção de confiança entre os Estados, já que a nível político, os países da CGG têm necessidade de harmonizar os seus valo-

[363] Idem.

res políticos, em termos de trilogia, de Democracia, boa governação e de Estado de Direito.

Militarmente, a construção de uma aliança regional deve ser a meta, onde os países deverão procurar aumentar as medidas de reforma, incluindo o estabelecimento de alianças na área, lutando contra o terrorismo e mantendo a paz o que continuará a ser o foco primário dos instrumentos militares na Arquitetura de Paz e Segurança Regional Africana, cenários em que as FAA estão já a participar, mas que implicam um maior investimento na segurança marítima e na partilha de vigilância, informações e operacionalização combinada de mecanismos de resposta rápida regional, essencialmente com uma componente naval mais robusta.

CAPÍTULO II

A IMPORTÂNCIA DA ARQUITETURA DE PAZ E SEGURANÇA AFRICANA PARA O DESENVOLVIMENTO DAS FORÇAS ARMADAS ANGOLANAS

"A condução da nossa política externa continuou a pautar-se por uma actuação objectiva em actos e eventos conducentes à consolidação do entendimento e cooperação entre as nações e à preservação da paz, da estabilidade e da segurança internacionais. Angola defende o diálogo e a negociação como princípios para a busca de solução pacífica para todas as divergências e contradições que possam surgir no plano internacional. Esta posição é cada vez mais relevante numa conjuntura mundial em que qualquer crise atinge logo uma dimensão global e em que se volta a privilegiar a imposição e a ameaça da força para se resolverem os conflitos internos ou interestatais de países soberanos. Nós continuaremos a cumprir as nossas obrigações e a assumir as nossas responsabilidades no plano internacional, em especial no que diz respeito a África no seu todo e em particular no quadro dos conjuntos económicos e políticos a que pertencemos, como a SADC e a CEEAC..."

Discurso sobre o Estado da Nação, José Eduardo dos Santos, Presidente da República de Angola, Cerimónia de Abertura da IV Sessão Legislativa da II Legislatura da Assembleia Nacional, Luanda, 18 de outubro de 2011.

Nas últimas décadas, a dinâmica evolutiva da conflitualidade regional acompanhou e condicionou a dinâmica da evolução dos Estados, assistindo-se a uma mudança na intensidade, geografia e na tipologia dos conflitos, em que estes transitaram para o interior dos Estados (conflitos intraestatais) afetando regiões, continentes e o mundo em geral. Por via de uma "globalização" da conflitualidade intraestatal, assistiu-se em África e no

Mundo, a uma fragilização das estruturas sociais, políticas e militares dos Estados, em que a permeabilidade das fronteiras e uma insípida *good governance* conduziu a uma "crise de soberania" do Estado. Este desiderato causa uma perturbação constante no Sistema Político Internacional, revelando-se uma permanente ameaça transnacional à segurança regional Africana, mostrando por um lado que o fator "segurança" é estratégico na sustentabilidade do desenvolvimento neste continente e por outro, que os problemas do Estado devem ser resolvidos e partilhados ao nível das organizações regionais.

Uma nova geopolítica dos conflitos em África, associada à crise do Estado, tem levado a sociedade internacional a intervir no continente com vista a contribuir para melhorar o índice de segurança e a consolidar o desenvolvimento económico-social. Na África Subsariana a sociedade internacional, por via maioritariamente das NU e da UE, tem vindo a intervir com maior frequência e intensidade do que em outras partes do globo. Constatamos ainda que a atribulada transição entre o pré e o pós-colonial, não só no aspeto territorial, mas em vários domínios da sociedade (económico, político, segurança e na gestão dos recursos) tem contribuído para uma perfusão atípica da conflitualidade na região. Neste contexto, assistimos à existência de uma maior complexidade de causas intrínsecas que caracterizam transversalmente os conflitos, que apresentam uma tipologia própria, normalmente associados a uma amálgama difusa de *rootcauses* de caráter regional e de matriz indiferenciada, assentando direta ou indiretamente na crise do Estado, embora se constate que *"cada conflito é um conflito"* e que não existe um modelo de análise académica e padronizado para explicar analiticamente os conflitos no continente e na região (Moreira, 2010) (Malaquias, 2010).

Em Angola, o fenómeno da conflitualidade assumiu após a Independência uma das matrizes mais ativas da conflitualidade intraestatal na região subsariana e em África, reproduzindo os principais argumentos que vinham sendo apontados como fatores geradores de conflitos no continente. Através da Política Externa (que no contexto regional africano se confunde muitas vezes com a Política Interna, neste caso ao nível da defesa e segurança, dada a perfusão das fronteiras e as dinâmicas populacionais das migrações) e pela ação das Forças Armadas Angolanas pretende-se contribuir para incrementar o índice de segurança regional na região subsariana. Aspeto que se irá refletir no Conceito Estratégico de Segurança e Defesa Nacional, entendido como basilar nas capacidades das "novas" Forças Armadas e Forças de Segurança Angolanas. A participação na conjuntura regional securitária irá, segundo Felisberto Njele, contribuir assim para projetar Angola no contexto regional e evidenciar o seu instrumento militar como elemento ativo da Política Externa de Angola e mecanismo estruturante para a ação externa do Estado (2011).

1. A importância da Arquitetura de Paz e Segurança Africana na atual conjuntura continental e regional de segurança

A Arquitetura de Paz e Segurança em África apresenta atualmente dois níveis aparentemente diferentes mas perfeitamente interligados e interdependentes. O nível regional é protagonizado pela principal organização pan-africana (UA), no centro do que pretende ser um sistema integrado de segurança continental. Interdependente deste, um segundo nível (sub-regional), onde se inserem as cinco organizações sub-regionais compostas pelo conjunto dos 54 Estados-Membros que integram o continente Africano. Estas organizações são na sua área de intervenção regional, responsáveis pela segurança e pelo apoio ao desenvolvimento dos respetivos países constituintes, integrando-os por essa via no contexto regional Africano e em África. Por esse motivo, constituem-se também nos pontos focais e no interlocutor privilegiado para aplicação das políticas de cooperação estratégica para África. Neste âmbito, a UA adotou desde a sua criação (2000) e principalmente desde a sua efetiva operacionalização (2002) uma postura mais proativa face à inoperância da sua antecessora, (OUA)[364], criando estruturas e mecanismos que visam garantir um nível aceitável de sucesso na gestão de conflitos regionais e tornando-se perante a sociedade internacional, o ponto de apoio para as estratégias de cooperação para África. Assim, o Conselho de Paz e Segurança estabeleceu um sistema de alerta continental, o *Continental Early Warning System*, ligado a unidades implantadas no terreno que acompanham e monitorizam a

---

[364] A introdução do Art. 4º no Ato Constitutivo, permite levar a cabo uma política de intervenção consentânea com a Carta das NU, podendo em situações específicas, intervir nos Estados-Membros com ações que podem ir da mediação diplomática do conflito, ao uso coercivo da força militar (Holt e Shornahan, 2005, p. 15).

situação de tensão regional, estando em interligação com os outros mecanismos complementares no nível sub-regional e permitindo a ativação dos mecanismos de resposta rápida.

Os mecanismos securitários permitem assim prever e acionar medidas com vista a alertar e prevenir os conflitos militares regionais em África, ainda na sua fase ascendente, quando é possível e desejável uma intervenção precoce em ordem a prevenir a sua eclosão. Nomeadamente porque através da intervenção de cariz institucional junto dos seus Estados-Membros, pode participar e contribuir regionalmente para a segurança em África. Esta rede de alerta, embora atualmente ainda incompleta, pretende ser o indicador mais fiável da UA e da Comunidade Internacional para avaliar o nível de ameaça e de eclosão dos conflitos internos nos Estados africanos e acompanhar o desenvolvimento de uma crise emergente. Em complemento, outros órgãos como o Comité Militar, Painel de Sábios, Fundo Especial para a Paz, a criação do Centro Africano de Estudos e Pesquisas sobre o Terrorismo[365] e as *African Standby Force,* complementam a Arquitetura de Paz e Segurança Africana.

A paz e a segurança tornaram-se numa prioridade estratégica para o continente Africano e para toda a Comunidade Internacional, pois o desenvolvimento está intimamente ligado, não exclusivamente, mas em larga medida, aos aspetos da segurança e defesa, principalmente aos mecanismos de prevenção e resolução de conflitos e como peça fundamental dentro deste, ao dispositivo continental de forças assente nas *African Standby Brigades* (ASB). Com a criação do conceito de ASF[366] (aprovado em 2003) pretende-se desenvolver em cinco organizações sub-regionais, sobre a supervisão da UA e em estreita ligação com a ONU, cinco Brigadas compostas pelos Estados-Membros de cada organização sub-regional,

---

[365] O Centro Africano de Estudos e Pesquisas sobre o Terrorismo, situado em Argel, tem a missão de contribuir e fortalecer a capacidade da UA na prevenção e o combate ao terrorismo em África, com o objetivo primordial de eliminar a ameaça imposta pelo terrorismo à paz, segurança, estabilidade e ao desenvolvimento regional e continental. Para o efeito, o Centro centraliza a informação, estudos e análises sobre o terrorismo e grupos terroristas, bem como concebe programas de formação através da organização, com a assistência de parceiros internacionais, de calendários de formação, reuniões e simpósios (UA, 2011).

[366] As ASF foram criadas para desenvolver múltiplas missões, incluindo missões de monitorização e observação, projeção e pré posicionamento preventivo de forças, missões de *peacebuilding* (características no pós-conflito), operações de apoio à paz e intervenções militares convencionais (Holt e Shanahan, 2005, p. 17).

garantindo desta forma o aumento das capacidades de resposta em tempo útil ao surgimento de conflitos violentos (Figura Nº 32).

As ASF foram concebidas para poderem atuar num variado espectro de operações, podendo ir desde a assessoria técnico-militar, à intervenção militar, quer seja com Forças Militares constituídas, ou simplesmente com observadores militares. Previa-se que estas forças multinacionais e mono-linguísticas (Inglês ou Francês) adquirissem a *full capability* em finais de 2010, encontrando-se atualmente, ainda numa fase adiantada de formação e os seus Estados-Membros num estágio de aquisição de capacidades específicas. Neste cenário, Angola pode ter uma oportunidade de afirmação político-estratégica nos seus respetivos espaços regionais africanos, constituindo por essa via, num importante campo de ação, cooperando estrategicamente com as Organizações Regionais e Sub-Regionais Africanas[367] (Coning, 2004, p. 21).

Jakkie Cilliers, investigador no *Institute for Security Studies* (ISS)[368], apresenta-nos uma análise sobre a formação das ASF, onde salienta que a falta de financiamento adequado às Operações de Apoio à Paz levadas a efeito pelas Forças Armadas em África, constitui o principal problema à sua efetiva operacionalização[369]. Refere ainda que o futuro da segurança e da

---

[367] As organizações sub-regionais têm desenvolvido ações militares em países africanos como: Serra Leoa, Guiné-Bissau, Libéria, Costa do Marfim, RDC, Lesoto, RCA e Sudão. Nestas intervenções, Angola participou "integrada" na SADC na RDC. Atualmente, devido ao número de conflitos regionais existentes e face à necessidade de um maior grau de intervenção das ORA em África, prevê-se que estas sejam "obrigadas" a reforçar as suas capacidades militares para intervirem mais e melhor, nos conflitos regionais, abrindo uma vasta área de cooperação estratégica para os Estados. Assim, as intervenções militares em África têm vindo a empregar cada vez maior número de soldados e meios africanos, em detrimento da intervenção militar direta de contingentes de outras nacionalidades, principalmente de países que possuíram colónias nestes espaços, vistos por muitos como um neocolonialismo. Nesta linha de raciocínio, em sintonia com o supracitado, a segurança em África passou a ser vista como uma incumbência dos Africanos, podendo ser apoiados e assessorados pelos Estados "não africanos" e pelas Organizações Internacionais, criando sinergias e dinâmicas de crescimento globais, onde as ORA têm um papel fundamental.

[368] [*http://www.issafrica.org*].

[369] Como exemplo, o autor refere que o orçamento para a primeira missão desenvolvida pela UA em África, concretamente no Burundi (AMIS I) era de apenas 130 milhões dólares, enquanto o orçamento para a UA era de 32 milhões, salientando ainda que a segunda missão (AMIS II) sofreu um aumento de cerca de mais 8000 efetivos e já dispunha de um orçamento de 466 milhões de dólares (Cillier, 2008, p. 16).

Central region (FOMAC)	Southern region (SADCERIG)	Eastern region (EASF)	Northern region (NASBRIG)	Western region (ESF)
Angola		Sudan	Western Sahara	Mali
Democratic Republic of Congo		Ethiopia	Mauritania	Cape Verde
São Tomé et Principe	Malawi	Eritrea	Algeria	Senegal
Equatorial Guinea	Zambia	Djibouti	Tunisia	Gambia
Cameroon	Zimbabwe	Somalia	Libya	Guinea Bissau
CAR	Namibia	Kenya	Egypt	Guinea
Gabon	Swaziland	Uganda		Sierra Leone
Chad	Lesotho	Rwanda		Liberia
Congo (Brazzaville)	Botswana	Tanzania		Côte d'Ivoire
	South Africa	Burundi		Ghana
	Mozambique	Comoros		Togo
	Madagascar			Benin
	Mauritus			Nigeria
	Tanzania			Niger
				Burkina Faso

Fonte: Cilliers, 2008, p. 13 e Sullivan, 2011, p. 43

FIGURA 32 – As cinco *African Standby Brigades*

prevenção e resolução de conflitos em África e da existência das próprias ASF depende da credibilidade destas, havendo por esse motivo, necessidade de dispor de capacidades e meios que lhe permitam ombrear com as NU, UE ou outras organizações globais, nas intervenções locais, em prol da segurança regional nas suas áreas de interesse estratégico (Cilliers, 2008, 17-19).

2. Contributos para a operacionalização da Arquitetura de Paz e Segurança Africana. O papel das Organizações Internacionais

As intervenções da ONU e da UE em África coincidem num aspeto fulcral, são capazes de projetar uma significativa capacidade logística, financeira e militar, com a legitimidade internacional que lhes é reconhecida, constituindo-se nos principais contribuintes para a consecução do desenvolvimento, no continente Africano. Neste prisma, em África, a UA, sendo uma organização política de nível continental, estabeleceu a partir de 2002, um nível de governação pan-africana, que fornece atualmente um quadro estratégico único, constituindo-se no interlocutor primordial da cooperação internacional para o continente Africano. As Organizações

Internacionais tendem atualmente a desenvolver parcerias estratégicas em múltiplos domínios de cooperação com a UA, indo desde as relações político-diplomáticas, às cada vez mais intensas, relações comerciais, económicas e militares. A intensificação desta relação biunívoca representa o lado mais visível da cooperação estruturante que se estabelece entre países, organizações e continentes. Neste contexto, a participação no desenvolvimento da RSS e RSD resulta como uma prevenção dos riscos e das ameaças que se confrontam nos mercados da globalização, onde um conflito regional e local pode afetar a economia mundo e ter uma influência significativa no comércio, na banca e em múltiplos domínios da governação global.

A APSA apresenta dois sistemas interligados, onde se inserem, para já, as cinco organizações sub-regionais, sendo compostas pelo conjunto dos países membros que as constituem. Estas organizações regionais e sub-regionais africanas representam para a sociedade internacional os agentes internos da mudança, pois serão elas em nossa opinião, que irão num futuro próximo, assumir parte dos destinos das regiões onde exercem a sua influência, numa missão consentânea com os objetivos e estatutos que lhes deram origem e em sintonia com as orientações e a visão estratégica da UA. Por esse motivo, consideramos serem os atores privilegiados para a cooperação em África, constituindo pela responsabilização e organização que já detêm, o elo fundamental entre o desenvolvimento e a segurança global e continental e o Estado Africano. Neste contexto, os atores externos da mudança, encontram nas organizações africanas as entidades de referência para aí projetarem as estratégias de apoio ao desenvolvimento sustentado e de gestão de conflitos, pois estas não só devem, como pretendem, assumir tal desiderato, congregando e sobrepondo-se ao papel dos Estados.

A UA e mais concretamente a SADC e a ECCAS encontram-se num processo ativo de consolidação das capacidades militares, com vista a adquirir as valências e requisitos operacionais que lhes permitam atuar em prol da segurança regional e continental. Na vertente do apoio ao desenvolvimento sustentado e como mercados regionais de processos mais globais, constituem-se como os atores, os agentes do desenvolvimento económico, congregando políticas e estratégias económico-financeiras similares às dos mercados globais, pois a globalização não excluiu o continente Africano deste processo. Numa perspetiva de cooperação multilateral, organizações como a ONU e a UE e Estados, têm atualmente projetos e estratégias nestas organizações sub-regionais, nomeadamente na aquisição de meios militares e na formação de quadros e tropas no âmbito das *"African Standby Forces"*.

3. Aspetos estratégico-politicas e geopolíticos da participação de Angola na Arquitetura de Paz e Segurança Africana

O diagrama da evolução recente da conflitualidade mundial, especialmente nas regiões com maior índice de conflitualidade intrínseca, nomeadamente a região subsariana, constitui-se num fator de constante reflexão académica e objeto de múltiplas análises e estudos geopolíticos especializados. As ORA, atuando em complemento das "missões de soberania" dos Estados, têm constituído um dos principais agentes no desenvolvimento, da segurança e da defesa em África. Neste contexto, a edificação da APSA materializa, como vimos, uma abordagem substancialmente diferente da que existia neste continente no século passado, principalmente ao nível dos mecanismos proativos de prevenção e resolução de conflitos regionais, pois a insegurança e o subdesenvolvimento em África, por via da globalização, passaram a afetar a estabilidade mundial, refletindo-se em espaços geoestratégicos diferenciados e constituindo-se num fator de permanente perturbação da sociedade internacional. Neste cenário, a criação da APSA representa uma pan-africanização efetiva do fator segurança, apresentando dois níveis estratégico-operacionais interligados e com uma abrangência significativa ao nível do continente Africano, envolvendo e compromissando os Estados com as ORA.

Estes atores são na sua área de intervenção regional responsáveis pela segurança e pela prevenção de conflitos (materializada no sistema de alerta) dos Estados-Membros, integrando-os por essa via no contexto regional africano e em África. Por esse motivo, constituem-se também nos principais pontos focais e nos interlocutores privilegiados para aplicação das políticas de cooperação estratégica para a segurança em África. A UA vem desenvolvendo uma postura mais interventiva face à inoperância da sua antecessora, criando um conjunto de estruturas e mecanismos que visam garantir um nível aceitável de sucesso na gestão de conflitos regionais e tornando-se no elemento central das estratégias de cooperação para a segurança e defesa em África. Assim, o Conselho de Paz e Segurança estabeleceu um sistema de alerta continental, ligando unidades implantadas no terreno que acompanham e monitorizam situações de tensão com os outros mecanismos complementares no nível sub-regional operacional e ainda em ligação com os centros de decisão supranacionais (não só na UA) de nível político-estratégico.

Esta estrutura constitui uma ótima oportunidade para Angola de se afirmar no contexto da cooperação para a paz na região subsariana, mormente através da operacionalização de um centro de situação e pela troca de informação estratégica através da implantação de uma rede de comunicação inter-regional. Esta rede continental de alerta, embora atualmente ainda incompleta, pretende ser o indicador mais fiável para se avaliar o nível de ameaça e de eclosão dos conflitos regionais, permitindo acompanhar o desenvolvimento de uma crise emergente, onde a participação de Angola, mais do que uma prioridade é uma necessidade para a segurança no país, na região e no continente (Malaquias, 2010).

Como vimos, a paz e a segurança tornaram-se numa prioridade estratégica para o continente Africano, pois o desenvolvimento está intimamente ligado aos aspetos da segurança, principalmente os mecanismos de prevenção e resolução de conflitos e como peça fundamental dentro destes, o dispositivo continental de forças assente estruturalmente nas *African Standby Brigades*. Neste contexto, Angola tem participado ativamente ao nível da SADC e da CEEAC, criando uma bivalência e uma aparente indefinição na sua linha de ação estratégica da Política Externa e na definição de prioridades regionais de afirmação. Aspeto que representa para Angola, não um problema mas uma solução articulada para os seus problemas de segurança e defesa, uma possibilidade de se desenvolver como potência regional multi-vetorial e que o facto de "jogar" nestes tabuleiros lhe confere um conjunto de oportunidades e possibilidades que as FAA se preparam para integrar nas suas estratégias de desenvolvimento de capacidades (aspeto que é tema de debate na UA).

Neste quadro, Angola, estando inserida em duas Organizações Sub-Regionais de cariz diferenciado (*Southern African Development Community* e a *Economic Community of Central African States*), alimenta uma dicotomia estruturada e estrategicamente conveniente, que ao nível da segurança regional visa contribuir para uma definição das prioridades da sua Política Externa regional. No âmbito da participação na SADC, Angola parece apostar após 2010 numa maior visibilidade e empenhamento político-diplomático com Jacob Zuma, participando com meios no treino operacional regular da *SADC – Standby Brigade*. Neste contexto, o exercício militar *Dolphin*, empenhou em 2009 mais de 500 efetivos das FAA e da PN, bem como alguns elementos ligados à componente civil do Estado.

Com componente militar, policial e civil, o exercício *Dolphin2009* levou ao empenhamento de Angola em três fases: Preparação e planificação com exercícios de treino de procedimentos de planeamento operacional, realizado em Angola e designado por "MAPEX", na unidade das Forças Especiais Angolanas, baseada na região Cabo Ledo, Província do Bengo e um Exercício de Posto de Comando (CPX), que decorreu em Moçambique, no final de 2009. A articulação dos dois exercícios decorreu já em 2010 com tropas no terreno (LIVEX), manobras militares que aconteceram na África do Sul. Realce ainda para a participação de Angola na elaboração e implementação de um Memorando de Entendimento, sobre o estabelecimento das *Southern African Development Community Standby Brigade em 2007*, que constitui um passo significativo na operacionalização deste mecanismo de prevenção e segurança regional e ainda no apoio à implementação do *SADC Regional Peacekeeping Training Centre*, em Harare (Zimbabwe)[370], que tem levado a efeito um conjunto significativo de ações de formação na vertente das Operações de Apoio à Paz para os militares da região, e nomeadamente para militares das FAA.

Segundo dados de 2011 apresentados no *Military Balance*[371], publicação editada anualmente pelo *International Institute for Strategic Studies* (IISS), as Forças Armadas Angolanas (em processo de reestruturação desde 2002) dispõem atualmente de cerca de 107 000 efetivos, dos quais cerca de 100 000 são do Exército (92% do efetivo das FAA) e cerca de 7000 na Força Aérea Nacional (6%) e 3000 na Marinha de Guerra Angolana (2%), ao que se somam cerca de 10 000 paramilitares (não contabilizados). No referente aos principais meios bélicos do Exército, as Forças Armadas de Angola estão equipadas com diverso material de diferente proveniência, sendo na sua grande maioria de origem russa, cubana e chinesa, ainda remanescente da guerra MPLA-UNITA anterior a 2002. Ao nível do Exército, destacam-se os cerca de 300 Carros de Combate (do tipo T-55 e T-60, de origem soviética), as cerca de 1000 viaturas diversas de reconhecimento e de transporte de tropas de infantaria e um conjunto de 1400 peças de

---

[370] [*http://www.sadc.int/rptc*].

[371] [*http://www.iiss.org/publications/military-balance/*].

A IMPORTÂNCIA DA ARQUITETURA DE PAZ E SEGURANÇA AFRICANA…

Artilharia (superiores a 100 mm, de diversa proveniência, calibre e estado de operacionalidade).

A Marinha de Guerra Angolana dispõe nessa data (apesar de se saber que está em processo de aquisição de um navio), segundo o IISS, de nove navios patrulha oceânicos (inclui contudo meios anfíbios, uma reduzida aviação naval e uma força igualmente reduzida de fuzileiros), sendo esta lacuna uma das suas principais vulnerabilidades ao nível das capacidades de segurança marítima, tendo em conta a vasta área marítima e ribeirinha onde detêm soberania. A Força Aérea Nacional Angolana tem boa expressão operacional no contexto regional, sendo de destacar os 85 aviões de combate (de vários tipos) e os cerca de 70 helicópteros (utilitários e de transporte), conferindo-lhe alguma capacidade de transporte estratégico, de projeção intrateatro e de apoio à manobra terrestre e marítima, o que se revela como um fator estrategicamente relevante no atual contexto das Forças Armadas dos países da região e um importante contributo para a APSA, bem visível na utilização operacional nos exercícios militares desenvolvidos nos contextos regionais mais recentes.

Segundo o Coronel Correia de Barros, podemos reter que as FAA num processo de consolidação e reestruturação (ainda em curso) têm as suas capacidades ao nível da Marinha de Guerra, muito reduzidas, representando uma vertente que importa desenvolver, e investir no reequipamento, como forma de encontrar um equilíbrio entre a operacionalidade e a representação no contexto dos demais instrumentos das Forças Armadas e assim apostar no futuro, pois a segurança e defesa é tridimensional e exerce-se sobremaneira na vasta área marítima que Angola dispõe (2011).

Por sua vez, a componente terrestre (Exército) é atualmente excedentária em efetivos e apresenta alguns problemas ao nível dos equipamentos, sendo desejável reduzir e otimizar no propósito de garantir menos e melhor equipamento. A Força Aérea Nacional Angolana ao nível regional apresenta algumas capacidades, sendo de destacar que a formação de pilotos e de pessoal de apoio tem ocorrido em diversos países (incluindo Portugal), permitindo a manutenção de um nível de proficiência mínimo e dando-lhe a capacidade de operar no teatro africano em prol das ORA onde tem interesses estratégicos, aspeto que é uma importante mais-valia no contexto regional e que Angola deve saber potenciar no futuro próximo.

4. Estratégias de complementaridade entre a SADC e a ECCAE na vertente da Segurança e Defesa[372]. Fatores de Correlação de Forças Militares

As Organizações Sub-Regionais Africanas representam na "nova" ordem africana os principais agentes da mudança em África, e pensamos que irão num futuro próximo, assumir os destinos da segurança coletiva e do desenvolvimento económico-social nas regiões onde exercem a sua influência conjuntural, numa missão consentânea com os objetivos e estatutos que lhes deram origem. Algumas dessas organizações que desempenham atualmente um papel de relevo nas dinâmicas regionais subsarianas e que têm um enfoque muito particular em África são a *Southern African Development Community* e a *Economic Community of Central AfricanStates*. Neste contexto, Angola sendo membro das duas organizações, pois desde 1999 que integra a CEAAC (tendo conservado o estatuto de observador desde a sua fundação em 1983), é também membro da SADC desde 1981.

Para além de ser importante salientar que a participação de Angola na Comissão do Golfo da Guiné irá a breve trecho, em nossa opinião, como vimos, ganhar maior protagonismo no contexto regional e que Angola irá procurar articular as suas pretensões estratégicas neste complexo *puzzle* de interesses, em linha com a ação externa no âmbito da diplomacia de afirmação regional que são basilares na Política Externa. Considera-se então que o facto de Angola possuir umas Forças Armadas ímpares na África subsariana, pese embora o motivo que levou a essa premissa (a guerra interna), é efetivamente positivo, não pode ser descartado e deve ser utilizado da forma mais inteligente possível.

Apesar da sua reduzida importância, não faremos uma análise da correlação de forças sobre os meios da Marinha, pois esta, embora seja quase inexistente em Angola, no que se refere a meios navais, deve ser realçada a necessidade da existência de uma Marinha de Guerra organizada, capaz e dotada de meios que lhe permitam controlar os cerca de 592.600 km^2 de águas territoriais e de Zona Económica Exclusiva (cerca de metade do território de Angola).

---

[372] Angola desenvolveu em janeiro de 2006 um conjunto de exaustivos estudos macroeconómicos e de geoestratégia no Ministério do Planeamento, sobre a dicotomia de Política Externa Angolana entre as duas organizações regionais, In *Angola e a integração económica regional: vantagens comparativas entre a SADC e a CEEAC*, 148 páginas (Cardoso, 2011)

Para o fazer de uma forma económica e rentável é necessário que o Estado atribua à Marinha de Guerra Angolana a exclusividade da fiscalização e não a disperse por vários Ministérios e Organizações que nunca poderão desempenhar o outro importante papel, ligado a este, que é o da defesa do mesmo espaço em tempo de guerra ou de conflito armado. A luta contra a pirataria, que se tem vindo a expandir em África, é também uma preocupação e a luta antipirataria também obriga à existência de uma componente naval capaz e dotada de meios suficientes para o desempenho das suas importantes missões de soberania.

Dois fatores devemos ter em conta na nossa análise: o primeiro diz respeito ao imenso potencial já instalado e em produção existente nessas águas, para além do potencial existente, não explorado, e outro nem mesmo mapeado, não só em petróleo e gás natural, mas também em possíveis nódulos de ricos minerais e das grandes potencialidades da aquacultura. O segundo aspeto a ter em mente é a situação instável que se vive no Delta do Níger, devido à ineficiência e à falta de meios da Marinha Nigeriana para prevenir a proliferação de atos criminosos, com reflexo na segurança marítima na região. Contudo, importa aferir do potencial dos meios militares existentes na região. Assim, com as restrições indicadas, analisamos a correlação de forças entre as FAA comparativamente a outros países das duas regiões numa vertente terrestre, aérea e naval[373].

4.1. A participação de Angola no contexto da CEEAC

A *Economic Community of Central African States* decorre do *Plano de Acção de Lagos* elaborado em 1980 que visava o desenvolvimento económico, social e cultural ser como apontava para a criação de um mercado comum regional, tendo iniciado as suas atividades em 1983. Após um período de hibernação entre (1992 e 1996) viria a ser assinado em 1996 um Pacto de "não agressão" entre os Estados-Membros, criando as condições de paz para efetivar uma cooperação mais profícua na região (este acordo não foi assinado por Angola). No âmbito da segurança e defesa, estabeleceu em 2002, o Protocolo Parlamentar da África Central e aprovou os estatutos

---

[373] *International Institute for Strategic Studies* (IISS), In *The Military Balance 2010*, 3 de fevereiro de 2010. [*http://www.iiss.org/publications/military-balance/the-military-balance-2010/*].

do Conselho de Paz e Segurança da África Central (COPAX), comprometendo-se formalmente com a missão de garantir a paz e a segurança regional. Como mecanismos operacionais estabeleceu a Comissão de Defesa e Segurança, o Mecanismo de Alerta Rápido da África Central (MARAC), estruturas encarregues da observação, controlo e prevenção de conflitos na região e constituiu ainda uma Força Multinacional para a África Central (FOMAC) de escalão Brigada, composta por contingentes nacionais militares com componente policial e módulos civis, em linha com o que se vinha fazendo nas outras regiões no continente Africano. Participação que ao nível do empenhamento operacional das Forças Armadas Angolanas em Operações de Paz na região centro africana ainda não contou com a participação de Angola.

Em 2004, viria a consolidar a parceria para a paz regional entre os seus Estados-Membros ao assinar o Pacto de Segurança Mútua para a África Central, tendo assinado em finais de 2006 um protocolo relativo à criação de um Centro de Gestão de Conflitos, constituindo o órgão de planeamento e gestão das participações da organização na sua aérea de intervenção. Neste contexto, Angola através das suas Forças Armadas, tem assumido um papel crescentemente interventivo no seio desta organização, tendo o exercício militar anual – *Kwanza2010* – sido um dos principais exercícios militares realizados pela CEEAC, onde estiveram envolvidos um número significativo de efetivos e meios militares, demonstrativo da importância estratégica e do contexto de afirmação regional que Angola procura assumir no seu eixo de ação externa em África.

Se pretendermos comparar as Forças Armadas dos países da CEEAC, seguindo um modelo matemático que nos permita correlacionar o potencial terrestre, aéreo e naval, compararmos os principais efetivos e meios militares das suas Forças Armada, resultado nos seguintes elementos:

A IMPORTÂNCIA DA ARQUITETURA DE PAZ E SEGURANÇA AFRICANA...

- Fator de Correlação de Forças Terrestres – Exército

EXÉRCITO	EFECTIVOS		CARROS COMBATE (MBT)		VIATURAS BLINDADOS		ART+ MORT	
	Núm.	FCFT	Núm.	FCFT	Núm.	FCFT	Núm.	FCFT
ANGOLA	100 000		300		1020		1408	
BURUNDI	20 000	5,0			112	8,9	120	11,7
CAMARÕES	12 500	8,0			120	8,5	112	12,5
CHADE	20 000	5,0	60	5,0	256	4,0	7	201,1
CONGO	8000	12,5	40	7,5	106	10,4	66	21,3
GABÃO	3200	31,3			110	9,3	51	20,5
GUINÉ EQUATORIAL	1100	90,9			36	28,3		
R. CENTRO AFRICANA	2000	50,0	3	100	66	15,4	26	53,7
R. DEMOCRÁTICA CONGO	120 000 a)	0,8	49	6,1	250	4,1	540	2,6
S. TOMÉ E PRINCIPE								

LEGENDA:

FCFT = <u>**Fator Correlação Forças Terrestre**</u> (Números de Angola/Números do outro país)

Art + Mort = Artilharia e Morteiros

a) Dispõem ainda de uma Guarda Republicana com 6000 a 8000 efetivos

- Fator de Correlação de Forças Aéreas – Força Aérea

FORÇA AÉREA	EFECTIVOS		AVIÕES (COMBATE)		AVIÕES (TRANSPORTE)		HELICOPTEROS	
	Núm.	FCFA	Núm.	FCFA	Núm.	FCFA	Núm.	FCFA
ANGOLA	6000		85		69		44	
BURUNDI	200	30,0	2	42,5	4	10,0	9	7,7
CAMARÕES	400	15,0	15	5,5	13	3,4	20	3,5
CHADE	350	17,1	6	14,2	5	8,8	17	4,1
CONGO	1200	5,0	12 a)	7,1	9	4,9	8	8,6
GABÃO	1000	6,0	14	6,1	8	5,5	14	5,0
GUINÉ EQUATORIAL	100	60,0	4	21,3	2	22,0	6	11,5
R. CENTRO AFRICANA	150	40,0			9	4,9	2	34,5
R. DEMOCRÁTICA CONGO	2548	2,3	5	17,0	1	44,0	40	1,1
S. TOMÉ E PRINCIPE								

LEGENDA:

FCFA = **Fator Correlação Forças Aéreas** (Números de Angola / Números do outro país)

a) Não Operacionais

A IMPORTÂNCIA DA ARQUITETURA DE PAZ E SEGURANÇA AFRICANA...

- Fator de Correlação de Forças Navais – Marinha

MARINHA	EFECTIVOS		NAVIOS GUERRA		PATRULHAS COSTEIROS		OBSERVAÇÕES
	Núm.	FCFN	Núm.	FCFN	Núm.	FCFN	
ANGOLA	1000				9		
BURUNDI	50 a)	20,0			7	1,2	a) Polícia Marítima
CAMARÕES	1300	0,8	2 b)		11	0,8	b) 1 Bakassi (FRA P-48); 1 L'Audacieux (FRA P-48)
CHADE							
CONGO	800	1,3			3 c)	3,0	c) Dispõem ainda de botes para patrulhamento de rios
GABÃO	500	2,0			9	1,0	
GUINÉ EQUATORIAL	120	8,3	1 d)		5	1,8	d) Sob controlo do Presidente, com capacidade para transporte ate 140 homens
R. CENTRO AFRICANA							
R. DEMOCRÁTICA CONGO	6703 e)	0,2			3 f)	3,0	e) Inclui Destacamento de Fuzileiros f) Dispõem ainda de 20 PCI (abaixo de 50 pés)
S. TOMÉ E PRINCIPE							
LEGENDA: FCFM = **Fator Correlação Forças Navais** (Números de Angola / Números do outro país)							

Ao analisarmos os quadros comparativos da Correlação de Forças no seio das Forças Armadas dos países da CEEAC, verificamos que existe uma grande hegemonia por parte das Forças Armadas de Angola, que se constitui efetivamente como a potência militar na região. Contudo, em relação aos efetivos, ainda existem algumas igualdades em termos de tipologia de forças, no que se refere a armamento, a superioridade é evidente, já que em todos os tipos de armamento, os meios das Forças Armadas de Angola são sempre superiores ao conjunto dos outros restantes países, tanto em meios do Exército como da Força Aérea. Representando uma ligeira desvantagem nos meios da componente naval em relação à República dos Camarões. Não tendo outros fatores em conta, como a experiência de combate, a organização e a capacidade logística, concluiu-se que nesta região a superioridade das FAA é bem evidente em relação a todas as outras Forças Armadas dos países da organização.

4.2. A participação de Angola no contexto da SADC

A *Southern African Development Community* define-se como uma organização sub-regional de integração económica dos países da África Austral e teve o seu início formalizado em 1980 na Conferência de Coordenação para o Desenvolvimento da África Austral, realizada pelos países designados da "linha da frente" (Angola, Moçambique, Tanzânia e Zâmbia, passando a integrar a África do Sul em 1994 e o Zimbabwe), e tendo em 1992 adaptado a designação de "SADC", imergindo os países da região num mercado comum regional confinado à África Austral.

Em termos de cooperação na área da defesa a SADC estabeleceu em 2001 o Protocolo para a Cooperação nas Áreas de Política, Defesa e Segurança, com o objetivo de servir de instrumento no intuito de fazer face aos desafios políticos, de defesa e de segurança na região, criando para o efeito o Comité Inter-Estatal de Defesa e Segurança que reúne os Ministros da Defesa dos Estados-Membros. O Protocolo estabelece as metodologias a utilizar na prevenção, gestão e resolução de conflitos por meios pacíficos, recorrendo à diplomacia preventiva, negociação, conciliação, mediação, os bons ofícios, à arbitragem e adjudicação por um tribunal internacional e prevê ainda o estabelecimento de um sistema de alerta prévio a fim de monitorizar ações atempadamente e prevenir a erupção e a escalada dos conflitos na região.

A IMPORTÂNCIA DA ARQUITETURA DE PAZ E SEGURANÇA AFRICANA...

No âmbito das atividades desenvolvidas em prol da segurança regional, o estabelecimento do Pacto de Defesa Mútua em 2003 e a decisão estratégica de criar uma força de escalão Brigada, a *SADC Standby Force Brigade – SADCBRIG*, merecem especial referência neste quadro, onde Angola tem participado ativamente, desde a data da sua criação. Em 2004, a SADC adotou o *Strategic Indicative Plan for the SADC Organ* (SIPO), documento que pretende identificar as principais fragilidades em matéria de segurança e defesa na organização e propõe algumas medidas corretivas, estabelecendo para o efeito dois órgãos que associam as comissões interestatais de política e diplomacia, o *Interstate Politicsand Diplomacy Committee*, integrando os Ministros dos Negócios Estrangeiros e o *Interstate Defence and Security Committee*, onde estão representados os Ministros da Defesa dos Estados-Membros (Cardoso, 2011).

Atualmente, a SADC constitui-se na organização sub-regional que congrega um vasto conjunto de programas de apoio ao desenvolvimento e na vertente da segurança e da defesa, e que devido a uma integração entre as estratégias de segurança e de desenvolvimento sustentando na região tem possibilitado (por via do sucesso económico-financeiro da África do Sul) um crescimento económico consistente e uma melhoria no índice de segurança regional, constituindo-se numa organização de sucesso no continente Africano. Neste contexto, a realização dos exercícios militares da série *"Dolphin"* ter possibilitado o emprego em atividades de treino operacional de meios (militares e policiais e civis) no sentido de incrementar o nível operacional dos contingentes dos Estados-Membros e da SADCBRIG, aspeto a que Angola tem dado particular atenção, como comprova o empenhamento crescente ao longo dos últimos anos nas dinâmicas regionais no âmbito da SADCBRIG.

Os quadros seguintes representam a correlação de forças militares (nas três componentes) no âmbito dos países da SADC, incluindo a República Sul-Africana que se apresenta como a potência militar regional:

- Fator de Correlação de Forças Terrestres – Exército

EXÉRCITO	EFECTIVOS		CARROS COMBATE (MBT)		VIATURAS BLINDADOS		ART+ MORT	
	Núm.	FCFT	Núm.	FCFT	Núm.	FCFT	Núm.	FCFT
ANGOLA	100 000		300		1020		1408	
BOTSWANA	8500	11,8			283	3,6	46	30,6
LESOTO	2000	50.0			22	46,3	12	117,3
MADAGÁSCAR	12 500	8,0			85	12,0	25	56,3
MALAWI	5300	18,9			41 a)	24,8	17	82,8
ILHAS MAURICIAS	2000 b)	50,0			18	56,6	?	?
MOÇAMBIQUE	10 000	10,0	60	5,0	341	3,0	126	11,1
NAMÍBIA	9000	11,1	?	?	72	14,1	69	20,4
R. DEMOCRÁTICA DO CONGO	120 000	0,8	49	6,1	250	4,1	540	2,6
R. SUL-AFRICANA	37 141 c)	2,7	167	1,8	2186	0,5	1467	0,9
SEYCHELLES	200	500,0			6	170,0	6	243,6
SWAZILANDIA								
TANZÂNIA	23 000	4,3	45	6,6	79	13,0	378	3,7
ZÂMBIA	13 500	7,4	30	10,0	133	7,7	182	7,7
ZIMBABUÉ	25 000	4,0	40	7,5	185	5,5	242	5,8

LEGENDA:

FCFT = <u>**Fator Correlação Forças Terrestres**</u> (Números de Angola/Números do outro país)

ART + MORT = Artilharia e Morteiros

a) Menos de 20% de operacionalidade

b) Paramilitares

c) Dispõem ainda de 12.264 militares – Reserva

A IMPORTÂNCIA DA ARQUITETURA DE PAZ E SEGURANÇA AFRICANA...

- Fator de Correlação de Forças Aéreas – Força Aérea

FORÇA AÉREA	EFECTIVOS		AVIÕES (COMBATE)		AVIÕES (TRANSPORTE)		HELICOPTEROS	
	Núm.	FCFA	Núm.	FCFA	Núm.	FCFA	Núm.	FCFA
ANGOLA	6000		85		69		44	
BOTSWANA	500	12,0	46	1,8	25	2,8	21	2,1
LESOTO	110	54,5			4	17,3	6	7,3
MADAGÁSCAR	500	12,0			11	6,3	5	8,3
MALAWI	200	30,0			7	9,9	3	14,4
ILHAS MAURICIAS							4 a)	11,0
MOÇAMBIQUE	1000	6,0	? b)	?	16	4,3	4 c)	11,0
NAMÍBIA	?	?	24	3,5	28	2,5	6	7,3
R. DEMOCRÁTICA DO CONGO	2548	2,3	5	17,0	1	44,0	40	1,7
R. SUL-AFRICANA	10 653	0,6	66	1,3	102	0,7	92	0,5
SEYCHELLES	20	300,0			3	23,0		
SWAZILANDIA								
TANZÂNIA	3000	2,0	25	3,4	35	2,0	18	2,4
ZÂMBIA	1600	3,75	28	3,0	44	1,6	23	1,9
ZIMBABUÉ	4000	1,5	46	1,8	82	0,8	18	2,4

LEGENDA:

FCFA = __Fator Correlação Forças Aéreas__ (Números de Angola/Números do outro país)
a) Integrado na capacidade aérea da Polícia Nacional
b) Alguns MIG-21 *Fishbed* (não operacionais)
c) Com grau de operacionalidade reduzida

CONTRIBUTOS DAS FORÇAS ARMADAS ANGOLANAS PARA A SEGURANÇA E DEFESA...

- Fator de Correlação de Forças Navais – Marinha

MARINHA	EFECTIVOS		NAVIOS GUERRA		PATRULHAS COSTEIROS		OBSERVAÇÕES
	Núm.	FCFN	Núm.	FCFN	Núm.	FCFN	
ANGOLA	1000				9		
BOTSWANA							
LESOTO							
MADAGÁSCAR	500	2,0			12	0,8	
MALAWI	220	4,5			15	0,6	
ILHAS MAURICIAS	500 a)	2,0	1 b)		25	0,4	a) Guarda Costeira b) Com capacidade helicóptero
MOÇAMBIQUE	200	5,0			5	1,8	
NAMÍBIA	200	5,0			9	1,0	
R. DEMOCRÁTICA DO CONGO	6703 c)	0,2			3 d)	3,0	c) Inclui Destacamento de Fuzileiros d) Dispõem de 20 PCI (abaixo de 50 pés)
R. SUL-AFRICANA	6244	0,2	7		50	0,2	Com Capacidade submarina (SSR-209)
SEYCHELLES	200	5,0			9	1,0	Guarda Costeira
SWAZILANDIA							
TANZÂNIA	1000	1,0			8	0,9	
ZÂMBIA							
ZIMBABUÉ							

LEGENDA:

FCFM = **Fator Correlação Forças Navais** (Números de Angola/Números do outro país)

Quanto à comparação entre as principais capacidades das Forças Armadas dos países da SADC constata-se que não existe uma posição hegemónica de Angola (como se verifica na CEDAC), embora a grande potência militar nesta região seja a África do Sul. Os números nas tabelas acima podem ser enganadores, pois é bom não esquecer as capacidades económicas deste país no que se refere ao PIB, capacidade financeira, capacidade industrial, população, educação, para além da indústria de produção de armamento que lhe confere só por si vantagem nítida sobre os demais países. Quanto aos outros países da região, as Forças Armadas Angolanas, apresentam um maior índice de potencial relativo em todas as componentes, com maior expressão nos meios afetos à componente territorial. No âmbito dos meios aéreos, que ao nível de aviões de combate ou de transporte, ou ainda nos helicópteros, a vantagem qualitativa da FANA é evidente, só ultrapassada pela Força Aérea Sul Africana e equiparada à Força Aérea da RDC (se bem que esta apresenta maiores efetivos). A componente naval é residual, mas neste contexto Angola encontra-se abaixo da maioria dos países que têm Forças Armadas com uma Marinha de Guerra ou Guarda Costeira.

Algumas reflexões teóricas sobre a necessidade de Angola manter umas Forças Armadas organizadas, preparadas e capazes de fazerem frente às principais ameaças, atuais e futuras para o País. Não esquecendo que importa aferir se esse princípio se deve manter apesar dos cortes financeiros e de pessoal, que inevitavelmente irão sofrer a curto/médio prazo. Na realidade, esses cortes são necessários e fundamentais para o desenvolvimento sustentado das Forças Armadas, necessitando de equilibrar os investimentos internos no país nas áreas da saúde, da educação e do sector produtivo em detrimento da prioridade que vinha acontecendo na área da Defesa e Segurança Interna.

Mas se a diminuição real do orçamento de defesa e segurança é fundamental, é necessário saber como e onde desinvestir (ou melhor, a não investir), sem prejudicar o essencial e mantendo os padrões de operacionalidade. A profissionalização é uma das formas mais utilizadas internacionalmente para resolver este problema, mas parece que o fim do Serviço Militar Obrigatório será um enorme risco num país como Angola, onde constitui a sua grande escola de formação de cidadania, e parece ser simultaneamente, um dos principais fatores de unidade e coesão nacional e o principal fator de formação do espírito de identidade no seio de reedificação das Forças Armadas Angolanas após 2002.

CAPÍTULO III

A REFLEXÃO ESTRATÉGICA
SOBRE A SEGURANÇA E DEFESA REGIONAL EM ANGOLA

> "A edificação militar de um Estado, não se faz, por conseguinte, de forma linear e ela não ocorre de uma só vez. Ela faz-se de forma contínua e passa por diferentes etapas. A edificação militar [das Forças Armadas] processa-se de acordo com as condições de um Estado e segundo as suas referências internas..."
>
> General Miguel Júnior, In *Forças Armadas Populares de Libertação de Angola. 1º Exército Nacional (1975-1992)*, 2007, p. 145

1. A reflexão estratégica sobre a temática da segurança e defesa em Angola

Se existe uma temática que ainda condiciona atualmente a reflexão estratégica dos analistas e estudiosos angolanos é, em nossa opinião, a temática da segurança e da defesa regional e especialmente a área relacionada com a República de Angola. Mormente quando os assuntos se relacionam ou com a ação política e estratégica dos dirigentes políticos ou com assuntos da soberania do Estado. Embora seja importante referir que ao nível do comentário noticioso e do número de notícias saídas nos órgãos de imprensa locais e internacionais (por via da ANGOP) sobre as Forças Armadas e o sector de defesa e segurança do Estado, tem vindo a crescer substancialmente nestes últimos anos (refira-se a título de exemplo, que no exercício *Felino2010*, estiveram presentes cerca de 20 jornalistas angolanos a acompanhar, em permanência, os exercícios).

Contudo, sentimos que em Angola o diálogo e a reflexão académica ainda estão muito dependentes das dinâmicas da Escola Superior de Guerra e pelo Instituto de Defesa Nacional de Angola, ou demais organismos do Estado na vertente específica da defesa, nomeadamente o Centro de Estudos Estratégicos de Angola (CEEA), havendo relativamente pouca participação académica e universitária nestas dinâmicas e intervindo na reflexão sobre a área da Defesa e das Forças Armadas. Constatamos assim que o número de trabalhos académicos sobre as Forças Armadas ou sobre a área da segurança e defesa é muito reduzido, não existindo, que se saiba (quer em Angola, quer internacionalmente), trabalhos de investigação académica sobre estas temáticas, até porque o acesso à informação é muito difícil, os entrevistados não revelam as fontes e o "espírito do segredo" inviabiliza uma análise académica cabalmente credível. Pensa-se ainda assim que a tendência passa também por começar a diluir paulatinamente este estigma e que cada vez possam existir mais seminários, revistas e cursos que abordem a temática da História, da Estratégia, da geopolítica e geoestratégia, numa prespetiva securitária, para que os cidadãos possam participar mais ativamente na reflexão sobre uma vertente que muito lhes importa, a segurança e a Defesa Nacional.

Internacionalmente, quer no contexto regional das organizações sub-regionais ou em África, quer no mundo em geral, a temática da segurança e defesa na República de Angola, tornou-se um tema relevante na discussão académica sobre a prevenção e resolução de conflitos regionais em África. Uns abordam pela natureza histórica e conjuntural da transição pré e pós Independência, outros numa perspetiva de análise geoestratégica e geopolítica regional pura e outros ainda numa tentativa de projetar cenários económicos e de segurança (marítima, alimentar, de fronteiras) que possibilite uma cooperação bimultilateral de futuro. Neste contexto, foram criados interna e regionalmente fóruns de reflexão estratégica dedicados a estas temáticas, que permitem mais facilmente a partilha de conhecimentos sobre o tema em apreço de uma forma mais proativa.

A REFLEXÃO ESTRATÉGICA

2. A importância da *Southern African Defence and Security Management Network* para Angola

A "Rede de Gestão de Defesa e da Segurança da África Austral", ou *Southern African Defence and Security Management Network*[374], conhecida regionalmente por SADSEM, é uma rede de conhecimento partilhado sobre a segurança e defesa regional em África e é financiada (principalmente) pelo governo dinamarquês através da agência de cooperação internacional DANIDA. No entanto, o projeto tem vindo a angariar um apoio crescente quer de outras instituições quer de governos da região e internacionais. O programa tem vindo de forma consistente a obter projetos de investigação e financiamentos de uma variedade de organismos e Estados e tem recebido apoio através de instituições cooperantes e de governos. Estes apoios incluem, o Centro Internacional de Investigação para o Desenvolvimento (IDRC) a Fundação Friedrich Ebert Stiftung (FES) e o Departamento de Desenvolvimento Internacional (DFID) do Reino Unido. Os parceiros da rede SADSEM encontram-se envolvidos em múltiplos projetos de investigação, focalizando-se na boa governação democrática e na gestão da segurança na região da África Austral.

Os atuais parceiros de investigação incluem o IDRC (Canadá), a FES (Alemanha), o DFID (Reino Unido) e ainda o Instituto de Análise da Política de Desenvolvimento do Botswana (BIDPA), o *Chr. Michelsen Institut* (CMI) da Noruega, o Centro de Genebra para o Controlo Democrático das Forças Armadas (DCAF), entre outras instituições de renome internacional. A SADSEN possui ainda um acordo de parceria estratégica de ensino com o Instituto Dinamarquês de Estudos Internacionais (DIIS), que envolve a realização de projetos de investigação de colaboração partilhado, intercâmbios académicos, e outras formas de cooperação.

A SADSEM procura assim contribuir para reflexão estratégica sobre temáticas da paz e segurança no Sul de África, reforçando a gestão democrática das suas Forças Armadas, do sector da defesa e outros órgãos de segurança. Assim, desenvolve estas atividades oferecendo programas de formação especializados a oficiais da polícia e do exército e outros envolvidos na gestão da segurança na região, nomeadamente académicos e políticos, ou diplomatas e membros das organizações não-governamentais.

---

[374] [*http://www.sadsem.org/*].

Fonte: Compilado pelo Autor com dados da SADSEM

FIGURA Nº 33 – A Rede de Instituições que integram a SADSEM

Empreende ainda trabalhos de pesquisa em assuntos de segurança e ajuda os governos da região a desenvolver uma Política de Defesa concertada segundo os principais da boa governança.

A SADSEM compreende nove instituições parceiras que implementam o programa em 14 países membros da SADC. A rede é gerida pelo Centro de Gestão da Defesa e da Segurança da Escola de Administração Pública e de Desenvolvimento, co-localizado na Universidade de Witwatersrand[375], em Joanesburgo, na África do Sul. A rede é financiada maioritariamente pelo governo dinamarquês e entidades filantrópicas internacionais, como vimos. No entanto, o projeto tem vindo a angariar um apoio crescente quer de outras instituições quer de governos da região, tal como tem acontecido em Angola, como iremos ver.

A rede SADSEM oferece uma gama de serviços e atividades, que incluem: realização de cursos de formação profissional em todos os países da SADC, baseados nos currículos comuns, mas utilizando métodos sensíveis às exigências locais; a pesquisa e análise de política, empreendidas em

---

[375] [http://www.wits.ac.za/].

A REFLEXÃO ESTRATÉGICA

grande parte, por parceiros da rede como os governos da SADC; realização de um programa de estágios para estudantes dos Estados-Membros que pretendam adquirir experiência em instituições nos campos da defesa e da segurança, através da concessão de bolsas de estudo para os membros da rede SADSEM. A rede compreende dez instituições parceiras que implementam os programas em 14 países membros da Comunidade de Desenvolvimento do Sul de África, em que os principais elementos da rede são os que se descrevem resumidamente focando as suas principais características institucionais e atividades/projetos desenvolvidos:

- O Centro de Estudos Estratégicos, especialmente o Departamento de Estudos Políticos e Administrativos, Universidade do Botswana, foi fundado em 2001 para integrar a rede SADSEM como seu parceiro. Encontra-se alojado no Departamento de Estudos Políticos e Administrativos, que possui um longo historial em estudar assuntos relacionados com segurança. O Centro efetuou um número elevado de cursos na área da gestão da defesa e da segurança, nas relações civis-militares em África, fiscalização parlamentar da defesa e segurança e na gestão e participação em missões multinacionais de paz. O seu objetivo principal é a melhoria do processo democrático e a gestão da defesa e da segurança no Botswana.
- O projeto de Gestão da Defesa e da Segurança da África Austral, Universidade de Kinshasa. Dedica-se ao estudo da paz, resolução de conflitos, direitos humanos, democracia e da boa governação: foi criada na Universidade de Kinshasa em novembro de 2000, com o objetivo de melhorar a participação de professores congoleses e decisores políticos nos processos de paz ao nível da SADC e da África Central. A investigação da conflitualidade na RDC envolveu professores e analistas políticos e têm sido realizados diversos *workshops* e conferências sobre estes tópicos, bem como dois cursos para executivos da SADSEM. O grupo de trabalho possui uma vasta rede de contactos no Centro e Sul de África e também um subcentro na Universidade de Bukavu no Leste da RDC.
- O Centro de Estudos de Projetos de Gestão da Segurança, Universidade de Mzuzu, no Malawi, foi fundado em resposta às necessidades de ter pessoal informado nas Forças Armadas do Malawi, bem como nos outros órgãos de segurança do País. O centro procura contribuir

para a reflexão sobre a paz e segurança no País, principalmente através da capacitação de decisores políticos, profissionais da segurança e líderes da sociedade civil para as áreas da gestão de conflitos e análise política da segurança e defesa. Em especial, procura formar Oficiais para as Forças Armadas. A Universidade de Mzuzu disponibiliza pequenos cursos de formação sobre as temáticas da segurança e da defesa, mas procura ainda desenvolver programas académicos mais extensos.

- O Projeto de Gestão da Defesa e da Segurança, Centro de Estudos Africanos na Universidade Eduardo Mondlane, em Moçambique, desenvolveu e proporcionou nos últimos anos diversos cursos para executivos, incluindo sobre a "Gestão de Missões de Paz". As suas atividades de investigação incluem a área do HIV-SIDA e os militares, aspetos da segurança marítima da região do Oceano Índico e assuntos de segurança pública e cooperação internacional. O projeto produziu diversas publicações, incluindo uma emissão temática do *Jornal de Estudos Moçambicanos* sobre o processo de paz moçambicano que teve grande sucesso ao nível regional e mundial.

- O Projeto de Gestão da Defesa e da Segurança do Departamento de Estudos Políticos e Administrativos da Universidade da Namíbia tem competências ao nível da pesquisa e da formação de quadros em temas de defesa, especialmente através da participação na rede da SADSEM, para cujos fins desenvolve um Projeto de Gestão da Defesa e da Segurança que integra parceiros ao nível dos países da região. Foi idealizado para integrar o seu trabalho na defesa e segurança com os seus programas de gestão da ordem pública e desenvolver um programa de investigação sobre estes temas. A Universidade possui boas instalações técnicas para organizar cursos de formação.

- O Centro de Estudos Estratégicos de Angola é, como iremos analisar mais em detalhe, um Instituto independente, sem fins lucrativos e estabelecido em Luanda. Fundado em 2001, dedica-se ao estudo de assuntos que englobam a paz e segurança, o desenvolvimento social e direitos humanos, em especial no cone Centro e Sul de África. Desenvolve um bom relacionamento entre as instituições governamentais, donde advém parte do seu financiamento, bem como outros atores não-estatais em Angola, especialmente no que diz respeito à consultadoria nos processos eleitorais. Entre outros trabalhos de investigação, o Centro desenvolveu um estudo sobre o novo sistema para o registo eleitoral em Angola, que lhe conferiu grande visibilidade regional e internacionalmente.

A visão estratégica da rede SADSEM é de contribuir para uma gestão democrática efetiva das problemáticas da defesa e segurança na região Centro-Sul de África e fortalecer a paz e a segurança comum na região. Procura alcançar este desiderato proporcionando formação e educação especializada para a defesa e planeamento e gestão da segurança, relações civil-militares, construção da paz e gestão das missões de paz; desenvolvendo capacidade escolar e uma rede regional de instituições que proporcionam educação, reflexão sobre as políticas e o suporte técnico e produção de investigação académica nestas áreas (SADSEM, 2012).

3. O Centro de Estudos Estratégicos de Angola. Uma referência no Pensamento Estratégico Angolano

De acordo com o Art. 4º dos seus estatutos, o Centro de Estudos Estratégicos de Angola (CEEA) tem como finalidade principal "...*promover o estudo dos problemas estratégicos e de todas as questões respeitantes às relações internacionais nas suas incidências políticas, militares, económicas, sociais, culturais e da informação, nomeadamente das que se prendam com os problemas da paz mundial, do desenvolvimento social dos povos e dos direitos do homem...*". Na prossecução da sua finalidade geral, o CEEA[376] desenvolve algumas atividades, onde se destaca: promover o debate público, através de colóquios e conferências de âmbito nacional ou internacional; apoiar e realizar projetos de investigação; fomentar a formação específica na área a que se dedica, atra-

---

[376] O CEEA encontra-se estruturado com um Conselho Geral (órgão deliberativo máximo), um Conselho Executivo, um Conselho Científico Internacional (órgão consultivo da atividade científica do Centro, composto por personalidades nacionais e estrangeiras de reconhecido mérito) e um Conselho Fiscal e as funções dos restantes órgãos são as normais neste tipo de associação. Os membros estão articulados segundo as seguintes categorias: fundadores, associados e correspondentes.

CONTRIBUTOS DAS FORÇAS ARMADAS ANGOLANAS PARA A SEGURANÇA E DEFESA...

vés da realização de seminários, cursos ou iniciativas similares; promover a colaboração com instituições suas congéneres; impulsionar a cooperação internacional no âmbito das suas finalidades e impulsionar a divulgação de estudos e outros materiais, nomeadamente através da edição de publicações. Para além da receção de personalidades estrangeiras (embaixadores, académicos, empresários, delegações de institutos congéneres) recebe também investigadores, jornalistas e estudantes, que solicitam apoio para trabalhos de investigação. Participam em programas e fóruns de debate sobre os temas das atualidade, realizando entrevistas para os órgãos de comunicação social nacionais e estrangeiros e em programas rádio e televisão em Angola elaborando crónicas como artigos de opinião em revistas e jornais nacionais e estrangeiros, o que permite melhorar a imagem do CEEA no exterior e em Angola. Fora do âmbito mais académico, desenvolvem avaliações, análises estratégicas, pesquisas e sondagens e estudos sobre oportunidades de investimento em Angola, na África Austral e Central.

Criado em 11 de julho de 2001, pelo ex-Chefe do Estado Maior das Forças Armadas Angolanas, General João Baptista de Matos, o CEEA é uma instituição de carácter privado e sem fins lucrativos. O Centro[377] é na prática um espaço de estudos dedicados às reflexões multidisciplinares visando também fornecer ao governo angolano elementos de referência analítica para a formulação das suas políticas de desenvolvimento e de segurança. O centro congrega militares das FAA com destaque para o General João

---

[377] Membros Fundadores do CEEA – Conselho Geral (2012): Presidente: João Baptista de Matos, General de Exército, ex-Chefe do Estado-Maior General das FAA; Vice-Presidente: Apolónio Graciano, Cónego; Outros Membros: Adolfo Pinho Rasoilo, Tenente-General, ex-Vice-Presidente do Supremo Tribunal Militar; Andrade Sassungo Santos, General, ex-Vice-Chefe do EMG das FAA para o Planeamento; Carlos Feijó, Jurista, Advogado, ex-Chefe da Casa Civil do Presidente da República; Carlos Freitas, Jurista, Advogado; Elísio de Carvalho Figueiredo, Oficial Superior do Exército Português; Felisberto Njele, Tenente-General, ex-Chefe Adjunto do Serviço de Inteligência Militar; Prof. Gerald Bender, PhD, Professor UCLA; Ismael Mateus, Jornalista; José Patrício, Economista, Embaixador. PCA da BP-Angoa; José Pedro de Morais, Economista, ex-Ministro das Finanças; Laurinda Hoygaard, Economista, Professora Universitária, ex-Reitora da Universidade Agostinho Neto; Luís Mendonça da Silva, Tenente-Coronel; Luís Pereira Faceira, General, ex-Chefe do Estado-Maior do Exército; Manuel Correia de Barros, Coronel, ex-Chefe do Departamento de Informações e Análise do SIM; Mário Palhares, Economista, PCA do Banco de Negócios Internacional; Mário Adauta de Sousa, Economista; Mário Plácido Cirilo de Sá, General, ex-Chefe do Serviço de Inteligência Militar; Rosa Cruz e Silva, Historiadora, Ministra da Cultura.

de Matos (que ocupa o cargo de Presidente do Conselho Geral) e o General Cirilo de Sá "Ita" que é o Presidente do Conselho Executivo. Fazem ainda parte dos órgãos executivos elementos ligados a outros quadrantes da vida nacional angolana quer seja na área militar, política ou académica. O Centro ocupa um 6º andar de um edifício no centro de Luanda, não aparentando uma infraestrutura académica ou dedicada ao estudo e análise das temáticas das Relações Internacionais, tendo porém, fruto das individualidades que congrega, um forte apoio institucional e divulgação no meio militar, social, político e académico, acabando por criar uma rede de conhecimentos que em Angola serve múltiplos propósitos e objetivos, senão vejamos:

- Congrega neste fórum o saber e a experiência de muitos Oficiais Generais e Oficiais Superiores, que numa situação fora do ativo das FAA continuam a dar o seu importante contributo, o conhecimento e a experiência pessoal, participando em seminários, fóruns e trabalhos em prol da nação Angolana no mundo;
- Pelos trabalhos já desenvolvidos serve um dos propósitos para o qual foi criado, apoiar a decisão estratégica do governo angolana, recebendo, por esse trabalho de assessoria, fundos para o seu funcionamento;
- Permite a publicação e difusão de um fórum de reflexão onde desde 2001, se aborda a temática da segurança e da defesa em Angola, o que sendo praticamente pioneiro neste contexto, continua a ser uma referência nesse saber;
- Contribuiu ao longo desta década para a investigação histórica recente de Angola, pois os intervenientes da História pertencem ao Centro ou, quando solicitados, contribuem com palestras ou documentação que enriquecem a investigação produzida pelos académicos, investigadores e analistas residentes.

Contudo, do que vimos, pensamos que a ligação ao SADSEM é uma forma de se ligar com as organizações africanas e com os países da região subsariana, permitindo uma dinâmica regional mais próxima e projetando o Centro e Angola, como um *think tank* dedicado à reflexão estratégica para a segurança e o desenvolvimento. Assim, a participação dos seus principais dinamizadores, militares e civis, estende-se não só aos fóruns regionais, mas participam em seminários pelo mundo (França, China, EUA), contribuindo para o conhecimento sobre a História recente de Angola e das suas Forças Armadas, projetando a ideologia política e a doutrina estratégica Angolana atual.

O Centro, ainda de uma forma modesta mas com grande potencial, é um proativo agente da Política Externa de Angola e um "...digno e honroso embaixador..." da reflexão político-estratégica sobre as temáticas da vida corrente da República de Angola, especialmente as relacionadas com a segurança/defesa e o apoio ao desenvolvimento no âmbito nacional, no contexto regional subsariano e em África.

CAPÍTULO IV

O EXERCÍCIO MILITAR *FELINO 2010*
UM TESTE ÀS CAPACIDADE OPERACIONAIS DAS FORÇAS ARMADAS DE ANGOLA

> "...o atual quadro político na Comunidade apresenta-se positivo, porém, reconhecemos que devemos aprofundar a coesão entre as nossas Forças Armadas nas acções de apoio às Operações de Paz, Ajuda Humanitária e no combate às grandes calamidades naturais..."
>
> Ministro da Defesa Nacional de Angola, Cândido Pereira Van-Dúnem, Discurso de Encerramento do Exercício Militar *Felino2010*, 27 de março de 2011, Cabo Ledo, Angola

As Forças Armadas são, por norma, instrumentos de paz. Pois mesmo fazendo a guerra, como função principal, procuram condições para assegurar a paz, e são considerados mutuamente úteis quando se constituem veículos de segurança e de apoio ao desenvolvimento num Estado ou numa região. Este paradigma moderno é a aposta atual dos exercícios militares no quadro da CPLP, designados por *Felino*, que desde os primórdios da criação da organização, em 1996, permitiram otimizar a cooperação no sector da Defesa, contribuindo assim para consolidar os procedimentos técnico-táticos e operacionalizar uma capacidade que, se necessário, pode ser colocada ao serviço de um Estado-Membro ou de toda a Comunidade em situação de emergência.

O exercício *Felino2010* foi realizado em março de 2011 (depois de ter sido proposto por Angola o seu adiamento, devido ao facto de as FAA estarem empenhadas na realização do exercício da CEEAC, em finais de 2010) na região de Cabo Ledo, e permitiu observar e treinar os mecanismos de ajuda, que se encontram ligados às atuais capacidades das FAA. Assim, foi possível planear, treinar e executar, uma operação de Assistência Humanitária conjunta e combinada, envolvendo meios dos oito países da Comunidade (sete, pois a Guiné-Bissau não participou com Forças). O exercício, de nível estratégico-operacional, permitiu ainda aferir as capacidades das FAA num contexto regional, que, tal como havia acontecido nos exercícios militares *Dolphin2009* e *Kwanza2010*, foram demonstrativos das capacidades de organização, desempenho operacional e do vasto conjunto de meios militares disponibilizados, aspetos que denotam a capacidade do instrumento militar de Angola e aponto para uma intenção de se projetar como "potência Africana" no contexto da Comunidade, e "potência regional Africana" em ascensão, no quadro da África Subsariana.

1. O Exercício Militar *Felino2010*

Entre 18 e 27 de março de 2011, a Direção de Forças Especiais das Forças Armadas de Angola (DFE) organizou na região de Cabo Ledo, cerca de 150 Km a sul de Luanda, na Brigada de Forças Especiais (BFE), o exercício militar *Felino2010*. Este exercício militar conjunto e combinado de caráter anual, realizado pelos países da Comunidade dos Países de Língua Portuguesa, congregou cerca de 900 militares (e civis) dos três ramos das FA de Angola, Brasil, Cabo Verde, Guiné-Bissau, Moçambique, Portugal, São Tomé e Príncipe e de Timor-Leste, tendo sido conduzido um exercício de treino, onde se pretendeu criar um cenário com o objetivo de por à prova, no plano operacional, as capacidades e aptidões para executar uma Operação de Apoio à Paz e de Ajuda Humanitária, num cenário de crise e de emergência social.

Fonte: EMGFAA, Luanda

Figura Nº 34 – **Símbolo do Exercício Militar *FELINO2010***

O EXERCÍCIO MILITAR *FELINO 2010*

O exercício *Felino2010*, do tipo LIVEX/FTX (com forças no terreno) contou com a participação de militares das Forças Armadas de sete dos oito países de Língua Portuguesa, conforme havia sido decidido na reunião de CEMGFA da CPLP em Brasília, ocorrida entre 14 e 17 de abril de 2010, perspetivando-se a sua realização para finais de 2010, como definido nos documentos estruturantes no quadro da cooperação na área da Defesa. O exercício envolveu o treino de uma Força Tarefa Conjunta e Combinada (FTCC) gerada no âmbito da CPLP, a partir de Angola, enquanto "Nação Quadro" (*Framework Nation*) e operando sobre a égide das Nações Unidas, num cenário (fictício) de emergência e de ajuda humanitária às populações. Pretendeu-se desta forma, planear e executar um exercício de nível estratégico-operacional com a finalidade primária de exercitar uma Força, no quadro da CPLP, no sentido de incrementar a interoperabilidade das Forças Armadas dos Estados-Membros e contribuir para aperfeiçoar o emprego das mesmas em Operações Humanitárias e de Apoio à Paz, num cenário de crise que pode acontecer numa das regiões de interesse da Comunidade, nomeadamente em África (Simões Pereira, 2010).

1.1. Os exercícios militares da série *FELINO* no contexto da CPLP. Uma perspetiva evolutiva para um futuro incerto

Os exercícios militares da série *Felino* constituem segundo o seu Secretário Executivo, Simões Pereira, uma referência na componente de Defesa da Comunidade, sendo apontado como um bom exemplo do crescimento institucional que se tem assistido nesta vertente no seio da CPLP, praticamente desde a sua criação, em 17 de junho de 1996. Estes exercícios nasceram praticamente com a componente de Defesa em 1998, quando se pretendeu aproveitar um dos melhores mecanismos de cooperação efetiva entre os países lusófonos, que constituía a cooperação técnico-militar, pois esta ligação bilateral e funcional existia ininterruptamente em África desde as independências. Neste quadro, foi possível empreender a realização de exercícios militares conjuntos e combinados após 2000 no âmbito das Operações de Apoio à Paz, com o intuito de criar sinergias e estreitar os laços de amizade e união entre os militares das Forças Armadas dos países da CPLP, dando corpo a um dos pilares mais importantes da cooperação na área da Defesa (2011).

CONTRIBUTOS DAS FORÇAS ARMADAS ANGOLANAS PARA A SEGURANÇA E DEFESA...

Portugal ficaria com a missão de organizar o primeiro exercício da série *Felino*, o *Felino2000*, que decorreu em outubro de 2000, em moldes previamente acordados entre os países participantes, num processo inovador de planeamento integrado que englobaria quase todos os países da CPLP. Passava assim a realizar-se com uma frequência anual, num sistema rotativo pelos Estados-Membros, tendo-se realizado em outubro de 2006 (Brasil) um dos maiores exercícios militares executados pela organização, envolvendo cerca de 950 militares de todos os países (exceto Timor-Leste), tendo acontecido em 2008 em Portugal e em 2010 (2011) em Angola, o maior exercício realizado pela Comunidade. Estes exercícios constituem atualmente um ótimo mecanismo de interoperabilidade[378] e reforço da operacionalidade das outrora já designadas Forças Armadas Lusófonas, possibilitando o emprego de meios e Forças dos países da Comunidade, isoladamente ou integrado uma Organização Internacional ou Regional, em prol da paz e da segurança num Estado, que até pode não ser da CPLP, ou numa região, que será, muito possivelmente no continente Africano (Simões Pereira, 2010).

No âmbito do treino e da formação militar, aprovou-se em 2004, o Programa Integrado de Exercícios Militares Combinados da CPLP, destinado à preparação de unidades para o desempenho de Operações de Apoio à Paz e de Ajuda Humanitária, sendo realizado anualmente e de uma forma alternada no formato de CPX e FTX, padrão que se mantém atualmente, mas que necessita, em nossa opinião, de ser reavaliado, tal como prevê a proposta apresentada pelo Brasil após os exercícios em Cabo Ledo.

Os exercícios militares da série *Felino*, constituem assim um reconhecido e assumido êxito, sendo a evidência de que se pode reforçar os passos dados pela Comunidade na cooperação na área da segurança e defesa, principalmente através da realização das iniciativas inscritas no Protocolo

---

[378] O conceito de "interoperabilidade" no seio das Forças Armadas da CPLP, dominou a 6ª Reunião de MDN, em São Tomé e Príncipe, sendo considerado um vetor fundamental da política de segurança e defesa e um instrumento ativo para a paz e segurança na organização. Este conceito assenta na realização continuada de exercícios conjuntos e combinados, levando ao aparecimento do 1º Programa Integrado de Intercâmbio no Domínio da Formação, como complemento ao treino operacional e emprego de Forças da CPLP em operações humanitárias e de apoio à paz, refletindo assim a necessidade sentida de uniformização de doutrinas, procedimentos operacionais, logísticos, de planeamento e de troca de informações estratégicas (Bernardino, 2010).

O EXERCÍCIO MILITAR *FELINO 2010*

de Cooperação na Área da Defesa, pois se estas falharem implicará graves repercussões internas e externas para a CPLP. Neste âmbito, cremos que o futuro dos exercícios *"Felino"* passará por um reforço dos meios humanos e materiais envolvidos (nomeadamente dinamizando a cooperação aérea e naval), por uma integração com outros exercícios militares de âmbito diferente (no âmbito do programa *ReCamp* ou com o AFRICOM). Passa ainda por uma melhor sistematização dos processos de planeamento, conduta e avaliação dos exercícios, bem como, do planeamento e dos procedimentos operacionais, e ainda como a criação de um órgão que alinhe os ensinamentos recolhidos e que tal como Angola propôs no Relatório do Exercício *Felino 2010*, a criação de uma entidade de doutrina que possa partilhar os ensinamentos recolhidos nos exercícios, havendo que contudo possibilitar aos "países CPX" a realização também de exercícios FTX.

O exercício *Felino 2010* constituiu um exemplo do supracitado, estando presentes todos os países da Comunidade, envolvendo cerca de 800 militares a operarem em conjunto num cenário hipotético dedicado à Ajuda Humanitária. O que permitiu, mais uma vez, treinar as técnicas, táticas e procedimentos entre as Forças Armadas dos países da CPLP. Contudo, quando em 1998 os Ministros da Defesa dos países da CPLP decidiram iniciar uma série de exercícios destinados a treinar forças dos respetivos países para levar a cabo Operações Humanitárias e de Apoio à Paz, a finalidade destes exercícios foi logo então definida como *"...o aperfeiçoamento da capacidade de resposta de um estado-maior e comando de uma força conjunta e combinada de escalão batalhão a situações de apoio à paz e de ajuda humanitária, no âmbito das tarefas possíveis a serem desempenhadas pelas forças armadas dos Estados-Membros da CPLP..."*. Finalidade que continua muito atual e que foi exercitada em Cabo Ledo, em 2011.

O primeiro exercício militar *Felino* decorre das decisões de caráter político de 1998, depois desenvolvidas no plano militar no ano seguinte, numa reunião de CEMGFA da CPLP, viria a ter lugar em Portugal, na região de Lamego, no "Centro de Instrução de Operações Especiais" (CIOE) em 2000. No *Felino 2000* participaram, além de Portugal, todos os Países Africanos de Língua Oficial Portuguesa e o Brasil, com o estatuto de observador. Em 2001 o *Felino* voltou a ter lugar em Portugal e em 2002 coube ao Brasil a realização, na região da Caatinga, no Nordeste do país. Em 2003, o exercício decorreu em Maputo, Moçambique, pela primeira vez na modalidade postos de comando, tendo este exercício sido também o primeiro ano em que Timor-Leste participou, ainda com o estatuto de observador.

Desde a primeira edição do *Felino*, cujo logótipo foi aprovado em 2002 (Figura Nº34) e é sempre idêntico (apenas se alterando o nome do país e o ano), as forças militares diretamente envolvidas no exercício são por norma unidades de forças especiais, apoiadas por outras forças e meios, quase sempre dos três ramos das Forças Armadas. O exercício *Felino*, apesar dos ainda relativamente reduzidos contingentes envolvidos diretamente pelos países, tem sido, pela documentação produzida, pela transmissão das experiências vividas pelos intervenientes, e pelo intercâmbio e treino cruzado, um importante fator de transformação das Forças Armadas dos PALOP, nomeadamente porque contribui para alavancar o conceito de Operações de Apoio à Paz e de Ajuda Humanitária nos seus léxicos doutrino-conceptuais e capacitar estes países para uma nova realidade.

A expressão, "treinar para a paz" tão usual nos países ocidentais, assumiu um significado especial em Angola com a realização do exercício *Felino2010*, segundo tão sugestivo tema e terminados há poucos anos os combates internos, Angola vive agora um clima de paz e relativa segurança. Apesar disso, as FAA não descuram a preparação dos seus militares na área das Operações de Apoio à Paz, não só no plano técnico, preparando e equipando forças para cumprir esse tipo de missões, como no plano psicológico, pois é necessário não esquecer que este conceito não é conhecido numa região onde a guerra se sobrepôs à paz nas últimas décadas.

O modo como as FAA se empenharam no exercício *Felino* é contudo bem a prova do esforço de mudança de atitude, pois foi sob este signo de *"Treinar tropas para a Paz"* que o cenário do exercício foi pensado, mas também foi com os olhos postos na realidade atual e no empenho que Angola dedica ao apoio às populações e na preparação operacional para desenvolver esta tipologia de missões no quadro regional que o exercício alcançou um assinalável êxito (Van-Dúnen, 2010).

1.2. A Fase de Planeamento Operacional Conjunto. Principais ensinamentos para as Forças Armadas Angolanas

A fase de planeamento operacional conjunto apoiou-se na colaboração portuguesa, nomeadamente através do conjunto de assessores militares

O EXERCÍCIO MILITAR *FELINO 2010*

que cooperam na Escola Superior de Guerra, que em moldes muito idênticos ao exercício de 2004, levaram a efeito o planeamento operacional, utilizando os processos, documentos e metodologias do ambiente NATO, adaptado à realidade Angolana. Para além dos acordos técnicos e demais documentação enquadrante (normal em ambiente CPLP), ficaram definidos os objetivos para o exercício.

Neste contexto, os principais objetivos a alcançar com a realização do exercício *Felino2010* foram os seguintes: treinar no contexto da organização, o planeamento, conduta e o comando e controlo[379], em Operações de Apoio à Paz e de Ajuda Humanitária no quadro da atuação e resposta a uma situação de crise, no âmbito das Forças Armadas dos Estados-Membros da CPLP; organizar e exercitar o comando operacional de uma Força Tarefa Conjunta e Combinada Multinacional da Comunidade, treinar o Estado-Maior dessa Força; ativar um centro de operações para uma Força Tarefa, projetado numa área de operações conjunta, com ligação segura aos Estados-Maiores dos países membros; incrementar a harmonização de conceitos, procedimentos operacionais, técnicas e táticas, bem como a consolidação da correspondente documentação, através da continuação do grupo de trabalho plurianual; realização de uma fase académica do exercício, de forma a assegurar uniformidade e interoperabilidade no seio das operações militares conduzidas no âmbito da CPLP e testar os procedimentos de comando e controlo das operações no contexto da Comunidade.

O estado final desejado para o exercício, planeado e acordado entre os Estados-Membros, centrou-se em "*...criar a capacidade do estabelecimento de*

---

[379] São definidas duas grandes áreas de partilha de informação para o comando do exercício: a área estratégico-operacional e a tático-operacional. A primeira corresponde à ação das entidades superiores e engloba uma série de serviços baseados em sistemas e infraestruturas permanentes de grande largura de banda. A segunda corresponde às trocas essenciais de informação específica atinente à execução operacional, com pelo menos um dos interlocutores em movimento baseando-se numa infraestrutura de serviço móvel, de estreita largura de banda. Enquanto na área estratégico-operacional foi possível disponibilizar os sistemas de mensagens eletrónicas militares, os serviços de voz sobre IP seguro, o sistema de comando e controlo do Exército e outros, na área das comunicações móveis o serviço principal foi o da radiofonia, tendo sido acionado no Posto de Comando Conjunto com capacidade para enviar e receber comunicação estratégica e operacional segura, o que equivale a dizer que se acionou uma sala de operações com capacidade de ligação a partir de Angola para os países membros (Relatório Final Exercício *Felino2010*, EMGFA, 2011).

uma FTCC no âmbito da Comunidade, para efetuar OAP, sob a égide da ONU; Constituir um grupo de trabalho interno para harmonização de conceitos, procedimentos operacionais, táticas e técnicas no âmbito da organização e garantir o início da recolha de elementos pelo grupo de trabalho, com vista à produção de documentos doutrinais...."[380]. Neste contexto, desde a fase de planeamento, as FAA foram incumbidas das seguintes tarefas: Participar no planeamento do exercício de acordo com o estabelecido (o que implicou a elaboração da documentação enquadrante e a criação das forças de cenário e o apoio real ao exercício); Garantir a participação dos seus militares na estrutura do EM da FTCC e na DIREX; Organizar e ministrar um estágio de OAP a ser realizado na BFE; Organizar e executar o exercício com forças no terreno; Assegurar o transporte intra-teatro das delegações e garantir o apoio de serviços[381] aos países participantes no exercício (Memorando de Entendimento do Exercício *Felino2010*, 2010).

Pela Direção de Forças Especiais/DPO com o apoio da assessoria militar portuguesa foi idealizado o exercício e criado o conjunto de documentos conceptuais enquadrantes, assentes nos procedimentos do processo de planeamento operacional, com o objetivo de criar um cenário fictício, que permitisse o treino de uma FTCC gerada no âmbito da Comunidade no contexto de Operações de Apoio à Paz, em que Angola constituiria a nação anfitriã. O cenário caracteriza-se genericamente por uma conjuntura de crise num país, com degradação da situação política interna, gerando insegurança nas populações, colocando em risco a liberdade de circulação de pessoas e bens, provocando deslocados e situações de carência humanitária. A metodologia seguida permite assim às Forças envolvidas, através da evolução da situação, escolher a tipologia de forças a treinar e o terreno onde pretendem atuar, bem como conseguir o treino com o apoio real às populações. Para o exercício foram levantados os seguintes fatores de

---

[380] Diretiva Inicial de Planeamento Nº02/CEMGFAA/10 de 8 de fevereiro de 2010. Conferência Inicial de Planeamento, Luanda, 23/24 de março de 2010. Especificações do exercício *Felino2010* de 23 de março de 2010. PLANEX *Felino2010*, DFE/DPO/EMGFAA de 20 de abril de 2010.

[381] O conceito logístico para o exercício assentou no apoio da Nação Hospedeira, ficando a República de Angola com as responsabilidades definidas pelo *Memorando de Entendimento* e o *Acordo Técnico para o Exercício Felino 2010* assinado pelos governos dos Estados-Membros da Comunidade, sendo disponibilizado pelas Forças Armadas Angolanas aos elementos participantes no exercício, alojamento, alimentação e transporte terrestre sem encargos financeiros.

O EXERCÍCIO MILITAR *FELINO 2010*

planeamento estratégico-operacional que melhor se entendem após boa leitura do cenário do exercício:

- Objetivos Políticos: Demonstração de força da parte da CPLP e a prevenção da escalada do conflito e ainda a criação de condições para uma solução política no país;
- Estado Final Desejado – Nível Político: Todas as partes aceitam e respeitam a paz, sendo iniciado o processo político, permitindo eleições livres, justas e democráticas. Não existir ameaça de instabilidade na região... e a ameaça contra deslocados reduzida a um nível mínimo, permitindo assim e transferência da missão para as autoridades locais;
- Restrições e Constrangimentos Político-Militares: As forças da CPLP respeitarão a Lei Internacional e as Regras de Empenhamento (ROE)[382] aprovadas e operaram sob o mandato do CS, em que os danos colaterais deverão ser evitados ao máximo, no entanto as ROE e a Lei Internacional devem ser respeitadas. Toda a operação deverá ser conduzida de forma imparcial e as operações ofensivas são aprovadas antecipadamente pela Comunidade. O espaço aéreo, terrestre e marítimo pertencente a países vizinhos deverá ser sempre respeitado, pois a operação desenrolar-se-á num ambiente de crise político-social, com ações violentas e atos de terrorismo, não

---

[382] As Regras de Empenhamento foram elaboradas para permitir o cumprimento da missão, recorrendo ao uso da força mínima e proporcional à ameaça, salvaguardando as forças participantes. Elas aplicam-se a todas as forças da FORCPLP, exceto se existir alguma restrição nacional a qual deve ser comunicada tão cedo quanto possível ao COMFORCPLP. Não obstante a sua natureza predominantemente defensiva, as ROE reconhecem a necessidade do emprego de ações mais robustas, se necessário, para garantirem a segurança das unidades e o cumprimento da missão, assim como definem claramente as circunstâncias mediante as quais é justificada a utilização da força. As ROE autorizam a Comunidade a utilizar o seu armamento em circunstâncias claramente definidas e quando ordenado pelo comando autorizado, de forma a: Permitir à FORCPLP cumprir a sua missão e evitar que outros interfiram e se necessário, empenhar-se antecipadamente em operações militares preventivas para garantir o cumprimento da missão. Contudo, o uso da força em ações preventivas deverá ser encarado como exceção e não como regra. PLANEX *FELINO 10*, DFE/DPO/EMGFAA de 20 de abril de 2010 – Apêndice 1 (Regras de Empenhamento) ao Anexo D- Diretiva Iniciadora do Exercício *Felino 2010*.

CONTRIBUTOS DAS FORÇAS ARMADAS ANGOLANAS PARA A SEGURANÇA E DEFESA...

sendo contudo provável por parte de grupos locais a concretização de ações hostis à nossa Força;

- Objetivos Estratégicos: Efetivar a projeção credível e visível de uma FTCC e assegurar o abandono de intervenções militares das partes, o ambiente seguro e estável foi reestabelecido e a confiança da população nas suas Forças de Segurança seja reestabelecida;
- Centros de Gravidade: Capacidade de projeção e emprego de uma Força Tarefa CPLP. Granjear o apoio da sociedade internacional e obter o apoio da população local;
- Estratégia de Retirada: A estratégia de retirada das forças da CPLP está dependente do atingir do Estado Final Desejado e da transição das responsabilidades da Comunidade para autoridades locais reconhecidas internacionalmente, nunca acontecendo antes de...;
- Missão: *"...Angola, como Nação Quadro, com os meios militares da CPLP atribuídos, planeia e conduz, uma OAP em..., a fim de restabelecer um ambiente seguro e estável, garantindo assim a liberdade de circulação de pessoas e bens..."* (Diretiva de Planeamento Operacional, 2011).

O exercício militar foi planeado e conduzido em três fases: a Fase de Planeamento, que decorreu anteriormente ao exercício (2010 e início de 2011) e permitiu aos Oficiais do Estado-Maior da BFE e do EMGFAA, conduzir as reuniões de coordenação, reconhecimentos no terreno e elaborar a matriz de sincronização do exercício, desenhando o ciclo de planeamento operacional para uma operação deste tipo. Foi ainda realizado um Estágio de Operações de Paz para jornalistas angolanos com o apoio da assessoria portuguesa no Projeto Nº 5, que lhes permitiu acompanhar o exercício mais ativamente, tendo sido inovador no contexto dos exercícios *Felino* e que possibilitou uma maior projeção do exercício, da Comunidade e das FAA, em Angola e no contexto regional. Nesta fase, para além do aprontamento do cenário real e do acervo documental e administrativo-logístico, procedeu-se à ativação da DIREX, à receção das forças participantes, incluindo o transporte aéreo de Luanda para Cabo Ledo e à instalação, ambientação e aclimatação das delegações, sendo também aproveitado para montagem do Posto de Comando e pela primeira vez no *Felino*, foi criado um gabinete

O EXERCÍCIO MILITAR *FELINO 2010*

de imprensa e montada uma sala para os órgão de comunicação social, que acompanharam todo o exercício.

A fase principal do exercício incluiu, no seu início, uma sessão de treino cruzado das forças militares dos Estados-Membros, em que depois de se proceder à ocupação da área pelas Forças de cenário, reorganização das unidades após integração de subunidades de outros países e entrada em área de isolamento das unidades de Forças para o planeamento e preparação das missões, se procedeu a uma sessão de formação e de tiro real com as armas das várias forças em presença, resultando numa sã jornada de convívio e de intercâmbio técnico-tático. Decorreu ainda nesta fase o apoio real às populações (num quadro de uma missão de Ajuda Humanitária) e em simultâneo, operações de forças especiais (num enquadramento de Operações de Apoio à Paz), em que com o auxílio de helicópteros da Força Aérea Nacional de Angola (MI-17) foi feita a infiltração e operações terrestres na área de operações conjunta, culminando num exercício final demonstrativo na praia de Cabo Ledo.

A fase final do exercício incluiu, para além da Cerimónia de Encerramento e transferência para a Guiné-Bissau, integrado na sequência de eventos destinado a acolher as entidades nacionais que representaram os Estados-Membros, um almoço convívio e as reuniões de avaliação finais, seguindo-se a desmontagem do Posto de Comando e da DIREX e o transporte das Forças de cenário e das delegações participantes por via aérea para Luanda.

Em suma, importa salientar que a sequência do planeamento operacional e administrativo-logístico das FAA para o exercício militar *Felino2010*, tirando partido dos ensinamentos do *Felino2004* e principalmente do *Kwanza2010*, foi em nossa opinião, um dos maiores e mais bem organizados exercícios no contexto da Comunidade, demonstrativo das capacidades humanas e materiais, que com a colaboração da assessoria portuguesa, foi possível levar a efeito e com resultados globalmente positivos, como salienta também o Relatório Final do Exercício *Felino2010*, embora seja necessário, conforme refere a proposta angolana, criar doutrina e caminhar para a constituição de um grupo de trabalho que congregue os ensinamentos recolhidos e que possa fazer doutrina no contexto da CPLP para as Operações de Apoio à Paz.

1.3. O Enquadramento Operacional do Exercício

O cenário criado estava assente num país fictício designado por "Quimbamba" representando um Estado que ao longo de várias gerações foi palco de sucessivos confrontos interétnicos, devido à existência de etnias, religiões, crenças e modos de vida diferentes e desde sempre, geradores de conflitos regionais. Estes conflitos foram agravados pelo estabelecimento de fronteiras que nada tinham a ver com as fronteiras naturais, dividindo etnias, tribos e povos que sempre se entenderam como "unos". Em termos étnicos existem quatro etnias dominantes: Ngola, Kunzo, Muxo e Beko.

Neste enquadramento geral, os hospitais civis passam a reportar a ocorrência de uma doença estranha, com elevado número de falecidos, incluindo técnicos de saúde. O quadro social complica-se com a recusa dos técnicos de saúde em trabalhar nos hospitais civis e principalmente quando uma equipa de epidemiologistas confirma que a doença estranha é provocada pelos vírus Ébola. O campo de deslocados de Calala, situado a sul da capital do país, é o mais afetado e devido ao movimento de deslocados existe a possibilidade da epidemia se propagar até a região de Cabo de São Bravo situado igualmente a sul do país e estados vizinhos de Quiçalândia. Nesta circunstância o Governo declara o estado de emergência devido à epidemia provocada pelo vírus ébola, e o Ministério da Saúde no quadro do regulamento sanitário internacional notificou a Organização Mundial de Saúde que por sua vez lançou um alerta internacional.

A sociedade internacional residente começa a não ter condições de vida e de segurança para permanecer no país tendo levado a que diversos cidadãos estrangeiros o tenham abandonado deliberadamente e outros manifestem intenção de o fazer. Tal não é visto com agrado, receando que a saída de estrangeiros crie condições às tropas governamentais para intensificarem as perseguições. Tal facto pode levar a que intervenham no sentido de impedir a saída destes cidadãos, o que preocupa a sociedade internacional e está a merecer um acompanhamento constante por parte das NU. Neste contexto, o CS/NU solicita o apoio da CPLP, tendo esta acordado que Angola se constituísse como Nação Quadro de uma Força da Comunidade e liderasse uma Operação de Apoio à Paz e de Ajuda Humanitária em Quiçalândia. A intervenção de uma Força da CPLP é vista com agrado pelas forças políticas no terreno, quer sejam governamentais ou da oposição, e pela população, em geral, e dada a experiencia de Angola no combate à epidemia de Marburg, foi-lhe reservado o papel do comando das ações de combate à epidemia de Ébola, ao Brasil competindo-lhe o empenhamento da componente laboratorial e a Portugal o papel de coordenador logístico.

O cenário criado, completo e complexo, permitiu às forças em presença, realizar e treinar missões de Ajuda Humanitária às populações (realizadas efetivamente), acionar os meios para combate a uma epidemia e conjugar com ações diretas de forças especiais, num enquadramento com forças terrestres, aéreas e uma componente naval, residual. Embora o enquadramento operacional esteja dimensionado para um exercício de dimensão maior e com um volume de meios humanos e matérias, pelo que sugere o Relatório Final, a "*...avaliação é positiva e o enquadramento adequado...*", envolvendo capacidades que as FAA ainda não dispõem, como por exemplo, o tratamento georreferenciado do cenário, a realização de mapas e cartografia apropriada[383], fornecido por Portugal.

2. Forças e Meios Militares em presença no exercício *Felino 2010*. Principais ensinamentos para as Forças Armadas Angolanas

O exercício *Felino 2010* foi um dos exercícios no contexto da Comunidade que envolveu mais meios humanos e materiais ao longo da década em que o exercício se realizou (recorde-se que o primeiro exercício foi em 2000), embora a participação das delegações esteja normalmente dimensionada para 20 participantes, pois a estrutura de pessoal da FTCC (e da DIREX) é idêntica aos anteriores exercícios (ajustada nas conferências de planeamento inicial e final), variando apenas o empenhamento do país organizador. Neste caso, as FAA envolveram diretamente no exercício 570 militares, para além de um efetivo não estimado de militares e unidades que participaram no apoio real ao exercício, quer seja na fase de planeamento e na realização, ultrapassando, segundo fontes oficiais das FAA, os 700 militares.

---

[383] O trabalho cartográfico em apoio do exercício e das FAA, foi feito com o apoio do Instituto Geográfico do Exército (IGeE) de Portugal, que destacou um Oficial e disponibilizou o conjunto das cartas topográficas e fotografia aérea (incluindo a sua digitalização) para permitir o planeamento e a conduta operacional do mesmo.

CONTRIBUTOS DAS FORÇAS ARMADAS ANGOLANAS PARA A SEGURANÇA E DEFESA...

A distribuição entre a DIREX, EM e a FTCC, foi definida antes do início do exercício, envolvendo da parte das FFA um conjunto vasto de unidades e órgãos militares[384], demonstrativo, em nossa opinião, da importância que a realização do exercício *Felino2010*, mereceu de Angola e do comando das FAA. Foi possível ainda constatar que foram reunidos meios humanos (especialmente condutores e pessoal de apoio) de outras unidades da região e que, não contemplados na Figura Nº 34, entre civis das ONG, OCS e entidades policiais e locais, teremos perto de mil pessoas envolvidas direta ou indiretamente no exercício, o que, mais uma vez reflete a importância do evento para Angola e o comprometimento que as Forças Armadas lhes atribuíram, pois para além de coincidir com a Presidência da CPLP, representava no âmbito da Comunidade, uma afirmação interna e a possibilidade de projetar as capacidades das FAA, no contexto regional e internacional.

3. **Os comentários da Opinião Pública. Uma nova dimensão para as Forças Armadas Angolanas**

A realização das atividades previstas no âmbito da célula de Informação Pública (PIO) iniciou-se com um estágio (extra programa) propiciado pelas FAA aos cerca de 28 jornalistas indigitados pelos principais OCS para cobrir o evento. Este estágio realizou-se no Centro de Instrução de Operações de Apoio à Paz em Cabo Ledo entre 21 e 26 de fevereiro de 2011 e revelou-se muito adequado e fundamental para o enquadramento

---

[384] Das FAA estiveram envolvidos no exercício militar *Felino2010*: Brigada de Comandos da Direção de Forças Especiais (Grupo de Ações Especiais); uma Companhia Operacional de Comandos; Batalhão de Comando e Serviços; Helicópteros Alouette III, 2 Mi-17 do Regimento Aéreo de Transporte da Força Aérea; Aeronaves An-32 Il-76 da Força Aérea; Pelotão de Fuzileiros Navais da Marinha de Guerra; Botes pneumáticos do tipo *Zodiac*. Do EMGFFA, a Direção Principal de Planeamento e Organização; Direção Principal de Educação Patriótica; Direção Principal de Preparação de Tropas e Ensino; Direção Principal de Armamento e Técnica; Direção Principal de Logística; Direção Principal de Inteligência Militar Operativa; Direção Principal de Contra Inteligência Militar; Direção Principal de Operações; Direção de Telecomunicações; Direção de Finanças; Direção de Serviços de Saúde; Direção de Obras e Infraestrutura; Gabinete de Intercâmbio e Cooperação Internacional; Direção de Informática; Destacamento de Apoio do EMGFAA e principalmente os meios da Brigada de Forças Especiais e do Centro de Instrução de Forças Especiais em Cabo Ledo.

	DIREX			EM/FTCC			FTCC			
	O	S	P	O	S	P	O	S	P	T
ANG	18	2	2	10		2	84	135	317	570
BRA	7			3			1	2	8	21
CPV	2			3			3	2	10	20
GNB	3			2			2	2	11	20
MOC	2			2			1	4	9	18
PRT	9	4		2			2	4	9	30
STP	2			4			0	7	8	21
TLS	3			1			0	5	11	20
Total	46	6	2	27	0	2	93	161	383	
	54			29			637			720

Fonte: Compilado pelo Autor (durante exercicio)
Legenda: O: Oficiais; S: Sargentos; P: Praças (soldados)

Figura Nº 35 – **Efetivos Presentes no Exercício *FELINO2010***

e operacionalização da *pool* de jornalistas. Assim, o acompanhamento em permanência do exercício *Felino2010* por parte da *pool* de jornalistas, tendo sido criado inclusive uma Sala de Imprensa para o efeito, permitiu criar uma boa dinâmica informativa, que se traduziu num grande fluxo de notícias nos principais OCS de Angola, não tendo sido possível acompanhar a imprensa internacional. Para esse efeito, foi elaborada diariamente uma resenha de imprensa e no final do exercício distribuído na DIREX uma resenha final (com o resumo da imprensa publicado em Angola, complementada com notícias internacionais).

Embora a doutrina relacionada com a Informação Pública ainda não se encontre desenvolvida no seio da Comunidade, tendo sido mesmo este exercício uma inovação no seio dos exercícios da série *Felino*, tendo sido possível congregar sinergias do desenvolvimento real dos OCS que serviu o objetivo primário de projetar a imagem das FAA, bem como da Comunidade nos Estados-Membros, no âmbito regional Africano e internacionalmente. Neste contexto, as FAA fizeram uma boa aposta em congregar os OCS e utilizar o seu potencial, integrando múltiplas equipas de reportagem, que permitiu uma cobertura constante, variada e ampla, das atividades junto às populações e do exercício militar, resultando inclusive num filme (ainda em realização) que permitirá documentar e servir de testemunho das capacidades das FAA e do envolvimento da Comunidade num exercício de treino operacional para uma operação de Ajuda Humanitária e Operações de Apoio à Paz.

Do resultado obtido, o mais relevante é o número significativo de notícias que eram publicadas nos órgãos de comunicação social diários angolanos, na televisão e rádios nacionais e locais, bem como o envio das imagens recolhidas através da ANGOP para os países lusófonos (Timor--Leste e São Tomé e Príncipe também trouxeram jornalistas militares), para os países da região e foi possível constatar notícias saídas na BBC, CNN e France24, entre outros órgãos de comunicação de dimensão global. Este espeto deve-se não só ao carácter "nacionalista" e muito profissional dos jornalistas presentes, da boa coordenação e motivação que foi possível imprimir a esta vertente do exercício, como à abertura das FAA, para permitir o acesso dos *mass media* livremente aos eventos, às áreas e ao Estado-Maior da Força, bem como a disponibilidade para lhe dar formação específica e apoiar logisticamente a sua atividade, o que nem sempre tem sido possível.

4. Principais ensinamentos para o sector da Segurança e Defesa em Angola

A Comunidade dos Países de Língua Portuguesa tem no continente Africano, nomeadamente no contexto da África Lusófona, um espaço natural e privilegiado de intervenção. A vertente da cooperação da área da Defesa, no seio da Comunidade, permite a países como Angola, usarem este mecanismos de cooperação bimultilateral estratégica na criação de capacidades que contribuam internamente para o *African Ownership* ou no caso para o *Angolan Ownership*. Como referido na Declaração Final da 5ª Reunião dos Ministros da Defesa, realizada em Lisboa em 2002, a ideia de umas Forças Armadas Lusófonas, com uma Força Tarefa de escalão Batalhão "reforçado", preparada para intervir num cenário de crise em África, tem acompanhado a ideologia da cooperação na vertente da Defesa desde

O EXERCÍCIO MILITAR *FELINO 2010*

a sua criação. Neste contexto, os exercícios militares anuais da série *Felino* permitem obter um grau mínimo de interoperabilidade e consolidar uma doutrina operacional comum, que possibilitaria uma intervenção conjunta (considera-se politicamente adequada).

Os exercícios militares têm em vista possibilitar o acompanhamento das situações de instabilidade em cada país, facilitando o treino e a interoperabilidade entre as Forças Armadas dos países membros e permitir maior visibilidade e dimensão às capacidades militares da CPLP, no âmbito da prevenção e resolução de conflitos, contribuindo para um maior protagonismo dos Estados-Membros (nomeadamente de Angola) e da Comunidade nos contextos regionais africanos de inserção e em África.

No âmbito da prevenção de conflitos, a CPLP tem desenvolvido um trabalho considerado por muitos como "meritório", tendo atuado essencialmente ao nível da diplomacia preventiva, constituindo "Grupos de Contacto" e "Missões de Observação", não só na perspetiva de acompanhar os conflitos internos nos seus Estados-Membros (Guiné-Bissau, S. Tomé e Príncipe e Timor-Leste), como de intervir ativamente na tentativa de resolução pela via pacífica. Na prevenção de conflitos a ação diplomática é vital e a Comunidade tem dado provas de ser capaz de desempenhar cabalmente este tipo de missões, não só no espaço da África Lusófona (como vem acontecendo), mas também noutras regiões, nomeadamente em África, podendo ser liderada por nações africanas, onde Angola pode desempenhar um papel de relevo e afirmar-se como potência africana dentro da Comunidade. Cremos que o papel da CPLP em África se encontra numa fase de afirmação, não só no seio dos seus Estados-Membros africanos, como junto das Organizações Internacionais e Regionais que operam neste espaço. Neste intuito, a Comunidade pretende desenvolver estratégias de cooperação em múltiplos domínios, tendo no entanto, uma especial incidência na vertente da segurança e da defesa, como complemento do desenvolvimento sustentado e em concordância com as orientações estratégicas firmadas em Bissau, na "Cimeira da Década" (2006).

A organização Lusófona poderá vir a estar no futuro especialmente vocacionada para intervir na prevenção de conflitos pela via diplomática, em particular no seio dos seus Estados-Membros, reforçando e aperfeiçoando o que vem fazendo há mais de uma década. No entanto, ao nível da resolução, necessitando de uma componente militar normalmente mais robusta, essa intervenção será eventualmente possível (no princípio discutível de serem os Africanos a resolver os problemas de e em África), onde Angola poderá liderar um qualquer processo de paz, angariando apoios e assessoria da vertente "não africana" da Comunidade. Como sabemos, países como Angola e Moçambique têm participado em missões e exercícios no quadro da ONU, da UA e das ORA, dando mostras de poderem contribuir para as *African Standby Forces* ou outras Forças que venham a ser modelarmente constituídas no quadro das Organizações Africanas onde geograficamente se inserem, ou ainda para missões híbridas no âmbito das NU e da UA.

Fonte: Fotografia do Autor

FIGURA Nº 36 – **As Forças Armadas Angolanas no Exercício *FELINO2010***

Em suma, pensamos que a CPLP irá tendencialmente aprofundar caminhos para África no futuro, nomeadamente através da cooperação com as Organizações Regionais Africanas em vários domínios, podendo contribuir para a segurança no continente Africano, onde o apoio à criação das *African Standby Forces*, através da capacitação das Forças Armadas dos Estados-Membros é um objetivo estratégico. Neste propósito, o exercício *Felino2010* foi um bom contributo e um cenário em que Angola se procurou afirmar e demonstrar algumas das suas capacidades ao nível das suas Forças Armadas, quer seja na componente terrestre, naval ou aérea.

A temática da prevenção e resolução de conflitos e a intervenção de uma Força Tarefa com elementos dos oito Estados-Membros da CPLP (com missão atribuída e em conjugação com meios terrestres, aéreos e navais) num cenário regional de crise constitui o macro enquadramento operacional para o exercício conjunto e combinado da série *Felino2010*, que decorreu na Brigada de Forças Especiais, baseada na região de Cabo Ledo. Este enquadramento constitui uma oportunidade para Angola se mostrar no contexto regional e continental, não só pelo nível de planeamento que lhe está acometido (com o contributo da assessoria portuguesa) como pelo grau de empenhamento de pessoal e meios militares, numa mostra das potencialidades e capacidades conjuntas das Forças Armadas de Angola. Salienta-se que já em 2004, Angola deu boas indicações quando estes exercícios se desenrolam pela primeira vez. Contudo, pensamos que em 2010, pelo facto de Angola assumir a presidência rotativa da CPLP, pretenderá dar outra importância e relevo ao exercício militar e ao desenvolvimento do comportamento da defesa no seio da organização, pois ao contribuir para uma valorização das capacidades operacionais da Comunidade, está a valorizar-se um elemento central no continente Africano na vertente da defesa e como produtor regional de segurança.

Associado ao esforço de um país que se apresenta já como uma potência regional em ascensão, e que terminou recentemente um processo de revisão constitucional, em que a reestruturação das Forças Armadas está em marcha, a realização do exercício militar da série *Felino* constitui mais uma boa possibilidade de se afirmar no contexto regional todas as suas capacidades ao nível militar, podendo constituir-se como elemento produtor de segurança no contexto regional e continental. Aspeto que se insere perfeitamente nas prioridades definidas para a Política Externa no contexto regional de vizinhança e que preenche o quadro das missões das Forças Armadas Angolanas.

CONCLUSÕES

Nota Introdutória

As novas correntes do pensamento político-estratégico contemporâneo são confrontadas com a necessidade de interpretar e contribuir para a reflexão ideológico-política dos complexos e imprevisíveis fenómenos sociais que nos rodeiam. Neste paradigma atual, a globalização, surge como elemento central e desafiante na reflexão de políticos, académicos e militares, entre outros, pois os fenómenos sociológicos são agora crescentemente multidimensionais, não só pela multiplicidade de atores envolvidos (e interesses associados) como pela projeção económica, política, social, securitária e mediática que vêm adquirindo no contexto mundo.

Ainda assim, a regionalização dos conflitos fez prevalecer neste cenário a ação do Estado como elemento central e entidade primariamente responsável pela ação político-diplomática na cena internacional. Todavia, as Organizações tendem a assumir, crescentemente, uma maior influência no processo de decisão política e no desenvolvimento de estratégias de cooperação internacional, nomeadamente nas vertentes da segurança coletiva e no apoio ao desenvolvimento sustentado.

Neste contexto, o construtivismo surge como ideologia política resultante da combinação realisto-idealista, afirmando-se como reflexo de uma necessidade constante de se integrar múltiplas dimensões de análise dos fenómenos sociais, procurando-se explicações conceptuais para os atuais paradigmas da paz e da guerra, no intuito de contribuir para a padronização do quadro político-securitário, especialmente nos contextos regionais onde os fenómenos político-estratégicos conjunturais são cada vez mais complexos e as influências são cada vez mais assertivas, enigmáticas e potencialmente globais.

Neste inovador quadro político, ao serviço da segurança e da defesa dos Estados, as Forças Armadas tendem a ser empregues como instrumento produtor de segurança e de desenvolvimento sustentado, passando a ser multidimensionais na forma de fazer a paz e multidisciplinares na forma de ajudar a construir o desenvolvimento, pois a segurança e o desenvolvimento são vetores estrategicamente convergentes da ação política do Estado em prol da sociedade. Mormente porque nas sociedades contemporâneas, o vetor da Política Externa encontra-se parcialmente assente no instrumento militar, mais concretamente envolvendo a função estratégica das suas Forças Armadas. Estas constituem-se assim, cada vez mais, num mecanismo estratégico e proativo da Política Externa de Defesa, atuando como um elemento prioritário ao serviço da segurança e da defesa do Estado, tendo passado a ser e a estar dimensionadas para servir de vetor privilegiado de ação político-estratégico-diplomática e a assumir-se, em permanência, como mecanismo de projeção da influência, do poder e dos interesses do Estado, onde quer que estes se materializem.

Na dimensão política do Estado, a segurança passou a ser entendida no contexto atual com um pilar, um elemento estratégico e vital para a sua própria existência. Assim, a sociedade é coletivamente articulada e orientada para uma conceção idealista de "segurança nacional" (num sentido lato), em que o risco potencial de um acontecimento conjuntural ser visto como uma ameaça ao sistema securitário, passou a ser entendido como uma ameaça à sociedade e ao próprio Estado, nomeadamente porque a adoção de uma Política de Defesa Nacional coerente com os interesses vitais do Estado, implica o emprego do potencial estratégico tangível (e intangível) da nação, no intuito de proteger os valores perenes da soberania e por outro lado, contribuir para fortalecer a segurança e defesa nacional, desempenhando um papel relevante no desenvolvimento atual das sociedades modernas. Neste âmbito, a Política de Defesa Nacional procura conceber soluções estratégicas equilibradas, consensuais, politicamente articuladas e realistas (económica e logisticamente), que envolvam todos os mecanismos que o Estado tem ao seu dispor, nomeadamente as suas Forças Armadas, pois estas são um dos principais atores da segurança nacional e pilar do Estado de Direito, constatando-se que não existe segurança sustentada sem Forças Armadas e não existem Forças Armadas sustentadas sem um Estado de Direito.

Neste contexto, assiste-se atualmente a um renovado interesse dos Estados, por via da conjuntura da "globalização", em desenvolverem uma

CONCLUSÕES

Política Externa mais "agressiva", dinâmica, global e proativa em espaços de aparente reduzido interesse geoestratégico, sobretudo em África e especialmente na região Subsariana, onde se constituem, crescentemente, como elementos de ação estratégica conjugada da defesa (e segurança), do desenvolvimento e da diplomacia (nas suas múltiplas formas). Por essa via, este continente e em especial esta região, passaram a atrair a atenção mundial e a constar nas agendas dos principais atores globais da cena internacional, pois os fenómenos sociais da insegurança e do subdesenvolvimento passaram a afetar a economia global e o comércio internacional, tendo reflexos na segurança e na paz mundial, pois como salienta Adriano Moreira "...*sem segurança não existe desenvolvimento, e sem desenvolvimento sustentado não temos condições para desenvolver uma segurança sustentada*..." (2010).

Todavia, os recentes fenómenos estudados pela Polemologia na sociedade internacional tiveram reflexo direto na construção de uma "nova" ordem internacional. Estes fenómenos trouxeram à reflexão académica uma alteração da forma de se abordar a conflitualidade no mundo, não só relativamente à sua intensidade, mas principalmente à sua tipologia, envolvência regional/global, motivações associadas e muito especialmente, à influência que introduzem nos aspetos da análise geopolítica e geoestratégica contemporânea, constatando-se que são agora fenómenos mais complexos, enigmáticos, perenes e que não se circunscrevem a um país ou região, pois são cada vez mais um problema transnacional do mundo global. Assim, constatamos ainda que os conflitos tendencialmente evoluíram para o interior dos Estados, passando a incluir novos atores e outras dimensões no problema, acrescentando uma maior complexidade na análise da conflitualidade e dificultando a intervenção da Comunidade Internacional, pois os conflitos de raiz intraestatal passaram a ser vistos como uma das principais ameaças ao desenvolvimento sustentado regional, necessitando por esse motivo, em nossa opinião, de uma intervenção mais estruturada, multidisciplinar, integrada e acima de tudo, estrategicamente convergente, sustentada economicamente e com um maior envolvimento dos atores globais nos cenários de crise regional.

Esta realidade, em particular em regiões como a África Subsariana, permite-nos ainda identificar uma outra dimensão dos conflitos intraestatais, refletida na dificuldade encontrada pela sociedade internacional em desenvolver estratégias que possibilitem uma prevenção e resolução dos conflitos mais concertada, proativa e eficiente. Neste cenário, a ação estratégica da trilogia definida pela Defesa (segurança), Desenvolvimento e Diplomacia, pode ser atualmente considerada como o fator crítico do sucesso do Estado e representa, por esse motivo, os vetores privilegiados de ação político-estratégica e de integração da cooperação internacional para África. A estratégia "3D" parece-nos ser, numa perspetiva que pensamos ser mais integrada, abrangente e coerente, a combinação estratégica para se ultrapassar os problemas da insegurança e do subdesenvolvimento no continente. Estratégia em que o Estado Africano, e crescentemente, as Organizações Regionais Africanas são os principais atores, pois em especial estas últimas, vêm assumindo um maior protagonismo na solução *African Regional Ownership*, ou seja, possibilitar que os Africanos (regionalmente) disponham de capacidades próprias para resolverem os problemas securitários e de desenvolvimento na sua região e no seu continente.

Assim, a crescente complexidade dos conflitos subsarianos, envolvendo inovadoras ameaças transnacionais e assimétricas à segurança em África, tem contribuído, como vimos, para colocar as questões da gestão de conflitos, principalmente na sua forma de prevenção e resolução, no cerne dos processos de consolidação da paz e do desenvolvimento regional. Nomeadamente na região Subsariana, onde a atual geopolítica dos conflitos, associada à crise do Estado e da deficiente governação, tem levado a sociedade internacional a intervir com o propósito de contribuir para um ambiente mais seguro e desenvolvido, em que a cooperação internacional para a paz passou a constituir uma das áreas mais visíveis no domínio das Relações Internacionais. Pois como salienta Adriano Moreira, citando Ramon Aron *"...a teoria, nas ciências sociais, apenas pode: fornecer a definição específica do objecto, que nas relações internacionais se traduz na normalidade da violência; identificar as principais variáveis; sugerir hipóteses sobre a regularidade do funcionamento do sistema..."* (2002, p. 63). E complementa, salientando *"...que a arte da guerra segue-se* [à Diplomacia] *na importância das artes que exigem o conhecimento actualizado do levantamento das Relações Internacionais para decidir da oportunidade de recorrer a esse meio de acção, e o modo de a conduzir... porque agora a política é frequentemente a continuação da guerra por outros meios..."* (Idem, p. 58).

Este racional metodológico ressalva a importância crescente da conflitualidade e do seu estudo no contexto das ciências sociais, nomeadamente no âmbito das Relações Internacionais, onde os fenómenos da guerra e da paz passaram a constituir um dos seus principais objetos de estudo.

CONCLUSÕES

Segundo este prisma ideológico, adotou-se neste trabalho uma Metodologia de Investigação Científica predominantemente hipotético-dedutiva, congregando pesquisas bibliográficas especializadas, com entrevistas a reconhecidas personalidades internacionais e ainda a realização de um trabalho de campo como observador-participante num contexto de exercício militar, numa investigação académica centrada no estudo da função estratégica das Forças Armadas Angolanas no contexto da segurança regional que resumidamente se apresenta nas dez principais ideias conclusivas que se seguem:

- **A conflitualidade em Angola e a Formação das Forças Armadas Angolanas**

Na República de Angola, os fenómenos da conflitualidade interna assumiram no período pós-Independência, uma das matrizes mais ativas da conflitualidade intraestatal na região Subsariana e no continente, reproduzindo grande parte dos principais argumentos que vinham sendo apontados como *rootcauses* geradoras dos conflitos regionais em África, comprovando-se, no terreno, que sem segurança não existem condições para o desenvolvimento e que se não houver um desenvolvimento sustentado, não existem condições de segurança sustentada para as populações e para alavancar o crescimento económico do país.

A História de Angola, espelho e reflexo da História de África, rica nos aspetos histórico-culturais e no âmbito das relações entre povos, culturas e civilizações, representa no atual contexto internacional, um papel relevante, estratégico e enigmático, quer pelas dinâmicas político-estratégicas regionais, pelas riquezas dos seus espaços e recursos naturais estratégicos, quer pela importância que adquiriam para a economia mundial e para os principais atores globais. Neste quadro, ao longo da última década, após a consolidação do processo de paz em Luena, a 4 de abril de 2002, assistiu-se em Angola a um incremento do emprego do instrumento militar como elemento de paz e de desenvolvimento, nomeadamente das suas Forças Armadas, atuando como vetor ativo da Política Externa do Estado, com particular destaque para as intervenções militares em prol dos interesses nacionais e da manutenção das alianças de defesa regionais. Estas interações concorreram ainda para consolidar os processos de parceria estraté-

CONTRIBUTOS DAS FORÇAS ARMADAS ANGOLANAS PARA A SEGURANÇA E DEFESA...

gica e contribuíram para a edificação, consolidação e operacionalização da Arquitetura de Paz e Segurança Africana no seio das Organizações Regionais onde Angola participa, passando a constituir uma das estratégias da consolidação da paz interna e da segurança nacional pela via da intervenção estratégica regional no quadro da segurança coletiva.

Esta importante alteração paradigmática só foi possível pois que legalmente as Forças Armadas Angolanas, segundo a Constituição da República de Angola passaram a ser desde 2010. O Executivo prepara a primeira Lei de Segurança Nacional, garantiu o ministro de Estado e Chefe da Casa Civil do Presidente da República, Carlos Feijó. A discussão do diploma acontece ainda no primeiro trimestre do ano em curso.

A lei consagra subsistemas de defesa nacional integrados pelas Forças Armadas Angolanas, subsistema de Proteção Interna, que compreende a Polícia Nacional, Serviço de Migração e Estrangeiros, Serviços Penitenciários e Serviço de Proteção Civil e Bombeiros. O diploma congrega ainda o subsistema de Inteligência, que abrange o Serviço de Inteligência e Segurança do Estado, Serviço de Inteligência Militar e Serviço de Inteligência Externa. De acordo com o balanço feito ontem pelo ministro de Estado e Chefe da Casa Civil do Presidente da República, o Executivo deu continuidade à reforma do Estado em duas frentes. A primeira, com a produção normativa da legislação ordinária, com vista a adaptá-la à Constituição, principalmente no que respeita à Justiça, Segurança Nacional e Forças Armadas. A segunda frente foi feita com a elaboração de diversos diplomas legais inerentes à atividade do Executivo. No sector da Justiça, foi criada uma comissão específica e especializada para a elaboração e/ou discussão de vários diplomas legais. Entre os diplomas estão a Lei da Organização Judiciária, a Lei Orgânica do Tribunal Supremo, a Lei Orgânica dos Tribunais de Comarca, a Lei Orgânica dos Tribunais da Relação, a Lei dos Julgados Municipais, a Lei do Conselho Superior da Magistratura Judicial, a Lei do Conselho Superior da Magistratura do Ministério Público, a Lei Orgânica da Procuradoria Geral, a Lei Orgânica dos Tribunais Militares, a Lei Orgânica sobre o Estatuto dos Magistrados Militares e a Lei Penal Militar. Segundo Carlos Feijó, esses diplomas visam a conformação com a Constituição, e regular convenientemente a organização e o funcionamento dos órgãos judiciais e os procedimentos e mecanismos operacionais da aplicação da justiça e do direito. *"...a instituição militar nacional permanente, regular e apartidária, incumbida da defesa militar do país, organizadas na base da hierarquia, da disciplina e da obediência aos órgãos de soberania competentes..."* (Art. 207). Constituindo-se assim a lei fundamental como o elemento político-legal base que materializa e permite aprofundar as vastas potencialidades do instrumento militar ao serviço do país. Estas missões passaram a integrar estrategicamente as principais orientações para a Política Nacional e Política Externa Regional da segurança, passando a ser estruturantes na ação estratégica do Estado no âmbito da consolidação da paz e do desenvolvimento sustentado de Angola, que se consubstancia, em permanência, através de uma presença proativa no contexto securitário regional onde está conjunturalmente inserido.

- **A História de Angola e a génese da formação das Forças Armadas Angolanas**

O processo político-militar pré e pós Independência materializou e contribuiu para o crescimento institucional das Forças Armadas Angolanas, fortalecendo a marca da identidade da construção e consolidação da Nação Angolana, fundindo povos, ideologias, movimentos, partidos e pessoas, pois que a formação do que designamos, ousadamente, por construção da "nacionalidade" em Angola, esteve, está e estará, parcialmente assente no seu instrumento militar. A edificação do pilar militar permitiu assim, em nossa opinião, transmitir robustez política e consistência ideológica ao processo de construção da paz e de desenvolvimento em Angola, tendo sido fulcrais para a construção da paz e para a edificação de umas Forças Armadas que se identificassem com o Estado de Direito.

As características guerreiras e aguerridas dos *Bochimanes, Bacongos* e outros povos que deram origem ao povo Angolano, comprovam que a génese da formação dos Movimentos de Libertação foi o convergir dos interesses dos povos e das expirações de líderes pela libertação de Angola. Assim, os elementos organizados da luta armada, consubstanciados nos Movimentos de Libertação, constituíram os principais embriões da formação das FAA, protagonizando ao longo de mais de cinquenta anos uma dinâmica de consolidação das suas "vontades" e das ideologias político-estratégicas, que cresceram com o Estado e contribuíram para a valorização de Angola no contexto regional Africano e ainda permitiram projetar as Forças Armadas Angolanas como um potente instrumento político da ação estratégica do Estado na região e no continente.

Assim, as Forças Armadas Angolanas resultam do somatório dos processos político-ideológicos e das atividades operacionais do Exército Popular de Libertação de Angola (depois das Forças Armadas Populares Libertação de Angola) e do carisma dos presidentes e líderes do MPLA – Agostinho Neto e José Eduardo dos Santos; da Frente Armada de Libertação de Angola e da ideologia da UNITA do seu chefe militar – Jonas Savimbi e ainda, entre outros, da Frente Nacional de Libertação de Angola e do seu principal dirigente – Holden Roberto. A influência destes carismáticos líderes político-militares Angolanos, assente numa liderança estrategico--militar forte, concorreu para a criação, operacionalização e levantamento da ideologia militar de emprego de forças irregulares combatentes, que contribuíram para uma heterogeneidade positiva e uma mais-valia das atuais FAA, pois que as experiências de combate que lhes advêm do conflito interno angolano constituíram também uma mais-valia operacional e um repositório das múltiplas capacidades e doutrinas operacionais das atuais Forças Armadas Angolanas.

Neste contexto, após o estabelecimento dos Acordos de Bicesse, a edificação das Forças Armadas Angolanas foi vista como o pilar central da construção do Estado e de Angola, elemento integrador e integrante das várias etnias, ideologias e das lideranças político-militares, somatório das experiências operacionais de guerra, dos anseios da população e vistas como um instrumento de consolidação da paz e do desenvolvimento em Angola. Este desenvolvimento e consistência do processo interno de formação das FAA contribuiu ainda para a criação de um potencial militar que no contexto regional é dos mais significativos.

- **A consolidação das Forças Armadas de Angola e o processo político-militar**

Após a Proclamação da Independência de Angola, em 11 de novembro de 1975, a internacionalização do conflito interno angolano criou as condições políticas para a "intromissão" de outros países que transmitiram uma pluralidade de doutrinas operacionais, de legislação militar e integraram múltiplos sistemas e meios bélicos, que passaram a constituir os

CONCLUSÕES

alicerces plurais das atuais FAA. Assim, estas são o produto de um multiculturalismo militar consentido, necessário e assumido pelas lideranças político-militares angolanas, que parcialmente foi sendo incutido no seio dos movimentos armados dos dois principais partidos políticos (MPLA e UNITA). Esta interação transportou múltiplas doutrinas militares, sistemas de armas diferenciados, técnicas e táticas próprias de outros Exércitos, que ao alimentarem as necessidades operacionais dos instrumentos militares ao serviço dos partidos e das ideologias políticas no período do conflito interno angolano, contribuíram para o produto operacional que são atualmente as Forças Armadas de Angola.

Neste cenário, as influências cubanas e soviéticas (consideradas como as principais, mas não as únicas) mais marcantes no período entre Kinfangondo e Cuíto Cuanavale, partilharam e contribuíram para a História recente de Angola e são elementos ativos da solução pacifista encontrada em Luena (2002), influenciando o pensamento militar angolano e a doutrina operacional das Forças Armadas Angolanas atuais. Esta heterogeneidade positiva deve, em nossa opinião, também ser vista como uma mais-valia substancial, pois que as FAA ao saberem integrar e potenciar essas doutrinas, meios, técnicas e táticas contribuíram para consolidar as capacidades organizativas, operacionais e doutrinárias das FAA ao serviço de Angola.

Salienta-se ainda a participação das NU em Angola entre 1989 e 1999, que num misto de encanto e desencanto, contribuiu também para a edificação das FAA, pois Alvor e Bicesse tinham o douto propósito de unir as armas num exército nacional único que iria contribuir para consolidar o Estado pela via democrática e multipartidária e concorrer para a construção da paz em Angola. Assim, considera-se que a função estratégica das FAA foi, neste período, servir de bastião da paz e visto pelas Nações Unidas e pela Comunidade Internacional como um ator preponderante da construção do Estado de Direito e contribuindo decisivamente para uma melhor integração político-militar das lideranças partidárias e militares em Angola.

- ## A importância do "Acordo" de Bicesse para as Forças Armadas Angolanas

Na sequência dos Acordos de Bicesse, sob orientação político-estratégica da então criada Comissão Conjunta Político-Militar, Portugal, sob a liderança militar de um homem, concebeu um Exército e umas Forças Armadas, que à semelhança das Forças Armadas Portuguesas, permitiu desenhar e conceber as matrizes iniciais das FAA. Este conceito integrava principalmente as FAPLA e as FALA, procurando criar as condições motivacionais, legislativas, infraestruturais, doutrinárias e de jurisdição militar, para que apostando na formação militar como principal elemento integrador, fazer convergir o "seu" conceito para as Forças Armadas Angolanas, com os interesses das potências representadas na *troika*, e principalmente, com as vontades e objetivos idealizados pelas lideranças político-militares de Angola.

O General Tomé Pinto surge neste quadro complexo, na sequência dos Acordos de Bicesse, como um dos atores principais e elemento dinamizador central do processo de criação das FAA, que integrando as principais conceções doutrinárias, legislativas e conceptuais portuguesas, foram estrategicamente alinhadas para permitir, em tempo recorde e sob condições políticas e socialmente difíceis, a criação dos três Ramos das Forças Armadas Angolanas da Estrutura Superior da Defesa Nacional e o vasto quadro legislativo, doutrinário, logístico, do sistema de ensino militar e permitir a criação das FAA, que veio a ficar politicamente materializado em 5 de outubro de 1991. Neste cenário, a questão que se coloca recorrentemente ao longo da nossa investigação é saber quais teriam sido os resultados do processo de criação inicial das Forças Armadas Angolanas se não tem havido a pressão política temporal para a realização do processo eleitoral multipartidário e o subsequente degenerar no conflito interno em Angola.

- ## De Alvor a Luena. Compromissos de paz e a criação das Forças Armadas de Angola

Os Acordos de Alvor e Luena constituíram duas importantes etapas do processo de paz para Angola, com o destaque que devemos dar aos Acordos

CONCLUSÕES

de Bicesse, em que os comandantes militares (indissociados do papel de líderes políticos), percorreram a História recente de Angola, congregando apoios internacionais e regionais, na contenda de um conflito interno que se tornou regional e global por "procuração", contribuindo para inflacionar os aparelhos militares dos movimentos armados e congregar nas FAA um potencial humano e bélico muito significativo e considerado atualmente, em nossa opinião, desequilibrado em virtude do que podem e devem ser umas Forças Armadas num Estado como Angola.

Sem existir, que se saiba, estudos e análises detalhadas e estrategica-mente congruentes sobre o potencial Sistema de Forças e Dispositivo que as FAA devem ter e ainda quais as Missões Específicas que devem os Ramos estar aptos a cumprir em prol da segurança de Angola.

Constata-se contudo que para lá do que ficou assente em Alvor, Bicesse e em Luena, o Exército apresenta uma macrocefalia atípica e um signifi-cativo contingente militar (estimado) ainda por desmobilizar, desarmar e reintegrar na sociedade civil, apontando a curto prazo para uma redução de efetivos e uma maior profissionalização dos seus militares. A Marinha de Guerra é o Ramo com menores capacidades operacionais (pessoal e meios navais) no âmbito das FAA, carecendo de um crescimento susten-tado em face da significativa ZEE que é suposto proteger e das atividades de segurança marítima na defesa da sua soberania que se torna imperioso defender, o que implica necessariamente um maior investimento na aqui-sição de navios e tecnologias navais, para além de melhorar a qualificação dos quadros e das tripulações. A Força Aérea Nacional representa regio-nalmente um importante vetor de afirmação de Angola, contribuindo para o potencial global das Forças Armadas Angolanas, necessitando contudo, em nossa opinião, de reestruturar os seus sistemas de deteção e defesa aérea e os meios de combate/transporte aéreo e apostar na renovação e uniformização da sua frota aérea e ainda continuar a melhorar (qualitativa e quantitativamente) as suas tripulações.

Para além das adequações ao nível dos Ramos, a reestruturação das FAA, em marcha desde junho de 2007, abrange o sistema logístico, a doutrina e formação militar, a Estrutura Superior de Defesa Nacional e do Estado--Maior General das Forças Armadas Angolanas, levando em nossa opinião, a curto prazo, a desenvolver capacidades operativas que a colocam não só como uma potência regional, mas com capacidades de afirmação como potência militar africana em ascensão.

CONTRIBUTOS DAS FORÇAS ARMADAS ANGOLANAS PARA A SEGURANÇA E DEFESA...

- **Elementos de integração das FAA e a edificação do Sistema Jurídico Militar**

A assessoria portuguesa durante e após os Acordos de Bicesse, nomeadamente na vertente da justiça militar e do sistema jurídico-legal, integraram proativamente as principais leis e os costumes das partes em presença (FAPLA e FALA). Este aspeto constituiu também, em nossa opinião, um elemento agregador na formação das FAA, constatando-se que a implementação (possível) num contexto político-militar complexo (adverso) das regras de administração da justiça militar angolana pela ação do assessor jurídico português (Dr. Castel-Branco) se revelou fundamental para a criação dos primeiros instrumentos jurídicos existentes nas FAA. Instrumentos que integrando já alguma legislação civil, nomeadamente as leis (16/78-Lei dos Crimes Militares e 17/78-Lei da Justiça Penal Militar), servem ainda atualmente, passadas mais de duas décadas (com adaptações) os principais propósitos para os quais foram criadas em 1991.

Contudo a adoção do "Código de Justiça Militar das Forças Armadas Angolanas" entre outra legislação neste sector específico, constituiu também uma das estratégias de congregação dos interesses político-militares e serviu de base para a implementação de um sistema jurídico-militar misto que congregou uma legislação militar muito similar às Forças Armadas profissionalizadas (talvez demasiado avançadas e complexas para o contexto angolano da época).

Neste quadro, a adoção de legislação à semelhança e a "decalque" da existente nas Forças Armadas Portuguesas, onde se inclui com destaque o ante-projeto do "Estatuto dos Militares das Forças Armadas Angolanas", materializa alguns dos principais mecanismos conceptualmente idealizados e ainda não completamente legislados e operacionalizados que contribuem para a edificação das Forças Armadas Angolanas. Neste contexto, a esperada (pelos militares das FAA) aprovação do supracitado estatuto constitui um passo importante no caminho da dignificação e profissionalização da carreira militar, levado à edificação, a breve trecho, de umas das melhores e mais operacionais Forças Armadas no contexto regional subsariano e em África.

CONCLUSÕES

- **A importância do Sistema de Ensino Militar para a formação das FAA**

A instrução militar de base e especialmente a formação militar dos quadros superiores constitui, em qualquer Exército, o reflexo do elemento valorativo do seu capital humano, pois não existem Forças Armadas proficientes sem um bom sistema de formação e de ensino militar, assim como não existe um "Sistema de Ensino Militar" se não existirem as condições para o valorizar no sentido da modernidade e da profissionalização militar. Neste contexto, a importação de modelos externos de formação e o envio de militares angolanos para outros países (díspares em doutrinas e meios divergentes da sua realidade) com reflexo direto no período do conflito interno, contribuiu para uma heterogeneidade positiva de doutrinas, técnicas, táticas e procedimentos operacionais que ainda subsiste no seio das Forças Armadas Angolanas.

A formação dos quadros superiores no seio da FAA nasceu assim como uma necessidade urgente de uniformização e consolidação de doutrinas operacionais conjuntas (adotadas no âmbito dos Acordos de Bicesse) e iniciada pela ação proativa do General Tomé Pinto, que estrategicamente viu as potencialidades que lhe advinham como elemento integrador e aglutinador dos militares das FAPLA e FALA. A conceção idealizada pelo seu autor e estratega implicou a replicação (com as necessárias adaptações) do modelo português de ensino militar e procurou implementar e criar a génese do que é hoje a Escola Superior de Guerra e todo o sistema de formação militar e de ensino superior das FAA.

Sabendo-se que o ensino militar pré-Bicesse se desenvolvia com o apoio externo, principalmente cubano (como são exemplo os Centros de Instrução Revolucionários) e soviético, em apoio das FAPLA, não existindo um sistema integrado e estruturado em Angola para os militares da FNLA e das FALA (UNITA), que eram instruídos nas matas e nos países vizinhos, contava com o apoio da República Popular da China, EUA e África do Sul, entre outros. Após Bicesse, assiste-se a um incremento das dinâmicas da formação de quadros superiores e patrocinou a abertura do Instituto Superior de Ensino Militar (que inicia as suas atividades em 1992), integrando os futuros oficiais superiores e oficiais generais das futuras Forças Armadas Angolanas. Desde esse período, a formação dos oficiais passou a desenvolver-se e a permitir uma melhor integração dos militares de dife-

CONTRIBUTOS DAS FORÇAS ARMADAS ANGOLANAS PARA A SEGURANÇA E DEFESA...

rentes orientações militares e políticas, permitindo ainda ao nível conjunto e inter-ramos, congregar alguns princípios de uma doutrina militar comum, que ainda necessita de ser consolidada e aperfeiçoada, sendo que ao nível especifico das Operações de Paz, a criação, como vimos, do "Centro de Instrução de Operações de Paz", é já uma referência no contexto da segurança regional.

Após 2002, com a reestruturação ao nível do sistema superior das FAA, foi adotada a designação de Escola Superior de Guerra, congregando anualmente formandos destinados ao Curso de Comando e Estado-Maior, Curso de Promoção a Oficial Superior e o Curso Superior de Comando e Direção, numa média de 100 alunos/ano, tendo ainda apoiado a formação de quadros de países da região no âmbito dos protocolos de defesa que estabeleceu, contribuindo para a afirmação das FAA e de Angola no quadro da segurança coletiva regional.

- **A construção da identidade de segurança e defesa de Angola**

A construção da identidade de segurança e defesa de Angola materializa-se após Luena (2002) com a aprovação à semelhança do que acontecia em Portugal, do Conceito Estratégico de Defesa Nacional (2003), associado ao conjunto de documentos conceptuais sobre a Política de Segurança e Defesa de Angola que tinham já sido publicados.

Neste contexto, a Lei de Defesa Nacional e das Forças Armadas (Lei nº 2/93 de 26 de março), em revisão, deverá consagrar, entre outros princípios, as orientações político-estratégicas emanadas da Constituição da República de Angola (2010), da Lei de Bases da Proteção Civil (2003), ou da Lei de Segurança Nacional (2002), entre outras, pois de acordo com a Diretiva para a "Reestruturação das Forças Armadas Angolanas" (30 de julho de 2007) as principais orientações para a Marinha de Guerra, para a Força Aérea Nacional e para o Exército, preveem uma redefinição do designado "Conceito Estratégico de Segurança e Defesa Nacional" e consequentemente do Sistema de Forças Nacional, das Missões Específicas dos Ramos e levantar a necessidade de estabelecer orientações político--estratégicas para a necessária Lei de Programação Militar. Esta última, revela-se essencial para que se desenvolvam umas Forças Armadas mais proficientes, com melhores sistemas de armas, profissionalizadas e aptas

CONCLUSÕES

a cumprir missões no âmbito da segurança nacional, pois que a "nova" Constituição da República de Angola lança novos desafios para as Forças Armadas Angolanas, salientando que

"...a segurança nacional é baseada no primado do direito e da lei, na valorização do sistema integrado e de segurança e no fortalecimento da vontade nacional visando a garantia da salvaguarda do Estado e o asseguramento da estabilidade e do desenvolvimento, contra quaisquer ameaças e riscos..." (Art. 11 3.).

A reflexão pública e académica sobre estas temáticas, ainda pouco desenvolvida em Angola, reside essencialmente nas Escolas Superiores Militares, no Instituto de Defesa Nacional e na ação do Centro de Estudos Estratégicos de Angola, que integrando a SADSEM, se constitui (quase inconscientemente) num vetor da Política Externa Angolana no contexto regional. Academicamente, a participação nesta reflexão é residual e pouco estimulada, havendo contudo a destacar um significativo avanço nos últimos anos, salientando-se o papel crescente dos órgãos da comunicação social que diariamente publicitam as atividades as Forças Armadas Angolanas, contribuindo assim no âmbito interno e no contexto internacional para um melhor conhecimento e afirmação das suas atividades e iniciativas em prol de Angola.

- **A participação das FAA no contexto regional da defesa e segurança coletiva**

Analisando os dados (possíveis) apresentados no *Military Balance 2010*, donde apuramos matematicamente o "Fator de Correlação de Forças" no contexto regional é, quer ao nível da SADC, quer no contexto da CEAAC, expressivo, em favor de Angola (com exceção da África do Sul que se constitui como a potência militar regional). Este modelo permite salientar ao nível da componente terrestre e aérea, pois a componente naval representa nos países da região, uma dimensão pouco desenvolvida ou inexistente, embora no quadro da Arquitetura de Paz e Segurança Africana esta componente também ainda não esteja conceptualmente criada.

A Política Externa da Angola na vertente da segurança regional apresenta atualmente uma dicotomia útil e necessária para a segurança nacional, pois o controlo transfronteiriço das ameaças para a soberania de Angola é parcialmente também garantido pela participação na segurança coletiva regional, sendo mais preocupante a norte, mas mais desafiante a sul. Esta participação permite projetar poder e influência nas duas sub-regiões, constituindo-se o instrumento militar como um importante agente da ação estratégica do Estado, contribuindo para a Política Externa e valorizando as Forças Armadas do contexto das Organizações Regionais Africanas onde articula os seus interesses político-diplomáticos. Realce neste contexto para a participação na Comissão do Golfo da Guiné, onde a segurança marítima passou a constituir o elemento de valorização estratégica da iniciativa angolana, que liderando o processo organizativo se prepara para lhe conferir um maior grau de operacionalidade ao nível de defesa dos espaços marítimos e dos recursos naturais no mar, nomeadamente através do incremento da cooperação estratégica na segurança marítima.

- **A participação em Exercícios Militares Regionais. Uma oportunidade para as Forças Armadas de Angola**

Os exercícios militares conjuntos e combinados constituem uma forma de treinar a interoperabilidade entre Forças Armadas numa organização ou num contexto de cooperação na área da defesa, sendo por esse motivo uma das iniciativas que melhor contribuem para a efetiva operacionalização dos sistemas coletivos de segurança, nomeadamente no quadro da segurança regional e da Arquitetura de Paz e Segurança Africana.

Segundo este princípio, a participação no exercício militar *Dolphin2009* no contexto de SADC e principalmente o exercício *Kwanza2010*, ao nível da CEEAC, realizados em Angola, foram demonstrativos das capacidades militares de organização, projeção e emprego de forças militares num contexto de crise emergente, em que as Forças Armadas Angolanas deram boas referências e demostraram as capacidades de planeamento operacional, emprego de meios, apoio logístico, capacidade de comando e controlo, coordenação e sincronização da manobra tática e operacional e ainda da congregação de atividades e organizações não militares no treino militar, prestigiando Angola e conferindo uma função estratégica de relevo às FAA no âmbito da Política Externa regional.

CONCLUSÕES

Neste âmbito, mas no contexto da CPLP, o exercício *Felino2010*, realizado em 2011 em Angola, permitiu projetar as FAA no seio da Comunidade e constituiu um vetor de projeção e afirmação das capacidades militares no contexto regional e mundial, nomeadamente pela ação concertada dos órgãos de comunicação social angolanos que acompanharam em permanência o exercício militar. Assim, a liderança militar angolana deu mostras de pretenderem desenvolver umas Forças Armadas que prestigiem o povo angolano e que contribuam para a afirmação de Angola no contexto regional da segurança e defesa.

A abordagem que constituiu o tema central da nossa investigação, revelou um paradigma atual de reestruturação para a modernidade das Forças Armadas Angolanas, que procuramos sintetizar em dez ideias principais e que espelham, em nossa opinião, o percurso de como surgiram, o que são e quais as principais funções estratégicas que podem desempenhar no âmbito da Política de Defesa Nacional e da Política Externa de Angola nos contextos regionais de inserção. É também o momento de realçar que a principal dificuldade encontrada para a realização da investigação foi efetivamente aceder a documentação e informação credível nesta vertente, que não só porque não está disponível, como está subjacente a uma política de segredo e de confidencialidade que levou, inclusive, à realização de entrevistas com militares e académicos, sem poderem ser citados, aspeto que por honra profissional respeito e procurei cumprir. Salienta-se ainda que algumas das abordagens e dos conteúdos citados podem não estar completamente comprovados ou conter omissões, mas a lei da confidencialidade não possibilitou outra abordagem nem permitiu o cabal esclarecimento, como seria ideal. Aspeto que moralmente deixa para o futuro a sensação que este trabalho de investigação pode também contribuir, modestamente, para a necessária reflexão académica sobre estas temáticas em Angola.

Mas importa regressar e relembrar a nossa questão central:

Quais os contributos das Forças Armadas de Angola para a segurança regional em África no contexto da ação estratégica do Estado Angolano?

A resposta à questão centrada encerra, em nossa opinião, o paradigma atual da existência das Forças Armadas Angolanas e obrigou a uma introspeção sobre os processos de formação genética no passado recente, do crescimento como Instituição ao serviço do Estado e da paz no presente, e sobre as dinâmicas da reestruturação, o que representa, em nossa opinião, um dos principais desafios para o seu futuro, procurando-se apontar linhas de ação para que as FAA se possam constituir como vetores da função estratégica da afirmação de Angola no contexto regional da segurança e defesa.

Todavia, importa salientar que os elementos da análise geopolítica e geoestratégia nos espaços regionais e o jogo de interesses dos Estados passaram a estar associados às dinâmicas das Organizações, pois não parece ser possível saber atualmente o que se passa numa região sem conhecer as estratégias das Organizações Regionais, mas também não será possível interagir com estas, sem conhecer a Política Externa dos países membros. Segundo este paradigma pareceu-nos importante fazer uma análise sobre as estratégias de Angola nas Organizações que integra regionalmente e refletir sobre a interdependência entre a segurança e o apoio ao desenvolvimento, procurando aferir qual a função estratégica das FAA no contexto regional subsariano. Esta abordagem sistémica teve como principal objetivo, como vimos, a identificação do potencial de crescimento do instrumento militar e aferir o enquadramento estratégico na interação com as Organizações Africanas no quadro da segurança e da defesa regional, permitindo avaliar o "Fator de Correlação de Forças" no quadro da SADC e CEEAC, e concluir sobre as reais capacidades e potencialidades das Forças Armadas Angolanas.

Neste contexto, como sabemos, a partilha de responsabilidades no âmbito da segurança coletiva ou cooperativa permite desenvolver arquiteturas de segurança (interligando e compromissando o Estado) que pretendem fazer face a uma conjuntura caracterizada por ameaças assimétricas à segurança, onde o aparecimento de inovadoras formas de gerar o terror, implica uma necessária integração estratégica dos países para fazerem face à globalização das ameaças a segurança regional. Elementos que os Estados de por si não conseguem resolver. Neste inovador quadro geopolítico, Angola reconhece que as alianças militares e a cooperação internacional para a segurança parecem ser uma possível resposta às necessidades do Estado para combater os fenómenos transnacionais que geram insegurança e subdesenvolvimento no seu espaço soberano e nos contextos regionais.

Assim, a participação das Forças Armadas de Angola na operacionalização da Arquitetura de Paz e Segurança Africana vem contribuindo para incrementar o nível de segurança regional, constituindo-se num mecanismo gerador de segurança e desenvolvimento, cenário onde o Estado

CONCLUSÕES

Angolano assume um papel estratégico na sua dinamização, pois materializa uma abordagem diferenciada da que existia no passado recente, funcionando como potencial mecanismo proativo de prevenção e resolução de conflitos regionais na região subsariana, pois que a APSA representa uma pan-africanização do fator "segurança" em Angola interligando o contexto de "segurança nacional" e com uma abrangência de "segurança coletiva regional", contribuindo inovadoramente para a Política Externa Angolana na região e em África.

Assim, para as Forças Armadas Angolanas a segurança coletiva surge como uma alternativa, um reforço ou até um complemento ao papel do Estado e das suas atribuições na vertente da segurança e da defesa regional. A questão central da nossa problemática alertou-nos para as estratégias que a República de Angola devem adotar no contexto da CEEAC e da SADC, convergindo numa pluralidade saudável, garantindo adequado equilíbrio e independência entre os interesses do Estado e das Organizações, e de que forma as Forças Armadas Angolanas podem e devem alcançar esse desiderato e constituírem-se elemento preponderante da ação estratégica do Estado no contexto da segurança regional e contribuir para a Política Externa Angolana.

Em suma, as Forças Armadas Angolanas herdeiras do Exército de Libertação Nacional de Angola, das Forças Armadas de Libertação de Angola, e das Forças Armadas Populares de Libertação de Angola encontram-se atualmente num processo de reestruturação e de reequipamento que visa contribuir para o equilíbrio de um Sistema de Forças Nacional mais adequado e adaptado à realidade conjuntural Angolana e assim, tornar-se potencialmente mais operacionais, para que se possam constituir num dos principais instrumentos da ação político-estratégica do Estado no contexto regional de Arquitetura de Segurança e Defesa Africana e assim prestigiar Angola e os Angolanos.

BIBLIOGRAFIA

LIVROS:

AJAHI, J. F. Ade (2010) – *História Geral da África VI. África do século XIX à década de 1880.* Brasília: Comité Científico Internacional da UNESCO para Redação da História Geral da África, Universidade Federal de São Carlos, 2010, ISBN: 978-85-7652-128-0.

ALMEIDA, Eugénio da Costa (2011) – *Angola. Potência Regional em Emergência.* Lisboa: Edições Colibri, outubro 2011, ISBN 978-989-689-131-2.

ALVES, Nito (1976) – *Memória da longa resistência popular.* Introdução de Albertino Almeida. Lisboa: África Editora, 1976.

ANDRADE, Mário Pinto de (1997) – *Origens do Nacionalismo Africano.* Lisboa: Publicações Dom Quixote, 1997, ISBN 972-20-1400-5.

ANDRADE, Banha (et al.) (1975) – *Balanço da colonização portuguesa: O que foi, como foi.* Lisboa: Editora Iniciativas Editoriais, 1975.

ANSTEE, Margaret Joan (1997) – *Órfão da Guerra Fria – Radiografia do Colapso do Processo de Paz Angolano 1992/93.* Porto: Editora Campo das Letras, 2ª Edição – abril 1997, ISBN 972-8146-92-2.

ANTUNES, José Freire (1995) – *A Guerra de África: 1961-1974 (1º Volume).* Lisboa: Editora Círculo de Leitores, 1ª Edição, ISBN 972-42-1227-0.

AMARO, José (Coord.) (1977) – *MPLA: Angola: Documentos do MPLA (1º Volume).* Lisboa: Edições José Fortunato/Ulmeiro, 1977.

ARRIAGA, Kaúlza de (2001) – *Contributos para a História Contemporânea de Portugal.* Lisboa: Editora Prefácio, 1ª Edição, 2001, ISBN 972-8563-30-2.

BALANDIER, George (1971) – *Sociologie actuelle de l'Afrique Noire.* Paris: Presses Universitaires de France, reedição 1ª Edição – 1971.

BARATA, Manuel Temudo, TEIXEIRA, Nuno Severiano, MATTOSO, José (Coord.) (2003) – *Nova História Militar de Portugal (Volume V).* Lisboa: Editora Círculo de Leitores, 1ª Edição – 2003 ISBN 972-42-3071-6.

BARREIRA, Ramiro (Coord.) (2005) – *Os Grandes Desafios do Futuro – Angola 30 Anos*, Lisboa: Embaixada de Angola em Lisboa, 2005.

BARROS, Manuel Correia de Barros (Coord.) (2006) – *Reflexões sobre Geopolítica e Geoestratégia em Angola e em África.* Luanda: Editorial Nzila, Centro de Estudos Estratégicos de Angola, 1ª Edição, julho 2006, ISBN 972-8950-71-2.

CONTRIBUTOS DAS FORÇAS ARMADAS ANGOLANAS PARA A SEGURANÇA E DEFESA...

BAUER, Alain e RAUTER, Xavier (2007) – *Le nouveaux chaos mondial*. Paris: Editions Rialx, ISAN 2849010707.

BAYLY, C. A. (2004) – *The Birth of the Modern World 1780–1914. Global Connections and Comparisons*. Oxford: Blackwell Publishing, ISBN 0-631-18799-5.

BENDER, Gerald J. (1990) – *Angola sob o domínio português: mito e realidade*. Lisboa: Editora Livraria Sá da Costa Editora, 1ª Edição – 1980.

BENDER, Gerald J. (2004) – *Angola Under the Portuguese's – The myth and the reality*. Africa World Press, 2004, ISBN 1-592-212-581.

BENOT, Yves (1980) – *O que é o Desenvolvimento*. Lisboa: Editora: Sá da Costa para o Ministério da Educação da República Popular de Angola, julho 1980.

BENOT, Yves (1981) – *Ideologias das Independências Africanas*. Lisboa: Editora: Livraria Sá da Costa, 1ª Edição – Volume I.

BERNARDINO, Luís Manuel Brás (2008) – *Estratégias de Intervenção em África. Uma década de Segurança e Defesa na Comunidade dos Países de Língua Portuguesa*. Lisboa: Editora Prefácio, 2008, ISBN 978-989-8022-87-5.

BERNARDINO, Luís Manuel Brás e LEAL, José Santos (2011) – *A Arquitetura de Segurança e Defesa da Comunidade dos Países de Língua Portuguesa*. Lisboa: Instituto de Defesa Nacional, IDN Cadernos, dezembro 2011, ISSN 1647-9068.

BIRMINGHAM, David (1974) – *A conquista portuguesa de Angola*. Lisboa: Editora A Regra do Jogo Edições, 1974.

BIRMINGHAM, David (2003) – *Portugal e África*. Lisboa: Veja Editora, 1ª Edição – 2003, ISBN 972-699-717-8.

BISCOP, Sven (2005) – *The European Security Strategy: a global agenda for positive power*. England: Ashigate Publishing, ISBN 0-7546-4469-3.

BONIFACE, Pascal (2000) – *Atlas das Relações Internacionais*. Lisboa: Edições Plátano, 2000, ISBN 972-707-249-6.

BONIFACE, Pascal (2001) – *Dicionário das Relações Internacionais*. Lisboa: Edições Plátano, 1ª Edição, ISBN 972-707-179-1.

BOTELHO, Américo Cardoso (2008) – *Holocausto em Angola: Memórias de entre o cárcere e o cemitério*. Lisboa: Editora Nova Vega, 3ª Edição – 2008, ISBN 978-972-699-877-8.

BRITTAIN, Victoria (1998) – *Morte da dignidade: A guerra civil em Angola*. Lisboa: Publicações Dom Quixote, 1ª Edição – 1998, ISBN 972-20-1583-4.

BRAILLARD, Philippe (1990) – *Teoria das Relações Internacionais*. Lisboa: Fundação Calouste Gulbenkian, 1990.

BRIDGLAND, Fred (1990) – *The war for Africa. Twelve Months that Transformed a Continent*. Gibraltar: Ashanti Publishing, 1ˢᵗ Edition, 1990, ISBN 1-874800-12-x.

BRIDGLAND, Fred (1988) – *Jonas Savimbi. Uma chave para África*. Lisboa: Edição Perspectivas e Realidades, 1ª Edição – 1988, Depósito Legal nº 21 903/88.

BRUNSCHWIG, Henri (1971) – *A partilha de África*. Lisboa: Editora Publicações Dom Quixote, 1ª Edição – 1971.

BRUNSCHWIG, Henri (1974) – *A partilha da África Negra*. São Paulo: Editora Perspectiva, Coleção Khronos, 1974.

BURNESS, Donald, (1981) – *Critical perspectives on lusophone literature from Africa*. Washington, D.C.: Three Continents Press, 1ˢᵗ Edition – 1981, ISBN 0-89410-016-5.

BIBLIOGRAFIA

CABRITA, Felícia (2008) – *Massacres em África – 1963*. Lisboa: Editora Esfera dos Livros, 2ª Edição – 2008, ISBN 978-989-626-089-7.

CAETANO, Marcello (1965) – *Portugal e a Internacionalização dos problemas Africanos (História duma batalha: Da liberdade dos Mares às Nações Unidas)*. Lisboa: Edições Ática, 3ª Edição revista e aumentada, 1965.

CANN, John P. (1998) – *Contra-Insurreição em África (1961-1974)*. O modo português de fazer a guerra. Lisboa: Edições Atena, 1ª Edição, julho 1989, ISNB 972-8435-08-8.

CARDOSO, Fernando Jorge e FERREIRA, Patrícia Magalhães (2005) – *A África e a Europa: Resolução de Conflitos, Governação e Integração Regional*. Lisboa: Instituto Estudos Estratégicos Internacionais. ISBN 972-8109-34-2.

CARDOSO, Fernando Jorge (Coord.) (2006) – *Diplomacia, Cooperação e Negócios: O Papel dos Actores Externos em Angola e Moçambique*. Lisboa: Instituto de Estudos Estratégicos Internacionais, ISBN 978-972-8109-35-6.

CARDOSO, Pedro (Coord.) (2004) – *Atlas da Lusofonia: Angola*. Lisboa: Editora Prefácio, Instituto Português da Conjuntura Estratégica, 1ª Edição – 2004. ISBN 972-8816--15-4.

CARDOSO, Silva (2005) – *Angola, Anatomia de uma tragédia*. Lisboa: Edições Oficina do Livro, 6ª Edição, julho 2005, ISBN 972-8579-20-9.

CARREIRA, Iko (1996) – *O Pensamento Estratégico de Agostinho Neto*. Lisboa: Editora Dom Quixote – Caminhos da História, 1996, ISBN 978-972-201-348-2.

CARVALHO, António Manuel Luvualu de (2011) – *Angola. Economia e Petróleo (2002-2010)*. Lisboa: Universidade Lusíada Editora, ISBN 978-989-640-099-6.

CAVAZZI, João António (1965) – *Descrição histórica dos três reinos do Congo, Matamba e Angola*. Lisboa: Junta de Investigações do Ultramar, 2 Volumes – 1965.

CHIWALE, Samuel (2008) – *Cruzei-me com a História. Autobiografia*. Lisboa: Sextante Editora, 1ª Edição, julho 2008, ISBN 978-989-8093-68-4.

COISSORÓ, Narana (1957) – *As estruturas básicas do fenómeno colonial*. Estudos de Ciências Sociais e Políticas VII. Colóquios da política ultramarina internacionalmente relevantes. República Popular de Angola.

CORDELLIER, Serge e DIDIOT, Béatrice (2005) – *L'État du Monde* – Annuaire Économique Géopolitique Mondial 2005. Paris: Éditions La Découvert, ISBN 2-7071-4394-4.

COSTA, Ana Bénard e RODRIGUES, Cristina Udelsmann (Coord.) (2009) – *Pobreza e Paz nos PALOP*. Lisboa: Sextante Editora, novembro 2009, ISBN 978-989-676-007-6.

COSTA, Pereira da (1969) – *Março/Abril – Um mês de Terrorismo – Angola*. Lisboa: Editorial Polis, 1969.

COUTO, Abel Cabral (1988) – *Elementos de Estratégia. Apontamentos para um Curso – Volume I*. Lisboa: Instituto de Altos Estudos Militares, 16 março 1988.

COUTO, Abel Cabral (1989) – *Elementos de Estratégia. Apontamentos para um Curso – Volume II*. Lisboa: Instituto de Altos Estudos Militares.

COQUERY-VIDROVITCH, Catherine (2011) – *Petite Histoire de L'Afrique. L'Afrique au sud du Sahara de la préhistoire à nos jours*. Paris: Éditions La Découverte, 2011, ISBN 978-2-7071-6713-2.

CORREIA, Pedro de Pezarat (1996) – Angola: Do Alvor a Lusaka. Lisboa: Hugin Editores, 1ª Edição – 1996. ISBN 972-8310-13-7.

CONTRIBUTOS DAS FORÇAS ARMADAS ANGOLANAS PARA A SEGURANÇA E DEFESA...

CRAVINHO, João Gomes (2002) – *Visões do Mundo: As Relações Internacionais e o Mundo Contemporâneo*. Lisboa: Imprensa Ciências Sociais. ISBN 972-671-093-6.

CRUZ, José Ribeiro da (1940) – *Geografia de Angola (Física – Económica – Política)*. Lisboa: Sociedade Industrial de Tipografia, setembro 1940.

DADDIEH, Cyril e MENGISTEAB, Kidane (1999) – *State Building and Democratization in Africa: Faith, Hope and Realities*. Westport, Connecticut Library of Congress Cataloguing –in-Publication Data. Praeger Publications. ISBN 0-275-966353-5.

DAVEZIES, Robert (1968) – *La guerre d'Angola*. Bordeaux: Ducros Édition, Février 1968.

DAVIDSON, Basil (1972) – *L'Angola aux cœurs des tempêtes*. Paris: François Maspero, 1ère Edition 1972, Cahiers Libres 246-247.

DAVID, Charles Philippe (2001) – *A Guerra e a Paz: Abordagens Contemporâneas da Segurança e da Estratégia*. Lisboa: Instituto Piaget, 2001, ISBN 972-771-410-2.

DECRAENE, Philippe (1959) – *Le Panafricanisme*. Paris: Press Universitaire de France.

DEFARGES, Philippe Moreau (2003) – *Introdução à Geopolítica*. Lisboa: Editora Gradiva, 1ª Edição. ISBN 972-662-870-9.

DEL VECCHIO, Giorgio (1956) – *General Principles of Law*. Boston: Boston University Press, ISBN 083-772-028-1.

DEUTSCHMANN, David (1989) (Ed.) – *Angola and Namibia. Changing the History of Africa*. Melbourne, Australia: Ocean press, 1st Edition, ISBN 1-875284-00-1.

DIAS, Jill R. (1984) – *Uma Questão de Identidade: Respostas Intelectuais às Transformações Económicas no Seio da Elite Crioula da Angola Portuguesa entre 1870 e 1930*. Lisboa: Revista Internacional de Estudos Africanos Nº 1, janeiro/junho 1984.

DIEHL, Paul F. (2005) – *War*. London: Sage Library of International Relations, British Library. ISBN 1-4129-0373-4.

DORFF, Patricia e LYMAN, N. (2007) – *Beyond Humanitarianism – What you need to Know about Africa and why it matters*. New York: Council on Foreign Relations – Foreign Affairs, 2007, ISNB 978-0-87609-371-9.

DOWDEN, Richard (2010) – *Africa. Altered States, Ordinary Miracles*, New York: Public Affairs, 2010, ISBN 978-1-58648-816-1.

DUBRESSON, Alain e MOREAU, Sophie (2011) – *L'Afrique subsaharienne. Une géographie du changement*. Paris: Collection U – Armand Colin, 3ème Edition, 2011, ISBN 978-2-200--27276-0.

ENDERS, Armelle (1994) – *História da África Lusófona*. Mem Martins: Editorial Inquérito, 1994, ISBN 972-670-318-2.

FAGE, J. D. (2010) – *História da África*. Lisboa: Edições 70, 1ª Edição – 2010, ISBN 972--44-0954-6.

FELGAS, Hélio Esteves (1962) – *Guerra em Angola*. Lisboa: Livraria Clássica, 3ª Edição, 1962.

FELGAS, Hélio Esteves (1965) – *As populações nativas do Norte de Angola*. Lisboa: Gráfica dos Combatentes das Grandes Guerras, 1965.

FELGAS, Hélio Esteves (1966) – *Os Movimentos Terroristas de Angola, Guiné e Moçambique (influências externas)*. Lisboa: Gráfica dos Combatentes das Grandes Guerras, 1966.

FERNANDO, Emídio (2005) – *O último adeus português (História das Relações entre Portugal e Angola – Do Início da Guerra Colonial até à Independência)*. Lisboa: Editora Oficina do Livro, 1ª Edição – 2005, ISBN 989-555-156-8.

BIBLIOGRAFIA

FERNANDES, Ana Paula (2004) – *EUA e Angola: A diplomacia económica do petróleo*. S. João do Estoril: Principia, 1ª edição – 2004. ISBN 972-8818-35-1.

FERREIRA, Eduardo de Sousa (1985) – *A lógica da consolidação da economia de mercado em Angola, 1930-74*. Lisboa: Análise Social – Ano 21 – Nº 85 (1985), pp. 85-110, ISSN 0003--2573.

FERREIRA, Manuel Ennes (1990) – *Angola-Portugal. Do espaço económico português às relações pós-coloniais*. Lisboa: Escher Publicações, Centro de Estudos Sobre África, junho 1990, Depósito Legal nº 36 053/90.

FERREIRA, Maria João Militão (2005) – *A Política Externa Europeia. Uma reflexão sobre a União Europeia como Actor Internacional*. Lisboa: Universidade Técnica de Lisboa, Instituto Superior Ciências Sócias e Políticas, ISBN 972-8726-48-1.

FIGUEIREDO, Leonor (2009) – *Ficheiros secretos sobre a descolonização de Angola*. Lisboa: Aletheia Editora, 2ª Edição – 2009. ISBN 978-989-622-184-3.

FISAS, Vicenç (2004) – *Cultura de Paz y Gestión de Conflictos*. Barcelona: Edicones UNESCO, 4ª Edição. ISBN 84-7426-357-3.

FRED, Halliday (1994) – *Rethinking International Relations*. MacMillan, ISBN 0-333-589-041.

FREIRE, João (2011) – *Olhares Europeus sobre Angola (1883-1918)*. Lisboa: Edições Culturais da Marinha, junho 2011, ISBN 978-989-8159-29-8.

FREITAS, Amadeu José de (1975) – *Angola o longo caminho da Liberdade*. Lisboa: Moraes Editores, 1975.

FUKUYAMA, Francis (2006) – *Depois dos NeoConservadores – A América na Encruzilhada*. Lisboa, Editora Gradiva, 1ª Edição. ISBN 989-616-148-8.

GARCIA, Rita (2011) – *S.O.S Angola. Os dias da Ponte Aérea*. Lisboa: Editora Leya – Oficina do Livro, 1ª Edição, setembro 2011, ISBN 978-989-555-810-0.

GAZIBO, Mamoudou (2010) – *Introduction à la Politique Africaine. Deuxième Edition Revue et Augmentée*. Canada: Les Presses de l'Université de Montréal, Québec, janvier 2010, ISBN 978-2-7606-2164-0.

GUEVARA, Ernesto "Che" (2001) – *Congo: O Sonho Africano*. Lisboa: Edições ASA, 1ª Edição 2001, ISBN 972-41-2419-3.

GIDDENS, Anthony (2006) – *Sociology*. Cambridge: Policy Press, 5th Edition, ISBN 978--07456-3378-7.

GUIMARÃES, Fernando Andresen (2001) – *The Origins of the Angolan Civil War: Foreign Intervention and Domestic Political Conflict*. New York: St. Martin's Press, ISBN-10: 0333914805.

GRAÇA, Pedro Borges (2005) – *A construção da Nação em África*. Coimbra: Edições Almedina, 2005, ISBN 972-40-2485-7.

GRAÇA, Pedro Borges (2010) – *Mundo Secreto – História do Presente e Intelligence nas Relações Internacionais*. Instituto de Informações e Segurança de Angola, Luanda, outubro 2010.

GUERRA, Henrique Lopes (1979) – *Estrutura Económica e Classes Sociais. Os últimos anos do colonialismo português em Angola*. Lisboa: Edições 70 (Autores Angolanos), dezembro 1979.

GUERRA, João Paulo (2000) – *Descolonização portuguesa: o regresso das caravelas*. Lisboa: Círculo de Leitores, 2000. ISBN: 972-42-2183-0.

HARE, Paul (1998) – *Angola's last best chance for Peace. An Insider's Account of the Peace Process*. Washington D. C.: United States Institute of Peace Press, 1998, ISBN 1-878379-80-1.

CONTRIBUTOS DAS FORÇAS ARMADAS ANGOLANAS PARA A SEGURANÇA E DEFESA...

HODGES, Tony (2002) – *Angola Do Afro-Estalinismo ao Capitalismo Selvagem*. Cascais: Editora Princípia, Publicações Universitárias e Científicas, 1ª edição – 2002. ISBN 972-8500-69-6.

HOLZGREFE, J. L. (1989) – *The origins of modern international relations theory*. London: Review of International Studies, 15, pp. 11-26, ISBN 2 6021 5001 1305 1.

HUGON, Philippe (2005) – *L'Année Stratégique 2005 – Stratégique analyse dés enjeux internationaux*. Paris: Editions IRIS, ISBN 978-2-200-268-084.

HUGON, Philippe (2007) – *Géopolitique de l'Afrique*. Paris: Editions Armand Colin, ISBN 978-2-200-34676-8.

HUNTINGTON, Samuel P. (2001) – *O Choque das Civilizações e a Mudança na Ordem Mundial*. Lisboa: Gradiva – Publicações, Lda. novembro 2001, ISBN 972-662-652-8.

ISMAEL, Mateus (Cord.) (2000) – *Angola a festa e o luto – 25 anos de Independência*. Alpiarça: Garrido Edições, 1ª Edição – 2000, ISBN 972-699-671-6.

IVENS, Roberto e CAPELLO, Hermenegildo (1886) – *De Angola à Contra-Costa – Descrição de uma viagem através do Continente Africano*. Lisboa: Imprensa Nacional, Volume I, 1886.

IVENS, Roberto e CAPELLO, Hermenegildo (1886) – *De Angola à Contra-Costa – Descrição de uma viagem através do Continente Africano*. Lisboa: Imprensa Nacional, Volume II, 1886.

JAMES III, W. Martin (2011) – *A Political History of the Civil War in Angola 1974-1990*. New Jersey: Transaction Publishers, ISBN 978-1-4128-1506-2.

JIKA, Comandante [Gilberto Teixeira da Silva] (1976) – *Reflexões sobre a luta de libertação nacional*. Luanda: MPLA/DOP.

JÚNIOR, Miguel (2003) – *A Formação e o Desenvolvimento das Forças Armadas Angolanas, Luanda*, Editorial Nzila, agosto 2003, ISBN 972-8823-25-8.

JÚNIOR, Miguel (2007) – *Forças Armadas Populares de Libertação de Angola – 1º Exército Nacional (1975-1992)*. Lisboa: Editora Prefácio, 2007, ISBN 978-989-8022-18-9.

JÚNIOR, Miguel (Cord.) (2011) – *A Batalha de Kinfangondo (1975) – Factos e Documentos*. Luanda: Mayamba Editora, 1ª Edição, maio 2011, ISBN 978-989-8528-00-1.

KAPUSCÍNSKI, Ryszaed (1998) – Mais um dia de vida – Angola 1975. Porto: Editora Campo das Letras, 1998, ISBN 972-610-061-5.

KAPUSCÍNSKI, Ryszaed (2011) – *D'une guerre l'autre. Angola, 1975*. The Poland Translation Program, September 2011, ISBN 978-2-0812-4944-8.

KEEGAN, John (2006) – *Uma história da Guerra*. Lisboa: Edições Tinta-da-China, Lda, 1ª Edição, ISBN 972-8955-14-6.

KISSINGER, Henry (2002) – *Diplomacia*. Lisboa: Editora Gradiva, 2ª Edição. ISBN 972-662-451-7.

KRONENBERGER, Vincent e WOUTERS, Jan (2005) – *The European Union and Conflict Prevention*, London: Cambridge University, ISBN 978-906-704-171-3.

KUGEL, Alisha (coord) (2011) – *Review of Political Mission – 2011*. New York: Center on International Cooperation, Global Peace Operations Program, New York University, ISBN 978-1-4507-8580-8.

LACOSTE, Yves (1989) – *A Geografia – Isso serve em primeiro lugar, para fazer a guerra*. Campinas – Brasil: Papirus Editora, 2ª Edição, 1989, CDD – 910-01.

LAIDLEY, Fernando (1964) – *Missões de Guerra e de Paz no Norte de Angola*, Lisboa: Edições Tapete Mágico, 2ª Edição, 1964.

BIBLIOGRAFIA

LE SAGE, Andre (2007) (Ed.) – *African counterterrorism cooperation: assessing regional and sub-regional initiatives.* Virginia: Potomac Books, Africa Center for Strategic Studies, 1st Edition, 2007, ISBN 13-978-1-59797-176-8.

LIMA, Pedro Benga "Foguetão" (2007) – *Percursos Espinhosos (memórias).* Luanda: Instituto Nacional do Livro e do Disco, 1ª Edição, 2007.

LINDH, Anna et al. (2005) – *Development, Security and Conflict Prevention.* Sweden: Madariaga European Foundation, Anna Lindh Programme on Conflict Prevention, 2005 Edition. ISBN 91-7844-696-1.

LINDLEY-FRENCH, Julian e FLÜCKIGER, Katja (2005) – *A Chronology of European Security & Defence (1945-2005).* Genebre: Centre for Security Policy. ISBN 2-8399-0080-7.

MACIEL, Artur (1963) – *Angola heróica – 120 Dias com os nossos Soldados.* Amadora: Colecção de Crónicas e Viagens, Livraria Bertrand, 3ª Edição – 1963.

MACMILLAN, Margaret (2002) – *Paris 1919: six month that changed the world.* London: Random House, ISBN 037-576-0520.

MACQUEEN, Norrie (1998) – *A descolonização da África Portuguesa – Revolução metropolitana e a dissolução do Império.* Mem Martins: Editorial Inquérito, 1998, ISBN 972-670-313-1.

MARTINS, Manuel Gonçalves (2003) – *Relações e Desafios Internacionais na Era da Globalização.* Sintra, ISBN 195 515 03.

MARQUES, Silvino Silvério (s/d) – *Marcelo Caetano Angola e o 25 de Abril: uma polémica com Veríssimo Serrão.* Lisboa: Editorial Inquérito, ISBN 972-670-265-8.

MARQUES, Rafael (2011) – *Diamantes de Sangue. Corrupção e Tortura em Angola.* Lisboa, Edições Tinta-da-China, 1ª Edição, setembro 2011, ISBN 978-989-671-085-9.

MATEUS, Ismael (Coord.) (2000) – *Angola. A Festa e o Luto. 25 Anos de Independência.* Alpiarça: Editora Vega, 1ª Edição – 2000, ISBN 972-699-671-6.

MATEUS, Dalila Cabrita (1999) – *A Luta pela Independência: a formação das elites fundadoras da FRELIMO, MPLA e PAIGC.* Lisboa: Editorial Inquérito, ISBN 972-670-343-3.

MATEUS, Dalila Cabrita (2006) – *Memórias do colonialismo e da guerra.* Lisboa: Edições Asa, 1ª Edição – 2006. ISBN 972-41-4879-3.

MATEUS, Dalila Cabrita e MATEUS, Álvaro (2010) – *Purga em Angola. Nito Alves/Sita Valles/ Zé Van Dunem. O 27 de Maio de 1977.* Alfragide: Texto Editores, 5ª Edição, agosto 2010, ISBN 978-972-47-3845-1.

MATEUS, Dalila Cabrita e MATEUS, Álvaro (2011) – *Angola 61. Guerra Colonial: Causas e Consequências. O 4 de Fevereiro e o 15 de Março.* Lisboa: Texto Editora, 1ª Edição, janeiro 2011, ISBN 978-972-47-4280-9.

MALTEZ, José Adelino (2002) – *Curso de Relações Internacionais.* Lisboa: Principia – Publicações Universitárias e Científicas, 1ª Edição – 2002. ISBN 972-8500-82-3.

MEDINA, Maria do Carmo (2011) – *Angola – Processos Políticos da Luta pela Independência.* Coimbra: Editora Almedina, 2ª Edição ampliada, novembro 2011, ISBN 978-972-40-4627-3.

MAZRUI, Alia A. (2010) – *História Geral da África VIII – África desde 1935.* Brasília: Comité Científico Internacional da UNESCO para Redação da História Geral da Africa, Universidade Federal de São Carlos, 2010, ISBN: 978-85-7652-130-3.

MEREDITH, Martin (2006) – *The State of Africa – A history of fifty years of Independence*. Great Britain: Africa House, 2006, ISBN-13: 978-0-7432-3222-7.

MEREDITH, Martin (2011) – *Born in Africa. The quest for the origins of human life*. New York: Public Affairs, First Edition, 2011, ISBN 978-58648-663-1.

MESSIANT, Christine (2008) – *L'Angola postcolonial – 1. Guerre et paix sans démocratisation*. Paris: Éditions Karthala, 2008, ISBN 978-2-8111-0029-2.

MESSIANT, Christine (2008) – *L'Angola postcolonial – 2. Sociologie politique d'une oléocratie*. Paris: Éditions Karthala, 2008, ISBN 978-2-8111-0085-8.

MIALL, Hugh et al. (2004) – *Contemporary Conflict Resolution*. Great Britain: Cambridge – Rex Features Lda, 5ª Reprodução, ISBN 0-7456-2035-3.

MILHAZES, José (2009) – *Angola. O Princípio do fim da União Soviética*. Lisboa: Editora Nova Veja, 1ª Edição, 2009, ISBN 978-972-699-928-7.

MIRANDA, Félix (2000) – *Angola. O futuro é possível*. Lisboa: Veja Editora, 1ª Edição – 2000, ISBN 972-699-669-4.

MONIZ, Júlio Botelho (2006) – *Visões Estratégicas no Final do Império*. Lisboa: Editora Tribuna da História, fevereiro de 2007, ISBN 978-972-8799-59-5.

MONTEIRO, Ramiro Ladeiro (1994) – *Os Ambós de Angola antes da Independência*. Lisboa: Edições Instituto Superior Ciências Sociais e Políticas/Universidade Técnica de Lisboa, 1ª Edição – 1994.

MONTEIRO, Ramiro Ladeiro (2001) – *A África na política de cooperação europeia*. Lisboa: Edições Instituto Superior Ciências Sociais e Políticas/Universidade Técnica de Lisboa, 1ª edição – 1997, ISBN 9-729-298-80.

MORAES, Major Artur de (2007) – *Memórias de Angola*. Casal de Cambra: Editora Caleidoscópio, Comissão Portuguesa de História Militar, ISBN 978-989-8010-62-9.

MOREIRA, Adriano (1960) – *Política Ultramarina. Estudos de Ciências Políticas e Sociais*. Lisboa: Junta de Investigação do Ultramar, Centro de Estudos Políticos e Sociais, Nº 1 – 3ª Edição, Tipografia Minerva.

MOREIRA, Adriano (2002) – *Teoria das Relações Internacionais*. Lisboa: Editora Almedina, 4ª Edição, ISBN 972-40-1771-0.

MOREIRA, Adriano (2004) – A Europa em formação (Crise do Atlântico). Lisboa: Universidade Técnica de Lisboa, Instituto Superior Ciências Sociais e Políticas, 4ª Edição, ISBN 972-8726-27-9.

MOKHTAR, Gamal (2010) – *História Geral da África – Volume II. África Antiga*. Brasília: Comité Científico Internacional da UNESCO para Redação da História Geral da África, Universidade Federal de S. Carlos, 2ª Edição Revista e Aumentada, ISBN: 978-85-7652-124-2.

MUEKALIA, Jardo (2010) – *Angola – A Segunda Revolução. Memórias da luta pela Democracia*. Lisboa, Sextante Editora, 1ª Edição, setembro 2010, ISBN 978-989-676-022-9.

MULOONGO, Keith e KIBASOMBA, Roger e KARIRI, Jemina Njeri (2005) – *The Many Faces of Human Security. Case studies of seven countries in Southern Africa*. Pretoria: Institute for Security Studies, 2005, pp 201-224, ISBN 1-919913-88-2.

M'BOKOLO, Elia (2007) – *África Negra. História e Civilizações. Tomo II – Do século XIX aos nossos dias*. Lisboa: Edições Colibri, 1ª Edição – 2007, ISBN 978-972-772-697-4.

NETO, Agostinho (1978) – *Relatório do Comité Central ao 1º Congresso do MPLA*. Lisboa: Edições Avante, 1978.

NETO, João Pereira (s/d) – *Angola: meio século de integração*. Lisboa: Instituto Superior de Ciências Sociais e Política Ultramarina.

NEY, Joseph S. Júnior (2002) – *Compreender os Conflitos Internacionais – Uma Introdução à Teoria e à História (Trajectos)*. Lisboa, Editora Gradiva. ISBN 972-662-845-8.

NICOLLE, David (2003) – *The First Crusade 1096-99: Conquest of the Holy Land*. London: Osprey Publishing, 2003, p. 21-32, ISBN 978-184-176-515-0.

NOGUEIRA, José Manuel Freire (Coord.) (2005) – *Pensar a Segurança e Defesa*. Lisboa: Edições Cosmos, Instituto da Defesa Nacional, ISBN 972-762-268-2.

NUNES, António Lopes Pires (1998) – *Resenha Histórico-Militar das Campanhas de África (1961-1974)*. Lisboa: Estado-Maior do Exército, Comissão para o Estudo das Campanhas de África, 6ª Volume, Tomo I- Angola (Livro I), ISBN 972-9319-29-4.

NUNES, António Lopes Pires (2006) – *Resenha Histórico-Militar das Campanhas de África (1961-1974)*. Lisboa: Estado-Maior do Exército, Comissão para o Estudo das Campanhas de África, 6ª Volume, Tomo I- Angola (Livro II), ISBN 972-8347-04-9.

NUNES, António Lopes Pires (2002) – *Angola (1966-1974) – Vitória Militar a Leste*. Lisboa: Editora Tribuna, 2002, ISBN 972-8799-07-1.

NUNES, António Lopes Pires (2005) – *Angola 1961 – Da Baixa do Cassango a Nambuangongo*. Lisboa: Editora Prefácio, 2005, ISBN 972-8816-36-7.

OLIVEIRA, Hermes de Araújo (1971) – *A Filosofia da Subversão e o Homem Novo*. Famalicão: Centro Gráfico de Famalicão, 1971.

OLIVEIRA, Hermes de Araújo (1973) – *O Fenómeno Subversivo na Conjuntura Mundial*. Vila Nova de Famalicão: Centro Gráfico, 1973.

OLIVEIRA, Hermes de Araújo (1974) – *O Assalto à África*. Vila Nova de Famalicão: Centro Gráfico.

PACHECO, Carlos (1997) – MPLA – *Um nascimento polémico (as falsificações da história)*. Lisboa: Edições Veja, 1997, ISBN 972-699-538-8.

PACHECO, Carlos (2000) – *Repensar Angola*. Lisboa: Gráfica do Areeiro, 1ª Edição – 2000, ISBN 972-699-667-8.

PALLA, Maria Antónia e SOARES, João (2003) – *Savimbi. Um sonho Africano*. Lisboa: Edições Nova Ática, fevereiro 2003, ISBN 972-617-152-0.

PATTE, Richard (1959) – *Portugal em África – Impressões e reflexões de viagem pela África Portuguesa*. Lisboa: Agência Geral do Ultramar, Tipografia Silvas.

PÉLISSIER, René (1978) – *La Colonie du Minotaure, Nationalismes et révoltes en Angola*. Paris: Editions Pélissier.

PÉLISSIER, René (1979) – *Le Naufrage des Caravelles, Études sur le Fin de L'Empire Portugais (19611975)*. Paris: Editions Pélissier.

PÉLISSIER, René (1986) – *História das Campanhas de Angola: Resistência e revoltas, 1845-1941*. Lisboa: Editorial Estampa, 2 Volumes (II Volume – 1987), ISBN: 972-33--1224-7.

PIMENTA, Fernando Tavares (2006) – *Angola no Percurso de um Nacionalismo – Conversas com Adolfo Maria*. Santa Maria da Feira: Edições Afrontamento, julho 2006, ISBN 978--972-36-0831-1.

POUPA, Carlos e PEREIRA, Alexandre (2004) – *Como escrever uma Tese*. Lisboa: Edições Sílabo, 3ª Edição Revista. ISBN 972-618-350-2.

CONTRIBUTOS DAS FORÇAS ARMADAS ANGOLANAS PARA A SEGURANÇA E DEFESA...

POURTIER, Roland (2010) – *Afrique Noires*. Paris: Hachette Livres, 2ème Edition revue et augmentée, 2010, ISBN 978-2-01-145992-3.

QUIVY, Raymond e CAMPENHOUDT, Luc Van (2003) – Manual de Investigação em Ciências Sociais. Lisboa: Gradiva. ISBN 972-662-275-1.

RAMSBOTHAM, Oliver, et al. (2006) – *Contemporary Conflict Resolution*, Cambridge: Polity Press, 2nd Edition. ISBN 0-7456-3212-2.

RAMONET, Ignacio (Coord.) (2003) – *Atlas da Globalização – Le Monde Diplomatique*. Lisboa: Campo da Comunicação.

REBELO, Horácio de Sá Viana (1961) – *Angola na África deste Tempo – Pensamento e Acção no Governo da Província*. Lisboa: Liga dos Combatentes da Grande Guerra, Edição do Autor, 1961.

READER, John (1998) – *A Biography of the Continent – Africa*. New York: Ed. Vintage, 1998, ISBN 0-679-73869-X.

REGO, Silva (1948) – *A dupla Restauração de Angola 1641-1648*. Lisboa: Divisão de Publicações e Biblioteca da Agência Geral das Colónias, 1948.

RIBEIRO, Gonçalves (2002) – *A vertigem da Descolonização. Da Agonia do Exôdo à Cidadania Plena*. Mem Martins: Editorial Inquérito, novembro 2002, ISBN 972-670-399-9.

ROCHA, Alves da (2006) – *O Petróleo em África e em Angola: Difícil Equação do Desenvolvimento*. Luanda: Latitudes, Nº 28, dezembro 2006.

ROCHA, Edmundo (2009) – *Angola – Contribuição ao Estudo da Génese do Nacionalismo Moderno Angolano. Período de 1950 a 1964*. Lisboa, Editora Dinalivro, 2ª Edição – março 2009, ISBN 978-972-576-527-2.

ROQUE, et al. (2005) – *O Desenvolvimento do Continente Africano na Era da Mundialização*. Lisboa: Editora Almedina. ISBN 972-40-2526-8.

SÁ, Tiago Moreira de (2011) – *Os Estados Unidos e a Descolonização de Angola*. Lisboa: Editora D. Quixote, 1ª Edição – abril 2011, ISBN 978-972-20-4522-3.

SANTOS, Eduardo dos (1968) – *Pan-Africanismo*. Lisboa: Tipografia Silvas, 1968.

SANTOS, Eduardo dos (1969) – *Elementos de Etnologia Africana*. Lisboa: Editorial J. Castelo Branco, Lda., 1969.

SANTOS, Eduardo dos (1975) – *A negritude e a luta pelas independências na África portuguesa*. Lisboa: Editorial Minerva, 1ª Edição,1975.

SANTOS, Isabel (1998) – *Monografia de Angola*. Lisboa: Editora Câmara do Comércio e Industria Portugal-Angola, Cadernos Económicos Portugal-Angola Nº 10, dezembro 1998, Depósito Legal 134 942/99.

SANTOS, Loureiro dos (2004) – *Convulsões. Ano III da "Guerra" ao Terrorismo. Reflexões sobre Estratégia IV*. Lisboa: Publicações Europa-América, ISBN 972-1-053-82-1.

SANTOS, Loureiro dos (2006) – *O Império Debaixo de Fogo (Ofensiva contra a Ordem Internacional Unipolar*. Lisboa: Publicações Europa-América, ISBN 972-1-05-668-5.

SANTOS, Maria Emília Madeira (1998) – *Nos caminhos de África: Serventia e Posse (Angola-Século XIX)*. Lisboa: Instituto de Investigação Científica Tropical, 1ª Edição – 1998, ISBN 972-672-867-3.

SANTOS, Vítor Marques (2005) – *Portugal, a CPLP e a Lusofonia – Reflexões sobre a Dimensão Cultural da Política Externa*. Lisboa: Edição do Instituto Diplomático do Ministério dos Negócios Estrangeiros.

BIBLIOGRAFIA

SAVIMBI, Jonas Malheiro (1979) – *Angola. A resistência em busca de uma nova nação*. Lisboa: Agência Portuguesa de Revistas, 1979.

SELLSTROM, Tor (2008) – *A Suécia e as lutas de libertação nacional em Angola, Moçambique e Guiné-Bissau*. Sweden: Nordic Africa Institute, ISBN 978-91-7106-612-1.

SCHNEIDMAN, Witney W. (2005) – *Confrontos em África. Washington e a Queda do Império Colonial Português*. Lisboa: Tribuna da História, ISBN 972-8799-39-X.

SIERRA, Lázaro Cárdenas (2010) – *Angola e África Austral – Apontamentos para a história do processo negocial para a paz (1976-1992)*, Luanda: Editora Mayamba, 1ª Edição – 2010, ISBN 978-989-8370-08-2.

SOUSA, Fernando de (Dir.) (2005) – *Dicionário de Relações Internacionais*. Santa Maria da Feira: Edições Afrontamento. ISBN 972-36-0752-2.

SOUSA, Gonçalo de Vasconcelos e (2005) – *Metodologia de Investigação, Redação e Apresentação de Trabalhos Científicos*. Porto: Livraria Civilização Editora, 2ª Reimpressão, 2005, ISBN 972-26-1559-9.

SMITH, Stephen (2003) – *Négrologie – Pourquoi l'Afrique meurt*. France: Hachette Littératures, Janvier 2003, ISBN 978-2-01-279199-2.

STEWART, Emma J. (2006) – *The European Union and Conflict Prevention Policy Evolution and Outcome*. Münster: Kiel Peace Research. ISBN 3-8258-9114-3.

TAIBO, Paco Ignacio; ESCOBAR, Froilán; GUERRA, Félix (1995) – *O ano em que estivemos em parte nenhuma: a guerrilha africana de Ernesto Che Guevara*. Porto: Campo das Letras Editores, 1ª Edição – 1995. ISBN:972-8146-20-5.

TALI, Jean-Michel Mabeko (2001) – *Dissidências e poder de estado: o MPLA perante si próprio (1962-1977). Ensaio de história política. 1962-1974*. Luanda: Editorial Nzila, 2001, Volume I.

TALI, Jean-Michel Mabeko (2001) – *Dissidências e poder de estado: o MPLA perante si próprio (1962-1977). Ensaio de história política. 1974-1977*. Luanda: Editorial Nzila, 2001, Volume II.

TEIXEIRA, Rui de Azevedo (2006) – *Guerra de África – Angola (1961-1974)*. Lisboa: Academia Portuguesa História, Coleção Batalhas da História de Portugal – Volume 22, ISBN 989-554-241-0.

TOFFLER, Alvin e Heidi Toffler (1993) – *War and Anti-War: Survival at the Dawn of the 21st Century* New York: Little, Brown and Company, ISBN 978-031-685-024-7.

THOMSON, Alex (2010) – *An Introduction to African Politics*. New York, Editions Routledge, 2010, ISBN 978-0-203-85794-6.

TRINDADE, Augusto José Pereira (2006) – *Desenvolvimento Económico Integração Regional e Ajuda Externa em África*. Lisboa: Instituto Superior de Ciências Sociais e Políticas, agosto 2006, ISBN 972-8726-76-7.

VAÏSSE, Maurice (2005) – *As Relações Internacionais desde 1945*. Lisboa: Edições 70, ISBN 972-44-1224-5.

VALAHU, Mugur (1967) – *Angola – Clé de l'Afrique*. Paris: Nouvelles Editions Latines, janvier 1967.

VALLEJO, Manuel Diez de Velasco. (1997) – Las Organizaciones Internacionales. 10ª Edition Madrid: Editorial Tecnos, 1997, p. 21-41.

VALENÇA, Fernando (1989) – *Um documento histórico sobre Política Militar Nacional premonitória das guerras do Ultramar*. Lisboa: Revista Militar (separata), 1989

CONTRIBUTOS DAS FORÇAS ARMADAS ANGOLANAS PARA A SEGURANÇA E DEFESA...

VENÂNCIO, Moisés (1994) – *The United Nations, Peace and Transition Lessons from Angola*. Lisboa: Instituto de Estudos Estratégicos Internacionais, Lumiar Papers nº 3, 1994, ISBN 972-8109-07-5.

VENTURA, Reis (1964) – *O caso de Angola*. Braga: Editora Pax, 1964.

VIANA, Vítor (2002) – *Segurança Colectiva – A ONU e as Operações de Apoio à Paz*. Lisboa: Edições Cosmos, Instituto Defesa Nacional. ISBN 972-762-241-0.

VICENTE, Paulo Nzaji da Conceição (2008) – *História do MPLA 1º Volume (1940-1966)*. Luanda: Editora: Editorial Caminho (Lisboa), Centro de Documentação e Investigação Histórica do Comité Central do MPLA, 1ª Edição, maio 2008, ISBN 978-989--631-050-9.

VICENTE, Paulo Nzaji da Conceição (2008) – *História do MPLA 2º Volume (1967-1976)*. Luanda: Editora: Editorial Caminho (Lisboa), Centro de Documentação e Investigação Histórica do Comité Central do MPLA, 1ª Edição, maio 2008, ISBN 978-989-631-051-3.

VIDAL, Dominique e LACHARTRE, Brigitte (2009) (Ed.) – *Lusotopie*. Bordeaux: Centre d'Études d'Afrique Noire de l'IEP de Bordeaux, Volume XVI, 2009, ISBN 978-90-04-17881-6.

VITORIANO, et. al. (1998) – *Notas da história da África Ocidental*. Lisboa: Universidade Técnica de Lisboa, Instituto Superior Ciências Sociais e Políticas, ISBN 972-9229-59-7.

VIRALLY, Michel (1991) – *Le Droit International au service de la Paix, de la Justice et du Développement*. Paris : Editions A. Pedone, ISBN 223-300-213-X.

VIVO, Raul Valdes (1976) – *Angola: Fim do mito dos Mercenários*. Coimbra: Editora Centelha – Movimentos de Libertação, outubro 1976.

— (1963) – ISCSPU – *Angola: Curso de Extensão Universitária, Ano Lectivo 1963-1964*. Lisboa: Instituto Superior de Ciências Sociais e Política Ultramarina, 1ª Edição 1963.

— (1965) – *Esboço Histórico das Operações na RMA – Quartel General da Região Militar de Angola – 3ª Repartição* (Reservado) – Esboço Histórico das Operações na RMA – I Parte, março de 1965.

— (1977) – *A Independência de Cabinda*. Queluz: Sociedade Editora Literal, julho 1977.

— (1984) – *Justiça Militar – Duas Leis da Revolução Angolana. Conselho da revolução da república Popular de Angola*. Luanda: Ministério da Defesa – Procuradoria Militar das Forças Armadas.

— (1991) – *Acordo de Paz em Angola*. Luanda: República Popular de Angola, Edições MINFA/91.

— (1992) – *Normas Reguladoras da Justiça Criminal Militar. Instruções Provisórias, Forças Armadas Angolanas*. Luanda.

— (1994) – *Audições sobre Angola. O recomeço da Guerra em Outubro de 1992*. Comissão de Negócios Estrangeiros, Comunidades Portuguesas e Cooperação – Assembleia da República, ISBN 972-556-142-2.

— (2003) – *Súmula da Legislação Aprovada pela Assembleia do Povo e Assembleia Nacional de Angola (1990-2000)*. Luanda: Direção de Documentação e Informação da Assembleia Nacional de Angola.

— (2010) – *Constituição da República de Angola*, Luanda: Imprensa Nacional, 2010.

WAALS, Willem Van Der (1993) – *Portugal's War in Angola 1961-1974*, Cape Town: Ashanti Publishing, First Edition, 1993, ISBN 1-874-80051-0.

BIBLIOGRAFIA

WALLENSTEEN, Peter (ed) (1994) – *Preventing violent conflicts: Past record and future challenges. Report Nº 48*, Department of Peace and Conflict Research, Uppsala University, 1994, pp. 5-6.

WALLENSTEEN, Peter (2004) – *Understanding Conflict Resolution, War, Peace and the Global System*. London: New Delhi, SAGE Publication. ISBN 0-7619-6667-6.

WEAVER, Ole (1997) – *Figures of International Thought: Introducing Persons Instead of Paradigms*. London: Editions Iver B. Neumann & Ole Weaver, 1997.

WEIGERT, L. Stephen (2011) – *Angola: A Modern Military History, 1961-2002*. Washington, Library of the Congress, October 2011, ISBN 978-0-230-11777-8.

WHEELER, Douglas L. e PÉLISSIER, René (1971) – Angola. London: Pall Mall Press, 1ˢᵗ Edition – 1971. Pall Mall Library of African Affairs, ISNB 0-269-99330-4.

WHEELER, Douglas e PÉLISSIER, René (2009) – *A História de Angola*. Lisboa: Editora Tinta da China, 1ª Edição – novembro 2009, ISBN 978-989-671-005-7.

WILENSKY, Alfredo Héctor (1968) – *Tendências de la Legislacion Ultramarina Portuguesa en África*, Lisboa: Editora Pax, 1968.

WOODHOUSE, Tom, BRUCE, Roberts and DANDO, Malcolm (1998) – *Peacekeeping and Peacemaking: Towards Effective Intervention in the Post-Cold War Conflicts*. London: Macmillan Press, Ltd. ISBN 978-031-221-180-6.

WOODHOUSE, Tom; RAMSBOTHAM, Olivier; MIALL, Hugh (2004) – *Contemporary Conflict Resolution*. London: Cambridge, Rex Features Lda, ISBN 0-7456-2035-3.

MONOGRAFIAS, ARTIGOS E DOCUMENTOS:

ANNAN, Kofi (2005) – *Report of the Secretary General of the ONU, "In Larger Freedom: towards development, security and human rights for all"*. New York, 2005, disponível em: *http://www.un.org/largerfreedom/*.

BENY, Eduardo de Jesus (2007) – *A Nova Geopolítica do Petróleo. Do Golfo Pérsico ao Golfo da Guiné*. Luanda: Editora Novo Embondeiro, pp. 100-109.

BERMAN, Eric G. (2002) – *French, UK, and US Policies to Support Peacekeeping in Africa: current status and future prospects*. Oslo: Norwegian Institute of International Affairs, Paper Nº 622, February 2002, disponível em: *http://www.nupi.no/IPS/filestore/NUPIwp622.pdf*.

BESSA, António Marques (2000) – *Uma análise da Conflitualidade nos Países Africanos de Língua Oficial Portuguesa*. Lisboa: Revista Multidisciplinar Episteme, Universidade Técnica de Lisboa. ISSN 0874-0437.

BEST, Shedrack Gaya (2005) – *Introduction to Peace and Conflict Studies in West Africa*. Abuja: Spectrum Books Limited, UPEACE Africa Programme, ISBN 9977-925-40-2.

BRANCO, Carlos Martins (2004) – *A ONU e o processo da Resolução de Conflitos: Potencialidades e Limitações*. Lisboa: Revista Relações Internacionais, Instituto Português Relações Internacionais, dezembro 2004, p. 105-125. ISSN 1645-9199.

CILLIER, Jakkie (2003) – *From Durban to Maputo – A Review of 2003 Summit of the African Union*. South Africa: Institute for Security Studies, Occasional Paper, Nª 76, Disponível em: *http://www.iss.co.za/Pub/papers/76/Paper76.html*

637

CILLIER, Jakkie (2005) – *Toward a Continental Early warning System for Africa*. South Africa: Institute for Security Studies, Occasional Paper, Nª 102, Disponível em: *http://www.iss.co.za/Pub/papers/102/Paper102.html*.

CRAVINO, Janete (2005) – *Conflitos Internos – Resolução de Conflitos*, Lisboa: Revista Militar, Nº 11, 57º Volume, II Série, novembro de 2005, p. 1183-1202. ISSN 0873-7630.

COLE, P. Paul (2005) – *African Command – The newest combatant Command*. USA Army War College, US AWC Strategy Research Project. Disponível em: *http://www.strategicstudie-sinstitute.army.mil/pdffiles/ksil252.pdf*.

COLLIER, Paul (2004) – *Reducing the Global Incidence of Civil War: A Discussion of the Available Policy Instruments*. Berlim: International Weiterbildung, disponível em: *http://www.inwent.org/capacity_building/Reducing the Global Incidence of Civil War A Discussion of the Available Policy Instruments.htm*.

DA CÂMARA, et. al. (2001) – *The EU's Response to Conflict Affected Countries: Operational Guidance for the Implementation of the Cotonou Agreement*. Maastricht: ECDPM Discussion Paper No. 31, ECDPM and International Alert.

http://www.ecdpm.org/Web_ECDPM/Web/Content/Navigation.nsf/index2?readform&http://www.ecdpm.org/Web_ECDPM/Web/Content/Content.nsf/0/5E19FD30A86544D2C125 6C7E003FEA20?OpenDocument.

DEMPSEY, Thomas (2006) – *Counterterrorism in African Failed States: Challenges and Potential Solutions*. New York: Strategic Studies Institute, U.S. Army War College, 2006, ISBN 1-58487-238-1.

ELLIS, Stephen (2005) – *How to rebuild Africa?*. Council of Foreign Affairs, September/ October 2005. Disponível em: *http://www.cfr.org/africa/rebuild-africa/p8961*.

FARIA, Fernanda (2004) – *Occasional Paper nº 55 – La Gestion des Crises en Afrique Subsaharienne- La rôle de l'Union européenne*. Paris: Institute d'Études de Sécurité de l'Union Européenne, ISBN 92-9198-064-1.

FERREIRA, Patrícia Magalhães (2004) – *Paz e Segurança na África Subsaariana. O papel da União Europeia*. Lisboa: Instituto Defesa Nacional. Disponível em: *http://www.idn.gov.pt/proj_prospectiva/fich_proj/126_Paz_Seg_Africa_Subsariana.pdf*.

FERREIRA, Patrícia Magalhães e GUIMARÃES, S. (2001) – *The European Union's Political and Development Response to Guinea Bissau*. Maastricht: ECDPM Discussion Paper Nº 30. *http://www.ecdpm.org/Web_ECDPM/Web/Content/Content.nsf/0/AB0F2D21153DCD75C 1256C7E003DC82D?OpenDocument*.

FERREIRA, Eduardo de Sousa (1985) – *A lógica da Consolidação da Economia de Mercado em Angola 1930 – 1974*. Lisboa: Revista Análise Social, Volume XXI – 1985, pp. 83-110. Disponível em: *http://analisesocial.ics.ul.pt/documentos/1223476582X5dGR7qk4Lo82EL4.pdf*

GRESH, Alain et al (2006) – *L'Atlas du Monde Diplomatique*. France: Le Monde Diplomatic, ISBN 0026-9395.

HEYNS, Christof (Ed.) (2005) – *Compendium of Key Human Documents of the Africa Union*. Cape Town, South Africa: Pretoria University Law Press (PULP), ISBN 0-620-34672-8.

HOLT, Victoria K. e SHANAHAN, Moira K. (2005) – *African capacity-Building for Peace Operations: UN Collaborations with the African Union and ECOWAS*. Washington DC: The Henry L. Stimson Center, February 2005, Disponível em: *http://www.stimson.org/fopo/pdf/African_Capacity-building.pdf*.

BIBLIOGRAFIA

HOLT, Victoria K. (2005) – *UN Peacekeeping Reform: Seeking Greater Accountability and Integrity*. Washington DC, The Henry L. Stimson Center, 18 May 2005, Disponível em: *http://www.cfr.org/publication.html?id=8113*.

JUMA, Monica (Ed.) (2006) – *Compendium of Key documents relating to peace and security in Africa*. Cape Town, South Africa, Pretoria University Law Press (PULP), ISBN 0-9585097-3-5.

LAKE, Anthony e WHITMAN, Christine Tood (2006) – *More Than Humanitarianism: A Strategic U.S. Approach Toward Africa*. Washington: Independent Task Force Report nº 56, Council on Foreign Relations, ISBN 0-87609-353-5.

LEÃO, Ana e RUPIYA, Martin (2005) – *A Military History of the Angolan Armed Forces from the 1960s Onwards – As Told by Former Combatants*. South Africa: International Security Studies (ISS), Disponível em *http://www.isn.ethz.ch/isn/Digital-Library/Publications/ Detail/?ots591=0c54e3b3-1e9c-be1e-2c24-a6a8c7060233&lng=en&id=108507*.

MADAVO, Callisto et. al. (2005) – *Building Effective States – Forging Engaged Societies*. Report World Bank Task Force on Capacity Development in Africa, September 2005, Disponível em: *http://siteresources.worldbank.org/EXTAFRDEVOPRTSK/Resources/acdtf_report.pdf*.

MALAN, Mark e CILLIERS, Jackkie (2005) – *Progress with the African Standby Force*. South Africa: Institute for Security Studies, Occasional Paper, Nª 98, May 2005, Disponível em: *http://www.iss.co.za/Pub/papers/98/Paper98.html*.

MARSHALL, Monty G. e GURR, Ted Robert (2005) – *Peace and Conflict 2005 – A Global Survey of Armed Conflicts, Self-determination Movements, and Democracy*. Washington: Center for International Development and Conflict Management (CIDCM), April 2005, University of Maryland.

MACQUEEN, Norrie (2003) – *A Community of Illusions? Portugal, the CPLP and Peacemaking in Guiné-Bissau*. London: International Peacekeeping, Volume Nº 10, No. 2, Summer 2003, pp. 1-26, ISSN 1353-3312.

MACQUEEN, Norrie (2004) – *A intervenção das Nações Unidas e a crise do Estado Africano*. Lisboa: Revista Relações Internacionais, Instituto Português Relações Internacionais, dezembro 2004, p. 127-145. ISSN 1645-9199.

MEIJER, Guus (2004) – *From Military Peace to Social Justice? The Angolan Peace Process*. London: Conciliation Resources, Issue Nº 15, ISSN 1365-0742. Disponivel em: *http://www.c--r.org/sites/www.c-r.org/files/15_Angola_2004_F_ENG.pdf*.

METOGO, Gabriel (2006) – *Security and Stability in the Gulf of Guinea*. Washington:U.S. Army War College Carlisle Barracks, Pennsylvania. USAWC Strategy Research Project, 15 March 2006. Disponível em: *http://www.dtic.mil/cgi-bin/GetTRDoc?AD=ADA448471*

MILLER, Christopher E. e KING, Mary E. (2005) – *A Glossary of Terms and Concepts in Peace and Conflict Studies*. Genebra: University for Peace, Africa Programme, 2ª Edition. ISBN 9977-925-36-4, Disponível em: *http://www.africa.upeace.org/resources.cfm*.

MONTEIRO, António (2000) – *As Nações Unidas e a Prevenção de Conflitos*. Lisboa: Instituto Defesa Nacional, Revista Nação e Defesa, outono-inverno Nº95/96 – 2ª Série, p. 55-67, ISSN 0870-757-X.

OLSEN, Gorm Rye (2002) – *The EU and Conflict Management in African Emergencies*. London: Frank Cass, International Peacekeeping, Vol.9, Nº.3, Autumn 2002, pp. 87--102.

CONTRIBUTOS DAS FORÇAS ARMADAS ANGOLANAS PARA A SEGURANÇA E DEFESA...

PINHEIRO, António Manuel Rodrigues (2006) – *Modelos de "africanização" das Operações de Apoio à Paz*. Lisboa: Revista Nação e Defesa, Nº 114 – 3ª Série – verão 2006, ISSN 0870-757X.

PINHEIRO, Paulo Vizeu (2006) – *Angola: de Bicesse a Lusaka. Portugal. Os Estados Unidos e a África Austral*. Lisboa: Fundação Luso-Americana, IIIª Conferência Internacional FLAD-IPRI em 11 de novembro de 2005, ISBN 972 8654 21 9. Disponível em: *http://www.flad.pt/documentos/1246618337G4qWF2jz4Rl60KA8.pdf*.

KLNGEBIEL, Stephan (2005) – *African's New Peace and Security Architecture*, African Security Review, Volume 14, 2005, nº 2. Disponível em: *http://www.iss.co.za/ASR/14No2/FKlingebiel.htm*.

SAFARINO, Nina M. (2005) – *The Global Peace Operations Initiative: Background and Issues for Congress*. CRS Report for Congress, 16 de fevereiro de 2005. Disponível em: *http://www.fas.org/sgp/crs/misc/RL32773.pdf*.

SAMPAIO, Jorge (2006) – *A Defesa Nacional e as Forças Armadas – Intervenções do Presidente da República*. Lisboa: Presidência da República, ISBN 972-95797-1-7.

SANTO, Gabriel Augusto do Espirito (2009) – *Cooperação CivilMilitar na ContraInsurreição: Leste de Angola, 19711973*. Lisboa: Revista Militar. setembro 2009, Disponível em: *http://www.revistamilitar.pt/modules/articles/article.php?id=467*.

SHULMAN, Mark R. (2006) – *The Proliferation Security Initiative as a new paradigm for Peace and Security*. New York: Strategic Studies Institute, U.S. Army War College. ISBN 1-58487-240-3.

SWANSTRÖM, Niklas, WEISSMANN, Mickael (2005) – *Conflict, Conflict Prevention, Conflict management and Beyond: a conceptual exploration*. Washington: Central Ásia-Caucasus Institute, Concept Paper, Disponível em: *http://www.silkroadstudies.org/new/docs/ConceptPapers/2005/concept_paper_ConfPrev*.

STEFISZYN, Karen e HEYNS, Christof (2006) – *Human Rights, Peace and Justice in Africa: A Reader*. Cape Town, South Africa: Pretoria University Law Press (PULP), ISBN 0-9585097-4-3.

SULLIVAN, Jerry (2011) – The Road to the Africa Standby Force, May 2011.

WALLENSTEIN, Peter e HARBOM, Lotta (2005) – *Armed Conflict and Its International Dimensions, 1946-2004*. London: Journal of Peace Reserch, Volume 42 – Nº 5, Department of Peace and Conflict Research, Uppsala University, Disponível em: *http://info.uu.se/press.nsf/166B1EC86A3FAF93C125706D0037D2E3/$File/JPRarticle.pdf*.

WALT, Kenneth N. (2000) – *Structural Realism after the Gold War*. Washington: International Security, Vol. 25 Nº 1 (Summer) pp. 5-41, MIT Press. Disponível em *http://www.jstor.org/pss/2626772*.

WHELAN, Teresa (2006) – *Africa's Ungoverned Space – Segurança na África Subsariana*. Lisboa: Revista Nação e Defesa: Instituto Defesa Nacional, 3ª Série, Verão 2006, ISSN 0870-757X.

WILLIAMS, Rocky (2005) – *African Armed Forces and the challenges of Security Sector Reform*. United Kingdom: Journal of Security Sector Management, Disponível em: *https//ssronline.org/jojssm/issues/josssm_Sp_04_rocky_african_armed.pdf*.

ZERBO, Joseph Ki (2010) – *História geral da África I. Metodologia e pré-história da África*. Brasília: Comité Cientifico Internacional da UNESCO para Redação da História Geral da África, Universidade Federal de São Carlos, 2010, ISBN: 978-85-7652-123-5.

BIBLIOGRAFIA

MANUAIS, TESES, LIVROS TÉCNICOS:

AFRICAN ECONOMIC OUTLOOK 2010/2011 (2011), Organisation For Economic Cooperation and Development, OECD Development Centre, 2011, ISBN 92-64-022449-X.

CHAILLOT PAPER Nº 87 (2006) – EU Security and Defence – Core Documents 2005, Paris: Institute for Security Studes, Volume VI, Disponível em: *http://www.iss-eu.org.*

CPLP 2006 – VIª Cimeira dos Chefes de Estado e de Governo da CPLP, Secretariado Executivo CPLP, Bissau, 17 de julho de 2006.

GLOBAL PEACE OPERATIONS 2010 (2011) – Annual Review of Global Peace Operations. London: Lynne Rienner Publishers. ISBN 1-58826-737-7.

HUMAN SECURITY REPORT 2005 (2005) – War and peace in the 21st century, Human Security Center. New York: Oxford University Press, Inc, ISBN 13 978-0-19-530739-9, Disponível em *http://www.humansecurityreport.info/content/view/28/63/.*

IAEM (1999) – ME 71-00-08 – Elementos de Análise Geopolítica e Geoestratégica. Lisboa: Instituto de Altos Estudos Militares, 1999.

ISS (2010) – Peacekeeping in Africa, African Security Review, Volume14, nº2, Disponível em: *http://www.iss.co.za/pubs/ASR/14No2/F3.pdf.*

PEREIRA, João Baptista Nunes Neto (1964) – *Angola Meio Século de Integração.* Tese de Doutoramento. Instituto Superior de Ciências Sociais e Política Ultramarina. Lisboa. 332 pp.

PCDD (2006) – Protocolo de Cooperação dos Países de Língua Portuguesa no Domínio da Defesa, Secretariado Permanente Assuntos de Defesa da CPLP, Lisboa, 2006.

RELATÓRIO ECONÓMICO ANGOLA 2010 (2011) – Alves da Rocha (Coord.), Centro de Estudos e Investigação Científica – Universidade Católica de Angola, Luanda.

SADC (2011) – SIPO Strategic Indicative Plan for the Organ on Politics, Defence and Security Cooperation. Lesoto: Southern African Development Community. Disponível em: *http://www.sadc.int/english/documents/sipo/sipo_en.pdf.*

SITES DA INTERNET:

AFRICOM – United States Africa Command – [em linha] [Consultado em 21 de junho de 2011]. Disponível em: *http://www.africom.mil/.*

ANGOLA – República de Angola [em linha] [Consultado em 21 de fevereiro de 2012]. Disponível em: *https://www.cia.gov/library/publications/the-world-factbook/geos/ao.html.*

BAD – Banco Africano para o Desenvolvimento – [em linha] [Consultado em 27 de setembro de 2010]. Disponível em: *http://www.afdb.org/en/.*

CAE – Centro Análise Estratégica – [em linha] [Consultado em 10 de setembro de 2010]. Disponível em: *http://www.caecplp.org/.*

CEDN – Conceito Estratégico Defesa Nacional – [Em linha]. [Consultado em 7 de novembro de 2011]. Disponível em: *http://www.fd.uc.pt/CI/CEE/OI/NATO/Conceito_estrategico_defesa_PT-2003.htm* >

COTONOU – Acordo de parceria entre os Estados de África, das Caraíbas e do Pacífico e a Comunidade Europeia e os seus Estados-Membros – [Em linha] [Consultado em 15 de maio de 2011]. Disponível em: *http://europa.eu/scadplus/leg/pt/lvb/r12101.htm.*

641

CPLP – Comunidade dos Países de Língua Portuguesa – [em linha] [Consultado em 06 de abril de 2011]. Disponível em: *http://www.cplp.org/*.

ECCAS – Comunidade Económica da África Central (ECCAS) – [em linha] [Consultado em 06 de julho de 2010]. Disponível em: *http:// www.ceeac-eccas.org/*.

ECOWAS – Economic Community Of West African States – [em linha] [Consultado em 26 de abril de 2011]. Disponível em *http//www.ecowas.int/*.

FED – Fundo Europeu Desenvolvimento – União Europeia – [em linha] [Consultado em 15 de maio de 2006]. Disponível em: *http://europa.eu/scadplus/leg/pt/lvb/r12102.htm*.

FNLA – Frente Nacional de Libertação de Angola – [em linha] [Consultado em 10 de abril de 2011]. Disponível em: *http://www.fnla.net/*.

INAVIC – Instituto Nacional da Aviação Civil de Angola – [em linha] [Consultado em 10 de fevereiro de 2012]. Disponível em: *http://www.inavic.gv.ao/opencms/inavicsite/index.html*

MISSÕES PAZ ÁFRICA – Building African Regional Capacity for Peace Operations – The Henry L. Stimson Center – [em linha] [Consultado em 10 de setembro 2011]. Disponível em: *http://www.stimson.org/fopo/? SN=FP20021018422*.

MDN – Ministério da Defesa Nacional – [em linha]. [Consultado em 9 de maio de 2010]. Disponível em: *http://www. mdn.gov.pt/*.

MDN – Angola – Ministério da Defesa Nacional de Angola – [em linha]. [Consultado em 19 de maio 2010]. Disponível em: *http://www.minden.gov.ao/*.

NEPAD – The New Partnership for Africa's Development – [em linha]. [Consultado em 6 de maio de 2010]. Disponível em: *http:// www.nepad.org/*.

NU – United Nations – [em linha] [Consultado em 7 de abril de 2011]. Disponível em: *http://www. un.org/esa/population/World_ Population_ 2009_chart.pdf*.

SADSEM – Rede de Gestão da Defesa e da Segurança da África Austral – [em linha] [Consultado em 12 de maio de 2010]. Disponível em: *http://www.sadsem.org/Portugeuse/default.htm*.

SONANGOL – Sociedade Nacional de Combustíveis de Angola – [em linha] [Consultado em 12 de abril de 2010]. Disponível em: *http://www.sonangol.co.ao/wps/portal/ep*.

UA – African Union – [em linha] [Consultado em 27 de abril de 2011]. Disponível em: *http: //www.africa-union.org/*.

UE-ÁFRICA – La strategie de l'UE pour l'Afrique: Vers un pacte euro-african pour le development de l'Afrique – [em linha] [Consultado em 10 de setembro de 2009]: Disponível em: *http://www.issafrica.org/AF/RegOrg/unity_to_union/pdfs/europe/eutratafroct05fr.pdf*.

SADC – Comunidade de Desenvolvimento da África Austral – [em linha] [Consultado em 3 de setembro de 2011] Disponível em: *http://www.sadc.int/*.

SIDDR – Stockholm Initiative on Disarmament, Demobilisation, Reintegration. Final Report. Ministry for Foreign Affairs – [em linha]. [Consultado em 9 de agosto de 2011]. Disponível em: *http://www.sweden.gov.se/siddr*.

ANEXO

DOCUMENTOS SOBRE
A EDIFICAÇÃO
DAS FORÇAS ARMADAS DE ANGOLA
(1982-2007)

1
RELATÓRIO – VIAGEM PRESIDENCIAL À REPÚBLICA POPULAR DE ANGOLA DE 15 A 19 DE ABRIL DE 1982 – ASPETOS RELATIVOS AO DOMÍNIO DA COOPERAÇÃO MILITAR. (23 DE ABRIL DE 1982)

Vice-Chefe do Estado-Maior do Exército – General José Lopes Alves

CONFIDENCIAL

Estado-Maior do Exército

General Vice-Chefe

Exemplar Nº 5

URGENTE

RELATÓRIO

ASSUNTO: VIAGEM PRESIDENCIAL À R.P. DE ANGOLA DE 15 a 19ABR82 - ASPECTOS RELATIVOS AO DOMÍNIO DA COOPERAÇÃO MILITAR

1. CONSIDERAÇÕES INICIAIS

   a. Os aspectos do domínio militar foram tratados nas Conversações com representantes qualificados do Ministério da Defesa das F.A da RPA, como a seguir se especificará, após contacto preliminar com o Embaixador Carlos Fernandes, assessor do Presidente da República daquele país para as Relações Públicas.

   b. Foi considerado sempre de parte a parte o âmbito geral dos três Ramos, tendo sido utilizados para isso da parte portuguesa os elementos fornecidos pelos departamentos e organismos do Exército, Marinha e F. Aérea directamente interessados na cooperação, dos quais se fez entrega às autoridades angolanas de um ou mais exemplares.

   c. A íntima ligação existente entre os três Ramos das FA da RPA, a nível Ministério da Defesa, aconselha, ainda que sem perder de vista os aspectos específicos de cada Ramo, que a cooperação seja praticada, nos aspectos gerais possíveis, no âmbito de todos os Ramos.

   d. Foi total a abertura encontrada e prestada a maior atenção aos assuntos apreciados, tendo sido comummente desejado o prosseguimento imediato dos contactos agora encetados, quer em Luanda, quer em Lisboa.

   e. Como havia já sucedido em relação às FA da RP Moçambique, as conversações do domínio militar decorreram independentemente das restantes e em âmbito reservado.

   f. O Ministério da Defesa da RPA destacou um Oficial - Ten. Cor. KATYANA - pa

CONFIDENCIAL

647

CONFIDENCIAL

CONFIDENCIAL
Estado-Maior do Exército

General Vice-Chefe

ra acompanhante permanente do VICE-CEME o que permitiu o esclarecimento alargado, para além das reuniões de trabalho, dos assuntos nestas considerados.

g. <u>Apontamentos relativos às FA Angola</u> para melhor compreensão e interpretação deste documento:

(1) O <u>posto mais elevado</u> na sua hierarquia, correspondente, portanto, às funções de General, é o de <u>Coronel</u>, de que <u>existem mesmo assim apenas 7 em funções de Comandante de Região Militar ou equivalente - o Ministro da Defesa também é Coronel;</u>

(2) Os militares operacionais que utilizaram outros nomes durante o período de guerra, mantêm esse nome a seguir ao que lhes é próprio

2. REUNIÕES DE TRABALHO EFECTUADAS

Além de contactos informais no decurso da visita com elementos das FA da RPA tiveram lugar duas reuniões de trabalho e um contacto com o Ministro da Defesa.

- Reunião em 16Abr, das 1730 às 1930;
- Contacto com o Ministro da Defesa também em 16Abr, à noite;
- Reunião em 19Abr, das 0800 às 0930.

Não foram elaboradas actas das mesmas reuniões.

3. SÚMULA DA 1ª REUNIÃO

a. Estiveram presentes

- Por parte das <u>FA Portuguesas</u>

- O signatário, <u>VCEME</u>;
- <u>Coronel Geraldo Estevens</u>, Chefe da Casa Militar do P.R.;
- Ten. Coronel David ▇▇▇▇, do Gab/CEMGFA.

- Por parte das <u>FA Angolanas</u>

- Ten. Coronel Carlos Pestana Heineken <u>(KATYANA)</u>, Chefe do

CONFIDENCIAL

CONFIDENCIAL

CONFIDENCIAL
Estado-Maior do Exército

General Vice-Chefe

Gabinete do Plano do Min. Def.;

- Maior José Maria, Secretário do P.R. para assuntos de Defesa e Segurança.

b. Aspectos tratados

(1) No domínio comum dos 3 Ramos (VCEME):

    (a) Definido o espírito geral que existe nas FA Portuguesas favorável à cooperação, o nosso desejo de a levar por diante tanto quanto possível e a nossa convicção de que poderá ser útil, já hoje, à RP Angola e, no futuro, quando as actuais condições de empenhamento das suas FArmadas forem outras, considerando mesmo eventuais protocolos com as FA de outros países;

    (b) A língua comum e a aproximação histórica, veículos importantes para essa cooperação;

    (c) Sectores gerais de cooperação possíveis, no conjunto,

        - Logístico (fornecimentos, preparação de técnicos e de especialistas nos Estabelecimentos Fabris, em Portugal ou em Angola, manutenção);

        - Instrução Geral (de Praças em certas especialidades e de Sargentos e Oficiais - formação de base e de especialização;

        - Cartografia (fornecimento de cartas, formação de técnicos e apoio local).

(2) No âmbito do Exército (VCEME)

Apresentados e apreciados, na generalidade, os elementos fornecidos pelos EFE e Departamentos do EME os quais foram depois entregues à delegação angolana para análise pormenorizada e futura informação.

CONFIDENCIAL

CONFIDENCIAL
CONFIDENCIAL *Estado-Maior do Exército*

General Vice-Chefe

(3) No âmbito Marinha (Cor. Estevens)

Da mesma forma, foram apreciados na generalidade os elementos fornecidos pelos órgãos da Marinha, constantes do seu dossier, e convidada a delegação angolana à sua análise completa e ulterior informação sobre a respectiva matéria.

(4) No âmbito F. Aérea e Gab/Coop do EMGFA (Ten. Cor. DAVID)

Apresentados e apreciados da mesma forma os dados fornecidos pela F. Aérea e com idênticas finalidades.

O Ten. Cor. DAVID, dadas as suas funções de adjunto do Gab//CEMGFA para a cooperação, referiu ainda alguns aspectos de funcionamento da mesma e de relacionamento mais conveniente, com vista a facilitar ulteriores contactos.

c. Outros aspectos (VCEME)

(1) Informei do nosso empenhamento em instalar brevemente junto da Embaixada em Luanda um Adido da Defesa o que permitirá uma ligação mais fácil entre as FA e o tratamento adequado da cooperação que vier a ser estabelecida, desejando-se reciprocidade.
(Esclareço a este respeito que, segundo o Embaixador em Luanda, a Chancelaria dispõe de instalações adequadas para o Gabinete do Adido).

(2) Transmiti o convite, pelos 3 Ramos, com a aprovação de S. Exa. o P. República, para uma delegação de cada Ramo visitar Portugal. Essa delegação incluiria altas entidades e outras de cada Ramo.
Referi que o convite iria ser confirmado pelos canais oficiais normais, com indicação ulterior do período mais adequado à realização da visita.

(3) Relativamente aos encargos financeiros que a cooperação venha a envolver, referi que era, naturalmente, assunto importante mas que os mesmos seriam tratados no escalão EMGFA'S - Governos na oportunidade conveniente.

CONFIDENCIAL

CONFIDENCIAL
CONFIDENCIAL
Estado-Maior do Exército

General Vice-Chefe

d. Posição da delegação angolana

O Ten. Cor. Katyana agradeceu a nossa disponibilidade para a cooperação, aludiu às necessidades gerais que tinham, principalmente pela situação de guerra que viviam no Sul de Angola, manifestou o maior interesse no que foi referido e concluiu as suas afirmações:

- referindo que a vinda a Portugal de uma representação das FA Angola lhe parece ser elo importante no prosseguimento dos contactos agora havidos;
- que iam analisar cuidadosamente os documentos fornecidos e que oportunamente se refeririam ao seu conteúdo;
- que não poderia deixar de dizer que qualquer acção neste domínio está dependente de cobertura política superior;
- que de tudo iriam informar o Ministro da Defesa.

4. SÚMULA DO CONTACTO C/MIN. DEFESA

Após o banquete oficial pude contactar o Ministro da Defesa - Coronel Pedro Maria Tonha (PEDALÉ) - que já conhecia de Cabinda.
Falei-lhe na reunião havida durante a manhã e da nossa disponibilidade para a cooperação e desejo de que ela se concretize.
Prometeu ir analisar todo o problema e referiu que o mesmo tinha muito interesse.
Na sequência deste e dos outros contactos fomos informados em 18 que o CEMGFA de Angola e um Vice-Ministro da Defesa desejavam encontrar-se com a delegação militar Portuguesa no dia seguinte.

5. SÚMULA DA 2ª REUNIÃO

a. Estiveram presentes
- Por parte das FA Portuguesas, os mesmos elementos que participaram na reunião anterior;
- Por parte das FA Angolanas (Min. Defesa)
  - Vice-Ministro da Defesa para a F.Aérea, Ten. Cor. António dos Santos França (N'DALU)

CONFIDENCIAL

CONFIDENCIAL

CONFIDENCIAL
Estado-Maior do Exército

General Vice-Chefe

- CEMGFA, Coronel João Luis Neto (XIETO)
- os Ten. Cor. KATYANA e Major José Maria, que haviam já participado na reunião anterior.

b. Aspectos tratados

(1) Foi por mim e pelos dois outros membros da delegação portuguesa feita uma exposição sobre a cooperação, na linha da que havia sido na primeira Reunião, com a análise de todos os pontos então referidos.

(2) Como entretanto se havia obtido luz verde para o fazer, foram fornecidos às entidades angolanas, para junção aos processos, elementos relativos à cooperação possível no domínio da INDEP, adentro do sistema geral apontado:

- fornecimentos de material de guerra e munições;
- preparação de técnicos nos seus Estabelecimentos;
- manutenção de órgãos das FA de Angola.

c. Posição da delegação angolana

(1) Falou fundamentalmente o Vice-Ministro N'DALU que começou por nos cumprimentar em nome dos outros oficiais angolanos presentes e nos transmitiu os cumprimentos e saudações do Min. da Defesa.

(2) Agradeceu em seu nome e do Ministro toda a cooperação que as FAP se propõem prestar, útil para as FA dos dois Países, e referiu que iriam estudar cuidadosamente os dossiers entregues e que oportunamente falariam sobre eles.
De imediato, referiu o interesse das FA do seu País nos seguintes domínios:

- fornecimento de fardamentos e calçado,
- instrução,
- fornecimento de medicamentos,
- publicações militares (livros e revistas).

CONFIDENCIAL

CONFIDENCIAL
CONFIDENCIAL
Estado-Maior do Exército

General Vice-Chefe

(3) Referiu ainda o muito interesse de visita de elementos do Exército, Marinha e F. Aérea a Portugal, acrescentando que houve em tempos uma ideia de convite que nunca foi oficializado, e do prosseguimento dos contactos agora iniciados, num e outro lado.

d. **Pedidos específicos imediatos**

(1) Envio de documentos geográficos descritivos da região da fronteira Sul de Angola e do território da Namíbia — cartas gerais e carta das populações — porventura existentes nos nossos arquivos.

(2) Fornecimento de exemplares do tratado de delimitação da mesma fronteira Sul em vigor, em tempo feitos com o país ou países limítrofes de Angola.

(3) Envio de publicações técnicas relativas a Segurança (Informações e c/Informação) e à táctica de emprego de aeromóveis e helitransportados.

6. OUTROS ASPECTOS DE COOPERAÇÃO CONSIDERADOS

a. **Reparação de faróis**

Durante a preparação da visita à RPA, em Lisboa, foi referido que as autoridades angolanas se queixavam de que a Marinha Portuguesa não tinha procedido à reparação dos faróis ao longo da sua costa ao contrário do que havia sido, em tempos, por ela assumido.

O Almirante Souto Cruz, que estava presente, esclareceu que tal ficou a dever-se ao facto de as autoridades angolanas terem deixado de garantir a segurança das equipas encarregadas da reparação.

Analisado este ponto com o Vice-Ministro N'DALU, este informou que a interrupção do processo, efectivamente verificada, se devia a que, em certa data, os assuntos relativos a faróis foram transferidos, no governo angolano, para o âmbito do Ministério dos Transportes que deixou cair o assunto por maiores carências de atenção noutras áreas.

Poderá ser processo, eventualmente, a reatar.

CONFIDENCIAL

CONFIDENCIAL
CONFIDENCIAL
Estado-Maior do Exército

8

General Vice-Chefe

b. Intervenção do LMPQF

As necessidades de cooperação e apoio no Sector dos produtos quimicos e farmaceuticos de interesse para as FA da RPA foram consideradas inseridas nas necessidades gerais de cooperação de âmbito civil.
Esta área de cooperação encontra-se já em estado bastante avançado e vai ser objecto de relatório próprio para o EME elaborado pelo director do LMPQF que fez parte da Comitiva Presidencial.
O director do Laboratório assinou mesmo um protocolo provisório neste domínio.

c. Cooperação no sector museológico militar

Durante a visita ao Museu da Revolução instalado na Fortaleza de S. Miguel, o Presidente Ramalho Eanes lembrou que o nosso Serviço Histórico Militar (Exército) poderia, através do Arquivo Histórico e do Museu Militar de Lisboa, cooperar com aquele Museu tecnicamente e no enriquecimento das suas colecções, fornecendo-lhe mesmo documentos de interesse que existam em duplicado ou suas reproduções.
Crê-se que, neste domínio, também a Marinha e a F. Aérea poderiam intervir em âmbito de muito interesse.

d. Cooperação em actividades de apoio aos portugueses

Durante o encontro do Presidente Ramalho Eanes com a colónia portuguesa de Luanda, foram por esta pedidas facilidades locais, em especial no domínio do Ensino em Estabelecimento português e do reabastecimento de víveres.
O Presidente Ramalho Eanes lembrou que talvez o Exército e os outros Ramos pudessem, através dos seus Serviços próprios, apoiar a montagem das estruturas necessárias, realizando ainda os actos administrativos adequados de modo a que pessoal voluntário, durante o cumprimento normal do Serviço Militar, pudesse realizar este em acções de cooperação ligadas àquelas estruturas (professores, cozinheiros, serventes, fiéis de armazém, etc.).

CONFIDENCIAL

CONFIDENCIAL
CONFIDENCIAL
Estado-Maior do Exército

General Vice-Chefe

Referi que a viabilidade da cooperação do Exército no estudo do assunto poderia ser, sem dúvida, considerada, mas que há toda uma série de elementos de trabalho e de assumpção de responsabilidades de organismos governamentais sem os quais nada poderá ser adiantado.

O Ministro da Industria, Eng9 Baião Horta, com quem analisei posteriormente o assunto aludiu a proposta possível de criação de um Grupo de Trabalho dependente do Executivo para obtenção dos dados necessários.

7. CONCLUSÕES

   a. Como se depreende das matérias precedentes, foi muito positiva a abertura estabelecida para a cooperação no âmbito das FA dos dois países, sendo a todos os títulos indispensável que a mesma tenha continuidade pronta no ritmo possível e adequado.

   b. Apesar dos acordos sem dúvida existentes com FA de países do Leste Europeu, os sectores logístico e de instrução poderão ter, crê-se, desenvolvimento apreciável, em especial, quanto a este, nos domínios das especialidades de interesse mútuo militar e civil.

   c. O prosseguimento dos contactos agora estabelecidos e a concretização da cooperação exigem a urgente troca de adidos de defesa junto da respectiva Embaixada e a ligação através de visitas de entidades e delegações entre os Ramos das F.Armadas dos dois países

   d. Para além da sua concretização no domínio puramente militar, a cooperação das F.A. portuguesas em Angola poderá ainda alargar-se, eventualmente, ao apoio, ainda que limitado, da manutenção das colónias de portugueses aí residentes.

   e. Como em relação à cooperação com as F.Armadas de outros países de expressão portuguesa, há que definir claramente o sistema de cobertura dos encargos financeiros resultantes.

8. PROPOSTAS

   Os factos descritos e as considerações emitidas levam a propor, concretamente:

CONFIDENCIAL

CONFIDENCIAL
CONFIDENCIAL
Estado-Maior do Exército

General Vice-Chefe

a. Para acção imediata

(1) Integração da cooperação militar com as FA da RPA na política geral que vem sendo seguida para os diferentes PAEP's, embora considerando sempre a respectiva especificidade;

(2) Recompletamento dos elementos descritivos entregues às suas delegações na 1ª e 2ª reuniões de trabalho, se julgado necessário ou pedido, com os esclarecimentos e detalhes convenientes;

(3) Em especial no domínio da Instrução, remeter fichas completas e actualizadas relativas aos cursos e estágios constantes dos programas nas quais se defina claramente a sua finalidade, âmbito específico, qualificações prévias e outras indicações que auxiliem o seu Min. Defesa a estudar e decidir;

(4) Tal como se procedeu em relação a Moçambique, remeter para Angola 10 exemplares de todas as cartas e fotomapas existentes em depósito no SCE, sem prejuízo da reserva mínima de dois exemplares a manter, e informar da nossa disponibilidade neste campo;

(5) Remeter periódicamente, com igual destino, cerca de uma dúzia de exemplares de todas as revistas militares publicadas nos Ramos;

(6) Enviar, com a urgência possível, as publicações e as cartas e documentos relacionados com o S de Angola e com o território da Namíbia referidos em 5. d., por via aconselhável a estabelecer.

(7) Convidar uma delegação dos Ramos das FA da RPA para uma visita a Portugal em data próxima, hóspede do respectivo Ramo.
(Em meados do próximo mês de Julho, daria oportunidade aos visitantes de assistir a um Exercício de escalão divisionário c/fogos reais - o "ORION82").

b. Para acção a curto prazo

(1) Prosseguir a realização das perspectivas abertas pelo LMPQF, uma

CONFIDENCIAL

CONFIDENCIAL

General Vice-Chefe

vez definida a cobertura do respectivo encargo.

(2) Nomeação do Adido de Defesa previsto para Luanda.

c. Em tempo oportuno

(1) Considerar os restantes aspectos de cooperação definidos no parágrafo 6. - reparação de faróis, cooperação no domínio museológico e em actividades de apoio a portugueses - mediante análise ponderada e decisão prévias do que pode efectivamente efectuar-se nos respectivos campos.

(2) Em especial quanto ao último aspecto - cooperação em acções de apoio aos portugueses residentes em Angola - aguardar e acompanhar com cuidado o que for definido em organismos exteriores às FA, tendo em atenção as reais possibilidades com que podemos contar.

(3) Promover por meio de equipas ou missões técnicas, em Portugal ou em Angola, o estudo e encaminhamento das necessidades de cooperação que, concretamente, vierem a ser apresentadas pelas FA Angolanas.

9. CONSIDERAÇÕES FINAIS

a. O convite de delegações das FA de Angola para visitar o nosso País não deverá olvidar o Ministro da Defesa tanto mais que este se assume como sua mais alta autoridade militar a seguir ao P. República.

b. Da mesma forma que se referiu para Moçambique, orientando-se a doutrina política global do Estado de Angola para as teorias marxistas-leninistas, há que salvaguardar na cooperação a estabelecer, quando necessário, as nossas responsabilidades face à Aliança Atlântica.

CONFIDENCIAL

CONFIDENCIAL
CONFIDENCIAL

Estado-Maior do Exército

General Vice-Chefe

Lisboa e EME, 23 de Abril de 1982

O VICE-CHEFE DO EME

JOSÉ LOPES ALVES
GENERAL

ANEXO:

A - ALGUMAS NOTAS SOBRE AS FA DA RPA

DISTRIBUIÇÃO:

- Ex. nº 1 - Gab CEME
- Ex. nº 2 a 5 - Gab CEMGFA
- Ex. nº 6 - Gab VCEME
- Ex. nº 7 - Deptº QMG/EME
- Ex. nº 8 - Deptº AJ.GEN./EME
- Ex. nº 9 - Deptº INST./EME
- Ex. nº 10- Deptº OPER./EME
- Ex. nº 11- Deptº FIN./EME
- Ex. nº 12 a 16 - Reserva, no Gab. CEME

CONFIDENCIAL

CONFIDENCIAL
CONFIDENCIAL Estado-Maior do Exército

General Vice-Chefe

Exemplar Nº 5

RELATÓRIO

ANEXO A

ALGUMAS NOTAS SÔBRE AS FA DE ANGOLA

1. Organização Superior das FA

 - Comandante Supremo: Presidente da República
 - Ministro da Defesa
 - Vice-Ministro da Defesa para o Exército, (Cmdt do Ex.)
 - Vice-Ministro da Defesa para a Marinha (Cmdt da Mr.)
 - Vice-Ministro da Defesa para F. Aérea (Cmdt da F.A.)
 - Chefe do EM General das F.A.
 - 7 Regiões Militares, sob comando de Oficiais Superiores.

2. Hierarquia actual do Exército

 - Soldado Recruta
 - Soldado
 - 1º Sargento
 - 2º Sargento
 - 3º Sargento
 - Sub-Tenente
 - 2º Tenente
 - 1º Tenente
 - Capitão
 - Major
 - Ten. Coronel
 - Coronel

3. Dependência no domínio da Instrução

   Como se conhece, o pessoal das FA da RPA tem frequentado cursos, estágios e especializações na URSS e CUBA, fundamentalmente, e em outros países de Leste.
   No âmbito deste procedimento, como exemplo, deverá partir em Junho

CONFIDENCIAL

CONFIDENCIAL
CONFIDENCIAL
Estado-Maior do Exército

General Vice-Chefe

próximo para a URSS um grupo de 120 Oficiais (50 Capitães, 20 1ºs. Tenentes, 25 2ºs. Tenentes e 25 Sub-Tenentes) para frequentar cursos de promoção e de defesa com a duração de 5 anos.

4. <u>Regalias sociais dos Militares</u>

Os militares das FA da RPA estão integrados em esquema especial no que respeita a apoio e assistência, bem como as suas famílias.

Para os elementos do curso anterior, por exemplo, os Oficiais deslocados tem direito, segundo se soube:

- a 30 dias de férias/ano em Angola c/viagens pagas;

- a 2 viagens/ano da mulher, se casado, também por conta do Estado;

- a importantes condições de reforço do esquema social de apoio acima citado.

Lisboa e EME, 23 de Abril de 1982

O VICE-CHEFE DO EME

JOSÉ LOPES ALVES
GENERAL

DISTRIBUIÇÃO:

C/Relatório de 23/4/82

CONFIDENCIAL

2

ACTA DA REUNIÃO ENTRE DELEGAÇÕES MILITARES DA REPÚBLICA POPULAR DE ANGOLA E DAS FORÇAS ARMADAS PORTUGUESAS.
(17 DE JANEIRO DE 1983)

Chefe de Gabinete CEMGFA – Coronel António F. R. Areia

CONFIDENCIAL

19.Janeiro.83   280   GC
                 3.09.5

AO
Chefe da Casa Militar de Sua Excelência
o Presidente da República
L I S B O A

ASSUNTO: - ACTA DA REUNIÃO DE TRABALHO ENTRE DELEGAÇÕES
MILITARES DA RPA E DAS FORÇAS ARMADAS PORTUGUESAS

   Encarrega-me Sua Exa. o General CEMGFA, de junto enviar fotocópia da acta da reunião havida entre as duas delegações.
   Com os melhores cumprimentos.

O CHEFE DO GABINETE

ANTÓNIO F.R. AREIA
COR.INF.

C/ANEXO

AS/MF

CONFIDENCIAL

A POSIÇÃO DE ANGOLA NA ARQUITETURA DE PAZ E SEGURANÇA AFRICANA – ANEXO

CONFIDENCIAL

19JAN83

245   GC
3.09.5

Ao

CAS

N/EDIFÍCIO

ASSUNTO:- Delegação Militar da RPA

Sobre o assunto em epígrafe, informa-se esse Serviço que nos dias 17, 18 e 19JAN83 uma Delegação Militar da RPA se encontra neste EMGFA, sendo acompanhada pelo Ten.Cor.Pil.Av. AGUIAR E SILVA deste Gabinete.

O CHEFE DO GABINETE

ANTÓNIO F.R.AREIA
Cor.Infª.

AS/HF

CONFIDENCIAL

CONFIDENCIAL

ESTADO-MAIOR-GENERAL DAS FORÇAS ARMADAS

ACTA

REUNIÃO DE TRABALHO ENTRE DELEGAÇÕES MILITARES DA REPÚBLICA POPULAR DE ANGOLA E DAS FORÇAS ARMADAS PORTUGUESAS

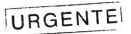

171000JAN83

CONFIDENCIAL

ESTADO-MAIOR-GENERAL DAS FORÇAS ARMADAS

GRUPOS DE TRABALHO

Da República Popular de Angola:

- Dr. França Van Dunen - Embaixador da RPA em Lisboa
- Ten. Cor. José Matos - Inspector Geral das Forças Armadas da RPA
- Major José Maria - Secretário do PR da RPA para os assuntos de Defesa e Segurança
- Cap. Torres - 2º Comandante da 5a. Região Militar
- Cap. Afonso Silva - Comandante de Bordo do Avião Hercules C-130 da Força Aérea da RPA

Das Forças Armadas Portuguesas:

- Cor. António Rodrigues Areia - Chefe do Gab/CEMGFA
- Cor. Camarada Cortesão - CEM do COFA
- Cor. Chito Rodrigues - Chefe da 6a. Rep. do EME
- Ten. Cor. Aguiar e Silva - GAB/CEMGFA
- Ten. Cor. Sousa Jorge - do GAB/CEME

CONFIDENCIAL

ESTADO-MAIOR-GENERAL DAS FORÇAS ARMADAS

1. Pelas 10H00 de 17 de Janeiro de 1983 as delegações Angolana e Portuguesa, reuniram no edifício do Estado-Maior-General das Forças Armadas.

2. Esta reunião foi efectuada na sequência do recebimento por parte de Sua Exa. o Presidente da República Portuguesa de uma mensagem pessoal de Sua Exa. o Presidente da República Popular de Angola, conforme fotocópia que se junta em anexo.

3. A sessão de trabalho foi aberta pelo Cor. Areia, que após apresentar as boas-vindas à delegação angolana, explicitou os factos que motivaram esta reunião, desejando ao mesmo tempo que da mesma se obtenham resultados concretos e frutíferos no âmbito da cooperação militar entre os dois países.

4. Seguidamente foi feita uma exposição, pelo Ten.Cor. José de Matos, Inspector Geral das Forças Armadas da RPA, sobre as pretensões daquele país nos seguintes campos:

    a. EXÉRCITO

    (1) Formação de instrutores de Comandos e Rangers.

    (2) Curso de Estado-Maior para pequenas unidades (Comandos)

    b. FORÇA AÉREA

    (1) Formação de mecânicos AL III numa dupla perspectiva: formação básica e complementar a nível de especialistas técnicos.

    (2) Qualificação operacional de pilotos AL III, visando essencialmente o emprego táctico da aeronave e, eventualmente, a de controladores aéreos avançados.

    (3) Reciclagem de tripulações de C-130 no que se refere a conhecimentos teóricos e procedimentais da aeronave e, eventualmente, a qualificação em voo correspondente à fase A do programa de treino adoptado na Força Aérea Portuguesa.

CONFIDENCIAL ./

CONFIDENCIAL

S.   R.

ESTADO-MAIOR-GENERAL DAS FORÇAS ARMADAS

(4) Formação de pilotos - instrutores de ALIII da Força Aérea Angolana.

5. O Cor. Chito Rodrigues em relação aos pontos focados para o Exército, informou que basicamente e no futuro os cursos de Comandos e Rangers terão o mesmo programa de instrução, quer para oficiais quer para sargentos, sendo apenas designado "Curso de Formação de Comandos".

Para a frequência deste Curso foram fornecidos os seguintes elementos:

a. Há interesse em que o curso decorra entre Junho e Setembro por motivos de ambientação climatérica.

b. Poderão conceder-se, no momento, 20 vagas para oficiais e sargentos.

No caso de desistência de outros PAEP, o número de vagas poderá ser aumentado para cerca de 40, devendo a inscrição processar-se, por motivos de planeamento e organização, até 3 meses antes do início do curso.

c. O custo previsível do curso é de cerca de 300$00 homem/dia, não dispondo o Exército de verba consignada para o efeito.

d. Quanto aos requisitos de selecção foi entregue uma fotocópia com as respectivas especificações, podendo algumas delas ser minimizadas, até um certo nível, conforme condições a apresentar pela RPA.

e. Foi feita uma abordagem, por solicitação da Delegação Angolana, da necessidade de uma equipa psicotécnica, acompanhada dos respectivos testes, de deslocar à RPA para efeitos de selecção prévia dos candidatos.

CONFIDENCIAL   ./

CONFIDENCIAL

ESTADO-MAIOR-GENERAL DAS FORÇAS ARMADAS

6. Quando ao curso (estágio) de Estado-Maior para pequenas unidades (Comandos), num total de 6 vagas para oficiais, o mesmo terá a seguinte duração:
   - 1 mês, caso seja ministrado aos oficiais que antes frequentaram o curso de Comandos
   - 2 meses para outros oficiais.

7. O Cor. Cortesão, em relação aos pontos focados para a Força Aérea, informou o seguinte:

   a. Ser viável a formação básica e complementar de especialistas, ficando a Delegação Angolana de informar quais as áreas de interesse.

   b. Qualificação operacional em ALIII.
      Para este tipo de qualificação é indispensável uma experiência prévia de 300 horas de voo em helicóptero.
      A duração do curso, embora pendente de uma prévia avaliação em voo, será de cerca de 50 a 70 horas de voo ao longo de 3 a 5 meses, incluindo uma componente teórica.
      A disponibilidade em vagas será de 3 alunos dados os condicionamentos internos das Força Aérea Portuguesa.

   c. Reciclagem em C-130.
      Para a reciclagem, curso teórico, serão necessárias cerca de duas semanas.
      A duração e amplitude da qualificação em voo (fase A) estará pendente de uma prévia avaliação face aos parâmetros em vigor na Força Aérea, sendo desejável que o número de tripulações a reciclar seja de duas.

   d. Não dispondo a Força Aérea de verbas consignadas para o efeito, os encargos financeiros decorrentes da cooperação serão defini-

CONFIDENCIAL   ./

A POSIÇÃO DE ANGOLA NA ARQUITETURA DE PAZ E SEGURANÇA AFRICANA – ANEXO

CONFIDENCIAL

ESTADO-MAIOR-GENERAL DAS FORÇAS ARMADAS

dos posteriormente. No entanto os custos homem/dia serão próximos dos processados pelo Exército.

e. As datas e os efectivos a instruir carecem, igualmente, de definição posterior.

8. Para finalizar, a Delegação Angolana, referiu-se com interesse à possibilidade de oficiais portugueses enquadrarem, em ANGOLA, a formação de escolas de instrução quer no âmbito Exército (Comandos) quer no da Força Aérea (Esquadras de ALIII).

Por último, foi solicitada informação, pela Delegação da RPA, da viabilidade e disponibilidade do fornecimento de equipamento de apoio ao funcionamento das suas unidades, quer de Comandos quer de Esquadras de Helicópteros.

9. A delegação da RPA declarou ainda que só concretizará os seus pedidos após a chegada a Luanda, face à resposta do PR de PORTUGAL ao PR da RPA.

Lisboa, 17 de Janeiro de 1983

O CHEFE DA DELEGAÇÃO DA RPA

José de Matos
Ten. Cor.
Inspector Geral das Forças Armadas da RPA

O CHEFE DO GABINETE/CEMGFA

António F. R. Areia
Cor. Inf.

CONFIDENCIAL

REPÚBLICA POPULAR DE ANGOLA

Presidente da República

Excelência,

Na sequência de contactos e conversações anteriores tidos com algumas entidades portuguesas sobre as possibilidades de cooperação no domínio militar, peço à Vossa Excelência, que sejam facultadas à Delegação conduzida pelo Tenente-Coronel JOSÉ DE MATOS, Inspector das Forças Armadas, informações e os esclarecimentos necessários sobre as seguintes questões:

1 - Instrução e formação de instrutores, oficiais e sargentos, nas especialidades de tropas de intervenção "comandos" e "rangers",

Sendo nosso desejo obter informações sobre a possibilidade de realizar este tipo de instrução não só em Portugal, mas também em Angola.

À
SUA EXCELÊNCIA ANTÓNIO DOS SANTOS RAMALHO EANES
PRESIDENTE DA REPÚBLICA PORTUGUESA

LISBOA

A POSIÇÃO DE ANGOLA NA ARQUITETURA DE PAZ E SEGURANÇA AFRICANA – ANEXO

2.

2 – Instrução de combate em operações de assalto e desembarque para pilotos de helicóptero.

3 – Outras questões relacionadas com a base material de estudo para os tipos de instrução acima referidos.

Certo de que serão dadas as facilidades necessárias à nossa Delegação para o cumprimento da sua missão, apresento ao Senhor Presidente os meus agradecimentos antecipados e os protestos da Minha Elevada Consideração.

– JOSÉ EDUARDO DOS SANTOS –
PRESIDENTE DO MPLA – PARTIDO DO TRABALHO
PRESIDENTE DA REPÚBLICA POPULAR DE ANGOLA

Luanda, 7 de Janeiro de 1983.-

REQUISITOS DE SELECÇÃO PARA AS ESPECIALIDADES DE COMANDO
==
E OPERAÇÕES ESPECIAIS
=====================

1º. - <u>CATEGORIA MÉDICA</u> - Ø1

       - Factor S - Estado dos membros superiores
       -    "   I - Estado dos membros inferiores
       -    "   C - Sensibilidade cromática
       -    "   V - Estado do aparelho visual
       -    "   A - Estado do aparelho auditivo
       -    "   G - Constituição física e estado geral
       -    "   E - Estabilidade emocional

2º. - <u>GAGUÊS</u> - Não ser gago

3º. - <u>OBESIDADE</u> - Não ser obeso

4º. - <u>ALTURA</u> - Maior ou igual a 1,62 metros

5º. - <u>INDICE DE KAUPP</u>

       - Mínimo - 214
       - Máximo - 263

6º. - <u>HABILITAÇÕES LITERÁRIAS</u>

       - 12º. Ano completo
       - Antigo 7º. Ano liceal ou equivalência

7º. - <u>PROVAS PSICOFISICAS</u>

       - MURO com 1,00 metros (Se não salta é eliminado)
       - PÓRTICO com 4 metros de altura (Se não caminhar de pé e
       com desembaraço é eliminado)

8º. - <u>PROVAS FISICAS</u>

       - CORRIDA (Em 15 minutos tem de correr no mínimo 3.200 metros,
       se não o conseguir é eliminado)
       - FLEXÕES NA BARRA (5 flexões correspondem a 10 valores)
       - EXTENSÕES DE BRAÇOS (20 extensões correspondem a 10 valores.)
       - ABDOMINAIS (40 abdominais correspondem a 10 valores)

    Obs. O somatório das três últimas provas físicas tem que ser de
       30 valores, no caso de não ser atingido é eliminado.

3
ORDEM DE SERVIÇO Nº 1
QUARTEL NO HUAMBO (13 DE DEZEMBRO DE 1991)

Forças Armadas Angolanas – Escola Formação Oficiais

-RESERVADO-   Pág. nº 1

FORÇAS ARMADAS ANGOLANAS
ESCOLA DE FORMAÇÃO DE OFICIAIS
ORDEM DE SERVIÇO Nº1

Quartel em Huambo, 13 de Dezembro de 1991

\#

DETERMINAMOS E MANDAMOS PUBLICAR

I - DETALHE DE SERVIÇO
(NADA)

II -ORGANICA

Art.º 1º - PESSOAL
1- Apresentações / Aumentos
a) Que, em 110930Dec91 nos apresentámos nesta unidade.
b) Que, em 12Dec91 se apresentaram nesta unidade, a
fim de frequentarem o 1º Curso de Formação de Oficiais os seguintes militares:

TCor Fernando de Almeida Fonseca
TCor Joaquim Rufino França
TCor Manuel de Carvalho Borges da Conceição
TCor Arlindo Katuita Kassikote
Maj José Ribeiro Chendo
Maj Noé Caumba
Maj Fonseca Fumanguenji
Maj Benedito Catumbela de Almeida
Maj Baltazar Borges Cabral
Maj António Lopo da Costa
Maj Júlio Antunes
Maj João Jorge
Cap Mário José Duarte
Cap Nelito de Castro Samussangue
Cap António Mateus Prazeres
Cap José Moisés Chali
Cap Estêvão Bungo
Cap Júlio Alberto Kuyota
Cap António João José Campos
Cap Manuel Ferreira Chivimbi
Cap José Miguel António Torres
Cap Enoque D'Oliveira Epalanga
Cap João Batista Luís
Cap Argentino José Matias
Cap Álvaro Moniz Júnior
Cap Albino António Catumbela
Cap António Abílio Zongo
Cap António Paulino Kaliata
Cap Elias Celestino Nhime
Cap Domingos Clemente
Cap António Epesse
Cap Alexandre Manuel Kamongua
Ten Bento Kapitango
Ten Adolfo Rui Gomes
Ten Manuel Norton Júlio

-RESERVADO-   .../...

A POSIÇÃO DE ANGOLA NA ARQUITETURA DE PAZ E SEGURANÇA AFRICANA – ANEXO

-RESERVADO-   Pág.nº2

(Continuação da O.S. nº1 de 13Dec91 da EFO)

        Ten Carlos Albino Dembo
        Ten António Manuel Estêvão
        Ten Serafim Kalupa
        Ten Francisco Hebo Zangue Longa
        Ten Benedito Domingos Kakapa
        Ten Adão Paulo Lino
        Ten Adriano César Kamalata
        Ten Argentino Mário Chitacumula
        Ten Adolfo Décio Chipongue
        Ten António Joaquim dos Reis
        Ten Nito,Lucas dos Prazeres
        Ten Francisco António Mateus
        Ten Sancho Daniel
        Ten Faria Lopes Lumbungululo
        Ten José Cardoso da Rocha Luis

2-Promoções
        Nos termos do nº2 da Directiva nº1 " Critérios de
        Selecção dos Militares para as Forças Armadas Ango
        lanas " aprovada pela CCPM em 09Out91, os oficiais
        constantes do Artº1º alínea b) são promovidos aos
        actuais postos desde 13Dec91 contando a antiguidade
        desde a mesma data.

3-Desempenho de funções
        Que, desde 13Dec91 passamos a comandar esta Uni
        dade.

        III-JUSTIÇA E DISCIPLINA
              (NADA)

            IV-INSTRUÇÃO
              (NADA)

           V-MOBILIZAÇAO
              (NADA)

          VI-ADMINISTRAÇÃO
              (NADA)

          VII-SERVIÇO DE SAÚDE
              (NADA)

           VIII-DILIGÊNCIAS
              (NADA)

              -RESERVADO-

DOCUMENTOS SOBRE A EDIFICAÇÃO DAS FORÇAS ARMADAS DE ANGOLA (1982-2007)

```
                           -RESERVADO-
    (Continuação da OSnº1 de 13Dec91 da EFO)              Pág.nº3

                           IX-ADIDOS
                            (NADA)


                          X-DIVERSOS


Artº 2º -Designação da Unidade
        -Que, desde 13Dec91 esta Unidade passou a designar-se
         ESCOLA DE FORMAÇÃO DE OFICIAIS

Artº 3º -Horário de serviço
        -Que, em anexo se publica o horário de serviço interno desta
         Escola

Artº 4º -Mensagem
        -É ESTA A 1º ORDEM DE SERVIÇO QUE MATERIALIZA O INíCIO DA
         FORMAÇÃO DAS NOVAS FORÇAS ARMADAS ANGOLANAS QUE RESULTARAM
         DOS ACORDOS DE PAZ ASSINADOS EM LISBOA, EM 31Mai91.
         O TEMPO É CURTO MAS JÁ UM LONGO CAMINHO FOI  PERCORRIDO  E
         PODEMOS DIZER COM ORGULHO QUE O CESSAR FOGO SE MANTéM E QUE
         A PAZ É UMA REALIDADE QUE HA QUE MANTER E SALVAGUARDAR NO
         INTERESSE DO POVO ANGOLANO QUE IREMOS SERVIR EM PLENITUDE.
         EM 14Nov ASSUMIMOS O COMANDO SUPERIOR DAS FORÇAS ARMADAS
         ANGOLANAS HONRA QUE NÃO ESPERÁVAMOS E SABEMOS MUITO DIFíCIL
         MAS A PROMESSA FICA DE SERVIRMOS ANGOLA COM TOTAL LEALDADE
         E DEDICAÇÃO, TAREFA QUE IREMOS COMPARTICIPAR COM TODOS
         AQUELES QUE VOLUNTARIAMENTE VÃO INGRESSAR NAS NOVAS FORÇAS
         ARMADAS. FORÇAS ARMADAS APARTIDARIAS DEDICADAS AO SERVIÇO
         DA NAÇÃO E DA COMUNIDADE TENDO COMO FINALIDADE PRIMARIA A
         DEFESA E A SALVAGUARDA DA INDEPENDÊNCIA E DA INTEGRIDADE
         TERRITORIAL.A COESÃO, UNIDADE E LEALDADE SERÃO QUALIDADES
         E SENTIMENTOS INDISPENSÁVEIS EM TODOS OS MILITARES POR
         FORMA  A  QUE  AS FORÇAS ARMADAS  SEJAM  ORGULHO  DA  NAÇÃO
         ANGOLANA QUE DEFENDEREMOS MESMO COM O SACRIFíCIO DA PRóPRIA
         VIDA.
         TODOS  JÁ DESEMPENHARAM FUNÇÕES MILITARES EM  CIRCUNSTANCIA
         DIVERSAS MAS HOJE E NO FUTURO O QUE MAIS INTERESSA É O  QUE
         NOS  UNE E NÃO AQUILO QUE NOS SEPAROU, O AMOR POR ANGOLA  É
         OBJECTIVO  BASTANTE PARA ABDICARMOS DE INTERESSES  PARTICU-
         LARES OU PRIVADOS.
         NESTE MOMENTO DIFíCIL EM QUE A OBRA VAI NASCER MAS DE
         EXTRAORDINARIA  IMPORTANCIA  EXORTAMOS TODOS  OS  MILITARES
         PARA  QUE  FAÇAM  DA VOSSA VIDA UM  PERMANENTE  EXEMPLO  DE
         DIGNIDADE E DE LEALDADE PARA COM O POVO ANGOLANO QUE IREMOS
         SERVIR COM ESPíRITO DE AMIZADE E DE FRATERNIDADE

                          OS COMANDANTES


          JOÃO BAPTISTA MATOS              ABíLIO CAMALATA NÚMA
               Gen                                 Gen


                       - RESERVADO -
```

A POSIÇÃO DE ANGOLA NA ARQUITETURA DE PAZ E SEGURANÇA AFRICANA – ANEXO

(Anexo a que se refere o Artº 3 da OS Nº1 de 13Dec91 da EFO)

FORÇAS ARMADAS ANGOLANAS
ESCOLA DE FORMAÇÃO DE OFICIAIS
HORÁRIO DE SERVIÇO INTERNO

ACTIVIDADES	2ªFEIRA a 6ªFEIRA	SÁBADO	DOMINGO
ALVORADA	0600	0600	0700
GINÁSTICA	0610	0610	----
ASSEIO PESSOAL	0645	0645	0700
1ª REFEIÇÃO	0715	0715	0730
FORMATURA GERAL	0745	0745	----
INÍCIO DE TRABALHOS	0800	0800	----
PARADA DA GUARDA	0900	0900	0900
REVISTA SAÚDE(PRAÇAS)	1000	1000	----
ALTO AOS TRABALHOS	1200	1200	----
2ª REFEIÇÃO	1230	1230	1230
FORMATURA GERAL	1345	----	----
INÍCIO TRABALHOS	1400	----	----
REVISTA SAÚDE(GRADUADOS)	1500	1100	----
ALTO AOS TRABALHOS	1700	----	----
PRÁTICA DESPORTIVA	1730	----	----
REFORÇO A GUARDA	1730	1730	1730
3ª REFEIÇÃO	1930	1930	1930
RECOLHER	2130	2300	2130
SILÊNCIO	2200	2330	2200

HUAMBO, 13 DE DEZEMBRO DE 1991

OS COMANDANTES

JOÃO BAPTISTA MATOS
Gen

ABÍLIO CAMALATA NUMA
Gen

4

"UM CONCEITO PARA AS FORÇAS ARMADAS DE ANGOLA"
– ESTADO-MAIOR GENERAL DAS FORÇAS ARMADAS PORTUGUESAS
(08 DE MAIO DE 1991)

CONFIDENCIAL

UM CONCEITO

PARA AS

FORÇAS ARMADAS DE ANGOLA

CONFIDENCIAL

CONFIDENCIAL

Exemplar nº
EMGFA
08MAI91

URGENTE

1. ENQUADRAMENTO CONCEPTUAL

a. Caracterização das Forças Armadas

As Forças Armadas de Angola, a formar a partir da entrada em vigor do cessar-fogo, deverão obedecer aos seguintes principios:

(1) a clara **subordinação ao poder político**, para que possam ser um instrumento preferencial de defesa do Estado Angolano, colaborante nas tarefas de reconstrução nacional e fomentadoras da criação de um espirito de orgulho e de unidade nacional;

(2) o rigoroso **apartidarismo** dos quadros e tropas, para garantia da coesão e funcionamento de acordo com as directivas do poder politico;

(3) a **uniformidade** da sua organização, que será única para todo o território nacional.

b. Finalidades das Forças Armadas

A formação das Forças Armadas de Angola deverá ter em vista essencialmente as seguintes finalidades:

- **dissuadir** eventuais ameaças externas;

- **garantir** a projecção de Angola no equilíbrio internacional e regional;

- complementar, se necessário, a acção das Forças de Segurança na resolução de situações de instabilidade interna que ponham em perigo o regular funcionamento das instituições democráticas;

- empenharem-se em acções contributivas para o desenvolvimento nacional, para a pacificação e a consolidação de um sentimento de coesão e unidade nacional e para a satisfação de necessidades básicas das populações.

CONFIDENCIAL

A POSIÇÃO DE ANGOLA NA ARQUITETURA DE PAZ E SEGURANÇA AFRICANA – ANEXO

CONFIDENCIAL

2. AMEAÇAS E INTERESSES NACIONAIS

A situação politica e o potencial militar dos paises vizinhos de Angola conduzem à conclusão de que a ameaça directa à integridade do Estado Angolano é muito remota. É, contudo, de admitir a possibilidade de que eventuais mudanças, designadamente nos quadros politicos da República Popular do Congo e do Zaire, possam levar aqueles paises a acolher e apoiar movimentos separatistas ou bandos armados que pretendam actuar no interior do território angolano.

A preservação de um lugar de projecção no conserto regional aponta para a criação de umas Forças Armadas em efectivo e qualidade capazes de dissuadir eventuais tentativas dos Estados vizinhos para interferirem na conduta da politica angolana. Tendo em conta os volumes dos exércitos vizinhos, um efectivo da ordem dos 40 a 50.000 homens parece para tal adequado.

A ameaça mais provável, a curto prazo, é a que pode pôr em causa a segurança interna. A desmobilização de elevados efectivos, a actual situação sócio-económica e a provável crise de desemprego que se avizinhará poderão conduzir a situações de instabilidade facilmente exploráveis por tentativas de subversão ou de terrorismo.

As necessidades de reconstrução das infraestruturas do Estado Angolano, como condição indispensável para o desenvolvimento da segurança e do bem-estar, constituem tarefa gigantesca que justificará o emprego dos recursos de que as Forças Armadas dispõem. Aliás, o esforço nesta área constituirá por si próprio um meio importante na prevenção de eventuais perturbações da estabilidade social e politica.

3. ARTICULAÇÃO DO PODER POLITICO COM AS FORÇAS ARMADAS

A subordinação das Forças Armadas ao poder politico implica a definição de uma articulação entre umas e outro, traduzidas em legislação que estabeleça com clareza as responsabilidades respectivas.

Num regime democrático a dependência das Forças Armadas do poder politico é materializada pela sua inserção no Ministério da Defesa Nacional, cabendo ao Ministro da Defesa Nacional a responsabilidade politica pela preparação e execução da politica de defesa nacional e pela fiscalização da administração das Forças Armadas.

De um modo geral a ligação politico-militar faz-se através de duas áreas distintas: a área operacional, cujo interlocutor é o CEMGFA, e a área administrativo-logistica, cujos interlocutores são os CEM dos Ramos.

CONFIDENCIAL

CONFIDENCIAL

Deste modelo decorre que o CEMGFA detém responsabilidades de comando operacional, concretizadas no planeamento estratégico e no Alto Comando em tempo de guerra ou crise, o que inclui o treino operacional conjunto em tempo de paz. Aos CEM dos Ramos são imputadas as responsabilidades relativas ao aprontamento das suas forças em todas as áreas, operacional incluida.

Todavia, não serão de excluir outras modalidades, designadamente a concentração da acção de comando na pessoa do CEMGFA desde o tempo de paz, o que, contudo, poderá apresentar inconvenientes que são de ponderar.

A aceitar o modelo mais corrente nos regimes democráticos, o CEMGFA exercerá, em tempo de paz, o comando operacional sobre os três Ramos das Forças Armadas e sobre os Comandos e Órgãos que estejam na sua directa dependência. Em tempo de guerra ou em situação de excepção exercerá o comando completo sobre os mesmos Comandos e Órgãos, bem assim como sobre os Comandos Conjuntos e/ou Unificados que sejam eventualmente criados.

MISSÕES

As finalidades a atingir pelas Forças Armadas, as ameaças a enfrentar e os interesses a preservar conduzem a uma definição geral das missões a atribuir-lhes:

a. Missão das Forças Armadas

(1) *Asseguram a defesa militar do território nacional a fim de garantir a salvaguarda da independência nacional, a integridade do território e a liberdade e a segurança das populações contra qualquer agressão ou ameaça externas.*

(2) *Mantêm-se aptas para, nas condições estabelecidas na lei, intervirem quando for determinado o estado de excepção.*

(3) *Desempenham missões de interesse geral a cargo do Estado e colaboram em tarefas relacionadas com a satisfação de necessidades básicas e a melhoria da qualidade de vida das populações, sem prejuizo da sua missão primária.*

(4) *Cumprem as missões de natureza militar que lhes forem atribuidas no quadro dos compromissos internacionais que o poder político vier a assumir.*

CONFIDENCIAL

3

A POSIÇÃO DE ANGOLA NA ARQUITETURA DE PAZ E SEGURANÇA AFRICANA - ANEXO

CONFIDENCIAL

b. Missão do Exército

(1) *Participa na defesa militar do território nacional, como Ramo das Forças Armadas e em conjunto com a Marinha e a Força Aérea, para garantir a independência nacional, a integridade do território e a liberdade e segurança das populações contra qualquer agressão ou ameaça externas.*

(2) *Mantem-se apto para, quando tal for determinado, e nas condições estabelecidas na legislação, intervir quando for determinado o estado de excepção.*

(3) *Colabora na preparação militar da Nação e contribui para a sua valorização técnica, profissional e cultural através da instrução aos contingentes a incorporar.*

(4) *Colabora nas acções desenvolvidas pelo sistema nacional de protecção civil ou naquelas que se relacionem com a satisfação de necessidades básicas ou com a melhoria da qualidade de vida das populações, em especial nas áreas da Educação, Saúde e Comunicações.*

(5) *Cumprem as missões de natureza militar que lhes forem atribuidas no quadro de compromissos internacionais que o País assumir.*

c. Marinha

A Marinha terá por especial missão a vigilância das águas territoriais e da Zona Económica Exclusiva, a protecção de infraestruturas portuárias e de exploração "off shore" e assegurar capacidade de transporte marítimo.

A missão detalhada da Marinha será oportunamente pormenorizada.

d. Força Aérea

A Força Aérea terá como missão primária o apoio das Forças Terrestres, incluindo o reconhecimento, o transporte e o apoio aéreo próximo, mantendo uma capacidade limitada de bombardeamento e intercepção.

A missão especifica da Força Aérea será oportunamente detalhada.

CONFIDENCIAL

DOCUMENTOS SOBRE A EDIFICAÇÃO DAS FORÇAS ARMADAS DE ANGOLA (1982-2007)

CONFIDENCIAL

De entre as missões acima especificadas é de salientar:

- que as Forças Armadas só deverão intervir na ordem interna em condições de excepção, devidamente salvaguardadas pela Lei, pelo que o conceito do seu emprego, pese embora a vantagem de uma certa dispersão das forças, não terá necessariamente de se subordinar a um dispositivo de quadrícula;

- que a participação das Forças Armadas em tarefas de desenvolvimento nacional se justifica na medida em que se admite serem insuficientes as infraestruturas existentes para fazerem face às enormes tarefas que de imediato se avizinham;

- que essas mesmas tarefas possibilitarão abarcar e ocupar grande parte dos excedentes de efectivos que, de outro modo, seriam lançados na ociosidade.

e. **Considerações sobre as missões de interesse público**

Uma vez assinado o cessar-fogo e constituídas as novas Forças Armadas de Angola, um dos maiores problemas que se colocarão ao Estado Angolano será, sem dúvida, o da reconstrução nacional, compreendida nesta a criação de um sentimento de coesão e de unidade nacional no povo angolano.

As Forças Armadas poderão ter um papel importante nessa reconstrução e parece indubitável que serão chamadas a fazê-lo. Com efeito, é de prever que as actuais estruturas, quando existam, estejam muito debilitadas e carenciadas de quadros e de meios materiais.

O recurso aos meios humanos e materiais das Forças Armadas e o seu normal enquadramento hierárquico proporcionam-lhes condições de funcionamento em situações de emergência que as **tornam especialmente vocacionadas para ocasiões** como a **actual.**

Por outro lado, o empenhamento dos militares em actividades **altamente** motivadoras, como o são as de reconstrução de **estruturas** sociais e económicas e a satisfação de necessidades básicas e urgentes das populações, poderá contribuir decisivamente para garantir a estabilidade das Forças Armadas e facilitar a sedimentação da disciplina e do respeito pela cadeia hierárquica. Terá ainda o condão de permitir às novas Forças Armadas que adquiram junto da população angolana o direito ao reconhecimento e ao respeito indispensáveis ao seu prestígio.

A **construção ou recuperação de infraestruturas** tais como estradas, pistas de aterragem, pontes, escolas, hospitais e aquartelamentos constituem áreas em que a intervenção de unidades de engenharia militar, eventualmente reforçadas ou temporariamente adaptadas nos seus meios técnicos e humanos, poderá colmatar as carências da construção civil.

CONFIDENCIAL

5

A POSIÇÃO DE ANGOLA NA ARQUITETURA DE PAZ E SEGURANÇA AFRICANA – ANEXO

CONFIDENCIAL

O *apoio sanitário* às populações carenciadas e não abrangidas pelas áreas de intervenção do sector de saúde civil poderá apoiar-se na dispersão do dispositivo e na utilização dos elementos do Serviço de Saúde Militar (Hospitais, Postos de Socorros das Unidades, equipas ambulantes de médicos e pessoal de enfermagem, etc.). Nesta área de apoio visionam-se boas possibilidades para a execução de censos, rastreio e vacinação de populações.

A *evacuação terrestre e aérea* de doentes e sinistrados, o *reabastecimento* de materiais de construção e de mercadorias, o *transporte* de equipas de apoio vário às povoações mais longínquas e isoladas são áreas de possível intervenção a benefício geral.

Não é de excluir ainda a eventualidade de se virem a formar no seio das Forças Armadas *equipas de apoio social e de alfabetização* que conduzam acções coordenadas de apoio a deficientes de guerra e levem o ensino elementar onde as estruturas oficiais o não consigam fazer.

Escusado será enaltecer a possibilidade de colaboração das unidades militares no *combate a incêndios*, bem assim como a eventualidade de a Marinha vir a ser dotada de meios de *combate à poluição no mar* para fazer face a possíveis catástrofes ecológicas.

Finalmente não pode deixar de ser prevista, ainda que a alguma distância, a necessidade que Angola terá num futuro muito próximo de proceder ao *levantamento cartográfico e hidrográfico* do seu solo e da sua plataforma marítima, como base indispensável para a exploração eficiente dos seus recursos sem dependências gravosas do exterior.

NOVA IMAGEM DAS FORÇAS ARMADAS DE ANGOLA

A formação das novas Forças Armadas de Angola, provenientes da fusão de dois exércitos, impõe uma cuidadosa acção no sentido de criar uma nova imagem.

Essa nova imagem deverá ser conseguida através de esforços em áreas distintas, tais como:

- a *instrução*, na qual devem ser particularmente enfatizadas a formação cívica, o sentido da disciplina e a eficiência profissional;

- o *contacto do militar com a população*, merecedor de especial cuidado, para que as novas Forças Armadas ganhem o apoio e o respeito dos cidadãos;

- a *recuperação das instalações* onde vierem a ser alojados os contingentes à medida que forem sendo instruidos, considerando que a dignidade das mesmas é fortemente influenciadora da formação cívica dos seus utentes;

CONFIDENCIAL

DOCUMENTOS SOBRE A EDIFICAÇÃO DAS FORÇAS ARMADAS DE ANGOLA (1982-2007)

CÓNFIDENCIAL

– e, quiçá a mais importante de todas, a criação de um *novo uniforme* e respectiva *simbologia*, já que não parece de esperar a aceitação por qualquer das partes do uniforme da outra.

6. CONCEITO DE EMPREGO DAS FORÇAS ARMADAS

a. Características gerais da estrutura territorial

A estrutura territorial compreenderá as seguintes Regiões/ Zona Militares:

- *Região Militar Norte, com sede no Uíge*
- *Região Militar Centro, com sede no Huambo*
- *Região Militar Leste, com sede em Luena*
- *Região Militar Sul, com sede em Lubango*
- *Zona Militar de Cabinda.*

Convirá considerar a hipótese de constituir um *Governo Militar de Luanda* dado o volume e importância dos órgãos militares que ali serão inevitavelmente estacionados. De entre estes contam-se os órgãos da estrutura superior das Forças Armadas, os estabelecimentos de ensino militar, os órgãos de apoio logístico central e unidades de apoio de combate e de apoio de serviços que, por um lado, permitirão a constituição de um corpo de batalha (caso necessário) e, por outro, proverão às necessidades de instrução das respectivas Armas e Serviços.

Os Comandos das Regiões/Zona Militares enquadram unidades territoriais de escalão Regimento ou equivalente, as quais serão produtoras dos sistemas de forças operacionais. Estes agrupar-se-ão em Brigadas e compreenderão uma reserva geral do Exército, à ordem do CEME.

Uma única Região Aérea parece suficiente para cobrir o território angolano, sendo de desejar, no mínimo, o apoio de um aeródromo-base em cada Região/Zona Militar.

Do mesmo modo, um Comando Naval com comandos subordinados em Cabinda e num dos portos do Sul parece constituir uma estrutura económica para comando dos meios e actividades navais.

A constituição de um Comando de Defesa Aérea permitiria integrar os meios de defesa aérea terrestres e aéreos.

Um Comando Logístico e de Infraestruturas, dependente do CEMGFA, possibilitaria a integração do apoio logístico aos três Ramos em tudo o que fosse do interesse comum, evitando a duplicação de órgãos com as mesmas funções.

CONFIDENCIAL

A POSIÇÃO DE ANGOLA NA ARQUITETURA DE PAZ E SEGURANÇA AFRICANA – ANEXO

CONFIDENCIAL

b. Características gerais da estrutura de forças

O elemento predominante será constituído pelas Forças Terrestres, compostas prioritariamente por unidades de manobra ligeiras, com capacidade de reconhecimento e meios de transporte que lhes confiram mobilidade táctica.

Uma reserva forte e móvel de escalão Brigada, constituída prioritariamente com base em Forças Paraquedistas/Comandos, e colocada à ordem do CEMGFA, deverá manter capacidade permanente de projectar, no mínimo, um Batalhão em qualquer ponto do território no prazo máximo de 48 horas.

A Marinha deverá ser adequada ao cumprimento de missões de patrulhamento costeiro, de vigilância da Zona Económica Exclusiva, de protecção das infraestruturas portuárias e de exploração da plataforma marítima e de transporte marítimo.

A Força Aérea deverá ser adequada ao cumprimento de missões de cooperação aero-terrestre e aero-naval, designadamente no apoio aéreo próximo, no patrulhamento marítimo, no reconhecimento e no transporte táctico e logístico.

A contribuição das Forças Armadas para as tarefas relacionadas com a reconstrução, desenvolvimento e apoio às populações, caso venha a ser decidida, poderá levar à formação de unidades específicas com base em elementos de Engenharia, Saúde, Transportes, Transmissões, Apoio Social e Ensino, as quais teriam constituição eventual até se extinguirem as razões da sua formação.

Não é de excluir que a estruturação das Forças Armadas seja elaborada em estreita coordenação com a formação das Forças de Segurança, dadas as vantagens de rentabilizar efectivos e funções, uniformizar doutrinas e instrução, aproveitar quadros e técnicos e coordenar serviços de informações.

c. Caracterização geral da cadeia de Comando

De acordo com as considerações feitas em 3., o CEMGFA detém o comando operacional do sistema de forças para efeitos de exercícios de treino conjunto e o comando completo em caso de crise ou de guerra. Sendo assim, poderá exercer directamente o comando ou, solução mais doutrinária, exercê-lo-á através da criação de um ou mais Comandos Conjuntos, aos quais atribuirá as forças julgadas convenientes.

Os Comandantes dos Ramos (CEM's) detêm o comando completo sobre todos os meios do respectivo Ramo, excepto quando parte desses meios for atribuída a um ou mais Comandos Conjuntos. Mantêm, contudo, a responsabilidade de sustentação dos referidos meios.

O CEME comanda as Forças Terrestres mantendo na sua dependência directa os Comandos das Regiões/Zona Militares e a reserva geral do Exército.

CONFIDENCIAL

CONFIDENCIAL

8 de Maio de 1991

ALÍPIO TOMÉ PINTO
General

ANEXOS: A - Organização Superior das Forças Armadas

B - Organização Superior do Exército

C - Sistemas de Forças

D - Princípios doutrinários

URGENTE

CONFIDENCIAL

9

CONFIDENCIAL

Exemplar Nº
EMGFA
08MAI91

ANEXO A - ORGANIZAÇÃO SUPERIOR DAS FAA

CONFIDENCIAL

DOCUMENTOS SOBRE A EDIFICAÇÃO DAS FORÇAS ARMADAS DE ANGOLA (1982-2007)

CONFIDENCIAL

Exemplar Nº
EMGFA
08MAI91

ANEXO A (ORGANIZAÇAO SUPERIOR DAS FAA)

ORGANIZAÇAO SUPERIOR DAS FAA

a.Comando Superior das FAA (CSFAA)

(1) O Comando Superior das FAA executa,no quadro das suas competencias,as deliberaçoes tomadas pelos orgaos responsáveis,em matéria de Defesa Nacional e das Forças Armadas;
(2) Planeia o apoio administrativo-logistico às FAA e garante a sua execuçao através dos serviços comuns às FAA.
(3) Em tempo de paz exerce o comando operacional sobre os três Ramos das Forças Armadas e dirige os Comandos e Orgaos que estejam na sua dependencia;.
(4) Em tempo de guerra ou em situaçao de excepçao exerce o comando completo sobre os Ramos das Forças Armadas,bem como sobre os comandos-chefes ou conjuntos contituidos.

b.Orgaos de Conselho e Inspecçao

(1)Orgaos de Conselho

O desenvolvimento das funçoes próprias, a colaboraçao no pla planeamento estratégico e o apoio aos orgaos políticos responsáveis pela concepçao da política da Defesa Nacional,justificam a criaçao dum orgao de conselho que reuna no mínimo os Chefes dos Ramos e o Comandante do comando Logístico e de Infraestruturas

(2)Inspecçao Geral (IG)

A IG tem a competencia e responsabilidade de fiscalizar o cumprimento das disposiçoes legais em vigor,das determinaçoes do Comando Superior e da avaliaçao da eficácia geral das unidades e orgaos das FAA.

Estado Maior General das Forças Armadas (EMGFA)

(1)Repartiçao de Gabinete

Para apoio directo e pessoal do CSFAA, inclui:
-O Chefe de Gabinete
-Adjuntos e Assessores
-Auditoria Jurídica
-Secretaria

(2)Repartiçao de Planeamento e Organizaçao

CONFIDENCIAL

A POSIÇÃO DE ANGOLA NA ARQUITETURA DE PAZ E SEGURANÇA AFRICANA – ANEXO

CONFIDENCIAL

–Analisa a política de defesa nacional e as directivas estraté-
gicas dela decorrentes e formula o conceito de emprego das for-
ças armadas
–Planeia o sistema global de forças.
–Efectua a programação da aquisição do armamento e equipamento.
–Elabora e propõe o orçamento anual das FAA.
–Acompanha a evolução da situação financeira.

(3)Repartição de Doutrina e Ensino Militar

–Formula os conceitos doutrinários aplicaveis às FAA.
–Coordena as propostas de doutrina dos Ramos e Orgãos.
–Planeia o sistema de formação e ensino militar.
–Elabora e actualiza o estatuto dos estabelecimentos de ensino.
–Estuda,analisa e coordena os curriculos dos cursos superiores.

(4)Repartição de Legislação

–Apoia o CSFAA na elaboração de diplomas.
–Analisa a legislação nacional e da defesa nacional e propoe
a elaboração dos diplomas das FAA.
–Verifica e uniformiza os textos dos diplomas das FAA.

(5)Repartição de Informações

–Planeia a pesquisa,reunião,estudo e difusão das informacões
com interesse para as Forças Armadas.
–Estuda as ameaças de natureza militar.
–Determina as áreas e situações de maior probabilidade de em-
prego das FAA.
–Estuda as ameaças no âmbito da segurança militar.
–Orienta e coordena as actividades dos adidos e missões das
Forças Armadas no estrangeiro.

(6)Repartição de Relações Públicas

–Analisa a imagem das FAA nos orgãos de comunicação e opinão
pública.
–Analisa o fluxo de informação interna no sentido ascendente
e descendente.
–Propoe o plano de actividades de InfInt e RelPúbl.
–Centraliza a difusão de informações sobre as FAA.

(7)Repartição de Justiça e Disciplina

–Estuda e propõe os Regulamentos e Códigos de Justiça e de
Disciplina.
–Aconselha o CSFAA na aplicação da justiça.
–Prepara para despacho os processos disciplinarse e outros da
competencia do CSFAA.

(8)Repartição de Operações

–Estuda e propõe a doutrina de emprego das FAA.
–Elabora as directivas,planos e ordens para emprego das FAA
na execução da estrategia militar,em missões de interesse público,bem como nos estados de excepção.
–Propõe o programa de exercícios destinado a preparar e testar
o sistema de forças.
–Estuda e propõe os sistemas de alerta e as regras de empenna-
mento das FAA.

CONFIDENCIAL

CONFIDENCIAL

–Estuda e propõe os requisitos do sistema C3I.

(9) Repartição de Pessoal e Logistica

–Estuda e propõe a doutrina sobre recursos humanos e logistica das FAA.
–Estuda e supervisa o sistema de rerutamento e mobilização.
–Estabelece o perfil do militar das FAA e coordena as propostas de perfil para as diversas armas e serviços apresentados pelos Ramos das FAA.
–Estuda e propõe as normas relativas a uniformes, ordem unida e honras militares aplicáveis às FAA.
–Administra os militares em funções diplomáticas.
–Formula os requisitos, especificações e estrutura do sistema logistico.
–Estuda e propõe os serviços e funções logisticas comuns as FAA.
–Supervisa o apoio administrativo-logistico global às FAA.
–Estuda e supervisa o apoio social aos elementos das FAA.

CONFIDENCIAL

```
Exemplar Nº
EMGFA
08MAI91
```

ANEXO B - ORGANIZAÇÃO

SUPERIOR DO EXÉRCITO

CONFIDENCIAL

Exemplar Nº

EMGFA

08MAI91

ANEXO B (ORGANIZAÇAO SUPERIOR DO EXERCITO)

1. ORGANIZAÇAO GERAL

O Exercito, sob o comando do Chefe do Estado Maior do Exercito (CEME), compreende:

a. Os Orgaos de Conselho e de Inspecçao;
b. O Estado Maior do Exercito;
c. As Regioes Militares (RM) e as Zonas Militares (ZM);
d. As unidades, estabelecimentos, órgaos de execuçao dos serviços ou outros orgaos nao incluidos nas alineas anteriores.

2. CHEFE DO ESTADO MAIOR DO EXERCITO

O General CEME é responsavel pelo eficaz funcionamento do Exército e pelo cumprimento das missoes que lhe sao atribuidas, tendo como atribuiçoes fundamentais a organizaçao, preparaçao, administraçao e manutençao das suas forças.

3. ORGAOS DE CONSELHO E INSPECÇAO

a. Orgaos de Conselho

O CEME deverá dispor de Orgao(s) de Conselho para os assuntos relativos a:

−Análise das grandes questoes relativas a doutrina, organizaçao e emprego das forças terrestres;
−Análise das propostas de promoção aos mais altos postos;
−Análise de assuntos de natureza disciplinar grave.

b. Inspecçao do Exercito

A Inspecçao do Exercito, dirigida pelo General Inspector, na dependência directa do CEME, tem competência para:

−Fiscalizar, no ambito do Exército, o cumprimento das disposiçoes legais em vigor e das determinaçoes do CEME:
−Avaliar o grau de eficiência geral das unidades, estabelecimentos e outros orgaos do Exercito;
−Propor medidas correctivas.

4. ESTADO MAIOR DO EXERCITO

a. Repartiçao de gabinete

Para apoio directo e pessoal do CEME, incliu:

−O Chefe de gabinete;
−Adjuntos e assessores;

CONFIDENCIAL

CONFIDENCIAL

-Sec de assuntos juridicos;
-Sec de informaçao interna e relaçoes publicas;
-Secretaria;

b.Estado Maior do Exercito

Apoia o CEME como Estado-Maior Coordenador.E dirigido por um
Oficial Gen que coordena a acçao de todas as Rep e responde
directamente perante o CEME.

(1)Repartiçao de Planeamento

-Colabora,de acordo com o determinado,na elaboraçao e actua-
lizaçao do conceito estrategico militar;
-Propoe a atribuiçao das missoes aos comandos e orgaos subor-
dinados;
-Efectua o planeamento do dispositivo terrestre e do sistema
de forças resultante;
-Elabora as propostas de programaçao de necessidades no cur-
to e medio prazo para:
-Pessoal;
-Material e equipamento;
-Finanças.

(2)Repartiçao de Pessoal

-Estuda e planeia a administraçao do pessoal militar e civil
do exercito;
-Estuda e planeia os assuntos relativos ao recrutamento, se-
lecçao e mobilizaçao do pessoal;
-Estuda,na parte respeitante ao exercito,a legislaçao dos Estatutos de oficiais,sargentos,praças e civis;
-Colabora com a Rep de Instruçao na elaboraçao das normas a
que deve obedecer a preparaçao dos militares para o desempenho das suas missoes;
-Estuda e propoe as normas que assegurem a classificaçao,
reclassificaçao e informaçao do pessoal,com vista a sua melhor utilizaçao e promoçao;
-Estuda e propoe as normas reguladoras da colocaçao,transfe-
rencia e substituiçao;
-Estuda as normas referentes a justiça e disciplina;
-Estuda as normas gerais que digam respeito ao moral e bem
estar do pessoal,incluindo o seu apoio social;
-Colabora na elaboraçao dos regulamentos gerais de campanha
na parte referente a pessoal;
-Estuda e propoe as bases gerais da estrutura de apoio sani-
rio do exercito;
-Elabora a proposta orçamental do Exercito na sua area.

(3)Repartiçao de Informaçoes

-Planeia a pesquisa,reuniao,estudo e difusao das informaçoes
com interesse para o Exercito;
-Planeia,coordena, propoe e implementa as medidas de seguran
ça dentro do Exercito;
-Planeia em coordenaçao com a Rep de Instruçao,a formaçao e
instruçao do pessoal especializado do serviço de informaçoes
-Elabora e coordena os regulamentos de informaçoes do Exercito;
-Orienta e coordena as actividades dos adidos e missoes do

CONFIDENCIAL

CONFIDENCIAL

Exército no estrangeiro,nos assuntos que especificamente lhe
digam respeito;
- Estuda os assuntos relativos a cartografia e obtenção de car
tas topográficas;
- Estuda e propõe a implementação das ações de reconhecimento
das transmissões:

(4)Repartição de Operações e Organização

- Define e actualiza as bases em que deve assentar a doutrina
táctica,o emprego operacional e os sistemas de organização
das forças terrestres;
- Elabora os regulamentos de operações e as instruções gerais
para o emprego táctico das forças terrestres;
- Estuda o emprego operacional das forças terrestres de acordo
com os planos aprovados;
- Estuda as necessidades de comando,controlo e comunicações
das forças terrestres;
- Estuda os princípios doutrinários da cooperação tactica das
forças terrestres com os outros ramos das forças armadas;
- Planeia em cooperação com as outras repartições os exercíci-
e manobras a realizar pelas forças terrestres,tendo em vista
o seu emprego operacional;
- Elabora os estudos e pareceres sobre as questões operacionais
relativas á construção,estabelecimento e utilização de infra
estruturas e outrs instalações;
- Elabora os pareceres sobre as prioridades para a atribuição
de material e equipamento as forças terrestres;
- Elabora os pareceres sobre a oprtunidade de utilização de
novos materiais e equipamento;
- Elabora estudos sobre organização e metodos para rentabilizar
as diversas estruturas;
- Estuda,propõe e supervisa a aplicação dos princípios doutrinários sobre o emprego dos meios informáticos.

(5)Repartição de Logística

- Estuda,planeia e coordena os assuntos relativos ao apoio logis

tico;
- Estuda em colaboração com as repartições interessadas,as características técnicas e operacionais do fardamento, equipa-
ento,armamento e outros materiais;
- Elabora de acordo com as outras repartições,as directrizes
para a distribuição do material,munições e equipamento de
harmonia com as priridades atribuidas,
- Colabora com a Rep de Operações na elaboração de quadros
organicos;
- Estuda planeia e coordena os assuntos relativos a transportes;
- Estuda em colaboração com a Rep de Operações e coordena os
assuntos relativos a construção e reparação das infraetrutu-
ras militares.
- Elabora a proposta orçamental do Exército na sua area.

(6)Repartição de Instrução

- Estuda,planeia e coordena todos os assuntos referentes à
organização geral da instrução do Exército,nomeadamente o
plano geral de instrução do Exército;
- Elabora as directrizes para a instrução nos estabelecimentos
de ensino militares do Exército,incluindo a coordenação do

CONFIDENCIAL

CONFIDENCIAL

ensino entre os mesmos;
-Elabora os regulamentos gerais da intrução militar no Exercito e superintende na elaboração dos regulamentos de instrução das armas e serviços;
-Define as condições a que devem obedecer,sobre o ponto de vista da instrução, os oficiais,sargentos e praças,a nomear para a frequencia de cursos,tirocinios e estagios;
-Estudar,planear e coordenar os tirocíneos,estagios e cursos a frequentar pelos oficiais,sargentos e praças;
-Estudar e propor os cursos a frequentar no estrangeiro e definir as condições a que os militares devem satisfazer para os frequentar;
-Estudar as materias a ministrar na instrução das várias especialidades e definir as condições aque devem satisfazer os instruendos;
-Estudar e propor as normas a que devem obedecer as bibliotecas militares;
-Elabora a proposta orçamental do Exército na sua area;

(7)Secretaria
(8)Sec Financeira
(9)Centro de Comunicações

c.Direcção de Administração
    -Desenvolve e executa as directrizes,planos e ordens relativas à administração do pessoal;
    -Determina os perfis psicológicos adequados as diferentes especialidades das armas e serviços;
    -Dá execução aos assuntos relativos a:
        Recrutamento;
        Classificação e reclassificação;
        Promoções;
        Colocações e transferencias.
    -Acciona através dos orgãos competentes as actividades ligadas ao moral e bem estar,incluindo o apoio social;
    -Informa sobre os assuntos relativos a condecorações e recompensas;
    -Inspecciona os tribunais militares,bem como os estabelecimentos prisionais;
    -Mantem uma base mecanográfica de dados que permita a elaboração das relações de vencimentos e o apoio estatistico;
    -Publica o Ordem de Serviço do Exercito.

d.Direcção de Ensino

    -Desenvolve e executa as directivas,planos e ordens relativas à instrução;
    -Elabora estudos e pareceres sobre a organização da instrução nos estabelecimentos de ensino militar do Exército;
    -Elabora propostas relativas aos planos de instrução das armas e serviços incluindo os planos de tirocinios,estagios e cursos;
    -Superintende tecnicamente nas Escolas Práticas e Centros de Instrução;
    -Elabora propostas relativas aos planos de instrução de educação física e desportos;
    -Superintende em todos os assuntos tecnicos que digam respeito a carreiras e poligonos de tiro;

CONFIDENCIAL

CONFIDENCIAL

-Elabora projectos de regulamentos,manuais,normas e instuções próprias das armas e serviços;

e.Direcção de Saúde

-Estuda,propõe e supervisa a adopção das medidas referentes a higiene das tropas,à profilaxia das doenças e ao tratamento de indisponíveis;
-Estuda em conjunto com a Direcção de Administração,as normas a adoptar pelas juntas de recrutamento e de inspecção;
-Estuda em colaboracção com a Direcção Logistica,os tipos de racção a utilizar pelo Exercito;
-Superintende na organização e funcionamento dos hospitais, postos de socorros e outros orgãos,fiscalizando periodicamente o seu funcionamento;
-Estabelece em colaboração com a Direcção de Administração,os planos de colocação e utilização do pessoal especializado;
-Propõe a aquisição de medicamentos e do material e equipamento de saúde e efectua a sua aquisição de acordo com as regras processuais;
-Promove e efectua,de acordo com os planos aprovados, a distribuição do material,equipamento e medicamentos;
-Efectua a coordenação do apoio sanitário à população civil de acordo com as directivas recebidas.

f.Direcção Logistica

-Desenvolve e executa as directivas,planos e ordens relativas ao apoio logístico;
-Garante atraves dos orgaos adequados a aquisição,armazenagem,manutenção e reabastecimento dos artigos a sua responsabilidade;
-Estuda do ponto de vista funcional,os tipos e caracteristicas do material,aprovisionamentos e outros artigos a sua responsabilidade;
-Superintende no emprego do material, equipamento e dos **recursos e** inspecciona as actividades dos orgãos dos serviços;
-**Prepara**,promove e efectua,de acordo com as normas legais a **aquisição dos** artigos,de cuja aquisição tenha sido incumbido;
-**Elabora** estudos e planos relativos aos transportes que **interessem** ao Exercito;
-**Elabora** o plano de construção de obras novas e de conservação das existentes;
-Promove,prepara e executa,de acordo com as normas legais os cadernos de encargos de obras a executar por elementos estranhos ao Exercito;
-Projecta e fiscaliza as obras a executar pelos orgaos do Exercito;
-Compila elementos tecnicos e estatísticos,actualizados.

REGIÕES MILITARES (RM) E ZONAS MILITARES (ZM)

O Território Nacional e dividido em RM e ZM,estando os respectivos Comandos subordinados ao CEME.

CONFIDENCIAL

CONFIDENCIAL

As RM e ZM compreendem:

    a. Os Comandos respectivos;
    b. As unidades territoriais e escolas praticas;
    c. As unidades operacionais ,orgaos dos serviços e outros or-
       gaos do exercito que lhe forem atribuidos.

Os Comandos das RM e ZM tem por missao fundamental nas suas areas de responsabilidade:

    a. Comandar, administrar e apoiar, de acordo com as directivas
       superiores, as unidades, estabelecimentos e orgaos na respe-
       ctiva area de jurisdiçao, com excepçao dos que por determi-
       naçao expressa estejam na dependencia directa do CEME ou de
       outros comandos constituidos;

    b. Preparar e executar as acçoes de recrutamento, mobilizaçao
       e instruçao do pessoal militar que forem determinadas pelo
       CEME;

    c. Planear e conduzir a actividade operacional das forças sob
       o seu comando, de acordo com as directivas do CEME;

    d. Planear e conduzir as actividades a desenvolver de acordo
       com as missoes que lhe forem cometidas relativas a actuacao
       do Exercito nas situaçoes de excepçao e nas tarefas de
       reconstruçao nacional.

5. ORGAOS DE EXECUÇAO DE SERVIÇOS

    Os órgaos de execuçao dos serviços sao, na generalidade os se-
guintes:

    a. Os depósitos e estabelecimentos fabris;

    b. As unidades dos serviços;

    c. Os orgãos de apoio social e messes;

    d. Os distritos de recrutamento, centros de selecçao e orgaos
       de mobilizaçao;

    e. Os tribunais militares;

    f. Os estabelecimentos disciplinares;

    g. Os hospitais militares e outros orgaos do serviço de saude;

    h. Os arquivos, bibliotecas, e os museus militares

CONFIDENCIAL

CONFIDENCIAL

Exemplar nº
EMGFA
08Mai91

Apêndice 1 (ESTRUTURA DO EXéRCITO) ao Anexo B (ORGANIZAÇÃO SUPERIOR DO EXéRCITO)

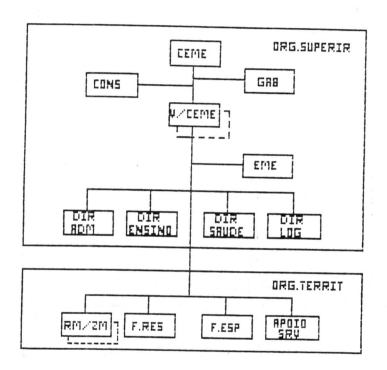

Pode admitir-se como alternativa:

– Apenas 1 Gen V/CEME, para coordenar a actividade do EME;
– 1 Gen Dir Departamento Recursos Humanos, para dirigir e coordenar a acção das Direcções de Administração e de Ensino;
– 1 Gen Dir Departamento Logístico, para dirigir e coordenar a acção das Direcções de Saúde e Logística.

CONFIDENCIAL

CONFIDENCIAL

Exemplar Nº
EMGFA
08MAI91

A N E X O   C - S I S T E M A S   D E

F O R Ç A S

CONFIDENCIAL

DOCUMENTOS SOBRE A EDIFICAÇÃO DAS FORÇAS ARMADAS DE ANGOLA (1982-2007)

CONFIDENCIAL

1.SISTEMAS DEFENDENTES DO COMANDO SUPERIOR DAS FAA

a.Sistema de Comando e Apoio Geral

   (1) Sub-Sistema CII
     -EMGFA
     -Comando Logístico e de Infraestruturas
     -Sistema Militar de Comunicações

2.SISTEMAS DEFENDENTES DO EXÉRCITO

a.Sistema de Comando e Apoio Geral

   (1) Sub-Sistema CII

O R G A N I Z A Ç A O			T E R R I T O R I A L		
GERAL	RMN	RML	RMC	RMS	ZMCab
ORG SUP EME DIR ADM DIR ENSINO DIR SAÚDE DIR LOG RTm (1)	QG CTm	QG CTm	QG CTm	QG CTm	CMD FelTm

EFECTIVOS ESTIMADOS---3000

   (1) Levanta as CTm
   (2) Além dos QG referidos existirao os QG da BrigRes e even_
   eventualmente da ZM de Luanda.

  (2) Sub-Sistema de Recrutamento e Mobilização

(CEFE)	CR/CS	CR/CS	CR/CS	CR/CS	CR/CS

EFECTIVOS ESTIMADOS--- 400

  (3) Sub-Sistema de Apoio Logístico

EST FABRIS DEPOSITOS CL I/VI CL II CL IV CL V CL VII/IX CL VIII UN A/G UN TPT HMP REng(1)	UN A/D BAS HMREG DestObras	UN A/D BAS HMREG DestObras	UN A/D BAS HMREG DestObras	UN A/D BAS HMREG DestObras	UN A/D DestApSvc HMREG DestObras

CONFIDENCIAL

CONFIDENCIAL

(c) Sub-Sistema de Instrução

EFECTIVOS ESTIMADOS---9000

O R G A N I Z A Ç Ã O		T E R R I T O R I A L			
GERAL	RMN	RML	RMC	RMS	ZMCab
IAEM AM EPI EPC EPA EPE CI CI(FE) CI(Cav) CI(FE) CI(Eng) CI(Tm) CI(Tpt) CI(Svç) CI(Saúde)	CI	CI	CI	CI	CI

EFECTIVOS ESTIMADOS---7600

(1) O CI(FE) levanta as Unid FM para apoio geral e apoio das RM/ZM

(2) Os restantes CI podem funcionar como CIBasicos sendo a instrução das especialidades conduzida nos Reg ou noutros Orgãos Territoriais da arma ou serviço.

b.Sistema de Forças para a Defesa Aerea

(1) Sub-Sistema Anti-Aereo

RAAA (CI)					

EFECTIVOS ESTIMADOS---1000

c.Sistema de Forças para a Defesa Terrestre

(1) Sub-Sistema das Unidades Territoriais

	QG---200 R1--1000 ERec-200 CEng-200 CTm--200	QG---200 R1--1000 ERec-200 CEng-200 CTm--200	QG---200 R1--1000 ERec-200 CEng-200 CTm--200	QG---200 R1--1000 ERec-200 CEng-200 CTm--200	Cmd---20 R1--1000 ERec-200 CEng-200 PelTm-50 BtrAC200 BtrAA200

EFECTIVOS ESTIMADOS---8670

CONFIDENCIAL

APENDICE 1 (ESTRUTURAS DAS RM) AO ANEXO C (SISTEMAS DE FORÇAS)

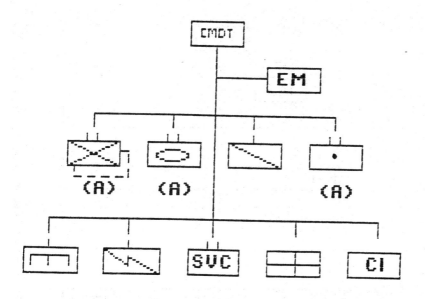

1 BI, O GCC E O GAC A LEVANTAR POSTERIORMENTE

CONFIDENCIAL

Apendice 2 (ESTRUTURA DA ZMCabinda) ao Anexo C (SISTEMA DE FORÇAS)

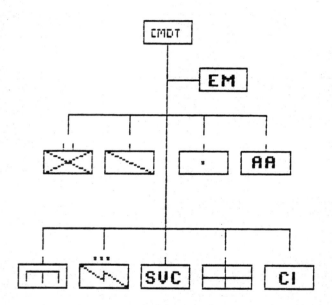

CONFIDENCIAL

DOCUMENTOS SOBRE A EDIFICAÇÃO DAS FORÇAS ARMADAS DE ANGOLA (1982-2007)

CONFIDENCIAL

Exemplar nº
EMGFA
08Mai91

Apendice 3 (SEQUENCIA NO LEVANTAMENTO DE COMANDOS, UNIDADES E ORGAOS) ao Anexo C (SISTEMA DE FORÇAS)

1.ORGAOS DE COMANDO E DIRECÇAO

```
-Comando Superior das FAA ----------------------1º
-Comando Logistico e de Infraestruturas--------1º
-EMGFA-----------------------------------------1º
-Comando Superior do Exercito-----------------------------3º
-EME------------------------------------------------------3º
-Direcçao de Administraçao--------------------------------3º
-Direcçao de Ensino---------------------------------------3º
-Direcçao de Saude----------------------------------------3º
-Direcçao de Logistica------------------------------------3º
-QG das RM/ZM/Brig----------------------------------2º
```

2.ORGAOS E UNIDADES DE APOIO

```
-Estabelecimentos Fabris-----------------------------------------4º
-Depositos
    CL I/IV------------------------------------1º
    CL II--------------------------------------1º
    CL IV-------------------------------------------------------4º
    CL V--------------------------------------------------------4º
    CL VII/IX----------------------------------1º
    CL VIII------------------------------------1º
-Un de A/G---------------------------------------2º
-Un de A/D---------------------------------------1º
-Un de Transpt-----------------------------------1º
-HMP---------------------------------------------1º
-4 HospMilReg------------------------------------1º
-BatApSvç(BAS)-----------------------------------1º
-DestApSvç---------------------------------------1º
-Centros de Selecçao/Recrutam----------------------------------4º
```

3.ESTABELECIMENTOS DE ENSINO

```
-IAEM-----------------------------------------------------4º
-AM-------------------------------------------------------4º
-EFS------------------------------------------------------4º
-EPI------------------------------------------------------4º
-EPC------------------------------------------------------4º
-EPA------------------------------------------------------4º
-EPE------------------------------------------------------4º
-6 CI das RM e ZM -------------------------------1º
-CI (CAV)----------------------------------------2º
-CI (FE)-----------------------------------------1º
-CI (FE)-------------------------------------------------3º
-CI (Eng)----------------------------------------1º
-CI (Tm)-----------------------------------------1º
-CI (Transpt)------------------------------------1º
```

CONFIDENCIAL

```
-CI (Svç)---------------------------------1º
-CI (Saúde)------------------------------1º
```

4.UNIDADES DAS ARMAS

```
-6 RI------------------------------------1º
-1 RCmd----------------------------------1º
-1 RCav-------------------------------------2º
-1 CI PE-------------------------------------3º
-1 RAC--------------------------------------3º
-1 RAAA-------------------------------------3º
-1 REng (Constr/Pontes)------------------1º
-1 REng------------------------------------2º
-1 RTm-----------------------------------1º
```

DOCUMENTOS SOBRE A EDIFICAÇÃO DAS FORÇAS ARMADAS DE ANGOLA (1982-2007)

Exemplar Nº
EMGFA
Ø8MAI91

A N E X O D - P R I N C I P I O S

D O U T R I N Á R I O S

A POSIÇÃO DE ANGOLA NA ARQUITETURA DE PAZ E SEGURANÇA AFRICANA – ANEXO

CONFIDENCIAL

Exemplar nº

EMGFA

03MAI91

ANEXO D (PRINCÍPIOS DOUTRINÁRIOS)

1. PRINCÍPIOS GERAIS DE EMPREGO DAS FORÇAS ARMADAS

O emprego das Forças Armadas poderá ter lugar nas seguintes situações:

- perante agressão ou ameaça externas;
- face a perturbações graves da ordem interna;
- na colaboração com o serviço nacional de protecção civil;
- no desempenho de tarefas de desenvolvimento e para satisfação de necessidades básicas das populações;
- na satisfação de compromissos internacionais assumidos pelo
  Governo.

a. Ameaça externa

A agressão ou ameaça externa configura o quadro do normal emprego das Forças Armadas, cujos mecanismos de decisão são fixados por lei.

A responsabilidade das Forças Armadas na defesa militar do território implica naturalmente o estabelecimento de um dispositivo estratégico no terreno, orientado prioritaria- mente pelas considerações que resultam da análise da amea- ça, das características das áreas de operações, dos meios em presença, dos objectivos a alcançar, das infraestruturas existentes e do tipo de conflito a conduzir. Implica ainda a concepção de uma doutrina de emprego de forças, a aquis- ição de meios adequados e a formação e treino do pessoal em coerência com essa doutrina.

A fim de definir o quadro de emprego das Forças Armadas neste cenário, o Ministro da Defesa tem à sua responsabili- dade a formulação da política de defesa, sendo apoiado na sua implementação pelos órgãos de conselho apropriados.

A partir da política de defesa e do seu conceito (Conceito Estratégico de Defesa) será elaborado o Conceito Estratégi- co Militar, que corresponde ao conceito de emprego das Forças Armadas e cuja implementação é da responsabilidade do CEMGFA.

É também ao CEMGFA que compete o planeamento global de forças, a formulação dos planos de defesa e a atribuição das missões decorrentes dos Ramos das FA e aos Comandos Conjuntos, quando constituídos.

CONFIDENCIAL

DOCUMENTOS SOBRE A EDIFICAÇÃO DAS FORÇAS ARMADAS DE ANGOLA (1982-2007)

CONFIDENCIAL

b. Perturbações da ordem interna

As perturbações da ordem interna constituem motivo de actuação das Forças de Segurança.

Só é de admitir o recurso às Forças Armadas quando as Forças de Segurança tenham esgotado os meios de intervenção ao seu alcance sem que tenham conseguido fazer face à situação em causa. Em qualquer caso, o seu emprego neste quadro deve ser objecto de cuidada ponderação, já que a sua utilização prematura ou demasiado frequente poderá dar azo à sua desagregação ou atrasar ou impedir a sua consolidação.

Tratando-se de matéria de decisão política, o emprego das Forças Armadas nesta situação só deverá ter lugar por decisão do Ministro da Defesa a requisição da autoridade civil competente.

A ordem de emprego será transmitida ao CEMGFA que, na sua qualidade de Comandante Operacional das Forças Armadas, poderá adoptar uma de duas soluções:

(1) atribui ao CEME a missão de utilizar os meios terrestres sob o seu comando, eventualmente reforçados ou não com meios dos outros Ramos, para que proceda à intervenção requerida;

(2) requisita forças e meios aos Ramos, constituindo na sua dependência um ou mais Comandos Conjuntos para comando daquelas forças.

Na segunda daquelas hipóteses inclui-se a possibilidade de fazer intervir as forças de reserva na directa dependência do CEMGFA.

O grau de gravidade e, eventualmente, a previsão da duração das alterações da ordem interna poderão determinar a decisão política de declarar o estado de excepção, regulamentado por lei especial.

c. Apoio ao serviço nacional de protecção civil

A eventual ocorrência de catástrofes naturais ou de calamidades públicas poderá justificar o emprego de meios militares para participarem em operações de socorro e de reconstrução. Também neste caso a requisição, feita pela autoridade civil competente, deverá ser deferida pelo Ministro da Defesa e por este comunicada ao CEMGFA.

As forças militares deverão ser colocadas sob comando militar, prestando o apoio que lhes for solicitado pela entidade responsável pelas operações.

CONFIDENCIAL

CONFIDENCIAL

d. Tarefas de desenvolvimento e satisfação de necessidades básicas das populações

A contribuição de meios das Forças Armadas para o desempenho de tarefas concorrentes para o desenvolvimento, bem como para satisfação de necessidades básicas ou melhoria da qualidade de vida das populações deve ser objecto de planeamento inscrito num protocolo entre o Ministério da Defesa e os outros Ministérios interessados nesse concurso.

As tarefas objecto desse planeamento deverão assumir essencialmente o carácter de um "investimento", evitando-se a multiplicação de serviços repetitivos e sem expressão, que tendam a tornar as populações dependentes do apoio das Forças Armadas e estas de obrigações rotineiras.

A construção de estradas e pistas de aterragem, a reparação de pontes e obras de arte, o apoio sanitário especializado, a evacuação de doentes e sinistrados, o apoio social e de alfabetização das populações, a colaboração no combate a incêndios e à poluição no mar são exemplos de apoios a prestar, tendo contudo em atenção que as Forças Armadas não devem substituir-se às estruturas civis estatais e privadas que vierem a confirmar-se aptas para o desempenho de todas ou parte daquelas tarefas.

e. Compromissos internacionais

O emprego das Forças Armadas para o cumprimento de compromissos internacionais que vierem a ser assumidos pelo poder politico far-se-á nas condições assumidas pelos próprios compromissos.

2. CONCEITO DE EMPREGO DOS SISTEMAS DE FORÇAS

a. C3I

(1) Estrutura Territorial

A extensão do território angolano aconselha a sua divisão em Regiões Militares, directamente dependentes do CEME, constituindo o escalão Regimento/Batalhão Independente o módulo de unidade de instrução, mobilização e apoio logistico. Este escalão deverá formar as unidades destinadas ao sistema de forças operacional.

Em Cabinda deverá ser constituido um Comando Militar.

Da estrutura territorial farão parte os orgãos administrativo-logisticos, os campos de instrução militar e os estabelecimentos de ensino.

Não é de excluir a hipótese de os Quarteis Generais poderem ser reforçados com meios dos outros Ramos, nos casos em que tal se justifique.

CONFIDENCIAL

DOCUMENTOS SOBRE A EDIFICAÇÃO DAS FORÇAS ARMADAS DE ANGOLA (1982-2007)

NFIDENCIAL

al das Forças Armadas é o CEMGFA,
comando através dos Chefes dos
ações menores ou perturbações de
através da constituição na sua
dos Operacionais Conjuntos ou

existirá uma Brigada de Infan-
lecanizada, constituida com base
ormados nas unidades regimentais
da estrutura territorial. No Comando Militar de Cabinda
justifica-se igualmente a existência de uma Brigada.

(3) Campos de Instrução Militar

Dispersos pelo território segundo a localização que
vier a revelar-se como a mais conveniente deverão ser
demarcados três ou mais Campos de Instrução Militar com
áreas que conviria adequadas à manobra de uma Brigada
(minimo 500 Km2 cada). Cada Centro de Instrução Militar
poderia servir duas Regiões Militares, ficando a coordenação da sua utilização a cargo do QG da RM onde o
mesmo se situar.

Os CIM deverão servir prioritariamente o treino operacional, incluindo a realização de fogos de artilharia e
aéreos e o tiro de armas ligeiras.

(4) Comunicações

Seria do maior interesse que todo o sistema de forças
global fosse servido por um sistema integrado de
telecomunicações militares, com possibilidade de coordenação entre os três Ramos.

**Tal sistema, que deveria estar intimamente associado a
um sistema informático que permitisse emprestar o maior
rendimento à informação, para a tornar rápida e eficaz,
deveria depender do EMGFA** através de um órgão de coman-
do das comunicações.

b. Sistema de recrutamento e mobilização

(1) Recrutamento

A extensão do território e a dificuldade de
comunicações aconselham uma malha apertada, logo de-
scentralizada, de órgãos de informação aos mancebos e
de execução de operações de recrutamento.

Por outro lado, a necessidade de centralizar o controlo
dos dados e de coordenar a sua exploração apontam para
um reduzido número de órgãos de controlo e um tratamento informático dos dados nacionais.

CONFIDENCIAL

CONFIDENCIAL

Julga-se de considerar a criação de um Centro de Recrutamento (CR) em cada Região Militar. Junto de cada CR poderia ser localizado um Centro de Selecção, o que permitiria uma estreita coordenação das operações de recrutamento e de selecção.

De acordo com critérios de dispersão geográfica e de máximo aproveitamento dos meios, a malha de Postos de Recrutamento apoiar-se-ia nas autarquias administrativas (concelho, freguesia, posto), nas unidades militares e nos postos das Forças de Segurança disseminados pelo território.

(2) Mobilização

Não parece haver razões que justifiquem que a mobilização seja tratada conjuntamente com o recrutamento. Aquela deverá apoiar-se nas unidades territoriais, em cujas Secções de Mobilização deverá ser feito o registo dos militares disponibilizados de acordo com as subunidades operacionais a que pertencerem.

c. **Sistema de instrução**

(1) Conceitos

O sistema de instrução deve basear-se nos seguintes conceitos:

- Máxima integração dos três Ramos e das Forças de Segurança (coesão, sentimento de unidade nacional, simplicidade, economia de custos).
- Possibilidade de ascensão a todos os postos (igualdade de oportunidades, eficácia).
- Igualdade de qualificações de base.
- Cursos de curta ou média duração e especialização militar intensiva (eficácia, simplicidae, economia).
- Evitar a todo o custo as soluções precárias (excepto na fase inicial da formação das FAA).

(2) Serviço Militar Obrigatório

De um modo geral podem-se identificar três fases fundamentais da instrução dos militares do SMO (Oficiais, Sargentos e Praças):

- *Instrução básica*, para a totalidade dos mancebos dos três Ramos e das Forças de Segurança, a ministrar em Centros de Instrução Básica.

- *Instrução especial*, nas unidades territoriais e/ou Escolas Práticas.

- *Instrução operacional*, nas unidades operacionais.

CONFIDENCIAL

CONFIDENCIAL

(3) Quadro Permanente

  (a) Praças

    A seleccionar de entre os voluntários que tenham feito o SMO e revelem qualidades militares.

  (b) Sargentos

    Formação básica na Escola de Formação de Sargentos (única para os três Ramos e Forças de Segurança).

    Formação especial nas Escolas Práticas.

    Cursos de Promoção na EFS ou nas Escolas Práticas.

    Cursos técnicos onde for tido por mais conveniente.

  (c) Oficiais

    Formação básica na Escola de Formação de Oficiais ou Academia Militar (única para os três Ramos e Forças de Segurança).

    Formação especial nas Escolas Práticas.

    Cursos de Promoção na AM ou nas Escolas Práticas.

    Cursos de especialização onde for tido por mais conveniente.

    Cursos de Estado Maior numa Escola de Formação de Quadros Superiores ou Instituto de Altos Estudos Militares (único para os três Ramos).

    Curso Superior, idem.

(4) Ascensão na carreira

    Em principio, qualquer militar (Praça ou Sargento) que deseje passar à classe seguinte (Sargento ou Oficial, respectivamente) deverá frequentar a respectiva Escola de Formação.

    A admitir a ascensão pela via dos Quadros Técnicos deverá a mesma sujeitar-se à realização de um curso, ainda que reduzido, a frequentar na respectiva Escola de Formação.

CONFIDENCIAL

A POSIÇÃO DE ANGOLA NA ARQUITETURA DE PAZ E SEGURANÇA AFRICANA – ANEXO

CONFIDENCIAL

d. Sistema de apoio administrativo-logistico

(1) Logistica de produção

As limitações financeiras impõem a gestão logistica centralizada, a uniformização de procedimentos e de equipamentos, o apoio mutuo entre os Ramos e a especialização na aquisição e na produção.

Assim, parece ser de aceitar a necessidade de concentrar no Ministério da Defesa (ou eventualmente no EMGFA) a responsabilidade de determinar as necessidades logisticas, de impor critérios de uniformização e de racionalizar a capacidade de produção, tirando o maior partido dos órgãos fabris disponiveis e evitando duplicações desnecessárias.

Pode-se visualizar um sistema em que alguns órgãos fabris possam ser coordenados pelo MD (ou CEMGFA) enquanto outros serão de manter nos Ramos (de acordo com a respectiva vocação e sem esquecer a necessidade de os servir a todos).

É de especial importância garantir a uniformização das aquisições, o que se traduz em maior simplicidade no funcionamento do sistema logistico, em maior especialização na produção e em maior economia.

(2) Apoio de Serviços

Seria da maior conveniência que o apoio logistico se baseie no sistema funcional.

As dificuldades que se colocam ao apoio logistico (binário espaço/comunicações) obrigam a:

- descentralizar os órgãos de apoio de serviços por forma a garantir apoio continuo aos utentes;

- utilizar sempre que possivel os recursos locais;

- constituir depósitos com niveis apreciáveis de reserva de abastecimentos não deterioráveis junto das unidades de A/G e A/D;

- recorrer ao transporte aéreo para o reabastecimento de artigos deterioráveis ou de fornecimento urgente.

O conceito básico de apoio deverá ser o de fornecimento na unidade, sempre que possivel, o que permitirá tirar o maior partido dos meios de transporte.

CONFIDENCIAL

7

DOCUMENTOS SOBRE A EDIFICAÇÃO DAS FORÇAS ARMADAS DE ANGOLA (1982-2007)

CONFIDENCIAL

(3) Rede de Depósitos Logísticos

A existência de um Comando Administrativo-Logístico a nível do EMGFA convida a que, para algumas classes de abastecimentos (alimentação, combustíveis, munições, fardamento, artigos de cantina, materiais de construção, material sanitário, etc.), possam constituir-se Depósitos Gerais comuns aos três Ramos.

De um modo geral, haverá conveniência em que os Depósitos Gerais fiquem concentrados em áreas junto de instalações portuárias e/ou áreas industriais de produção, por razões de economia de gestão e de segurança.

A extensão do território, a dispersão do dispositivo e a precaridade das instalações obrigam à criação de Depósitos Avançados nas Regiões Militares (também eles concentrados e perto de terminais de caminhos de ferro, quando existirem), os quais constituirão níveis de abastecimentos adequados.

A gestão dos materiais será facilitada com a criação de Centros de Gestão de Material.

(4) Transportes

A gestão dos transportes deverá ser centralizada e intimamente associada à gestão dos abastecimentos, através da constituição de Centros de Controlo de Movimentos. Em princípio, as centrais de transporte deverão ficar localizadas junto dos Depósitos Gerais e os terminais de transportes junto dos Depósitos Avançados.

(5) Serviço de Saúde

O apoio hospitalar deverá ser integrado (três Ramos e Forças de Segurança) e ser gerido pelo Exército (maior efectivo, maior dispersão territorial). Eventuais serviços de medicina especializada (mergulhadores, pilotos aviadores) deverão ser encarados como consultas especializadas, sem que tal justifique a criação de hospitais próprios.

A gestão de pessoal , instalações, material sanitário e medicamentos deverá igualmente ser integrada.

A localização de hospitais a construir ou a aproveitar deverá ter em conta, se possível, a vantagem de complementar a malha hospitalar civil.

CONFIDENCIAL

A POSIÇÃO DE ANGOLA NA ARQUITETURA DE PAZ E SEGURANÇA AFRICANA - ANEXO

CONFIDENCIAL

(6) Infraestruturas

Nesta fase a construção ou reparação de infraestruturas constituirá por certo uma das grandes áreas de esforço de reconstrução, não só militar mas também nacional.

É de admitir o empenhamento das Forças Armadas, designadamente do Exército, nessa tarefa, nomeadamente através da criação de unidades especiais de construção civil que venham a durar tanto tempo quanto o necessário ao cumprimento da sua missão.

O respectivo Serviço de Obras deverá, nesse caso, ter a dimensão e as características correspondentes.

(6) Sistema de Justiça

Numa fase inicial os sistemas de justiça militar existentes deverão ser adaptados por forma a conferir-lhes uma estrutura muito simplificada.

A médio prazo será estudada a constituição de Tribunais Militares e de uma Casa de Reclusão e/ou Presidio Militar.

CONFIDENCIAL

5
PARECER DA AUDITORIA JURÍDICA DO GABINETE GENERAL CEMGFA DE PORTUGAL SOBRE A PARTICIPAÇÃO DO ASSESSOR JURÍDICO NA ELABORAÇÃO DO RDM E CJM DAS FAA.
(24 DE JULHO DE 1991)

Assessor Jurídico General CEMGFA Portugal – Dr. Caetano Castel-Branco Ferreira

**GABINETE DO
CHEFE DO ESTADO MAIOR GENERAL DAS FORÇAS ARMADAS**

AUDITORIA JURÍDICA

*Concordo.
Envie-se a...*

91-07-24

Meu Ex.mo General

Dignou-se V.Excelência submeter à minha consideração o assunto constante da MSG do ADIGENLUANDA nº 615/GAL/CMVF, cujo conteúdo me foi transmitido em 22 transacto, passando a informar o seguinte:

1. Salvo o muito respeito devido, não concordo com ambas as sugestões formuladas, porque:

a) - O actual RDM português, de 1977, é muito complexo, requerendo elevado tecnicismo na sua execução, designadamente na sua fase processual, afigurando-se-me, além de desajustado para a realidade conjuntural de Angola, de muito difícil exequibilidade nesse País.

b) - Da mesma forma, considero contrário à prática desejável, sem profunda alteração do quadro legal, o que se me afigura ser tarefa impraticável durante a fase de transição, a transferência para o foro comum da competência para o conhecimento dos crimes essencialmente militares praticados por militares de ambas as partes, que, para o efeito, seriam desvinculados das Forças Armadas (haveria que mexer nos Códigos Penal e de Processo Penal, na organização judiciária e tudo isto com a agravante de os Tribunais comuns também não serem isentos de dúvidas quanto à sua capacidade e isenção para julgarem ex-militares arguidos de infracções ao dever militar).

**GABINETE DO
CHEFE DO ESTADO MAIOR GENERAL DAS FORÇAS ARMADAS**
AUDITORIA JURÍDICA

2.

2. Penso que, em alternativa, poder-se-ia:

a) - Aprovar um diploma disciplinar muito simplificado, enunciando os deveres funcionais do militar e as correspondentes penas, bem como regras processuais de carácter sumário, através de processo verbal ou escrito, com garantia da audiência do arguido em moldes idênticos aos previstos no art. 130º do antigo RDM português de 1929.

b) - No domínio penal, creio que seria vantajosa a aprovação de um diploma muito simplificado onde se enunciasse: o elenco dos crimes tipicamente militares, com exclusão, portanto, dos acidentalmente militares, que seriam relegados para o foro comum (eles não são mais que delitos comuns, qualificados pela condição militar do delinquente ou de circunstâncias acidentais, como o "locus comissi delicti"); as penas correspondentes; uma organização judiciária baseada nos comandos militares (instrução) e num tribunal militar "ad hoc" sediado em Luanda com composição mixta e sob a presidência ou assessoria do juíz da comarca; e, finalmente, um conjunto de regras processuais de carácter sumário, próximas das acolhidas no actual CJM português de 1977 para tempo de guerra, com recurso para a instância superior do foro comum, dispensando-se, portanto. a existência de um STM.

3. É evidente que a concretização destas ideias gerais depende de estudo de pormenor, que só o conhecimento directo da situação e das reais pretensões das partes interessadas poderá permitir.

4. Por esta razão, penso que seria conveniente um contacto mais aprofundado da matéria, não excluindo a hipótese de uma breve deslocação minha a Luanda (3 ou 4 dias).

GABINETE DO
CHEFE DO ESTADO MAIOR GENERAL DAS FORÇAS ARMADAS

AUDITORIA JURÍDICA

5. O único problema que se me coloca é o da extraordinária urgência posta no accionamento do assunto: a UNITA pretende que o quadro legal pretendido seja apresentado pela CCFA à apreciação da CCPM no prazo de 1 mês (desde quando?) e, para este efeito, o Sr. General Tomé Pinto pretende ser habilitado a dar uma resposta até 4 de Agosto próximo.

Com efeito, não só esta tão curta dilacção põe em causa a aprofundada reflexão de uma matéria tão importante como esta, mas também exigirá que a minha eventual deslocação a Luanda se faça durante a primeira quinzena de Agosto.

6. Sendo assim, submeto o assunto à consideração de V.Excelência, juntando em anexo um projecto de MSG respondendo à solicitação do Sr. General Tomé Pinto.

Em 24 de Julho de 1991

```
Recebi em
22JUL91                RESERVADO           EMGFA
                                          CENTRO DE
                                         COMUNICAÇÕES

                                              URGENTE
                              NS: 3129/17JUL91

O 171621Z JUL 91                      Ao Gabinete (Dr. Cattel. Bra
FM ADIGENLUANDA                            18JUL91
TO GABGEN
XMT CHEFE MISSAO TEMPORARIA                 Saudos
BT                                             G
RESERVADO
615/GAL/CHVF
ASS: TRANS. MSG DE CHEFE COMPONENTE MILITAR MISSAO
171800JJUL91
PROJECTO PARA FORMACAO FAA APRESENTADO PELA UNITA REFERE:
''A CCFA SUBMETERA A APRECIACAO DA CCPM NO PRASO UM MES:
1. O SISTEMA DA ADMINIST DA JUSTICA MILITAR E DE TODAS AS RESTANTES
MATERIAS DE ORDEM LEGAL.
2. O REGIMENTO DA DISCIPLINA MILITAR OU QUADRO GERAL DA MANUTENCAO
DA DISCIPLINA, LEI E ORDEM QUE GARANTA:
- INFORMACAO ESTATISTICA OU DE QUALQUER OUTRA ORDEM TENDENTE A AQUI
LATAR DO ESTADO DISCIPLINAR DAS FAA.,
- ACONSELHAR SOBRE OS PROGRAMAS DE PREVENCAO DE INFRACCOES
- PROPOSTAS RELATIVAS A ADOPCAO DE MEDIDAS PREVENTIVAS E/OU REPRES
SIVAS ADEQUADAS, INCLUINDO O CONTROLE E PROCESSAMENTO DOS TRANSVIA
DOS.,
- SUPERVISIONAR NORMAS E PROCEDIMENTOS QUE ASSEGUREM A APLICACAO DOS
REGULAMENTOS DISCIPLINARES.,
- PROPORCIONAR CONSELHO E ASSISTENCIA LEGAL AOS MILITARES E SUAS FA
MILIAS ACERCA PROBLEMAS RELATIVOS A LEI CIVIL''
FIM DE TRANSCRICAO.

VIRTUDE TECNICISMO QUESTAO E CONHECEDOR EXCEPCIONAIS ESPECIALISTAS NE
STA MATERIA EXISTENTES EMGFA VENHO SOLICITAR QUE COM MAIOR URGENCIA
LIMITE SEJA HABILITADO DAR RESPOSTA SUGERINDO SIMPLIFICACAO DO
SISTEMA FASE TRANSICAO FORMACAO FAA SISTEMA VOLUNTARIO E SISTEMA MAIS
COMPLEXO DEFINIDO LINHAS GERAIS APOS AQUELA DATA. E MINHA OPINIAO QUE
DURANTE FASE TRANSICAO FUNCIONARIA APENAS R.D.M. E EM CASO CRIME HAVE
RIA DISPENSA DAS F.A.A. E JULGAMENTO EM TRIBUNAL CIVIL. GRATO E AGUAR
DO.
BT

                                    Gabinete CEMGFA
                                    Recebido em 18/7/91
                                    N: 1634    H: 3.04.20

                        RESERVADO
```

DOCUMENTOS SOBRE A EDIFICAÇÃO DAS FORÇAS ARMADAS DE ANGOLA (1982-2007)

P º 3.04.2.0

USO DO C.C.				

PRECEDÊNCIA ACÇÃO	PRECEDÊNCIA INFORMAÇÃO	GRUPO DATA HORA	INSTRUÇÕES PARA A MENSAGEM
P			

FM: GABGEN

TO: ADIGENLUANDA

INFO:

XMT:

1. ENCARREGA-ME GENERAL CEMGFA SOLICITAR INFORME CHEFE COMPONENTE MILITAR MISSÃO ASSUNTO V/MSG 615/GAL/ /CMVF DE 17 CORRENTE PRESENTE CONSIDERAÇÃO AUDITOR JURÍDICO CEMGFA DR. CASTEL-BRANCO FERREIRA CUJO PARECER É O SEGUINTE:

   A) ATENTAS CIRCUNSTÂNCIAS CONJUNTURAIS ANGOLA DURANTE FASE TRANSIÇÃO CONSIDERA-SE EXTREMAMENTE DIFÍCIL APLICAÇÃO ACTUAL RDM PORTUGUES 1977 ÀS FAA PELO ELEVADO TECNICISMO PROCESSUAL QUE REQUERE.

   B) NÃO SE CONSIDERA RAZOÁVEL NEM JURÍDICAMENTE PRATICÁVEL SEM PROFUNDA ALTERAÇÃO QUADRO LEGAL QUE ARGUIDOS DE CRIMES ESSENCIALMENTE MILITARES SEJAM DESVINCULADOS DAS FA PARA JULGAMENTO EM TRIBUNAIS CIVIS.

   C) JULGA-SE PREFERÍVEL NESTA FASE TRANSITÓRIA APROVAR UM DIPLOMA DISCIPLINAR MUITO SIMPLIFICADO EM QUE APÓS ENUNCIADO DEVERES E PENAS, SE GARANTA

CLASSIFICAÇÃO DE SEGURANÇA

RESERVADO

INSTRUÇÕES ESPECIAIS DE MANUSEAMENTO

SIC **WAT**

NÚMERO DE ORIGEM

461/GC

CARIMBO C. COM.

HORA DEPOSITO

DIST. INTERNA

REDACTOR		OFICIAL EXPEDIDOR	
NOME		RUBRICA	
POSTO		NOME	
SERVIÇO		POSTO	
TELEF.		UNIDADE	

PÁG. ....DE....... PÁG.

C P F A - Mod. 876

R. N.º 873/F

USO DO C.C.				
	PRECEDÊNCIA ACÇÃO	PRECEDÊNCIA INFORMAÇÃO	GRUPO DATA HORA	INSTRUÇÕES PARA A MENSAGEM

FM:

TO:

INFO:

XMT:

ATRAVÉS DE PROCESSO SUMÁRIO SUJEITO A FORMA VER-
BAL OU ESCRITA A AUDIÊNCIA ARGUIDO TERMOS IDÊN-
TICOS ART. 130º ANTIGO RDM 1929.

D) NO DOMÍNIO PENAL JULGA-SE PREFERÍVEL MANTER
AUTONOMIA DO FORO MILITAR, CONQUANTO RESTRITO AO
CONHECIMENTO CRIMES TIPICAMENTE MILITARES, COM
EXCLUSÃO PORTANTO ACIDENTALMENTE MILITARES QUE
SERIAM RELEGADOS FORO COMUM, APROVANDO PARA O
EFEITO UM DIPLOMA MUITO SIMPLIFICADO ONDE SE
ENUNCIASSE ELENCO CRIMES, RESPECTIVAS PENAS,
ORGANIZAÇÃO JUDICIÁRIA QUE PODERIA REDUZIR-SE A
UM TRIBUNAL DE INSTÂNCIA SEDIADO LUANDA COMPO-
SIÇÃO MIXTA SOB PRESIDÊNCIA OU ASSESSORIA JUIZ
COMARCA E COM RECURSO PARA TRIBUNAL DE INSTÂNCIA
SUPERIOR NA JURISDIÇÃO COMUM, BEM COMO UM COM-
PLEXO PROCESSUAL SUMÁRIO PRÓXIMO DAS REGRAS
ADOPTADAS ACTUAL CJM PORTUGUÊS 1977 PARA TEMPO
DE GUERRA.

CLASSIFICAÇÃO DE SEGURANÇA

INSTRUÇÕES ESPE-CIAIS DE MANUSEA-MENTO

SIC **WAT**

NÚMERO DE ORIGEM

461/CC

CARIMBO C. COM.

HORA DEPOSITO

DIST. INTERNA

	REDACTOR		OFICIAL EXPEDIDOR	
NOME		RUBRICA		
POSTO		NOME		
SERVIÇO		POSTO		
TELEF.		UNIDADE		

PÁG. 2 DE 3 PÁG.

C P F A - Mod. 876 · · · · R. N.º 873/E

DOCUMENTOS SOBRE A EDIFICAÇÃO DAS FORÇAS ARMADAS DE ANGOLA (1982-2007)

USO DO C.C.			
PRECEDÊNCIA ACÇÃO	PRECEDÊNCIA INFORMAÇÃO	GRUPO DATA HORA	INSTRUÇÕES PARA A MENSAGEM

FM:

TO:

INFO:

XMT:

	CLASSIFICAÇÃO DE SEGURANÇA
	INSTRUÇÕES ESPE-CIAIS DE MANUSEA-MENTO
	SIC
	NÚMERO DE ORIGEM
	CARIMBO C. COM.
	HORA DEPOSITO
	DIST. INTERNA

2. A CONCRETIZAÇÃO DESTAS IDEIAS CARECE PORÉM DE ESTUDO NO PORMENOR QUE SÓ O CONHECIMENTO DIRECTO DA SITUAÇÃO E DAS REAIS PRETENSÕES PARTES INTERESSADAS PODERÁ PERMITIR.

3. FACE ANTERIORMENTE EXPOSTO NÃO SERÁ DESPICIENDA HI-PÓTESE BREVE DESLOCAÇÃO DR. CASTEL-BRANCO A LUANDA DURANTE PRIMEIRA QUINZENA DE AGOSTO.

REDACTOR		OFICIAL EXPEDIDOR	
NOME	CASTEL-BRANCO FERREIRA	RUBRICA	
POSTO	ASSESSOR JURIDICO	NOME	ANTÓNIO R. GRAÇA
SERVIÇO	GAB/EMGFA	POSTO	BRIGADEIRO
TELEF.		UNIDADE	EMGFA

PAG. 3 DE 3 PAG.

6
COMUNICADO DO COMITÉ PERMANENTE DA COMISSÃO POLÍTICA DA UNITA.
(08 DE SETEMBRO DE 1991)

Comité Permanente da Comissão Política da UNITA (Jamba)

UNIAO NACIONAL PARA INDEPENDENCIA TOTAL DE ANGOLA

(UNION NATIONALE POUR L'INDEPENDANCE TOTALE DE L'ANGOLA)

U.N.I.T.A.

1

COMUNICADO DO COMITE PERMANENTE DA COMISSAO POLITICA DA UNITA

QUARTEL GENERAL

EM TERRA LIVRE DE ANGOLA

1. O COMITÉ PERMANENTE DA COMISSAO POLITICA DA UNITA REUNIU-SE NA JAMBA COM O ESTADO MAIOR DAS SUAS FORÇAS ARMADAS DE 5 A 7 DE SETEMBRO DE 1991 PARA EXAMINAR EM PROFUNDIDADE O PROCESSO DE APLICAÇAO DOS ACORDOS DE BICESSE, A DIMENSAO E A INFLUENCIA DA VISITA DO CHEFE DO GOVERNO PORTUGUES A ANGOLA COM PARTICULAR ENFASE AO LUENA.

2. O COMITÉ PERMANENTE E O ESTADO MAIOR DAS FALA CHEGARAM EM UNANIMIDADE AS SEGUINTES CONCLUSOES:

A - O PROCESSO DE PAZ EM ANGOLA ENCONTRA-SE EM PERIGO DADA A DESONESTIDADE DO PRESIDENTE DO MPLA, JOSE EDUARDO DOS SANTOS, QUE NOS SEUS PRONUNCIAMENTOS NAO DEIXA DE PATENTEAR AS SUAS VELHAS PRETENSOES DE FEVEREIRO DE 1989 COM GBADOLITE COMO PANO DE FUNDO.
SO QUERIAMOS LEMBRAR QUE EM MAVINGA NO "ULTIMO ASSALTO" O MPLA É QUE FOI VENCIDO.

B - A SANHA ASSASSINA DO MINSE ABATE-SE CADA VEZ COM MAIOR FURIA SOBRE OS SOLDADOS E SIMPATIZANTES DA UNITA EM TODO O PAIS.

- FOI ASSIM COM A MORTE DO TEN. ANDRÉ SEGUNDA DA CMVF DO AEROPORTO DA CATUMBELA, NO DIA 03 DE SETEMBRO DE 1991.

- FOI ASSIM COM O ATAQUE DELIBERADO A VILA DE WAKO-KUNGO NO DIA 05/09/1991.

- ESTA A SER ASSIM COM AS AREAS DO PIRI NO NORTE DO PAIS ONDE AS FAPLA ESTAO A OCUPAR AS AREAS ABANDONADAS PELAS FORÇAS DA UNITA (FALA) EM PROGRESSAO PARA OS LOCAIS DE ACANTONAMENTO.

- TEM SIDO ASSIM NO CHIEDE ONDE OS TANQUES DO CMDTE KAHOSSI DAS FAPLA CERCARAM E DISPARARAM CONTRA AS POPULAÇOES DA UNITA NA AREA SOB O COMANDO DO BRIGADEIRO SAMUEL CHIWALE.

- TEM SIDO ASSIM COM A UNAVEM - II COMANDADA PELO GENERAL PERICLES FERREIRA GOMES QUE NAO DIZ A VERDADE SOBRE O ACANTONAMENTO DAS FAPLA QUE A UNITA ESTA A CUMPRIR.

- E AINDA ASSIM COM A PRISAO ARBITRARIA PELO MINSE DE DOIS ESTUDANTES UNIVERSITARIOS EM LUANDA SIMPATIZANTES DA UNITA NO DIA 04/09/1991: ALBINO LOHOKA E VALENTIM KALUEYO E O TRABALHADOR ANTONIO JOAO LAMBA.

A POSIÇÃO DE ANGOLA NA ARQUITETURA DE PAZ E SEGURANÇA AFRICANA - ANEXO

C - DOS TRES MIL ELEMENTOS DO GOVERNO DA RPA QUE A UNITA DETINHA COMO PRISIONEIROS DE GUERRA, 848 JA FORAM ENTREGUES AO CICV. PORéM, DAS LARGAS DEZENAS DE MILHARES DE ELEMENTOS DA UNITA QUE O MPLA DETINHA E AINDA DETEM COMO PRISIONEIROS DE GUERRA, APENAS 234 FORAM LIBERTOS. O GOVERNO DA RPA ALIAS, RECUSA-SE DE REVELAR O NUMERO EXACTO DE ANGOLANOS DA UNITA DETIDOS NAS SUAS PRISOES.

3. A UNITA QUERIA LEMBRAR AO MPLA-PT E AO GOVERNO PORTUGUES QUE O ACTUAL GOVERNO DE LUANDA, DEPOIS DE 31/05/1991, é UM SIMPLES GOVERNO DE TRANSIÇAO, NAO SENDO NEM LEGAL NEM LEGITIMO, FACE AO SISTEMA DEMOCRATICO PLURIPARTIDARIO CONSAGRADO PELOS ACORDOS DE BICESSE.

A - A UNITA E AS FALA NAO ACEITARAO NEM SEQUER MAIS UMA HUMILHAÇAO SEM RESPOSTA, USANDO PARA O EFEITO OS MEIOS QUE TIVEREM AO SEU DISPOR. DESEJAMOS A PAZ E SACRIFICAMOS A VITORIA MILITAR A FAVOR DA PAZ PARA O POVO ANGOLANO E NUNCA E JAMAIS A PAZ TIPO MPLA-PT.

B - A UNITA ESTA DISPOSTA A ENVIAR PARA A CCPM O SEU VICE PRESIDENTE ENGENHEIRO JEREMIAS KALANDULA CHITUNDA DESDE QUE O MINISTRO LOPO FORTUNATO FERREIRA DO NASCIMENTO. AMBOS HABEIS NEGOCIADORES DOS ACORDOS DE ESTORIL, REAPAREÇA COMO DIRIGENTE DA DELEGAÇAO DO GOVERNO DA RPA NA CCPM. DE CONTRARIO, A UNITA VAI RECONSIDERAR IMEDIATMENTE A SUA PARTICIPAÇAO NOS TRABALHOS DA CCPM.

4. A JAMBA é UMA CONQUISTA POLITICA SOBRE O IMPERIALISMO COMO FOI LONDRES SOB O COMANDO DE WINSTON SPENCER CHURCHILL SOBRE O NAZISMO. A JAMBA NAO FECHA HOJE E NAO FECHARA NUNCA SOBRE A HISTORIA DE ANGOLA COM A INSTALAÇAO DA DELEGAÇAO PRINCIPAL DA UNITA EM LUANDA.

5. QUANTO A VISITA DO CHEFE DO ACTUAL GOVERNO PORTUGUES A LUANDA E LUENA.

NAO FOI MAIS DO QUE UM APOIO DELIBERADO AO MPLA-PT E A JOSE EDUARDO DOS SANTOS. COMO FOI AQUANDO DAS ELEIÇOES EM SAO TOME E PRINCIPE. NAO EXISTE NENHUMA COMUNIDADE PORTUGUESA NO LUENA. NAO HOUVE NENHUM PROBLEMA LOGISTICO OU DE PROTOCOLO QUE PODESSE LEVAR O PROFESSOR ANIBAL CAVACO E SILVA A NAO ACEITAR OS LOCAIS DE ALTERNATIVA COMO O HUAMBO, LOBITO E LUBANGO PROPOSTOS PARA O SEU ENCONTRO COM O PRESIDENTE DA UNITA. ESTE FOI ACONSELHADO PELO COMITé PERMANENTE DA COMISSAO POLITICA DE UNITA E PELOS AMIGOS DA PAZ EM ANGOLA A NAO FAZER PARTE DE TAO DESMASCARADA ENCENAÇAO.

6. O GOVERNO DA RPA-MPLA-PT ESTA MANIFESTAMENTE A VIOLAR E A TORPEDEAR OS ACORDOS DE PAZ. POR ISSO, NESTE MOMENTO A DELEGAÇAO DA UNITA NA CCPM ESTA A RECEBER NOVAS INSTRUÇOES

ASSIM COMO TODAS AS FORÇAS ARMADAS DA UNITA SAO CHAMADAS A OBSERVAR VIGILANCIA MAXIMA ATE SE ESCLARECER O MAU AMBIENTE CRIADO PELO PRESIDENTE DO MPLA-PT. ESTAMOS DO LADO DA PAZ QUANDO E SO SE ELA NAO FOR HUMILHANTE NEM PARA A LUTA DO POVO HUMILDE DE ANGOLA, NEM PARA A NOSSA IDENTIDADE AFRICANA.

A LUTA TRIUNFA.

UNIDOS VENCEREMOS.

1991 - ANO DA DEFESA DA IDENTIDADE ANGOLANA PARA A CONQUISTA DA DEMOCRACIA

JAMBA, 08 DE SETEMBRO DE 1991

O COMITÉ PERMANENTE DA COMISSAO POLITICA DA UNITA

7

RELATÓRIO DA AUDITORIA JURÍDICA SOBRE A PARTICIPAÇÃO DO ASSESSOR JURÍDICO DO CEMGFA DE PORTUGAL NA ELABORAÇÃO DO RDM E CJM DAS FAA.
(20 DE SETEMBRO DE 1991)

Assessor Jurídico General CEMGFA Portugal – Dr. Caetano J. Castel-Branco Ferreira

**GABINETE DO
CHEFE DO ESTADO MAIOR GENERAL DAS FORÇAS ARMADAS**

AUDITORIA JURÍDICA

[Anotação manuscrita:]
1. Só graças às suas profundas cultura jurídico-militar, reconhecida inteligência, largo experiência, e extremo devotamento, — é que foi possível o cumprimento da missão atribuída ao Dr. Castelbranco.
2. Face à importância do assunto, verdadeiramente essencial para a consolidação da paz em Angola, para as futuras FAA e para a vivência num estado de direito, deveremos continuar a apoiar, decididamente, a satisfação dos pedidos que surgirem.
24 SET 91
[assinatura] Gen

Senhor General Chefe do Estado-Maior-General
das Forças Armadas

Excelência

     1. Cumprida a missão de que V.Excelência me incumbiu por despacho de 26AGO91, regressei de Luanda em 13SET91.

     Inicialmente prevista como de muito curta duração (3/4 dias), com início em 31AGO91, a minha estadia naquela cidade veio, porém, a ser sucessivamente prorrogada, devido não só aos vários incidentes que são do conhecimento de V.Excelência e que julgo naturais num processo de aproximação entre duas facções adversas como o que decorre em Angola, mas também porque a limitada tarefa que me fora confiada em Lisboa cedo foi ultrapassada, pela complexidade do contexto em que se inseria, cujos contornos nem sequer tinham, até então, sido correctamente estimados.

     Daí que considero não ter sido totalmente executado o trabalho que se impunha (e se impõe ...), mas ele é tão vasto que me seria necessário, para tanto, permanecer em Luanda durante muito mais tempo.

     Deixei, porém assegurada a minha inteira disponibilidade em Lisboa para quaisquer contactos telefónicos, por fax ou correspondência, com vista a desbloquear qualquer dificuldade no andamento dos trabalhos iniciados com a minha presença, e a promessa de voltar a Luanda, ainda no ano corrente, se necessário.

     Posso, contudo, assegurar a V.Excelência que, se a tarefa que se impunha (e se impõe, repito) não foi integralmente executada, a limitada missão de que fui incumbido em Lisboa, essa sim, foi cumprida, tendo deixado o documento pretendido pela CCPM redigido e aprovado pelas delegações do Governo e da UNITA no grupo técnico que tive o privilégio de orientar.

**GABINETE DO
CHEFE DO ESTADO MAIOR GENERAL DAS FORÇAS ARMADAS**

AUDITORIA JURÍDICA

2.

2. Convirá recordar que o que estava inicialmente em causa era a parte "C-JUSTIÇA E DISCIPLINA" das Bases Gerais, cujo texto original consta em ANEXO A.

Esta redacção fora entretanto substituída por uma outra, da minha autoria e com base nos dados facultados pelo Sr. General Tomé Pinto, por via telefónica, em 24AGO91, a qual consta em ANEXO B.

Chegado a Luanda, verifiquei, porém, logo na primeira reunião com ambas as delegações do Governo e da UNITA, em 02SET91, que o problema se colocava em termos um tanto diferentes, pelo que um outro texto foi então preconizado, o qual figura em ANEXO C.

Todavia, a discussão que nos dias seguintes teve lugar entre ambas as delegações trouxe à colação dados muito importantes que levaram à alteração, por completo, do quadro anteriormente delineado, tendo sido finalmente aprovados, em 05SET91, por ambas as delegações, dois textos por mim redigidos, um concernente à redacção definitiva do documento "C-JUSTIÇA E DISCIPLINA" e outro respeitante a umas "NORMAS TRANSITÓRIAS" a vigorar durante a próxima conjuntura em que vão coexistir, na prática, três ordenamentos jurídicos - o que rege as FAPLA, o que rege as FALA e o que irá reger as Forças Armadas Angolanas (FAA), que não será nem um, nem outro daqueles.

E isto porque, enquanto decorrer a estruturação progressiva das FAA, desde a entrada em vigor do cessar fogo até à data das eleições, data em que, só então, deixarão de existir as FAPLA e as FALA,[*] é necessário estabelecer o "modus vivendi"de todas elas, para enfrentar a situação singular da coexistência legítima

---

(*) - Cfr. parte VI - "FORMAÇÃO DAS FAA" do Protocolo do Estoril:

"... 4. O processo de formação das FAA iniciar-se-à com a entrada em vigor do cessar fogo e estará concluído na data das eleições.

---

9. Na altura da realização das eleições existirão apenas as FAA, não podendo existir quaisquer outras tropas. Todos os elementos das presentes Forças Armadas de cada parte que não venham a pertencer à FAA serão desmobilizados até à realização das eleições."

**GABINETE DO
CHEFE DO ESTADO MAIOR GENERAL DAS FORÇAS ARMADAS**

AUDITORIA JURÍDICA

3.

num mesmo Estado de três Forças Armadas nacionais e independentes, sujeitas a ordenamentos jurídicos e aparelhos judiciais diferentes.

Dei conta do problema ao Sr. General Tomé Pinto, através do documento que junto em ANEXO D.

Este documento integra as versões definitivas dos projectos da parte "C-JUSTIÇA E DISCIPLINA" e das referidas "NORMAS TRANSITÓRIAS", que o Sr. General Tomé Pinto ficou de apresentar aos representantes do Governo e da UNITA na CCFA, para proposta à CCPM.

Julgo de interesse salientar que as discussões travadas no seio do grupo técnico que tive o ensejo de orientar revestiram-se sempre de elevado nível e de muita abertura de parte a parte.

O referido grupo era composto, da parte do Governo, pelos Srs.Drs. Maria João de Oliveira Monteiro Jardim França (Coronel das FAPLA e Presidente da Direcção dos Tribunais Militares de Angola), Agostinho Gaspar (Coronel das FAPLA e Procurador Geral Militar) e Moreira Bastos (Tenente-coronel das FAPLA e Vice-Procurador-Geral Militar), e da parte da UNITA pelos Srs. Drs. Aniceto Hamukwaya e Domingos Hossi (assessores da Comissão Política da UNITA) e um Sr. Coronel das FALA de cujo nome não me recordo e que era o assistente do Dr. Hamukwaya (era o Cor. Catrumbela)

3. A problemática não se confinou, porém, ao pretendido documento "C-JUSTIÇA E DISCIPLINA" e às "NORMAS TRANSITÓRIAS" que foram produzidas para enfrentar a já citada situação e cujo génese se acha descrita no primeiro documento em Anexo D.

Quando me desloquei a Luanda, estava longe de prever que me iria ser solicitada a redacção dos projectos dos dois diplomas fundamentais que iriam reger a disciplina e a justiça militares das futuras FAA.

O que realmente esperava ir discutir com as delegações de ambas as partes era o conteúdo dos princípios informadores delineados no documento "C-JUSTIÇA E DISCIPLINA"; para tanto, aliás, enviara por fax ao Sr. General Tomé Pinto, em

GABINETE DO
CHEFE DO ESTADO MAIOR GENERAL DAS FORÇAS ARMADAS

AUDITORIA JURÍDICA

28AGO91, "dois breves apontamentos sobre os tópicos das conversações previstas, contendo os pontos principais merecedores de reflexão" (da mensagem de cobertura), apontamentos que aquele Exmº. General fizera chegar ao conhecimento de ambas as partes.

Aconteceu, porém, que, ao cabo de alguma polémica, ambas as delegações confiaram-me a responsabilidade de apresentar na mesa os projectos que entendesse como adequados, os quais seriam por elas desde logo aceites como base de discussão ulterior.

O que fundamentalmente estava em causa era a necessidade de superar o impasse a que se chegara no grupo técnico, pelo radicalismo da posição da UNITA que rejeitava, por sistema, todas as propostas provindas do Governo.

Troquei impressões com o Sr. General Tomé Pinto acerca da metodologia sugerida, que, se por um lado, constituía um pesado ónus, para já não falar da responsabilidade que eu iria assumir, por outro, agradava-me pois iria acelerar o processo, cuja condução passava para as minhas mãos.

O Sr. General Tomé Pinto concordou com esta solução.

Consegui, em poucos dias, redigir os dois projectos solicitados que submeti à apreciação do grupo técnico e que constam em ANEXOS E e F.

O primeiro deles, contendo as "NORMAS REGULADORAS DA DISCIPLINA MILITAR",(*) foi aprovado na generalidade por ambas as delegações, mas, na especialidade, a discussão não chegou a ir além do artigo 17º., dada a suspensão dos trabalhos do grupo técnico em 09SET91, por iniciativa da delegação da UNITA, na sequência do comunicado que na véspera fora emitido pelo Comité Permanente da sua Comissão Política.

Não obstante os esforços pessoais que desenvolvi para que o grupo continuasse os seus trabalhos, face ao carácter puramente técnico destes e o

---

(*) - A delegação da UNITA insistiu por esta designação, rejeitando enfaticamente as de Regulamento e de Código, por razões que não explicitou, tendo a do Governo aceite a de "Normas", com indiferença.

GABINETE DO
CHEFE DO ESTADO MAIOR GENERAL DAS FORÇAS ARMADAS

AUDITORIA JURÍDICA

apoio da delegação do Governo que recebi neste sentido, o delegado da UNITA, Sr.Dr. Hamukwaya, foi irredutível, explicando-me, aliás muito atenciosamente, que não estavam em causa os trabalhos, nem a cordialidade das reuniões havidas com a delegação do Governo, mas tão só uma questão de coerência política.

Obviamente, não rebati esta posição e, até ao meu regresso, não voltei a ter contactos com a delegação da UNITA.

O projecto de normas disciplinares por mim redigido ficou, pois, apenas aprovado na generalidade e, na especialidade, até ao art. 17º.

O projecto de normas de justiça também por mim apresentado não foi sequer abordado pela comissão técnica.

Por iniciativa muito prestimosa do Sr. General Tomé Pinto, ainda foi tentada uma reunião para o dia 12SET91, último dia da minha permanência em Luanda, mas só compareceu a delegação do Governo, pelo que a mesma não se realizou.

Ao partir de Luanda, deixei, portanto, nas mãos do Sr. General Tomé Pinto os dois referidos projectos, nas também referidas condições.

Na ocasião, discutimos exaustivamente os dois documentos no ponto de vista prático, com destaque para a exequibilidade do segundo, sobre o que tinha muitas dúvidas, pelas razões que em seguida passo a expor.

4. Aquando da projectada reunião de 12SET91 e por sugestão do Sr. General Tomé Pinto, aproveitei o ensejo para, ao menos, explicar a uma das delegações o contexto das normas de justiça criminal que eu projectara e as opções que nela estavam contidas.

Tratava-se de uma diligência de mera informação, que permitiria (e permitirá, julgo eu) uma melhor apreciação da matéria quando as duas delegações voltarem a reunir, na ausência do autor.

A POSIÇÃO DE ANGOLA NA ARQUITETURA DE PAZ E SEGURANÇA AFRICANA – ANEXO

6.

**GABINETE DO
CHEFE DO ESTADO MAIOR GENERAL DAS FORÇAS ARMADAS**

AUDITORIA JURÍDICA

A delegação do Governo deu a sua inteira concordância ao texto preconizado, com ressalva de alguns pontos de pormenor que não merecem aqui destaque, mas tudo isto no plano teórico, porque no prático, suscitou diversas questões, por mim até então desconhecidas ou a que não dera suficiente atenção, mas que são muito importantes para uma correcta avaliação da situação e põem em causa a exequibilidade desse segundo projecto.

Vejamo-las.

Conforme no princípio fora previsto pela CCFA, a composição inicial dos tribunais militares das FAA teria de ser mista, como mista era a composição inicial das proprias FAA (50% para cada uma das partes).

Foi este, aliás, o pressuposto de um dos princípios informadores insertos na parte "C-JUSTIÇA E DISCIPLINA" das Bases Gerais.

E foi nesta mesma pressuposição que o meu dito projecto sobre a justiça criminal fora concebido.

Só que, tal pressuposto não teve em conta a realidade.

Para se criar um tribunal como o que se pretendia, de formação mista, são necessários, pelo menos, 2 juízes, um de cada lado.

E, além deles, são também necessários 1 promotor de justiça e 1 defensor oficioso, a designar também por cada uma das partes.

... Todos licenciados em direito, já que, segundo a orientação recebida (neste ponto, há unanimidade entre ambas as partes), não são desejáveis nos tribunais militares magistrados civis e não vejo como possa funcionar decentemente um tribunal sem nenhum jurista.

Ora, o mínimo dos mínimos que é exigível em Angola são 5 tribunais militares territoriais, um em cada região militar (actualmente e só na área controlada pelo Governo, existem 20).

**GABINETE DO
CHEFE DO ESTADO MAIOR GENERAL DAS FORÇAS ARMADAS**

AUDITORIA JURÍDICA

7.

Quer isto dizer que aqueles números devem ser multiplicados por 5.

Isto na primeira instância.

Porque, se se mantiver a intenção de se criar um tribunal militar superior, teremos de considerar, pelo menos, mais 4 juízes, que necessariamente também devem ser licenciados em direito.

E mais 1 promotor de justiça e 1 defensor oficioso.

Dispenso-me de aqui considerar o problema das secretarias de apoio a cada um, cuja constituição também não será caso fácil.

Fico-me, pois, pelos magistrados, judiciais e do Ministério Público, e pelo defensor.

Ao todo, no mínimo, 26 juristas, em permanência (também não tomo em consideração a hipótese de substituição).

As FAPLA dispõem de uma pesada estrutura judiciária, com cerca de 50 juristas nos tribunais e na procuradoria militar; mas as FALA não dispõem de estrutura judiciária alguma, até onde me foi dado saber, nem sequer os 2 ou 3 juristas de que julgo disfrutar a UNITA (*) estariam dispostos a deixar as funções políticas que desempenham e de que são indispensáveis, para se inserirem numa estrutura estritamente militar.

(*) - Os delegados da UNITA na comissão técnica nunca se abriram acerca da sua estrutura judiciária e sobre os respectivos quadros.

Os delegados do Governo asseguram, porém, que tanto uns como outros, pura e simplesmente não existem.

O Sr. Dr. Hamukwaya referiu, porém, numa das reuniões do grupo técnico, dispor a UNITA de mais quadros "em reserva" (entendi que no estrangeiro), aos quais poderia vir a recorrer eventualmente.

Mas, numa outra ocasião, chamou a atenção para a exiguidade dos quadros da UNITA, o que, possivelmente, obrigá-la-ia a mantê-los ocupando cargos políticos e militares, em acumulação.

... O que está proibido pelo Protocolo do Estoril (VI, 2-C e 3)

GABINETE DO
CHEFE DO ESTADO MAIOR GENERAL DAS FORÇAS ARMADAS

AUDITORIA JURÍDICA

Estou, por isso, convicto de que a UNITA não poderá fornecer 13 oficiais licenciados em direito para preencher a metade da dotação mínima dos cargos previstos para a cobertura judiciária das FAA que lhe competiria nesta fase inicial.

Nesta perspectiva, não vejo como poderá ser realizável a constituição dos pretendidos tribunais militares, de formação mista.

É óbvio que poderíamos conceber a sua existência sem juizes, Ministério Público e defensores dotados das habilitações requeridas; mas, em rigor, tais tribunais não passariam de um eufemismo e os actos judiciais neles praticados poderiam não passar de uma grosseira mistificação, tanto mais julgando eles tanto crimes militares, como comuns, pois ambas as partes exigem o foro pessoal.

Também poderíamos conceber os mesmos tribunais com juristas só das FAPLA; mas a UNITA veria nisso uma subalternidade do seu juiz, por impreparação técnica.

O projecto de "NORMAS REGULADORAS DA JUSTIÇA CRIMINAL MILITAR", por mim apresentado, por muito bem redigido que esteja e por muito hábil que tivesse sido em enfrentar a singular situação das FAA na sua fase inicial, não terá, pois, execução viável, a não ser que a UNITA garanta (e demonstre) a disponibilidade de juristas para o efeito, o que não é crível.

Que fazer em tal hipótese?

Em minha opinião, só poderá haver uma solução, idêntica, aliás, à preconizada por ambas as delegações nas "NORMAS TRANSITÓRIAS", a qual consiste na suspensão dos processos criminais até à institucionalização definitiva dos orgãos de justiça das FAA.

É certo que tal suspensão acarretará a paralização da justiça criminal por cerca de 1 ano, já que a institucionalização dos futuros tribunais só será possível depois da formação do Governo que sair das eleições, altura em que deixará de se falar em FAPLA e FALA, e em que os citados tribunais apenas incluirão oficiais das FAA.

GABINETE DO
CHEFE DO ESTADO MAIOR GENERAL DAS FORÇAS ARMADAS
AUDITORIA JURÍDICA

Mau grado este inconveniente, não vejo alternativa para a resolução do problema.

Na verdade, se os tribunais de formação mista não são viáveis, se a UNITA não aceita o julgamento dos militares das futuras FAA nos tribunais militares actualmente existentes em Angola, por estarem governamentalizados, e se as FALA não dispõem de tribunais militares (diz-se disporem de orgãos de justiça "ad hoc", do tipo dos conselhos de guerra, mas funcionando improvisadamente), que solução adoptar, senão a suspensão dos processos crimes até que o futuro Governo de Angola venha a criar os novos Tribunais, sem preocupação acerca da proveniência dos seus elementos?

A delegação do Governo no grupo técnico reconheceu, durante o encontro que teve comigo em 12SET91, que não havia alternativa para esta solução.

Aliás, como é sabido, a suspensão do processo (ou da instância) não é uma figura desconhecida do direito processual civil e penal, ocorrendo também nos casos em que os deputados são incriminados e a Assembleia da República não suspenda os respectivos mandatos; neste caso, o processo fica suspenso até ao termo dos seus mandatos, os quais podem ir a quatro anos.

Como já referi, expuz a situação ao Sr. General Tomé Pinto, tendo-lhe deixado um manuscrito, de que não guardei cópia, alterando as "NORMAS TRANSITÓRIAS" mencionadas no início deste relatório, a fim de nelas se acolher também a suspensão dos processos-crime respeitantes aos elementos das futuras FAA até à institucionalização definitiva dos seus tribunais militares.

Estamos, assim, é certo, perante um problema difícil, que irá ser analizado pela CCFA provavelmente na próxima semana (segundo telefonema hoje recebido do Sr. General Tomé Pinto) e que seguidamente subirá à decisão da CCPM, com vista à definição da solução mais adequada.

Mas, tranquilizemo-nos, trata-se de um problema sem incidência na disciplina imediata das FAA!

Quando as primeiras unidades das FAA se constituirem, elas estarão já dotadas de um regime disciplinar próprio (as "NORMAS REGULADORAS

**GABINETE DO
CHEFE DO ESTADO MAIOR GENERAL DAS FORÇAS ARMADAS**

AUDITORIA JURÍDICA

DA DISCIPLINA MILITAR", que deixei aprovadas na generalidade pelo grupo técnico e cuja aprovação a nível superior, com alterações de pormenor, nada parece impedir).

E disporão, ainda, de um código penal militar, prevendo e definindo os crimes de natureza militar, já que ambas as partes aceitaram a Lei nº. 16/78.

Isto é, o que importa mais assegurar, em termos disciplinares, está garantido.

O que ficou por decidir é o accionamento dos processos pelos crimes praticados pelos elementos das novas FAA, o qual, na pior das hipóteses, ficaria suspenso.

É o que me cumpre informar V.Excelência.

Em, 20SET91

O ASSESSOR PRINCIPAL

8
SOLICITAÇÃO DE COOPERAÇÃO MILITAR COM PORTUGAL NO PERÍODO DA FORMAÇÃO DAS FAA – CCFA. (03 DE OUTUBRO DE 1991)

Representante Portuguesa na CCFA – General Alípio Tomé Pinto

S. R

MINISTÉRIO DA DEFESA NACIONAL
ESTADO-MAIOR-GENERAL DAS FORÇAS ARMADAS
(CHIEF OF DEFENCE GENERAL STAFF PORTUGAL)

CAPA (COVER)

TRANSMISSÃO POR FAC-SIMILE
(FAC-SIMILE TRANSMISSION)

NR. ORIGEM: (OUR REF.)	PRECEDÊNCIA: (PRECEDENCE)	CLASS. SEGURANÇA: (SECURITY CLASS.)
	NR. TOTAL PÁGS. EXCLUÍNDO A CAPA 6 (TOTAL NR. OF PAGES EXCL. COVER)	

FROM: Gen. Tomé Pinto
(DE)

071940 [illegible] 91

TO: Gen. A. Soares Carneiro **FAX (ou IVSN) NR.**
(PARA)

SENT BY:
(DE)

ATT: ~~[illegible]~~ Cor. A. Ferreira
(PARA)

Gabinete CEMGFA
Recebido em 08JUL91
N.º 3036 P. 3.09.50

Chefe Gab.		Chefe do Prot.	
Adj. Mor.		A. C. Mor.	
Adj. Exér.	X	A. C. Exér.	
Adj. F. Aérea		A. C. F. Aérea	
Adj. Admin.		Of. Segur	
Adj. Legisl.		Chefe Secr	
Ass. Jurídico			

SUBJ: Cooperação c/ PORT
(ASSUNTO)

Ref:

ADD. TEXT: Meu Caro A. Ferreira para dar conhecimento ao nosso Gen. CEMGFA com sugestão de fotocópia para o Sr. Gen. Gonçalves Ribeiro e Brig. Cubas.
(TEXTO ADICIONAL)
Cumprimentos Brig. [illegible]
Cumprimentos

URGENTE

REDACTOR	OFICIAL EXPEDIDOR
NOME E POSTO: [signature]	
ÓRGÃO/SERVIÇO:	RUBRICA:

NR. SÉRIE: Tx. em __/__/__ às __H.__ VIA __ O OPERADOR

A POSIÇÃO DE ANGOLA NA ARQUITETURA DE PAZ E SEGURANÇA AFRICANA – ANEXO

C C F A

REPRESENTAÇÃO DE PORTUGAL

ASSUNTO: APOIO DE PORTUGAL NA ÁREA DE FORMAÇÃO TÉCNICA DAS FAA.

1. No último ano, face à evolução da situação em **ANGOLA** e preocupação e interesse de **PORTUGAL** na procura da **PAZ** para o **Povo Angolano**, foram-se restabelecendo laços de cooperação e interesse que se traduziram na abertura de facilidades em todos os âmbitos incluindo o das FArmadas.

2. Nesse sentido estreitaram-se relações, renovaram-se conhecimentos e contactos que levaram à formulação de projectos de protocolo e cedências de vagas em estabelecimentos de Ensino na previsão de que a Paz, assim, seria mais possível.

3. Foram e estão sendo elaborados protocolos de entendimento e apoio tendo em vista a formação de quadros Angolanos nos Estabelecimentos de Ensino das Forças Armadas Portuguesas.

4. Como representante de **PORTUGAL** na **CCFA** têm-me sido endereçados vários pedidos e pareceres tendo em vista a cedência de apoio nas áreas de formação, designadamente:

   a. No domínio da cooperação da saúde militar, o pedido de pós-graduação para nove médicos militares angolanos (Anexo A);

   b. Visita à Policia Militar (Anexo B);

DOCUMENTOS SOBRE A EDIFICAÇÃO DAS FORÇAS ARMADAS DE ANGOLA (1982-2007)

c. Abertas vagas para Cursos de Formação conforme consta no Anexo C;

d. Pedido de uma vaga para admissão ao Curso de Engenharia Aeronautico;

e. Esteve prevista a admissão de oito alunos pilotos-aviadores para ingresso na Academia da Força Aérea de (PO) que, julgo, estar já prejudicada, em virtude de o curso ter tido início.

5. Dentro do ocpirito de abertura e franqueza que tem presidido a esta Comissão não queria deixar de apresentar esta questão para decisão, sendo minha opinião que, pesem embora alguns inconvenientes que possam surgir, seria de toda a vantagem para **ANGOLA** e interesse de **PORTUGAL** que houvesse entendimento bastante entre o representante do Governo e UNITA para que uma solução fosse encontrada por forma a que não se perca esta oportunidade de beneficiar, pelos conhecimentos adquiridos, alguns jovens Angolanos.

6. Aguardo decisão ou orientação da CCFA.

Com os melhores cumprimentos

Luanda, 3 de Outubro de 1991

O REPRESENTANTE DE (PO) NA CCFA

Alípio Tomé Pinto
GENERAL

- 2 -

REPÚBLICA POPULAR DE ANGOLA
MINISTÉRIO DA DEFESA
Direcção de Logística
SERVIÇOS DE ASSISTÊNCIA MÉDICA MILITAR
S. A. M. M.

ANEXO A

ANEXO NR. 1

RADIOLOGIA

CAPITAO ------------------- ANTONIO JORGE CAPITA

IMUNOLOGIA

1 TENENTE ------------------ EDNA DE JESUS C. ROSA

NEFROLOGIA

1 TENENTE ------------------ MARIO JORGE T. S. SILVA
1 TENENTE ------------------ MATADI DANIEL
1 TENENTE ------------------ MANUEL DE SOUSA LIBERATO

PSIQUIATRIA

1 TENENTE ------------------ FRANCISCO FLAVIANO L. BUTA
1 TENENTE ------------------ AZEVEDO ANTONIO DA SILVA

ANESTESIOLOGIA

2 TENENTE ------------------ MARIA VICTORIA S. MANGUEIRA

FISIATRIA

2 TENENTE ------------------ AMELIA M. FREITAS DOS SANTOS

ANEXO B

REPÚBLICA POPULAR DE ANGOLA

MINISTÉRIO DA DEFESA
Gabinete de Intercâmbio e Cooperação Internacional

EMBAIXADA DE PORTUGAL EM ANGOLA
ATT. SR.º ADIDO MILITAR

L U A N D A

V/ Referência: V/ Comunicação: N/ Referência: NR.º(x)(1)/GICI/DC/91   N/ Comunicação:

ASSUNTO:

O Gabinete de Intercâmbio e Cooperação Internacional do Ministério da Defesa, apresenta os seus melhores cumprimentos e serve-se da presente para informar e solicitar o seguinte:

Durante o ano em curso, prevê-se a deslocação à Portugal de uma delegação do Ministério da Defesa, precisamente da nossa Polícia Militar, com o intuito de manter contactos com à sua congénere Portuguesa para troca de experiências, no que concerne ao sistema de Polícia e colher outros aspectos adoptáveis à realidade do nosso País.

Assim, servimo-nos da presente para solicitar os bons ofícios do Sr.º Adido Militar, no sentido de junto da Direcção da Polícia Militar Portuguesa encetar contactos com vista a recepção da aludida delegação.

Certos da Vossa atenção e, na expectativa de breves notícias sobre o assunto, subscrevemo-nos com estima;

Alta Consideração

Luanda, aos 26 de Agosto de 1991.-ANO DA REESTRUTURAÇÃO DA ECONOMIA E DA DEMOCRACIA MULTIPARTIDÁRIA.-

O DIRECTOR DO GABINETE,
JORGE LUCAS "ZENGO"
CORONEL

A POSIÇÃO DE ANGOLA NA ARQUITETURA DE PAZ E SEGURANÇA AFRICANA – ANEXO

ANEXO C

INFORMAÇÃO Nº 1

ASSUNTO: CURSOS DE FORMAÇÃO TÉCNICA – COOPERAÇÃO ENTRE A FAPA/DAA E A FAP

1. De acordo com o protocolo assinado em <u>27Maio</u> de 1990 entre o Chefe de Estado-Maior da Força Aérea Portuguesa e o Comandante da Força Aérea Angolana, e posteriormente ratificado pelos Ministros da Defesa de Portugal e de Angola, foram estabelecidos os seguintes cursos de formação a iniciar em Setembro de 1991:

   - Curso de Formação de Oficiais (CFO)

   - Curso de Formação de Sargentos (CFS)

   - Curso de Formação de Especialistas (CFE)

3. Estes cursos seriam administrados na BA2/CI2 estando disponíveis para o efeito as vagas seguintes:

   - CFO 25 Vagas

   - CFS 30 Vagas

   - CFE 50 Vagas

3. Os cursos acima referidos teriam a duração seguinte:

   - CFO SET91 – JUN93 (22 meses)

   - CFS SET91 – MAR93 (19 meses)

   - CFE SET91 – MAI92 (9 meses)

– 1 –

DOCUMENTOS SOBRE A EDIFICAÇÃO DAS FORÇAS ARMADAS DE ANGOLA (1982-2007)

4. Atendendo à impossibilidade de cumprir com as datas previstas para o início dos cursos, a Força Aérea Portuguesa, através do Sr. Brig Cubas Director da Direcção de Instrução, informou a delegação da CCFA que visitou a Força Aérea na semana de 23 a 27 de Setembro de 1991, que caso houvesse interesse por parte da FAPA/DAA e da UNITA em enviar pessoal para frequentar os cursos de formação acima referidos, estes poderiam ter início em fins de Novembro de 1991, havendo uma excepção para o CFE cuja data de início poderia ser Janeiro de 1992, caso não se iniciasse em Novembro de 1991.

5. Os custos dos cursos serão de acordo com o parágrafo 8. b. da acta de protocolo referido em 1.

6. Submete-se à consideração Superior.

Luanda, 30 de Setetembro de 1991

O OFICIAL INFORMADOR

9
DIRETIVA 6/CCFA – NORMAS BÁSICAS PARA A REORGANIZAÇÃO DA FORÇA AÉREA NACIONAL ANGOLA E DA MARINHA DE GUERRA ANGOLANA – DRAFT
(15 DE NOVEMBRO DE 1991)

Comissão Conjunta Político Militar

COMISSÃO CONJUNTA POLÍTICO MILITAR

CCFA

DIRECTIVA Nº 6/CCFA DE NOV91

"NORMAS BÁSICAS PARA A REORGANIZAÇÃO DA FORÇA AÉREA
E MARINHA DE GUERRA ANGOLANAS"

Aprovado pela CCPM em reunião de ..../..../....

Os Representantes na CCPM

Pelo Governo   Pela UNITA

_____   _____

_____   _____

DOCUMENTOS SOBRE A EDIFICAÇÃO DAS FORÇAS ARMADAS DE ANGOLA (1982-2007)

NORMAS BÁSICAS PARA A REORGANIZAÇÃO DA

FORÇA AÉREA E MARINHA DE GUERRA ANGOLANAS

PARTE I — INTRODUÇÃO

1. Os Acordos de Paz assinados a 31MAI91 em Lisboa referem quanto à formação da Força Aérea e Marinha Angolanas o seguinte:

   a. A efectivação do cessar-fogo não poderá pôr em causa a soberania e a integridade territorial do País;

   b. Entre a assinatura do cessar-fogo e o início da fiscalização (15JUN91) do mesmo, ambas as partes deverão trocar, no âmbito da CMVF, as informações de carácter militar, sobre:

      - Pessoal: Efectivos e organização das forças(terrestres, aéreas e navais);

      - Equipamentos e armamento

         - Defesa Aérea

         - Aeronaves

         - Navios

      - Outras de natureza logística

   c. À CCPM caberá velar pela aplicação dos Acordos de Paz, garantindo o estreito cumprimento de todos os entendimentos políticos e militares, e decidindo em última instância sobre eventuais violações dos mesmos.

   d. Os efectivos iniciais destinados à Marinha(4.000) e Força Aérea(6.000) serão fornecidos pelos ramos respectivos das FAPLA, tendo em atenção que as FALA não dispôem desses ramos. Logo que, iniciado o processo de formação das FAA a UNITA poderá participar nas estruturas da Marinha e da Força Aérea nos termos a definir no âmbito da CCFA;

   e. A Marinha e a Força Aérea estarão sujeitas a verificação e fiscalização, sem prejuízo de poderem realizar missões controladas, de modo a assegurar a sua operacionalidade e a

1

A POSIÇÃO DE ANGOLA NA ARQUITETURA DE PAZ E SEGURANÇA AFRICANA – ANEXO

defesa dos interesses económicos. Logo que as Unidades da Marinha e da Força Aérea passem a fazer parte das FAA ficarão subordinadas ao CSFAA;

f. O processo das FAA será faseado da seguinte forma:

5ª fase: Nomeação dos Comandos dos três ramos. Imediatamente após a nomeação de cada Comando são organizados os respectivos Estados Maiores.

2. As "Bases Gerais para a formação das Forças Armadas Angolanas" aprovadas em reunião de 09OUT91 pela CCPM referem:

a. O levantamento das FAA terá a seguinte sequência e faseamento:

CSFAA – de imediato;

EMGFAA – desde já os elementos prioritários;

CENTROS DE INSTRUÇÃO – desde já;

PREPARAÇÃO DE INSTRUTORES – A partir da 1ª quinzena NOV91;

RAMOS DAS FAA – A partir de 30MAI92.

Na Força Aérea e na Marinha deve ser efectuada a reorganização dos dois ramos a partir dos efectivos iniciais dos ramos das FAPLA e garantido o acesso equilibrado dos elementos das FAPLA e das FALA após a realização dos cursos e estágios considerados adequados. Assim o recrutamento será progressivo e contínuo, enquanto que no Exército é por levantamento de pequenas unidades e formação de especialistas para os orgãos de Comando e Serviços.

b. O CSFAA é assistido pelo EMGFAA, comanda as FAA através dos chefes dos Ramos e garante o seu apoio logístico conjunto através do CLI.

c. O CSFAA deve ser servido por um sistema integrado de telecomunicações militares com possibilidade de coordenação entre os três Ramos. Tal sistema deve estar intimamente

DOCUMENTOS SOBRE A EDIFICAÇÃO DAS FORÇAS ARMADAS DE ANGOLA (1982-2007)

associado a um sistema informático que permita emprestar o maior rendimento à informação.

PARTE II – CONCEITOS E ACTIVIDADES A DESENVOLVER

1. Face ao atrás expresso e tendo em consideração, quanto se refere nos Acordos de Paz, nas Bases Gerais para a formação das FAA e que se deu início ao levantamento do Exército, vai a CCFA iniciar o processo de formação da Força Aérea e da Marinha.

Para tal as partes, com o apoio das assessorias, constituem um grupo de trabalho para a formação da Marinha de Guerra Angolana (MGA) e outro para a formação da Força Aérea Angolana (FAAngolana). Estes Grupos de Trabalho respondem perante a CCFA, através da elaboração de estudos e informações de sua iniciativa ou sempre que solicitado.

Embora independentes, os Grupos de Trabalho devem coordenar a sua actividade por forma a respeitar os mesmos princípios e conceitos, devidamente adaptados aos respectivos Ramos, no que respeita à organização e implementação de cada Ramo, orientando a sua actividade em conformidade com:

1ª Fase – Reconhecimento dos meios e infraestruturas existentes nos respectivos Ramos das FAPLA – fase a concluir em 15FEV92;

2ª Fase – Elaboração das Directivas organizacionais dos Ramos e respectivos normativos – fase a concluir em JAN92;

3ª Fase – Preparação dos Comandos, Organismos e Unidades dos Ramos para subordinação ao CSFAA – fase a concluir em ABR92.

2. Para a consecução da 1ª fase devem os G.T's:

a. Após autorização da CCFA, estabelecer contacto personalizado com a CMVF tendo em vista:

– A relação global dos efectivos, de ambos os Ramos das FAPLA e das FALA;

3

A POSIÇÃO DE ANGOLA NA ARQUITETURA DE PAZ E SEGURANÇA AFRICANA - ANEXO

- A relação de infraestruturas e meios, seu estado de funcionamento e utilização;

- A relação dos depósitos de armamento e munições:

- A relação de outros meios de apoio, seu estado de funcionamento e utilização;

- A participação, em visitas a efectuar aos Comandos, Organismos e Unidades dos Ramos das FAPLA e das FALA através dos respectivos grupos de fiscalização;

- O conhecimento de eventuais instruções relacionadas com a fiscalização e verificação da FAPA/DAA e MGPA.

b. Apresentar a calendarização das suas acções previsíveis tendo por objectivo fundamental a reorganização de cada Ramo tendo em consideração os condicionamentos mencionados na Parte I desta Directiva e tendo como referência a Directiva nº 3 sobre a formação do Exército Angolano (tarefa a concluir em JAN92).

c. Obter dos Ramos o planeamento da actividade operacional (tipo de missões programadas) dos meios até MAI92, com vista à garantia dos princípios indicados nos parágrafos 1.a e 1.e da Parte I desta Directiva. Este planeamento deverá ser do conhecimento da CMVF e posteriormente ser submetido à apreciação da CCFA (tarefa a concluir em JAN92).

3. Para a realização da 2ª fase devem os G.T's:

a. Obedecer a princípios de simplicidade e eficiência considerando, sempre, as Forças Armadas Angolanas como um todo em que a similitude organizativa e de procedimentos dos três ramos deve ser uma constante o que não quer dizer que não se respeitem especificidades próprias de cada um deles. Face aos efectivos autorizados haverá que estabelecer orgãos de Comando e Direcção simples e funcionais tirando partido, sempre que possível, da existência de orgãos comuns aos três Ramos em especial nas áreas administrativo-logística, sanitária e de instrução.

No âmbito operacional a dependência do CSFAA, já definida, permitirá a coordenação e empenho

4

DOCUMENTOS SOBRE A EDIFICAÇÃO DAS FORÇAS ARMADAS DE ANGOLA (1982-2007)

dos meios com a maior rentabilidade, espírito de unidade e coesão inter-ramos.

b. Ter presente que:

- A Marinha deverá ser adequada ao cumprimento de missões de patrulhamento e vigilância das águas e de Zona Económica Exclusiva(ZEE), de protecção das infraestruturas portuárias e de exploração "offshore". Deverá além disso manter operacional uma unidade ligeira de fuzileiros e dispôr de meios adequados ao seu transporte.

- A Força Aérea deverá ser adequada ao cumprimento de missões de Defesa Aérea, apoio aero-terrestre, aero naval, patrulhamento marítimo, reconhecimento e transporte táctico e logístico. Terá ainda a responsabilidade de criar o Comando de Defesa Aérea, segundo directiva do CSFAA, a aprovar pela CCFA, tendo em consideração as necessidades exigidas pelas situações e os meios existentes, para esse efeito, em cada um dos Ramos.

- A contribuição das Forças Armadas Angolanas para as tarefas relacionadas com o desenvolvimento e bem estar da população.

c. Propor à CCFA os critérios de participação das FAPLA e FALA na Força Aérea e na Marinha (tarefa a concluir em JAN92).

d. Elaborar em colaboração com os Ramos um projecto de redimensionamento de meios materiais e humanos por forma a serem alcançados os efectivos definidos. Tal projecto deve incluir proposta de destino dos meios em excesso e/ou proposta de recrutamento dos meios humanos se houver "déficit" (tarefa a concluir em JAN92).

e. Elaborar documento normativo sobre a instrução a ser ministrada após JAN92 por forma a que em ABR92 todos os efectivos tenham frequentado Cursos de formação profissional visando a uniformização doutrinária e de procedimentos conducentes à criação do indispensável espírito de corpo. Este documento terá como referencial a Directiva nº 4 da CCFA e deverá estar concluído em JAN92.

f. Elaborar em colaboração com o GT III o novo Regulamento de Uniformes dos Ramos. Neste deverão constar as equivalências com os trajes da sociedade civil e uniformes dos outros ramos (tarefa a concluir em JAN92).

4. Para a consecução da 3ª fase devem os GT's estudar e propôr à aprovação da CCFA:

a. Normas conducentes à participação da UNITA nas estruturas da Marinha e da Força Aérea durante o seu processo de formação como Ramo das FAA's;

b. Regras de subordinação hierárquica das Unidades que forem sendo formadas.

PARTE III — RECOMENDAÇÕES

1. A segurança interna das Unidades da Força Aérea deverá ser da responsabilidade do Ramo através da formação de Unidades de Polícia Aérea resultantes de um recrutamento equilibrado entre as FAPLA e as FALA de acordo com critérios de participação a definir pela CCFA.

2. Na Marinha deverá ser constituída uma força de Fuzileiros Navais com um efectivo inferior a 1.000 homens e à custa de um recrutamento equilibrado entre a MGPA e as FALA.

3. Quer na Marinha quer na Força Aérea poderão desde já ministrar-se cursos ou estágios a militares das FAPLA e FALA que venham a pertencer aqueles Ramos.

4. Sempre que a participação na CCFA dos Comandantes da MGPA e da FAPA/DAA fôr julgada conveniente, devem os GT's elaborar a respectiva proposta a fim de se endossar o convite ou solicitar a sua presença através do CEMGA-FAPLA.

5. Quando as Directivas e Normas para a 2ª fase, estiverem em fase de aprovação pela CCFA, esta, deve convidar os Exmos. Generais CEMGFAPLA e CEMGFALA para participarem numa exposição sobre as matérias versadas, tendo em vista o seu profundo empenho na concretização das mesmas.

10

MISSÃO DE PAZ EM ANGOLA – VOLUME I – DIRETIVAS ELABORADAS PELA COMISSÃO CONJUNTA POLÍTICO-MILITAR. (25 DE NOVEMBRO DE 1991)

Representante Português na CCFA – General Alípio Tomé Pinto

RESERVADO

MISSAO DE PAZ

EM

ANGOLA

JUN-DEZ 91

VOLUME I

RESERVADO

O Homem sonha...
        ...trabalha
        ...a obra nasce

MISSÃO DE PAZ EM ANGOLA

Resolvi juntar num só volume as Directivas aprovadas pela CCPM tendo em vista recordar e homenagear aqueles que sobretudo lhe deram forma.

Em 31 de Maio de 1991 foi assinado em Lisboa o ACORDO DE PAZ para ANGOLA dando início a uma época de PAZ para o POVO ANGOLANO que desejamos seja permanente para felicidade e bem estar dos seus filhos.

As estruturas do Acordo prevêem a criação da Comissão Conjunta para a Formação das Forças Armadas Angolanas (CCFA) com a missão de criar novas Forças Armadas que sejam emanação da Nação Angolana, tenham o sentido da fraternidade e sejam o suporte elementar da unidade nacional. Forças Armadas que zelarão pela Paz e contribuirão para o bem estar e desenvolvimento da Nação Angolana constituindo-se em referencial moral e ético.

Reunida esta Comissão, pela primeira vez, em 24 de Junho de 1991, considera-se nesta data terminada a 1ª fase do seu trabalho, materializada nas Directivas compiladas neste volume e que se referem fundamentalmente ao SISTEMA NORMATIVO indispensável ao levantamento do Exército Angolano.

Foi um trabalho de Equipa em que, pesem os ideários de cada uma das partes (Governo/UNITA) se conseguiu que o amor por Angola suplantasse diferenças e ... a obra comum começasse a nascer.

Há que recordar o entusiasmo e saber quer dos Senhores Generais Pedro Maria Tonha "Pedalé". Ministro da Defesa da RPA, mais tarde substituído pelo Senhor General António França, Vice Ministro da Defesa e posteriormente (OUT91) pelo Senhor Coronel Higino Carneiro, quer do Senhor General Demóstenes Chilingutila, que representando cada uma das partes dos Acordos, souberam, com a sua equipa, lançar as sementes para que fosse possível não só criar-se um sentido de mútua responsabilidade como de formulação de princípios e regras que deram origem às Directivas que se seguem.

O trabalho de assessoria por parte de Portugal crê-se ter sido fundamental como ponte de ligação entre interesses e conceitos divergentes. O esforço intelectual e físico tem sido enorme por repousar numa pequena equipa em que o Cor. Infª Fontes Ramos, Ten-Cor Artª Rui Reis, Ten-Cor Eng Sérgio Bacelar e Ten-Cor Infª Vicente Fernandes se integraram de uma forma sublime no apoio ao povo irmão Angolano num momento da maior importância para a sua História. Também o trabalho do Dr. Castelo Branco foi um marco importante no que à disciplina e Justiça militar diz respeito. Os Primeiros Sargentos Evangelista, Felício e Cabo Pedroso souberam dar forma gráfica a todos os documentos que constituem este volume. Para todos eles a minha homenagem.

Seria injusto se não recordasse, neste momento, o valor e participação da assessoria do Reino Unido e da França. Para eles a nossa amizade e simpatia.

Mas o trabalho está apenas no início. Vamos agora sair da "mesa de planeamento para o campo" e, daí o meu apelo para que o entusiasmo não diminua e saibamos encontrar, em conjunto, as melhores formas para criar umas F.A.A. dignas e merecedoras do respeito e orgulho da Nação Angolana.

Vai seguir-se a 2ª fase que é a do levantamento real do Exército Angolano conforme se refere na Directiva nº4. A ANGOLA, às FAPLA e FALA está cometida a principal responsabilidade desta tarefa a que Portugal, uma vez mais e por solicitação das partes, dará o melhor do seu apoio, consciente dos seus poucos recursos e da importância da missão.

Ao Exército Português e sua Escola Prática de Infantaria, em Mafra, foi cometida a tarefa de participar nesta acção com uma pequena equipa de Oficiais e Sargentos das diversas Armas e Serviços que serão elos de ligação entre Oficiais e Sargentos das FAA mantendo total disponibilidade de apoio quer em termos técnicos quer de fraternidade humana.

Outras ajudas e outros militares das Forças Armadas Portuguesas virão participar nesta honrosa missão que tem tido do Exmº Senhor General Soares Carneiro, CEMGFA (PO), o maior apoio e carinho.

A 2ª fase vai iniciar-se em meados de NOV91 e será prolongada até às eleições (SET92) sendo subdividida em dois períodos: o da formação de instrutores (até fins de FEV92) a que se seguirá o do levantamento das Unidades do Exército.

De sublinhar, no entanto, que o levantamento decorre do grau de prontidão dos aquartelamentos, hoje muito

2

DOCUMENTOS SOBRE A EDIFICAÇÃO DAS FORÇAS ARMADAS DE ANGOLA (1982-2007)

degradados, e da condicionante política, factor este que ultrapassa a área da CCFA.

Todavia as Forças Armadas Angolanas se bem que tendo como seu elemento mais numeroso o Exército, terão que absorver a Força Aérea e Marinha que vão iniciar a sua fase de reestruturação, com a colaboração dos assessores. Os trabalhos de estudo e planeamento tiveram já o seu início e prevê-se que em MAI92 estes Ramos possam vir a ser subordinados ao Comando Superior das Forças Armadas Angolanas, agora nomeado. Será esse o ponto sem retorno e em que se estabelecerá a unidade das FAA, sendo o período até às eleições de consolidação de todo o SISTEMA.

A introdução, atrás feita e esta compilação das Directivas , além de fazer um ponto de situação pretende, como o referi, ser uma homenagem aos elementos da Missão Temporária em Angola incluindo os militares do Destacamento de Apoio que tornaram esta obra possível e que são o melhor testemunho da forte vontade em encontrar a Paz para o generoso Povo Angolano.

A componente Portuguesa, que tenho a honra de chefiar, outro objectivo não tem que não seja o de ajudar e participar no processo de reencontro dos irmãos Angolanos com a alegria que sentimos em contribuir para o reforço de laços fraternos em que Angola tem especial significado nos nossos corações. Assim, Deus nos ajude.

Luanda, 25 de Novembro de 1991

Alípio Tomé Pinto

General

3

A POSIÇÃO DE ANGOLA NA ARQUITETURA DE PAZ E SEGURANÇA AFRICANA – ANEXO

MISSÃO DE PAZ EM ANGOLA

VOLUME I

ÍNDICE

- PROPOSTA

- DIRECTIVA Nº 1/CCFA (Bases Gerais para a Formação das FAA)

- DIRECTIVA Nº 2/CCFA (Critério de Selecção dos Militares para as FAA)

- DIRECTIVA Nº 3/CCFA (EXÉRCITO ANGOLANO)

- DIRECTIVA Nº 4/CCFA (Levantamento das Unidades do Exército)

- EQUIPE DE INSTRUÇÃO DO EXÉRCITO (PO)

-DIRECTIVA Nº 5/CCFA (Normas Básicas para Uniformização de Procedimentos nas FAA)

- PLANO LOGISTICO

COMISSÃO CONJUNTA POLITICO MILITAR

CCFA

P R O P O S T A

Aprovada pela CCPM em reunião de 09./ $\cancel{M}$ / 91.

Os Representantes na CCPM

Pelo Governo

Pela UNITA

ANTÓNIO DOS SANTOS FRANÇA

Vice Ministro de Defesa

ELIAS SALUPETO PENA

Engenheiro

PROPOSTA

1. Dos acordos de paz para Angola assinados entre o Governo da República Popular de Angola e a União Nacional para a Independência Total de Angola, no que se refere à formação das Forças Armadas Angolanas, salientam-se os seguintes princípios:

   a. O processo de criação das Forças Armadas Angolanas (FAA) iniciar-se-à com a entrada em vigor do cessar-fogo e estará concluído à data das eleições nos termos dos acordos entre o Governo da RPA e a UNITA.

   b. As Forças Armadas Angolanas terão por missão geral a defesa e a salvaguarda da independência e da integridade territorial. Poderão, em obediência a disposições legais, desempenhar outras missões de interesse geral a cargo do Estado ou colaborar nas tarefas relacionadas com a satisfação das necessidades básicas e melhoria da qualidade de vida das populações, sem prejuízo da missão geral referida.

   c. Compõem-se exclusivamente de cidadãos Angolanos e a sua organização é única para todo o território nacional.

   d. São apartidárias e obedecem aos órgãos de soberania competentes, dentro do principio da subordinação ao poder político.

   e. Os militares no activo gozarão de capacidade eleitoral activa não podendo utilizar as suas funções ou as estruturas das FAA para qualquer outra intervenção político partidária e sindical.

   f. Assumem o compromisso público de respeitar a Constituição e demais leis da República.

   g. O recrutamento para as FAA no período até às eleições será feito de acordo com o princípio do voluntariado a partir dos actuais efectivos das FAPLA e FALA.

   h. Todos os militares incorporados nas FAA até à realização de eleições, frequentarão obrigatoriamente cursos de formação profissional com vista à unificação de doutrinas e procedimentos, conducentes à criação do indispensável espírito de corpo.

   i. A neutralidade das Forças Armadas no período até à realização das eleições será garantida pelas partes Angolanas actuando no âmbito da CCPM e da Comissão Conjunta para a Formação das Forças Armadas.

A POSIÇÃO DE ANGOLA NA ARQUITETURA DE PAZ E SEGURANÇA AFRICANA - ANEXO

j. Criada especificamente para dirigir o processo de formação das FAA existirá a CCFA na dependência da CCPM.

l. Toda a estrutura de comando das FAA, embora no período de formação das FAA seja originária das FAPLA e FALA, passa a ser rigorosamente apartidária, recebendo apenas directivas e ordens da CCPM, da CCFA e do canal hierárquico das FAA.

m. Na dependência directa da CCPM a CCFA constitui o órgão de transição , até à data das eleições, entre o escalão político-militar e o escalão FAA.

n. O Comando Superior das Forças Armadas Angolanas tem por missão geral detalhar as directivas genéricas recebidas da CCFA tendo em vista o levantamento das estruturas e o apoio das forças.

2. Nos termos dos mesmos Acordos a Comissão Conjunta Para a Formação das Forças Armadas Angolanas (CCFA) terá a responsabilidade de propor à Comissão Conjunta Política Militar (CCPM) as normas aplicáveis às Forças Armadas.

No cumprimento dessa determinação a CCFA vem submeter à aprovação da CCPM:

a. Directiva nº 1/CCFA de 24SET91 sobre as "Bases Gerais para a Formação das FAA";

b. Directiva nº 2/CCFA de 24SET91 sobre os "Critérios Gerais de Selecção dos Militares para as FAA";

c. A nomeação para o CSFAA dos seguintes oficiais generais:

- Gen *Abílio Kamalata Numa* ~~Alberto Kanjongo Pongolola~~

- Gen João Baptista de Matos

3. Prevê-se que a breve prazo possa vir a ser submetida à aprovação da CCPM:

- A directiva nº 3/CCFA que conterá a proposta sobre a "Organização do Exército";

- A Directiva nº 4/CCFA que conterá a proposta sobre "Normas para o levantamento e instrução do Exército";

- A Directiva nº 5/CCFA que conterá a proposta sobre "Normas básicas para a uniformização de procedimentos

nas FAA" incluindo:
Normas Reguladoras da Disciplina Militar
Normas Reguladoras da Justiça Criminal Militar
Normas de Serviço das Unidades
Normas de Ordem Unida
Normas de Continências e Honras Militares
Normas de Preparação Física

4. Considera-se essencial para o levantamento do Exército que se realizem as seguintes condições:

- Ocupação dos acantonamentos nas Áreas de Localização pelos militares das FAPLA e das FALA;

- Definição das normas quanto ao destino a dar ao pessoal (a incorporar nas FAA e a desmobilizar) e ao material (a distribuir pelos CI e a transferir para Depósitos Centrais);

- Preparação de aquartelamentos para receber e acolher de forma condigna os militares integrantes das novas FAA;

- Definição de doutrina, normas e programas de instrução;

- Definição de novos uniformes (já realizada em parte) e respectiva simbologia;

- Manutenção de confiança e segurança quer pessoal quer social dos militares que hoje constituem as FALA e as FAPLA.

Luanda, 24 de Setembro de 1991

Os representantes na CCFA

Pelo Governo

Pela UNITA

FRANCISCO HIGINO LOPES CARNEIRO
CORONEL

DEMOSTENES AMOS CHILINGUTICA
General

3

11

RESENHA DE IMPRENSA – DIÁRIO DE NOTICIAS
"FORÇAS ARMADAS DE ANGOLA ESTARÃO INCOMPLETAS EM SETEMBRO".
(15 DE ABRIL DE 1992)

MDN/DIRP

RESUMO DE IMPRENSA

MDN/DIRP

Fonte: Diário de Notícias **Data:** 15 ABR. 1992

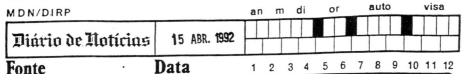

Forças Armadas de Angola estarão incompletas em Setembro

Militares portugueses propuseram uma modalidade de emergência

José António Santos

Em consequência de sucessivos atrasos na indicação dos militares das FAPLA e FALA que deverão integrar as Forças Armadas de Angola (FAA), não há já qualquer hipótese de concluir a estrutura da instituição até à data das eleições (29 e 30 de Setembro). Porém, os assessores militares portugueses têm pronta uma proposta para tornear a questão, de modo a que tal facto não inviabilize as eleições nem venha a pôr em causa os Acordos de Paz do Estoril.

SEGUNDO os Acordos de Paz do Estoril, os efectivos das FAA até às eleições deverão ser integrados por 40 mil homens do Exército, seis mil da Força Aérea e quatro mil da Marinha. Cada uma das partes (Governo de Luanda e UNITA) fornecerá ao Exército um total de 20 mil homens, assim distribuídos: 15 mil praças (das quais 7500 operacionais), três mil sargentos e dois mil oficiais. «Os efectivos destinados à Força Aérea e à Marinha serão fornecidos pelos ramos respectivos das FAPLA, tendo em atenção que as FALA não dispõem desses ramos», embora nos termos dos acordos a UNITA participe na formação destas estruturas, no âmbito da Comissão Conjunta para a Formação das Forças Armadas (CCFA).

Foi exactamente no âmbito da CCFA que os assessores militares portugueses, chefiados pelo general Tomé Pinto, ao verificarem a impossibilidade material de até às eleições se concluir o processo de constituição das FAA, elaboraram uma proposta de trabalho a ser presente e eventualmente aprovada pela CCPM. Nessa proposta estima-se que até Setembro apenas metade dos efectivos do Exército (20 mil homens) estará integrada nas FAA. Faltará a outra parte, além da formação dos ramos da Força Aérea e da Marinha, o que de resto já era esperado e parece não preocupar muito as partes envolvidas.

No sentido de não prejudicar a realização das eleições nem tão-pouco pôr em causa os Acordos de Paz do Estoril, os militares portugueses elaboraram estudos na sequência dos quais propõem ao Governo de Luanda e à UNITA que aprovem uma modalidade de emergência, a saber: devem as partes nomear o mais rapidamente possível os 20 mil militares que faltam para constituir o Exército e fixá-los em áreas de acantonamento. onde antes das eleições deverão ser enquadrados por instrutores das FAA entretanto saídos dos cursos de oficiais no Huambo e de sargentos em Benguela.

Se tal for aceite, pensam os assessores militares portugueses que o processo não poderá ser posto em causa, uma vez que metade dos efectivos do Exército já estará constituída, o ramo possuirá toda a sua estrutura de comando e o controlo da situação.

Além disso, os assessores militares portugueses têm já também concluídos todos os estudos para a constituição das FAA, onde se prevêem os mais pequenos pormenores, desde o pessoal à sua distribuição, a inventariação das unidades e respectiva localização; a estrutura e organização do Comando Logístico e de Infra-Estruturas (CLI).

O Comando Superior das FAA é assumido pelos generais João Baptista Matos e Abílio Kamalata Numa e está instalado no antigo RI-20, em Luanda. São esses generais que, juntamente com os generais Higino Carneiro (FAPLA) e Demóstenes Chilingutila (FALA), e os assessores militares portugueses, ingleses e franceses, integram a CCFA.

Escola de Formação de Oficiais em Huambo

A Escola de Formação de Oficiais, em Huambo (a antiga Escola de Aplicação Militar), é agora um espaço de convívio entre homens que não há muito tempo se guerrearam.

Quem entra na parada tem dificuldade em distinguir a origem dos militares, que envergam uma farda da caqui acastanhada (produzida nas Oficinas Gerais de Fardamento, em Lisboa). São os novos tenentes, capitães, majores e tenentes-coronéis das FAA saídos do primeiro curso de 50 oficiais e que, desde segunda-feira, assumem o papel de formadores do segundo curso de 300 oficiais.

O quartel apresenta-se com a parada (também utilizada como campo de futebol), arruamentos, casernas e demais instalações devidamente limpos e cuidados. Uma empresa portuguesa (Tetra) fez as obras de construção civil e ofereceu o equipamento (mesas e cadeiras) da escola.

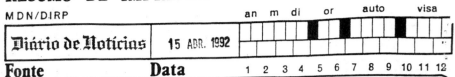

RESUMO DE IMPRENSA
MDN/DIRP

Fonte: Diário de Notícias **Data:** 15 ABR. 1992

As paredes foram libertas das inscrições revolucionárias que pudessem agredir os militares originários das FALA. Apenas ficaram palavras de ordem consensuais quanto aos deveres dos militares para com a pátria.

Como patronos e formadores dos oficiais das FAA estão presentes os assessores militares portugueses (um soldado, seis sargentos e 16 oficiais) que se encarregam de elaborar as «sebentas» dos cursos e apoiar em tudo os novos militares angolanos. Desde o dia 13 de Novembro até agora, já se fizeram 80 mil fotocópias utilizadas como material para os cursos de oficiais das FAA.

Mas os assessores militares portugueses têm ainda tempo para prestar apoio à sociedade civil envolvente e três oficiais (entre os quais um médico) têm dado aulas de Matemática e Físico-Química no Seminário do Huambo. Quanto ao clínico, reparte também o seu tempo com o apoio dedicado ao hospital local.

A residência que habitam na cidade é a única que dispõe de água potável canalizada e constitui mesmo um oásis entre o deserto de necessidades básicas e elementares com que se defronta toda a população do Huambo. Foram os portugueses que construíram um depósito de água, montaram uma bomba, instalaram o filtro e o sempre indispensável gerador. Os geradores que alimentam a escola foram também enviados de Portugal.

A presença dos militares portugueses em Huambo é citada por um padre nas formílias dominicais, em que elogia «o sentido da fraterna ajuda que trazem a Angola». Esse mesmo espírito é recordado como elemento indispensável à criação do clima de confiança conseguido entre militares das FAPLA e das FALA na própria comunidade local. O oficial português que me acompanhou na visita à Escola de Formação de oficiais das FAA em Huambo — o capitão Lourenço —, a propósito desse clima, recordou que os militares das FALA chegaram a recusar-se a ir ao médico à cidade e a receber assistência clínica sem serem acompanhados pelo médico militar português.

Porém, o clima de confiança conseguido entre as FAA está longe de alastrar ao tecido social da cidade, onde, ao que me referiram, a insegurança aumenta de dia para dia e as dificuldades de vida são enormes. Há muitas minas ainda por levantar, nomeadamente em redor do Instituto de Agronomia e noutros pontos da cidade. O meu cicerone foi categórico: por uma questão de segurança, só andamos no asfalto ou por trilhos que já foram pisados.

Escola de Sargentos em Benguela

Cheguei a Benguela ao fim de uma tarde de sol. O avião levara-nos de Huambo rumo à capital da província do mesmo nome, onde a CCFA iria ter uma reunião depois de visitar as instalações da Escola de Formação de Sargentos — o antigo Centro de Instrução Militar de Casseque. Um local aprazível, quase paradisíaco, junto ao Atlântico, e que, em tempos idos, serviu aos comandos portugueses de campo de férias.

Os generais Higino e Chilingutila iam inspeccionar as condições daquela unidade das FAA, já com comando constituído pelo coronel Conceição e pelo tenente-coronel Katuta, ambos saídos do primeiro curso de oficiais no Huambo. Encontraram casernas limpas, mas totalmente despidas de qualquer equipamento, e uma cisterna sem condições para o indispensável abastecimento de água à unidade. Assiste-se então aos «jogos de cintura» dos dois generais. O das FAPLA diz que se irão encontrar condições para pôr a escola a funcionar; o das FALA mostra-se compreensivo mas vai dizendo que o curso não poderá começar sem estarem reunidas as mínimas condições,

As partes deverão nomear o mais rapidamente possível os 20 mil militares que faltam para constituir o Exército e fixá-los em áreas de acantonamento

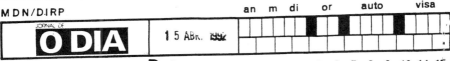

Má memória tem o almirante...

■ A. JOSÉ LUCAS

Com aquela vocação de transformar as grandes expectativas em minúsculas frustações, o snr. Rosa Coutinho concedeu, há dias, uma entrevista ao nosso prezado colega «O DIABO».

Semeador da discórdia, fortemente contestado por milhares de portugueses, naturais e residentes em Angola (apenas o MPLA era excepção), o snr. António Alva da Rosa Coutinho, conhecido por «almirante vermelho» (dada a sua simpatia pelo comunismo), omitiu muita coisa sobre os seus procedimentos e comportamentos quando foi — para desgraça de Portugal e de Angola — alto comissário em Luanda.

Seria inútil pedir ao marinheiro reformado da Armada portuguesa uma introspecção à sua consciência afim de reconhecer os seus erros e deles se penitenciar publicamente fazendo «mea culpa» pelo caos em que deixou Angola. Não deixa, porém, de surpreender algumas das suas declarações.

Esteve em Angola cerca de 7 meses (Julho de 74 a Janeiro de 75), tempo bastante para ajudar a atear a imensa fogueira da guerra civil, não conseguindo ou não querendo ser árbitro imparcial, aliás como lhe competia, sendo acusado, tanto pela UNITA como pela FNLA, de «favorecer e proteger o MPLA».

Quando declarou ao seu entrevistador, Albertino Rodrigues, que os zairenses e sul-africanos foram os primeiros a infiltrarem-se em Angola, e só depois dessas intervenções apareceram os cubanos, temos de duvidar da memória do entrevistado. A maioria dos que viveram esses tempos de insegurança e terror sabe quem interviu primeiro, militarmente, em Angola. Foram os cubanos, saídos de Havana, transportados em aviões, muitos dos quais fizeram escala pelos Açores, autorizados, para o efeito, por Lisboa. Os sul-africanos só entraram em Angola quando em perseguição dos guerrilheiros (então terroristas) da SWAPO — a quem Agostinho Neto e o seu MPLA proporcionaram amplo e diversificado apoio. Os guerrilheiros da SWAPO (então organização comunista) violavam com invulgar frequência, as fronteiras da África do Sul, idos de Angola, onde tinham bases militares, para saquear, destruir propriedades e matar pessoas, semeando o terror na Namíbia. Mas antes dessas incursões militares sul-africanas em Angola, o Governo de Pretória não só protestou, como advertiu, as autoridades de Luanda que fizeram «ouvidos de mercador». Era inevitável a atitude da África do Sul perante os acontecimentos desencadeados pela SWAPO.

Refere o snr. António Alva da Rosa Coutinho que na altura em que era alto comissário em Angola, «já havia interferências externas». Porque não as evitou?... Porque o permitiu as ocupações selvagens de repartições estatais e autárquicas por parte de militantes do MPLA?... Porque mandou ou permitiu prender pessoas que contestavam a sua política?

... Porque enviou para Lisboa, sob prisão, o jornalista João Fernandes?... Porque não pôs cobro às perseguições injustas contra os portugueses?... Porque consentiu incitamentos à violência feitos por elementos do MPLA aos microfones da, então, Rádio Angola — Emissora Oficial?...

Diz o snr. «almirante vermelho» que **substituiu os agentes da PSP de guarda ao palácio do Governo, em Luanda, porque aqueles não cumpriam as suas funções, permitindo a invasão do edifício.**

Uma vez mais temos dúvidas da boa memória do snr. Rosa Coutinho. Recordamos-lhe que essa substituição ocorreu depois de uma monumental manifestação popular, aliás expontânea. O snr. Rosa Coutinho era, na altura, confrontado diariamente com sucessivos pedidos, por parte dos camionistas, agricultores do interior de Angola, taxistas e residentes em Luanda, para intervir ou mandar intervir contra os abusos, violência física, raptos de gentes indefesas e prisões arbitrárias que ocorriam por toda a parte, e dos quais eram acusadas as bases do MPLA. A tudo, o «almirante vermelho» dizia: «É boato». Face à sua posição e tendo em conta a gravidade da situação que se vivia, a população de Luanda manifestou-se junto ao palácio, invadindo-o. Rosa Coutinho ter-se-á assustado e fugiu para as traseiras do edifício. Depois substituiu a guarda então existente por fuzileiros navais, e à noite, um helicóptero ia-o buscar, ao jardim, nas traseiras do imponente imóvel, transportando-o para a Base Naval, na ilha de Luanda, onde pernoitava sob forte dispositivo militar.

Para o militar português mais detestado em Angola, «a revolução portuguesa foi a mais pacífica das revoluções», pois «apenas dois ou três indivíduos foram alvejados pela PIDE aquando do assalto à sua sede». Má memória tem o snr. Rosa Coutinho, já que não refere o casal assassinado por militares dos SUV próximo dos Ralis; da morte a tiro do tenente Coimbra, e dos muitos milhares de mortos e desaparecidos, (refiro-me apenas a civis) no Ultramar.

Outra omissão do snr. Rosa Coutinho na entrevista concedida a Albertino Rodrigues foi a de não revelar as circunstâncias em que foi preso no território zairense, arrastando consigo os marinheiros que o acompanhavam. Não fez alusão, também, como foi libertado, dos muitos intercedeu nesse sentido e quanto custou ao erário público a sua substituição à liberdade.

... Enfim, má memória tem o snr. almirante que vem, agora, reconhecer ter sido o Prof. Doutor Oliveira Salazar «um patriota e um político sério. Dos poucos sérios que Portugal teve. Disso não tenho dúvidas».

RESUMO DE IMPRENSA
MDN/DIRP

Fonte: Diário de Notícias
Data: 15 ABR. 1992

que ao Governo compete assegurar. Como pêndulo deste equilíbrio de forças está o general Tomé Pinto, a falar, separadamente, ora com um ora com outro, ou mesmo a juntá-los na procura de uma solução para o problema. É que, além de ser necessário iniciar brevemente o curso de sargentos, nesse mesmo dia estava prevista a chegada de homens e havia que criar condições mínimas para os alojar.

Ao princípio da noite surge uma camioneta com cem homens das FALA. Vieram de Luena para frequentar o curso de sargentos das FAA. Parecem assustados. O general Chilingutila fala com eles, diz-lhes que vão jantar. Inteira-se do estado moral dos homens e incute-lhes toda a confiança. «Agora vamos fazer uma coisa nova, está aí o mais velho para os ajudar em tudo o que for preciso.» Despede-se dos homens com a promessa de voltarem a falar no dia seguinte.

Enquanto isso, o general Higino Carneiro informa a comitiva da necessidade de ir ao Lobito para resolver o problema do Centro de Instrução de Casseque e a reunião da CCFA fica adiada para o dia seguinte.

No outro dia todos esperam o general das FAPLA no Grande Hotel M'Ombaka, em Benguela, e, enquanto o aguardam, decidem ir ao centro de Casseque «para ver como estão os homens das FALA». Chilingutila fala de novo com eles, informa-se da ementa do jantar da véspera e tem palavras de conforto para todos. São jovens guerrilheiros que estiveram na mata e agora terão de se adaptar à disciplina de uma escola de sargentos. Entretanto, chega o general Higino com a solução já na manga. Do Lobito virão as mesas e cadeiras indispensáveis para o curso de sargentos começar a funcionar. Para se cumprirem os Acordos de Paz, o mesmo deveria ter tido início em Novembro, foi adiado para Janeiro e no dia 8 desconhecia-se ainda quando se iniciaria.

Na reunião da CCFA, realizada no dia 9 em Benguela, concluiu-se da possibilidade de o curso se iniciar hoje, depois de os generais das FAPLA e da UNITA informarem que enviarão em tempo útil os 300 homens que lhes cabem. Todos estão de acordo em que o centro reúne condições mínimas para receber os futuros sargentos, e o problema da água já está resolvido, com as obras entretanto aceleradas. O general Tomé Pinto informa que militares portugueses acabados de chegar do Huambo ficarão em Benguela para acompanhar todas as operações de organização das cozinhas, secretaria, logística e pessoal da nova unidade.

Novas unidades para instalar as FAA

Logo que se concluam os cursos de oficiais e sargentos, deverão ser instaladas as primeiras unidades das FAA em Lubango, Dalatando, Uíje, Soyo e Cabo Ledo, com todas as linhas de comando constituídas e prontas a receber os novos soldados oriundos das áreas de acantonamento. Tal poderá ser possível em Maio ou Junho, o que, segundo os militares portugueses, assegurará uma estrutura mínima das FAA que, aliada à proposta da modalidade de emergência, poderá viabilizar as eleições de Setembro e os Acordos de Paz para Angola.

Reunião da CCFA em Benguela: frente a frente estão os generais Higino Carneiro e Demóstenes Chilingutila, com João Matos e Abílio Numa

12

OFÍCIO Nº 09/PROC.º 03.23.30 DE 3 DE JUNHO DE 1992 – COOPERAÇÃO TÉCNICO MILITAR COM OS PALOP

General Alípio Tomé Pinto

S. R.

MINISTÉRIO DA DEFESA NACIONAL

DIRECÇÃO GERAL
DE POLÍTICA DE DEFESA NACIONAL

Data: 03 JAN 92   Número: 09
Classificação: Processo: 03.23.30

Exmo. Senhor
Chefe do Gabinete de Sua Excelência o
Chefe do Estado-Maior General das Forças Armadas

ASSUNTO: COOPERAÇÃO TÉCNICO-MILITAR COM OS PALOP.
OFÍCIO ENVIADO AO EXMO. GEN. ALÍPIO TOMÉ PINTO

De acordo com o assunto em epígrafe junto envio, para conhecimento, o ofício enviado ao Exmo. General Alípio Tomé Pinto no intuito de clarificar as solicitações apresentadas pela RPA, no âmbito da Cooperação Técnico-Militar, concretamente na área da Formação de Quadros.

Com os melhores cumprimentos

O DIRECTOR-GERAL

A. Gonçalves Ribeiro
General

ANEXOS: OMITIDOS

JM/AT

MINISTÉRIO DA DEFESA NACIONAL

DIRECÇÃO GERAL
DE POLÍTICA DE DEFESA NACIONAL

Data: 03 JAN 92   Número: 06
Classificação: Processo: 03.10.30

Exmo. Senhor
General Alípio Tomé Pinto
Digmo. Chefe da Missão Militar Portuguesa em Luanda (CCPM/CCFAA)

PARA CONHECIMENTO:
A Sua Excelência o
Embaixador de Portugal em Luanda

À atenção do Adido de Defesa junto dessa Embaixada

ASSUNTO: COOPERAÇÃO TÉCNICO-MILITAR COM A RPA. FORMAÇÃO DE PESSOAL

1. ANTECEDENTES

– Não existe ainda Acordo de Cooperação no domínio militar com Angola, assentando assim a Cooperação Técnico-Militar/CTM no Acordo Geral de Cooperação assinado em 1978.

Dados os condicionalismos que vigoraram até à assinatura dos Acordos de Paz de Bicesse, a CTM com Angola tem tido pouco significado e, até 1990, circunscreveu-se, no essencial, a iniciativas bilaterais entre as duas Forças Aéreas e à questão de serviços desenvolvida pelas OGMA quer nas suas instalações em Alverca, quer em Angola.

2. SITUAÇÃO ACTUAL

a. Em 1991 e após a assinatura dos Acordos de Paz, passou a haver também formandos da UNITA entre os especialistas angolanos a frequentarem cursos na Força Aérea Portuguesa.

Esta formação decorre, ainda, do protocolo acordado entre a FAP e a FAA, em meados de 1990, e, do antecedente, abrangeu um total de cerca de 80 elementos distribuidos pelos seguintes cursos:

S. R.

MINISTÉRIO DA DEFESA NACIONAL
DIRECÇÃO GERAL
DE POLÍTICA DE DEFESA NACIONAL

2.

- Curso de Paraquedismo
- Curso de Manutenção de Infraestruturas
- Curso Técnico de Manutenção de Infraestruturas
- Curso de Formação de Tripulação C-130.

b. Através da Informação transmitida pelo delegado da FAP em Angola, Ten.Cor. Pilav. Inácio Bento Jordão, anexa ao ofício nº 5659/GC/EMGFA, de 05NOV91, foram entretanto solicitados novos cursos pela Direcção Principal de Quadros do MD/RPA:

- Direito, Economia e Relações Internacionais.

Há mais de seis meses que esta DGPDN mandou um esclarecimento ao Adido de Defesa junto da Embaixada de Portugal em Luanda (ofício nº 682 em Anexo A e mensagem 84/PDN em Anexo B).

Reitera-se a informação de que estes cursos não se inserem na área da CTM.

- Hidrografia e Oceanografia.

Devem decorrer no âmbito do Acordo já estabelecido entre Portugal e a RPA, nos domínios do Desenvolvimento Marítimo, Hidrografia, Cartografia, Segurança de Navegação, Sinalização Marítima e Oceanografia, sob a égide do Instituto para a Cooperação Económica (ICE) que suportará os encargos com as acções de formação a levar a efeito em Portugal.

- Planificação e Estatística.

Terão que ser equiparados a um estágio compatível, encontrando-se este em estudo. (Ofício nº 154 em Anexo C)

- PILAER e Engenheiro Aeronáutico.

Já se encontram a decorrer com a presença de igual número de

MINISTÉRIO DA DEFESA NACIONAL
DIRECÇÃO GERAL
DE POLÍTICA DE DEFESA NACIONAL

3.

formandos da FAPA (5) e da UNITA (5). Frequentam o Vestibular 91/92 na AM.

- **Formação de Oficiais, Formação de Sargentos e Formação de Especialistas (Força Aérea).**
Decorre para um total de 105 formandos.

c. Encontra-se, entretanto, em Angola a Missão Militar Portuguesa, previsivelmente até fins de 1992, a qual, porque

- está no "terreno" em ligação estreita com as Autoridades Angolanas,

- participa na génese da criação das futuras Forças Armadas de Angola,

- vai-se apercebendo das necessidades e prioridades relacionadas com o futuro levantamento de estruturas, órgãos e forças no quadro da defesa de Angola

- sabe quais as áreas em que Portugal está mais apto a participar,

vem desenvolvendo um diálogo aberto e profícuo com as Autoridades Angolanas no sentido de

- sugerir quais as áreas da CTM em que Portugal pode garantir exequibilidade e permanência,

- começar a desenhar projectos da CTM.

Esta acção da Missão Militar Portuguesa desenvolve-se em estreita coordenação com o n/Adido de Defesa em Luanda que, até às eleições,

MINISTÉRIO DA DEFESA NACIONAL
DIRECÇÃO GERAL
DE POLÍTICA DE DEFESA NACIONAL

4.

não deverá promover quaisquer iniciativas no quadro da CTM sem prévia audição e coordenação do Chefe da n/Missão Militar.

3. PREVISÃO PARA 1992

- Constata-se um grande desejo, pela parte angolana, em aumentar e alargar as acções de CTM com Portugal, nomeadamente na área de Formação de Quadros.

- Entende-se, todavia, que se devem evitar precipitações e que o ano de 1992 deve ser bem aproveitado na procura de um quadro de CTM, desejavelmente coerente e compatível com as futuras Forças Armadas unificadas angolanas, cujo lançamento ocorra ao ano lectivo 1992/93.

- Para este efeito e ainda para se dar um sinal nítido a Angola de que Portugal está disponível para o desenvolvimento e aprofundamento da CTM com aquele país, estão em curso ou prevêem-se as seguintes iniciativas:

   a. Em JAN/FEV 92, deverão dar entrada na DGPDN as vagas disponibilizadas para o ano lectivo 1992/93 nas UU/OO/EE das Forças Armadas Portuguesas, com vista à Formação de Quadros solicitada (ou que venha a ser solicitada) pelos PALOP e muito particularmente por Angola;

   b. Em FEV/MAR 92, logo que analisadas as vagas disponibilizadas, será dado conhecimento aos Adidos de Defesa nos PALOP (em Angola, através da n/Missão Militar), com particular atenção a Angola por não existir ainda Programa-Quadro, para que as respectivas Autoridades indiquem as suas preferências quanto aos cursos pretendidos, bem como quanto ao número de candidatos à sua frequência;

MINISTÉRIO DA DEFESA NACIONAL
DIRECÇÃO GERAL
DE POLÍTICA DE DEFESA NACIONAL

5.

c. Em ABR 92, espera-se resposta de todos os PALOP, fazendo-se então o acerto entre as necessidades/solicitações recebidas e as reais capacidades de resposta do sistema do ensino militar português, tendo em atenção as vagas previamente disponibilizadas;

d. Em ABR/MAI 92, considera-se ser a altura adequada para se enviar a Angola (e aos outros PALOP) uma equipa de Selecção e Inspecção constituída por elementos dos 3 Ramos, no intuito de proceder, no local, à realização de exames físicos e escolares aos candidatos (de acordo com os cursos a que se destinam), bem como de exames para o controlo sanitário;

e. Até finais de 1992, elaboração do projecto do Programa-Quadro no domínio militar;

f. Para além destas acções programadas considera-se possível e desejável, durante todo o ano de 1992:

- a deslocação a Luanda de equipas dos Estados-Maiores dos 3 Ramos (com prévia audição da n/Missão Militar em Luanda) para, localmente, apoiarem as Autoridades Angolanas no quadro da CCFA, quanto aos projectos de estruturação das FA de Angola (Marinha, Exército e Força Aérea) que foram elaborados e disponibilizados pelos EMA, EME e EMFA (incluindo a realização de estágios de curta duração);

- desde que as Autoridades Angolanas o desejem, realização de visitas a Portugal, no âmbito da Cooperação Técnico-Militar, visando e traduzindo a abertura e o relacionamento das Forças Armadas portuguesas aos novos quadros angolanos que poderão, assim, ficar mais sensibilizados e melhor informados quanto às diversas áreas (Instrução, Organização, Gestão, Comando e Controlo) onde poderá, no futuro, ocorrer a formação de quadros de Angola;

MINISTÉRIO DA DEFESA NACIONAL
DIRECÇÃO GERAL
DE POLÍTICA DE DEFESA NACIONAL

6.

- atender a solicitações pontuais com vista à frequência, por elementos angolanos, de cursos e estágios de curta duração, durante o ano de 1992, em Portugal.

A finalizar reitera-se que, até às eleições, todos os pedidos de cooperação no domínio militar formulados por Angola (MPLA ou UNITA) devem ser analisados, ponderados e coordenados no âmbito da CCPM/CCFAA e canalizados para a DGPDN pelo Chefe da n/Missão Militar, devendo o n/Adido de Defesa em Luanda ser mantido ao corrente de todo o processo, com vista a prossegui-lo no futuro quadro político-militar angolano, post-eleições.

Com os melhores cumprimentos

O DIRECTOR-GERAL

A. GONÇALVES RIBEIRO
GEN.

13

OFÍCIO Nº 536/PROC.º 03.23.30 DE 30 DE ABRIL DE 1992
– COOPERAÇÃO TÉCNICO MILITAR COM A REPÚBLICA DE ANGOLA

General Alípio Tomé Pinto

4MAI93

2003/GC
3.04.2.0

Exm.º Senhor
Director-Geral de Política de Defesa Nacional
N/EDIFÍCIO

ASSUNTO:- COOPERAÇÃO TÉCNICO-MILITAR COM A REPÚBLICA DE ANGOLA

REF.ª:- V/ofício n.º 536, P.º. 03.10.30, de 30ABR93

Encarrega-me Sua Excelência o Chefe do Estado-Maior-General das Forças Armadas de informar V.Ex.ª que considera da maior importância a realização da acção proposta pelo CEMGFA de Angola, na medida em que poderá constituir o reinício da cooperação na área jurídico-militar que estava a ser realizada por intermédio do Assessor deste Gabinete, Dr. Castel-branco Ferreira, e que foi suspensa pelo deflagrar do actual conflito.

Com efeito, as diligências solicitadas no Ofício em causa do CEMGFA de Angola constituem o desenvolvimento das tarefas que estavam a ser feitas localmente por aquele Técnico e já se encontravam programadas quando a referida cooperação foi suspensa.

Acresce que os Generais Agostinho Gaspar e João Maria de Sousa, bem como o Brigadeiro Carlos Alberto Moreira Bastos, todos eles licenciados em Direito, são do conhecimento pessoal do Dr. Castel-branco Ferreira e faziam parte da delegação do Governo no Grupo de Trabalho constituído, sob orientação deste último, para a estruturação das novas FAA e que reuniu várias vezes em Luanda, nos anos de 1991 e 1992.

Por todas estas razões, entende Sua Excelência o Chefe do Estado-Maior--General das Forças Armadas que há todo o interesse na participação do mesmo Técnico

-/-

A POSIÇÃO DE ANGOLA NA ARQUITETURA DE PAZ E SEGURANÇA AFRICANA – ANEXO

na tarefa que agora é solicitada pelo CEMGFA de Angola.

Com os melhores cumprimentos

O CHEFE DO GABINETE, INT².

CARLOS ALBERTO DA FONSECA CABRINHA
BRIGADEIRO

CBF/HF

MINISTÉRIO DA DEFESA NACIONAL
DIRECÇÃO GERAL
DE POLÍTICA DE DEFESA NACIONAL

Data: 30 ABR 93   Número: 536
Classificação: Processo: 03.10.30

Exmo. Senhor
Chefe de Gabinete de Sua Excelência o
Chefe do Estado Maior General das Forças Armadas

ASSUNTO: COOPERAÇÃO TÉCNICO-MILITAR COM A REPÚBLICA DE ANGOLA
REF: N/Msg. NR 189 PDN de 29 ABR 93

Junto envio a V. Exa. cópia do ofício do CEMGFA Angolanas de 22 ABR 93, enviado através do Adido de Defesa em Luanda, para apreciação e, se possível, habilitar o representante do EMGFA, presente na reunião de 5 MAI p.f. convocada através da n/Msg. em ref., a pronunciar-se sobre a viabilidade de realização da acção proposta.

Com os melhores cumprimentos

O DIRECTOR-GERAL

A. Gonçalves Ribeiro
General

JM/AT

REPÚBLICA DE ANGOLA

FORÇAS ARMADAS ANGOLANAS
ESTADO MAIOR GENERAL

Gabinete do Chefe do Estado Maior General

Luanda, aos 22 de Abril de 1993

EXMO SENHOR
ADIDO MILITAR DE PORTUGAL
EM ANGOLA

L U A N D A

EXCELENCIA:
Os meus respeitosos cumprimentos.

Serve a presente para solicitar os vossos bons oficios, no sentido de junto do Estado Maior General das Forças Armadas Portuguesas, diligenciar, no sentido da obtenção de permissão, para uma Delegação do EMG-FAA, se possa deslocar a Portugal, se possível ainda durante o corrente mês, pelo período de uma semana, a fim de que junto dos Responsaveis Militares das areas respectivas, lhes seja permitido estabelecer contactos informais de trabalho, no sentido de se inteirarem e obterem a bibliografia indispensavel, sobre as leis, regulamentos e outros diplomas legais, referentes a administração militar, gestao de pessoal e quadros, ordem e disciplina militar e outras areas que regem a vida das Forças Armadas Portuguesas.

Tal contacto visa a realização de um estudo de Direito Comparado, na perspectiva da elaboração urgente, dos necessarios diplomas legais, que regerao as Forças Armadas Angolanas.

A Delegação, Chefiada pelo Senhor General AGOSTINHO DIAS PEDRO GASPAR, Conselheiro do Chefe do Estado Maior General, e que sera ainda integrada, pelos Senhores Generais JOAO MARIA MOREIRA DE SOUSA, Chefe de Davisao de Justiça e Legislação do EMG, JORGE ALVES PIRES, Director Geral P/Administração e Finanças do Ministerio da Defesa e CARLOS ALBERTO MOREIRA BASTOS, da Procuradoria Militar, custeara por conta do Estado Angolano todas as suas despesas, carecendo apenas de algum apoio protocolar, que viabilize os contactos necessarios ao cabal cumprimento da sua missão.

Ciente de que o assunto merecera a melhor atenção de V.Exa, apresento-lhe antecipadamente os meus sinceros agradecimentos.

O CHEFE DO ESTADO MAIOR GENERAL

JOAO BAPTISTA DE MATOS
* GENERAL DE EXERCITO *

MINISTÉRIO DA DEFESA NACIONAL
GABINETE DO
CHEFE DO ESTADO-MAIOR-GENERAL DAS FORÇAS ARMADAS

ASSESSORIA JURÍDICA

M E M O R A N D O

ASSUNTO: **COOPERAÇÃO TÉCNICO-MILITAR COM A RA**

1. De há algum tempo a esta parte, tenho vindo a receber solicitações do EMGFA de Angola, quase sempre por via telefónica, respeitantes a questões de Direito Militar, designadamente no âmbito legislativo.

2. De todas essas vezes, tenho dado a minha opinião pessoal, sugerindo, não raro, alterações de projectos de diplomas ou a reconsideração de opções formuladas pelas Autoridades Locais.

3. No fundo, está em causa a formação das FAA, matéria que, no âmbito da então Missão Temporária em Angola, tratei com as delegações do Governo e da Unita em 1990 e 1991.

4. Na passada semana, recebi um telefonema do Gabinete do CEMGFAA dando-me conta de que as minhas sugestões relativamente à organização do MDN, ao estatuto das FAA e à orgânica do CCEM tinham sido aceites pelo Governo; solicitavam-me, ainda, a ponderação de duas questões, uma relacionada com a estruturação do Tribunal Constitucional (que vai esta semana à Assembleia Nacional) e a outra com uma chamada "**Lei sobre a Responsabilidade Material dos Militares**" (ainda em ante-projecto, pretendendo transferir para a Administração a competência, até aqui pertencente aos Tribunais, para efectivar a responsabilidade civil dos militares por danos materiais emergentes de actos de serviço).

5. Estas diligências têm, contudo, suscitado a minha preocupação, na medida em que a actuação que tenho vindo a desenvol-

.../...

MINISTÉRIO DA DEFESA NACIONAL
GABINETE DO
CHEFE DO ESTADO-MAIOR-GENERAL DAS FORÇAS ARMADAS

ASSESSORIA JURÍDICA

ver é a título pessoal (na sequência, é certo, da intervenção que ali tive em 1990 e 1992, mas que cessou com o deflagrar do actual conflito após as eleições) e não sei se será inteiramente correcto continuar a dar a pretendida assistência a esse título, fora, portanto, de qualquer enquadramento institucional e, no fundo, apenas a uma das Partes em conflito.

6. Sem embargo da satisfação que tenho em poder, de qualquer forma, dar o meu modesto contributo para a formação das FAA e ajudar as Autoridades Militares locais na resolução das inevitáveis questões jurídicas do quotidiano, solicito uma directiva superior sobre o procedimento que deverei tomar no futuro (continuar a actuar a título pessoal, como até aqui; cessar, pura e simplesmente, essa actuação; ou sugerir, na próxima comunicação, que oficializem a pretendida acção no quadro da cooperação técnico-militar).

EMGFA, 19JUL93

14

RELATÓRIO FINAL – ASSESSORIA PORTUGUESA NA COMISSÃO CONJUNTA PARA A FORMAÇÃO DAS FORÇAS ARMADAS (CCFA) DE ANGOLA. (15 DE DEZEMBRO DE 1992)

Representante Portuguesa na CCFA – General Alípio Tomé Pinto

RESERVADO

Missão Temporária de Portugal
Junto das Estruturas do Processo
de Paz em Angola

ASSESSORIA PORTUGUESA

NA

COMISSÃO CONJUNTA PARA A FORMAÇÃO DAS FORÇAS ARMADAS

(CCFA)

FORMAÇÃO DAS FORÇAS ARMADAS ANGOLANAS

RELATÓRIO FINAL

15DEC92

RESERVADO

MISSÃO TEMPORÁRIA DE PORTUGAL JUNTO

DAS ESTRUTURAS DO PROCESSO DE PAZ EM ANGOLA

ASSESSORIA PORTUGUESA

NA

COMISSÃO CONJUNTA PARA A FORMAÇÃO DAS FORÇAS ARMADAS

(CCFA)

FORMAÇÃO DAS FORÇAS ARMADAS ANGOLANAS

RELATÓRIO FINAL

15DEC92

DOCUMENTOS SOBRE A EDIFICAÇÃO DAS FORÇAS ARMADAS DE ANGOLA (1982-2007)

COMISSÃO CONJUNTA PARA AS FORÇAS ARMADAS

RELATÓRIO FINAL

ÍNDICE

1. INTRODUÇÃO

2. COMISSÃO CONJUNTA PARA A FORMAÇÃO DAS FAA (CCFA)

   a. Enquadramento Legal dos militares PO

   b. Organização e modo de funcionamento da CCFA

3. SITUAÇÃO FACTORES CONDICIONANTES /ACTIVIDADES DESENVOLVIDAS

   a. Condicionamento de Tempo

   b. Condicionamentos logísticos e estruturais

   c. Condicionamentos Politicos

   d. Outros condicionamentos

4. CONCEITO DE ACÇÃO

   a. Princípios Gerais

   b. Implementação do Conceito

      (1) Na CCFA

I

5. RESULTADOS ALCANÇADOS

(2) Nas Relações com os Assessores doutros Países

(3) No Processo de Formação

5. RESULTADOS ALCANÇADOS

a. Na Área conceptual

(1) Organização Superior das FAA

(2) Critérios de Selecção dos Militares para as FAA

(3) Organização do Exército Angolano

(4) Levantamento do Exército

(5) Enquadramento Legal e Doutrinário

(6) Organização da FAérea e da Marinha de Guerra

(7) Levantamento da FAérea e Marinha de Guerra

(8) Levantamento do Ministério da Defesa Nacional

(9) Despachos

b. No Processo de Formação

(1) Levantar e "dar corpo" ao edifífio normativo

(2) Harmonizar e dar coesão às FAA

(3) Lançar as bases da Cooperação Técnico-Militar

II

DOCUMENTOS SOBRE A EDIFICAÇÃO DAS FORÇAS ARMADAS DE ANGOLA (1982-2007)

c. Apreciação Geral

6. CONCLUSÕES/COMENTÁRIOS

a. Generalidades

b. Organização da Missão Portuguesa

c. Formação das FAA

ANEXOS:

A - RELATÓRIO "FIM DE MISSÃO - FIR"

B - RELATÓRIO FINAL DA INSTRUÇÃO

C - ENQUADRAMENTO LEGAL

D - ACTAS DAS REUNIÕES DA CCFA

E - DIRECTIVAS DA CCFA

F - DESPACHOS DA CCFA

G - I VOLUME PERINTREP'S; II VOLUME INTSUM'S DA COMPONENTE MILITAR

H - RESULTADOS ALCANÇADOS

III

DOCUMENTOS SOBRE A EDIFICAÇÃO DAS FORÇAS ARMADAS DE ANGOLA (1982-2007)

                                        EXEMPLAR Nº 9 DE 11
                                        LISBOA
                                        15DEC92
                                        ATP

            COMISSÃO CONJUNTA PARA A FORMAÇÃO DAS FORÇAS
                        ARMADAS (PO)

                          = CCFA =

                        RELATÓRIO FINAL

1. INTRODUÇÃO

Portugal marcou encontro com a história através dos Acordos de Bicesse, assinados em 31MAI91, pelos representantes das partes em conflito em Angola (Governo e Unita).

Há que enfatizar tal acontecimento pelas repercursões históricas que contém e não temos dúvidas em sublinhar a **natureza nacional do empenhamento** no processo de paz em Angola, decorrente do posicionamento cultural que Portugal sempre teve perante o Mundo.

A nomeação dum conjunto de militares para as tarefas decorrentes dos Acordos, evidência e justifica, uma vez mais, a necessidade dumas Forças Armadas não só voltadas para as tarefas da guerra, mas também e cada vez mais, preparadas para colaboração no estabelecimento e manutenção da paz, especialmente em países com laços culturais desenvolvidos pela **presença portuguesa.**

- 1 -

A POSIÇÃO DE ANGOLA NA ARQUITETURA DE PAZ E SEGURANÇA AFRICANA - ANEXO

Como se sabe Portugal constituiu uma Missão Temporária sob dependência do MNE para cumprimento das responsabilidades assumidas pelos Acordos de Bicesse. Dessa Missão, sob Chefia do Sr. Embaixador A. Monteiro, faziam parte militares e civis para integrarem, como observadores e assessores, as três Comissões dependentes da Comissão Conjunta Politico Militar (CCPM) e que se referem:

. **Comissão Politica (CP)** a quem competia fiscalizar, acompanhar e velar pelo cumprimento de todos os entendimentos politicos e o normal desenvolvimento do processo eleitoral, cabendo-lhe designadamente implementar as medidas relativas à libertação de prisioneiros ao processo de desmobilização, à garantia da neutralidade da policia e as acções necessárias à extenção da Administração Central a todo o Território. Como observadores faziam parte desta Comissão os EUA, URSS (mais tarde Rússia) e Portugal. No nosso caso, a representação nesta Comissão foi garantida por elementos civis, diplomatas, da Missão.

. **Comissão Mista de Verificação e Fiscalização (CMVF)** responsável pela implementação e funcionamento dos mecanismos destinados a garantir a fiscalização e controlo do Cessar Fogo. Desenvolveu a sua acção verificadora e fiscalizadora sobre o acantonamento de tropas, desmobilização, recolha e controlo de armamento e investigação dos diversos incidentes entre as partes.

Como observadores estavam representados os países atrás indicados e ainda, por convite, a **UNAVEM II**.

O nosso representante nesta Comissão foi o Brigadeiro Bonito coadjuvado por 5 Oficiais.

Extinta em 29SET92, o relatório da sua actividade (PO) foi já elaborado e distribuído.

– 2 –

DOCUMENTOS SOBRE A EDIFICAÇÃO DAS FORÇAS ARMADAS DE ANGOLA (1982-2007)

. **Comissão Conjunta para Formação das Forças Armadas (CCFA)** tendo como especial encargo a direcção do processo de formação das Forças Armadas Angolanas constituidas por militares oriundos das duas forças atrás citadas (FAPLA e FALA), nas quantidades e percentagens previstas nos acordos.
O Gen Tomé Pinto foi o representante de PO nesta Comissão, nas funções de assessoria, em conjunto com uma representação do Reino Unido e da França. Ao Gen Tomé Pinto foi ainda cometida a função de Chefe da Componente Militar.

. O Relatório que se segue destina-se a analisar as actividades desenvolvidas pela assessoria portuguesa no âmbito da CCFA, com vista a colher possíveis ensinamentos para situações similares que possam surgir no quadro político Nacional.
Do Relatório fazem parte igualmente Anexos e Apêndices volumosos que terão a distribuição particular indicada no final. Tais Anexos abrangem as seguintes áreas de interesse:

ANEXO A: Elaborado em 14OUT92 corresponde ao **FIRST IMPRESSION REPORT - F.I.R.** - e que pretende, em sintese, dar breve informação de como a Missão foi cumprida (terminou em 27SET92);

ANEXO B: **RELATÓRIO FINAL DA INSTRUÇÃO**, que se julga do maior interesse, por relatar não só o método e forma como se conduziu a instrução às novas Forças Armadas Angolanas (FAA), como também por conter abundante documentação doutrinária, constuindo numerosos Apêndices a esse Anexo;

– 3 –

ANEXO C: Contém os documentos de "Enquadramento Legal" da Missão Temporária e outros que particularizam a missão do representante da CCFA e Chefe da Componente Militar;

ANEXO D: **Actas das reuniões** da CCFA;

ANEXO E: As **Directivas** elaboradas na CCFA e aprovadas na CCPM que traduzem todo o "edifício legal" das FAA;

ANEXO F: Os múltiplos **Despachos** aprovados na CCFA que pormenorizam as Directivas anteriores e definem a doutrina de funcionamento e emprego das FAA;

ANEXO G: Com dois volumes, contendo o I Vol os PERINTREP'S - Relatórios de Informações Mensais sobre o. evoluir da situação em ANGOLA =, e o II Vol os INTSUM'S - Sumários de Informação - elaborados pela Componente Militar para conhecimento superior;

ANEXO H: Apresentando os documentos que de alguma forma materializam os **Resultados Alcançados**, pela assessoria portuguesa ao processo de formação das FAA e ainda a previsão de redimensionamento da missão para continuação desse processo

. Numerosa outra documentação foi elaborada sob a forma de pareceres, memorandos e notas, solicitando ou emitindo opiniões diversas tendo em vista participar em todas as áreas da missão cometida a Portugal pese o facto de a Componente Militar não estar na linha de representação da Missão Temporária

– 4 –

DOCUMENTOS SOBRE A EDIFICAÇÃO DAS FORÇAS ARMADAS DE ANGOLA (1982-2007)

(MNE). Tal documentação consta do Arquivo da Componente Militar em ANGOLA, existente no EMGFA (PO)

A formação das FAA foi condicionada por acções a montante e pela envolvente política pelo que convirá ler os relatórios das outras Comissões para obter uma visão global. O Relatório Final - Cessar Fogo - da representação PO na CMVF, já publicado, é considerado indispensável para adequada visualização e compreensão do processo.

O período coberto por este Relatório vai de 08JUN91 data da chegada a Angola do 1º Grupo de assessores à Comissão Conjunta para a Formação das Forças Armadas (CCFA), até 27SET92, data de extinção das FAPLA e FALA e da própria Comissão (CCFA) constituída pelas delegações destas (Governo e UNITA).

Face ao que antecede, em comunicado da CCPM de 27SET92 é referido que, "havendo ainda actividades administrativas a realizar para completa incorporação nas FAA e integração na vida civil de alguns militares das duas partes ex-Forças Armadas, tais esforços serão desenvolvidos a partir desta data pela Chefia do Estado-Maior General das FAA e verificadas pela UNAVEM II.

Todavia, às eleições de 29 e 30SET92, seguiu-se um período de impasse político, agitação e violência que fez com que se mantivesse a permanência da Missão em Angola. Assim, será efectuada também uma breve análise da situação no que diz respeito à formação das Forças Armadas até 15DEC92 data proposta para o redimensionamento da Componente Militar considerando não só a tomada de posse do novo Governo saído das eleições (em 14DEC92), como a envolvente da situação político-militar que se vive em Angola.

- 5 -

A POSIÇÃO DE ANGOLA NA ARQUITETURA DE PAZ E SEGURANÇA AFRICANA – ANEXO

2. COMISSÃO CONJUNTA PARA A FORMAÇÃO DAS FORÇAS ARMADAS (CCFA)

a. Enquadramento Legal dos Militares Portugueses

O Despacho Conjunto A-62/91-XI (Anexo C) criou a Missão Temporária de Portugal Junto das Estruturas do Processo de Paz em Angola, com a incumbência de assegurar a representação de Portugal junto da Comissão Politico-Militar (CCPM), da Comissão Mista de Verificação e Fiscalização (CMVF), da Comissão Conjunta para a Formação das Forças Armadas (CCFA) e da Comissão Politica (CP).

O Despacho Conjunto de 31MAI91 (Anexo C) estabelece o Quadro Orgânico da Missão, define a chefia da missão e da representação nas várias comissões. além de apresentar as equiparações funcionais dos militares. Despacho que mereceu. na oportunidade, os comentários tidos por convenientes pelo Chefe da Componente Militar.

Foi também publicado o Despacho Conjunto A-83/91-XI (Anexo C) que estabeleceu a Título de " despesas de representação ou abono de residência" os abonos devidos aos Componentes da Missão.

A Directiva nº 9/91 do CFMGFA (PO) (Anexo C) refere que "O Chefe da Componente Militar depende do Gen CEMGFA no âmbito militar e do Chefe da Missão Temporária de Portugal Junto das Estruturas do Processo de Paz em Angola no respeitante a orientação politica e geral "e que a respectiva chefia é exercida pela Oficial General mais antigo".

Esta "legislação" foi suficiente para enquadrar as actividades gerais a desenvolver. Verificou-se porém que a falta

– 6 –

DOCUMENTOS SOBRE A EDIFICAÇÃO DAS FORÇAS ARMADAS DE ANGOLA (1982-2007)

da regulamentação dos despachos conjuntos, criou alguns problemas de indefinição dos direitos e deveres específicos dos integrantes da Missão, que ainda hoje não foram resolvidos.

Por outro lado, tendo sido solicitada a nomeação,fora do Quadro Orgânico da Missão, de militares para assessorar a instrução às unidades, estabelecimentos e orgãos das Forças Armadas Angolanas (FAA), estes presentes em Angola a partir de 13NOV91, se bem que tivessem a sua dependência do Chefe da Componente Militar para efeitos funcionais, não tiveram a sua situação administrativa definida, para efeitos de abonos e outros, até que, após várias diligências, novo **Despacho Conjunto A-48/92-XI** (Anexo C) foi elaborado, sendo publicado apenas em 01SET92.

b. **Organização e Modo de Funcionamento da CCFA**

A **missão** da CCFA consta dos Acordos da Paz, a sua **organização** (proposta por Portugal) e a **articulação** da assessoria portuguesa a essa comissão são referidas, de forma genérica, no Anexo A.

A **estrutura** implementada para o funcionamento da CCFA mostrou-se globalmente satisfatória por permitir analisar e debater em primeiro lugar, nos Grupos de Trabalho, as várias questões ligadas às tarefas que incumbiam à CCFA, sendo finalmente discutidas e aprovadas, nas Reuniões Plenárias da Comissão.

Porém alguns aspectos merecem reflexão.

- 7 -

A POSIÇÃO DE ANGOLA NA ARQUITETURA DE PAZ E SEGURANÇA AFRICANA - ANEXO

Em primeiro lugar a constatação de que, por força dos Acordos de Paz, na CCFA apenas as 2 partes (Governo e UNITA) tinham **poder deliberatório**, por consenso. Os assessores (Portugal, Reino Unido e França) participavam nas reuniões, executavam os estudos solicitados pelas partes e, efectuavam por sua iniciativa, as **propostas** que consideravam oportunas. Porém apenas as 2 partes definiam os ritmos, apresentavam e aprovavam as agendas dos trabalhos, e decidiam as acções a adoptar. Frequentemente e perante preocupações apresentadas pelos assessores, as partes estabeleceram acordos internos e não deram respostas às preocupações manifestadas.

Por outro lado, os membros das delegações Governo e UNITA foram quase sempre escassos (particularmente os da UNITA), para tomar parte e analisar todos os problemas complexos que a implementação dos Acordos de Paz trouxe e que suscitaram a sua actividade em inumeros Comités e Grupos de Trabalho desde a CCPM, Comissão de Apoio aos Desmobilizados, CCFA, Grupos Ad Hoc para tratar de questões específicas etc.

Além disso, a estreita **subordinação das delegações das** partes na CCFA, aos respectivos **aparelhos partidários**, obrigou a que praticamente todos os documentos discutidos tivessem que ser previamente analizados e aceites por essas estruturas, o que tornou muito moroso, e por vezes, imprevisível, o processo de decisão que reflectia os avanços e recuos em áreas politicas, não directamente relacionadas com a formação das FAA.

Finalmente, o facto de existirem 3 **países assessores** constituiu uma dificuldade adicional, pois que sem coordenação

– 8 –

DOCUMENTOS SOBRE A EDIFICAÇÃO DAS FORÇAS ARMADAS DE ANGOLA (1982-2007)

prévia, para cada questão, além das 2 possíveis soluções das partes, poderia haver mais 3 propostas (uma de cada país assessor).

Esta dificuldade notou-se em especial no início, em que a primeira delegação da França pretendia dividir as actividades dos países assessores pelos diferentes Ramos das FAA, ficando por exemplo este país responsável pelo levantamento da Força Aérea, e os outros Ramos a distribuir por Portugal e pela Inglaterra. Esta solução traria dificuldades provavelmente inultrapassáveis de unidade de doutrina e procedimentos, aspectos essenciais para "reunir" 2 exércitos cada um dos quais tendo já uma experiência, doutrina e trática quase que totalmente diferenciadas. Foi por isso requerido um porfiado esforço, para que as três assessorias colaborassem na elaboração duma **doutrina original**, (sem ser cópia de nenhum dos países) e compatível com o espírito dos Acordos de Paz, com a vontade das partes e com a realidade angolana. O melhor conhecimento de Portugal do ambiente, o seu muito bom relacionamento com os países, a sua total isenção e equidistância das duas delegações (Governo e UNITA) e a sua capacidade de resposta, foram determinantes para que com oportunidade criasse as melhores condições para garantir, numa primeira etapa, o apoio dos outros países assessores e após esta, o acordo das partes.

Na realidade a assessoria portuguesa na CCFA, que tomou parte activa tanto nas 38 reuniões formais desta Comissão como nos vários Grupos de Trabalho, elaborou todas as **Actas das Reuniões** (Anexo D) e todas as propostas de **Directivas** da CCFA apresentadas à CCPM, (Anexo E), assim como todos os **Despachos** com que a CCFA regulou o exercício das funções cometidas às FAA e ao seu Comando Superior (Anexo F).

– 9 –

A POSIÇÃO DE ANGOLA NA ARQUITETURA DE PAZ E SEGURANÇA AFRICANA - ANEXO

3. SITUAÇÃO FACTORES CONDICIONANTES/ACTIVIDADES DESENVOLVIDAS

   a. Condicionamentos de Tempo

   Importa em primeiro lugar destacar os condicionamentos de tempo. É na verdade uma **tarefa gigantesca** a constituição em 16 meses, de Forças Armadas provenientes de 2 exércitos que se combateram durante décadas. A isto acrescem as dificuldades provenientes da necessidade de, antes de se iniciar o processo de formação, se reunirem os cerca de 250.000 homens previstos em cerca de meia centena de Áreas de Localização espalhadas por toda a Angola, de se efectuar o respectivo controlo por parte da CMVF e da UNAVEM II e de se criarem condições que permitam iniciar a sua desmobilização e/ou incorporação.

   Além disso, os **efectivos envolvidos** (40.000 para o Exército, 6.000 para a Força Aérea e 4.000 para a Marinha) implicam a criação prévia de **condições** conceptuais, administrativas e logísticas muito complexas e volumosas, que mesmo num país com as estruturas a funcionar normalmente, seriam difíceis de reunir.

   Por outro lado e simultaneamente com o processo de formação das FAA que tendia a empenhar quase todos os quadros militares disponíveis (em particular da UNITA), estava em desenvolvimento um **processo político** determinante que iria culminar nas eleições de 29 e 30SET. É natural que a cedência de quadros indispensáveis ao planeamento e conduta do processo de formação das FAA tenha sido adiada, o mais possível, de forma a que não pudesse ter interferência, nem prejudicar, o processo político em curso. De facto, só em 27SET92 foram "formalmente" extintas as FAPLA e FALA, e os

   – 10 –

DOCUMENTOS SOBRE A EDIFICAÇÃO DAS FORÇAS ARMADAS DE ANGOLA (1982-2007)

chefes mais importantes, incorporados nas FAA.

Foi importante a indigitação em MAR91 do Oficial General representante de PO na CCFA que, com dois Oficiais C/CEM, elaborou os " primeiros pensamentos" sobre o que viriam a ser as FAA.

b. Condicionamentos Logísticos e Estruturais

Vários condicionamentos logísticos e estruturais tiveram um impacto relevante no processo de formação das FAA:

Em primeiro lugar, a falta de **instalações** em particular para os elementos da delegação da UNITA. Isto fez com que, ao constrangimento inicial das delegações, em iniciar o trabalho comum na CCFA, se juntasse a dificuldade em criar condições de instalação e trabalho à própria delegação que ficou instalada em hoteis. Assim, só em JUL91 a UNITA começou a ter em Luanda elementos capazes de abarcar as várias tarefas que em diferentes grupos de trabalho iam ser analisadas. Entretanto as deficientes condições de ligação com o EM da UNITA, ainda instalado na Jamba, dificultaram também o funcionamento das actividades a decorrer em Luanda.

Esta situação só viria a ser resolvida com a transferência para Luanda, de parte da Direcção Militar da UNITA, em AGO/SET91, e pela presença do Dr. Savimbi e da parte da Direcção Política, já em OUT91.

Por outro lado, a incorporação de efectivos (50.000) tão volumosos, implicava a existência de **meios** e **condições** materiais capazes de os receber. É o caso, entre outros, dos Centros de Instrução, quarteis, material de aquartelamento.

– 11 –

fardamento, etc.

Na verdade, foi considerado pelas partes indispensável a criação de condições com alguma dignidade que permitissem desenvolver um espírito de confiança, harmonia e bem estar, imprescindíveis à condução da instrução e ao desenvolvimento e consolidação dos princípios éticos em que iria assentar a formação das FAA. Porém após reconhecimentos que só puderam ser efectuados em JUL/AGO, verificou-se que as **instalações militares** em Angola se apresentavam extremamente danificadas, e inutilizáveis naquelas condições, requerendo obras complexas que tiveram que ser cuidadosamente prioritizadas, para permitir iniciar a instrução em tempo oportuno.

Sublinha-se que nenhum quartel dispunha inicialmente de condições mínimas para incorporar de forma aceitável o pessoal. Assim, foram conduzidas obras em 9 Centros de Instrução, consumindo verbas da ordem dos 100 milhões de dólares numa acção que se pode considerar gigantesca face ao tempo disponível, à situação em Angola e à capacidade de construção das firmas empenhadas.

A aquisição de **fardamentos**, igualmente requerida pelas partes, para materializar as novas FAA, foi também complexa e naturalmente morosa, sendo encomendados inicialmente meios para apenas 10.000 homens e, numa segunda fase, para mais 40.000. Apesar de ser patente a boa vontade das partes em facilitar o desenvolvimento destas acções, o facto é que, a difinição das características dos uniformes, o lançamento de concursos, a adjudicação e a confecção dos fardamentos, foi uma acção complexa, mas indispensável para permitir criar as condições que possibilitassem o levantamento das

– 12 –

FAA.

O mesmo se passou no que diz respeito ao **equipamento** das unidades com **material de aquartelamento**, que em JUL91, praticamente não existia. As verbas consumidas com o fornecimento de fardamento e material de aquartelamento foram também substanciais e da ordem dos 30 milhões de dólares.

A circunstância de claramente se ter associado a formação das FAA ao complexo processo da **desmobilização** - gerido por outras Comissões - e que se iniciou em 31MAR92, constituiu também factor limitativo à consecução das acções ciclicamente programadas e depois progressivamente adiadas.

A tudo isso se junta a situação que se vivia no terreno, com a **circulação** terrestre condicionada pelas minas, pontes destruídas, falta de meios rolantes etc, a obrigar a que praticamente toda a movimentação tivesse que efectuar por **meios aéreos** (até o reabastecimento de materiais de construção para as empresas civis), e estes, além de escassos pertencerem basicamente a FAPA/DAA.

A consciência destes factores foi patente na assessoria portuguesa à CCFA, que, logo na primeira reunião desta comissão, em 24JUN91, chamou à atenção para eles, em particular para o problema do aprontamento dos Centros de Instrução (Anexo D - Acta nº 1/91), tendo reiteradamente instado as partes, particularmente ao longo dos primeiros meses de actividade da CCFA, para que, com oportunidade, se criassem as condições mínimas, indispensáveis à concretização da formação das FAA.

- 13 -

A POSIÇÃO DE ANGOLA NA ARQUITETURA DE PAZ E SEGURANÇA AFRICANA - ANEXO

c. Condicionamentos Humanos

São conhecidas as diferentes características de que dispunham os dois Exércitos envolvidos militarmente em Angola.

As FAPLA possuiam uma estrutura mais convencional, com mais quadros, habilitados com uma preparação militar mais académica. As FALA estruturadas basicamente para a **guerrilha** tinham menos quadros com uma preparação mais ligeira e mais prática.

Estas diferenças embora parecessem menos relevantes, tiveram impacto importante na concepção e na conduta do processo de formação das FAA.

A **escassez de quadros** da UNITA em Luanda foi constante, devido ao seu empenhamento em actividades políticas, na condução da difícil operação da movimentação dos militares das FALA para os acantonamentos, seu controlo e apoio logístico, e sua desmobilização.

Esta peculiaridade teve natural impacto na CCFA, pela **demora** da "resposta" às solicitações efectuadas e na "desconfiança" pela UNITA das iniciativas do Governo que poderiam pretender "tirar partido" da situação. A forma encontrada pela assessoria portuguesa para procurar obter um maior eficiência, foi a de impulsionar, através de **propostas** coordenadas com os outros países assessores, o andamento do processo. De resto, inumeras vezes esta actuação foi elogiada pelas partes e permitiu desbloquear situações de impasse ou de menor criatividade e iniciativa destas. Assim, toda a documentação conceptual das FAA, se bem que baseada em opiniões sempre recolhidas nos Grupos de Trabalhos foi elaborada pela assessoria portuguesa (Anexo E e F).

- 14 -

830

DOCUMENTOS SOBRE A EDIFICAÇÃO DAS FORÇAS ARMADAS DE ANGOLA (1982-2007)

As diferenças apresentadas entre as caraterísticas dos quadros, teve ainda um impacto importante na **nomeação** dos militares para preencher as diferentes estruturas (Quadros Orgânicos), que só avançou quando as partes consideravam que os quadros não lhes faziam falta para conduzir outras acções mais importantes do ponto de vista dos respectivos aparelhos partidários. Isto foi naturalmente mais evidente na UNITA, mas também na área do Governo se fez igualmente sentir.

A especificidade entre as características dos 2 exércitos e as habilitações dos seus quadros, foi também notória na **"repartição"** de cargos e nomeação do pessoal. A divisão de funções (entre pessoal oriundo das FAPLA e FALA) nos Estados-Maiores, foi morosa e delicada e a nomeação do pessoal muito sensível, em especial por parte da UNITA. Neste caso refere-se por exemplo que foi apresentado em JUL91 para o Comando Superior das FAA (CSFAA) o Gen Pungolola que foi substituido, de surpresa, em OUT91, pelo Gen Numa, o qual tomou posse em NOV91.

No Governo também houve situações semelhantes e pode-se mesmo dizer que as **"fricções"** entre os militares "moderados" e "duros", "mulatos" e "negros" ou "novos" e "velhos", além de condicionarem o processo em algumas fases, foram também factores extra, a demorar as nomeações, para permitir que se mantivessem os equilibrios internos.

De forma geral pode dizer-se que os quadros da Unita se mostraram um pouco "complexados" em relação aos "formados nas academias" do Governo, estando aqueles sempre ávidos de aprender, em particular com os portugueses.

– 15 –

A POSIÇÃO DE ANGOLA NA ARQUITETURA DE PAZ E SEGURANÇA AFRICANA – ANEXO

Quanto às tropas, verificou-se que as FALA se mostraram sempre mais **disciplinadas e enquadradas**. Nos militares das FAPLA começou a sentir-se uma certa indisciplina logo na execução da ordem de ocupar as áreas de acantonamento, (que só se iniciou em SET91), na forma "desorganizada" como se apresentavam nos acantonamentos, e essencialmente, na "**incapacidade**" demonstrada para acantonar os efectivos, (só conseguiram acantonar cerca de 2/3) até JUN92, sendo nessa altura de tal forma patente a sua indisciplina e mal estar, por **deficiente** apoio logístico e administrativo, que o Governo foi forçado a declarar a sua incapacidade de acantonar o seu pessoal (condição requerida pela UNITA para prosseguir o processo de formação das FAA).Nos últimos meses antes das eleições as FAPLA praticamente "desagregaram-se", enquanto que o pessoal da UNITA ainda em acantonamentos, manteve a sua organização e disciplina.

d. Condicionamentos Políticos

Desde as negociações em Portugal conducentes aos Acordos de Bicesse que a dimensão e organização das Forças Armadas Angolanas (FAA) constituiram uma área de **difícil acordo**, dadas as suas profundas **implicações politicas**.
São de destacar, em particular, a questão dos seus efectivos e do "timing" da sua formação.

A UNITA preferia que se constituissem Forças Armadas com 10 a 15.000 homens, cujo processo de formação seria continuado após as eleições, o que permitia manter as FALA durante todo o Processo. O Governo defendia um efectivo muito maior, de 60 a 70.000 homens, que permitiria absorver maior quantidade dos seus numerosos quadros e que iria, em nosso entender, obrigar a "empenhar" quase todos os da UNITA,

– 16 –

podendo limitar a sua acção politica, já que esta organização se apresentava tendencialmente militarizada (todos os seus quadros tinham um posto militar).

A questão foi ultrapassada, já nas últimas reuniões que conduziram aos Acordos de Paz, com os efectivos referidos (40.000 para o Exército que seria levantado com **metade** de cada parte, e a **participação** de militares da UNITA na Força Aérea que contaria de 6.000 homens, e na Marinha, que contaria com 4.000 homens).

O facto é que as diferentes concepções sobre as FAA permaneceram no "espirito" das duas estruturas partidárias e se arrastaram ao longo do tempo. De tal forma que, só em JUL92, as partes **"aceitaram"**, em reunião da CCPM, cumprir o estipulado nos Acordos, isto é, a dissolução dos dois Exércitos antes das eleições (Anexo G - Perintrep 6/92). Nessa altura porém, a extinção das FAPLA e FALA ainda constituidas por volumosos efectivos por desmobilizar, concentrados nas várias áreas de acantonamento, podia ser "legalmente" declarada, mas na realidade, tinha **pouco significado** prático. Acresce que as duas partes não acordaram até ao final, a entrega ou sequer o controlo pelas FAA ou pela UNAVEM II do **armamento** e **munições** de que dispunham. No mesmo PERIN-TREP é referido que "efectivamente ao fim de 14 meses, nenhuma das partes pode acusar a outra de incumprimento ... simplesmente cada uma reserva para si o andamento que pretende imprimir à execução".

Para além da divergência de conceitos, o ritmo de formação das Forças Armadas foi influenciado, ao longo do tempo, pela evolução política global do Processo de Paz.

- 17 -

A POSIÇÃO DE ANGOLA NA ARQUITETURA DE PAZ E SEGURANÇA AFRICANA - ANEXO

Podemos, assim, considerar 3 períodos, neste processo, em paralelo com os já consideradas no Relatório Final - Cessar Fogo - da CMVF.

(1) **De JUN91 a Finais de OUT91**

É neste período em que, fundamentalmente, se dá início à "instalação" da UNITA para assegurar o cumprimento dos Acordos de Paz.

É um período em que após uma primeira fase de "**entendimento**" entre as partes, se inicia um certo "**desencanto**" que culmina no final em, duras "**críticas**" mutuas.

Vários factores terão contribuído para tal atmosfera, de que se destacam a falta de apoio à instalação da UNITA e até de devolução de edifícios que esta reivindica como tendo sido pertença sua; a lentidão e irregularidade na entrega de prisioneiros de guerra por parte desta, e o seu continuado controlo do acesso à Jamba e outras áreas, de que resulta uma muita lenta extensão da administração central ao território; e os atrasos na fiscalização da neutralidade da Policia e na incorporação de efectivos da UNITA neste corpo de segurança.

Este período teve o seu momento talvez mais crítico em SET91 em que se deu a paralisia das Comissões, tendo a UNITA difundido um documento contendo "as medidas imprescindíveis à retomada do funcionamento normal da CCPM", que apresentava com condições a satisfazer (Anexo G - INTSUM nº 35):
- "A garantia do acantonamento das tropas do Governo;
- A adopção dum calendário do processo eleitoral garantindo que não haverá atrazos nas eleições;

– 18 –

DOCUMENTOS SOBRE A EDIFICAÇÃO DAS FORÇAS ARMADAS DE ANGOLA (1982-2007)

- O desbloqueamento das limitações às movimentações logísticas da UNITA na Namibia e facilidades nos portos Angolanos;
- O controlo do aparelho policial e o desmantelamento efectivo da Policia de Estado;
- A valorização da CCPM através da qual deve passar a discussão da extensão da administração central".

A situação só se desanuvia após a instalação do Dr. Savimbi em Luanda e do seu encontro com o Presidente da RPA em OUT91.

Na área militar, é neste período que se **inicia o acantonamento** das tropas e em que se criam condições conceptuais e logísticas para que se possa iniciar, logo que as condições politicas o permitam, o levantamento das FAA.

No que diz respeito ao acantonamento das tropas porém, face ao atrazo na movimentação das FAPLA para as áreas de acantonamento, que em finais de AGO91 ainda não tinha sido iniciada, a UNITA que nessa altura tinha já acantonado cerca de 17.000, "parou para ver". Nos comentários à situação, do memorando de 20OUT91 (Anexo G) referia-se que "o acantonamento que devia estar terminado a 31JUL, foi adiado para 11SET, depois para 30SET e, agora admite-se que possa estar concluído em fins de OUT".

Na formação das Forças Armadas aproveitou-se porém todo este período para se lançarem e discutir a **bases conceptuais** das Forças Armadas cujo documento inicial - Bases para a formação das FAA - se aprontou no início de AGO91 (Anexo D - Acta nº 8/91). Pelos condicionamen-

- 19 -

tos politicos referidos, pelas dificuldades próprias de obtenção de consensos e pela delicadeza e dificuldades das matérias só viria porém a ser ratificado pela CCPM, no inicio de OUT91, após o desbloqueamento politico já referido.

É também neste período que se efectuam os reconhecimentos às infraestruturas (quarteis) disponíveis, e em que perante a sua degradação total se inicia o lançamento das obras e a aquisição de fardamentos e outros materiais. É ainda neste período que se proporá o levantamento das estruturas de comando e controlo das FAA - o Comando Superior e o seu EMGFAA - que porém só se conseguiu realizar já no período seguinte.

O início do levantamento das FAA previsto para OUT91 (Anexo D - Acta nº 5/91) foi também adiado e só se iniciaria de igual forma no período seguinte, apesar de, após um esforço imenso, se terem efectuado as obras mínimas indispensáveis ao "arranque" da instrução no Huambo.

Era já patente a preocupação com os atrazos, tendo-se referido no memorando de 20OUT, já citado que se considerava como modalidade mais perigosa que "a UNITA provocasse o atrazo do levantamento das FAA, atingindo-se apenas os 7 a 10.000 Homens que preconizava nas negociações de Bicesse.

(2) De NOV91 até Finais de MAR92

Tal como referido no Relatório Final - Cessar Fogo - da CMVF, este é um período que conheceu frequentes **crises**

– 20 –

DOCUMENTOS SOBRE A EDIFICAÇÃO DAS FORÇAS ARMADAS DE ANGOLA (1982-2007)

politicas, por norma prolongadas. Estas incluiriam entre outras, a morte, pela segurança da UNITA de um Capitão Piloto das FAPLA em Luanda em 05NOV91, a ocupação, pela UNITA, do Hotel Grão Tosco no Lobito em 06DEZ91; o assassinato em 14MAR92 de 4 militares da FAPA/DAA na sequência da morte de um membro das FALA; a "deserção", em MAR92, de N'Zau Puna e Tony da Costa Fernandes, entre outros.

Desenvolve-se intensa campanha na comunicação social exlorando a "desafectação" destes dirigentes e a "morte" de Tito Chingugi e Wilson dos Santos, tendo o secretário da UNITA Geremias Chitunda, em 11MAR92 acusado o envolvimento de "circulos portugueses" na campanha de desiformação sobre a UNITA. Acusação reiterada em 20MAR92 pelo Dr. Savimbi e pelo Dr. Chivukuvuku que em 26MAR referiu pensar existir certa connivência de Militares Portugueses no aliciamento de Oficiais da UNITA (Anexo G - PERINTREP 2/92).

Solicitadas provas nada foi comprovado e não foi referido se "os militares" estavam em Angola ou em PO. Tal facto decorreu, em nosso entender, da situação criada ou imaginada pelo General Chiligutila aquando da sua visita a Portugal que coincidiu com a fuga dos outros elementos já citados.

Em consequência do antecedente e de notícias de que estava prevista uma tentativa de assassinato de Dr. Savimbi, a VORGAN ameaça com uma "guerra total, imediata e sem fronteiras", e a direcção da UNITA desloca-se para a Jamba em meados de MAR92.

– 21 –

A POSIÇÃO DE ANGOLA NA ARQUITETURA DE PAZ E SEGURANÇA AFRICANA - ANEXO

É neste período contudo que as grandes questões preparatórias da legislação eleitoral são debatidas. Por iniciativa do Governo é organizada, para tal, uma "Reunião Multipartidária", no início do ano de 1992 (que se salda em mais um impasse, dado que a UNITA nela não estava representada) e a partir de FEV92 conduzidas "reuniões bilaterais" entre uma delegação da UNITA e do Governo. É ainda neste período em que após grandes desconfianças mútuas se estabelece o Gabinete Técnico de Apoio aos Desmobilizados, área fundamental para assegurar a resolução de um dos problemas mais precupantes de toda a situação em Angola.

Na área militar continua o acantonamento das FALA que se aproxima dos 100% (36.000), enquanto que as FAPLA se mostram incapazes de assegurar o acantonamento de mais do que cerca 2/3 (80.000) do pessoal previsto. A situação nas Áreas de Acantonamento é muito precária, atingindo situações "desumanas" com incidentes e alguns casos de "rebelião" em particular nas FAPLA. Parece ter-se atingido o "acantonamento possível".

Na área de formação das FAA sofreram-se as interferências resultantes da envolvente politico-militar relatadas, mas é durante este período que, "teimosamente", se lançam os alicerces da constituição das FAA.

. Em 14NOV91 são nomeados os Generais Comandantes do CSFAA em cerimónia muito concorrida e com especial relevo na comunicação angolana e internacional;

. Em 13NOV91, Portugal, concretizou a seu empenho na formação das FAA transportando em avião C-130 a pri-

– 22 –

DOCUMENTOS SOBRE A EDIFICAÇÃO DAS FORÇAS ARMADAS DE ANGOLA (1982-2007)

meira **equipa de instrutores** (23 militares) com numeroso equipamento auxiliar para apoio da instrução e
para melhoria das instalações do nosso pessoal;

. A promessa pelo Governo e UNITA de dar início à instrução dos primeiros 50 Oficiais **"formadores"** só foi
concretizada em 13DEC91 por insistência da assessoria portuguesa já que a assessoria francesa e inglesa
pretendiam a sua porrogação para após o Natal (Anexo
B - Relatório Final da Instrução);

. Entretanto a assessoria portuguesa foi ajudando a
criar condições para que esse **"1º Curso de Formadores"** funcionasse na designada Escola de Formação de
Oficiais - EFO - e elaborando as normas, fichas de
instrução e mais auxiliares para dinamização do
processo de lançamento dos "cursos de uniformização".
A ligação entre a equipa de Luanda (Estado-Maior) e
equipa do Huambo (instrução) foi intensa;

. Problemas de vencimentos, nomeação dos Oficiais das
FAPLA para o EMGFAA levaram a exigências de clarificação por parte da UNITA no final de 91 e princípios
de 92.

. Em 10JAN92 foram nomeados os oficiais Chefes de
Repartição do **EMGFAA** e **CLI** que foram receber "cursos
de uniformização" na EFO e mais tarde - 18FEV92 -
Cursos de Estado-Maior à custa de Oficiais idos do
nosso IAEM;

– 23 –

. É neste período 24/28FEV92 que o Ministro da Defesa de Portugal e o General CEMGFA visitam a convite do seu homólogo, as FAA e designadamente a EFO. Facto a destacar como incentivado e demonstrativo do empenho das FA (PO);

Entretanto e naturalmente que o processo de formação que se devia ter iniciado em OUT91 indiciava uma recuperação difícil de superar, pelo que a assessoria portuguesa, após reiteradas chamadas de atenção às partes (inceridas nas actas das Reuniões da CCFA), elaborou, em o6DEC91, em conjunto com as assessorias Inglesa e Francesa, uma "**recomendação**" formal às partes (**Apêndice 8 - Anexo H**), em que reconhecendo embora as imensas dificuldades logísticas, dava conta da incidência dos atrasos e da falta de aquartelamentos disponíveis, no total de efectivos que presumivelmente se iriam formar. O documento apresentado na CCFA e mais tarde na CCPM referia que:
- "O atraso, a partir de 15NOV91, de cada 4 semanas na preparação dos militares provoca uma "**diminuição de efectivos**" a preparar de 4.000 homens dos 40.000 (Exército) exigidos nos Acordos;
- Também o atraso na reconstrução e equipamento dos novos Centros de Instrução, a partir de FEV92 e por cada mês provoca uma "**diminuição por CI/mês**" de aproximadamente 800 homens, a crescentar àqueles 4.000 homens".

. Posteriormente, em 25MAR92, face à não "recuperação" dos atrasos referidos, foi efectuada nova chamada de atenção formal - "recomendação às partes" (**Apêndice 8 Anexo H**), em que considerando que até à data das eleições apenas poderia ser possível instruir, da

– 24 –

DOCUMENTOS SOBRE A EDIFICAÇÃO DAS FORÇAS ARMADAS DE ANGOLA (1982-2007)

forma prevista, 18 a 20.000 homens, se apresentava uma sugestão para alterar a programação e adoptar um método mais "expedito" que permitisse manter a exequibilidade do determinado nos Acordos.

Para tal, os militares que não pudessem receber instrução nos CI, seriam reunidos em acantonamentos, formados por tendas, onde seriam enquadrados e receberiam uma instrução prévia até que pudessem ser integrados nas unidades entretanto levantadas.

Com base nesta recomendação e após aprovação pela CCPM, foi feito mais um esforço do Governo no sentido de adquirir as tendas necessárias.

. Face ao que antecede na reunião da CCPM de 23MAR92 (Anexo G INTSUM Nº 64) por sugestão da assessoria PO com forte apoio dos EUA se inquiria "das razões do atraso" a que o Governo e UNITA responderam que consideravam a situação normal e até com avanços relativamente a outros aspectos do processo. O que não deixava de ser verdade mas ... não era consolador nem justificativo.

. Nas reuniões dos GT e CCFA ía-se teimando na formação de doutrina, criação de melhores condições nos quarteis, incentivar o espíríto de unidade, coesão e confiança. Assim acabaram por ser ratificados pela CCPM em 17DEC91 as Directivas 3, 4 e 5 (Anexo E) e continuaram em discussão as Directivas 6, 7, 8, 9 e 10 que diziam respeito à Força Aérea e Marinha.

– 25 –

(3) De ABR92 a 27SET92 (Data da extinção da CCFA)

As partes (Governo e UNITA) apenas se entendem (e mal) no âmbito de algumas matérias dos Acordos de Paz, "divergindo" ou "desconfiando" em tudo o resto. O empossamento" da Comissão Nacional Eleitoral em 09MAI e o sequente início do **registo eleitoral** em 20MAI, faz concentrar todos os esforços na preparação da "campanha", passando tudo o resto a secundário e a "marcar passo" desde que não pudesse ser aproveitado para fins eleitorais.

As "**questões polémicas**" anteriores arrastam-se sem solução.
A extensão da administração central continua a processar-se com lentidão ou de forma "teórica", parecendo as áreas "controladas" pela UNITA, destinadas a constituir uma espécie de "reservatório" de votos. Não se efectua a entrega de prisioneiros de guerra reivindicada pelo Governo, mantendo-se a Jamba "inacessível". A "propaganda hostil" mantem-se, continuando os orgãos de comunicação social sob controlo do Governo (TV, imprensa etc), a manter a UNITA "debaixo de fogo" explorando até à exaustão o seu caracter "violento". O Governo, além de bloquear, na prática, o controlo da polícia, surge ainda, em JUN92, com a "Policia Anti-Motim" (por altura da visita de Sua Santidade o Papa), sendo cada vez mais insistentes as queixas da UNITA de alegados ataques e perseguições que os seus militantes e Comités Piloto estariam a ser vítimas.

– 26 –

DOCUMENTOS SOBRE A EDIFICAÇÃO DAS FORÇAS ARMADAS DE ANGOLA (1982-2007)

Alarga-se a difusão de **Comités Piloto** da UNITA em todas as cidades, e cresce o número de militares das FALA que são vistos em cada comité. Os militares que constituem a segurança dos líderes da UNITA fortemente armados são "visíveis" em todas as circunstâncias, sendo "aproveitados", segundo o Governo, para introduzir as FALA nas cidades, o que, nem durante a guerra teria acontecido, segundo declararam.

O período inicia-se com o "regresso" das cúpulas da UNITA a Luanda. Porém tal como referido no Relatório Final - Cessar Fogo - da CMVF, as palavras então proferidas pelo seu Presidente na recepção ao Corpo Diplomático não traduziam a "esperança nem a tranquilidade desejada, antes deixando cair a ameaça, ninguém aqui pára ... nem vocês ...", se as eleições não se realizarem até ao final de SET92, altura em que terminará o meu contrato com o Governo"... aliás e uma primeira consequência não se fez tardar ao denunciar publicamente as condições de apoio aos desmobilizados, depois de terem sido previamente acordados pelas partes na Comissão de Apoio aos Desmobilizados.

No âmbito militar este período caracteriza-se pelo início da **desmobilização**, ansiosamente esperada, para garantir a extinção das FAPLA e FALA e para "libertar" os militares que iriam constituir as FAA. Cedo se verificou porém que também nesta área se começava a gorar aquela expectativa. Com início previsto em 31MAR92, em princípios de JUN as FAPLA haviam desmobilizado 18.000 homens e as FALA somente 850 homens. Era notório o "retraimento" da UNITA que ia perdurar até ao final. Os últimos dados que se conhecem antes das eleições, apon-

- 27 -

A POSIÇÃO DE ANGOLA NA ARQUITETURA DE PAZ E SEGURANÇA AFRICANA - ANEXO

tavam para uma desmobilização de cerca de 72.000 homens das FAPLA (60%) e 7.000 homens das FALA (26%).

Na área da Formação das Forças Armadas foram aprovadas, em MAI92 pela CCPM as **Directivas** 6, 7, 8, 9 e 10 que dizem respeito a organização e levantamento da Força Aérea e da Marinha e desbloqueados também no início do período, alguns dos Despachos que permenorizavam as acções de formação.

Porém a nomeação do 2º **grupo de formadores** (300 Oficiais e 600 Sargentos e Praças) que se pretendia tivesse início em FEV92 só agora foi efectuada, após o início do processo de desmobilização, tal como referido pela UNITA. Inicia-se assim apenas em meados de ABR92, o 2º Curso de Formação na EFO (Huambo) e 1º na EFS (Benguela) para instruir os militares que iriam constituir o Quadro Orgânico dos Centros de Instrução (CI) do Soyo, N'Dalatando e Lubango. Levanta-se em Luanda o Instituto Superior de Ensino Militar (ISEM) onde se inícia o 1º Curso de Formação em finais de JUN.

Terminados os cursos da EFO e EFS a assessoria portuguesa é **distribuida** em pequenos grupos de 4/5 militares pelos CI, conjuntamente com os militares angolanos dos QO e "formadores" onde vão levantar, mais uma vez, a partir do "zero absoluto", sem quaisquer condições de aquartelamento (camas, mesas, materiais de ensino etc), novas unidades.

Em JUL92 estão em instrução (1º **Turno**) cerca de 5.000 militares em todas as Escolas, Centros de Instrução e em Cabo Ledo onde a assessoria portuguesa da Força

– 28 –

DOCUMENTOS SOBRE A EDIFICAÇÃO DAS FORÇAS ARMADAS DE ANGOLA (1982-2007)

Aérea e Marinha presente a partir de JUN92, criará condições para o levantamento da própria Base e para a formação do núcleo inicial dos instrutores da Força Aérea e da Marinha Angolanas.

Os militares seleccionados para o 1º Turno após os cursos de uniformização, irão organizar as Unidades Logísticas Centrais e de Apoio ao Sistema de Comando e Controlo. Serão assim levantadas em Luanda os Regimentos de Intendência, de Material, Transportes, de Transmissões e da Policia Militar.

Em 26AGO92 dá-se a tomada de posse dos **Chefe de Estado-Maior** dos **Ramos** (Exército, Força Aérea e Marinha) e dos Comandos das Regiões Militares.

Em SET92, após reiteradas insistências, é iniciado o 2º **Turno** de cerca de 3.200 homens destinado a concluir a estrutura de Comando (Estados-Maiores e Regiões Militares), levantar os Regimentos ainda em falta, e a formar as primeiras Unidades Operacionais.

Este turno permitiria criar condições **para que os Regimentos formados prosseguissem, eles próprios, através dos seus Batalhões de Instrução, a formação dos militares** que entretanto deveriam ter sido reunidos em acantonamentos provisórios com base em tendas (que haviam sido adquiridas), como resposta à nossa recomendação de 25MAR (Anexo G, PERINTREP 4/92 de 30MAI)
Era o fecho da formação das FAA, dado que a Força Aérea e Marinha (onde a UNITA havia já feito apresentar parte do pessoal com que iria participar) 12 e 10% respectivamente seriam formados "On Job" com o pessoal instrui-

– 29 –

do em Cabo Ledo.

Insistentemente a assessoria PO chamou a atenção para a importância da formação deste 2º Turno que permitiria desenvolver e tornar independente a estrutura territorial e devia ter tido início em JUN92.

Este período termina com a extinção formal das FAPLA e FALA declarada em 27SET92 e com a tomada de posse, no dia seguinte, dos militares de mais elevada patente e "influência" dos dois ex-exércitos.

Em consequência, no dia 28SET92 foi nomeada a Chefia do Estado-Maior General das Forças Armadas que passaria a partir daí, a conduzir a formação das FAA. Todas as forças e materiais dos dois ex-exércitos passaram à sua dependência e controlo.

Com a extinção das FAPLA e FALA terminou também, na mesma data, a CCFA, pelo que as tarefas desta Comissão são transferidas por decisão da CCPM para o "Orgão de Apoio para a Formação das FFA" dependendo da Chefia do EMGFAA (Anexo G PERINTREP 9/92).

(4) Após SET92 até 15DEC92

Efectuadas as eleições de 29 e 30SET92 que decorreram com extremo civismo e grande afluência às urnas, (mais de 90%), cedo se começou a definir uma situação de "regeição", por parte da UNITA, dos resultados provisórios apurados.

Esta regeição culmina com a declaração do Dr. Savimbi em 03OUT92, recusando aceitar o resultado das eleições e com o abandono das FAA em 06OUT92, de onze Generais da UNITA, alguns dos quais haviam sido nomeados e em-

– 30 –

possados há dias. (Anexo G PERINTREP 9/92)

A situação complica-se com a saída de Luanda e instalação no Huambo da Direcção da UNITA, a ocupação de municípios ao longo de praticamente todo o país, o ataque e ocupação de cidades capitais de provincia e os violentos confrontos em Luanda (**Anexo G PERINTREP 10/92** e **RELATÓRIO ESPECIAL DE INFORMAÇÕES**) em 30OUT a 01NOV92.

Após porfiados esforços dos observadores e da Comunidade Internacional, estabiliza-se minimamente a situação para se poder promover uma reunião no NAMIBE em 26NOV92, entre delegações do Governo e da UNITA com a presença dos Observadores e da UNAVEM II. Porém a situação volta a deteriorar-se com o ataque conduzido por forças da UNITA, às cidades do UIGE E NEGAGE, 48 horas após a reunião do NAMIBE (em que se havia acordado "a cessação de todo o movimento ofensivo") - Anexo G PERINTREP 10/92.

É neste ambiente que tomam posse a Assembleia Nacional e em 14DEC92 o Governo, materalizando-se desta forma o resultado das eleições de 29 e 30SET.

Na área da Formação das FAA, logo após as eleições, em 02SET92, a Chefia do EMGFAA, na sequência da criação pela CCPM do **Orgão de Apoio à Formação das FAA** substituindo a CCFA, difunde uma Directiva (Apêndice 5 - Anexo H) definindo a missão, constituição e atribuição deste orgão, bem como um Plano de Acção destinado a concluir o processo de formação das FAA.

– 31 –

A POSIÇÃO DE ANGOLA NA ARQUITETURA DE PAZ E SEGURANÇA AFRICANA – ANEXO

Considera-se esta Directiva como um documento fundamental, por materalizar os "resultados alcançados", no sentido em que a Chefia do EMGFAA toma nas suas "próprias mãos" o processo de formação e define os últimos passos para a sua conclusão. Considera-se mesmo que se não tivesse havido qualquer condicionamento politico estavam criadas as condições para a prossecução equilibrada e sólida da formação das FAA, pelas estruturas de comando levantadas durante o período anterior.

Na realidade devido ao múltiplo empenhamento em tarefas politico-militares dos militares representantes das partes na CCFA, esta Comissão tinha deixado de se reunir formalmente a partir de JUL92, sendo a colaboração dos assessores solicitada por contactos directos e em áreas pontuais.

Assim neste período a assessoria portuguesa tinha continuado a discutir com as partes em reuniões informais a Directiva Nº 11/CCFA destinada a levantar o MDN e simultaneamente a reorganizar o EMGFAA e o CLI.

Várias solicitações pontuais foram surgindo nesta área igualmente para permitir dividir funções entre os mais destacados militares das duas partes e a "acomodar" nas estruturas de comando e direcção, de informações, de justiça militar e noutras, alguns dos militares de alta patente ainda não empossados.

O abandono das FAA pelos 11 Generais das FALA veio contudo criar uma nova situação no relacionamento com as estruturas de direcção das FAA onde só permaneceram os Generais ex-FAPLA.

– 32 –

DOCUMENTOS SOBRE A EDIFICAÇÃO DAS FORÇAS ARMADAS DE ANGOLA (1982-2007)

Entretanto nas Unidades, das FAA, em particular os Regimentos, os Centros de Instrução e Escolas, apesar de toda a conflitualidade politico-militar envolvento verifica-se uma coexistência pacífica, ordeira e ética entre os militares oriundos das ex-FAPLA e ex-FALA digna de realce. A situação nas Unidades das FAA em 20NOV92 é relatada no Apêndice 6 - Anexo H. É patética a situação do CI de D'Dalatando que se manteve coeso, apesar da UNITA impedir o reabastecimento desta Unidade por terra, durante 3 semanas, e ter pressionado os seus ex-militares a abandonar a unidade.

À data da tomada de posse do Governo os militares formados e as U/E/O levantadas ou em vias de levantamento apresentam um resultado alcançado significativo (Apêndice 2 - Anexo H).

Assim no Exército tinham sido formados 40% do Sistema Territorial e cerca de 9% do Sistema de Forças, a Força Aérea, tinha sido redimensionada para efectivos dos Acordos de Paz (6.000 homens), a UNITA tinha feito apresentar parte do pessoal com que iria participar neste Ramo e nomeado o restante. A Força Aérea tinha organizada segundo as Directivas aprovadas e o pessoal tinha todo iniciado a formação "On Job" prevista na Directiva Nº 7.

Na Marinha tinha-se seguido um processo com tudo semelhante, tendo este Ramo sido redimensionado (4.000) e igualmente organizado segundo as Directivas específicas (Directiva nº 8).

- 33 -

Assim, estavam criadas as condições para que o EMGFAA prosseguisse, por si só, as restantes acções conducentes à conclusão do processo de uniformização e se iniciasse a cooperação técnico-militar que permitisse dar funcionalidade operacional aos Ramos e garantir a formação, qualificação e especialização dos seus quadros e tropas.

Nesse sentido a assessoria elaborou um estudo nesta fase a ser discutido com o EMGFAA para permitir a futura condução de tais acções.

Neste âmbito o "Sistema de Ensino" (ISEM, EFO, EFS e CI) (Apêndice 2 - Anexo H) deverá iniciar logo que possível uma fase de reorganização e ser iniciadas acções conducentes à criação duma Academia Militar em Angola.

Pesem os sucessivos atrasos na formação, como vem sendo referido, há que concluir que foram criadas as condições para que o levantamento das FAA prosseguisse em termos de eficácia. O apoio de Portugal no âmbito da cooperação não seria negado e previa-se que a tarefa de "consolidação do Sistema" levaria 3/5 anos como aliás ficou referido em alguns documentos designadamente nos Estatutos do Pessoal.

Entretanto em 15DEC91 a componente militar iniciou o seu redimensionamento a fim de como já vinha sendo previsto do antecedente, ser efectuada a passagem, quando oportuno, a uma situação de cooperação técnico-militar entre o MDN Português e Angolano (Apêndice 7 - Anexo H), decorrendo da evolução a missão da CCPM e consequentemente da Missão Temporária/MNE.

– 34 –

DOCUMENTOS SOBRE A EDIFICAÇÃO DAS FORÇAS ARMADAS DE ANGOLA (1982-2007)

e. Outros condicionamentos

Condicionamentos houve ainda que, de forma indirecta, resultaram na tardia reunião dos 2 exércitos em Áreas de Localização na lenta e incompleta desmobilização como também
nas dificuldades e atrasos na sua válida inserção na vida
civil.

Também a Comunicação Social em especial os programas radio-
fónicos da "ANGOLA COMBATENTE", por parte do Governo, e os
programas da "VORGAN", pela parte da UNITA, foram factores
que não ajudaram à criação da confiança necessária entre as
partes quer na área politica, quer militar.

Os poucos efectivos, presentes no terreno, da UNAVEM II podem considerar-se insuficientes para o controlo quer do
pessoal quer, em especial, do material letal, cuja lista só
tardiamente e incompleta veio a ser trocada entre as partes, quando os Acordos determinavam a sua elaboração até
15JUN91 (!).

O reforço e a preparação dos efectivos policiais por parte
do Governo levou a alguma retracção da UNITA na disponibilidade de pessoal para as FAA, apesar de o Governo disponibilizar algumas (poucas) vagas, aos ex-militares da UNITA
para ingressarem naquele Corpo Policial.

- 35 -

A POSIÇÃO DE ANGOLA NA ARQUITETURA DE PAZ E SEGURANÇA AFRICANA - ANEXO

4. CONCEITO DE ACÇÃO

a. Princípios Gerais

A situação atrás enunciada e os condicionamentos existentes são reveladores de que a acção da assessoria portuguesa, na CCFA, se desenvolveu num ambiente basicamente influenciado pelas opções politicas que iriam ter a sua expressão máxima nas eleições de 29 e 30SET92. Sofreu porém igualmente os condicionalismos e carências humanas, logísticas e infra-estruturais dum país que viveu mergulhado em conflitos durante décadas, em que as fases mais recentes haviam sido particularmente agudas e letais.

Assim o **conceito de assessoria** à formação das Forças Armadas Angolanas pautou-se, fundamentalmente, pelas seguintes **princípios gerais**:

- Respeito permanente pelas disposições e espírito dos Acordos de Paz;
- Compreensão e respeito pelas vontades próprias das partes (Governo e UNITA);
- Total equidistância e isenção politica;
- Entendimento da situação vivida em cada espaço de tempo, previlegiando o diálogo mútuo quando a tensão se instalava, e acelerando as acções concretas quando o entendimento reinava;
- Elaboração oportuna de propostas originais capazes de atender à experiência das duas partes, à realidade social da Nação Angolana e à efectiva capacidade de serem implementadas e activadas;
- Concepção de uma estrutura em que quer os Orgãos Superiores das FAA, quer os Ramos das FAA, se entrosassem har-

- 36 -

852

DOCUMENTOS SOBRE A EDIFICAÇÃO DAS FORÇAS ARMADAS DE ANGOLA (1982-2007)

moniosamente mantendo-se sempre a unidade de conceitos e
de organização;

- Organização dum todo coerente prosseguido numa sequência
lógica que, embora respeitasse todos os pressupostos
enunciados, se apoiasse em principios doutrinários testados e articulasse harmoniosamente os niveis de comando
e decisão com os de execução.

- Manter permanentemente informado quer o Chefe da Missão
quer o CEMGFA (PO).

b. **Implementação do Conceito**

A implementação do conceito enunciado efectuou-se em 4
áreas principais:

(1) **Na CCFA**

Com vista a facilitar o diálogo e particularmente o
processo de decisão, foi proposta a constituição de
Grupos de Trabalho (GT) subordinados à CCFA onde se
analizavam previamente as questões da responsabilidade
da própria **Comissão**, que só "subiriam" a esta, após
estudadas, debatidas, e se possível, acordadas.

Após análise das tarefas constantes dos Acordos de Paz
foram constituidos os seguintes Grupos de trabalho:

- GT1 - Estudo das questões de planeamento estratégico
   e de orientação geral sobre o processo de
   formação das FAA;

- GT2 - Estudo das questões normativas e de uniformização;

- 37 -

- GT3 - Estudo das questões da área do pessoal e da logística.

O levantamento da Força Aérea e da Marinha, e a necessidade de "rotinar" a Ligação e a Direcção do Comando Superior das Forças Armadas (CSFA), entretanto levantado, fizeram com que em JAN92 fosse proposta e aceite, a inclusão de mais dois GT (GT4 da Força Aérea e GT5 da Marinha), e a criação do Gabinete de Estudos e Planeamento (GEP) a quem incumbia a coordenação dos GT's, deixando aos Chefes das delegações na CCFA mais tempo para orientar o CSFAA. (Anexo F - Despacho Nº 1).

Além disso, e no intuito de limitar as circunstâncias criadoras de possíveis desconfianças e divergências, Portugal aceitou elaborar as actas das reuniões, bem como de todos os documentos conceptuais. Esta acção trouxe naturais encargos e esforços ao pequeno grupo de assessores presentes em Angola, mas mostrou-se credora do esforço despendido.

(2) **Nas relações com os assessores de outros países (RU e FR)**
A coexistência de 3 países a assessorar a formação das FAA levantou, naturalmente, questões muito delicadas. Para além dos interesses de cada país poderem divergir e não terem sequer a mesma "leitura" das acções que em cada momento se deviam desenvolver, o facto é que, mesmo havendo completa identidade de intenções, os militares de cada país são "representantes" de doutrinas, conceitos, experiências e organização das próprias Forças Armadas.

- 38 -

DOCUMENTOS SOBRE A EDIFICAÇÃO DAS FORÇAS ARMADAS DE ANGOLA (1982-2007)

Além disso, as capacidades da Inglaterra e da França são substancialmente diferentes das Portuguesas. Em Angola, os seus interesses apareceram também diferentes. A França interessada na Força Aérea e na criação duma Força de Acção Rápida; a Inglaterra na organização e implementação do Ministério da Defesa, das Unidades Logísticas e do Sistema de Transmissões. Correu-se mesmo o risco de, (por iniciativa da França), se fraccionar o processo de formação dos Ramos pelos vários países assessores.

Após repetidos contactos com as assessorias, foi possível, contudo, aceitar-se o princípio da **"unidade de doutrina"** e **"originalidade do processo"**, de acordo com vontade das partes e a realidade angolana, contrariando a tendência para criar Forças Armadas "à imagem" de qualquer dos países. Este compromisso colocou, pelo menos "ao nosso nível e controlo", a diferente capacidade dos outros assessores.

Então, caso a caso, foi possível incorporar as propostas da França (na área da constituição duma Força de Intervenção Rápida) e da Inglaterra (na área logística e de transmissões, bem como na estrutura do sistema de forças e da organização do Ministério da Defesa Nacional) nas nossas próprias propostas. Outras iniciativas inglesas incluiriam a colaboração (fora do âmbito dos Acordos de Paz) com militares da África do Sul no treino de alguns militares angolanos no levantamento de engenhos explosivos e ainda a instrução de alguns militares na área da manutenção nas instalações de uma empresa inglesa (a Allmakes) que em Luanda e nos termos de um contracto com as FAPLA, efectuava a substituição de

– 39 –

motores e recuperação de viaturas de origem soviética.

Nestas iniciativas, os ingleses permaneceram, naturalmente, sem a colaboração da assessoria portuguesa.

Finalmente de destacar o entendimento conseguido com os
assessores em obter a participação de alguns militares
franceses e ingleses nos Centros de Instrução. Essa
permanência materializou o empenhamento multinacional
no processo de formação e aumentou a credibilidade do
próprio processo, bem como como da segurança dos nossos
militares. De salientar, no entanto, o pouco interesse
manifestado na instrução e o seu grande empenho em
recolher informações quer da situação e meios logísticos existente quer dos manuais e fichas de instrução
por nós utilizados.

Sublinha-se que o actual representante da França em Angola é por acumulação, representante para a formação
das Forças Armadas em Moçambique. Sabe-se por outro lado que os ensinamentos que o RU colheu em Angola, nesta
área, estão a ser considerados para Moçambique. O seu
interesse nesta área foi tal que a Embaixadora do RU em
Moçambique visitou Angola em MAR92 e pediu para ser
recebida pela Componente Militar Portuguesa/CCFA durante quase 3 horas.

(3) **No Processo de Formação**
Os condicionamentos anteriores levaram também a que a
assessoria portuguesa visualizasse as seguintes **fases**
no processo de formação das FAA que se procuraram levar
à prática:

– 40 –

DOCUMENTOS SOBRE A EDIFICAÇÃO DAS FORÇAS ARMADAS DE ANGOLA (1982-2007)

I FASE - CRIAÇÃO DE CONDIÇÕES - DESENVOLVIMENTO NORMATIVO

É nesta fase inicial que se efectuou todo o trabalho conceptual de elaboração das normas e doutrina, de reconhecimentos das infraestruturas e do lançamento das obras e de aquisições de materiais;

II FASE - LEVANTAMENTO DO SISTEMA DE COMANDO E CONTROLO E FORMAÇÃO DE FORMADORES

Disponibilizadas instalações no Huambo e levantada a Escola de Formação de Oficiais nos finais de 1991, é aqui que, a partir de DEC91, se instrui e levanta o Comando Superior das Forças Armadas e os Chefes das Repartições do EMGFAA, e do Comando Logístico e de Infraestruturas (CLI).

É igualmente aqui que se forma o núcleo dos 50 primeiros instrutores angolanos que serão os próximos "formadores", na EFO na EFS e no ISEM, de mais 300 Oficiais e 600 Sargentos que, acompanhados pelos instrutores portugueses, conduziram, por sua vez, nos Centros de Instrução, a formação das U/E/O.

III FASE - LEVANTAMENTO DO SISTEMA LOGÍSTICO CENTRAL

Logo que disponibilizados os CI's do Soyo, N'Dalatando e Lubango com pessoal já treinado na EFO e EFS serão formados em JUL92 os militares dos Regimentos do Serviço de Material, de Intendência, de Transportes, de Transmissões e de Policia Militar. Após a sua instrução estes Regimentos foram todos instalados na

– 41 –

A POSIÇÃO DE ANGOLA NA ARQUITETURA DE PAZ E SEGURANÇA AFRICANA – ANEXO

Guarnição de Luanda.

IV FASE – LEVANTAMENTO DO SISTEMA DE FORÇAS

A instrução do pessoal dos restantes regimentos do Sistema de Forças foi efectuado a partir de SET92.

No ISEM foram entretanto conduzidos os cursos de Oficiais Generais destinados aos Estados--Maiores dos Ramos e aos Quarteis Generais das Regiões Militares, bem como dos Coroneis destinados a esses EM e a comandantes dos Regimentos.

Na Força Aérea e Marinha, após um segundo curso em Cabo Ledo conduzido já pelos "formadores" aí preparados, foram estes espalhados pelas unidades, estabelecimentos e orgãos dos respectivos Ramos onde conduziram a formação "On Job". Estes dois Ramos foram redimensionados e levantados na quase totalidade e postos sob dependência do CEMGFAA antes das eleições.

No Exército, como já referido, o pessoal formado antes das eleições e as estruturas do Sistema de Formação (ISEM, EFO e EFS) e os Regimentos levantados seriam suficientes para continuarem por si sós o processo de formação após SET92.

Análise atenta da actividade formativa desenvolvida levou-nos a destacar que foi intenção iniciar a formação das cúpulas, depois Orgãos

42 –

DOCUMENTOS SOBRE A EDIFICAÇÃO DAS FORÇAS ARMADAS DE ANGOLA (1982-2007)

e Unidades base e só depois as estruturas intermédias. Tal conduziu a uma linha de comando mais directa e interventora durante o levantamento.

(4) Na relação com o escalão superior CCPM/PO e CEMGFA/PO

Mantendo este escalão permanente e oportunamente informado quer através de documentos formais quer verbalmente. O dispositivo de comunicação montado quer em Angola (Luanda - CI) quer Luanda/Lisboa (EMGFA) permitiu que tal se concretizasse.

– 43 –

A POSIÇÃO DE ANGOLA NA ARQUITETURA DE PAZ E SEGURANÇA AFRICANA - ANEXO

5. RESULTADOS ALCANÇADOS

a. Na Área Conceptual

Nesta área foram elaborados os documentos já descritos (Anexo A - Relatório de Fim de Missão F.I.R.) que se apresentam agora apenas de forma sucinta.

(1) **Organização Superior das FAA**
A partir das propostas que as duas partes entregaram com os "Princípios Básicos para a Organização das FAA" e tendo como pressupostos fundamentais as disposições constantes nos Acordos de Paz para Angola, a assessoria portuguesa apresentou uma proposta de organização para a estrutura superior das FAA que mereceu a concordância genérica da CCFA.

Esta Directiva apresenta já os elementos essenciais à elaboração da Lei da Defesa Nacional e contém a organização do "vertice da pirâmide" das FAA. A sua elaboração prioritária foi indispensável para o levantamento do Comando Superior das FAA (CSFAA) e do Comando Logístico e de Infraestruturas (CLI) que permitia a primeira descentralização das actividades da CCFA, passando aquele Comando bicéfalo (1 General do Governo e 1 General da UNITA) a dirigir o processo prático da formação, de acordo com as directivas desta Comissão, e o CLI a garantir o apoio logistico às unidades em formação.

Após diversos encontros com as partes e na sequência da sua aceitação da proposta referida, foi elaborada ao nível do Grupo de Trabalho nº 1 a **Directiva nº 1/CCFA**, a qual foi aprovada nesta Comissão no dia 24SET91 e

= 44 -

860

DOCUMENTOS SOBRE A EDIFICAÇÃO DAS FORÇAS ARMADAS DE ANGOLA (1982-2007)

pela CCPM no dia 09OUT91.

(2) **Critérios de Selecção dos Militares para as FAA**
Umas das grandes dificuldades a vencer na constituição
das FAA foi de "integrar", de forma harmoniosa, efectivos humanos com experiências, formações, educação e
idade muito diferenciadas, por vezes no mesmo posto.

Nesta área foi patente a divergências das partes em que
a delegação do Governo pretendia dar mais importância
às habilitações escolares e a UNITA à prática.

Além disso, tornava-se necessário definir um critério
de atribuição de **antiguidades** entre os militares que
impedisse que os de uma parte ficassem mais, ou menos,
antigos que os da outra.

A delegação portuguesa tendo em consideração o desejo
das partes efectuaria uma proposta que após longa discussão foi transformado na **Directiva nº 2/CCFA** aprovada
na CCPM em 09OUT91.

(3) **Organização do Exército Angolano**
Tendo em conta os mesmos parâmetros de referência que
serviram de base à organização superior das FAA, a
assessoria portuguesa apresentou a proposta de **organização do Exército**, a qual já incluía os primeiros estudos sobre os **Quadros Orgânicos** de Pessoal que, globalmente, se teriam que aproximar dos 40.000 homens –
4.000 Oficiais, 6.000 Sargentos e 30.000 Praças –
previstos nos Acordos de Paz para o Exército Angolano.

– 45 –

Em simultâneo foram visitados todos os aquartelamentos que o Governo admitiu virem a poder ser utilizados para a formação das FAA e face à situação observada, a delegação portuguesa apresentou uma proposta sobre aqueles que em primeira prioridade deveriam ser recuperados e face às capacidades de cada um o primeiro esboço das várias fases que deveriam ser cumpridas para que o levantamento da estrutura superior das FAA e do Exército fosse possível até ao final do 1º semestre de 1992.

Dentro do quadro anteriormente descrito, foi feito o planeamento interno sobre quadros orgânicos dos Centros de Instrução, sobre os programas para os vários cursos de formação e sobre as necessidades de assessoria, quer quantitativas quer qualitativas.

O conceito que enforma a proposta de organização do Exército Angolano visa, além do levantamento da **Estrutura Superior do Exército**, a constituição duma **Estrutura Territorial** que assegure o regular funcionamento das actividades administrativo-Logísticas e o treino das Unidades Operacionais que constituirão um sistema coerente de forças. Este - o **Sistema de Forças**, será o produto da Estrutura Territorial.

A proposta francesa foi "trabalhada" e integrada na proposta de Brigada Ligeira de Intervenção, cuja organização, inserida no sistema de forças, foi acolhida também na **Directiva nº 3** .

A materialização de todo o trabalho descrito consumou--se com a **elaboração** da Directiva nº 3/CCFA aprovada

- 46 -

DOCUMENTOS SOBRE A EDIFICAÇÃO DAS FORÇAS ARMADAS DE ANGOLA (1982-2007)

pela CCPM na sua reunião de 17DEZ91.

(4) Levantamento do Exército

O conceito apresentado pela assessoria portuguesa para o levantamento do Exército assentou no desenvolvimento das fases já indicadas anteriormente.

Após obtido consenso entre as partes foi elaborada a **Directiva nº 4/CCFA** que incluia além dos "**princípios gerais**" e a "**forma de levantamento**", as "**instalações utilizáveis**" de acordo com a "promessa" efectuada pelas partes (10 Unidades), o **esquema geral** de formação, a **organização** das Escolas e Centros de Instrução, além das **matérias** específicas de uniformização a ministrar em cada Curso de Oficiais, Sargentos e Praças.

Essa Directiva foi assinada pela CCPM em 17DEZ91. Ao longo do tempo verificou-se que a disponibilidade de Escolas e CI's **foram limitados** a 6 e que os prasos previstos, foram sendo progressivamente atrasados obrigando a ajustamentos sucessivos para que se pudesse cumprir a missão da CCFA. A assessoria efectuou propostas **adequadas** em tempo oportuno quer durante as reuniões da CCFA (Anexo D - Actas das Reuniões), quer de modo mais formal através de "recomendações" às partes em conjunto com as assessorias da Inglaterra e França (Anexo H - Recomendações das Assessorias).

(5) Enquadramento Legal e Doutrinário

Para que o levantamento quer da organização superior das FAA quer dos seus 3 Ramos se tornasse exequível, foi necessário a elaboração dos documentos que enquadrassem legal e doutrinariamente toda a estrutura.

– 47 –

A POSIÇÃO DE ANGOLA NA ARQUITETURA DE PAZ E SEGURANÇA AFRICANA – ANEXO

Assim, o Grupo de Trabalho nº 2, elaborou o seguinte conjunto normativo legal que foi aprovado pela CCPM na sua reunião de 17DEZ92 constituindo a **Directiva nº 5/CCFA**.

- Normas Reguladoras da Disciplina Militar
- Normas do Serviço das Unidades
- Normas de Ordem Unida
- Normas de Continência e Honras Militares
- Normas de Preparação Física

Para além disso, e após intensas discussões, foi possível definir e propor para aprovação, a designação dos **postos** do Exército, da Força Aérea e da Marinha, bem como a simbologia das respectivas hierarquias.

Complementarmente, foram elaborados os projectos dos documentos legais a seguir enunciados que embora envolvam matéria susceptível de ser ajustada à lei geral do Estado Angolano, nomeadamente à sua Constituição, foram oportunamente apreciados e aprovados pelas instâncias adequadas:

- Normas de Justiça Criminal Militar
- Normas de Prestação do Serviço Militar (Estatutos)

Não tendo sido objecto de documento regulador foi acordado um plano de **uniformes** provisório que, numa primeira fase, comportava o uniforme de instrução, numa 2ª fase incluia o de serviço interno para Oficiais Generais e superiores e numa 3ª fase, ainda não implementada, será completada com os uniformes de passeio e de cerimónia.

– 48 –

DOCUMENTOS SOBRE A EDIFICAÇÃO DAS FORÇAS ARMADAS DE ANGOLA (1982-2007)

Também sem regulamentação específica, foram aprovados os modelos de **material de aquartelamento** fundamental para equipamento dos aquartelamentos activados.

O fornecimento dos fardamentos e materiais referidos foi feito pelas OGFE de Portugal que para concretização das encomendas e elaboração dos necessários contratos, manteve com regularidade um ou dois Oficiais em Luanda.

O enquadramento legal e doutrinário foi transformado na Directiva nº 5/CCFA aprovada pela CCPM em 17DEZ91. Tiveram aprovação de principio as Normas de Justiça Criminal e as Normas de Prestação de Serviço Militar consideradas indispensáveis à conclusão do "Edifício Legal" e que só em OUT92 foram terminadas já pelas partes, apesar do conteudo inicial ter sido efectuado pela assessoria portuguesa, nomeadamente pelo Dr. Castelo Branco no que se refere a às normas de disciplina militar e de justiça criminal.

(6) **Organização da Força Aérea e da Marinha de Guerra**
Nos termos dos Acordos de Paz para Angola, a Força Aérea e a Marinha foram redimensionadas com base no respectivo Ramo das FAPLA tendo a UNITA nelas participado segundo critérios especificamente definidos no âmbito da CCFA.

Também nos termos dos Acordos os efectivos consignados a cada um destes Ramos das FAA foram os seguintes:

- Força Aérea 6.000
- Marinha 4.000
Logo que aprovada a estrutura superior das FAA e do

– 49 –

A POSIÇÃO DE ANGOLA NA ARQUITETURA DE PAZ E SEGURANÇA AFRICANA – ANEXO

Exército, foi cometida aos Grupos de Trabalho nº 4 e nº 5 da CCFA a tarefa de elaborarem os estudos, os planos e as propostas convenientes quer à organização, quer à forma de levantamento destes dois Ramos das FAA.

Para tal, a organização da Força Aérea e da Marinha de Guerra Angolanas foi concebida de forma a respeitar o mesmo modelo do Exército Angolano a fim de proporcionar uma melhor harmonização estrutural nas FAA e maior capacidade de entendimento e apoio mútuo.

Assim a **Directiva nº 6/CCFA**, aprovada pela CCPM no dia 19MAI92, definiu as "Normas Básicas para a reorganização da Força Aérea e da Marinha Angolanas", enquanto a **Directiva nº 7/CCFA** estipulou a Organização da Força Aérea e a **Directiva nº 8/CCFA** a Organização da Marinha de Guerra Angolana.

A elaboração dos Quadros Orgânicos de Pessoal referentes às organizações aprovadas, bem como os critérios de participação de ambas as partes em cada um destes Ramos foi a tarefa que se seguiu às anteriores, dela resultando o **Despacho nº 9/CCFA** para a Força Aérea e o **Despacho nº 10/CCFA** para a Marinha de Guerra.

(7) **Levantamento da Força Aérea e da Marinha de Guerra**
Tendo a CCFA entendido que a forma de levantamento dos dois Ramos deveria respeitar os pressupostos adoptados para o Exército, sendo inclusivamente desejável que a formação dos Oficiais de mais elevada patente fosse comum, foi elaborada a Directiva nº 9/CCFA – Levantamento das Unidades e Organismos da Força Aérea, e a Directiva nº 10/CCFA – Levantamento das Unidades e

– 50 –

DOCUMENTOS SOBRE A EDIFICAÇÃO DAS FORÇAS ARMADAS DE ANGOLA (1982-2007)

Organismos da Marinha de Guerra Angolana - documentos aprovados pela CCPM na sua reunião de 19MAI92.

O **programa** de acções a serem desenvolvidas para que ambas as estruturas transitassem harmónica e progressivamente das FAPLA para as FAA, foi apreciado pela CCFA que tal como havia acontecido com o Exército sucessivamente o aprovou, o reequacionou mas não pode levar à "**prática**" na plenitude. Tal circunstância ocorreu face ao atraso verificado na transferência das Bases Aéreas e das Bases Navais para o âmbito das FAA situação que no caso da Marinha foi mais gravosa, devido ao estado de degradação das instalações que nunca receberam obras de reparação.

Em face do exposto, o levantamento da Força Aérea e da Marinha de Guerra foi feito com o seguinte faseamento:

1ª Fase: Curso de formação de instrutores na Base Aérea de Cabo Ledo - 13JUL a 07AGO92;

2ª Fase: Curso de formação de Oficiais Generais de Coroneis e de Capitães-de-Mar-e-Guerra no ISEM - 03 a 26AGO92;

3ª Fase Tomada de posse dos Oficiais Generais dos dois Ramos,incluindo os respectivos Chefes e Vice--Chefes do Estado-Maior e Inspectores Gerais - 01 a 15SET92.

4ª Fase Transferência, das Bases Aéreas e das Bases Navais para as FAA - 24 a 27SET92 -.

- 51 -

A POSIÇÃO DE ANGOLA NA ARQUITETURA DE PAZ E SEGURANÇA AFRICANA – ANEXO

Apesar dos atrasos referidos verificou-se assim que a Força Aérea e a Marinha de Guerra puderam ser levantadas quase a 100% e colocadas sob dependência do CEMGFAA (nomeado a 28SET92) antes da realização das eleições de 29 e 30SET. Nela foram também integrados a quase totalidade dos militares com que a UNITA devia participar nestes Ramos.

(8) **Levantamento do Ministério da Defesa Nacional**
Já na fase final do processo conceptual e perante uma **proposta da Inglaterra** de organização do Ministério da Defesa Nacional, resultando na permanência em Angola dum alto funcionário civil do próprio Ministério da Defesa, a assessoria portuguesa apresentou uma **proposta alternativa** de organização do Ministério.

Essa proposta recolheu o apoio de princípio, tendo sofrido naturais comentários das partes, particularmente no sentido de permitir acolher os mais destacados militares quer do Governo quer da UNITA, ainda sem funções definidas nas novas FAA.

Em finais de AGO91 o Governo apresentou também algumas questões que especificamente não haviam sido debatidas e que incluiam a necessidade de pormenorizar o enquadramento dos Serviços Sociais, do "comércio militar" (correspondente ao nosso "Casão" e "Supermercados") e das Organizações Desportivas (de que se destaca o Clube 1º de Agosto).

A assessoria portuguesa elaborou então uma proposta de reorganização de CSFAA que iria ser substituído pelo CEMGFAA, do EMGFAA e do Ministério da Defesa Nacional.

– 52 –

DOCUMENTOS SOBRE A EDIFICAÇÃO DAS FORÇAS ARMADAS DE ANGOLA (1982-2007)

Essa proposta constitui a **Directiva nº 11/CCFA**. Se bem que tenha recolhido o consenso das partes e se saiba estar agora a ser também implementada, a Directiva nº 11 nunca chegou a ser oficialmente ractificada na CCPM.

(9) Despachos

Além das Directivas, documentos de orientação geral (com caracter de Lei) aprovados pelo orgão superior resultante dos Acordos de Paz - a CCPM -, foi necessária a sua regulamentação, tendo em vista preencher o "Edifício Organizativo" das FAA e CSFAA, - os Despachos (com caracter de Decreto-Lei), aprovadas pela CCFA.

Os despachos (Anexo F) cobrem várias áreas e aspectos de que se destacam:

(a) A reorganização da CCFA face aos condicionamentos já referidos (**Despacho nº 1/92**).

(b) A organização de cursos específicos e a nomeação de pessoal para os mesmos (**Despacho nº 2, 3 e 4/92**).

(c) O sistema de Recursos Humanos para as FAA, contendo os Quadros Orgânicos de Pessoal adequados ao preenchimento do dispositivo aprovado quer para o Exército quer para a Força Aérea e Marinha. (**Despacho nº 5/92**). Foram centenas de horas de trabalho e de discussão para recolha e preenchimento das funções específicas.

(d) O Sistema Logístico das FAA contendo as bases doutrinárias do novo sistema a levantar (**Despacho nº 6/92**). Porém já em OUT91 tinha sido elaborado e

- 53 -

A POSIÇÃO DE ANGOLA NA ARQUITETURA DE PAZ E SEGURANÇA AFRICANA - ANEXO

sancionado pela CCFA um Plano Logístico visando definir o tipo de apoio a ser prestado às Unidades, Estabelecimentos (U/E/O) e Orgãos das FAA que iam ser levantadas a curto praso.

Dado que estes U/E/O iriam ser apoiados inicialmente pelo sistema administrativo logístico das FAPLA (os Acordos de Paz assim o determinavam), o Plano Logístico destinava-se a garantir não só um apoio adequado aos diversos comandos das FAA, bem como autonomia e competência para que estes gerissem os recursos materiais e financeiros imprescidíveis às estruturas que comandavam, sem que fossem "absorvidos" pela logística FAPLA.

(e) O Sistema de Recursos Materiais para as FAA, contendo os Quadros Orgânicos de Material das U/E/O **(Despacho nº 7/92)**.

(f) O Sistema Financeiro das FAA, contendo o conceito, normas e sistemas de contabilidade e controlo dos recursos financeiros **(Despacho nº 11/92)**.

(g) O Sistema de Saúde das FAA cobrindo o conceito, normas, organização e funcionamento dos orgãos de planeamento e execução do apoio sanitário **(Despacho nº 12)**.

(h) O Sistema de Informática e Telecomunicações contendo o conceito e sistemas de telecomunicações para o Exército, Força Aérea e da Marinha bem como os elementos orientadores para a informatização progressiva nas FAA.

– 54 –

DOCUMENTOS SOBRE A EDIFICAÇÃO DAS FORÇAS ARMADAS DE ANGOLA (1982-2007)

(i) O Sistema da Policia Militar, **contendo** os Direitos e Deveres do agente da Policia Militar, bem como a caracterização da sua forma de actuação.

(j) Critérios de Participação da UNITA na Força Aérea e Marinha.

Estes Despachos foram imprescindíveis ao levantamento das novas Força Aérea e Marinha Angolanas. Na realidade, enquanto que o Exército era formado com 50% de cada parte, naqueles Ramos os Acordos de Paz previam que dado a UNITA não os possuir e a fim de manter a sua "**operacionalidade**" constante, seriam formados com base no pessoal das FAPLA já existentes, mas a UNITA nelas "**participaria**" em condições a definir na CCFA.

Após longas discusões, foi possível definir "critérios" que garantissem um emprego adequado aos militares da UNITA, em funções que estes pudessem desempenhar "**imediatamente**" (instrutores de matérias gerais, cozinheiros, socorristas, operadores de transmissões etc) e prever a formação técnica futura em cursos adequados para outros. (**Despachos nº 9/92 e 10/92**).

(k) Finalmente, dado os atrasos que se vinham verificando na execução das várias tarefas conducentes à formação conjunta dos militares previstos nos Acordos de Paz, foi elaborada pela assessoria portuguesa a pedido da CCFA, uma relação exaustiva das tarefas ainda a executar, os prasos em que deviam ser executadas e a entidade responsável pela execução e aprovação/sancionamento das mesmas (CCPM,

– 55 –

CCFA ou CSFAA). Além disso e no sentido de melhorar o controlo no sistema, este despacho foi acompanhado pelo conjunto de Relatórios que as várias entidades deviam elaborar para garantir uma analise correcta dos acontecimentos dos escalões subordinados e a capacidade de recção em tempo.

A elaboração deste despacho marca ainda uma fase dum certo "mal estar" entre o CSFAA e a CCFA em que aquele referia que as partes na CCFA não lhes davam orientação bastante nem sancionavam as suas propostas para garantir uma formação plena das FAA no espírito dos Acordos de Paz. As partes na CCFA referiam que o CSFAA tinha os meios suficientes para prosseguir a formação.

(1) Além das Directivas e Despachos porém, outras actividades foram executadas pela assessoria portuguesa visando contribuir, através das suas propostas, para a definição de uniformes para o Exército, Força Aérea e da Marinha, aquisição de materiais e fardamento, reparação de aquartelamentos e previsão de obras entre outros. O Apêndice 4 - Anexo H apresenta uma relação sucinta das actividades desenvolvidas

b. No Processo de Formação

Além dos assessores à CCFA voltados para o apoio na área conceptual, cujas actividades foram descritas anteriormente, as partes solicitaram a presença de militares dos 3 países assessores (PO, RU e FR) naquela Comissão, para assessoria técnica à instrução.

– 56 –

DOCUMENTOS SOBRE A EDIFICAÇÃO DAS FORÇAS ARMADAS DE ANGOLA (1982-2007)

Se bem que o Anexo C - Relatório Final da Instrução - reflita de forma permonerizada esta actividade, importa porém "salientar" aqui alguns dos aspectos mais marcantes.

Assim, podemos considerar que a actuação dos assessores para a instrução se salientou nas seguintes áreas:

- Dar "corpo" ao "edifífio" planeado na CCFA;

- "Harmonizar" e dar "coesão" a militares oriundos de 2 Exércitos;

- Lançar as bases para a **Cooperação Técnico-militar** das Forças Armadas Portuguesas com as Forças Armadas Angolanas.

(1) No que diz respeito a dar "corpo" ao "edifício" planeado na CCFA, a assessoria portuguesa efectuou as seguintes acções:

(a) Levantou as Unidades , Centros de Instrução e Estabelecimentos de Ensino do "Sistema de Formação" que ficou constituido por:

-Instituto Superior de Ensino Militar (ISEM)-Luanda

-Escola de Formação de Oficiais (EFO) -Huambo

-Escola de Formação de Sargentos (EFS) -Benguela

- Centro de Instrução do Soyo - Soyo

- Centro de Instrução de N'Dalatando - N'Dalatando

- 57 -

- Centro de Instrução de Lubango   - Lubango

- Base Aérea/Centro de Instrução   - Cabo Ledo

(b) Assessorou as Unidades do Sistema Logístico e de Comando e Controlo, constituidas por militares que já haviam sido formados e que são:

- Destacamento de Apoio do EMGFAA   - Luanda

- Regimento de Intendência   - Luanda

- Regimento de Serviço de Material   - Luanda

- Regimento de Transportes   - Luanda

- Regimento de Transmissões   - Luanda

- Regimento de Policia Militar   - Luanda

(c) Colaborou na assessoria ao EMGFAA e ao Comando Logístico e de Infraestruturas.

(d) Elaborou todas as normas de execução permanente (NEP) respeitantes a todas as actividades de todos os sectores da vida diária das Unidades levantadas e acompanhou a actividade dos responsáveis angolanos pelos diversos sectores.

(e) Elaborarou todas as fichas de instrução que permitiram unificar os aspectos da instrução ministrada e a ministrar pelos futuros instrutores das FAA.

- 58 -

DOCUMENTOS SOBRE A EDIFICAÇÃO DAS FORÇAS ARMADAS DE ANGOLA (1982-2007)

(2) Quanto à tarefa de "harmonizar" e dar "coesão" aos militares das FAA longo foi o caminho precorrido desde a formação dos 50 primeiros instrutores angolanos no **HUAMBO** até os mais de 8.000 que passaram por todas as Unidades levantadas e posteriormente pelos cerca de 6.000 militares da Força Aérea e 4.000 da Marinha.

A acção da assessoria portuguesa contribuiu decisivamente para o processo de "unificação", de várias formas, de que se destacam:

(a) A utilização de processos didáticos e pedagógicos modernos e extremamente eficazes. De salientar o impacto produzido no Huambo em que numa Unidade praticamente "deserta" e sem energia electrica foi com um gerador trazido de Portugal que se utilizaram computadores portáteis e programas pedagógicos que permitiram projectar em ecran as matérias a ensinar. Foi "coisa" que a grande maioria via pela primeira vez.

Esta capacidade técnica junta aos processos didáticos empregues estimolou a vontade de aprender, empenhou de forma inusitada os instruendos e auxiliou a "esquecer" as agruras e as carências passadas.

(b) O empenhamento, dedicação, aprumo e extraordinário interesse dos militares portugueses foram em todas as circunstâncias "fonte de inspiração" e modelo que todos "sentiam" dever ser seguido.

(c) O apartidarismo e total equidistância e isenção

- 59 -

A POSIÇÃO DE ANGOLA NA ARQUITETURA DE PAZ E SEGURANÇA AFRICANA – ANEXO

politica demonstradas pela assessoria portuguesa, foram esteio para a adequada compreensão da dimensão nacional das novas Forças Armadas a levantar.

Na verdade o sucesso da acção da assessoria pode ser aferido pela ausência de conflitos durante o processo de formação, sendo notados apenas 3 ligeiros incidentes entre pessoal oriundo das FAPLA e das FALA, que os próprios militares das FAA resolveram sem dificuldade.

Natural é porém a delicadeza desta "junção" e muitos os obstáculos a vencer no dia a dia para garantir a prossecução da formação. Os acontecimentos posteriores às eleições de 29 e 30SET92 tiveram algum reflexo nas FAA (Apêndice 6 - Anexo H) que o "cimento" aglotinador conseguiu superar. Porém a continuidade duma acção de divergência partidária entre o MPLA e a UNITA "pesarão" cada vez mais sobre a lealdade dos militares das FAA.

(3) Finalmente, os assessores portugueses lançaram as bases para a **Cooperação Técnico-Militar** a prosseguir.

Na verdade a matriz das FAA é "Lusa". A organização das FAA se bem que no respeito total da vontade das partes, foi inspirada pela nossa doutrina, métodos e experiência. Os restantes países assessores colaboraram conosco na sua implementação. Na realidade não mostraram capacidade. em apresentar formas alternativas.

Assim, terminada esta primeira tarefa de uniformização de procedimentos, torna-se indispensável a preparação

– 60 –

DOCUMENTOS SOBRE A EDIFICAÇÃO DAS FORÇAS ARMADAS DE ANGOLA (1982-2007)

funcional das diferentes "entidades" das FAA; estabelecer um sistema de formação, qualificação e aperfeiçoamento dos Quadros e tropas; e preparar as unidades para ministrar os cursos adequados.

Torna-se igualmente necessário "dar vida" às unidades do Sistema de Forças - as Brigadas e conduzir o seu treino operacional, e lançar as bases da "**reorganização a mais longo praso**" daqui a 3/5 anos como está previsto nas Normas de prestação do Serviço Militar (Estatuto).

Enfim, obtiveram-se largos horizontes para Cooperação Técnico-Militar que a capacidade demonstrada, a natural facilidade de entendimento com os Angolanos e as amizades geradas no processo, se encarregarão de facilitar.

c. **Apreciação Geral**

(1) Face à missão da CCFA, atribuída pelos Acordos, factores condicionantes descritos ao âmbito da actuação reservada às assessorias a esta Comissão, e ao conceito de actuação atrás enunciado, **pode dizer-se sem risco de omissão ou erro que a missão da assessoria foi na globabilidade cumprida.**

. **Na assessoria à CCFA**, pela elaboração oportuna de propostas que constituiram. após aprovadas, a "estrutura" de todo o "edifício **organizativo**" das FAA, e pela postura da total equidistância e disponibilidade, privigiliando o diálogo e o consenso entre as partes e permitindo levar a cabo acções múltiplas, complexas e diversificadas, de formação das Forças Armadas de cariz nacional.

- 61 -

A POSIÇÃO DE ANGOLA NA ARQUITETURA DE PAZ E SEGURANÇA AFRICANA – ANEXO

. Na assessoria à formação das Forças Armadas, pela
criação de condições de **organização** das várias Unidades, Estabelecimentos e Orgãos das FAA e pela preparação de "**Quadros**" Angolanos capazes para conduzi-
rem, por eles próprios, o processo de formação unifi-
cador determinado. O **Anexo C** traduz bem o esforço e o
empenhamento da assessoria que "permitiu" que todos
os militares disponibilizados pelas partes fossem
acolhidos em condições minimamente condignas, farda-
dos, apoiados e instruidos, segundo padrões que os
levassem, sem incidentes, a "aceitar" e a "querer"
participar nas Forças Armadas Nacionais.
A presença, as visitas, os cursos ministrados, o
apoio prestado em todas as circunstâncias, traduzem
um incontável esforço de formação e sensibilização
para que as FAA fossem uma emanação da Nação Angolana. O título da **palestra** feita a Oficiais Generais
e Coroneis das FAA (Democracia, Forças Armadas, Poder
Politico e Opinião Pública) traduz bem a preocupação
de unidade e ética que se pretendeu incutir.

(2) Concretizando, pode dizer-se que **Portugal empenhou** nestas tarefas, além do apoio da retaguarda, os seguintes
militares (Anexo H - Efectivos Empenhados):

NA ASSESSORIA À CCFA

2 Oficiais Generais
1 Coronel
6 Oficiais Superiores
1 Sargento (Apoio)
2 Praças (Apoio)

– 62 –

DOCUMENTOS SOBRE A EDIFICAÇÃO DAS FORÇAS ARMADAS DE ANGOLA (1982-2007)

NA ASSESSORIA À FORMAÇÃO DAS FAA

Exército

13 Oficiais Superiores

15 Capitães

6 Sargentos

1 Praça

Força Aérea

3 Oficiais Superiores

6 Capitães

3 Sargentos

Marinha

1 Oficial Superior

1 Oficial Subalterno

Além disso proporcionou durante este período a conduta de cursos na Força Aérea e Academia Militar para vários militares e foram conduzidas 3 visitas a Portugal.

De registar ainda o forte empenhamento no fornecimento de material de instrução e outro para apoio à assessoria, em condições de grande carência de infraestruturas locais.

(3) Como resultado mais visível e apesar das carências e limitações de **infraestruturas** existentes e ainda das partes terem definido o ritmo de formação mais adoptado aos seus **interesses** politicos globais, foi levantado o seguinte sistema (Apêndice 3 -Anexo H).

– 63 –

A POSIÇÃO DE ANGOLA NA ARQUITETURA DE PAZ E SEGURANÇA AFRICANA - ANEXO

DO EXÉRCITO

- O levantamento da Estrutura Territorial - composta pela estrutura superior a nível FAA, e ao nível do Exército, pela estrutura de comando e controlo, pelo sistema administrativo-logístico e por um Regimento de cada Arma - foi feita em primeira prioridade, dispondo, no final do 2º Turno de Instrução de cerca dos 40% dos efectivos previstos.

- A formação do Sistema Operacional - Sistema de Forças foi planeado em 2ª prioridade pelo que no final do 2º Turno de Instrução dispunha de cerca de 9% dos efectivos previstos.

- A incorporação dos militares que completam a Estrutura Territorial, foi concebida tendo em conta que as U/E/O já levantadas dispõem de capacidade para receberem e formar os efectivos em falta, enquanto a incorporação dos militares para o dispositivo operacional deverá ser feita através das Áreas de Enquadramento - ao nível das RM/ZM - onde cada militar apresentado é classificado, fardado, e aí recebe a instrução de uniformização mínima capaz de o enquadrar nas FAA.

- A instrução de formação, tal como a da especialidade, serão ministradas já na própria Unidade de cada militar, cabendo ao Regimento de cada Arma ou Serviço fazer a supervisão de tal actividade, que se prolongará pelos turnos necessários (estavam previstos 6 Turnos).

- 64 -

DOCUMENTOS SOBRE A EDIFICAÇÃO DAS FORÇAS ARMADAS DE ANGOLA (1982-2007)

DA FORÇA AÉREA

- Este Ramo das FAA foi redimensionado para os efectivos previstos nos Acordos de Paz e rearticulado de forma a respeitar a organização prevista e aprovada (Directiva nº 7/CCFA) tendo sido nela integrada a quase totalidade dos militares oriundos das FAPA/DAA e FALA (cerca de 12%), nos termos dos critérios de participação definidos no Despacho nº 9/92.

- Foi colocado sob dependência do CEMGFAA, antes da data das eleições.

DA MARINHA DE GUERRA

- Este Ramo das FAA foi redimensionado para efectivos previstos nos Acordos de Paz e rearticulado de forma a respeitar a organização prevista e aprovada, Directiva nº 8/CCFA, tendo sido nele integrada a quase totalidade dos militares oriundos das FALA (cerca de 10%), nos termos dos critérios de participação definidos no Despacho nº 10/92.

- Foi colocado sob dependência do CEMGFAA antes da data das eleições

(4) De referir porém que ao longo do tempo se manteve a **preocupação** constante em se criar a possibilidade de, até às eleições se formarem os **efectivos previstos**. Por tal razão e sempre que se constatou a existência de paragens ou atrasos, a delegação portuguesa tomou a iniciativa de motivar as outras delegações assessoras para

- 65 -

a elaboração duma "recomendação formal" para que as partes activassem o processo de formação ou se consciencializassem de que mais tarde não poderiam remeter para terceiros responsabilidades que cabalmente lhe eram inerentes. Foi assim que em 06DEZ91, 25MAI92 e 25AGO92 se entregaram às partes na CCFA as recomendações incluidas no Apêndice 8 - Anexo H.

Muito há ainda a realizar como se tem vindo a referir, mas pode dizer-se que o planeamento global para levantamento de 50.000 homens está realizado, incluindo o projecto para formação e qualificação e aperfeicoamento de quadros e tropas e respectivos cursos e locais de formação.

Ao período de uniformização deve seguir-se um longo período de consolidação e especialização com forte empenhamento na Cooperação Técnico-Militar como aliàs foi bem expresso por Sua Exª o Ministro da Defesa Nacional aquando da sua visita a Angola de 24 a 28FEV92.

As **Normas** de **Prestação** do **Serviço Militar** orientam para que apenas dentro de 3 a 5 anos se proceda a uma remodelação, salvaguardando-se assim direitos e anseios dos actuais quadros.

O **sobredimensionamento** das Estruturas Superiores das FAA e do Ministério da Defesa Nacional foi intencional e requerida pelas partes por forma a "comprometer" todos os principais militares, além de garantir "confiança" e

"capacidade de participação" no futuro das FAA.

– 66 –

DOCUMENTOS SOBRE A EDIFICAÇÃO DAS FORÇAS ARMADAS DE ANGOLA (1982-2007)

6. CONCLUSÕES/COMENTÁRIOS

a. Generalidades

(1) Os Acordos de Paz para Angola, assinados em 31MAI91, após longas e difíceis negociações, têm por base a "soberania absoluta" das partes (Governo e UNITA) e a sua exclusiva competência para acordar e decidir por "consenso", as acções a prosseguir conducentes à implementação dos Acordos.

Cobrindo uma vasta gama de matérias, desde o cessar fogo até à formação das forças armadas, constituiram o guia, sempre presente, da acção conduzida pela assessoria portuguesa que deles extraiu, em cada momento, a própria missão ou actividade considerada mais adequada ao seu espírito e letra.

Nas várias comissões constituídas e, além das "partes" com capacidade deliberativa, apenas existiam "observadores" ou "assessores" cujo campo de possível intervenção se situava no domínio da "boa vontade", sendo exercida através de propostas, recomendações ou críticas.

Além das Comissões, foi também estabelecida em Angola uma Estrutura das Nações Unidas, a UNAVEM II, (na sequência da UNAVEM I que fiscalizou a saída dos cubanos).
O funcionamento desta foi pouco "inserido" nas comissões constituídas. Na realidade os Acordos apenas previam que um representante da UNAVEM pudesse "ser convidado" a participar nas reuniões da CCPM e da CMVF, o que aconteceu.

– 67 –

A POSIÇÃO DE ANGOLA NA ARQUITETURA DE PAZ E SEGURANÇA AFRICANA - ANEXO

(2) A Formação das Forças Armadas Angolanas a cuja assessoria este relatório se refere, constitui o último passo
no processo muito complexo da "pacificação", extinção
dos 2 exércitos, e "unificação" do Estado Angolano.

A vontade e capacidade de levantar as FAA previstas nos
Acordos de Paz foi fatalmente influenciada quer pelos
factores políticos que comandavam todo o processo, quer
pela concretização de complexas acções prévias, de que
se destacam o acantonamento em aproximadamente 50 Áreas
de Localização de cerca de 200.000 homens, a preparação
de aquartelamentos que se encontravam muito degradados
e sem equipamento (100 milhões de dolares em obras), a
desmobilização e a inserção na vida social dos ex-militares, até à definição de condições conceptuais e de
organização.

Com início, previsto para muito mais cedo (AGO91), a
desmobilização porém só veio a iniciar-se em MAR92, e
só neste mês as partes cederam o primeiro lote substancial de militares para as FAA (300 Oficiais e 600
Sargentos e Praças).

b. Organização da Missão Portuguesa

(1) A estrutura da representação portuguesa junto da CCPM,
que incluía além do Chefe da Missão, os representantes
nacionais na CP, na CMVF e na CCFA, parece ser um bom
modelo, se bem que a sua capacidade de intervenção
genérica, sofresse dos condicionalismos apresentados
anteriormente.

– 68 –

DOCUMENTOS SOBRE A EDIFICAÇÃO DAS FORÇAS ARMADAS DE ANGOLA (1982-2007)

Tais limitações mais suscitam a vantagem e necessidade de trabalho em equipa, tendo como referencial a doutrina de "gabinetes de crise", como oportunamente foi sugerido.

Para além disso, a coexistência na acção, de entidades nacionais de proveniência de áreas ministeriais diferentes (Ministério dos Negócios Estrangeiros e da Defesa Nacional) implica, além de unidade de direcção local, uma muito coordenada concatenação de politicas sectoriais dos respectivos Ministérios, em obediência aos objectivos nacionais definidos para essa área.

Sem dúvida que interessará seleccionar e apoiar os representantes de PO mas igualmente interessa criar um SISTEMA flexível que permita, face aos objectivos, marcar tarefas e "timings" que devem ser cumpridos. Mais do que atribuir tarefas a pessoas interessa cuidar da implementação dum Sistema em que os Orgãos de rectaguarda assumam especial interesse na orientação de actividades. O poder e facilidade de comunicação (telefone, radio, fax, etc) permitem que cada vez mais, assim seja.

(2) Destaca-se com muito agrado o apoio que a Componente Militar e particularmente a assessoria para a formação das FAA recebeu e que se materializou na nomeação de substancial número de militares, no volumoso, caro e complexo material fornecido, quer para apoio próprio dos militares, quer para o cumprimento da sua missão, até a cedência de aviões C-130 que por diversas vezes contribuiram para materializar o indiscutível, empenhado e amigo apoio de Portugal na materialização da Paz

– 69 –

A POSIÇÃO DE ANGOLA NA ARQUITETURA DE PAZ E SEGURANÇA AFRICANA - ANEXO

em Angola.

c. Formação das Forças Armadas Angolanas

(1) Portugal, no âmbito militar, empenhou 23 militares (9 no âmbito CFA, 6 no âmbito CMVF e 8 no apoio geral à missão) como elementos permanentes da Missão Temporária e mais 49 (incluindo Força Aérea e Marinha) como instrutores. Estes com estatuto ligeiramente diferenciado e tardiamente definido.

O entusiasmo, interesse e competência no cumprimento das tarefas decorrentes foi excepcional e demonstrativo da capacidade das nossas FA para cumprir missões deste teor. Em África, cremos que os militares PO, poderão ser um excelente meio para condução da política nacional.

Dos resultados obtidos, além do óptimo relacionamento entre as duas Forças Armadas, consequente confiança em Portugal através dos seus militares e ainda da minimização relativamente a "complexos coloniais", podemos enumerar:

- Definição das referências doutrinárias para as novas FAA;
- Desenvolvimento do espírito de unidade e coesão nacional entre militares que se combateram;
- Levantamento de 40% da estrutura territorial e 9% da estrutura operacional do Exército;
- Redimensionamento e definição doutrinárias da Força Aérea e Marinha a quase 100%.

A presença dos militares PO após eleições e portanto de

– 70 –

886

DOCUMENTOS SOBRE A EDIFICAÇÃO DAS FORÇAS ARMADAS DE ANGOLA (1982-2007)

extinção da CCFA foi importante, como importante foi após os acontecimentos violentos de 30OUT/01NOV92.

Os militares PO continuam a ser uma boa "ponte de ligação" entre Governo e UNITA tendo como base os efectivos já presentes de uma e outra parte nas FAA.

Nos estabelecimentos de ensino militar em Portugal durante o período, foram concedidas, além de outras as seguintes vagas (bolsas de estudo):

Academia Militar:
4 - Pilotos aviadores
2 - Engenheiros aeronauticos
8 - Diversas especialidades

Academia da Força Aérea:
4 - Pilotos aviadores
5 - Administração aeronautica

Colégio Militar e IMPE
4 - Alunos

Dum lote de cerca de 250 vagas que o Sr. Ministro disponibilizou durante a sua visita (Ver documento projecto de cooperação entregue na visita de 24/28FEV92).

(2) Além da participação atrás referida é de salientar o interesse, do CEMGFA e MINISTRO DA DEFESA NACIONAL não só pela sua visita em fins de FEV92, como da cedência de meios aéreos (C-130) para "acelerar" a desmobiliza-ção e o rápido suporte na evacuação dos portugueses

- 71 -

após os acontecimentos violentos já citados. A cedência e atribuição de material em que se salienta o de comunicações é outro factor revelador do interesse e da atenção dispensadas aos que na frente cumpriam uma missão de cariz nacional.

De salientar o entusiasmo que a nossa Força Aérea manifestou, o muito interesse e cedência de vultosos meios do Exército, quer em pessoal quer em material, e a necessidade de a nossa Marinha alargar o seu campo de acção às múltiplas áreas em que pode e o sabe fazer com eficiência.

O tempo de permanência dos quadros militares permanentes quer do QO/Missão, quer do quadro de instrutores foi, na maior parte dos casos, excessivo. Se a continuidade é uma vantagem, o desgaste psicológico e físico pode pô-la em risco e haverá que interessar e dar a conhecer esta nova realidade a maior número de militares. Os estágios antes do início da missão são indispensáveis.

(3) Importa ainda salientar que:
. Os sucessivos atrasos na desmobilização e na extensão da administração central a todo o território nacional, o não controle/neutralização dos armamentos, e a agressividade da comunicação social foram factores negativos no levantamento das FAA.

. O muito mau estado dos aquartelamentos e ausência de equipamentos, a necessidade de definição de novas doutrinas, o "jogo politico" influenciaram o cumpri-

- 72 -

DOCUMENTOS SOBRE A EDIFICAÇÃO DAS FORÇAS ARMADAS DE ANGOLA (1982-2007)

mento da missão da CCFA.

Apesar das oportunas "recomendações" feitas pelos observadores do RU, PO, e FR quanto aos "riscos" de não levantamento das FAA, como obrigavam os Acordos. a verdade é que todos, inclusivé a CCPM, esperavam que "o milagre das eleições" tudo resolvesse. Assim não aconteceu.

. A consecução da Paz é um objectivo "natural", mas muito complexo, daí que factores de toda a ordem devam ser coordenados e impulsionados de forma equilibrada. A desmobilização deverá ser factor impulsionador do desenvolvimento económico e social e não causador de estados de indisciplina social. As "ajudas externas" são indispensáveis, como indispensável é o seu controle. Sectores como a comunicação social devem merecer especial atenção. A coordenação entre doutrinas/efectivos/armamento entre Forças Armadas e Forças Policiais deve ser preocupação constante podendo obrigar a maior ou menor intervenção de Forças Internacionais.

(4) Em 27SET92 foi extinta a CCFA e consequentemente dada por finda a nossa missão naquela Comissão.

O grupo de instrutores a partir de 20SET92 iniciou o seu regresso a (PO). tendo alguns destes permanecido em Luanda como assessores, durante OUT92. A partir de NOV92 permaneceram em Luanda apenas os elementos do QO da Missão Temporária, iniciando-se a redução de efectivos a partir de 15DEC92 tendo em vista o redimensionamento da missão como há muito vinha sendo admitido.

– 73 –

A POSIÇÃO DE ANGOLA NA ARQUITETURA DE PAZ E SEGURANÇA AFRICANA - ANEXO

Os acontecimentos violentos na cidade de Luanda de 30OUT a 01NOV92 vieram influenciar conceitos e pretensões relativamente ao apoio à formação e consolidação das FAA. A passagem da situação de apoio à formação das FAA, nos termos dos Acordos, para a de cooperação entre Ministérios, bem como de rendição programada - por forma a manter-se a continuidade - estava nos nossos objectivos, intenção que deve manter-se válida adequando-se à actual situação.

(5) Caso a situação de violência não venha a ter uma solução politica e pacífica é de prever que as FAA possam vir a identificar-se com o Governo (partidarismo politico) e consequente desrespeito pelos Acordos. A futura acção das nossas Forças Armadas reveste-se, assim, de grande sensibilidade.

De salientar, no entanto, que até à presente data (15DEC92) e pesem aqueles acontecimentos, se tem mantido um razoável grau de coesão entre os militares oriundos das FAPLA e FALA nas FAA.

A prioridade dada à intervenção das Forças Policiais nos actuais conflitos, traduz não só a aceitação da doutrina "modelo ocidental" por nós preconizada, como a tentativa de preservação do novo espírito das FAA.

De salientar, ainda, os continuados pedidos de apoio das FAA a que continuamos a dar resposta, quanto possível. As relações pessoais entre os nossos militares e os militares das FAA mantêm-se em nível excepcional.

(6) De sublinhar o bom relacionamento e o apoio mútuo entre militares e civis da missão. Apesar dos atrasos na con-

- 74 -

DOCUMENTOS SOBRE A EDIFICAÇÃO DAS FORÇAS ARMADAS DE ANGOLA (1982-2007)

cessão dos abonos financeiros por parte do MNE (aprox. 6 meses), apesar de desde JUL92, não se receber qualquer abono, apesar de outras questões com o MNE do foro administrativo e estatuário, a verdade é que o moral foi sempre elevado, o entusiasmo pela missão foi permanente e o sentido "de missão cumprida" existe no espírito de todos os participantes.

Por último é meu parecer, na actual situação, que a Comunidade Internacional deve estar mais disponível no apoio a Angola e salvaguarda dos Acordos de Bicesse. Outro tanto deve acontecer com Portugal designadamente no âmbito de formação das FAA, enquanto tal, evitando a criação de vazios. Por outro lado sublinha-se que, "batendo-nos a história à porta" há que aproveitar este momento de excepção tendo por parceiros o "Grupo dos Cinco" e assim dinamizar o mundo lusófono em que Angola pode ser "placa giratória" não só pela sua posição geográfica como pelo seu potencial humano, histórico e físico. E desta maneira ... cumprir Portugal.

Lisboa, EMGFA, 15 de Dezembro de 1992

O CHEFE DA COMPONENTE MILITAR

Alípio Tomé Pinto
GENERAL

- 75 -

A POSIÇÃO DE ANGOLA NA ARQUITETURA DE PAZ E SEGURANÇA AFRICANA - ANEXO

ANEXOS:

A - RELATÓRIO "FIM DE COMISSÃO - FIR"
B - RELATÓRIO DA INSTRUÇÃO
C - ENQUADRAMENTO LEGAL
D - ACTAS DAS REUNIÕES DA CCFA
E - DIRECTIVAS DA CCFA
F - DESPACHOS DA CCFA
G - I VOL. - MEMORANDOS, SUPRINTREP'S E REL ESP INFO
    II VOL. - INTSUM'S
H - RESULTADOS ALCANÇADOS; REDIMENSIONAMENTO DA COMPONENTE
    MILITAR

DISTRIBUIÇÃO:

EXEMPLAR Nº 1 - ARQUIVO (EMGFA)
    "   Nº 2 - GAB MDN
    "   Nº 3 - CEMGFA
    "   Nº 4 - CEME
    "   Nº 5 - CEMA
    "   Nº 6 - CEMFA
    "   Nº 7 - Dir Pol DefNac/MDN
    "   Nº 8 - Rep PO/CCPM
    "   Nº 9 - Rep PO/CCFA
    "   Nº 10 - IAEM
    "   Nº 11 - RESERVA

- 76 -

DOCUMENTOS SOBRE A EDIFICAÇÃO DAS FORÇAS ARMADAS DE ANGOLA (1982-2007)

DISTRIBUIÇÃO COM ANEXOS:

ANEXOS

ENTIDADE	EX:Nºs	A	B	C	D	E	F	G I	G II	H
ARQ. EMGFA	1	X	X	X	X	X	X	X	X	X
GAB MINS. DEF. NAC.	2	a)	X		X	a)		X		X
CEMGFA	3	a)	X			a)	a)	A)	a)	X
CEME-EME	4	a)	X			X	X	X		X
IAEM	10	X	X	X	X	X	X	X	X	X
CEMA	5	a)	X			X	X	X		X
CEMFA	6	a)	X			X	X	X		X
DIR. POL. DEF. NAC.	7	X	X			X	X	X		X
REP. PO CCPM	8	a)	X		a)	a)	X	a)	a)	X
RESERVA	11	X	X		a)	a)	X	a)	a)	X
REP. PO CCFA	9	a)	X	X				X		X

a) Conteúo do Anexo já na posse do destinatário

- 77 -

A POSIÇÃO DE ANGOLA NA ARQUITETURA DE PAZ E SEGURANÇA AFRICANA – ANEXO

ANEXO A (RELATÓRIO "FIM DE MISSÃO - FIR") AO RELATÓRIO FINAL

CONTEÚDO:

1. INTRODUÇÃO
2. COMISSÃO CONJUNTA PARA A FORMAÇÃO DAS FORÇAS ARMADAS
   a. Organização e Missão
   b. Articulação da Assessoria Portuguesa
   c. Principais actividades desenvolvidas
   d. Descrição da forma de actuação
   e. Documentação produzida e meios utilizados
   f. Unidades e efectivos formados para as FAA
   g. Situação actual e perspectivas
3. COMISSÃO MISTA DE VERIFICAÇÃO E FISCALIZAÇÃO
   a. Missão
   b. Articulação
   c. Disposição
   d. Preparação
   e. Fase inicial
   f. Acantonamento de tropas
   g. Desmobilização
   h. Tropas não acantonadas
   i. Seleccionados para as FAA
   j. Controlo global de efectivos
   l. Armamento e munições
   m. Desminagem
   n. Normas, Regulamentos, Relatórios e Outros
      Documentos
   o. Comentários finais

DISTRIBUIÇÃO:

Com os Exemplares Nºs 1, 7 e 10

- 78 -

DOCUMENTOS SOBRE A EDIFICAÇÃO DAS FORÇAS ARMADAS DE ANGOLA (1982-2007)

ANEXO B (RELATÓRIO DA INSTRUÇÃO) AO RELATÓRIO FINAL

CONTEÚDO:

1. INTRODUÇÃO
2. PLANEAMENTO E PREPARAÇÃO DA MISSÃO
   a. Preparação da assessoria
   b. Preparação dos Ramos das FAA
3. EQUIPA DE INSTRUÇÃO PARA A FORMAÇÃO DAS FAA
   a. Grupo Inicial de Assessoria do Exército
   b. Segundo Grupo de Assessores do Exército
   c. Grupo de Assessores da Força Aérea e Marinha
   d. Distribuição dos Assessores pelos CI's
4. ACÇÃO DESENVOLVIDA NA ÁREA DA INSTRUÇÃO
   a. Na EFO
   b. Nos outros CI's
   c. Pessoal que frequentou os cursos com aproveitamento
   d. Relatórios dos Cursos de Formação Profissional
5. OUTRAS ACTIVIDADES DESENVOLVIDAS PELOS ASSESSORES
6. FACTORES LOGÍSTICOS COM INCIDÊNCIA NEGATIVA NO DESEN-
   VOLVIMENTO DOS CURSOS
   a. Alimentação
   b. Fardamento
7. RECOMENDAÇÕES NO ÂMBITO DA PREPARAÇÃO DA ASSESSORIA
8. CONCLUSÕES
   a. Efectivos envolvidos
   b. Factores com incidência negativa
   c. Aspectos importantes a salientar

DISTRIBUIÇÃO:

Com todos os Exemplares

- 79 -

A POSIÇÃO DE ANGOLA NA ARQUITETURA DE PAZ E SEGURANÇA AFRICANA - ANEXO

ANEXO C (ENQUADRAMENTO LEGAL) AO RELATÓRIO FINAL

CONTEÚDO:

DESPACHO CONJUNTO A-62/91-XI DE 31MAI91

DESPACHO CONJUNTO A-83/91-XI DE 31MAI91

DESPACHO CONJUNTO DE 31MAI91

DESPACHO CONJUNTO A-48/92-XII DE 01SET92

DIRECTIVA Nº 9/91 DO CEMGFA DE 06JUN91

DISTRIBUIÇÃO:

Com os Exemplares Nºs 1, 9 e 10

- 80 -

DOCUMENTOS SOBRE A EDIFICAÇÃO DAS FORÇAS ARMADAS DE ANGOLA (1982-2007)

ANEXO D (ACTAS DAS REUNIÕES DA CCFA) AO RELATÓRIO FINAL

<u>CONTEÚDO</u>:

ACTA	Nº	1	Reunião	de	24JUN91
"	"	2	"	"	26JUN91
"	"	3	"	"	01JUL91
"	"	4	"	"	04JUL91
"	"	5	"	"	08JUL91
"	"	6	"	"	11JUL91
"	"	7	"	"	15JUL91
"	"	8	"	"	05AGO91
"	"	9	"	"	12AGO91
"	"	10	"	"	19AGO91
"	"	11	"	"	26AGO91
"	"	12	"	"	23SET91
"	"	13	"	"	07OUT91
"	"	14	"	"	14OUT91
"	"	15	"	"	21OUT91
"	"	16	"	"	24OUT91
"	"	17	"	"	31OUT91
"	"	18	"	"	27NOV91
"	"	19	"	"	12DEC91
"	"	20	"	"	16DEC91
"	"	21	"	"	09JAN92
"	"	22	"	"	14JAN92
"	"	23	"	"	03FEV92
"	"	24	"	"	11FEV92
"	"	25	"	"	18FEV92

– 81 –

```
ACTA  Nº  26  REUNIÃO  DE  24MAR92
  "    "   27    "      "   08ABR92
  "    "   28    "      "   15ABR92
  "    "   29    "      "   21ABR92
  "    "   30    "      "   05MAI92
  "    "   31    "      "   11MAI92
  "    "   32    "      "   26MAI92
  "    "   33    "      "   09JUN92
  "    "   34    "      "   16JUN92
  "    "   35    "      "   23JUN92
  "    "   36    "      "   30JUL92
  "    "   37    "      "   22JUL92
  "    "   38    "      "   08SET92
```

<u>DISTRIBUIÇÃO</u>:

Com os Exemplares Nºs 1,2 e 10

– 82 –

DOCUMENTOS SOBRE A EDIFICAÇÃO DAS FORÇAS ARMADAS DE ANGOLA (1982-2007)

ANEXO E (DIRECTIVAS DA CCFA) AO RELATÓRIO FINAL

CONTEÚDO:

DIRECTIVA Nº 1/CCFA - BASES GERAIS PARA A FORMAÇÃO DAS FORÇAS ARMADAS ANGOLANAS

DIRECTIVA Nº 2/CCFA - CRITÉRIOS DE SELECÇÃO DOS MILITARES PARA AS FORÇAS ARMADAS ANGOLANAS

DIRECTIVA Nº 3/CCFA - EXÉRCITO ANGOLANO

DIRECTIVA Nº 4/CCFA - LEVANTAMENTO DAS UNIDADES DO EXÉRCITO

DIRECTIVA Nº 5/CCFA - NORMAS BÁSICAS PARA A UNIFORMIZAÇÃO DE PROCEDIMENTOS NAS FORÇAS ARMADAS ANGOLANAS

DIRECTIVA Nº 6/CCFA - NORMAS BÁSICAS PARA A REORGANIZAÇÃO DA FORÇA AÉREA E MARINHA DE GUERRA ANGOLANAS

DIRECTIVA Nº 7/CCFA - FORÇA AÉREA ANGOLANA

DIRECTIVA Nº 8/CCFA - ORGANIZAÇÃO DA MARINHA DE GUERRA ANGOLANA

- 83 -

DIRECTIVA Nº 9/CCFA - LEVANTAMENTO DAS UNIDADES E
ORGANISMOS DA FORÇA AÉREA - CURSOS
DE FORMAÇÃO

DIRECTIVA Nº 10/CCFA - FUNCIONAMENTO DAS UNIDADES E ORGA-
NISMOS DA MARINHA DE GUERRA ANGO-
LANA - CURSOS DE FORMAÇÃO

DIRECTIVA Nª 11/CCFA - MINISTÉRIO DA DEFESA NACIONAL

DISTRIBUIÇÃO:

Com os Exemplares Nºs 1, 4 , 5, 6, 7 e 10

DOCUMENTOS SOBRE A EDIFICAÇÃO DAS FORÇAS ARMADAS DE ANGOLA (1982-2007)

ANEXO F (DESPACHOS DA CCFA) AO RELATÓRIO FINAL

CONTEÚDO:

DESPACHO Nº 1 - REORGANIZAÇÃO INTERNA DA CCFA
"   "   2 - CURSO DE FORMAÇÃO PARA OFICIAIS DO
                EMGFAA E CLI
"   "   3 - NOMEAÇÃO DE PESSOAL PARA O 2º CURSO DE
                FORMAÇÃO DE MILITARES DAS FAA
"   "   4 - QUADROS ORGÂNICOS DO ISEM, DEST. APOIO
                DO EMGFAA E CLI
"   "   5 - RECURSOS HUMANOS DAS FAA
"   "   6 - SISTEMA LOGÍSTICO DAS FAA
"   "   7 - RECURSOS MATERIAIS DAS FAA
"   "   8 - TAREFAS A SEREM CUMPRIDAS NO ÂMBITO DA
                CCFA ATÉ 30SET92
"   "   9 - CRITÉRIOS DE PARTICIPAÇÃO NA FORMAÇÃO DA
                FORÇA AÉREA ANGOLANA
"   " 10 - CRITÉRIOS DE PARTICIPAÇÃO NA FORMAÇÃO DA
                MARINHA ANGOLANA
"   " 11 - SISTEMA FINANCEIRO DAS FAA
"   " 12 - SISTEMA SAÚDE DAS FAA
"   " 13 - SISTEMA INFORMÁTICO E DE TELECOMUNICA-
                ÇÕES
"   " 14 - POLICIA MILITAR

DISTRIBUIÇÃO:

Com os Exemplares Nºs 1, 4, 5, 6, 7, 8, 9, 10 e 11

- 85 -

A POSIÇÃO DE ANGOLA NA ARQUITETURA DE PAZ E SEGURANÇA AFRICANA – ANEXO

ANEXO G (I VOLUME – MEMORANDOS, PERINTREP'S E RELATÓRIOS ESPECIAIS) AO RELATÓRIO FINAL

CONTEÚDO:

MEMORANDO   DE 19SET91

MEMORANDO   DE 20OUT91

MEMORANDO   DE 19NOV91

MEMORANDO   DE 19DEC91

MEMORANDO   DE 20JAN92

PERINTREP 1/92 DE 29JAN92

PERINTREP 2/92 DE 31MAR92

PERINTREP 3/92 DE 30ABR92

PERINTREP 4/92 DE 30MAI92

PERINTREP 5/92 DE 30JUN92

PERINTREP 6/92 DE 30JUL92

– 86 –

DOCUMENTOS SOBRE A EDIFICAÇÃO DAS FORÇAS ARMADAS DE ANGOLA (1982-2007)

PERINTREP 7/92 DE 31AGO92

PERINTREP 8/92 DE 30SET92

PERINTREP 9/92 DE 31OUT92

PERINTREP 10/92 DE 30NOV92

RELATÓRIO ESPECIAL DE INFORMAÇÕES REFERIDO A 30NOV92

DISTRIBUIÇÃO:

Com os Exemplares Nºs 1, 2, 4, 5, 6, 7, 9, e 10

– 87 –

A POSIÇÃO DE ANGOLA NA ARQUITETURA DE PAZ E SEGURANÇA AFRICANA - ANEXO

ANEXO G (II VOLUME - INTSUM'S) AO RELATÓRIO FINAL

CONTEÚDO:

Contém os INTSUM'S elaborados pela Componente Militar desde 14JUN91 a 14DEC92

DISTRIBUIÇÃO:

Com os Exemplares Nºs 1 e 10

DOCUMENTOS SOBRE A EDIFICAÇÃO DAS FORÇAS ARMADAS DE ANGOLA (1982-2007)

ANEXO H (RESULTADOS ALCANÇADOS) AO RELATÓRIO FINAL

CONTEÚDO:

APÊNDICE 1 - EFECTIVOS PORTUGUESES EMPENHADOS

APÊNDICE 2 - ESTABELECIMENTOS DE ENSINO LEVANTADOS, CURSOS
MINISTRADOS E PESSOAL INSTRUIDO

APÊNDICE 3 - U/E/O DA ESTRUTURA TERRITORIAL E DA ESTRUTURA
OPERACIONAL LEVANTADOS

APÊNDICE 4 - TAREFAS LEVADAS A CABO NO PROCESSO DE FORMAÇÃO

APÊNDICE 5 - 1ª DIRECTIVA DO CEMGFAA, APÓS EXTINÇÃO DA CCFA

APÊNDICE 6 - SITUAÇÃO DAS FAA EM 20NOV92

APÊNDICE 7 - LANÇAMENTO DA COOPERAÇÃO TÉCNICO-MILITAR
. Redimensionamento
. Formação FAA no âmbito da Cooperação

APÊNDICE 8 - RECOMENDAÇÕES DAS ASSESSORIAS

APÊNDICE 9 - RECORTES DA IMPRENSA

DISTRIBUIÇÃO:

Com todos os Exemplares

- 89 -

15
NOTA DO ADIDO DE DEFESA JUNTO DA EMBAIXADA DE PORTUGAL EM LUANDA – "ANGOLA – ESTRUTURA SUPERIOR MINDEN E EMGFAA". (25 DE AGOSTO DE 2003)

Adido de Defesa em Angola Major-General José Carlos Mendonça da Luz

CONFIDENCIAL

S.   R.

MINISTÉRIO DA DEFESA NACIONAL
ESTADO-MAIOR-GENERAL DAS FORÇAS ARMADAS
GABINETE DO CEMGFA

Data:	**25AGO03**	Número:	**1547/GC**
Classificação:	**Confidencial**	Processo:	**2.1.7**

Exmº Senhor
Director-Geral de Política de Defesa Nacional

ASSUNTO: ANGOLA - ESTRUTURA SUPERIOR DO MINDEN E EMGFAA

Refª: Nota nº 920/GAL/DIM, do Adido de Defesa junto da Embaixada de Portugal em Luanda, de 13Ago03

      Encarrega-me Sua Excelência o Almirante Chefe do Estado-Maior-General das Forças Armadas de, sobre o assunto em epígrafe, junto enviar a V.Exª., para conhecimento, o documento em referência.

Com os melhores cumprimentos, e consideração

O Chefe do Gabinete

Rui Cardoso de Telles Palhinha
Contra-Almirante

C/Anexo:

CONFIDENCIAL

CONFIDENCIAL

MINISTÉRIO DA DEFESA NACIONAL
ESTADO-MAIOR-GENERAL DAS FORÇAS ARMADAS
GABINETE DO CEMGFA

Data: **25AGO03**
Classificação: **Confidencial**

Número: 1547/GGAB
Processo:

Exm.º Senhor
Director-Geral de Política de Defesa Nacional

ASSUNTO: ANGOLA - ESTRUTURA SUPERIOR DO MINDEN E EMGFAA

Ref.ª: Nota n.º 920/GAL/DIM, do Adido de Defesa junto da Embaixada de Portugal em Luanda, de 13Ago03

Encarrega-me Sua Excelência o Almirante Chefe do Estado-Maior-General das Forças Armadas de, sobre o assunto em epígrafe, junto enviar a V.Ex.ª, para conhecimento, o documento em referência.

Com os melhores cumprimentos,

O Chefe do Gabinete

Rui Cardoso de Telles Palhinha
Contra-Almirante

C/Anexo:

DIMIL(DB-L)/AG/LS

CONFIDENCIAL

CONFIDENCIAL

EMBAIXADA DE PORTUGAL EM LUANDA
GABINETE DO ADIDO DE DEFESA

Para:
EMGFA / DIMIL

Referência: Nossa referência: **0920/GAL/DIM** Data: **13AGO03**

ASSUNTO: ESTRUTURA SUPERIOR DO MINDEN E EMGFAA.

Para os devidos efeitos, junto se envia a estrutura superior do Ministério de Defesa Nacional e do Estado Maior General das Forças Armadas de Angola.

Com os melhores cumprimentos

O ADIDO DE DEFESA

JOSÉ CARLOS MENDONÇA DA LUZ
MGEN

CONFIDENCIAL

Anexo A – Estrutura do Ministério de Defesa Nacional

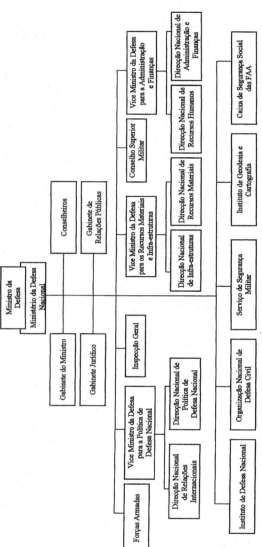

Entidades

Ministro de Defesa Nacional - General Kundi Paihama
Director do Gabinete - Brig. Pedro Sekunuanguela
Director do Gabinete Jurídico - Coronel Joaquim Rodrigues da Silva
Chefe do Gabinete de Relações Públicas - Coronel Armindo Pereira Bravo da Rosa
Vice Ministro de Defesa para a Política de Defesa Nacional - Almirante Gaspar Santos Rufino
Vice Ministro de Defesa para os Recursos Materiais e Infra-estruturas - General Demóstenes Amós Chilingutila
Vice Ministro de Defesa para a Administração e Finanças - Dr. Vicente Felix Matias
Inspector Geral das Forças Armadas - General Rafael Saquilinha "Sambalanga"
Director Nacional de Relações Internacionais - Vice-Almirante André Gaspar Mendes de Carvalho "Miau"
Director Nacional de Política de Defesa Nacional - TGen. Jerónimo Jorge Ngonga Ukuma "Regresso"
Director Nacional de Infra-estruturas - General Jeremias Jabualo Mota
Director Nacional de Recursos Materiais - General Joaquim Varela Rangel
Director Nacional de Recursos Humanos - General Agostinho Benguela Junior
Director Nacional de Administração e Finanças - TGen. António N'dala "Itinkaka"
Director do Instituto de Defesa Nacional - TGen. Júlio Arsénio
Director da Organização Nacional de Defesa Civil -
Chefe dos Serviço de Segurança Militar - General António José Maria
Director do Instituto de Geodesia e Cartografia - Eng. Cabibi
Director Nacional da Caixa de Segurança Social das FAA - General João Luís Neto "Xietu"

DOCUMENTOS SOBRE A EDIFICAÇÃO DAS FORÇAS ARMADAS DE ANGOLA (1982-2007)

Anexo B – Estrutura do Estado-Maior General das FAA

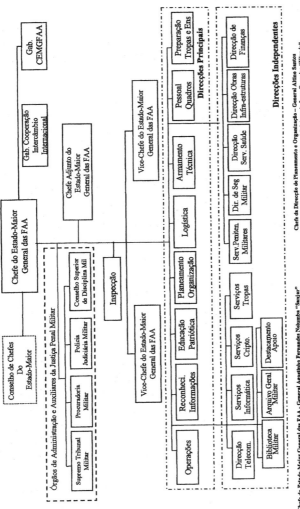

16

MEMORANDO DE ENTENDIMENTO COMPLEMENTAR AO PROTOCOLO DE LUSAKA PARA A CESSAÇÃO DAS HOSTILIDADES E RESOLUÇÃO DAS DEMAIS QUESTÕES MILITARES PENDENTES NOS TERMOS DO PROTOCOLO DE LUSAKA 4 DE ABRIL DE 2002.

MEMORANDO DE ENTENDIMENTO COMPLEMENTAR AO PROTOCOLO DE LUSAKA PARA A CESSAÇÃO DAS HOSTILIDADES E RESOLUÇÃO DAS DEMAIS QUESTÕES MILITARES PENDENTES NOS TERMOS DO PROTOCOLO DE LUSAKA

PREÂMBULO

A Delegação das Forças Armadas Angolanas, mandatada pelo Governo da República de Angola;

A Delegação das Forças Militares da UNITA, mandatada pela sua Comissão de Gestão;

Na presença da ONU, representada pelo Senhor Ibrahim Gambari, Sub-Secretário Geral da ONU e Conselheiro Especial para África, e dos Países Observadores do Processo de Paz em Angola;

Tendo em conta que o Protocolo de Lusaka, subscrito aos 20 de Novembro de 1994 pelo Governo e pela UNITA com a mediação da ONU e na presença dos Países Observadores do Processo de Paz em Angola, foi assumido como o instrumento jurídico–político para a resolução do conflito angolano, no sentido da obtenção da paz e reconciliação nacional, e não conheceu ainda a evolução positiva esperada para a sua conclusão definitiva.

Considerando que, a crescente e premente necessidade de se obter a paz e reconciliação nacional na República de Angola, expressa e sentida diariamente por todos os angolanos, se afigura imperativa e urgente, e exige primeiro que tudo a cessação do conflito armado entre a UNITA, enquanto estrutura político-militar, e o Governo, através da promoção de iniciativas apropriadas com criatividade e flexibilidade, para a conclusão definitiva do Protocolo de Lusaka;

Conscientes de que o termo do conflito interno conduz à paz e reconciliação nacional na República de Angola e constitui um desafio a que, de modo determinado, se comprometem a vencer e alcançar para benefício do povo angolano;

Nesta conformidade, em ordem a materializar os seus compromissos e obrigações no quadro do Protocolo de Lusaka, decidem adoptar o Memorando de Entendimento, nos seguintes termos:

CAPÍTULO I

OBJECTO E PRINCÍPIOS
DO MEMORANDO DE ENTENDIMENTO

1 – OBJECTO

1.1. *Constitui objecto do Memorando de Entendimento o compromisso das Partes para, através da sua colaboração fraterna e activa, garantirem a obtenção e efectivação do cessar-fogo e resolução de todas as questões militares pendentes e, subsequentemente, a definitiva resolução do conflito armado, reiniciado posteriormente à execução total da tarefa de conclusão da formação das FAA nos termos do Protocolo de Lusaka.*

1.2. *Constitui objectivo do Memorando de Entendimento a colaboração entre as Partes, para a resolução dos factores militares negativos geradores de bloqueio ao Protocolo de Lusaka e, subsequentemente, a criação de condições para a sua conclusão definitiva.*

2 – PRINCÍPIOS FUNDAMENTAIS

2.1. *As Partes reafirmam o respeito pelo Estado de Direito e pelas instituições democráticas na República de Angola e, nesta conformidade, a observância da Lei Constitucional e demais legislação em vigor na República de Angola.*

2.2. *As Partes reiteram a aceitação inequívoca da validade dos instrumentos jurídico-políticos pertinentes, nomeadamente o Protocolo de Lusaka e as Resoluções do CS da ONU relativamente ao processo de paz Angolano.*

2.3. *As Partes reconhecem que o respeito pela democracia em todas esferas e níveis da vida nacional é essencial à paz e reconciliação nacional.*

CAPÍTULO II

AGENDA DE MEMORANDO DE ENTENDIMENTO

I - GENERALIDADES

1.1. *Em ordem a materializar os seus compromissos e obrigações no quadro do Protocolo de Lusaka, as Partes aceitam como Agenda de Trabalhos para as Conversações Militares, a seguinte:*

I - Questões de Reconciliação Nacional

   Único: Amnistia

II - Cessação das hostilidades e Questões Militares Pendentes nos Termos do Protocolo de Lusaka

   a) *Cessar-Fogo*
   b) *Desengajamento, Aquartelamento e Conclusão da Desmilitarização das Forças Militares da UNITA*
   c) *Integração de Oficiais Generais, Oficiais Superiores, Oficiais Capitães e Subalternos, Sargentos e Praças provenientes das Forças Militares da UNITA nas Forças Armadas Angolanas, de acordo com as vagas orgânicas existentes*
   d) *Integração de Oficiais Generais e Oficiais Superiores provenientes das Forças Militares da UNITA na Polícia Nacional, de acordo com as vagas orgânicas existentes*
   e) *Desmobilização dos Efectivos Excedentários provenientes das Forças Militares da UNITA e extinção das Forças Militares da UNITA*
   f) *Reinserção Sócio-Profissional do Pessoal Desmobilizado das ex-Forças Militares da UNITA na Vida Nacional*

III - Questões Institucionais

   a) *Estrutura institucional de coordenação do Entendimento*
   b) *Calendário de Aplicação do Entendimento*
   c) *Assinatura do Entendimento*

1.2. Em ordem a materializar os seus compromissos e obrigações no quadro do Protocolo de Lusaka, as Partes aceitam como Conclusões da Agenda das Conversações Militares as que nos pontos a seguir se descrevem:

2 – QUESTÕES DE RECONCILIAÇÃO NACIONAL

Único: Amnistia

2.1. O Governo garante, no interesse da paz e reconciliação nacional, a aprovação e publicação, pelos órgãos e instituições competentes do Estado da República de Angola de uma Lei de Amnistia de todos os crimes cometidos no âmbito do conflito armado entre as Forças Militares da UNITA e o Governo.

3 – CESSAÇÃO DAS HOSTILIDADES E QUESTÕES MILITARES PENDENTES NOS TERMOS DO PROTOCOLO DE LUSAKA

A) CESSAR-FOGO

3.1. As Partes reiteram, o seu engajamento para dar cumprimento escrupuloso dos seus compromissos e obrigações relativamente à tarefa do restabelecimento do cessar-fogo (no espírito do previsto no Anexo 3, do Ponto II.1 da Agenda de Trabalhos – Questões Militares I do Protocolo de Lusaka).

3.2. Neste sentido o Governo, através do Estado Maior General das FAA e as Forças Militares da UNITA, através do Alto Estado Maior Geral, emitem e cumprem uma declaração de reconhecimento do cessar-fogo com vista ao término do conflito armado, no sentido da obtenção da paz e reconciliação nacional.

3.3. A tarefa de restabelecimento do cessar-fogo compreende o seguinte:

   a) A cessação de acções militares total e definitiva em todo o território nacional e a não veiculação de propaganda hostil.

   b) A não realização de movimentos de força no sentido do reforço ou ocupação de novas posições militares, bem como a não realização de actos de violência contra a população civil e de destruição de bens.

DOCUMENTOS SOBRE A EDIFICAÇÃO DAS FORÇAS ARMADAS DE ANGOLA (1982-2007)

c) *A informação regular sobre a situação de posicionamento das unidades e demais estruturas para-militares das Forças Militares da UNITA, em zonas ou áreas prováveis de tensão militar.*

d) *A garantia da protecção das pessoas e seus bens, dos recursos e bens públicos, bem como da livre circulação de pessoas e bens.*

B) *DESENGAJAMENTO, AQUARTELAMENTO E CONCLUSÃO DA DESMILITARIZAÇÃO DAS FORÇAS MILITARES DA UNITA*

3.4. As Partes reiteram o seu engajamento para dar cumprimento escrupuloso dos seus compromissos e obrigações relativamente à tarefa de aquartelamento e conclusão da desmilitarização das Forças Militares da UNITA (no espírito do previsto no Anexo 3 do Ponto II .1 da Agenda de Trabalhos – Questões Militares I do Protocolo de Lusaka).

3.5. Neste sentido, a Comissão Militar Mista, com o apoio do Estado Maior General das FAA, procede ao aquartelamento e desmilitarização de todas as unidades e estruturas para-militares das Forças Militares da UNITA, compreendendo o seguinte:

a) *A informação, pelo Alto Estado Maior Geral das Forças Militares da UNITA, à Comissão Militar Mista, de todos os dados fidedignos e verificáveis relativos à composição combativa e numérica das unidades e estruturas para-militares das Forças Militares da UNITA, e sua localização.*

b) *O estabelecimento de mecanismos de monitorização do processo de desmilitarização das Forças Militares da UNITA.*

c) *A identificação das unidades militares e estruturas para-militares das Forças Militares da UNITA e o estabelecimento de áreas de aquartelamento para as mesmas.*

d) *A definição dos respectivos itinerários e meios de movimento e a realização do movimento das unidades militares e estruturas para-militares das Forças Militares da UNITA para as áreas de aquartelamento.*

e) O desengajamento dos locais de estacionamento e movimento das unidades militares e estruturas para-militares das Forças Militares da UNITA para as áreas de aquartelamento.

f) A recepção, alojamento e alimentação, bem como o registo do pessoal das unidades militares e estruturas para-militares das Forças Militares da UNITA nas áreas de aquartelamento.

g) A entrega e acto contínuo a recolha, armazenamento e posterior destruição de todo o armamento e equipamento das unidades militares e estruturas para-militares das Forças Militares da UNITA.

C) **INTEGRAÇÃO DE OFICIAIS GENERAIS, OFICIAIS SUPERIORES, OFICIAIS CAPITÃES E SUBALTERNOS, SARGENTOS E PRAÇAS, PROVENIENTES DAS FORÇAS MILITARES DA UNITA NAS FORÇAS ARMADAS ANGOLANAS**

3.6. O Governo procede, no interesse da reconciliação nacional, através do Estado Maior General das FAA, à integração de Oficiais Generais e Oficiais Superiores, Oficiais Capitães e Subalternos, Sargentos e Praças provenientes das Forças Militares da UNITA nas FAA, de acordo com as vagas orgânicas existentes.

3.7 Neste sentido, o processo de integração de Oficiais Generais, Oficiais Superiores, Oficiais Capitães e Subalternos, Sargentos e Praças provenientes das Forças Militares da UNITA, compreende o seguinte:

a) A incorporação nas FAA e o patenteamento de Oficiais Generais, Oficiais Superiores, Oficiais Capitães e Subalternos, Sargentos e Praças provenientes das Forças Militares da UNITA, de acordo com as vagas orgânicas existentes.

b) A formação e a colocação em funções de Oficiais Generais, Oficiais Superiores, Oficiais Capitães e Subalternos, Sargentos e Praças provenientes das Forças Militares da UNITA.

DOCUMENTOS SOBRE A EDIFICAÇÃO DAS FORÇAS ARMADAS DE ANGOLA (1982-2007)

D) INTEGRAÇÃO DE OFICIAIS GENERAIS E OFICIAIS SUPERIORES PROVENIENTES DAS FORÇAS MILITARES DA UNITA NA POLÍCIA NACIONAL

3.8. O Governo, no interesse da reconciliação nacional, através do Comando Geral da Policia Nacional, procede à integração de alguns Oficiais Generais e Oficiais Superiores provenientes das Forças Militares da UNITA na Policia Nacional, de acordo com as vagas orgânicas existentes.

3.9. Neste sentido, o processo de integração de Oficiais Generais e Oficiais Superiores provenientes das Forças Militares da UNITA na Policia Nacional, compreende o seguinte:

a) A incorporação na Policia Nacional e o patenteamento de Oficiais Sub-Comissários e Oficiais Superiores provenientes das Forças Militares da UNITA, de acordo com as vagas orgânicas existentes.

b) A formação e a colocação em função de Oficiais Sub-Comissários e Oficiais Superiores provenientes das Forças Militares da UNITA.

E) DESMOBILIZAÇÃO DOS EFECTIVOS DAS FORÇAS MILITARES DA UNITA E EXTINÇÃO DAS FORÇAS MILITARES DA UNITA

3.10. As Partes reiteram o seu engajamento para dar cumprimento escrupuloso dos seus compromissos e obrigações relativamente à tarefa de desmobilização dos efectivos excedentários provenientes das Forças Militares da UNITA e a extinção das Forças Militares da UNITA (no espírito do previsto no Anexo 4, Ponto II.1 da Agenda de Trabalhos - Questões Militares II do Protocolo de Lusaka).

3.11 Neste sentido, a Comissão Militar Mista, com o apoio da ONU, em conformidade com o mandato que for atribuído pelo Conselho de Segurança da ONU ou por outros órgãos do sistema da ONU, procede à desmobilização dos efectivos excedentários provenientes das Forças Militares da UNITA e a extinção das Forças Militares da UNITA, compreendendo o seguinte:

a) A desmobilização individual do pessoal excedentário proveniente das Forças Militares da UNITA.

b) A extinção formal e definitiva das Forças Militares da UNITA.

7

c) A colocação do pessoal desmobilizado das ex-Forças Militares da UNITA na dependência administrativa do Estado Maior General das FAA, através das Regiões Militares e dos Comandos Operacionais das FAA.

F) REINSERÇÃO SÓCIO-PROFISSIONAL DO PESSOAL DESMOBILIZADO DAS EX-FORÇAS MILITARES DA UNITA NA VIDA NACIONAL

3.12. As Partes reiteram o seu engajamento para dar cumprimento escrupuloso dos seus compromissos e obrigações relativamente à tarefa de reintegração social dos desmobilizados (no espírito do previsto no Anexo 4, do Ponto II.1 da Agenda de trabalhos - Questões Militares II do Protocolo de Lusaka).

3.13 Neste sentido, o Governo, através do Estado Maior General das FAA e de organismos e serviços públicos competentes, com a participação da UNITA e com a ajuda da Comunidade Internacional, procede à reintegração dos desmobilizados na sociedade civil dentro de um programa de reinserção sócio-profissional.

3.14 A reinserção sócio-profissional do pessoal desmobilizado das ex-Forças Militares da UNITA compreende o seguinte:

a) A protecção, alojamento e alimentação do pessoal das ex-Forças Militares da UNITA nos centros de formação.

b) A formação profissional do pessoal das ex-Forças Militares da UNITA no sentido da sua habilitação para o mercado de trabalho nacional, mediante um programa de reintegração social especial e urgente.

CAPÍTULO III

COORDENAÇÃO E APLICAÇÃO
DO MEMORANDO DE ENTENDIMENTO

I- COORDENAÇÃO DO MEMORANDO DE ENTENDIMENTO

1.1. As estruturas institucionais de coordenação do Memorando de Entendimento são as seguintes:

a) Comissão Militar Mista

b) Grupo Técnico

1.2. A Comissão Militar Mista tem a composição, atribuições e regras de funcionamento seguintes:

a) Composição e Direcção:

a.1 Com assento na qualidade de membro executivo e presidente da Comissão Militar Mista:
- O representante militar do Governo

a.2 Com assento na qualidade de membro executivo da Comissão Militar Mista:
- O representante militar das Forças Militares da UNITA

a.3 Com assento na qualidade de membros observadores permanentes da Comissão Militar Mista:
- O representante militar da ONU, em conformidade com o mandato que for atribuído pelo Conselho de Segurança da ONU ou por outros órgãos do sistema da ONU
- O representante militar dos EUA
- O representante militar da Rússia
- O representante militar de Portugal

b) Atribuições

b.1 Assistir à Comissão Militar Mista no desempenho das suas atribuições.

b.2 Zelar pela aplicação de todas as disposições do Memorando de Entendimento.

A POSIÇÃO DE ANGOLA NA ARQUITETURA DE PAZ E SEGURANÇA AFRICANA – ANEXO

b.3 Organizar reuniões 'ad-hoc' de peritos militares para estudar as causas de eventuais dificuldades que entravem a execução eficaz do Memorando de Entendimento ou outras questões consideradas de interesse pela Comissão Militar Mista.

b.4 Elaborar a calendarização detalhada assim como a precisão das actividades a realizar no âmbito da aplicação do Memorando de Entendimento.

c) Regras de funcionamento:

c.1 Reúne-se, ordinariamente. a fim de preparar as reuniões da Comissão Militar Mista, e extraordinariamente, para analisar as questões dimanadas pela Comissão Militar Mista ou sempre que para tal se revele necessário.

c.2 A nível regional, reúne-se diariamente, sendo dirigida por um perito militar das Forças Armadas Angolanas.

2 - CALENDÁRIO DE APLICAÇÃO DO MEMORANDO DE ENTENDIMENTO

2.1 Para a concretização do Memorando de Entendimento, as Forças Armadas Angolanas e as Forças Militares da UNITA assumem o compromisso do seguinte Calendário de Aplicação:

1)	*Entrada em vigor do Memorando de Entendimento*	*Dia D*
	- Assinatura do Memorando	
	- Declaração do cessar-fogo bilateral	
	- Entrada em vigor do cessar-fogo	
2)	*Funcionamento da Comissão Militar Mista*	*À partir do*
	- Promulgação da Lei de Amnistia	*Dia D + 001*
	- Formalização e entrada em funções da Comissão Militar Mista e do Grupo Técnico	

DOCUMENTOS SOBRE A EDIFICAÇÃO DAS FORÇAS ARMADAS DE ANGOLA (1982-2007)

3)	Realização de todas as actividades consignadas na alínea a) do Ponto II, nomeadamente: - Consolidação do restabelecimento do cessar-fogo	Dia D + 001
4)	Realização de todas as actividades consignadas na alínea b) do Ponto II, nomeadamente: - Desengajamento, Aquartelamento e conclusão da Desmilitarização das Forças Militares da UNITA - Aquartelamento, Desarmamento e Repatriamento das Forças Militares Estrangeiras em áreas do território nacional sob controlo das Forças Militares da UNITA	Dia D + 002 a D + 047
5)	Realização de todas as actividades consignadas nas alíneas c e d) do Ponto II, nomeadamente: - Integração de Oficiais Generais e de Oficiais Superiores, Oficiais Capitães e Subalternos, Sargentos e Praças provenientes das Forças Militares da UNITA nas FAA de acordo com as vagas existentes - Integração de Oficiais Generais e de Oficiais Superiores provenientes das Forças Militares da UNITA na Polícia Nacional, de acordo com as vagas existentes	Dia D+ 048 a D+078
6)	Realização de todas as actividades consignadas na alínea e) do Ponto II, nomeadamente: - Desmobilização dos Efectivos das Forças Militares da UNITA e extinção das Forças Militares da UNITA	Dia D+079 a D+080
7)	Realização de todas as actividades consignadas na alínea f) do Ponto II, nomeadamente: Reinserção sócio-profissional do pessoal desmobilizado das ex-Forças Militares da UNITA na vida Nacional	Dia D+081 a D+262

CAPÍTULO IV

DISPOSIÇÕES FINAIS

1 – ANEXOS DO MEMORANDO DE ENTENDIMENTO

1.1 Constituem Anexos do Memorando de Entendimento, os seguintes documentos:

Anexo 1
- Documento relativo ao Aquartelamento das Forças Militares da Unita

Anexo 1/A
- Documento relativo ao Aquartelamento, Desarmamento e Repatriamento das Forças Militares Estrangeiras em áreas do território nacional sob controlo das Forças Militares da Unita

Anexo 2
- Documento relativo à integração de Oficiais Generais, Oficiais Superiores, Oficiais Capitães e Subalternos, Sargentos e Praças provenientes das Forças Militares da Unita nas Forças Armadas Angolanas, de acordo com as vagas existentes

Anexo 3
- Documento relativo à integração de Oficiais Generais e Oficiais Superiores, provenientes das Forças Militares da Unita na Polícia Nacional, de acordo com as vagas orgânicas existentes

Anexo 4
- Documento relativo à Reinserção Sócio-Profissional do pessoal desmobilizado das ex-Forças Militares da Unita na Vida Nacional

Anexo 5
- Documento relativo a considerações referentes às condições para a conclusão do Protocolo de Lusaka

Anexo 6
- Documento relativo a considerações referentes à Segurança Especial nos termos do Protocolo de Lusaka

2 – INTERPRETAÇÃO

2.1 Os diferendos de interpretação ou aplicação do Memorando de Entendimento são submetidos à Comissão Militar Mista para a solução, num espírito de amizade, tolerância e compreensão.

DOCUMENTOS SOBRE A EDIFICAÇÃO DAS FORÇAS ARMADAS DE ANGOLA (1982-2007)

3 – ENTRADA EM VIGOR DO MEMORANDO DE ENTENDIMENTO

3.1 O Memorando de Entendimento entra em vigor imediatamente após a sua assinatura pelas Partes.

4 – ASSINATURAS DO MEMORANDO DE ENTENDIMENTO

4.1 As Partes assinam o Memorando de Entendimento, vinculando-se ao mesmo, aceitando e comprometendo-se a executar, de boa-fé, de modo obrigatório e de forma integral, todas as suas disposições.

Luanda, República de Angola, aos 04 de Abril de 2002.

PELA DELEGAÇÃO
DAS FORÇAS ARMADAS ANGOLANAS

GENERAL DE EXÉRCITO
ARMANDO DA CRUZ NETO
CHEFE DO ESTADO MAIOR GENERAL
DAS FORÇAS ARMADAS ANGOLANAS

PELA DELEGAÇÃO
DAS FORÇAS MILITARES DA UNITA

GENERAL
GERALDO ABREU MUENGO
UCUATCHITEMBO "KAMORTEIRO"
CHEFE DO ALTO ESTADO MAIOR GERAL
DAS FORÇAS MILITARES DA UNITA

TESTEMUNHADO PELAS ENTIDADES A SEGUIR MENCIONADAS

PELA ONU

IBRAHIM GAMBARI
SUB-SECRETÁRIO GERAL DA ONU E CONSELHEIRO ESPECIAL PARA ÁFRICA

PELOS PAÍSES OBSERVADORES DO PROCESSO DE PAZ

CHRISTOPHER WILLIAN DELL
EMBAIXADOR DOS ESTADOS UNIDOS DA AMÉRICA EM ANGOLA

ANDREEV SERGUEI VADIMOVICH
EMBAIXADOR DA FEDERAÇÃO RUSSA EM ANGOLA

FERNANDO MENDONÇA D'OLIVEIRA NEVES
EMBAIXADOR DA REPÚBLICA PORTUGUESA EM ANGOLA

13

ANEXO 1

AO MEMORANDO DE ENTENDIMENTO COMPLEMENTAR AO PROTOCOLO DE LUSAKA PARA A CESSAÇÃO DAS HOSTILIDADES E RESOLUÇÃO DAS DEMAIS QUESTÕES MILITARES PENDENTES NOS TERMOS DO PROTOCOLO DE LUSAKA

DOCUMENTO RELATIVO AO AQUARTELAMENTO DAS FORÇAS MILITARES DA UNITA

A Delegação das Forças Armadas Angolanas e a Delegação das Forças Militares da UNITA às Conversações Militares, relativamente ao Aquartelamento das Forças Militares da UNITA, acordam o seguinte:

1. Generalidades sobre o Aquartelamento

(i) O aquartelamento das Forças Militares da UNITA deve ter as condições de vida necessárias a permanência dos militares num total de até 50.000, sendo cerca de 12 Generais e 47 Brigadeiros, cerca de 1.700 Oficiais Superiores, cerca de 17.350 Oficiais Capitães e Oficiais Subalternos, cerca de 3.150 Sargentos e cerca de 27.740 Praças, durante um determinado período de tempo que vai desde a recepção do pessoal até a sua integração nas FAA e Polícia Nacional e a reinserção sócio-profissional do pessoal desmobilizado.

(ii) As áreas de aquartelamento devem ter uma estrutura de funcionamento gerida superiormente, com capacidade de aquartelar até 1.600 efectivos e com segurança e fáceis acessos.

(iii) O aquartelamento das Forças Militares da UNITA implica, também, por um lado a instalação de 12 Generais e 47 Brigadeiros, nas cidades próximas as áreas de aquartelamento e, por outro lado, a organização e asseguramento dos locais de instalação das famílias dos militares, próximos das áreas de aquartelamento, num total de até 300.000 indivíduos, entre eles homens, mulheres e crianças.

(iv) O asseguramento e a assistência de emergência inicial das famílias dos militares das Forças Militares da UNITA, bem como a promoção da sua reintegração apoiada em pequenas actividades produtivas de bens e serviços isto é, projectos de geração rápida de rendimentos nos domínios da agricultura, do comércio rural e outros possíveis, a serem garantidos pelos órgãos e entidades competentes da Administração do Estado em estreita colaboração com o Estado Maior General das FAA e com a participação da ONU, em conformidade com o mandato que fôr atribuído pelo Conselho de Segurança da ONU ou outros órgãos do sistema da ONU.

2. Estrutura da Área de Aquartelamento

   (i) A área de aquartelamento tem a seguinte estrutura:

   - Chefia da Área de Aquartelamento composta pelo Chefe, Chefe Adjunto, Oficial de Educação Cívica, Oficial de Pessoal, Oficial de Armamento, Oficial de Transmissões, de entre o pessoal a aquartelar, pelo Alto Estado Maior geral das Forças Militares da UNITA.
   - Grupo de Apoio e Serviços composto pela guarda e guarnição, pelo posto de rádio, pelo posto médico, pela cozinha e refeitório e pela secção de transporte, designado de entre o pessoal a aquartelar, pelo Alto Estado Maior Geral das Forças Militares da UNITA.
   - Até 16 Companhias de pessoal aquartelado, na composição de 100 efectivos cada uma.

   (ii) O Chefe da área de aquartelamento, subordina-se ao Chefe da Equipa de Trabalho do Estado Maior General das FAA e. é o responsável pelo funcionamento e disciplina da área de aquartelamento.

3. Gestão das Áreas de Aquartelamento

   (i) A gestão das áreas de aquartelamento é realizada pelo Estado Maior General das FAA, através de uma equipa de trabalho chefiada por um general das FAA proveniente das Forças Militares da UNITA, com a cooperação da ONU, em conformidade com o mandato que fôr atribuído pelo Conselho de Segurança da ONU ou outros órgãos do sistema da ONU, que presta assistência técnica à organização e gestão, bem como apoio em meios materiais.

   (ii) Os locais de instalação das famílias dos militares das Forças Militares da UNITA são assegurados materialmente e geridos administrativamente pelos órgãos competentes da Administração do Estado, em estreita colaboração com o Estado Maior General das FAA e, com a participação da ONU, em conformidade com o mandato que fôr atribuído pelo Conselho de Segurança da ONU ou outros órgãos do sistema da ONU, que presta a assistência a organização e gestão, bem como em meios materiais.

A POSIÇÃO DE ANGOLA NA ARQUITETURA DE PAZ E SEGURANÇA AFRICANA – ANEXO

4. *Localização das Áreas de Aquartelamento*

(i) *Para o pessoal das Forças Militares da UNITA do COpE Norte:*

- *Madimba, na comuna de Madimba, município de M'Banza Congo, província do Zaire;*
- *Vale do Loge, na comuna do Vale do Loge, município do Bembe, província do Uige;*
- *Wamba, na comuna do Wamba, município de Sanza Pombo, província do Uige;*
- *Fazenda Santa Cruz, comuna do Quibaxi, município de Quibaxi, província do Bengo;*
- *Comuna do Mussabo, município de Samba-Caju, província do Kwanza-Norte.*

(ii) *Para o pessoal das Forças Militares da UNITA do COpE Nordeste:*

- *Capaia, comuna de Capaia, município de Lucapa, província da Lunda Norte;*
- *Damba Penitenciária, na comuna de Catala, município de Caculama, província de Malange;*
- *Ganga Sol, comuna de Quissole, município de Malange, província de Malange.*
- *Chinege, comuna de Muriege, município de Muconda, província da Lunda Sul.*
- *N'Guimbi, comuna de Xá-Muteba, município de Xá-Muteba, província da Lunda Norte.*

(iii) *Para o pessoal das Forças Militares da UNITA do COpE Centro:*

- *Gando, na comuna de Cambandua, município do Kuito, província do Bié;*
- *Capeça, na comuna de Belo Horizonte, município do Cunhinga, província do Bié:*
- *Ponte do Rio Cacuchi, na comuna de Cachingues, município do Chitembo, província do Bié;*
- *Sachitembo, na comuna de Sambo, município de Tchikala Tchaloanga, província do Huambo;*
- *Lunge, na comuna do Lunge, município do Bailundo, província do Huambo;*

- Menga, na comuna de Galanga, município de Londuimbale, província do Huambo;
- Chingongo, na comuna de Chingongo, município do Balombo, província de Benguela;
- Fazenda Caporolo, na comuna de Caporolo, município de Chongoroi, província de Benguela;
- Tchissamba, na comuna de Mussende, município de Mussende, província do Kuanza Sul.

(iv) Para o pessoal das Forças Militares da UNITA do COpE Leste:

- Chicala, na comuna de Cangumbe, município do Moxico, província do Moxico;
- Calapo, na comuna de Lucusse, município do Moxico, província do Moxico.

(v) Para o pessoal das Forças Militares da UNITA do ZMI do Cazombo:

- Calala, na comuna de Calunda, município do Alto Zambeze, província do Moxico.

(vi) Para o pessoal das Forças Militares da UNITA do COp Sul:

- Quilómetro 50, na comuna de Galangue, município do Chipindo, província da Huíla;
- Kamuambo, comuna da Mupa, município do Cuvelai, província do Cunene.

(vii) Para o pessoal das Forças Militares da UNITA do COp Menongue:

- Soba Matias, comuna de Soba Matias, município do Menongue, província do Kuando Kubango.

A POSIÇÃO DE ANGOLA NA ARQUITETURA DE PAZ E SEGURANÇA AFRICANA – ANEXO

(viii) Para o pessoal das Forças Militares da UNITA do COp Jamba:

- *Tchimbunjango, comuna de Mavinga, município de Mavinga, província do Kuando Kubango.*
- *Capembe, na comuna de Mavinga, município de Mavinga, província do Kuando Kubango.*

Luanda, República de Angola, aos 04 de Abril de 2002.

PELA DELEGAÇÃO
DAS FORÇAS ARMADAS ANGOLANAS

GENERAL DE EXÉRCITO
ARMANDO DA CRUZ NETO

CHEFE DO ESTADO MAIOR GENERAL
DAS FORÇAS ARMADAS ANGOLANAS

PELA DELEGAÇÃO
DAS FORÇAS MILITARES DA UNITA

GENERAL
GERALDO ABREU MUENGO
UCUATCHITEMBO "KAMORTEIRO"
CHEFE DO ALTO ESTADO MAIOR GERAL
DAS FORÇAS MILITARES DA UNITA

18

DOCUMENTOS SOBRE A EDIFICAÇÃO DAS FORÇAS ARMADAS DE ANGOLA (1982-2007)

ANEXO 1/A

AO MEMORANDO DE ENTENDIMENTO
COMPLEMENTAR AO PROTOCOLO DE LUSAKA
PARA A CESSAÇÃO DAS HOSTILIDADES
E RESOLUÇÃO DAS DEMAIS QUESTÕES MILITARES
PENDENTES NOS TERMOS DO PROTOCOLO DE LUSAKA

DOCUMENTO RELATIVO
AO AQUARTELAMENTO, DESARMAMENTO E REPATRIAMENTO
DE FORÇAS MILITARES ESTRANGEIRAS EM ÁREAS DO
TERRITÓRIO NACIONAL SOB CONTROLE
DAS FORÇAS MILITARES DA UNITA

A Delegação das Forças Armadas Angolanas e a Delegação das Forças Militares da UNITA às Conversações Militares, relativamente ao Aquartelamento, desarmamento e Repatriamento das Forças Militares Estrangeiras em áreas do território nacional sob controle das Forças Militares da UNITA, acordam o seguinte:

1.1. As Partes reconhecem a existência de Forças Militares Estrangeiras em áreas do território nacional sob controle das Forças Militares da UNITA, nomeadamente Unidades compostas por cidadãos congoleses da RDC e Unidades compostas por cidadãos do Ruanda de origem tutsi-banyamulengue e hutu, e a necessidade de proceder ao seu repatriamento urgente.

1.2 Neste sentido, o Estado Maior General das FAA, em estreita cooperação com o Alto Estado Maior Geral das Forças Militares da UNITA e com a participação da Comissão Militar Mista e apoio da ONU, , em conformidade com o mandato que for atribuído pelo Conselho de Segurança da ONU ou outros órgãos do sistema da ONU, procede ao acantonamento e desarmamento das Forças Militares Estrangeiras em áreas do território nacional sob controle das Forças Militares da UNITA, compreendendo o seguinte:

a)   A informação, pelo Alto Estado maior Geral das Forças Militares da UNITA, ao Estado Maior General das FAA e à Comissão Militar Mista, de todos os dados fidedignos, e verificáveis, relativos a composição combativa e numérica e localização das unidades das Forças Militares Estrangeiras em áreas do território nacional sob controle das Forças Militares da UNITA.

19

A POSIÇÃO DE ANGOLA NA ARQUITETURA DE PAZ E SEGURANÇA AFRICANA – ANEXO

b) *A identificação das unidades das Forças Militares estrangeiras sob controle das Forças Militares da UNITA.*

c) *O movimento do pessoal das Forças Militares Estrangeiras para as áreas de aquartelamento das Forças Militares da UNITA.*

d) *A recepção, alojamento e alimentação, bem como o registo do pessoal das Forças Militares Estrangeiras nas áreas de aquartelamento.*

e) *O desarmamento, recolha e armazenamento de todo o armamento e equipamento militar das Forças Militares Estrangeiras, nas áreas de aquartelamento.*

f) *A entrega dos membros das Forças Militares Estrangeiras às competentes organizações internacionais, para efeitos de repatriamento, de acordo com as normas e convenções internacionais, para os seus países de origem, nomeadamente RDC e República do Ruanda.*

Luanda, República de Angola, aos 04 de Abril de 2002.

PELA DELEGAÇÃO
DAS FORÇAS ARMADAS ANGOLANAS

GENERAL DE EXÉRCITO
ARMANDO DA CRUZ NETO

CHEFE DO ESTADO MAIOR GENERAL
DAS FORÇAS ARMADAS ANGOLANAS

PELA DELEGAÇÃO
DAS FORÇAS MILITARES DA UNITA

GENERAL
GERALDO ABREU MUENGO
UCUATCHITEMBO "KAMORTEIRO"

CHEFE DO ALTO ESTADO MAIOR GERAL
DAS FORÇAS MILITARES DA UNITA

ANEXO 2

AO MEMORANDO DE ENTENDIMENTO
COMPLEMENTAR AO PROTOCOLO DE LUSAKA
PARA A CESSAÇÃO DAS HOSTILIDADES
E RESOLUÇÃO DAS DEMAIS QUESTÕES MILITARES
PENDENTES NOS TERMOS DO PROTOCOLO DE LUSAKA

DOCUMENTO RELATIVO
À INTEGRAÇÃO DE OFICIAIS GENERAIS, OFICIAIS SUPERIORES,
OFICIAIS CAPITÃES E SUBALTERNOS, SARGENTOS E PRAÇAS
PROVENIENTES DAS FORÇAS MILITARES DA UNITA
NAS FORÇAS ARMADAS ANGOLANAS DE ACORDO
COM AS VAGAS EXISTENTES

A Delegação das Forças Armadas Angolanas e a Delegação das Forças Militares da UNITA às Conversações Militares, relativamente a integração de Oficiais Generais, Oficiais Superiores, Oficiais Capitães e Oficiais Subalternos, Sargentos e Praças provenientes das Forças Militares da UNITA nas FAA de acordo com as vagas existentes, acordam o seguinte:

1. *A integração dos efectivos provenientes das Forças Militares da UNITA com base no princípio da incorporação global e, acto contínuo, a incorporação de Oficiais Generais, Oficiais Superiores, Oficiais Capitães e Oficiais Subalternos, Sargentos e Praças e a subsequente desmobilização e reinserção sócio-profissional dos demais efectivos.*

2. *A designação de Oficiais Generais, Oficiais Superiores, Oficiais Capitães e Oficiais Subalternos, Sargentos e Praças provenientes das Forças Militares da UNITA a integrar nas FAA é da responsabilidade do Alto Estado Maior Geral das Forças Militares da UNITA.*

3. *A incorporação nas FAA e patenteamento dos Oficiais Generais, Oficiais Superiores, Oficiais Capitães e Oficiais Subalternos, Sargentos e Praças, é da competência do Estado Maior General das FAA, em conformidade com o quadro de pessoal militar abaixo descriminado:*

QUADRO DE PESSOAL MILITAR

DESIGNAÇÃO	TOTAL
GENERAL	4
TTEGENERAL	8
BRIGADEIRO	18
CORONEL	40
TTECORONEL	60
MAJOR	100
CAPITÃO	150
TENENTE	200
SUBTENENTE	250
ASPIRANTE	300
SARGENTO MAIOR	20
SARGENTO AJUDANTE	30
1º SARGENTO	50
2º SARGENTO	200
CABO	500
SOLDADO	3077
TOTAL GERAL	5007

4. *A incorporação nas FAA e patenteamento dos demais Oficiais Generais, nomeadamente 6 Tenentes Generais e 14 Brigadeiros e sua colocação na condição de Oficiais Generais à disposição do Estado Maior General das FAA.*

Luanda, República de Angola, aos 04 de Abril de 2002.

PELA DELEGAÇÃO
DAS FORÇAS ARMADAS ANGOLANAS

GENERAL DE EXÉRCITO
ARMANDO DA CRUZ NETO
**CHEFE DO ESTADO MAIOR GENERAL
DAS FORÇAS ARMADAS ANGOLANAS**

PELA DELEGAÇÃO
DAS FORÇAS MILITARES DA UNITA

GENERAL
GERALDO ABREU MUENGO
UCUATCHITEMBO "KAMORTEIRO"
**CHEFE DO ALTO ESTADO MAIOR GERAL
DAS FORÇAS MILITARES DA UNITA**

·22

ANEXO 3

AO MEMORANDO DE ENTENDIMENTO COMPLEMENTAR AO PROTOCOLO DE LUSAKA PARA A CESSAÇÃO DAS HOSTILIDADES E RESOLUÇÃO DAS DEMAIS QUESTÕES MILITARES PENDENTES NOS TERMOS DO PROTOCOLO DE LUSAKA

DOCUMENTO RELATIVO A INTEGRAÇÃO DE OFICIAIS GENERAIS, OFICIAIS SUPERIORES, PROVENIENTES DAS FORÇAS MILITARES DA UNITA NA POLÍCIA NACIONAL DE ACORDO COM AS VAGAS ORGÂNICAS EXISTENTES

A Delegação das Forças Armadas Angolanas e a Delegação das Forças Militares da UNITA às Conversações Militares, relativamente a integração de Oficiais Generais e Oficiais Superiores provenientes das Forças Militares da UNITA na Polícia Nacional de acordo com as vagas orgânicas existentes, acordam o seguinte:

1. *A designação de Oficiais Generais e Oficiais Superiores provenientes das Forças Militares da UNITA a integrar na Polícia Nacional é da responsabilidade do Alto Estado Maior Geral das Forças Militares da UNITA.*

2. *A incorporação na Polícia Nacional e patenteamento dos Oficiais Sub-comissários e Oficiais Superiores, é da competência do Comando Geral da Polícia Nacional, em conformidade com o quadro de pessoal da Polícia Nacional abaixo descriminado:*

A POSIÇÃO DE ANGOLA NA ARQUITETURA DE PAZ E SEGURANÇA AFRICANA – ANEXO

QUADRO DE PESSOAL MILITAR

DESIGNAÇÃO	TOTAL
SUB-COMISSÁRIO	3
1º SUPERINTENDENTE	5
SUPERINTENDENTE	14
INTENDENTE	18
TOTAL GERAL	40

Luanda, República de Angola, aos 04 de Abril de 2002.

PELA DELEGAÇÃO
DAS FORÇAS ARMADAS ANGOLANAS

GENERAL DE EXÉRCITO
ARMANDO DA CRUZ NETO
CHEFE DO ESTADO MAIOR GENERAL
DAS FORÇAS ARMADAS ANGOLANAS

PELA DELEGAÇÃO
DAS FORÇAS MILITARES DA UNITA

GENERAL
GERALDO ABREU MUENGO
UCUATCHITEMBO "KAMORTEIRO"
CHEFE DO ALTO ESTADO MAIOR GERAL
DAS FORÇAS MILITARES DA UNITA

DOCUMENTOS SOBRE A EDIFICAÇÃO DAS FORÇAS ARMADAS DE ANGOLA (1982-2007)

ANEXO 4

AO MEMORANDO DE ENTENDIMENTO
COMPLEMENTAR AO PROTOCOLO DE LUSAKA
PARA A CESSAÇÃO DAS HOSTILIDADES
E RESOLUÇÃO DAS DEMAIS QUESTÕES MILITARES
PENDENTES NOS TERMOS DO PROTOCOLO DE LUSAKA

DOCUMENTO RELATIVO
A REINSERÇÃO SÓCIO-PROFISSIONAL
DO PESSOAL DESMOBILIZADO DAS
EX-FORÇAS MILITARES DA UNITA NA VIDA NACIONAL

A Delegação das Forças Armadas Angolanas e a Delegação das Forças Militares da UNITA às Conversações Militares, relativamente a reinserção sócio-profissional do pessoal desmobilizado das ex-Forças Militares da UNITA, acordam o seguinte:

1. *A Reinserção Sócio-Profissional do Pessoal Desmobilizado das ex-Forças Militares da UNITA consiste na sua valorização cívica e promoção sócio-económica, por parte dos órgãos e entidades competentes do Estado em estreita cooperação com o Estado Maior General das FAA e com o apoio da ONU, em conformidade com o mandato que fôr atribuído pelo Conselho de Segurança da ONU ou outros órgãos do sistema da ONU, considerando para esse efeito a necessidade imperiosa de:*

   (i) Garantir a assistência inicial do pessoal desmobilizado das ex-Forças Militares da UNITA.

   (ii) Garantir a formação geral e específica do pessoal desmobilizado das ex-Forças Militares da UNITA.

   (iii) Assegurar a sua reintegração apoiada na vida nacional.

2. *O processo de Reinserção Sócio-Profissional do Pessoal Desmobilizados das ex-Forças Militares da UNITA é realizado através das seguintes variantes:*

   (i) A Reinserção Sócio-Profissional de desmobilizados das ex-Forças Militares da UNITA no quadro do Serviço de Reconstrução Nacional.

-25

A POSIÇÃO DE ANGOLA NA ARQUITETURA DE PAZ E SEGURANÇA AFRICANA – ANEXO

(ii) A Reinserção Sócio-Profissional de Desmobilizados das ex-Forças Militares da UNITA no quadro do mercado de trabalho nacional, nomeadamente no sector público e no sector privado.

(iii) A Reinserção Sócio-Profissional de Desmobilizados das ex-Forças Militares da UNITA no quadro do Programa de Reassentamento das Populações.

3. *O universo do pessoal desmobilizado das ex-Forças Militares da UNITA a ser objecto de reinserção sócio-profissional é de até 45.000 indivíduos.*

Luanda, República de Angola, aos 04 de Abril de 2002.

PELA DELEGAÇÃO
DAS FORÇAS ARMADAS ANGOLANAS

GENERAL DE EXÉRCITO
ARMANDO DA CRUZ NETO

CHEFE DO ESTADO MAIOR GENERAL
DAS FORÇAS ARMADAS ANGOLANAS

PELA DELEGAÇÃO
DAS FORÇAS MILITARES DA UNITA

GENERAL
GERALDO ABREU MUENGO
UCUATCHITEMBO "KAMORTEIRO"

CHEFE DO ALTO ESTADO MAIOR GERAL
DAS FORÇAS MILITARES DA UNITA

ANEXO 5

AO MEMORANDO DE ENTENDIMENTO
COMPLEMENTAR AO PROTOCOLO DE LUSAKA
PARA A CESSAÇÃO DAS HOSTILIDADES
E RESOLUÇÃO DAS DEMAIS QUESTÕES MILITARES
PENDENTES NOS TERMOS DO PROTOCOLO DE LUSAKA

DOCUMENTO RELATIVO
A CONSIDERAÇÕES À LEI E À ORDEM
ÀS CONDIÇÕES PARA A CONCLUSÃO DO PROTOCOLO DE LUSAKA

Tendo em conta que as Forças Militares da UNITA estavam integradas numa organização político-militar e, atendendo que a extinção da componente militar desta organização conforma à mesma lei e à ordem na República de Angola;

Em conformidade com o espírito do disposto nos Pontos 6 e 8 da Declaração do Governo de 13/03/2002, bem como no número 1.1, do Ponto 1 do Capítulo II do presente Memorando, e atendendo que a sua assinatura e aplicação pelas Partes institui as condições para a conclusão da implementação do Protocolo de Lusaka.

As Partes consideram estarem criadas as condições que garantem a continuidade da participação da UNITA no processo de conclusão da implementação do Protocolo de Lusaka.

Assim, recomendam à UNITA a necessidade de estabelecer rapidamente os consensos internos necessários afim de, como parceiro do Governo, participar no processo de conclusão da implementação do Protocolo de Lusaka.

Luanda, República de Angola, aos 04 de Abril de 2002.

PELA DELEGAÇÃO
DAS FORÇAS ARMADAS ANGOLANAS

GENERAL DE EXÉRCITO
ARMANDO DA CRUZ NETO

CHEFE DO ESTADO MAIOR GENERAL
DAS FORÇAS ARMADAS ANGOLANAS

PELA DELEGAÇÃO
DAS FORÇAS MILITARES DA UNITA

GENERAL
GERALDO ABREU MUENGO
UCUATCHITEMBO "KAMORTEIRO"
CHEFE DO ALTO ESTADO MAIOR GERAL
DAS FORÇAS MILITARES DA UNITA

27

ANEXO 6

AO MEMORANDO DE ENTENDIMENTO
COMPLEMENTAR AO PROTOCOLO DE LUSAKA
PARA A CESSAÇÃO DAS HOSTILIDADES
E RESOLUÇÃO DAS DEMAIS QUESTÕES MILITARES
PENDENTES NOS TERMOS DO PROTOCOLO DE LUSAKA

DOCUMENTO RELATIVO
A CONSIDERAÇÕES À LEI E À ORDEM À SEGURANÇA ESPECIAL
NOS TERMOS DO PROTOCOLO DE LUSAKA

Tendo em conta que o Anexo 5 institui a perspectiva da participação da UNITA, no processo de conclusão da implementação do Protocolo de Lusaka;

As Partes consideram válido e aplicável o disposto no Documento Relativo ao Regime Especial de Segurança Garantido aos Dirigentes da UNITA em Aplicação do Parágrafo 3 das Modalidades da Reconciliação Nacional do Protocolo de Lusaka.

Luanda, República de Angola, aos 04 de Abril de 2002.

PELA DELEGAÇÃO
DAS FORÇAS ARMADAS ANGOLANAS

GENERAL DE EXÉRCITO
ARMANDO DA CRUZ NETO

CHEFE DO ESTADO MAIOR GENERAL
DAS FORÇAS ARMADAS ANGOLANAS

PELA DELEGAÇÃO
DAS FORÇAS MILITARES DA UNITA

GENERAL
GERALDO ABREU MUENGO
UCUATCHITEMBO "KAMORTEIRO"

CHEFE DO ALTO ESTADO MAIOR GERAL
DAS FORÇAS MILITARES DA UNITA

17
DIRETIVA DO PRESIDENTE DA REPÚBLICA E COMANDANTE-EM-CHEFE SOBRE A REEDIFICAÇÃO DAS FORÇAS ARMADAS ANGOLA (30 DE JULHO DE 2007)

Comissão de Reedificação das Forças Armadas Angola – Grupo Técnico Executivo

REPUBLICA DE ANGOLA

COMISSAO DE REEDIFICACAO DAS FAA
GRUPO TECNICO-MILITAR EXECUTIVO

SECRETO
PARA AMBITO DE SERVICO

DIRECTIVA
DO PRESIDENTE DA REPUBLICA E COMDTE-EM-CHEFE
SOBRE A REEDIFICACAO DAS FAA

ESTE DOCUMENTO CONTEM MATERIAS CLASSIFICADAS
E PROIBIDA A SUA TRANSMISSAO OU REVELACAO
A PESSOAS NAO AUTORIZADAS

- JULHO, 2007 -

REPÚBLICA DE ANGOLA
- - - * - - -
PRESIDENTE DA REPÚBLICA

SECRETO
PARA AMBITO DE SERVICO

DIRECTIVA DO PRESIDENTE DA REPUBLICA E COMDTE-EM-CHEFE No.___/2006
SOBRE A REEDIFICACAO DAS FORCAS ARMADAS ANGOLANAS

Havendo a necessidade imperiosa de se adequar as Forcas Armadas Angolanas (FAA), atraves de um processo de reedificacao, no sentido de propiciar um modelo de Forcas Armadas, ajustada a estatura politico-estrategica do Pais e que assegurem a autonomia de decisao politico-militar, poder de dissuasao e a defesa militar, bem como a preparacao e desenvolvimento das Forcas Armadas;

Convindo estabelecer um instrumento que concorra para estabelecer as grandes linhas de orientacao e normas do processo de reedificacao das FAA;

Assim, usando da faculdade que me conferida pela alinea a) do n·2 do artigo 10· da Lei n·2/93 – Lei de Defesa Nacional e das Forcas Armadas -;

DETERMINO:

Artigo 1·

E aprovada a Agenda e Plano de Reedificacao das FAA, anexa a a presente Directiva e que dela e parte integrante.

Artigo 2·

Ficam as estruturas competentes das FAA, bem como do Ministerio da Defesa, no quadro das suas obrigacoes funcionais, encarregues de implementarem a Agenda e Plano de Reedificacao, ora aprovada por esta Directiva.

Artigo 3·

Esta Directiva entra imediatamente em vigor.

16

DOCUMENTOS SOBRE A EDIFICAÇÃO DAS FORÇAS ARMADAS DE ANGOLA (1982-2007)

DE SE CONHECIMENTO A QUEM DE DIREITO E CUMPRA-SE COMO NELE SE CONTEM

PALACIO PRESIDENCIAL, Em Luanda, aos 30 de Julho de 2007.

O PRESIDENTE DA REPUBLICA

JOSE EDUARDO DOS SANTOS

REPUBLICA DE ANGOLA

COMISSAO DE REEDIFICACAO DAS FAA
GRUPO TECNICO-MILITAR EXECUTIVO

SECRETO
PARA AMBITO DE SERVICO

✓ AGENDA E PLANO DE REEDIFICACAO DAS FAA

ESTE DOCUMENTO CONTEM MATERIAS CLASSIFICADAS
E PROIBIDA A SUA TRANSMISSAO OU REVELACAO
A PESSOAS NAO AUTORIZADAS

- JULHO, 2007 -

18

DOCUMENTOS SOBRE A EDIFICAÇÃO DAS FORÇAS ARMADAS DE ANGOLA (1982-2007)

ENQUADRAMENTO

O contexto actual e previsivel confirma, no quadro da segurança nacional da Republica de Angola (integrado pelos sistema de defesa nacional, de proteccao interior, de informacoes de segurança e de preservacao civil), a necessidade da evolucao das FAA, no ambito do sistema de defesa nacional.

Assim, de harmonia com o Despacho do Presidente da Republica e Comandante-Em-Chefe, a reedificacao das FAA tem por objectivo adequar o aparelho militar as transformacoes, por forma a que as FAA constituam um dos meios de autoridade do Estado com poder de dissuacao e capacidade de resposta militar eficaz atraves do qual se assegura o alance e/ou manutencao dos objectivos nacionais, com enfase para a defesa militar do Pais.

I
CARACTERIZACAO DA SITUACAO GLOBAL

(1) Conjuntura Internacional e a Republica de Angola no Contexto Internacional

1.1) Conjuntura Internacional

- Continuidade das mudancas profundas e radicais da conjuntura internacional com progressos evidentes no sentido da paz, seguranca e desenvolvimento;

- Persistência de factores de instabilidade potencial ao nivel politico, economico, social e militar (com caracter de focos de conflitualidade internacional e local) que configuram novas incognitas para a seguranca e defesa;

1.2) A Republica de Angola no Contexto Internacional

- Retraccao gradual dos niveis de hostilidade directa, por parte de determinadas grandes potencias, contra a Republica de Angola, persistindo porem a hostilidade indirecta;

- Verificacao de um novo clima nas relacoes entre a Comunidade Internacional e a Republica de Angola que se tem traduzido no reconhecimento do papel externo positivo desta, em particular na regiao e no continente africano.

(2) Conjuntura Nacional e as FAA

2.1) Conjuntura Nacional

- Continuidade da evolucao positiva na conjuntura nacional, observando-se o funcionamento regular e estavel dos orgaos

19

fundamentais e das instituicoes do Estado e, por consequinte, a Administracao do Pais e a rearticulacao da vida nacional com paz, seguranca e estabilidade, persistindo, porem, determinados factores negativos de natureza conjuntural e estrutural

2.2) Situacao Militar

- Existencia de uma situacao militar do Pais na generalidade estavel e sob controle, mas com a persistencia ainda de factores de instabilidade negativos, dos quais de se destacam os conflitos e instabilidade na Africa Central e Grandes Lagos e a subversao e terrorismo de baixa intensidade da Provincia de Cabinda e, nao sendo de descurar tambem os factores de relativa instabilidade potencial e/ou restante escondido decorrentes do recem terminado conflito interno;

- Constactacao do funcionamento regular e de uma actuacao estavel das FAA, mas com condicionalismos serios decorrentes de problemas organizativos e limitacoes de quadros de comando, chefia e direccao e de recursos tecnico-materiais e financeiros e, por conseguinte, de limitacoes de capacidade e resposta funcional e operacional.

2.3) Ambiente Legal de Defesa Nacional

- Existencia de documentacao legal Defesa Nacional e das FAA basica que limita a esfera de actuacao das Forcas Armadas e orienta as suas atribuicoes;

- Inexistencia de leis organicas das FAA, de documentos conceptuais e doutrinarios actualizados e de documentos regulamentares e operacionais de funcionamento e de emprego das unidades e estabelecimentos militares.

2.4) Caracterizacao Geopolitica e Estrategica da Republica de Angola e do Espaco Envolvente

- Excelente localizacao geografica da Republica de Angola, sendo pais de charneira entre a CEEAC e a SADC e com corredores vitais para e provenientes destes espacos, com abundantes recursos naturais e com outros consideraveis factores inerentes a sua propria natureza que desperta interesses pelas grandes potencias;

- Estabelecimento como espaco de seguranca e defesa o espaco territorial em toda a sua extensao e o espaco envolvente conjuntural (zonas transfronteiricas e outras) que suscite interesse de seguranca e defesa.

2.5) Perspectiva das Ameacas e Riscos a Defesa Nacional

2.5.1) Tipologia das Ameacas e Riscos

- Provaveis ameacas e riscos no quadro externo (mundial e regional), nomeadamente a agressao regular, a agressao do

20

DOCUMENTOS SOBRE A EDIFICAÇÃO DAS FORÇAS ARMADAS DE ANGOLA (1982-2007)

terrorismo transnacional e os conflitos proximos e de consequencias gerados externamente;

- Provaveis ameacas e riscos no quadro interno, nomeadamente a subversao e terrorismo local, a rebeliao armada localizada.

2.5.2) Cenarios das Ameacas e Riscos

- Previsao, no quadro externo, por um lado, da continuidade, na Regiao da Africa Central e Grandes Lagos, em particular na Republica do Congo e na RDC, de situacoes de conflito lactente que podem evoluir para conflitos inter e intra-estatais abertos e, assim, envolver externamente a Republica de Angola e, por outro lado, do prosseguimento, na regiao, pelo terrorismo transnacional, da intencao de presenca e realizacao de actuacoes pontuais de grande impacto e elevado grau destruicao humana e material;

- Previsao, no quadro interno, por um lado, da continuidade, na Provincia de Cabinda, da conducao pelas estruturas militares da FLEC-FAC de N'Zita Tiago, de actuacoes de guerrilha de baixa intensidade e, por outro lado, do prosseguimento, nas Lundas e no Planalto Central, da conducao pelos Bandos Errantes de accoes armadas pontuais e selectivas.

II
POLITICA E ESTRATEGIA MILITAR P/REEDIFICACAO DAS FAA

II.a
POLITICA MILITAR P/REEDIFICACAO DAS FAA

(1) Objectivos

A politica militar para a reedificacao das FAA tem por objectivo a configuracao de umas Forcas Armadas - nucleo da expressao de defesa do poder nacional com capacidade propria e que actua em conformidade com vontade nacional e sob direccao do Estado - com capacidade para assegurar a autonomina de decisao politico-militar, o poder dissuacao e a realizacao da defesa militar e da preparacao e desenvolvimento das Forcas Armadas, e bem assim, o reforco do seu prestigio enquanto instituicao nacional ao servico do povo.

(2) Principios

As FAA, na sua organizacao e actuacao, para alem da Lei Constitucional e demais legislacao da Republica de Angola, tem em conta os seguintes principios:

- As FAA constituem a instituicao militar do Estado da Republica de Angola e o principal e mais importante instrumento estatal na defesa da colectividade no seu sentido mais amplo;

21

A POSIÇÃO DE ANGOLA NA ARQUITETURA DE PAZ E SEGURANÇA AFRICANA - ANEXO

As FAA sao organizadas e preparadas com base no conceito de suficiencia nacional ajustado a estatura politico-estrategica do Pais;

A manutencao, pelas FAA, de uma composicao exclusiva por cidadaos angolanos e de uma organizcao unica para todo o territorio nacional;

A observancia, pelas FAA, da preservacao, culto e aprofundamento dos valores e principios que inspiram a instituicao militar, nomeadamente o patriotismo, a etica, a hierarquia, a disciplina e o sentido do dever.

(2) Medidas de Politica

2.1) Medidas de Caracter Geral

A reedificacao das FAA tem como medidas de politica militar de caracter geral, as seguintes:

- Adequacao da estrutura, organizacao e funcionamento das FAA mediante a sua reorganizacao e modernizacao no sentido da adopcao de umas Porcas Armadas capazes e com um elevado grau de prontidao e eficacia e com condicoes de operacao, manutencao e sustentacao dos meios organicos, bem como com evolucao da sua preparacao e desenvolvimento;

- Adequacao e/ou revisao e promocao da adopcao da arquitectura legal das FAA, nomeadamente a legislacao pertinente os documentos conceptuais, doutrinarios, regulamentares e operacionais afins.

2.2) Premissas Fundamentais

2.2.1) Premissas Legais

O ordenamento organizativo-funcional das FAA tem como premissas legais, os documentos legislativos, conceptuais, doutrinarios, regulamentares, operacionais e administrativos seguintes:

- A Lei de Defesa Nacional e das Forcas Armadas;
- A Lei de Organizacao de Bases das Porcas Armadas e demais legislacao pertinente;
- A Lei das Carreiras Militares;
- O Conceito de Defesa Nacional;
- O Conceito Estrategico-Militar;
- A Directiva de Defesa Nacional;
- A Doutrina Militar;
- As Directivas e Indicacoes Pertinentes do CEMGeneral;
- O Plano de Desenvolvimento das FAA;
- Plano de Emprego das FAA;
- O Regulamento de Servico das FAA;
- O Regulamento de Emprego das FAA;

22

DOCUMENTOS SOBRE A EDIFICAÇÃO DAS FORÇAS ARMADAS DE ANGOLA (1982-2007)

O Regulamento de Emprego do Exercito;
O Regulamento de Emprego da Forca Aerea;
O Regulamento de Emprego da Marinha;
Os outros documentos regulamentares pertinentes;
Os documentos administrativos afins.

(2)) Direccao Superior das FAA

Os orgaos e instituicoes do Estado responsaveis pela direccao superior das FAA sao:

- O Presidente da Republica;
  A Assembleia Nacional;
  O Governo;
- O Comando Superior das FAA;
- O Conselho de Defesa Nacional;
- O Conselho Superior Militar;
- O CEMGeneral das FAA;
- Os demais orgaos legais afins.

(3) Fundamentos e Factores das FAA

3.1) Recursos Humanos

Os recursos humanos, enquanto potencial humano da Nacao, sao sao de importancia vital para as FAA pois que constituem a fonte dos seus efectivos militares.

Assim, tendo em conta que os efectivos militares constituem o elemento mais precioso do poder militar e que devem ser vistos quer no aspecto qualitativo como quantitativo, considera-se que as potencialidades de recursos humanos do Pais, do ponto de vista de quantidade, indice de crescimento e faixa etaria populacional, dos niveis de escolaridade, capacidade de obsorcao e desenvolvimento de novas tecnologias, caracter e da moral, (incluindo o nucleo percursor de pessoal e quadros militares existente), asseguram, de modo crescente, as necessidades de recrutamento e sustentacao das FAA com efectivos suficientes, proporcionados em quantidade e qualidade as necessidades da defesa militar do Pais.

Nesta conformidade, dever-se-a proceder ao desenvolvimento dos recursos humanos das FAA (efectivos militares e trabalhadores civis) ao nivel da motivacao, formacao, operacionalidade e das condicoes de trabalho e de salario, bem como realizar a sua proteccao social no sentido da cobertura da suas necessidades de ordem social.

3.2) Territorio

O territorio da Republica de Angola, enquanto base fisica da Nacao, berco historico-cultural e fonte de recursos economicos que proporciona a populacao angolana, bem como espaco de

23

interesse geo estrategico, obriga a uma atitude de preservacao pelo Estado (e por todos os cidadaos), sendo que a inviolabilidade do territorio nacional constitui encargo das FAA.

Nesta conformidade, e tendo em conta que a configuracao territorial influencia a estrutura, doutrina e preparacao das FAA, considera se que o territorio angolano, enquanto espaco de organizacao territorial e operacional militar, representa do ponto de vista das caracteristicas fisico-geograficas, uma relativa condicao protectiva contra as actuacoes militares adversas, mas exige efectivos maiores, articulacao compativel e presenca e/ou resposta militar em tempo oportuno.

3.3) Recursos Materiais

Os recursos materiais, enquanto base de provimento de meios economicos e tecnico-materiais necessarios para o desenvolvimento da Nacao, sao de importancia capital para as FAA.

Assim, considera-se que os recursos materiais do Pais disponiveis (numa perspectiva de equacao da escassez face as necessidades), incluindo os recursos aproveitaveis actualmente existentes nas FAA, asseguram, do ponto de vista de capacidade criadora cientifico-tecnologica, de producao logistico-material e disponibilizacao financeira, pela via normal e mobilizativa, a sutentacao da actuacao operacional e na preparacao e desenvolvimento das FAA, pelo que e necessario fazer corresponder as prioridades de atribuicao dos meios as reais prioridades estrategico-militares das FAA.

3.4) Moral Nacional

A moral nacional, enquanto estado de espirito colectivo num determinado momento que se manifesta na consciencia nacional, e de importancia vital para as FAA.

Nesta conformidade, entende-se que a moral nacional, conseguida mediante a lideranca exercida e a confianca dos angolanos no poder e instituicoes politicas, favorece o fortalecimento da consciencia e coesao da populacao angolano em torno dos sistema de valores e principios que historicamente enformam a Nacao e lhe determinam a forma de ser e estar no mundo e a defesa dos interesses nacionais e, por conseguinte, desperta nos angolanos o espirito de corpo e a conviccao da legitimidade do ingresso nas FAA para a defesa dos objectivos nacionais, como enfase para a defesa da Patria, com determinacao para o cumprimento da missao, firmeza de animo e espirito de sacrifico.

3.5) Doutrina Militar

A doutrina militar, enquanto normativos e procedimentos que estabelecem bases para organizacao, preparacao e emprego das Forcas Armadas para o alcance e/ou manutencao dos objectivos nacionais, com enfase para a defesa militar do Pais, deve estar vinculada as aspiracoes da Nacao e as suas caracteristicas psico-

24

DOCUMENTOS SOBRE A EDIFICAÇÃO DAS FORÇAS ARMADAS DE ANGOLA (1982-2007)

sociais para merecer confianca e apoio da sociedade.

Nesta conformidade, a Doutrina Militar deve ser ser adequada de acordo com o poder nacional e, por consequinte, caracterizar se por suficiencia nacional, respondendo as necessidades militares do Pais versus hipoteses de emprego ou hipoteses de conflito admitidas, conforme o estabelecido nas concepcoes politicas e estrategicas nacionais.

3.6) Missao das FAA

3.6.1) Generalidades

As FAA, constituindo a afirmacao visivel da vontade dos angolanos em permanecerem uma Nacao livre e soberana, nos termos da lei estao destinadas para aprontar as forcas e cumprir a actuacao constitucional e, subsequentemente, as missoes actuais, no quadro da seguranca e defesa e/ou no quadro da cooperacao com o desenvolvimento.

3.6.2) Missoes Constitucionais

As missoes constitucionais das FAA no quadro da seguranca e defesa sao as seguintes:

- A defesa da Patria;

- A garantia dos Poderes Constitucionais e da Lei e da Ordem, bem como da afirmacao do Estado e defesa de interesses nacionais face ao exterior.

3.6.3) Missoes Actuais

As missoes actuais das FAA no quadro da seguranca e defesa sao as seguintes:

- O asseguramento da defesa militar do Pais, compreendendo a defesa de espacos e objectos estrategicos e vitais, a vigilancia e controle integrado do territorio nacional e a defesa contra qualquer agressao e/ou actuacao armada interna e/ou externa;

- A realizacao da intervencao rapida em partes ameacadas do territorio nacional, e se necessario em espacos externos de interesse localizados na regiao;

- A satisfacao dos compromissos internacionais assumidos pelo Estado da Republica de Angola, designadamente missoes de defesa conjunta de eventuais aliancas, missoes de cooperacao tecnico-militar e missoes de manutencao da paz (apoiando assim as accoes de politica externa na defesa dos interesses nacionais);

- A realizacao da coordenacao e enquadramento militar da populacao no sentido da resistencia activa e passiva em caso de ocupacao do territorio nacional;

25

A POSIÇÃO DE ANGOLA NA ARQUITETURA DE PAZ E SEGURANÇA AFRICANA – ANEXO

- A realizacao da actuacao especial, por decisao do Presidente da Republica e Comandante Em Chefe, para a garantia da lei e da ordem.

As missoes actuais das FAA, no quadro da cooperacao com o desenvolvimento sao as seguintes:

- A realizacao de missoes de interesse publico, nomeadamente missoes de assistencia humanitaria e missoes de participacao na reconstrucao e desenvolvimento do Pais;

- A satisfacao dos compromissos internacionais assumidos pelo Estado da Republica de Angola, designadamente missoes de assistencia humanitaria e missoes de participacao na ajuda ao desenvolvimento (apoiando assim as accoes de politica externa na defesa dos interesses nacionais).

II.b
ESTRATEGIA MILITAR P/REEDIFICACAO DAS FAA

II.b.1
ESTRATEGIA GERAL

(1) Objectivos e Metas

    1.1) Objectivos

A estrategia militar para a reedificacao das FAA tem por objectivo a adequacao das Forcas Armadas no sentido da actualizacao do ordenamento organizativo-funcional das FAA visando a melhoria da capacidade das Forcas Armadas para a pronta e eficaz defesa militar do Pais e para a sua eficiente preparacao e desenvolvimento.

    1.2) Metas

- Defesa Militar: Controle do territorio nacional;
               Confinamento das ameacas e riscos lactentes.

- Prep. e Desenvolv das FAA: Implantacao da nova estrutura organica das FAA;
               Implantacao do novo sistema de forcas e dispositivo militar das FAA;
               Actualizacao do potencial militar das FAA.

26

DOCUMENTOS SOBRE A EDIFICAÇÃO DAS FORÇAS ARMADAS DE ANGOLA (1982-2007)

(2) Estrategia de Actuacao

2.1) Ideia Estrategica e Modo de Realizacao

2.1.1) Ideia Estrategica

Organizacao e implementacao da estrategia de reedificacao das FAA, consubstanciada na conducao da actualizacao da concepcao estrategica e execucao da defesa militar e da preparacao e desenvolvimento das Forcas Armadas, atraves de um conjunto de medidas e accoes de natureza conceptual, organizativa e funcional, com relevo para a prossecucao do planeamento estrategico-militar e operacional, da vigilancia, controle e defesa e da melhoria de valor, mobilidade e comando operacional e para a consecucao do redimensionamento, reestruturacao e reequipamento e dos sistemas de comando, tecnologico, logistico e de infraestruturas militares, e deste modo, assegurar a adequacao do ordenamento organizativo-funcional das FAA.

2.1.2) Modo de Realizacao

Empreender a reedificacao das FAA em duas fases progressivas, nomeadamente:

- Na Primeira Fase Agosto 2007 a Dezembro 2007:

* Definir e realizar o processo legal e administrativo militar inerente a materializacao da Agenda e Plano de Reedificacao das FAA, procedendo a adopcao dos documentos reitores de trabalho e dos documentos legislativos, conceptuais, doutrinarios, regulamentares, operacionais e administrativos afins, no sentido de permitir a sustentacao e implementacao da reedificacao das FAA;
* Adoptar e materializar uma postura estrategico-militar das FAA de suficiencia nacional e assegurar uma capacidade de defesa militar, procedendo, gradualmente, a adequacao organico-funcional das Forcas Armadas no sentido de realizar a defesa militar do Pais no quadro da reedificacao;
* Definir e adoptar o ordenamento organizativo-funcional das FAA, procedendo o estabelecimento da estrutura organica das Forcas Armadas, incluindo a composicao combativa e numerica do EMGeneral, dos ramos, das unidades militares e dos estabelecimentos militares das FAA, bem como os tipos de armamento e equipamento militar, a determinacao do sistema de forcas e dispositivo militar e do espaco de servidao militar (organizacao territorial administrativo-militar e organizacao territorial operacional-militar) das Forcas Armadas, o estabelecimento dos documentos conceptuais, doutrinarios, regulamentares, operacionais e administrativos das FAA (a nivel das Forcas Armadas, do EMGeneral das Forcas Armadas e unidades e estabelecimentos de subordinacao central, dos Ramos das Forcas Armadas, das Regioes Militares, Aereas e Maritimas dos Ramos das Forcas Armdas e das grandes unidades, unidades e estabelecimentos militares dos Ramos das Forcas Armadas) e a determinacao das necessidades de infraestruturas militares das Forcas Armadas, e

27

A POSIÇÃO DE ANGOLA NA ARQUITETURA DE PAZ E SEGURANÇA AFRICANA - ANEXO

deste, modo criar as condicoes para a implantacao e funcionamento da nova estrutura organizacional das FAA no quadro da reedificacao:
* Definir e adoptar os mecanismos de direccao e de potenciacao militar das FAA, procedendo a determinacao dos quadros a cargo (no EMGeneral e unidades e estabelecimentos militares de subordinacao central, nos Ramos das Forcas Armadas e nas grandes unidades, unidades e estabelecimentos militares dos Ramos das Forcas Armadas), o estabelecimento da cooperacao militar (em particular com a Russia) e a determinacao da programacao militar (fazendo enfase nos projectos de assistencia tecnico-militar e de aquisicao de meios tecnico-materiais), e deste modo, iniciar a implantacao e funcionamento da nova estrutura organizacional das FAA no quadro da reedificacao.

- Na Segunda Fase Janeiro 2008 a Dezembro 2012) :

* Continuar e desenvolver a postura estrategico-militar das FAA de suficiencia nacional e a assegurar uma capacidade de defesa militar, procedendo, gradualmente, a evolucao organico-funcional das FAA no sentido de realizar a defesa militar do Pais no quadro da reedificacao;
* Implantar, gradualmente, e assegurar o funcionamento do novo sistema de forcas e dispositivo militar das FAA, procedendo o levantamento e desdobramento do EMGeneral das Forcas Armadas e Unidades de Subordinacao Central, dos Ramos das Forcas Armadas, das Regioes Militares, Aereas e Maritimas dos Ramos das Forcas Armadas e das Grandes Unidades e Unidades dos Ramos das Forcas Armadas) e o respectivo completamento com pessoal e armamento e equipamento militar, bem com a formacao do pessoal no quadro da reedificacao;
* Implantar, gradualmente, e assegurar o funcionamento dos sistemas de comando, de ensino e preparacao de tropas, logistico e tecnologico militar, bem como de recrutamento e mobilizacao, procedendo a organizacao, formacao e apetrechamento tecnico-material destes sistemas, e deste modo, assegurar a sustentacao e a integracao funcional das FAA no quadro da reedificacao;
* Adoptar e executar, gradualmente, a programacao militar, procedendo a obtencao do servico de assessoria militar e a aquisicao do armamento e equipamento militar, e deste modo, sustentar, tecnica e materialmente, o ordenamento organizativo-funcional das FAA (a nivel da defesa militar e da preparacao e desenvolvimento) no quadro da reedificacao.

2.2) Direccoes Principais de Reedificacao

2.2.1) A Nivel da Defesa Militar

Preconiza-se o seguinte:

- Adopcao e implementacao de um conjunto de medidas e accoes estrategico-militares de defesa militar do Pais de suficiencia nacional, assegurando uma capacidade de resposta militar de proximidade e desde a distancia, bem como de cooperacao com o desenvolvimento;

DOCUMENTOS SOBRE A EDIFICAÇÃO DAS FORÇAS ARMADAS DE ANGOLA (1982-2007)

Conducao do esforco de defesa militar do Pais, articulando um sistema de forcas que, em conformidade com os recursos disponiveis e os objectivos proconisados, assegure as capacidades necessarias, para designadamente:

* Realizar a vigilancia, controle e defesa dos objectos e objectos e espacos estrategicos e vitais do Pais, garantindo a liberdade de actuacao do Presidente da Republica e dos demais orgaos e instituicoes do Estado e a seguranca das populacoes
* Realizar o esforco ofensivo militar de luta contra-subversao e terrorismo armado de baixa intensidade levado a cabo pelas FLEC's a subver, atraves de operacoes de estabilizacao (nomeadamente accoes de inteligencia e reconhecimento, accoes de controle da populacao, accoes de seguranca defensiva das tropas e objectos estrategicos e vitais), de operacoes de intervencao (nomeadamente accoes de destruicao das estruturas de guerrilha e de terrorismo, accoes de conquista e manutencao de territorio e accoes de interdicao do apoio externo ao inimigo) e de operacoes psico-sociais (nomeadamente accoes de propaganda e desinformacao e accoes de apoio e promocao socio-economica das populacoes).
* Realizar o esforco de vigilancia, controlo e alerta no espaco envolvente conjuntural em particular na Republica do Congo, da RDC, nos Grandes Lagos e no Golfo da Guine;
* Estar em prontidao para realizar a projeccao e operacao de forcas para fazer face a ameacas no espaco envolvente conjuntural, em particular no territorio da RDC e da Republica do Congo;
* Estar em prontidao para actuar no sentido da garantia da lei e da ordem.

- Conducao do esforco de interesse publico a cargo do Estado, em apoio ao Programa do Governo, nomeadamente:

* Realizacao da desminagem e remocao de engenhos explosivos nao-detonados;
* Estar em prontidao para realizar a assistencia humanitaria;
* Estar em prontidao para realizar a busca, salvamento e resgate;
* Realizacao da participacao na reabilitacao de infraestruturas, no auxilio a comunidade e na proteccao ambiental e defesa do patrimonio natural;

- Conducao do esforco de cooperacao militar com o exterior, nomeadamente:

* Realizar a cooperacao tecnico-militar com a Russia, Israel, Portugal, Brasil, Republica Popular da China, RDC e outros paises de interesse;
* Realizar a participacao na entidade entidade para a paz e seguranca da Uniao Africana;
* Estar em prontidao para realizar a participacao em missoes de manutencao de paz e em missoes de assistencia humanitaria.

29